संस्कृत साहित्य का समग्र इतिहास

संस्कृत साहित्य का समग्र इतिहास

तृतीय खण्ड

विस्तारकाल

(ग्यारहवीं शताब्दी ई० से अठारहवी शताब्दी ई० तक)

राधावल्लभ त्रिपाठी

न्यू भारतीय बुक कॉरपोरेशन

दिल्ली : : भारत

प्रकाशक :
न्यू भारतीय बुक कॉरपोरेशन
208, 2nd -फ्लोर
4735/22, प्रकाशदीप बिल्डिंग
अन्सारी रोड, दरियागंज,
नई दिल्ली-110002
फोन : 23280214, 23280209
E-mail : deepak.nbbc@yahoo.in

प्रथम संस्करण : 2021

ISBN : 978-81-8315-478-9 (Set)

टाईप सेटिंग : **एस० के० ग्राफिक्स**
दिल्ली–84

मुद्रक : **जैन अमर प्रिंटिग प्रेस**, दिल्ली

विषयानुक्रमणिका

भूमिका

'संस्कृत साहित्य का समग्र इतिहास' के इस तृतीय खंड में ग्यारहवीं शताब्दी से लेकर अठारहवीं शताब्दी तक विरचित संस्कृत साहित्य का आकलन किया गया है। इस काल में संस्कृत साहित्य की विकास यात्रा की एक अनोखी विशेषता उसके अन्त:साहित्यिक व अन्त:सांस्कृतिक संबंधों तथा पारस्परिकता की अभूतपूर्व अभिवृद्धि है। इस पूरी सहस्राब्दी में संस्कृत साहित्य लोक भाषाओं, लोक संस्कृति तथा लोक साहित्य के और अधिक संपर्क में आया। नव्य भारतीय भाषाओं के उदय के साथ इन भाषाओं में लिखे जा रहे नये साहित्य के समुन्मेष में संस्कृत की महती भूमिका रही, साथ ही इन भाषाओं के साहित्य से संस्कृत साहित्य पुन: स्फूर्त हुआ। दक्षिण में तमिल, मलयालम् या कन्नड के साहित्यों के साथ, तो उत्तर में अपभ्रंश या अवहट्ट के बदलते रूपों या काश्मीरी, पुरानी मराठी, पुरानी गुजराती आदि से साथ संस्कृत साहित्य की सहयात्रा और पारस्परिक आदानप्रदान की प्रक्रिया चली। इसके परिणाम स्वरूप कथा, मुक्तक और रूपक की अनेक नवीन विधाएँ ग्यारहवीं शती से संस्कृत में विकसित होने लगी। रागकाव्य की महती परंपरा का सूत्रपात हुआ, जिसने भारतीय साहित्य को नवोन्मेष से आप्लावित कर दिया। रामानुज, रामानंद, कबीर, चैतन्य, वल्लभ, लल्ल दे, मधुसूदन सरस्वती आदि संतों व दार्शनिकों के प्रभाव से संस्कृत में नवीन विषयों पर रचनाएँ लिखीं गईं। भक्तिकाव्य के उन्मेष के साथ भक्तिदर्शन को संस्कृत की चिंतनपरंपराओं ने परिपुष्ट किया, जिससे संस्कृत के मुक्तककाव्य में भावाभिव्यक्ति और प्रगाढ़ हुई। लोक भाषाओं में रचना करने वाले संतों की वाणी संस्कृत में भी उतरी। लल्ल दे की पदावली का काश्मीरी से संस्कृत में अनुवाद भास्कर ने सोलहवीं शताब्दी में किया, कबीर के बीजक का संस्कृत में अनुवाद कवि बोधा ने अठारहवीं शताब्दी में किया। तुलसी साहित्य के अनुवादों की प्रक्रिया भी आरंभ हुई। दूसरी ओर अरबी और फारसी के कथा साहित्य के अनुवाद संस्कृत में किये गये, जिससे नये ढ़ंग की मौलिक कथाकृतियाँ रची गईं।

इस अंत:क्रिया व पारस्परिकता के परिणाम स्वरूप संस्कृत की छंद:संपदा में अभूतपूर्व वृद्धि हुई। नये भावबोध के साथ नये छंदों की अवतारणा कवियों ने की।

फारसी की अनेक कृतियों के संस्कृत अनुवाद चौदहवीं से अठारहवीं शती के बीच हुए। महेश्वर ठक्कुर अपने समय के बड़े पंडित थे, उन्होंने अकबरनामा का सर्वदेशीयवृत्तांतसंग्रह के

नाम से संस्कृत अनुवाद किया। अलिफलैला के दो अनुवादों का पता चलता है, एक दरभंगा निवासी विश्वेश्वर शर्मा के द्वारा किया गया, दूसरा जगद्बंधु ने बंगाल में काकिना में रह कर किया। अनेक पंडितों ने फारसी-संस्कृत कोश ग्रंथों का इस काल में निर्माण किया। १६०२ई० में घनश्यामदास ने वाक्चातुर्यतरंगिणी नाम से फारसी व अरबी सिखाने हेतु संस्कृत में भाषा शिक्षण की पुस्तक तैयार की। श्री राम शर्मा ने बिब्लियोग्राफी आफ मुगल इंडिया में बताया है कि मुस्लिम काल में लिखे गये इस प्रकार के ग्रंथों की संख्या २५०० तक है। बीजापुर के सुल्तान के जीवन पर विजयपुरकथा नाम से ग्रंथ पांडुरंग नामक परवर्ती कवि ने लिखा। इसी विषय पर अज्ञातकर्तृक विजयपुरीशकथा का भी उल्लेख मिलता है।[१] गोलकुंडा के शासक कुतुबशाह के संरक्षण में बड़े साहब अकबर ने शृंगारमंजरी नाम से नायक नायिका भेद का ग्रंथ लिखा। आदिलशाही सल्तनत पर राजविनोद या जरबक्षपातसाहस्त्रीसुरत्राणचरित्र नाम से काव्य लिखा गया। रामचंद्र ने चाँदसाहिब तथा फतेह सिंह के बीच हुए युद्ध को ले कर सर्वाम्नायचंपू की रचना की। शिवराम के कर्मोपदेश में चार अध्यायों में मुस्लिम त्यौहारों का वर्णन किया है। शिवविलास के नवरोजप्रकाश में मुस्लिम पंचांग का प्रतिपादन किया गया है। १७६४ई० में दलपति राय के यवनपरिपाटी -अनुक्रम या पत्रप्रशस्ति में फारसी और संस्कृत में राजादेश के अनुसार पत्रलेखन की शिक्षा दी गई है। वैज्ञानिक ग्रंथों में भारोत्थापनयंत्रनिर्माण फारसी से अनूदित संस्कृत ग्रंथ है। इसी प्रकार ज्योतिष में ताजिक और रमल सिद्धांतों की शिक्षा देने के लिये सिद्धांतकौतुक नामक ग्रंथ फारसी से अनूदित किया गया।[२]

ऐतिहासिक महाकाव्यों की जो समृद्धि इस पूरी सहस्राब्दी में संस्कृत में देखने को मिलती है, वह इसके पहले नहीं थी। इसी तरह आचार्य कवियों और संत कवियों की सुदीर्घ पंक्ति इस काल में संस्कृत में बनती गई। वेदांतदेशिक, यमुनाचार्य, माध्वाचार्य, मधूसूदन सरस्वती, वल्लभाचार्य, वेंकटाध्वरि जैसी विभूतियों का इस सहस्राब्दी में अवतरण हुआ, जो महान् दार्शनिक या संत होने के साथ संस्कृत के अच्छे कवि भी थे।

बारहवीं शताब्दी के उपरान्त मुगलशासन की स्थापना से इस देश के सामाजिक, राजनीतिक और धार्मिक स्तर में परिवर्तन हुए। सांस्कृतिक दृष्टि से यह उथल-पुथल का युग रहा और इस्लाम के प्रचार के साथ-साथ इस देश में धीरे-धीरे एक नयी संस्कृति पनपी, जो सकारात्मक रूप में संस्कृत साहित्य की रचनायात्रा में प्रतिफलित हुई। जैनुल् आब्दीन, अकबर, इब्राहिम आदिल शाह जैसे शासकों के संरक्षण में प्रचुर मात्रा में संस्कृत में नई रचनाएँ हुईं। मुक्तक तथा रूपक की नई विधाओं का विकास हुआ। संस्कृत के कवि लोकभाषाओं के रचनाकारों के साथ उर्दू, फारसी की काव्यधारा से भी परिचित हुए। रहीम और बिहारी जैसे कवियों की कविता का संस्कृत की मुक्तक रचनाओं पर प्रभाव पड़ा, फारसी काव्य का परिचय भी उनमें झलका। दूसरी ओर दक्षिण भारत में विजयनगर, उड़ीसा, कामरूप, मेवाड़ आदि प्रदेशों में हिन्दू राज्यों में संस्कृति का विशुद्ध भारतीय रूप पल्लवित होता रहा।

दूसरी ओर इस्लाम के प्रभाव तथा कट्टरपंथी मुस्लिम शासकों के आतंक से जहाँ हिन्दू जनता ने अपने आपको कष्ट की स्थिति में असहाय अनुभव किया तथा पर्दे, सती, बाल विवाह आदि की प्रथाएँ समाज में अधिक प्रचलित हुई, वहीं सामाजिक स्तर पर एक नयी लहर भी आयी। जाति, वर्णभेद आदि की प्रथाओं को दूर करने के लिये कई सामाजिक सुधारकों और धार्मिक नेताओं ने प्रयत्न किये। कबीर, तुलसी, नानक आदि ने हिन्दू जनता में एक नयी स्फूर्ति लाने का प्रयास किया।

इस्लाम के प्रभाव से भारत के धार्मिक संसार में भी उथल-पुथल हुई। वज्रयान और शाक्त सम्प्रदाय की गुह्य साधनाओं, मीमांसकों के कर्मकाण्ड आदि की अपेक्षा इस्लाम अधिक व्यावहारिक था। इस्लाम में अस्पृश्यता या ऊँच-नीच का भेद-भाव भी नहीं था। ऐसी स्थिति में इस्लाम के समक्ष हिन्दू धर्म को टिकाये रखने के लिये उसके परम्परागत स्वरूप में परिवर्तन की आवश्यकता थी, और यह कार्य इस काल के ज्ञानदेव, नामदेव, कबीर, नानक, तुकाराम, रामानन्द आदि धार्मिक सुधारकों ने किया। इस प्रकार हिन्दू धर्म में इस्लाम के प्रभाव से नव जीवन का संचार हुआ। यही नहीं, हिन्दू धर्म की इस जागृति ने सांस्कृतिक समन्वय का भी सूत्रपात किया और इस्लाम पर हिन्दू नेताओं के व्यक्तित्व और विचारधारा का प्रभाव पड़ा।

विजयनगर के राजाओं के आश्रय में अनेक विद्वान् तथा कवि रहे। वेदों के महान् भाष्यकार सायण तथा पाराशरमाधवीय के रचयिता माधव यहाँ हुए। विजयनगर का राजा कृष्णदेवराय (१५०९-१५३९ ई०) स्वयं अच्छा कवि और काव्य मर्मज्ञ था। उसने उषापरिणय नाटक, जाम्बबतीकल्याण तथा तेलगु में कुछ काव्यों की रचना की। तिरुमलाम्बा ने अपना साहित्यिक जीवन कृष्णदेव राय के आश्रय में ही प्रारम्भ किया, और उसके पश्चात् वह अच्युतराय के शासनकाल में भी बनी रही। विजयनगर के राजाओं के आश्रय में ही डिण्डिम वंश के कवि हुए, जिनकी परम्परा अतिशय विशाल है। तंजौर के नायक वंशीय राजाओं में रघुनाथ नायक साहित्य और कला को प्रश्रय देने में सबसे अग्रणी रहा। उसका मंत्री गोविन्द दीक्षित स्वयं अच्छा विद्वान् तथा कवि था तथा उसकी पत्नी कवयित्री रामभद्राम्बा ने 'रघुनाथभ्युदय' काव्य की रचना की। रघुनाथ संगीत का महान् प्रेमी था, उसने एक नये प्रकार की वीणा का आविष्कार किया तथा संगीत-सुधा और भारतसुधा नामक संगीत और नृत्य के ग्रन्थ लिखे। पारिजातहरण, वाल्मीकिचरित, अच्युतेन्द्राभ्युदय, गजेन्द्रमोक्ष, रुक्मिणीकृष्णविवाह, यक्षगान, रामायणसारसंग्रह आदि उसकी अन्य रचनाएँ है। रामभद्राम्बा के अतिरिक्त सरस कविता की साम्राज्ञी मधुरवाणी रघुनाथ नायक के दरबार में हुई, जिसने रामायण की कथा पर मधुर ललित शैली में १४ सर्गों में एक महाकाव्य की रचना की। उसके मंत्री गोविन्द दीक्षित ने साहित्यसुधा नामक ऐतिहासिक काव्य लिखा। गोविन्द दीक्षित के पुत्र यज्ञनारायण दीक्षित और वेंकटेश मखी परम विद्वान् और कवि हुए। वेंकटेश मखी ने साहित्य साम्राज्य काव्य तथा अन्य ग्रन्थों की रचना की। यज्ञनारायण के साहित्यरत्नाकर काव्य और रघुनाथाभ्युदय नाटक प्रसिद्ध हैं।

ईस्ट इंडिया कंपनी के द्वारा भारत में अपने पाँव पसारने के साथ योरोप की संस्कृति से संस्कृत का साक्षात्कार हुआ और उन्नीसवीं शताब्दी ने इस भाषा के साहित्य में आधुनिक काल के अवतरण की भूमिका भी रची।

सन्दर्भ

१. इस्लामधर्मानुयायिनां संस्कृतसेवा – वनमाला भवालकर, सागरिका ११.१ पृ० २४

२. ये सूचनाएँ व्ही. राघवन् द्वारा १९७२ के विश्वसंस्कृत सम्मेलन में प्रस्तुत 'संस्कृत एंड इस्लाम' शीर्षक निबंध से ली गईं हैं।

अध्याय १

महाकाव्य तथा अन्य प्रबंधकाव्य

पहली से दसवीं शती ई० तक के संस्कृत महाकाव्यों का परिचय इस ग्रंथ के दूसरे खंड के पहले अध्याय में दिया गया है। दसवीं शताब्दी के पश्चात् संस्कृत महाकाव्य की विकासयात्रा विविध मार्गों से आगे बढ़ती हुई नवीन प्रस्थानों का आविष्कार करती है।

यशोधरचरित तथा पार्श्वनाथचरित

ये दोनों महाकाव्य जैन दार्शनिक तथा कवि वादिराज की कृतियाँ हैं। वादिराज का जन्म तमिलप्रांत में सिंहपुर ग्राम में हुआ। कृष्णमूर्ति ने इस ग्राम को तंजौर जिले के संगवरम् ग्राम से अभिन्न बताया है, विकल्प से त्रिची में सिंघट्टकुरुची के सिंहपुर में इनका जन्म होने की बात भी कही है। यह ग्राम जैन गुरुपरंपरा में नंदीसंघ की आवासभूमि था।

वादिराज मुनि मतिसागर के शिष्य थे, तथा ये चालुक्य सम्राट् जगदेकमल्ल जयसिंह द्वितीय (१०१८-४२ ई०) के आश्रय में रहे। तदनुसार इनका समय ग्यारहवीं शताब्दी का पूर्वार्ध मान्य है। कर्णाटक के अनेक शिलालेखों तथा विविध ग्रंथों में वादिराज की प्रशस्ति की गई है।[१] क्षत्रचूडामणि महाकाव्य के प्रणेता ओडयदेव वादीभसिंह उनके शिष्य थे। वादिराज अपने कवित्व तथा पांडित्य दोनों के लिये प्रसिद्ध रहे हैं। उन्हें षट्तर्कषण्मुख, स्याद्वादविद्यापति तथा जगदेवमल्लवादी की उपाधियों से विभूषित किया गया। वादिराज यह नाम भी उनका अपनी वादनिपुणता के कारण रूढ़ हुआ। इनके असाधारण पांडित्य को ले कर यह पद्य विद्वानों में कहा जाता रहा है –

वादिराजमनु शाब्दिकलोको वादिराजमनु तार्किकसिंहः।
वादिराजमनु काव्यकृतस्ते वादिराजमनुभव्यसहायः।।

वादिराज की निम्नलिखित कृतियाँ प्राप्त होती हैं – यशोधरचरित, पार्श्वनाथचरित, एकीभावस्तोत्र, न्यायविनिश्चयविवरण तथा प्रमाणनिर्णय। अंतिम दो का विषय जैनदर्शनसम्मत प्रमाणमीमांसा है।

यशोधरचरित चार सर्गों का खंडकाव्य है। कृष्णमूर्ति इसे एक महाकाव्य ही बताते हैं।[२] इसमें एक स्त्री का अपने पति से विश्वासघात तथा उसके पापाचरण के कारण दंडित होने का

वृत्तांत है। इसी कथा को ले कर सोमेश्वर ने यशस्तिलकचम्पू: की रचना की है। वादिराज के इस काव्य को आधार बना कर तमिल भाषा में यशोधरचरित नाम से ही खंडकाव्य लिखा गया।[३]

वादिराज के पार्श्वनाथचरित में १२ सर्गों में तेईसवें तीर्थंकर पार्श्वनाथ का समग्र जीवनचरित निरूपित है। इस महाकाव्य को वादिराज ने १०२५ई० में चालुक्यराज जयसिंह देव की राजधानी कट्टगेरी में निवास करते हुए पूर्ण किया। इसका आधार उत्तरपुराण है। पार्श्वनाथ के पूर्वभवों या पूर्वजन्मों का वर्णन भी विशद रूप में कवि ने किया है। अंत:प्रकृति तथा बाह्यप्रकृति का सुंदर समन्वय इस महाकाव्य में हुआ है। शृंगाररस के प्रसंग भरपूर हैं। युद्ध, सैन्यप्रायाण, ऋतु आदि के चित्ताकर्षक वर्णनों से कवि ने महाकाव्य को सजाया है। भट्टारक विजयकीर्ति के शिष्य गुणभद्र की इस पर टीका मिलती है। कथानक का आधार उत्तरपुराण का ७३वाँ पर्व है। वादिराज की भाषा व शैली सरस प्रसादगुण संपन्न है। प्रकृति के आकर्षक व नवीन कल्पनाओं से समन्वित अनेक रमणीय चित्र महाकाव्य के विस्तीर्ण फलक पर कवि ने उकेरे हैं। भद्राचल पर्वत के वर्णन में वादिराज की कल्पनाएँ गगनचुंबी हो गईं हैं। उदाहरणार्थ—

यः पार्श्वभारप्रविलम्बितेन विचित्रजीमूतकुथेन रात्रौ।
नक्षत्रमालापरिवीतमूर्धा सन्नद्धमन्वेति गजाधिराजम्।।

(इस पर्वत के पार्श्वभाग में मेघ लटक रहे थे, जिनसे कुथा उसके दोनों लटकी लगती थी। वह नक्षत्रमालाएँ पहने गजाधिराज के समान लगता था।)

शरद् के बीतते बीतते हेमंत के आगमन का यह दृश्य है –

अवबुद्ध्य निजात्ययं विषादाद् रुदिताऽथ शरद् हिमागमादौ।
भृशमश्रुजलैरिव प्रसस्त्रे हिमबिन्दुप्रकरैर्वियत्यपारे।।

(५.२७)

(अपनी समाप्ति को समझ कर विषाद के कारण हिमागम के आरंभ में शरद् ने मानो रो कर हिम बिंदुओं के द्वारा अनंत आकाश में अश्रु की धार बहा दी।)

शांतरस की प्रधानता, तदनुरूप निर्वेदपरक दृष्टि की प्रभविष्णु अभिव्यक्ति वादिराज ने की है—

विवेकवीतं विरसीक्रियान्तं सङ्कल्परम्यं चरितं स्मरस्य।
न तेन कुर्वन्ति यशो मलिष्ठं लोकद्वयं श्लाघ्यगुणं गुणाढ्याः।।

(२.३७)

(कामदेव का चरित विवेक से रहित, अंत में रसहीन, केवल संकल्प में ही अच्छा लगने वाला होता है। गुणाढ्य लोग इसके कारण अपने दोनों लोकों को और यश को मलिन नहीं बनाते।)

अपने नाम के अनुरूप इतर मतों के प्रति वाद के भाव से धिक्कार व दूषणदान की भाषा में जल्प व वितंडा की शैली का प्रयोग भी वादिराज ने किया है। शृंगार के अत्यंत चटकीले चित्र उसने अंकित किये हैं, उनके भीतर भी कहीं न कहीं विडंबना का बोध है—

रहःपरामृष्टतदङ्घ्रिपल्लवं प्रमोदयन्तं कुपितामिव प्रियाम्।
लता जहासेव नवप्रसूनकैर्युवानमन्तर्गतभृङ्गनिःस्वनैः।।

(८.४०)

(कुपित प्रिया को एकांत में उसके चरण पकड़ कर मनाते युवक की नवीन प्रसूनों और भौरों के गुंजार के द्वारा लता मानो खिल्ली उड़ा रही थी।)

वादिराज ने अपने एक अन्य काव्य काकुस्थचरितम् का अपने यशोधरचरितम् में स्वयं उल्लेख किया है। यह काव्य अप्राप्त है।

महाकवि क्षेमेंद्र और उनके प्रबंधात्मक काव्य

महाकवि क्षेमेंद्र अपनी बहुमुखी प्रतिभा तथा विशाल कर्तृत्व के द्वारा संस्कृत साहित्य के इतिहास में अविस्मरणीय स्थान रखते हैं। मंख और रत्नाकर आदि महाकवियों के समान इन्होंने भी शारदा की भूमि (कश्मीर) को अपने जन्म से अलंकृत किया। क्षेमेंद्र ने अपनी रचनाओं में अपना संक्षिप्त परिचय दिया है, जिसके अनुसार वे राजा अनंत (१०२८-१०६३ई०) के समकालीन थे। इसके साथ ही क्षेमेंद्र ने अपनी कुछ कृतियों में रचनाकाल का उल्लेख किया है। इन उपलब्ध साक्ष्यों से उनका जन्म ९९०ई० के लगभग तथा निधन १०७०ई० के लगभग निश्चित किया गया है। उनके वृद्ध प्रपितामह नरेंद्र कश्मीर के राजा जयापीड के कर्मचारी थे। इनके प्रपितामह का नाम योगेंद्र, पितामह का नाम सिंधु तथा पिता का नाम प्रकाशेंद्र था। इनके पिता अत्यंत उदार तथा धार्मिक वृत्ति के थे। पिता के विषय में क्षेमेन्द्र ने लिखा है – वे गुणों के आगार, अर्थियों के लिये कल्पवृक्ष, सुमेरु पर्वत के समान सम्पत्तियों के निधान, असंख्य ब्राह्मणों को भोजन कराने वाले, मन्दिरों का निर्माण करने वाले तथा शंकर के परम भक्त थे। काश्मीर में वे इतने प्रसिद्ध थे कि उन्हें उस भू-भाग का प्रकाश कहा जाता था। इन्होंने ब्रह्माजी का मन्दिर बनाकर उसमें देवताओं की प्रतिष्ठा की थी। बोधिसत्वावदानकल्पलता के अनुसार उन्होंने एक समृद्ध विहार का भी निर्माण कराया था। शंकर पर उन्हें इतनी श्रद्धा थी कि उनका देहावसान शंकर के मन्दिर में अपने इष्टदेव की मूर्ति को आलिंगन किये हुए ही हुआ था। अपने पिता के प्रभाव से क्षेमेन्द्र ने विद्वानों और कवियों के बीच ख्याति पाई थी।[४]

कश्मीर उस समय बड़े बड़े विद्वानों और महाकवियों की निवास भूमि था। क्षेमेंद्र ने अनेक श्रेष्ठ गुरुओं के सान्निध्य में ज्ञानार्जन किया। उन्होंने अपने को 'सकलमनीषिशिष्य' कहा है। विशेष रूप से शैव दर्शन तथा साहित्य के महान् आचार्य अभिनवगुप्त इनके गुरु रहे। यह सम्भव है कि विद्या या विभिन्न कलाओं की शिक्षा के लिये क्षेमेन्द्र अपनी व्यापक रुचि और अध्यवसाय के कारण अपने समय के प्रसिद्ध विद्वानों और कलाविदों के पास गये हों, पर क्षेमेन्द्र ने अपने तीन गुरुओं अभिनवगुप्त, गंगक तथा सोमपाद का ही आदरपूर्वक उल्लेख किया है, जिससे स्पष्ट है कि उनके गुरुओं में से ये तीनों ही प्रमुख थे।[५]

ऐसा प्रतीत होता है कि क्षेमेन्द्र का सम्पूर्ण जीवन सन्तुलित रूप में सन्तोष के साथ बीता था। जीवनपर्यन्त विद्याभ्यास, पर्यटन, सत्संग और ग्रन्थरचना में ही क्षेमेन्द्र लगे रहे होंगे। उनके ग्रन्थों की विशाल संख्या उनकी कर्मठता का परिचय देती है। क्षेमेन्द्र की अब तक छोटी बड़ी ३३ पुस्तकों का पता लग चुका है।[६]

क्षेमेन्द्र के सोमेन्द्र और चक्रपाल नामक दो पुत्र हुए थे। सोमेन्द्र ने अपने पिता की बोधिसत्वावदानकल्पलता में अन्तिम १०८ वां अवदान जोड़ा था।[७]

रचनाएँ-क्षेमेंद्र ने महाकाव्य, रूपक, खंडकाव्य, उपदेशपरक पद्य, शतक आदि के अतिरिक्त अनेक शास्त्रीय ग्रंथों की भी रचना की। उनके ३९ ग्रंथों का उल्लेख मिलता है, जिनमें से उन्नीस ग्रंथ वर्तमान में उपलब्ध हैं, तथा बीस रचनाएँ अप्राप्त हैं।[८] उपलब्ध रचनाएँ इसप्रकार हैं—

महाकाव्य- बृहत्कथामंजरी, भारतमंजरी, रामायणमंजरी, दशावतारचरित तथा बोधिसत्त्वावदानकल्पलता।

उपदेशात्मक काव्य तथा खंडकाव्य- कलाविलास, समयमातृका, चारुचर्या, सेव्यसेवकोपदेश, दर्पदलन, देशोपदेश, नर्ममाला, चतुर्वर्गसंग्रह, नीतिकल्पतरु।

शास्त्रीय ग्रंथ- औचित्यविचारचर्चा, कविकंठाभरण, सुवृत्ततिलक तथा लोकप्रकाशकोश।

कवि और आचार्य दोनों के रूप में क्षेमेंद्र का संस्कृत साहित्य को विलक्षण और विपुल योगदान है। काव्यशास्त्र और छन्दःशास्त्र को औचित्यविचारचर्चा, कविकण्ठाभरण तथा सुवृत्ततिलक इन तीन ग्रंथों के द्वारा क्षेमेंद्र ने अपने मौलिक चिंतन से संपन्न बनाया, तो दशावतारचरित महाकाव्य के द्वारा अपनी कविप्रतिभा के प्रकर्ष का परिचय दिया। उनकी कलाविलास, सेव्यसेवकोपदेश, देशोपदेश, नर्ममाला ज़ैसी काव्यकृतियाँ अपने समय की सच्चाइयों का बेबाक बयान करती हैं, तो रामायणमंजरी, भारतमंजरी, बृहत्कथामंजरी, बोधिसत्त्वावदानकल्पलता जैसी दीर्घकाय रचनाओं में परंपराएँ संगृहीत हुई हैं। व्यंग्य और विनोद तथा सामाजिक यथार्थ के निरूपण की दृष्टि से तो क्षेमेंद्र जैसा अन्य कवि संस्कृत में नहीं है।

क्षेमेंद्र की अनुपलब्ध रचनाओं में कविकर्णिका, नृपावली, पद्यकादंबरी, चित्रभारतनाटक, लावण्यमंजरी, कनकजानकी नाटक, शशिवंशमहाकाव्य, विनयवल्ली, अमृततरंग महाकाव्य, नीतिलता, पवनपंचाशिका, मुक्तावली, अवसरसार, मुनिमतमीमांसा, ललितरत्नमाला, वात्स्यायनसूत्रसार, आदि उल्लेखनीय हैं। ऊपर उल्लिखित अपने काव्यशास्त्रविषयक ग्रंथों में क्षेमेंद्र ने अपने स्वयं के ४१५ पद्य उद्धृत किये हैं, जिनमें से १७० उनकी प्राप्त रचनाओं में से हैं, तथा शेष २४५ अप्राप्त रचनाओं से। उनके अनुपलब्ध ग्रंथों में अनेक नाटक हैं, जिनकी चर्चा इस ग्रंथ के प्रस्तुत खंड में नाटक विषयक अध्याय में की जा रही है। वात्स्यायनसूत्रसार नामक अपने कामशास्त्र के ग्रंथ से क्षेमेंद्र ने औचित्यविचारचर्चा में काम की प्रीत्यात्मकता के औचित्य को प्रदर्शित करने वाला एक पद्य उद्धृत किया है। इससे लगता है कि यह शास्त्रीय ग्रंथ क्षेमेंद्र ने पद्यों में निबद्ध किया था।

बृहत्कथामंजरी- इसका रचनाकाल १०३७ई० है। यह गुणाढय की प्राकृत भाषा में लिखी बड्डकहा (बृहत्कथा) का रूपांतर है। इसमें ७६३९श्लोक तथा १९लंबक हैं। प्राचीन कथानकों को सरस शैली में क्षेमेंद्र ने निबद्ध किया है। क्षेमेंद्र ने सूचित किया है कि उन्हें मूल बृहत्कथा की प्रति उपलब्ध थी। तथापि पाँचवें लंबक (अध्याय) तक ही प्रायः उन्होंने मूल बृहत्कथा का यथावत् रूपांतर किया है, इसे बाद के चौदह लंबकों में कथानक के निर्वाह में मौलिकता प्रकट की है।

आरंभ में ग्रंथानुरूप मंगलाचरण किया गया है –

उमाप्रणामसङ्क्रान्तचरणालक्तकः शशी।
सन्ध्यारुण इवाभाति यस्य पायात् स वः शिवः।।

क्षेमेंद्र ने अवांतर कथाओं का आख्यायिका के नाम से संयोजन कथानिर्वाहचातुरी के साथ किया है। मूल कथा का प्रवाह बना रहता है, जिसमें कल्लोल करती हुई अवांतर कथाएँ तथा आख्यायिकाएँ हिलोर लेती हैं। टेंटाकरालाख्यायिका, खंडकापालिकवधकथा, कन्याचतुष्टयप्राप्तिकथा, शबरराजपुत्रीलाभकथा, गजवराहशापमुक्तिकथा, केसटाख्यायिका, ब्रह्मदत्ताख्यायिका, विद्युज्जिह्ववधकथा, सावित्र्याख्यायिका, समुद्रशूराख्यायिका, वणिक्पुत्रबकाख्यायिका, मार्जाराख्यायिका, छागाख्यायिका, हंसाख्यायिका, काकोलकाख्यायिका आदि सैंकड़ों कथाओं, आख्यायिकाओं को संवादों के बीच सहज रूप में बृहत्कथामंजरी में पिरो दिया गया है। पात्रों की बातचीत के प्रसंग में अनेक कथाएँ संयोजित होती जाती हैं, जैसे वसंतक वासवदत्ता को देवस्मिता की कथा सुनाता है। दृष्टांत के रूप में अनेक छोटी छोटी रोचक कथाएँ इसमें क्षेमेंद्र ने जोड़ी हैं। कथा की क्षिप्रता में अनेक चमत्कारपूर्ण संविधान उपस्थित होते गये हैं, तथा विविध भावों और रसों का संगम भी होता गया है। दरिद्र की दीन दशा का वर्णन करते हुए लावाणक नामक तृतीय लंबक में देवदासाख्यायिका में कहा है

धन्यः शवो निरुच्छ्वासो दीर्घनिद्रातिशीतलः।
सावज्ञः करुणापात्रं जन्तूनां न तु दुर्गतः।।
दावाग्निश्चन्दनं तस्य विषपानं मधूत्सवः।
विश्रान्तिर्मरणं चास्य स्वजनो येन पाच्यते।।

(तृतीय लंबक, २८७-८८)

(उच्छ्वासरहित या बिना श्वास का चिरनिद्रा में शीतल शव धन्य है, जो प्राणियों की करुणा का पात्र बनता है, दुर्गत या निर्धन व्यक्ति (धन्य) नहीं है। इस दुर्गत के लिये तो चंदन भी दावानल बन जाता है, मधूत्सव भी विषपान हो जाता है, विश्रांति भी मरण हो जाती है, वह स्वजनों को ही दाह देता है।)

शशांकवती नामक नवम लंबक में संसारचक्र का वर्णन तथा दान, शील, क्षांति, धैर्य ध्यान और प्रज्ञा शीर्षकों से छह पारमिताओं का वर्णन करते हुए क्षेमेंद्र ने अपनी आदर्शप्रवण

दृष्टि को सटीक अभिव्यक्ति दी है। इसी लंबक में १२२३ पद्यों में वैतालपंचविंशति की पच्चीस कथाएँ भी समाविष्ट हैं।

क्षेमेंद्र समासशैली के निपुण निबद्धा तथा भाषा के कुशल शिल्पी हैं। अवसरोचित यमक, श्लेष आदि शब्दालंकारों तथा विविध अर्थालंकारों के विन्यास से उन्होंने इस रचना को अलंकृत किया है। आरंभ में खलनिंदाप्रसंग में कहा है—

दोषालोकननिपुणाः पुरुषगिरो दुर्जनाश्च घूकाश्च।
दर्शनमपि भयजननं येषामनिमेषपिशुनानाम्।।

यहाँ दोषालोकननिपुणाः तथा अनिमेषपिशुनानाम् इन दोनों पदों में श्लेष का अच्छा निर्वाह है, जिससे पुरुषों की वाणी, दुर्जन तथा घूक या उल्लू इन तीनों के लिये अर्थ निकलता है।

भारतमंजरी- यह हरिवंशसहित महाभारत का संक्षिप्त रूपांतर है, जिसके द्वारा क्षेमेंद्र ने साहित्य जगत् में बड़ी प्रतिष्ठा प्राप्त की और इन्हें इसी रचना के कारण व्यासदास की उपाधि दी गयी। इसमें १०८९२ श्लोक तथा १९पर्व हैं। आदिपर्व का आरंभ अनुक्रमणिका तथा पर्वसंग्रह इन दो अध्यायों के साथ किया गया है। महाभारत का एक एक उपाख्यान क्षेमेंद्र ने यथावत् संक्षिप्त किया है। आदिपर्व में आस्तीककथा, अमृतहरण, शकुंतलोपाख्यान; आरण्यपर्व में नलोपाख्यान तथा विविध तीर्थों का वर्णन संयोजित है। आदिपर्व में ही पंचेंद्रोपाख्यान, सुंदोपसुंदोपाख्यान, श्वेतक्युपाख्यान आदि के साथ कच, ययाति, नहुष आदि के चरित; आरण्यकपर्व में सुरभ्युपाख्यान, नलोपाख्यान, जन्तूपाख्यान आदि; भीष्म पर्व में गीता के अठारहों अध्याय तथा विश्वोपाख्यान; कर्णपर्व में त्रिपुरवधोपाख्यान तथा हंस और काक की कथा तो शांतिपर्व में अनेक लघु उपाख्यान क्षेमेंद्र ने समाहित कर लिये हैं। शांतिपर्व में हंसगीता, पराशरगीता तथा अनुगीता आदि भी यथोचित रूप में समाविष्ट हैं। आरण्यपर्व में युधिष्ठिर के द्वारा आठ पद्यों में सूर्यस्तव प्रभावशाली है। इसी पर्व में मैत्रेय ऋषि के द्वारा दुर्योधन को शाप दिये जाने का प्रसंग प्रबंधवक्रता का आधान करने वाला है। उन्नीसवें पर्व की समाप्ति पर कविप्रशस्ति, व्यासाष्टकम् तथा उपसंहारकथन में क्षेमेंद्र ने अपनी अनाविल निर्मल सरस्वती की पावन धारा बहा दी है। महाभारत क्यों पठनीय है यह भी उन्होंने सुंदर शब्दों में यहाँ बताया है। भारतमंजरी की रचनाप्रक्रिया पर प्रकाश डालते हुए उन्होंने इसके उपसंहार में कहा है कि रामयशस् नामक ब्राह्मण ने आ कर उनसे अनुरोधकिया कि आप महाभारत की कथा लिखिये। क्षेमेंद्र ने उससे कहा कि मैं इसे लिखूँगा, यह तो मैंने पहले ही सोच रखा था कि यह कार्य करना है। सत्यवती के सुत महर्षि व्यास ने स्वप्न में प्रकट हो कर मुझे ज्ञाननिधि प्रदान की। उनको नमन कर के मैं आपकी इच्छा पूरी करने के लिये तैयार हूँ।

कदाचित् ब्राह्मणेनेत्य स रामयशसार्थितः।
सङ्क्षिप्तां भारतकथां कुरुष्वेत्यार्यचेतसा।।
स तमूचे करोम्येव प्रागेतच्चरितं मम।

हृष्टः सत्यवतीसूनुः स्वप्ने ज्ञाननिधिं ददौ।।
तं नमस्कृत्य वरदं सज्जोऽहं त्वत्समीहिते।
इत्युक्त्वा स्वप्नदृष्टस्य मुनेस्तुष्टाव तद्वपुः।।

(भारतमंजरी, काव्यमाला-६४, पृ० ८५०)

पूरे महाभारत का गहन अध्ययन कर के एक लाख से अधिक श्लोकों को लगभग दस हजार श्लोकों में क्षेमेंद्र ने अपनी आंतरिक निष्ठा और अभिनिवेश के साथ समाहित कर लिया है। यह उनकी विलक्षण मेधा का प्रमाण भी है। महाभारत का कोई भी उपाख्यान या अवांतर कथा उन्होंने छोड़ी नहीं है, तथा संक्षेप करते हुए भी रोचकता और सरसता बनाये रखी है। महाभारत के ही समान उनकी भारतमंजरी एक लघुविश्वकोश बन गई है। अवसरोचित ज्ञानचर्चा व पुरुषार्थोपदेश पूरी रचना में पिरोये हुए हैं। अक्षौहिणी आदि सेनाओं का स्वरूप बताते हुए क्षेमेंद्र कहते हैं—

रथो गजो नराः पञ्च त्रयोश्वाः पत्तिरुच्यते।
सेनामुखं गुल्मगणो वाहिनी पृतना चमूः।।
क्रमादनीकिनी चैतत्त्रिगुणं त्रिगुणं भवेत्।
अनीकिनीं दशगुणामाहुरक्षौहिणीं बुधाः।।

(आदिपर्व, २१,२२)

अवसरोचित वर्णन संक्षिप्त होते हुए भी क्षेमेंद्र सौंदर्य की अनुभूति कराते हैं। आदिपर्व के अंतर्गत शकुंतलोपाख्यान में शकुंतला तथा द्रौपदी के रूप के वर्णन मनोहारी हैं। शकुंतला के दुःष्यंत के द्वारा प्रथम दर्शन के समय उसकी छवि का चित्रण है –

नयनानलदग्धेन विदग्धेन मनोभुवा।
त्रिनेत्रवञ्चनायैव कल्पितां ललनातनुम्।।
यथोचितकृतातिथ्यां हृष्टां स्वागतवादिनीम्।
प्रच्छाकुलितः क्षिप्रं विस्मयेन स्मरेण च।।

(आदिपर्व २३३-३४)

यहाँ दग्धेन तथा विदग्धेन – इन पदों के प्रयोग से अनायास यमक साधा गया है, मानों त्रिनेत्रधारी शिव को वंचित करने के लिये कामदेव ने ललना का रूप बना लिया हो – इस कथन में उत्प्रेक्षा अलंकार है। विस्मयेन स्मरेण इन पदों के द्वारा छेकानुप्रास रचा गया है।

अभिमन्युवध तथा दुर्योधन के स्वर्गगमन के प्रसंग हृदयद्रावक हैं, तथा अपनी संक्षिप्ति में भी करुणरस का उद्रेक कराने वाले हैं। अभिमन्यु के वध के बाद का दृश्य है –

प्रशान्तमपि तं दृष्ट्वा क्षत्रवेणुवनानलम्।
पुनरुत्तिष्ठतीत्यासीद् भूभुजां हृदयभ्रमः।।

तं दृष्ट्वा चन्द्रवदनं कुमारं भूमिपातितम्।
व्योमगा मुमुचुर्वाष्पं सुरविद्याधराङ्गनाः।।

(द्रोणपर्व, २१७-१९)

(क्षत्रियों के वेणुवन या बाँस के जंगल के लिये आग के समान उस अभिमन्यु के प्रशांत हो जाने पर भी राजाओं के मन में धुकधुकी लगी रही कि कहीं वह फिर से न उठ बैठे। चंद्रमा के समान मुख वाले उस कुमार को धरती पर गिरा देख कर आकाशचारी देवांगनाएँ तथा विद्याधरियाँ आँसू बहाने लगीं।)

दुर्योधन के स्वर्गप्रयाण को कवि ने गरिमा प्रदान करते हुए कहा है –

स परिष्वज्य यत्नेन द्रौणिं साश्रुविलोचनम्।
पुनर्नः सङ्गमः स्वर्गे भूयादित्यवदच्छनैः।।
अङ्के विधाय दयितां स गदां सदैव
भुक्तां चिरं वसुमतीमवगूह्य दोर्भ्याम्।
कर्णावलम्बितबलोद्गतजीवचारो
वीरः शनैः सुरवधूप्रणयी बभूव।।

(सौप्तिकपर्व ६४-६५)

(दुर्योधन ने आँसू बहाते द्रोणपुत्र को गले लगाया, फिर धीरे से कहा – हम दोनों का स्वर्ग में फिर मिलन होगा। अपनी प्यारी गदा को अंक में रखे हुए भोगी हुई वसुमती को दोनों हाथों में आलिंगन किये हुए, कर्ण पर अवलंबित अपनी शक्ति और प्राण के साथ संचरण करता वह वीर धीरे धीरे अप्सराओं का प्रणयी बन गया।)

भारतमंजरी में १९ पर्वों में पर्वानुसार श्लोकसंख्या इसप्रकार है—

आदि – १३९७. सभा – ४७४, आरण्य – १९६४, विराट – ४०३, उद्योग – ६७२, भीष्म – ४९७, द्रोण- ८०४, कर्ण – २१८, शल्य – ७१, गदा – १११, सौप्तिक – १०१, स्त्री – ९१, शांति – १८००, आश्वमेधिक – २१५, आश्रमवासिक – ६९, मौसल – ३४, महाप्रस्थानिक – ३३, स्वर्ग – ३४, हरिवंश – १६४१

इस से स्पष्ट है कि महाभारत के पर्व आकार मे जितने बड़े हैं, उसके अनुपात में ही उनका संक्षिप्तीकरण किया गया है।

भारतमंजरी सुंदर सूक्तियों से सुवासित है। कतिपय उदाहरण द्रष्टव्य हैं –

अदृश्यः कोप्यपूर्वोयं तृष्णाव्याधिरभेषजः।
संत्यक्तेपि शरीरेऽस्मिन् यो न शाम्यति देहिनाम्।।

(आरण्यपर्व, १०)

(तृष्णा की यह अदृश्य बीमारी ऐसी अपूर्व है कि इसकी कोई औषध नहीं है, जो इस शरीर को छोड़ देने पर भी शरीरधारियों में शांत नहीं होती।)

जाने ज्वालाजटालेभ्यः कटाहेभ्यः पिबन्ति ते।
तैलं तृष्णातरलिता राजा यैरुपजीव्यते।।
सेव्यन्ते क्षितिपाः क्षुद्राःयदेतत्कूपलङ्घनम्।
प्रकोपो निधनं येषां स्मितमात्रं त्वनुग्रहः।।
चाटुकारैरनुज्ञासु कृतमित्येव वादिभिः।
चिन्तानुवर्तिभिर्धूर्तैर्भुज्यन्ते राजसम्पदः।।

(विराट, २०-२२)

(जो लोग तृष्णा से चंचल बन कर राजा की सेवा करते हैं, मुझे लगता है कि वे ज्वालाओं से घिरे कटाहों से तैल पीते हैं। जिनका प्रकोप मृत्यु और मुस्का भर देना अनुग्रह होता है। ऐसे क्षुद्र राजाओं की सेवा करना ऐसा है जैसे कुए में कूदना। चाटुकार लोग इन रजाओं की अनुज्ञा पर बस यह कार्य हो गया – यह कहते हुए उनकी चिंता का अनुवर्तन करते हुए राजसंपदा का उपभोग करते हैं।)

तथापि सामसाध्येऽर्थे न दण्डः सद्भिरिष्यते।
को हि हस्तावचेयेषु पद्मेषु परशुं क्षिपेत्।।

(उद्योगपर्व १०)

(जो काम साम से साध्य हो, उसके लिये सज्जन लोग दंड का प्रयोग अच्छा नहीं समझते। हाथ से तोड़े जाने के योग्य कमलों पर परशु कौन चलायेगा।)

रामायणमंजरी- यह वाल्मीकि रामायण का संक्षिप्त रूपांतर है। इसमें ६४०० श्लोक तथा सात कांड हैं, पर बालकांड और अयोध्याकांड को मिला कर एक बना दिया गया है तथा किष्किंधाकांड को किष्किंधा पर्व तथा किष्किधाकांड इन दो भागों में विभाजित किया गया है। वर्णन में काव्यात्मकता की मनोहारी छटा है। अलंकार क्षेमेंद्र की लेखनी के अनुगत बन कर उनकी रचना में सहज अवतरित होते जाते हैं। वे एक छोटे से अनुष्टुप् में कई बार एक साथ कई अलंकारों की लड़ी गूँथ देते हैं। उदाहरण के लिये -

सूर्यरत्नगृहैर्लङ्का वासरस्याशु गच्छतः।
क्षणमंशुकसंसक्ता हस्तालम्बमिवाकरोत्।।

(रामायणमंजरी, सुंदरकांड, १७४)

(सूर्यकांत मणियों से जटित घरों के द्वारा लंका ने रेशमी वस्त्रों में लिपटी नायिका की भाँति शीघ्रतापूर्वक जाते हुए दिन रूपी नायक का मानों क्षण भर के लिये हाथ पकड़ लिया।)

यहाँ कवि ने समासोक्ति तथा उत्प्रेक्षा दो अलंकारों का संकर रच दिया है।

दशावतारचरित- इस महाकाव्य में १७५९ श्लोकों में विष्णु के दस अवतारों का वर्णन है। इस का रचनाकाल १०६६ई० है। यह महाकवि क्षेमेंद्र की अंतिम कृति मानी जाती है।

इसमें बुद्ध का चरित भी विष्णु के अवतारों में सम्मिलित किया गया है। विषयवस्तु के अनुसार यह महाकाव्य दस खंडों में विभाजित है। श्रीकृष्णावतार के निरूपण में कवि का मन विशेष रमा है, जो ८७३श्लोकों में निरूपित है। श्रीरामावतार का निरूपण २९४ पद्यों में है। इसमें परवर्ती रामायणों - जैसे अध्यात्मरामायण— के प्रसंग भी सम्मिलित किये गये हैं। मत्स्यावतार (६० पद्य), कूर्मावतार (४०पद्य) तथा वराहावतार (२९ पद्य) परशुरामावतार (३५पद्य) अपेक्षाकृत संक्षिप्त हैं। अवतारों का क्रम इस प्रकार है- मत्स्य, कूर्म, वराह, नरसिंह, वामन, परशुराम, श्रीराम, श्रीकृष्ण, बुद्ध तथा कल्कि। महाकवि जयदेव ने अपने गीतगोविंद में विष्णु और कृष्ण को अभिन्न मान कर दशावतारवंदना की है, उसमें कृष्ण के स्थान पर बलराम हैं।

दशावतारचरित काव्यसौंदर्य तथा भारतीय सांस्कृतिक आदर्शों और धार्मिक तथा दार्शनिक तत्त्वों की अभिव्यक्ति के कारण एक उत्कृष्ट महाकाव्य है। वैकुंठवासी विष्णु के प्रति महाकवि ने इस काव्य में अकुंठ भक्ति प्रकट की है—

सन्तोषो यदि किं धनैः सुखशतैः किं यद्यनायत्तता
वैराग्यं यदि किं व्रतैः किमखिलैस्त्यागैर्विवेको यदि।
सत्सङ्गो यदि किं दिगन्तगमनप्रस्थानतीर्थश्रमैः
श्रीकान्ते यदि भक्तिरप्रतिहता तत्किं समाधिक्रमैः।।

(१।१५)

क्षेमेंद्र के वर्णनों में विषय के अनुरूप वैदर्भी, गौडी या पांचाली रीतियों का समन्वय है तथा उनकी पदावली वर्ण्य विषय को साकार तथा हृदयंगम करा देती है। प्रथमावतार (मत्स्य) के वर्णन में—

पुच्छाच्छोटोच्छलितसलिलालोलकल्लोलजालैः
श्वासाभ्यासप्रसरदमलोत्तुङ्गरङ्गत्तरङ्गैः ।
खं कुर्वाणं श्रितमिव घनोल्लासकैलासलक्ष्यै-
र्दृष्ट्वा मत्स्यं हरिरिति मनुस्तत्प्रणामानतोऽभूत्।।

(पूँछ के आच्छोटन से उच्छलित जल के चंचल लहरी जाल से साँस छोड़ने से फैली अमल उत्ताल तरंगों से आकाश को घने उल्लास वाले कैलास के द्वारा लक्षित बनाते हुए मत्स्य को देख कर मनु उनके सम्मुख हरि के रूप में प्रणाम के लिये झुक गये।)

समुद्रमंथन के वर्णनमें 'कठिनकमठपीठप्रष्ठपृष्ठप्रतिष्ठप्रविलुठदचलेन्द्रोद्घातनिर्घातघोषः' (२।१६) जैसी पदावली भी है , तो वामनावतार- वर्णन में देवताओं के द्वारा विष्णु से प्रार्थना के क्रम में - 'लोके द्रष्टासि निःशेषे शेषे शेषे नु केवलम्' (५।१२८) जैसी प्रसादरम्य सरस और यमक के विन्यास से विचित्र पदावली भी सहज रूप में निबद्ध है।

क्षेमेंद्र की भाषा का लालित्य, सरलता और सरसता इस महाकाव्य में प्रकर्ष पर हैं। नये मुहावरों के प्रयोग में वे सिद्धहस्त हैं। जैसे—

मुष्णाति दक्षिणं पाणिं वामो वामं च दक्षिणः।

(१।२८)

(दाहिना हाथ बायें हाथ को और बायाँ हाथ दाहिने को छल रहा है।)

अनुप्रासों की लड़ियाँ गूँथने में तथा अपनी कविता को मौलिक उपमाओं और उत्प्रेक्षाओं से विभूषित करने में क्षेमेंद्र विलक्षण प्रतिभा का परिचय देते हैं। प्रलयकालीन मेघमाला के लिये उन्होंने उपमाएँ दी हैं-

अथादृश्यत कार्तान्तमहिषस्येव सन्ततिः।
निर्दग्धजगदङ्गारमलिना मेघसंहतिः।।

(१.३६)

इस पद्य में मेघों के लिये यमराज के भैसों के समुदाय तथा जलते जगत् के कोयलों के समान काले ये उपमाएँ प्रसंग के अनुरूप हैं। पूरे महाकाव्य में अनुष्टुप् छंद का प्रयोग सर्वाधिक हुआ है, जिससे कथा का प्रवाह निरंतर बना रहा है। कहीं कहीं शार्दूलविक्रीडित जैसे बड़े छंदों को भी इस प्रवाह में अवरोध किये बिना कवि ने गूँथ दिया है।

भक्तिभाव की माधुरी तथा विधा की दृष्टि से रागकाव्य की रचना के लिये भी क्षेमेंद्र इस महाकाव्य के द्वारा पथप्रदर्शक बने। दशावतारचरित की यह गीति जयदेव आदि कवियों की रचनाओं का पूर्वरूप है—

ललितविलासकलासुखखेलनललनालोभनशोभनसौवन मानितनवमदने।
अलिकुलकोकिलकुवलयकज्जलकालकलिन्दसुताविगलज्जलकालियकुलदमने।
केलिकिशोरमहासुरमारणदारुणगोकुलदुरितविदारणगोवर्धनधरणे।
कस्य न नयनयुगं रतिसज्जे मज्जति मनसिजतरलतरङ्गे वररमणीरमणे।।

अवतारों की कथाओं में बुद्ध के वृत्तांत को छोड़ कर क्षेमंद्र शेष वृत्तांतों के लिये पुराणों के ऋणी हैं, पर उन्होंने इन वृत्तांतों में नवीन प्रसंगों या नयी परिकल्पनाओं का विन्यास भी किया है। राम के वृत्त में उन्होंने प्रारंभ से ही रावण के साथ संघर्ष को केंद्र में रखा है। आरंभ में ही रावण के द्वारा सती वेदवती के प्रधर्षण का चित्रण बहुत प्रभावशाली है, और यही रावण के पतन का कारण बनता है।

क्षेमेंद्र समकालीन परिस्थितियों का संकेत करते हैं। पौराणिक वृत्त की परिधि में उन्होंने अपने समय के समाज और उसकी प्रवृत्तियों का दिग्दर्शन कर दिया है।

क्षेमेंद्र की सबसे बड़ी विशेषता विचारप्रधानता और तथ्य तथा भूतार्थता के प्रति जागरूकता है। इसकारण जीवन के मर्म को उद्घाटित करने वाली सूक्तियाँ उनके काव्यों में पदे पदे प्राप्त होती हैं। उदाहरण के लिये—

प्रायेणोपकृतिः कृतघ्नहृदयेपाषाणपट्टे कृषिः।

(दशावतारचरित, ७।१७२)

(कृतघ्न व्यक्ति के लिये किया गया उपकार पत्थर पर खेती करने जैसा है।)

कुलस्यान्तनिमित्तेन स्त्रीणां दुश्चरितेन वा।
पापशापेन वा नूनं जायन्ते कुलपांसनाः।।

(दशावतारचरित, ४।५५)

(कुल के अंत के निमित्त या स्त्रियों के दुश्चरित्र के कारण या पाप अथवा शाप के कारण कुल के कलंकी जन्म लेते हैं।)

अहो कालसमुद्रस्य न लक्ष्यन्तेऽतिसन्तताः।
मज्जन्तोऽनन्तरत्नस्य युगान्ता इव पर्वताः।।

(दशावतारचरित, ८।१)

(काल रूपी महासागर में लगातार विलीन होते जा रहे युगांत ऐसे ही अलग नहीं दिखते जैसे सागर में डूबते पहाड़।)

प्रबंधवक्रता तथा रामकथा के नवीन रूप की अवतारणा की दृष्टि से भी दशावतार उल्लेखनीय रचना है। रावण का वेदवती के प्रति कामुक प्रणयनिवेदन, वेदवती की फटकार तथा वेदवती का सीता के रूप में अवतरण यह प्रसंग बड़ा ही कल्पनापूर्ण है। रावण शंकर की आराधना कर रहा है, इस समय एक दिव्य कन्या की उसे प्राप्ति होती है, वह उसे प्रसन्न हो कर मंदोदरी को दे देता है। यह कन्या रावण की कल्पित पुत्री और सीता है, जिसे मंदोदरी नारद के मुख ये यह सुन कर कि यह कन्या तेरे पति के विनाश का कारण बनेगी – उसे सागर में बहा देती है, तब वह जनक को मिलती है।

बोधिसत्त्वावदानकल्पलता- यह बौद्ध धर्म की परंपरा में विकसित जातककथाओं का बृहदाकार संकलन है, जिसकी रचना क्षेमेंद्र ने अपने समय के बौद्ध आचार्यों नक्क तथा गोपदत्त के अनुरोध पर की थी। यह १०८ पल्लवों में विभाजित है, जिनमें से १०७ पल्लव क्षेमेंद्र के द्वारा प्रणीत हैं तथा १०८वें पल्लव की पूर्ति उनके पुत्र सोमेंद्र के द्वारा की गयी। इसका रचनाकाल १०५२ई० है। तेरहवीं शताब्दी में इस महाकाव्य का अनुवाद तिब्बती भाषा में हुआ। यह कृति क्षेमेंद्र की धार्मिक उदारता की परिचायक है।

क्षत्रचूडामणि

वादीभसिंह सूरि का क्षत्रचूडामणि जीवंधरचरित के नाम से भी प्रसिद्ध है। इनका मूल नाम ओडयदेव है, दीक्षानाम अजितसेन तथा वादीभसिंह इनका उपाधिनाम है। ये मुनि वादिराज तथा मुनि पुष्पसेन के शिष्य थे। नीलकंठ शास्त्री तथा पंडित नाथूराम ने इनका समय दसवीं शताब्दी माना है, दरबारी लाल कोठिया ने ग्यारहवीं शताब्दी के उत्तरार्ध में इन्हें स्थापित किया है, जो समीचीन प्रतीत होता है।[१] श्रवणबेलगोला की मल्लिषेण प्रशस्ति में इनके दो शिष्यों- शांतिनाथ और पद्मनाभ का उल्लेख है। सन् ११४७ के एक स्तंभलेख में पंपादेवी नामक इनकी एक विदुषी शिष्या का उल्लेख आया है।

क्षत्रचूडामणि महाकाव्य का का विभाजन लंभों में हुआ है, तथा यह चरितप्रधान काव्य है। महाकाव्य के प्रथम लंभ में हेमांगद प्रदेश के राजा सत्यंधर तथा रानी विजया के प्रणय प्रसंग है। राजा काष्ठांगार नामक मंत्री पर राज्य का भार छोड़ कर रानी के साथ विहार करते रहते हैं। काष्ठांगार उनके विरुद्ध षड्यंत्र करता है, तब गर्भवती रानी के प्राणों की रक्षा के लिये राजा उसे राजधानी से अन्यत्र ले जाते हैं, स्वयं सल्लेखना ग्रहण कर के प्राण त्याग देते हैं। रानी श्मशान में ही जीवंधर को जन्म देती है। नगरश्रेष्ठी गंधोत्कट शिशु जीवंधर को अपने घर ले आते हैं तथा पुत्रवत् उसका पालन करते हैं। दूसरे से अंतिम लंभ तक जीवंधर का यौवन, आठ सुंदरियों से उसके प्रेमप्रसंग व विवाह, मंत्री काष्ठांगार से वैरनिर्यातन (बदला लेना), राजपद की प्राप्ति आदि रोचक घटनाएँ वर्णित हैं। नंदगोप की गायें चुरा कर ले जाते भीलों से जीवंधर का युद्ध, उसकी दो प्रेमिकाओं - गुणमाला तथा सुरतमंजरी - के बीच कलह आदि के वृत्तांत भी कौतूहलजनक हैं। वानर वानरियों की क्रीडा तथा कलह देख कर जीवंधर को वैराग्य हो जाता है। तृतीय लंभ में श्रीदत्त वैश्य की वाणिज्य के लिये समुद्रयात्रा, समुद्र में नौका का डूबना, किसी तरह किनारे पहुँच कर श्रीदत्त का अनेक संकटों व षड्यंत्रों में फँसना – ये सब वृत्तांत कौतूहलवर्धक हैं। कथा कहने पर ध्यान केंद्रित रखने हुए कवि ने वर्णनों के विस्तार से ही नहीं, छंदों के विवैध्य से भी परहेज किया है, सारे काव्य में अनुष्टुप् के द्वारा ही कथानक का निर्वाह किया गया है।

वादीभसिंह ने भारवि, माघ आदि के महाकाव्यों के समान वर्णनों के पृथुल विस्तार से महाकाव्य को बोझिल नहीं होने दिया है, आख्यान की शैली को अपनाते हुए उन्होंने अलंकारों में भी अर्थगौरव की दृष्टि से अर्थांतरन्यास का प्रयोग अधिक किया है, जीवनदर्शनसमन्वित सूक्तियों का प्रयोग इस महाकाव्य में अच्छा हुआ है।

अंतिम लंभ में जैन धर्म के अनुसार विस्तृत उपदेश है।

धर्मशर्माभ्युदय

धर्मशर्माभ्युदय महाकाव्य के रचयिता महाकवि हरिचंद्र हैं। ये नोमक नामक वंश में उत्पन्न हुए तथा जाति से कायस्थ थे। इनके पिता का नाम आर्द्रदेव तथा माता का नाम रथ्या देवी था। इस महाकाव्य पर माघ के शिशुपालवध तथा वाक्पतिराज के गौडवहो का प्रभाव परिलक्षित होता है, अत: इसकी रचना माघ और वाक्पतिराज के पश्चात् हुई होगी। सोमेश्वर के यशस्तिलकचंपू का भी प्रभाव इस पर निरूपित करते हुए विद्वानों ने इसका रचनाकाल १०५०ई० के आसपास सिद्ध किया है। इस काव्य की एक हस्तलिखित प्रति १२८७ विक्रम संवत् की है। १२वीं शताब्दी में विरचित नेमिनिर्वाण महाकाव्य पर इस का गहरा प्रभाव है। पं० बलदेव उपाध्याय ने इस के अनेक पद्यों पर श्रीहर्ष के नैषधकाव्य का प्रभाव भी देखा है।[१०] इन तथ्यों से भी इसके उपर्युक्त कालनिर्धारण की पुष्टि होती है।

राजशेखर ने संस्कृत के दस सर्वश्रेष्ठ महाकवियों का परिगणन किया है।[११] उस सूची में माघ तथा भारवि के पश्चात् महाकवि हरिश्चंद्र का नाम है। राजशेखर का आशय धर्मशर्माभ्युदयकार हरिश्चंद्र से ही रहा होगा।

धर्मशर्माभ्युदय महाकाव्य में २१ सर्गो में तीर्थंकर धर्मनाथ के पूर्वजन्म तथा प्रकृत जन्म की कथा है। आरंभ में राजा महासेन के रत्नपुर नगर का भव्य वर्णन किया गया है। द्वितीय सर्ग में राजा की निस्संतान होने की चिंता चित्रित है। तृतीय से षष्ठ सर्ग तक चारण मुनि के द्वारा राजा को प्रबोध, उसके धर्मनाथ तीर्थंकर के पुत्ररूप में जन्म लेने की भविष्य वाणी तथा तीर्थंकर के पूर्वजन्म का वर्णन है। सातवें -आठवें सर्गों में तीर्थंकर के जन्म के अनंतर होने वाले उत्सव तथा देवों के द्वारा उनके अभिनंदन आदि का चित्रण है। नवें से सोलहवें सर्ग तक धर्मनाथ की बाललीला, यौवन, स्वयंवर के लिये प्रयाण, ऋतुवर्णन विहार आदि के प्रसंग हैं। सत्रहवें सर्ग में विदर्भराज कन्या इंदुमती से विवाह के पश्चात् धर्मनाथ का राजधानी परावर्तन, अठारहवें में पिता के निर्वेद के अनंतर उनका राज्याभिषेक, उन्नीसवें में प्रतिपक्षी राजाओं से युद्ध तथा बीसवें में पुत्र को राज्य दे कर उनका संन्यास वर्णित है।

वर्णनकला

धर्मशर्माभ्युदय महाकाव्य भारवि और माघ आदि कवियों की रचनाओं के समान ही विविध वर्ण्यविषयों से अलंकृत है। सज्जन-प्रशंसा, दुर्जननिंदा, सत्काव्यलक्षण, जंबूद्वीप, रानी सुव्रता का नखशिखवर्णन, गर्भावस्था, जन्मोत्सव, धर्मनाथ की बाललीलाएँ, विंध्याचल, नर्मदा, षड् ऋतुएँ, जलक्रीडा, संध्या, रात्रि, मधुपान, स्वयंवर, विवाह, राज्याभिषेक, युद्ध, अपशकुन आदि के विशद वर्णन इसमें हैं। वर्णनों के संभार ने प्रथम, द्वितीय, चतुर्थ, पंचम, षष्ठ, सप्तम, नवम और षोडश सर्गो में कथा के प्रवाह को अवरुद्ध कर दिया है। धर्मनाथ और स्वयंवरा इंदुमती को देखने के लिये नगर की सुंदरियों में हड़बड़ी का चित्रण कालिदास से प्रभावित हो कर कवि ने तदनुरूप किया है।

धर्मशर्माभ्युदय में भारतवर्ष के विभिन्न स्थलों, विशेषतः ग्रामांचलों का वर्णन कवि ने रस ले कर किया है, और उससे कवि के देशप्रेम का पता चलता है। गाँव में ईख पेरने की धानी चल रही है। लोग रस ले ले कर ताजा गन्ने का रस पी रहे हैं। धान के खेत मंद पवन के झोंको में झूम रहे हैं, जिससे लगता है धरती मद में भरी डोल रही है-

यन्त्रप्रणालीचषकैरजस्त्रमापीय पुण्ड्रेक्षुरसासवौघम्।
मन्दानिलान्दोलितशालिपूर्णा विघूर्णति यत्र मदादिवोर्वी।।

(१।४५)

कवि विंध्य के वनों में व रेवा के तटों में रमा है। तेरहवें सर्ग में रेवा का वर्णन हृदयहारी है—

अधिगतकरुणारसेव रेवा श्रमभरमन्दरुचो विलोक्य तन्वीः।
जललवनिचितारविन्ददम्भात् सपदि वाष्पकणेक्षणा बभूव।।

(१३.१०)

(नर्मदा ने देखा कि सुंदरियाँ श्रम से थक कर निढाल हो रही हैं, तो वह पानी की फुहारों से छिड़के कमल के फूलों के बहाने से तुरत अश्रुपूर्णनेत्रों वाली हो गई।)

स्मितमिव नवफेनमुद्वहन्ती प्रथममनल्पसरोजकल्पितार्घा।
जलविहगरवैरिवालपन्ती व्यतनुत रसमिवाम्बुभिर्वधूनाम्।।

(१३.१३)

(फिर तो नर्मदा ने मुस्कान के समान नवीन फेन उजागर किया, प्रथम खिले कमल से अर्घ्य समर्पित किया तथा जलपक्षियों के द्वारा मानों उन प्रमदाओं से बात करती हुई अपने जल से उनके लिये सब कुछ सरस बना दिया।)

प्रतियुवति निषेव्य नाभिरन्ध्रेष्वभिनवविन्ध्यदरीप्रवेशलीलाम्।
अभजत गुरुगण्डशैलयुत्त्या स्तनकलशाग्रहविघट्टनानि रेवा।।

(१३.२९)

(नर्मदा की लहरें उन सुंदरियों के नाभि कुहरों में ऐसे प्रवेश कर रही थी, जैसे विंध्य की गुफाओं में समा रही हों। फिर वे लहरें उनके स्तनकलशों से इस तरह टकरा रहीं थीं, जैसे विशाल पर्वत से टक्कर ले रही हों।)

विंध्याचल पर सैनिकों के पड़ाव डालने का वर्णन भी इसीप्रकार रोचक है। कवि ने इस में अपह्नुति तथा उत्प्रेक्षाओं का भरपूर प्रयोग किया है। उदाहरणार्थ—

उद्वल्गत्तुरगतरङ्गिताग्रसेनासञ्चारक्षतशिखरोच्चयच्छलेन।
विन्ध्याद्रेः प्रथमकृताध्वसन्निरोधस्योल्लूनं शिर इव सैनिकैः प्रकोपात्।।

(१६.५३)

(उछाल भरते अश्वों से तरंगित सेना की अग्र पंक्ति ने अपने संचार से विंध्य के शिखर को क्षतविक्षत कर दिया, मानों पूर्व में उसके द्वारा रास्ता छेके जाने के कारण क्रोध से उसका मस्तक काट दिया हो।)

सर्पत्सु द्विरदबलेषु नर्मदायाः सञ्जातं सपदि पयः प्रतीपगामि।
वाहिन्यो मदजलनिर्मितास्वमीषामुत्सङ्गं द्रुतमुदधेरवापुरेव।।

(१६.५९)

(हाथियों की सेना आगे बढ़ रही थी, नर्मदा का जल प्रतीपगामी (उनकी दिशा के विरुद्ध बहाव वाला) था। हाथियों के मदजल से निर्मित सागर का उत्संग जैसे सेना को मिल गया था।)

यहाँ नर्मदा के विपरीत प्रवाह तथा मदजल की उसमें मिलती धारा से उत्संग या गोद बन जाने की कल्पना विलक्षण ही है। हरिश्चंद्र ने अपना उत्प्रेक्षानैपुण्य प्रमाणित किया है।

उत्प्रेक्षाओं व रूपकों की शृंखलाएँ निर्मित करते हुए हरिश्चंद्र अपने प्रकृतिवर्णनों को सजीव बना देते हैं। दसवें सर्ग में विंध्यवर्णन उन्होंने तल्लीन हो कर किया है। इस सर्ग में उन्होंने माघ तथा रत्नाकर के समान यमक अलंकार का भी निवेश किया है। उदाहरणार्थ पर्वत का उनका यह वर्णन—

स्त्रष्टा दधात्येव महानदीनां महानदीनां शिखरोन्नतिं च।
स्वर्गादिहागत्य सदानभोगैः सदा नभोगैरनुगम्यमानः।।

(१०.३)

(यह महान् विधाता महानदियों के लिये अदीन शिखरोन्नति का आधान करता है। स्वर्ग से यहाँ आ कर दान और भोग से युक्त सदा नभ की ओर गमन करने वाले पक्षियों से वह अनुगम्यमान है।)

यहाँ महानदीनां तथा सदानभोगैः इन दोनों पदों की आवृत्ति के द्वारा यमक अलंकार का चमत्कारपूर्ण आधान कवि ने किया है।

इस देश के लोगों की जीवन शैली, ग्रामों के परिदृश्य तथा लोकजीवन के अनेक स्वाभाविक चित्र धर्मशर्माभ्युदय में उकेरे गये हैं। वर्षा ऋतु के आरंभ में कृषकों के हर्ष का चित्रण करते हुए कवि ने कहा है—

भुवनतापकमर्कमिवेक्षितुं कलितकान्तचलद्युतिदीपिका।
दिशि दिशि प्रससार कृषीवतां सह मुदारमुदारघनावलिः।।

(११.३५)

(भुवन को तपाने वाले सूर्य को मानों देखने के लिये बिजली की दीपिका सँभाले हुए दिशा दिशा में कृषकों के प्रमोद के विस्तार के साथ उदार घनावली या मेघों की कतारें फैल गईं।)

जलधरेण पयः पिबताम्बुधेर्ध्रुवमपीयत वाडवपावकः।
कथमिहेतरथा तडिदाख्यया रुचिररोचिररोचत वह्निजम्।।

(११.३६)

(मेघ ने सागर का जल पीते हुए निश्चय ही वडवानल भी पी लिया होगा, नहीं तो अग्नि से जन्मी बिजली की चमक उसके पास कहाँ से आती?)

वसन्तवर्णन करते हुए कवि हरिश्चंद्र ने वसंत को नन्हें बालक के रूप में देखा है -

कतिपयैर्दशनैरिव कोरकैः कुरवकप्रभवैर्विहसन्मुखः।
शिशुरिव स्खलितस्खलितं मधु पदमदादमदालिनि कानने।।

(११.८)

(कुरवक के पेड़ पर निकली कलियों के कुछ दाँतों से हँसते मुख वाले लड़खड़ाते हुए शिसुसदृश वसंत ने अमद अलियों वाले कानन में पदार्पण किया।

धर्मशर्माभ्युदयकार ने कालिदासादि कवियों को खूब पढ़ा है। पर उनकी छाया ले कर भी वे अपनी छाप उस पर छोड़ते हैं। कहीं कहीं वे कालिदास के काव्य का सुंदर विडंबन (पेरोडी) प्रस्तुत कर देते हैं। झुकी कमर वाले बूढे के चित्रण में उन्होंने कालिदास के नवयौवनवर्णन की पदावली का आहरण कर के हास्यकी छटा बिखेर दी है। बूढे का हास्यास्पद वर्णन करते हुए वे कहते हैं—

असम्भृतं मण्डनमङ्गयष्टेर्नष्टं क्व में यौवनरत्नमेतत्।
इतीव वृद्धो नतपूर्वकायः पश्यन्नधोऽधो भुवि बम्भ्रमीति।।

(४.५९)

(बिना सामग्री के अंगयष्टि को अलंकृत करने वाला मेरा यौवनरत्न कहाँ गुम हो गया – यह सोच कर झुक कर (नष्ट रत्न खोजता हुआ) नीचे ताकता हुआ वृद्ध धरती पर घूमता रहता है।)

यहाँ प्रथम चरण कालिदास के कुमारसंभव में पार्वती के नवयौवन के प्रसंग से लिया गया है।

सर्वत्र प्रासादिकता व सौंदर्यमय कल्पनाओं की रम्यता हरिश्चंद्र की कविता में बनी रही है।

नवं वयो लोचनहारि रूपं प्रभूतमायुः पदमद्वितीयम्।
सम्यक्त्वशुद्धाश्च गुणा जगत्सु किं किं न लोकोत्तरमस्ति तस्य।।

(५.८९)

यहाँ भी प्रथम चरण रघुवंश में सिंहदिलीपसंवाद में सिंह की उक्ति से अवतारित है।

ससत्त्वा रानी के वर्णन में वे कालिदास से स्पर्धा करते लगते हैं

सा भारतीव चतुरातिगभीरमर्थं वेलेव गूढमणिमण्डलमम्बुराशेः।
पौरन्दरी दिगिव मेरुतिरोहितेन्दुं गर्भं तदा नृपवधूर्दधती रराज।।

(५.८९)

वृद्धिं परामुदरमाप यथा यथाऽस्याः श्यामाननः स्तनभरोऽपि तथा तथाऽभूत्।
सा गर्भनिर्भरतया सकलाङ्गसादमासाद्य निष्क्रियतनुस्तरुणेन्दुगौरी।।

(६.११)

(जैसे सरस्वती चतुराई से भरे गंभीर अर्थ को धारण करती है, जैसे सागर की वेला (तट) अपने भीतर छिपाये रत्नों को धारण करती है, जैसे पूर्वदिशा सुमेरु के पीछे छिपे चंद्रमा को धारण करती है, वैसे ही गर्भ धारण करने वाली नृपवधू सुशोभित हो रही थी।

जैसे जैसे उसका उदर बढ़ता गया, वैसे वैसे स्तनों का भार भी श्मामानन होता गया, वह तरुण इंदु के समान गौरी गर्भ के भार से सारे अंगों में साद (थकान) पा कर निष्क्रिय काया वाली होती गई।)

गवल (भैंस का सींग) जैसे विरल शब्द का प्रयोग करते हुए हरिश्चंद्र ने नये उपमानों से विंबों की प्रत्यग्रता निर्मित की है।

तस्याः स्तनौ हृदि रसैः सरसीव पूर्णे संरेजतुर्गवलमेचकचूचुकाग्रौ
उत्खातपङ्किलबिसाविव राजहंसौ शुभ्रौ सभृङ्गवदनाविव पद्मकोषौ।।

(६.८)

यहाँ चूचुकाग्रों के लिये गवलमेचक, पंक में लिपटे मृणालखंड को चोंच में लिये राजहंस, भौंरे जिस पर बैठे हों ऐसे पद्मकोष—ये तीनों उपमान बहुत चमकदार हैं।

सत्रहवें सर्ग में स्वयंवर के वर्णन में रघुवंश के पाँचवें सर्ग में वर्णित इंदुमती के स्वयंवर की छाया है। स्वयंवरा के द्वारा अन्य का वरण कर लिये जाने पर प्रत्यर्थी राजाओं की चेष्टाओं का वर्णन भी कालिदास की सरणि पर ही हरिश्चंद्र ने किया है। इसी प्रकार सोलहवें सर्ग में बंदियों के द्वारा नायक के लिये पठित जागरण के पद्यों पर रघुवंश के पंचम सर्ग के 'रात्रिर्गता मतिमतांवर मुञ्च शय्याम्' इत्यादि पद्यों का स्पष्ट प्रभाव है।

नगरों तथा ऐश्वर्य के चित्रण में कवि ने कल्पना की ऊँची उड़ान भरी है। उसे रत्नपुर के प्रासादों की पंक्तियाँ किंकिणियो की झंकार के द्वारा मार्ग की थकान से भरे सूर्य से बातचीत कर के उसकी जी बहलाती लगतीं है, और हवा में उन पर लगीं पताकाएँ हिलतीं हैं, तो वे सूर्य को पंखा झलतीं जान पड़तीं हैं—

रणज्झणत्किङ्किणिकारवेण सम्भाष्य यत्राम्बरमार्गखिन्नम्।
मरुच्चलत्केतनतालवृन्तैर्हर्म्यावली वीजयतीव मित्रम्।।

(१.७७)

इस श्लोक में मित्र शब्द के प्रयोग ने अनूठा चमत्कार ला दिया है। श्लेष के द्वारा मित्र सूर्य और सुहृत् दोनों अर्थों का बोध कराता हुआ महलों की कतारों के साथ सूर्य की मैत्री भी स्थापित कर देता है।

रस

धर्मशर्माभ्युदय का अंगीरस शांत है। नायक धर्मनाथ इसका आश्रय है। आठ सर्गों में शृंगार रस के प्रसंग हैं। रानी सुव्रता के एक एक अंग का वर्णन कवि ने रुचि ले कर किया है। नवम सर्ग में वात्सल्य का चित्रण अत्यंत मर्मस्पर्शी है। उन्नीसवें सर्ग में शब्दालंकारों के प्रदर्शन तथा महाकाव्य के लक्षण की पूर्ति के लिये ही युद्ध का प्रसंग भी जोड़ा गया है। क्षुद्र राजाओं के साथ नायक धर्मनाथ का युद्ध संभव न होने से उनके सेनापति सुषेण के साथ राजाओं का युद्ध दिखाया गया है, वह भी प्रत्यक्ष वर्णन न कर के दूत के द्वारा सुनाये गये समाचारों के रूप में वर्णित है।

पांडित्य

हरिश्चंद्र का विविधशास्त्रों का ज्ञान भी इस काव्य में अनेकत्र प्रकट हुआ है। राजप्रसाद का वर्णन करते हुए वे मत्तवारण का उल्लेख करते हैं।[१२] इसी प्रकार तुम्बुरु, भरत आदि का उल्लेख करते हुए वे नाट्यशास्त्र की परंपरा से परिचय प्रकट करते हैं।[१३]

धर्मशर्माभ्युदय महाकाव्य में कालिदास, भारवि, माघ और श्रीहर्ष की काव्य कला के श्रेष्ठ तत्त्व समन्वित हैं।

नेमिनिर्वाणमहाकाव्य

इस महाकाव्य के कर्ता वाग्भट प्रथम हैं। इस में पंद्रह सर्गों में तीर्थंकर नेमिनाथ का चरित्र निरूपित है। इसका स्रोत जिनसेनकृत हरिवंशपुराण है। वाग्भटालंकार नामक काव्यशास्त्रीय ग्रंथ के प्रणेता वाग्भट द्वितीय (बारहवीं शताब्दी) ने कवि का नाम निर्देश किये बिना इस काव्य के अनेक पद्य उद्धृत किये हैं।

इस काव्य के नायक नेमिकुमार वसुदेव (श्रीकृष्ण के पिता) के बड़े भाई यादववंशीय राजा समुद्रविजय के पुत्र हैं। ये अरिष्टनेमि के नाम से भी जाने जाते हैं। राजुल या राजीमती के साथ विवाह के समय नेमिकुमार बलि के लिये लाये गये पशुओं का करुणक्रंदन सुन कर व्यथा से द्रवित हो जाते हैं। नेमिकुमार के नेमिनाथ बनने की प्रभावशाली कथा कवि ने यहाँ उतने ही प्रभावोत्पादक रूप में वर्णित की है। भारवि तथा माघ का उसकी शैली पर प्रभाव है। यमक अलंकार के निवेश में भी इन कवियों की तरह वाग्भट ने रुचि ली है। करुण रस के साथ शृंगार के चटकदार चित्र भी काव्य में हैं, पर वे शांत रस के लिये पूर्वपक्ष की भूमिका ही बनाते हैं।

मंख : श्रीकण्ठचरित

श्रीकण्ठचरित के प्रणेता महाकवि मंख कश्मीर के निवासी थे। इनके पिता का नाम विश्वावर्त था। विश्वावर्त के चार पुत्र थे। ये चारों कवि थे तथा चारों ने राजकीय सम्मान व पदप्रतिष्ठा प्राप्त की। मंख काव्यशास्त्र के आचार्य के रूप में भी जाने जाते हैं। ये राजा जयसिंह (११२९-५०ई०) के आश्रय में रहे। उन्होंने काव्यशास्त्र का अध्ययन उस समय के विख्यात अलंकारशास्त्री रुय्यक से किया था। रुय्यक भी राजा जयसिंह के द्वारा सम्मानित थे। आचार्य रुय्यक ने अपने अलंकारसर्वस्व में मंख की कृति श्रीकण्ठचरित का उल्लेख भी किया है। उनकी अन्य रचनाओं में मंखकोश, अलंकारसर्वस्व की टीका तथा साहित्यमीमांसा प्रसिद्ध हैं। श्रीकण्ठचरित महाकाव्य की रचना ११४०ई० में हुई। इस महाकाव्य में २५ सर्ग हैं। मंख ने यह काव्य भगवान् शिव की प्रीत्यर्थ लिखा और उन्हीं को अर्पित किया—

तत्काव्यपुस्तकमथार्पयति स्म तस्मै पूजाक्षणे त्रिजगतो गुरवे हराय।।

राजा की चाटुकारिता में अपनी वाणी को नियोजित करने वाले कवियों से मंख को चिढ़ थी। अपनी मनस्विता का परिचय देते हुए वे कहते हैं—

धिक् तान् कृतप्लुतिर्येषां भारत्यधिसरस्वति।
स्वं दूषयति मत्तेव नृपचाटुकपांसुभिः।।

(२५।८)

विषयवस्तु

श्रीकण्ठचरित शिव के द्वारा त्रिपुरासुरवध की कथा पर आधारित है। प्रथम सर्ग में मंगलाचरण व देवस्तुति है, दूसरे में सुकवि प्रशंसा तथा कुकविनिंदा, तीसरे में कवि ने अपने देश और वंश का परिचय दिया है। चौथे सर्ग में कैलास पर्वत का वर्णन है। पाँचवे में भगवान् शिव के विग्रह का भक्तिभाव से कवि ने चित्र खींचा है। छठे सर्ग से सोलहवें सर्गो तक वसंत, दोला, पुष्पावचय, जलक्रीडा, पानगोष्ठी, संध्या, चंद्रोदय, शृंगार, विलासक्रीडा तथा प्रभात का वर्णन है। सत्रहवें सर्ग में त्रिपुरासुर के अत्याचारों से त्रस्त देवगण शिव के पास आते हैं। अठारहवें सर्ग से चौबीसवें सर्ग तक युद्ध की तैयारी और युद्ध तथा अंत में त्रिपुरविनाश का चित्रण है।

इस महाकाव्य की एक दुर्लभ विशेषता है—इसके अंतिम सर्ग में दिया गया एक कविगोष्ठी का विशद विवरण, जो महाकाव्य के समाप्त होने के उपलक्ष्य में मंख के भाई अलंकार के द्वारा आयोजित की गयी थी। अलंकार राजा जयसिंह के अमात्य थे। मंख ने इस कविगोष्ठी के विवरण में सभा में उपस्थित उस समय के विद्वानों और कवियों तथा अन्य संभ्रांत जनों का परिचय दिया है।

कथारचना की दृष्टि से यह महाकाव्य अलंकृत या विदग्ध महाकाव्यों के लक्षणों का अनुसरण करता है। वर्णनों की बहुलता के कारण षष्ठ से षोडश सर्ग तक कथा का सूत्र विच्छिन्न हो गया है। वसंत (सर्ग-६), दोलाक्रीडा (सर्ग-७), पुष्पावचय (सर्ग-८), जलक्रीडा, संध्या (सर्ग-१०), चंद्रमा तथा चंद्रोदय (सर्ग ११-१२), मधुपान तथा रतिकेलि (सर्ग १३-१४) प्रभात (सर्ग-१६) आदि मुख्य वर्णन हैं।

काव्यकला

श्रीकंठचरित में अंगीरस वीर है। अनेक सर्गो में शृंगार रस को मुख्यता मिली है। शिव की स्तुतियों में शांत रस का अच्छा परिपाक हुआ है। अलंकार, गुण, रीति और वक्रोक्ति के विन्यास में मंख सफल हैं। उत्प्रेक्षा उनका प्रिय अलंकार है। कश्मीर में शीत के समय घर घर में जलती हसंती (अँगीठी) का वर्णन करते हुए वे कहते हैं—

हिमागमे तत्र गृहेषु योषितां ज्वलद्बहुच्छिद्रमुखी हसन्तिका।
विभाति जेतुं मदनेन शूलिनं धृता ततिर्वह्निमयीव चक्षुषाम्।।

(श्रीकंठचरित, ३।२९)

(शीत के आने पर स्त्रियों ने घर घर में अनेक छिद्रों वाली अंगीठियाँ जला ली थीं। ये अँगीठियाँ ऐसी लगतीं थीं, जैसे कामदेव ने शिव को जीतने के लिये क्रोध में भर कर अपने असंख्य नयनों को लाल कर लिया हो।)

मंख वैदर्भी तथा गौडी दोनों रीतियों में समान रूप से दक्ष हैं। कोमल भावों की अभिव्यक्ति करने में भी वे निपुण हैं और युद्ध के वर्णनों में भयावह वातावरण बनाने में भी। लालित्य और लय के कारण उनके पद्यों में अनेकत्र गीति का आनंद मिलता है।

संदेश तथा सूक्तियाँ

मंख एक विचारक तथा जीवन के मर्म को उद्घाटित करने वाले कवि हैं। उनके कथनों में मनस्विता, स्वाभिमान तथा उदात्त चिंतन को अभिव्यक्ति मिली है। उनकी कतिपय सूक्तियाँ यहाँ दी जा रही हैं-

आलम्बते तत्क्षणमम्भसीव विस्तारमन्यत्र न तैलबिन्दुः।

(२।१२)

(तैल की बूँद पानी में पड़ते ही फैल जाती है, अन्यत्र नहीं)

न हि संरभते दीपो निरोद्धुं रोधसी तमः।

(१९।३०)

दिया सारे आकाश के अँधेरे को दूर नहीं कर सकता।

न रत्नमायाति हि निर्मलत्वं शाणोपलारोपणमन्तरेण।

(२।७)

(जब तक कसौटी पर नहीं चढाया जाता, रत्न निर्मल नहीं होता।)

सा वैदुषी फलं यस्या हि परोपकृते फलम्।
शिक्षन्ते जीवनोपायमन्ये वाङ्मयशिल्पिनः।।

(२५।११५)

(विद्वत्ता वही है, जो परोपकार में फलित हो, जो केवल जीविका चलाने का उपाय सीखते हैं, वो वाणी के कारीगार मात्र हैं)।

पारंपरिक समीक्षा

रुय्यक ने अपने अलंकारसर्वस्व में मंख के श्रीकंठचरित से यह पद्य शिलष्ट एकदेशविवर्ति रूपक के उदाहरण में दिया है –

मदनगणनास्थाने लेख्यप्रपञ्चमुदञ्चयन्
विचकिलबृहत्पत्त्रन्यस्तद्विरेफमषीलवैः।
कुटिललिपिभिः कं कायस्थं न नाम विसूत्रयन्
व्यधित विरहिप्राणेष्वायव्ययावधिकं मधुः।।

(श्री० च० ६.७०)

इसीक समीक्षाकरते हुए रुय्यक कहते हैं - अत्र हि पत्त्रलिपिकायस्थशब्देषु श्लेषगर्भे रूपकं द्विरेफमषीलवैरित्येतद्रूपकनिमित्तम्।

श्रीहर्ष : नैषधीयचरित

श्रीहर्ष के नैषधीयचरित की गणना भारवि और माघ की कृतियों के साथ संस्कृत महाकाव्यों की बृहत्-त्रयी में होती है। कल्पना के चमत्कार व रमणीयता तथा पदलालित्य में श्रीहर्ष अपने पूर्व के श्रेष्ठ महाकवियों — भारवि तथा माघ से आगे हैं। इसीलिये संस्कृत पंडितों में यह उक्ति प्रसिद्ध है- 'उदिते नैषधे काव्ये क्व माघः क्व च भारविः?' अर्थात् नैषध काव्य के उदित हो जाने पर कहाँ माघ और कहाँ भारवि!

परिचय- श्रीहर्ष ने अपने महाकाव्य के प्रत्येक सर्ग की पुष्पिका में अपना संक्षिप्त परिचय दिया है। तदनुसार इनके पिता का नाम हीर तथा माता का नाम मामल्लदेवी था। अपने पिता को इन्होंने 'कविराजराजिमुकुटालङ्कारहीरः' अर्थात् क्षेष्ठ कवियों के माथे के मुकुट का हीरा कहा है। श्रीहर्ष एक साधक तथा महान् वेदांती भी थे। इनका खंडनखंडखाद्य नामक ग्रंथ दार्शनिक पांडित्य की पराकाष्ठा है। अनुश्रुति है कि इन्हें चिंतामणि मंत्र सिद्ध था। अपने लिये उन्होंने यह भी कहा है— यः साक्षात्कुरुते समाधिषु परब्रह्मप्रमोदार्णवम्—जो हर्ष समाधि में परब्रह्म के प्रमोदसागर का साक्षात्कार करता है। इससे विदित होता है कि वे योगी थे।

श्रीहर्ष गहड़वाल क्षत्रिय काशी के राजा विजयचंद्र तथा उनके पुत्र जयित्रचंद्र (जयचंद) की सभा में रहे। बाद में गहड़वाल क्षत्रियों ने अपनी राजधानी काशी के स्थान पर कान्यकुब्ज (कन्नौज) बना ली। राजा विजयचंद्र का अंतिम शिलालेख ११६३ई० का मिला है। राजा जयचंद्र का प्रथम दानपत्र ११७७ई० का प्राप्त है। इस आधार पर नैषधीयचरित का रचनाकाल ११७७ई० के आसपास माना जा सकता है, जब जयचंद्र का काव्यकुब्ज पर शासन था। कुछ विद्वानों ने नैषधकार श्रीहर्ष को दसवीं शताब्दी में स्थापित करने का प्रयास किया है, जो अप्रामाणिक है।

श्रीहर्ष के विषय में पंडित समाज में अनेक किंवदंतियाँ प्रचलित हैं, जिन्हें प्रामाणिक नहीं माना जा सकता। कहा जाता है कि इनके पिता हीर को प्रसिद्ध नैयायिक उदयनाचार्य ने शास्त्रार्थ में पराजित किया था, जिसका प्रतिशोध इन्होंने उदयनाचार्य को हरा कर लिया। एक अन्य किंवदंती में कश्मीर के प्रख्यात आचार्य मम्मट को उनका मामा माना गया है। इसके अनुसार श्रीहर्ष अपना नैषधीयचरित पूरा करके जब उसे दिखाने मम्मट के पास ले गये, तो

उन्होंने कहा कि यदि यह महाकाव्य पहले तुम मुझे दिखा देते, तो अपने ग्रंथ काव्यप्रकाश के दोष-प्रकरण के लिये मुझे अन्य काव्यों से दोष न खोजने पड़ते। वस्तुतः उदयन, मम्मट और श्रीहर्ष के काल में इतना अंतर है कि ये कथाएँ पंडितों में मनोविनोदार्थ गढ़ी गई प्रतीत होती हैं।

श्रीहर्ष ने अपने आप को 'मातृचरणाम्भोजालिमौलि' अर्थात् माता के चरणकमल अपने माथे पर रखने वाला कहा है, जिससे अपनी माँ के ऊपर उनकी श्रद्धा प्रकट होती है, तथा यह संकेत मिलता है कि उन्हें अपनी माता की सेवा करने का पर्याप्त अवसर मिला था। उनके एक पौत्र का भी उल्लेख मिलता है, जिसका नाम कमलाकर गुप्त था। कमलाकर गुप्त ने नैषधीयचरित पर एक टीका लिखी थी।

नैषधीयचरित में श्रीहर्ष ने उपरिलिखित खंडनखंडखाद्य के अतिरिक्त अपनी कतिपय रचनाओं का उल्लेख किया है। इनमें से तीन कृतियाँ अलग अलग राजाओं की प्रशस्तियाँ हैं, जिससे प्रतीत होता है कि श्रीहर्ष कुछ अन्य राजाओं के आश्रय में रहे, पर संभवतः अपने स्वाभिमान के कारण किसी एक राजा की सभा में टिक न सके।

उदयनाचार्य से संबंध – ऊपर प्रसिद्ध नैयायिक उदयनाचार्य से श्रीहर्ष के वाद (शास्त्रार्थ) का उल्लेख किया गया है। यदि श्रीहर्ष का समय बारहवीं शताब्दी निश्चित है, तो यह इस प्रकार का वाद हुआ हो, यह संभव नहीं हो सकता। पर श्रीहर्ष के पिता पंडित हीर से उदयन का शास्त्रार्थ हुआ था, जिसमें पंडित हीर उदयन से पराजित हुए। पंडितों में यह भी मान्यता है कि हीर ने अपने पुत्र श्रीहर्ष को ऐसा प्रखर पंडित बनाने की प्रतिज्ञा की जो उदयन को शास्त्रार्थ में हरा कर उनकी पराजय का प्रतिशोध ले सके। पर श्रीहर्ष जब तक अपना अध्ययन पूरा कर के इस के योग्य होते, उदयन स्वर्ग सिधार चुके थे। अतः श्रीहर्ष ने पिता की इच्छा खंडनखंडखाद्य लिख कर पूरी की, जो एक वादग्रंथ है। इस ग्रंथ में उन्होंने उदयन की अच्छी खबर ली। नैषधीयचरित के टीकाकार चंडूपंडित ने इस अनुश्रुति का समर्थन किया है।

श्रीहर्ष की वादपटुता – खंडनखंडखाद्य से पता चलता है कि श्रीहर्ष वाद की पद्धति में परम निपुण थे। वास्तव में इस ग्रंथ की रचना उन्होंने नौसिखिये विवादार्थियों को वादविवाद की युक्तियाँ या लटके सिखाने के लिये ही की थी। ग्रंथ के प्रारंभ में ही श्रीहर्ष कहते हैं – हे धीर जनो! यदि तुम शास्त्रार्थ में गर्वीले प्रतिवादी को पराजित करने के लिये मेरे इस ग्रंथ की उक्तियों को तोते की तरह भी रट लोगे तो वाद में सारे संसार में को जीत कर दिग्विजयी बन जाओगे—

शब्दार्थनिर्वचनखण्डनया नयन्तः सर्वत्रनिर्वचनभावमखर्वगर्वान्।
धीराः यथोक्तमपि कीरवदेतदुक्त्वा लोकेषु दिग्विजयकौतुकमातनुध्वम्।।

खंडनखंडखाद्य, १.३

युवापंडितों को वाद के तरीके किस प्रकार सिखाये जाते थे, यह खंडनखंडखाद्य को पढ़ कर जाना जा सकता है। एक उद्धरण द्रष्टव्य है - 'एवं प्रकाराणि तल्लक्षणेषु खण्डनान्यूहनीयानि।

तदेतासु खण्डनयुक्तिषु कामपि स्थानान्तरस्थां केनापि प्रकारेणानीय तत्सदृशीमन्यां वा स्वयमूहित्वा परैर्विविच्यमानानि पदार्थान्तराण्यपि बुद्धिमता बाधनीयानि। अत्र चास्माभिर्दूषयितुं शङ्कितेभ्यः परपक्षप्रकारेभ्यो यदि प्रकारान्तरं कोऽपि स्वयमूहति उक्तानां बाधकानां मध्ये क्वचित् प्रज्ञया समाधानमभिदध्यात् तत्र खण्डनवादिनः प्रस्तुता प्रतिक्रिया न स्फुरेत् तदा परेण प्रयुज्यमाने वाक्ये बहुपदात्मके कस्यचित् पदस्यार्थं खण्डयितुं खण्डनान्तरमवतारणीयम्। एवं तत्रापि परेण प्रज्ञाषोषणे पुनस्तथैव शाखान्तरेषु सङ्क्रमणीयमिति प्रकारेण खण्डनमये चक्रे सम्यगवधेयम्।' (खंडनखंडखाद्य, अध्याय ४)

विनोदपटुता – श्रीहर्ष एक निष्णांत वेदांती, प्रखर दार्शनिक तथा विदग्ध कवि के साथ विनोद में अत्यंत निपुण थे। यह उनके महाकाव्य में अनेक प्रसंगों से तो स्पष्ट होता ही है, खंडनखंडखाद्य जैसे दार्शनिक ग्रंथ में भी हर्ष जब अपने प्रतिद्वंद्वियों पर कटाक्ष करते हुए अनेकत्र मीठी चुटकियाँ लेने से नहीं चूकते। असत्कार्यवाद के विचार में पूर्वपक्षी के इस कथन का कि जाति अनंत हो सकती है, खंडन करते हुए श्रीहर्ष कहते हैं- 'न च सत्ताभेदानन्त्यमस्त्येवेत्यपि पादप्रसारिका न निस्ताराय।' अर्थात् सत्ताभेद का आनन्त्य है - यह कहो तो छोटी चादर के भीतर इतना पाँव फैलाना भी नहीं चलेगा। इसके आगे एक अन्य तर्क के खंडन में वे कहते हैं—प्रयोजनानुपयुक्ते काले तस्य स्वरूपतोऽवस्थानं पाटच्चरलुण्ठिते वेश्मनि यामिकजागरण-वृत्तान्तमनुहरति। (जब प्रयोजन न हो, तब जाति का स्वरूप में स्थित रहना घर लुट जाने के बाद पहरेदार के जागने के समान है!)

श्रीहर्ष की गर्वोक्तियाँ – श्रीहर्ष को अपनी काव्यपटुता पर अभिमान है। अपने महाकाव्य की विशेषता बताते हुए वे इसे शृङ्गारामृतशीतगु (शृंगार रूपी अमृत का चंद्रमा), मधुवर्षी तथा कविकुलादृष्टाध्वपान्थ (८.१०९) या लीक से अलग हट कर लिखा गया काव्य बताते हैं। वे अपने कवित्व और पांडित्य के विषय में कहते हैं—

साहित्ये सुकुमारवस्तुनि दृढन्यायग्रहग्रन्थिले
काव्ये वा मयि संविधातरि समं लीलायते भारती।।

(सुकुमार विषय वस्तु वाले साहित्य में तथा प्रखर न्याय की पकड़ से ग्रंथिल तर्क में मेरी वाणी समान रूप से लीला करती है।)

रचनाओं का परिचय - श्रीहर्ष की निम्नलिखित रचनाओं का पता चलता है—

(१) **स्थैर्यविचारणप्रकरण –** यह अनुपलब्ध ग्रंथ श्रीहर्ष ने संभवतः बौद्धों के क्षणभंगवाद के निराकरण के लिये लिखा था।

(२) **विजयप्रशस्ति –** यह राजा जयचंद्र के पिता विजयचंद्र की प्रशस्ति में लिखा काव्य हो सकता है। यह भी अनुपलब्ध है।

(३) **खण्डनखण्डखाद्य –** यह दर्शनशास्त्र की परंपरा में खंडनपरक ग्रंथों में यह एक

विलक्षण ग्रंथ है। वितंडा की शैली का चूडांत निदर्शन श्रीहर्ष ने इसमें प्रस्तुत किया है।

(४) **गौडोर्वीशकुलप्रशस्ति** – यह किसी गौड राजा की प्रशस्ति में रचित काव्य हो सकता है, जो अनुपलब्ध है।

(५) **अर्णववर्णन** – शीर्षक से सागरवर्णनपरक काव्य होने का अनुमान होता है। यह भी अनुपलब्ध है।

(६) **छिन्दप्रशस्ति** – यह भी कोई प्रशस्तिपरक रचना रही होगी, जो प्राप्त नहीं है।

(७) **शिवशक्तिसिद्धि** – नाम से यह शैवशाक्तपरंपरा का विवेचनात्मक ग्रंथ प्रतीत होता है। यह भी अप्राप्य है।

(८) **नवसाहसांकचरितचंपू** – नाम से लगता है कि यह राजा सिंधुराज के चरित पर आधारित चंपू काव्य रहा होगा, क्यों कि कवि पद्मगुप्त ने राजा सिंधुराज के लिये नवसाहसांक इस उपाधि का प्रयोग किया है।[१४]

(९) **नैषधीयचरित** – संस्कृत महाकाव्यों की कथित बृहत्-त्रयी में परिगणित महाकाव्य।

विषयवस्तु- नैषधीयचरित में नल-दमयंती की कथा है। इसका मूल स्रोत महाभारत के वनपर्व में प्रोक्त नलोपाख्यान है। इस आख्यान से केवल नल और दमयंती के विवाह तक का कथानक ही श्रीहर्ष ने लिया है। सुविस्तृत वर्णनों और कल्पनाओं के द्वारा उन्होंने नलोपाख्यान की कथा के प्रारंभिक भाग को एक विशाल महाकाव्य का रूप दे दिया है। आकार की दृष्टि से श्रीहर्ष का महाकाव्य अपने पूर्ववर्ती भारवि और माघ की कृतियों से अधिक बड़ा है। इसमें लंबे लंबे बाईस सर्ग हैं। तेरहवें तथा उन्नीसवें सर्ग को छोड़ कर शेष सभी सर्गों में प्रत्येक में १०० से अधिक पद्य हैं, अनेक सर्गों में १५० से भी अधिक पद्य हैं। सबसे बड़ा सत्रहवाँ सर्ग है, जिसमें २२२ पद्य हैं। प्रथम सर्ग में राजा नल के रूप व गुणों का वर्णन है। नल उद्यान में एक हंस को पकड़ लेते हैं। दूसरे सर्ग में उसके मुख से दमयंती की प्रशंसा सुन कर नल दमयंती पर अनुरक्त हो जाते हैं। तीसरे सर्ग में वही हंस दमयंती के सामने नल की भी प्रशंसा करता है। चौथे सर्ग में नल के विरह में दमयंती की विकलता का चित्रण है। इसी सर्ग में उसके पिता राजा भीम उसके स्वयंवर का निर्णय लेते हैं। पाँचवे सर्ग में स्वयंवर में भाग लेने के लिये जाते नल को इंद्र, अग्नि, यम और वरुण दमयंती के पास अपना दूत बना कर भेजते हैं। षष्ठ सर्ग में देवों के वरदान से अदृश्य रह कर नल दमयंती के अंत:पुर में पहुँच जाता है। सातवे सर्ग में दमयंती का नखशिख वर्णन किया गया है। आठवें सर्ग में नल देवों का संदेश दमयंती को सुनाता है और उनकी ओर से उससे अनुरोध करता है कि वह इन देवों में से किसी का वरण करे। नवें सर्ग में दमयंती नल को अपना निश्चय बताती है कि वह उसी का वरण करेगी और वह उससे स्वयंवर में आने का अनुरोध करती है। दसवें सर्ग में स्वयंवर का वर्णन है। इस स्वयंवर में इंद्र आदि चार देव राजा नल का रूप धारण कर के इसके आस पास बैठ गये हैं,

ताकि दमयंती भ्रमित हो कर उन्हीं में से किसी के कंठ में वरमाला डाल दे। ग्यारहवें और बारहवें सर्गों में सरस्वती स्वयंवर में आये राजाओं का परिचय देती है। तेरहवें सर्ग में इंद्र, अग्नि, यम और वरुण इन चार देवताओं और राजा नल का एक साथ वर्णन है, जिसमें प्रत्येक श्लोक के इन पाँचों के लिये अलग अलग पाँच अर्थ निकलते हैं। महाकाव्य के इस प्रसंग को पंचनली कहा जाता है। चौदहवे सर्ग में दमयंती इंद्र आदि देवों की स्तुति करती है, और अंत में वास्तविक नल को पहचान कर वह उसके कंठ में वरमाला डाल देती है। देवगण उसे आशीष देते हैं। पंद्रहवे सर्ग में विवाह की तैयारी का वर्णन है। सोलहवें सर्ग में बारातियों के भोजन तथा नलदमयंती के विवाह का वर्णन है। नल अपनी राजधानी लौटते हैं। सत्रहवें सर्ग में दमयंती के विवाह से लौटते हुए देवों को कलि मिलता है। कलि की सेना का वर्णन कर के कवि ने उसके मुख से चार्वाक दर्शन का भी विवेचन यहाँ कराया है। देवगण उसके मंतव्यों का खंडन करते हैं। देवों से कलि को पता चलता है कि दमयंती का स्वयंवर हो चुका। कलि नल को शाप देता है कि वह राज्य से च्युत हो जायेगा और दमयंती से उसका वियोग होगा। उन्नीसवें और बीसवें सर्गों में नल-दमयंती के विहार, वैतालिकों के द्वारा नल को जगाने, सूर्योदय तथा चंद्रास्त का वर्णन है। इक्कीसवें सर्ग में नल विष्णु, शिव, वामन आदि देवों की स्तुति करता है। बाईसवें सर्ग में संध्या,रात्रि, चंद्रोदय तथा दमयंती के सौंदर्य के वर्णन के साथ काव्य समाप्त हो जाता है।

श्रीहर्ष यह काव्य पूरा नहीं कर पाये अथवा वे यहीं इस महाकाव्य को समाप्त करना चाहते थे- इस संबंध में विद्वानों में मतैक्य नहीं है। टीकाकार नारायण का मत है कि नैषधीयचरित बाईस सर्ग का पूर्ण महाकाव्य है। बाईसवें सर्ग की समाप्ति पर कवि ने अपना परिचय देते हुए मंगल श्लोक लिखे हैं, यह भी इस महाकाव्य के बाईसवें सर्ग में ही समाप्त होने का प्रमाण है। दूसरी ओर काव्यप्रकाश के एक टीकाकार अच्युतार्य ने नैषधीयचरित में सौ सर्ग होने का उल्लेख किया है।

टीकाएँ- ऑफ्रेख़्त ने संस्कृत ग्रंथों की अपनी बृहत्सूची में नैषधीयचरित पर २३ प्राचीन टीकाओं का उल्लेख किया है। चांडू पंडित ने अपनी नैषधदीपिका टीका १२९६ई० में लिखी थी। इन्होंने अपने से पहले की विद्याधर द्वारा लिखी टीका का उल्लेख किया है। इससे विदित होता है कि नैषधीयचरित अपने रचनाकाल से ही पंडितसमाज में कितना लोकप्रिय था और इस पर टीका लिखने की परंपरा तभी से आरंभ हो गयी थी। मल्लिनाथ, चारित्रवर्धन, भरतमल्लिक आदि श्रेष्ठ पंडितों ने नैषध की व्याख्या में अपनी लेखनी व्यापृत की है। अन्य टीकाओं में नारायण की नैषधीयप्रकाश, जिनराज की सुखावबोध, चारित्रवर्धन की तिलक, नरहरि की दीपिका तथा विद्याधर की साहित्यविद्याधरी नामक टीकाएँ उल्लेख्य हैं।

रस

नैषधीयचरित का अंगीरस शृंगार है। नल और दमयंती के अनुराग के वर्णन में कवि ने पूर्वानुराग, मिलन और विरह की स्थितियो का अत्यंत मार्मिक चित्रण किया है। पूर्वराग के अंतर्गत दमयंती की चिंता, स्मृति तथा अभिलाष- इन अवस्थाओं का सटीक चित्रण है। स्वयंवर के समय नल को माला पहनाती हुई दमयंती के भावप्रवाह में त्वराजनित वेग और त्रपाजनित अवरोध का चित्रण सुंदर है। सखी का रूप धारण किये हुए सरस्वती उपहास में उसका हाथ पकड़ कर खींच कर अन्य राजा की ओर ले जाती हैं, और दमयंती जिस प्रकार संभ्रमपूर्वक अपना हाथ छुड़ाती है, उसमें प्रेम के संचारी भावों भय, त्रास, असूया आदि का रमणीय चित्र प्रस्तुत किया गया है। स्वयंवरप्रसंग के पश्चात् नल और दमयंती के संभोग शृंगार का कवि ने विशद निरूपण किया है। कवि ने इस वर्णन में दमयंती के शरीरज, सत्त्वज तथा स्वभावज— तीनों प्रकार के अलंकारों को गूँथ दिया है। नायक और नायिका के परिहास के चित्रण में हास्य रस शृंगार का पोषक बन गया है। स्वंयवर में आये राजाओं तथा इंद्रादि देवों की दमयंती के प्रति रति अनुभयनिष्ठ होने से शृंगाररसाभास में परिणत हो जाती है। दमयंती के प्रति उसके माता पिता के स्नेह का चित्रण कर के कवि ने भावध्वनि या वात्सल्य को भी मार्मिक अभिव्यक्ति दी है। नल के द्वारा पकड़ लिये जाने पर हंस की उक्तियों में करुण रस की निष्पत्ति भी बड़ी प्रभावशाली है। हंस कहता है—

मदेकपुत्रा जननी जरातुरा नवप्रसूतिर्वरटा तपस्विनी।
गतिस्तयोरेष जनस्तमर्दयन्नहो विधे त्वां करुणा रुणद्धि नो।।

(१।१३५)

(मैं अपनी माँ की एकमात्र संतान हूँ। मेरी माँ वृद्धावस्था से आकुल है। मेरी हंसिनी ने अभी अभी चूजे जन्मे हैं। इन दोनों का मैं ही अकेला सहारा हूँ। हे विधाता, ऐसे मुझको मारते हुए क्या तुम्हें करुणा रोक नहीं रही?)

नल के गुणों के निरूपण में वीररस के चारों प्रकार- दानवीर, दयावीर, धर्मवीर तथा युद्ध वीर नैषधीयचरित में व्यक्त हुए हैं। स्वर्णहंस को देख कर नल और दमयंती के कौतुक के चित्रण में अद्भुतरस भी है। नल और दमयंती के प्रथम साक्षात्कार में दोनों एक दूसरे को देख कर जिस प्रकार विस्मयाविष्ट और कौतुक से आकुल हो जाते हैं, उस प्रसंग में अद्भुत रस शृंगार का अंग बन कर आया है। कीकटाधिप आदि स्वयंवरसमागत राजाओं के वर्णन में भी कवि ने कुशलता से हास्यरसान्वित अद्भुत का विन्यास कर दिया है। देवों के नल के समान रूप बना कर उसके आसपास बैठ जाना और अंत में स्वयंवर हो जाने पर अपने प्रकृत रूप में आना— इस प्रसंग के चित्रण में भी अद्भुत की अंतर्धारा है।

शैली तथा वर्णन कला

श्रीहर्ष के वर्णनों में कल्पना के अद्भुत रंग बिखरे हैं। उक्तिवैचित्र्य की भी निराली छटाएँ इन वर्णनों में हैं। नल दमयंती के रूप और गुणों का वर्णन हो या वनविहार (प्रथम सर्ग) या कुंडिनपुर नगर (द्वितीय सर्ग) सर्वत्र उनकी प्रतिभा का अनूठा विलास झलकता है।

श्रीहर्ष मुख्यत: वैदर्भी रीति के कवि हैं। श्लेष के माध्यम से वैदर्भी (दमयंती) तथा वैदर्भी रीति दोनों की एक साथ सराहना करते हुए उन्होंने कहा है—

धन्यासि वैदर्भि गुणैरुदारैर्यया समाकृष्यत नैषधोऽपि।
इतः स्तुतिः का खलु चन्द्रिकाया यदब्धिमप्युत्तरलीकरोति।।

(३।११६)

(हे वैदर्भि (दमयंती तथा वैदर्भी रीति), तुम धन्य हो जिसने नैषध (राजा नल, नैषधचरित काव्य) को आकर्षित कर लिया। चाँदनी की क्या अधिक स्तुति की जाये, वह तो सागर में भी हिलोर भर देती है।)

उनकी शैली में सुकुमार मार्ग तथा विचित्र मार्ग दोनों का समन्वय है। पदलालित्य नैषधकाव्य का सर्वव्यापी गुण है। श्लक्ष्ण मसृणता का ऐसा निर्वाह अन्य किसी महाकाव्य में आद्यंत कदाचित् ही हुआ हो। दमयंती के नयन के वर्णन में श्रीहर्ष कहते हैं—

नलिनं मलिनं विवृण्वती पृषतीमस्पृषती तदीक्षणे।
अपि खञ्जनमञ्जनाञ्चिते विदधाते रुचिगर्वदुर्विधम्।।

(२।२३)

(नलिन को मलिन करते, पृषती या हरिणी को स्पर्श न करते हुए अंजन से मंडित उसके नयन खंजन पक्षी के गर्व को भी चूर चूर कर देते हैं।)

यहाँ प्रत्येक पद दमयंती के लावण्य और सौकुमार्य तथा उसकी आँखों की उज्ज्वलता और चितवन की चंचलता को ध्वनित करता लगता है। अनुप्रास श्रीहर्ष की रचना में अहमहमिकया दौड़ते हुए आते लगते हैं। पदावली उनकी लेखनी से निकल कर थिरकती और ललित नर्तन करती लगती है। कहीं कहीं तो जयदेव के गीतगोविंद की माधुरी को श्रीहर्ष महाकाव्य में उतार कर ले आते लगते हैं। जैसे- सानन्दाः कुरुविन्दसुन्दरकरस्यानन्दनं स्यन्दनम्।(१५।९२)। या 'नवा लता गन्धवहेन चुम्बिता करम्बिताङ्गी मकरन्दशीतलैः (१।८५)। नादसौंदर्य का विलक्षण रचनात्मक उपयोग श्रीहर्ष करते हैं। भाषा के वैभव का परिचय भी श्रीहर्ष के काव्य में जैसा मिलता है, वैसा अन्य किसी काव्यों में कम ही मिलेगा। श्रीहर्ष नये नये मुहावरों की सहज रचना करते चले जाते हैं। उदाहरण के लिये - 'कार्यं निदानाद्धि गुणानधीते।'- (३।१७) - कार्य अपने कारण से गुणों को सीखता है। यहाँ अधीते का लाक्षणिक प्रयोग है।

अनेक स्थलों पर श्रीहर्ष बोलचाल की सहज भाषा का सधा हुआ प्रयोग करते हैं। जैसे कथमास्यं दर्शयितास्महे (५.७१) कैसे मुँह दिखायेगें? लोकभाषाओं से भी वे शब्दसंपदा का अच्छा दोहन करते हैं। इंगाल (अंगारा, १.९), धोरणि (१५.४८), अकूपार (१२.१८) अगदंकारचय (३.१११) आदि शब्द उनकी अकूत भाषिक संपदा के परिचायक हैं।

विदग्धता तथा वक्रोक्ति की विच्छित्तियाँ उनकी रचना में अभिव्यक्ति के अनूठे रूप प्रकट करती हैं। प्रत्येक पद्य में शास्त्रज्ञान, गूढार्थ, वक्रता की छटा और अर्थ की शृंखलाएं गुँथी हुई हैं। कालिदास और अमरुक जैसे महाकवियों की भाँति रस और भाव का प्रतान यहाँ सहज रूप में नहीं रचा जाता, उसके लिये आयास करना होता है। श्रीहर्ष का काव्य वस्तुत: विदग्धता, पांडित्य, रसिकता, अध्यात्म, तंत्र, दर्शन और विचार का दुर्लभ समवाय है। किसी भी तथ्य या कथ्य को प्रकट करने के लिये हर्ष अपनी ही कथनभंगी अपनाते हैं। रातें लंबी लगने लगीं- यह कहना है, तो वे कहते हैं- मेदसां भरैर्विभावरीभिर्बिभराम्बभूविरे- विभावरियाँ मेदे या मज्जा के भार से भरी भरी हो गयीं। कुंडिनपुरी के ऊँचे भवनों की छतों में लगी चंद्रकांत मणियों से चूती जल की बूँदों से आकाशगंगा तुंदिल बन गयी लगती है (२.८९)। कुंडिनपुरी के बाजार को हर्ष ने विष्णु के उदर से उपमा दी है, जिसमें मार्कंडेय ने निखिल ब्राह्माण्ड को देखा था (२।९१)। नल की सुंदरता निहारते हुए दमयंती रोमांचित हो उठी – इस बात को हर्ष इस तरह कहते हैं – कोरकित काया वाली उस वधू के रोम बच्चों जैसे थे, जो वर की शोभा देखने के लिये उत्सुक हो कर उद्ग्रीविकादान कर रहे थे (गरदन उठा कर ताक रहे थे)।

सर्वाणि रोमाण्यपि बालभावाद्वरश्रियं वीक्षितुमुत्सुकानि।

तस्यास्तथा कोरकिताङ्गयष्टेरुद्ग्रीविकादानमिवान्वभूवन्।।

नल के पांडित्य पर प्रकाश डालते हुए वे कहते हैं—

अधीतिबोधाचरणप्रचारणैर्दशाः चतस्रः प्रणयन्नुपाधिभिः।
चतुर्दशत्वं कृतवान् कुतः स्वयं न वेद्मि विद्यासु चतुर्दशस्वयम्।।

(१।४)

यहाँ अध्ययन, बोध, आचरण और प्रचार ये चारों अवस्थाएँ चौदह विद्याओं में से प्रत्येक को चौगुना बनाती हैं, विद्याओं के छप्पन प्रकार बन जाते हैं – यह भी संकेत है। पर कवि कहना चाहता है कि नल ने इन चारों अवस्थाओं के साथ चौदह विद्याओं का अभ्यास कर के भी उन्हें छप्पन के स्थान पर चौदह ही रहने दिया।

तदोजसस्तद्यशसः स्थिताविमौ वृथेति चित्ते कुरुते यदा यदा।
तनोति भानोः परिवेशकैतवात् तदा विधिः कुण्डलनां कवेरपि।।

(१.८)

राजा नल की तेजस्विता और यश के आगे सूर्य और चंद्रमा फीके हैं, यह सोच कर

विधाता दोनों को आसपास परिवेश या मंडल के छल से कुंडलना (पांडुलिपियों में किसी शब्द की व्यर्थता बताने के लिये उसके ऊपर लगाया गया वृत्त गोला) लगा देते हैं।

पांडित्य, परिहास, विनोद और कल्पना का कैसी छटा है।

यदस्य यात्रासु बलोद्धतं रजः स्फुरत्प्रतापानलधूममञ्जिम।
तदेव गत्वा पतितं सुधाम्बुधौ दधाति पङ्कीभवदङ्कतां विधौ।।

(१.८)

राजा नल की सैन्ययात्रा के समय उड़ी धूलि उस के प्रताप रूप अग्नि की काली काली धुएँ की रेखाएँ हैं। यही धूल सागर में जा कर गिरी और इसी सागर से मथने से जो चंद्रमी निकला उसमें उस धूल का कीचड़ कलंक के रूप में अभी तक भरा हुआ है।

चंद्रमा के ही कलंक को ले कर एक दूसरी कल्पना है—

हृतसारमिवेन्दुमण्डलं दमयन्तीवदनाय वेधसा।
कृतमध्यबिलं विलोक्यते धृतगम्भीरखनीखनीलिम।।

दमयंती का मुख बनाने के लिये विधाता ने चंद्रमा का सारा सार निकाल लिया, उससे चंद्रमा में जो गड्ढा बन गया उसमें आकाश की नीला रंग दिखता है, वही कलंक है।

वर्णनकला

वर्णनों में श्रीहर्ष कल्पना के साथ साथ यथार्थ का तालमेल बिठा कर चमत्कार ला देते हैं। कहीं कहीं तो हम उनके वर्णनों में उनके समय को सजीव रूप में साकार पाते हैं। उदाहरण के लिये कुंडलपुरी के आपण (बाजार) में सत्तू की सुगंध का यह वर्णन—

प्रतिहट्टपथे घरट्टजात् पथिकाह्वानदसक्तुसौरभैः।
कलहान्न घनाद्यदुत्थितादधुनाप्युज्झति घर्घरस्वरः।।

(२।८५)

(प्रत्येक बाजार के मार्ग में सत्तू की सुगंध पथिकों को पुकार रही थी, और घरट्ट (आटाचक्की) की पिसाई का कोलाहल इस तरह उठता रहता था कि वह कोलाहल आज भी मेघों के साथ लगा हुआ सुना जा सकता है।)

इसी प्रकार आपण या बाजार के लिये वे कहते हैं—

बहुकम्बुमणिर्वराटिकागणनात् करपर्वतोत्करः।
हिमवालुकयाच्छवालुकः पटु दध्वान यदापणार्णवः।।

(२।८८)

(उस नगरी का बाजार सागर बन गया था, अनेक प्रकार के शंख, मणियों और कौड़ियों

की गणना में लगे हाथों के कैकड़े वहाँ लगातार घूमते दिखते थे। कपूर के ढेर वहीं सफेद रेत की तरह बिछे रहते थे।)

संध्या के वर्णन में वे कहते हैं- काल ने सूर्य रूपी दाडिम (अनार) को खा कर जो बीज उगल कर फैंके वे ही तारे बन कर आकाश में छिटक रहे हैं (२२।१४)। सूर्य कवि को परिव्राजक या संन्यासी के रूप में दिखायी पड़ता है, जिसने संध्या के समय मेघ का कषाय वस्त्र पहन लिया है।(२२।१२) अनेक स्थलों पर उनकी कल्पनाएँ अतिरंजित होने से कोरा चमत्कार ही उत्पन्न कर पायी हैं, हृदय का स्पर्श नहीं करतीं। चंद्रमा उन्हें तिल से तिलकित पर्पट (पापड़) लगता है (२२।१४७)। दमयंती के नखशिख का वर्णन कवि ने दूसरे, सातवें, दसवें, पंद्रहवें तथा बाईसवें सर्गों में किया है। इन वर्णनों में शास्त्रों, दर्शनों और भौतिक संसार के विविध उपादानों से अछूते उपमान जुटाये गये हैं। कल्पनाओं का अनूठापन इन वर्णनों में चकित और स्तब्ध कर देने वाला है। चंद्रमा दमयंती के मुख के आगे तुच्छ है- इसकी व्यंजना कराने के लिये हर्ष कहते हैं—

धृतलाञ्छनगोमयाञ्चनं विधुमालेपनपाण्डुरं विधिः।
भ्रमयत्युचितं विदर्भजाऽऽननीराजनवर्धमानकम्।।

(२।२६)

(ऐसा प्रतीत होता है कि विधाता ने चंद्रमा को दमयंती के मुख की आरती उतारने के लिये एक वर्धमानक या दीपाधार बना रखा है, जिसे पीले रंग से लीप कर उसमें कलंक रूपी गोमय को रख कर वे दमयंती के मुख की आरती उतारने के लिये उसे घुमाते जा रहे हैं।)

अलंकारविधान

शास्त्र, लोक तथा कविसमय के अक्षय भंडार का उपयोग श्रीहर्ष अपने अप्रस्तुतविधानों के लिये करते हैं। व्याकरण, न्याय आदि दर्शनों तथा काव्यशास्त्र या नाट्यशास्त्र से तक वे बहुविध उपमान ढूढ निकालते हैं। उन्हीं के शब्दों में उनकी वाणी समस्त सूत्रपद्धति की श्रेष्ठ प्रबंधकार है, प्रतिबंधक नहीं – तदत्र मद्भाषितसूत्रपद्धतौ प्रबन्धृतास्तु प्रतिबन्धता न ते (नैष० ९.३७)।

कल्पनाओं की बहुवर्णी विच्छित्तियों को हर्ष शब्दालंकारों की आभा से और चमका देते हैं। सूर्यास्त के रंगों की धूसर छटाएँ उनकी कविता में इस तरह बिखरी हैं—

आदाय दण्डं सकलासु दिक्षु योऽयं परिभ्राम्यति भानुभिक्षुः।
अब्दौ निमज्जन्निव तापसोऽयं सन्ध्याभ्रकाषायमधत्त सायम्।।

(यह जो भानु रूपी भिक्षु हाथ में दंड ले कर सारी दिशाओं में घूम रहा है, उसने सायंकाल सागर में निमज्जन या स्नान करते हुए संध्या के बादलों के काषाय वस्त्र पहन लिये हैं।)

श्रीहर्ष के अलंकारविधान की प्रशंसा करते हुए उनके टीकाकार चरित्रवर्धन कहते हैं—

'श्रीहर्षेण यमक-मुरज-सर्वतोभद्र-प्रमुखान् बन्धान् अर्थापुष्टिकराननादृत्यार्थ-पुष्टिकरोऽनुप्रासादिशब्दालङ्कार: प्राय: प्रयुयुजे।'

अर्थात् श्रीहर्ष ने यमक, मुरजबंध, सर्वतोभद्र आदि अर्थ की क्षति करने वाले चित्रकाव्य के प्रकारों का परित्याग कर के अर्थ की पुष्टि करने वाले अनुप्रास अलंकार का ही प्राय: प्रयोग किया है।

श्रुत्यनुप्रास, छेकानुप्रास, वृत्त्यनुप्रास तथा अन्त्यानुप्रास के उदाहरण नैषधचरित में भरपूर हैं। श्रीहर्ष के पदलालित्य की विशेष प्रशंसा की जाती रही है। 'दण्डिन: पदलालित्यम्' के समान ही 'नैषधे पदलालित्यम्' यह उक्ति भी प्रचलित है। पदावली की स्निग्धता नैषध में सर्वत्र रमाने और लुभाने वाली है। यह पदावली भी वर्ण्य विषयके साथ एकाकार हो कर तदनुरूप अर्थ की ध्वनियाँ झंकृत करती है। स्वयंवर में समागत राजाओं के वर्णन में कवि कहता है—

तत्रावनीन्द्रचयचन्दनचन्द्रलेपनेपथ्यगन्धवहगन्धवहप्रवाहम्।
आलीभिरापतदनङ्गशरानुसारी संरुध्य सौरभमगाहत भृङ्गवर्ग:।।

(११।५)

(स्वयंवरार्थी राजाओं के चंदन और कपूर के अंगराग की सुगंध ले कर बहने वाले पवन का मार्ग छेंक कर कामदेव के बाणों की पंक्तियों की भाँति अनेक कतारो में टूट पड़ रहे भौंरे सुगंध का आनंद ले रहे थे।)

चित्रकाव्य – भारवि व माघ की भाँति श्रीहर्ष ने विविध शब्दचित्रों में तो अनेक पद्य नहीं लिखे, पर उनके श्लेष और यमक से समन्वित बंध मनोहर हैं। दमयंती कहती है—

इतीरिता पत्ररथेन तेन ह्रीणा च हृष्टा च बभाण भैमी।
चेतो नलं काममयते मदीयं नान्यत्र कुत्रापि च साभिलाषम्।।

यहाँ 'चेतो नलं काममयते मदीयम्' के अनेक अर्थ सहज सभाव्य हैं, मेरा चित्त नल की कामना करता है, मेरा चित्त लंका की ओर नहीं जाता, मेरा चित्त अनल की कामना करता है।

पांडित्य

विदग्धता या रसिकता के साथ प्रकांड पांडित्य का दुर्लभ समागम श्रीहर्ष की कविप्रतिभा में हुआ है। वे शास्त्र तथा चिंतन को सहज काव्यात्मक विन्यास देने में बेजोड़ हैं। इसीलिये पंडितसमाज में यह कहावत प्रचलित है- नैषधं विद्वदौषधम्- नैषधकाव्य विद्वानों के लिये औषध है। चाहे मनोविज्ञान के सत्य और तथ्य हो, चाहे षड्दर्शनों का चिंतन - वे शास्त्र को हस्तामलकवत् अपने पद्यों में पिरो कर काव्यात्मक विन्यास दे देते हैं।

दर्शनशास्त्र का पाण्डित्य विनोद के रंग में रँग कर हर्ष की कविता में चमक उठा है, जो उनकी रचना को एक अलग पहचान देता है।

ध्वान्तस्य वामोरु विचारणायां वैशेषिकं चारु मतं मतं मे।
औलूकमाहुः खलु दर्शनं तत् क्षमं तमस्तत्त्वनिरूपणाय।।

वैशेषिक दर्शन में नौ पदार्थ माने गये हैं। फिर पूर्वपक्ष उठाया गया है कि दसवाँ पदार्थ अंधकार क्यों न माना जाये। इस पर चुटकी लेते हुए श्रीहर्ष कहते हैं कि वैशेषिक तो औलुक्यदर्शन है, तमस् या अंधकार के तत्त्व को उससे अच्छा विचार और कौन सा दर्शन कर सकता है।

इसी तरह न्यायसम्मत मुक्ति को ले कर भी ताना कसते हुए श्रीहर्ष अपने नायक के मुख से कहलवाते हैं—

मुक्तये यः शिलात्वाय शास्त्रमूचे सचेतसाम्।
गोतमं तमवेक्ष्यैव यथा वित्थ तथैव सः।।

(१७.७५)

न्यायदर्शन में दुःख का अत्यंत विमोक्ष ही अपवर्ग या मुक्ति कहा गया है, जिसमें आनंद के अनुभव के लिये स्थान ही नहीं है। श्रीहर्ष कहते हैं कि यह तो पत्थर हो जाना है। यहाँ गोतम में श्लेष का प्रयोग कवि की परिहासप्रियता का परिचायक भी है और वेदांत में उसकी निष्ठा का भी।

श्रीहर्ष अपनी कविता में इसी तरह शब्दों से खेलते हैं—

भङ्क्तुं प्रभुर्व्याकरणस्य दर्पं पदप्रयोगाध्वनि लोक एषः।
शशो यदस्यास्ति शशी ततोऽयमेवं मृगोऽस्यास्ति मृगीति नोक्तः।

(२२.८४)

श्रीहर्ष कहते हैं कि लोकव्यवहार वैयाकरण के दर्प को तोड़ देता है। चंद्रमा में शश (खरगोश) है इसलिये उसे शशी कहा, तो चंद्रमा का नाम मृगांक या मृग के चिह्न वाला भी है। तब उसे मृग इसमें है इस आधार पर मृगी क्यों नहीं कहा?

नल बरबस स्वर्णहंस को पकड़ने के लिये बढ़ जाता है- इस प्रसंग के निरूपण में वे कहते हैं—

अवश्यभव्येष्वनवग्रहग्रहा यया दिशा धावति वेधसः स्पृहा।
तृणेन वात्येव तयाऽनुगम्यते जनस्य चित्तेन भृशावशात्मना।।

(१।१२०)

(जो बात अवश्य घटने को है, उसके विषय में अनवग्रहग्रह (जिस पर किसी का बस नहीं ऐसी) विधाता की स्पृहा जिस दिशा में दौड़ती है, आँधी में उड़ चले तिनके की तरह मनुष्य का चित्त भी अवश हो कर उसके पीछे पीछे खिंचा चला जाता है।)

सरस्वती को एक पात्र के रूप में अपने महाकाव्य में उपस्थित करदेना तथा सरस्वती के

वचनों में पंचनली का प्रयोग कराना नैषधचरित महाकाव्य की अद्वितीय विशेषता है। श्रीहर्ष सरस्वती से जैसा कहलवाना चाहते हैं, कहलवा लेते हैं, वे यह सिद्ध करते हैं सरस्वती उनके वशीभूत है।

हर्ष काव्यरचना करते समय इस तथ्य के प्रति सचेत हैं कि वे एक पंडित कवि हैं। इसलिये वे अपने काव्यग्रंथ में ग्रंथियाँ या गाँठें डालते चलते हैं, जिन्हें जानकार ही खोल सकें। ग्रंथि खोलना विद्वान् के लिये तो खेल होगा, पर अपने को प्राज्ञ समझने वाले मिथ्याभिमानी खल के लिये प्रत्यादेश। पांडित्य की जो क्रीडा उन्होंने अपने काव्य में अनेकत्र की है, उसीको वे 'ग्रंथग्रंथि' कहते हैं। श्रीहर्ष का कहना है कि उन्होंने प्रयत्नपूर्वक अपने काव्य में ग्रंथग्रंथियाँ डाल दी हैं, जिससे अपने आपको पंडित समझने वाले तथा दुराग्रह के साथ काव्य का पाठ करने वाले लोग इसके साथ खिलवाड़ न करें।

ग्रन्थग्रन्थिरिह क्वचित् क्वचिदपि न्यासि प्रयत्नान्मया
प्राज्ञम्मन्यमना हठेन पठिती मास्मिन् खलः खेलतु।।
श्रद्धाराद्धगुरुश्लथीकृतदृढग्रन्थिः समासादय-
त्वेतत् काव्यरसोर्मिमज्जनसुखव्यासज्जनं सज्जनः।।

(२२।१५२)

(मैंने प्रयत्न के साथ इस काव्य में ग्रंथग्रंथियाँ डाल दीं हैं, ताकि अपने आप को प्राज्ञ या ज्ञानी समझने वाला, हठ के साथ इसे पढ़ने वाला इसके साथ खिलवाड़ न करे। श्रद्धा के साथ गुरु की आराधना कर के इन कठिन ग्रंथियों को ढ़ीला कर सकने वाला सज्जन ही इसकाव्य के रस की ऊर्मियों में गोता लगा कर सुख पाये।)

पांडित्य, विदग्धता और रसिकता के इस समन्वय को देखते हुए श्रीहर्ष की स्वयं अपने विषय में यह गर्वोक्ति मिथ्या नहीं कही जा सकती, जो राजशेखर सूरि के प्रबंधकोश में भी उद्धृत की गयी है। इसमें वे स्वयं अपना परिचय देते हुए कहते हैं कि सुकुमार विषयवस्तु वाले साहित्य तथा सुदृढ न्यायदर्शन के ग्रहण से ग्रंथिल तर्क - इन दोनो में मेरी वाणी समान रूप से लीला करती है—

साहित्ये सुकुमारवस्तुनि दृढन्यायग्रहग्रन्थिले
तर्के वा मयि संविधातरि समं लीलायते भारती।।

श्रीहर्ष की यह गर्वोक्ति सर्वथा सत्य है।

तथा—

यत्काव्यं मधुवर्षि धर्षितपरास्तर्केषु यस्योक्तयः।

(२२।१५३)

(जिसका काव्य मधु की वर्षा करने वाला है, तथा तर्क में जिसकी उक्तियाँ शत्रुओं को प्रधर्षित करने नवाली हैं (ऐसा मैं हर्ष)।

डॉ० रामजी उपाध्याय के शब्दो में - 'श्रीहर्ष का काव्यजगत् असीम है। उनके शब्द और भावों का भंडार कल्पना और अनुमान की परिधि के परे है। कवि के अलंकारविन्यासों से प्रतीत होता है कि उन्होंने वास्तविक और कल्पित जगत् का पर्यवेक्षण योगिक नेत्रों से किया था।'

केलि, क्रीडा और कौतुक श्री हर्ष की भाषा की अनन्यसामान्य विशेताएँ हैं। वे लीलापरायण कवि हैं, जो अनायास यमक, अनुप्रास व श्लेष की लड़ी गूँथते जाते हैं। प्रत्येक पद्य में पाँच पाँच अर्थ एक साथ देने वाली उनकी पंचनली संस्कृत महाकाव्य में कोई तुलना नहीं, तो दमयंती की विरहवेदना के वर्णन में वे मंत्री तथा वैद्य के द्वारा उसके उपचार का विवरण भी श्लिष्ट पदावली में दिलवा देते हैं। दोनों राजा से एक साथ कहते हैं-

कन्यान्तःपुरबोधनाय यदधीकारान्न दोषा नृपं
द्वौ मन्त्रिप्रवरश्च तुल्यमगदङ्कारश्च तावूचतुः।
देवाकर्णय सुश्रुतेन चरकस्योक्तेन जानेऽखिलं
स्यादस्या नलगं विना न दलने तापस्य कोऽपि क्षमः।।

(४।११६)

उन्होंने अपने काव्य में भी व्याकरण, वेदांत, मीमांसा, सांख्य, योग, न्याय, वैशेषिक, चार्वाक, जैन तथा बौद्ध दर्शनों का गहरा ज्ञान प्रकट किया है। नैषध सचमुच विद्वदौषध ही नहीं, विभिन्न विषयों के ज्ञान का बृहत्कोष भी बन गया है। इसके प्रख्यात टीकाकार विद्याधर ने हर्ष को सर्वज्ञ बताते हुए सत्रहवें सर्ग में उनके सर्वतोमुख पांडित्य की सराहना में कहा है-

अष्टौ व्याकरणानि तर्कनिवहः साहित्यसारो नयौ
वेदार्थावगतिः पुराणपठितिर्यस्यान्यशास्त्राण्यपि।
नित्यं स्युः स्फुरितार्थदीपविहताज्ञानान्धकाराण्यसौ
व्याख्यातुं प्रभवत्यमुं सुविषमं सर्गं सुधीः कोविदः।।

श्रीहर्ष सुभाषितसंग्रहों में सर्वाधित उद्धृत होने वाले कवि हैं। सदुक्तिकर्णामृत में उनके तीस पद्य उद्धृत हैं, जिनमें से अधिकांश नैषधीयचरित में मिल जाते हैं।

नैषधीयचरित की प्रतीकात्मक व्याख्या

तेलगु कवि तथा संस्कृत विद्वान् श्री शेषेन्द्र शर्मा ने अपनी 'स्वर्ण हंस' नामक पुस्तक[१५] में नैषधीयचरित की प्रतीकात्मक व तांत्रिक व्याख्या की है। हंस के षट्चक्रगमन को नैषधीयचरित के उद्धरणों से शर्मा जी ने प्रमाणित किया है। उन्होंने नैषधीयचरित को मुख्य रूप से तन्त्रशास्त्र की कृति माना है। उनकी व्याख्या के अनुसार नल जीवात्मा है। 'नल्यते बध्यते इति नलः-' इस व्युत्पत्ति के द्वारा वह जीवात्मा का बद्ध रूप है। राजा भीम परमात्मा या निर्गुण ब्रह्म हैं। दमयंती महात्रिपुरसुंदरी है। श्रीहर्ष की अनेक उक्तियाँ इस प्रतीकात्मक विधान और वेदांत के गूढ तत्त्व का उद्घात करती हैं। विशेष रूप से स्वर्णहंस का वर्णन तथा राजा के द्वारा उसके

प्रथम दर्शन के समय ददर्श क्रिया का प्रयोग न कर के 'अबोधि'- इस क्रिया का प्रयोग कवि के द्वारा किया जाना सूचित करता है कि नल (जीवात्मा) अपने ही एक रूप का अवबोध कर रहा है। हंस को तीन सर्गों में मंत्राधिदेवता, जीव तथा परमात्मा इन तीनों रूपों में चित्रित किया गया है। कुण्डिनपुर शिवपुर है, जो वास्तव में सहस्रार प्रदेश के केंद्र मस्तक का प्रतीक है।

श्रीहर्ष के विषय में प्रसिद्ध है कि उन्होंने चिन्तामणि मंत्र सिद्ध किया था। शेषेन्द्र शर्मा जी ने 'अवामा वामार्धे' — इत्यादि पद्य में चिन्तामणि मंत्र को अंतर्निहित बताया है। इसी प्रकार उन्होंने 'इष्टा नः प्रिय ते प्रतिश्रुतिरभूत्' — इत्यादि श्लोक में तिरस्करिणी विद्या का सन्धान भी किया है।

शर्मा जी ने अपनी परिकल्पना नैषधीयचरित के प्रथम छह तथा तेरहवें व चौदहवें सर्गों के अध्ययन के आधार पर ही उपस्थित की है, क्यों कि शेष सर्ग उन्हें उपलब्ध नहीं हुए।

छंदोयोजना- माघ और भारवि की तुलना में श्रीहर्ष में छंदों की विविधता कम है। उन्होंने कुल उन्नीस प्रकार के छंदों का उपयोग किया है, इनमें सात सर्गों में तो उपजाति छंद का ही प्राधान्य है। चार सर्गों में वंशस्थ की व्यापकता है। दो दो सर्गो में मुख्य छंद के रूप में अनुष्टुप्, वसंततिलका तथा स्वागता लिये गये हैं। एक एक सर्ग में द्रुतविलंबित, रथोद्धता तथा वैतालीय भी लिये गये हैं। अचलधृति, त्रोटक, दोधक तथा पृथिवी- इन चार छंदों में केवल एक एक पद्य पूरे महाकाव्य में है।

सूक्तियाँ- नैषधमहाकाव्य की सूक्तियों में विषयों की विविधता, कवि के सूक्ष्म पर्यवेक्षण और पांडित्य की झलक मिलती है। इनमें से कई उक्तियाँ तो पंडितसमाज में शताब्दियों से जिह्वारूढ रही हैं। उदाहरण के लिये-

मितं च सारं च वचो हि वाग्मिता (९।८) (संक्षिप्त और सारगर्भित बात कहना ही वाणी की वाग्मिता या चतुराई है।)

चकास्ति योग्येन हि योग्यसङ्गमः ((९।५६))योग्य से योग्य का संगम अच्छा लगता है।)

ब्रुवते हि फलेन साधवो न तु कण्ठेन निजोपयोगितताम्।

(२।४८)

(सज्जन लोग अपनी बड़ाई अपने कंठ से नहीं अपने कार्य के सुपरिणाम से प्रकट करते हैं।)

आहृता हि विषयैकतानता ज्ञानधौतमनसं न लिम्पति।

(१८।२)

(विषयों में कृत्रिम एकाग्रता ज्ञान से धोये मन वाले वीतराग को दूषित नहीं करती।)

अतिथि सत्कार के विषय में कवि की बड़ी रमणीय अभिव्यक्ति है—

स्वात्मापि शीलेन तृणं विधेयो देया विहायासनभूर्निजापि।
आनन्दवाष्पैरपि कल्प्यमम्भः पृच्छा विधेया मधुरैर्वचोभिः।।

(८।२१)

(अपने आपको तृण (तिनके जैसा या अत्यंत विनम्र) बना देना चाहिये, अपने आसन को छोड़ कर अतिथि को उसे देना चाहिये, आनंद के अश्रुजल से अर्घ्य अर्पित करना चाहिये, मधुर वचनों से कुशलप्रश्न करना चाहिये।)

मृणालतन्तुच्छिदुरा सतीस्थितिर्लवादपि त्रुट्यति चापलात् किल। (१०।३१)

(सती की स्थिति कमलनाल के तंतु जैसी भंगुर होती है, तनिक से चापल से भी वह टूट जाती है।)

जनानने कः करमर्पयिष्यति? (९.१२५)

(लोगो के मुँह कौन बंद कर सकता है?)

सुज्ञं प्रतीङ्गितभावनमेव वाचः। (११।१०१)

(समझदार के प्रति संकेत ही वचन है।)

एकाम्बुबिन्दुव्ययमम्बुराशेः पूर्णस्य कः शंसति शोषदोषम्।

(१८।६४)

(भरे पूरे सागर में से एक बूँद खर्च हो जाये, तो इसे सूखने का दोष भला कौन कहेगा?)

नरनारायणानंद

बारहवीं-तेरहवीं शताब्दी के युगनिर्माता साहित्यकार व साहित्यसंरक्षक महाकवि वस्तुपाल ने पाटण में जन्म लिया। इनके पिता का नाम अचराज (अश्वराज) और माता का नाम कुमारदेवी था। ये राजा वीरधवल के प्रधान अमात्य रहे। वे एक कुशल प्रशासक तथा सेनानी थे। विद्वानों और कवियों के आश्रयदाता के रूप में इनकी ख्याति संस्कृत साहित्य में अनेकत्र वर्णित है। १२२१ ई० में इन्होंने आबू की तीर्थ-यात्रा की तथा गुजरात में तीन विशाल ग्रंथागारों की स्थापना की। १२४२ ई० में इनका निधन हुआ। वस्तुपाल पर अनेक प्रशस्तिकाव्य तथा महाकाव्य भी लिखे गये, जिनकी चर्चा इस पुस्तक में ऐतिहासिक महाकाव्यों के अंतर्गत की गई है। सोमेश्वर के ऐतिहासिक महाकाव्य कीर्तिकौमुदी में इनका जीवनचरित्र विस्तार से वर्णित है। सोमेश्वर ने वस्तुपाल को सरस्वती का पुत्र कहा है।

वस्तुपाल के नरनारायणानंद महाकाव्य में १६ सर्गों में नर और नारायण के अवतार अर्जुन तथा कृष्ण की मित्रता का चित्रण करते हुए अर्जुन के द्वारा सुभद्राहरण का प्रसंग वर्णित है। वस्तुपाल की शैली अत्यन्त सहज और प्रांजल है, माघ के कवित्व से वे प्रभावित हैं, पर पांडित्य और चमत्कार के प्रदर्शन का प्रलोभन उन पर हावी नहीं हुआ है। जीवनानुभव से समन्वित सूक्तियाँ उनके महाकाव्य में प्रचुर मात्रा में मिलती हैं।

पुरनृपवर्णन नामक प्रथम सर्ग में इंद्रवज्रा छंद में द्वारका पुरी का वर्णन आद्यंत मनोभिराम कल्पनाओं के ताने बाने में गुँथा हुआ है। कवि ने काम और रति को भी दंपतियों की सेवा में लगा दिया है –

जायापतीनामतिरूपभासा दासायिते कामरती यदन्तः।
पुरःप्रतिच्छन्दमिषेण सेवां नित्यं विधत्तः स्फटिकावनीषु।।

(१.१५)

यहाँ भासा दासायिते में अनुप्रास की छटा ने कविता में और रम्यता ला दी है। इसी प्रकार चंद्रमा को कवि ने हास्य का पात्र बना दिया है

यस्यां निशि प्रौढगृहाधिरूढ़स्त्रीवर्गवक्त्रेन्दुसभाग्रवर्ती।
धत्ते विधुर्व्योमनि हास्यपात्रनटश्रियं लाञ्छनवर्णकेन।।

(१.१८)

वस्तुपाल की कविता सौंदर्यबोध कीं अनाविलता का सुंदर निदर्शन है। प्रथम व द्वितीय सर्गों में श्रीकृष्ण के रूप की रमणीयता का वर्णन करते हुए उन्होंने विविध विच्छित्तियाँ उकेरी हैं। पूरा महाकाव्य कृष्ण और अर्जुन के सख्य भाव का सरस चित्रण है। तृतीय सर्ग में अर्जुन के कृष्ण से समागम का वर्णन करते हुए कवि कहता है –

सुहृदममुमवाप्य सव्यसाची किमपि तदूर्जितमर्जयाम्बभूव।
प्रभुरयमुदपादि येन विश्वत्रयनिलयः परिरम्भलीलयैव।।

(३.८)

समजनि परिरम्भणेन नारायणनरयोरिह कोऽपि स प्रमोदः।
परमपदलयोऽपि निःस्पृहोऽपि व्रतिनिवहः स्पृहयाम्बभूव यस्मै।।

(३.९)

(सव्यसाची अर्जुन ने अपने मित्र कृष्ण को पा कर कुछ अपूर्व ही ऊर्जित अर्जित कर लिया था, क्यों कि ये वे ही प्रभु हैं, जिन्होंने परिरंभ की लीला से त्रिलोकी को उत्पन्न कर दिया। नर और नारायण के इस आलिंगन से कुछ अनिर्वचनीय प्रमोद उत्पन्न हुआ, जिसके लिये परमपद में लीन निःस्पृह यति भी स्पृहा करते हैं।)

पुष्पिताग्रा छंद का चयन इस प्रसंग के लिये बड़ा समीचीन है। चतुर्थ सर्ग में कवि ने छहों ऋतुओं का क्रम से वर्णन करते हुए संक्षिप्त ऋतुसंहार रच दिया है। पंचम सर्ग में भी नैसर्गिक सुषमा के चित्र मनोहारी हैं। रूपक तथा उत्प्रेक्षाएँ अपृग्यत्ननिर्वत्य हो कर वस्तुपाल के पद्यों में सजते गये हैं। आकाश को एक वन के रूप में देखते हुए कवि कहता है -

गगनकाननसीमनि तारकैः कुसुमितासु तमोवनवल्लिषु।

अजनि युक्तमसौ कुसुमायुधस्त्रिजगतीविजयव्यसनोन्मुखः।।

(५.१७)

(गगन के कानन की सीमा में अँधेरे की वनवल्लियों पर तारे फूलों की तरह खिल उठे, जिससे उचित ही कुसुमायुध या कामदेव त्रिलोकी की विजय के व्यसन से युक्त हो गया।)

आठवें सर्ग में श्रीकृष्ण के पड़ाव का वर्णन माघ की कविता से अनुप्राणित होते हुए भी उस समय के समाज का जीता जागता चित्र उपस्थित करता है। बनिये अपनी अपनी दूकानें किस तरह सजाते हैं इसका वर्णन करते हुए कवि ने कहा है -

अग्रे गत्वा स्थापयित्वाट्टपङ्क्तिं तूर्णं तस्थुस्तत्र वाणिज्यभाजः।
उच्चैः पीठाध्यासिनो लम्बकूर्चाच्चोपत्रस्यत्तुन्दिलत्वापवादाः।।

(८.२०)

इसी सर्ग में बालकों की चेष्टाओं का वर्णन स्वभावोक्ति के काव्य का उत्तम नमूना है (८.२५)। दशम तथा एकादश सर्गों में अर्जुन के सुभद्रादर्शन तथा सुभद्रा की विरहव्यथा के निरूपण में कवि को शृंगार के रंग से कविता के फलक को रँगने का अवसर मिला हैं। ग्यारहवें सर्ग में सुभद्रा के द्वारा चतुर दूती से भेजे गये प्रेमपत्र के मीठे उलाहने व वक्रोक्ति की भंगिमाएं रोचक हैं। एक उदाहरण पठनीय है –

दृग्भिःप्रेमसमुद्रवीचिभिरभिक्लिन्नोऽपि भिन्नोऽसि न
स्वान्ते मन्मथदावपावकभृति क्षिप्तोऽपि तप्तोऽसि न।
सौभाग्यैकनिकेतकान्तिलहरीलीलाभिरन्तर्मुदं
धत्से निर्दय वज्रसारघटितं जाने भवन्तं ततः।।

(११.३८)

(आँखों में उमड़ते प्रेम के सागर की लहरों से भिगोया, तुम नहीं भीगे। मन के भीतर धधकती आग में तुम्हें डाल लिया, तुम जले नहीं। सौभाग्य की निकेतन, कांति की लहरों से भीतर ही भीतर आनंदित होते रहते हो, हे निर्दय, मैं समझती हूँ कि तुम वज्रासार से बने हुए हो।)

बारहवें सर्ग में सुभद्राहरण के चित्रण के पश्चात् कवि को चौदहवें में युद्ध के प्रसंग में चित्रबंधों की रचना के लिये अवसर मिला है। चित्रकाव्यों में भी अनुप्रास की छटाएं तथा प्रसादमंजुल पदावली ने कवित्व की एकतानता बनाये रखी है। उदाहरणार्थ गोमूत्रिकाबंध का यह पद्य –

देहे परशरोदारहननं कश्चिदुद्धुरः।
सेहे वीरवरो धीरश्रीनखाङ्कमृदु स्थिरः।।

(देह पर शत्रु के तीखे बाणों के प्रहार को उद्धुर हो कर धीर, लक्ष्मी के नखों से चिह्नित मृदु और स्थिर वीरवर कृष्ण ने सहन किया।)

पंद्रहवें सर्ग में अर्जुन व सुभद्रा के विवाह के साथ महाकाव्य की कथा की पूर्ति हो जाती

है। अंतिम सोलहवें सर्ग में कविप्रशस्ति है। इसमें ४१ पद्यों में कवि ने अपनी वंशपरंपरा, जीवन तथा समकालीन कवियों का परिचय दिया है।

जल्हण ने अपनी सूक्तिमुक्तावली में वस्तुपाल के तीन पद्य उद्धृत किये हैं, जिनमें से एक नरनारायणानंद महाकाव्य (१.७) से है, शेष दो के स्रोत अविदित हैं। यह अनुमान किया जा सकता है कि वस्तुपाल ने इस महाकाव्य के अतिरिक्त और भी मुक्तककाव्य या प्रबंधकाव्य लिखे होगें। इन में एक मेघ को ले कर सुंदर अन्योक्ति है –

सम्प्रति न कल्पतरवो न सिद्धयो नापि देवता वरदाः।
जलद त्वयि विश्राम्यति सृष्टिरियं भुवनकोशस्य।।

(अब न कल्पतरु हैं, न सिद्धियाँ, न वर देने वाले देवता। हे जलद, भुवनकोश की यह सृष्टि अब तुम्हारे सहारे है।)

सोमेश्वर ने उल्लाघराघव में वस्तुपाल की प्रशस्ति करते हुए उनकी सूक्तियों की सराहना में कहा है –

अम्भोजसम्भवसुता वक्त्राम्भोजेऽस्ति वस्तुपालस्य।
यद्वीणारणितानि श्रूयन्ते सूक्तिदम्भेन।।

वस्तुपाल की अनेक सूक्तियाँ प्रबन्धचिन्तामणि, चतुर्विंशतिजिनप्रबंध तथा जिनहर्ष के वस्तुपालचरित आदि ग्रंथों में भी उद्धृत हैं। वस्तुपाल पर लिखे गये चरितकाव्यों तथा प्रशस्तियों की बड़ी संख्या देखते हुए संस्कृत कवियों में उनकी लोकप्रियता का अनुमान किया जा सकता है।

कीर्तिकौमुदी तथा सुरथोत्सव

इन दोनों महाकाव्यों के प्रणेता सोमेश्वरदेव या सोमशर्मा हैं। सोमेश्वर के पूर्वज अन्हिलवाड़ के चालुक्यवंशीय राजाओं के यहाँ पौरोहित्य का कार्य करते थे। ये राजा भीम की सभा के प्रतिष्ठित कवि थे। राजसभा में अपनी प्रतिष्ठा का उल्लेख करते हुए इन्होंने सुरथोत्सव में कहा है—

काव्येन नव्यपदपाकरसास्पदेन यामार्धमात्रघटितेन च ताटकेन।
श्रीभीमभूपतिसंसदि सभ्यलोकमस्तोकसम्मदवशंवदमाहवे यः।।

(१५.४०)

उस समय के प्रख्यात साहित्यिक तथा राजनैतिक शलाकापुरुष वस्तुपाल से सोमेश्वर की मित्रता थी।

कीर्तिकौमुदी महाकाव्य की चर्चा ऊपर की गई है। इस में वस्तुपाल का जीवनचरित निरूपित है। इन दोनों महाकाव्यों के अतिरिक्त उल्लाघराघव नाटक, रामाष्टक स्तोत्र, काव्यादर्श

और काव्यप्रकाश की टीकाओं तथा कुछ शिलालेखों का भी इन्होंने प्रणयन किया। सुरथोत्सव महाकाव्य चैत्रवंशीय राजा सुरथ के पुराणसिद्ध आख्यान पर आधारित है। इसमें पंद्रह सर्ग है।

मध्वकृत यमकभारत

द्वैतवेदांत के प्रतिष्ठापक मध्वाचार्य पूर्णप्रज्ञ व आनंदतीर्थ के नाम से भी प्रसिद्ध हैं। इनका जन्म दक्षिण कन्नड जिले के उडुपी शिवल्ली नामक स्थान के पास पाजक नामक एक गाँव में सन् १२३८. ई में हुआ। मध्व मध्यकाल के दार्शनिकों व संतों में उल्लेखनीय हैं। इनका जन्म-नाम वासुदेव था। आसाधारण पांडित्य तथा प्रतिभा के कारण ये पूर्णप्रज्ञ की उपाधि से अलंकृत हुए। २५ वर्ष की आयु में इन्होंने संन्यास ले लिया। दीक्षा ग्रहण करने पर इनका नाम आनंदतीर्थ हुआ। समग्र भारत में भ्रमण करते हुए इन्होंने द्वैत वेदांत का प्रचार किया। मध्वाचार्य को वायु का तृतीय अवतार माना जाता है (हनुमान् और भीम क्रमश: प्रथम व द्वितीय अवतार हैं।) इन्होंने शांकरमतानुयायी अच्युतप्रेक्ष नामक आचार्य से विद्या ग्रहण की और गुरु के साथ शास्त्रार्थ कर इन्होंने अपना भिन्न प्रस्थान स्थापित किया। नारायण पंडिताचार्य के सुमध्वविजय और मणिमंजरी में मध्वाचार्य का जीवनचरित निरूपित है।

इनके लिखे ३६ ग्रंथ मिलते हैं जिनमें से अधिकांश दर्शनविषयक हैं। काव्यग्रंथों में आर्यास्तोत्र, कृष्णस्तुति तथा द्वादशस्तोत्र प्रसिद्ध हैं। भागवततात्पर्यनिर्णय नामक शास्त्रीय ग्रंथ इनके गंभीर चिंतन का परिचायक है। कृष्णकर्णामृतमहार्णव, शंकरविजय और शंकराचार्यावतारकथा भी इनकी रचनाओं में परिगणित हैं। यमकभारत महाकाव्य में आद्यंत असाधारण कौशल से यमक अलंकार का निर्वाह करते हुए पूरे महाभारत की कथा प्रस्तुत की गयी है।

मध्व ने अनेक स्तोत्रकाव्य तथा शास्त्रीय ग्रंथों की रचना की। ऋग्वेद के चालीस सूक्तों पर उनकी व्याख्या है, महाभारत तथा भागवत पर उन्होंने टीकाएँ लिखी हैं।

यमकभारतम् में ८१ पद्यों में प्रतिपद्य यमकालंकार के विनिवेश के साथ महाभारत की कथा निरूपित है। भाषा पर असाधारण अधिकार, शब्दों की क्रीडा तथा समासशैली का चमत्कार इस काव्य में देखा जा सकता है। एक उदाहरण द्रष्टव्य है—

अधिनोच्छकटं लोली पादाङ्गुष्ठेन वातपेशशकटं लोली।
अतनोद् रक्षामस्य स्वाज्ञानाद् गोपिका सदेरक्षामस्य।। ८

(शेषशायी (वातो वायु: तं पिबन्तीति वातपा: सर्पा: तेषां ईश: शेष:। वातपेशशकटं (वातप ईश कटम्) लोली. ने शकट को पाँव के अंगूठे से ठोकर मारी। अपने अज्ञान के कारण गोपी ने उनकी रक्षा करने का प्रयास किया।

यहाँ 'वातपेशशकटं लोली' के ही तीन अर्थ हैं – शेषशायी, शेष को कट या शय्या बनने हेतु प्रेरित करने वाले, तथा आतपेश (सूर्य)।

यादवाभ्युदय

यादवाभ्युदय महाकाव्य के प्रणेता वेंकटनाथ विशिष्टाद्वैत मत के प्रमुख आचार्य, दार्शनिक, संत, कवि और पंडित हैं। ये विशिष्टाद्वैतमतप्रवर्तक रामानुजाचार्य के भांजे तथा शिष्य भी थे। इनका जन्म १२६८ ई० में कांची के टुप्पिल नामक स्थान पर हुआ। इनके पिता का नाम अनंतसूरि तथा पितामह का नाम पुंडरीकाक्ष था। ये विश्वामित्रगोत्रीय ब्राह्मण थे। अपने मामा आत्रेय रामानुज के यहाँ इनकी शिक्षा-दीक्षा हुई। इन्हें वरदनाथ नामक पुत्र हुआ, जो आगे चलकर वेदांताचार्य के नाम से प्रसिद्ध हुआ। उनकी शिष्य-परंपरा में उनके रचे १२१ ग्रंथों का उल्लेख किया गया है। इनमें से अधिकांश ग्रंथ धर्म, दर्शन, परमार्थ या अध्यात्मविद्या से संबद्ध हैं। इनके साहित्यिक ग्रंथों में यादवाभ्युदय महाकाव्य के अतिरिक्त संकल्पसूर्योदय नाटक, हंससंदेश काव्य, दयाशतक, गोदास्तुति, यमकरत्नाकर तथा समस्यासहस्र प्रसिद्ध हैं। इनका स्वर्गवास श्रीरंगम् में १३६९ ई० में हुआ।

वेंकटनाथ अपने जीवन काल में ही एक किवदंती बन गये थे। माना जाता था कि वे एक अवतारपुरुष हैं।[१६] उनके पुत्र वरदराज, यतिराज आदि ने उन्हें देवतास्वरूप मान कर उन पर ध्यानश्लोक लिखे हैं, जिनमें से एक श्लोक यह है—

श्रीमान् वेङ्कनाथार्यः कवितार्किककेसरी।
वेदान्ताचार्यवर्यो सन्निधत्तां सदा हृदि।

डिंडिम कवि सार्वभौम के साथ उनके काव्यात्मक विवाद की कथाएँ उनकी शिष्य मंडली में प्रचलित हैं।[१७] वेंकटनाथ का यादवाभ्युदय पढ़ कर तो डिंडिम कवि उनके प्रशंसक हो गये और वेदांतदेशिक की प्रशस्ति में उन्होंने श्लोक लिखे, जो इसप्रकार हैं।

घोटीघाटीकठोरस्फुटविकटकथाटोपवाचाटकोटी-
कोटीराघाटपेटीपुटघटितमणीसङ्घसङ्घट्टिताङ्घ्रिः।
खर्वीकुर्वन् स गर्वं जयति कवितते: सर्वतन्त्रस्वतन्त्रो
वेदान्ताचार्यवर्यो विघटितजडधीसङ्कटो वेङ्कटेशः।
वेदे सञ्जातखेदे मुनिवरवचने प्राप्तनित्यावमाने
सङ्कीर्णे सर्ववर्णे सति तदनुगुणे निष्प्रमाणे पुराणे
मायावादे समोदे कविसु शुचवशाच्छून्यवादे विवादे
धर्मत्राणाय योऽभूत् स जयति भगवान् विष्णुघण्टावतारः।।

कहा जाता है कि वेदांतदेशिक ने पादुकासहस्रम् की रचना रात के एक प्रहर में कर डाली थी। इस असाधारण उपलब्धि पर जब उनकी सर्वत्र चर्चा होने लगी, तो वरवर नामक कवि को उनकी इस ख्याति से ईर्ष्या हुई और उसने भी सहस्र श्लोकों का एक काव्य लिखना आरंभ किया, पर कुछ ही पद्य लिख सका। वेदांतदेशिक ने उसकी लज्जा दूर करने के लिये

निम्नलिखित अन्योक्ति लिख कर भेजी –

सूते शूकरयुवतिः सुतशतमत्यन्तदुर्भगं झटिति।
करिणी चिराय सूते सकलमहीपाललालितं कलभम्।।

विद्यारण्य की प्रेरणा से विजयनगर के राजा हरिहर प्रथम (१३३६-५६ ई०) ने उन्हें अपनी राजसभा में ससम्मान आमंत्रित किया। राजा सर्वज्ञ सिंहभूपाल (१३३०-८० ई०) अपने आप को उनका शिष्य मानते थे तथा उनसे धर्मोपदेश सुनते थे। वेंकटनाथ ने उनके लिये तत्त्वसंदेश तमिल में तथा सुभाषितनीवी नामक सुभाषित संग्रह संस्कृत में तैयार कर के भेजा। अप्पय दीक्षित जैसे उस युग के श्रेष्ठ चिंतक व पंडित ने इस पर टीका लिखी है।

उन्होंने देश के विभिन्न स्थलों की यात्रा की व विभिन्न मतों के विद्वज्जनों के साथ वाद किये। संस्कृत, तमिल तथा मणिप्रवालम् में अबाधगति से विपुल साहित्य की सर्जना भी वे करते रहे। वेंकटनाथ अपने जीवन काल में एक किंवदंती पुरुष बन गये थे। लोकविश्वास के अनुसार वे उस घंटा के अवतार थे, जिसे उनके माता-पिता को स्वयं वेंकटेश प्रभु ने दिया। वेंकटनाथ की रचनाशीलता पर आनंदवर्धन की यह उक्ति सर्वथा सटीक बैठती है कि 'न काव्यार्थविरामोऽस्ति यदि स्यात् प्रतिभागुणः।' शतदूषणी, वादित्रयखंडन वेदांतदेशिक के खंडनग्रंथ हैं। अद्वैत के खंडन में उनकी शतदूषणी एक प्रवर्तक कृति है। तत्त्वमुक्ताकलापः विशिष्टाद्वैत दर्शन पर ५०० पद्यों का ग्रंथ है। अधिकरण नामक ग्रंथ में ५६२ पद्य हैं। इसमें ब्रह्मसूत्र के रामानुजकृत श्रीभाष्य की व्याख्या है। द्रमिडोपनिषत्तात्पर्यरत्नावली १३० पद्यों में शठकोपसूरि के तमिल में विरचित दिव्य प्रबंध की टीका है।

यादवाभ्युदय महाकाव्य में चार सर्ग हैं, तथा कथा का आधार श्रीमद्भागवत है। यदुवंश के पूर्वपुरुष ययाति के चरित से काव्य का आरम्भ किया गया है। काव्य का मुख्य विषय श्रीकृष्ण की लीलाओं का वर्णन है। श्रीमद्भागवत के लालित्य, भक्तिभाव की तन्मयता और वैष्णव आस्था की कवि ने गहरी अनुभूति के साथ नवसृष्टि की है। कृष्णावतार के अनुपम दृश्य को भावविभोर होकर चित्रित करता हुआ कवि कहता है-

अवतरति मुकुन्दे सम्पदामेकवृन्दे सुरभितहरिदन्तां साधुमाध्वीकदिग्धाम्।
अभजत वसुदेवस्थानमानन्दनिघ्नैरमरमिथुनहस्तैराहितां पुष्पवृष्टिम्।।

(संपदाओं के निधान मुकुंदके अवतरण के समय दूर दूर तक दिशाओं को सुरभित करती माध्वीक से भलीभाँति सनी जो पुष्पवृष्टि आनंद से भरे देवयुगलों के हाथों से की गई उससे वसुदेव का भवन भर गया।)

यहाँ कृष्णावतार के वर्णन के लिये मालिनी छंद का चयन समीचीन है।

यशोदा के वात्सल्य, कृष्ण के गोपालरूप और बाल-लीलाओं के वर्णन में कवि का मन विशेष रमा है। उदाहरणार्थ—

कथं व्रजेच्छर्करिलान् प्रदेशान् पद्भ्यामसौ पल्लवकोमलाभ्याम्।
इति स्नुतस्तन्यरसा यशोदा चिन्तार्णवे न प्लवमन्वविन्दत्।।

(४/६६)

(कोंपल से कोमल पाँवों से कृष्ण पथरीले प्रदेश में कैसे चलेंगे- यह सोच कर वक्ष से दूध बहाती यशोदा चिंता के सागर में नाव न पा सकी।

रोमाञ्चफेनाञ्चितसक्थिभागस्पन्दनैरर्धनिमीलिताक्षैः।
अनादृतस्तन्यरसैर्मुकुन्दः कण्डूयितै र्निर्वृतिमाप वत्सैः।।

(४/८४)

(कृष्ण उन बछड़ों की खुजली मिटा कर प्रसन्न हो रहे थे, जिनकी रोमांचित थूथन से फेन निकल रहा था, जो तन्मय हो कर आधी आँखों मूँदें मुँह हिला रहे थे तथा गायों का दूध पीना भूल गये थे।)

उषाहरण

माधवाचार्य के शिष्य त्रिविक्रम की दो रचनाएँ प्राप्त होती हैं-उषाहरण महाकाव्य तथा वायुस्तुति। उषाहरण महाकाव्य में कल्पनाओं की नवीनता कमनीय है। आरम्भ में ही कवि कहता है-

विज्ञानपाथेयवतां विपश्चितामागन्तुकानामहमात्मशक्त्या।
आतिथ्यकार्याय फलं रसार्द्रं काव्याभिधानं लिकुचं प्रसोष्ये।।

(१/३)

(विज्ञान का पाथेय ले कर चलने वाले भावी पीढ़ी के विद्वानों के आतिथ्य के लिये मैं अपनी शक्ति से इस काव्य रूप भी रसार्द्र लिकुच या कटहल के फल को जन्म देने जा रहा हूँ।)

इस काव्य में उषा और अनिरुद्ध की प्रेमकथा है।

त्रिविक्रम के पुत्र नारायण ने माधवविजय महाकाव्य में अपने पिता की चरितावली निबद्ध की है।

हरचरितचिंतामणि

हरचरितचिंतामणि महाकाव्य के प्रणेता जयद्रथ हैं। इस काव्य का रचनाकाल बारहवीं-तेरहवीं शताब्दी है। जयद्रथ के पिता तथा पितामह कश्मीर के राजाओं के मंत्री रहे तथा इनके ज्येष्ठ भ्राता जयरथ काव्यशास्त्र के श्रेष्ठ आचार्य थे, जिन्होंने रुय्यक के अलंकारसर्वस्व पर विमर्शिनी नामक टीका का प्रणयन किया था।

हरचरितचिंतामणि पौराणिक शैली का महाकाव्य है। आकार में भी यह विपुल है तथा अपूर्ण मिलता है। इसमें शिवविषयक अनेक आख्यानों का समावेश किया गया है। इसकी शैली में प्रसाद गुण विशेष रूप से परिलक्षित होता है, तथा छंदों में अनुष्टुप् का प्रयोग कवि ने सर्वाधिक किया है।

बालभारत तथा पद्मानंद

बालभारत तथा पद्मानंद महाकाव्यों के प्रणेता अमरचंद्र सूरि हैं। राजशेखर सूरि ने अपने प्रबन्धकोश (रचनाकाल १३४८ ई०) में बालभारत महाकाव्य के रचयिता अमरचन्द्र का जीवनचरित दिया है। तदनुसार अमरचन्द्र अणहिलपत्तन (गुजरात) के वायट नामक स्थान में रहने वाले आचार्य जिनदत्त सूरि के शिष्य थे। बालभारतम् के अंत में कविप्रशस्ति के ४६ पद्यों में इन्होंने अपने गुरुजनों-जिनदत्त सूरि, रासिल्ल सूरि तथा जीवदेवदेव सूरि आदि का विस्तृत परिचय दिया है। इन्होंने काव्यकल्पलता नामक कविशिक्षाविषयक ग्रंथ, कलाकलाप नामक शास्त्रग्रंथ तथा छन्दोरत्नावली नामक छंदःशास्त्र के ग्रंथ और मुक्ताहारावली की रचना भी की थी। दही मथने वाली ग्वालिनों की वेणी के लिए कामदेव के कृपाण की उपमा देने के कारण (बालभारत, १.११.६) इन्हें वेणीकृपाण की उपाधि मिली थी।

अमरचन्द्र गुजरात के राजा वीसलदेव के आश्रय में रहे। कीर्तिकौमुदी तथा सुरथोत्सव महाकाव्यों के प्रणेता महाकवि सोमेश्वर भी इसी राजसभा को सुशोभित करते थे। वीसलदेव की राजसभा में इस तरह के कवियों के बीच समस्यापूर्तियों की रोचक स्पर्धा होती रहती थी, जिसमें कवि अमरचन्द्र के द्वारा की गई समस्यापूर्तियों का विवरण राजशेखर सूरि ने दिया है। राजा वीसलदेव का शासनकाल तेरहवीं शताब्दी के आसपास है। बालभारतम् तथा पद्मानंद के अतिरिक्त अमरचंद्र ने चतुर्विंशतिजिनेन्द्र संक्षिप्तचरितकाव्य का भी रचना की।

अमरचन्द्र सूरि आस्था से जैनमतावलंबी थे, पर महाभारत की सम्पूर्ण कथा को इन्होंने यथावत् महाकाव्यात्मक सौष्ठव के साथ प्रस्तुत किया है, यह इनकी साम्प्रदायिक उदारता का प्रमाण है। महाभारत की उदात्तता से वे बहुत प्रभावित हैं। महामुनि व्यास के कर्तृत्व की स्पृहणीयता को लेकर उनका कहना है—

भवाकूपारपारद्रुः पाराशर्यमुनिर्ददे।
नैति तद्भारतीपुष्पं तुच्छभाग्यस्य भोग्यताम्।।

(१४.१.१)

(भवसागर को पार करने वाले पराशरपुत्र मुनि व्यास ने वाणी का जो पुष्पगुच्छ हमें दिया है, वह तुच्छ भाग्य वालों को नहीं मिल सकता।)

बालभारत महाकाव्य में महाभारत के अठारह पर्वों के क्रम में उन्हीं नामों के अठारह पर्व हैं, तथा प्रत्येक पर्व में अनेक सर्ग हैं। महाकाव्य के अन्त में कवि ने स्वयं सर्गों और श्लोकों

की संख्या दी है, जिसके अनुसार इस महाकाव्य में ४४ सर्ग तथा ६९५० श्लोक हैं। महाभारत के अनेक उपाख्यानों को भी कवि ने इस कलेवर में स्थान दिया है।

महाभारत के कथानक को आकर्षक रूप में प्रस्तुत करते हुए अमरचन्द्र ने उसके द्वारा भारतीय विभूतियों की गौरवगाथा और सांस्कृतिक वैभव को अपनी लेखनी का विषय बनाया है। महाभारत की गत्यात्मकता और जीवन के वैविध्यमय चित्रों की विपुलता को उनका यह महाकाव्य समेटे हुए है, पर भागवतभाव से भी यह अधिवासित है। अनुशासन पर्व में भीष्म के मुख से श्रीकृष्ण के स्वरूप का तथा श्रीकृष्ण के मुख से शिव के स्वरूप का जो वर्णन अमरचन्द्र ने कराया है, वह उनके दार्शनिकबोध तथा भक्तिभाव का उदात्त निदर्शन है।

अमरचन्द्र ने रूप के वर्णन में नई-नई कल्पनाओं से विषय को आकर्षक बना दिया है। आदिपर्व में इला के सौन्दर्य-चित्रण में वे कहते हैं—उसके नयन उसके हृदयरूपी आलय के दो द्वार थे, जिसके ऊपर भौंहे वन्दनवार की तरह लगती थीं (१.१.२१)।

अमरचन्द्र सूरि ने संस्कृत कविता में नया अप्रस्तुतविधान रचा है, या पुराने उपमानों को नवीन कल्पना के द्वारा ताजा बना दिया है। दही मथती ग्वालिन की वेणी के लिए मदन के कृपाण की कल्पना चित्ताकर्षक है—

दधिमथनविलोलल्लोलदृग्वेणिदम्भादयमदयमनङ्गो विश्वविश्वैकजेता।
भवपरिभवकोपत्यक्तबाणः कृपाणश्रममिव दिवसादौ व्यक्तशक्तिं व्यनक्ति।।

(१.११.६)

(दही मथती ग्वालिनों की चंचल चितवन रूपी वेणी के दंभ पर यह अनंग या कामदेव निर्दय बन कर समस्त विश्व का एक विजेता बन गया है। शिव का अपमान करने से उनके कोप से डर कर उसने अपने बाण तो छोड़ दिये, अब इस कृपाण को भोर होते ही उठा कर यह अपनी शक्ति दिखा रहा है।)

सातवें सर्ग में अमरचंद्र ने झूला झूलती रमणियों की मनोहारी झाँकी प्रस्तुत की है। कल्पना की कमनीयता के कारण यह पद्य उदाहरणीय है—

प्रेङ्खोलनेऽम्बरगतेऽप्यतिधाष्टर्यमुक्ता यष्टिग्रहाद् द्रुतविनिर्मितहस्तताला।
अत्रासयन् मृदुलगीतिभिरापतन्तं काचिद् विधोर्मृगमिवास्य कलङ्कभीत्या।।

(बालभारतम्, ७.७१)

(जब झूला आकाश की ओर बढ़ता, तो स्त्रियाँ ढ़ीठ बन कर हाथ में ली हुई डंडी छोड़ देतीं और हाथों से ताल देने लगतीं। तब ऐसा लगता जैसे वे कहीं चंद्रमा का कलंक हमारे मुख पर न गिर जाये, इस भय से वे ताली दे दे कर चंद्रमा में स्थित हरिण को भगा रही हों।)

परिष्कृत पदावली, लय और अनुप्रास का निर्वाह तथा कथानक को रुचिर रूप में प्रस्तुत

करने की शैली के कारण बालभारतम् महाकाव्य-परम्परा में अनुत्तम स्थान के योग्य है। यमक और श्लेष जैसे अलंकारों का भी प्रयोग कवि ने किया है, पर अपनी रचना को उनसे दुरूह और बोझिल नहीं होने दिया है। उदाहरण के लिए—

अधत्त हयमेधाय मेधामयमिलाधवः। (१४.१.३)

(इस इलाधव वे हयमेध के लिये मेधा धारण की या निश्चय किया।)

महाकाव्य में यथास्थान व्यास तथा समास दोनों प्रकार की शैलियों का प्रयोग कवि ने किया है। कहीं पर वे संक्षेप में बहुत सी बातें कहते हुए अर्थ की प्रौढ़ता को व्यक्त करते हैं, तो कहीं व्यास शैली में वर्णनों का विस्तार करते हैं। मुनि व्यास के लिए समास शैली का यह प्रयोग रोचक है—

तमाप्नुहि महीनाथ समाप्नुहि महामखम्।
विधेहि विश्वमनृणं पिधेहि दुरितच्छटाः।
इत्युक्त्वा नृपमामन्त्र्य वन्द्यमानो विमानिभिः।
द्यां ययौ तडिदुल्लासः श्रीव्यासः शमिभिः स्वयम्।।

(१४.१.६-७)

वर्ण्यविषय की अन्विति, विषय के अनुरूप भाषाशैली में माधुर्य या सौकुमार्य अथवा ओजस्विता का आधान अमरचन्द्र सफलतापूर्वक कर लेते हैं। अनुष्टुप् जैसे छन्दों के साथ शार्दूलविक्रीडित तथा शिखरिणी जैसे बड़े छन्दों का विन्यास भी उनके काव्य में यथोचित है।

पद्मानंदमहाकाव्य

अमरचंद्र सूरि का यह दूसरा महाकाव्य तीर्थंकर ऋषभदेव के चरित्र पर आधारित है। इसे पद्म नामक मंत्री के अनुरोध से लिखा गया था, अत: कवि ने इसका नाम पद्मानंद रख दिया है। इस काव्य में उन्नीस सर्ग हैं। प्रथम सर्ग में जिनेश्वर की स्तुति तथा अपनी काव्यरचना के प्रयोजन पर कवि ने प्रकाश डाला है। द्वितीय से षष्ठ सर्ग तक ऋषभदेव के बारह पुनर्भव वर्णित हैं। सप्तम सर्ग में उनकी माता मरुदेवा का गर्भधारण, अष्टम में उनकी बाललीलाएँ तथा सुमंगला और सुनंदा के साथ उनके विवाह का वर्णन है। नवम सर्ग में सुमंगला से भरत का और सुनंदा से बाहुबली तथा सुंदरी के जन्म होने का वृत्तांत है। दसवें से बारहवें सर्गों तक ऋषभदेव का राज्याभिषेक, वनविहार व षड्ऋतुवर्णन के प्रसंग हैं। भरत का राज्याभिषेक कर के ऋषभदेव दीक्षा ग्रहण करते हैं। आगे के सर्गों में उनको केवल ज्ञान, समवसरण, निर्वाण की प्राप्ति आदि वृत्तांत हैं। पंद्रहवें सर्ग में भरत की दिग्विजय का वर्णन वीररसोचित तथा ओजस्वी है। सत्रहवें सर्ग से अंतिम सर्ग तक भरत का बाहुबली पर आक्रमण, उसमें उसकी पराजय और तदनंतर उसके द्वारा भी बाहुबली से दीक्षा ले कर निर्वाणप्राप्ति वर्णित है।

शांतरसप्रधान इस महाकाव्य में चतुर्थ सर्ग में संभोग शृंगार तथा भरत के दिग्विजय व युद्ध

के वर्णनों में वीररस का ऊर्जस्वी प्रवाह है। अपने ही भाई के साथ युद्ध करते करते सहसा बाहुबलि के मन में वैराग्य उत्पन्न होने का वर्णन हृदय ग्रावक है—

राज्यस्य लोभादमुनेव धिग् धिङ् मयाऽप्यहो भ्रातृवधो विधेयः।
न तेन राज्येन ममास्ति कार्यमकार्यमित्थं क्रियते यदर्थम्।
इदं गदित्वा शिरसः स केशान् क्लेशानिवान्तःकरणप्रदेशात्।
समूलमुन्मूलयति स्म कोपाटोपात् पुरोत्पाटितमुष्टिनेव।।

(हा धिक्कार है! इसी राज्य के लोभ से मुझे भी भाई की हत्या करनी होगी? मुझे उस राज्य से क्या लेना देना, जिसके कारण यह अकार्य करना पड़े? यह कह कर वे , जैसे क्रोध से उन्होंने भाई के वध के लिये मुट्ठी बाँधी थी ऐसे ही कोपाटोप में भर कर अपने मस्तक से केशों को समूल इस तरह उखाड़ने लगे, जैसे अंतःकरण से क्लेशों को उखाड़ रहे हों।)

यहाँ केशों के उखाड़ने के लिये 'क्लेशानिवान्तःकरणप्रदेशात्' इस अमूर्त उपमान का प्रयोग कवि की संवेदनशील कल्पना का परिचायक है। इस पद्य में क्रोध, जुगुप्सा, निर्वेद, ग्लानि, दैन्य आदि संचारी भावों का सम्मिश्रण कर के कवि ने भावशबलता की गहन स्थिति निर्मित की है।

सौंदर्यबोध, शृंगारचित्रण तथा निसर्ग के रमणीय वर्णनों की दृष्टि से भी पद्मानंद महाकाव्य एक उत्कृष्ट रचना है। स्वयंप्रभा के हृद्य निरवद्य रूप का यह अनुपम वर्णन करते हुए कवि कहते हैं – वह कामदेव के विलास के लिये ऐसी कल्लोलिनी या नदी थी, जिसमें लावण्य के अमृत की लहरें उमड़ रहीं थीं, अरविंद के मुख पर कमल के नयन खिले थे, तथा जिस पर विशाल मेखला का सेतु था -

लावण्यामृतलहरी कमलनयनाननारविन्दततिः।
या विपुलरशनपुलिना विलसनकल्लोलिनीव रतीशस्य।।

(४.५८)

ऋतुवर्णन तथा निसर्ग की परिवर्तमान छवियों को साकार करने में भी महाकवि अमरचंद्र की कल्पना सूक्ष्मदर्शिनी है। इस महाकाव्य के ग्यारहवें सर्ग में वर्षा का वर्णन मेघों के गर्जन व धारासार की ध्वनियों से गुंजित लगता है।

श्वसितधूममलिच्छलतः क्षणात् कमलिनी परिमुच्य जलेऽब्रुडत्।
विशदहंसवियोगभरातुरा समुदितेऽद्भुतनादिनि वारिदे।।

(११.३०)

वर्षा के समय कमलिनी हंसों के वियोग से व्यथित है। भ्रमरपंक्ति के छल से साँसें छोड़ती हुई वह जल में डुबकी लगा रही है।

तथापि सौंदर्य के उन्मादक चित्रों का पर्यवसान इस महाकाव्य में आत्मिक शांति के अनुभव व आध्यात्मिक सौंदर्य की अनुभूति में होता है। इस दृष्टि से भरत, बाहुबलि व

ऋषभदेव के चरित्रों का क्रमविकास व रूपांतरण प्रभावशाली रूप में निरूपित है। जिनपति के वीतराग सौंदर्य का यह चित्र द्रष्टव्य है—

दोर्युगं विजयते स्म जिनेन्दोर्जानुलम्बि पविदण्डविडम्बि।
बोधिना प्रगुणितं खलु रागद्वेषपेषि गुणमुद्गरयुग्मम्।।

(जिन रूपी चंद्रमा के बाहुयुगल की जय हो, जो घुटने तक विस्तीर्ण है, वज्रदंड का अनादर करने वाला है, प्रबोध से युक्त उनके द्वारा राग और द्वेष को पीसने के लिये उठा कर फैलाया गया मुद्गरयुग्म है।

यमककाव्य के निर्माण की चातुरी, दुर्लभ देशज शब्दों का प्रयोग इस महाकाव्य की अन्य अनूठी विशेषताएं हैं। जैसे—

गद्दिकाः समुपवेशनोचिताः वस्त्रपद्मवसतेरिव श्रियः। (१०.११)
निर्द्रव्यबाल इव लड्डुकलोलपाणिः।। (९.९०)

यहाँ गद्दिका (गावतकिया या गद्दी) तथा लड्डुक जैसे देशज शब्द कवि ने प्रयुक्त किये हैं।

पार्श्वनाथचरित

ऊपर वादिराज के पार्श्वनाथचरित काव्य की चर्चा की गई है। पार्श्वनाथचरित नाम से महाकाव्य अन्य अनेक जैन कवियों ने रचे। इनमें माणिक्यचंद्र तथा भवदेवसूरि के पार्श्वनाथचरित उल्लेखनीय हैं। पहले का रचनाकाल १२१९ई० है। इसमें १० सर्ग तथा ६७७० श्लोक हैं। तीर्थंकर पार्श्वनाथ के सांगोपांग जीवनचरित के साथ उनके पूर्वभवों और अनेक अवांतर कथाओं का भी निरूपण महाकाव्यकार ने किया है। यह काव्य पं० बलदेव उपाध्याय की सूचना के अनुसार अद्यावधि अमुद्रित है। भवदेव सूरि कालकाचार्य की शिष्य परंपरा में हुए। इन्होंने अपने पार्श्वनाथचरित की रचना १२५५ई० के आसपास की। इस महाकाव्य में आठ सर्ग हैं। यह काव्य अनुष्टुप् छंद में निबद्ध है, तथा कुल ६०७४ अनुष्टुप् इसमें हैं। पार्श्वनाथ के तीन भवों का वर्णन इसमें किया गया है।

जयंतविजय

१२२१ई० में विरचित इस महाकाव्य के प्रणेता आचार्य विजयचंद्र के शिष्य अभयदेव सूरि हैं। ये अपने समय के दिग्गज पंडित व वादविशारद भी थे। काशी के राजा ने इन्हें वादिसिंह की उपाधि से अलंकृत किया था।

इस महाकाव्य में काव्य नायक जयंत के शौर्य, औदार्य व उदात्त कार्यों का सरस ओजस्वी वर्णन है। जयंत के सिंहलनरेश के साथ युद्ध के वर्णन में वीररस की अकुंठ अभियक्ति हुई है। देवकन्या रतिसुंदरी तथा कनकवती के साथ विवाह के प्रसंग सौंदर्य के रमणीय चित्रों तथा शृंगार रस से परिपूर्ण हैं। महाकाव्य में जैन धर्म के सदुपदेश हैं, पर निर्वाण या वैराग्य में

पर्यवसान नहीं होता, अंततः जयंत अपने पिता के उत्तराधिकार को सम्यक् प्रजापालन पूर्वक निर्वाह करते रहते हैं। भारतीय वसुंधरा के के मनोरम सौंदर्य के अनेक चित्र कवि ने सँजोये हैं, तथा गाँवों व खेतखलिहानों में कविता को रमाया है।

यत्राभिरामाणि विशालशालिक्षेत्राणि संरक्षितुमीयुषीणाम्।
गोपाङ्गनानां मधुरोपगीतैः कृच्छाद् युवानः पथि यान्ति पान्थाः।।

(१.३८)

दार्शनिक प्रत्ययों को काव्यात्मक अभिव्यक्ति प्रदान करने में कवि ने अपनी प्रतिभा का रचनात्मक विनियोजन किया है। उदाहरणार्थ

स्वधर्मारामममासेक्तुं संवेगामृतकूपतः।
अरघट्टघटीमाला तस्याभाज्जपमालिका।।

(३.२१)

(संवेगरूपी अमृतकूप से धर्म के अपने आराम या बाग को सींचने के लिये उसके हाथ की जपमाला अरघट्ट की घटीमाला बन गई थी।)

मल्लिनाथचरित

इस महाकाव्य के प्रणेता विनयचंद्र सूरि हैं, जिनका समय तेरहवीं शताब्दी है। आठ सर्गों में मल्लिनाथ स्वामी का चरित तथा उनके पूर्वभवों की कथाएँ इस महाकाव्य में निबद्ध हैं।

मुनिसुव्रतकाव्य

इस काव्य की रचना अरहद्दास ने तेरहवीं शती के उत्तरार्ध या चौदहवीं शती के पूर्वार्ध में की। इसका आधार उत्तरपुराण है। इसमें कवि ने अपने गुरु आशाधर के ग्रंथ अनागारधर्मामृत (रचनाकाल १३००ई० लगभग) का उल्लेख किया है। महाकाव्य में दस सर्ग हैं तथा इसके नायक बीसवें तीर्थंकर मुनि सुव्रतस्वामी हैं। कथानायक के जन्म, बाल्य व मोक्षप्राप्ति तक की घटनाएँ महाकाव्य में वर्णित हैं। पात्रों के चारित्रिक विकास तथा कथानक के प्रवाह व रोचकता की दृष्टि से यह सफल रचना है। पूरे काव्य में वैराग्य का स्वर मुखरित है और अर्हद्दास ने शृंगार आदि अन्य रसों के निर्वाह तक में रुचि नहीं ली है। पर नैसर्गिक सौंदर्य के चित्रण व कल्पना की अभिरामता के कारण महाकाव्य में सरसता बनी रही है। मगध के खेतों का वर्णन करते हुए कवि ने कहा है —

पाकावनम्राः कलमा यदीया पादावनम्रा इव मातृभक्त्या।
आघ्रायमाणाः स्वशिरःसु भान्ति विकासि पद्माननया धरित्र्या।।

(१.२९)

(पकने के कारण झुक आये धान के पौधे माता के चरणों पर झुके बालकों जैसे हैं, जिनके मस्तक पद्म के आनन वाली धरती माता सूँघ रही हैं।)

धरती माता बन कर पाँवों पर झुके धान के पौधों के मस्तक चूमती है यह वात्सल्यमयी कल्पना बड़ी अनूठी ही है। अर्थालंकारों की चारुता भी इस महाकाव्य में प्रशस्य है।

उदारराघव – शाकल्यमल्ल

उदारराघव चौदहवीं शताब्दी के महाकवि शाकल्यमल्ल का अपने नाम के अनुरूप राम के उदात्तचरित को प्रस्तुत करने वाला एक श्रेष्ठ महाकाव्य है। दुर्भाग्य से यह अपूर्ण ही प्राप्त होता है, इसके नौ सर्ग मिले हैं, जिनें रामजन्म से लगा कर शूर्पणखा के नासिकाच्छेद तक का वृत्तांत ही समाविष्ट है।

कवि शाकल्यमल्ल शाकल्यमल्लिभट्ट, शाकल्य मल्लन, भट्ट मल्ल आदि नामों से भी चर्चित है। इनके पिता का नाम माधवसुधी था। इनका बनाया हुआ अव्ययसंग्रहनिघंटु नाम से कोश मिलता है, जो अप्रकाशित है। इसके प्रथम पद्य ही शाकल्यमल्ल ने गोदावरी के तट पर स्थित राम के मंदिर भद्राद्रि (भद्राचलम्) के देवता की वंदना की है। इसके आधार पर डेविड शुल्मन का अनुमान है कि शाकल्यमल्ल राम के भक्त थे, तथा इस मंदिर के पूजक रहे होंगे। इसी ग्रंथ की पुष्पिका में इन्हे चतुर्भाषापितामह कहा गया है।[१८] अभिव्यक्ति की प्रांजलता तथा कम से कम शब्दों में विपुल अभिप्राय समाहित करने की शाकल्यमल्ल की क्षमता प्रशंसनीय है। उनकी शब्दावली बडी संपन्न है, तथा आनुप्रासिक सौंदर्य व लालित्य उसमें सहज समाविष्ट होता चला गया है। वृत्ति का अनोखा ही सौंदर्य शाकल्यमल्ल की कविता उजागर करती है। विश्वामित्र राम को ताटका के वध का आदेश देते हुए कहते हैं—

जहि जहि राम वत्सलघु ताडय ताडय तात ताटकाम्।
रघुनरपालनन्दन कृपालय पालय पालयेह नः।।

राम, लक्ष्मण और सीता के वनवासप्रसंग में शृंगवेरपुर की एक साँझ उन्होंने वर्णन इस प्रकार किया है—

अथ पश्चिमाद्रिमगमद् रुचां पतिः परिफुल्लहल्लकदलारुणच्छविः।
अपरे च मङ्क्षु निममज्जुरम्बुधौ वरुणाय संशितुमुदारराघवम्।।

(६.१८)

(खिले हुए हल्लक या कमल के दल के समान अरुण छवि वाले सूर्यदेव पश्चिम दिशा के पर्वत पर जा पहुँचे। फिर वरुण के प्रति उदारराघव के चरित का बखान करने के लिये जैसे तुरत सागर में निमज्जित हो गये।)

कौशल्या वनवास के लिये जाते राम से करुण स्वर में कहती हैं —

नाजयथाः क्वापि नरेन्द्रगेहे राजा यथा तर्हि वसेः स्वगेहे।
न ह्याशु जह्याः पितरौ च वृद्धौ न कैकयी चेन्नरनाथजाया।।

(५.६७)

(तुमने नरेंद्रगृह में जन्म नहीं लिया होता, तो राजा की तरह ही अपने घर में रहते। यदि कैकेयी राजा की पत्नी न होती तो तुम अपने वृद्ध मातापिता को यों छोड़ कर न चल देते।)

हा राम वत्सेति कमाह्वयेयं अम्बेति चाह्वास्यति कः सुतो माम्।
निर्याति गेहात् त्वयि तात रामे निर्यान्ति देहादसवः पुरा मे।।

(५.६६)

(मैं किस को हा राम हा वत्स कह कर पुकारूँगी। कौन पुत्र अब मुझे अंबा कह कर पुकारेगा? हे तात राम तुम्हारे वन में चले जाने के पहले ही मेरे प्राण इस देह से निकल जायेगें।)

भाषा और ध्वनियों के आवर्तन विवर्तन तथा नर्तन को शाकल्यमल्ल ने अपनी कविता में पराकाष्ठा पर पहुँचा दिया है। दशरथ की मृगया का यह दृश्य शब्दों के खेल, अर्थ की विच्छित्ति और दृश्यांकन की उनकी अनोखी क्षमता का परिचायक है –

भल्लूक एको बहुधा जिहिक्के रुन्धद्भिरेनं शुनकैर्बुबुक्के।
वने श्वकोलाहलदीर्णदिक्के वल्मीकलीनैः फणिभिः पफक्के।।

(१.५३)

शाकल्यमल्ल के सूक्ष्मपर्यवेक्षण, मानवस्वभाव की अवगति तथा तेलंगाना के जनजीवन के चित्रण ने इस महाकाव्य को अद्वितीय कलेवर प्रदान किया है। सीता के वनवासी महिलाओं से भेट, उनकी बातचीत व स्वभावमुग्ध चेष्टाओं का चित्रण इस महाकाव्य में अनूठा है।[१९]

रघुवीरचरितमहाकाव्य (मल्लिनाथ)

प्रसिद्ध टीकाकार मल्लिनाथ का समय १३५०ई० से १४५० ई० के बीच है। वे सात काव्यों (कालिदास के रघुवंश, कुमारसंभव और मेघदूत, तथा किरात, शिशुपालवध, नैषध तथा भट्टिकाव्य) और दो शास्त्रीय ग्रंथों (एकावली और तार्किकरक्षा) पर अपनी टीकाओं के लिये संस्कृत साहित्य में चिरस्मरणीय तथा सर्वाधिक पठित टीकाकार हैं। रघुवीरचरित[२०] उनके द्वारा प्रणीत सत्रह सर्गों का महाकाव्य है। यह अयोध्याकांड से युद्धकांड तक की रामायण की कथा की अविकल महाकाव्यात्मक प्रस्तुति है। काव्य में कुल १५३१ पद्य हैं। सुतीक्ष्ण व अगस्त्य के आश्रमों तथा दंडकारण्य के वर्णन रमणीय हैं। भाषा का प्रौढता तथा परिष्कार के दृष्टि से यह रचना सुपाठ्य है। यमक का प्रयोग कालिदास के रघुवंश के वसंतवर्णन के अनुहरण पर है। जैसे —

कमलिनीमलिनीकृतपङ्कजाम् (९.२)
शशमयं शमयन्तमनुक्षपम् (९.४)

अनेकत्र सुंदर सूक्तियाँ हैं

रिपोरभिव्यञ्जितभाविवृद्धेरुत्थानमेव प्रथमं निरोध्यम्।
नखप्रभेद्यो तु तरुप्ररोहे कालेन कुण्ठा हि कुठारधारा।।

(६.१४)

वैश्यवंशसुधाकर मल्लिनाथ की धर्मशास्त्र से संबंद्ध समकालीन विवाद पर रोचक गद्यकृति है, जो १४३०ई० में लिखी गई। ऐसा प्रतीत होता है कि प्रौढदेवराय प्रथम के शासनकाल में वैश्यों के अधिकार को लेकर उठे विवाद में मल्लिनाथ को प्राड्विवाक या निर्णायक बनाया गया और उन्होंने अपना विस्तृत विशद निर्णय शास्त्रीय प्रमाणों के साथ इस कृति में निबद्ध किया। इसकी खंडित व अपूर्ण पांडुलिपि मिलती है।[२१]

वामनभट्टबाण के महाकाव्य

महाकवि वामनभट्टबाण चौदहवीं शताब्दी के अग्रगण्य साहित्यकार हैं। ये सुप्रसिद्ध वेदांती व संत विद्यारण्यके शिष्य थे। अपनी युवावस्था में ये विजयनगर में रहे, जहाँ महाप्रतापी सम्राट् हरिहर का शासन था। इनके शृंगारभूषण भाण का वहीं पर विरूपाक्ष के यात्रामहोत्सव में अभिनय हुआ। तीस वर्ष की आयु में इन्होंने राजा वेमभूपाल (१४०३-१४२० ई०) की राजसभा में प्रवेश पाया। इन्होंने रघुनाथचरित तथा नलाभ्युदय इन दो महाकाव्यों की रचना की। रघुनाथचरित में तीस तथा नलाभ्युदय में आठ सर्ग हैं। मेघसंदेश के अनुकरण पर इन्होंने हंससंदेश भी लिखा।

भृगुवंशमहाकाव्य

भृगुवंश महाकाव्य के प्रणेता प्रतापराज १४०२ से १४६३ई० के मध्य आंध्र में तेलंगाना में रहे। भृगुवंशमहाकाव्य के अतिरिक्त उनकी दो अन्य कृतियाँ हैं – भार्गवार्चनदीपिका तथा परशुरामप्रताप। वे सावजी पंडित की उपाधि से भी प्रसिद्ध हैं। भृगुवंश के विवरण के साथ परशुराम के जन्म आदि का का वर्णन करते हुए बीसवें सर्ग में कवि ने सहस्रार्जुन पर उनकी विजय का वर्णनकर के काव्य समाप्त किया है।

श्रीकृष्णविलास

इस काव्य के प्रणेता सुकुमार कवि हैं। रचनाकाल १४५०ई० है। इनकी कविता के सौकुमार्य गुण से प्रभावित हो कर सहृदयसमाज ने इन्हें सुकुमार कवि की उपाधि दी और सुकुमार कवि के नाम से ही ये प्रसिद्ध हो गये। इनका वास्तविक नाम प्रभाकर है। इनका जन्म केरल में कुक्कुटक्रोडपुर (काझीकोट) में शुकपुर ग्राम में इनका जन्म हुआ।

श्रीकृष्णविलास महाकाव्य में बारह सर्ग हैं, अंतिम सर्ग अपूर्ण मिलता है।

कालिदास का कवि पर प्रभाव है। प्रथमसर्ग में सुमेरु पर्वत का वर्णन कालिदास के

कुमारसंभव में प्रथमसर्ग के हिमालयवर्णन से प्रभावित है। कवि ने इसमें उदात्त अलंकार का विन्यास करते हुए कांचन के क्रीडागृहों व रत्नों के रतिप्रदीपों की प्रभा विखेर दी है –

पुष्पाणि शय्या सुरपादपानां क्रीडागृहाः काञ्चनगह्वराणि।
भवन्ति च स्वर्गविलासिनीनां रत्नाङ्कुरा यत्र रतिप्रदीपाः।।

(१.७)

प्रथम सर्ग में देवताओं के द्वारा विष्णु के पास जाना, विष्णु के नयनाभिराम दर्शन तथा देवों के द्वारा उनके स्तवन के वर्णन में सौंदर्यबोध की चारुता भक्ति भाव की तरलता से संगमित हुई है। विष्णु देवों को आश्वासन देते हैं

तद् गच्छत स्वर्गमपेतशङ्का न कालहानिः परिशङ्कनीया।
अनेन शार्ङ्गेण शपे शरैर्वः सद्यो मनःशल्यमपाकरिष्ये।।

(१.८२)

(तो आप लोग शंका का त्याग कर के स्वर्ग जाइये, इस काम में समय लग जायेगा ऐसी आशंका मत कीजिये। मैं इस शार्ंग धनुष की शपथ ले कर कहता हूँ कि अपने बाणों से शीध्र ही आपके मन के शल्य निकाल फैंकूँगा।)

द्वितीय सर्ग का आरंभ कंस के वसुदेव के साथ अपनी बहन देवकी के दर्शन के लिये गमन से वर्णन से होता है। कंस की अपनी बहन के लिये कोमल भावनाओं का गगनवाणी की वचनाग्नि से झुलस कर दुर्निवार क्रोध व वैमनस्य में परिणत होने का वर्णन जितना ही ओजस्वी है उतना ही मार्मिक भी—

त्वदन्तिकस्था सहजा शमीयं प्रसोष्यते पुत्रमयं कृशानुम्।
मरुत्समिद्धस्स तु दुर्निवारस्त्वां भस्मसात् कंस करिष्यतीति।।

(२.७)

(तुम्हारे पास में विद्यमान तुम्हारी यह बहिन एक शमी है, तो कृशानु या अग्निरूप पुत्र को जन्म देगी। हे कंस, मरुद् या देवगणों के द्वारा सुलगाई गई वही आग तुम्हें भस्म कर देगी।)

चतुर्थ सर्ग में ग्वालों की बस्ती (घोष) का स्वभावोक्तिमय वर्णन मनोहारी है। कृष्ण की बाललीलाओं में कवि का मन रमा है।

गवां खुरन्याससमुद्भवेन विषाणसङ्घट्टनजन्मना च।
प्रसर्पता दिक्षु महास्वनेन घोषः क्षणं घोषमयो बभूव।।

(४.९)

(गायों के खुर के संचालन से होने वाले तथा सींगों की रगड़ से होने वाले सब दिशाओं

में फैलते महास्वन (शोरशराबे) से वह घोष (ग्वालों की बस्ती) थोड़ी देर के लिये घोषमय (शोरगुल से भरा) बन गया।)

गायों के प्रति बाल गोपाल का प्रेम वात्सल्य का अपूर्व परिपोष करता है—

सर्वासु कण्डूयनलिप्सयोच्चैरुन्नम्यकण्ठं दधतीषु गोषु।
बालो हरिर्बाहुसहस्त्रशून्यं जन्मात्मनो निष्फलमेव मेने।।

(४.२३)

(कंडूयन या खुजली कराने की लिप्सा से अपनी ग्रीवा ऊपर उठाती गायों के आगे हरि या कृष्ण सहस्त्र भुजाओं से रहित अपने जन्म को निष्फल मान रहे थे।)

सप्तम सर्ग कृष्ण के वनिताओं से प्रेम व शृंगार की तरंगिणी से तरंगित है।

सुकुमार कवि की भाषा उनके नाम के अनुरूप सहज सुकुमार है, रसिकता तथा विदग्धता की छाप उनकी अभिव्यक्ति में स्पष्ट अंकित है।

इस देश के सौंदर्य की वर्णन करते हुए वे कहते हैं—

कह्लारगन्धः कविता मनोज्ञा कवेरशैलप्रभवं च वारि।
इदं त्रयं मोहनमिन्द्रियाणामेष्वेव शातोदरि नापरेषु।।

(हे क्षीण उदर वाली! कमल की गंध, मन को लुभाने वाली कवि की कविता, बिना पहाड़ के निकला पानी – इंद्रियों को मोहित करने वाली ये तीन वस्तुएँ इसी प्रदेश में हैं, अन्यत्र नहीं।)

इस काव्य पर गोविंदसूरि का बालपाठ्यव्याख्या मिलती है। रामपाणिवाद आदि अनेक विद्वानों ने इस काव्य की टीकाएँ लिखीं।

बारहवीं - तेरहवीं शताब्दी के अन्य महाकाव्य तथा प्रबंधकाव्य

मम्मटकृत काव्यप्रकाश पर संकेत टीका (रचनाकाल ११६०ई०) के प्रणेता माणिक्यचंद्र ने शांतिनाथचरित की रचना की।

अमरचंद्र ने तीर्थंकरों के जीवनवृत्तों को आधार बना कर चतुर्विंशतिजिनेन्द्रसङ्क्षिप्तचरितानि का प्रणयन किया। इस प्रबंधकाव्य में २४ अध्याय तथा १८०२ श्लोक हैं। काव्यात्मकता के स्थान पर अमरचंद्र ने इसमें कथातत्त्व व चरित के निरूपण पर अधिक ध्यान दिया है।

मलधारी देवप्रभसूरि मुनिचंद्र के शिष्य थे। इन्होंने १२८४ ई० में पांडवचरितमहाकाव्य का प्रणयन किया। इस महाकाव्य में अठारह सर्ग हैं। इसमें महाभारत के जैनपरंपरा में प्रचलित आख्यान का प्रस्तुतीकरण है। त्रिषष्टिशलाकापुरुषचरित का इस पर गहरा प्रभाव है।

विवेकसमुद्रगणि ने पुण्यसारकथानक की रचना १२७८ई० में की। इस काव्य में पाँच सर्ग तथा ५४२४ पद्य हैं। असमें सम्यक्त्वसिद्धांत का विशेषप्रतिपादन है, इसलिये इसका अन्य

नाम सम्यत्त्वालंकार भी है। आद्यंत अनुष्टुप् का ही प्रयोग करतेहुए प्रबंधकार ने चरितनिरूपण व धर्मोपदेश पर अधिक बल दिया है।

चौदहवीं - पंद्रहवीं शताब्दी के अन्य महाकाव्य तथा प्रबंधकाव्य

गुणभद्र सूरि के शिष्य मुनि भद्रसूरि ने शांतिनाथचरित की रचना १३५३ई० में की। इस महाकाव्य में १९ सर्ग तथा ६२७२ श्लोक हैं। मुनि भद्रसूरि अनेक शास्त्रों में पारंगत तथा अपने समय के सम्मानित विद्वान् थे। फीरोज़शाह तुगलक (१३५१-१३५८ई०) इनका बड़ा आदर करता था। यह प्रबंधकाव्य प्राकृतभाषा में देवचंद्रसूरि के द्वारा विरचित शांतिनाथचरित पर आधारित है। शांतरस की प्रधानता का निर्वाह करतेहुए कवि ने वैदर्भीरीति के विन्यास में श्रृंगार आदि रसों का भी सम्यक् निर्वाह किया है।

पंद्रहवी शताब्दी में केरल के राजा केरल वर्मा (१४२३-१४४६ ई०) के आश्रित महाकवि शंकर ने कृष्णविजय महाकाव्य की रचना की। उद्दंड कवि ने अपने कोकिलसंदेश में महाकवि शंकर की प्रशंसा में कहा है—

कोलानेलावनसुरभितान् याहि यत्र प्रथन्ते
वेलातीतप्रथितयशसः शङ्कराद्याः कवीन्द्राः।।

मलयालम् के महाकाव्य चंदोत्सव में भी शंकर की कवित्वमाधुरी की भूरि-भूरि प्रशंसा है।

भरतचरित महाकाव्य के प्रणेता कृष्ण शंकर के समकालीन थे। भरतचरित बारह सर्गों का महाकाव्य है। इसकी कथा का आधार कालिदास का अभिज्ञानशाकुंतल है।

विजयनगर के राजा सुलुव नरसिंह (१४५६-१४८८ ई०) ने रामाभ्युदय महाकाव्य का प्रणयन किया। सलुव एक प्रतापी सम्राट् तथा कवियों के आश्रयदाता थे। इन्हीं कवियों के अनुरोध पर काव्यरचना में उनकी प्रवृत्ति हुई। रामाभ्युदय में २४ सर्गों के रामायण की कथा निरूपित है। कहीं-कहीं इसकी पुष्पिका में प्रणेता का नाम शोणाद्रिनाथ भी मिलता है।

अज्ञातकर्तृक भारतमहाकाव्य भी पंद्रहवीं शताब्दी की उल्लेखनीय रचनाओं में से एक है। इस महाकाव्य की रचना क्विलन के राजा रामवर्मा के आश्रय में हुई थी। इसमें आठ सर्गों में महाभारत की कथा प्रस्तुत की गयी है। केरल के राजकुमार तथा राजा केरलवर्मा के भतीजे रामवर्मा के द्वारा प्रणीत भारतसंग्रह में संपूर्ण महाभारत की कथा प्रस्तुत है। यह महाकाव्य २२ सर्गों में अपूर्ण रूप में ही मिलता है। रामवर्मा ने चंद्रिकाकलापीड नामक पाँच अंकों के एक नाटक का भी प्रणयन किया था। इसी शताब्दी में कवि शिवसूर्य ने महाभारत को ही आधार बना कर पांडवाभ्युदय महाकाव्य की रचना की।

यशोधरचरित

पद्मनाभ कायस्थ के यशोधरचरित की रचना १४०० से १४२२ई० के मध्य गोपाद्रि (ग्वालियर) के राजा वीरेंद्र के शासनकाल में उन्ही के मंत्री कुशराज के अनुरोध से की गई।

यह जैन परंपरा का पौराणिक महाकाव्य है। इसके नायक अभयरुचि हैं। उनके पूर्वजन्मों के कथाचक्र भी इस काव्य में वर्णित हैं। नायक का निकृष्ट पशुयोनियों में भटकते रहने के हृदयद्रावक वृत्तांत राजमहलों में हत्या व कुचक्र आदि के अद्भुत वृत्त से यह काव्य परिपूर्ण है।

हरचरित

चतुर्भुजकृत हरिचरितमहाकाव्य में कृष्ण द्वारा कंस के वध की कथा है। यमक और अन्त्यानुप्रास का चमत्कार चतुर्भुज ने इसमें दिखाया है। इस महाकाव्य की रचना चतुर्भुज कवि ने बंगाल में रामकेलि नामक स्थान पर रह कर १४९३ ई० में की। इस में तेरह सर्ग हैं। कथा हरिवंश, विष्णुपुराण तथा श्रीमद्भागवत पर आधारित है। महाकाव्य के अंत में बीस पद्यों में कवि ने अपना वंशादिपरिचय दिया है। तदनुसार चतुर्भुज के पिता का नाम शिवदास तथा माता का नाम गौरी था। उनके पूर्वज करंज नामक ग्राम के निवासी थे। उनके वंश के पूर्वपुरुष स्वर्णरिख को यह ग्राम राजा धर्मपाल ने प्रदान किया था। उनके पूर्वजों में नित्यानंद ने रामानन्दम् नाम से काव्य की प्रणयन किया तथा कृष्णानंद से स्मृतिकौमुदी लिखी।

हरिहरचरित महाकाव्य की एक विलक्षण विशेषता अंत्यानुप्रास का आद्यंत निर्वाह है। यह संस्कृत महाकाव्य परंपरा पर जयदेव के गीतगोविंद का सर्वातिशायी प्रभाव कहा जा सकता है। उदाहरणार्थ—

मधुरतरसस्वरकिन्नरगीतं सततमतिमिरमनुष्णमशीतम्।
शीतलमृदुलसुगन्धसमीरं मधुपकुलाकुलसरसिजनीरम्।।

(१.९)

विविध चित्रकाव्यों की रचना में भी चतुर्भुज ने पटुता प्रकट की है।

कंदर्पसंभव - विश्वेश्वर

चमत्कारचंद्रिका नामक काव्यशास्त्रीय ग्रंथ के प्रणेता विश्वेश्वर रसार्णवसुधाकर के प्रख्यात प्रबंधकार राजा सिंहभूपाल के आश्रित थे। इन्होंने चमत्कारचंद्रिका में चमत्कार की सात कोटियों तथा इनके उपभेदों के अधिकांश उदाहरण स्वरचित पद्यों के दिये हैं, जो राजा सिंहभूपाल की प्रशस्ति में रचे गये। इन पद्यों के अतिरिक्त विश्वेश्वर ने अन्य काव्य भी लिखे थे। चमत्कारचंद्रिका में विश्वेश्वर ने अपने कंदर्पसंभव काव्य का यह पद्य उद्धृत किया है -

चिक्षेप लक्ष्मीर्निटिले नखाग्रैः प्रस्वेदवारातपमाक्षिपन्ती।
जुगोप देवोऽपि स रोमहर्षं जवाब्धि वाताहतिकैतवेन।।

यहाँ लक्ष्मी तथा विष्णु का वर्णन किया गया है। कालिदास के कुमारसंभव से कवि ने यहाँ कल्पना ली है। दोनों के आकारसंवरण का चित्रण करते हुए संवृतिवक्रता का उदाहरण कवि ने प्रस्तुत किया है।

केरल के राजकुमार तथा राजा केरलवर्मा के भतीजे रामवर्मा के द्वारा प्रणीत भारतसंग्रह में संपूर्ण महाभारत की कथा प्रस्तुत हैं यह महाकाव्य २२ सर्गों में अपूर्ण रूप में ही मिलता है। रामवर्मा ने चंद्रिकाकलापीड नामक पाँच अंकों के एक नाटक का भी प्रणयन किया था। इसी शताब्दी में कवि शिवसूर्य ने महाभारत को ही आधार बना कर पांडवाभ्युदय महाकाव्य की रचना की।

१४८३ ई॰ में रचित रामचन्द्र के गोपाललीला महाकाव्य में भी कंसवध का कथानक है।

विविध प्रबंधकाव्य

जैन संस्कृति को प्रतिबिंबित करने वाले प्रबंध काव्यों में धनेश्वरसूरि के शत्रुंजयमाहात्म्य में शत्रुंजय तीर्थ तथा उसके उद्धारकर्ता अठारह राजाओं का वर्णन है। इस काव्य में पंद्रह सर्ग हैं तथा यह अनुष्टुप् वृत्त में निबद्ध है। इसमें महामात्य वस्तुपाल का उल्लेख है, अतः यह बारहवीं शताब्दी के पश्चात् लिखा गया।

सकलकीर्ति (१३८६ई०) एक आचार्य व धर्मोपदेशक के रूप में जैन परंपरा में ख्यात हैं। इनके सुदर्शनचरित में आठ सर्गों में सुप्रसिद्ध कथानायक सुदर्शन का चरित वर्णित है। यह काव्य भी अनुष्टुप् छंद में निबद्ध है तथा नीति व धर्म विषयक मंतव्यों का इसमें अच्छा संचय है।

पंद्रहवीं शताब्दी में जयशेखर सूरि ने जैन कुमारसंभव का प्रणयन किया। यह काव्य कालिदास के कुमारसंभव से प्रेरित है, तथा इसमें ग्यारह कर्गों में बाहुबली भरत की जन्म तथा अवदान चित्रित है। पंद्रहवीं शताब्दी में ही चारित्रभूषण अथवा चारित्रसुंदरगणि ने महीपालचरित की रचना की। इस काव्य में पाँच सर्ग हैं।

पंद्रहवीं शती के अन्य महाकवियों में कविचंद्र राय दिवाकर मिश्र ने दो महाकाव्यों का प्रणयन किया है - 'भारतामृतम्' तथा 'अभिनवगीतगोविन्दम्' पहले में २३तथा दूसरे में १० सर्ग हैं।

सोलहवीं शताब्दी के महाकाव्य

नारायण भंजदेव सोलहवीं शती के प्रसिद्ध महाकवि हैं। इनके परिणय महाकाव्य में छह सर्गों में कृष्ण और रुक्मिणी के प्रेम तथा विवाह का वृत्तांत है। मार्कण्डेय मिश्र का रामायणकथा पर आधारित बीस सर्गो का महाकाव्य 'दशग्रीवमहाकाव्यम्' भी इसी शती की रचना है।

वादिराज के महाकाव्य

वादिराज का जन्म दक्षिण कर्नाटक के कुंदूपुर तालुक में कुंभासी के निकट हुवनकेरे ग्राम में हुआ। इनके पिता का नाम रामार्य तथा माता का नाम गौरी था। मध्वाचार्य ने उडुपी में आठ

मठों की स्थापना की, जिनके महंत बारी बारी से चक्रीय क्रम में आठ भक्त होते थे। इनमें से कुंभासी मठ के महंत विष्णुतीर्थ माध्व के ही छोटे भाई थे। वादिराज इसी मठ के बीसवें महंत बने। उनके नाम पर यह मठ आगे चल कर श्रीवादिराज मठ के नाम से प्रसिद्ध हुआ। अनुश्रुति है कि वादिराज १२० वर्ष की आयु में वृंदावन गये और वहाँ अपने ही एक शिष्य के द्वारा अपनी समाधि बनवा कर उसमें प्रवेश कर के उन्होंने महासमाधि ले ली। वाद या शास्त्रार्थ में उनकी पटुता के कारण विजयनगर के राजा वेंकटदेवराय द्वारा उन्हें प्रासंगिकाभरण की उपाधि दी गई थी। उनके विषय में यह भी प्रसिद्ध है कि उन्होंने विजयनगर के राजाओं श्रीकृष्णदेव राय (१५०९-२९) तथा अच्युतदेव राय (१५२९-४२) को बालि की रामायणकालीन गुफा, जिसमें अपार धनभंडार छिपा था, का पता बता कर बड़े अर्थसंकट से उबारा।[२२]

रचनाएँ – वादिराज की रचनाओं में युक्तिमल्लिका द्वैतवेदांत का प्रमुख शास्त्रग्रंथ है। इसमें ५३७९ पद्यों में ब्रह्मसूत्र की विशद व्याख्या है। वादिराज के भाई भंडारकेरे मठ के सोलहवें महंत रहे। उन्होंने इस ग्रंथ की टीका लिखी थी। न्यायरत्नावली में वादिराज ने ९०१ पद्यों में शंकरमत का खंडन किया है। हरिभक्तिलता उनका स्तोत्रकाव्य है। इसमें ३९४ पद्य हैं। श्रुतितत्त्वप्रकाशिका में उन्होंने तत्त्वमसि, नेह नानास्ति किञ्चन, एकमेवाद्वितीयम् इत्यादि उपनिषद्वचनों के व्याख्यान के साथ द्वैत मत की स्थापना की है। अधिकरणनामावली में ब्रह्मसूत्र के अधिकरणों पर विहंगम दृष्टि है। संस्कृतसूत्रार्थ में सूत्रशैली में द्वैतदर्शन का निष्कृष्टार्थ वादिराज ने प्रस्तुत किया है। पाषंडिमतखंडन तथा कल्पलता में वादिराज ने स्याद्वाद तथा सप्तभंगीनय के सिद्धांतों का विस्तार से खंडन किया है। उपन्यासरत्नमाला पूर्ण प्राप्त है। भूगोलनिर्णय में वादिराज भारतवर्ष के विभिन्न स्थलों का वर्णन किया है। इस ग्रंथ का आधार भागवतपुराण है। विवरणार्णव में प्रकाशात्मयति की पंचपादिका का खंडन है। इन ग्रंथों के अलावा वादिराज ने शकुनशास्त्र, मुद्रारहस्य आदि विषयों पर अनेक ग्रंथों का निर्माण किया तथा ऋग्वेद के पुरुषसूक्त और महाभारत पर टीका लिखी। मध्व के विविध उपनिषद्-भाष्यों तथा जयतीर्थ की तत्त्वसुधा और न्यायप्रकाशिका पर भी उनकी टीकाएँ है।[२३] कविकदम्बकण्ठभूषा तथा स्वप्न-वृन्दावनव्याख्यानम् वादिराज के दो अन्य काव्य हैं।

रुक्मिणीशविजय - वादिराज के रुक्मिणीशविजय महाकाव्य में १९ सर्ग तथा १२४१ पद्य हैं। इसमें कृष्ण की बाललीलाओं का सरस चित्रण है। रुक्मिणी के अपहरण तथा कृष्ण के उसके साथ विवाह के प्रसंग से महाकाव्य का समापन किया गया है। काव्य में भक्तिरस अंगी है। श्रीमद्भागवत का कवि पर गहरा प्रभाव है।

तीर्थप्रबंध - वादिराज का तीर्थप्रबंध एक भिन्न प्रकार का प्रबंध काव्य है। इसमें कवि ने सारे भारत की धार्मिक, सांस्कृतिक और आध्यात्मिक यात्रा की है। देश के विविध तीर्थों का एक साथ इतना विशद वर्णन पुराणों को छोड़ कर अन्यत्र दुर्लभ ही है। कवि भाव की शुचिता व सौंदर्य की पावनता के साथ से तदनुरूप स्फीत अनाविल पदावली में तत्तत् स्थल का साक्षात्कार करता है। बदरीतीर्थ का वर्णन देखिये—

अमरीभ्रमरीपुञ्जसुमरीचिभिरञ्जिता।
बदरी वद रे किं किमधरीकुरुते न सा।।

काव्य की पुष्पिका में कवि ने इस प्रबंध के विषय में स्वयं अपना आकलन प्रस्तुत किया है—

नानावृत्तं स्वयात्राक्रमपरिचितसुक्षेत्रमाहात्म्ययुक्तं
शब्दालङ्कारबद्धं शमलकुलहरश्लाघनार्थहृद्यम्।।
श्रीनाथप्रीतिहेतोः हयवदनकृपाम्बोधिसम्भूतरत्नं
चक्रे तीर्थप्रबन्धं बहुगुणभरितं वादिराजो यतीन्द्रः।।

(४.४६)

सरसभारतीविलाम् – यह एक दार्शनिक काव्य है। इसमें बारह सर्ग हैं। वादिराज ने इसमें द्वैत मत का सविस्तर प्रतिपादन किया है। काव्य की दृष्टिसे इसमें वाकोवाक्य अलंकार आद्यंत पिरोया हुआ है। दो या दो से अधिक वक्ताओं के बीच सरस वादविवाद हो, तो यह वाकोवाक्य अलंकार होता है।[२४]

वादिराज का कृतित्व उनकी बहुमुखी प्रज्ञा, मेधा, चिंतन व कवित्व का अनुपम निदर्शन है। वे युगनिर्माण की क्षमता रखने वाले कृती कवि हैं। रामचंद्राचार्य ने श्रीवादिराजगौरवचरितामृतम् में उनके विषय में सत्य कहा है—

साहित्याकाशराकेशो मीमांसाटविकेसरी।
श्रुतिकासारमीनः स वादितूलतनूनपात्।
वेदान्ताब्धिमहानक्रः तर्कवज्रायुधः कृती।
शब्दचापधरो धीरो वादिराजो व्यराजत।।[२५]

गोविंदविलास

इस महाकाव्य के प्रणेता भोज हैं, जो धारानरेश भोज से भिन्न हैं। इसकी रचना १५४७ई० से पूर्व हो चुकी थी, क्यों कि इसकी हस्तलिखित प्रति में प्रतिनिर्माण का यह समय अंकित है। यह नौ सर्गों का रमणीय महाकाव्य है, जिसमें श्रीकृष्ण की कथा निरूपित है।

श्रीकृष्णचैतन्यचरितामृतम्

इस महाकाव्य के रचयिता मुरारि गुप्त चैतन्य महाप्रभु के समकालीन हैं, तथा चैतन्यचरितामृतकार कवि कर्णपूर से वरिष्ठ हैं। श्रीकृष्णचैतन्यचरितामृतम् महाकाव्य में चैतन्य का जीवनचरित प्रत्यक्ष ज्ञान तथा परिचय के द्वारा प्रामाणिक रूप से चित्रित है। मुरारिगुप्त ने यह महाकाव्य जिस समय लिखा, उस समय तक चैतन्य की ईश्वर के रूप में प्रतिष्ठा अधिक नहीं हुई थी। मुरारि ने चैतन्य के प्रति भक्तिभाव के साथ उन्हें अवतार के रूप में स्थापित करने का भी प्रयास

किया है। पर मूलतः वे चैतन्य को एक भगवद्भक्त के रूप में देखते हैं, भक्त भगवान् से एकाकार हो कर भगवद्रूप ही हो जाता है। चैतन्य के हृदय में भी ईश्वर का प्रवेश इसीलिये हो गया था—

जनस्य भगवद्ध्यानात् कीर्तनात् श्रवणादपि।
हरेः प्रवेशो हृदये जायते सुमहात्मनः।
तस्यानुकारं चक्रे स तत्तेजस्तत्पराक्रमम्।।
भक्तदेहो भगवतो ह्यात्मा चैव न संशयः।।

(श्रीकृष्णचैतन्यचरितामृतम्, १.८.२-७)

पर चैतन्य को अवतार के रूप में भी मुरारि गुप्त ने निरूपित किया है। वे बताते हैं कि चैतन्य अपनी माता शची के गर्भ में जब आये, तो ब्रह्मा आदि देव शची की स्तुति करने के लिये अवतरित हुए। चैतन्य की प्रथम पत्नी लक्ष्मी के निधन का वर्णन करते हुए वे कहते हैं कि वह इंद्र की सभा में नृत्य करते समय पाँव लड़खड़ा जाने से शापित कोई अप्सरा थी।

मुरारि की दृष्टि कर्णपूर की अपेक्षा यथार्थपरक है। वे चैतन्य के मातापिता की निर्धनता का चित्रण करते हैं। यहाँ तक कि विश्वंभर (चैतन्य) के पूर्वी बंगाल जाने के पीछे वे उद्देश्य अर्थप्राप्ति बताते हैं।

यद्यपि मुरारि ने इंद्रवज्रा, उपेन्द्रवज्रा, वसंततिलका आदि विविध छंदों का प्रयोग अपने महाकाव्य में किया है, पर चरितवर्णन के लिये अनुष्टुप् को अधिक उपादेय समझते हुए उसमें अपनी गति अधिक प्रकट की है। चैतन्य के भक्तिभाव में निमज्जन का निरूपण करते हुए वे कहते हैं

त्वं शुको वाऽथ प्रह्लाद इति में निश्चिता मतिः।
किं वा त्वं भगवान् साक्षादीश्वरः सर्वकारणः।।
तच्छ्रुत्वा व्यथितो नाथः प्रशंसां स्वां महामतिः।
रुरोद द्विगुणं प्रेमवारिधारापरिप्लुतः।।

(श्रीकृष्णचैतन्यचरितामृतम्, २.१८.१२-१३)

कवि कर्णपूर के महाकाव्य

कवि कर्णपूर का जन्म बंगाल में कुमारहट्ट नामक ग्राम की कांचनपल्ली में १५२४ ई० अथवा १५२६ ई० में हुआ। यह ग्राम बंगाल के चौबीस परगनों में हालिसह परगने के अंतर्गत था। कर्णपूर के पिता का नाम शिवानंदसेन था। शिवानंदसेन अपने समय के प्रकांड पंडित तथा दर्शनिक थे, वे स्वयं एक कवि, भक्त तथा साधक भी थे। उनके रचे बंगाली के पद पदकल्पतरु और गौरपदतरंगिणी में संकलित हैं। शिवानंदसेन के तीन पुत्र थे- चैतन्य दास, रामदास और परमानंददास। इनमें से तीसरे पुत्र परमानंददास का ही स्वयं चैतन्य महाप्रभु के द्वारा दिया गया

नाम कर्णपूर है। कर्णपूर ने अपने ज्येष्ठ भ्राताओं की गणना भी चैतन्य के भक्तों में की है। कर्णपूर के टीकाकार वृंदावन चक्रवर्ती के अनुसार इन्होंने पाँच वर्ष की आयु में चैतन्य का दर्शन किया था। चैतन्य के निर्वाण के समय इनकी आयु सात वर्ष की थी। कृष्णदास कविराज ने भी अपने 'चैतन्यचरितामृतम्' में नीलाचल में चैतन्य महाप्रभु से परमानंद (कर्णपूर) के मिलाप का वर्णन किया है। किन्तु उनके अनुसार इस समय कर्णपूर की आयु सात वर्ष थी। अपने 'चैतन्यचन्द्रोदयम्' नाटक में भी कवि ने बाल्यकाल में चैतन्य से भेंट होने का संकेत दिया है, पर उस समय अपनी आयु का उल्लेख नहीं किया।

कर्णपूर के नाम से अन्य अनेक कवि संस्कृत साहित्य में जाने जाते हैं। पदपारसीकप्रकाश नामक संस्कृत-फारसी कोश के निर्माता कर्णपूर मुगल सम्राट् जहाँगीर के समकालीन थे। पर इनके कामरूप के निवासी होने का उल्लेख मिलता है। अत: ये महाकवि कर्णपूर से भिन्न हैं। एक अन्य कर्णपूर वृत्तमाला नामक ग्रंथ के प्रणेता कामरूप के कोछ विहार के अंतर्गत राजा श्रीमल्लदेव (१५४०-८४ ई०) के आश्रित थे।[२६]

रचनाएँ-कर्णपूर ने चैतन्यचरितामृतम् तथा पारिजातहरणम् – ये दो महाकाव्य, आर्याशतकम्, कृष्णाह्निककौमुदी, तत्त्वावली, श्रीकृष्ण चैतन्य -सहस्रनामस्तोत्र-ये तीन खंडकाव्य अथवा स्तोत्र, चैतन्यचंद्रोदय नामक नाटक, आनंदवृंदावनचंपू नामक चंपूकाव्य, अलंकारकौस्तुभ नामक काव्यशास्त्रग्रंथ तथा गौरगणोद्देशदीपिका, बृहत्-कृष्णगौरगणोद्देशदीपिका एवं श्रीमद्भागवतटीका इन तीन गौडीय भक्तिसंप्रदाय के सिद्धान्तों से संबद्ध शास्त्रीय ग्रंथों की रचना की। इसके अतिरिक्त इनकी प्रसिद्धि तथा प्रतिभा के कारण अन्य अनेक परवर्ती या संदिग्धकर्तृत्व वाली रचनाओं को इनके नाम से जोड़ा जाता रहा है। बंगाली भाषा में इनके कृष्णभक्तविषयक अनेक मधुर ललित पद विभिन्न ग्रंथों में संकलित हैं।

चैतन्यचरितामृतम्

इस महाकाव्य में बीस सर्ग तथा १९११ श्लोक हैं। चैतन्य महाप्रभु की ४७ वर्षों के जीवन की घटनाओं को कवि ने भक्तिभाव के साथ काव्यात्मक विन्यास देते हुए प्रस्तुत किया है। कर्णपूर के पहले मुरारि गुप्त ने श्रीकृष्णचैतन्यचरितामृतम् महाकाव्य में चैतन्य का जीवनचरित विस्तार से वर्णित किया था। कर्णपूर ने मुरारि की रचना का अध्ययन किया था, तथा इस पूर्वसूरि के प्रति कृतज्ञता भी उन्होंने अपने महाकाव्य में ज्ञापित की है। मुरारि गुप्त के महाकाव्य की अपेक्षा कर्णपूर की रचना में चैतन्य देव के प्रति भक्ति व आस्था का आधिक्य और उनके अवतार रूप में विश्वास अधिक है। कर्णपूर निश्चय ही अपने पूर्ववर्ती की मुरारि की अपेक्षा भक्तिभावमय तथा आदर्शप्रवण अधिक हैं।

प्रथम दस सर्गों में चैतन्य के जन्म से लेकर संन्यास-ग्रहण तक के प्रसंग हैं, तथा शेष दस सर्गों में संन्यासग्रहण के बाद से महानिर्वाण तक के। कवि कर्णपूर ने महाप्रभु चैतन्य का

प्रत्यक्ष सान्निध्य प्राप्त किया था, पर जब यह महाकाव्य उन्होंने लिखना आरंभ किया, तब चैतन्य भौतिक शरीर त्याग चुके थे, अत: प्रथम सर्ग में चैतन्य की स्तुति करते हुए कवि ने उनके तिरोभाव पर गहन विषाद व्यक्त किया है। द्वितीय सर्ग में नवद्वीपपुरी का वर्णन सामाजिक तथा सांस्कृतिक दृष्टि से महत्त्वपूर्ण है, कवि ने उस समय विद्यमान कुछ विशिष्ट व्यक्तियों के नाम भी यहाँ उदाहृत किये हैं। इसी सर्ग में चैतन्य के पिता जगन्नाथ मिश्र का नीलांबर चक्रवर्ती की बेटी शची के साथ विवाह, इस दंपति की आठ कन्याओं का जन्म तथा सभी की अकाल मृत्यु के अनंतर दो पुत्रों विश्वरूप तथा विश्वंभर के जन्म का भी दूसरे सर्ग में ही वर्णन है। विश्वंभर की अलौकिक लीलाओं का वर्णन कर्णपूर ने उसी भक्ति भाव से किया है जिस के साथ वे अपनी अन्य रचनाओं में कृष्ण की लीलाओं का वर्णन करते हैं। इस सर्ग में विश्वरूप का संन्यास तथा उनके पिता जगन्नाथ की मृत्यु के प्रसंगों में करुण रस की मार्मिक अभिव्यक्ति हुई है। तृतीय सर्ग में विश्वंभर का विद्याध्ययन, उनके गुरुजनों का परिचय, लक्ष्मी के साथ उनका पूर्वराग और फिर उससे परिणय, उनका अध्यापकजीवन, पत्नी लक्ष्मी की साँप के काटने से मृत्यु, तदनंतर विष्णुप्रिया के साथ उनके दूसरे विवाह तक के प्रसंग वर्णित हैं। लक्ष्मी के विषय में कर्णपूर का वर्णन मुरारिकवि के द्वारा अपने महाकाव्य में दिये गये विवरण से भिन्न है। कर्णपूर के अनुसार वह कोई देवी थी, जो विशेष प्रयोजन से भूलोक पर अवतीर्ण हुई थी, उस प्रयोजन की पूर्ति के अनंतर वह स्वर्ग लौट गई। चौथे सर्ग में विश्वंभर (चैतन्य) पिता का श्राद्ध करने के लिये गया जाते हैं। नवद्वीप लौट कर आने के पश्चात् उनकी भक्तिभाव में तल्लीनता तथा दिव्योन्माद का विशद निरूपण कवि ने इस सर्ग में किया है। चैतन्य के व्यक्तित्व की महाभाव में संक्रांति का चित्रण यहाँ प्रभावशाली है। पाँचवें से आठवें सर्ग तक विभिन्न भक्तजनों से चैतन्य से समागम व उनकी कृष्णभक्तिजनित विविध चेष्टाओं का चित्रण है नवें तथा दसवें सर्गों में कृष्ण की वृंदावनलीलाओं के साथ चैतन्य के शिष्य श्रीनिवासाचार्य के द्वारा किया गया वर्णन समाहित किया गया है। अवशिष्ट सर्गों में चैतन्यकृत कृष्णलीलाओं का अभिनय, केशवभारती से संन्यास लेना, संन्यास के पश्चात् श्रीकृष्णचैतन्य नाम से प्रसिद्धि, शांतिपुर, नीलाचल (जगन्नाथधाम) आदि विविध प्रदेशों व तीर्थों की उनकी यात्राओं का वर्णन है। बारहवें सर्ग में चैतन्य का नीलाचल में पहुँच कर सार्वभौम भट्टाचार्य के घर पर आतिथ्य का प्रसंग भी ऐतिहासिक व सांस्कृतिक दृष्टि से मननीय है। सार्वभौम के समक्ष चैतन्य चतुर्भुजरूप में प्रकट हो जाते हैं, सार्वभौम उनकी स्तुति करते हैं। बारहवें सर्ग में ही चैतन्य का कूर्मक्षेत्र में गमन तथा वहाँ कूर्म नामक ब्राह्मण के घर आतिथ्य स्वीकार और रामानंदराय से उनके समागम का वर्णन है। तेरहवें सर्ग में गोदावारी तक यात्रा के पश्चात् उनकी जगन्नाथपुरी में वापसी चित्रित है। चौदहवें से अंतिम सर्ग तक चैतन्य की अगाध भक्ति तथा उनके भक्तों का उनके प्रति भक्तिभाव विशद रूप में निरूपित हैं।

यद्यपि चैतन्य पर अनेक चरितकाव्य संस्कृत तथा बंगाली भाषा में उस काल में लिखे गये, पर कवि कर्णपूर का महाकाव्य ऐतिहासिकता और भक्तिभाव की गहन अभिव्यक्ति के

कारण सर्वाधिक समादृत है। मुरारिगुप्त के महाकाव्य से अनेकत्र पदावली, भाव व वर्णनों में इस महाकाव्य का साम्य है। एक उदाहरण से यह अच्छी तरह जाना जा सकता है —

स्नातं मया सुरनदीपयसि प्रकामं श्रीवैष्णवाङ्घ्रिरजसाङ्गमलङ्कृतं च।
तत्पादपद्मवरछत्रममुं मयाद्य मूर्ध्नि प्रयच्छ कुरु दास्यपदेऽभिषेकम्।।

(श्रीकृष्णचैतन्यचरितामृतम्, २.४.१९)

कर्णपूर के शब्दार्थहरण का निदर्शन है—

स्नातं मया सुरनदीपयसि प्रकामं श्रीवैष्णवाङ्घ्रिरजसाङ्गमलङ्कृतं च।
श्रीमन्! त्वदीयपदपद्मयुगातपत्रं मूर्ध्नि प्रयच्छ कुरु दास्यपदेऽभिषेकम्।।

कर्णपूर ने तृतीय चरण को बदल कर पूरे पद्य को चमका दिया है, पदपद्मयुगातपत्र का रूपक उनकी कल्पना के वैभव का परिचायक है।

कर्णपूर ने किशोरावस्था में ही इसकी रचना कर दी थी, अत: काव्यात्मक सौष्ठव की दृष्टि से इसमें कहीं-कहीं अपरिपक्वता का अनुभव अवश्य होता है। नवम-दशम सर्गों में सूर्यास्त, अंधकार, ॠतुओं आदि का सरस वर्णन हैं।

भक्तिरस की परिपुष्टि तथा हृद्यनिरवद्य कलासृष्टि के कारण चैतन्यचरितामृतम् एक रमणीय महाकाव्य है। चैतन्य के द्वारा अभिनीत कृष्णलीलाओं में कृष्ण का राधा और राधा का कृष्ण बन जाना अन्योन्य अनुराग की पराकाष्ठा का अनुभव कराता है। कर्णपूर कहते हैं –

किं भ्रमात् किमु मदात् कुतुकात् किं किं स्वविक्रमपरीक्षणतो वा।
काम एष विदधे बत राधाकृष्णयोर्विनिमयं चरितानाम्।।

(१०.६६)

(पता नहीं यह भ्रम से हुआ कि मद से या कौतुक से अथवा अपने विक्रम को परखने की इच्छा से कि काम ने ही राधा और कृष्ण के चरित की अदलाबदली करा दी।)

शृंगार और भक्ति की धाराओं के दुर्निवार समागम में मर्यादाएँ टूटतीं है, प्रेम की नई मर्यादाएं बनती है। कर्णपूर कृष्ण के प्रथम दर्शन के अवसर पर यमुना में स्नान करती व्रजांगना की नीवीबंध शिथिल हो जाने का वर्णन करते हैं, फिर कहते हैं कि पद्मिनी ने प्रिय सखी की भाँति विसलता से उसके अनावृत अंग को ढाँप लिया—

प्राक् प्रति प्रियतमं श्लथनीव्याः स्रोतसा शिथिलितं तनुवेलम्।
तत्क्षणेन सुदृशो विसवल्या पद्मिनी प्रियसखी च रुरोध।।

(चैतन्यचरितामृतम्, ९.६९)

अनुप्रास अलंकार यमक के साथ मिल कर सोने में सुहागा बन जाता है। माघ आदि कवियों के समान कर्णपूर ने द्रुतविलंबित छंद में यमक और अनुप्रास की गलबाहीं इसी प्रकार रची है।

गया में पहुँच कर विश्वंभर के द्वारा अपने पिता के तर्पण करने का वर्णन करते हुए वे कहते हैं —

अथ स फल्गुनदीप्लवने यथाविधि विधाय पितॄन् समतर्पयत्।
शवमहीभृति पिण्डमदादथोरु करुणतोऽरुणतोऽप्यरुणेक्षणः।।

(४.६२)

टीकाएँ – इस महाकाव्य पर दो टीकाएँ प्राप्त हैं – वृंदावनचंद्र तर्कालंकार की विष्णुप्रिया तथा नित्यानंद अधिकारी की गौरभक्तिविनोदिनी। द्वितीय टीका अपूर्ण मिली है।[२७]

पारिजातहरणम्[२८]

इस महाकाव्य के प्रणेता कवि कर्णपूर ही कहे गये हैं, पर ये चैतन्यचरितामृतम् तथा चैतन्यचंद्रोदय आदि के प्रणेता गौडीय भक्तिशास्त्र के सुप्रसिद्ध आचार्य व कवि कर्णपूर ही हैं या अन्य – इस पर विवाद है। अनंतलाल ठक्कुर के अनुसार इस पारिजातहरणमहाकाव्य के प्रणेता कर्णपूर आचार्य व कवि तथा चैतन्यचरितामृतकार कर्णपूर से भिन्न हैं।[२९] दूसरी ओर कृष्णलतासिंह भावसाम्य, भाषा-शैली, वैदर्भीरीति के प्रति अनुराग आदि आधारों पर इसे चैतन्यचरितामृतकार कर्णपूर की ही रचना मानती हैं,[३०] जब कि श्री ठक्कुर का मानना है कि भक्तिशास्त्र के आचार्य व कवि कर्णपूर की रचनाओं व चिंतनविश्व से इस महाकाव्य की शैली व प्रकृति भिन्न है, जिसके कारण लगता है कि ये कोई अन्य ही कवि कर्णपूर हैं। इस महाकाव्य में राधा की माधुर्यभक्ति की कहीं छाया तक नहीं है, श्रीकृष्ण एक परमवीर योद्धा तथा चतुर राजनीतिज्ञ के रूप में अधिक चित्रित हैं। शिव तथा काली आदि के संदर्भ इस महाकाव्य में जिस प्रकार आये हैं, उससे भी इस महाकाव्य का प्रणेता उक्त कर्णपूर से भिन्न कवि प्रतीत होता है। इस के विपरीत कह सकते हैं कि चैतन्यमतानुयायी महाकवि कर्णपूर की कविप्रतिभा का ही यह एक उज्ज्वल निदर्शन है कि संप्रदायानुरोध से ऊपर उठ कर उन्होंने पारिजातहरणमहाकाव्य में कालिदास, माघ जैसे कवियों की पंक्ति पा ली है।

यह हरिवंशपुराण तथा श्रीमद्भागवत पर आधारित १८ सर्गों का महाकाव्य है। भारवि और माघ का अनुकरण करते हुए कवि ने प्रत्येक सर्ग के अंतिम पद्य में यहाँ श्री शब्द का प्रयोग किया है।

कृष्ण के द्वारा स्वर्ग से पारिजात लाने की कथा कवियों में बड़ी लोकप्रिय रही है। पारिजातहरण नाम से एक अन्य महाकाव्य कविराज के द्वारा लिखा गया, जिसमें दस सर्ग हैं। इसी नाम से गोपालदास, कवींद्राचार्य अथवा दिवाकर (१६वीं श०), कुमार तात्याचार्य (१७वीं श०) तथा उमापति उपाध्याय के द्वारा प्रणीत नाटक भी मिलते हैं।

कवि कर्णपूर ने कथा में प्रबंधवक्रता तथा प्रकरणवक्रता का विन्यास करते हुए अनेक अभिनव कल्पनाएँ की हैं। महाकाव्य का विशेष आकर्षक प्रसंग १७वें सर्ग में कृष्ण का स्वर्ग

से वापस लौटते हुए भूलोकदर्शन है, जिसमें कर्णपूर को भारत के विविध प्रदेशों का वर्णन करने का अवसर मिला है। कर्णपूर ने इस प्रसंग में कामरूप से ले कर द्वारका तक के विविध तीर्थों व नगरों का वर्णन किया है। उनकी कल्पना में नवीनता व उपमानों में हृद्यता है। उदाहरणार्थ -

सन्ध्यारुणाम्बरमनोहरकान्तिरुच्चैराबिर्बभूव वलदिन्दुमुखी सखीव।

(४.५८)

मनोहर कांति वाली संध्या अरुण अंबर (लाल आकाश, लालवस्त्र) को धारण कर चंद्रमा का मुख झुकाये सखी की भाँति आविर्भूत हुई।)

कवि कर्णपूर ने प्राचीन कवियों का अनुकरण करते हुए यमक तथा चित्रकाव्य का विनिवेश किया है। तथापि उनकी शैली ललित और सुकुमार मार्ग का अनुसरण ही अधिक करती है। विभिन्न अर्थालंकारों की छटा भी अलग-अलग रंग इनकी रचना में बिखेरती है। चंद्रमा को गगन की छत पर बैठी रात्रिनायिका का दर्पण बनाते हुए समासोक्ति के माध्यम से वे कहते हैं—

सङ्गार्थिनी ललितमन्मथवल्लभस्य रात्रिर्वियद्विमलतल्पतले निषण्णा।
संवीक्षितुं सुखमुदारतरं दधार प्रोद्दामदर्पणमिषेण शशाङ्कबिम्बम्।।

(पारिजातहरणम्, १२/१)

(ललित मन्मथ रूपी वल्लभ के संग की कामना करती हुई, आकाश की छत पर विराजी रात्रि रूपी नायिका ने सुख से अपना मुख निहारने के लिये चमकते दर्पण के बहाने शशांकबिंब को हाथ में उठा लिया।)

महाकाव्य के प्रथम सर्ग में द्वारका नगर का विशद वर्णन है, जो माघ के द्वारका वर्णन से तुलनीय है। धरती के सौंदर्य, जनजीवन, लोगों के खानपान का रोचक चित्रण कर्णपूर ने किया है—

सुधोपमप्राज्यनवाज्यसौरभैर्घरट्टसङ्घट्टनघोषणैरपि ।
क्षुधाभृतामध्वनि रुद्धचेतसां यया समाश्वासितमास मानसम्।।

(१.९)

(घट्टी में पिसते अमृत के समान सुस्वादु प्रशस्त अन्न के सौरभ की घोषणाओं के द्वारा भूखे पथिकों के मानस को वह नगरी दिलासा देती लगती थी।)

प्रथम सर्ग में स्वर्ग से नारद आते हैं, व पारिजात की मंजरी कृष्ण को देते हैं, जिसे कृष्ण रुक्मिणी को दे देते हैं। तृतीय सर्ग में इस घटना का नमक मिर्च लगा कर विवरण नारद सत्यभामा के दे देते हैं। फिर तो सत्यभामा श्रीकृष्ण से झगड़ने को तैयार हो जाती है। चतुर्थ सर्ग में रोष में भरी सत्यभामा के रूठने का सरस वर्णन है। इसमें अतिशयोक्ति का भरपूर प्रयोग कवि ने किया है। क्रोधाग्नि में जलती सत्यभामा कि ऐसी स्थिति है कि —

कर्पूरपूरपरिपूर्णमुदारयत्नेनानीय वक्षसि निवेशितमम्बुजाक्ष्याः।
देहोष्मभिर्गुरुमवाप्यकरीषभावं श्रीखण्डपङ्कमपि तापमदात् तदानीम्।।

(४.२)

(कपूर से भरे चंदन के लेप को बड़े प्रयास से उस अंबुजाक्षी के वक्षःस्थल पर लगाया गया, पर वह उसकी देह की ऊष्मा से गोबर बन कर ताप देने लगा।)

धारागृहेषु नलिनीदलसंस्तरेषु सा(न्द्रेषु चन्दन)रसेषु सुधासरस्सु।
कुत्रापि निर्वृतिमवाप न सत्यभामा कामानिव प्रबलदैवपरो दरिद्रः।।

(४.५)

(धारागृहों या फव्वारों में, कमलपत्र की शय्याओं में, गाढ़े चंदन के रसों में, सुधा के सरोवरों में – कहीं भी सत्यभामा को चैन नहीं मिलता था, जैसे प्रबल दुर्भाग्य का मारा दरिद्र कामनाओं को नहीं प्राप्त कर पाता।)

धारागृहेषु, नलिनीदलसंस्तरेषु, सा (न्द्रेषु चन्दन) रसेषु, सुधासरस्सु तथा कामान् इन पदों में बहुवचन तथा निर्वृतिम् में एकवचन का प्रयोग कर के वचनवक्रता का बड़ा मनोरम उदाहरण कर्णपूर ने रच दिया है।

सत्यभामा को समझाने के सखी के प्रयास विफल होते हैं। फिर सखी जा कर श्रीकृष्ण को इसकी स्थिति से अवगत कराती है। फिर तो श्रीकृष्ण भी इस तरह घबरा जाते हैं कि

क्लिश्यत्पदं गलदशेषविभूषमुच्चैः स्विद्यत्कपोलदलमुद्यदुदारवेगम्।
तृष्यन्मुखाम्बुजदमथ स्त्रवदीक्षणान्तं तत्राततान गतमाकुलितं मुकुन्दः।।

(३.१७)

(उनके पाँव ठीक से नहीं पड़ रहे थे, आभूषण गिरे जा रहे थे, मुँह पर पसीना छाया था, वे हड़बड़ाये तेजी से चल रहे थे, मुखकमल सूख गया था, आँखों की कोर गीली हो चलीं थीं। इस तरह, सत्यभामा के प्रसाद की ओर मुकुंद ने आगमन किया।)

फिर कृष्ण प्रिया के सदन में पहुँच जाते हैं और उसे मनाने का प्रयास करते हैं। श्रीकृष्ण के कथन यहाँ चाटुकाव्य की वक्रोक्ति विच्छित्ति के अच्छे नमूने हैं। एक उदाहरण द्रष्टव्य है –

इन्दीवरद्युतिविलोलविलोकितानने यत् सौख्यसागरमुदारतरं ततान
शोणायमानमधुनाक्षियुगं तदेव कान्ते कथं मम दुनोति मनोऽनुवेलम्।।

(४.३४)

(हे हिलते नीलकमल सी चंचल चितवन वाली कांते! तुम्हारा जो मुख बहुत उदार हो कर मुझे सुख के सागर में नहलाता था, वहीं लाल नेत्रयुगल वाला हो कर इस समय क्षण क्षण मेरा मन क्यों दुखा रहा है?)

प्रसादगुण तथा अनुप्रास, उपमा और रूपक अलंकारों का निर्वाह करते कर्णपूर ने रचना को यहाँ सरस बना दिया है।

सत्यभामा तो इतनी कुपित है कि श्रीकृष्ण से सीधे मुँह बात ही नहीं करती है। उसकी सखी ही कृष्ण को सारी बात बताती है और अंत में कहती है –

तन्नाथ कल्पविटपिप्रसवप्रदानं श्रुत्वा समुन्नतिविधायि विदर्भजायाः।
सद्यः समुल्लसदसीममनोभितापवारांनिधौ निरवधौ सुमुखी ममज्ज।।

(४.४९)

(हे नाथ, विदर्भजा या रुक्मिणी को ससमुन्नतिविधायक कल्पविटपी के फूल के प्रदान की बात सुन कर तत्काल असीम मनस्ताप से उद्रेक रूपी निरवधि महासागर में यह सुमुखी डूब गई है।

षष्ठ सर्ग में कृष्ण नारद का फिर स्मरण करते हैं। इस सर्ग में नारद के भूलोक अवतरण का चमत्कारपूर्ण वर्णन है। यह भी माघ के शिशुपालवध में प्रथण सर्ग में नारदागमन के वर्णन का स्मरण दिलाता है। नारद की स्वर्णिम आभा गगन में ऐसी फैल गई थी, जिससे गगन में एक नई स्वर्गीय नदी बहती सी लगती थी—

शीतदीधितिकराभिरामया भासमानतनुकान्तिधारया।
स्वर्णदीमभिनवामिवोच्चकैराततान गगनाङ्गणे मुनिः।।

(६.४)

नारद कृष्ण की स्तुति करते हैं। माघ के काव्य में कृष्ण ही नारद के प्रति भक्तिभाव व्यक्त करते हैं, यहाँ नारद कृष्ण का परमतत्त्व के रूप में निर्वचन करते हैं –

अम्बुजाक्ष! जगतो मुहुर्मुहुर्निर्मितिस्थितिविनाशकारक!
तावकीनमहिमा महामते! पारमेति न गिरां कदाचन।।

(६.१६)

सौंदर्य के चित्रण में कवि कर्णपूर उपमा, रूपक आदि अलंकारों का रमणीय प्रयोग करते हैं। द्वारका की सुंदरियों के विषय में उनका कथन है—

समुल्लल्लोचनचारुषट्पदाः पदारविन्दाश्रितचित्रहंसकाः।
श्रियं दधुः केशकलापशैवलाः सरोजनीनामपि यन्मृगीदृशः।।

(१.१३)

श्रीकृष्ण को विदित नहीं है कि किसने सत्यभामाके कान भरे थे। वे कान भरने वाले नारद से ही कहते हैं—

तत् कुतोऽपि बत दुर्जनाननात् संश्रुतं सपदि सत्यभामया।
मोदमेति हि मनः सदा सुहृद्भेदवस्तुनि मलीमसात्मनाम्।।

(६.३२)

(पता नहीं किस दुर्जन के आनन से तुरत फुरत सत्यभामा ने यह बात लुन ली। मलीमस (गंदे) मन वालों के चित्त सुहृज्जनों को लड़ाने में ही मुदित होते हैं।)

श्रीकृष्ण देवराज इंद्र के प्रति नारद के माध्यम से संदेश भेजते हैं। इस संदेश में साम, दान दंड आदि राजनीति के समस्त उपायों का उपयोग है। अंत में इंद्र को चुनौती देने वाले स्वरमें कृष्ण बोलते हैं, तो उनकी वाणी में वीररस की धारा प्रवाहित हो उठती है –

याचितो यदि मयाऽपि पादपं देवराज न ददासि दर्पितः।
तन्निधेहि विवुधाङ्गनावलत्पत्रलोपिनि करे निजायुधम्।।

(६.४६)

(हे देवराज, मैं माँग रहा हूँ और आप दर्प में भर कर वह पादप मुझे नहीं देते, तो फिर विवुधांगनाओं या अप्सराओं की चंचल पत्ररचना को मिटाने वाले अपने हाथ में अपना आयुध उठा लो।)

नारद भी कृष्ण को भड़काने में कोई कसर नहीं रहने देते। वे कहते हैं –

याचितो न कतिधा भवत्कृते स्वर्द्रुमं प्रति मयैव वासवः।
सन्ददौ तदपि दर्पमाश्रितस्तत्प्रसूनमपि नैव कर्हिचित्।।

(६.५३)

निर्भरैर्भुजभुजङ्गविक्रमैराक्रमे त्रिजगतोऽपि शक्तिमान्।
त्वादृशोऽपि यदि याचते परं तत्प्रयातु कमयाचितव्रतम्।।

(६.५५)

(मैंने तो स्वयं आपके लिये स्वर्गीय वृक्ष पारिजात को कितनी बार इंद्र से माँगा होगा। पर वह तो दर्प में ऐसा भरा हुआ है कि इसका एक प्रसून तक देने को तैयार नहीं। अपने भुजभुजंगों से तीनों लोकों पर आक्रमण की शक्ति रखने वाला आपके जैसा वीर भी यदि याचना करने लगेगा, तो अयाचना का व्रत फिर किसके आश्रय में रहेगा?)

श्रीकृष्ण का संदेश ले कर नारद स्वर्ग की और प्रयाण करते हैं। यहाँ 'अतिनिर्मलमुग्धसौधमालाविलसत्कान्तितरङ्गसङ्गश्रीः' स्वर्गपुरी की रमणीयता व अलौकिकता का वर्णन कवि ने मन लगा कर किया है। स्वर्ग को कवि एक ऐसे अनिर्णनीय नगर के रूप में प्रस्तुत करता है, जो कल्पनातीत सौंदर्य से मंडित है

परितः पुरवासिनो दिगीशा विटपी कल्पतरुः सरिच्च गङ्गा।
अधिपः खलु यत्र वृत्रहन्ता कथमेषा वचसां न गोचरः स्यात्।।

(७.३२)

यहाँ पहुँच कर इंद्र को श्रीकृष्ण का संदेश बताते हुए नारद प्रथम तो साम की नीति वाले कृष्ण के वचन उसे बताते हैं –

तदुदारमते नतैकचित्ते मयि देवेश दयोदयस्तदास्ताम्।
यशसे सुकृतात्मनां प्रभूणां प्रणतेषु प्रणयादृते न पन्थाः।।

(७.४३)

(हे उदारमते देवेश! मुझ नतैकचित्त या तुम्हारे प्रति विनम्र मन वाले कृष्ण के प्रति तुम्हारे भीतर दया का उदय हो। सुकृतात्मा प्रभुओं के लिये प्रणत जनों के प्रति प्रणय का निर्वाह करने के अतिरिक्त अन्य मार्ग नहीं हुआ करता।)

पर धीरे धीरे नारद का स्वर उग्र होता जाता है, जिससे इंद्र भड़क उठते हैं। वे कृष्ण के लिये दिये गये प्रतिसंदेश में उनके प्रस्ताव को पूरी तरह ठुकरा देते हैं। अष्टम सर्ग में श्रीकृष्ण अपनी सेना को स्वर्गपुरी पर आक्रमण करने के लिये तैयार होने का निर्देश देते हैं। इस सर्ग में सैन्यसन्नाह का ओजस्वीवर्णन है। यहाँ पाँच पद्यों (१०-१४) में श्रीकृष्ण के रथ के वर्णन में विशद चाक्षुष विंब की रम्य रचना की गई है। सैनिकों की विविध चेष्टाओं का वर्णन कवि ने रोचक रूप में किया है। नवम सर्ग में सैन्यप्रयाण का वर्णन है। इसमें ओजस्वीता दृश्यों की विविधता के साथ कहीं कहीं अनुपम सौंदर्य के चित्र अंकित किये गये हैं। जैसे सजे धजे हाथी के इस वर्णन में—

क्वचिल्लतानां कुसुमैर्विभूषितो महागजः पेचकमेचकच्छविः।
उदारतारानिकरैः करम्बितो रराज जीमूत इवोत्तमद्युतिः।।

(९.११)

यहाँ चमकते तारों से सजे मेघ को कुसुमों से विभूषित हाथी के लिये उपमान बनाया गया है।

श्रीकृष्ण प्रस्थान करते हैं, तो उनके साथ सत्यभामा सहित उनके अवरोध (अंतःपुर) की अंगनाएँ भी जाती हैं। लोगों की रानियों की झलक पाने के लिये लगी भीड़ का वर्णन माघ के वर्णन से साम्य रखता है। इसमें कृष्ण के कंचुकियों की आज के अधिकारियों के समान चेष्टाएँ व सामान्य जनों की ढ़िठाई से भरी उत्सुकता का निरूपण हास्य की सृष्टि करता है। कर्णपूर कंचुकियों के हाथ में कोड़े भी थमा देते हैं –

निवार्यमाणोऽपि रुषारुणेक्षणैः कशाकरैः कञ्चुकिभिर्जनव्रजः।
पलायमानोऽपि विवर्तिताननं विलोकयामास मुहुर्नृपाङ्गनाः।।

(९.१५)

(रोष से लाल लाल आँखों वाले कंचुकियों के द्वारा हाथ में कौड़े ले कर रोका जाता हुआ भी जनसमूह भागते भागते भी पलट पलट कर बार बार नृपांगनाओं या रानियों को देखता जाता।)

नृपाङ्गनाग्रेसरकञ्चुकिव्रजप्रहारभीत्या द्रुतगामिनो जनाः।
विलोकयन्तोऽथ पुरो मदद्विपं विहाय वर्त्माऽपि वनान्तराविशन्।।

(९.१६)

(रानियों के आगे आगे चलते कंचुकियों के प्रहार के डर से तेजी से भागते लोग सामने मतवाले हाथी को देखते तो सीधा रास्ता छोड़ कर जंगल की ओर भाग लेते।)

स्वर्ग की ओर जाते हुए कृष्ण मार्ग में गंगा को देखते हैं। गंगा का वर्णन तन्मय हो कर कर्णपूर ने किया है—

पयोभिरुद्भासि सुधारसोपमैः विवर्धयन्ती सततं जगत्त्रयीम्।
अनन्तसन्तापसमृद्धिनाशिनी महोदयं या जननीव यच्छति।।

(९.२५)

(सुधारस के समान जलों से उद्भासित होती हुई, जगत्त्रयी को विवर्धित करती हुई, अनंत संताप की वृद्ध का नाश करने वाली यह गंगा माता के समान (अपनी संतानों का) महोदय या अभिवृद्धि कराती है।)

तिमिङ्गलास्फालसमुत्थितैर्मुहुर्विभूषिता नित्यमुदारशीकरैः।
समर्च्यमानेव सुरैर्दृढादराद्दिवश्च्युतैर्निर्मलमल्लिकाशतैः।।

(९.२६)

(बड़ी मछलियों के आस्फालन या फटकार से उठती बड़ी फुहारों से जो गंगा नित्य विभूषित थीं, और लगता था कि उन फुहारों के द्वारा बड़े आदर से स्वर्ग से अर्पित की जा रही सैंकड़ों मल्लिकाओं के द्वारा वे अर्चित हो रही हैं।)

गंगा के ले कर अत्यंत मनोभावन कल्पनाएं कवि ने की हैं। श्रीकृष्ण आगे बढ़ जाते हैं। गंगा उन्हें पलट कर देखती है—

समीरसंसर्गविशेषसञ्चरत्पयःपरीवर्तविवर्तिताम्बुजा।
विलोकितुं माधवमुद्गतद्युतिं मुहुः परावृत्तमुखीव कौतुकात्।।

(९.३३)

(समीर के संसर्ग से विशेष गति से हिलते जल के परावर्तन से पलटे मुखांबुज वाली गंगा ने उद्यतद्युति माधव को कौतुक से मुँह मोड़ कर जैसे ताका।)

दसवें सर्ग में श्रीकृष्ण कनकशैल (सुमेरु पर्वत) को निहारते हैं। पर्वत का वर्णन करते हुए कर्णपूर ने यहाँ वर्णनकला का पुनः संधान किया है। ग्यारहवें सर्ग में वनविहार का वर्णन है। शृंगार की उद्दाम धारा यहाँ कवि ने प्रवाहित की है। उसी में षड्ऋतुवर्णन भी समाहित कर लिया है। कृष्ण के प्रति सुंदरियों के हावभाव, हेला, बिब्बोक आदि का चित्रण लालसा में

लसित है, श्रीकृष्ण भी उनके रंजन के लिये सैकड़ों देह धारण कर लेते हैं (१०.२७)। कदंब के फूलों से एक दूसरे को मारते हुए सुंदरियों के कपटयुद्ध का यह यह चित्र —

कनकाभकऽम्बकौरकै (र्गुलिका)स्त्रैरिव कामधन्विनः।
विदधुः कपटाहवं तदा कुतुकोत्फुल्लविलोचनाः स्त्रियः।।

(११.३१)

(सोने के जैसे कदंब कोरकों को कामदेव का गुलिकास्त्र (गुलेल) बना कर कौतुक से उत्फुल्ल नयनों वाली स्त्रियाँ ने कपटयुद्ध करने लगीं।)

इस सर्ग में सर्वाधिक पद्य (८४) भी कवि ने अपनी रुचि के कारण विनियुक्त किये हैं। बारहवें सर्ग में चंद्रोदय तथा ज्योत्स्ना का वर्णन है। सुरतसहित समस्त संयोग की केलियों का निःसंकोच वर्णन कवि ने यहाँ कर दिया है।

सुमेरु पर्वत से आगे बढ़ कर श्रीकृष्ण स्वर्ग के परिसर तक जा पहुँचते हैं। सात्यकि को वे इंद्र के पास दूत बना कर भेजते हैं (सर्ग १३)। सात्यकि जो संदेश इंद्र को सुनाते हैं उसमें चुनौती है —

कुण्डलीकृतकोदण्डो यमदण्डोपमैः शरैः।
अथ सद्यो विधास्यामि निर्दैवतमिदं जगत्।।

(१३.१३)

तज्जहीहि रणारम्भदम्भसम्भारमञ्जसा।
भवेदेव तथा वह्नौ शलभस्येव ते गतिः।।

(१३.२६)

सात्यकि के वचन इंद्र के क्रोध में अग्नि में घी का कामकरते हैं। फिर तो देवता भी अपने शस्त्र उठा लेते हैं। अलग अलग देवों की चेष्टाओं का रोचक वर्णन कवि ने यहाँ किया है। चौदहवें सर्ग में युद्ध आरंभ हो जाता है। श्रीकृष्ण व देवोंकी सेनाएँ परस्पर भिड़ जाती हैं। इस सर्ग में श्रीकृष्ण व शक्र आमने सामने हैं। युद्ध के रोमांच को प्रतिबिंबित करने वाली पदावली को कवि कर्णपूर ने यहाँ अनुप्रासों के अनुरणन से चमका दिया है। उदाहरणार्थ—

ततः प्रवृद्धोद्धतयुद्धरङ्गी प्रतापतुङ्गीकृतबाहुवीर्यः।
सुपर्वसैन्यैः परितः परीतः पुरन्दरः प्राप हरेः समीपम्।।

(१४.१३)

(बढ़ते हुए युद्ध के रंग में रंगे हुए, प्रताप से उत्तुंग बनते भुजाओं के वीर्य वाले देवसेनाओं से चारों ओर घिरे पुरंदर या इंद्र कृष्ण के समीप आ गये।)

जवात् पतन्तावतिवीर्यवन्तौ तरङ्गसङ्घाविव सागरस्य।
समीयतुः सङ्गरभूमिभागानुपेन्द्रदेवेन्द्रचमूसमूहौ।।

(१४.१४)

(फुर्ती से एक दूसरे पर टूट पड़ते हुए अतिशय वीर्यशाली, सागर की तरंगों से समूहों जैसे उपेंद्र (कृष्ण) और देवेंद्र के चमूसमूह संग्राम के भूमिभाग में आमने सामने आ गये।)

अग्नि, यम, वायु आदि देवताओं की युद्धरत चेष्टाओं का वर्णन करते हुए वरुण के साथ अर्जुन के युद्ध की अवतारणा कवि ने इस प्रकार की है—

विद्येव दारिद्र्यभरैरुदारैस्तुषारपूरैरिव पङ्कजश्रीः।
पराहतः फाल्गुनबाणवर्षैरपां पतिर्निष्प्रभुतामुवाह।।

(१४.४७)

(जैसे दारिद्र्य के भार से विद्या क्षीण हो जाती है, तुषार के पूर से कमल की शोभा नष्ट हो जाती है, उसी तरह फाल्गुन (अर्जुन) की उदार या खुल कर की गई बाण वर्षा से पराहत हुए वरुण निष्प्रभुता को प्राप्त हुए।)

पंद्रहवें सर्ग में युद्ध पराकाष्ठा पर पहुँच रहा है। इस सर्ग में युद्ध की प्रकृति के अनुरूप विविध छंदों का उपयोग कवि ने किया है। सर्वाधिक ओजस्विता के साथ इंद्र का महासंग्राम वर्णित है, जिसमें—

बिभ्रत्कोदण्डं कुपितयम महोद्दण्डदण्डायमानैः
काण्डव्रातैः प्रचण्डैः समिति विचरतां खण्डयन् मुण्डखण्डान्।
क्रोधज्वालाजटालां नयनदशशतीमुद्रतामादधानो
मानोद्दामः सुरेन्द्रोऽनल इव निखिलैर्वीरलोकैर्व्यलोकि।।

(१५.८)

(धनुष हाथ में लिये, बहुत उद्दंड बन कर सीधे छूटते हुए प्रचंड तीरों से युद्ध में विचरते वीरों के मुंड खंड खंड करते हुए अपने हजार नेत्रों से क्रोधाग्नि की लपटें छोड़ते हुए, मान में उद्दाम सुरेंद्र को सारे वीरों का समाज आग की तरह देख रहा था।)

दर्पादाह्वयतां मिथः प्रसरतां वीरव्रजानां मुहुः
शस्त्राशस्त्रि कचाकचि प्रविलसद्दोर्दण्डचण्डद्विषाम्।
संरम्भादभिधावतां मदवतामत्यूर्जितं गर्जतां
दन्तादन्ति च दन्तिनामपि महत्यासीदमीषां समित्।।

(१५.२३)

(दर्प से एक दूसरे को तुनौती देते हुए, आगे बढ़ते हुए विलास करते प्रचंड भुजदंडों वाले, संरंभ के साथ एक दूसरे पर टूट पड़ते मतवाले तथा उर्जित स्वर में गरजते वीरों के समूहों के बीच शस्त्राशस्त्रि कचाकचि भिड़ंत हो रही थी, हाथियों के बीच भी एक दूसरे दाँतों से टक्कर देते हुए समर हो रहा था।)

फिर श्रीकृष्ण अपना सुदर्शन चक्र उठा लेते हैं। प्रलय का दृश्य उपस्थित हो जाता है।

निधेर्ज्वालाज्वालैः कवलयति दिक्चक्रमुदिते महाचक्रे कोटिस्फुरदुरुखरांशुप्रतिनिधौ।
चकम्पे शम्पेव त्रिभुवनमभूद् व्यग्रमरुणं जजागार स्फारो मुरहरजयश्रीपरिकरः।।

(१५.४३)

(कोटि कोटि प्रसरित होती प्रखर किरणों से संवलित महाचक्र अपनी ज्वालाओं से दिक्चक्र को निगलने लगा, त्रिभुवन बिजली की तरह काँप उठा, अरुण व्यग्र हो गया, मुरारि की विजयलक्ष्मी का स्फार जाग उठा।)

तब इंद्र का सर्वनाश न हो जाये, इस चिंता में व्यग्र ब्रह्मा आदि देवगण वहाँ आ पहुँचते हैं। ब्रह्मा कृष्ण की स्तुति करते हैं, इंद्र को कृष्ण का माहात्म्य बताते हैं। ब्रह्मा के वचनों (९१५.४६-५३) में कृष्णस्तव का मनोहर विन्यास है —

करुणावरुणालयाय नित्यं दलदिन्दीवरदामसुन्दराय।
अनवद्यगुणैकमन्दिराय प्रणतत्राणविधायिने नमस्ते।।

(१५.४८)

ब्रह्मा कृष्ण से भी अनुरोध करते हैं कि वे इंद्र के प्रति रोष त्याग दें। बृहस्पति भी श्रीकृष्ण से प्रार्थना करते है कि वे इंद्र को क्षमा कर दें। इंद्र भी सौहार्द्र व भक्तिभाव में भर जाते हैं। सोलहवें सर्ग में स्वर्ग में सब ओर प्रसार लेते स्वर्गीय आनंद का चित्रण है, स्वर्गपुर की ललनाएं किसप्रकार श्रीकृष्ण को देखने के लिये आतुर हैं, इसका रोचक हास्यरसवाही वर्णन है। इस प्रसंग में कर्णपूर को कालिदास व अश्वघोष की काव्यच्छायाएँ रचने का अवसर मिला है। अश्वघोष तो वातायनों से बाहर झाँकती रमणियों का चित्रण करते हैं, कर्णपूर स्वर्ग की रमणियों को आकाश में विचरती बताते हुए कहते हैं—

हरेर्मुखालोकनलोलचेतसां विनिर्यतीनां भवनान्नतभ्रुवाम्।
निमेषशून्यैर्नयनैर्नभःस्थलं रराज राजीवमयं समन्ततः।।

(१६.५६)

(हरि के मुख को देखने के लिये चंचल चित्त वाली झुकी भौंहों वाली सुंदरियाँ जब भवनों से निकलीं, तो उनके निमेष से शून्य नयनों से नभःस्थली कमलों से पटी हुई लगने लगी।)

सत्यभामा के साथ कृष्ण स्वर्ग से धरती पर उतरते हैं (सत्रहवाँ सर्ग)। कर्णपूर की भारत के विभिन्न प्रदेशों की जानकारी व उनके सौंदर्य से परिचय यहाँ परिलक्षित होता है, जिसमें कामरूप आसाम के अगरुसार का सौरभ फैलता है, नारियल के पेड़ों की कतारों से घिरा अति सुंदर देवपत्तन वाला गौडमंडल है, जानकी की जन्मभूमि मिथिला है, जहाँ पंडितों के घरों में नित्य सरस्वती थिरकती रहती हैं —

देश एष वरभूषणं भुवः कामरूप इति विश्रुतः प्रिये
यद्भवैरगरुसारसौरभैःर्मोदमञ्चति चिरं जगत्त्रयी।।

(१७.५४)

देवपत्तनमिवातिसुन्दरं नारिकेलवनराजिराजितम्।
उल्लसद्वरणमौलिमण्डलं गौडमण्डलमिदं विलोक्यताम्।।

(१७.५८)

जानकीजननभूमिरीक्ष्यतामम्बुजाक्षिमिथिलेयमग्रतः।
अत्र विज्ञवदनेषु दर्पिता नृत्यति प्रतिगृहं सरस्वती।।

(१७.५९)

कृष्ण द्वारका पहुँचते हैं, नगर के निवासियों का सम्मर्द उन्हें देखने के लिये उमड़ पड़ता है। भारतभूमि के अनंत सौंदर्य व कृष्णकथा के लोकाभिराम निरूपण के कारण यह काव्य सत्य ही महाकाव्य है। कर्णपूर ने सारी कथा को देवों व मानुष्यों के बीच सौहार्द भाव का आख्यान बना दिया है।

कालिदास तथा माघ के अनुकरण पर एक सर्ग में यमक के विन्यास के साथ द्रुतविलंबित का प्रयोग भी रमणीय है।

नवतमालविशालतरत्विषां ललितनिर्मलनीलमहात्मनाम्।
स्फुरितकान्तिकदम्बकडम्बरैः सतमसं तमसंख्यलतावृतम्।।

(१०.२)

५९ श्लोकों में द्रुतविलंबित के साथ यमक का प्रयोग करते हुए सर्गांत के चार पद्यों में छंदःपरिवर्तन करते हुए भी कवि ने उनमें यमक का प्रयोग उसी तरह बनाये रखा है –

हरिचरणविराजमानमौलिं बहुवयसानुगतं सुवंशजातम्।
अमुमृषिमुपमानयन्ति लोका बहुवयसानुगतं सुवंशजातम्।।

(१०.६१)

इति निगदति पार्थे वीक्ष्य मेरुं नमेरुव्रजरुचिरमुदारं स्फीतमालैस्तमालैः।
मुररिपुरपि मोदं प्राप दुष्प्रापमुच्चैर्दधति मुदमुदारां कौ तु के कौतुके न।।

(१०.६२)

कर्णपूर ने सूक्तियों की मुक्तामालाओं से कविता को सजाया है। जैसे महौजसां क्वापि न कुण्ठितं मनः (९.३९)। उनकी नूतन शब्दनिर्माणचातुरी तथा नवीनपदप्रयोगविचक्षणता भी विद्वानों के लिये विचारणीय है। उपकार्या (टेंट) के लिये पटमन्दिर (९.४९), पटवेश्म (९.५२) जैसे पदों का वे प्रयोग करते हैं।

छंदोयोजना – पारिजातहरण में पहले सर्ग में वंशस्थ, तीसरे, छठे व ग्यारहवें में वियोगिनी, चौथे में वसंततिलका, नवम में उपेंद्रवज्रा, दसवें तथा अठारहवें में द्रुतविलंबित, बारहवें में वसंततिलका, तेरहवें में अनुष्टुप्, सर्गांत में छंदःपरिवर्तन करते हुए शार्दूलविक्रीडित,

मालिनी, पुष्पिताग्रा आदि छंदों का सधा हुआ प्रयोग कर के कथानक की क्षिप्रता और गत्यात्मकता का अच्छा निर्वाह कवि ने किया है। प्रत्येक सर्ग के अंत में श्रीहर्ष के नैषधीयचरित की सरणि पर इस प्रकार का श्लोक कवि ने जोड़ा है—

स्वान्तध्वान्तविधूननं प्रणमतां दीर्घादरं ध्यायतां
धन्यं किञ्चन हृद्गतं नवजवासिन्दूरसान्द्रं महः।
धीरश्रीकविकर्णपूरकृतिना (कौतूहलान्) निर्मिते
काव्ये चारुणि पारिजातहरणे सर्गः......

महाकवि कर्णपूर ने प्राचीन कवियों का अनुकरण करते हुए यमक तथा चित्रकाव्य का विनिवेश किया है। पर उनकी शैली ललित और सुकुमार मार्ग का अनुसरण ही अधिक करती है। विभिन्न अर्थालंकारों की छटा के अलग-अलग रंग इनकी रचना में बिखरे हैं। कथा के रुचिर निर्वाह के साथ भारतभूमि के वैभव को प्रकाशित करने वाला तथा स्वर्ग और पृथ्वी का मिलन कराने वाला पारिजातहरणमहाकाव्य निश्चय ही संस्कृत के सर्वश्रेष्ठ महाकाव्यों में गणनार्ह है।

जंबूस्वामिचरित

इस महाकाव्य के प्रणेता अकबर के समकालीन कवि राजमल्ल हैं। राजमल्ल अपने समय के सर्वश्रेष्ठ पंडितों में से एक थे, तथा जैनागमों पर उनका असाधारण अधिकार था। जंबूस्वामिचरित की रचना वि०सं० १६३२ (१५७५ई०) में पूर्ण हुई। इसका विभाजन पर्वों में किया गया है। तेईस पर्वों के पौराणिक शैली में विरचित इस महाकाव्य में प्रथम सर्ग में सम्राट् अकबर की वंश परंपरा तथा उसके शासनकाल आदि का वर्णन है, जो ऐतिहासिक दृष्टि से महत्त्वपूर्ण है। द्वितीय सर्ग से वीरप्रभु के समवसरण और मगधराज श्रेणिक का चरित आदि वृत्तांत हैं। छठे सर्ग में कथानायक जंबूकुमार के यौवन, वसंतविहार व एक मदोन्मत्त हाथी को पछाड़ने का रोमांचक वर्णन है। नवम सर्ग में जंबूकुमार के निर्वेद का वर्णन है। माता पिता के आग्रह से जंबूकुमार विवाह के लिये तैयार होता है। विवाह होने पर रूपसी पत्नियाँ उसे विषयोपभोगों में खींचने का प्रयास करती हैं, वह उनका प्रत्याख्यान करता है। बारहवें सर्ग में कथानायक की दीक्षा व तपश्चर्या चित्रित है। तेरहवें सर्ग में द्वादश अनुप्रेक्षाएँ वर्णित हैं।

सुभगसुलोचनाचरित

इस महाकाव्य के प्रणेता भट्टारक वादिचंद्र सूरि हैं। इन्होंने अन्य अनेक काव्यों की रचना की थी, जो अप्रकाशित हैं। इनमें ज्ञानसूर्योदय नाटक, पार्श्वपुराण, श्रीपाल आख्यान, पाण्डवपुराण तथा यशोधरचरित उल्लेखनीय हैं।

ये दिगंबर परंपरा के मूलसंघ, सरस्वतीगच्छ के बलात्कारगण की सूरतशाखा से संबद्ध थे। इनका समय संवत् १६२७ से १६६४ के लगभग है।[३१] ये द्रविडसंघ के आचार्य रहे।

लगभग २००० पद्यों में निबद्ध यह महाकाव्य एक भारतीय नारी के जीवनसंघर्ष, साहस और धैर्य की कथा है। नायिका सुलोचना काशीराज अकंपन की पुत्री है। वह एक आदर्श सती स्त्री है।

सुलोचना ने स्वयंवर में भरत के पुत्र अर्ककीर्ति को छोड़ कर ऋषभदेव के गणधर जयकुमार को वरमाला अर्पित की। जयकुमार और अर्ककीर्ति में युद्ध हुआ, जिसमें जयकुमार की विजय हुई। अर्ककीर्ति ने सुलोचना का अपहरण कर लिया और उससे साथ विवाह कर के उसे हस्तिनापुर ले आया। इसके आगे जयकुमार और सुलोचना के पूर्वजन्मों की कथाएँ हैं, जिनके साथ अन्य अनेक नारीचरित्रों का महिमामय आख्यान है। अंत में जयकुमार और सुलोचना दोनों दीक्षा ले लेते हैं।

यह काव्य नौ परिच्छेदों या सर्गों में विभाजित है। शैली पौराणिक है। आद्यंत प्रसादगुणमयी तथा प्रांजल भाषा का प्रयोग किया गया है। वादिचंद्र ने आदर्शप्रवण दृष्टि का निर्वाह इसमें किया है, कविप्रतिभा का प्रकर्ष उनमें नहीं है, वह उनका इष्ट भी नहीं है। कथ्य की सहजता और सरलता उनकी रचना में सर्वत्र विद्यमान है। जिनेंद्र के वर्णन में विरोधाभास अलंकार का प्रयोग करते हुए वे कहते हैं—

धर्मराजोऽपि सदयो विवर्णोऽपि सतां प्रियः।
नृशंसोऽपि जनाधारः कलाधीशोऽयदोषकः।।

यहाँ धर्मराज (यमराज, धर्म के सम्राट्), विवर्ण (वर्णरहित, निकृष्ट), नृशंस (क्रूर, मनुष्यों के द्वारा प्रशंसित) कलाधीश (चंद्रमा, कलाओं के अधीश) तथा अदोषक (रात्रि से असंबद्ध, दोषरहित) – इन शब्दों में श्लेष अच्छा साधा गया है, तथा उसके माध्यम से विरोध और विरोध का परिहार दोनों में चमत्कार आ गया है। सूक्तियों व नीतिवचनों की दृष्टि से भी यह रचना अध्येतव्य है।

देवानंदमहाकाव्य

इस महाकाव्य के प्रणेता मेघविजय गणि हैं। इसमें विजयदेव सूरि (१५७७-१६५६ ई०) का जीवनचरित है। पूरा काव्य माघ के शिशुपालवध के चुने हुए पद्यों की समस्यापूर्ति में विरचित है। गंगानदी के वर्णन में कवि कहते हैं —

अथात्र जम्बूपपदेऽस्ति भारतं प्रभारतं द्वीपकुलप्रदीपके।
महोदयं ध्यायदिवास्य गङ्गया विभान्तमच्छस्फटिकाक्षमालया।।

'विभान्तमच्छस्फटिकाक्षमालया' के द्वारा शिशुपालवध के १.९ के चतुर्थचरण की समस्या ले कर इसकी पूर्ति कवि ने है।

कवि माघ को अपना प्रेरणास्रोत तथा गुरु मानते हैं। विनम्रता व्यक्त करते हुए वे कहते हैं—

नोद्रेकः कवितामदस्य न पुनः स्पर्धा न साम्यस्पृहा
श्रीमन्माघकवेस्तथापि सुगुरोर्मे भक्तिरेव प्रिया।
तस्यां नित्यरतेः सुतेव सुभगा जज्ञे समस्याऽद्भुता
सेयं शारदचन्द्रिकेव कृतिनां कुर्याद् दृशामुत्सवम्।।

सत्रहवीं शताब्दी के महाकाव्य

भरतबाहुबलि महाकाव्य

मुनि पुण्यकुशल के द्वारा रचित इस महाकाव्य की रचना सोलहवीं शताब्दी के अंतिम दशकों से सत्रहवीं शताब्दी के आरंभ के वर्षों के बीच हुई। इसमें दो भाइयों के युद्ध तथा बाहुबलि के वैराग्य का रोमांचक व प्रेरणाप्रद वृत्तांत है। तक्षशिला नगरी के वैभव तथा बाहुबलि की राजसभा का वर्णन उदात्त अलंकार की सृष्टि करता है।

विजयप्रशस्ति महाकाव्य

इक्कीस सर्गों के इस ऐतिहासिक व चरितप्रधान महाकाव्य के प्रथम सोलह सर्ग हेमविजयगणि के द्वारा तथा अंतिम पाँच सर्ग उनके सतीर्थ्य गुणविजय के द्वारा रचित हैं। इसकी रचना संवत् १६५५ के पश्चात् आरंभ की गई तथा गुणविजय ने अंतिम पाँच सर्ग इसमें संवत् १६५६ के पश्चात् जोड़े। इसमें मुनि हीरविजय का जीवन व चरित्र वर्णित है। मुनि हीरविजय के जन्म, प्रव्रज्या, उनकी चतुर्मासयात्राएं, अकबर से उनकी भेंट व अकबर से साथ उनकी धर्मचर्चा के वर्णन प्रामाणिक व दुर्लभ सूचनाएँ प्रदान करने वाले हैं। भानुचंद्र गणि, अबुलफजल आदि के संबद्ध अनेक वृत्तांत इसमें हैं।

दिग्विजय महाकाव्य

इस महाकाव्य के प्रणेता मेघविजयगणि ऊपर उल्लिखित हीरविजय सूरि की शिष्य परंपरा में हैं। उनके लिखे चौबीस ग्रंथों व विविध टीकाओं का पता चलता है। इसकी रचना संवत् १७२७ से १७४९ के मध्य हुई। तेरह सर्गों में मुख्य रूप से विजयसूरि के चरित्र का वर्णन है।

नीलकंठ दीक्षित के महाकाव्य

सत्रहवीं शताब्दी के नीलकंठ दीक्षित संस्कृत के सर्वश्रेष्ठ महाकवियों में एक हैं। ये प्रख्यात दार्शनिक, काव्यशास्त्री और वैयाकरण अप्पय दीक्षित के अनुज अच्चा दीक्षित के पौत्र तथा नारायण दीक्षित के पुत्र थे। अप्पय दीक्षित का स्नेह और अनुग्रह उन्हें प्राप्त हुआ था। स्वनिर्मित त्यागराजस्तव में नीलकंठ अप्पय के विषय में कहते हैं- 'योऽतनुतानुजसृनुजमनुग्रहेणात्मतुल्यमहिमानम्' -अर्थात् जिन्होंने अपने भाई के पौत्र को अनुग्रह से अपने

बराबर महिमा वाला बना दिया। अपने पुरखों का परिचय देते हुए नीलकंठ दीक्षित ने नलचरितनाटक की प्रस्तावना में लिखा है कि वे ब्रह्म का साक्षात्कार करने वाले, सर्वविद्यागुरु, छंदोग, सोमपीथी तथा अद्वैतवादी ब्राह्मण थे। इनमें अच्चन दीक्षित बहुत प्रसिद्ध हुए, जो अप्पय दीक्षित के पितामह थे। राजा कृष्णराज स्वयं इनके चरणों पर मस्तक नवाते थे। उन्होंने आठ यज्ञों, आठ शिवालयों, आठ तालाबों तथा सर्वविद्याविशारद अपने आठ पुत्रों के द्वारा आठों दिशाओं को अपने यश से उज्ज्वल बना दिया था। अद्वैतविद्यामुकरविवरण तथा अन्य अनेक ग्रंथों के निर्माता श्रीरंगराजाध्वरी इनके पाँचवें पुत्र थे। रंगराजाध्वरी के पुत्र अप्पय दीक्षित हुए, जिन्होंने विभिन्न विषयों पर १०८ ग्रंथों का निर्माण करके अपने अखंड पांडित्य से अपूर्व ख्याति पाई। वस्तुत: नीलकंठ का सारा परिवार महान् पंडितों और कवियों से परिपूर्ण था।

नीलकंठ का जीवन दिग्गज पंडितों, महाकवियों और शास्त्र के प्रकर्ष के युग में बीता। शब्दकौमुदी, धातुरत्नावली तथा भाष्यरत्नावली आदि के प्रणेता चोक्कनाथ मखीन्द्र, रामचन्द्रोदय महाकाव्य के कर्ता वेंकटेश्वर, कुशकुमुद्वतीय नाटक के प्रणेता तथा नीलकंठ के ही छोटे भाई अतिरात्र यज्वा, जिन्होंने चित्रमीमांसादोषधिक्कार तथा प्रतिरघुवंश आदि ग्रंथ भी लिखे; चित्ररत्नाकर, रुक्मिणीपरिणय, जानकीपरिणय, गौरीपरिणय आदि के रचयिता चक्र कवि, कवि तथा शास्त्रवित् श्री रामभद्र मखीन्द्र आदि नीलकंठ के समकालीन रहे। नीलकंठ के तीसरे पुत्र गीर्वाणेन्द्र ने शृंगारकोश नामक भाण लिखा था। वार्तिकाभरण के प्रणेता वेंकटेश्वर मखी भी इनके गुरु रहे। वेंकटेश्वर मखी सङ्गीतसुधानिधि के प्रणेता और तंजौरनरेश रघुनाथ के मंत्री गोविन्द दीक्षित के पुत्र थे।

नीलकंठ परम शैव थे, जिसका कंठत: उद्घोष उन्होंने अपनी रचनाओं में स्वयं भी किया है। अनुष्ठान या कर्मकाण्ड में पारंगत होने के कारण यज्वा अथवा मखीन्द्र की उपाधि अप्पय दीक्षित या उनके सगोत्रियों के नाम के आगे लगाई जाती थी। नीलकंठ मधुरा (मदुराई) नगरी में महाराज तिरुमल नायक की सभा में पण्डित- सार्वभौम तथा अमात्य की पदवी पर प्रतिष्ठित रहे। अय्या दीक्षित नाम भी इनके लिए प्रयुक्त मिलता है। वाणी की महती साधना महाकवि नीलकंठ दीक्षित ने की। अपने लिए उन्होंने कहा है—

पश्यन् वाचा तपस्यामि काव्यसन्दर्भ रूपया।

(मैं काव्यसंदर्भरूपी वाणी के द्वारा तपस्या करने जा रहा हूँ।)

तथा-

चन्द्रशेखरसव्याङ्गचरणोन्मार्जनाम्भसाम्।
विवर्ता जगदुत्सङ्गे विहरन्ति मदुक्तय:।।

(गंगावतरण, १/५८)

(चंद्रशेखर शिव के वाम चरण के प्रक्षालन से बहे जल के विवर्त से बनी मेरी उक्तियाँ जगत् के उत्संग में विहार कर रहीं हैं।)

इनकी रचनाएँ इस प्रकार हैं—

स्तोत्रकाव्य तथा मुक्तक- (१) कलिविडम्बनम्, (२) सभारञ्जनशतकम् (३) अन्यापदेशशतकम् (४) शान्तिविलासः (५) वैराग्यशतकम्, (६) आनन्दसागरस्तवः, (७) चण्डीशतक, (८) शिवोत्कर्षमञ्जरी, (९) रामायणसारसङ्ग्रहः, अथवा रघुवीरस्तवः, (१०) चण्डीरहस्यम्, तथा (११) गुरुतत्त्वमालिका।

महाकाव्य- (१) गङ्गावतरणम्, (२) शिवलीलार्णवः तथा (३) मुकुन्दविलासम्

दार्शनिक/शास्त्रीय ग्रन्थ- (१) कैयटव्याख्यानम्, (२) शिवतत्त्वरहस्यम्

नाटक- नलचरितम्;

चम्पू- नीलकण्ठविजयचम्पूः।

इनमें कृष्णचरित पर आधारित मकुन्दविलास अपूर्ण मिलता है।

गंगावतरण महाकाव्य

इस महाकाव्य में आठ सर्ग तथा ५९७ श्लोक हैं। प्रथम सर्ग में कवि ने काव्यकला के विषय में अपने विचार अत्यन्त निर्भीक भाव से प्रकट करते हुए अपना वंश-परिचय दिया है, और राजा भागीरथ के प्रताप और नीतिज्ञता का प्रभावशाली वर्णन किया है।

महाकाव्य के प्रारंभ में राजा भगीरथ का वर्णन कालिदास के रघुवंश में वर्णित दिलीप तथा रघु की चारित्रिक रेखाओं में नये रंग भर कर पुनः रूपायित करने वाला है। भगीरथ की आंतरिक वेदना का चित्रण भी कवि ने अनुभूति के साथ किया है। उन्हें चिंता थी कि मेरे साठ हजार पूर्वजों की सद्गति कैसे होगी। एक बार अपने पुरोहित वसिष्ठ जी से उन्होंने अपने पूर्वजों के उद्धार को ले कर जिज्ञासा की, तो मुनि वसिष्ठ ने कहा - हिमालय की एक कुटिल कन्या है। उसका नाम गंगा है। वह पार्वती की बड़ी बहिन है। जितनी ही चंचल है उतनी ही पावन है। उसका नाम लेने मात्र से पाप दूर हो जाते हैं। देवताओं ने यह संकल्प किया था कि उसे शंकर को देगें, तो जब वह छोटी बच्ची थी, उसी समय वे उसे स्वर्ग ले गये। एक बार देवता लोग उस नन्हीं बच्ची गंगा को ले कर ब्रह्मा के पास गये, ब्रह्मा ने उसे देख कर मुँह बिचका कर कहा कि यह बिचारी शिव के योग्य भला कैसे हो सकती है। गंगा ने भी यह सुन कर आव देखा न ताव और ब्रह्मा जी को ही खरी खोटी सुनाने पर उतारू हो गई। अब ब्रह्मा जी को आ गया क्रोध और उन्होंने तत्काल उसे शाप दे डाला कि तेरी ऐसी जडमति या जलमति है. तो तू जलस्वरूपा नदी बन जा। गंगा नदी तो बन गई, पर उसकी ढिठाई न गई, पानी में परिणत होते ही वह अपनी लहरों से उछाल भर कर इस तरह ब्रह्मा जी को ही डुबाने के लिये उमड़ पड़ी कि एक बार तो ब्रह्मा जी भी चकरा गये - वे क्या करें क्या न करें कुछ समझ न पाये, जो श्रुति पाठ उनके ओठों से निकल रहा था, वह अधूरा धरा रह गया, यहाँ तक कि धाड़ मारती गंगा की लहरों के आगे वे सूखा मुँह लिये बचने को जगह खोजते रह गये। फिर

उन्होंने गंगा की स्वच्छंद गति को बाँधने के लिये चार वेदों के चार सेतु बना डाले। तब से उन सेतुओं से बँधी गंगा स्वर्गपुरी में बहती है, वह यदि पाताल तक लाई जा सके, तो तुम्हारे पुरखों की सद्गति हो सकती है। तुम्हारे पूर्वजों में अंशुमान् को यह बात विदित थी कि गंगा के पाताल पहुँचने से उसके चाचाओं का उद्धार हो जाएगा, पर वह कोई उपाय न कर सके। अंशुमान् के पुत्र दिलीप भी गंगा को पाताल तक लाने के लिये कुछ न कर पाये। तुम इस संबंध में विचार करो, तो हो सकता है तुम किसी उपाय से गंगा को पाताल तक पहुँचा सको।

द्वितीय सर्ग में भगीरथ तपस्या आरम्भ करते हैं तथा ब्रह्मा से गंगा के अवतरण का वर प्राप्त करते हैं। उन्होंने इतनी कठिन साधना की कि बड़े बड़े मुनियों की तपस्या भी उसके सामने छोटी लगने लगी। एक एक कर के कंद, मूल, फल और जल का भी त्याग कर दिया। ग्रीष्म का समय आया। आकाश में प्रखर जाज्वल्यमान भगवान् भुवनभास्कर और इधर तपस्या के तेज से देदीप्यमान राजा भगीरथ दोनों की ओर आँख उठा कर देखा नहीं जा सकता था। हरियाली सूखने लगी, तो सूर्य के अश्व मानों हरी घास खोजते हुए धीरे धीरे चलते थे, दिन लगता था इसीलिये बड़े हो गये हों। ग्रीष्म ऋतु से बचने के लिये हवा स्वयं यहाँ वहाँ भागी फिरती थी, वह तिनके उछालती और बवंडर बनाती हुई भाग कर पहाड़ तक चढ़ जाती। गर्मी से बेहाल हुए कोयलों ने कूक भरना बंद कर दिया, वासंती पवन पता नहीं कहाँ बिला गया, तो कामदेव ने भी अपने धनुष और बाण उठा कर एक ओर रख दिये। ऊपर सूरज आग की लपटें छोड़ता था, तालाबों नदियों का पानी उबलता सा लगता था, समीर तपी हुई धूल की बुकनियाँ बिखेरता था, धरती सिक कर जैसे पक रही थी, ऐसे में बिचारे बटोहियों की दशा का परिणाम क्या होगा कहा नहीं जा सकता था। नहाने को जल न मिलता, हवा पी कर रह जाने वालों को हवा भी न मिलती, पेड़ों की छाया ढूँढते, तो लू की लपटों के कारण छाया में रहना भी संभव न होता। पर जैसे जैसे गर्मी बढ़ती जा रही थी, राजा भगीरथ का तेज भी बढ़ता जा रहा था। अन्ततः ब्रह्मा प्रसन्न हुए और उनके सामने प्रकट हो कर बोले - राजन्, जो वर तुम्हें चाहिये माँग लो। राजा ने कहा - कपिल मुनि की हुंकार से मेरे जो पितर भस्म हो गये थे, उन्हें सद्गति प्राप्त कराने के लिये गंगा मुझे दे दीजिये, जिससे मैं उसके जल से उन्हें तिलांजलि दे दूँ।

तृतीय सर्ग में भागीरथ का गंगा से अवतरणार्थ अनुरोध व गंगा की दर्पोक्ति और अहंकार का चित्रण है। राजा उससे अनुरोध करने लगे कि ब्रह्मा जी ने आदेश दिया है, वह उनके साथ पाताल तक चली चले। गंगा ने खिलखिला कर कहा - अरे, मैं तो कब से चाह रही थी कि मेरी जो ये लहरें बहने के लिये अकुला रही हैं, इनकी खुजली मिटे। पर मैं नीचे उतरूँगी, तो इन लहरों के धक्के से धरती रसातल में पहुँच जायेगी। ब्रह्मांड खप्पर की तरह टूट कर न जाने कहाँ बिला जायेगा। हे राजन्, ऐसे में न तुम रहोगे, न तुम्हारा संसार। तो तुम्हारे पूर्वजों का उद्धार तो धरा रह जायेगा। चलो किसी तरह मैं तुम्हें भी बचा दूँ और संसार के लोगों पर

करुणा कर के उन्हें भी न डूबने दूँ, पर मेरे जल के प्रवाह से धरती इस तरह भर जायेगी, कि तुम्हें तिलांजलि देने के लिये खड़े होने को स्थान न मिलेगा। अरे, मैं तो मान लो कि स्थान छोड़ूँ भी, पर मेरी ये लहरें ऐसी उच्छृंखल हैं कि मेरा कहा मानती नहीं हैं। ये किसको कब कहाँ बहा देगीं मैं नहीं कह सकती। मैं यहाँ स्वर्ग से बहूँगीं, तो स्वर्ग ही कहीं रिपटता हुआ मेरे साथ न आ जाये, बिचारे इंद्र को अपनी इंद्राणी का मुख फिर कभी देखने को न मिले।

राजा ने कहा - हे माता, सत्य है। आप का प्रभाव तो आपको रचने वाले ब्रह्मा भी नहीं जानते, न शिव न हरि। फिर मैं ही कैसे कह सकता हूँ कि आपका यह अपार प्रवाह का पारावार किस स्थान पर कैसे उतरे। बस आप मुझ बालक पर कृपा कीजिये। आप ही बताइये कि आप धरती पर किस तरह उतरेगीं कि कुछ अनर्थ भी न हो और जगत् का कल्याण भी हो जाये।

गंगा ने कहा - राजन्, तुम्हें तो अपने पितरों का उद्धार करना है, वापस नीचे जाओ और पाताल से उनकी भस्म ले कर यहीं आ जाओ, उनकी भस्म मेरी लहरों में बहा दो, तुम्हारा काम हो जायेगा।

भगीरथ ने कहा - मेरे गुरु का आदेश है कि गंगा को धरती पर उतार कर लाना है। संसार के कल्याण के लिये आप मेरा अनुरोध स्वीकार करें।

गंगा बोली- राजन्, तुम्हारा ऐसा ही हठ है, तो ऐसा स्थान खोजो, जिस पर मैं उतर सकूँ।

राजा ने कई तरह से तर्कवितर्क किया, अंततः फिर से ब्रह्मा जी का ध्यान किया, ब्रह्मा उनके आगे फिर से प्रकट हुए। उन्होंने कहा - हे वत्स, यदि शिव गंगा को धारने की ठान लें, तो उनके आगे गंगा क्या और यह त्रिलोकी क्या?

यह कह कर ब्रह्मा ने राजा को शिव की उपासना के लिये पंचाक्षर मंत्र दिया। राजा हिमालय पर आ गये और पैर के एक अँगूठे के बल पर खड़े हो कर शिवाराधन करने लगे।

चतुर्थ सर्ग में भगीरथ शिव की आराधना के लिए कठोर तप करना अरम्भ करते हैं। उनकी परीक्षा लेने के लिये बर्फीले दिन आ गये। शीत के कारण सब कुछ निस्तेज और शीतल हो गया, केवल दो में तेज शेष रहा - (हिमगिरि पर होने से) उत्तर में राजा भगीरथ में और (दक्षिणायन में होने से) दक्षिण में सूर्य में। राजा भगीरथ तपस्या की आग से ऐसे उद्दीप्त थे कि न उन्हें हेमंत की परवाह थी, न हिम की, न हिमालय की। धीरे धीरे उनकी तपस्या परिपाक पर पहुँचने लगी, और हिमालय के परिसर में उसके प्रभाव से शुभ लक्षण प्रकट होने लगे। शिव के गण प्रतिदिन उनको भगीरथ की तपस्या के विषय में बताते रहते थे। भोर के मंद्र मांसल मेघ गर्जन की तरह शंकर के डमरू का हल्का नाद सुनाई देने लगा।

देवता सावधान हो गये, लगा भगवान् शिव प्रकट होने वाले हैं।

शिव कैलास की गुहा से बाहर निकले। पार्वती ने अपने कंधे पर दुकूल डाला, और द्वार से बाहर आते समय उनका हाथ अपने हाथ से पकड़ा। शिव के गण चकित हो गये कि

अचानक प्रभु बाहर क्यों निकल पड़े। वे उन्हें घेर कर विनयावनत खड़े हो गये। सखियों से घिरी अंबिका ने अपने चरणकमल धरती पर रख कर धरती को पावन बना दिया। फिर शंकर अपने वाहन वृषभ पर आरूढ हो गये, देवी पार्वती को विलंब हो रहा था, तो उन्होंने पीछे मुड़ कर कुछ अधैर्य के साथ ताका। पार्वती आगे बढीं तो शिव के कटाक्षों ने ही उनके मार्ग पर कमल बिछा दिये। कुबेर के अंत:पुर की स्त्रियाँ चँवर डुलाती उनके पीछे पीछे चलीं। देवताओं की भीड़ शिव और पार्वती के दर्शन के लिये लग गई, ठेलमठेल होने लगी, तो नन्दी ने उन्हें परे हटाया, तब भगवान् शिव ने देवों को करुणापूरित नयनों से निहार कर कृतार्थ कर दिया। फिर शिव का हाथ पकड़ कर भवानी वृषभ पर आरूढ हुईं, और प्रभु के पीछे विराज गईं। सखियाँ ठिठोली में कहने लगीं कि देखो प्रभु ने स्वामिनी को वाहन पर चढाने के बहाने से गले ही लगा लिया है, पार्वती ने उनकी बात सुन कर भी लजा कर अनसुनी की। शतरुद्री का पाठ करते हुए सैंकड़ों रुद्र प्रभु के पीछे आ खड़े हुए। फिर ब्रह्मा और विष्णु उनके साथ हो लिये, गंधर्व मधुर गायन करते हुए पीछे पीछे चल पड़े। इस प्रकार इस मंडली के साथ भगवान् शिव भगीरथ के प्रशांत पावन आश्रम में जा पहुँचे। कोलाहल से भगीरथ ने आधी आँखें खोलीं, तो देखा शरच्चन्द्र की कांति के समान कोई तरुण सामने है, जिसके मस्तक पर उतना ही चमकीला चंद्र चमक रहा है। देवता उसके आसपास प्रशंसापूरित नेत्रों से निहारते हुए खड़े हैं। उनके पीछे पार्वती थीं, जो देवताओं के विषय में उन्हें बताती जा रही थीं कि इसका भी ध्यान रखिये, इसका अमुक कार्य करना है आदि।

भगीरथ की स्तुति से प्रसन्न होकर शिव गंगा को अपने मस्तक पर झेलने के लिए तैयार हो जाते हैं। पंचम सर्ग में गंगा के शिव की जटाओं में अवतरण का अद्भुतरसमन्वित अत्यन्त आकर्षक चित्रण है। शंकर ने अपना व्याघ्र चर्म कस कर बाँधा, फिर गणेश और कार्तिकेय से बोले - 'तुम लोग थोड़ा अलग हट कर खड़े होओ, और स्वयं पालथी मार कर स्फटिक शिला पर विराज गये। नंदी को लगा कि स्वामी की जटाएँ तो बँधी हुईं हैं, गंगा अभिषेक के लिये गिरेगी कहाँ, तो उन्होंने नागराज के पाश में बंधी शिव की जटाएँ खोल दीं। पार्वती भी अपनी बहिन से मिलने के लिये उत्सुक हो कर ऊपर ताकने लगीं, शिवगण साँस बाँधे चुपचाप एक घेरे में खड़े रह गये कि पता नहीं अनहोनी घटने वाली है। और राजा भगीरथ क्या कहना! वे तो निर्निमेष नयनों से शंकर को निहार रहे थे। शिव के खुल कर बिखर गये जटाजूट पर नागराज और चंद्रमा ऐसे लग रहे थे, जैसे विशाल लता में दो अंकुर फूटे हों। कुल मिला कर सुरसरिता के धरा पर अवतरण के पूर्व का दृश्य ऐसा था जिसे शब्दों में नहीं बाँधा जा सकता।

शिव जी ने इधर उधर देखा कि कहीं कुछ हो क्यों नहीं रहा है, तो राजा भगीरथ ने संकेत समझ कर ध्यानस्थ हो कर देवी गंगा का आवाहन किया। फिर क्या था - गंगा की वे लहरें जो चिरकाल से बंधन में रहने के कारण छूटने के लिये छटपटा रहीं थीं, सहसा धाड़ मार कर उमड़ पड़ीं। गंगा एक क्षण उन्हें रोक कर ब्रह्मा के पास विदा लेने के लिये पहुँचीं, और गरूर

के साथ उनसे कहने लगीं - आप लोग तो पता नहीं क्या समझते हैं उस वनेचर शंकर को, वह भी मुझे अपने माथे पर धारण करने के लिये तैयार हो गया है, तो अब देखिये, जहाँ वह बैठा है, वह स्थान मेरे पिता हिमालय का है, जिससे उसका ब्याह हुआ है, वह मेरी छोटी बहन है, इसलिये कुछ ध्यान तो रखूँगीं कि सर्वथा विनाश न हो जाय, पर आपने मुझे इतने दिन अपने घर में रखा तो इसका ऋण भी उतारना है... आपका एक सिर काटने वाले उस शंकर को तो मैं रसातल में पहुँचा कर ही रुकूँगीं। फिर मेरी लहरों से निगल लिये गये शंकर को शंख और सीपियों के बीच उसका सेवक नंदी ढूँढे, तो ढूँढता रहे। मैं तो आपसे अभी भी यही कहूँगी कि उसे समझाइये मेरी छोटी बहिन को विधवा बनाने पर क्यों तुला हुआ है वह?

ब्रह्मा को यह सब सुना कर गंगा वहाँ से चली तो देखा कि आस पास देवगण तमाशा देखने के लिये आ जुटे हैं। गंगा ने उनकी भी लानत मलामत की, फिर कहा - आप लोग घबराइये नहीं, मेरा अपार प्रवाह आपके बल पराक्रम से मुठभेड़ करने में लज्जित होता है, हाँ यदि तमाशा देखने का कौतूहल है, तो एक और खड़े रहिये, नहीं तो अपने अपने घर जाइये। गंगा ने चार वेदों के उन चार सेतुओं को एक पल में ढहा दिया, जिनमें ब्रह्मा ने उसे अब तक बाँध रखा था। गंगा की धारा एक क्षण में ऐसी बही कि ब्रह्मा की सभा में उपस्थित तपस्वियों के घुटने तक पहुँची और जब तक वे भागने को होते उनकी कमर तक पानी आ गया। तब उन ऋषियों ने प्राणायाम के बल पर ऊपर उठ कर अपने प्राण बचाये। सत्यलोक से ब्रह्मलोक तक की दीवारों पर गंगा की लहरों का फेन फैल गया, जिसे ब्रह्मा दीन दृष्टि से देखते रहे। इस तरह ब्रह्मलोक और सत्य लोक को आप्लावित कर के गंगा इंद्रपुरी की और चलीं, तो उनके तरंगों से समीरित समीर आगे आगे संदेशहारक की तरह इंद्रपुरी की ओर सर्रा कर भागा। यक्ष, गंधर्व, किन्नर - सब को लगा कि प्रलय की वेला आ पहुँची। अप्सराएँ अपने अंलकार और धनसंपदा समेट समेट कर ऊँचे से ऊँचे स्थानों पर छिपा कर रखने लगीं। गंगा की धाराएँ स्वर्ग पुरी के तोरणों तथा भवनों के शिखरों पर ऐसे गिरीं जैसे सारी नगरी को लील लेगीं, फिर वे उस नगरी के ऊपर ऊपर से ही रिपटती नीचे चली गईं, तो स्वर्ग पुरी ऐसे ही बची रह गई, जैसे छाता लगाने वाला वर्षा से बच जाता है। देवों को ऐसा लगा जैसे स्वर्ग इसलिये बच गया कि धरती पर इस प्रलयकारी प्रवाह में डूब कर जो लोग प्राण गँवायेगें, उनके निवास के लिये तो स्वर्ग को बचा रहना ही चाहिये। स्वर्गपुरी के शिखरों से छितरा कर गंगा की लहरें आकाश में इस तरह छितरा गईं, जैसे चंद्रमा की चाँदनी बिछली हो। गंगा के प्रबल वेग के कारण नंदनवन के अनेक वृक्ष उखड़ कर उसकी धाराओं के साथ बह चले थे, लगता था जैसे गंगा ने अमर्ष में भर कर शिव पर प्रहार करने के लिये उनके बहाने से कई गदाएँ उठा लीं हों। स्वर्गपुरी की अप्सराओं के अनेक आभूषण भी बह बह कर उन लहरों में आ मिले थे, तो लगता था गंगा जैसे आदिभिक्षु (शिव) की गृहिणी और अपनी छोटी बहन पार्वती को देने के लिये उपहार इकट्ठे करती चल रही है। ब्रह्मलोक से हिमाचल तक गंगा की

निर्मल लहरें इस तरह चमक रहीं थीं जैसे स्वर्ग की वधुओं ने कौतुक में भर कर चारों ओर का धरती का दृश्य देखने के लिये कटाक्ष नीचे बिछा दिये हों। गंगा ने शिव के ऊपर गिरने के पहले अपनी एक पतली सी धारा से उनके पार्श्व में बैठी पार्वती का स्पर्श किया, जैसे कोमल कर से उन्होंने अपनी बहिन को छू कर लाड़ जताया हो। उनके विशाल प्रवाह से फूटती लघु तरंगें भी ऐसी लगीं थीं, जैसे कई शिलाएँ एक साथ नीचे फिंक रहीं हों। शिव ने ऊपर से अपने ऊपर गिरने को चली आ रही गंगा को देखने के लिये एक बार सिर थोड़ा ऊपर उठाया और हाँ अब गिरने ही वाली है यह समझ कर जब तक वे अपना मस्तक फिर से सीधा करें, तब तक गंगा का विकट प्रवाह उनके कपाल पर गिरा। शिव के माथे पर रखा चंद्रमा छिटक कर दूर गिर ही जाता, यदि गंगा की लहरों के कारण बह रहे पवन को पी पी कर पुष्ट हो गये उन्हीं जटाओं में बसे सर्पों ने उसे सँभाल कर यथास्थान न स्थापित कर दिया होता। पर गंगा को यह अनुमान न था कि शंकर की जटाओं का घेरा कितना गहरा और सुदृढ है, वह उसमें ऐसे ही समा गई, जैसे नागिन सँपेरे के वश में आ कर उसके घड़े में समा जाती है। उन जटाओं में बिला गई गंगा के बहने का कल कल निनाद तो बाहर तक सुनाई दे रहा था, पर गंगा का कहीं पता न था। जटाओं के उस कांतार में आ उलझी गंगा बाहर आने के लिये जितना ही यहाँ वहाँ से जोर मारतीं, उतनी ही वे उनके भीतर जकड़ती जातीं। नंदी ने देखा कि गंगा स्वामी के माथे पर धारण कर ली गई है, तो उन्होंने अपने स्वामी को संकेत किया काम पूरा हो गया। तब शंकर ने गंगा के प्रवाह के धक्के से थोड़ा सा इधर उधर हो गये नागराज को ठीक से माथे पर बाँधा। ठीक इसी समय पर्वतराज हिमालय वहाँ जल्दी यह सोच कर आ पहुँचे कि कहीं कुछ संकट आ पड़ा हो, तो मैं बेटी पार्वती को अपने घर ले आऊँ, पर आ कर वे देखते क्या हैं कि पार्वती तो अपने आँचल से शंकर की जटाओं में कहीं कहीं से छलक आये पानी को पोंछ रहीं हैं। इधर भगीरथ यह सारा दृश्य देख कर आश्चर्य से जितने ही चकित हुए, उतने ही व्यथित भी। उनके लिये तो यह आकाश से गिर कर खजूर में जा अटकने वाली बात हो गई। एक बार तो उनके मन में आया कि इतना सब करने पर भी कार्य बनते बनते फिर अटक गया है, तो अब प्रयास कहाँ तक करूँ, हार मान कर चल ही दूँ, पर तुरत अपने को सँभाल कर उन्होंने विचार किया कि तप से क्या नहीं साधा जा सकता?

यह सोच कर भगीरथ शिव की पुनः स्तुति करने लगे। भगीरथ के स्तुति करने पर शंकर का वह मस्तक जो कभी किसी के कहने पर नहीं झुका था, थोड़ा सा झुका। तब जिन देवों ने गंगा की गर्वोक्तियाँ सुनीं थीं, उन्होंने देखा कि लजाई हुई, मुँह झुकाये गंगा एक पतली धार के रूप में बिंदुसरोवर में टपक रही है। फिर उस सरोवर से निकल कर वह धारा सात स्रोतों में बँट गयी, जिनमें से तीन पूर्व में थे, तीन पश्चिम में।

तब भगीरथ ने भगवान् शिव को नमन किया और गंगा की मध्य से बहती धारा के आगे आगे अपना रथ दौड़ाया। षष्ठ सर्ग में गंग के द्वारा शिव की जटाओं से निकल कर काशी में प्रवेश

का वर्णन है। गंगा के काशी पहुँचने पर उसमें निमज्जन करने वालों की ऐसी भीड़ उमड़ी कि राजा भगीरथ को यह डर सताने लगा कि इतने सारे लोग एक एक चुल्लू भर भी पानी गंगा का पियेंगें, तो मेरे साथ चलने के लिये गंगा बचेगी भी या नहीं? एक बार शिव की जटाओं ने इसे ग्रस लिया, फिर जह्नु ऋषि इसे पूरी की पूरी अपने कमंडलु में भर कर पी गये, और इतने ऋषि मुनि इसे आँखों से निरख निरख कर ही पिये जा रहे हैं, तो एक बार किसी की ऐसी दशा हो जाए, तो आगे भी ऐसी दशा होती रहेगी - यह भय लगने लगता है। सचमुच काशी को अपने जल से आप्लावित कर के कठिनाई से गंगा आगे बढी, क्यों कि उसके अद्भुत रूप का दर्शन करने वालों का अपार जमघट सारे घाटों पर लग गया था। नगर के व्यापारी अलग घबराये हुए थे कि कहीं गंगा उनकी दूकानें न बहा ले जाए, वे जो भी ग्राहक आता उससे पूछते कि गंगा कितनी दूर या कहाँ है। वृद्ध गुरुजन गंगा के प्रवाह के भय से दूरस्थ प्रदेशों में चले गये, तो गुरुकुलों के बटु अवकाश हो जाने से प्रसन्नता के मारे नाचने लगे।

सप्तम सर्ग में भागीरथ के पीछे-पीछे जाती गंगा को देख कर स्त्रियों की कौतुकपूर्ण बातचीत तथा शिव की भावपूर्ण स्तुति है। एक ओर से राजा भगीरथ के पीछे पीछे आती गंगा की फुहारें उनका अभिषेक कर रहीं थीं, दूसरी ओर नगर के भवनों में अपनी अपनी खिड़कियों से यह दृश्य देखतीं ललनाएँ उनके अभिनंदन के लिये लाजा (लाई) की अंजलियों की वर्षा उनके ऊपर कर रहीं थीं।

अष्टम सर्ग में काशी से पाताल तक की गंगा की यात्रा और भागीरथ के प्रयास की सफलता का चित्रण है। थोड़ा आगे बढ़ने पर सरयू नदी जैसे प्रेम के कारण स्वयं इनसे मिलने के लिये आ पहुँची, कुछ देर तो उसने गंगा को खींच कर जैसे अपनी लहरों के साथ समेट लिया। गंगा भी उससे ऐसे मिली, जैसे अपनी सखी से मिली हो, पर शीघ्र ही उससे अलग छिटक कर तेजी से दूसरी ओर बहने लगी। अब गंगा अपने प्रिय सागर से मिलने के लिये अकुला उठी, और सागर का चुंबन कर ने लिये उसने हजार धाराओं के रूप में जैसे हजारों मुख बना लिये। फिर वह गुफाओं में छुपती छुपाती, मार्गों में कहीं रमती और रुकती, नववधू की तरह लजाती सागर तक पहुँची। सागर में उसने उस गर्त को भर दिया, जो अगस्त्य ऋषि के द्वारा सागर का सारा जल पी लिये जाने से बन गया था। उसके बाद गंगा भगीरथ का अनुगमन करती हुई उस बिल तक पहुँची, जो सगर के साठ हजार पुत्रों के द्वारा धरती को खोदने से बन गया था। यह बिल भी शिव के जटाजूट के गह्वर के समान गहन था। उस बिल में नीचे उतरती हुई गंगा सागर के कुहर में प्रवेश करती गई और फिर नागलोक के अंधकार में वह नागों के वर्ण के समान नीली दिखने लगी। नागलोक के निवासी सर्पों को देख कर फिर सर्पों से बँधे शिव के जटाजूट का स्मरण आ जाने से एक क्षण के लिये तो गंगा भयभीत हो कर ठहरी रह गई, फिर भगीरथ के कहने से सँभल कर आगे बढी। वह पाताल या नागलोक वासुकि के द्वारा शासित और रक्षित था। न वहाँ चंद्रमा चमकता था, न सूर्य, न मलयानिल

बहता था, कामदेव की वहाँ कैसे पहुँच होती, फिर भी उस नागलोक की स्त्रियाँ काम की सताई रहतीं थीं। आगे चल कर गंगा की धारा इतनी तीव्र हो गई कि सर्प घबरा कर कुंडली मार कर छिप गये। थोड़ा आगे बढ कर भगीरथ को कपिल मुनि का अत्यंत मनोरम आश्रम मिला। वहीं पर अपने पूर्वजों की राख पड़ी देख कर उनकी आँखों में आँसू आ गये। वे रथ से उतर प्रणाम करने के लिये उस भस्मावशेष तक पहुँचे, तभी गंगा की धारा ने उस भस्म को आप्लावित किया। भगीरथ ने इसी जल से अपने पितरों को निवापांजलि अर्पित की। इस प्रकार सभी की प्रशंसा के पात्र बने हुए, नागलोक की सुंदरियों के द्वारा प्रेम पूर्वक निहारे जाते हुए राजा भगीरथ पाताल लोक से तेजी से सागर के तट पर आ गये, सागर तट पर सागर की तरह उनकी सेना उमड़ती हुई उनकी प्रतीक्षा कर रही थी। राजा भगीरथ अपनी सेना के साथ अयोध्या नगरी आ गये, जहाँ प्रजा आतुरता से उनकी बाट निहार रही थी। अपने महल में पहुँच कर वे अपनी रानियों से मिले। राजा तपस्या से कृश थे, तो रानियाँ उनके वियोग से कृश थीं, भगीरथ उन्हें स्वप्न में देखते थे, वे भगीरथ को स्वप्न में अनुभव करती थीं। उनको अभी भी विश्वास नहीं हो पा रहा था कि प्रिय भगीरथ सचमुच लौट कर आ गये हैं, तो वे रानियाँ कभी उनके चरणों पर गिरतीं, कभी उनका मुख चूमतीं और उन्हें छू छू कर देखतीं।

इसके बाद अनुजीवियों की रक्षा करते हुए, याचकों को मुँहमाँगा दान देते हुए, सभी प्रजाजनों पर कृपादृष्टि रखते हुए भगीरथ राज्य करने लगे, धरती से स्वर्ग तक उनकी उज्ज्वल कीर्ति गंगा की उन धाराओं की तरह उसी तरह फैलती गई, जिन्हें वे स्वर्ग से धरती तक ले कर आये थे।

नीलकंठ ने पारिवारिक सम्बन्धों को माधुरी से इस महाकाव्य में विलक्षण रस घोल दिया है तथा आख्यान को मानवीय राग से आविष्ट बना दिया है। मातृव्य का अनुभव और वात्सल्य यहाँ कविता को उदात्त धरातल पर प्रतिष्ठित करता है। गंगा का दर्प, शिव का फक्कड़पन और सहज प्रसन्न स्वभाव तथा भगीरथ की दृढ़ साधना और तपोबल का चित्रण रागात्मकता और गरिमा से युक्त प्रभाव उत्पन्न करता है। भारवि, माघ और श्रीहर्ष के लंबे लंबें वर्णनों से भरे विशालकाय महाकाव्यों के बाद कथानक की रुचिरता व कथासंविधान की रोचकता से संवलित यह महाकाव्य संस्कृतकाव्योद्यान में ताजी हवा का झोंका है।

वर्णनकला में नीलकंठ सिद्धहस्त हैं। मुहावरे, भणितिभंगियाँ और चित्रोपम विन्यास उनके वर्णनों को स्मरणीय बना देते हैं। ग्रीष्म के वर्णन में वे कहते हैं—

भानुभिः प्रलयपावकतीव्रैरापिबत्युदकमम्बुजराशौ।
दूरदूरमपदिश्य मरीचीर्दुद्रुवुर्दिशि दिशीव सरस्यः।।

(२.३५)

(प्रलय पावक के समान तीखी किरणों से जब सूर्य जल पीने लगा, तो उसकी किरणों से बच कर दूर-दूर भागते सरोवर अलग-अलग दिशाओं में भागने लगे।) समीर या हवाओं के

लिए उन्होंने इसी प्रसंग में विशेषण दिया है- 'सान्द्रमुर्मुरकिरः'-(घन अंगारे बिखेरने वाले)। अन्यत्र कहा है- 'स्मरहुताशमुर्मुरचूर्णतां दधुः।' गंगा के उत्प्लावन से हड़बड़ा उठे ब्रह्मा का यह वर्णन भाषा और शिल्प में निष्णात कवि की सिद्धि का दिग्दर्शन है—

अप्रतर्कितविधेयमपौढस्थैर्यमर्धविरतश्रुतिपाठम्।
शुष्कतालुवदनं च तदानीं पद्मभूरपि परिभ्रमति स्म।।

(क्या करना है यह समझ में न आ सका, स्थिरता चुक गई, श्रुति का पाठ अधूरा ही रुका का रुका रह गया, मुख और तालु सूख गये। ऐसी स्थिति में ब्रह्मा चकरा कर रह गये।)

वर्णनकला की दृष्टि से नीलकंठ एक सिद्ध कवि हैं, तो विषयनिरूपण की दृष्टि से एक स्वप्नदर्शी महाकवि हैं। गंगा का अल्हड़पन, ढिढाई का बड़ा रोचक चित्रण उन्होंने अपने महाकाव्य के आरम्भ में किया है। गंगा का प्रवाह शिव की जटाओं में समा जाता है, इसके लिए उपमा भी बड़ी समीचीन दी है—

अप्रतर्क्यमसमीक्षितावधि तं कपर्दवलयं पिनाकिनः।
आपगा दिविषदामवाङ्मुखी पन्नगीव कलशं समाविशत्।।

(५/५७)

गंगा के प्रवाह के वर्णन में कवि की भारती वैसी प्रवाहमयी और एक के बाद एक कल्पना की ऊर्मियों का आलोडन-विलोडन प्रस्तुत करने वाली बन गयी है।

गंगावतरण महाकाव्य जीवन में साधना, संकल्प और तपोनिष्ठा के मूल्यों की प्रभविष्णु प्रस्तुति है। इसमें एक ओर भागीरथ के अडिग धैर्य का अत्यंत समर्थ पदावली में चित्रण है, तो कालिदास के कुमारसंभव के पश्चात् शिव के मानवीय स्वरूप का गहरी भक्तिभावना के साथ इतना आत्मीय चित्रण भी पहली बार संस्कृत महाकाव्य में हुआ है। अपने परिष्कृत सौंदर्यबोध और कल्पनाओं के समर्थ विन्यास से नीलकंठ अनूठा बिम्बविधान निर्मित करते हैं। ब्रह्मा के निवास से हिमालय के परिसर तक फैली गंगा की धाराएँ ऐसी लगती हैं, जैसे अप्सराओं ने सारा संसार देखने के लिए चारों ओर अपने कटाक्षों की रेखाएँ बिछा दी हों—

आविरञ्चिगृहमाहिमाचलं निर्मला रुरुचिरे तदूर्मयः।
स्वर्वधूभिरभितो दिदृक्षया पातिता इव कटाक्षरेखिकाः।।

(५.४६)

गंगा स्वर्ग से नीचे गिरती हैं, तो कवि को सारा ब्रह्माण्ड अलाबू (लौकी) के फल के खप्पर के समान गिरता लगता है (३.२)।

गंगा के प्रवाह का वर्णन करते हुए कवि ने अपनी भाषा और पदावली को उसकी ऊर्मियों, घुमावों, अटकावों व क्षिप्र से क्षिप्रतर गतियों के अनुरूप साध लिया है। विलंबित गति का बोध करती हुई यह पदावली पाठ्य है—

पथि विलम्ब्य विलब्य पदे पदे गिरगुहासु निलीय निलीय च।
अपजगाम कथञ्चिदुपान्तिकं नववधूरिव नर्मसखस्य सा।।

(४/७)

(पथ में अटक अटक कर, पहाड़ की गुफाओं में लुका छिपी कर कर के, किसी तरह नवेली वधू की तरह वह अपने नर्मसखा (सागर) के निकट पहुँची।

द्रुतविलंबित छंद का सधा हुआ प्रयोग कवि ने यहाँ किया है।

शिवलीलार्णव महाकाव्य

नीलकंठ दीक्षित के इस दूसरे महाकाव्य में २२ सर्ग तथा १९९८ श्लोक हैं। यह एक सांस्कृतिक व पौराणिक महाकाव्य भी है, उदात्त भावभूमि पर प्रतिष्ठित समृद्ध कविता का निदर्शन भी है। दक्षिण में प्रचलित शिवविषयक कथाओं को यहाँ काव्यात्मक विस्तार दिया गया है। मधुरा नगरी के सुंदरनाथ के नाम से विदित ईश्वर की ६४ लीलाएँ इसमें वर्णित हैं। अनुश्रुति है कि भगवान् शिव ने पांड्यवंश के राजा सुंदर पांड्य के रूप में अवतार लिया और विविध लीलाएँ कीं। उन लीलाओं का तथा पार्वती के मलयध्वजकन्या के रूप में अवतरण का वर्णन इस महाकाव्य में सरस मधुर रीति में किया गया है। दक्षिण की सांस्कृतिक परम्पराओं के ज्ञान की दृष्टि से यह महाकाव्य बड़ा महत्त्वपूर्ण है। नीलकंठ ने पाण्ड्य देश के शासकों तथा उनसे जुड़ी कथाओं का विस्तृत फलक उठाते हुए इस काव्य में सुंदर पाण्ड्य, उग्र पाण्ड्य, विक्रम पाण्ड्य, तथा राजशेखर आदि राजाओं का गौरवपूर्ण चरित निरूपित किया है। अगस्त्य जैसे पौराणिक पात्र भी इसमें हैं, देवता भी और ऐतिहासिक चरित नायक तथा नायिका भी हैं। लोकगाथाओं, लोकाचारों और लोकविश्वासों तथा किंवदंतियों का विपुल विश्व इसमें समाहित हो गया है। इस महाकाव्य में नायिका मलयध्वजकन्या तटातका है, जो गौरी की अवतार है। राजा मलयध्वज अपनी बेटी को राजपाट सौंप कर संन्यस्त हो जाते हैं। तटातका की बाल्य से लगा कर दिग्विजय तक की लीलाओं का बहुत तन्मय होकर भक्ति-भाव के साथ कवि ने वर्णन किया है। दिग्विजय के प्रसंग में तटातका कैलास तक जा पहुँचती है और कैलास पर आक्रमणकरती है। शिव से उसका संग्राम होता है। फिर तो सुंदरेश्वर के लिंग से भगवान् शिव मानव के रूप में निकलते हैं और तटातका से उनका विवाह होता है। विवाह के पश्चात् शंकर पांड्य देव के नाम से विख्यात हुए। इन्हीं से राजा उग्रपांड्य का जन्म हुआ। उग्र पांड्य के शासन-काल में इंद्र के कोप से पड़ने वाले सूखे का वर्णन हृदयद्रावक है। वस्तुत: शिवलीलार्णव कुमारसम्भव के समान ही नारीप्रधान महाकाव्य भी है, तथा रघुवंश के समान एक वंश के अनेक राजाओं का इतिहास भी प्रस्तुत करता है। लोककथा, आख्यान, संस्कृति और ऐतिह्य का अद्भुत संगम इस महाकाव्य में कवि नीलकंठ ने रच दिया है। राजा अरिमर्दन के शासन-काल में मधुरा का बाढ़ से घिर जाना, शिव का एक वृद्धा हलवाइन के

घर कर्मकर के रूप में चाकरी करना तथा राजा के अहंकार का भंजन- इस प्रकार की अवांतर कथाओं से शिवलीलार्णव की शोभा में वृद्धि हुई है।

सातवें सर्ग में मलयध्वज कन्या के शैशव का वर्णन वात्सल्य से सराबोर है। इसी में वर्षा तथा शरद् के वर्णन प्रकृतिचित्रण के मनोरम निदर्शन हैं। इसी प्रसंग में भौरों के इस वर्णन में अछूती कल्पना है—

कमलवनमुपाश्रिता जरन्तः करिकटिभित्तिमुपस्थिता युवानः।
इति मधुपगणा द्विधा विभिन्ना अपि खलु कर्मकराः समं स्मरस्य।।

(जो भौरे कमलवन में मँडराते-मँडराते बुढ़ा गये थे, वे हाथियों के कपालों पर बैठ कर (उनके मदजल के आस्वादन से) तरुण हो गये। फिर तो कभी कमलवन का चक्कर लगाते तो कभी हाथी के ऊपर चक्कर काटते हुए वे मानो कामदेव के मजदूर बन गये थे।)

शिवलीलार्णव महाकाव्य पौराणिकता, राष्ट्रभाव, इतिहास और संस्कृति की अनूठी संगम स्थली है। श्रीमद्भागवत की भक्तिभाव की भागीरथी में नीलकंठ दीक्षित ने यहाँ राष्ट्रभाव की कालिन्दी का संगम कर दिया है। पांड्यकन्या को सुलाती हुई रानियाँ गीत गाती हैं—

प्रचलति यमपेक्ष्य भारतेऽस्मिन् सकलमिदं शुभकर्म भूविभागे।
अजनि महीभृतस्ततः किलेयं परमहिमाचलतो यशोऽवदातात्।।

(हिमाचल से भी अधिक शुभ्र यश से स्वच्छ उस राजा की यह सन्तान है, जिसकी अपेक्षा से इस भारतवर्ष की धरती पर सारा शुभ कर्म चल रहा है।)

तटातका को अंक में खिलाते हुए माता-पिता का यह वर्णन उदाहर्तव्य है—

आनन्दत्रुटितविशीर्णकञ्चुकान्ताद् वक्षोजादथ मलयध्वजप्रियायाः।
अन्वस्यन्दत मधुरं पयः प्रभूतं बिभ्रत्यास्त्रिभुवनमातरं कुमारीम्।।
प्रेयस्याः सविधमुपेत्य दीयमानामुत्प्लुत्य स्वयमुपगूहितुं पतन्तीम्।
कन्यांताममृतमयीमाददानः कैवल्यं धरणिपतिस्तृणाय मेने।।

(६/७८-७९)

मलयध्वज की प्रिया रानी जब त्रिभुवन की माता उस कुमारी को अंक में खिला रही थी, तो आनंद के कारण जिसके कंचुक की गाँठे स्वयं टूट गईं थीं, ऐसे उसके वक्ष से मधुर दूध की प्रचुर धार बह चली।

तभी राजा प्रेयसी (अपनी रानी) के पास आ पहुँचे, और रानी उठा कर बच्ची को उन्हें देने लगी, तो बालिका स्वयं उछल कर उनसे लिपटने के लिये मचलने लगी, उस अमृतमयी कन्या को गोद में खिलाते हुए धरणीपति ने कैवल्य को भी तुच्छ समझा।)

नीलकंठ ने लोकस्वभाव और लोकजीवन का रसमय निरूपण भी प्रसंगवश अपने काव्य में किया है। राजकुमारी मलयध्वजकन्या के लिए पाण्ड्य राजा के अन्तःपुर की

सुन्दरियाँ लोरी गाती हैं, इस प्रसंग में लोरी गीत के भाव को कवि ने संस्कृत छंद के लय में बहुत कर्णमधुर बना कर पिरो दिया है (७/८)। नायिका दिग्विजय के लिए निकली है। गाँव की स्त्रियाँ उसे देख कर जो कौतुकमयी बतकही करती हैं, उसके निरूपण में सहज सरस जीवन को कवि ने सूक्ष्म पर्यवेक्षण के साथ उकेरा है। "किसी स्त्री ने कहा-हे सखी, मलयध्वज राजा की कन्या को देखो तो! दूसरी ने कहा-अरी कुब्जिके, यह तो अपने पिता पर गई है। एक और बोली- मेरी बेटी से पाँच महीने ही तो बड़ी है। अभी बच्ची ही तो है।" (शिवलीला०, ८.४४)। कुछ और स्त्रियाँ राजकुमारी से बतियाने लगीं-"आपकी दया से हमारे पास सौ बकरियाँ, दस गायें और पाँच भैंसे हैं। आप यह गुनगुना दूध पी लीजिये। बड़ी दूर से भूखी-प्यासी आ रही हैं।" अन्य स्त्री ने कहा- 'यह लप्सी बहुत अच्छी बनी है। ये और भी खाने की सामग्री है। ठंडा, गर्म जो भी भाये, खा कर जाना। बेटी, भूखी मत जाना'। (वही, ८/४६.४७)।

देश की आध्यात्मिक तथा सांस्कृतिक महिमा, लौकिकता में अलौकिकता का अवतरण, पारिवारिक जीवन का सहज सरस चित्रण व मानवीय गरिमा इस महाकाव्य को एक श्रेष्ठ साहित्यिक कृति का गौरव प्रदान करते हैं। देशज शब्दों के प्रयोग, लोकाचारों के विवरण तथा बोलियों में प्रचलित मुहावरों के उपयोग की दृष्टि से शिवलीलार्णव महाकाव्य अनोखी कृति है।

वस्तुत: शिवलीलार्णव नीलकंठ की सर्वाधिक प्रौढ़ और परिष्कृत रचना है। इसकी प्रांजलता तथा भाषा का प्रवाह कहीं भी आयास का बोध होने ही नहीं देता।

भवभूति की भाँति नीलकंठ ने पुराकथा को मानवीय राग और जीवन के उदात्त भावों के संपृक्त बनाया है। जीवनदृष्टि के साथ भक्तिप्रवणता और भाव की अटूटधारा उन्होंने प्रवाहित की है।

शिवलीलार्णव महाकाव्य में यज्ञवेदिका से उठी कन्या के वर्णन में वात्सल्य और सौन्दर्य की मनमोहक अभिव्यक्ति है। शिशु के प्रति माता के सहज स्नेह की यह अंतरंग अभिव्यक्ति नीलकंठ दीक्षित को मधुर रचना का मर्मज्ञ कवि सिद्ध करती है—

आलिङ्ग्य सकृदनुक्षणं स्पृशन्ती चुम्बन्ती मुखकमलं मुहुर्मुहुश्च।
पश्यन्ती विकसितपक्ष्मभिः कटाक्षैस्तां बालामलभत निर्वृतिं न माता।।

(६/७७)

इस महाकाव्य में विराट् तत्त्व को काव्यात्मक अभिव्यक्ति दी गयी है और लौकिकता में अलौकिकता के अवतरण का अनुपम उदाहरण प्रस्तुत किया गया है। शिवलीलाओं में समस्त सृष्टि को कवि ने समाहित कर लिया है। जागतिक प्रपंच में शिव की उपस्थिति का वह अनुभव कराता है। शिव राजा में भी प्रवेश करके संग्राम रचाते हैं, और सैनिक के भीतर भी वे रहते हैं, वे वेश्या और मजदूर में भी वास करते हैं। इस प्रकार दार्शनिक तत्त्व को सुंदरकथाओं के माध्यम से कवि ने हृदयंगम बनाया है।

मुकुंदविलास महाकाव्य

नीलकंठ दीक्षित के गंगावतरण तथा शिवलीलार्णव - ये दो महाकाव्य चर्चित रहे हैं, मुकुंदविलास नाम से भी उन्होंने एक महाकाव्य लिखा था – पर इस महाकाव्य की चर्चा प्रायः नहीं होती। यह महाकाव्य अपूर्ण मिलता है, तथा चौथे सर्ग के पंद्रहवें श्लोक के आगे का इसका अंश अप्राप्त है। किंतु नीलकंठ दीक्षित ने यह पूरा महाकाव्य लिखा था, क्योंकि अपने नलचरित नाटक में उन्होंने अपने मुकुंदविलास महाकाव्य के लिखे जाने का उल्लेख किया है। गंगावतरण तथा शिवलीलार्णव महाकाव्यों के ही समान यह महाकाव्य भी निश्चय ही संस्कृत के सर्वश्रेष्ठ महाकाव्यों में परिगणनीय है, इसका पूरा न मिलना संस्कृत साहित्य की महती क्षति है।

मुकुंदविलास नाम से अन्य अनेक कवियों ने महाकाव्य लिखे हैं, जिनमें से कुछ की इस ग्रंथ में भी अन्यत्र चर्चा की गई है। इनमें से रघूत्तम तीर्थ का मुकुंदविलास बाणपुरनरेश श्री जगन्नाथदेव को समर्पित है, इसमें दस सर्ग हैं। इसी नाम का एक अन्य महाकाव्य श्रीभगवंत के द्वारा रचित है।

नीलकंठ दीक्षित प्रणीत मुकुंदविलास के प्रथम सर्ग में ७६ श्लोक हैं। इस सर्ग का आरंभ सुमेरु पर्वत के चमत्कारपूर्ण वर्णन से किया गया है। यह वर्णन ३४ पद्यों में है तथा कुमासंभव के हिमालयवर्णन से तुलनीय है। सुमेरु पर ही ब्रह्मा सहित समस्त देवताओं को कवि ने उपस्थित दिखाया है। कंस के अत्याचारों से पीडित भगवती भूतधात्री (धरती) अपनी व्यथा बताने के लिये सुमेरु पर्वत पर जाती है, ब्रह्मा के साथ सारे देवता उसे ले कर विष्णु के पास जाते हैं। विष्णु उन सब को सांत्वना देते हैं कि कंस का वध करने के लिये वे अवतार लेंगे। दूसरे सर्ग से कृष्णजन्म तथा उनकी बाललीलाओं का वर्णन आरंभ किया गया है।

मुकुंदविलास भक्तिभाव से आप्लुत है। जिस प्रकार गंगावतरण तथा शिवलीलार्णव महाकाव्यों में नीलकंठ ने शिव के प्रति अकुंठ आस्था व भक्तिभाव प्रकट किया है, उसी प्रकार यहाँ वे विष्णु या कृष्ण के प्रति वे अनन्य भाव से समर्पित हैं। ब्रह्मासहित देवता पृथ्वी को ले कर विष्णु के पास जाते हैं, उस समय विष्णु के विग्रह का अलौकिक स्वरूप नीलकंठ ने अपनी लेखनी से इस प्रकार उकेरा है—

दूरं धियां दूरतरं च वाचामदूर एवाच्युतमालुलोके।
इन्दीवरश्यामलमिन्दिराङ्कपर्यङ्कविश्रान्तपदारविन्दम्।
अस्पन्दमत्यन्तगभीरभावादानन्दसिन्धोरिव मध्यभागम्।
आम्नायवाचामनुजायमानैरायुर्विभागावधिभिः सुराणाम्।
आनन्दनिःश्वासलवैः सुगन्धैराधूतपीताम्बरमीषदग्रे।।

भक्तिभाव का सिंधु शिवलीलार्णव की भाँति यहाँ भी वात्सल्य से तरंगायित है। इसके द्वारा सौंदर्य का दिव्यलोक कवि रचता है। उदाहरणार्थ —

उल्ललच्चरणपल्लवं मनागुद्यदिन्दुशतकोटिसुन्दरम्।
तन्निरीक्ष्य तरुणोत्पलश्रियं सा जहौ निखिलमान्तरं तमः।।

अलंकारों का सहज विन्यास इस सौंदर्य की छटा को चमकाता चलता है। कंस के द्वारा आकाशवाणी को सुनने पर उसकी दशा के वर्णन में कहा है –

सा कर्णजाले पतितैव तस्य वाणी मतिं व्याकुलयाम्बभूव।
आवर्तितं दुग्धमिवाम्लसारो यत्नार्जितं धर्ममिवानुवादः।।

(२.५४)

(कंस के कर्णजाल में पड़ते ही उस वाणी ने उसकी मति को व्याकुल कर डाला, जैसे दूध में खटाई पड़ जाये, जैसे यत्न से कमाये धर्म को अनुवाद बिगाड़ दे।)

इसीप्रकार वृंदावन के वर्णन में कवि ने तल्लीन हो कर कहा है –

स्फारदुग्धदधिपूरमाबभौ पाररूपितशिलीबवद्घृतम्।
क्षिप्यमाणनवनीतकन्दुकं स्निग्धपिच्छिलपथं च गोकुलम्।।

(४.१३)

नीलकंठ की कल्पना बड़ी उर्वर है। सुमेरु पर्वत पर छह मास की दिन तथा छह मास की रात होती है, इस का प्रभाव चक्रवाक पक्षी पर क्या होता है यह बताते हुए वे कहते हैं –

षण्मासदीर्घासु निशासु यत्र चक्राविसंज्ञाश्चिरविप्रयोगात्।
संज्ञामवाप्यापि शनैः प्रभाते संस्कारलोपान्नमिथो वदन्ति।

(१.१९)

छह मास लंबी रातों में परस्पर बिछड़े चकवा चकवी चिर वियोग के पश्चात् भोर होने पर जाग जाने पर भी एक संस्कार मिट जाने से एक दूसरे बात नहीं कर रहे हैं।)

धरती की व्यथाकथा में नीलकंठ में अपने युग की विडंबना को निरूपित कर दिया है। सुमेरु पर्वत को भी वे हेतुवाद या पंडितों की बहस से आंदोलित बताते हैं

शैलेश्चतुर्भिः परितो महद्भिः कीलैरिवाहत्य निबद्धमूलः।
आन्दोल्यतेसावपि हेतुवादैरतः कुतर्का बलिनो बलिभ्यः।।

(१.३४)

अन्य महाकाव्य (१७वीं शताब्दी)

इस शताब्दी के अन्य महाकाव्यों में एकाम्रनाथ के जाम्बवतीपरिणय में श्रीकृष्ण के द्वारा

स्यमंतकमणि का अन्वेषण तथा उस प्रसंग में उनके जांबवती के विवाह की कथा निरूपित है। श्रीनिवास ने भुवनहरिजय महाकाव्य में आठ सर्गों में विष्णु के वराहावतार की कथा निरूपित की है। श्रीनिवास की अन्य आठ कृतियों में अम्बुजावल्ली नाटक उल्लेखनीय है।[३२]

नटेशविजय

वेंकटकृष्ण दीक्षित का नटेशविजय दस सर्गों में निबद्ध है। इसमे शिवलीला तथा शिवविषयक आख्यानों को भक्तिभाव से निबद्ध किया गया है। वेंकटकृष्ण के पिता वाधूलगोत्रीय वेंकटाद्रि थे, ये चिदंबर के निकट राजा गोपाल के आश्रय में रहे।[३३] नटेशविजय में नीलकंठ दीक्षित के दोनों महाकाव्यों के समान शिव की अलौकिक शक्ति, तांडव नृत्य तथा उनकी विभिन्न लीलाओं का सरस चित्रण है। तांडववर्णन में भक्ति, विश्वबोध, लय और ताल की तीव्रता का बोध कराने में कवि सफल है। उदाहरणार्थ —

मञ्जीरचक्रमधुरं मणिपादुकाङ्कपुञ्जीभवन्नखरुचि प्रतिकुञ्च्य पादम्।
उत्तानतानगतिरुद्धतमुग्धढक्कः तत्तादृशं व्यतनत ताण्डवमिन्दुमौलिः।।

चारों ही चरणों में अनुप्रास का बंध तांडव की तीव्रता के अनुरूप है।

मुनिजन शंकरके प्रति ईर्ष्यावश उन पर अभिचार का प्रयोग करते हैं। उनके प्रयास की हास्यास्पदता बताते हुए कवि ने अर्थांतरन्यास अलंकार का समीचीन प्रयोग किया है—

विश्वातिशायिनि जने विहितोऽभिचारो न व्यर्थ एव ननु कर्तुरनर्थहेतुः।
उद्दिश्य भानुमुपलःप्रहितः किलोर्ध्वं क्षेप्तुः शिरो विदलयेत् क्षणतो निपत्य।।

(किसी विश्वातिशायी या अलौकिक पुरुष के प्रति प्रयुक्त अभिचार व्यर्थ ही नहीं जाता, अभिचार करने वाले के लिये अनर्थ का कारण बन जाता है। सूर्य को लक्ष्य बना कर ऊपर फैंका गया पत्थर एक क्षण में नीचे गिर कर फैंकने वाले का ही मस्तक फोड़ देगा।)

रुक्मिणीकल्याण

राजचूडामणि दीक्षित के पिता रत्नखेटनिवासी श्रीनिवास दीक्षित थे। दस सर्गों में श्रीकृष्णकथा पर इनका रुक्मिणीकल्याण महाकाव्य एक सुंदर रचना है। इस महाकाव्य में दस सर्ग हैं।

राजचूडामणिदीक्षित के महाकाव्य

राजचूडामणि (यज्ञनारायण) दीक्षित तंजौर राजवंश के प्रधान अमात्य गोविंद दीक्षित के पुत्र थे। ये चोल शासक रघुनाथ के आश्रय में रहे तथा उन्होंने अनेक ग्रंथों का प्रणयन किया। इन्होंने राजा रघुनाथ के चरित्र पर ऐतिहासिक नाटक रघुनाथविलास की रचना की। इन्होंने इस नाटक के अतिरिक्त पतंजलिचरित्र महाकाव्य, साहित्यरत्नाकर महाकाव्य तथा रघुनाथभूपविजयकाव्य की भी रचना की थी।

अपने पिता के विषय में रघुनाथविलास नाटक की प्रस्तावना में इन्होंने सूत्रधार के मुख से कहलवाया है—

अस्य श्रीरघुनाथभूवलरिपोरध्यासितार्धासनः
प्रज्ञावैभवखण्डितप्रतिवदत्पाखण्डषण्डस्मयः।
कुर्वन् व्याक्रिययाऽतिविश्रुतचरं कौमारिलं दर्शनं
गोप्ता नित्यगवीरसौ विजयते गोविन्दयज्वाग्रणीः।।

(१.१९)

षड्दर्शनाभिनवदुग्धसरित्सरण्यो निर्मथ्य यत्नरहितं निजया धियैव।
विश्रायन्ननुदिनं विवुधावलीनामेतद्रसं मुररिपुं भुवि योऽधिशेते।।

साहित्यरत्नाकर महाकाव्य में इन्होंने अपने विषय में कहा है—

पातञ्जलं भाट्टमतं च तर्कमद्वैतराद्धान्तमवैमि किं तैः।
प्रबन्धसन्दर्भभरैः कवित्वविद्यामिदानीं प्रकटीकरोमि।।

अपने काव्य को इन्होंने स्वयं विस्मयकर कहा है (सार० १.६२)।

रघुनाथविलास नाटक में इन्होंने यह भी सूचित किया है कि ये रघुनाथ भूपाल के द्वारा शिक्षित किये गये (१.२३)। सार० ६.७६ में यज्ञनारायण कहते हैं कि रघुनाथ भूपति ने उन्हें काव्यालंकार, नाटक आदि की शिक्षा दी तथा गुरुदक्षिणा प्राप्त करने के लिये स्वयं कर्णाभूषण, पाँव के अंगद तथा कंकण दे दिये।

डिंडिम कवि सोमनाथ ने इनकी प्रशंसा करते हुए कहा है—

अमृतमृगमदादीनाद्रियन्तां वराकाः कतिचन करणानां शर्म निर्मातुकामाः।
अपि तु वयमपारां यज्ञनारायणोक्त्या निखिलकरणनाडीनिर्वृतिं कल्पयामः।।

राजचूडामणि अपनी सरल, सरस प्रावहमयी शैली के कारण प्रशंसनीय हैं। उनकी लेखनी ने अनेक ललित रमणीय काव्यों की रचना की। अनुश्रुति है कि इन्होंने एक ही दिन में भोजचंपू के अवशिष्ट भाग (युद्धकांड) की रचना कर के इस अपूर्ण कृति को पूर्णता प्रदान की।

पतंजलिचरित महाकाव्य में आठ सर्गों तथा ५३८ श्लोकों में महाभाष्यकार तथा योगदर्शन के व्याख्याकार पतंजलि का चरित निबद्ध है। शांत रस की प्रधानता तथा प्रेरणाप्रद चरित्रचित्रण के कारण यह महाकाव्य उल्लेख्य है। संस्कृत व्याकरण की आचार्यपरंपरा की काव्य में अवतारणा करने वाला यह दुर्लभ महाकाव्य है।

यह काव्य व्याकरण की आचार्यपरंपरा का कविता में आविष्कार करता है। पाणिनि के आविर्भाव का वर्णन करते हुए कवि ने कहा है—

पणीति कश्चिन्मुनिरास पूर्वं स पाणिनं नाम कुमारमाप।

स्वतुल्यनाम्ना तनयेन सोऽपि दाक्षीमुदूढा दृढमभ्यनन्दत्।।

कात्यायन तथा उनके वार्तिकप्रणयन के उपक्रम को कवि ने भाष्यकारों के भटमंडल में नृपति के अवतरण से उपमित किया है, तथा वार्तिक का लक्षण भी रुचिकर बना कर कविता में उतार दिया है—

किमपि विघटयन् किमप्युज्झन् किमपि समुज्ज्वलयंश्च वार्तिकेषु।

नृप इव भटमण्डलेषु भाष्ये व्यवहरत राज्य इवास्य वाङ्निगुम्फः।।

शेषनाग के द्वारा पतंजलि के रूप में अवतार ग्रहण करने की कथा रोचक है। शेषनाग शंकर का नृत्य देखने की इच्छा से भूलोक में आते हैं। गोणिका नामक महिला सूर्य को अर्घ्य दे रही है। वे गोणिका की अंजलि में सूक्ष्म रूप से प्रवेश कर जाते हैं, और पानी के साथ छोटे से बच्चे के रूप में गिर पड़ते हैं।

राजचूडामणि दीक्षित का अन्य महाकाव्य शंकराभ्युदय है, जिसके छह सर्ग ही मिलते हैं। इस महाकाव्य में शंकराचार्य के जीवनचरित का वर्णन है। रत्नखेटविजय नामक त्रिसंधानकाव्य में राजचूडामणि ने राम, कृष्ण तथा पांडवों की कथाएँ शिलष्ट कर दी हैं। प्रद्युम्नोत्तरचरित महाकाव्य में इन्होंने ११ सर्गों में प्रद्युम्न के असुरकन्या से प्रेम और विवाह की कथा को निबद्ध किया है।

यदुसंदर महाकाव्य

यदुसुंदर महाकाव्य के रचयिता पद्मसुंदर गणि अकबर के समकालीन तथा उसके द्वारा सम्मानित कवि व विद्वान् थे। महाकवि पद्मसुंदर का जन्म राजस्थान में जोधपुर के तेजपुर ग्राम में हुआ। वे न्याय, व्याकरण आदि विविध शास्त्रों के अधिकारी विद्वान् थे। उनकी शास्त्रनिपुणता से प्रभावित हो कर अकबर ने उन्हें उत्तरीय, पालकी व कुछ ग्राम भेंट किये। यदुसंभव महाकाव्य के अतिरिक्त उनकी निम्नलिखित रचनाएँ प्राप्त होती हैं - – अकबहरशाहिशृङ्गारदर्पण, कुशलोपदेश, प्रमाणसुंदर, ज्ञानचंद्रोदय (नाटक) तथा पार्श्वनाथचरित (महाकाव्य)। उनके अनेक ग्रंथ अप्रकाशित हस्तलिखित भंडारों में हैं।[३४]

इस महाकाव्य में बारह सर्ग हैं, तथा इसकी कथा वसुदेवहिंडी[३५] पर आधारित है। कथा का आरंभ मथुरानगरी के वर्णन के साथ होता है। वसुदेव इस के नायक हैं। वसुदेव तथा कनकावती के प्रणय का सरस चित्रण कवि पद्मसुंदर ने किया है। महाकाव्य के चतुर्थ सर्ग में नायिका कनकावती की विरहव्यथा का विशद निरूपण है। प्रत्येकसर्ग का शीर्षक विषयवस्तु के अनुसार दिया गया है, तथा सर्गांत में अलग प्रसंग की सूचना है।

सत्रहवीं शताब्दी के अन्य महाकाव्य

वसन्तोत्सव महाकाव्य

इस महाकाव्य के प्रणेता हलधर मिश्र हैं। इनका समय सत्रहवीं शती है। वसन्तोत्सव में २२ सर्ग हैं। संपूर्ण काव्य जगन्नाथ भगवान् के प्रति भक्तिभाव से आप्लावित है।

मुकुन्दविलास महाकाव्य

इस महाकाव्य के प्रणेता ज्योतीन्द्र रघूत्तम हैं। महाकाव्य में १२ सर्ग हैं। कृष्ण की बाललीलाओं ताथ गोपियों के साथ उनकी रासलीला का इसमें वर्णन किया गया है।

पंडित नित्यानंद ने इसी शताब्दी में दस सर्गों में 'शिवलीलामृत महाकाव्य' तथा 'श्रीकृष्णलीलामृत महाकाव्य' की रचना की।

रामायणमहाकाव्य (मधुरवाणी)

तंजौर के राजा रघुनाथ की राजसभा में सरस कविता के प्रणयन से प्रसिद्धि अर्जित करने वाली कवि मधुरवाणी को आश्रय प्राप्त था। इनके द्वारा विरचित रामायण महाकाव्य हस्तलिखित रूप में उपलब्ध है। मधुरवाणी आशु कवयित्री थी, तथा आधी घड़ी में सौ श्लोक बनाने की उसे सिद्धि प्राप्त थी। रामायण पर आधारित महाकाव्य के अतिरिक्त उसने कुमारसंभव तथा नैषधचरित के आधार पर काव्यरचनाएँ कीं।

हीरसौभाग्य

अकबर (अकंबर महान् से भिन्न) के समकालीन जैन कवि देवविमलगणि ने हीरसौभाग्य महाकाव्य की रचना की। इस महाकाव्य में १७सर्गों में हीरविजयसूरि नामक जैन मुनि का जीवनचरित वर्णित है। इस काव्य की रचना १७००ई० के आसपास हुई।

सत्रहवीं शताब्दी में श्रीनिवास के पुत्र वरददेशिक ने लक्ष्मीनारायणचरित, रघुवरचरित आदि महाकाव्यों की रचना की। इस शताब्दी के उत्तरार्ध में भगवंत कवि ने मुकुंदविलास नामक महाकाव्य का प्रणयन किया।

इसी शताब्दी में श्रीनिवास ने भूवराहविजय नामक महाकाव्य की रचना की। इस महाकाव्य में आठ सर्ग हैं, तथा वराहावतार की कथा है। वेंकटेश का रामायणकथाश्रित महाकाव्य रामचंद्रोदय १६३५ई० में लिखा गया। वेंकटेश ने रामयमकार्णव नाम से एक अन्य काव्य भी लिखा था। रामायण की कथा पर ही चक्र कवि ने जानकीपरिणय महाकाव्य रचा। इस महाकाव्य में आठ सर्ग हैं। चक्र कवि लोकनाथ तथा अम्मा (अंबा) के पुत्र और रामचंद्र तथा पतंजलि के शिष्य थे। ये मदुरा में राजा तिरुमल नायक के आश्रय

में रहे। नीलकंठ दीक्षित ने इनके कवित्व की प्रशंसा की है। पांड्य व चेर राजाओं का समान रूप स सम्मान इन्हें प्राप्त हुआ। इनके दो अन्य काव्य भी उल्लेखनीय हैं - चित्ररत्नाकर (प्रहेलिकाकाव्यों का संग्रह) तथा रुक्मिणीकल्याणकाव्य। इसके अतिरिक्त इन्होंने तीन चंपू काव्य भी लिखे।

सत्रहवीं शती के अन्य महाकवियों में हलधर मिश्र उल्लेख्य हैं। इनके वसन्तोत्सवमहाकाव्यम् में २२ सर्ग हैं। यह महाकाव्य भगवान् जगन्नाथ के प्रति भक्तिभावना से प्रेरित है। पंडित नित्यानंद ने दो महाकाव्य लिखे हैं - दशसर्गात्मक 'शिवलीलामृत महाकाव्य' तथा 'श्रीकृष्णलीलामृत' महाकाव्य। दोनों में भक्तिभावना तरंगित है। क्षितिकंठ के 'गीतसीतावल्लभमहाकाव्यम्' में अठारह सर्ग हैं। यह काव्य राजा जनार्दनदेव के अनुरोध से लिखा गया। इसमें गीतों के द्वारा अयोध्या में रामचन्द्रस्य के राज्याभिषेक का वर्णन है। गोविन्द मिश्र के 'प्रद्युम्नसम्भवम्' भी पौराणिक विषयवस्तु पर आधारित महाकाव्य है।

अठारहवीं शताब्दी के महाकाव्य

रामपाणिवाद के महाकाव्य

अठारहवीं शताब्दी के पूर्वार्ध में केरल के मलाबार प्रांत में जन्मे रामपाणिवाद (१७०७-१७८१) एक उल्लेखनीय रचनाकार हैं।[३६] रामपाणिवाद की संक्षिप्त जीवनी १७६५ई० में इनके भांजे तथा शिष्य रामन् नांबियार् ने बालभारत के तालबंध पर लिखी है, जो इसप्रकार है—

योऽसौ विष्णुविलासनाम कृतवान् काव्यं तथा प्राकृतं
काव्यं कंसवधाभिधं गुणयुतं तद्राघवीयं तथा।
पश्चात् तद्विदुषानिरुद्धमपरं वीथीद्वयं नाटकं
सीताराघवमेव च प्रदिशतान्मह्यं गुरुर्मङ्गलम्।।
प्राकृतवृत्तिं तद्वत् श्रीकृष्णविलासकाव्यविवृतिं च।
कृतवान् यानपि यः स जयेच्छ्रीरामपाणिवादः कविः।।
तालप्रस्तारशास्त्रं च सद्वृत्तौ वृत्तिवार्तिकम्।
तद्वत् प्रहसनं किञ्चित् कृतवान् राममातुलः।।
क्षोणीदेवक्षितीशो निजमिव तनयं देवनारायणाख्यः।
बाल्ये यं लालयित्वा विधिवदथ परं शास्त्रमध्यापयित्वा।
संरक्षन् यत्कुटुम्बं द्रविडवितरणात् कामितं साधयित्वा
स्नेहेनापालयन्मे दिनमनु स गुरुः श्रेयसे बोभवीतु।।

इस जीवनी तथा प्रशस्ति के अनुसार राम पाणिवाद को अपने बाल्यकाल से ही

अम्पल्लपुल के राजा देवनारायण का पितृवत् संरक्षण प्राप्त हुआ था। १७५०ई० में अम्पल्लपुल का राज्य त्रावणकोर में मिला लिया गया, और इसी वर्ष राम पाणिवाद भी त्रावणकोर आ गये।

इन्होंने विविध नाटकों व खंडकाव्यों के अतिरिक्त राघवीयम् तथा विष्णुविलास-इन दो महाकाव्यों की रचना की। राघवीयम् में बीस सर्ग तथा १५७२ श्लोक हैं। रामायण की संपूर्ण कथा इसमें पूर्वार्ध और उत्तरार्ध-इन दो भागों में प्रस्तुत है। विष्णुविलास महाकाव्य भागवत पर आधृत है। इसमें आठ सर्गों में विष्णु के नौ अवतार चित्रित हैं। साहित्यिक सौष्ठव की दृष्टि से रामपाणिवाद की रचना माघ और श्रीहर्ष की कक्षा का आरोहण करती है। राघवीयम् में कैकेयी के द्वारा दशरथ से दो वर माँगने के प्रसंग का वर्णन उन्होंने इसप्रकार किया है –

कैकयेन्द्रदुहितुर्मुखगर्तादुत्सृता वरयुगद्वयरसज्ञा।
वाङ्मयी तमथ मूर्च्छयति स्म द्राङ् नरेन्द्रमपि कालभुजङ्गी।।

(५.३८)

(कैकेयी के मुख रूपी गर्त से वरद्वयीरूपिणी दो जीभों वाली जो वाणी निकली वह काली नागिन थी, जिसने नरेंद्र (दशरथ, सँपेरे) को भी मूर्च्छित कर दिया।)

अशोकवाटिका में हनुमान् के द्वारा सीतादर्शन के प्रसंग में भावशबलता का उत्तम उदाहरण राम पाणिवाद ने प्रस्तुत किया है —

सैवेयं जनकात्मजेति मुमुदे शोकानलज्ज्वालया
व्यालीढेति शुशोच रावणहृतेत्युच्चैरदृप्यत् तथा।
यत्नो मे फलवानसूनजहती यद् दुर्बलानप्यसौ
सन्दष्टेति समाश्वसीदिति हरि र्नानारसोऽभूत् क्षणम्।।

(१२.६३)

(यह वही जनकतनया है, जिसे मैं खोज रहा था – यह सोच कर हनुमान् मुदित हुए, इसे शोकानल की ज्वालाएँ निगल रही हैं यह देख कर खिन्न हुए, इसे रावण हर कर ले गया था – यह स्मरण कर के रोष में भर उठे, अभी तक यह अपने दुर्बल प्राणों को धारण किये हुए है और मैं इसे देख सका – यह सोच कर वे समाश्वस्त हुए। इस प्रकार एक ही क्षण में हनुमान् ने विविध रसों का अनुभव प्राप्त कर लिया।)

रूपनाथ झा के महाकाव्य

रूपनाथ झा का जन्म मध्यप्रदेश में अनुमानतः १७६०ई० के लगभग हुआ। ये मूलतः बिहार के निवासी थे। श्रीरामविजयमहाकाव्यम्[३७] तथा गढ़ेशनृपवर्णनम् इनके द्वारा प्रणीत महाकाव्य हैं। श्रीरामविजयमहाकाव्यम् में नौ सर्ग हैं। काव्य का आरंभ दशरथ को श्रवणकुमार के पिता द्वारा दिये गये शाप के प्रसंग से किया गया हैं, तथा रावणवध के अनंतर राम के

राज्याभिषेक तक का रामायण का वृत्तांत इसमें वर्णित है। यमक अलंकार के सहज निर्वाह में कवि सफल है। रामविवाह के प्रसंग में बरातियों की चेष्टाओं का वर्णन आँखों देखा सा सजीव चित्रफलक की तरह कवि ने अंकित कर दिया है।

वाहा नरैर्निर्जितगन्धवाहा उरोविशाला लघुकर्णशालाः।
आवर्तयुक्ता शुभसूचिशुक्तियुक्ता निबद्धाः पटमण्डपेषु।।
उत्तारिते पृष्ठत एव वाहाः पल्याणके श्रोणितले लुठित्वा।
स्कन्धान् मुहुः सन्दुधुवुः सपांसून् सशब्दभाण्डं परिधूतखेदम्।।
श्रीवृक्षकी वाजिवरः शुभंयुर्वक्षोभवावर्तचतुष्टयेतः।
कण्ठे महावर्तविरोचमानः समीपमेवाजिनृपस्य तस्थौ।
भारे समुत्तारित एव चोष्ट्रवृन्दं प्रदीयश्छदनं विहाय।
आम्रादिकं निम्बपलाशमादू रुचिर्विभिन्ना खलु जीवजातेः।
उक्षाण उत्तारितभार एव तले निषण्णा धरणीरुहाणाम्।
रोमन्थकं चक्रुरलं श्रमेण चलत्कपोलं सुनिमीलिताक्षम्।।

(३.४१-४५)

(अपने वेग से वायु को जीतने वाले, विशाल वक्षःस्थल तथा छोटे छोटे कानों वाले, आवर्त (भौंहों के बीच में बना रोममंडल) तथा शुभ की सूचक शुक्तियों (गले में माला की तरह बँधी सीपियों) से युक्त अश्व पटमंडपों में बाँध दिये गये थे। अपने पलान के पीठ से हटते ही वे अश्व धरती पर लोट लोट कर धूल से सने अपने कंधे झाड़ते हुए थकान मिटाने लगे, जिससे भड़भड़ाहट की ध्वनि होने लगी।

श्रीवृक्षकी नामक अश्व जिसकी पीठ पर चार आवर्त थे, तथा कंठ में भी विशाल आवर्त था, राजा के सम्मुख खड़ा हो गया।

भार के उतारे जाते ही ऊँटों का झुंड मृदुल छाया वाले आम के पेड़ को छोड़ कर नीम के पत्तों को खाने लग गया। जीव जंतुओं की रुचि अलग अलग होती है। बैलों का भार उतारा गया, तो वे भी पेड़ों की छाया में बैठ कर आँखें मूँदे कपोल चलाते हुए जुगाली करने लग गये)

पूरे वर्णन में स्वभावोक्ति तथा भाविक अलंकारों का विनिवेश काव्य की गरिमा की अभिवृद्धि करता है।

अठारहवीं शताब्दी के अन्य महाकाव्य

केरल के श्रीमच्चाटु नारायण इलयत (१७६५-१८४३) ने रामचरितम् तथा धान्यमुखालयेशशतकम् नामक लघुकाव्यों की रचना की। पहले काव्य में रामायण कथा के

निरूपण के साथ यमक अलंकार का सायास विनिवेश है। दूसरा काव्य स्तुति तथा भक्तिभाव से प्रेरित है।

कृष्णविलास[३८] के प्रणेता कवि पुण्यकोटि हैं। पुण्यकोटि के गुरु बोधायन अठारहवीं शताब्दी में हुए। कवि का भी यही काल माना जा सकता है। इस काव्यपर अज्ञातकर्तृक टीका भी मिलती है। इस महाकाव्य में ग्यारह सर्गों में कृष्ण की लीलाओं का वर्णन है। यह भागवत से प्रभावित है। ग्यारहवें सर्ग में कुचेलोपाख्यान में सुदामा के समृद्ध होने का वर्णन अद्भुत रस की सृष्टि करता है। बलराम के द्वारा द्विरद के वध का वृत्तांत ओजस्वी तथा वीर और रौद्र रसों से परिपूर्ण है।

संधानकाव्य, शास्त्रकाव्य तथा यमककाव्य

इस ग्रंथ के द्वितीय खंड में महाकाव्यों के अंतर्गत भट्टिकाव्य तथा भट्टभीम या भौमक के रावणार्जुनीयम् इन दो महाकाव्यों का परिचय दिया गया है। भट्टिकाव्य के द्वारा शास्त्रकाव्यों की परंपरा का सूत्रपात हुआ। भट्टभीम या भौमक के रावणार्जुनीयम् महाकाव्य से यह परंपरा विस्तारित हुई।

शास्त्रकाव्य में कवित्व व पांडित्य दोनों का समागम होता है तथा कविता का आस्वाद और व्याकरण आदि शास्त्रों का अध्ययन दोनों प्रयोजन एक साथ सिद्ध होते हैं। दो प्रयोजनों को साधने की दृष्टि से ही एक और भी महाकाव्य का प्रकार संस्कृत में विकसित हुआ – जिसे संधान काव्य कहा जाता है। संधान का अर्थ जोड़ना है। दो या दो से अधिक कथाएँ एक साथ जोड़ कर कह दी जायें, तो संधान काव्य होता है। ऐसे काव्यों में हर पद्य के दो या दो से अधिक अर्थ निकलते हैं, जिससे कई कथाएँ एक साथ आगे बढ़ती हैं। इस तरह का संधान संस्कृतभाषा की अर्थगत समृद्धि तथा उसमें श्लेष अलंकार के व्यापक निर्वाह की संभावना के कारण संभव होता रहा है। संधानकाव्य भाषा के चमत्कार के विलक्षण नमूने हैं, पर इनमें शाब्दीक्रीडा अधिक और रसवत्ता न्यून या शून्य होती है।

राघवपांडवीय

धनंजय ने राघवपांडवीय द्विसंधान महाकाव्य की रचना की। यह द्विसंधान महाकाव्यों में सर्वप्रथम कहा जा सकता है।

राघवपांडवीय में १८ सर्ग हैं, तथा रामायण और महाभारत की कथा एकसाथ श्लेष के द्वारा प्रस्तुत की गयी है। इस महाकाव्य में दोनों कथाएँ जैन सम्प्रदाय के अनुसार हैं।

यह काव्य आचार्यपरंपरा में बहुमान्य रहा है। भोज ने अपने सरस्वतीकंठाभरण में आचार्य दंडी के लिखे द्विसंधान काव्य के साथ इसका उल्लेख किया है। विनयचंद्र के शिष्य नयचंद्र

ने इस पर टीका लिखी थी। राजशेखर ने धनंजय की द्विसंधाननिपुणता की सराहना की है। सूक्तिमुक्तावली में उद्धृत धनंजयप्रशस्ति में द्विसंधानशैली में ही वे कहते हैं -—

द्विसन्धाने निपुणतां सतां चक्रे धनञ्जयः।
यया जातं फलं तस्य स तां चक्रे धनञ्जयः।।

अर्थात् धनंजय कवि ने सज्जनों के लिये द्विसंधान काव्य में निपुणता दिखाई, जैसी धनंजय या अर्जुन ने द्विसंधान (एक बाण से दो लक्ष्यों के संधान) में निपुणता दिखाई थी।

जिनसेन के गुरु वीरसेन स्वामी ने षट्खंडागम की अपनी धवला टीका में धनंजयकृत अनेकार्थनाममाला से एक श्लोक उद्धृत किया है। इस श्लोक में धनंजय ने सातवीं शताब्दी के आचार्य अकलंक का स्मरण किया है। इन प्रमाणों से धनंजय के समय की पूर्वसीमा आठवीं शताब्दी तथा उत्तरसीमा ग्यारहवीं शताब्दी का पूर्वार्ध माना जा सकता है।

राघवपांडवीय में श्लेष की चमत्कारपूर्ण प्रयोग करते हुए रामायण तथा महाभारत दोनों की कथाओं को एक साथ गूँथ दिया गया है। कवि ने प्रतिपद श्लेष का प्रयोग करते हुए भी काव्य में प्रसाद गुण की रक्षा करते हुए इसे दुरूह होने से बचा लिया है – यह अभिव्यक्ति व भाषा पर असाधारण अधिकार का परिचायक है। दशरथ और पाण्डु का वर्णन बड़ी सटीक शब्दावली में श्लेष के द्वारा एक साथ कर दिया है—

रत्नावतंस इव भारतमण्डलस्य क्रामन्दिशो दशरथस्फुटवीरलक्ष्मीः।
राजा सुमन्त्रविहिताभिरतिर्बभूव पाण्डुर्यशोभिरभिञ्जितसर्वलोकः।।
विचित्रवीर्यस्य दिवङ्गतस्य पितुः स राज्यं प्रतिपद्य बाल्ये।
पुरीमयोध्यां धृतराष्ट्रभद्रां सहस्तिशोभां सुखमध्युवास।।

यहाँ रत्नावतंस इव भारतमण्डलस्य, क्रामन् दिशः, अभिरञ्जितसर्वलोकः, दिवङ्गतस्य पितुः स राज्यं प्रतिपद्य बाल्ये, पुरीं सुखम् अध्युवास - ये पद दशरथ और पाण्डु दोनों के लिये समान रूप से लागू होते हैं, जब कि दशरथस्फुटवीरलक्ष्मीः, सुमन्त्रविहिताभिरतिः, पाण्डुर्यशोभिः, विचित्रवीर्यस्य, अयोध्यां, धृतराष्ट्रभद्रां तथा सहस्तिशोभाम् – इन पदों का दशरथ व पांडु के लिये अलग अलग अर्थ होगा।

भाषा पर अपने असाधारण अधिकार के कारण कविराज ने अपने काव्य को दुरूह होने से बचा लिया है।

पार्वतीरुक्मिणीयम्

पार्वतीरुक्मिणीयम्[४०] विद्यामाधवप्रणीत द्विसंधानकाव्य है। पार्वती तथा रुक्मिणी के विवाह की कथा इस काव्य में श्लेष के द्वारा एक साथ कही गई है। अपने समय के प्रकांड पंडित विद्यामाधव चालुक्यवंशी राजा सोमदेव (११२६-३८) के सभापंडित थे। उन्होंने इस महाकाव्य के अतिरिक्त किरातार्जुनीय आदि काव्योंपर टीकाओं का भी प्रणयन किया।

पार्वतीरुक्मिणीयम् में नौ सर्ग हैं। कवि ने प्रसादगुण संपन्न पदावली के द्वारा शृंगार रस का परिपोष करते हुए पांडित्य की भी रक्षा की है।

कविराजकृत राघवपांडवीय

राघवपांडवीय के नाम से ही एक अन्य महाकाव्य कविराज नामक कवि ने लिखा है। द्विसंधान महाकाव्यकारों में कविराज का नाम विशेष प्रसिद्ध है। इनके पिता का नाम कीर्तिनारायण और माता का नाम चंद्रमुखी था। कीर्तिनारायण कादंब राजाओं के सेनापति थे। कविराज ने अपने आश्रयदाता जयंतपुरी (कर्नाटक) के कादंबवंशीय शासक कामदेव (११८२-११८७ ई०) को प्रसन्न करने के लिए यह महाकाव्य लिखा। तदनुसार इनका समय बारहवीं शताब्दी का उत्तरार्ध ठहरता है, जब कि पं० बलदेव उपाध्याय इनका समय दसवीं शताब्दी में मानने के पक्ष में हैं।

इनके पारिजातहरण तथा राघवपांडवीय ये दो महाकाव्य प्राप्त होते हैं।

के० बी० पाठक के मत में कविराज का वास्तविक नाम माधवभट्ट था तथा कविराज इनकी उपाधि थी। यह मत अग्राह्य है, क्यों कि अपने राघवपांडवीय (१.३५) में कवि ने अपना नाम कविराज सूरि स्वयं सूचित किया है।

पारिजातहरण श्रीकृष्ण के द्वारा सत्यभामा की प्रसन्नता के लिए स्वर्ग से पारिजात वृक्ष लेकर आने की पौराणिक कथा पर आधारित दस सर्गों का महाकाव्य है। कविराज का राघवपांडवीय श्लेष के चमत्कार से परिपूर्ण है, पर कवि ने अपना आदर्श व्यास और वाल्मीकि को माना है। आरंभ में ही वे कहते हैं —

अन्यो विधाता वाल्मीकिरादिकाव्यं कमण्डलुः।
रघुनाथकथागङ्गा तया पूता जगत्त्रयी।।
द्वैपायनोऽपरो ब्रह्मा तत्सृष्टिर्भारतार्णवः।।
सूक्तयो दिव्यरत्नानि त्रैलोक्यं तैरलङ्कृतम्।।
श्रीमद्रामायणं गङ्गा भारतं सागरो महान्।
तत्संयोजनकार्यज्ञः कविराजो भगीरथः।
मनोज्ञरामायणभारताख्यभागीरथीसागरसन्निपाते।
सन्तः प्रकुर्वन्त्वगाहलीलामस्मिन्नघच्छेदिनि काव्यतीर्थे।।

(राघवपाण्डवीय, १.८-९, ४०, ४४)

(वाल्मीकि एक दूसरे विधाता हैं, आदिकाव्य उनका कमंडलु है। रघुनाथ की कथा (उस कमंडलु से निकली) गंगा है, जिससे तीनों लोक पावन हो गये हैं। द्वैपायन व्यास भी दूसरे ब्रह्मा हैं, भारत या महाभारत रूपी सागर उनकी रचना है। उनकी सूक्तियाँ दिव्यरत्न हैं, जिनसे त्रैलोक्य अलंकृत हुआ है। श्रीमद्रामायण गंगा है महाभारत महासागर। इन दोनों का एक साथ

संयोग करने वाला कविराज भगीरथ ही है। मनोज्ञ रामायण और महाभारत रूपी गंगा और सागर के मिलन से जो पापों का नाश करने वाला तीर्थ बना है, उसमें सज्जन लोग अवगाहनलीला करें।)

राघवपांडवीय में रामायण और महाभारत की कथाएँ एकसाथ समान श्लोकों के द्वारा प्रस्तुंत की गयी है। श्लेष का आद्यंत निर्वाह करके द्विविधकथा प्रस्तुत करते हुए भी कविराज ने रचना में प्रांजलता बनाये रखने का प्रयास किया है। उनकी वक्रोक्ति विशेष प्रशंसनीय मानी गयी है। यद्यपि इस महाकाव्य में दो कथाओं को समान श्लोकों के द्वारा एकसाथ प्रस्तुत करने के आयास के कारण सहजता और काव्यात्मकता की क्षति हुई है, भाषा पर अपने असाधारण अधिकार के द्वारा अनेक स्थलों पर कविराज श्रेष्ठ कवित्व को प्रमाणित करते हैं। वनगमन के समय सीता और द्रौपदी का एक साथ वर्णन करते हुए उन्होंने कहा है—

निरस्तरत्नाभरणापि गेहाद् विनिर्गता सा निजयैव भासा।
विद्योतयामास नरेन्द्रमार्गं तडिल्लता मेघविनिर्गतेव।।
वाष्पाम्बुजम्बालितराजमार्गैः सगद्गदव्याहृतसाधुवादैः।
व्यलोकि सा पौरजनैरसूर्यम्पश्यापि मध्येनगरं व्रजन्ती।।

(३/३३-३४)

(घर से निकली सीता (और द्रौपदी) सारे रत्नाभूषण उतार देने पर भी राजमार्ग को अपनी कांति से ही सुशोभित कर रही थी, जैसे मेघ से निकली तडिल्लता या बिजली की कौंध हो। आँसुओं के कीचड़ से सने राजमार्गो पर गद्गद हो कर कहे गये साधुवाद के वचनों के साथ पुरवासी जन नगर के बीच से गुजरती हुई उस असूर्यंपश्या को देख रहे थे।)

श्रेणिकचरित

श्रेणिकचरित के रचयिता विनयप्रभ सूरि हैं। इस काव्य का रचनाकाल वि० १३५६ (१२९९ई०) है। इसका नायक महावीर स्वामी का भक्त श्रेणिक है। भट्टिकाव्य के समान यह काव्य भी व्याकरण के ज्ञाताओं के लिये लिखा गया है, पर पाणिनि की अष्टाध्यायी के स्थान पर उसमें कातंत्रव्याकरण को आधार बनाया गया है। प्रथम सर्ग में संज्ञाओं के साथ पंचविध संधि का ज्ञान कराया गया है। व्याकरण के वैदुष्य के साथ काव्यात्मकता की रक्षा करने में विनयप्रभ सफल हैं। पहले सर्ग में मगध देश व उसके निवासियों का वर्णन करते हुए वे कहते हैं—

देशोऽस्ति मगधाभिख्यो यत्र मञ्जुस्वराः नराः।
समानश्रीकसर्वश्रीयुक्ता ह्रस्वेतराश्रयाः।।

(१.१)

(मगध नाम का देश है, जिसमें मंजुस्वर वाले मनुष्य रहते हैं। वे समान श्री और सर्वश्री से युक्त हैं, तथा ह्रस्वेतर आश्रय वाले हैं।)

यहाँ मंजुस्वर से सुंदर वचन वाले यह अर्थ मगध देश के लोगों के लिये निकलता है तथा व्याकरणशास्त्र की दृष्टि से वर्णमाला में स्वर का बोध होता है। इसीप्रकार ह्रस्वेतराश्रय कहने से मगधवासियों के पक्ष में महान् आश्रय वाले तथा व्याकरण के पक्ष में दीर्घ वर्ण का अर्थ निकलता है।

यहाँ समान संज्ञा, सवर्ण संज्ञा, ह्रस्व और दीर्घ स्वरों की परिभाषाओं का संकेत कवि ने दिया है।

मगध देश की समृद्धि तथा वहाँ के निवासियों के वर्णन में ही जटिल संधियों के रूप विनयप्रभ ने प्रदर्शित कर दिये हैं। उदाहरण के लिये —

अत्र प्रियहलीषानां लाङ्गलीशश्चतुष्टये।
पुण्यसाधनसामग्री मनीषाशालिनां भवेत्।
ऋणार्णं वसनार्णं च कम्बलार्णं दशार्णवत्।
प्रार्णवत्सतरार्णे वा विद्यन्ते नात्र कस्यचित्।।

(१.१५,१७)

व्याकरण की समस्त कोटियों का निदर्शन यहाँ प्रस्तुत किया गया है। जैन धर्म के प्रति आस्था के कारण विनयप्रभ ने श्रेणिक का चरित तथा महावीर की धर्मदेशना का वर्णन भी अभिनिवेश के साथ किया है। महावीर के प्रति भक्तिभाव की अकुंठ अभिव्यक्ति के साथ महाकाव्य में शांतरस का परिपोष हुआ है। महावीर स्वामी आ रहे हैं यह सुन कर श्रेणिक को होने वाले आनंद का वर्णन करते हुए विनयप्रभ कहते हैं—

सोऽङ्गभङ्गमभिव्यञ्जन् पुलकं स्फारतां पुनः।
बभार प्रतिचेतो नु नेत्रं परिमनोरथान्।।
वर्णं वर्णं प्रतिप्रीतः सोऽभूत् परिपदं पदम्।
वाक्यं वाक्यं च तस्यासीद् वचः सुप्रियशंसिनः।।

(श्रेणिक अंगभंग, पुलक और स्फारता को व्यंजित करते हुए, चित्त और नेत्र में मनोरथों को झलका रहे थे। वर्ण वर्ण में प्रसन्न हो कर प्रिय की आंशसा करने वाले उनका एक एक पद और एक एक वाक्य परिपूर्ण था।)

सुभद्राहरण

सुभद्राहरण श्रीनारायण कवि के द्वारा लिखा गया महाकाव्य है। इसका रचनाकाल चौदहवीं-पंद्रहवीं शताब्दी है। इसमें सोलह सर्गों में अर्जुन का सुभद्रा से प्रेम, सुभद्रा का द्वारिका से अपहरण

और उसे ले कर हस्तिनापुर पहुँचने का वृत्तांत प्रस्तुत करते हुए श्रीनारायण ने अष्टाध्यायी के सूत्रों को क्रमनिर्वाह के साथ उदाहृत किया है। अष्टाध्यायी के प्रकरणों के अनुसार ही काव्य के विभिन्न प्रकरणों के नामकरण नारायण ने किये हैं जैसे – प्राग्दीव्यतीयविलसितम्, अव्ययकृद्विलसितम् इत्यादि। इस काव्य पर कवि ने स्वयं टीका भी लिखी है।

अपने काव्य का प्रयोजन बताते हुए नारायण कहते हैं—

सुदुस्तरं व्याकरणाम्बुराशिं मनस्तरित्रेण विगाह्य लब्धैः।
सुशब्दरत्नै रचयामि हारं काव्यं सुभद्राहरणाभिधानम्।।

(मैं व्याकरण से सुदुस्तर सागर में मन की नाव से अवगाहन कर के पाये गये सुंदर शब्दों के रत्नों से सुभद्राहरण नामक काव्य रूपी हार का निर्माण कर रहा हूँ।)

कवि प्रतिभा के वैशिष्ट्य से व्याकरणज्ञान का प्रयोजन ऐसे काव्य में काव्यसौंदर्य की अभिवृद्धि में कहीं कहीं बाधक न हो कर साधक बन गया है। विशेष रूप से जहाँ संस्कृत की धातुसंपदा का उपयोग करना हो, वहाँ साधु पदसंपदा स्वतः सध जाती है। उत्प्रेक्षा, रूपक, परिकर आदि अलंकार शब्दसौष्ठव के द्वारा नारायण की लेखनी पर स्वतः अवतरित होते गये हैं। उदाहरणार्थ गंगा का यह वर्णन—

पृतनां धर्मराजस्य बलं पापस्य मथ्नतीम्।
शितिकण्ठशिरोमालां हिमाद्रेर्हारवल्लरीम्।।
काञ्चीं मुक्तामयीमुर्व्याः सागरस्याभिसारिकाम्।
गिरिराजहिमोत्पीडसम्पर्कादिव शीतलाम्।
मधुरां मृडमौलीन्दुसुधासङ्कलनादिव
कठिनाद्रिसुधापृष्ठलुण्ठनादिव निर्मलाम्।

(वह गंगा यमराज की सेना तथा पाप के बल को मथती हुई, शंकर के मस्तक की माला तथा हिमाद्रि की हारवल्लरी, धरती की मुक्तामयी करधनी, सागर की अभिसारिका, गिरिराज के हिमसमुद्र के संपर्क से शीतल, शिव के माथे पर विराजे चंद्रमा के संपर्क से मधुर, हिमालय के अमृतमय पृष्ठभाग पर लुढ़कने के कारण निर्मल थी।)

युधिष्ठिरविजयम्

युधिष्ठिरविजयम् महाकाव्य[४१] के प्रणेता वासुदेव मलाबार (केरल) के वेदारण्यस्थल के निवासी थे। इनके पिता का नाम महर्षि तथा माता का नाम गोपालिका था। श्रीधर भास्कर वर्णेकर ने इनका समय १५वीं-१६वीं शताब्दी माना है।

वासुदेव के द्वारा प्रणीत २१ काव्यों का पता चलता है, जिनमें से युधिष्ठिरविजय तथा नलोदय ये दो काव्य विशेष प्रसिद्ध हैं। अन्य काव्यों में शौरिकथोदय तथा त्रिपुरदहन

उल्लखनीय हैं। इनमें से युधिष्ठिरविजय महाकाव्य है, नलोदय खंडकाव्य। इसकी रचना राजा कुलशेखर के शासनकाल में की गई – यह कवि वासुदेव ने स्वयं सूचित किया है।

वस्तुतः वासुदेव नाम के अनेक कवि केरल में ही हुए हैं, तथा कुलशेखर नाम के भी अनेक राजा यहाँ हुए हैं। कतिपय विद्वान् युधिष्ठिरविजय तथा नलोदय के प्रणेता वासुदेव को भिन्न भिन्न मानते हैं। विजयपाल शास्त्री ने भट्टभूम के अर्जुनरावणीय महाकाव्य के टीकाकार वासुदेव को इनसे अभिन्न माना है। अर्जुनरावणीय पर वासुदेव की टीका १९वें सर्ग के २७वें श्लोक तक मिलती है। एक मान्यता के अनुसार युधिष्ठिरविजय के रचयिता वासुदेव ८०० ई० में हुए। अन्य मान्यता के अनुसार उनका समय १६००ई० है और वे नारायणीयम् के रचनाकार महाकवि नारायण के पुत्र थे।

युधिष्ठिरविजय महाकाव्य में सात सर्ग हैं। श्रीमद्भागवत के दशम स्कंध में प्रतिपादित श्रीकृष्णलीलाओं का भक्तिभावमय वर्णन भी इस में किया गया है। इस काव्य पर कश्मीर के रत्नकंठ ने १६७१ई० में एक टीका लिखी। इस पर अन्य टीकाओं का भी उल्लेख मिलता है – जैसे – अच्युत की विजयदर्शिका तथा शिवदास की रत्नप्रदीपिका। ये दोनो टीकाएँ हस्तलिखित रूप में प्राप्त हैं।[४२]

कवि ने इस पर स्वयं पदचंद्रिका व्याख्या लिखी है। ६५७ श्लोकों में कवि ने अष्टाध्यायी के सूत्रों के उदाहरण काव्यात्मकता के साथ पिरो दिये हैं। संज्ञा तथा स्वर प्रकरण को छोड़ कर शेष सभी प्रकरण समेट लिये गये हैं। अष्टाध्यायी को चार भागों में विभाजित कर के समस्त सूत्रों के उदाहरण कवि ने इस काव्य में प्रस्तुत कर दिये हैं। व्याकरण पर असाधारण अधिकार का यह विलक्षण उदाहरण है। यथा—

प्रभविष्णुममुं सदेक्षमाणाः शिशुताच्छद्मविशिष्टरूपधेयम्।
अपजग्मुरितो गृहान्न काश्चित् परितिष्ठद्गु कदापि गोष्ठयोषाः।।

(४.१७)

परितिष्ठद्गु से तिष्ठद्गुप्रभृतीनि च (अष्टाध्यायी २.१), प्रभविष्णु से भुवश्च (३.२.१३८), विशिष्टरूपधेयम् से भागरूपनामभ्यो धेयप्रत्ययो वक्तव्यः (५.४.२५) तथा अपजग्मुः से गमहनजन इत्यादि (६.४.९८) का उदाहरण बनता है।

नलोदयकाव्य में चार उल्लासों में राजा नल की कथा है। यह यमक काव्य है। इसकी तैंतीस टीकाओं का पता चलता है, जिनमें से चार ही प्रकाशित हैं। इस काव्य का लैटिन भाषा में अनुवाद हुआ है।[४३] प्रथम उल्लास में दमयंती स्वयंवर, द्वितीय में वसंतवर्णन, तृतीय में दमयंती का विलाप तथा चतुर्थ में नल को पुनः राज्य की प्राप्ति का वर्णन है। नगस्वरिणी तथा तोटक छंदों का प्रयोग है। प्रसाद गुण का रचना में अभाव है, तथा अर्थ का बोध खींचातानी कर के ही हो पाता है। उदाहरणार्थ—

अहितानामाऽऽयस्य त्राता यः शरणगामिनामाऽऽयस्य।
गतनानामायस्य श्रुतः पिता वीरसेननामा यस्य।।

यहाँ अहितानामाऽऽयस्य का विग्रह होगा - अहितानां शत्रूणाम् शरणगामिनां च आयस्य समृद्धेः, तथा इसका अन्वय त्राता के साथ कर के अर्थ निकलेगा शत्रुओं तथा शरणागतों की समृद्धि का त्राता। फिर गतनानामायस्य का विग्रह होगा – गताः नाना मायाः यस्मात्, जिससे अनेक मायाएँ निकली हैं।

धातुकाव्य

धातुकाव्यकार नारायण भी केरल के निवासी है। उन्होंने धातुकाव्य[४३] में वासुदेव को आदर्श मानते हुए आरंभ में ही घोषणा की हैं –

उदाहृतं पाणिनिसूत्रमण्डलं प्राग् वासुदेवेन तदूर्ध्वतोऽपरः।
उदाहरत्यद्य वृकोदरोदितान् धातून् क्रमेणैव हि माधवाश्रितान्।।

(१.१)

इस काव्य में भी श्रीकृष्णलीलाओं का भक्तिभावमय वर्णन है।

इस काव्य में तीन सर्ग हैं। कंसवध तक की कथा को व्याकरण के नियमों के उदाहरण के साथ प्रस्तुत किया गया है। इसका आधार श्रीमद्भागवत पुराण है। धातुपाठ की समस्त धातुओं को कवि इसमें समाहित कर लिया है जिससे व्याकरण, छंदःशास्त्र व भाषा पर उसका असाधारण अधिकार जाना जा सकता है।

राघवपाण्डवयादवीय

संधान काव्यों में भाषा व श्लेष के चमत्कार दिखाने की प्रवृत्ति का प्रकर्ष उत्तरोत्तर बढ़ता हुआ द्विसंधान से त्रिसंधान और सप्तसंधान कर पहुँचता है। चिदंबरकृत राघवयादवपांडवीय महाकाव्य में तीन कथाएँ (रामायण, महाभारत तथा भागवत की) एक साथ निरूपित हैं। चिदंबर कवि ने इस त्रिसंधान काव्य की रचना १६०० ई० में की।

चिदंबर विजयनगर के राजा व्यंकट (१५८६-१६१४) के सभापंडित थे। इनके पिता का नाम अनंतनारायण और माता का नाम वेंकटा था। इन्होंने राघवपांडवयादवीय के अतिरिक्त भागवतचंपू की भी रचना की थी। इनके पिता अनंतनारायण ने राघवपांडवयादवीय की टीका लिखी थी।

राघवपाण्डवयादवीय चंपू में प्रत्येक श्लोक के त्रिविध अर्थों में तीन प्रसंग एक साथ वर्णित हैं जो राम, कृष्ण तथा पांडवों पर एक साथ लागू होते हैं।

चिदंबर ने ही पंचकल्याण चंपू की भी रचना की। इस चंपू में विष्णु या कृष्ण, राम, शिव और सुब्रह्मण्य इन पाँच देवों के विवाह का एक साथ श्लेष के द्वारा वर्णन है। कवि ने स्वयं इस पर टीका लिखी है।

सप्तसंधानकाव्य

मेघविजयगणि के सप्तसंधानकाव्य में सात कथानकों का संश्लिष्ट निर्वाह है – जिनमें पाँच तीर्थंकर तथा दो शलाकापुरुष कृष्ण व बलराम की कथाएँ हैं। संधानमहाकाव्यों की पराकाष्ठा इस काव्य में देखी जा सकती है। इस की रचना १६७१ई० में हुई। इसमें नौ सर्ग हैं। पाँच तीर्थंकरों में वृषभनाथ, शांतिनाथ, पार्श्वनाथ, नेमिनाथ तथा महावीरस्वामी का जैनपरंपरासम्मत चरित्र निरूपित है।

राघवनैषधीय

हरदत्तसूरि ने राघवनैषधीय काव्य की रचना की। इस काव्य में श्लेष के द्वारा राम तथा नल दोनों की कथा एक साथ गूँथी गई है। हरदत्त ने सत्रहवीं शताब्दी के प्रख्यात वैयाकरण भट्टोजी दीक्षित का उल्लेख किया है, अथः ये उनके बाद हुए। राघवनैषधीय की प्राचीनतम हस्तलिखित प्रति अठारहवीं शताब्दी की मिलती है। इन प्रमाणों से इनका समय सत्रहवीं शताब्दी माना जा सकता है।

इस काव्य में रामायण तथा नलदमयंती का वृत्तांत एक साथ प्रस्तुत किया गया है। भाषा क्लिष्ट है, तथा दो कथाओं को एक साथ कहने के आयास के कारण असहजता पूरे काव्य में है।

कोसलभोसलीय

कोसलभोसलीय महाकाव्य द्विसंधानकाव्यपरंपरा एक और सोपान है। इसके रचयिता शेषाचल पति वेंकटपति तथा अक्कदेवी के आत्मज थे। इस महाकाव्य में रामायण कथा के साथ साथ राजा शाहजी भोसले का चरित द्विसंधान पद्धति से निरूपित है। शेषाचल कवि आंध्रवाक्-पाणिनि के रूप में विख्यात हैं, तथा राजा शाहजी ने उन्हें विशेष सम्मान दिया था।

अन्य संधानकाव्य

जैन परंपरा में ही सुराचार्य द्वारा ग्यारहवीं शती में नाभेयनेमिसंधान नामक द्विसंधान काव्य लिखा गया। यह अप्रकाशित है। इसमें नाभि के पुत्र ऋषभदेव तथा नेमिनाथ इन दोनों तीर्थंकरों का चरित एक साथ वर्णित है।

संधान की प्रवृत्ति का अतिरेक सोमप्रभाचार्य के शतार्थकाव्य (११७७ ई०) में मिलता है। इसमें एक ही पद को सौ अर्थ निकाले गये हैं, कवि ने स्वयं भी इन सौ अर्थों की सूची भी

बना दी है तथा जिन जिन प्रसंगों में ये सौ अर्थ लागू होते हैं, इनका भी विवरण दे दिया है। सोमप्रभाचार्य ने ही श्रृंगारवैराग्यतरंगिणी की भी रचना की, जिसमें प्रत्येक पद्य का एक अर्थ श्रृंगारपरक है, दूसरा अर्थ वैराग्यपरक।

संधान महाकाव्यों के समान ही संधानस्तोत्रकाव्य की रचना भी प्रचुर मात्रा में होती रही है।

मोहन भट्ट चंदेरी के राजा देवीसिंह (१६५४-१६६३) के शासनकाल में रहे। इन्होंने कंसवध महाकाव्य के इक्कीस सर्गों में अष्टाध्यायी के सूत्रपाठ के क्रम का प्रक्रियाग्रंथों में अनुवर्तन करते हुए सूत्र के उदाहरण प्रस्तुत किये हैं तथा साथ में कृष्ण के द्वारा कंस के वध की कथा भी।

भट्टिकाव्य की परंपरा में लिखे गये अन्य शास्त्रकाव्य हैं – दशवदनवधकाव्य (योगींद्रानंद – १४ सर्ग) तथा महाभारत पर आधारित यदुवंशमहाकाव्य (काशीनाथ) और लक्षणादर्श (दिवाकर)।

यमककाव्य

अन्य यमककाव्यों में बारहवीं शती में श्रीवत्सांक द्वारा विरचित यमकरत्नाकर में यमकों के निर्वाह के साथ श्रीकृष्ण के प्रति भक्तिभाव प्रकट किया गया है। धर्मघोष की यमकस्तुति में यमक व श्लेष दोनों का अनोखा निर्वाह है तथा प्रत्येक पद्य के चार चार अर्थ निकलते हैं।

विलोमकाव्य

रामकृष्णविलोमकाव्य[४४] के प्रणेता दैवज्ञसूर्य सुगणक ज्ञानाधिराज के पुत्र थे। ये प्रयागवासी थे ऐसा इनके काव्य के प्रास्ताविक से अनुमान होता है —

भागीरथी रामकथातिरम्या कालिन्दिका कृष्णकथामनोज्ञा।
सरस्वती सूर्यकवेस्तृतीया स्नातुं प्रयागेऽत्र मतिः कवीनाम्।।

रामकृष्णविलोमकाव्य में राम और कृष्ण दोनों की कथा प्रत्येक पद्य में श्लेष के द्वारा कही गई है, तथा प्रत्येक पद्य को उलटा पढने पर भी वही का वही श्लोक बनता है।

लक्ष्मणभट्ट के आत्मज रामचंद्र ने १५४२ई० में रसिकरंजन[४८] नाम से द्विसंधान काव्य की रचना की। इस काव्य के प्रत्येक पद्य को एक ओर से (बायें से दाहिने) पढने पर वैराग्यपरक तथा दूसरी ओर (विलोम पद्धति से दाहिने से बायीं ओर) पढ़ने पर श्रृंगारपरक अर्थ निकलता है। इस काव्य की रचना अयोध्या में हुई।

वेङ्कटाध्वरि का राघवयादवीयम् भी विलोमकाव्य है। इसमें कुल ३० ही पद्य हैं। अनुलोम क्रम से पढ़ने पर कृष्णचरित व विलोम में पढ़ने पर रामचरित का बोध होता है। बलदेव उपाध्याय के अनुसार वेंकटाध्वरि का समय १६वीं शताब्दी है।

उपसंहार

इस अध्याय में ग्यारहवीं शताब्दी से अठारहवीं शताब्दी तक की अवधि में पौराणिक विषयों को ले कर लिखे गये महाकाव्यों का परिचय दिया गया है। इस अवधि में विरचित ऐतिहासिक महाकाव्यों का परिचय पृथक् अध्याय में दिया जा रहा है। इन महाकाव्यों में विषयों की विविधता, नये प्रयोग तथा नवीन कल्पनाओं का समावेश देखा जा सकता है।

यशोधरचरित, पार्श्वनाथचरित, बृहत्कथामंजरी, भारतमंजरी, रामायणमंजरी, दशावतारचरित तथा बोधिसत्त्वावदानकल्पलता, धर्मशर्माभ्युदय, श्रीकण्ठचरित, श्रीहर्ष के नैषधीयचरित, यादवाभ्युदय, बालभारत तथा पद्मानंद, उदारराघव, श्रीकृष्णविलास, पारिजातहरण, गङ्गावतरण, शिवलीलार्णवः, राघवीयम् तथा विष्णुविलास आदि महाकाव्य संस्कृतसाहित्य की ही नहीं भारतीय साहित्य की अनमोल निधि हैं। वादिराज, महाकवि क्षेमेंद्र, महाकवि हरिचंद्र, महाकवि मंख, श्रीहर्ष, वेंकटनाथ, अमरचंद्र सूरि, शाकल्यमल्ल, कवि कर्णपूर, नीलकंठ दीक्षित रामभद्र दीक्षित तथा राम पाणिवाद आदि महाकवि अपने कर्तृत्व के कारण महनीय हैं तथा संस्कृत के सर्वश्रेष्ठ कवियों में गणनार्ह हैं।

सन्दर्भ

१. Contribution of Tamilnadu to Sanskrit, p. 149

२. Yaśodharacarita : Vādirāja, Ed. K. Krishnamoorthy, Karnatak University, Dharwad, 1963

३. वही, भूमिका, पृ० 08
रामजी उपाध्याय ने वादिचंद्र विरचित यशोधरचरित का उल्लेख किया है, जो १६००ई० के आसपास लिखा गया। इसके अतिरिक्त वादिचंद्र ने ज्ञानसूर्योदय नाटक तथा पार्श्वपुराण आदि अनेक ग्रंथों की रचना की।

४. भारतमंजरी के अंत में क्षेमेंद्र ने अपना परिचय देते हुए लिखा है – काश्मीरिको गुणाधारः प्रकाशेन्द्राभिधोऽभवत्। नानार्थिसार्थसङ्कल्पपूरणे कल्पपादपः।। सम्यक्प्रदानसन्तुष्टाः प्राहुस्तं ब्राह्मणाः सदा। इन्द्र एवासि किन्त्वेकः प्रकाशस्ते गुणोऽधिकः।। यस्य मेरोरिवोदारः कल्याणपूर्णसम्पदः। अवतारितमभूद्गेहे भोज्यसत्रं द्विजन्मनाम्।। सूर्यगृहे त्रिभिर्लक्षैर्दत्वा कृष्णाजिनत्रयम्। अल्पप्रदोऽस्मीत्यभवत् क्षणं लज्जानताननः।। स्वयम्भूशम्भुविजये यः प्रतिष्ठाप्य देवताः। दत्वा कोटिचतुर्भागं देवद्विजमठादिषु।। पूजयित्वा शिवं शर्वं प्रसरद्बाष्पनिर्भरः। गाढ़ं दोर्भ्यां समालिङ्ग्य यस्तत्रैव व्यपद्यत।। क्षेमेन्द्रनामातनयस्तस्य विद्वत्सपर्यया। प्रख्यातः कविगोष्ठीषु नामग्रहणयोग्यताम्।। आचार्यशेखरमणेर्विद्याविवृतिकारिणः। श्रुत्वाऽभिनवगुप्ताख्यात् साहित्यं बोधवारिधेः।। श्रीमद्भागवताचार्यसोमपादाब्जरेणुभिः। धन्यतां स परां यातो नारायणपरायणः। (भारतमंजरी, काव्यमाला-६४, पृ० ८४९-५०)

५. औचित्यविचारचर्चा में उन्होंने गंगक नामक कवि का एक मुक्तक उद्धृत करते हुए गंगक को 'अस्मदुपाध्याय' कहा है।

६. आचार्य क्षेमेन्द्र, पृष्ठ ८-९

७. बोधिसत्त्वावदानकल्पता, भूमिका, पी०वी० काणे

८. लुडविक स्टर्नबाख, अननोअन वर्सेस एट्रीब्यूटेड टु क्षेमेन्द्र, पृ० ११
९. संस्कृत साहित्य का वृहद् इतिहास खंड ४, लखनऊ, पृ० ३७२
१०. संस्कृत साहित्य का इतिहास, पृ० २४८
११. इस ग्रंथ के द्वितीय खंड का पहला अध्याय (महाकाव्य, शास्त्रकाव्य तथा अन्य प्रबंधकाव्य) द्रष्टव्य।
१२. मत्तवारणविराजितं स्फुरद्वज्रहेतिभरतोरणोल्बणम्।
लोलकेतुपृतनाकदम्बकं नाकिनीमिव विमानमम्बरे।। ५.७४
१३. प्रवणय वरवीणां वाणि रीणासि कस्मात्
किमपरमिह ताले तुम्बरो त्वं वरोऽसि।
इह हि भरत रङ्गाचार्य विस्तार्य रङ्गं
त्वरयसि नटनार्थं किं न रम्भामदम्भाम्।। ८.८
१४. कवि पद्मगुप्त के परिचय के लिये इस खंड में अगला अध्याय देखें।
१५. इस पुस्तक का हिंदी अनुवाद जगदीश शर्मा द्वारा किया गया है, जो दि इंडियन लैंग्वेजेज फॉरम, हैदराबाद (१९९६) से प्रकाशित है।
१६. संकल्पसूर्योदय नाटक की भूमिका में संपादक ने वेदांतदेशिक के विषय में प्रचलित अनेक कथाओं का विवरण देते हुए उनके जीवन तथा चरित को ले कर लिखे गये ४१ प्रबंधों का उल्लेख किया है।
१७. डिंडिम कवि ने उन्हें चुनौती देते हुए निम्नलिखित पद्य लिख कर भेजे —
छित्वा सर्वाण्यरण्यान्यतिविषमलतागुल्मदुर्गाणि सद्यः
प्राप्तं मां पक्कणान्तं बत भषकततिर्बुक्कणैर्धिक्करोति।
लज्जन्ते हन्तुमेनां मदकरटिघटाकुम्भपीठीविपाक-
क्रीडाधौरेयधारा मम खलु कराः किं करोमि क्व यामि।।
प्राज्ञानामेव राज्ञां सदसि न सहते जल्पमल्पेतरेषां
क्षुद्रेष्वाक्षेपमुद्रां न खुलु गणयते डिण्डिमः सार्वभौमः।
भाङ् कुर्वद्भेककुक्षिम्भरिषु भयकरभ्रान्तभोगीन्द्रसुभ्रू—
भ्रूणभ्रंशीस किम्भोः फणिषु पतगराट् सम्भ्रमी बम्भ्रमीति।।
वेदांतदेशिक ने भी उन्हें उत्तर में ये पद्य भेजे –
स्पर्धन्तां सहजं नु कुञ्जरतया दिक्कुञ्जरैः कुञ्जरा
ग्राम्या वा वनवासिनो मदजलप्रस्विन्नगण्डस्थलाः।
हा कालस्य विपर्ययं शृणु सखे प्राचीनपालीमला-
स्वादस्निग्धकपोलभित्तिरधमः कोलोऽपि संस्पर्धते।।
बाह्यैर्वर्णाडम्बरैर्मा भ्रमन्तु च्छित्वा गर्भाभ्यन्तरं शोधयन्तु।
निर्णेतारो नीरसत्वेन को वा डिण्डीराणां डिण्डिमानां च भेदः।।
इन पद्यों को पढ़ कर डिंडिम कवि का गर्व दूर हो गया।
१८. टुवर्ड ए हिस्ट्री आफ काव्य लिटरेचर, पृ० ६१५-१६
१९. उदारराघव, ८.२२-२६
२०. त्रिवेंद्रम् संस्कृत सीरीज के अंतर्गत प्र०
२१. Mallinātha – P.G. Lalye, p. 15-16, 100
२२. Vādirāja the Dvaita Poet – Great but Ignored, Sri Rama Prakashan, Dharawad, 1996, D.N. Shanbhag, p. 14-19

२३. Vādirāja the Dvaita Poet – Great but Ignored, p. 19

२४. उक्तिप्रत्युक्तिमद्वाक्यं वाकोवाक्यं विदुर्बुधाः।
द्वयोर्वक्त्रोस्तदिच्छन्ति बहूनामपि सङ्गमे।। सरस्वतीकण्ठाभरण, २.३

२५. Q. in Vadiraja the Dvaita Poet – Great but Ignored. p. 12

२६. अनंतलाल ठक्कुर के अनुसार संस्कृत साहित्य में निम्नलिखित कवि कर्णपूर उल्लिखित हैं –

१. जहाँगीर के समकालीन कामरूप निवासी कर्णपूर, जिन्होंने पारसीकपदप्रकाश नामक कोश का निर्माण किया।

२. श्रीनिवास आचार्य के शिष्य कविराज कर्णपूर, जो चैतन्यचंद्रोदयकर्ता कवि व आचार्य कर्णपूर के कनिष्ठ समकालीन रहे होंगें।

३. खंडघोष ग्राम के अभिजन कवि कर्णपूर, जिन्होंने बंगाल के राजा शेख फरीद के आश्रय में रह कर गीतगोविंद का बंगला में अनुवाद किया।

४. वर्णप्रकाश ग्रंथ के प्रणेता कर्णपूर, जिन्होंने त्रिपुरा के राजा राजधर के लिये यह ग्रंथ लिखा।

२७. कवि कर्णपूर और उनके महाकाव्य : एक अध्ययन – कृष्णलता सिंह, चौखंभा औरिएंटालिया, वाराणसी, १९८३, पृ० ४३

२८. सं०, अंनतलाल ठक्कुर, मिथिला विद्यापीठ, दरभंगा, १९५६, द्वि०सं० २००६। इस सं० में अनेक स्थानों पर पाठ त्रुटित है। कोई भी सर्ग पूरा प्राप्त नहीं है। द्वितीय सर्ग संपूर्ण लुप्त है। पाँचवें सर्ग के अंत के केवल दो ही श्लोक मिलते हैं, इनमें भी अंतिम तो पुष्पिकापद्य है।

२९. उक्त सं० की भूमिका, पृ० ८

३०. कवि कर्णपूर और उनके महाकाव्य : एक अध्ययन – कृष्णलता सिंह, चौखंभा औरिएंटालिया, वाराणसी, १९८३, पृ० ४४-५०

३१. सुभगसुलोचनाचरित, डा० कल्पना जैन, कुंदकुंद ज्ञानपीठ, इंदौर, २०१६, भूमिका, पृ० ५

३२. वही, पृ० ३००

३३. वही, पृ० ३००

३४. इनमें से परमतव्यवच्छेदस्याद्वादसुंदरद्वात्रिंशिका तथा राजप्रश्नीयनाटकपदभञ्जिका बीकानेर के अनूप संस्कृत पुस्तकालय में हैं। षड्भाषागर्भितनेमिस्तव, वरमङ्गलिकास्तोत्र, सुंदरप्रकाशशब्दार्णव तथा भारतीस्तोत्र अगरचंद नाहटा के व्यक्तिगत संग्रह में; सारस्वतरूपमाला, जंबूचरित, प्रज्ञापनासूत्रावचूरि तथा हायनसुंदर भोगीलाल लेहरचंद शोधसंस्थान में तथा रायमल्लाभ्युदय महाकाव्य कल्याणचंद्र पुस्तक भंडार खंभात में हैं। यदुसुंदरमहाकाव्य, भूमिका, पृ० ३२

३५. वसुदेवदिंडी के विषय में जानकारी के लिये पिछले खंड में बृहत्कथा और उसकी परंपरा शीर्षक देखें।

३६. कुछ विद्वानों ने इन्हे कुंजन् नंबियार से अभिन्न माना है। विवरण के लिये आश्चर्यचूडामणि शीर्षक भी देखें।

३७. सं० पं० गणपतिलाल शर्मा संस्कृत कालेज बनारस, १९३२

३८. सं० के०एस०राममूर्ति, श्री वेंकटेश्वर विश्वविद्यालय प्राच्यविद्या संस्थान, तिरुपति १९७६

३९. सं०हेमलता बोलिया, राष्ट्रीय संस्कृत साहित्य केंद्र जयपुर, २००५

४०. सं० ऊर्मिला गुप्ता, रा०सं०सा०केंद्र जयपुर २०११

४१. लघुरामायणम् – कृष्णावधूत, सं०सिनिरुद्ध दाश, ममता मिश्र, कुमुद प्रसाद आचार्य, के० वी० शर्मा रिसर्च पाउंडेशन, चेन्नै, २०१६

४२. हस्तलिखित प्रति मद्रास के प्राच्यविद्याप्रतिष्ठान में उपलब्ध

४३. काव्यमाला गुच्छक १० (१९१५)
४४. संस्कृत साहित्य क इतिहास – बलदेव उपाध्याय (१८६८), पृ० ३२८-२९
४५. नलोदय, सं० रमाकांत पांडेय, भूमिका, पृ० ९
४६. काव्यमाला गुच्छक १० (१९१५) में प्र०
४७. काव्यमाला गुच्छक १३ (१९३३) में प्र०
४८. स्टुटगार्ट से १८९६ में प्र०

अध्याय २

ऐतिहासिक महाकाव्य, चरितकाव्य तथा इतिहासविषयक विविध साहित्य

इतिहासविषयक महाकाव्यों की रचना का उपक्रम संस्कृत साहित्य की विकासयात्रा में ईसा की द्वितीय सहस्राब्दी में महत्त्वपूर्ण प्रस्थान है। इन महाकाव्यों के द्वारा हमारी परंपरा में इतिहास की अवधारणा को भी उपस्थापित किया गया।

इतिहास की अवधारणा

इतिहास शब्द का संस्कृत भाषा में अर्थ है- इति ह आस-जो होता आया है। इतिहास का अर्थ वह वृत्त है, जो पहले होता आया है, और आगे भी होता रह सकता है। पुराण उनकी पुनर्व्याख्या है। न्यायभाष्य में वात्स्यायन कहते हैं कि इतिहास का विषय लोकवृत्त है। अंग्रेजी में जिसे 'हिस्ट्री ' कहा जाता है, उसकी अपेक्षा इतिहास घटनाओं का यथावत् विवरण प्रस्तुत नहीं करता है, वह जो घटनाएँ हो चुकी है, उनमें अंतर्निहित शाश्वत तत्त्व का निरूपण करता है। इस दृष्टि से रामायण और महाभारत को हमारी परम्परा में इतिहास का सर्वश्रेष्ठ उदाहरण माना गया तथा ये दोनों काव्य इतिहास के नाम से प्रसिद्ध भी हुए। पुराणों में भी इतिहास का प्रचुर पल्लवन मिलता है।[१]

इतिहास की प्राचीन परम्परा

यह समझना भूल है कि आधुनिक अर्थ में इतिहास चेतना का प्राचीन भारत में सर्वथा अभाव था। इतिहास के बीज ऋग्वेद में मिलते हैं। उदाहरण के लिए, इसमें भरतवंशीय राजा सुदास का पुरोहित बनने के लिए वसिष्ठ और विश्वामित्र के बीच हुई प्रतिस्पर्धा का उल्लेख है। इस प्रतिस्पर्धा में वसिष्ठ कुल की विजय हुई। पर युद्ध में जीत कर लौटते समय विपाशा और शुतुद्रि नदियों को पार करने में विश्वामित्र ने भरतों की सहायता की। ऋग्वेद में ही दाशराज युद्ध का वर्णन आता है, इस युद्ध में विजय प्राप्त करके राजा सुदास दाशराज कहलाया। इस प्रकार ऋग्वेद से चली आ रही इतिहास की रचना की प्रवृत्ति ब्राह्मणों और

उपनिषदों में आख्यानों तथा उपाख्यानों के रूप में विकसित हुई। मीमांसा दर्शन में अतीत की रचनाओं के विवेचन को अर्थवाद के अन्तर्गत स्थान दिया गया है। कुछ दर्शनों में तो ऐतिह्य (अतीत) को अपनी प्रमाणमीमांसा में एक प्रमाण के रूप में भी स्थान दिया था। तैत्तिरीय आरण्यक में ऐतिह्य को ज्ञान का एक प्रमाण बताया गया है।

पश्चिमी विद्वानों ने भारतीय लोगों में इतिहास-बोध का अभाव माना है, जो उचित नहीं है। वास्तव में इतिहास की हमारी दृष्टि अपनी परम्पराओं और सांस्कृतिक विरासत के संदर्भ से विकसित हुई है, और उसके अनुरूप भारत में हर जाति, वंश, परिवार अपना-अपना इतिहास सँजोते और सुरक्षित रखते आये हैं। राजा अपनी वंशावलियों लेखबद्ध करवा कर सुरक्षित रखते थे। मठों, विहारों और मंदिरों में वहाँ की गुरुपरम्परा, दान, उत्सव आदि के विवरण लिख कर रखे जाते थे। पंडों के पास अनेक कुटुंबों और घरानों का पीढ़ी-दर-पीढ़ी इतिहास रहता था। इस प्रकार इतिहास हमारी परम्परा में आत्मावबोध के लिए था-अपने आपको अपने वंश, परिवार, जाति और देश को पहचानने के लिए जो संदर्भ या विवरण अपेक्षित थे, उन्हें इतिहास-लेखन के द्वारा सुरक्षित रखना भारतीयों ने उचित समझा। इसलिए केवल राजनीतिक घटनाओं का विवरण इतिहास नहीं माना गया। इतिहास के माध्यम से उन स्मृतियों को सुरक्षित रखा जाना चाहिये, जो आने वाली संततियों को प्रकाश और प्रेरणा दें। यही कार्य ऐतिहासिक महाकाव्यों की परम्परा ने भी किया।

ऐतिहासिक महाकाव्य के प्रणेताओं ने प्राय: घटनाओं का भौतिक स्तर पर जैसा रूप था उसका यथावत् चित्रण न करके अपने समय की पुन:सृष्टि की है। वे अपने नायक को जैसा वह था, वैसा न दिखा कर, जैसा उसे होना चाहिये, वैसा प्रदर्शित करते हैं। इस प्रकार वे इतिहास को अपने आदर्शों तथा स्वप्नों के आलोक में संस्कारित करके प्रस्तुत करते हैं। प्रो० विश्वम्भर सहाय पाठक ने संस्कृत-कवियों की इस प्रवृत्ति को इतिहास का दैवीकरण कहा है। राजा में ईश्वर का अंश रहता है- यह पारम्परिक मान्यता भी इसके पीछे कारणरही है।

ऐतिहासिक काव्यों की परम्परा

प्राचीन ऐतिहासिक काव्यों में शंकुक का भुवनाभ्युदय प्राप्त नहीं होता है। ऐतिहासिक महाकाव्यों में राजतरंगिणी सबसे विशाल और प्रामाणिक माना जाता है। इसके रचयिता कल्हण ने भुवनाभ्युदय तथा अपने स्त्रोतों का उल्लेख करते हुए क्षेमेंद्र की नृपावली, हेलाराज की पार्थिवावली तथा पद्ममिहिर और छविल्लाकर के इतिहासों का उल्लेख किया है। नीलमतपुराण में भी कल्हण को कश्मीर के इतिहास पर प्रामाणिक सामग्री मिली थी। इस प्रकार ऐतिहासिक काव्यों की परम्परा प्राचीन काल से ही चली आ रही थी। विश्वम्भर सहाय पाठक ने तो इतिहासकारों की परम्परा का वैदिक काल में भृग्वंगिरस गोत्रीय ऋषयों में संधान किया है।

ऐतिहासिक महाकाव्यों का भौगौलिक दृष्टि से विभाजन

संस्कृत में विरचित ऐतिहासिक महाकाव्य देश के विभिन्न क्षेत्रों में निर्मित हुए। स्वभावतः संबद्ध क्षेत्र के इतिहास, भूगोल व संस्कृति का विशेष निरूपण इन महाकाव्यों में हुआ। क्षेत्रविशेष से सम्बंध के आधार पर संस्कृत के ऐतिहासिक महाकाव्यों का विभाजन इस प्रकार किया जा सकता है (१) कश्मीर के महाकाव्य (२) मध्यदेश के महाकाव्य (३) राजस्थान के महाकाव्य, (४) लाट या गुजरात के महाकाव्य, (५) बंग, मगध, उत्कल देशों के महाकाव्य; तथा (६) दाक्षिणात्य महाकाव्य।

कश्मीर के ऐतिहासिक महाकाव्यों की परंपरा का आरंभ शंकुक के भुवनाभ्युदय महाकाव्य से माना जा सकता है। कल्हणकृत राजतरंगिणी इस परम्परा में शिखर है। मध्यदेशीय ऐतिहासिक महाकाव्यों की परंपरा में पद्मगुप्त परिमल का नवसाहसांकचरित प्रथम महाकाव्य है। इसी प्रकार बंग देश में रामपालचरित आदि तथा दक्षिण में मूषिकवंश, सालुवाभ्युदय आदि महाकाव्य रचे गये। इनमें तत्तत् क्षेत्र का इतिहास विस्तार से निरूपित है।

नवसाहसांकचरित

इस महाकाव्य के प्रणेता परिमल पद्मगुप्त हैं। ये धारा नगरी में मुंज तथा सिंधुराज के आश्रय में रहे। इनके पिता का नाम मृगांक था। मुंज का इन्होंने अपने महाकाव्य के आरम्भ में वाक्पतिराजदेव कह कर श्रद्धापूर्वक स्मरण किया है, तथा उनकी मृत्यु का उल्लेख भी किया है (नवसाहसांकचरित, १/७,८) मुंज की मृत्यु से कवि को बड़ा आघात लगा था। मुंज की मृत्यु ९९३ ई० के लगभग हुई ऐसा माना जाता है। तत्पश्चात् सिंधुराज राजा बना और उसकी मृत्यु १००९ ई० में हुई। इस प्रकार नवसाहसांकचरित का रवनाकाल १००५ ई० के आसपास माना जा सकता है।

मम्मट के द्वारा नवसाहसांकचरित से पद्य उद्धृत किये जाने के आधार पर पं० बलदेव उपाध्याय का अनुमान है कि पद्मगुप्त परिमल मूलतः काश्मीर के निवासी थे। पर इस अनुमान की प्रमाणों से पुष्टि नहीं होती। मम्मट के अतिरिक्त क्षेमेंद्र ने औचत्यविचारचर्चा में परिमल कवि का एक पद्य उद्धृत किया है, जो किसी राजा की मृत्यु पर शोकोद्गार है। संभवतः यह पद्य परिमल ने मुंज के दुःखद निधन पर लिखा होगा।

नवसाहसांकचरित में अठारह सर्गों में मुंज के अनुज सिंधुराज का चरित्र वर्णित है। इस महाकाव्य के अनुसार उसने अपने भाई की हत्या का प्रतिशोध लिया। विशेषरूप से नागकन्या शशिप्रभा से सिंधुराज का प्रेम और विवाह इसका मुख्य वृत्त है। नायक सिंधुराज नर्मदा के तट पर पहुँचता है, तो वहाँ उसे शशिप्रभा की सखी पाटला से शशिप्रभा के अपने प्रति अनुराग का पता चलता है। वह शशप्रिभा से मिलता है। नाग इस मिलन को सह नहीं पाते, वे अंधकार की ऐसी माया रचते हैं कि उसमें शशिप्रभा तिरोहित हो जाती है। नायक विकल हो कर उसे

खोजता है। तब नर्मदा सशरीर उपस्थित हो कर उसे बंताती हैं कि जो वज्रांकुश राक्षस के सरोवर में उगे कमल को तोड़ कर लायेगा और उस कमल से शशिप्रभा के कर्णफूल रचेगा, वही शशिप्रभा का वरण करेगा – यह नायिका के पिता का प्रतिज्ञा है। तब सिंधुराज नागों के शत्रु राक्षस वज्रांकुश को मार डालता है, और उसकी स्वर्णवाटिका से हेमकमल लाकर शशिप्रभा के पिता शंखपाल को देता है। पुत्री के विवाह के विषय में पिता की प्रतिज्ञा पूर्ण होती है, और वे सिंधुराज के हाथ में उसका हाथ दे देते हैं। अपने नायक को चक्रवर्ती सम्राट् के रूप में चित्रित करते हुए कवि ने अतिशयोक्ति के द्वारा हूण, बागड़, मुरल, लाट, कर्नाटक व कोसल तक पर उसकी विजय दिखा दी है।

मृगयाविहार, विंध्याटवी, नागों और गंधर्वों की सेना के सहयोग से सिंधुराज का युद्ध तथा नर्मदा नदी के साथ अनेक तीर्थों, नगरों आदि के मनोहारी वर्णन से यह महाकाव्य अलंकृत है।

ऐतिहासिक महाकाव्यों में यही एक महाकाव्य ऐसा है, जिसमें अंगीरस वीर न होकर शृंगार है। अपने नायक सिंधुराज का नागकन्या से परिचय, वार्तालाप, प्रणय, विरह आदि के चित्रण में कवि ने अपनी वाणी को विस्तार अधिक दिया है, युद्ध का वर्णन तथा उसके द्वारा वीररस का उद्रेक अपेक्षाकृत गौण हो गया है। कवि परिमल की भाषा-शैली, अभिव्यक्ति तथा कल्पना की उड़ान पदे-पदे कालिदास का स्मरण कराती है। अनेक ऐतिहासिक तथ्य इस महाकाव्य से प्रकट होते हैं, जिनकी पुष्टि शिलालेखों व अन्य स्रोतों से होती है। परमार वंश के विषय में इससे महत्त्वपूर्ण साक्ष्य उपलब्ध होते हैं।

काव्य के रूप में नवसाहसांकचरित को आरम्भ से ही बड़ी प्रतिष्ठा प्राप्त हुई। भोज ने सरस्वतीकंठाभरण, क्षेमेंद्र ने औचित्यविचारचर्चा तथा वर्धमान ने गणरत्नमहोदधि में इसके उद्धरण दिये हैं। मम्मट ने इनके अनेक पद्य अलंकारों के उदाहरण में प्रस्तुत किये हैं। भर्तृमेंठ तथा कालिदास पद्मगुप्त के आदर्श कवि हैं। कालिदास पर तो कवि की इतनी आस्था है कि उसने अपने नायक के सौन्दर्य के चित्रण में कालिदास की कविता को उपमान बना दिया है—

प्रसादहृद्यालङ्कारैस्तेन मूर्तिरभूष्यत।
अत्युज्ज्वलैः कवीन्द्रेण कालिदासेन वागिव।।

(९२/९३)

(उस राजा ने प्रसन्नतादायक मनोहर अलंकारों से अपने शरीर को उसी प्रकार सजाया, जिस प्रकार कविवर कालिदास ने अपनी कविता को प्रसादहृद्य अलंकारों से अलंकृत किया था)।

नायिका के सौन्दर्य तथा विरह के वर्णन में पद्मगुप्त की कल्पना ने नवोन्मेष प्रकट किया है। शशिप्रभा के विरहवर्णन की यह उक्ति उदाहरणीय है—

शिरीषादपि मृद्वङ्गी केयमायलोचना।
एष क्व च कुकूलाग्निकर्कशो मदनानलः।।

(१६/२८)

(कहाँ तो शिरीष से भी अधिक सुकुमार अंगों वाली यह विशालाक्षी और कहाँ दहकते भूसे की आग जैसा कर्कश यह कामज्वर?)

मम्मट ने अपने काव्यप्रकाश में इस पद्य को विषम अलंकार के उदाहरण में उद्धृत किया है।

ओजोगुण के आधान तथा वीररस की अभिव्यक्ति में भी कवि ने प्रवीणता दिखलायी है। अभिनव कल्पनाएँ तथा अलंकारों की छटा पद्मगुप्त के काव्य में रस का परिपोष करते हैं। वीररस का यह उदाहरण देखिये—

सद्यः करस्पर्शमवाप्य चित्रं रणे रणे यस्य कृपाणलेखा।
तमालनीला शरदिन्दुपाण्डु यशस्त्रिलोक्याभरणं प्रसूते।।

(१६/२८)

(उस राजा के हाथ का स्पर्श पाकर तमाल के समान नील वर्ण की होकर भी कृपाण की धार शरद् के चन्द्रमा के समान शुभ्र वर्ण की ऐसी यशोधारा को बहाने लगती है, जो तीनों लोकों का आभरण बन जाती है।)

कृपाणलेखा तमालनीला हो कर भी शुभ्र वर्ण की ऐसी यशोधारा को बहाती है - इस कथन में विरोध अलंकार है। यश को त्रिलोकी का आभरण कहा है, अतः रूपक भी है।

यमक और श्लेष के सहज अक्लिष्ट प्रयोग में परिमल दक्ष हैं। साहित्यरस (साहचर्य का आनन्द, पारे या पारद का रस, तथा काव्यरस) की वन्दना करते हुए निम्नलिखित पद्य में सुवर्ण (सोना, अच्छे अक्षर) तथा दुर्वर्ण (बुरा रंग, बुरे अक्षर) के श्लेष से चमत्कार ला दिया है—

नमोऽस्तु साहित्यरसाय तस्मै निषिक्तमन्तः पृषतापि यस्य।
सुवर्णतां वक्त्रमुपैति साधो-दुर्वणतां याति च दुर्जनस्य।।

(१/१४)

नवसाहसांकचरित आचार्यपरंपरा में आदृत रहा है। इसके चार पद्य मम्मट ने काव्यप्रकाश में एकावली, पर्याय, तथा विषम अलंकारों के उदाहरणस्वरूप उद्धृत किये हैं। साहित्यदर्पण में इसके चतुर्थ सर्ग का एक श्लोक उद्धृत है।

विक्रमांकदेवचरित

विक्रमांकदेवचरित के प्रणेता महाकवि बिल्हण का जन्म कश्मीर के प्रवरपुर (आधुनिक

श्रीनगर) से तीन कोस की दूरी पर जयवन नामक स्थान के पास खोनमुष गाँव में कौशिक गोत्र के विप्रकुल में हुआ था। (आजकल इस गाँव का नाम खुमोह है।) अपनी वंशपरम्परा उन्होंने इस प्रकार बताई है—

मुक्तिकलश - प्रपितामह

↓

राजकलश - पितामह

↓

ज्येष्ठकलश पिता – नागादेवी माता

↔↔↔↔↔↔↔↔

↓ ↓ ↓

इष्टराम बिल्हण आनन्द

इनके महाकाव्य का रचनाकाल १०८५ ई० के आसपास है। इनके पिता अपने समय के प्रकांड पंडितों में एक थे, और उन्होंने महाभाष्य पर टीका लिखी थी। कल्हण ने अपने महाकाव्य राजतरंगिणी में लिखा है कि कश्मीरनरेश हर्ष (१०८४-११०१ ई०) के शासनकाल में बिल्हण विद्यमान थे और वे उस समय चालुक्य राजा विक्रमादित्य षष्ठ की सभा में थे। इस प्रकार बिल्हण का समय १०५० ई० से ११०० ई० के बीच माना जा सकता है। अनुमान किया जाता है कि बिल्हण ने इस महाकाव्य की पूर्ति १०८५ई० के पूर्व कर दी होगी, क्योंकि काव्यनायक विक्रमादित्य षष्ठ ने १०८५ई० में नर्मदा तट पर आक्रमण का अभियान किया था, जिसकी चर्चा इस महाकाव्य में नहीं है। इसी वर्ष कश्मीर में राजा हर्ष का राज्याभिषेक हुआ। बिल्हण ने हर्ष का वर्णन युवराज के रूप में ही अपने महाकाव्य में किया है।

अपने महाकाव्य के अंतिम सर्ग में इन्होंने अपने वंश तथा जीवन का विस्तृत परिचय दिया है, जिसके अनुसार कश्मीर के राजा गोपादित्य ने उनके प्रपितामह मुक्तिकलश को मध्यदेश से आकर कश्मीर में रहने के लिए आमंत्रित किया था।

बिल्हण ने वेद तथा शास्त्रों का विधिवत् अध्ययन किया। इन्होंने अपने परिचय में बताया है कि युवावस्था में ही इनके काव्यों की ख्याति दूर-दूर तक फैल गयी थी और नगर-नगर, गाँव-गाँव, घर-घर में स्त्री-पुरुष, बच्चे-बूढ़े तथा विद्वान् और मूर्ख सभी इनके काव्यों को पढ़ते थे—

ग्रामो नासौ न स जनपदः साऽस्ति नो राजधानी,
तन्नारण्यं न तदुपवनं सा न सारस्वती भूः।
विद्वान् मूर्खः परिणतवया बालकः स्त्री पुमान् वा,
यत्रोन्मीलत्पुलकमखिला नास्य काव्यं पठन्ति।।

बिल्हण को अपनी जन्मभूमि पर बड़ा अनुराग तथा गर्व था। उन्होंने कश्मीर के सौन्दर्य और वहाँ के साहित्यिक अभ्युदय का चित्रण करते हुए लिखा है कि इस शारदा देश (कश्मीर) में कुंकुम और केसर की तरह कविता प्रस्फुटित होती है-

सहोदराः कुङ्कुमकेसराणां भवन्ति नूनं कविताविलासाः।
न शारदादेशमपास्य दृष्टस्तेषां यदन्यत्र मया प्ररोहः।।

(१/२१)

राजा कलश के राज्यकाल (१०६२-८० ई०) में बिल्हण ने देशाटन, शास्त्रार्थ और अपनी कविता के प्रसार के लिए कश्मीर छोड़ दिया। कन्नौज, काशी और प्रयाग के पंडितों से शास्त्रार्थ करते हुए तथा अपने काव्य रस के रसिकों को आनंदित करते हुए वे गुजरात के अनहिलवाड़ में राजा कर्णदेव की सभा में पहुँचे। यहाँ राजा कर्णदेव ने बिल्हण को अपनी राजसभा में विद्यापति बना दिया। फिर सोमनाथ और रामेश्वरम् की यात्रा से लौटते हुए बिल्हण विक्रमांकदेव चालुक्य की राजसभा में रहे।

बिल्हण के नाम से तीन रचनाएँ प्राप्त होती हैं- विक्रमांकदेवचरित महाकाव्य, कर्णसुंदरी नाटिका तथा चौरसुरतपञ्चाशिका खंडकाव्य। विक्रमांकदेवचरित के अतिरिक्त शेष दो रचनाओं का परिचय नाटक तथा मुक्तक काव्य से संबद्ध अध्यायों में दिया गया है। इसके अतिरिक्त प्राचीन सुभाषित संग्रहों में अनेक पद्य बिल्हण के नाम से उद्धृत हैं, जिससे प्रतीत होता है कि इन्होंने उक्त तीन कृतियों अतिरिक्त स्फुट काव्य भी बड़ी संख्या में लिखे होंगे। प्रो. रामजी उपाध्याय ने उल्लेख किया है कि बिल्हण ने शिवस्तोत्र व राम के चरित पर भी काव्यरचना की थी।

विक्रमांकदेवचरित : विषयवस्तु

विक्रमांकदेवचरित में १८ सर्ग हैं। इसका नायक चालुक्य राजा विक्रमादित्य षष्ठ है। ब्रह्मा के द्वारा छोड़े गये चुल्लू के जल से उत्पन्न वीर पुरुष से चालुक्य वंश की उत्पत्ति बताते हुए इस वंश के अनेक वीर राजाओं का उल्लेख करके कवि ने राजा आहवमल्ल (१०४०-६९ ई०) के चरित का विस्तार से निरूपण किया है। आहवमल्ल का दूसरा नाम त्रैलोक्यमल्ल भी था। इसके तीन पुत्र हुए- सोमेश्वर, विक्रमादित्य और जयसिंह। दूसरे तथा तीसरे सर्गों में इन तीनों पुत्रों के जन्म तथा बाल्यकाल का वर्णन है। विक्रमादित्य (विक्रमांकदेव) की योग्यता देख कर पिता राजा उसी को बनाना चाहते हैं, पर वह राजपद पर अपने बड़े भाई का अधिकार मानकर उसको अस्वीकार कर देता है। तथापि सोमेश्वर के राजा रहते हुए भी अपने प्रताप के कारण वस्तुतः विक्रमांकदेव ही शासन का संचालन करता है। चौथे सर्ग में आहवमल्ल देव की मृत्यु तथा राजा सोमेश्वर के अहंकार और दुर्गुणों का निदर्शन कवि ने किया है। विक्रमांकदेव दिग्विजय पर निकल पड़ता है। अनेक राजाओं को परास्त करके जब वह लौटता है, तो राजा

सोमेश्वर को भ्रम होता है कि उसका छोटा भाई उसी पर आक्रमण करने आ रहा है, और वह विक्रमांकदेव से लड़ने के लिए सेना भेज देता है। घमासान युद्ध में सोमेश्वर की सेना को परास्त करके विक्रमांक उसे बंदी बना लेता है। छठें सर्ग में विक्रमादेव के राजपद पर प्रतिष्ठित होने तथा अपने अनुज को दक्षिण में वनवासमंडल का राजा बनाने के प्रसंग वर्णित हैं। सातवें सर्ग में नायक का राजकुमारी चंदेलदेवी के स्वयंवर में गमन तथा उसके साथ परिणय चित्रित है। आठवें से तेरहवें सर्गों तक वसंत, पुष्पावचय, जलविहार, मधुपान, वर्षा आदि महाकाव्योचित वर्णनों का शृंगारमय विस्तार है। चौदहवें और पंद्रहवें सर्गों में विक्रमांकदेव के अनुज जयसिंह का विद्रोह तथा नायक द्वारा उसका दमन वर्णित है। सोलहवें सर्ग में शरद् ऋतु तथा नायक का मृगयाविहार निरूपित है। अंत में चोलों के उपद्रव का दमन और कांची तक विक्रमांकदेव के अधिकार होने का वर्णन करते हुए अठाहरवें सर्ग में आत्मपरिचय के साथ बिल्हण ने विक्रमांकदेवचरित समाप्त किया है।

चरितनायक विक्रमादित्य षष्ठ का शासनकाल १०७८ई० से ११२७ई० तक है। इस कालखंड को बिल्हण ने प्रत्यक्ष बना दिया है, इस समय के अनेक ऐतिहासिक व्यक्तित्वों – विशेषत: राजाओं का विवरण भी उन्होंने दिया है।

बिल्हण का स्वाभिमान और मनस्वी व्यक्तित्त्व उनके काव्य में व्यक्त हुआ है। राजाओं के दर्प का प्रत्याख्यान करते हुए उन्होंने बड़ी तीखी उक्तियाँ लिखी हैं। जिस आश्रयदाता को ले कर बिल्हण ने विक्रमांकदेवचरित की रचना की, उसके लिये भी उन्होंने चुनौतीभरे स्वर कहा है— कुन्तल का राजा मेरा क्या बिगाड़ लेगा? वह मेरा सर्वस्व छीन ले तब भी मेरा सारस्वत भाण्डागार यह नहीं छीन सकता है। क्षुद्र लोग जो इस राजा के चाटुकार हैं, वे अभी मुदित हो रहे हैं। पर वे प्रमुदित होना छोड़ दें, क्यों कि मुझे भी समृद्धि फिर से प्राप्त होगी -

सर्वस्वं गृहवर्ति कुन्तलपतिर्गृहणातु तन्मे पुन-
र्भाण्डागारमखण्डमेव हृदये जागर्ति सारस्वतम्।
रे क्षुद्रास्त्यजत प्रमोदमचिरादेष्यन्ति मन्मन्दिरं
हेलान्दोलितकर्णतालकरटिस्कन्धाधिरूढाः श्रियः।।

ऐतिहासिक दृष्टि से प्रामाणिकता

नायक के गौरवोत्कर्ष के लिये कतिपय तथ्य बिल्हण ने कल्पना के रंगों में रँग कर प्रस्तुत किये हैं, तथापि अनेक ऐतिहासिक घटनाओं का तथ्यात्मक ज्ञान इस महाकाव्य से होता है, जैसे – चालुक्यवंशीय राजा तैलप (९७३-९९७ई०) का राष्ट्रकूट राजाओं से युद्ध, राष्ट्रकूटों का उसके द्वारा उन्मूलन, मालवनरेश पर उसका आक्रमण, राजा आहवमल्ल अथवा त्रैलोक्यमल्ल (१०४२-६८ई०) के द्वारा कल्याण नगर की स्थापना तथा उसके द्वारा भोज, कर्ण व चोल राजाओं पर विजय आदि।

शिलालेखों में चालुक्य राजा विक्रमादित्य षष्ठ का वर्णन मिलता है। इसे राम के समान बताया गया है। यह सत्य है कि विक्रमादित्य षष्ठ पराक्रमी तथा कवियों व विद्वज्जनों का आश्रयदाता था। याज्ञवल्क्यस्मृति की सुप्रसिद्ध मिताक्षरा टीका के प्रणेता विज्ञानेश्वर उसकी राजसभा में थे। धर्मशास्त्रकार सोमेश्वर भट्ट उसके शासन में धर्माध्यक्ष था, तथा बाद में वह इसका अमात्य भी बना।

सोमेश्वर प्रथमं ने अपने ज्येष्ठ पुत्र भुवनैकमल्ल को राजपद प्रदान किया था, जिसने सोमेश्वर द्वितीय के नाम से शासन किया। शिलालेखों में बताया गया है कि आरंभ में सोमेश्वर द्वितीय प्रजापालक, सत्यप्रिय व न्यायी राजा था, पर बाद में वह कर्तव्यच्युत होता गया, व अन्यायाचरण करने लगा। तब उसका छोटा भाई उसे बंदी बना कर राजा बन बैठा। इस वत्तांत की पुष्टि भी शिलालेखों से होती है। बिल्हण ने इस तथ्य को स्वीकार करते हुए काव्यनायक को चरित्र का उदात्तीकरण करने के लिये निम्नलिखित काल्पनिक वृत्तांतों का समावेश अपने महाकाव्य में कर दिया है – राजा सोमेश्वर प्रथम के द्वारा पुत्रप्राप्ति के लिये तपश्चर्या, शिव की अनुकंपा से उन्हें द्वितीय पुत्र की प्राप्ति, इस द्वितीय पुत्र के शील और सद्गुणों को देख कर उनका इसी को युवराजपद प्रदान करने का निश्चय करना, द्वितीयपुत्र आहवमल्ल के द्वारा प्रचलित परंपरा के अनुसार ज्येष्ठ पुत्र को ही राजपद दिये जाने का आग्रह करते हुए युवराज पद अस्वीकार करना तथा राजपद पा कर अग्रज की काव्यनायक और अपने अनुज आहवमल्लदेव पर द्रोहबुद्धि। इन घटनाओं की पुष्टि शिलालेखों से नहीं होती। इसके विपरीत विक्रमांकदेवके ही एक शिलालेख बताया गया है कि राजा सोमेश्वर ने स्वयं ही ज्येष्ठ पुत्र को राज्य देने का निश्चय किया था। वस्तुतः आहवमल्ल विक्रमांकदेव ने ही अपने अग्रज के साथ धोखा किया, उसने चोलराज राजेन्द्र के साथ मिल कर अपने भाई के विरुद्ध षड्यंत्र किया। विश्वंभरशरण पाठक ने लिखा है कि विक्रमांक देव ने न केवल अपने बड़े भाई से द्रोह करते हुए उसे राज्यच्युत किया, अपने पुत्र को राजा बनाने के लिये अपने छोटे भाई जयसिंह को भी युवराज पद से च्युत कर दिया। बिल्हण ने अपने काव्यनायक के दोष छिपा दिये हैं, तथा अपने दोनों भाइयों से उसके युद्ध का वर्णन भी उसे गौरव प्रदान करने की दृष्टि से किया है।

बिल्हण ने विद्याधरकन्या चंद्रलेखा के स्वयंवर तथा उसके द्वारा नायक के वरण का वृत्तांत इस महाकाव्य में वर्णित किया है। इतिहासकार विश्वम्भर शरण पाठक इस विद्याधरकन्या को कोल्हापुरनरेश राजा शिलाहार की पुत्री से अभिन्न मानतें हैं। स्वयंवर की कल्पना नायक के उत्कर्षवर्धन की दृष्टि से की गई प्रतीत होती है। बिल्हण के द्वारा किये गये विक्रमादित्य षष्ठ की दिग्विजय के वर्णन में अवश्य तथ्यात्मता है।

विक्रमांकदेवचरितम् में काव्यनायक की सत्ता का उदात्तीकरण हुआ है, तथा अतिशयोक्ति भी है, पर इतिहास के कई अनखुले पृष्ठ इस काव्य से उघड़ गये हैं। उदाहरण के लिये काव्य नायक का कांची पर आक्रमण, जिसके वर्णन में बिल्हण कहते हैं कि कांची को विक्रमांकदेव

के सैनिकों ने ऐसा रौंदा और लूटा कि वहाँ के मन्दिरों पर केवल पताकाएँ भर बचीं, उन पताकाओं से तो कांची की स्त्रियों के केवल कौपीन ही बन सकते थे—

काञ्चीपदातिभिरमुष्य विलुण्ठिताभूद् देवालयध्वजपटावलिमात्रशेषा।
लुण्टाकलुप्तनिखिलाम्बरडम्बराणां कौपीनकार्पणकरेव पुराङ्गनानाम्।

(विक्र० ३.७६)

मथुरा, वृन्दावन, प्रयाग, कान्यकुब्ज आदिनगरों का बिल्हण का वर्णन ऐतिहासिक पृष्ठभमि को परिपुष्ट करता है। इन नगरों में होने वाली पंडितसभाओं का उल्लेख कवि ने किया है, जिनमें उसने अपनी प्रतिभा को प्रमाणित किय। बिल्हण चेदिदेश में त्रिपुरी (आधुनिक जबलपुर के निकट) हैहेयवंश के राजा लक्ष्मीकर्ण या कर्ण के आश्रय में रहने का भी उल्लेख उन्होंने किया है, जो सत्य है। बिल्हण ने अपनी कर्णसुंदरी नाटिका यहीं रह कर लिखी। संभवत: यहीं इनका प्रेम किसी राजकुमारी से हुआ होगा, जिसकी स्मृति में उन्होंने चोरसुरतपंचाशिका काव्य की रचना की होगी। काशी में पंडित गंगाधर से बिल्हण का वाद या शास्त्रार्थ हुआ था, जिसमें उन्होंने गंगाधर को हराया। भोज की नगरी धारा में अपनी यात्रा का मार्मिक वर्णन उन्होंने किया है। जब वे धारा नगरी पहुँचे, तो महाराज भोज दिवंगत हो तुके थे। बिल्हण की महाराज भोज से मिलने की इच्छा पूरी न हो सकी। ब्यूलर ने बिल्हण के इस उल्लेख के आधार पर कश्मीर से बाहर उनके प्रवास का समय १०६० से १०६५ई० के बीच निर्धारित किया है।

राजा आहवमल्ल ने रामसेतु का पुनर्निमाण कराना चाहा – इस प्रसंग में उन्होंने रामसेतु का उल्लेख किया है। (१.११३)

काव्यसौन्दर्य- बिल्हण वैदर्भी रीति के सरस कवि हैं। कालिदास की कविता का वैशिष्ट्य आत्मसात् करके उन्होंने अपनी काव्यकला को परिष्कृत और समृद्ध बनाया है। उनके काव्य की सबसे बड़ी विशेषता अप्रस्तुतविधान की नवीनता है। सूर्यास्त के वर्णन में उन्होंने सूर्य के बिम्ब को तुष (छिल्का) उतारी गयी मसूर से उपमा दी है—

मज्जतः पयसि पश्चिमसिन्धोः स्निग्धमम्बरतलं परिरभ्य।
भास्वतस्तुषवियुक्तमसूरक्षोदपाटलमलक्ष्यत धाम।।

(११/३)

कल्पना की ऊँची उड़ान और पांडित्य के प्रदर्शन में बिल्हण नैषधकार हर्ष की रचना के अग्रदूत प्रतीत होते हैं। जनजीवन के चित्रण की दृष्टि से भी बिल्हण की रचना उल्लेखनीय है। अभिसारिका का यह चित्र अनोखा ही है—

रासभेन सहिता रजकस्त्रीरूपधारि विरचय्य शरीरम्।
कापि वञ्चितवती जनबाधां कं विडम्बयति नो कुसुमेषुः।।

(११/२४)

(कोई अभिसारिका गधे को साथ लेकर धोबिन का वेष बनाकर लोगों को धोखा दे कर निकल गई। कुसुम के बाण धारण करने वाला कामदेव किस किस की क्या क्या दशा नहीं करा देता?)

कश्मीर में लोगों का अँगीठी जलाकर घर गर्म करना, ग्रीष्म में प्रपापालिकाएँ, कश्मीर की नैसर्गिक छटा आदि के वर्णन बिल्हण-काव्य में बड़े सरस है। कल्याणनगरी के वर्णन में कल्पना की मनोहारी छटा प्रकट करता हुआ कवि कहता है—

प्रकर्षवत्या कपिशीर्षमालया यदुद्भटस्फाटिकवप्रसंहति।
विलोकयत्यम्ब च केलिदर्पणे विलासधौतामिव दन्तमण्डलीम्।।

(२/७)

(कल्याणनगरी के भवनों की दीवारें स्फटिक मणि से बनी थीं, उनके गुम्बद सफेद रंग के थे, ऐसा लगता था मानों वह नगरी आकाशरूपी केलि दर्पण में उन गुम्बदों के द्वारा अपनी श्वेत धवल दंतपंक्ति को निहार रही है।)

यहाँ वास्तुशास्त्र का भी प्रामाणिक ज्ञान कवि ने प्रकट किया है। गुंबद के लिये कपिशीर्ष शब्द प्राचीन संस्कृत साहित्य में अन्यत्र भी प्रयुक्त है।

निसर्गचित्रण में कवि ने सौंदर्य और कल्पनाओं की मनोहारी सृष्टि की है। वर्षा के वर्णन में वह कहता है—

तृणानि भूभृत्कटकेषु निक्षिपन् न कैः स्फुरद्घोरमृदङ्गनिःस्वनः।
तडित्प्रदीपैश्चलदङ्गलीलया निदाघमन्विष्यति वारिदागमः।।

(१३/३६)

(घोर मृदंग के समान गूँज उत्पन्न करती हुई यह वर्षा ऋतु बिजली के दीप साथ में लेकर पर्वतों की घाटियों में खोजती फिर रही है कि कहीं ग्रीष्म ऋतु वहाँ छिप कर तो नहीं बैठी है?)

भाषा – बिल्हण वैदर्भी रीति के सरस कवि हैं। माघ की भाँति उनका शब्दकोश अत्यंत विशाल है। अनेक दुर्लभ शब्दों के प्रयोग से उन्होंने हमारे भाषाज्ञान को संपन्न बनाया है। उदाहरणार्थ वैकटिक (रत्नपरीक्षक), पोतकूपक (मस्तूल) प्रतिभू – (जमानतदाता १.९), प्रातिभाव्य – (जमानत १.७३)।

मुहावरों या आभाणकों के प्रयोग से बिल्हण ने अपनी भाषा को चित्ताकर्षक बनाया है। जैसे गलहस्तित – गरदनिया दिया गया (४.५६)। लोकजीवन से लाई गई शब्दावली ने विक्रमांकदेवचरितम् की रमणीयता में चार चाँद लगा दिये हैं। कई स्थलों पर तो बिल्हण नये मुहावरों या नये शब्द भी गढ़ते हैं। जैसे पांसुलाः – स्वैरिणी स्त्रियाँ, पल्ययन – काठी (पर्याण), अक्षूण – विश्राम (७.४.) गुलिधनुः – गुलेल आदि।

राजतरंगिणी

परिचय- राजतरंगिणी के प्रणेता महाकवि कल्हण हैं। कल्हण का वास्तविक नाम कल्याण था, कल्हण कश्मीरी भाषा में उसका अपभ्रंश प्रतीत होता है। इन्होंने अपने पिता का नाम महामात्य चंपक प्रभु बताया है। १०९८ ई० के लगभग कश्मीर के परिहासपुर में इनका जन्म हुआ था। जोनराज के अनुसार ये कुलीन ब्राह्मण थे। महाभारत जैसा यह विशाल कलेवर वाला ग्रंथ कल्हण ने ११४८ ई० में लिखना आरम्भ करके दो या तीन वर्षों में पूरा किया, इसकी पूर्ति सन् ११५० ई० में हुई।

राजतरंगिणी के अतिरिक्त इन्होंने अर्धनारीश्वरस्तोत्र नामक भावपूर्ण स्तुतिकाव्य की भी रचना की थी। कश्मीर से उन्हें बहुत प्यार था। वे कहते हैं-बड़े-बड़े गुरुकुल, केसर और ठंडा जल-ये चीजें स्वर्ग में भी दुर्लभ हैं, जो यहाँ आम हैं। तीनों लोकों में यह धरती सबसे सुन्दर है, इस धरती पर भी उत्तर दिशा में भी गौरीगुरु हिमालय सबसे रमणीय है और उस हिमालय के क्षेत्र में भी कश्मीर मण्डल सबसे सुन्दर है (राज० १/४२-४३)।

विषयवस्तु- राजतरंगिणी में आठ तरंगों में महाभारतकाल से लगा कर कल्हण के अपने समय ११५०ई० तक का काश्मीर का इतिहास वर्णित है। प्रथम तरंग में कल्हण ने गोनंद प्रथम के वर्णन से काव्य का आरम्भ करते हुए युधिष्ठिर के समय तक का इतिहास लिखा है, जिसमें ७५ राजाओं का वर्णन है। द्वितीय तरंग में उसके आगे का १९२ वर्ष का इतिहास है, जिसमें छह राजाओं का शासन काल वर्णित है। तृतीय तरंग में गोनंदवंश के दस राजाओं के शासन का विवरण देते हुए कल्हण ने इस वंश के अंतिम राजा बालादित्य तक का ५३६ वर्षों का इतिहास प्रस्तुत किया है। चतुर्थ तरंग में २६० वर्षों में हुए १७ राजा वर्णित हैं। पाँचवें तरंग से कल्हण का इतिहास का ज्ञान परिपक्व व प्रामाणिक होता हुआ दिखायी देता है। इसमें अवंतिवर्मा, संकटवर्मा, सुगंधादेवी, शंकरवर्मा आदि के शासनकाल का विस्तृत वर्णन है। अवंतिवर्मा की रानी सुगंधा तथा शंकरवर्मा के शासन के विषय में तो अनेक सूक्ष्म विवरण कल्हण के दिये हैं। षष्ठ से अष्टम तरंगों में कल्हण ने अपने समय की घटनाओं का जो लेखाजोखा प्रस्तुत किया है, वह सम्पूर्ण संस्कृत-साहित्य में अप्रतिम है। महमूद ग़जनी के आक्रमण का उल्लेख किया गया है। यद्यपि कल्हण की कृति मुख्य रूप से कश्मीर को केन्द्र में रखती है, पर इसमें सारे देश के इतिहास, भूगोल और संस्कृति का जितना विशद विस्तृत परिचय मिलता है, उतना रामायण के पश्चात् अन्य किसी ग्रंथ में नहीं मिलता। राजा हर्ष के शासनकाल १०८९-११०१ई०-में घटित घटनाओं की जानकारी कल्हण ने प्रत्यक्षदर्शी के रूप में बहुत प्रामाणिकता के साथ विशद और विस्तृत रूप में दी है। यह पूरा वृत्तांत १४०० श्लोकों में है।

ऐतिहासिक दृष्टि तथा रचनाप्रक्रिया- राजतरङ्गिणी का अर्थ राजाओं की नदी है। इस नदी में हम राजाओं का उत्थान और पतन, आना और जाना उसी तरह देख सकते हैं जैसे

हम नदी के किनारे खड़े होकर उसकी लहरों का उठना और गिरना देखते हैं। इसका विभाजन सर्गों के स्थान पर तरंगों में किया गया है। इतिहासकार के रूप में कल्हण भूतार्थकथन (सच्ची-सच्ची बात कहना) को अपना आदर्श मानते हैं। उन्होंने आरम्भ में ही अपने काव्य का मानदंड विवृत किया है—

श्लाध्यः स एव गुणवान् रागद्वेषबहिष्कृता।
भूतार्थकथने यस्य स्थेयस्येव सरस्वती।।

(१/७)

(वही गुणवान् प्रशंसनीय है, जिसकी सरस्वती राग और द्वेष से रहित होकर भूतार्थकथन या खरी खरी कहने में स्थिर है।)

राजतरङ्गिणी की रचना आरम्भ करने के पूर्व कल्हण ने वह सारी तैयारी की थी, जो एक अच्छे इतिहासकार को करनी चाहिये। उन्होंने प्राचीन अभिलेखों, दानपत्रों पुराणों और साहित्यिक ग्रंथों का अध्ययन किया था, किंवदन्तियों और जनश्रुतियों की जानकारी प्राप्त की थी, और सारे देश में भ्रमण करके अपने समय के भूगोल और इतिहास को प्रत्यक्ष भी जाना था। राजा हर्ष इतिहास के सबसे क्रूर और आततायी राजाओं में से एक था। अपने पिता की राजा हर्ष पर अत्यधिक श्रद्धा से कल्हण को अरुचि थी। कल्हण के पिता ने दरद के मोर्चे पर हर्ष की ओर से लड़ते हुए बड़ा पराक्रम प्रदर्शित किया था। वे जीवन के अंतिम पड़ाव पर सर्वथा असहाय होकर आत्मत्राण के लिए छटपटाते हर्ष के इने-गिने विश्वासपात्र अधिकारियों में से एक थे। राजा हर्ष जब अपने जीवन की रक्षा के लिए भागा, तो उसका साथ देने वाले दो सेवकों में एक-मुक्त चंपक का नौकर था। यह संभव है कि कल्हण को हर्ष की दारुण हत्या तथा उस समय घटी अनेक घटनाओं की जानकारी इस मुक्त से प्राप्त हुई हो। श्रीकंठचरित के प्रणेता महाकवि मंख कल्हण के समकालीन थे। उन्होंने अपने महाकाव्य के अंत में वर्णित कविगोष्ठी में कल्हण को उपस्थित दिखाया है, तथा कल्हण ने भी उनका राजा जयसिंह के विदेशमंत्री के रूप में उल्लेख किया है। कल्हण अपने समय की सारी राजनीतिक उथल-पुथल के तटस्थ द्रष्टा बने रहे, तभी वे राजतरङ्गिणी की रचना कर सके। उन्होंने राजा सुस्सल के शासनकाल (१११२-२० ई०), राजा हर्ष के अमानुषिक कृत्यों तथा हर्ष के बेटे भिक्षाचर के सैनिकों के द्वारा जनता पर किये गये भयावह अत्याचारों का जो वर्णन किया है, वह आँखों देखा यथार्थ है। राजा हर्ष की निर्मम हत्या (११०१ ई०), डामरों का भयानक आतंक, सामन्तों और अमात्यों षड्यन्त्र तथा कुचक्र, उच्चल, सुस्सल, रड्ड, सल्हण, भिक्षाचर आदि का राजसत्ता हथियाने के लिए दारुण प्रयत्न, इनका थोड़े-थोड़े समय के लिए शासक बनकर फिर राजनीति के खिलवाड़ में पदच्युत होना-इन सब घटनाओं के कल्हण साक्षी रहे, और इनका प्रामाणिक निरूपण उन्होंने किया। अपने समय के चित्रण में कल्हण बहुत निर्भीक होकर सचाई उघाड़ते हैं, अपने से पहले के समय को वे अनुश्रुतियों, उपाख्यानों तथा अन्य अनेक

स्रोतों से पहचानने का यत्न करते हैं। कुरुवंश के युधिष्ठिर के समय या कलिकाल के अवतरण से लगा कर अपने समय की जो कथा कल्हण कहते हैं, उसमें हम अपना इतिहास भी पहचान सकते हैं और इतिहास हमने किसे माना यह भी जान सकते हैं।

इस तरह के वर्णनों में कल्हण राजतन्त्र और अर्थशास्त्र की प्रामाणिक जानकारी भी प्रस्तुत करते चलते हैं। वे यह बताते हैं कि किस तरह अकाल के समय राजा तुंजीन और राजा उच्चल ने व्यापारियों से थोक में सारा अनाज खरीद लिया और फिर उसे बहुत सस्ते दामों पर आम लोगों के बीच बिकवाया। जब तुंजीन ने देखा कि कौडि़यों के मोल पर भी अनाज खरीदने की दरिद्र लोगों में शक्ति नहीं है, तो उसने भण्डारे खोल कर अपना सारा कोश ही खाली कर डाला।

नराधम नरपति नर की निर्घृणता, मिहिरकुल के पैशाचिक कृत्य, नर द्वितीय की विविध विचित्र विलासलीलाएँ, ललितापीड (मुक्तापीड) की कान्यकुब्ज तक विजययात्रा, राजा जयापीड का व्याकरण का महावैदुष्य तथा उसके आश्चर्यजनक कार्य, यशस्कर की यशःसुरभि, राजा कलश के कलुषित कार्य इन सब का विवरण बहुत यथार्थपरक है। राजतरंगिणी में एक ओर तो तुंजीन जैसे राजाओं के प्रजावात्सल्य की यह पराकाष्ठा है कि राजकोश रीता करके भी जब वे भुखमरी न मिटा सके, तो वे हताशा में आग में जलकर प्राण दे डालने का प्रयास करते हैं। दूसरी ओर हर्ष जैसे क्रूर, मदोन्मत्त राजाओं का अनाचार है। कल्हण ने तुंजीन और उच्चल जैसे राजाओं के लोककल्याणकारी कार्यों का वर्णन बहुत सराहना के साथ तन्मय होकर किया है, तो प्रजाद्रोही राजाओं के वहशीपन का कच्चाचिट्ठा भी बिना किसी लाग-लपेट के खोल कर रख दिया है। राजा हर्ष के राज्य का वर्णन आतंक और दमन की दारुण कथा है। "उस राजा के अतिचारों के कारण राज्य में महामारी फैल गई। चारों ओर चीख-पुकार सुनाई देती थी, तथा शवयात्रा के समय बजाये जाने वाले वाद्यों का स्वर थमने को नहीं आता था। इसके साथ ही राज्य में भयंकर बाढ़ आ गई। कश्मीर के गाँव के गाँव पानी में डूब गये। जीवनोपयोगी वस्तुओं का अकाल पड़ गया। पाँच सौ दीनार में एक खारी चावल और एक दीनार में दो तोले अंगूर मिलने लगे। छह दीनारों का एक तोला ऊन मिलता था। नमक, मिर्च और हींग का तो नामोनिशान तक न था। पानी में फेंके गये और सड़ कर फूले हुए शवों से नदियाँ पटी हुई थीं। .....इसी समय उस मूर्ख राजा के दिमाग में यह बात आई कि चारों ओर से जंगल से घिरी होने के कारण राजधानी दिखाई नहीं देती है, तो उसने जंगल साफ करने का आदेश दे डाला। आदेश मिलते ही हरे-भरे और फलों से लदे पेड़ धराशायी किये जाने लगे। ..... तिस पर दुखियारी प्रजा पर वह ऐसे अत्याचार ढहा रहा था, जैसे जीवनभर बोझा ढोते-ढोते बुढ़ा गये कृशकाय हुए बैल के सिर पर पत्थर बरसाये जा रहे हों। उसने अपने कायस्थ (बाबू) कर्मचारियों की सलाह पर तरह-तरह के कर लगा कर जनता को इतना सताया कि गाँव और नगरों की मिट्टी भी राजकीय कर से बच नहीं पाई" (राज०, ७/१११७-२६)। विट या

दलाल किस तरह हर्ष जैसे राजाओं को मूर्ख बनाते हैं, यह कल्हण अच्छी तरह जानते और बताते हैं। वे कहते हैं-"जैसे लोग हँसी-ठट्ठे के लिए कुत्तों को एक-दूसरे पर भौंकने और लड़ाई करने के लिए उकसाते हैं, वैसे ही इस तरह के जडमति राजाओं को अपने क्षुद्र अभिप्राय से विट लोग उकसाते रहते है" (वही, ५.११२०)। यही राजा हर्ष गीधों की तरह प्राणों पर घात लगाये हुए अपने ही भाइयों से छिपता फिरता है और उसका अन्त बहुत करुण होता है। राजतरगिंणी में राजवंशों का जितना बड़ा ब्यौरा है, उतनी ही बड़ी वह आगजनी, लूटमार और रजवाड़ों, सामन्तों तथा राजाधिकारियों के अतिचारों और अन्यायों का त्रास झेलती जनता की कथा भी है। बनियों-बक्कालों, वेश्याओं और राजतन्त्र से जुड़े तरह-तरह के लोगों की भूमिकाएँ कल्हण ने यहाँ पहचानी और रेखांकित की हैं। कल्हण की रुचि वंशावलियों में, तिथियों में और राजाओं उतनी नहीं है, जितनी इस जनता के पक्षधर बनने में। राजा और प्रजा के सम्बन्धों की वे छानबीन करते हैं और उन शक्तियों की पहचान भी करते हैं, जो इन सम्बन्धों को संचालित कर रही हैं। ये शक्तियाँ राजनीति को कितना अमानवीय, क्रूर और निर्मम बना देती हैं- यह बोध कल्हण में राजा हर्ष, सुस्सल आदि के शासन के विवरण में निरन्तर बना रहा है। सत्ता की इस निर्मम राजनीति को कल्हण धिक्कारते हैं। जो पिता सुस्सल अपने बेटे सिंहदेव को ममता में भरकर कर कुछ समय पहले गले से लगा रहा था, वही अपने पुत्र को कैद करके कारागार में डालने का निर्णय ले लेता है। सत्ता की भूख और जनता के दमन वाली राजनीति के प्रति कल्हण लगातार जुगुप्सा को जाग्रत करते हैं। वे ऐसे प्रसंगों में यही कहते चलते हैं-

धिग्राज्यं यत्कृते पुत्राः पितरश्चेतरेतरम्।
शङ्कमाना न कुत्रापि सुखं रात्रिषु शेरते।।
पुत्रपत्नीसुहृद्भृत्या येषां शङ्कानिकेतनम्।
विस्रम्भभूर्भूपतीनां कस्तेषामिति वेत्ति कः।।

(राजतरङ्गिणी, ८.१२४४)

(उस राज्य को धिक्कार, जिसके लिए पुत्र और पिता एक-दूसरे पर शंका करते हुए रातभर सो नहीं पाते, जो अपने बेटों, पत्नियों, मित्रों और सेवकों पर शंका की निगाह गड़ाये रहते हैं, ऐसे राजाओं का कभी कोई विश्वासपात्र भी हो सकेगा, यह किसे पता है?)

संदेश- राजतरगिंणी सत्ता के भूखे नरपिशाचों की क्रूर लीलाओं के वृत्तान्तों से भरी पड़ी है। राजा हर्ष और सुस्सल की हत्याएँ जिस तरह से की गईं, वह सब तटस्थ और निर्लिप्त होकर बयान करते हुए कल्हण हमें सोचने और समझने के लिए भी प्रेरित करते हैं। राजाओं के अध:पतन की पराकाष्ठा को परत-दर-परत उघाड़ते हुए वे कहतें है कि कुछ रूपसियों, घोड़ों की साँसों, विटों (दलालों) की कुत्सित बातों तथा वैतालिकों (भाटों) की डींग, इन सब वस्तुओं को खरीदने के लिए ही राजा लोग लक्ष्मी को बर्बाद करते रहते हैं, बच्चों की तरह

ये अपना समय कभी सुन्दरियों को मनाने-रिझाने में, घोड़ों की नस्लों के विषय में चर्चा करने में, सेवकों की लल्लो-चप्पो में या शिकार की चर्चा में बिताते रहते हैं (राज०, ७/११०९-१०)। कल्हण के महाकाव्य में गर्भ कहाँ कैसे रहता है, इस उत्सुकता में गर्भवती स्त्रियों के पेट चिरवा कर देखने का क्रूर कर्म करने वाले राजा भी हैं, और ऐसे राजाओं का अन्त भी उतनी दारुणता से होते हुए हम देखते हैं। राजा हर्ष और सुस्सल की हत्याएँ बहुत क्रूर ढंग से की गईं। राजा चक्रवर्मा अपनी चांडाल प्रेमिका के घर पर हत्यारों से प्राण-रक्षा के लिए शौचालय में जा छिपता है। और वही पकड़ कर मारा भी जाता है। कल्हण कितने निर्मम और तटस्थ भाव से लिखते हैं-

'श्वपाकभोग्यः स श्ववेवास्करे तस्करैर्हतः'। (राज०, ५.४१३)

(श्वपाकी अर्थात् चांडाली का भोग्य वह श्वा (कुत्ते) की तरह अवस्कर (कचरे या मल) के ऊपर मार डाला गया)'

भारतीय साहित्य की परम्परा में महाभारत के बाद कदाचित् और किसी दूसरे काव्य में इतने विराट् फलक पर जीवन और समाज का विशद रूप अंकित नहीं हुआ। महाभारत की ही तरह राजतरगिंणी भी जीवन के संशय, द्वंद्व और विकट संग्राम का बृहद् कथानक या वंशानुवंशचरित प्रस्तुत करती है, और परिणति में जागरित विवेक का प्रत्यय देती है। आचार्यों ने महाभारत में शान्तरस को प्रधान माना है, क्योंकि छल, कपट, विकट पराक्रम, महायुद्ध इन सबके पीछे महामति व्यास जीवन की निरन्तर जो मीमांसा करते चलते हैं, वह निर्वेद या तटस्थता को अव्याहत रूप में बनाये रखती है, तथा अपने अवसान में तत्त्वज्ञान को स्थापित करती है। कल्हण तो जीवन और जगत् में व्याप्त हिंसा लिप्सा और सारी नश्वरता का प्रत्यय देते हुए स्पष्ट रूप से शान्तरस की प्रधानता का उद्घोष स्वयं भी करते हैं-

क्षणभङ्गिनि संसारे स्फुरिते परिचिन्तिते।
मूर्धाभिषेकः शान्तस्य रसस्यात्र विचार्यताम्।।

(राज०, १.२३)

कविता के क्षेत्र में शान्तरस की जो अवधारणा अश्वघोष आदि महाकवियों के काव्यों के द्वारा स्थापित हुई उसमें काव्यानुभव में विवेक और तत्त्वबोध या विचारप्रवणता को बनाये रखने का आग्रह था। शान्तरस की यही अवधारणा उन ग्रन्थों या काव्यों में भी प्रतिफलित होती है, जिन्हें इतिहास कहा गया। इतिहास का अनुभव उस तत्त्वज्ञान की तरफ ले जाता है, जो क्षुद्रताओं के ऊपर उठकर उदात्त पर हमें प्रतिष्ठित करे। कल्हण स्वयं अपनी इतिहास-रचना को समाज के लिए एक कड़वी दवा की तरह मानते हैं-'भैषज्यभूतसंवादिकथायुक्तोपयुज्यते' (वही.-१,२१)। प्रजा को सताने वाले राजा समूल नष्ट हो जाते हैं, यह सन्देश भी कल्हण अपने इतिहास के द्वारा देना चाहते हैं- ये प्रजापीडनपरास्ते विनश्यन्ति सान्वयाः (वही, १.१८)।

लोकदृष्टि- कल्हण की स्पृहणीय विशेषता है जनसामान्य के प्रति उनकी अकृत्रिम सहानुभूति। वे कहते हैं-''एक ओर तो प्रजाओं के ऊपर गिरने वाली दुर्भिक्ष, महामारी आदि व्याधियाँ हैं और दूसरी ओर है राजा का लालच'' (राज०, ५/१८७)। प्रजा को सताने वाले राजाधिकारियों के विरुद्ध कल्हण के हृदय में गहरा आक्रोश है। वे कहते है-''(इस तरह के) अधिकारीगण हत्यारे, पापी तथा दूसरों के सर्वस्व को हड़पने वाले होते हैं, इनसे प्रजा को बचाये'' (वही, ८.८६)। अकाल, महामारी, राजाओं तथा राजधिकारियों के त्रास के कारण घोर संकटों से जूझती जनता का कल्हण ने जो वर्णन किया है, वह हृदयद्रावक है। दूसरे तरंग में लोगों की गरीबी और लाचारी का इस प्रकार विस्तृत चित्रण करते हुए कल्हण ने एक संवेदनशील प्रजावत्सल राजा तुंजीन के द्वारा सारी औपचारिकताएँ त्याग कर प्रजाहित में लग जाने का जो विवरण दिया है, वह बड़ा मार्मिक तथा प्रेरणाप्रद है। आठवें तरंग में राजा उच्चल के वर्णन में भी यही बात हम पाते हैं-''किसी दुःखी व्यक्ति का आर्त, करुण, क्रन्दन सुन कर वह राजा अपने आपको काबू में नहीं रख पाता था। बात करते-करते जैसे उसके मुख से अमृत बरसता था। इस कारण वह प्रजा में बहुत लोकप्रिय हो गया था। अपनी प्रजा के दुःखों के विषय में पता चलते ही वह उनके दैन्य का निवारण इस तरह करता था, जैसे पिता पुत्र के दुःख दूर करता है'' (वही, ८.५२.५७)। राजतरगिंणी के एक प्रसंग में न्यायप्रिय राजा चन्द्रापीड त्रिभुवनस्वामी का मन्दिर बनवा रहा है, मन्दिर की हद में एक चर्मकार की झोंपड़ी आ गई है। चर्मकार अपनी झोंपड़ी छोड़ने को तैयार नहीं है। मन्दिर बनवाने के काम में लगे अधिकारियों ने उसे खूब समझाया, हर तरह के मुआवजे का लालच दिया, पर चर्मकार था कि टस से मस न हुआ। बात राजा तक पहुँची। सारी बात जान कर राजा ने अधिकारियों को ही झिड़का कि उस चर्मकार की अनुमति लिये बिना तुम लोगों ने मन्दिर बनवाने के काम में हाथ ही क्यों लगाया? अन्त में राजा स्वयं उस चर्मकार के द्वार पर गये, और उससे झोपड़ी छोड़ने की प्रार्थना की। चर्मकार भी संतुष्ट और प्रसन्न होकर अन्य गृह में चला गया।

वास्तव में कल्हण आम जनता के कवि हैं। उनकी गहरी सहानुभूति सामान्य जनों के साथ है।

साहित्यिक व सांस्कृतिक परम्परा के अछूते पक्ष- कल्हण ने अपने समय के तथा प्राचीनकाल के अनेक कवियों का राजतरगिंणी में उल्लेख किया है। इनमें से अनेक कवि ऐसे हैं जिनके महत्त्वपूर्ण कर्तृत्व का पता केवल राजतरगिंणी से ही चलता है। राजा तुंजीन के शासनकाल में हुए चंद्रक कवि के विषय में उन्होंने लिखा है कि वह द्वैपायन मुनि का अवतार महान कवि था, जिसने ऐसे नाटकों की रचना की जिनका अभिनय सारी जनता के देखने के योग्य होता था (राज०, २.१६)। इसी प्रकार महाकवि मातृगुप्त की अद्भुत गाथा का स्रोत भी राजतरगिंणी ही है। मातृगुप्त कश्मीर के कवि थे। वे एक वर्ष तक उज्जयिनी में राजा विक्रमादित्य के यहाँ पहरुए रहे। कल्हण ने बड़ी संवेदनाप्रवण दृष्टि के साथ उनकी दीन-हीन अवस्था का मार्मिक चित्रण किया है। कड़कड़ाती सर्दी में आधी रात को पहरे पर उन्हें देख कर

राजा ने उनसे समय पूछा और बातचीत में मातृगुप्त ने अपना रचा हुआ एक करुण पद्य सुना दिया। प्रभावित होकर राजा विक्रमादित्य ने अगले दिन ही उनको कश्मीर का शासक नियुक्त करते हुए अपने दूतों से कश्मीर संदेश भेजा, पर मातृगुप्त के साथ ठिठोली करते हुए मुहरबंद आज्ञापत्र को कश्मीर तक ले जाने का काम स्वयं मातृगुप्त को ही सौंप दिया। मातृगुप्त को लगा कि इतने अपार कष्ट झेल कर जो राजसेवा अब तक की है, वह सब व्यर्थ गई। मातृगुप्त के निर्वेद, विषण्णता और आत्मग्लानि का यहाँ कल्हण ने बड़ी सहानुभूति के साथ चित्रण किया है। इसी प्रकार दुर्गम कश्मीर-यात्रा पूरी करके कश्मीर के मन्त्रियों को राजाज्ञापत्र सौंपने के बाद तत्काल अपने राज्याभिषेक की तैयारी देख मातृगुप्त को अप्रत्याशित रूप से होने वाले कौतुक का भी चित्रण हृदयावर्जक है।

मातृगुप्त के शासनकाल से जुड़े हुए दो साहित्यिक विभूतियों-भर्तृमेण्ठ तथा प्रवरसेन के भी रोचक वृत्तांत कल्हण ने दिये हैं।

वस्तुतः कश्मीर ही नहीं, भारतवर्ष की एक सहस्र से अधिक वर्षों की सामाजिक, राजनीतिक और ऐतिहासिक परिस्थितियों के ज्ञान के लिए राजतरङ्गिणी परम उपादेय प्रामाणिक काव्य है। कश्मीर के उस समय के अनेक प्रसिद्ध देवालयों का वर्णन कल्हण ने किया है। तक्षक मन्दिर की यात्रा का वर्णन (२/२२) या चन्द्रापीड, मातृगुप्त जैसे राजाओं के द्वारा बनवाये गये मन्दिरों के वर्णन इस दृष्टि से उस काल के सांस्कृतिक वैभव की झलक देते हैं। कश्मीर के उस समय के अनेक तीर्थों का वर्णन राजतरंगिणी में प्रामाणिक रूप में है। उस समय की यान्त्रिक तथा तकनीकी प्रगति का भी इस कृति से परिचय मिलता है। राजा के रूप में मातृगुप्त के त्याग और शौर्य का चित्रण करते हुए वे उसके सत्कार्यों की परम्परा को चर्खे से लगातार निकलने वाले सूत से देते हैं (३/२५४)। इससे चरखों के द्वारा सूत कात कर कपड़ों का व्यवसाय कल्हण के समय होता था, यह स्पष्ट है। सुय्य उस समय का श्रेष्ठ इंजीनियर था, जिसने कश्मीर में बाढ़ रोकने के लिए वितस्ता पर बड़ा बाँध बनवाया और अनेक तालाबों में पानी के निकास की समुचित व्यवस्था कराई, अनेक नये प्रवाहमार्ग बनवाये। इससे नदियों के संगमस्थल बदल गये (राज० ५/७६-१.१)। सुय्य की प्रशंसा करते हुए कल्हण ने लिखा है कि जैसे मान्त्रिक मन्त्रबल से नागिन को अपने वश में कर लेता है, वैसे ही बुद्धिमान् सुय्य ने लपलपाती तरंगरूपी जिह्वाओं से युक्त नागिन जैसी नदियों को वश में करके उनके बहने के नये रास्ते बना दिये।

काव्यसौन्दर्य, भाषा-शैली तथा वर्णनकला- कल्हण की भाषा भी रामायण और महाभारत की सहज, प्रासादिक शैली को पुनः स्थापित करती है। उनका एक-एक पद हृदयंगम होता चलता है। कहीं भी क्लिष्टता का आभास उसमें नहीं होता। राजतरंगिणी में कल्हण ने अपने समय की बोलचाल की भाषा से उठा कर नये-नये मुहावरे संस्कृत में प्रयुक्त किये हैं। क्षुरं क्षौद्रोपलिप्तम् (८.१४८)-शहद में लिपटी छुरी, स्फिक्कषणं नखैः (८.७.७)-

नखों से नितम्ब नोंचना- इस तरह के अनेक मुहावरे कल्हण के आम जनता से जुड़ाव तथा लोकभाषा से लगाव को प्रमाणित करते हैं। कश्मीर की मनोरम नैसर्गिक सुषमा का चित्रण कल्हण ने अनेकत्र किया है। सहज सौन्दर्य के प्रति वे आकृष्ट हैं। कश्मीर की अधित्यकाओं और उपत्यकाओं में वे खूब रमे हैं। सुन्दर कल्पनाओं और कवित्व का अनूठापन कल्हण में है।

राजतरंगिणी की परम्परा

राजतरंगिणी का अपने महनीय अवदान के कारण साहित्यिक जगत् में इतना समादर हुआ कि उसके अनुकरण पर अन्य अनेक परवर्ती कवियों ने राजतरंगिणी लिख कर कल्हण की इतिहास-रचना के उपक्रम को आगे बढ़ाया। कश्मीर के ही जोनराज ने अपनी राजतरंगिणी में १४५९ ई० तक की घटनाओं का वर्णन किया। जोनराज के समय कश्मीर में सुल्तान जैनुल् आबदीन का शासन था। इस सुल्तान ने संस्कृत के पंडितों और कवियों को बहुत प्रश्रय दिया। जोनराज ने जेनुल् आबदीन के शासन का प्रामाणिक वर्णन किया है। तत्पश्चात् जोनराज के शिष्य श्रीवर ने १४८६ तक का इतिहास अपनी राजतरंगिणी में संकलित किया। प्राज्य भट्ट तथा उनके शिष्य शुक ने एक सहस्र पद्यों में कश्मीर पर अकबर के आधिपत्य (१५८६ ई०) तक का इतिहास प्रस्तुत किया।

इन राजतरंगिणियों में कल्हण ने इतिहासकाव्य के लेखन में जो महनीय मानदंड स्थापित किया था, उसकी रक्षा नहीं हो सकी है। श्रीवर तो आयास पूर्वक चित्रकाव्य लिखने तथा भाषा का खिलवाड़ दिखाने में फँस गये हैं, जिससे कथ्य की ऋजुता नष्ट हो गई है।

रामपालचरित

इस महाकाव्य के प्रणेता संध्याकर नंदी हैं। इसका रचनाकाल बारहवीं शती का उत्तरार्ध है। यह द्व्याश्रय काव्य भी है। इसमें रामायण की कथा के साथ राजा रामपाल (१०७७-१११२. ई०) का इतिवृत्त १२० आर्याओं में चार परिच्छेदों में वर्णित है। बंगाल के पालवंशीय राजाओं के विषय में इस महाकाव्य से महत्त्वपूर्ण जानकारी मिलती है। श्लेष के द्वारा रामकथा तथा रामपाल का चरित्र एकसाथ प्रस्तुत किया गया है। महाकाव्य के अन्त में सन्ध्याकार ने अपना परिचय दिया है, जिसके अनुसार वे बृहद्वटु ग्राम के निवासी थे। उनके पिता प्रजापति नंदी एक बड़े राजाधिकारी थे। पितामह पिनाकनन्दी राजा (सम्भवतः रामपाल) के सान्धिविग्रहिक थे। सन्ध्याकर नन्दी ने राजा के इतने बड़े अधिकारी के घर में जन्म लेने के कारण राजनीतिक उथलपुथल को निकट से देखा-परखा था, और उसका चित्रण इन्होंने अपने महाकाव्य में किया। महाकाव्य के अन्त में अपने परिचय में इन्होंने अपने विरोधियों का संकेत किया है, तथा यह भी बताया है कि महाकाव्य की रचना करने के पश्चात् बहुत समय तक वे इसे छिपा कर रखे रहे। इसका कारण महाकाव्य में समकालीन राजनीतिक घटनाओं का चित्रण ही था।

रामचरित में पालवंशीय राजाओं का उद्भव से लगा कर महान् पराक्रमी नायक राजा रामपाल के अवसान तक का दसवीं शताब्दी तक का इतिहास है। संधानकाव्य के समान यह व्याख्यागम्य काव्य है, इसकी एक प्राचीन टीका भी थी। वह प्रथम सर्ग पर तो पूरी मिलती है, पर द्वितीय सर्ग के पैंतीसवें श्लोक पर ही समाप्त हो जाती है। महामहापोध्याय हरप्रसाद शास्त्री ने बड़े परिश्रम से इस काव्य का संपादन किया है, तथा इसमें निहित ऐतिहासिक तथ्यों का उद्घाटन किया है। यह महाकाव्य पालवंश के इतिहास को समझने के लिये अत्यंत दुर्लभ महत्त्वपूर्ण सूत्र प्रस्तुत करता है। एकादश द्वादश शतक के बंगदेश की ऐतिहासिक व राजनैतिक स्थितियों पर भी इससे प्रकाश पड़ता है। पालवंश के प्रवर्तक प्रतापी सम्राट् धर्मपाल ने ७८३ई० से ८१७ई०तक शासन किया। उसने कान्यकुब्ज पर विजय प्राप्त की तथा गौडदेश से लगा कर मध्यदेश तक अपने राज्य का विस्तार किया। यहाँ तक कि मालव देश के भोजवंशीय, जयपुर के मत्स्यवंशीय, वर्तमान पञ्चाम्बु (पंजाब) के मद्रदेशीय, कुरल, यादव, आवन्तिक, गान्धार तक के शासकों ने उसका वर्चस्व स्वीकार किया। ८००ई० के आसपास प्रायः समग्र आर्यावर्त पर उसका शासन था। उसका पुत्र देवपाल भी वैसा ही प्रतापी था। पालवंशीय राजा यद्यपि बौद्ध थे, पर ब्राह्मणधर्म में भी उनकी बराबर आस्था थी। धर्मपाल की ही एक रानी वैदिकधर्म मानने वाली थी।

सन्ध्याकर नन्दी के द्वारा प्रतिपादित धर्मपाल का वंशवृक्ष इस प्रकार है—

धर्मपाल
↓
देवपाल
↓
विग्रहपाल (देवपाल के भाई जयपाल का पुत्र)
↓
नारायणपाल
↓
राज्यपाल
↓
गोपाल
↓
विग्रहपाल द्वितीय
↓
महीपाल

↓

नयपाल

↓

विग्रहपाल तृतीय

↓

महीपाल द्वितीय

↓

रामपाल — महीपाल द्वितीय का भाई

↓

राज्यपाल

महीपाल के शासनकाल में १०३३ई० के लगभग राजेन्द्र चोल ने बंग देश पर आक्रमण किया। अपने अभिलेखों में उसने अपने को विजयी घोषित किया है, परंतु इस महाकाव्य तथा पाल वंश के अन्य अभिलेखों से उसके दावे की पुष्टि नहीं होती। महीपाल के शासनकाल में अतीश (दीपांकर श्रीज्ञान) विक्रमशिला के विश्वविद्यालय में थे, वहीं से वे तिब्बत देश गये।

कुमारपालचरित

कुमारपालचरित का दूसरा नाम द्व्याश्रयकाव्य भी है। इसके प्रणेता हेमचंद्र हैं। इनका जन्म वि. ११४५ में गुजरात में एक वैश्य परिवार में हुआ। पाँच वर्ष की आयु में ये देवचंद्र सूरि नामक जैन साधु से दीक्षित हो गये। हेमचंद्र अन्हिलवाड़ के राजा जयसिंह सिद्धराज (१०९४-११४३ ई०) तथा उनके पुत्र कुमारपाल के धर्मोपदेशक रहे। कुमारपालचरित के अतिरिक्त त्रिषष्टिशलाकापुरुषचरित इनका सुप्रसिद्ध चरितकाव्य है, जिसमें महापुरुषों की चरितकथाएँ हैं।

व्याकरण, दर्शन, धर्म तथा काव्यशास्त्र पर इनके अनेक ग्रंथ प्रसिद्ध हैं। कुमारपालचरित २८ सर्गों का महाकाव्य है, जिसके अंतिम ८ सर्ग प्राकृत में हैं। चालुक्यवंशीय राजाओं का इतिहास विस्तार से प्रस्तुत करने के पश्चात् हेमचंद्र ने पंद्रहवें सर्ग के बाद कुमारपाल का जीवनचरित निबद्ध किया है। प्रथम आठ सर्गों में मूलराज से आरम्भ करके राजा भीम तक के राजाओं का चरित्र है। छठे सर्ग में मूलराज के पुत्र चामुंडराय का जन्म व राज्याभिषेक का विस्तार से वर्णन है। सातवें से दसवें सर्ग तक इस वंश के अनेक राजाओं का वर्णन हेमचंद्र ने किया है। भीम के पुत्र कर्ण, कर्ण के पुत्र जयसिंह के विचित्र और अतिप्राकृतिक घटनाओं से संवलित चरित्रों का निरूपण नवें से पंद्रहवें सर्गों तक किया है। सोलहवें सर्ग में जयसिंह के पुत्र कुमारपाल के राज्याभिषेक का वर्णन है। ग्यारहवें से सोलहवें सर्गों में सिद्धराज जयसिंह (१०९४-११४३ई०) का चरित विशद रूप में निरूपित है। सोलहवें सर्ग से जयसिंह के पुत्र

कुमारपाल का चरित प्रारंभ होता है। अठारहवें सर्ग में कुमारपाल का अर्णोराज से युद्ध और उस पर कुमारपाल की विजय का वर्णन है। कुमारपाल के विविध युद्ध, राजा के रूप में उसकी दिनचर्या तथा उसके लोकोपकार के कार्यों का हेमचंद्र ने प्रत्यक्षदृष्ट वर्णन किया है।

यह महाकाव्य न केवल ऐतिहासिक महाकाव्य है, अपितु द्विसन्धान महाकाव्य तथा भट्टिकाव्य के समान शास्त्रकाव्य भी है।

व्याकरण का ज्ञान, संस्कृत के साथ प्राकृत भाषा का बोध कराने की भी इच्छा तथा इतिहास लेखन के सारे प्रयोजनों को साधते हुए भी हेमचंद्र ने कवित्वनिर्वाह का भी यत्न इसमें साधा है। अभि उपसर्ग के प्रयोग का उदाहरण देते हुए वे कहते है

अभि द्यामभिशुभ्राभा सुनाराभि सरः सरः।।
अभि दिग्विजयं साधुरुपतस्थे शरत् क्षणात्।।

(३.१)

इसी प्रकार गव्यति, नाव्यति जैसी क्रियाएँ गढ़ते हुए शब्दनिर्माण चातुरी के साथ कुमारपाल की जीवनयात्रा इस काव्य में अग्रेसर होती है

न गव्यतीह गौयानो नौयानो न च नाव्यति।
उपोयमानः श्राव्याभिर्गीयमानासुगीतिभिः।।

(१.२४)

लाटदेश के अन्य ऐतिहासिक महाकाव्य

केवल राजाओं के चरित को आधार बना कर ही ऐतिहासिक महाकाव्य नहीं लिखे गये, महापुरुषों या समाजोद्धारकों के जीवन पर भी ऐतिहासिक महाकाव्य अथवा चरितात्मक प्रबंध रचे गये। गुर्जरदेश में वस्तुपाल तथा तेजःपाल ये दो ऐसी ही विभूतियाँ हैं। विशेषरूप से वस्तुपाल को ले कर तो प्रचुर साहित्य की सृष्टि मेधावी महाकवियों ने की।

सुकृतसंकीर्तन - ग्यारह सर्गों के इस महाकाव्य की रचना लवणसिंह के पुत्र अरिसिंह ने १२२५ ई० में की। अरिसिंह वस्तुपाल के आश्रय में रहे। ये बालभारत के प्रणेता अमरसिंह के सहयोगी व मित्र थे, दोनों ने कविकल्पलता नामक ग्रंथ मिल कर लिखा था। कवितारहस्य अरिसिंह का काव्यशास्त्रविषयक अप्राप्त ग्रंथ है। सुकृतसंकीर्तन में वस्तुपाल का जीवन-चरित निबद्ध करते हुए कवि ने गुजरात के तत्कालीन इतिहास की विशद झाँकी प्रस्तुत की है। इसके पहले तथा दूसरे सर्गों में चापोत्कट तथा चालुक्य वंश के राजाओं की वंशावली व परिचय भी दिया गया है। चालुक्यवंश के राजाओं का इतिहास मूलराज से लेकर भीमदेव द्वितीय के समय तक का प्रस्तुत किया गया है। वस्तुपाल के धार्मिक व लोकोपकारविषयक कृत्यों का वर्णन भी अरिसिंह ने जितने मनोयोग से किया है, उतने ही ओजस्वी रूप में उसके पराक्रमपूर्ण कार्यों तथा युद्धों का भी।

वसंतविलास - मंत्री वस्तुपाल के ही जीवन-चरित पर आधारित १४ सर्गों के इस महाकाव्य के कर्ता बालचंद्र सूरि हैं। वस्तुत: वसंतपाल वस्तुपाल का ही साहित्यिक नाम है। इस महाकाव्य की रचना १२४२ ई० में वस्तुपाल के निधन के पश्चात् उसके पुत्र जैत्रसिंह के प्रीत्यर्थ की गयी। वस्तुपाल के जीवन के निरूपण के ब्याज से अनहिलपत्तन नगर, उसके शासक राजाओं का भी मूलपुरुष मूलदेव से लगा कर भीमसेन द्वितीय तक कवि ने वर्णन किया है। वस्तुपाल के शौर्य, औदार्य तथा अवदानों, राजा वीरधवल का उन पर विश्वास तथा तत्कालीन राजनैतिक घटनाचक्र का विशद चित्रण बालचंद्र ने इस महाकाव्य में किया है। अनेक प्रसंगों का वर्णन कवि ने स्वयं के अनुभव के आधार पर प्रत्यक्षदृष्ट रूप में किया है।

कीर्तिकौमुदी - उल्लाघराघव नाटक के प्रणेता सोमेश्वर अनहिलपत्तन में चालुक्यवंशी राजाओं के कुलपुरोहित ते। इनकी चर्चा इनके सुरथोत्सवमहाकाव्य के संदर्भ में पिछले अध्याय में की गई है। ये अमात्य वस्तुपाल के आश्रित कवि तथा मित्र भी थे। चालुक्यवंश के कतिपय राजाओं की प्रशस्तियाँ भी इन्होंने शिलालेखों के लिये रचीं। कीर्तिकौमुदी में वस्तुपाल की जीवनचरित तथा कीर्तिकथा है।

धर्माभ्युदय - इस महाकाव्य के कर्ता उदयप्रभ सूरी हैं। इसमें वस्तुपाल के अवदान को विशेषरूप से विषय बनाया गया है। वस्तुपाल अपने धार्मिक कार्यों के कारण संघपति के नाम से भी जाने जाते रहे, तदनुसार इस काव्य का अपर नाम संघपतिचरित भी है। इसमें वस्तुपाल के द्वारा जैन मन्दिरों के निर्माण के लिये किये गये प्रयासों का विस्तार से निरूपण है। यह पौराणिक शैली में निबद्ध है। वस्तुपाल के द्वारा की गई गिरनार, शत्रुंजय आदि तीर्थों की यात्राओं का विशद वर्णन भी इस काव्य में है। इस काव्य की हस्तलिखित प्रति १२३३ई० में स्वयं वस्तुपाल के द्वारा लिखाये जाने की सूचना मिलती है।

इन सभी महाकाव्यों के निर्माता कवि वस्तुपाल के समकालिक हैं, अत: उनके निरूपण में प्रामाणिकता है।

मूषकवंश

इस महाकाव्य के प्रणेता अतुल कवि हैं। इनका समय बारहवीं शताब्दी का उत्तरार्ध है। इसमें पंद्रह सर्गों में केरल के राजवंश का इतिहास है। परशुराम के द्वारा क्षत्रियों के संहार के पश्चात् मूषकपर्वत में मूषक नामक नामक राजा की उत्पत्ति के साथ महाकाव्य का आरम्भ होता है और बारहवीं शताब्दी के राजा श्रीकंठ के वर्णन के साथ महाकाव्य समाप्त होता है। इस महाकाव्य में उत्कृष्ट कवित्व और इतिहास दोनों की प्रस्तुति सराहनीय है। यद्यपि इस महाकाव्य में अनेक पौराणिक कथाएँ व आख्यान भी समाविष्ट हैं, पर केरल के इतिहास के कतिपय अछूते पक्ष इससे उजागर होते हैं। चौदहवें सर्ग में केरल पर चौलराजा के द्वारा किये गये आक्रमण का वर्णन किया गया है। यह चोल राजा वस्तुत: प्रतापी राजेंद्र (१०१४-४६

ई०) चोल है। श्रीमूलवास में बौद्ध मठ का वर्णन भी महाकवि अतुल ने यथार्थ शैली में किया है। राजा विक्रमाराम के द्वारा इस विहार की रक्षा के लिये कराये गये प्रबंधों का भी विवरण कवि ने दिया है। बाढ़ में हुई विहार की क्षति का वर्णन करते हुए वह कहता है—

प्रथितमिह जिनस्य श्रीनिकेतं कदाचिन्मुषितजलविपत्तेरालयं मूलवासम्।
पृथुचटुलतरङ्गक्षुब्धवेलातटान्तः कवलयितुमदन्वन्वानुद्धतं व्याजजृम्भे।।

(१२.१६)

राजा वल्लभ द्वितीय के द्वारा इस विहार में की जाने वाली पूजा का वर्णन करते हुए कवि कहता है —

उपसृत्य नित्यसुसमृद्धविभवगुरुधर्मपरागम्।
तत्र सुगतमतिकारुणिकं शुचिमूलवासजुषमभ्यवन्दत।।

पृथ्वीराजविजय

पृथ्वीराजविजय नाम से संभवतः अनेक महाकाव्य लिखे गये। उनमें से कोई भी पूरा नहीं मिलता। उन सब की पांडुलिपियाँ एकत्र कर के उनका परस्पर मिलान कर के उनके प्रणेताओं के विषय में सुनिश्चित निर्णय भी नहीं लिया जा सका है। पृथ्वीराजविजय महाकाव्य की अपूर्ण पांडुलिपि एशियाटिक सोसायटी के पुस्तकालय में है। इसमें केवल १५६ श्लोक हैं।

पृथ्वीराजविजय नाम से आठ सर्ग तक अपूर्ण रूप में प्राप्त एक महाकाव्य भी बारहवीं शताब्दी के उत्तरार्ध में रचा गया। इसके रचयिता चंडकवि कहे गये हैं। इसमें ११९१ ई० में पृथ्वीराज की शहाबुद्दी गोरी पर विजय का वर्णन है। ऐतिहासिक तथ्यों के प्रामाणिक उल्लेख के साथ वह महाकाव्य उत्कृष्ट काव्यसौन्दर्य से भी समन्वित है। बिल्हण की शैली की चंड कवि की रचना पर विशेष छाप है।

जयानककृत पृथ्वीराजविजय

जयानक मूलतः कश्मीर के निवासी थे। उनके द्वारा प्रणीत पृथ्वीराजविजय के बारह सर्ग मिलते हैं, पर उनमें यह अपूर्ण है। पृथ्वीराज के विवाह के अधूरे वृत्तान्त पर ही इस काव्य का उपलब्ध अंश समाप्त हो जाता है। अंतःसाक्ष्य से प्रमाणित होता है कि इस महाकाव्य के प्रणेता पृथ्वीराज के राजकवि थे। ११९१ ई० में पृथ्वीराज की मुहम्मद गोरी पर विजय के वृत्तांत को केन्द्र में रख कर उन्होंने इस महाकाव्य की रचना की। ११९१ई० में ही शहाबुद्दीन गौरी ने पृथ्वीराज को पराजित किया था। यह महाकाव्य उसके पूर्व लिखा गया होगा। महाकाव्यकर्ता जयानक को पृथ्वीराज ने अपनी राजसभा में ससम्मान आमंत्रित किया था। पृथ्वीराज की मृत्यु के पश्चात् वे पुनः कश्मीर देश लौट गये होंगें ऐसा अनुमान किया जा सकता है। पृथ्वीराज के सान्निध्य में रहते हुए उन्होंने राजप्रसाद की गतिविधियों, शासनव्यवस्था आदि को ले कर स्वयं जो कुछ देखा , सुना उसकी झलक इस महाकाव्य में देखी जा सकती है।

कश्मीर के ही प्रसिद्ध कवि व टीकाकार जोनराज ने इस महाकाव्य की टीका लिखी है। प्रथम व द्वितीय सर्गों में सूर्य के तेज से चाहमान कुल की उत्पत्ति तथा इस वंश के आदिपुरुष चाहमान का पुष्करक्षेत्र में आगमन वर्णित है। तृतीय और चतुर्थ सर्ग में चाहमान के पराक्रमपूर्ण कार्यों के वर्णन के साथ उसके पुत्र परमप्रतापी राजा वासुदेव का चरित्र बताया गया है। चाहमान राजाओं की प्रशंसा में जयानक ने कहा है कि उनके राज्य में षड्विध ईति (अतिवृष्टि, अनावृष्टि, मूषकबाधा, गजावस्कंद या हाथियों के द्वारा नगर को रौंदना, शलभ या टिड्डीदल का आक्रमण तथा शत्रु का आक्रमण) ये नहीं थीं। वासुदेव की मृगया के वर्णन में कवि जयानक कालिदास के रघुवंश के दशरथ की मृगया प्रसंग से प्रभावित हैं। वन में वासुदेव की भेंट एक विद्याधर से होती है, वासुदेव उसके मुख से गिरी सिद्धगुलिका उसे देता है, उसके इस उपकार के बदले विद्याधर उसे एक कुद्दाल दे कर कहता है कि वह इससे अमुक स्थान पर धरती खोदे, खोदने से एक झील बन जायेगी। वासुदेव ने उसके निर्देश के अनुसार खुदाई की, जिससे साँभर झील का निर्माण हुआ। देवी शांकभरी चौहानवंश के राजाओं पर सदैव अनुग्रह रखती रहीं। आगे के सर्गों में चाहमान कुल की परम्परा इस प्रकार बताई है—

सामन्तराज

↓

विग्रहराज

↓

चन्द्रराज

↓

दुर्लभराज

↓

गोवाक

↓

चन्दन

↓

वाक्पतिराज

↓

सिंहराज

↓

विग्रहराजद्वितीय

विग्रहराज द्वितीय का अनुज दुर्लभराज था। उसके वंशजों में गोविन्दराज, वाक्पतिराज, वीर्यराम तथा वाक्पतिराज तृतीय – ये क्रम से राजा बने। इन राजाओं का मालव, कान्यकुब्ज आदि राज्यों से संबंध, संधि, विग्रह आदि का वर्णन जयानक ने प्रामाणिक रूप से काव्य में किया है। विग्रहराज द्वितीय के पुत्रों में पृथ्वीराज यशस्वी था। उसके बाद उसका पुत्र अदयराज और अदयराज का पुत्र अर्णोराज हुआ। इन राजाओं ने अजयमेरु (अजमेर) की स्थापना की तथा उसे समृद्धि की पराकाष्ठा पर पहुँचाया – यह विवरण बड़े अभिनिवेश के साथ राजानक ने काव्य में किया है।। इन राजाओं के तुर्कों के साथ हुए युद्धों का वर्णन भी वह करता है।

यह काव्य कितना लोकप्रिय था यह इस तथ्य से जाना जा सकता है कि अलंकारसर्वस्व की विमर्शिनी टीका में जयरथ ने इसका उद्धरण दिया है।[२]

गोविंदराज के जन्म का वर्णन करते हुए कवि ने कहा है कि पूर्वाद्रि में चंद्रोदयमय होने वाली, दक्षिण में मलयचंदन बनने वाली, मंदरपर्वत में क्षीरसागर बन जाने वाली तथा हिमालय में तुषार बनने वाली दिगंगनाओं को अपने यश से शीतल बनाने के लिये गोविंदराज का जन्म हुआ—

चन्द्रोदयन्ति पूर्वाद्रौ मलयचन्दनन्ति च।
मन्दरे क्षीरपूरन्ति तुषारन्ति हिमालये।।
यशसा शीतलीकर्तुमिच्छयेव दिगङ्गनाः
यः स गोविन्दराजाख्यस्स तस्मादुदपद्यत।।

विग्रहराज द्वितीय ने मालव के राजा उदयादित्य की सहायता की थी, जिससे उदयादित्य ने गुर्जरदेश के राजा कर्ण को परास्त किया (५.७८)। पंचम सर्ग में पृथ्वीराज तथा उसके उत्तराधिकारी अजयराज के गौरव का वर्णन विस्तार से किया गया है। यमक का विन्यास करते हुए कवि इस प्रसंग में कहता है कि राजा ने धरती को दुर्वर्णमय रूपकों (चाँदी के सिक्कों) से पाट दिया था, कविजनों ने उसी धरती को सुवर्णमय रूपकों (सुंदर अक्षरों वाले नाटकों) से सजा दिया।

स दुर्वर्णमयैर्भूमिं रूपकैः पर्यपूरयत्।
तां सुवर्णमयैस्तत्र कविवर्गस्त्वपूरयत्।।

(५.८८)

चतुर्थ सर्ग में चौहान वंशीय राजाओं का अजयमेरु (अजमेर) को बसाना तथा अजयमेरु नगर का विन्यास और वैभव विशद रूप में वर्णित है (४.१३०-९३)। जोनराज ने यहाँ अर्णोराज की भूरि भूरि प्रशंसा की है। यथा—

वापीकूपतडागेषु प्रपासु विविधासु च।
दिवमप्युपयातानां दृश्यते यत्र जीवनम्।।

(४.१४०)

केलीकोकिलकाकल्याः कल्पाः कान्तागिरो जये।
यत्र कामयामानानां नानाङ्गं सुवते सुखम्।।

(५.१८९)

षष्ठ सर्ग में अर्णोराज का म्लेच्छों व तुरुष्कों से तुमुल संग्राम तथा विजय वर्णित है। इस संग्राम के कारण नगर शवों से इस तरह पट गया कि अर्णोराज ने घ्राणेंद्रिय के लिये रौरव नरक बन गये स्थल के शोधन के लिये एक विशाल सरोवर का निर्माण कराया। यह सरोवर उसकी कीर्ति रूपी पटी से ढ़का था, और उसने क्षीरसागर को नग्न बना दिया था—

विशुद्धिहेतोरथ तस्य राजा घ्राणेन्द्रियाकस्मिकरौरवस्य।
अकारयत् कीर्तिपटीपिनद्धक्षीरोदनग्नङ्करणं तटाकम्।।

(६.२१)

महाकाव्य में जयानक ने स्थानीय रीतिरिवाजों, यथार्थ दृश्यों का हृदयंगम कराने वाला वर्णन किया है। राजा पृथ्वीराज अपने प्रासाद में बनी चित्रवीथी में रामायण के दृश्यों को देखते हैं। संभवतः भवभूति के उत्तररामचरित में चित्रवीथी के प्रसंग से प्रभावित हो कर कवि ने यह प्रसंग रखा है। इस प्रसंग में सप्तम व अष्टम सर्ग में रामायण की कथा के बीच में निरूपण करने से अकांडप्रथन दोष हुआ है, व मूल कथा बीच में अटकी रह गई है। अंतिम दो सर्गों में राजा सोमेश्वर का वर्णन है, तदनंतर उसकी रानी की गर्भावस्था व पृथ्वीराज के जन्म के अवसर पर होने वाले उत्सवों का वर्णन बहुत ही विस्तार से जयानक ने किया है। इन सर्गों में कथानायक पृथ्वीराज के बाल्य, कैशौर्य व यौवन का वर्णन है तथा उसका राज्याभिषेक भी चित्रित है। पृथ्वीराज के विरह के वर्णन के साथ काव्य का अपूर्ण अंश समाप्त हो गया है।

जयानक की भाषा सरस वैदर्भी है, तथा अपने वर्णनों में वे किसी प्रसंग या पदार्थ का सजीव चित्र अंकित कर देते हैं। शबरसुंदरियों का वर्णन करते हुए वे कहते हैं—

नानाविधश्रुतिसुखाहतशब्दसारसारङ्गमांसरसनाभ्यसनानुभावात्।
सङ्क्रान्तगीतसमया इव सर्वगात्रेष्वारेभिरे किमपि कर्णसुखं शबर्यः।।

(४.९)

शब्दालंकारों तथा अर्थालंकारों का प्रयोग उन्होंने समान दक्षता के साथ किया है, साथ ही अलंकारनिर्वहणैषिता को कथाप्रवाह में बाधक नहीं बनने दिया है। अनुप्रास तथा उपमा का सहजसाध्य यह प्रयोग देखें—

अचाहमानाऽपि रराजमेदिनी विगाहमाना रुचिरं तदन्वयम्।
न वंशयुग्मेन तथा वनस्थली यथा हि भग्नेन विभाति मौक्तिकैः।।

(२.७०)

जयानक ने विविध छंदों का प्रयोग इस काव्य में किया है। द्वितीय सर्ग में वंशस्थ, तृतीय

में प्रमिताक्षरा, चतुर्थ में वसंततिलका, पंचम व अष्टम में अनुष्टुप्, नवम में मंजुभाषिणी, दशम में पुष्पिताग्रा छंद रखे गये हैं, जो प्रसंगानुकूल हैं।

राजसभा में वावदूक पंडितों से लागडाट जयानक के साथ रही होगी। पांडित्य को मात्सर्य के विष से दूषित बताते हुए वे अपनी सरस्वती वंदना में कहते हैं कि सरस्वती की नदी कवित्व और पांडित्य के दो तटों के बीच बहती है, एक तट का प्रवाह अमृतमय रस से भरा है तो दूसरे का मात्सर्य या डाह के विष से—

कवित्वपाण्डित्यतटद्वयेन सरस्वतीसिन्धुरिव प्रवृत्ता।
एकत्र पीयूषमयो रसोऽयमन्यत्र मात्सर्यविषात्मकोऽस्याः।।

(१.११)

मधुराविजय

गंगादेवी का मधुराविजय सरस प्रांजल वैदर्भी रीति से समन्वित ऐतिहासिक महाकाव्य है। कवयित्री गंगादेवी का मूल निवास आंध्र में एकशिलानगर के निकट था। सौगंधिकाहरण के प्रणेता विश्वनाथ इनके गुरु थे। इन्होंने विश्वनाथ के प्रति कृतज्ञता ज्ञापित करते हुए मधुराविजयम् में कहा है—

चिरं स विजयी भूयाद् विश्वनाथः कवीश्वरः।
यस्य प्रसादसार्वज्ञ्यं समिन्धे मादृशामपि।।

(विश्वनाथ कवीश्वर चिरविजयी हों, जिनकी कृपा से मेरे जैसों में भी सर्वज्ञता जागरित हुई।)

अपना स्वयं का चरित भी पति के अवदान के साथ अन्य पुरुष में ही कवि गंगादेवी ने गूँथ दिया है। पति के प्रेम और उनके साथ होने वाली बातचीत का सरस वर्णन कवि गंगा ने यहाँ प्रस्तुतकिया है। उदाहरणार्थ —

अथ कम्पनृपोऽपि कृत्यवित् कृतसन्ध्यासमयोचितक्रियः।
अवदत् सविधे स्थितां प्रियां भुवि गङ्गेत्यभिनन्दिताह्वयाम्।।

(७.३९)

वदति स्म शनैः शुचिस्मिता सरसोदारपदावलीं सरस्वतीम्।।

(७.४१)

मधुराविजय का अन्य नाम 'वीरकम्परायचरितम्' 'भी है। इस महाकाव्य में कवि ने अपने पति कंपण या कंपराय की मधुरा (मदुराई) नगरी पर विजय तथा उनके पराक्रम और अवदान का चित्रण किया है। राजा कंपण की मृत्यु १३७७ई० में हुई, जिसका इस कृति में उल्लेख नहीं है। अतः इसकी रचना १३७७ के पूर्व हो चुकी होगी।

विषयवस्तु तथा ऐतिहासिकता- कंपराय की दिग्विजय का वर्णन ऐतिहासिक दृष्टि से

प्रामाणिक है। विजयनगर का चित्रण भी कवि ने यथार्थ की भूमि पर किया है। ऐतिहासिक दृष्टि से विजयनगर साम्राज्य के विषय में महत्त्वपूर्ण जानकारी इस महाकाव्य से मिलती है। राजा हरिहर और उनके अनुज बुक्कराय का आरम्भ में कवि ने वर्णन किया है। फिर बुक्कराय की पत्नी देवायी से कंपराय के जन्म और उनके बाल्य तथा शिक्षा आदि का विवरण दिया है। अनेक पत्नियाँ होने पर भी कंपराय के गंगादेवी (कवि स्वयं) के ऊपर अत्यधिक अनुराग की चर्चा भी यहाँ की गयी है। कांची नगरी के शासक चंपराय से युद्ध और कांची पर अधिकार के पश्चात् मधुरा नगरी की अधिष्ठात्री देवी के कंपराय के स्वप्न में प्रकट होकर यवनशासन से अपना उद्धार करने की कारुणिक प्रार्थना और फिर मथुरा अभियान का ओजस्वी चित्रण इस महाकाव्य में मिलता है। विशेषरूप से नगर के मंदिर की नयनाभिराम शोभा को साकार करते हुए देश की सांस्कृतिक समृद्धि का परिचय दिया गया है। वस्तुतः सांस्कृतिक बोध इस महाकाव्य की एक और स्पृहणीय विशेषता है। कांची की देवी रात्रि में नायक के सम्मुख स्वप्न में प्रकट होकर विनष्ट होते सांस्कृतिक वैभव की रक्षा करने का आदेश देती हैं। कंपराय मधुरा पर आक्रमण करके वहाँ के सुलतान को मार देता है और वहाँ के मंदिरों का पुनरुद्धार करता है। सरस कविता के साथ ऐतिहासिकता की रक्षा करते हुए गंगादेवी ने महाकाव्य का उत्कृष्ट निदर्शन प्रस्तुत किया है।

गंगादेवी ने अपने महाकाव्य को चित्ताकर्षक वर्णनों से भी सँवारा है। पंचम, षष्ठ व सप्तम सर्ग वर्णनात्मक हैं।

शैली- कालिदास की रचना-शैली की गंगादेवी के कवित्व पर गहरी छाप है। गंगादेवी ने अपने से पूर्व के श्रेष्ठ महाकवियों के काव्यों का अच्छा अध्ययन किया था। इस महाकाव्य में वीररस का अच्छा परिपाक हुआ है। शृंगाररस भी अंग के रूप में समाविष्ट है। राजा के विलास का वर्णन सरस है। उदाहरणार्थ—

परिलसन्नवलोध्ररजोभरच्छुरणपाण्डरगण्डतलैर्मुखैः।
मृगमदद्रवचारुविशेषकैर्मृगदृशो नृपतेरहरन्मनः।।

(५/५८)

(ताजा खिले लोध्र के फूलों के पराग से सज्जित कपोलों वाले मुखों के साथ, मृगमद (कस्तूरी) के द्रव से सुंदर तिलक लगाये हुए मृगनयनाएँ राजा का मन हर रहीं थीं।)

यहाँ मृगमद तथा मृगदृशी शब्दों में मृग शब्द के प्रयोग ने यमक का सहज आधान कर दिया है।

कल्पनाओं की नवीनता, प्रकृतिचित्रण या नगर आदि के वर्णनों की रमणीयता तथा अप्रस्तुतविधान की कमनीयता की दृष्टि से गंगादेवी की रचना आकर्षक है। वसंत के वर्णन में उन्होंने चंपकमंजरी को कामदेव के उत्सव की दीपपरम्परा बना दिया है—

चटुलषट्पदकज्जलपातिनो विरुरुचे नवचम्पकमञ्जरी।
प्रकटितेव हिमापगमश्रिया स्मरमहोत्सवदीपपरम्परा।।

(५/६५)

यहाँ षट्पद या भ्रमरों को स्मरमहोत्सव की दीपपरंपरा (दीपकों की कतार) रूपी चंपकमंजरी का काजल बता कर सांग रूपक का निर्वाह सुंदर रूप में किया गया है।

कालिदास का प्रभाव

गंगादेवी की रचना कालिदास से अनुप्राणित है। रघुवंश का अनुकरण करते हुए उन्होंने आरम्भ में शिव पार्वती की वन्दना की है, पर अपनी पंक्ति में दार्शनिकता का पुट देकर उसे और उज्ज्वल बना दिया है—

स्त्रष्टुः स्त्रीपुंसनिर्माणमातृकारूपधारिणौ।
प्रपद्ये प्रतिबोधाय चित्प्रकाशात्मकौ शिवौ।।

यहाँ प्रतिबोध और चित्प्रकाशात्मक इन शब्दों से प्रयोग से कालिदास की कल्पना को कवि गंगादेवी ने दार्शनिक गांभीर्य से और भी मंडित कर दिया है।

कालिदास के रघुवंश में रानी सुदक्षिणा के वर्णन (शरीरसादादसमग्रभूषणा...) की छटा ले कर गंगादेवी ने ससत्त्वा नायिका के वर्णन में कहा है —

मुखेन तन्वी शरपाण्डुरेण विमुक्तरत्नाभरणा विरेजे।
विलूनराजीववना दिनान्ते छाया शशाङ्कस्य शरन्नदीव।।

रत्नाभरण उतार कर सरकंडे के सदृश पांडुर मुख से वह तन्वी ऐसी सुशोभित हो रही थी जैसे दिवसावसान के समय मुरझाये कमलों वाली शशांक की छाया तथा शरद् ऋतु की नदी।

तामम्बुगर्भामिव मेघमालां वेलामिवाभ्यन्तरलीनचन्द्राम्।
अन्तःस्थरत्नामिव शुक्तिरेखां आपन्नसत्त्वां प्रभुरभ्यनन्दत्।।

(पानी से भरी मेघमालाके समान, जिसके भीतर चंद्रमा छिपा हो, ऐसी वेला के समान, जिसके भीतर रत्न भरे हों, ऐसी शुक्ति के समान अपनी प्रिया का राजा ने अभिनंदन किया।)

अलंकारविधान — कालिदास की ही भाँति गंगादेवी उपमाओं के प्रयोग में सिद्धहस्त हैं। इसके साथ ही उपमाओं की लड़ी गूँथ कर मालोपमा या अन्य अलंकारों की भी प्रभविष्णु सृष्टि उन्होंने की है। जैसे अपने नायक के वर्णन में उन्होंने कहा है -

यः शेष इव नागानां नगानां हिमवानिव।
दैत्यारिरिव देवानां प्रथमः पृथिवीभुजाम्।।

(नागों या सर्पों में शेषनाग के समान, नगों या पर्वतों में हिमालय के समान, देवों में दैत्यारि विष्णु के समान वे राजा सब राजाओं में प्रथम थे।) इसी क्रम में व्यतिरेक और अतिशय अलंकारों का आधान करते हुए गंगादेवी कहती हैं—

तिग्मांशोरपि तेजस्वी शीतांशोरपि शीतलः।
सागरादपि गम्भीरः सुमेरोरपि यः स्थिरः।।

(१.२८)

(वे सूर्य से भी अधिक तेजस्वी, चंद्रमा से भी अधिक शीतल, सागर से भी अधिक गंभीर तथा सुमेरु से भी अधिक स्थिर थे।)

घनांसपीठौ कठिनारुणाङ्गुली पटुप्रकोष्ठौ परिघानुकारिणौ।
महोऽजसस्तस्य मनोहरौ भुजावपश्याजानुविलम्बिनो जनः।।

(३.११)

(महा ओजस्वी उस राजा के सघन अंसपीठ (कंधों के जोड़) वाले, कठोर अरुण अंगुलियों वाले, पटु प्रकोष्ठ (कोहनी) वाले, परिघ का अनुकरण करने वाले, घुटनों तक लंबे बाहुओं को लोग देखते रह जाते थे।)

अलंकारों की छटा ने गंगादेवी की रचना में रसपरिपाक को हृद्य बना दिया है। बुक्कराय की वीरता के ओजस्वी वर्णन में उन्होंने रूपक बाँधा है—

विवेकमेव सचिवं धनुरेव वरूथिनीम्।
बाहुमेव रणोत्साहे यस्सहायममन्यत।।

(वे राजा विवेक को ही अपना सचिव, धनुष को ही अपनी सेना तथा रण के उत्साह में अपने बाहु को ही अपना सहायक मानते थे।)

निश्चित रूप से मधुराविजय संस्कृत के श्रेष्ठ महाकाव्यों में परिगणनीय है।

पंजीप्रबंध

पंजीप्रबंध मिथिला के राजघराने के इतिहास से संबंधित विवरणिका है। यह मिथला के कर्णाट राजा हरिसंहदेव (१३०३-१३२४) के शासनकाल में निर्मित हुआ। इसमें कर्णाट राजाओं की वंशावली के अतिरिक्त मिथिला की सामाजिक, धार्मिक व सांस्कृतिक परिस्थितियों की भी झलक है।

वस्तुतः राजाओं के यहाँ वंशावलियों का लिखित विवरण रखने की परंपरा इससे बहुत प्राचीन है। कुमारिल भट्ट (सातवीं शताब्दी) ने इसका उल्लेख किया है। हरिसिंहदेव ने पंजीप्रबंध में इस विवरण को विस्तार से निबद्ध करवाया। इसमें अनेक विद्वानों ने सहयोग किया। उड़ीसा, बंगाल तथा आसाम में भी अलग अलग नामों से इसप्रकार के विवरण सुरक्षित रखने की परंपरा रही है।

भूपालचरित

जयसिंह सूरि का भूपालचरित भी चौदहवीं शताब्दी की रचना है, जिसमें राजा कुमारपाल

और उनके गुरु हेमचंद्र की वंशपरम्परा और जीवन का निरूपण है। कवि ने राजा कुमारपाल तथा उनके गुरु हेमचंद्राचार्य का परिचय तथा इनकी वंशपरंपरा का भी वर्णन किया है। मूलराज से जयराज तक गुजरात के शासकों का वर्णन भी जयसिंह ने यहाँ किया है।

हम्मीरमहाकाव्य

इस महाकाव्य के रचयिता अपने समय के श्रेष्ठ पंडित तथा बहुभाषाविद् नयचंद्र हैं। प्रख्यात जैनाचार्य महेन्द्रसूरि की शिष्य परम्परा में दीक्षित नयचंद्र सूरि जैनधर्म के आचार्य, धर्मगुरु तथा सन्त थे। हम्मीरमहाकाव्य के प्रणयन की प्रेरणा उन्हें ग्वालियर के तोमरवंशीय राजा वीरम (१३८२ से १४२२ ई० लगभग) से प्राप्त हुई। हम्मीर की मृत्यु (१३०१ ई०) के लगभग सौ साल बाद नयचंद्र ने एक राष्ट्रवीर के कारुणिक चरित का निरूपण अपने महाकाव्य में किया।[३] यह काव्य संवत् १५४२ (१४८५ ई०) में श्रावणमास में श्रीपेरोजपुर में कवि ने लिख कर संपूर्ण किया।[४]

इस महाकाव्य का नायक हम्मीर पृथ्वीराज चौहान का वंशज और एक महान् क्षत्रिय है। वह पृथ्वीराज चौहान की सातवीं पीढी में हुआ।

नयचंदसूरि जैन कवि कहे गये हैं। पर हम्मीरमहाकाव्य में उन्होंने वेदान्त के अनुरूप मंगल रचा है—

सदा चिदानन्दमहोदयैकहेतुं परं ज्योतिरुपास्महे तत्।
यस्मिन् शिवश्रीः सरसीव हंसी विशुद्धिकृद्वारिणि रंरमीति।।

(१.१)

तज्ज्ञानविज्ञानकृतावधानाः सन्त परब्रह्ममयं यमाहुः।
पद्माशयः क्लृप्तभवावसानः स नाभिभर्वस्त्वरतां शिवाय।।

(१.२)

नयचंद्र ने आरम्भ में ही महाकाव्य की रचना की पृष्ठभूमि बतलायी है। चरितनायक हम्मीर ने स्वप्न में प्रकट होकर उनसे अपने चरित को महाकाव्यबद्ध करने का अनुरोध किया था। इसके साथ ही तोरमवीरम् के सभासदों ने कवि को चुनौती दी थी कि आजकल के कवि पुराने कवियों के जैसी श्रेष्ठ रचना नहीं कर सकते। नयचंद्र ने हम्मीरमहाकाव्य के द्वारा इस चुनौती को स्वीकार करते हुए अपनी प्रतिभा की उत्कृष्टता प्रमाणित की। महाकाव्य का नायक हम्मीर रणस्तंभपुर (रणथंभौर) का राजा है। मुगल सैनिकों को शरण देने के कारण अलाउद्दीन से उसका युद्ध होता है, जिसमें पूरे शौर्य से जूझता हुआ अंत में हम्मीर मारा जाता है और उसकी रानियाँ सती हो जाती हैं।

करुणरस में पर्यवसान के कारण यह महाकाव्य अपनी एक अलग ही पहचान बनाता है।

पाँचवें से सातवें सर्ग तक कवि ने ऋतुओं और उपवनादि का वर्णन करके शृंगाररस को भी समाहित किया है।

इस महाकाव्य में १४ सर्ग हैं तथा विविध छन्दों का प्रयोग है। सर्गांत में 'वीर' शब्द का प्रयोग है। ऐतिहासिक तथ्यों की रक्षा की गई है। हम्मीर के पूर्वजों में पृथ्वीराज चौहान का वर्णन १०० श्लोकों में है। चतुर्थ सर्ग के उत्तरार्ध से हम्मीर का चरित आरम्भ किया गया है। नवम सर्ग में दिल्ली के सुल्तान अलाउद्दीन खिलजी तथा १० से १३वें सर्ग तक हम्मीर से उसके विकट युद्धों का वर्णन है। हम्मीर की शूरता, शरणागतवत्सलता और प्रतिज्ञापरायणता का चित्रण प्रभावशाली है। अन्तिम सर्ग हम्मीर के करुणप्राणोत्सर्ग पर एक मार्मिक शोककाव्य है।

हम्मीर महाकाव्य संस्कृत के ऐतिहासिक महाकाव्यों में विशिष्ट स्थान रखता है, ऐतिहासिक तथ्यों का परीक्षण कर के नयचंद्र सूरि ने अत्यंत काव्यात्मक विन्यास दिया है। यह एक राष्ट्रीय महाकाव्य भी कहा जा सकता है। काव्यसौंदर्य, सहृदयता और उदात्तता में नयचन्द्र सूरि की रचना अप्रतिम है।

विषयवस्तु – इस महाकाव्य का सार इस प्रकार है —

महाकाव्य के प्रारंभ में नयचंद्र ने चाहमान वंश का वर्णन तिया है, जो इस वंश को ले कर विरचित अन्य ऐतिहासिक महाकाव्यों से साम्य रखता है। इस वंशमें सर्वप्रथम चाहमान की उत्पत्ति का निरूपण कर के कवि ने उसके वंश के राजाओं का विवरण दिया है, जिसमें गोविंदराज हुए। गोविंद राज के तीन पुत्र थे - वाक्पतिराज, वीर्यराम परमार तथा चामुंडराय। इनमें वीर्यराम राजा भोज के हाथों मारा गया। चामुंडराय से यह वंश फिर आगे चला। दुर्लभराज तृतीय, पृथ्वीराज प्रथम, अजयराज, अर्णोराज ये शासक हुए। अर्णोराज की पाँच संतानों से सोमेश्वर और कर्पूरदेवी का पुत्र पृथ्वीराज तृतीय था। नयचंद्र के द्वारा वर्णित हम्मीर की वंशावली लगभग प्रामाणिक है। वास्तव में नयचंद्र को अपने महाकाव्य का नाम हम्मीरवंश रखना चाहिये था, क्योंकि चौदह सर्गों के इस महाकाव्य में हम्मीर का अवतरण चौथे सर्ग में होता है, तीन सर्गों में चाहमान से लगा कर जैत्रसिंह तक के राजाओं का विशद वर्णन है।

इस महाकाव्य में महिमासाहि का हम्मीर के विश्वस्त साथियों में उल्लेख है। यह महिमासाहि वास्तव में अलाउद्दीन से प्रतारित मुहम्मद शाह है, जिसे हम्मीर ने शरण दी थी। विद्यापति की एक मार्मिक कथा में हम्मीर की शरणागतवत्सलता का प्रसंग है, उसे नयचंद्र सूरि का पूरक कहा जा सकता है। हम्मीर के उदात्त व्यक्तित्व से नयचंद अभिभूत हैं। वे कहते हैं—इस विशाल संसार में मान्धाता, सीतापति राम, कंक जैसे कितने ही महान् महीपति हुए। पर इनके बीच अपने सत्त्वगुण के कारण सर्वथा स्तुति के योग्य एक और राजा है - हम्मीर।

चाहमान वंश की उत्पत्ति की कथा नयचंद्र ने इसप्रकार बताई है— एक बार विधाता यज्ञ

के लिये उपयुक्त पावन प्रदेश का अन्वेषण करते हुए पृथ्वीतल पर विचरण कर रहे थे। एक स्थान पर उनके हाथ में जो कमल था, वह नीचे जा गिरा। उन्होंने कहा कि यह स्थान तो सचमुच में पवित्र है, मेरे हाथ से पुष्कर या कमल इस स्थान पर गिरा है इसलिये यह पुष्कर के नाम से विख्यात होगा। उन्होंने उस पुष्करतीर्थ में सुखपूर्वक यज्ञ आरंभ किया। यज्ञ की रक्षा के लिये उन्होंने एक पुरुष का आह्वान किया, तुरंत एक तेजस्वी पुरुष आकाश मंडल से धरती पर उतर आया। यज्ञ की रक्षा करने वाला यही पुरुष चाहमान कहलाया और उससे जो वंश चला वह चाहमान वंश कहलाया। चाहमान वंश का पहला राजा चाहमान इतना दानी था कि उसकी दानवीरता के कारण लजा कर बलि पाताल में जा छिपा था, उसके प्रताप की अग्नि ने शत्रु राजाओं की कीर्तिवनों को इस तरह भस्म कर दिया था कि उनके दाह से निकले धूम से आकाश अभी भी काला काला दिखता है। इसी चाहमान की उन्तीसवीं पीढी में राजा पृथ्वीराज हुआ, जो सोमेश्वर और कर्पूरदेवी की संतान था। उस वंश के यशस्वी राजाओं में विग्रहराज अपने नाम के अनुरूप विग्रहों (संग्रामों) का राजा था। उसने गुर्जर को जर्जर करते हुए वहाँ के राजा मूलराज को समूल उन्मूलित कर डाला। इसी का पौत्र वल्लभराज भूवल्लभ और प्रजावल्लभ था। उसकी रूपसंपत् लीलावतीलोचनलोभनीयलावण्यलीलामयी और अद्भुत थी। इसी वंश का राजा राम, सूर्यवंशी राम की तरह, खरदूषण (प्रखर दोष वाली) त्रिलोकी को वश में करने वाला बना। उसके पश्चात् चामुंडराज भी अपने प्रताप में परम प्रचंड था। इसने शकाधिराज (मुस्लिम राजा) हेजमदीन को समर में परास्त किया। चाहमान वंश के राजा दुर्लभराज ने सहाबदीन (शहाबुद्दीन) को जीता। विश्वल राजा विश्व में विलसित कीर्ति वाला हुआ, उसने शहाबुद्दीन को मार डाला तथा मालवराज के विभुत्व को ध्वस्त कर दिया। उसके पश्चात् पृथ्वीराज, बाल्लण और आनल्लदेव जैसे प्रतापी राजा इस वंश में हुए। आनल्लदेव ने सागर के समान अगाध अपार पुष्कर कासार (तालाब) खुदवाया।

इन्ही की परंपरा में गांगेय (भीष्म) के समान गुणगण वाला गंगदेव राजा हुआ। गंगदेव का पुत्र सोमेश्वर था। सोमेश्वर अनश्वररीतिनीति वाला था। कर्पूरदेवी उसकी प्रिय रानी थी। इन दोनों की संतान पृथ्वीराज था। सोमेश्वर ने परम तेजस्वी, प्रजा के नयनकमलों के लिये सूर्य के समान हर्षविकास करनेवाले उस पर राज का सारा भार डाल कर योग साधना में मन लगाया और समाधि में देह का त्याग कर दिया।

पृथ्वीराज की कीर्ति सर्वत्र फैल रही थी। परम प्रतापी था। इसी समय मोहम्मद गोरी आँधी की तरह देश पर आक्रमण करता हुआ बढ़ता चला आ रहा था, राजाओं में कोई नहीं था, जो उसे रोक सके। तब चंद्रराज आदि अनेक राजा परस्पर मंत्रणा कर के पृथ्वीराज के नेतृत्व में गोरी के प्रतिरोध का निश्चय कर के उसके पास आये।

पृथ्वीराज के नेतृत्व में इन राजाओं ने मिल कर मोहम्मद गोरी को सात बार पराजित किया।

आठवीं बार मोहम्मद गोरी ने फिर हमला किया। इस बार उसने एक भारतीय राजा षर्परेश को अपनी ओर मिला लिया था, और षर्परेश की बड़ी सेना उसके साथ थी। (पृथ्वीराज इस समय अजमेरु या अजमेर में था) गोरी ने तेजी से दिल्ली पर धावा बोला और दिल्ली हथिया ली।

फिर उसने पृथ्वीराज के बाजे वालों और अश्वपाल को अपने पक्ष में कर लिया। अश्वपाल ने पृथ्वीराज को धोखा दिया, पृथ्वीराज का सारा बल तो उसका प्रिय अश्व था, अश्वपाल ने उसके विश्वस्त अश्व के स्थान पर उसे युद्ध में प्रयाण के समय नाटारंभ नाम का अश्व दे दिया। गोरी वंचकशिरोमणि था, उसने भोर होने के पहले अँधेरे में धावा बोला। पृथ्वीराज अश्व को ठीक से देख न पाया।। पृथ्वीराज नाटारंभ पर चढा और शबाहुद्दीन से लड़ने के लिये बढा, तभी बाजे वाले नृत्य गीत के अनुरूप बाजे बजाने लगे। नाटारंभ तो युद्ध में कभी उतरा नहीं था, वह तो नृत्य संगीत के वाद्यों पर केवल थिरकना जानता था, सो बाजों के स्वर सुनते ही वह नाचने लगा। विवश हो कर पृथ्वीराज अश्व से उतर पड़ा और पैदल संग्रामभूमि में लड़ता रहा। शहाबुद्दीन ने उसे धर दबोचा। फिर उसने पृथ्वीराज को बंदी बना लिया।

शहाबुद्दीन ने उसे एक किले की दीवार में चिनवा दिया।

पृथ्वीराज के करुण अवसान के पश्चात् उदयराज एक माह तक विकट साहस के साथ शहाबुदीन से युद्ध करता रहा।

पृथ्वीराज का भाई हरिराज विलासी था। पृथ्वीराज समर में जूझ रहा था और वह गुर्जरेश्वर के द्वारा दी गईं वेश्याओं के बीच रंगरेलियाँ मना रहा था। जब उसे लगा कि शबाहुद्दीन उसे भी पकड़ कर अपमानजनक ढंग से मार डालेगा, तो वह समस्त स्त्रियों के साथ अग्नि में जल मरा। चाहमानों के अधिकार से दिल्ली निकल गई। अजमेरु ध्वस्त हुआ। रह गया रणस्तम्भपुर (रणथम्भोर)।

इस समय रणस्तम्भपुर में पृथ्वीराज का पुत्र गोविंद शासन कर रहा था। पृथ्वीराज ने उसे अजयमेरु से निकाल दिया था। जब हरिराज का भी दारुण अंत हुआ तो पृथ्वीराज के मंत्री भाग कर गोविंद की शरण में रणस्तंभपुर आ गये। गोविंद का उत्तराधिकारी वाल्लण हुआ। उसके दो पुत्र थे - प्रह्लादन और वाग्भट। वाल्लण ने प्रह्लादन को राजपद दिया। एक बार प्रह्लादन मृगया के लिये गया, वहाँ सिंह ने उस पर धावा बोल दिया। प्रह्लादन बहुत घायल हो गया था। उसने अपने पुत्र वीरनारायण को राजपद पर अभिषिक्त कर के वाग्भट को उसका संरक्षक बना दिया।

वीरनारायण युवा हुआ, आम्रपुर (आमेर) के कच्छपवाह (कछवाह) वंश की राजकुमारी से उसका विवाह हुआ। जल्लालदीन (जलालुद्दीन) से उसका लंबा संघर्ष चला। जलालुद्दीन समझ गया कि रणस्तंभपुर पर अधिकार करना आसान नहीं है, तो उसने संधि का प्रस्ताव किया। वीरनारायण उसके बहकावे में आगया। चाचा वाग्भट ने वीरनारायण को समझाया भी कि

जलालुद्दीन के फरेब से बच कर रहे। पर वीरनारायण जल्लालदीन या जलालुद्दीन के साथ ढिल्ली (दिल्ली) चला ही गया। जलालुद्दीन ने उसे धोखे में रखा, स्वागत सत्कार किया, पर अवसर पा कर विष दे कर मार डाला।

अपने भतीजे की विश्वासघात को कारण ऐसी दारुण मृत्यु का समाचार पा कर चाचा वाग्भट ने जलालुद्दीन से प्रतिशोध लेने की ठान ली। दोनों पक्षों में विकट कूटयुद्ध चला। मुगल राजा ने मालव के राजा से मिल कर उसी तरह छल से वाग्भट की हत्या कराने का प्रयास किया, जैसे उसने वीरनारायण को मारा था। पर वाग्भट सावधान था, उसने उल्टे मालव के राजा को ही मार कर मालव देश पर अधिकार कर लिया।

फिर तो सामर्थ्य बढाते हुए वाग्भट ने फिर से रणथंभोर को वापस पाने का प्रयास तेज कर दिया। वह तीन महीने तक दुर्ग के बाहर घेरा डाल कर अड़ा रहा। मुसलमान सैनिक भूख प्यास से मरने लगे। वाग्भट के पराक्रम के आगे मुगलों का रक्षातंत्र ढह गया, वे रणथंभोर दुर्ग छोड़ कर भाग गये।

इसी वाग्भट का पुत्र था जैत्रसिंह, जो हम्मीरमहाकाव्य के नायक हम्मीर का पिता है। हम्मीर की माता का नाम हीरादेवी था। जैत्रसिंह के अन्य रानी से दो पुत्र और थे - सुरत्राण और वीरम।

हम्मीर सारे राजकुमारों के बीच शौर्य, न्यायप्रियता और बुद्धि में सबसे आगे था। राजा जैत्रसिंह ने उसे ही राजपद देने का विचार किया। उसने हम्मीर को बुला कर एकांत में बहुत कुछ ऊँच नीच समझाया, कहा - पुत्र, राजपद पा कर क्षत्रिय भोग विलास में इस तरह डूब जाते हैं कि वे अपना कर्तव्य भूल जाते हैं। जैसे मलातुर व्यक्ति में मूत्र-पुरीष विसर्जन के लिये शुचि अशुचि स्थान का विवेक नहीं रह जाता, उसीप्रकार इन्हें भी भोग विलास की लिप्सा में गम्यागम्य का विवेक नहीं रह जाता। तुम में विवेक है, इसलिये मैं तुम्हें राजपद देना चाहता हूँ।

इस प्रकार पिता ने जब सिंहासन स्वीकार करने का प्रस्ताव रखा, तो हम्मीर असमंजस में पड़ गया। वह ज्येष्ठ पुत्र नहीं था। उसने पिता से कहा - महाराज, आपके चरणों की सेवा करने का अवसर मुझे मिलता रहे - यही मेरे लिये बहुत है। राजपद पर तो ज्येष्ठ पुत्र का अधिकार होता है। जैत्रसिंह ने कहा - पुत्र, यह हमारे आराध्य विष्णु की आज्ञा है। स्वप्न में उन्होंने मुझे दर्शन दे कर आदेश दिया है कि हम्मीरदेव को राज्य दे कर अब मेरे चरणकमलों की सेवा में लग जाओ।

विवश हो कर हम्मीर को पिता का आदेश स्वीकार करना पड़ा। संवत् १३३९ माघशुक्ला पूर्णिमा रविवार के दिन हम्मीर का राज्याभिषेक हुआ। राजसिंहासन पर आसीन होने के पश्चात् हम्मीर ने प्रजा के कल्याण का पूरा ध्यान रखते हुए नीतिपूर्वक शासन करना आरंभ किया। वह दान में कर्ण, नीति में राम और शौर्य में अर्जुन के समान था। उसके राज्य में प्रजा सुखी थी। जैत्रसिंह भी परम प्रसन्न था कि उसने हम्मीर को राजपद दे कर सर्वथा उचित निर्णय लिया है।

जैत्रसिंह के देह को वार्धक्य और रोग ने घेर लिया था। अपना अंतकाल निकट जान कर उसने एक बार अपने पुत्र को बुला कर अंतिम संदेश देते हुए कहा - पुत्र, कभी भी स्त्री और लक्ष्मी के बहकावे में मत आना। दोनों अत्यन्त चंचल होती हैं। साम्राज्य पा कर कभी गर्व मत करना, कर्तव्य से च्युत मत होना।

इस प्रकार अपने पुत्र को बहुत देर तक विस्तार से नीति की शिक्षा दे कर संतुष्ट मन से जैत्रसिंह ने मुक्ति की कामना ले कर चंबल के किनारे श्रीपत्तनतीर्थ पर जाने का निश्चय किया। जब वह प्रस्थान कर रहा था, तो उसके सारे मंत्री विषण्ण हो कर उससे रुकने का अनुरोध करने लगे। जैत्रसिंह ने उन्हें समझाते हुए कहा - मेरा पुत्र हम्मीर चंद्रमा के समान है, उसके उदय से आपके भाग्य की कुमुदलक्ष्मी सदा विकसित होती रहेगी, मुझे ले कर विषाद मत करिये।

जैत्रसिंह अपनी आठ रानियों के साथ चंबल के तट पर निवास के लिये चल पड़ा। मार्ग में पल्ली नामक गाँव में उसने डेरा डाला। वहाँ जैत्रसिंह में लूता रोग के लक्षण प्रकट होने लगे। फिर तो वहाँ से आगे बढना संभव नहीं हुआ। पल्ली गाँव में ही उसका निधन हो गया। हम्मीर को यह समाचार मिला तो व व्याकुल हो उठा।

विप्रों और मंत्रियों का परामर्श मान कर हम्मीर ने शोक त्याग दिया और दिग्विजय के लिये प्रयाण किया। हाथियों, घोड़ों, रथों और पैदल सैनिकों की चतुरंगिणी चमू चल पड़ी। सबसे पहले हम्मीर भीमरस नगर पहुँचा। वहाँ का राजा था अर्जुन। वीर हम्मीर ने अर्जुन की असिदंड से ऐसी कुटाई की कि वह हम्मीर के चरणों में बिछ गया। वहाँ से हम्मीर ने मंडलकृत् दुर्ग की और प्रयाण किया, और वहाँ अपनी विजयपताका फहरा कर दुर्गाधिपति से कर ग्रहण कर के वह धारा नगरी पहुँचा। दूसरे भोज के समान इस नगरी में परमारवंशी राजा भोज शासन कर रहा था। हम्मीरवीर के प्रभंजन से भोज रूपी अंभोज (कमल) म्लान हो गया। भोज को झुका कर हम्मीर अवंति देश में जा पहुँचा। विप्रों की जलांजलियों से तरंगित होती सिप्रा में उसकी सेनाओं ने निमज्जन किया। सिप्रा में डुबकी लगा लगा कर उसकी सेना के हाथी मानों विंध्य के वनों में बहती रेवा (नर्मदा) में स्नान का स्मरण कर रहे थे। स्नान कर के बाहर निकले घोड़े जब अपने कंधे के केश हिलाते तो फुहारों की बोछारें होने लगतीं। राजा हम्मीर ने भी भक्तिभाव से सिप्रा में स्नान कर के विप्रों को दान दिया और श्रद्धा पूर्वक महाकाल का अर्चन किया। श्रीविशाला (लक्ष्मी या शोभा में विशाल) विशाला पुरी (उज्जयिनी या उज्जैन) में भ्रमण करते हुए वह राजा विक्रमादित्य का स्मरण कर रहा था, जिन्होंने बहुत पहले इस नगरी में राज्य किया था। उज्जयिनी पर भी उसने अपना ध्वज फहरा दिया। उज्जयिनी से लौटते हुए उसने मार्ग में चित्रकूट को कूट कर रख दिया, और मेदपाट (मेवाड़) में पहुँच कर मेदपाटपाटनपटु (मेवाड़ को चीरडालने में कुशल) हो गया। वहाँ से वह चित्तौड़ पहुँचा। अर्बुदाचल (आबू) पहुँचने पर अर्बुदेश्वर ने उसकी अच्छी आवभगत की। अर्बुदाचल में सैनिकों

का मन भी रम गया। स्फटिक शिलाओं में अपने प्रतिबिंब निहारते हुए उसके घोड़े एक बार फिर अपने प्रतिपक्षियों से मुठभेड़ के उछाह में भर उठे। इन स्फटिक शिलाओं में जड़ी मरकत मणियों से उन्हें हरी घास का भ्रम होने लगा। अर्बुदाचल की भीलनियाँ हम्मीर की कीर्तिकथा के गीत गा रहीं थी, जिन्हें सुन सुन कर राजा हम्मीर को परितोष हुआ। फिर हम्मीर ने वहाँ देवी देवताओं की पूजा की। ऋषभदेव का वंदन किया। अर्बुदाचल से निकल कर वह वसिष्ठाश्रम में रुका। वहाँ मंदाकिनी में स्नान कर के चित्त निर्मल हो गया। वर्धनपुर और चंगा की धरती को उसके सैनिकों ने रौंद डाला, फिर अजयमेरु (अजमेर) होता हुआ वह पुष्कर पहुँचा। पुष्कर तीर्थ में स्नान कर के दुष्कर पुण्य का उसने अर्जन किया। स्नान कर के राजा ने यहाँ आदिवराह की अर्चना की। वहाँ शाकंभरी द्वार से जब वह निकला तो वहाँ की वारवनिताएँ उसके स्वागत में अपने अपने भवनों के द्वार पर नयनों की बंदनवार बाँध कर खड़ी हो गईं। उसने आगे बढते हुए महाराष्ट्र को ध्वस्त किया, खण्डिल्ल पुरी को खंड खंड कर डाला, चंपा को कंपा दिया और ककराल में त्रिभुवनाद्रि के राजा ने भी उसकी अधीनता स्वीकार कर ली। इस प्रकार चारों दिशाओं में विजय पताका फहरा कर दिग्विजय पूरी कर के यशस्वी हम्मीर रणथंभोर लौट आया। रणस्तंभपुर में उसके स्वागत में पौरजन और पौरांगनाओं का जमघट उमड़ पड़ा, पताकाओं की लहरें तरंगित होने लगीं। धर्मसिंह आदि मंत्रियों के परामर्श से उसने सम्यक् राज करना प्रारंभ किया, और कोटि यज्ञ भी किया। हम्मीर के राज्य में सात व्यसन सबके लिये वर्जित थे।

कोटियज्ञ के पश्चात् उसने एक महीने का मौन व्रत धारण किया।

इसी समय ढिल्ली (दिल्ली) में शकराज अलाउद्दीन परम प्रतापी और महा बर्बर सम्राट् हुआ। उसका सहोदर भाई उल्लूखान (उलगखान) था। अलाउद्दीन के मन में बहुत समय से यह फाँस गड़ रही थी कि वह रणथंभोर न जीत सका। उसने अपने भाई उलगखान से कहा - पहले रणथंभोर का राजा जैत्रसिंह मुझे कर देता था, अब उसका बेटा हम्मीर राज करता है, वह कर देने की बात तो दूर रही, वह तो मुझे घास भी नहीं डालता। तो तू सेना ले कर जा, रणथंभोर को तहस नहस कर डाल। उलगखान अपने भाई की ही तरह क्रूर और शूर था। वह रणथंभोर हथियाने के लिये सेना के साथ चल पड़ा। उलगखान ने वर्णनाशा (बनास) नदी के किनारे डेरा जाल दिया और लूटपाट मचाने लगा। राजा ने व्रत ले रखा था। मंत्रियों में से धर्मसिंह और भीमसिंह ने उलगखान पर धावा बोल दिया। दोनों सेनाओं में ज़बरजस्त टक्कर हुई।

भीमसिंह और धर्मसिंह दोनों ने जम कर युद्ध किया। पैदल से पैदल, घुड़सवार से घुड़सवार, गजारोहियों से गजारोही और रथियों से रथी भिड़ गये। तलवारों की खटखट ने कटकटा कर मार काट मचा दी थी। चाहमानों ने यवनों के दल को ऐसे पीस कर रख दिया जैसे ओखली में धान कूटा जा रहा हो। मुगल सेना परास्त हुई। विजयी भीमसिंह वापस

रणथंभोर चल पड़ा। वह लौट रहा था, तो उलगखान ने छिप कर उसका पीछा किया। पहाड़ियों में मुसलमान सैनिक छिपे हुए थे। भीमसिंह विजय के उल्लास में कृत्याकृत्य विवेक खो बैठा, उलगखान की सेना से लूटे हुए वाद्य ही उसने इस मार्ग पर बजवा दिये। बाजों की आवाज सुन कर मुसलमान सैनिकों को लगा कि हमारी विजय हो गई है, तो वे जहाँ जहाँ छिपे थे, वहाँ से निकल पड़े। उलगखान ने देखा कि उसकी सेना तो गलती से बजाये गये वाद्यों को सुन कर इकट्ठी हो गई है, और भीमसिंह घिर गया है, तो उसने मार काट मचाने का आदेश दे दिया। इधर धर्मसिंह मुगलों को लूट कर रणथंभोर लौट गया था, भीमसिंह अकेला पड़ गया और मारा गया। उलगखान इसके बाद वापस दिल्ली लौट गया।

भीमसिंह के इस तरह वीरगति को प्राप्त होने से राजा हम्मीर बहुत खिन्न हुआ। धर्मसिंह पर तो उसे इतना क्रोध आया कि उसने उसके मुँह पर ही कह दिया - तुम नपुंसक हो। यही नहीं, क्रोधावेश में राजा ने उसे सचमुच में जबरजस्ती नपुंसक बनवा दिया और उसकी आँखें फुड़वा दीं। इसका मंत्रीपद भी छीनकर हम्मीर ने दासीपुत्र खड्गग्राही भोज को मंत्री बना दिया। भोज अयोग्य था। राज्य की आर्थिक दशा चरमरा गई। खजाना खाली हो रहा था। सेना में घोड़ों और रसद की कमी पड़ने लगी।

अपमानित हो कर धर्मसिंह अपने घर में रहने लगा। भीमसिंह अपनी मूर्खता के कारण मारा गया था, राजा हम्मीर ने बिना सोचे विचारे बिना अपराध के धर्मसिंह को दारुण दंड दे डाला था। उसके नेत्र गये, पुंस्त्व गया। उसके मन में हम्मीर के लिये प्रतिशोध की भावना सुलगती रहती थी। धर्मसिंह की शिष्या थी नर्तकी धारा। वह अपने गुरु पर अकंप्य श्रद्धा रखती थी। हम्मीर भी उसकी कला का प्रशंसक था। वह राजा हम्मीर से सीधे सीधे बात कर लेती थी। धर्मसिंह भी धारा के माध्यम से राज्य की सारी खबर रखता था।

एक बार धारा ने राजा से कहा - धर्मसिंह ने जो किया जानबूझ कर नहीं किया, उनका अपराध यही था कि वे भीमसिंह के आगे आगे चले आये। अपने अपराध की वे सजा भी पा चुके हैं। वे अर्थ के मामले में योग्य हैं। आप उन्हें उनका पूर्वपद फिर से सौंप दें, तो दशा सुधर सकती है। राजा भी अनुभव कर रहा था कि धर्मसिंह के साथ उसने अति की है। तो धर्मसिंह को उसने फिरसे मंत्री बना लिया। धर्म सिंह चतुर था। उसने हम्मीर के राज्य का समूल उच्छेद करने के लिये कूट उपायों का जाल बिछा दिया। पहले उसने प्रजा पर तरह तरह के कर लगा दिये, कोष फिर से भर गया। राजा संतुष्ट हुआ कि सैनिकों के लिये रसद मिल रही है, पर इससे प्रजा में असंतोष फैलने लगा।

भोज अपने भाई के पकड़े जाने से दुखी था, आशाएँ ध्वस्त हो चुकी थीं। हम्मीर से विश्वासघात का मूल्य कितना दारुण होगा यह तो कल्पना ही नहीं की थी। धर्मसिंह अंधा और नपुंसक हो गया था, पर उसकी बुद्धि यंत्रणा की धार पर और प्रखर हो गई थी। वह भेदनीति का प्रयोग करते हुए राजा हम्मीर को भोज के विरुद्ध भड़काने लगा। भोज ने हम्मीर को

समझाने का प्रयास किया, पर उलटे हम्मीर भोज को अपमानित करने लगा। राजा की प्रतारणा से खिन्न हो कर भोज ने अपने भाई पीथसिंह के साथ रणथंभोर छोड़ दिया। राजा हम्मीर ने भोज का दंडनायक का पद रतिपाल को दे दिया। यही रतिपाल आगे चल कर उसके प्रति विश्वासघात करने वाला सिद्ध हुआ।

भोज काशी यात्रा का कह कर निकला था, पर उसके मन में बड़ी पीडा थी कि राजा हम्मीर ने उसे अकारण त्रास दिया और अपमानित किया। वह दिल्ली जा पहुँचा। दिल्ली में राजा अलाउद्दीन ने उसका भरपूर स्वागत किया और जगरा की जागीर से उसे नवाजा। फिर तो भोज राजा हम्मीर को ध्वस्त करने की योजना में अलाउद्दीन का विश्वस्त सलाहकार बन बैठा। उसने अलाउद्दीन से कहा - हम्मीर के साथ सारे वीर प्राण चले जाएँ, पर उसका साथ न छोड़ेंगें। केवल एक अन्धा धर्मसिंह है जो उसके विनाश के लिये तत्पर है, तो यही अवसर है। प्रयाण कीजिये।

उसके कहने पर एक बार फिर उलगखान विशाल सेना ले कर रणथंभोर की ओर रवाना हुआ। हिन्दूवाट में उन्होंने पड़ाव डाला।

इधर जैसे ही यह समाचार मिला कि उलगखान सेना के साथ हमला करने आ पहुंचा है, हम्मीर ने अपनी सेना को उस पर धावा बोलने के लिये भेज दिया। वीरम, जाजदेव, रतिपाल, रणमल्ल, महिमासाहि (मुहम्मद शाह) और उसके भाइयों ने मुसलमान शिविर पर आक्रमण किया। महिमासाहि को हम्मीर ने अलाउद्दीन से रक्षा का वचन देते हुए शरण दी थी, उसने प्रण किया कि वह जगरा को ध्वस्त कर धोखेबाज भोज को पकड़ कर महाराज हम्मीर के आगे प्रस्तुत कर देगा। हम्मीर की आज्ञा ले कर वह जगरा चल पड़ा। जगरा की लड़ाई निर्णायक लड़ाई थी। भोज को अपने विश्वासघात की भारी कीमत चुकानी पड़ी। उलगखान की सेना के पाँव उखड़ गये, हम्मीर के वीर सेनापतियों ने भोज के भाई को भी धर दबोचा ओर उसे पकड़ कर रणथंभोर ले आये।

मुँह की खा कर उलगखान और भोज दोनों अलाउद्दीन के दरबार में पहुँचे। अलाउद्दीन ने पूछा - क्या हुआ, तुम कायर की तरह भाग कर क्यों आ गये?

उलखान ने हम्मीर के वीरों की शूरता की सारी कथा बताते हुए कहा - अगर भाग कर न आता, तो आप को यह सब बताने का अवसर कहाँ मिलता?

फिर अलाउद्दीन ने भोज से पूछा - क्यों रे क्या हुआ, तू डर से ऐसा काँप क्यों रहा है?

भोज ने अपना सिर अलाउद्दीन के कदमों पर रख दिया और रोते हुए कहा मालिक, मरने पर भी भूल नहीं सकता, हम्मीर के वीरों ने जो मेरे साथ किया।

अपनी हेठी और हार की खबर सुन कर अलाउद्दीन गुस्से में आगबबूला हो उठा। उसने प्रण कर लिया कि हम्मीर को पूरी तरह से तहस नहस कर के छोड़ेगा। फिर क्या था, बादशाह के अधीनस्थ जितनी फोजें एकत्र हो सकती थीं, सब को जुटाया गया। उलगखान जानता था

कि राजपूतों को आमने सामने की लड़ाई में जीतना असंभव है। उसने धोखाधड़ी का खेल खेला। उसने छद्मसंधि की वार्ता के लिये मोल्हण को दूत बना कर हम्मीर के पास भेजा। मोल्हण संधिवार्ता के लिये पहुँचा, इस बीच मुसलमानों की सेना हम्मीर के राज्य में घुसपेठ करती गई।

मोल्हण ने अलाउद्दीन के नाम से यह संदेश हम्मीर को दिया - हे हम्मीर, यदि तुम रणथंभोर की गद्दी पर बैठे रहना चाहते हो, तो एक लाख सोने की मोहरें, चार हाथी, तीन घोड़े और अपनी बेटी दे कर हमारी अधीनता स्वीकार करलो। अथवा मेरी आज्ञा न मानने वाले चार मुगल तुम्हारी शरण में हैं, उन्हें मुझे सौंप दो।

हम्मीर ने अलाउद्दीन के अपमानजनक प्रस्ताव को ठुकरा दिया। मुसलमान तीन महीने तक रणथंभोर के किले पर घेरा डाले रहे, उनकी हिम्मत पस्त होने लगी। राजपूत किले के भीतर से उन पर घातक प्रहार करते जा रहे थे। लड़ाई तोपों से हो रही थी। मुसलमान सैनिक एक के बाद एक ढेर हो रहे थे। तोप से छूटा एक गोला अलाउद्दीन के विश्वस्त सिपहसालार नसरत खान को लगा और उसका प्राणान्त हो गया। उलगखान ने नसरतखान की लाश दिल्ली रवाना कर दी और उसके साथ अलाउद्दीन को सारा हाल बताते हुए पत्र भेजा। अलाउद्दीन अपनी इस करारी हार से क्रोध और शोक में बिफर उठा। वह स्वयं रणथंभोर पर अभियान के लिये रवाना हो गया।

अलाउद्दीन ने हम्मीर से संधिवार्ता के लिये भी प्रयास किया। हम्मीर ने कहा कि दो दिन तक युद्ध हो जाए, उसके बाद बात होगी।

दो दिन भयंकर संग्राम हुआ। मुसलमानों के पचासी हजार योद्धा रण में खेत रहे।

अलाउद्दीन हम्मीर के दुर्ग पर घेरा डाले रहा। इसने अपनी सारी शक्ति हम्मीर को झुकाने के लिये लगा दी। दिन पर दिन बीतते जा रहे थे। राजपूतों को आशा थी कि दुर्ग को अभेद्य मान कर अलाउद्दीन लौट जाएगा। पर अलाउद्दीन रणथंभोर के किले के एन बाहर अपना शिविर लगाये हुए था, यहाँ तक की किले के बुर्ज से उसे देखा जा सकता था।

ऐसे में एक दिन हम्मीर ने धारा नर्तकी के नृत्य का आयोजन किया। हम्मीर के सामंत और सैनिक नाच का झूम झूम कर आनंद ले रहे थे। नर्तकी धारा किले के बाहर नीचे अपने शिविर में बैठे अलाउद्दीन की ओर ताक ताक कर अपमानजनक चेष्टाएँ कर रही थी, हम्मीर और उसके सैनिक इसका आनंद ले रहे थे। अलाउद्दीन ने क्रुद्ध हो कर अपने सैनिकों को नर्तकी पर निशाना लगाने का आदेश दिया।

अलाउद्दीन की सेना में एक अचूक निशाना साधने वाला धनुर्धर था - उड्डानसिंह। उड्डानसिंह ने साध कर तीर का निशाना नर्तकी धारा पर लगाया, वह चीखती हुई किले की दीवार से नीचे खाई में जा गिरी। यह देख कर महिमासाहि (मुहम्मद शाह) गुस्से में भर कर अलाउद्दीन पर बाण का निशाना लगाने ही वाला था कि हम्मीर ने उसे रोकते हुए कहा - वीर महिमासाहि, सम्राट् अलाउद्दीन मेरा मृग्य (शिकार) है, यदि तुमने उसे मार दिया, तो मैं

किससे संग्राम करूँगा? विवश हो कर महिमासाह ने अपना निशाना उड्डानसिंह की ओर साधा, उड्डानसिंह उसके बाण से ढेर हो गया। अलाउद्दीन और उसके मुसलमान सैनिक समझ गये कि किले से निशाना साध कर यदि राजपूत वार करेगें, तो अनर्थ हो सकता है, तो अलाउद्दीन ने अपना डेरा किले के पास से हटा कर तालाब के उस पार लगवा लिया।

अब मुसलमान किले के बाहर से सुरंग बनाने लगे। दूसरी ओर किले के बाहर बनी परिखा (खाई) को भी वे मिट्टी और पत्थरों से पाटने लगे। पर दोनों बातों की भनक हम्मीर को लग गई। उसने मुसलमानों की खोदी सुरंग में लाख और तेल फिंकवा कर आग लगा दी। जो मुसलमान सैनिक सुरंग में से किले में घुसने का प्रयास कर रहे थे, वे झुलस गये। सुरंग उनके शवों से पट गई। खाई को पाट रहे सैनिकों पर भी हम्मीर ने तोप के गोले दगवा दिये।

रणथंभोर को फतह करने के अलाउद्दीन के सारे प्रयासों पर हम्मीर और उसके वीर सैनिकों के साहस से पानी फिरता जा रहा था। मुसलमान सैनिकों का मनोबल टूट रहा था। तब अलाउद्दीन ने आखिरी चाल चली। उसने संदेश भेज कर हम्मीर के विश्वस्त दंडनायक रतिपाल को संधिवार्ता के लिये उसके शिविर में भेजने का अनुरोध किया। हम्मीर भोला था, वह अलाउद्दीन के बहकावे में आगया। उसने प्रमुदित हो कर कहा - रतिपाल जाओ, देखो तो अलाउद्दीन कहता क्या है!

रतिपाल अलाउद्दीन के शिविर में पहुँचा, अलाउद्दीन ने उसकी ऐसी आवभगत की कि रतिपाल गद्गद हो गया। वह भूल गया कि वह शत्रु के शिविर में है। अलाउद्दीन ने उसके सामने अपना पल्ला फैला दिया और कहा- वीर! सुना है कि राजपूत वीर किसी की याचना को असफल नहीं होने देते। तो मैं तुम्हारे सामने याचक हूँ, अपनी विजय का याचक।

रतिपाल समझ नहीं पाया कि क्या उत्तर दे। अपने स्वामी से विश्वासघात वह कैसे करे!

इसके बाद अलाउद्दीन रतिपाल को अपने हरम में ले गया। अपनी बहिन के हाथों से उसे कीमती मदिरा पिलवाई। मदिरा के मद में रतिपाल अलाउद्दीन के सामने बहकने लगा। अलाउद्दीन ने रतिपाल को वचन दिया कि रतिपाल यदि रणथंभोर पर उसे फतह कर लेने दे, तो रणथंभोर अलाउद्दीन उसी को दे देगा। रतिपाल के सपनों में पंख लग गये।

रतिपाल अलाउद्दीन के शिविर से निकल कर रणथंभोर के भीतर पहुंचा, तो उसके मुख से मदिरा की भभक निकल रही थी। हम्मीर के भाई वीरम को संदेह हुआ कि रतिपाल अलाउद्दीन के साथ दुरभिसंधि कर के आया है, उसने हम्मीर को संकेत भी किया। हम्मीर के मन में भी रतिपाल के इरादों को ले कर संदेह हुआ, पर अपने वीर दंडनायक को अचानक मरवा डालने का हम्मीर का मन नहीं हुआ। इधर रतिपाल ने अपना खेल आरंभ किया। उसने हम्मीर से कहा — महाराज! पता नहीं किस कारण से रणमल्ल आपसे खिन्न है, आप पाँच -सात विश्वस्त सहायकों के साथ उसके पास जाएँ और उसे मना लें, कहीं वह हम लोगों का साथ छोड़ कर न चल दे।

उधर रणमल्ल के पास जा कर उसने कहा - राजा हम्मीर तुम से बहुत कुपित है। वह तुम्हें कारागार में डाल देगा। तुम चुपचाप यहाँ से भाग जाओ। रणमल्ल को उसकी बातों पर विश्वास न हुआ। उसने कहा - मैं तुम्हारे कहने से इस तरह रणथंभोर छोड़ कर न जाऊँगा।

रतिपाल ने कहा - आज राजा हम्मीर पाँच-सात विश्वस्त सहायकों के साथ तुम्हें धर पकड़ने के लिये स्वयं आयेगा। तुम्हें विश्वास नहीं हो रहा है, पर यदि हम्मीर को इस तरह आता देखो, तो तुरत भागने का प्रयास करना, नहीं तो प्राणों से हाथ धो बैठोगे। इस राजा के साथ रहने की अपेक्षा तुम्हारे लिये यह अच्छा होगा कि अलाउद्दीन की शरण में चले जाओ।

रणमल्ल उसकी बात सुन कर सोच में पड़ गया। साँझ होने पर उसने देखा कि राजा हम्मीर तो सचमुच पाँच सहायकों के साथ उसके भवन की ओर आ रहा है। वह घबरा कर पीछे के द्वार से भाग निकला। भाग कर वह अलाउद्दीन के खेमे में ही जा पहुँचा। अलाउद्दीन खुश हुआ कि उसने रतिपाल को फोड़ कर जो फूट का बीज डाला था, वह फलने लगा है।

इसके बाद रतिपाल भी चुपचाप रणथंभोर से खिसक गया और अलाउद्दीन के खेमे में जा पहुँचा।

हम्मीर को इन बातों का पता चला तो वह जान गया कि अलाउद्दीन ने उसके साथ छल किया है। उसने जाहड को बुलाया और पूछा - कोश में कितना अन्न है? जाहड भी चाहता था कि यह अनिश्चय की स्थिति समाप्त हो और राजा अलाउद्दीन से संधि कर ले। तो उसने कहा - 'महाराज! कोश में तो अन्न बिलकुल भी नहीं है।'

दुर्ग में संकट के बादल घिरते लगने लगे। दुर्ग के निवासी आशंकित थे। रानियों ने सोचा कि अलाउद्दीन यदि केवल राजकुमारी को ले कर चला जाए, तो खूनखराबा क्यों हो? तो उन्होंने आपस में विचार कर के राजकुमारी देवल्ल को राजा के पास भेजा। देवल्ल ने पिता के प्रणाम कर के कहा - पिताजी, आप कुल की रक्षा के लिये मुझे बादशाह अलाउद्दीन को दे दीजिये।

हम्मीर उसकी बात सुन कर क्रोध से भड़क उठा और बोला - ऐसा कभी नहीं हो सकेगा। हम्मीर प्राण दे देगा, अपने कुल की बहू बेटियों के सम्मान को दाव पर नहीं लगायेगा।

हम्मीर को लगा कि संकट में सब उसका साथ छोड़ रहे हैं, महिमासाहि (मुहम्मद शाह) तो अलाउद्दीन की सेवा में रह चुका है, मुसलमान है, शरणागत होने से उसके आश्रय में रह रहा है, जब अपने विश्वासप्राप्त संगियों ने पीठ में छुरी भोंकी है, तो इसका कैसे विश्वास करूँ? तो उसने मुहम्मद शाह से कहा - तुम ठहरे विदेशी, मेरे ऊपर संकट है, तुम्हारा यहाँ रहना उचित नहीं है। मैं तुम्हें किसी सुरक्षित ठिकाने पर पहुँचा देता हूँ। उसकी बात से मुहम्मदशाह का मन आहत हो गया। वह समझ गया कि राजा के मन में क्या है। वह घर गया और अपने सारे कुटुंबियों को उसने मार डाला। फिर वह राजा के पास पहुँच कर बोला - महाराज, आपने

उचित कहा - मेरा और मेरे कुटुंब का अब आपके आश्रय में रहना उचित नहीं है, तो हम लोग आपका राज्य छोड़ कर जा रहे हैं, पर जाने के पहले आपकी भाभी आपके दर्शन करना चाहती हैं, वे तो यहाँ आ नहीं सकतीं, आप ही मेरे घर चल कर उन्हें दर्शन दें।'

राजा हम्मीर मुहम्मद शाह के घर पहुंचा। घर पहुँच कर देखा कि खून की नदी बह रही है, जिसमें मुहम्मदशाह की बेगम और बच्चों की लाशें उतरा रहीं हैं। यह देखकर हम्मीर शोक के आवेग में मूर्च्छित हो गया। होश में आने पर वह मुहम्मदशाह को गले लगाकर रोने लगा।

जिन्हें अपना समझा, वे तो एक एक कर के विश्वासघात करते हुए चल दिये। जिसे केवल अपने क्षत्रियत्व के दर्प में शरण दी थी, उसने एसी कृतज्ञता निभाई कि सारे परिवार की बलि चढा दी!

अब हम्मीर को लगा कि कहीं जाहड ने भी उसे धोखा दिया होगा, तो उसने खजाना खुलवाया। देखा कि खजाने में तो अन्न भरा हुआ है।

अब हम्मीर ने जीवन की आशा छोड़ दी। जिन्हें अपना समझा था, वे एक एक कर के धोखा देते जा रहे हैं, जिसे पराया और शरणागत मात्र माना था; वह इतना स्नेही स्वजन निकला कि अपना सर्वस्व बिना बताये होम कर दिया।

हम्मीर ने सारा खजाना पद्मसर तालाब में फिंकवा दिया कि अलाउद्दीन के हाथ न लगे। नगर निवासियों से कह दिया कि वे स्वतंत्र हैं। रंगदेवी आदि रानियों और हम्मीर की प्राण से प्यारी पुत्री देवल्ल देवी ने अग्नि में प्रवेश किया।

फिर हम्मीर ने वीरम से राज्य स्वीकार करने का आग्रह किया, वीरम ने निषेध किया। तब जाजदेव को राजसिंहासन पर अभिषिक्त कर के मुहम्मदशाह और वीरम आदि नौ वीरों के साथ हम्मीर समर में प्राणाहुति देने के लिये उतर पड़ा। अलाउद्दीन ने देखा कि हम्मीर स्वयं युद्धभूमि में उपस्थित है, तो वह भी प्राणों का दाव लगाता हुआ समर में उतर पड़ा।

यह महावीर हम्मीर का अंतिम युद्ध था। मुहम्मदशाह अंतिम क्षणों तक हम्मीर के साथ बना रहा। अंत में हम्मीर को बचाता हुआ वह मूर्च्छित हो कर गिर पड़ा। हम्मीर अकेला हो गया, शत्रुओं से घिर गया। शत्रु के बाणों से उसका शरीर जर्जर हो गया, वह जान गया कि अंतिम क्षण आ पहुँचा, इस शरीर को जीते जी म्लेच्छ स्पर्श करें, यह उसे सह्य न था। तब अपने हाथों से ही उसने अपना प्राणांत किया।

समर में जूझ कर अमर हुए हम्मीर वीर का शव पड़ा हुआ था। रतिपाल, जो जीते जी अपने राजा का सामना न कर पा रहा था, अब उस शव के पास पहुँचा। उसने अपने पाँव की ठोकर से हम्मीर के शव को दिखाते हुए अलाउद्दीन से कहा — यह रहा आपका शत्रु। अलाउद्दीन ने उससे पूछा - क्या कभी हम्मीर राजा ने तुम्हारे साथ अनुचित व्यवहार किया?

रतिपाल ने कहा - मेरे प्रति राजा हम्मीर सदैव कृपालु बने रहे।

अलाउद्दीन ने कहा - इस गद्दार रतिपाल की खाल खिंचवा दी जाए।

हम्मीर की मृत्यु के बाद दो दिन तक और जाजदेव आदि अलाउद्दीन से भिड़े रहे।

१३वें सर्ग को कवि ने हम्मीरस्वर्गगमनवर्णन नाम दिया है। इसका अंतिम श्लोक है—

श्रीहम्मीरोऽथ शूरो वरमुकुटमणिर्म्लेच्छबाणप्रहारैः
सर्वाङ्गेषु प्ररूढैः क्षितितलमभितो भावितो भीष्मकर्मा।
जीवन्तं ग्राहिषुर्मा क्वचिदपि यवना मामिति ध्यातबुद्धिः
कण्ठं छित्वात्मनैवाथ व्रजति च दिवं स्मात्तसूरातिथित्वम्।।

पूर्ववर्ती कवियों का नयचंद्र परप्रभाव – कवि नयचंद्र पर कालिदास का गहरा प्रभाव है। आरंभ में ही रघुवंश का अनुहरण करते हुए वे कहते हैं—

क्वैतस्य राज्ञः सुमच्चरित्रं क्वैषा पुनर्मे धिषणाणुरूपा।
ततोऽतिमोहाद् भुजयैकयैव मुग्धस्तितीर्षामि महासमुद्रम्।।

कालिदास के कथन 'तितीर्षुर्दुस्तरं मोहादुडुपेनास्मि सागरम्' (मैं मोहवश छोटी नाव से दुस्तर सागर पार करना चाह रहा हूँ) को कवि ने अपनी शैली में बदल कर कहा है कि मैं अतिमोह से एक ही हाथ से महासमुद्र को पार करना चाह रहा हूँ।

माघ के काव्य की छाया भी कहीं कहीं उनमें उभरती है। यथा—

जग्राह भूपतेरंशं प्रांशुं तीव्राग्रदंष्ट्रया।
उरोविदारं राज्ञापि क्षुर्यासौ प्रतिचस्करे।।

(४,६८)

इसमें नृसिंहवर्णन में माघ के कथन 'उरोविदारं प्रतिचस्करे नखैः' की छाया है।

दूसरी ओर नयचंद्र स्वयं श्रीहर्ष से अपने आपको प्रभावित बताते हैं –

पीत्वा श्रीनयचन्द्रवक्त्रकमलाविर्भावकाव्यामृतं
को नामामरचन्द्रदेव पुरतः साक्षान्न पश्येद् ध्रुवम्।
आदावेव भवेद् दशाममरता चेत् तस्य नो बाधिका
दुर्वारः पुनरेष धावतुतमां हर्षावलीविभ्रमः।।

(१४.४६)

नयचंद्र की प्रशस्ति - नयचंद्र की प्रशस्ति में उन्हीं के एक शिष्य ने कहा है -

नयचन्द्रकवेः काव्यं रसायनमिहाद्भुतम्।
सन्तः स्वदन्ते जीवन्ति श्रीहर्षाद्याः कवीश्वराः।।

लालित्यममरस्येव श्रीहर्षस्य वक्रिमा।
नयचन्द्रकवेः काव्ये दृष्टं लोकोत्तरं द्वयम्।।

पंद्रहवीं शताब्दी के अन्य ऐतिहासिक महाकाव्य

विद्यापति (परिचय के लिए देखें-अध्याय ९ में पुरुषपरीक्षा) ने भूपरिक्रमा का चित्रण करते

हुए ५६ देशों का वर्णन किया है। सरस्वती नदी के तट पर बलराम की यात्रा के वर्णन में कवि ने अनेक ऐतिहासिक घटनाओं का विवरण भी दिया है, जिनमें विद्यापति के अपने समय तक का इतिहास समाविष्ट कर लिया है। हम्मीर और अलाउद्दीन का युद्ध भी भूपरिक्रमा में वर्णित है।

पंद्रहवीं शताब्दी के अन्य महाकाव्यों में उद्दण्डदेव के शिष्य पडक्षरीदेव का महाचोलराजीय दस सर्गों में चोल राजाओं का इतिहास प्रस्तुत करता है। इसका दूसरा नाम कविकर्णरसायन है। षडक्षरीदेव का निवास मैसूर राज्य के धनुगुरु नामक स्थान में था। इन्होंने कन्नड भाषा में भी अनेक रचनाएँ कीं। इस महाकाव्य के केवल दो सर्ग प्राप्त हैं, जिनकी हस्तलिखित प्रति मैसूर के ग्रंथागार में है।[५]

सुप्रसिद्ध टीकाकार अरुणगिरिनाथ के पुत्र राजनाथ द्वितीय के सलुवाभ्युदयमहाकाव्य में विजयनगर के सम्राट् सलुव का चरित प्रस्तुत किया गया है। इस महाकाव्य में १३ सर्ग हैं। महाकाव्यकार राजनाथ सम्राट् सलुव के आश्रय में रहे। सलुव के द्वारा कलिंग और दक्षिण की विजय, बहमनी के सुलतान को पराजित करना, काशी तक उसकी विजययात्रा, तिरुपति का आराधन आदि ऐतिहासिक घटनाओं का इसमें चित्रण है।

सोलहवीं शताब्दी के ऐतिहासिक महाकाव्य

सुर्जनचरित

सोलहवीं शताब्दी के ऐतिहासिक महाकाव्यों में चंद्रशेखरकृत सुर्जनचरित महत्त्वपूर्ण है। इसमें बूँदी के चौहानवंशी राजा राव सुर्जन का चरित्र निरूपित है। इसके रचयिता चंद्रशेखर जितामित्र के पुत्र व सुर्जन के सभाकवि थे। राव सुर्जन के आग्रह पर काशी में रह कर उन्होंने यह महाकाव्य लिखा। उन्होंने राव सुर्जन के पूर्व इतिहास का भी अच्छा अध्ययन किया है तथा राव सुर्जन के पुत्र भोज के समय तक वे रहे, अत: उनके बाद तक के इतिहास का भी इन्हें ज्ञान है। चंद्रशेखर की सरस प्रांजल प्रासादिक शैली में कहीं कालिदास के काव्य की सकुमारता और तो कहीं माघ का कल्पनासौंदर्य और शब्दसंपदा का वैभव मिलता है, कहीं हर्ष की विदग्धता और वाग्मिता। बीस सर्गों का यह महाकाव्य चौहान कुल के प्रथम राजा वासुदेव के वर्णन से आरम्भ होता है। दूसरे से चौथे तक राजा विश्वपति का चरित्र, उसके द्वारा देवी की आराधना उससे शाकंभरी प्रदेश तथा शाकंभरी लवणसागर (साँभर झील) की उत्पत्ति की कथा दी गयी है। आगे के सर्गों में विश्वपति के पुत्र हरिराज, भतीजे भीमराज, उसके पुत्र विग्रहदेव, गुंजदेव, वल्लभदेव, रामनाथ, दुर्लभदेव, दुलसराज, बीसलदेव, पृथ्वीराज, अनलदेव, जगदेव, युगदेव, अजयपाल, सोमेश्वर आदि राजाओं का वर्णन है। पृथ्वीराज के द्वारा शहाबुद्दीन गोरी के साथ युद्ध का रोमांचक वर्णन तथा पृथ्वीराज के शौर्य का ओजस्वी चित्रण कवि ने किया है। पृथ्वीराज को गोरी कैद करके अपने देश ले जाता है, वहाँ कवि चंद से समागम होने पर पृथ्वीराज उसकी सहायता से गौरी का वध करता है और फिर वापस अपने देश लौट कर उसकी

मृत्यु होती है-यह कथानक चंद्रशेखर ने पृथ्वीराजरासो के समान वर्णित किया है, जो ऐतिहासिक दृष्टि से असत्य है। ग्यारहवें, बारहवें और तेरहवें सर्ग में हम्मीर का चरित्र, रणथंभौर के युद्ध तथा हम्मीर के यज्ञ आदि का विस्तार से कवि ने वर्णन किया है। तेरहवें सर्ग से कथा-नायक सुर्जन महाराज का जन्म तथा प्रताप का वर्णन प्रारम्भ होता है। चौदहवें सर्ग में उनके विवाह, पंद्रहवें में विहार, सोलहवें में राजकुमार भोज के पराक्रम, सत्रहवें में सुर्जन तथा अकबर के तुमुल युद्ध और सुर्जन के पराक्रम, अठारहवें में अकबर के संधिप्रस्ताव तथा सुर्जन की विभिन्न यात्राओं और तीर्थस्थलों का वर्णन है। उन्नीसवें सर्ग में काशी में सुर्जन के देहत्याग और बीसवें में भोज के राज्याभिषेक और उनके प्रताप के वर्णन के साथ महाकाव्य समाप्त होता है।

कवि चंद्रशेखर सुर्जन तथा भोज इन दोनों नरेशों के न केवल समकालीन थे, दोनों से घनिष्ठ रूप से परचित भी थे। अत एव उन्होंने समसामयिक वृत्तांतों का निरूपण प्रत्यक्ष जानकारी के आधार पर किया है। सत्रहवें सर्ग में सुर्जन तथा अकबर दोनों का तुमुल संग्राम तथा सुर्जन का असाधारण पराक्रम व अठारहवें में अकबर का सन्धिप्रस्ताव, फिर सुर्जन का वैराग्य, तीर्थाटन तथा काशीवास आदि घटनाएँ ऐतिहासिक दृष्टि से महत्त्वपूर्ण हैं। नायक सुर्जन के काशीवास तथा वहीं रह कर देहत्याग के प्रसंगों में करुण व शांतरसों का परिपाक है।

वीरभानूदय महाकाव्य

माधव उरव्य का वीरभानूदय महाकाव्य १५४० ई० के आसपास लिखा गया। इसके दसवें सर्ग में सुल्तान मोहम्मद सैदाली के भाग कर रामचंद्र बघेल की शरण में आने की घटना वर्णित है, जिसके आधार पर कुछ विद्वान् इसे १५५५ ई० के आसपास लिखा बताते हैं। इसमें १२ सर्ग हैं। यह बघेलखंड के राजाओं का इतिवृत्त प्रस्तुत करता है। इसकी १५९१ई० में लिखी पांडुलिपि मिलती है।

गहोरा नामक राजधानी में बघेलवंशी राजा भीम के वर्णन से काव्य आरंभ होता है। भीम के राणिंगदेव नामक पुत्र हुआ। राणिंगदेव के वालनदेव, वालनदेव के बल्लारदेव राजा हुए।

काव्य सर्वत्र वैदर्भी रीति तथा इतिहास के विवरणों का रक्षा की गई है। रानियों के नाम देते हुए उनके द्वारा लोकोपकार के कार्यों का विवरण दिया गया है। श्रीयसराजदेव (यशोराजदेव) की पत्नी राजलमल्लदेवी के विषय में कवि कहता है—

स्वगेहतः पूर्वदिशाविभागे यद्वापिका राजति पूर्णतोया।
सोपानमार्गाहितदिव्यशोभा लोकार्तिहन्त्री मणिकर्णिकेव।।

(१.२५)

साऽस्य प्रिया राजलमल्लदेवी पत्नी तयाऽखानि तडागसिन्धुः।
स्वकीयगेहाद् दिशि मारुतस्य तदाख्यया यः प्रथितः पृथिव्याम्।।

(१.२६)

बल्लारदेव के सिंहदेव तथा सिंहदेव के बीरमदेव पुत्र हुआ। दोनों के प्रताप का वर्णन ओजस्वी रूप में किया गया है। सिंहदेव ने यमुना में समाधि ली, और बल्लारदेव ने अपने पौत्र का पालन किया जैसे पार्थ (अर्जुन) ने अपने पौत्र परीक्षित का पालन किया था—

पौत्रं पुपोष प्रखरप्रतापः परीक्षितं पार्थ इव स्थितिज्ञः।।

(१.३५)

वीरमदेव के शौर्य व तेजस्विता का वर्णन विस्तार से कवि ने किया है। वीरमदेव ने दिल्लीपति से लोहा लिया। उसकी रानी अपूर्वदेवी ने नरहरि को जन्म दिया। नरहरि का राजला नामक रानी से भैदचंद्र पुत्र था। राजला गढ नामक नगर के राजा अर्जुन की बेटी थी। भैदचंद्र अपने पौत्र सालिवाहन को राजपद दे कर दिवंगत हुए। सालिवाहन की रानी कल्याणदेवी प्रतापी पूरणमल्ल की पुत्री थी। इसने वीरसिंह को जन्म दिया। वीरभानु इन्ही वीरसिंह के पुत्र थे, इनकी माता सुकुमार देवी थीं। जैसे वैदेही ने लव को पाया, ऐसे ही सुकुमार देवी ने पुत्र वीरभानु को —

श्रीवीरसिंहात् सुकुमारदेवी श्रीयामिनीभानुमथापदर्घ्यम्।
सुतं सवित्री तनुजेन तेन लवेन वैदेहसुतेव रेजे।।

(१.९३)

वीरभानु का विवाह हैहयवंश की राजकुमारी होसाइनी से हुआ। प्रथम सर्ग में यहाँ तक वृत्तांत है। द्वितीय सर्ग में वीरसिंह के युद्ध व शत्रुओं पर विजय का वर्णन है। तृतीसर्ग में वीरभानु पिता वीरसिंह की अंत्येष्टि कर के गहोरा नगरी लौटते हैं। यहाँ गहोरा नगरी के उद्यानों का वर्णन स्वभावोक्ति के कारण मनोहर बन पड़ा है। चतुर्थ सर्ग में वीरभानु के अवदानों का वर्णन है, पंचम सर्ग में उसके राज्याभिषेक तथा शासन का विस्तृत विवरण है। सप्तम सर्ग में वीरभानु के पुत्र रामचंद्र का जन्म वात्सल्य की धारा प्रवाहित करने वाला है। अष्टम सर्ग में रामचंद्र का विद्याग्रहण व धनुर्विद्या की शिक्षा का वर्णन है। नवम सर्ग में पिता अपने पुत्र रामचंद्र के विवाह के विषय में विचार करते हैं. माधवसिंह की पुत्री से उनके विवाह का विस्तृत वर्णन कवि ने इस सर्ग में किया है। हुमायूँ वीरभानु के पौत्र के जन्म का समाचार पा कर प्रसन्नता प्रकट करता है।

अनेक ऐतिहासिक घटनाओं के प्रामाणिक निरूपण तथा बघेलखंड के इतिहास के प्रकाशन की दृष्टि से यह एक महत्त्वपूर्ण कृति है।

सत्रहवीं शताब्दी के ऐतिहासिक महाकाव्य

साहित्यरत्नाकर

साहित्यरत्नाकर सत्रहवीं शताब्दी के सुविदित कवि यज्ञनारायण दीक्षित का महाकाव्य है। दीक्षित के रघुनाथविलास नाटक की चर्चा नाटकविषयक अध्याय में की गयी है। इनके पिता का नाम गोविंद दीक्षित तथा माता का नाम मागांबा था। ये सुकवि नीलकंठ दीक्षित तथा

राजचूडामणि दीक्षित के विद्यागुरु तथा वेंकटेश्वर दीक्षित के अनुज थे। इनके पिता गोविंद दीक्षित तंजौर के मंत्री थे। तंजौरनरेश रघुनाथ नायक का इन पर स्नेह था। साहित्यरत्नाकर में सोलह सर्गों में तंजौरनरेश रघुनाथ का चरित्र है। चोलवंश, तंजापुरी, नायकवंशीय राजाओं की वंशावली, आदि का वर्णन करके चतुर्थ सर्ग में रघुनाथ के जन्म और बाल्य का चित्रण है। अंतिम सर्गों में शत्रुराजा के दुश्चरित्र और रघुनाथ नायक के उसके साथ युद्ध का वर्णन है। राजघराने से घनिष्ठ संबंध तथा चरितनायक से प्रत्यक्ष परिचय के कारण यज्ञनारायण अनेक घटनाप्रसंगों व परिस्थितियों का निरूपण प्रमाणिक रूप से कर सके हैं। कवि के रूप में उनकी अभिव्यक्ति प्रांजल तथा रीति सरस वैदर्भी है।

रघुनाथाभ्युदय

रामभद्रांबा के रघुनाथाभ्युदय महाकाव्य में भी तंजौर के राजा रघुनाथनायक को ही चरितनायक बनाया गया है। रामभद्रांबा रघुनाथनायक की साहित्यसभा की सम्मानित विदुषी थीं। भ्रमवश कुछ इतिहासकारों ने इन्हें राजा रघुनाथ की पत्नी बता दिया है।

इस महाकाव्य में १२ सर्ग तथा ९०० श्लोक हैं। चोलदेश, तंजापुरी तथा रघुनाथनायक के महनीय कार्यों का उदात्त अलंकार के सम्यक् निर्वाह के साथ कवि रामभद्रांबा ने वर्णन किया है। राजा रघुनाथ का व्यक्तित्व, रूप व स्वरूप, दिनचर्या, वेशभूषा आदि का आँखों-देखा वर्णन रामभद्रांबा की सरस लेखनी से प्रस्तुत है। विशेष रूप से कवि रामभद्रांबा ने चरितनायक के साहित्यानुराग पर प्रकाश डाला है। चोलदेश तथा तंजौर नगर का सांस्कृतिक व भौगोलिक इतिहास भी रामभद्रांबा ने उद्‌घाटित किया है। यज्ञनारायण के ही समान रामभद्रांबा का भी चरितनायक रघुनाथ से प्रत्यक्षपरिचय रघुनाथाभ्युदय के अंतरंग चित्रण में सहायक हुआ है।

राजस्थान के ऐतिहासिक महाकाव्य

कश्मीर की भाँति राजस्थान में भी ऐतिहासिक महाकाव्यों के प्रणयन की बड़ी समृद्ध परम्परा रही है। जगज्जीवन भट्ट का अजितोदय महाकाव्य, बालकृष्ण भट्ट का इसी नाम का महाकाव्य, श्रीकृष्ण भट्ट का ईश्वरविलास महाकाव्य, सीताराम पर्वणीकार का जयवंश महाकाव्य, श्रीकृष्ण राम का कच्छवंश तथा रणछोड़ भट्ट (सत्रहवीं श.) के अमरमहाकाव्य और राजप्रशस्ति आदि महाकाव्य उल्लेखनीय हैं। इन महाकाव्यों में जिन राजाओं का शासनकाल तथा जीवनचरित वर्णित हैं, वे हैं - पृथ्वीराज (१५०३-२७ई०), मानसिंह प्रथम (१५७९-१६१४ई०), जयसिंह प्रथम, रामसिंह प्रथम, विष्णुसिंह, सवाई जयसिंह द्वितीय (१६९९-१७४३), सवाई जयसिंह तृतीय (१८१८-१८३४) आदि।

अमरसार

इस महाकाव्य के प्रणेता पं० जीवन्धर हैं। ये मेवाड में महाराणा अमरसिंह के आश्रय में

राजपंडित रहे। पांडुलिपि में उल्लेख के अनुसार विक्रम संवत् १६८५ में यह ग्रंथ पूर्ण हुआ। इस काव्य में छन्दों की विविधता तथा काव्यात्मक छटा अपूर्व है।

इसमें मेवाड़ के भूगोल, संस्कृति, सुरक्षा व्यवस्था तथा इतिहास पर अछूते पक्ष प्रकाशित हैं। यश:खण्ड (४३३ श्लोक), नीतिखण्ड (३२३ श्लोक) तथा धर्मखण्ड (२७५ श्लोक) इन तीन खंडों में सृष्टि की उत्पत्ति, देशवर्णन, तीर्थ, सूर्यवंश, उसमें महाराणा अमरसिंह का प्रादुर्भाव, राजव्यवस्था आदि विषय वर्णित हैं।

राजरत्नाकर

सत्रहवीं शताब्दी के महाकाव्यों में सदाशिव नागर का राजरत्नाकर महाकाव्य मेवाड़ के महाराणाओं का ऐतिह्य काव्यात्मक सौष्ठव के साथ प्रस्तुत करता है। इसमें प्रधान चरित्र महाराज राजसिंह का है। यह महाकाव्य अप्रकाशित है। इसमें २३ सर्ग तथा ८५५ श्लोक हैं। कुंभा, राणा साँगा, राणा प्रताप, अमरसिंह, जगत्सिंह राजसिंह-इन राजाओं का वृत्तांत इस महाकाव्य में प्रस्तुत किया गया है।

मन्त्रिकर्मचन्द्रवंशावलीप्रबन्ध[६]

इस प्रबन्ध के प्रणेता जयसोम पाठक हैं, इनका जीवनपरिचय उपलब्ध नहीं होता। परंतु इस प्रबंध के उल्लेखों से ये सम्राट् अकबर के समकालीन प्रतीत होते हैं। अकबर के पुत्र सलीम का सलीम और शेखू के नाम से इस प्रबंध में वर्णन है। जयसोम ने प्रबंध के अंत में लिखा है—

साहिश्रीमदकब्बरराजदिनादखिललोकसुखहेतोः।
अष्टत्रिंशे वर्षे लाभकृते लाभपुरनगरे।।
नन्द्याद् वंशावलीग्रन्थो ग्रथितोऽयं प्रमोदकृत्।
आचन्द्रार्कं शुभोदर्कं सत्सम्पर्कं च वर्धयन्।।

(मन्त्रिकर्मचन्द्रवंशावलीप्रबन्ध, ५३८-३९)

अर्थात् अकबर शाह के राज्यारोहण के दिन से अड़तीसवें वर्ष में लाहौर नगर में रह कर पाठक ने इस प्रबंध की रचना की।

इस प्रबंध पर वाचनाचार्य गुणविजय के द्वारा विरचित संस्कृत वृत्ति मिलती है। यह वृत्ति अपने आप में संस्कृत के इतिहासविषयक साहित्य की महती धरोहर है। गुणविजय भी जयसोम पाठक के शिष्य हैं – यह उन्होंने स्वयं १०-११श्लोकों की वृत्ति में सूचित किया है। इस प्रबंध में वर्णित घटनाप्रसंगों तथा व्यक्तियों से उनका अंतरंग परिचय स्पष्ट झलकता है। अनेक स्थलों पर तो उनकी वृत्ति के द्वारा ही वर्णित स्थल, घटना या व्यक्ति का वास्तविक अभिज्ञान हो पाता है। वृत्तिकार की जानकारी विश्वकोशात्मक प्रतीत होती है। आठवें पद्य में प्रबंधकार ने

अभयदेवसूरि की वंदना की है, वृत्तिकार ने यहाँ अभयदेव सूरि के जीवन का इतिहास, उनकी नवांगी विवृति, शीलांकाचार्य की एकादशांगी विवृति, अभयदेव के कुष्ठग्रस्त होने की और उससे मुक्ति की घटनाएँ भी विस्तार से लिख दी हैं।

मन्त्रिकर्मचन्द्रवंशावलीप्रबन्ध में आर्या, अनुष्टुप्, उपजाति आदि वृत्तों में ५३९ श्लोक हैं। कवित्व की दृष्टि से न इसमें कल्पना का उर्वरता है, न शैली की रमणीयता। पर सोलहवीं-सत्रहवीं शताब्दी के भारतीय इतिहास के ज्ञान के लिये यह दुर्लभ निधि है, तथा अनेक अज्ञात सूचनाओं का भंडार है।

पाठक ने मेवाड़ के मंत्री कर्मचंद्र की वंशावली तथा जीवनचरित का तो इस प्रबंध में विशद रूप में निरूपण किया ही है, उस समय के अनेक राजाओं व ऐतिहासिक व्यक्तियों के संबंध में भी विविध तथ्यात्मक जानकारियाँ साथ में सँजो दी हैं। प्रथम नौ पद्यों में विविध तीर्थंकरों की वंदना कर के उपोद्घात करते हुए प्रबंधकार कहते हैं—

बृहत्खरतरस्वच्छगच्छशोभाविधायिनः।
श्रीचन्द्रगच्छसूरीन्द्रजिनचन्द्रगुरोर्गिरा।।
वर्णयामि चतुर्वर्णवर्णनीययशस्ततेः।
मन्त्रिश्रीकर्मचन्द्रस्य वंशश्रेणीं यथाश्रुतम्।।

अर्थात् बृहत् खरतरगच्छ की शोभाभिवृद्धि करने वाले तथा जिनचंद्र के गुरु श्रीचंद्रगच्छसूरि की वाणी (के आधार पर) जैसा (उनसे) सुना वैसा मन्त्री कर्मचंद्र की वंशपरंपरा का वर्णन मैं करूँगा। वृत्तिकार ने यहाँ जिनदत्त सूरि के द्वारा प्रतिपादित एकाक्षरमहाविद्या का सोद्धरण विवेचन किया है। प्रबंधकार कर्मचंद्र के गुणों के समक्ष अपने को विनीत प्रदर्शित करते हुए पाठक कहते हैं—

भूयांसः सन्ति भूमीशाः भूयांसः सन्ति मन्त्रिणः।
श्रीजैनधर्ममाहात्म्यमनेनाधिकमेधितम्।।
तेन गीर्ममकीनास्य वर्णनाय प्रगल्भते।
कम्राम्रकलिकाखादात् कोकिला किं न कूजति।।

(१४-१५)

(बहुत सारे राजा हैं, बहुत सारे मंत्री हैं, पर इन्होंने (कर्मचंद्र ने) जैनधर्म का माहात्म्य बढ़ाया। इसलिये मेरी वाणी इनके माहात्म्य के वर्णन के लिये प्रगल्भ हुई है। आम की सुंदर कलियों को खा कर क्या कोयल कूजन नहीं करती?)

कविता की दृष्टि से उपमा रमणीय नहीं है, आम्र के प्रसंग में कलिका के स्थान पर मंजरी का प्रयोग ही अधिक उचित होता, कोकिला के स्थान पर भी कोकिलः कहना ही कविसमय की प्रसिद्धि के अनुसार उचित था। पर प्रबंधकार इतिवृत्त की प्रस्तुति पर अपना ध्यान केंद्रित रखते हैं तथा विवरणों में तथ्यात्मकता का निर्वाह करते हैं।

वंशावली का वर्णन देवलवाट के राजा सागर से आरंभ किया गया है. जो 'देवड़ावंश रूपी वंश के मौक्तिकके समान' थे तथा जिनके आठ रानियाँ थीं (१८-१९)। सागर के पुत्र बोहित्थ के नाम पर इस वंश के लोग बोहित्थहरा के नाम से भी जाने गये (२२)। बोहित्थ ने राजा राजसिंह के समक्ष अपने शत्रुओं से महायुद्ध किया, विजयप्राप्त कर के स्वर्ग सिधारे (२७)। राजा कर्ण का ओजस्वी वर्णन प्रभावशालिनी शैली में प्रबंधकार ने किया है—

रणरसको रणकेलिं विधाय धैर्यं निधाय निजचित्ते।
स्वामीहस्त्यारूढो वोढ़ा स्वर्गश्रियः समभूत्।।

(३६)

मुहम्मद गौरी के आक्रमण तथा राजा कर्ण की रानी का आत्मरक्षा के लिये अपने चार पुत्रों के साथ पिता के घर में जा कर रहना इत्यादि दारुण वृत्तांत यहाँ संकेतित हैं। वृत्तिकार गुणविनय ने मुहम्मद गौरी के लिये बहुत शालीन भाषा में इतना ही लिखा है – अयं हि महाबलसाहिस्तत्र किं वाच्यम्?

मुहम्मद गौरी की आँधी के निकल जाने के बाद राजा कर्ण के चारों बेटे बड़े हो कर प्रतापी और दानवीर बने, उन्होंने पूग या सुपारी से भरी इतनी थालियाँ तीर्थस्थानों पर दान में दीं कि वे फोफलिया के नाम से गुजरात में प्रसिद्ध हुए। इन चारों में समधर और उनकी पत्नी जइती से तेजपाल का जन्म हुआ। तेजपाल की पत्नी तारा के विषय में पाठक कहते हैं—

कल्पलतेवोदारा तारादेवीति नामिका सारा।
तस्य विशुद्धाचारा जायाऽजायत सदाकारा।।

इन्हीं के वंश में संघपति कडुवा अपने पूर्वजों की भूमि का स्मरण करते हुए गुजरात से मेदपाट (मेवाड़) में आ बसे (६९)। संघपति कडुवा की मध्यस्थता के कारण जनसामान्य की रक्षा के लिये चित्रकूट (चित्तौड़) के राणा की मालवा के बादशाह से संधि होने उल्लेख यहाँ प्रबंधकार पाठक ने किया है (७२)। अपने बुद्धिबल से प्रजा की रक्षा के कारण कडुवा ने सम्मान पाया और उसी के कारण वे पत्तन (अन्हिलपत्तन) के अधिपति बनाये गये। उन्होंने चित्रकूट छोड़ दिया। कडुवा के द्वारा गुजरात में सर्वत्र अहिंसा के परिपालन की प्रशंसा करते हुए पाठक ने उन्हें राजा कुमारपाल से उपमित किया है (कुमारभूपाल इव सदयः – ८१)। इनके पुत्र मेरा या मेराक भी इतने ही यशस्वी हुए, जिनका वर्णन मनोयोग से अलंकार की माला पहनाते हुए प्रशस्तिकार करते हैं—

मन्त्रीशस्तीर्थकरं मुमोच न मुमोच जातु तीर्थकरम्।
प्रददे सुगुप्तदानं विदधे स्वागमसुधापानम्।।
एवं पूर्णमनोरथमालः शुभभाग्यकलितवरभालः।
अवमानितकलिकालः सुरोऽभवत् सचिवसुरमालः।।

(८७-८८)

वील्हा के वंशजों में मांडण गुजरात छोड़ कर फिर से पूर्वजों की भूमि में रहने की इच्छा से वीरमपुर (वृत्तकार के अनुसार महेवानगर) में आ गया (९१)। मांडण का पुत्र ऊदा था, जिसकी पत्नी उछरंगदेवी के विषय में पाठक कहते हैं—

गुणरञ्जितभूवलया ऽलङ्कृता कृपावलया।
निम्नीकृतरतिरूपा नाम्ना उछरङ्गदेवीति।।

(९४)

इस दंपति के नरपाल और नागदेव तथा नागदेव की 'नवरङ्गदा पत्नी नारिङ्गी देवी' से जेसल और वीरम का जन्म हुआ (९७)। जेसल की पत्नी जसमादेवी थी, उनके वत्सराज, हंसराज और देवराज ये त्रिवर्गसदृश तीन पुत्र हुए (१००)। वत्सराज सुभटपुर (जोधपुर) में राजा रिणमल्ल के मंत्री हुए। रिणमल्ल को चित्तोड़ के राणा कुंभ ने छल से मार डाला (१०३)। तब रिणमल्ल के उत्तराधिकारी राव योधा वत्सराज के साथ अपनी संपत्ति ले कर जंगल में जा छिपे , वत्सराज ने अपने बुद्धिवैभव से राजा व उनके सहायकों की रक्षा की (१०५), और समय आने पर योधा ने राणा कुंभ को मार डाला तथा योधपुर में लौट आये। योधा ने अपनी रानी के कहने में आ कर बेटे विक्रम को उसी जंगल का राज्य दिया, जिसमें वे छिप कर रहे थे, वत्सराज विक्रम के साथ आ गये। वत्सराज के परामर्श पर चलते हुए विक्रम ने अपने पराक्रम का अपूर्व विस्तार किया और कोडिमदेसर नगर बसा लिया (१३१)। वत्सराज के कर्तृत्व, योग्यता व क्षमता का सुंदर वर्णन अनेक पद्यों में प्रबंधकार ने इस प्रसंग में किया है। विक्रम के वंश में ही लूणकर्ण नामक राजा हुआ, जो—

लूणकर्णो लसद्वर्णः प्रतापप्लुष्टशात्रवः।
आकर्णितः पुरा कर्णः सकर्णैरीक्षितोऽधुना।
दानाधिकतया लब्ध्यावतारोऽयं स एव किम्?।।

(१५२-५२)

लूणसिंह के मंत्री कर्मसिंह थे। कर्मसिंह ने संवत् १५४१ में लूणसिंह के पूर्वज विक्रम के नाम से विक्रमनगर बसाया (१६०)। इस नगर के साथ लगे तीर्थस्थल का विशद व रमणीय वर्णन प्रबंधकार ने किया है, जो तत्कालीन सांस्कृतिक झाँकी भी प्रस्तुत करता है। लूणसिंह के बाद जेतृसिंह व जेतृसिंह के पुत्र कल्याणमल्ल ने राज्य किया। इन्हीं के मंत्री वरसिंह ने चंपापुर में मुजफ्फरशाह की यात्रा का फरमान प्राप्त किया (१८६)। जेतृसिंह के शासनकाल में मालदेव ने जंगलप्रदेश पर अधिकार करने के लिये आक्रमण किया, जब महामात्य नगराज ने उन्हें शेरशाह सूरी की सहायता लेने का परामर्श दिया—

समर्थानां यतश्चिन्ता समर्थैरपनीयते।
महारुणेव कण्डूया गजगण्डस्य नश्यति।

(२११)

राजा ने इस परामर्श को मानते हुए मंत्री की प्रशंसा की —

साधु साधु महामन्त्रिन् मन्त्रितं स्वार्थसिद्धये।
गुणायाधिगुणे सेवा मोघाऽपि सफला किमु?
तेन साहिसमीपे त्वं याहि सोत्साहमानसः।
मानसेन विना येन न हंसानां मनोगतिः।।

(२१२-१३)

संग्राम में जेतृसिंह मारे गये, पर मंत्री नगराज ने शेरशाह की सहायता से मालदेव की सेना का सफाया कर दिया। नगराज के वंशजों में संग्राम मंत्री को शेरशाह ने भी बहुत सम्मान दिया। संग्राम मंत्री ने हाजी कान और हसनकुली कान से संधि की, जिसके द्वारा वे जैन धार्मिक स्थलों पर तीर्थ कर से मुक्ति व उन तीर्थों की विनाश से रक्षा कर पाये। इन्हीं मंत्री संग्राम के पुत्र कर्मचंद्र और यशस्वी थे। राजा कल्याणमल्ल और मंत्री कर्मचंद्र में परस्पर बहुत सद्भाव था और कर्मचंद्र ने ही सम्राट् अकबर के साथ बहुत मधुर संबंध स्थापित किये। अकबर के साथ कर्मचंद्र ने इस प्रकार सामंजस्य स्थापित किया कि उससे सौहार्द का एक नया इतिहास रचा गया। कर्मचंद्र ने कल्याणमल्ल को भी परामर्श दिया—

चाक्रिकाः कुम्भकाराश्च तथा कान्दविका अपि।
वर्षासु चतुरो मासान् स्वदेशे सन्ति निष्क्रियाः।।
अदेयो राजदेयोंऽशो मालाख्यो वणिजां पुरे।
तथा शुल्के तुर्योंऽशः एडकादिकरोऽपरः।।

(२८१- ८२)

मीरज के शासक इब्राहीम के दिल्ली पर आक्रमण का वर्णन और दिल्ली को बचाने के लिये कर्मचंद्र की सक्रिय भूमिका का वर्णन इसके बाद प्रबंधकार ने किया है। इसके आगे प्रबंध के शेष भाग में अकबर से जुड़े अनेक प्रसंगों, जैन मुनियों के साथ उसके सत्संगों, तीर्थयात्राओं का वर्णन, दुर्भिक्ष, कर्मचंद्र के प्रजा के हितार्थ किये गये कार्य आदि का वर्णन प्रत्यक्षदृष्ट के समान प्रबंधकार ने किया है। मुगल आक्रमणकारियों में तुरसमखान आदि के द्वारा किये गये प्रतारणा के कार्य तथा कर्मचंद्र की अकबर के साथ संवादशीलता के द्वारा उनके निवारण का वर्णन प्रबंधकार ने प्रामाणिकता के साथ किया है। कर्मचंद्र की सारे देश में कीर्ति के विस्तार, उसके जैन आचारांग आदि ग्रंथों के अध्ययन व श्रुतज्ञान आदि का भी वर्णन महत्त्वपूर्ण है (३१५-१८)। विशेष रूप से शिल्पियों या कामगरों के लिये किये गये उसके उपकारों का वर्णन उस समय की सामाजिक आर्थिक स्थितियों के चित्रण के द्वारा इतिहास के अनेक अछूते पक्ष उद्घाटित करता है। पेड़ों की कटाई को रोकने व मछलियों के शिकार पर पाबंदी उसके ऐसे ही कार्य हैं।

छेदनं सर्ववृक्षाणां निखिले मरुमण्डले
निषिद्धं राजसिंहस्य प्रसादेनैव मन्त्रिणा।।

यो राजसिंहराज्ये प्राप्य श्रीसिन्धुमण्डलप्रभुताम्।
सतलज-डेक-रावी-सिन्धुषु मीनावनं विदधे।।

(३२१-२२)

कर्मचंद्र की बुद्धिमत्ता के कारण राजा राजसिंह पर अकबर सदैव सदय बने रहे। एक विशेष प्रसंग अकबर के पुत्र सलीम या शेखू के घर में मूल नक्षत्र में उत्पन्न कन्या के जन्म का है। शहंशाह अकबर ने अबुलफ़जल आदि अपने मंत्रियों को इस काम पर लगा दिया कि वे मूल के दोष के प्रतीकार के लिये उपाय करें। तब कर्मचंद्र के परामर्श से जैनदर्शन में स्वीकृत शांतिपद्धति अपनाई गई। एक दूसरा अत्यंत महत्त्वपूर्ण वर्णन अकबर के द्वारा लाभपुर (लाहौर) में ईदमिलन के अवसर (श्रीसाहेर्महवासरे – ३८२, वृत्तिकार गुणविनय ने टीका की है श्रीसाहेर्महवासरे ईदमिलनदिने।) पर जिनचंद्र के सम्मान करने का है। अकबर के द्वारा जैन गुरुओं के सम्मान का चित्रण सुंदर है, तथा अकबर के इस अवसर पर उद्गार तथा उसके द्वारा धर्मसम्मेलन को प्रोत्साहन का विवरण भी उतना ही महत्त्वपूर्ण है। नवरंग खान के द्वारा द्वारका के चैत्यों को तोड़ने पर कर्मचंद्र फिर अकबर को खबर भेजते हैं जिससे तीर्थस्थलों की रक्षा हो सकी। एक और मार्मिक प्रसंग अकबर के द्वारा मानसिंह के नंगे पाँव तीर्थयात्रा को ले कर अकबर की उसकी भूरि भूरि प्रशंसा का है। जैन गुरुओं के प्रभाव से अकबर काश्मीर में मछली मारने पर पाबंदी लगाते हैं। ये सारे वर्णन यथार्थनिरूपण के द्वारा इतिहास के अनेक अज्ञात पक्ष उद्घाटित करते हैं। कर्मचंद्र के अकबर तथा शेखू (सलीम) तथा अबूल फ़ज़ल के साथ मधुर संबंधों का खुलासा प्रबंधकार ने किया है।

इत्थं शेषूसुरत्राणस्याग्रेऽपि विधृतोपदा।
शेषस्यापि पुरस्तेने तेन ढौकनिका घना।

वृत्तिकार गुणविनय कहते हैं – यथा श्री साहेः पुरो धृता तथा शेषूसुरत्राणस्य अग्रेऽपि उपदा ढ़ोकनं धृता, तथा शेषस्यापि अवुलफइजलस्यापि पुरस्तेन मन्त्रिणा घना बह्वी ढौकनिका तेने विस्तारिता।

वस्तुतः यह प्रबंध चारणों या विरुदकारों के द्वारा प्रशस्तिपूर्वक इतिहासनिरूपण के लिये अंगीकृत शैली में विरचित है। भारतीय इतिहास के लेखन की एक शैली का सुंदर नमूना भी यह प्रबंध प्रस्तुत करता है। वृत्तिकार गुणविनय ने 'ग्रामनाम्नोर्न संस्कारः' इस नियम को उद्धृत कर के (६९वें श्लोक पर वृत्ति, पृ० १४) पोफलिया, वील्हा, धरणा, कडुवा आदि वंश या व्यक्तियों के नाम की सूचक संज्ञाओं के प्रयोग के औचित्य को स्पष्ट कर दिया है। सेवाटहल के लिये प्रबंधकार ने सेवाचिकीः शब्द का प्रयोग किया है (१०३), अवलोकित्वा जैसे अवैयाकरणिक प्रयोग भी उन्होंने किये हैं (१०६)। फरमान के उन्होंने फुरमान बना दिया है।

कर्मचंद्र के सत्कर्मों की स्मृतियाँ संस्कृतसाहित्य में ही नहीं राजस्थानी भाषा की अनेक प्रशस्तियों में परिव्याप्त हैं। इस प्रबंध के साथ मुनि जिनविजय ने निम्नलिखित पुरानी

प्रशस्तियाँ प्रकाशित की हैं – वाचकगुणविनय कृत श्रीकरमचंदमंत्रिवंशप्रबंध- यह विविध रागों में गेय २९८ छंदों में बड़ी सरस प्रशस्ति तथा वंशावली है, (२) वछावतारी वंसावली – कवि का नाम नहीं दिया है, वीर छंद तथा कवित्त में १३७ फड़कते हुए पद्य इसमें हैं, (३) मंत्रीश्वर कर्मचंद्र वछावत निसाणी – ९ छंदों में अज्ञातकृत, (४) मंत्रिकर्मचंद्रकृत जिनसिंह सूरि पदोत्सववर्णन – यह कर्मचंद्र के द्वारा आयोजित उत्सव का मनोहर वर्णन है। इसके रचयिता कविवर सूरजचंद्र हैं। इसमें ५२ छंद हैं। (५) मंत्रीश्वर करमचंद वछावत सुयश, (६, ७, ८) बछावतवंशावली – तीन अलग अलग वंशावलियाँ इस शीर्षक से हैं, (९) वछावतवंश वहीयावट – यह बही कर्मचंद्र के परिवार से संबद्ध है, जिसमें मारवाड़ी गद्य में विशद वर्णन है, (१०) वछावत स्थान।

शिवाजी के चरित पर आधारित महाकाव्य व चरितकाव्य

शिवाजी के चरित को आधार बना कर लिखे गये ऐतिहासिक काव्यों में उनके समकालीन कवीन्द्र परमानन्द का शिवभारत सबसे प्रामाणिक तथा महत्त्वपूर्ण है। इसमें ३२ अध्याय हैं। इसकी रचना १६६१ ई० के पश्चात् हुई। कवि की शैली पर महाभारत का प्रभाव है। परमानन्द शिवाजी के आश्रय में रहे। यह महाकाव्य उन्होंने शिवाजी के निर्देश पर ही लिखा। महाकाव्य के प्रथम सर्ग में शिवाजी के पितामह मालोजी के जीवन और व्यक्तित्व का विस्तार से वर्णन है। इनके पुत्र शाहजी का विवाह जिया बाई से हुआ। विवाह की घटनाओं का भी सजीव चित्रण परमानंद ने किया है। शिवाजी की जीवनयात्रा का ओजस्वी वर्णन अफ़ज़ल खान के वध की घटना तक यहाँ किया गया है। शिवभारतम् के पाँच सर्गों (१७-२१) में शिवाजी के अफ़ज़ल खान के संघर्ष का विशद निरूपण है। शिवाजी के प्रति अकुंठ श्रद्धा के कारण कवि ने कतिपय कटु सत्य जानबूझ कर छिपा लिये हैं, जैसे शिवाजी के पिता शाहजी का जीजाबाई (शिवाजी की माता) के साथ दूसरे विवाह के समय (१६३१) की स्थितियाँ। शिवाजी के चरित्र का दैवीकरण भी उसने किया है। मुग़लों की तुलना रावण से करते हुए परमानंद ने शिवाजी को विष्णु से उपमा दी है।

शिवभारतम् नाम से ही परमानंद के पौत्र ने एक अन्य ऐतिहासिक काव्य की रचना की। इस दूसरे शिवभारतम् का प्रणेता शिवाजी के विद्रोही पुत्र शंभाजी के आश्रय में रहा तथा इस काव्य की रचना शिवाजी के चरित्र को दूषित करने के लिये की गई। इसमें १३ सर्ग हैं, तथा शिवाजी के अंतिम दिनों (१६७७- ७९) की घटनाओं के कथा को आरंभ किया गया है।

हरि कवि का शम्भुराजचरित भी शंभाजी के जीवन पर आधारित है।

शाहेन्द्रविलास तथा अन्य प्रशस्तिकाव्य

राजा शाहजी (१६८४-१७१० ई०) को तंजौर का भोज कहा जाता है। इनका चरित

इनकी सभा में सम्मानित कवि तथा विद्वान् श्रीधर वेंकटेश ने शाहेन्द्रविलास में प्रस्तुत किया है। शाहेंद्रविलास आठ सर्गों का सुन्दर महाकाव्य है। इसमें भोंसला राजाओं की वंशावली, शाहजी के पिता मालोजी का चरित तथा शाहजी के विविध कार्यों का वर्णन है। अहमदनगर के निजामशाह तथा समकालीन अन्य राजाओं का भी विवरण दिया गया है। वस्तुतः शाहजी के चरित्र व अवदानों को ले कर अनेक काव्य संस्कृत में लिखे गये।

शाहेंद्रविलास के अतिरिक्त वेंकटेश कवि ने अनेक स्तोत्रकाव्यों तथा विविध ग्रन्थों की रचना की थी।

शाहजी स्वयं भी संगीत व साहित्य में गहरी समझ रखते थे। उन पर संस्कृत तमिल, आदि भाषाओं में तीस के अधिक चरितकाव्य प्रशस्तिकाव्य आदि मिलते हैं। इन रचनाओं में उन्हें सकलभाषाविभूषित, सकलार्थविराजित, संगीताभरण आदि की उपाधियों से अलंकृत किया गया है। इनमें शाहराजगुणवर्णना (अज्ञात), शाहराजसभासरोवर्णिनी (लक्ष्मणकवि), शाहराजनक्षत्रमाला (नारायण कवि) आदि उल्लेख्य हैं।

अठारहवीं शताब्दी के ऐतिहासिक महाकाव्य

शाहजी की ही भाँति तुलजा के अन्य नाम से विदित तुक्कोजी (१७२८-३५) संस्कृत तेलगु तथा मराठी पर समान अधिकार रखते थे, तथा तीनों भाषाओं में रचना भी इन्होंने की। इन्होंने संगीत पर संगीतसारामृत ग्रंथ लिखा। इन पर तुलजामहाराजगुणवर्णना नाम से ४१ श्लोकों का प्रशस्तिकाव्य मिलता है।

अजितोदय

जोधपुर के राजा अजीतसिंह के आश्रय में तीन ऐतिहासिक महाकाव्य लिखे गये- बालकृष्ण दीक्षित का अजितचरित्र दस सर्गों में (अप्रकाशित), भट्ट जगज्जीवन का अजितोदय २३ सर्गों तथा १६६९ श्लोकों में; तथा इन्हीं का अभयोदय (अप्रकाशित) दस सर्गों और ४०९ श्लोकों में।

अजितोदय के प्रणेता कवि जगज्जीवन भट्ट महाराज अजितसिंह (१७०६-१७२४ई०) के समकालीन थे। उस समय की सारी परिस्थियों व घटनाओं का सूक्ष्म जानकारी उन्हें है। इस महाकाव्य में १६७४ई०से १७२४ई० तक की घटनाओं का तो प्रत्यक्षदृष्ट वर्णन है। औरंगजेब का चरित्र बेबाक हो कर कवि ने विस्तार से खोला है। वस्तुतः मुगलकालीन इतिहास के अनेक अज्ञात पक्ष यह महाकाव्य उद्‌घाटित करता है तथा आधुनिक इतिहासकारों की कतिपय भ्रांतियों का निवारण भी इसके द्वारा संभाव्य है। उदाहरणार्थ – आधुनिक इतिहासकारों की मान्यता है कि महाराज यशवंतसिंह का आकस्मिक निधन होने पर औरंगजेब ने उनकी दो रानियों को जलवा दिया था। परन्तु जगज्जीवनभट्ट ने विस्तार से पूरी घटना का निरूपण करते

हुए बताया है कि किसप्रकार वे दोनों रानियाँ वीरता से मुगल सेना से युद्ध करती हुईं रण में खेत रहीं। राज घरानों में चलने वाले षड्यंत्रों, राजपूतों की शौर्यगाथाओं, तथा अमात्यों की दूरदर्शिता तथा सूक्ष्म बुद्धि से जुड़े अनेक प्रसंग इस महाकाव्य में चकित कर देने वाले हैं। जगज्जीवनभट्ट की दृष्टि यथार्थपरक है।

महाकाव्य का आरंभ योधपुर नगर (जोधपुर) के राजा यशवंत सिंह की मृत्यु की दुःखद घटना के साथ होता है। यशवंतसिंह का कोई उत्तराधिकारी नहीं है, इसलिये अमरसिंह राठौर का पुत्र इन्दरसिंह मेवाड़ राज्य को निगलने के लिये घात लगाये हुए है। तभी पता चलता है कि दिवंगत महाराज की दो रानियों ने पुत्रों को जन्म दिया है। दूसरी ओर औरंगजेब के आदेश से नवाब अमीरुल्-उमरा अपने पुत्र मीरजुमला के साथ काबुल छोड़ कर दिल्ली की ओर कूच करता है, तो रास्ते में पठान उसे घेर कर किसप्रकार लूटते हैं – इसका वर्णन रोमांचित करने वाला है। नवाब की प्रार्थना पर महाराज यशवंत सिंह उसकी सहायता के लिये पेशावर तक गये और उसकी अपहृत बेगम को पठानों से छुड़ा कर उसकी रक्षा की।

इस महाकाव्य में स्वर्ग में देवसभा का दृश्य तथा इन्द्र का पृथ्वी पर चल रही गतिविधियों में रुचि लेने के वृत्तांत काल्पनिक तथा प्राकृतेतर हैं। पर इन्हें काव्य की दृष्टि से प्रतीकरूप में स्वीकार किया जाना चाहिये। देवता स्वयं महाराज यशवंत सिंह को स्वर्ग ले जाने के लिये धरती पर उतरते हैं। यशवंत सिंह की मृत्यु के पश्चात् उनकी पटरानी सती होना चाहती है, पर गर्भवती होने के कारण उसे उदयसिंह समझाबुझा कर उसे ऐसा करने से रोकते हैं। पर मंडौर में कुछ रानियाँ महाराज की पगड़ी के साथ चिता रचा कर प्राणोत्सर्ग कर देती हैं। लाहोर में यशवंतसिंह की रानी डाडमान् हिंगलाज देवी की कृपा से अजितसिंह को जन्म देती है। अजितसिंह की जन्मतिथि का उल्लेख यहाँ कवि ने किया है। औरंगजेब किसप्रकार अजितसिंह की हत्या के प्रयास कर रहा है, तथा राजपूत किसप्रकार अपने भावी राजा की रक्षा के लिये तत्पर हैं – इसका विशद चित्रण कवि ने यहाँ किया है। राजपूतों की सेना के साथ दो रानियों के मुगलसैन्य से भिड़ंत का वर्णन सातवें सर्ग में रोमांचकारी है। इसके आगे के सर्गों में अजितसिंह के बाल्य व यौवन का वर्णन है। उसके विविध युद्धों तथा पराक्रमों का चित्रण कवि ने स्फीत वाणी में किया है। औरंगजेव के निधन के पश्चात् फर्रुखसियर का शासन, अजितसिंह के साथ उसकी मित्रता तथा मोहम्मदशाह के शासनकाल में सैयदबंधुओं के कारनामों का विवरण दिया गया है (सर्ग २८)। महाराज अजितसिंह के निधन का वर्णन ३१वें सर्ग में है। नागादरी नदी के किनारे उनका अंतिम संस्कार होता है, छह रानियाँ, बीस रक्षिताएँ (रखैलें) तथा इनके साथ चार पर्दायत या दास, बारह गायिकाएं, दो पासवान तथा पाँच नर्तकियाँ चिता पर जल कर प्राण त्याग देते हैं। दिल्लीनरेश सम्मान के साथ अभयसिंह को सिंहासन पर आसीन कराते हैं। जयपुर के राजा की बेटी के साथ अभयसिंह का विवाह संपन्न होता है। इसके साथ ही काव्य समाप्त हो जाता है।

इस महाकाव्य में वीररस की प्रधानता है। अजितसिंह के निधन का दु:खद प्रसंग करुण रस की सृष्टि करता है। अपने वर्णनों में जगज्जीवन भट्ट ने देशकाल व वातावरण को साकार कर दिया है।अभयसिंह को देखने के लिये हड़बड़ाई स्त्रियों के चित्र कालिदास आदि महाकावियों के अनुकरण पर उसने अंकित किये हैं। पर उसमें भी दूध पीते बच्चे को छोड़ कर भागती या चूल्हे पर खोलता दूध छोड़ कर भागती स्त्री की छवि अलग ही है—

श्रुत्वा तं पत्तनान्तर्गतमभयनृपं योषितस्तत्पुरस्था
अन्योन्यालक्ष्यभावा निजनिजनिलयान्निर्ययुर्द्रष्टुमत्र।
कान्तं शुश्रूषमाणा उपययुरपहायैव तं काश्चिदासु
काश्चित् स्तन्यं पिबन्तं निजलघुशिशुमुत्सृज्य तत्रोपजग्मुः।।
काश्चिद् दुग्धं च चुल्या उपरि समधिकं पट्यमानं विहाय
त्यत्त्वा गां दुह्यमानां कतिचन च ययुर्वत्ससौभाग्ययोगात्।
अश्नन्त्यः काश्चिदन्याः किमपि च तदपास्याभिजग्मुः प्रमोदा-
दश्चन्त्यः काश्चिदक्षीण्यपि युगपदयानञ्जनं प्रोज्झ्य हर्षात्।।

(अजितोदय, ३२.२६-२७)

अनेक साहित्यकारों, अमात्यों, सरदारों आदि का वर्णन महाकाव्यकार ने किया हैं, जो सत्रहवीं शताब्दी के उत्तरभारत के अध्ययन के लिये महत्त्वपूर्ण स्त्रोत बन सकता है। इनमें जयसिंह प्रथम औरंगजेब के समकालीन हैं। पंडितराज जगन्नाथ इनके शासनकाल में जयपुर आये थे। हिन्दी के सुप्रसिद्ध कवि कुलपति मिश्र इनके आश्रय में रहे। इनकी प्रशस्ति में गोपाल भट्ट ने जयचम्पू: की रचना की है। जयपुरनरेश रामसिंह स्वयं भी पण्डित तो थे ही, साहित्य, कला और संस्कृति के समुन्नयन में उनकी गहरी रुचि रही। उन्होंने जयपर में पंडितसभा स्थापित की। संस्कृत के एक महत्त्वपूर्ण नाटककार हरिजीवनमिश्र इनके आश्रय में रहे, जिन्होंने राजरीतिनिरूपण नाम से विलक्षण शास्त्र ग्रंथ लिखा। शम्भुविलास तथा रामविलास इन दो काव्यों के प्रणेता, शृङ्गारवापिका नाटिका के रचयिता विश्वमहादेवरानाडे एक बड़े कवि थे, जो महाराष्ट्र से आ कर इनके आश्रय में रहे। इन्होंने रामविलास काव्य की रचना की है, जिसमें रामसिंह के कर्तृत्व पर विशद प्रकाश डाला गया है।

ईश्वरविलास महाकाव्य

ईश्वरविलास महाकाव्यमें महाराज पृथ्वीराज सिंह (१५०३-२७ई०) से लगा कर ईश्वरीसिंह तक कच्छवाहवंशीय राजाओं का वर्णन किया गया है। इस महाकाव्य के नायक महाराजा ईश्वरीसिंह (१७४३-५०ई०) हैं, उन्ही के आदेश से कवि श्रीकृष्ण भट्ट ने यह काव्य लिखा।

ईश्वरविलास महाकाव्य के रचयिता देवर्षि कविकलानिधि श्रीकृष्णभट्ट हैं। इनके पूर्वज

मूलतः तैलंग प्रदेश के ब्राह्मण थे। बांधवनरेश ने देवर्षि आदि सौ ग्राम इनके वंश के एक प्रमुख पुरुष श्री मंडल दीक्षित को समर्पित किए थे। दिल्ली, बूँदी, आदि की राजसभाओं में भी ये सम्मानित हुए। श्रीकृष्णभट्ट भरतपुर के राजा सूर्यमल्ल, बूँदी के राजा बुधसिंह तथा आमेर के राजा महाराज सवाई जयसिंह (१६९९-१७४३ ई०) तथा उनके पुत्र ईश्वरसिंह के आश्रय में रहे। ईश्वरविलास महाकाव्य वैदर्भी रीति का उत्कृष्ट निदर्शन है। ऐतिहासिक दृष्टि से तो इसमें अत्यन्त दुर्लभ और भारतीय इतिहास के अज्ञात पक्षों पर प्रकाश डालने वाली सामग्री प्रचुर रूप में है। राजा सवाई जयसिंह के द्वारा संपादित अश्वमेध यज्ञ का वर्णन उस काल की एक महत्त्वपूर्ण घटना का सजीव चित्र प्रस्तुत करता है। इस काव्य की रचना महाराज जयसिंह के पुत्र महाराज ईश्वरसिंह के अनुरोध पर कवि ने की थी।

कवि ने ईश्वरीसिंह के आविर्भाव के पूर्व हो चुके राजाओं – पृथ्वीसिंह, पूरणमल, भारमल, भगवन्तदास, मानसिंह, भावसिंह, मिर्जा जयसिंह आदि राजाओं का शासनकाल तथा तत्कालीन सामाजिक राजनैतिक स्थितियों का वर्णन विशद रुप से किया है। विशेष रूप से मानसिंह और जयसिंह का जीवन चरित तथा मुगलशासन से इनके संबंधों का खुलासा उसने विशद रूप से किया है। इन दोनों राजाओं के अतिरिक्त रामसिंह, विष्णुसिंह, सवाई जयसिंह, बुधसिंह, भवानीसिंह, ईश्वरीसिंह आदि राजाओं के विषय में भी प्रामाणिक जानकारी यह महाकाव्य देता है। ईश्वरविलास महाकाव्य की एक दुर्लभ विशेषता यह भी है कि इस काव्य में जयपुर नगर के विविध स्थलों, उत्सवों आदि के वर्णनों के द्वारा नगर के समस्त वातावरण को सजीव व साकार कर दिया गया है।

प्रथम सर्ग में पृथ्वीराज, मानसिंह, अकबर आदि के प्रसंग वर्णित हैं। द्वितीय सर्ग में फरुखसियर, सैयद अब्दुल्लाह खान और मुहम्मदखान तथा मुहम्मदशाह के वृत्तांत भी ऐतिहासिक दृष्टि से कम महत्त्व के नहीं हैं। तृतीय सर्ग में जयपुर और चतुर्थ में राजा जयसिंह का विशेष रूप से चित्रण है। पंचम सर्ग का यज्ञवर्णन तथा सप्तम सर्ग का होलिकोत्सववर्णन भारत की उज्ज्वल सांस्कृतिक छवि प्रस्तुत करते हैं। छंदों की विविधता, भाषा की मसृणता तथा वर्णन-कला की विदग्धता में इस काव्य का सौष्ठव चमत्कारपूर्ण है। वीररस की ओजस्वी अभिव्यक्ति तथा फड़कती हुई पदावली के प्रयोग में श्रीकृष्णभट्ट उस काल के हिन्दी कवि भूषणभट्ट का स्मरण कराते हैं।

गढ़ेशनृपवर्णनम्

रूपनाथ झा का परिचय इनके श्रीरामविजयमहाकाव्यम् के विवेचन में पिछले अध्याय में दिया गया है।

गढ़ेशनृपवर्णनम् इनके द्वारा प्रणीत महाकाव्य है। इसकी रचना १७९० से १७९९ के बीच हुई। इस महाकाव्य में गोंड राजाओं का वर्णन है। गोंडवंश के अंतिम शासक सुमेदशाहि (१७८९) की चर्चा के साथ महाकाव्य समाप्त होता है।[७]

अन्य महाकाव्य

राजस्थान में रचे गये अन्य ऐतिहासिक महाकाव्यों में रायमुरारिदासकृत मानप्रकाश तथा सूर्यनारायण शास्त्री का मानवंशमहाकाव्य भी उल्लेखनीय हैं।

चरितकाव्य

ऐतिहासिक महाकाव्यों की एक परम्परा चरितकाव्यों के रूप में विकसित हुई। चरितकाव्यों में किसी एक इतिहासपुरुष या युगनिर्माता का चरित प्रस्तुत किया जाता है। आधुनिक साहित्य में जीवनी (biography) की विधा के ये निकट हैं।

सनत्कुमारचक्रिचरित

सनत्कुमारचक्रिचरित महाकाव्य के रचयिता जिनपाल के गुरु जिनपति सूरि का जन्म वि.सं. १२१० में हुआ था। सं. १२३८ में ये आशिका (हाँसी) नगरी में आये, तब राजा भीमसिंह ने इनके आगमन पर उत्सव आयोजित किया। आशिका में रह कर इनका एक दिगंबर मुनि से शास्त्रार्थ हुआ जिसमें इन्होंने विजय प्राप्त की। सं. १२३९ में राजा पृथ्वीराज चौहान की उपस्थिति में इनका पद्मप्रभ मुनि के साथ शास्त्रार्थ हुआ। सम्राट् ने इन्हें जयपत्र प्रदान किया। सं. १२२५ में जिनपति ने जिनपाल को दीक्षा प्रदान की। जिनपाल का जन्म सं. १२१५ के आसपास हुआ होगा ऐसा अनुमान किया जा सकता है। गुरु जिनपति की आज्ञा से जिनपाल ने पं० मनोदानन्द से शास्त्रार्थ किया। इस शास्त्रार्थ का उल्लेख जिनपाल के सतीर्थ्य चंद्रतिलकोपाध्याय ने अभयकुमारचरित में किया है, जिसकी रचना सं. १३१२ में हुई। कवि ने सनत्कुमारचक्रिचरित की स्वयं टीका लिखी थी, जो प्राप्त नहीं होती। जैन परपरा में मान्य ६३ शलाकापुरुषों के अंतर्गत बारह चक्रवर्तियों में चतुर्थ चक्रवर्ती सनत्कुमार को नायक बना कर यह महाकाव्य रचा गया है। इसमें चौबीस सर्ग हैं।

त्रिषष्टिशलाकापुरुषचरित

इस काव्य के प्रणेता हेमचंद्र का परिचय ऐतिहासिक महाकाव्यों के अंतर्गत कुमारपालचरित के विवेचन में दिया जा चुका है।

त्रिषष्टिशलाकापुरुषचरित के प्रथम और द्वितीय पर्वों में छह- छह सर्ग हैं। तृतीय पर्व में आठ तथा चतुर्थ में सात सर्ग हैं। प्रथम पर्व के प्रथम सर्ग में ९११ श्लोकों में धन नामक श्रेष्ठी के बारह जन्मों का वर्णन है। द्वितीय सर्ग जंबूद्वीप के विदेहनगर के शासकों – ईशानचन्द्र आदि के साथ वहाँ के अशोकदत्त, सागरचन्द्र, धनदत्त आदि श्रेष्ठियों का वर्णन किया गया है। ऋषभदेव के जन्म का वर्णन भी यहाँ किया गया है। तृतीय सर्ग में बाहुबली का जन्म व बाल्य ६८९ श्लोकों में वर्णित है। चतुर्थ सर्ग में भरत चक्रवर्ती का साम्राज्य, दिग्विजय, राज्याभिषेक तथा व्रतग्रहण निरूपित है। इसमें ८४७ श्लोक हैं। पञ्चम सर्ग में भरत का प्रजापालन, उनके समय के देवालय, सैन्यव्यवस्था,

राजसी वैभव आदि विषय हैं। भरत और बाहुबली के द्वन्द्वयुद्ध का वर्णन अतीव रोमांचक है, उतना ही कौतुकजनक बाहुबली की तीव्र तपश्चर्या का वर्णन है।

अग्निकुण्डमिव ग्रीष्म आतपन्तं रविं च सः।
शुभध्यानसुधामग्नो नाज्ञासीन्मूर्ध्न्यपि स्थितम्।
आशिरःप्रपदं ग्रीष्मतापात् स स्वेदवारिभिः।
रजःपङ्कीकृतैः क्रोड इवाभात् पङ्कनिर्गतः।।
स प्रावृषि महाझञ्झानिलघूर्णितपादपैः।
धारासारैर्गिरिरिव नाभिद्यत मनागपि।।
विद्युत्पातेषु निर्घातकम्पिताद्रिशिरःस्वपि।
न कार्योत्सर्गतो नापि ध्यानतः प्रचचाल सः।।

१.५.७६०-६३

बाहुबली के केवलज्ञान की प्राप्ति के निरूपण के साथ सर्ग समाप्त होता है। पाँचवें सर्ग में ७९८ श्लोक हैं।

षष्ठ सर्ग में भरत के आत्मज मरीचि का शासन वर्णित है। प्रसंगवश इस सर्ग में अयोध्या, काशी, मगध आदि जनपदों का वर्णन कवि ने किया है। भरत की निर्वाणप्राप्ति के साथ सर्ग समाप्त होता है। इसमें ७५६ श्लोक हैं।

द्वितीय पर्व के प्रथमसर्ग में अजितनाथ का चरित है। सर्वप्रथम उनके पूर्वभव का निरूपण किया गया है। द्वितीय सर्ग में राजा सगर तथा उसके पुत्रों की कथा है, सगरपुत्र धरती खोदते हुए पाताल तक पहुँचते हैं, जहाँ नागवंशीय राजाओं से संगरवंशजों का युद्ध होता है।

भुवनकोश के अंतर्गत समग्र पृथिवी का वर्णन इस पृथुलकाय महाकाव्य का अद्वितीय वैशिष्ट्य है, जिसमें जैनपरंपरा में मान्य विश्वस्वरूप सामने आता है। हेमचन्द्र द्वारा निरूपित मानुषोत्तर द्वीप वर्तमान उत्तरध्रुव हो सकता है।

निविष्टः पुष्करस्यार्धे सौवर्णः सैकविंशतिम्।
योजनानां सप्तदशशतीं यावत् समुच्छ्रितः।
चतुःशतीं योजनानां त्रिंशां क्रोशं च भूमिगः।
योजनानां सहस्त्रं द्वाविंशं विस्तीर्णवानधः।
योजनानां सप्तशतीं त्रयोविंशं त मध्यतः।
उपरिष्टाच्चतुर्विंशां योजनानां चतुःशतीम्
नोत्पद्यन्ते न म्रियन्ते मर्त्यास्तत्परतः क्वचित्।
न ध्रियन्ते चारणाद्या अपि तत्परतो गताः।।
मानुषोत्तरनामा च तेनायं परतोऽस्य च।
बादराग्नि-मेघ-विद्युन्नदी-कालादयो नहि।।

(२.३.६५६-६०)

इसी प्रकार जंबूद्वीप के निवासियों, यहाँ की विभिन्न मनुष्यजातियों का वर्णन भी इतिहास के विशिष्ट पक्ष उन्मीलित करता है—

ते च भारतका जम्बूद्वीप्या लावणका अपि।
इत्येवमादयः क्षेत्र-द्वीपाम्बोधिविभागतः।
द्विधाऽऽर्यम्लेच्छभेदात् ते तत्रार्या षड्विधा इह।
क्षेत्र-जाति-कुल-धर्म-शिल्प-भाषादिविभागतः।
क्षेत्रार्याः पञ्चदशसु जायन्ते कर्मभूमिषु।
तत्रेह भारते सार्धपञ्चविंशतिदेशजाः।
ते चार्यदेशानगैरुपलक्ष्या इमे यथा।
राजगृहेण मगधा अङ्गदेशस्तु चम्पया।
बङ्गाः पुनस्ताम्रलिप्त्या वाराणस्या च काशयः।
काञ्चनपुर्या कलिङ्गा साकेतेन च कोसलाः।
कुरवो गजपुरेण सौर्येण च कुशार्तकाः।
काम्पिल्येन च पाञ्चाला अहिच्छत्रेण जाङ्गलाः।।
विदेहास्तु मिथिलया द्वारवत्या सुराष्ट्रकाः।
वत्साश्च कौशाम्बीपुर्या मलया भद्रिलेन तु।।
नान्दीपुरेण सन्दर्भा वरुणाः पुनरच्छया।
वैराटेन पुनर्मत्स्याः शुक्तिमत्या च चेदयः।।
दशार्णा मृत्तिकावत्या वीतभेयेन सिन्धवः।
सौवीरास्तु मथुरया सूरसेनास्तु परापया।
भङ्ग्यामासपुरीवर्ताः श्रावस्त्या च कुणालकाः।
कोटीवर्षेण लाटाश्च श्वेतव्या केतकार्धकम्।।
आर्यदेशा अमी एभिर्नगरैरुपलक्षिताः।
तीर्थकृच्चक्रभृत्कृष्णबलानां जन्म येषु हि।।
इक्ष्वाकवो ज्ञात-हरि-वैदेहाः कुरवोऽपि च।
उग्रा भोजा राजन्याश्च जात्यार्या एवमादयः।।
कुलार्याश्च कुलकराश्चक्रिणो विष्णवो बलाः।
तृतीयात् पञ्चमात् सप्तमाद् ये शुद्धवंशजाः।
यजनैर्याजनैः शास्त्राध्ययनाऽध्यापनैरपि।
प्रयोगैर्वार्तया वृत्तिमन्तः कर्मार्यकाः स्मृताः।।
शिल्पार्या स्वल्पसावद्यवृत्तयस्तन्तुवायकाः।
कुन्नवायाः कुलालाश्च नापिता देवलादयः।।

भाषार्या नाम ते शिष्टभाषानियतवर्णकम्।
पञ्चानामपि चार्याणां व्यवहारं वदन्ति ते।।
म्लेच्छास्तु शाका यवनाः शबरा बर्बरा अपि।
काया मुरुण्जा उड्राश्च गोट्राः पक्कणका अपि।
अरपाकाश्च हूणाश्च रोमकाः पारसा अपि।
शकाश्च खासिका डौम्बलिकाश्च लकुसा अपि।।
भिल्ला अन्ध्रा बुक्कसाश्च पुलिन्दाः क्रौञ्चका अपि।
भ्रमररुताः कुञ्चाश्च चीनचञ्चुकमालवाः।।
द्रविडाश्च कुलक्षाश्च किराताः कैकया अपि।
हयमुखा गजमुखास्तुरगाऽजमुखा अपि।
हयकर्णा गजकर्णा अनार्या अपरेऽपि हि।
मर्त्या येषु न जानन्ति धर्म इत्यपराण्यपि।।

(२.३.६६२-८३ पृ० २०५)

द्वितीय पर्व के तृतीय सर्ग में ९३७ श्लोकों में अजित स्वामी की दीक्षा तथा केवलज्ञान का वर्णन है। चतुर्थ सर्ग में ३७० पद्य हैं, जिनमें सगर की दिग्विजय तथा चक्रवर्तित्व वर्णित हैं। पञ्चम सर्ग में भगवान् अजितनाथ का साकेत नगर में समवसर तथा उसके प्रसंग से प्राचीन इतिहास का निरूपण कवि ने किया है। इसी सर्ग में नागराज के निःश्वास से सगर के पुत्रों की मृत्यु वर्णित है। षष्ठ सर्ग में ७०२ श्लोकों में अजित स्वामी के द्वारा सगर को दीक्षा प्रदान तथा उसके निर्वाण का वर्णन है।

तृतीय पर्व में श्रीसम्भव जिन से ले कर शीतल जिन तक आठ जिनों के चरित हैं। चतुर्थ में श्रेयांस जिन आदि बाईस शलाकापुरुषों के चरित हैं।

इतिहास, संस्कृति, धर्म व परंपराओं का महाकोश होते हुए तथा विवरणात्मकता के आधिक्य के होने पर भी इस काव्य में कवित्वशक्ति तथा वर्णनकला और सौंदर्यबोध की अभिव्यक्ति कम नहीं है। राजप्रसाद तथा राजा का यह वर्णन द्रष्टव्य है—

तस्य वेश्म व्यराजिष्ट यादोभिरिव सागरः।
धनिनां गुणिनां कीर्तिशालिनां च नृणामसौ।
धुर्यत्वं धारयामास प्राणोऽङ्गमरुतामिव।।
अर्थैस्तस्य महार्थस्य पर्यपूर्यन्त सेवकाः।
महासरोवरस्येव स्यन्दैरभ्यर्णभूमयः।।

(१.१.४०-४२)

इसीप्रकार सार्थ के वर्णन में सागर की उपमा सटीक व सुश्लिष्ट है—

सार्थवाहस्ततोऽचालीत् चञ्चलैस्तुरगैर्मयैः।

शकटैरुक्षभिस्तुङ्गैस्तरङ्गैरिव सागरः।

(१.१.६३)

हेमचंद्र ने भाषा पर असाधारण अधिकार के साथ मुहावरों व आभाणकों का यथेष्ट प्रयोग किया है। केले के पादप और बेर के वृक्ष का साथ कितना चल सकता है – इस मुहावरे को ले कर उन्होंने कहा है—

कन्दली नन्दति कियत् बदरी तरुसन्निधौ।

(१.१.३०६)

सगर के अध्ययन के वर्णन में तत्कालीन गुरुचर्या व पाठ्य विषय विस्तार से निरूपित हैं।

शब्दशास्त्राणि शास्त्राणि दिनैः कतिपयैरपि।
अपिबत् सगरः सिन्धुसलिलानीव सागरः।
साहित्यशास्त्रसर्वस्वमुपाध्यायादयत्नतः।
सौमित्रिराददे ज्योतिर्दीपो दीपान्तरादिव।।
साहित्यवल्लीकुसुमैः काव्यैः कर्णरसायनैः।
स वीतरागस्तवनैः स्वां वाचमकृतार्थयत्।।
सम्यक् प्रमाणशास्त्राणि स प्रज्ञाप्रतिभार्णवः।
अग्रहीदविलम्बेन स्वयंन्यस्तनिदानवत्।
स्याद्वादवादोपन्यासैरमोघैः प्रतिवादिनः।
विजिग्ये सगरः शत्रून् जितशत्रुरिवेषुभिः।।
षाड्गुण्योपायशक्त्यादिप्रयोगोर्मिभिराकुलम्।
अगाहिष्ट स दुर्गाहमर्थशास्त्रमहोदधिम्।।
सर्वौषधीरसवीर्यविपाकज्ञानदीपकम्।
अप्यायुर्वेदमष्टाङ्गमध्यैष्टाकमेव सः।।
चतुर्वाद्यं चतुर्वृत्ति चतुर्धाऽभिनयात्मकम्।
स तूर्यत्रयविज्ञाननिधानं शास्त्रमाददे।।
दन्तघातमदावस्थाऽङ्गलक्षणचिकित्सितैः।
विनोपदेशैश्च पूर्णं सोऽज्ञासीद् गजलक्षणम्।।

(२.३.२४-३२)

उस समय के अस्त्रों शस्त्रों का भी प्रामाणिक वर्णन यहाँ किया गया है—

धनुषा फलकाऽसिभ्यां छुर्या शल्येन पर्शुना।
कुन्तेन भिन्दिपालेन गदया कम्पणेन च।
दण्डेन शक्त्या शूलेन हलेन मुशलेन च।
यष्टिपट्टिशदुःस्फोट-भुषुण्डी-गोफणैरपि।

कणयेन त्रिशूलेन शङ्कुना चापरैरपि।
शस्त्रैः शास्त्रानुमानेन सोऽगात् सङ्ग्रामकौशलम्।।

(२.३.३६-३७)

हेमचंद्र की वर्णन कला का यह काव्य उत्तम दिग्दर्शन कराता है। भारत तथा जंबू द्वीप के कोने कोने को शब्दों से कवि ने उकेर दिया है। वनवर्णन के ये पद्य उदाहरणीय हैं –

घूकघूत्कारघोरेषु स्फारफेत्कारफेरुषु
फणिफूत्काररौद्रेषु माद्यदुत्क्रोषजन्तुषु।।
रटद्बककरालेषु चमूरूत्क्रूरवृत्तिषु।
शार्दूलकुलबूत्कारप्रकारप्रतिनादिषु।
महेभभज्यमानद्रुविद्रुतद्रोणराजिषु।
सिंहपुच्छच्छटाच्छोटस्फोट्यमानाश्मभूमिषु।
शरभोत्पिष्टदन्तीन्द्रकीकसाकुलवर्त्मसु।
मृगयाव्यग्रशबरधनुर्नादानुनादिषु।।
भल्लूककर्णग्रहणव्यग्रभिल्लार्भकेषु च।
अन्योन्यतरुशाखाग्रसङ्घर्षोच्छलदग्निषु।
महागिरिमहारण्येष्वपि ग्रामपुरेष्विव
निष्प्रकम्पमनाः कामं व्याहरदजितप्रभुः।।

(२.३.३१०-१५)

अन्य जैनचरितकाव्य

प्रख्यात जैनाचार्य जिनरत्न के शिष्य लक्ष्मीतिलक ने १७ सर्गों में प्रत्येकबुद्धचरित की रचना की जिसमें चार अर्हतों के चरित वर्णित हैं। मुनि देवसूरि ने जैनेंद्र मुनि के प्राकृतभाषा में विरचित काव्य शांतिनाथचरित का १३८३ई० के आसपास संस्कृत में रूपांतर किया। सत्यराज ने शांतिसूरि कृत प्राकृतकाव्य पृथ्वीचंद्रचरित का १४७८ई० में संस्कृत रूपांतर किया।[८] माणिक्यचंद्र अलंकारशास्त्र के क्षेत्र में काव्यप्रकाश पर अपनी टीका के लिये जाने जाते हैं। इन्होंने १२२०ई० के आसपास पार्श्वनाथचरित की रचना की। इसी प्रकार की अन्य कृतियाँ हैं – पूर्णभद्रकृत दशश्रावकचरित (१२७५ वि०) ध्यानशालिभद्रचरित, अतिमुक्तचरित (१२८२ वि०) पद्मनाभकृत कुंथुनाथचरित, मुनिसुव्रतचरित (१२९४ वि०) आदि।

प्रभावकचरित विभिन्न जैन मुनियों पर प्रबंधों का संग्रह है। मुख्य रूप से इस महाकाव्य के कालसूरिप्रबंध, पादलिप्तप्रबंध, वृद्धवादिप्रबंध, शांतिसूरिप्रबंध, महेंद्रसूरिप्रबंध, हरिभद्रसूरिप्रबंध, देवसूरिप्रबंध, हेमचंद्रसूरिप्रबंध दसवीं, ग्यारहवीं, बारहवीं शताब्दी में धर्म, दर्शन, अध्यात्म की साधना तथा सांस्कृतिक प्रगमनों के परिज्ञान की दृष्टि से बड़े महत्त्वपूर्ण हैं। हरिभद्रसूरि के

चरित्र का प्रभावशाली अंकन महाकाव्यकार ने २२२ पद्यों में किया है। वृद्धवादिप्रबंध में १८१ श्लोक हैं, वृद्धवादि के द्वारा किये गये व्याख्यानों तथा वादों का विवरण प्राचीन विद्या परंपरा का जीवंत रूप सामने ला देता है। हेमचंद्राचार्य का चरित सबसे विस्तृत है। भोज के विषय प्रभावकचरितकार ने महत्त्वपूर्ण सूचनाएँ दी हैं। अपेक्षाकृत संक्षिप्त होने पर भी भोजविषयक प्रबंध भोज के कर्तृत्व के विमर्श की दृष्टि से संग्राह्य है। यथा —

भोजव्याकरणं ह्येतच्छब्दशास्त्रं प्रवर्तते।
असौ हि मालवाधीशो विद्वच्चक्रशिरोमणिः।
शब्दालङ्कारदैवज्ञतर्कशास्त्राणि निर्ममे।
चिकित्सा-राजसिद्धान्त-तरुवास्तूदयानि च।
अङ्कशाकुनकाध्यात्मस्वप्नसामुद्रिकाण्यपि।।
ग्रन्थान्निमित्तव्याख्यानप्रश्नचूडामणीनिह।
विवृत्तिं चाथ सद्भावेऽर्थशास्त्रं मेघमालया(?)।।

स्थविरावलिचरित

स्थविरावलिचरित त्रिषष्टशलाकापुरुषचरित का ही परिशिष्ट है। इसमें १३ सर्ग तथा ३४२० पद्य हैं। तीर्थंकरों के चरित का विषेष वर्णन इसमें किया गया है तथा उनकी कथाओं के माध्यम से लोकजीवन तथा लोकसंस्कृति के विविध पक्ष उजागर किये गये हैं. यथा ऋषभ के विवाह के वर्णन में लोकाचारों का रोचक निरूपण है।

जगडूशाहचरित

सर्वानंद ने चौदहवीं शताब्दी में जगडूशाहचरित की रचना की। यह लीक से हट कर लिखा गया महाकाव्य है। जगडू एक धार्मिक सद्गृहस्थ श्रेष्ठ हैं। जगडू के उदार और लोकोपकारक व्यक्तित्त्व के चित्रण तथा अकाल में सामान्य जनों की दारुण दशा के चित्रण के कारण यह महाकाव्य अभूतपूर्व कहा जा सकता है। इस समय के अनेक ऐतिहासिक व्यक्तित्वों का परिचय भी इससे मिलता है। बलदेव उपाध्याय का अनुमान है कि महाकाव्यकार सर्वानंद कथानायक के समकालीन रहे होंगे और उन्होंने प्रत्यक्ष परिचय के आधार पर अपनी कृति का प्रणयन किया।

इस महाकाव्य में सात सर्ग हैं। शंकराचार्यचरितविषयक महाकाव्यों की भाँति जगडूशाह के चरित को कवि ने इसमें अतिमानुषिक स्वरूप दे दिया है, तथा अनेक लोकोत्तर कर्म उनके माध्यम से संपादित होते हुए निरूपित किये हैं।

कथासार – महाकाव्य में प्रारंभ में जगडूशाह के मूलस्थान तथा वंशपरंपरा का वर्णन है। तदनुसार वे भद्रेश्वर के निवासी सौर के ज्येष्ठ पुत्र थे। उनके दो अन्य भाई थे – राण तथा पद्म। एक बार जगडू एक अजा (बकरी) का क्रय करते हैं। इस अजा के कंठ में सर्वार्थसाधक मणि

बँधी हुई है। इस मणि के प्रभाव से जगडू अपार संपत्ति अर्जित कर लेते हैं। महाकाव्यकार ने उनके विवाह तथा गृहस्थ जीवन का वर्णन करते हुए बताया है कि जगडू के एक पुत्री उत्पन्न हुई। समय आने पर उन्होंने उसका विवाह किया, पर दुर्भाग्य से वह विधवा हो गई। पुत्री के प्रति प्रेम के कारण जगडू ने उसका पुनर्विवाह करना चाहा, पर उनके सगे-संबंधियों ने इसका कड़ा विरोध किया, जिससे बाध्य हो कर उन्होंने पुत्री के पुनर्विवाह का विचार त्याग दिया। निराश, वे धर्मकार्यों में और अधिक रमते गये। इसके आगे जगडू के दान-पुण्य विषयक कार्यों, सागर के द्वारा उनके जलयान (जहाज) कभी न डुबोने का वर उन्हें देना तथा व्यापार से उनकी समृद्धि के निरंतर वृद्धि का वर्णन है। जगडू का वैभव तथा प्रताप इतना अधिक बढ़ जाता है कि वे एक दुर्ग का निर्माण करा डालते हैं, इससे राजा पीठदेव उनसे डाह करने लगता है, पर अंत में जगडू के सामने झुक कर उनसे संधि कर लेता है।

महाकाव्य का सबसे मार्मिक प्रसंग है – गुजरात में पड़ा भीषण अकाल। यह एक ऐतिहासिक घटना है, जिसका समय १३१२-१५ वि० (१२५५-५८ई०) बताया जाता है। जगडू ने भूख से मरते लोगों की सहायता के लिये अपना भंडार खोल दिया। दीन जनों पर उनकी करुणा का चित्रण कवि ने मर्मस्पर्शी रूप में किया है।

इस काव्य में दयावीर, दानवीर तथा धर्मवीर – वीर रस के इन तीन भेदों का परिपाक हुआ है। जगडू शाह के महनीय चरित्र के निरूपण के कारण उदात्त अलंकार इसमें सर्वत्र पिरोया हुआ है। शैली प्रासादिक व प्रांजल है तथा अपने कथानायक के वर्णन में उसने समुचित उपमानों का विन्यास किया है। उदाहरणार्थ—

गङ्गातरङ्गविमलेन यशोभरेण
दानोद्भवेन किल कल्पशतस्थिरेण।
एकस्त्रिलोकमखिलं धवलीचकार
धिक्कारदःकलिरिपोर्जगडूर्विवेकी।।

(१.९)

(अपने दान से उत्पन्न सो कल्पों तक स्थायी रहने वाले गंगा की तरंगों के समान निर्मल यश के प्रवाह से विवेकसंपन्न अकेले जगडूशाह ने कलियुग को धिक्कार देते हुए निखिल त्रिलोक को धवल बना दिया)

ऐतिहासिक दृष्टि से भी यह महाकाव्य दुर्लभ सूचनाओं का भंडार है। इसमें उस समय के अनेक राजाओं का उल्लेख है – जैसे गुजरात के बीसलदेव, मालवा के मदनवर्मा, काशी के प्रतापसिंह आदि।

भोजचरित्र

राजवल्लभ ने १४४० ई० के आसपास भोजचरित्र की रचना की। यह प्रायः अनुष्टुप् छंद

में आख्यान शैली में विरचित है। इसमें पाँच प्रस्ताव तथा १५७५ पद्य हैं। इनमें ३५ पद्य अपभ्रंश भाषा के उद्धरण हैं, शेष १५४० पद्यों में पाँच प्रस्तावों में भोज का विविध आख्यानों, पूर्ववर्ती कथासाहित्य में निबद्ध चरित्र संकलित किया है। तैलप से युद्ध आदि अनेक ऐतिहासिक घटनाओं का समावेश होते हुए भी इसमें अनुश्रुतियों का संग्रह अधिक है।

राजवल्लभ धर्मघोष गच्छ के आचार्य महीतिलक सूरि के शिष्य थे।

प्रबंध के प्रारंभ में धारा नगरी का वर्णन करते हुए राजवल्लभ ने कहा है - भारत क्षेत्र के मध्य में मालव देश है। इस देश में परम रमणीय धारा नामक नगरी है। यह नगरी अनेक मंदिरों और जैनप्रासादों से सुशोभित है। बड़े बड़े लखपति व करोड़पति श्रेष्ठी (सेठ) और सार्थवाह (व्यापारी) इसमें रहते हैं। यहाँ के लोग धर्मपरायण और सदा सदाचार में लगे रहने वाले हैं। ये लोग सज धज कर इस तरह रहते हैं कि धारा नगरी स्वर्गपुरी प्रतीत होती है।

इसके आगे धारानरेश सिंधु का वर्णन है। एक बार राजा सिंधु मृगया के लिये वन में गया, वहाँ वह देखता है कि मूँज की सेज पर एक दुधमुँहा बालक सोया पड़ा है। राजा बच्चे को उठा कर ले आया और रनिवास में एकांत में रानी रत्नावली को बुला कर उसके अंक में डाल दिया। सूरज की तरह तेज से दिपदिपाते बालक को देख कर रानी भी चकित रह गई। राजा ने उसे सारा हाल बताया और बोला कि हमारे पुण्यों के योग से यह बालक मिला है। सारे रनिवास और नगर में आग की तरह खबर फैल गई कि रानी जी को गूढ गर्भ था, उसके कारण एक अद्भुत बालक ने जन्म लिया है। नगर में बाजे बजने लगे, प्रजाजन एक दूसरे को बधावे देने लगे। राजमहल के द्वार पर भी बधाई देने वालों का ताता लग गया। राजा ने पुत्र के जन्म का ऐसा महोत्सव किया जैसा इसके पहले कभी नहीं हुआ था। कोई याचक राजद्वार से खाली हाथ न लौटा। छठे दिन षष्ठिकाचार हुआ, दसवें दिन नखशुद्धि हुई, ग्यारहवें दिन स्वजनों के लिये भरपूर भोज का आयोजन हुआ। बालक मूँज की सेज पर मिला था, इसलिये राजा ने उसका नाम मुंज रखा। भाग्य की बात कि मुंज जब पाँच वर्ष का हुआ, तो रानी रत्नावली गर्भवती हुई। राजा और रानी को लगा कि यह तो मुंज का ही भाग्य है कि उसका छोटा भाई आ रहा है। शुभ लग्न में शुभ दिन राजा के पुत्र ने जन्म लिया। राजा के आदेश से अब की बार और भी अधिक महोत्सव किया गया। राजा सिंधु के इस पुत्र का नाम सिंधुल रखा गया। राजा और रानी ने मुंज और सिंधुल दोनों को समान रूप से स्नेह देते हुए लाड़ से पाला-पोसा और जब दोनों अध्ययन के योग्य हुए तो बड़े गुरुजनों के पास उन्हें विद्याध्ययन के लिये भेजा। थोड़े ही दिनों में दोनों शस्त्र और शास्त्र दोनों की विद्याओं में निपुण हो गये। दोनों को विवाह के योग्य देख कर राजा सिंधु ने दोनों का सुशील कुलीन कन्याओं से विवाह किया। राजा और रानी को दोनों ही बेटे प्यारे थे, पर मुंज तो उनकी आँखों का तारा ही था। न तो दोनों के बीच राजा या रानी न मंत्री या प्रजाजनों ने ही कभी कोई भेद भाव माना।

एक बार राजा सिंधु के मन में बात आई कि मुंज को उसके जन्म का रहस्य बता देना चाहिये। वे रात में मुंज के महल में जा पहुँचे और मुंज के शयनागार में चले आये। मुंज अपनी

प्रिया के साथ लेटा था, उसने पिता को आते देखा तो लाज से पानी पानी हो गया, और कुछ न सूझा, तो झट से बहू को पलंग के नीचे छिपा दिया। फिर आदर सत्कार के साथ पिता को आसन पर बिठाया। राजा ने दाँये बायें देखा और धीमे स्वर में मुंज से पूछा - बेटा - आसपास कोई है तो नहीं? मुंज ने कहा - तात, यहाँ तो मेरे और आपके सिवाय और कोई नहीं है, मैं इस पलंग पर सोया था। यह सुन कर राजा ने कहा - बेटा, जो बात अभी तक नहीं बता पाया वह आज बता रहा हूँ, तू हमारा पाला हुआ बेटा है, और अंगजाया बेटा सिंधुल है। पर तेरे और सिंधुल के बीच मैंने या रानी ने कभी कोई भेदभाव नहीं रखा। यह कहते हुए राजा ने मुंज के दोनों हाथ अपने हाथों में ले लिये और कहा मन की बात कह रहा हूँ। यह रहस्य किसी के आगे कभी प्रकट न होने पावे। मैं राजलक्ष्मी तो तुझे ही दूँगा, पर तुझे भी अपने छोटे भाई सिंधुल का ध्यान रखना होगा। यह कह कर राजा उठा, और धीरे धीरे मुंज के महल की सीढियाँ उतरने लगा। मुंज ने सोचा - छठे कान में पड़ते ही रहस्य खुल जाता है। उसने तलवार खींचीं और खट् से अपनी पत्नी का माथा धड़ से अलग कर दिया। खट् की आवाज सुन कर राजा सिंधु पलटा तो क्या देखता है कि रक्त से सनी तलवार हाथ में लिये मुंज बहू की लाश के आगे खड़ा है। यह दृश्य देख कर राजा सारी बात समझ गया। उसने सोचा - मुंज पूरी तरह निर्दय हो कर राज्यलक्ष्मी का पालन करेगा। उसने पुत्रवधू के रक्त से ही बेटे के भाल पर त्रिपुंड बना दिया।

राजा ने मुंज का राजपद पर अभिषेक कर दिया। इसके साथ ही मंत्री का पद रुद्रादित्य को अर्पित कर दिया गया। यह सब कर के राजा सिंधु परलोक की साधना में निरत हो गया।

मुंज के राज में सारी प्रजा प्रमुदित थी। लोग धर्मकर्मपरायण थे। पुण्य का प्रताप बढ़ रहा था। क्या विद्या, क्या विनय, क्या पांडित्य, क्या विवेक - किसी में भी राजा मुंज के समान धरती पर कोई राजा न था। छोटा भाई सिंधुल तो सिंधु के समान ही था। राजा मुंज के आधिपत्य में वह युवराज का काम संभाल रहा था और राज्य की सारी व्यवस्थाओं पर भी चौकसी रखता था। आसपास के कोई भी राजा उसकी आज्ञा का उल्लंघन कभी नहीं करते थे।

सिंधुल का मन शुद्ध था। पराक्रम में वह बेजोड़ था। वह जब भी राजसभा में आता, तो लोहे के बने दो भारी मुद्गर दोनों हाथों में उठा कर लाता, और उन्हें धरती पर पटक देता। सिंधुल के अतिरिक्त कोई भी उन मुद्गरों के उठा तक नहीं सकता था। जब सिंधुल राजसभा से प्रस्थान करता, तो फिर उसी तरह दोनों मुद्गरों को उठा कर ले जाता। उसकी इस बात से राजा मुंज के मन में खटका होने लगा। उसने सोचा कि छोटा भाई कहीं मनमानी कर के मेरे विरुद्ध षड्यंत्र न रच दे, इसलिये इसे समाप्त कर देना चाहिये।

सिंधुल खुले में स्नान करता था। मुंज ने विचार किया कि जब वह नहा रहा हो, तो उसके ऊपर हाथी छुड़वा कर कुचलवा देना चाहिये।

अगले दिन सिंधुल खुले में स्नान कर रहा था, तो क्या देखता है कि एक पागल हाथी उसे कुचलने के लिये दौड़ा चला आ रहा है। पास में एक कुतिया खडी थी। प्राण बचाने के

लिये सिंधुल ने झपट कर पिछले पैरों से कुतिया को पकड़ा और अपनी ओर आते हाथी के माथे पर निशाना साध कर तान कर फैंका। सिंधुल का निशाना अचूक था। कुतिया हाथी के माथे पर उस मर्मस्थल से टकराई, जहाँ महावत अंकुश से प्रहार करते हैं। कुतिया ने भी भँभोड़ कर हाथी के उस स्थान पर काटा। हाथी घबरा कर पीछे पलट कर भागा, तब फिर सिंधुल ने सर्रा कर उसकी पूँछ पकड़ी और पूँछ को मरोड़ कर ऐसी पटकनी दी कि हाथी की पीठ टूट गई। हाथी वहीं ढेर हो गया।

राजा मुंज ने सोचा कि अब तो वैर ठन गया। सिंधुल को पता चल ही गया होगा कि हाथी मैंने ही उसे मारने के लिये छुड़वाया था। पर सिंधुल जितना ही पराक्रमी था, मन से उतना ही भोलाभाला। उसे तो आभास भी न था कि उसके बड़े भैया ने उसे मारने के लिये यह सब षड्यंत्र रचा था। इधर मुंज ने सोचा कि सिंधुल को मरवाने के लिये अब क्या उपाय करूँ। उसके राज्य में दो पहलवानों ऐसे पहलवान थे कि दंगल में सामने वाले का एक एक जोड़ तोड़ कर रख दें। राजा ने उन्हें बुला भेजा, और एकांत में उनसे बात की। दोनों को राजा ने अच्छी भेंट पूजा अर्पित की, और कहा कि मेरे भाई सिंधुल को पकड़ कर इसकी दोनों आँखें निकाल कर मुझे बता देना है।

दोनों ने धोखे से सिंधुल को पकड़ा और राजा के कहे के अनुसार उसकी आँखें निकाल लीं। सिंधुल अंधा हो गया। कर्म की गति न्यारी है। सिंधुल का सारा पराक्रम, पौरुष और संग्राम में अविजेयता कहानी बन कर रह गई। सिंधुल अंधा हो गया, तो राजा मुंज उस पर लाड़ दिखाने लगा। उसे अपने पिता के अंतिम वचनों का भी ध्यान था। उसने सिंधुल के लिये कुछ गाँव दे दिये।

इसी बीच सिंधुल की पत्नी रत्नावली गर्भवती हुई। यह समाचार पा कर मुंज बड़ा प्रसन्न हुआ। रत्नावली ने एक बालक को जन्म दिया। राजा ने अपने सामंतों के बीच वररुचि के द्वारा बनाई बालक की कुंडली को पढा। लिखा था - ‘इस बालक का नाम भोजराज होगा। यह परम प्रतापी यशस्वी शासक होगा। भोजराज पचपन वर्ष सात मास तथा तीन दिन तक गौडदेश सहित दक्षिणापथ तक शासन करेगा।’

यह पढ कर मुंज प्रसन्न हुआ। उसने आज्ञा दी कि उत्सव मनाया जाए। वररुचि के निर्देश के अनुसार बालक का नाम भोजराज रखा गया।

भोज पाँच वर्ष का हो गया, तो राजा ने उसे पाठशाला में भर्ती कराया। क्या पुस्तकवाचन, क्या उच्चारण, क्या शास्त्रों का स्मरण - सभी में भोज ने अद्भुत प्रतिभा के द्वारा सब को चमत्कृत कर दिया था। पाठशाला में अध्ययन करते हुए भोज को तीन साल बीत गये। एक दिन राजा मुंज ने इसका अध्ययन कैसा चल रहा है, यह जानने के लिये उसकी अक्षरपट्टिका (स्लेट) मँगवाई। राजा ने भोज का लेख और लिखावट देखी, तो चकित रह गया। वह समझ गया कि भोज तो विचक्षण और विलक्षण है। शीघ्र ही उसे पता चल जायेगा कि उसके चाचा ने उसके पिता के साथ क्या व्यवहार किया है, तो वह वैर पाल लेगा और युवा होने पर मेरा

सर्वनाश कर डालेगा। इसको जो मैंने पाला पोसा तो विषवृक्ष को सींचा है। तो तत्काल इसका वध करा देना ही ठीक है। - यह सोच कर मुंज ने वधिकों को बुलवाया और उनसे बोला - साँझ होने पर भोज को मैं तुम लोगों के पास भेजूँगा, उस समय उसका मस्तक काट कर मेरे पास ले कर आना, यदि ऐसा नहीं किया, तो कुटुंबसहित मैं तुम्हारा सर्वनाश कर डालूँगा।

साँझ होने पर भोज पाठशाला से आया, तो मुंज ने उसे चांडालों के घर भेज दिया कि चांडालों को बुला कर लाना है। इस कार्य के लिये अन्य किसी को नहीं भेजा जाता, युवराज स्वयं ही जाता है। राजा की आज्ञा से भोज चांडालों की बस्ती में गया। दीप के प्रकाश में चांडालों ने उसका रूप देखा, तो देखते रह गये। उनके हाथ भोज पर प्रहार करने के लिये उठ ही नहीं रहे थे।

भोज ने पूछा - 'आप लोग मुझे इसतरह क्यों देख रहे हैं?' चांडालों ने कहा - 'राजकुमार, राजा मुंज ने हम से कहा है कि भोज जब तुम्हारे घर में आये, तो उसका मस्तक काट देना और कटा मस्तक मुझे ला कर दिखाना, नहीं तो कुटुंब के साथ तुम सब का सर्वनाश कर डालूँगा।'

भोज ने कहा - 'भद्रजनों, आप लोग मेरा वध कर दीजिये, इसमें विलंब मत कीजिये, नहीं तो राजा आप के कुटुंब का नाश करवा देगा। मेरे वध से आप लोगों का अनर्थ टल जाएगा।'

राजकुमार भोज के वचन सुन कर चांडालों के मन में और भी करुणा जागी। उन्होंने निश्चय किया कि इस बालक का वध नहीं करेंगे, चाहे जो हो जाए। पर राजा के कोप से बचने के लिये कुछ उपाय तो करना पड़ेगा।

तब उन्होंने भोज के मस्तक के समान एक मस्तक चित्रकार से बनवाया। भोज ने अपनी जाँघ चीर कर उसके रक्त से एक श्लोक क्षीरोदकपट पर लिख कर उन्हें दिया। चांडाल अलते से कृत्रिम मस्तक को रँग कर ले कर चले। राजा मुंज के पास पहुँच कर उन्होंने उसे वह कृत्रिम मस्तक दिखाया। उसे देख कर मुंज के मन में भोज के लिये प्रेम उमड़ पड़ा। उसने चांडालों से पूछा - जब तुम लोग उस का मस्तक काट रहे थे, तो उसने कुछ कहा था क्या?

चांडालों ने कहा - 'महाराज, बालक ने कपड़े पर कुछ लिख कर दिया है, यह ले लीजिये।'

मुंज ने भोज का लिखा श्लोक पढ़ा। पढ़ते समय उसका कंठ भर्रा गया, आँखों में आँसू आ गये। भोज ने लिखा था—

मान्धाता स महीपतिः कृतयुगेऽलङ्कारभूतो गतः
सेतुर्येन महोदधौ विरचितः क्वासौ दशास्यान्तकः?।
अन्ये चापि युधिष्ठिरप्रभृतयो यावद्भवान् भूपते!
नैकेनापि समं गता वसुमती मन्ये त्वया यास्यति।।

(सत्य युग के अलंकार महाराज मान्धाता चले गये। जिन्होंने महासागर पर सेतु बाँधा वे दशकंठ का अंत करने वाले राम अब कहाँ हैं? और भी जितने राजा युधिष्ठिर आदि आपके समय तक हुए हैं, वे इसी तरह चले गये। किसी के भी साथ यह धरती नहीं गई, पर हे मुंज, मुझे लगता है आपके साथ जाएगी।)

श्लोक का भाव मुंज के मन में उतर गया। उसने चांडालों से पूछा - सच सच बताओ, तुमलोगों ने क्या मेरे बच्चे को सचमुच मार दिया?

चांडालों ने डर से थर थर काँपते हुए कहा - राजा की आज्ञा भला कैसे टाली जा सकती है?

सुन कर मुंज ने विलाप करते हुए कहा - भोज के चले जाने का यह दुस्सह दुःख अब अपने प्राण दिये बिना नहीं भुलाया जा सकेगा। यह कह कर वह तलवार से अपना मस्तक काटने को उद्यत हुआ।

चांडालों ने कहा - महाराज, रुकिये, रुकिये! राजकुमार जीवित है। हम लोग तो आपकी परीक्षा ले रहे थे।

मुंज ने अपने शरीर से आभूषण उतार कर चांडालों का सत्कार किया। फिर प्रमुदित मन से प्रेम से गद्गद हो कर बालक भोज को अपने पास बुलाया। भोज को गोद में बिठा कर मुंज बार बार उसका आलिंगन करने लगा।

उसके पश्चात् मुंज ने रुद्रादित्य आदि अपने मन्त्रियों को बुलाया और कहा - न्याय संगत यही होगा कि मैं अब भोज को राज्य दे दूँ।

फिर ज्योतिषियों के द्वारा बताये गये शुभ मुहूर्त में राजा ने भोज का राज्याभिषेक किया। हाथी, घोड़े, रथ सब आधे आधे बाँट कर भोज को मुंज ने गोला नदी के किनारे का भूभाग शासन के लिये दिया, और स्वयं अपनी सेना के साथ दूसरे किनारे की और चल पड़ा।

मंत्री रुद्रादित्य ने कहा - हे मालवेन्द्र, मेरी बात सुनिये। गोला नदी के उस पार मत जाइये। वहाँ आपकी विजय नहीं होगी।

मुंज ने कहा - 'भोज के राज्य की सीमा में मैं अब नहीं रहूँगा। मैं तैलप पर चढाई कर के उसे काबू करूँगा।'

रुद्रादित्य ने कहा- 'पहले मुझे तिलांजलि दे दीजिये, फिर अपनी मनमानी कीजिये।'

मंत्री के अनुरोध को ठुकरा कर राजा ने गोला नदी पार की। सच है मूर्ख, बच्चे और स्त्रियाँ अपना हठ नहीं छोड़ते।

राजवल्लभ ने मुंज की सैना तथा सैन्यप्रयाण विशद शब्दचित्र अंकित करते हुए बताया है कि मुंज के पास १४७६ हाथी थे, उनके साथ घोड़े, रथ और पैदल सैना भी थी। इस चतुरंगिणी सेना से घिरा जब वह चला, तो धरती काँप उठी। धरती डोली, शेषनाग के एक हजार फण उसके नीचे दबने लगे, तो उन फणों से विष की चिंगारियाँ फूटने लगीं।

इधर तैलप राजा को पता चला कि मुंज गोलानदी पार कर के उस के राज पर चढाई करने के लिये बढ़ा आ रहा है, तो उसने संधि के लिये संदेश भिजवाया। मुंज ने उसके दूत से कहा कि अपने राजा से जा कर कहो कि हमने तो उसके राज्य पर अधिकार कर लिया। और हम उसी के राज्य का भोग कर रहे हैं। तैलप ने उस पर धावा बोल दिया। रात होने तक युद्ध चलता रहा। राजा तैलप विजय पा कर लौट गया और मुंज अकेला भूखा प्यासा भटक रहा था। वह ग्वालों की एक बस्ती में जा घुसा। ग्वालिन के बेटों ने राजा मुंज को धर दबोचा और रस्सी से बाँध कर उसे तैलप को सौंप दिया। मुंज तैलप के राजप्रासाद में रहने लगा। दक्षिणाधिपति तैलप अपने हाथों से उसे भोजन और वस्त्र प्रदान करता। मुंज की सेवा में मृणालिका नाम की एक दासी नियुक्त की गई थी। वह रात दिन मन लगा कर मुंज की सेवा करती।

इसके आगे राजवल्लभ ने मुंज का मृणालिका से विनोद, दोनों के बीच अपभ्रंश की गाथाओं का आदानप्रदान आदि का सरस वर्णन किया है।

इधर जब भोज को पता चला कि पितृव्य मुंज को तैलप ने बंदी बना रखा है, तो तैलप की राजधानी पहुँच कर उसने बारह योजन की सुरंग खुदवाई। हर योजन पर बहुत शीघ्रगामी घोड़े खड़े किये। इस तरह मुंज को बाहर निकाल कर लाने की तैयारी उसने पूरी कर ली। फिर उसने अपने भेदिये से मुंज को गुप्त रूप से चिट्ठी भेजी। मुंज ने मृणालिका के मोह के वशीभूत अपने भोलेपन में सारा भेद इस दासी को बता दिया, और उससे साथ चलने को कहा। मृणालिका तैयार हो गई, पर चलते समय उसका मन बदल गया और वह चिल्लाने लगी - अरे पकड़ो पकड़ो मुंज सुरंग से भागा जा रहा है! तैलप के सैनिकों ने वेणी पकड़ कर मुंज को सुरंग से बाहर खींच लिया। मुंज का अपमान कर के उसे नगर में घुमाया गया और प्राणदंड दिया गया। मुंज हँसते हँसते स्वर्ग सिधार गया।

मुंज के वध की खबर राजा भोज के पास पहुँची। मुंज के भाई सिंधुल ने भी यह खबर सुनी। वह रोने लगा। भोज ने कहा - राजा मुंज नहीं रहे, तो आज सारे गुण निराधार हो गये।

लक्ष्मीर्वसति गोविन्दे वीरश्रीर्वीरवेश्मनि।
गते मुञ्जे यशःपुञ्जे निरालम्बा सरस्वती।।

(लक्ष्मी विष्णु के पास रहती है, वीर की श्री वीर के घर में रहती है। यश के पुंज मुंज के चले जाने पर सरस्वती निराधार हो गई।)

उधर भोज का प्रताप बढता गया। उसकी गुणज्ञता, विद्वत्ता की ख्याति दूर दूर तक थी। एक बार उसकी राजसभा में मुंज के चरित्र को ले कर रचा हुआ नाटक खेला गया। नाटक अत्यंत कारुणिक था। मुंज को भिखारी के वेश में नगर में डगर डगर घुमाया जा रहा है - फिर श्मशान में सूली पर चढाने के लिये ले जाया जा रहा है - यह अंतिम दृश्य देख कर भोज

की आँखों में आँसू आ गये। वह मन ही मन अपने को धिक्कारने लगा और सभासदों से बोला - अरे मैं कितना कृतघ्न हूँ कि सम्मान्य पितृतुल्य महाराज मुंज के प्रति किये गये ऐसे दारुण जघन्य व्यवहार का कोई प्रतीकार नहीं किया मैंने! यदि तैलप राजा के मस्तक को गेंद की तरह मैंने नहीं उछाला, तो भोज राज मेरा नाम ही निरर्थक है।

फिर तो भोज चतुरंगिणी सेना ले कर चल पड़ा और तैलप पर चढाई कर दी। तैलप को जीत कर पकड़ कर वह धारा नगरी ले आया। तैलप ने मुंज के साथ जो जो किया था, ठीक वही व्यवहार भोज ने तैलप के साथ किया।

भोजचरित्र में अत्यंत सरल भाषा में अनुष्टुप् छंदों में मुंज या यह चरित्र तथा भोज के शासन का वर्णन किया गया है। मुंज का चरित्र की कई परतें इस कथा के औपन्यासिक विस्तार में राजवल्लभ ने उघाड़ दी हैं। बीच बीच में अपभ्रंश की गाथाएँ जो मुंज और भोज का चरित गाने वाले लोकगायक गाते रहे होंगे, उन्हें यथाप्रसंग उद्धृत किया है। यह पूरा चरितकाव्य एक लोकमहाकाव्य बन गया है।

जगद्गुरुकाव्य

इस काव्य के प्रणेता पद्मसागर हैं तथा रचनाकाल १५८९ ई०है। इस में पद्मसागर ने अपने गुरु मुनि हीरविजय का जीवनचरित उपनिबद्ध किया है। मुगलसाम्राज्य से संबद्ध घटनाओं का भी विस्तार से वर्णन पद्मसागर ने इसमें किया है। इसमें हुमायूं तथा अकबर के सैन्य अभियानों का विशद निरूपण है। वास्तविकता के साथ तोड़मरोड़ करते हुए कवि ने नवीन काल्पनिक वृत्तांतों के संयोजन के साथ चंगेज खान और तेमूर लंग के स्थान पर मुगल बादशाहों की वंशपरंपरा को भारत में स्थापित कर दिया है। काबुल को उसने भारत का अंग बताया है, जहाँ 'हिन्दवासुरत्रासक' मुगल वंश का उदय हुआ। हुमायूँ को उसने भारत में इस वंश का प्रथम शासक बताया है।

नानकचंद्रोदय

गुरु गोविंदसिंह (१६६६-१७०८ ई०) के समकालीन देवराज शर्मा का नानकचंद्रोदय महाकाव्य नानक के साक्षात् शिष्य द्वारकादास के मुख से नानक की कथा सुन कर तथा गुरुग्रंथ साहिब का स्वयं अध्ययन करके लिखा गया। नानक के जीवनचरित के अतिरिक्त इसमें नौ सिख गुरुओं का चरित और उनके उपदेश भी वर्णित हैं। इस महाकाव्य का विभाजन सर्गों के स्थान पर प्रस्तावों में हुआ है। २१ प्रस्तावों में कुल ३५७९ पद्यों में नानक का एक क्षण में मक्का से चलकर अपने आवास पर पहुँच जाना, सशरीर बैकुंठ जाना और भगवान् विष्णु से उनका उपदेशग्रहण, समुद्र पार करना, ध्रुव से वार्तालाप आदि अलौकिक घटनाओं का भी वर्णन कवि ने किया है। उदासी मत का प्रतिपादन प्रभावशाली रूप में किया गया है।

खानखानाचरितम् तथा रुद्र कवि के अन्य काव्य महाकाव्य

सत्रहवीं शताब्दी के ऐतिहासिक काव्यकारों में रुद्र कवि महत्त्वपूर्ण हैं। ये स्वयं दक्षिण के थे। १५९६ई० में विरचित इनके राष्ट्रौढवंश में गुजरात के नारायणशाह के जीवन-चरित के साथ-साथ तत्कालीन इतिहास के अनेक अज्ञात अध्याय उन्मीलित किये गये हैं। इनका दूसरा महाकाव्य जहाँगीरचरितम् खंडित रूप में मिलता है। कीर्तिसमुल्लास में रुद्रकवि ने जहाँगीर के पुत्र खुर्रम का चरित्र लिखा है। रुद्र कवि का ही अन्य काव्य दानियालचरित है, जिसमें अकबर के पुत्र दानियाल की प्रशस्ति है।

खानखानाचरितम् रुद्र कवि के काव्यों में विशेष उल्लेखनीय है। इसमें अब्दुलरहीम खानखाना के जीवन का अतिशयोक्तिमय पर अत्यन्त सरस काव्यात्मक वर्णन है। गद्य के साथ-साथ पद्यों की सम्मिश्र छटा इसमें है, तथा बाण की शैली का गहरा प्रभाव रुद्र कवि की रचना में मिलता है।

रुद्रकवि ने अपने गद्य में परिसंख्या अलंकार का प्रयोग करते हुए सुबंधु और बाण से होड़ लेने का प्रयास किया है। रहीम की तुलना कर्ण, विक्रमादित्य, भोज आदि से करते हुए वे कहते हैं—

श्रीमान् कल्पमहीरुहः किमवनी किं वा स चिन्तामणिः
किं कर्णः किमु विक्रमः किमथवा भोजोऽवतीर्णः परः।
इत्थं यत्र विलोकिते मतिमतां बुद्धिः समुज्ज्जृम्भते
सोऽयं सम्प्रति खानखाननृपतिर्जीयात् सतां भूतये।।

(खाच. २.१)

कलिः कृतपदायते सुरपदायते मेदिनी सहस्रकिरणायते भुजयुगप्रतापोदयः।
यशो हिमकरायते गुणगणोऽपि तारायते सहस्रनयनायते नृपनवाबवीराग्रणीः।।

(२.१६)

सप्तर्षिद्युतिभूसुरप्रियकरः सप्ताश्वसेवापरः
सप्तद्वीपविहारिकीर्तिनिकरः सप्ताङ्गराज्येश्वरः।
सप्ताम्भोनिधिभूषितक्षितिपतिः सप्तस्वरज्ञानवान्।
सप्तार्चिप्रतिमः क्षितौ विजयते श्रीखानखानानृपः।।

(३.८)

सर्वदेशीयवृत्तांतसंग्रह

यह ग्रंथ अकबरनामा का रूपांतर है, जिसके प्रणेता ठक्कुर कहे गये हैं। अकबरनामा की रचना १५९०ई० में हुई, जबकि महेश ठक्कुर का जीवनकाल इसके पूर्व का है, इस आधार

पर आउड्रे ट्रस्के ने इसके ठक्कुरकृत होने पर संदेह व्यक्त किया है, तथा इसे सत्रहवीं अठारहवीं शताब्दी की कृति माना है।[९]

शंकराचार्य के जीवन पर आधारित महाकाव्य तथा खंडकाव्य

शंकराचार्य के चरित को लेकर अनेक चरितकाव्य या महाकाव्य लिखे गये हैं। शंकराचार्य की पहली प्रामाणिक जीवनी आचार्य पद्मपाद ने लिखी थी, जो उनके साक्षात् शिष्य थे तथा उनकी दिग्विजय यात्राओं में उनके साथ रहे थे। शंकराचार्य का पद्मपादकृत यह चरित्र-ग्रन्थ निश्चय ही व्यक्तिगत अनुभव के आधार पर लिखा गया होगा, पर दुर्भाग्य से यह अद्यावधि अनुपलब्ध है।

आदि शंकर के समय से लगाकर अब तक संस्कृत में उनको विषय बनाकर रचे गये प्रबन्ध-काव्यों की सुदीर्घ और सम्पन्न परम्परा है। बृहच्छंकरविजय काव्य के कर्ता आदिशंकराचार्य के साक्षात् शिष्य स्वामी चित्सुखाचार्य माने गये हैं। इसी प्रकार अनंत (?) कवि का शंकराचार्यचरित, आनंदगिरि का प्राचीनशंकरविजय, राजचूड़ामणि दीक्षित का शंकराभ्युदय आदि महाकाव्य भी उल्लेखनीय हैं। राजचूडामणि दीक्षित तथा उनके महाकाव्यों का परिचय पिछले अध्याय में दिया गया है।

पं० बलदेव उपाध्याय ने अपने ग्रन्थ "शंकराचार्य" में ऐसे २२ उपलब्ध प्रबन्ध-काव्यों का परिगणन किया है। यहाँ पं० उपाध्याय के ग्रन्थ, श्री कृष्णाचार्य के इतिहास तथा कुछ अन्य स्रोतों के आधार पर इन ग्रन्थों का संक्षिप्त विवरण प्रस्तुत है। इनमें से अधिकांश अप्रकाशित है।

१. शंकरविजयमहाकाव्यम्[१०]

इस महाकाव्य में १२ सर्ग है। इसके कर्ता व्यासाचल है। व्यासाचल कांचीकामकोटि पीठ के शंकराचार्य (१४९८-१५०७ ई०) रहे। इनका महाकाव्य शंकराचार्यविषयक अनेक परवर्ती महाकाव्यों का उपजीव्य है।

श्री आत्रेय कृष्ण शास्त्री ने अपने तमिल ग्रन्थ "शंकरगुरुपरम्परा" में व्यासाचल सर्वज्ञात्मेन्द्र सरस्वती से लगाकर महादेवेन्द्र सरस्वती तक की ६५ गुरुओं की परम्परा का परिचय दिया है, जिस में व्यासाचल ५२वे हैं। वे कांची कामकोटिपीठ पर १४९८ से १५०७ ई० तक आसीन रहे। विजयनगर के राजा नरसिंहदेवराय के १५०७ ई० के एक ताम्रपट्ट में उनका नाम मिलता है।

व्यासाचल कांची में ही जन्मे और इनका मूल नाम कुप्पण था। कांची पीठ के आचार्य होने पर इनका नाम महादेवेन्द्र सरस्वती हुआ। इन्होंने व्यासाचल (पर्वत) पर घोर तप किया और व्यासाचल महेन्द्र सरस्वती कहलाए तथा इनके उक्त महाकाव्य को भी व्यासाचलीय या व्यासाचल-कृत माना गया।

यह महाकाव्य के लक्षणों का निर्वाह करते हुए संस्कृत के अलंकृत काव्य का अच्छा उदाहरण प्रस्तुत करता है। बाद के अनेक जीवनीकारों ने इस क्षेत्र में व्यासाचल को प्रामाणिक और अनुकरणीय माना है। संक्षेपशंकरविजय (जो आचार्य सायण के बड़े भाई माधव का लिखा माना जाता है, पर वस्तुतः उनका नहीं हो सकता) में व्यासाचल का दाय स्वीकार करते हुए कहा गया है—

व्यासाचलप्रमुखपूर्विकपण्डितक्ष्माभृत्सम्भृतोच्चतरकाव्यतरोः सुगूढात्।
विद्वन्मधुव्रतसुखोरुरसानि सर्वाण्यादातुमर्थकुसुमान्यहमक्षमोऽस्मि।।

यही नहीं, संक्षेपशंकरविजयकार ने कई श्लोक शब्दशः व्यासाचलीय से अपने महाकाव्य में उठाकर उद्धृत किए हैं और व्यासाचल के कवित्व की भरपूर प्रशंसा करते हुए कहा है—

नेता यत्रोल्लसति भगवत्पादसंज्ञो महेशः
शान्तो यत्र प्रकचति रसः शेषवानुज्ज्वलाद्यैः।
यत्राविद्याक्षतिरपि फलं तस्य काव्यस्य कर्ता।
धन्यो व्यासाचलकविस्तत्कृतिज्ञाश्च धन्याः।।

गोविन्दनाथ ने भी अपने 'शंकराचार्यचरित' के आरम्भ में व्यासाचल का शंकर-चरितकारों में महत्त्व स्वीकार करते हुए उनकी वन्दना की है—

सर्वागमपदं वन्दे व्यासाचलमिमं कविम्।
बभूव शंकराचार्यकीर्तिकल्लोनिनी यतः।।

इसी प्रकार केरलीय-शंकरविजय इनकी प्रशस्ति में कहता है—

अत्युन्नतस्य काव्याद्रेर्व्यासाचलमहीरुहः।
अर्थप्रसूनान्यादातुमसमर्थोऽहमद्भुतम्।।

२. शंकरदिग्विजयमहाकाव्यम्

इस महाकाव्य को कहीं-कहीं 'शंकरविजय' भी कहा गया है तथा इसके कर्ता सायण के ज्येष्ठ भ्राता माधव (१३००-१३८५ ई०) जो शृंगेरी मठ के आचार्य बनने पर विद्यारण्य स्वामी कहलाए, माने जाते रहे हैं। वस्तुतः यह काव्य विद्यारण्य स्वामी का रचा नहीं हो सकता क्योंकि इसमें व्यासाचल की प्रशस्ति ही नहीं की गयी, उनके महाकाव्य से अनेक पद्य ज्यों के त्यों ले लिए गये हैं। व्यासाचलीय के सम्पादक ने इस तथ्य को जानते हुए भी 'शंकरदिग्विजयम्' का लेखक माधव या विद्यारण्य को ही मान लिया है-यह आश्चर्य है।

स्वामी विद्यारण्य का नाम जुड़ जाने से इस महाकाव्य को शंकराचार्य-चरित-काव्यों में प्रसिद्धि अधिक मिली। मण्डन मिश्र के साथ उनकी पत्नी भारती की प्राश्निकता में सम्पन्न श्रीशंकर के शास्त्रार्थ का प्रसंग इसमें विशदरूप में वर्णित है। माहिष्मती में शंकर मण्डन के घर का पता पूछते हैं। नर्मदा तट पानी भरने जाती महिलाएँ उन्हें बताती हैं—

जगद् ध्रुवं स्याज्जगदध्रुवं स्यात् कीराङ्गना यत्र गिरो गिरन्ति।
द्वारस्थ नीडान्तरसन्निरुद्धा जानीहि तन्मण्डनपण्डितौकः।।
स्वतःप्रमाणं परतःप्रमाणं कीराङ्गना यत्र गिरो गिरन्ति।
द्वारस्थनीडान्तरसन्निरुद्धा जानीहि तन्मण्डनपण्डितौकः।।

(८, ६, ८)

३. शंकरविजय[११]

यह प्रबन्ध आद्यन्त प्रायः गद्य में निबद्ध है, शास्त्रार्थनिरूपण में श्रुति-स्मृति आदि के उद्धरण ही प्रायः पद्यों में हैं। श्रीकृष्णमाचार्य ने इसे भ्रमवशात् चम्पू मान लिया है। इसमें जीवन चरित कम और शास्त्रार्थनिरूपण अधिक है। इसके रचयिता श्रीभगवदानन्दगिरि हैं, जिन्होंने स्वयं को आदि शंकराचार्य का शिष्य बताया है। अपने इस ग्रन्थ में आनन्दगिरि (पूरा नाम अनन्तानन्दगिरि) ने ७० प्रकरणों में विभिन्न मतावलम्बियों के साथ शंकर के शास्त्रार्थ का-विशेषतः उनके प्रतिपाद्य का उपस्थापर्न किया है। ग्रन्थारम्भ में उन्होंने अपना अनुबंध स्पष्ट कर दिया है—

"अनन्तानन्दगिरिरहमप्रतिहताज्ञस्य भगवतः शिष्यः स्वगुरोरवतारप्रयोजनं वर्णयामि। सन्त्यत्र मम गुरोरवतारकथातदुपकृतिपोषितजगत्परम्पराविच्छिन्नशुद्धाद्वैतविद्याप्रतिष्ठातदाशाविजयकौतूहल-तद्व्यासदर्शनविचित्रतच्छरीरावसानकालागतब्रह्मदेववचनव्यासदत्तायुःप्रपंच-भट्टदर्शन-मण्डनमिश्रजय-तदंगनाप्रसंगदेहान्तरसञ्चारविदितकामशास्त्रशिष्यागमन-नृसिंहसाक्षात्कार-सरस्वतीजय-शृंगगिरि-स्थानवास-काञ्चीनगरनिर्माण-कामाक्षिप्रपञ्च-श्रीचक्रनिर्माण-मोक्षमार्गप्रकाश-सच्चिदानन्दैक्य-नामानि प्रकरणानि, तत्तदवान्तरकथाविस्तारविजृम्भितनानाप्रश्नोत्तरभासुरं बहुदुष्टमतनिबर्हणमिदानीं करोमि।" (पृ० १)

४. शंकरविजयविलास

इसके रचयिता श्री चिद्विलास हैं। इसके सम्बन्ध में अन्य विवरण अप्राप्य है। यह गुरु-शिष्य संवाद रूप है तथा इसमें ३२ अध्याय हैं।

५. संक्षेपशंकरविजय

इसके रचयिता भी माधव (विद्यारण्य स्वामी) बताए गये हैं, जो सही नहीं है। इसमें १७ सर्ग हैं। यह सम्भवतः माधव के नाम से प्रचारित उपर्युक्त शंकरविजय का ही संक्षिप्त विवरण है। इस पर धनपति सूरि की टीका भी मिलती है।

६. शंकराचार्यचरित्रम्

यह गोविन्दनाथकृत महाकाव्य है। इसमें ९ सर्ग हैं।

७. आचार्यदिग्विजय

यह शंकराचार्य की शास्त्रार्थयात्राओं को विषय बनाकर लिखा गया चम्पूकाव्य है। इसके रचयिता वाधूल वल्ली सहाय हैं।

८. शंकरविजय

इस काव्य की रचना केरल में हुई। यह केरलीयशंकरविजय के नाम से भी जाना जाता है। इसे रचयिता आचार्य विजय कहे गये हैं।

९. शंकराभ्युदयम्

यह महाकाव्य है। इसके केवल छः सर्ग ही प्राप्त होते हैं, जिनका प्रकाशन मद्रास से निकलने वाली 'सहृदया' पत्रिका में हो चुका है। इसके रचयिता राजचूडामणि दीक्षित हैं, जिनका परिचय पूर्व में दिया गया है।

१०. शंकराचार्यतारावली

यह ग्रन्थ भी श्रीकृष्णमाचार्य के उल्लेख के अनुसार राजचूडामणि दीक्षित का ही लिखा है। इसके सम्बन्ध में अन्य विवरण अप्राप्य है।

११. बृहच्छंकरविजय

इसके कर्ता चित्सुख बनाए गये हैं, जो स्वयं आदिशंकराचार्य के साक्षात् शिष्य थे। चित्सुखाचार्य एक निष्णात शास्त्रज्ञ और भाष्यकार के रूप में समादृत हैं। पं० बलदेव उपाध्याय शंकरचरित्रों में इसी को सर्वप्राचीन मानते हैं।

१२. शंकरदिग्विजयम्

इसके कर्ता सदानन्द हैं।

१३. शंकराभ्युदयम्

इसके कर्ता तिरुमल दीक्षित है।

१४. शंकरविजयसंग्रह

इसके लेखक पुरुषोत्तम भारती हैं।

१५. शंकराचार्यचरित

श्रीकृष्णाचार्य ने इसका कर्ता अनन्त कवि को बताया है। पं० बलदेव उपाध्याय ने

अज्ञातकर्तृक 'शंकराचार्यचरित' का उल्लेख किया है। दोनों काव्य एक ही हैं या पृथक्-पृथक् यह शोध का विषय है।

१६. शंकरविजयम्

इसके कर्ता विद्याशंकर या शंकरानन्द कहे गये हैं।

१७.शंकरदिग्विजयसारम्

इसके कर्ता व्रजराज हैं।

१८. प्राचीनशंकरविजयम्

इसके कर्ता श्रीकृष्णमाचार्य के उल्लेखानुसार आनन्दगिरि हैं; पं० बलदेव उपाध्याय ने इस नाम के काव्य का कर्ता मूकशंकर को बताया है।

१९. शंकरविजयसारम्

इसके कर्ता सदानन्द व्यास हैं, जो रावलपिण्डी के निवासी थे। १५० वर्ष पूर्व ये काशी में आए थे।

२०. आचार्यचरितम्

यह गोविन्दानन्दयति कृत है।

२१. शंकरविजयविलासकाव्यम्

इसके कवि शंकरदेशिकेन्द्र हैं। यह चिद्विलासकृत इसी नाम के काव्य से भिन्न है।

२२. शंकरविजयकथा

पं० बलदेव उपाध्याय के उल्लेखानुसार यह अज्ञातकर्तृक है।

२३. शंकरविलासचम्पू

जगन्नाथ कृत है।

२४. शंकराभ्युदयकाव्यम्

रामकृष्ण कृत है।

२५. शंकराचार्योत्पत्ति

अज्ञातकर्तृक है।

२६. गुरुवंशकाव्यम्

पं० उपाध्याय के अनुसार इसकी रचना काशी के लक्ष्मण शास्त्री ने १०० वर्ष पूर्व की। श्रीकृष्णमाचार्य के अनुसार इसमें शृंगेरीमठ के आचार्यों का विवरण है तथा इसकी रचना कालडी के सोमशेखर (१७१४-१७८० ई०) के समय हुई।

अन्य ग्रन्थों में शंकराचार्यचरित

मार्कण्डेय, स्कन्द, कूर्म, सौर तथा भविष्य पुराणों में शंकराचार्य का चरित्र संक्षेप में वर्णित है या अवतार रूप में उनका निरूपण है। पं० बलदेव उपाध्याय ने अपने ग्रन्थ में अप्रकाशित "शिवरहस्य" नामक प्रबन्ध से शंकराचार्यचरितविषयक लम्बा प्रकरण समूचा उद्धृत कर दिया है।

पतंजलिविजय नामक काव्य में भी प्रासंगिक रूप से शंकराचार्य का जीवनवृत्त विवृत है। "नेपालवंशावली" में शंकराचार्य की नेपाल-यात्रा का विवरण है, जो नेपाल-नरेश वृषदेव (६३०-६५५ ई०) के शासन काल में की गयी (?)। वृषदेव ने अपने पुत्र का नाम आचार्य के प्रति श्रद्धा ज्ञापित करने के लिए 'शंकर' रखा।

अब्दुल्लाहचरितम्

ऐतिहासिक तथ्यों के संकलन और उत्तरमुगल काल के इतिहास के अनेक अज्ञात पक्षों का उन्मीलन करने वाला काव्य अब्दुल्लाहचरितम् है, जिसके प्रणेता लक्ष्मीपति या लक्ष्मीधर हैं। इस काव्य में १८०४ अनुष्टुप् पद्यों तथा बीच-बीच में गद्य का प्रयोग करते हुए औरंगजेब के प्रपौत्र मुहम्मदशाह तथा उसके मंत्री अब्दुल्लाह का चरित्र विस्तार से प्रतिपादित किया गया है। अब्दुल्लाह और उसका अनुज हुसैन अली इतिहास में सैय्यद बंधुओं के नाम से विख्यात हैं। इन दोनों ने कई बादशाहों को गद्दी पर बिठाया और गद्दी से उतारा भी। राजतरङ्गिणीकार कल्हण के समान लक्ष्मीपति ने अपने समय की उथल-पुथल और सामाजिक तथा राजनैतिक अध:पतन को तटस्थ होकर देखा है और उसका कच्चा चिट्ठा प्रस्तुत किया है। अकबर, जहाँगीर, शाहजहाँ और औरगंजेब के भी संदर्भ इस कृति में हैं। विशेषरूप से मुहम्मदशाह के समय का तो आँखों देखा हाल रचनाकार ने प्रस्तुत किया है। उस समय के अनेक ऐतिहासिक व्यक्तित्वों- फर्रुखसियर, जोधपुर नरेश जसवंतसिंह के पुत्र अजीतसिंह, छत्रसाल आदि की चर्चा प्रसंगवश इसमें आयी है, तथा अनेक छोटे-मोटे युद्धों का भी वर्णन है। मुहम्मदशाह के द्वारा ओरंगजेब के प्रपौत्र इब्राहीम को राजसिंहासन पर बिठाने के विवरण के साथ यह ग्रंथ समाप्त होता है।

राजनीति के क्रूर और निर्मम चरित्र का उद्घाटन करते हुए लक्ष्मीपति उपोद्घात में ही कहते हैं—

राजानः कुञ्जराः सिंहाः रक्षकस्यैव भक्षणम्।
कुर्वन्ति किं महामात्रा हन्यन्ते द्विरदैर्नहि।।
भूमिपालैर्धरापृष्ठे नोपकारस्य संस्मृतिः।
क्रियते जगतीपृष्ठे नितरां मदगर्वितैः।।

लक्ष्मीपति प्रख्यात विप्रकुल में उत्पन्न हुए। इनके प्रपितामह जयदेव, पितामह विश्वरूप तथा पिता वीरेश्वर थे। भाषा की दृष्टि से अब्दुल्लाहचरितम् में अनेक व्याकरण विरुद्ध प्रयोग हैं तथा कहीं-कहीं उर्दू-फारसी के शब्द भी हैं।

हरि कवि के महाकाव्य

हरि कवि मूलतः गुजरात में सूरत के निवासी थे तथा शिवाजी के पुत्र शंभाजी के सभाकवि रहे। इन्होंने शंभुराजचरितमहाकाव्य की रचना १६८५ई० के आसपास की। सुभाषितहारावली इनका प्रसिद्ध सुभाषितसंग्रह है, जिसका परिचय पूर्व में दिया गया है। महाकाव्य के अंतिम सर्ग में अपने परिचय में इन्होंने कहा है

यैनैकः कवितावतारसमये ग्रन्थः समुल्लासित-
स्तस्या एव सुविभ्रमे पुनरहो बन्धः पुनर्निर्मितः।
तस्या लास्यविधौ कृतास्तु बहवस्ते ते प्रबन्धोत्तमाः
सोऽयं कोऽपि हरिः कविः कविरविज्ज्योतिःकणो दीव्यति।।

(१२.१६३)

इनके पिता नारायण चिंतामणि के पौत्र तथा रंगनाथ के पुत्र थे। नारायण का बार बार गुरु के रूप में स्मरण करते हुए हरि ने उनके प्रति गहन भक्ति व्यक्त की है। नारायण भागवतपुराण में रमे हुए थे, तथा विविध शास्त्रों में पारंगत थे। अपने अग्रज शंकर तथा अनुज चक्रपाणि के कवित्व की भी हरि ने प्रशंसा की है। कृष्णपंडित को भी उन्होंने अपना पथप्रदर्शक माना है। कृष्ण पंडित शंभाजी के गुरु रहे। उनकी प्रेरणा से ही हरि की इस महाकाव्य के प्रणयन में प्रवृत्ति हुई। अपनी सुभाषितहारावली में उन्होंने श्रीकृष्ण पंडित को एक कवि के रूप में सम्मान देते हुए इनके पाँच पद्य उद्धृत किये हैं। स्वयं श्रीकृष्ण की गर्वोक्ति भी है।

यः पीयूषमयूखधामनि सुधासाराच्छकच्छेऽपि यः
क्षुभ्यत्क्षीरसमुद्रसान्द्रलहरीलावण्यपूरेऽपि यः।
यः कान्ताधरपल्लवे मधुरिमा नासौ समुद्राहते
श्रीविद्वत्कविकृष्णपण्डितवचोवीचीसमीचीनताम्।।

इस महाकाव्य में शंभुराज (शंभा जी) का जीवन चरित विस्तार से वर्णित है। हरि कवि शंभाजी के प्रति अनन्य आस्था रखते हैं।

सुभाषितहारावली तथा शंभुराजरित के अतिरिक्त हरि कवि ने हैहयेन्द्रचरित महाकाव्य की भी रचना की थी। पी०के० गोडे[१२] ने इस महाकाव्य का यह पद्य उद्धृत किया है।

कमलपटलस्फारत्स्फूर्जन्मनोहरसौरभोन्मदमधुकरश्रेणीशिञ्जासमुद्गतमाधुरी।
नहि सुभगतां लोके विन्दन्त्यनेकगुणाद्भुतां कविवरजगन्नाथोदञ्चद्वचोरचनावले:।।

उपसंहार

संस्कृत में ग्यारहवीं से उन्नीसवीं शताब्दी के मध्य रचे गये ऐतिहासिक महाकाव्यों तथा चरितकाव्यों का असाधारण महत्त्व है। संस्कृत साहित्य की यह निधि अत्यधिक उपेक्षित रही है। भारतीय इतिहास के लेखन में इन ऐतिहासिक महाकाव्यों तथा चरितकाव्यों का समुचित उपयोग नहीं किया गया, तथा इनमें अनेक काव्य ऐसे हैं, जो मध्यकालीन इतिहास के अज्ञात पक्षों का उद्घाटन करते हैं। संस्कृत भाषा और उसकी शब्दावली के नये रूपों और विस्तार की दृष्टि से भी इन काव्यों का अध्ययन अपेक्षित है।

सन्दर्भ

१. विशेष विवरण के लिये इस ग्रंथ के प्रथम खंड में अध्याय प्रथम तथा अध्याय तृतीय में 'वेदों में इतिहास' तथा 'पुराणों में इतिहास' शीर्षक देखें

२. तत्र भेदेऽभेदो यथा- पृथ्वीराजविजये —
गृह्णद्भि: परया भक्त्या बाणलिङ्गपरम्परा:।
अनर्मदेव यत्सैन्यैर्निरमीयत नर्मदा॥
अत्र नर्मदाया अभेदेऽपि भेद:।

३. इस खंड में नाटकविषयक अध्याय में हम्मीरमदमर्दन नाटक की चर्चा की गई है, उस नाटक के हम्मीर से हम्मीरमहाकाव्य का नायक भिन्न है। हम्मीरमदमर्दन का हम्मीर एक मुगल शासक है, तथा हम्मीरमदमर्दन नाटक में वह खलनायक है।

४. संस्कृत तथा हिंदी में हम्मीर पर अनेक रचनाएँ लिखी गईं। हिंदी में हम्मीरहठ (चंद्रशेखर), हम्मीररासो (जोधराज) तथा ग्वालकवि का अप्रकाशितकाव्य आदि उल्लेखनीय हैं।

५. सं.सा. का आलो. इति. रामजी उपाध्याय, पृ० ४४७

६. मन्त्रिकर्मचन्द्रवंशावलीप्रबन्ध, जयसोम पाठक, वाचनाचार्यगुणविजयकृतवृत्तिसहित, सं. जिन विजय मुनि, सिंघी जैन ग्रंथमाला-५५, बंबई, सं. २०१७

७. संस्कृत वाङ्मय का बृहत् इतिहास, खंड सप्तम, पृ० १२-१३

८. History of Classical Sanskrit Liturature, p. 198

९. आउड्रे ट्रस्के, पृ० १९८

१०. इसका प्रकाशन गवर्नमेण्ट ओरिएण्टल मेन्युस्क्रिप्ट लाइब्रेरी मद्रास से १९५४ ई० में हो चुका है। सम्पादक टी. चन्द्रशेखर ने इसे शंकराचार्य की उपलब्ध जीवनियों में सर्वप्राचीन माना है। किन्तु इस महाकाव्य के रचयिता समय की दृष्टि से अपेक्षाकृत अर्वाचीन ही हैं।

११. जीवानन्द विद्यासागर, कलकत्ता, १८८१।

१२. HARIKAVI ALIAS BHANUDATTA a Court Poet of King Shambhaji and his Works, ABORI, XVI, 1934-35, p 262-91

अध्याय ३

नाट्यसाहित्य

भारतीय नाट्य-परम्परा में भास, कालिदास और भवभूति ये तीन शिखर हैं। भवभूति के पश्चात् आज तक संस्कृत में नाट्यरचना की प्रवृत्ति निरन्तर विकसित होती रही और अनेक दिशाओं में सम्पन्न रचनात्मकता को प्रकट करती रही है।

भवभूति के उत्तराधिकारियों में मुरारि, शक्तिभद्र, कुल शेखर, क्षेमीश्वर, राजशेखर आदि ने रंगशिल्प, नाट्यशिल्प तथा रचना शैली के स्तर पर नये प्रयोग किये और संस्कृत नाट्य परम्परा को नवीन आयाम दिये। ग्यारहवीं से उन्नीसवीं शताब्दी तक का काल वस्तुतः संस्कृत नाट्य साहित्य का विस्तारकाल है।

विस्तारकाल में संस्कृतनाटक की मुख्य प्रवृत्तियाँ

लीला नाटकों का विकास

आठवीं नवीं शताब्दी के आस पास सारे देश में भक्ति की एक प्रबल धारा बहने लगी थी। इस प्रभाव साहित्य, कला और संस्कृति पर तो पड़ा ही, रंगमंच और नाटक का संसार तो इस धारा में सराबोर हो उठा। लीला तत्त्व का दार्शनिक व प्रयोगपरक विवेचन भरतमुनि ने नाट्यशास्त्र में किया है।

वैदिक यज्ञ और कर्मकांड के स्थान पर मंदिरों में आरती, षोडशोपचार पूजन, कीर्तन, गायन आदि धर्म के अनुषंग बनते जा रहे थे। मंदिरों ने संगीत, नृत्य और रंगमंच के विकास में बड़ी ही सकारात्मक भूमिका का निर्वाह किया। मंदिरों के यात्रा महोत्सवों में एक सप्ताह तक नाटक खेले जाते थे। भवभूति के तीनों नाटक कालप्रियनाथ के यात्रामहोत्सव में खेले गये। उनके नाटकों के संविधान पर भी मंदिर के रंगमंच का प्रभाव स्पष्ट है। यहाँ तक कि मालतीमाधव की कथा तो एक मंदिर की यात्रा उत्सव के कारण ही आरंभ होती है, नायक माधव और नायिका मालती का पहला मिलन कामदेवतायतन की यात्रा के अवसर पर होता है। इस प्रकरण की अनेक घटनाएँ शिवमंदिर के अहाते में घटती हैं, कापालिक अघोरघंट नायिका मालती को बलि देने के लिये करालायतन या देवी कराला के मंदिर में लेकर आता है।

संस्कृत नाटक और रंगमंच के क्षेत्र में महाकवि भवभूति ने अनेक नये उपक्रम किये। उन्होंने अपने महावीरचरित नाटक में राम का एक परम वीर मानव के रूप में चित्रण किया, तो उत्तररामचरित में उन्हीं राम को एक अत्यंत कारुणिक व प्रजानुरंजननिरत राजा तथा प्रेमाकुल मनुष्य के रूप में प्रस्तुत किया। इस दृष्टि से लीलाभाव तथा लीला का रंगमंच भवभूति के नाटकों में नहीं है, पर लीलानाट्य के अनेक तत्त्व उन्होंने अवश्य अपनाये। उत्तरारमचरित में शम्बूक के कथन 'अन्वेष्टव्यो यदसि भुवने लोकनाथः शरण्यो' में राम के प्रति भक्तिभावना की भी अभिव्यक्ति हुई है।

वाल्मीकिरामायण को कुशीलव नामक गायकनट गा गा कर सुनाते थे। इस से कथागायन के रूप में राम के चरित की प्रस्तुति का परंपरा विकसित हुई। रामलीला या रामविषयक नाट्यपरंपरा में भी यह कथागायन की शैली अपनाई गई। भवभूति के उत्तररामचरित में कुश और लव राम को रामायण गा कर सुनाते हैं। यह सुकुमार नाट्य कहा जा सकता है। रामलीला के रंगमंच का एक अन्य प्रकार उद्धत कोटि का है, जो हनुमन्नाटक में देखा जा सकता है।

लोकभाषाओं से संपर्क

दसवीं-ग्यारहवीं शताब्दी के पश्चात् लोकभाषाओं से संस्कृत नाट्यपरंपरा का संबंध और भी गहरा हुआ। नव्य भारतीय भाषाओं के उदय के साथ उनके नाटकों से संस्कृत नाटक की अंत:क्रिया के फलस्वरूप कीर्तनिया शैली के नाटक मिश्रित भाषा में लिख जाने लगे। दक्षिण के प्रांतों में विशेषत: तमिल तथा मलयालम् के साथ संस्कृत का सम्मिश्रण कर के मणिप्रवालम् शैली विकसित हुई, तो मैथिली, असमिया तथा ब्रज भाषाओं का सम्मिश्रण संस्कृत नाटक में करते हुए कीर्तनिया नाटकों की समृद्ध परंपरा पनपी। इस प्रकार के कीर्तनिया नाटकों की सोदाहरण चर्चा इस ग्रंथ के प्रथम खंड में *दृश्यकाव्य (नाटक) का उद्भव तथा सैद्धांतिक पृष्ठभूमि* शीर्षक षष्ठ अध्याय के अंतर्गत की गई है। इस अध्याय में चर्चित विद्यापति, उमापति उपाध्याय आदि नाट्यकारों की रचनाएँ इसी शैली में हैं।

सूत्रधार और विदूषक के रंगमंच का उदय

इस काल में संस्कृत नाटकों के प्रयोग में कथागायन की शैली का उपयोग विशेष रूप से होने लगा। वाक्यार्थाभिनय के स्थान पर पदार्थाभिनय (संवाद या पद्य का पाठ करने के पश्चात् उसके एक एक शब्द पर अलग से अभिनय) को अपनाया गया। इस शैली में सूत्रधार केवल प्रस्तावना में ही नहीं, नाटक में आद्यंत मंच पर बना रह सकता था। वह दर्शकों को संबोधित करते हुए मंच पर होने वाले प्रसंगों की व्याख्या या पूर्वघोषणा करता जाता था। इसके साथ ही कथागायन की शैली भी नाटकों की प्रस्तुतियों में सम्मिलित हो गई।

कल्याणसौगंधिक

केरलनिवासी नीलकंठ ने इस व्यायोग की रचना की। नीलकंठ का समय अनिर्णीत है।

अपने व्यायोग के प्रथम श्लोक में इन्होंने अपना गाँव परमाग्रहार बताया है, तथा स्वयं को कात्यायनी का आराधक कहा है। इनका समय पिशरोटी जैसे कुछ विद्वानों ने नवीं, उल्लूर एस. परमेश्वर ने दसवीं तथा राजा राजवर्मा ने पंद्रहवीं शताब्दी तक माना है। एस० के० दे इनको नवीं शताब्दी में राजा कुलशेखर वर्मा का समकालीन मानते हैं।[१]

कल्याणसौगंधिक का कथानक महाभारत के आरण्यक पर्व में वर्णित एक प्रसंग पर आधारित है। द्रौपदी पांडवों के वनवास के समय एक सुगंधित पुष्प के सौरभ से मुग्ध हो कर भीम से वैसा ही पुष्प लाने का अनुरोध करती है। भीम पुष्प लाने के लिये गंधमादन पर्वत पर चढ़ जाते हैं। यहीं उनकी भेंट हनुमान् से हो जाती है, जो साधारण वानर के वेष में हैं, अतः भीम उन्हें पहचान नहीं पाते। हनुमान् भीम का मार्ग रोक लेते हैं। दोनों में विवाद होता है। भीम हनुमान् की पूँछ हटाने में भी असमर्थ रहते हैं। दोनों में मुष्टि युद्ध होता है. अंत में भीम हनुमान् का परिचय अपने अग्रज के रूप में पा कर बहुत प्रसन्न होते हैं। वीररस और ओजस्विता के बीच वात्सल्य और स्नेह की अभिव्यक्ति की दृष्टि से यह एक प्रभावशाली रचना है।

महाभारत के कथानक में कवि ने अपनी कल्पना से गंधमादन पर्वत पर जाने के लिये उद्यत भीम को एक ब्राह्मण दंपति का समझा बुझा कर ऊपर जाने से रोकने का प्रयास, भीम का एक राक्षस से युद्ध, कल्याणक नामक विद्याधर का अपनी प्रिया गुणमंजरी के साथ भीम को हनुमान् से मिलाने का प्रयास करना तथा भीम को उनसे परिचित कराना – ये प्रसंग महाभारत के मूल कथा में नये जोड़े हैं। संवाद अत्यंत ओजस्वी हैं।

क्षेमेंद्र के रूपक

क्षेमेंद्र का परिचय महाकाव्यविषयक अध्याय में दिया गया है। इन्होंने अनेक रूपकों की रचना की थी, जिनमें से कोई भी प्राप्त नहीं है। इनका चित्रभारत नाटक महाभारत पर आधारित था। औचित्यविचारचर्चा में इन्होंने इस नाटक से युधिष्ठिरविषयक यह अन्योक्तिपद्य उद्धृत किया है —

नदीवृन्दोद्दामप्रसरसलिलापूरिततनुः स्फुरत्स्फीतज्ज्वालानिविडबडवाग्निक्षतजलः।
न दर्पं नो दैन्यं स्पृशति बहुसत्त्वः पतिरपामवस्थानां भेदाद् भवति विकृतिर्नैव महताम्।।

(अनेकानेक नदियों की उद्दाम जलधाराओं से जिसका कलेवर परिपूर्ण बनाया जा रहा है तथा वडवाग्नि की चमकती स्फीत ज्वालाओं से जिसका जल सोखा जा रहा है – ऐसा बहुसत्त्वशाली जलाधिपति सागर न तो दर्प का स्पर्श करता है न दीनता का, अर्थात् दर्प और दीनता उसे छूते भी नहीं है। महान् लोगों में अवस्था के भेद से विकार नहीं आते।)

इसमें सागर के वर्णन के माध्यम से युधिष्ठिर के गांभीर्य, औदार्य, अहंकारराहित्य, सत्त्व आदि गुणों को प्रकाशित किया गया है। विशेष का सामान्य से समर्थन करते हुए अर्थांतरन्यास अलंकार का प्रयोग भी समीचीन रूप से किया गया है।

औचित्यविचारचर्चा में अपने इस नाटक का शाब्दिक चमत्कार तथा अनुप्रासों के अनुरणन से भरपूर यह पद्य क्षेमेंद्र ने उद्धृत किया है—

इतश्चञ्चूचूतच्युतमधुचया वान्ति चतुराः
समीराः सन्तोषं दिशि दिशि दिशन्तो मधुलिहाम्।
निशान्ते कान्तानां स्मरसमरकेलिश्रममुषो
विजृम्भन्ते जृम्भाकलितकमलामोदसुहृदः।।

(पक्षियों की चोटों से टपकाये आम की बोरों के मधुर रस से भीगे, दिशा दिशा में मधु के लालची भौरों को संतोष देते ये चतुर समीर बह रहे हैं, जो जमुहाई लेते कमलों की सुवास के सुहृद् हैं, तथा रात के बीतने पर प्रेम की समरकेलि में थकी प्रियाओं की थकान चुरा लेते हैं।)

यहाँ समीर या हवा के लिये कान्तानां स्मरसमरकेलिश्रममुषः तथा जृम्भाकलितकमलामोदसुहृदः इन दोनों विशेषणों में उपचारवक्रता या लक्षणामूलकध्वनि का सुंदर प्रयोग किया गया है। पूरा पद्य वसंत ऋतु के अनुकूल अनुप्रायों की झंकार से गुंजित है।

कविकण्ठाभरण में आत्मज्ञान से परिचय के प्रसंग का उदाहरण देते हुए क्षेमेंद्र इस नाटक से यह पद्य उदाहृत करते हैं—

पृथुशास्त्रकथाकन्थारोमन्थेन वृथैव किम्।
अन्वेष्टव्यं प्रयत्नेन तत्त्वज्ञैर्ज्योतिरान्तरम्।।

(शास्त्रों की मोटी मोटी चर्चा रूपी कथरी का रोमंथन करते रहने से क्या? तत्त्वज्ञों को प्रयत्न कर के अपने भीतर की ज्योति खोजना चाहिये।)

कनकजानकी क्षेमेंद्र का रामायण पर आधारित नाटक था। इस नाटक से पाँच उद्धरण क्षेमेंद्र ने अपने कविकंठाभरण में तथा दो उद्धरण हेमचंद्र ने अपने काव्यानुशासन में दिये हैं। भोज भी इस नाटक को उद्धृत करते हैं, जिससे लगता है कि यह बड़ा लोकप्रिय नाटक रहा होगा। अद्भुत रस के चमत्कार के उदाहरण में क्षेमेंद्र ने इस नाटक का यह पद्य उद्धृत किया है –

अत्रार्यः खरदूषणत्रिशिरसां नादानुबन्धोद्यमे
रुन्धाने भुवनं त्वया चकितया योद्धानिरुद्धः क्षणम्।
सस्नेहाः सरसाः सहासरभसाः सभ्रूभ्रमाः सस्पृहाः
सोत्साहास्त्वयि तद्बले च निदधे दोलायमाना दृशः।।

भोज ने भी सरस्वतीकण्ठाभरण में यही पद्य क्षेमेंद्र के नाम से उद्धृत किया है। यह लक्ष्मण का सीता के प्रति कहा गया संवाद प्रतीत होता है। लक्ष्मण कहते हैं – यह वही स्थल है, जहाँ खर, दूषण और त्रिशिरा के कोलाहल के उद्यम में भुवन को मथ रहे आर्य राम को क्षण भर के लिये चकित आपने रोक लिया, तो उन्होंने एक और तो आप पर स्नेह से भरी, सरस, हँसी बिखेरती दृष्टि डाली; दूसरी ओर हड़बड़ाई, भ्रूभंग से युक्त, स्पृहान्वित दृष्टि द्रुत गति से राक्षससैन्य पर घुमाई।

सस्नेहाः सरसाः सहासरभसाः सभ्रूभ्रमाः सस्पृहाः सोत्साहाः – इस पदावली में न केवल अनुप्रास का सरस निर्वाह है, राम की सीता के प्रति दृष्टि के चित्रण में विभिन्न संचारी भाव भी कवि ने कुशलता से व्यक्त कर दिये हैं।

हाथी की विरहावस्था का वर्णन करने वाला एक पद्य इस नाटक से क्षेमेंद्र ने यह उद्धत किया है —

कर्णाभ्यर्णविकीर्णचामरमरुद्विस्तीर्णनिःश्वासवान्
खड्गच्छत्रविराजिराज्यविभवद्वेषी विलीनेक्षणः।
स्मृत्वा राघवकुञ्जरः प्रियतमामेकाकिनीं कानने
सन्त्यक्तां चिरमुक्तभोगकवलः क्लेशोष्मणा शुष्यति।।

इसी शृंखला में क्षेमेंद्र ने इस नाटक से वृक्षपरिचयविषयक पद्य उदधृत किये है, जिसमें आश्रमों में लगे अनेक वृक्षों की दीर्घ नामावली है। वनेचरपरिचय के इस श्लोक में वनवासियों के जीवन का चित्रण है—

वामस्कन्धनिषण्णशार्ङ्गकुटिलप्रान्तार्पिताधोमुख-
स्यन्दच्छोणितलम्बमानशशकान् पाणिस्खलच्चामरान्।
ज्यान्तप्रोतकपोतपोतनिपतद्रक्ताक्ततूणीरकान्
साऽपश्यत् करिकुम्भभेदजनिताक्रन्दान् पुलिन्दान् पुरः।।

(उसने उन पुलिंदों को सामने देखा जिनके बाये कंधे पर टँगे कुटिल धनुष के किनारे पर लटके खरगोशों से रक्त बह रहा था, हाथों में चँवरी गाय के पुच्छ झूल रहे थे, धनुष की डोरी में बँधे कबूतरों के चूजों से बहते खून से उनके तरकश भीग गये थेऔर जिनके द्वारा हाथियों के कुंभ विदारित किये जाने से क्रंदन फैल रहा था।)

इसी प्रकार धनुर्वेदपरिचय के उदाहरण के रूप में क्षेमेंद्र ने कनकजानकी से यह पद्य दिया है —

आर्यस्यास्त्रधनौघलाघववती सन्धानसम्बन्धिनी
स्थाणिस्थानकसौष्ठवप्रणयिनी चित्रक्रियालङ्कृतिः।
निष्पन्देन मयाऽतिविस्मयमयी सत्यस्थितप्रत्यया
संहारे खरदूषणत्रिशिरसामेषैव दृष्टा स्थितिः।।

यहाँ चित्रक्रियालङ्कृतिः इस पद में श्लेष प्रतीत होता है। लक्ष्मण सीता को चित्रवीथी में निर्मित राम के खर, दूषण आदि पर शरसंधान का दृश्य दिखा रहे हैं, जिसके पक्ष में इस पद का अर्थ चित्र में निरूपित शरसंधान की क्रिया का सौंदर्य होगा। राम के युद्ध के प्रसंग में शरसंधान की क्रिया के सौंदर्य का अर्थ यह पद देगा। इस प्रकार के पद्यों से यह अनुमान होता है कि क्षेमेंद्र ने भवभूति के उत्तररामचरित के चित्रदर्शनांक के समान इस नाटक में स्मृतिदृश्य की योजना की थी, जिसमें राम, सीता और लक्ष्मण वनवास के दिनों का स्मरण करते हैं।

क्षेमेंद्र की अन्य रचना लावण्यवती काव्य है। काव्य से यहाँ आशय काव्य नामक उपरूपक से है। औचित्यविचारचर्चा तथा कविकंठाभरण में क्षेमेंद्र ने इस नाट्यरचना से अनेक उद्धरण दिये हैं। क्षेमेंद्र इस रचना में एक प्रखर व्यंग्य कवि के रूप सामने आते हैं। इस उपरूपक में क्षेमेंद्र विटों, विलासिनियों के जीवन का वर्णन अभिनेय शैली में किया होगा ऐसा अनुमान होता है। औचित्यविचार चर्चा में उद्धृत इसके पद्य प्रस्तुत हैं—

सीधुस्पर्शभयान्न चुम्बसिमुखं किं नासिकां गूहसे
रे रे श्रोत्रियतां तनोषि विषमां मन्दोऽसि वेश्यां विना।
इत्युक्त्वा मदघूर्णमाननयना वासन्तिका मालती-
लीनस्यात्रिवसोः करोति बकुलस्यावासवासेचनम्।।

(क्या मदिरा के स्पर्श के डर से मेरा मुख नहीं चूम रहे? नाक क्यों सिकोड़ रहे हो? अरे तुम तो बहुत ही भारी श्रोत्रियता झाड़ रहे हो। वेश्या के बिना तुम मंद ही रह जाओगे – यह कह कर मद से घूर्णित नयनों वाली वासंतिका मालती के पीछे छिपते अत्रिवसु पर कुल्ला कर रही है, जैसे बकुल वृक्ष का आसेचन कर रही हो।)

मार्गे केतकसूचिभिन्नचरणा सीत्कारिणी केरली
रम्यं रम्यमहो पुनः कुरु विटेनेत्यर्थिता सस्मिता।
कान्ता दन्तचतुष्कबिम्बितशशिज्योत्स्नापटेन क्षणं
धूर्तालोकनलज्जितेव तनुते मन्ये मुखाच्छादनम्।।

(मार्ग में केतकी की नोक से घायल पाँव वाली सी-सी- करती हुई केरली से विट कह रहा है बहुत सुंदर – बहुत सुंदर – एक बार ओर यह सी-सी करो। वह मुस्कुराने लगती है, तो उसके दाँतों की पंक्ति पर चंद्रमा की ज्योत्स्ना प्रतिबिंबित हो कर जैसे लजाई हुई उसका मुख ढाँप लेती है।)

इसी प्रकार वेशवाट की विभिन्न रागरंग की लीलाओं के दृश्य प्रस्तुत करने वाले अन्य पद्य भी अपने इस नाटक से क्षेमेंद्र ने उद्धृत किये हैं।[२]

क्षेमेंद्र की अन्य नाट्यरचना ललितरत्नमाला है, जिसके नाम से अनुमान होता है कि यह नाटिका रही होगी। औचित्यविचारचर्चा में इसका यह पद्य क्षेमेंद्र ने उद्धृत किया है —

निद्रां न स्पृशति त्यजत्यपि धृतिं धत्ते स्थितिं न क्वचिद्
दीर्घां वेत्ति कथां व्यथां न भजते सर्वात्मना निर्वृतिम्।
तेनाराधयता गुणस्तव जपध्यानेन रत्नावलीं
निःसङ्गेन पराङ्गना परिगतं नामापि नो सह्यते।।

इस पद्य में विदूषक के द्वारा रत्नावली के वियोग में उदयन के वियोगदुःख का वर्णन किया गया है। ऐसा लगता है कि क्षेमेंद्र की यह नाटिका श्रीहर्ष की रत्नावली पर आधारित रही होगी।

कृष्णमिश्रः प्रबोधचंद्रोदय

प्रबोधचंद्रोदय के प्रणेता कृष्णमिश्र हैं। ये जेजाकभुक्ति के चंदेलराजा कीर्तिवर्मा के शासनकाल में हुए थे। कीर्तिवर्मा का शासनकाल ग्यारहवीं शताब्दी का उत्तरार्ध है। १०६५ ई० में कीर्तिवर्मा के सेनापति गोपाल ने कलचुरि राजा कर्ण को पराजित किया था। इस घटना का उल्लेख प्रबोधचंद्रोदय की प्रस्तावना में किया गया है। इस प्रकार प्रबोधचंद्रोदय का रचनाकाल १०६५ ई० के लगभग तथा कृष्णमिश्र का समय ग्यारहवीं शताब्दी का उत्तरार्ध माना जा सकता है। संभवत: इस नाटक के अतिरिक्त कृष्ण मिश्र ने अन्य काव्य भी लिखे होंगे। शाप. (८७८) उनके नाम से यह मार्मिक अन्योक्ति उद्धृत है

इदमपटु कपाटं जर्जरः पञ्जरोऽयं विरमति न गृहेऽस्मिन् क्रूरमार्जारयात्रा
शुक मुकुलितजिह्वं स्थीयतां किं वचोभिस्तव वचनविनोदे नादरः पामराणाम्।।

(यह ढीला कपाट है और पिंजरा जर्जर है। इस घर में लगातार क्रूर मार्जार (बिल्ले) का आना जाना लगा रहता है। हे तोते, जीभ को रोक कर चुप बने रहो, क्या बोलना? तुम्हारे वचनों से होने वाले विनोद में पामरों का कोई आदर नहीं।)

प्रबोधचंद्रोदय में छह अंक हैं। इनमें दार्शनिक तत्त्वचिंतन की दृष्टि से चौथे अंक को विवेकोद्योग, पाँचवें अंक को वैराग्यप्रादुर्भाव तथा अंतिम अंक को जीवमुक्तिविवेक कहा गया है। यह शांतरसप्रधान दार्शनिक तथा प्रतीकात्मक नाटक है। प्रतीकनाटकों की परम्परा का सूत्रपात अश्वघोष के नाटकों के द्वारा माना जाता है, पर अश्वघोष के नाटक उपलब्ध नहीं है! अश्वघोष के नाटकों में कतिपय पात्र प्रतीकात्मक हो सकते हैं, पर समग्रतया वे नाटक प्रतीक नाटक नहीं है। इसी प्रकार क्षेमीश्वर के चंडकौशिक में भी प्रतीकात्मक पात्र हैं, जिसकी चर्चा इस ग्रंथ में पिछले खंड में नाटकविषयक अध्याय में की गई है। महावराह विघ्नराज का प्रतीक है, तीन स्त्रियाँ सिद्धियोंके प्रतीक के रूप में इस नाटक में अवतरित होती हैं। धर्म चांडाल के रूप में अवतरित होता है। पाप भी साकार होकर पात्र के रूप में नाटक में आता है। इसी प्रकार क्षेमीश्वर ने नैषधानंद नाटक में भी प्रतीकात्मक या मोह तथा माया जैसे अमूर्त पात्रों का प्रवेश कराया है। तथापि मनुष्यपात्रों की प्रधानता के कारण क्षेमीश्वर के दोनों नाटक भी प्रतीकनाटक नहीं कहे जा सकते। प्रतीकनाटक की महती परंपरा प्रबोधचंद्रोदय से ही संस्कृतनाट्यसाहित्य में आरंभ हुई यह कहना युक्तिसंगत है।

वस्तुत: प्रबोधचंद्रोदय संस्कृत का पहला उपलब्ध नाटक है, जिसे प्रतीकात्मक या दार्शनिक नाटक कहा जा सकता है। यह एक प्रवर्तक कृति भी है, क्योंकि इसके अनुकरण पर या इसकी परम्परा में बाद में संस्कृत में ही नहीं, अन्य भारतीय भाषाओं में भी इस प्रकार के प्रतीकात्मक दार्शनिक रूपक रचे गये।

विषयवस्तु

प्रबोधचंद्रोदय में मति, विवेक, श्रद्धा, विष्णुभक्ति, करुणा, शांति, उपनिषद्, क्षमा आदि

अमूर्त पात्र हैं, जिनका द्वन्द्व महामोह, अहंकार, दंभ, काम, लोभ मिथ्यादृष्टि, हिंसा, तृष्णा आदि पात्रों के साथ प्रदर्शित है। यह नाटक सत् और असत् प्रवृत्तियों के इस प्रकार प्रत्येक देशकाल में चलने वाले संघर्ष को प्रस्तुत करके सत्प्रवृत्तियों की विजय निरूपित करता है। अद्वैत वेदांत के दर्शन को इसमें नाटकीय व रोचक रूप में प्रस्तुत किया गया है।

संक्षेप में कथा इस प्रकार है- प्रवृत्ति और निवृत्ति ये मन की दो स्त्रियाँ है। प्रवृत्ति से मोह और निवृत्ति से विवक का जन्म हुआ है। काम, लोभ, हिंसा, अहंकार आदि मोह के परिजन है। लोभ उसका पुत्र और तृष्णा पुत्रवधू हैं, जिनसे उसके दंभ नामक पौत्र का जन्म हुआ है। मोह की शक्ति के सामने नायक विवेक कुछ समय के लिए परास्त हो जाता है। अंत में मति, श्रद्धा, विष्णुभक्ति आदि के सहयोग से वह मोह की सेना को परास्त करता है। राजा मन अपनी पत्नी प्रवृत्ति तथा पुत्र-मोह के समाप्त होने से दुखी होता है, पर अंत में वह दूसरी पत्नी निवृत्ति को अपना कर निर्वृत्त हो जाता है। विवेक का विवाह उपनिषद् के साथ रचा दिया जाता है, जिससे प्रबोधचंद्रोदय का जन्म होता है। और इसके साथ ही नाटक समाप्त होता है।

प्रबोधचंद्रोदय में तत्कालीन सामाजिक स्थितियों का यथार्थपरक निदर्शन किया गया है। वाराणसी में महाराज महामोह की आज्ञा से दंभ अपनी लीलाओं का विस्तार करता है। परिणामस्वरूप जो विसंगत स्थितियाँ उत्पन्न होती हैं, उनका रोचक वर्णन कवि ने कियां है-

वेश्यावेश्मसु सीधुगन्धिललनावक्त्रासवामोदितै-
र्नीत्वा निर्भरमन्मथोत्सवरतैरुन्निद्रचन्द्राः क्षपाः।
सर्वज्ञा इति दीक्षिता इति चिरात् प्राप्ताग्निहोत्रा इति,
ब्रह्मज्ञा इति तापसा इति दिवा धूर्तैर्जगद् वञ्च्यते।।[३]

(२/१)

(वेश्याओं के कोठों पर मदिरा की गंध से महकती ललनाओं के मुख की मदिरा के पान से आमोदित, छक कर कामोत्सव में चटकती चाँदनी वाली रातें बिता कर दिन में वही धूर्त लोग अपने आपको सर्वज्ञ, दीक्षित, अग्निहोत्री, ब्रह्मज्ञ और तपस्वी बता-बता कर संसार को ठग ले रहे हैं।)

शृंगार रस का पूर्वपक्ष के रूप में इस नाटक में चित्रण उत्कृष्ट है। वस्तुतः शृंगार, वीर, बीभत्स, भयानक, अद्भुत आदि सभी रस इसमें रसाभास के रूप में निरूपित हो कर शांत का परिपोष करते हैं। रस का विरसावसान नया ही आस्वाद यहाँ देता है। कृष्णमिश्र चटकीले रंगों में शृंगारचित्र अंकित करते हुए भी उनमें गहरी जुगुप्सा की छायाएँ उभार देते हैं। जैसे क्षपणक का कापालिकी को रिझाने का यह हास्यास्पद प्रयास—

अयि पीनघनस्तनशोभने परित्रस्तकुरङ्गविलोकने।
यदि रमसे कापालिकी भावैः श्रावकाः किं करिष्यन्ति।।

(३.१९)

भिक्षु, क्षपणक, कापालिक, कापालिकी की कामुक चेष्टाओं का ऐसा चित्रण कृष्णमिश्र करते हैं कि थोड़ी देर के लिये प्रेक्षक उसमें रस लेने लगता है। यहाँ तक कि वे इनके उन्मत्त नृत्य में अपनी रसिकवृति को समाहित कर लेते हैं। पर शीघ्र ही इस रस के संसार की क्षुद्रता वे व्यक्त कर देते हैं।

युद्ध का संरंभ व उत्फाल भी प्रबोधचंद्रोदय में प्रचुर है तथा उसके द्वारा वीररस का भी उद्रेक कराया गया है। सेना का तैयारी की यह चित्रण उदाहरणीय है—

सज्जन्तां कुम्भभित्तिच्युतमदमदिरामत्तभृङ्गाः करीन्द्राः
युज्यन्तां स्यन्दनेषु प्रसभजितमरुच्चण्डवेगास्तुरङ्गाः।
कुन्तैर्नीलोत्पलानां वनमिव कुकुभामन्तराले सृजन्तः
पादाताः सञ्चरन्तु प्रसभमसिलसत्पाणयोऽप्यश्ववाराः।।

(४.२५)

अमूर्त पात्रों के संवादों की सरसता और रोचकता प्रभावशाली है। इसके साथ ही कृष्णमिश्र ने इसमें अपने समय में व्याप्त कुरीतियों और पाखंड का बड़ा यथार्थ चित्रण किया है।

टीकाएँ - प्रबोधचंद्रोदय पर दो प्राचीन टीकाएँ मिलती हैं- चंद्रिका तथा प्रकाश। चंद्रिकाटीका के कर्ता नाण्डिल्लगोप मंत्रिशेखर हैं तथा प्रकाश व्याख्या रामदास दीक्षित ने लिखी है।

अनुवाद - रोचक शैली में वेदांत के तत्त्व को हृदयंगम बनाने के कारण भारतीय साहित्य में इस नाटक का महत्त्व स्वीकार किया जाता रहा है और इसीलिए इसके भारतीय तथा विदेशी भाषाओं में रूपान्तर या अनुवाद भी होते रहे हैं। ब्रजभाषा में भावपूर्ण अनुवाद वृजवासीदास ने संवत् १८८८ (सन् १८३१ ई०) में किया। अनुवाद के प्रारम्भ में इस नाटक की भूरि-भूरि प्रशंसा करते हुए वृजवासीदास कहते हैं—

नाम राषौ ग्रंथ की परबोधचंद्र उदोत।
सुनक मधुरौ श्रवनं कौ अति समुझते सुष होत।।
मथ निकारौ वेदनिधि तैं सुधा कैसो सोत।
रीत नाटक तासु पाठक सिष्य कीनौ पोत।।
सतसंग में ऐसी सुनी या ग्रंथ की उत्पत्ति।
रचना विचित्र प्रबोध सुंदर वसक वरनन नित्त।।
हान अरु मोह प्रापति ज्ञान की संपत्ति।
सुनै समुझैं पढैं रुचि सों मिटै जगत विपत्ति।।

प्रबोधचंद्रोदय का फारसी में रूपान्तर दाराशुकोह के सहयोगी वनमाली वाली ने किया है। इस रूपान्तर का नाम गुलज़ार-ए-हाल है। यह रूपान्तर सत्रहवीं शताब्दी के पूर्वार्ध में किया गया।

प्रबोधचंद्रोदय से प्रभावित नाटक- संस्कृत साहित्य में प्रबोधचंद्रोदय ने दार्शनिक और प्रतीकात्मक नाटकों की परम्परा का सूत्रपात किया। तेरहवीं शताब्दी में जैन कवि यश:पाल का

मोहराजपराजय तथा वेदांत के प्रख्यात आचार्य वेदांतदेशिक का संकल्पसूर्योदय, वरदाचार्यकृत वेदांतविलास (पंद्रहवी शताब्दी), वादिचंद्रसूरि का ज्ञानसूर्योदय (१५९२ ई०), दामोदर संन्यासी का पाखंडधर्मखंडन (१६३६ ई०), सत्रहवीं शताब्दी में गोकुलनाथ का अमृतोदय तथा आनंदराय मखी के विद्यापरिणय और जीवानंदन, नल्लाध्वरि के चित्तवृत्तिकल्याण और शिवकृत विवेकचंद्रोदय (१७६३ ई०) आदि बहुसंख्य नाटक संस्कृत में प्रबोधचंद्रोदय के अनुकरण पर या उसकी परम्परा में रचे गये। इन नाटकों में कलियुग में बढ़ते भ्रष्टाचार के चित्रण के द्वारा समाज की तत्कालीन स्थितियों की झाँकी भी दी गयी है। बीसवीं शताब्दी तक संस्कृत प्रबोधचंद्रोदय से प्रस्फुटित प्रतीकनाटकों की परम्परा जारी है। वेंकटराम राघवन् का विमुक्तिः प्रहसन एक इसी शृंखला की एक कड़ी है। हिंदी के नाटककारों में में भारतेंदु पर प्रबोधचंद्रोदय का गहरा प्रभाव है।

जयदेव : प्रसन्नराघव

संस्कृत साहित्य के इतिहास में जयदेव नाम के दो महाकवि विशेष ख्यात हैं- एक प्रसन्नराघव नाटक के रचयिता जयदेव तथा दूसरे गीतगोविंद काव्य के प्रणेता जयदेव। प्रसन्नराघवकार जयदेव ललित कवि होने के साथ एक प्रखर पंडित और उच्चकोटि के तार्किक भी थे। न्यायदर्शन के आचार्यों में ये पक्षधरमिश्र के नाम से प्रख्यात हैं। ये कौडिन्यगोत्र के थे तथा कुंडिनपुर (विदर्भ) के निवासी थे। इनकी माता का नाम सुमित्रा तथा पिता का नाम महादेव था। पीयूषवर्ष के नाम से भी ये संस्कृत साहित्य में विख्यात हैं। जयदेव ने प्रसन्नराघव नाटक के अतिरिक्त अनेक मनोहर सूक्तियों तथा चंद्रालोक नामक सुप्रसिद्ध काव्यशास्त्रग्रंथ की रचना भी की। जयदेव नैषधकार श्रीहर्ष से प्रभावित प्रतीत होते हैं, तथा अपने चंद्रालोक में वे मम्मट के काव्यस्वरूपविवेचन की कड़ी आलोचना करते हैं। इस आधार पर उनका समय बारहवीं शताब्दी के बाद माना जा सकता है। दूसरी ओर सिंहभूपालकृत रसार्णवसुधाकर तथा शार्ङ्गधरपद्धति- इन दो ग्रंथों में जयदेव को उद्धृत किया गया है, और ये दोनों ग्रंथ चौदहवीं शताब्दी में विरचित हैं। इस प्रकार जयदेव का समय १२०० ई० से १२५० ई० के लगभग स्वीकार किया जा सकता है।

प्रसन्नराघव नाटक रामकथा पर आधारित नाटकों में बहुत लोकप्रिय रहा है। इसमें सात अंक हैं। कथा का स्रोत वाल्मीकि रामायण है। जयदेव ने उत्कृष्ट नाटक का मानदंड बताते हुए नाटक के प्रारंभ में ही कहा है कि जिसमें प्रत्येक अंक में रसावतार का अंकुरण हो, ताजा खिले फूल के समान बंध की संरचना हो, चंद्रमा की तरह बाँकापन हो, ऐसा मंजुल संविधान वाला नाट्यप्रबंध काम्य है—

प्रत्यङ्कमङ्कुरितसर्वरसावतारं नव्योल्लसत्कुसुमराजिविराजिबन्धम्।
घर्मेतरांशुमिव वक्रतयाऽतिरम्यं नाट्यप्रबन्धमतिमञ्जुलसंविधानम्।।

(१.७)

बालकांड की कथा आरम्भ के चार अंकों में विन्यस्त है। चौथे अंक में राम-सीता विवाह तथा परशुराम के पराभव की कथा है। पहले अंक में रावण डींग हाँकता हुआ शिव के धनुष को उठाने का प्रयास करता है। इसी समय बाणासुर वहाँ आ जाता है, और दोनों में कहासुनी होती है। रावण यह देख कर प्रसन्न होता है कि बाणासुर भी शिवधनुष को न उठा सका। राजाओं के द्वारा शिव के धनुष को उठाने की हास्यास्पद चेष्टाओं का वर्णन जयदेव ने रोचक शैली में किया है। यह सारा प्रसंग कथागायन की शैली में है, तथा इसमें अस्पृष्ट उपमानों व अछूते बिंबों के समावेश ने अमूर्त को मूर्त कर दिया है। उदाहरणार्थ —

बाणस्य बाहुशखरैः परिपीड्यमानं नेदं धनुश्चलति किञ्चिदपीन्दुमौलेः।
कामातुरस्य वचसामिव संविधानैरभ्यर्थितं प्रकृतिचारु मनः सतीनाम्।।

(१.५६)

(बाणासुर के बाहुशिखरों से पीडित हो कर भी शिव का धनुष टस से मस नहीं हो रहा है, जैसे कामातुर के वचनसंविधान से सती स्त्रियों का स्वभाव से पावन मन नहीं डिगता।)[४]

यह प्रसंग रामलीला के मंच पर शताब्दियों से इसी रूप में दिखाया जा रहा है।

इस अंक का समापन मारीच की दूर से आती चीख के द्वारा होता है, और रावण मारीच को ढाँढस बँधाने के लिए प्रस्थान करता है। दूसरे अंक में पुष्पवाटिका में सीता-दर्शन का दृश्य है। इसमें सीता के सौन्दर्य का वर्णन बहुत लम्बा हो गया है, तथा कार्यव्यापार के स्थान पर वर्णन की बहुलता हो गयी है। वसंतवर्णन के पद्यों में नयनाभिराम नैसर्गिक सुषमा तथा उसके बीच सीता की कमनीयता की छटा एक दूसरे में विच्छुरित हैं।

बन्धूकबन्धुरधरः सितकेकताभं चक्षुर्मधूककलिकामधुरः कपोलः।
दन्तावली विजितदाडिमबीजराशिरास्यं पुनर्विकटपङ्कजदत्तदास्यम्।।

(२.८)

अधर बंधूक या दुपहरिया के फूल की तरह है, नयन श्वेत केतकी की आभा वाला है, कपोल महुए की कलिका की तरह शुभ्र है, दांतों की पंक्ति दाडिम या अनार के बीज की राशि के विजित करने वाली, तथा आस्य (मुख) कमल को दास्य प्रदान करने वाला है।

तथा –

अमलमृणालकाण्डकमनीयकपोलरुचेस्तरलसलीलनीलनलिनप्रतिफुल्लदृशः।
विकसदशोकशोणकरकान्तिभृतः सुतनोर्मदलुलितानि हन्त लसितानि हरन्ति मनः।।

कमलनाल की तरह कमनीय कपोलकांति वाली, चंचल लीलामय नयन से खिली चितवन वाली, खिले अशोक के फूल जैसी रक्त आभा वाली सुतनु के मद से लुलित विलास मन को हर रहे हैं।)

ऐसे सभी वर्णनों में कल्पनाओं की चारुता के साथ अनुप्रासमंडित पदावली का अनुरणन आकर्षण को द्विगुणित करता है। राम सीता के नूपुर की ध्वनि सुनते हैं और कहते हैं –

परस्त्रीति शङ्काऽपि सङ्कोचाय रघूणाम्।

तुलसी दास ने यह प्रसंग इसी नाटक से उठाया है।

तीसरे अंक में वामनक (बौने) और कुब्जक (कुबड़े) का संवाद लीलानाट्य के हँसोड़ पात्रों का मनोरंजक रूप प्रस्तत करता है। पाँचवें अंक में गंगा, यमुना तथा सरयू इन तीन नदियों की हंस के साथ बातचीत के द्वारा राम के वनवास और दशरथ के निधन की सूचना तथा हंस नामक पात्र के द्वारा सीताहरण की घटना का वर्णन कराया गया है। लोकप्रियता को ध्यान में रख कर ही कदाचित् जयदेव ने ग्रीष्म में वन के पथ पर जाती सीता का कारुणिक वर्णन किया है।

जयदेव ने अनेक नवीन प्रसंगों की उद्भावना से अपनी कृति को नाटकीय और रोचक बना दिया है। ऐसे प्रसंगों में पहले अंक में रावण और बाणासुर का परस्पर संघर्ष तथा दूसरे अंक में राम और सीता का पुष्पवाटिका में परस्पर अवलोकन के प्रसंग उदाहरणीय हैं। इनके पुष्पवाटिका-प्रसंग तथा लक्ष्मण-परशुराम-संवाद-प्रसंग का गोस्वामी तुलसीदास ने रामचरितमानस में अनुकरण किया है। उदाहरणार्थ राम का परशुराम के प्रति यह कथन

भो ब्रह्मन् भवता समं न घटते सङ्ग्रामवार्ताऽपि नः
सर्वे हीनबलाः वयं बलवतां यूंस्थिता मूर्धनि।
यस्मादेकगुणं शरासनमिदं सुव्यक्तमुर्वीभुजा-
मस्माकं भवतां पुनर्नवगुणं यज्ञोपवीतं बलम्।।[५]

इसीप्रकार राम कहते हैं –

मया स्पृष्टं न वा स्पृष्टं कार्मुकं पुरवैरिणः।
भगवन्नात्मनैवेदमभज्यत करोमि किम्।।[६]

हे भगवन्, मैंने तो इसे छुआ या नहीं छुआ, यह धनुष अपने आप ही टूट गया मैं क्या करूँ।

छठे अंक में राम के वियोग का चित्रण भी है, तथा एक विद्याधर के इंद्रजाल के द्वारा राम और लक्ष्मण को अशोकवाटिका में हो रही घटनाओं को प्रत्यक्ष अवलोकन करते हुए भी प्रदर्शित किया गया है। इसी प्रकार विश्वामित्र राम को अपने साथ ले जाते समय दशरथ को ताटंक का एक जोड़ा देते हैं, जिसे दशरथ कौशल्या को दे देते हैं। रावण के मंत्री की दृष्टि इस दिव्य ताटंकयुगल पर है, और वह रावण की माता निकषा के लिये इसे चुराने की योजना बनाता है। ताटका चोरी के प्रयास में मारी जाती है। यह प्रसंग प्रसन्नराघव में नवीन है। सर्वथा अलग-अलग व दूरस्थ स्थलों पर चल रही घटनाओं को एकसाथ दिखाने के लिए विशेष पद्धति जयदेव ने अपनायी है, जिसका अनुकरण आगे चलकर और भी नाटककारों ने किया। इसी अंक में हनुमान का अशोकवाटिका में सीता-दर्शन तथा सातवें अंक में विद्याधर और विद्याधरी के संवाद के माध्यम से राम-रावण-युद्ध का वर्णन है।

रावण और सीता के संवाद इस नाटक में अत्यंत मार्मिक हैं। सीता रावण से कहती हैं—

विरम विरम रक्षः किं मुधा जल्पितेन स्पृशति नहि मदीयं कण्ठसीमानमन्यः।
रघुपतिभुजदण्डादुत्पलं श्यामकान्तेः दशमुख भवदीयान्निष्कृपाद्वा कृपाणात्।।

(अरे राक्षस रुक , व्यर्थ बक बक करने से क्या, साँवली कांति वाले रघुवर के भुजदंड और तुम्हारे निष्कृप कपाण के सिवाय अन्य कोई मेरे कंठ रूपी नील कमल की सीमा को और कोई नहीं छू सकता।)

सीता तलवार से प्रार्थना करती हैं कि हे चंद्रहास या तलवार, मेरा संताप हर ले —

चन्द्रहास हर मे परितापं रामचन्द्रविरहानलजातम्।
त्वं हि कान्तिजितमौक्तिकचूर्णं धारया वहसि शीतलमम्भः।।

तुलसी ने यहाँ भी सीता के संवादों को अपना लिया है।

सीता त्रिजटा संवाद भी इस नाटक में विशिष्ट हैं और तुलसीदास ने उनका भी अनुकरण किया है। सीता त्रिजटा से अग्नि लाने का अनुरोध करती हैं, जिससे चिता रच कर वे प्राण त्याग दें। त्रिजटा ऐसा करने से मना करती है,तब सीता अशोक से कहती है –

अलमरुणं चेतः श्रीमन्नशोकवनस्पते
दहनकणिकामेकां तावन्मम प्रकटीकुरु।
ननु विरहिणां सन्तापाय स्फुटीकुरुते भवान्
नवकिसलयश्रेणीव्याजात् कृशानुशिखावलीम्।।

हनुमान् सीता के आगे राम की विरह दशा का वर्णन करते हैं —

हिमांशुश्चण्डांशुर्नवजलधरो दावदहनः
सरिद्वीचीवातः कुपितफणिनिःश्वासपवनः।
नवा मल्ली भल्ली कुवलयवनं कुन्तगहनं
मम त्वद्विश्लेषात् सुमुखि विपरीतं जगदिदम्।।

यही पदावली रामचरितमानस में हनुमान् के कथन में है।

कथागायन की शैली का प्रयोग तथा काव्यात्मक वर्णनों की विपुलता के कारण प्रसन्नराघव की संरचना लीलानाटकों से साम्य रखती है। लालित्य तथा अनुप्रास की मधुर झंकार उत्पन्न करने में जयदेव की काव्यकला अत्यन्त सफल है। उदाहरण के लिए जनकपुरी की पुष्पवाटिका में सीता की सखी के मुख से वासंतीलता का यह वर्णन-

वासन्तीरबिन्दुं सुन्दरमिन्दिन्दिरा इह चरन्ति।
चिरमन्दिरमरविन्दं मन्दं मन्दं परिहरन्ति।।

(२/१८)

इस प्रकार की पंक्तियों के द्वारा जयदेव अपनी पीयूषवर्ष उपाधि को सार्थक भी करते हैं, तथा गीतगोविन्दकार जयदेव का पदे-पदे स्मरण कराते हैं।

इसके साथ ही भाषा पर अपने असाधारण अधिकार के द्वारा कहीं एकदम बोलचाल की भाषा में भी जयदेव अपने आपको सटीक रूप से व्यक्त कर देते हैं। उदाहरण के लिए दूसरे अंक में तापस वेषधारी रावण के गुप्तचर राक्षस की यह उक्ति—

वार्ता च कौतुकवती विमला च विद्या, लोकोत्तरः परिमलश्च कुरङ्गनाभेः।
तैलस्य बिन्दुरिव वारिणि दुर्निवारमेतत् त्रयं प्रसरति स्वयमेव भूमौ।।

(२/२)

(आश्चर्यजनक समाचार, विमल विद्या तथा कस्तूरी मृग की असाधारण सुगंध- ये तीनों वस्तुएँ पानी में पड़ी तैल की बूँद की तरह स्वयं ही इस धरती पर फैलतीं हैं।)

जयदेव के संवादों में नाटकीयता मुग्ध करने वाली है। उन्होंने यह ध्यान रखा है कि यह नाटक सामान्य जन समुदाय के समक्ष खेला जायेगा। उक्ति-प्रत्युक्ति और संवादों का चुटीलापन देखते ही बनता है। दूसरे अंक में रावण के दो गुप्तचर बातचीत कर रहे हैं, जिनमें एक भिखारी के वेश में है, दूसरा तापस के। बातचीत में एक कर्णाभूषण (ताटंक) के विषय में है। तापस बताता है कि विश्वामित्र ने प्रसन्न होकर दशरथ को एक दिव्य कर्णाभूषण दिया है, यह जान कर वह कर्णाभूषण अपनी माता के लिए लाने हेतु रावण ने ताटका को संदेश भेजा है। इन संवादों की छटा दर्शनीय है -

तापसः (सहर्षम्) तत्कथय तावत्। किं सताटङ्कमधुना ताटकावनम् '(क्या अब ताटकावन ताटंक से युक्त हो गया? अर्थात् क्या ताटका उस कर्णाभूषण को लाने में सफल हई?)

भिक्षुः- सताटकमिति तावत् पच्छ। (यह पूछो कि ताटकावन ताटका से युक्त है या नहीं)

तापसः-क्व पुनः सम्प्रति ताटका? (तो ताटका कहाँ चली गयी?)

भिक्षुः- पुरीं प्रविष्टा (वह पुरी में प्रवेश कर गयी है।)

तापसः- किं दशरथस्य? (क्या दशरथ की पुरी में?)

भिक्षुः- नहि, नहि अन्तकस्य। (नहीं, नहीं, मृत्यु की पुरी में।)

तापसः- केन पुनः प्रतीहारायितमन्तकपुरीप्रवेशे तस्याः? (उसके अंतकपुरी-प्रवेश में किसने प्रतीहार का काम कर दिया?)

भिक्षुः - रामबाणेनैव। (राम के बाण ने ही।)

संवाद में 'विषस्य विषमौषधम् '(विष का इलाज विष ही है), 'प्रकृतिभीरुः खल्वबलाजनः' (स्त्रियाँ स्वभाव से भीरु होती हैं।) 'को जानाति विधेः संविधानवैदग्ध्यम्' (विधाता की घटना रचने की चतुराई कौन परख पाता है?) 'दैवताधिष्ठितानि हि मुग्धवचनानि भवन्ति' (सुन्दर वचनों में देवता बसते हैं।)-ऐसे सहज और मनोरम सूक्तिसुमन जयदेव की काव्यवाटिका में बिखरे पड़े हैं।

वत्सराज के रूपक

वत्सराज कालंजर के राजा परमर्दिदेव (११६३-१२०२ ई०) तथा उनके पुत्र त्रैलोक्यवर्मदेव

(१२०३-१२४१ई०) के अमात्य रहे। इनका समय बारहवीं शताब्दी से तेरहवीं शताब्दी के पूर्वार्ध के बीच माना जा सकता है। इन्होंने छह रूपकों की रचना करके डिम, समवकार और ईहामृग जैसे दुर्लभ रूपक प्रकारों के उदाहरण भी प्रस्तुत किये।[७] इनके छह रूपकों का संक्षिप्त परिचय इस प्रकार है—

(१) कर्पूरचरित भाण

यह एक अंक का भाण है। नांदी पद्य में शिव पार्वती के शृंगार का अद्भुत चमत्कारपूर्ण वर्णन कर के वत्सराज ने न केवल अपने कल्पनासंसार का आभालोक प्रकट किया है, अपनी इस रचना के विषयवस्तु की झलक भी दे दी है –

दास्येऽहं परिरम्भणानि कितव, द्यूते जितानि त्वया
मिथ्यौत्सुक्यमिदं यतः शतमहोरात्रास्तदीयावधिः।
इत्युक्तः शिवया निशादिवसकृज्ज्योतिर्मयाक्षिद्वय-
द्रागुन्मेषनिमेषकोटिघटनव्यग्रो हरः पातु वः।।

पार्वती शंकर से कहती हैं – अरे जुआरी, तुमने जुए में मुझे हरा कर सौ जो परिरंभण जीते हैं, वे मैं तुम्हें दूँगी। पर उनके लिये तुम नाहक हलकान मत होओ, क्यों कि उनको देने के लिये जो अवधि तय हुई थी वह सौ दिन व सौ रातों की है। शिवा के ऐसा कहने पर शिव ज्योतिर्मय अपने दोनों नयन जल्दी जल्दी खोलने और बंद करने लगते हैं, क्यों कि इनका एक नेत्र सूर्य है दूसरा चंद्रमा, इनके उन्मेष निमेष से सूर्योदय व सूर्यास्त तथा चंद्रोदय और चंद्रास्त होते रहते हैं। कवि कहता है कि ऐसे द्रागुन्मेषनिमेषकोटिघटनव्यग्र (जल्दी जल्दी पलक खोलने व बंद करने कर कर के व्यग्र हो गये) हर आपकी रक्षा करें।

इस भाण में कर्पूरक नामक विट का आकाशभाषित में चंदनक नाम के अपने साथी से रोचक संवाद है, जिसमें उस समय के जुआरियों, गणिकाओं और ऐश्वर्यशाली लोगों के जीवन की यथार्थ झाँकी मिलती है। कर्पूरक विलासवती नामक गणिका को चाहता है। भाणसाहित्य के विटों में उसका चरित्र निराला ही है। वह हाथ में वीणा लिये हुए आता है। मंजीरक तथा हारदत्त नामक विलासी नागरकों और गणिकाओं को मूर्ख बनाने की रोचक घटनाएँ वह चंदनक को सुनाता है।

मध्यकालीन दशार्ण देश के लोगों के रहन-सहन, बोलचाल और जीवन को जानने के लिए यह भाण अच्छी सामग्री उपलब्ध कराता है।

(२) हास्यचूडामणि

यह प्रहसन है। इस प्रहसन में पाखंडी साधु ज्ञानराशि के पाखंड, अर्थलिप्सा तथा लपंटता को उघाड़ा गया है और ज्ञानराशि के शिष्य के चरित्र के द्वारा भी समाज के अध:पतन का ऐसा

चित्र प्रस्तुत किया गया है, जो हमें जागरूक और विवेकसम्पन्न होने की प्रेरणा देता है। कपटकेलि एक लालची कुटनी है, जो अपनी बेटी गणिका मदनसुंदरी के कलाकरंडक नामक विलासी युवक के साथ प्रेम-संबंध से चिढ़ती है। मदनसुंदरी उसके घर से आभूषणों की पिटारी चुरा कर भाग कर अपने प्रेमी के पास चली जाती है। कपटकेलि जानती है कि गहनों की पिटारी बेटी ही ले कर भागी है, फिर भी वह गहनों का पता लगवाने के लिए नगर के पुराने बगीचे में स्थित मठ में रहने वाले साधु ज्ञानराशि के पास पहुँचती है। इसके बाद जो कुछ घटता है, उसमें ज्ञानराशि की केवली विद्या की पोल खुल जाती है। यही नहीं, ज्ञानराशि स्वयं मदनमंजरी पर आसक्त हो कर उसे रिझाने के लिए तंत्र का उपयोग करते हैं। शिष्य के द्वारा धूर्ततावश उनके बनाये ताबीज में मदनमंजरी के स्थान पर कपटकेलि का नाम लिख दिया जाता है जिससे बूढ़ी कपटकेलि उन पर रीझ उठती है। विसंगतियों के इस क्रम में जमीन में गड़े खजानों का दर्शन करा देने वाले लांगली रस के स्थान पर अन्य विषैला रस आँखों में आँजने से सारे पात्र कुछ समय के लिए अंधे हो जाते हैं। अंत में कलाकंरडक और मदनसुंदरी के समय पर पहुंच जाने से सबकी दृष्टि लौट आती है, और प्रहसन की सुखद समाप्ति होती है।

(३) त्रिपुरदाह

त्रिपुरदाह में चार अंक हैं। यह डिम कोटि का रूपक है। यह शिव के द्वारा विष्णु की सहायता से त्रिपुरासुर की नगरियों के जलाने और त्रिपुरवध के प्रसिद्ध पौराणिक आख्यान पर आधारित है। त्रिपुरासुर तीन भाई हैं, जिन्हें ब्रह्मा ने वर दिया है कि उन्हें एक ही बाण से एक साथ कोई मारे, तभी उनकी मृत्यु होगी, अन्यथा नहीं। तीनों भाइयों के पुर एक-दूसरे से सौ-सौ योजन दूर रह कर निरन्तर घूमते रहते हैं। अब इनका वध कैसे हो?

इस रूपक में उक्त कथा को बहुत ओजस्वी रूप में प्रस्तुत किया गया है। नारद देवताओं को दानवों से युद्ध करने के लिए भड़कातें हैं। देवता त्रिपुर दानव को नष्ट करने का संकल्प करते हैं। बृहस्पति त्रिपुर दानवों की विचित्रता के विषय में बताते हैं। वे त्रिलोकी के धूमकेतु हैं। तीन अलग-अलग नगरों में रह कर वे निरन्तर अंतरिक्ष की परिक्रमा करते रहते हैं। इसी समय पृथ्वी और शेष भी अपना दुखड़ा रोने वहाँ आते हैं। इधर राहु सूर्य को ग्रस लेता है। शंकर त्रिपुर के दाह के लिए प्रस्थान करते हैं। दानवों की ओर से कपटनारद या नारदवेषधारी एक असुर विष्णु और शिव तथा ब्रह्मा के बीच में ही कलह करवा देता है। किसी तरह इनका झगड़ा निपटता है। विष्णु अपनी माया से अंधकार फैला देते हैं, जिसमें दानव एक-दूसरे को ही मारने-काटने लगते हैं। देवों और त्रिपुरासुर की सेना में भयंकर संग्राम होता है। अंत में ब्रह्मा को सारथि, हिमालय को धनुष, शेषनाग को धनुष की डोर और विष्णु को बाण बना कर शिव युद्ध करते हैं। तीनों दानव स्वर्णपुर, रजतपुर और लौहपुर में अलग-अलग रहते हैं। ये तीनों पुर एक वृत्त में घूमते हुए जब एक रेखा में एक-दूसरे के आगे-पीछे आते-जाते हैं, तभी शिव तीनों की एक ही बाण से एक साथ बींध देते हैं।

सेनासन्नाह, व्यूहरचना तथा युयुत्सा के भावों का स्फूर्त चित्रण इस रूपक में है। विष्णु शिव को अपना सेनापति मानकर कहते हैं—

गदा सदा दानवदारयित्री, सौदर्शनं दर्शनमेव घोरम्।
न मन्दशक्तिर्मम नन्दकोऽयं निदेशमेवैशमहं समीहे।।

(मेरी गदा सदा दानवों का दलन करने वाली है। सुदर्शन चक्र दर्शन में ही घोर है। मेरा नन्दक अस्त्र भी मन्दशक्ति वाला नहीं है। मैं बस ईश (शिव) का निदेश चाहता हूँ।)

त्रिपुरासुर के तीनों नगरों में आग लगने पर मचे कोहराम, भगदड़ और संभ्रम का चित्रण चित्रोपम भाषा में बड़े सटीक रूप में वत्सराज करते हैं। हास-परिहास, संभ्रम, आवेग, भगदड़ आदि के चित्रण में यह डिम अपूर्व है। रंगमंच पर रोंगटे खड़े कर देने वाले युद्ध का अभिनय नाटककार ने कराया है।[८]

(४) किरातार्जुनीय

किरातार्जुनीय एक अंक का व्यायोग है। इसका मूल महाभारत की कथा है। पर इसकी वास्तविक प्रेरणा का स्रोत भारवि का किरातार्जुनीय महाकाव्य है।

अर्जुन के द्वारा पाशुपत अस्त्र की प्राप्ति के लिए तप तथा शिव का उनकी परीक्षा लेने के लिए किरात बन कर आना-यह वृत्तांत इसमें चित्रित है। अर्जुन पाशुपत अस्त्र की प्राप्ति के लिए तप कर रहा है। अप्सराएँ उसका तपोभंग करने के लिए आती हैं। अर्जुन अपने चारों ओर बाणों का वितान रच देता है, जिससे वे उसके पास आ ही न सकें। फिर इंद्र अर्जुन की परीक्षा लेने के लिए मुनि का रूप धर कर आते हैं। अर्जुन उनको यथोचित उत्तर देकर संतुष्ट कर देता है, और इंद्र के द्वारा शिव की आराधना करने का परामर्श पाकर शिव की आराधना में लग जाता है। तभी विशालकाय वराह का रूप धर कर एक असुर वहाँ आता है। अर्जुन और किरातवेषधारी शिव के बाण उसे एकसाथ लगते हैं, जिसके कारण दोनों के पक्ष में विवाद छिड़ जाता है। किरातवेषधारी शिव देखते हैं कि अर्जुन वीरतापूर्वक युद्ध कर रहा है पर क्रोध उसे बिल्कुल नहीं आ रहा है, तो वे उसे क्रोध दिलाने के लिए दुर्योधन का रूप धर लेते हैं। फिर तो दुर्योधनरूपधारी शिव और अर्जुन में युद्ध छिड़ जाता है। अंत में शिव अर्जुन पर प्रसन्न होकर उसे पाशुपत अस्त्र देते हैं।

अर्जुन के तापस और क्षात्ररूप का अत्यन्त प्रेरणाप्रद चित्र नाटककार ने खींचा है। उसके एक हाथ में अक्षमाला है, दूसरे हाथ में घोर धनुष है। उसका विग्रह ऐसा है जैसे कलिकाल से त्रस्त होकर धर्म श्रेष्ठ क्षत्रिय की शरण में आ पहुँचा हो।

एकः करः कलयति स्फटिकाक्षमालां घोरं धनुस्तदितरश्च बिभर्ति हस्तः।
धर्मः कठोरकलिकालकदर्थ्यमानः सत्क्षत्रियस्य शरणं किमिवानुयातः।।

वीर, रौद्र, भयानक तथा उद्भुत रसों से यह व्यायोग ओतप्रोत है। नाटककार की भाषा भी इन रसों के सम्मर्द को वहन करने में सफल है। विशाल वराह के वर्णन में वह कहता है- क्रोडोऽयं कलितः क्रुधा कलिरिव क्रूराशयी धावति। उसकी डाढ़ी के वर्णन में कुदाल, कुठार परशु के उपमानों का अच्छा प्रयोग है-

कुद्दालीयति सान्द्रकन्दपटले बाढं कुठारीयति
स्कन्धाग्रेषु परश्वधीयति शिखाशाखासु सम्पातिनी।
दंष्ट्रेयं विकटा किटेः प्रतिपदं मार्गद्रुमद्रोहिषु,
क्रूरक्रूरपराक्रमप्रमथिनी किं किं न सम्पद्यते।।

(घने कन्द के समूहों पर कुदाल की तरह प्रहार कर रही है, पेड़ों के तनों पर कुठार बन कर गिर रही है, शाखाओं पर परशु बन रही है, यह अत्यंत क्रूर पराक्रम करने वाली वराह की डाढ़ क्या क्या नहीं कर रही है।)

वत्सराज इस रचना में भारवि के किरातार्जुनीयम् से प्रभावित हैं, पर किरातवेषधारी शिव के द्वारा दुर्योधन का रूप धारण कर अर्जुन से युद्ध करना उनकी सर्वथा अनूठी कल्पना है, जिससे वस्तुविन्यास में प्रकरणवक्रता आ गई है।

(५) समुद्रमंथन

यह तीन अंकों का समवकार कोटि का रूपक है। देवताओं तथा असुरों के द्वारा अमृतप्राप्ति के लिए समुद्र मथने का प्रसंग इसमें अत्यन्त नाटकीय और प्रभावशाली रूप में चित्रित किया गया है। देवता और असुर अमृत-प्राप्ति के लिए समुदमंथन की योजना बनाते हैं। समुद्र में ही लक्ष्मी का निवास है। नाटक के आरम्भ में लक्ष्मी अपनी दो सखियों-लज्जा और धृति के साथ रुद्राणी की पूजा करने के लिए समुद्र से बाहर निकल कर आती हैं। इसकी समय गंगा की ओर से उनको दिये गये कृष्ण के चित्र की पूजा करने का प्रसंग भी चित्रित है। इधर देवता शेषनाग को डोरी और मंदर पर्वत को मथानी बना कर असुरों के साथ सागर को मथते हैं, जिससे क्रमशः वेद, ऐरावत, उच्चैःश्रवा अश्व, चन्द्रमा, औषधियाँ, रत्न, लक्ष्मी अमृतकलश, अंकुश, सुरा और कालकूट विष की उत्पत्ति होती है। शिव इनका बँटवारा करते हैं। लक्ष्मी विष्णु को मिलती है। अमृत असुरों को देकर कालकूट विष शिव स्वयं लेते हैं। विष्णु मोहिनी का रूप धर कर गरुड को अपनी सखी निपुणिका के वेष में साथ लेकर असुरों को मोहित करने चल पड़ते हैं। असुरराज बलि मोहिनी पर लट्टू हो जाता है, और उसकी बातों में आकर अमृतकलश उसे सौंप देता है। शुक्राचार्य विष्णु की माया को समझ जाते हैं और वे देवों को अपनी माया से भरमाने के लिए शिव का रूप बनाकर उनके पास पहुँच जाते हैं। वे कालकूट पीने से मरणासन्न होने का अभिनय करते हुए विष्णु से अमृतकलश माँगते हैं। विष्णु भी शुक्राचार्य की माया समझ जाते हैं। अंत में समुद्र भी वहाँ आ जाता है, और

समुद्रमंथन से मिले रत्नों का बँटवारा होता है। ओजस्विता और गतिशीलता के द्वारा यह रूपक दर्शकों को निरन्तर बाँधे रहता है। कर्मठता का संदेश इसमें पिरोया हुआ है। शिव का यह रूप भी बड़ा प्रखर है—

शूलं शिरःशूलकरं न कस्य विपाककृत् कस्य न वा पिनाकम्।
ममेन्द्रसन्देशवशंवदस्य कं वा न कुर्यात् परशुः परासुम्।।

(१/२)

(मेरा त्रिशूल किस किस के सिर में शूल या पीडा उत्पन्न नहीं कर सकता? मेरा पिनाक धनुष किस किस के लिये बुरा परिणाम नहीं दे सकता? मैं इंद्र के संदेश के अधीन हूँ, मेरा परशु किस किस को परासु (निष्प्राण) नहीं बना देगा?)

यद्यपि अमृतमंथन की कथा महाभारत तथा पुराणोंमें प्रसिद्ध है, पर वत्सराज ने नई उद्भावनाओं के मणिकांचन योग से इसे और आकर्षक बना दिया है। विष्णु का मोहिनी के रूप में गरुड को अपनी सखी निपुणिका के वेष में साथ लेना, असुरराज बलि का मोहिनी पर मुग्ध हो कर अमृतकलश उसे सौंपना, शुक्राचार्य का शिव का रूप बनाकर उनके पास पहुँचना तथा मरणासन्न होने का अभिनय करते हुए अमृतकलश हथियाने का प्रयास करना – इस प्रकार के वृत्तांत कथा को और कौतुकमय बना देते हैं।

(६) रुक्मिणीहरण

यह ईहामृग काटि का रूपक है। इसमें चार अंक हैं। इसमें रुक्मिणी के आमंत्रण पर कृष्ण शिशुपाल तथा रुक्मी से युद्ध करके रुक्मिणी का हरण करते हैं। विदर्भ के राजा भीष्म की कन्या रुक्मिणी इसकी नायिका है। कृष्ण नायक हैं। रूपक के आरम्भ में रुक्मिणी की ओर से उसकी गुरु सुबुद्धि तथा धाय सुवत्सला कृष्ण के पास आती हैं, और उन्हें संदेश देती है कि शिशुपाल रुक्मिणी से विवाह के लिए उत्सुक है, जबकि वह आपको चाहती है। तभी रुक्मिणी के भाई रुक्मी का पत्र लेकर दूत प्रियंवद आता है। पत्र में दी गयी धृष्टतापूर्ण चुनौती से बलराम का क्रोध भड़क उठता है। तभी शिशुपाल का दूत भी इनके पास आता है। वह शिशुपाल और रुक्मिणी के विवाह का निमन्त्रण देता है। कृष्ण विवाह में सम्मिलित होने के लिए कुंडिनपुर जाते हैं। कृष्ण और रुक्मिणी एक-दूसरे के चित्र के द्वारा विवाह कर लेते हैं। अंत में इंद्राणी की पूजा के लिए निकली रुक्मिणी का कृष्ण हरण कर लेते हैं। कृष्ण और शिशुपाल के पक्ष में युद्ध होता है, जिसमें शिशुपाल और रुक्मी के पक्ष की पराजय होती है।

हरिवंशपुराण तथा अन्य पुराणों में दी गयी कथा में नाटककार ने अपनी उर्वर कल्पनाशीलता के द्वारा अनेक नये प्रसंगों की उद्भावना की है। कृष्ण और रुक्मिणी का एक-दूसरे के चित्रों के साथ विवाह रचा लेना, कृष्ण का खिड़की से झाँकती रुक्मिणी को देखना-इस प्रकार के प्रसंग वत्सराज की कथा को और आकर्षक बना देते हैं।

शृंगार और वीर रसों की धारा एकसाथ नाटककार ने इस रूपक में प्रवाहित की है। भावसंधि या दो विपरीत भावों की समवेत उपस्थिति भी उसने सफलतापूर्वक दिखायी है। श्रीकृष्ण रुक्मिणी के लिए उत्कंठा और रुक्मी के लिए रोष का एकसाथ अनुभव करते हुए कहते हैं—

तरलयतः स्मररोषौ दुर्मदरिपुदमनकेलिरमणीयौ।
मां पाणिपीडनविधौ रुक्मिण्या असिलतायाश्च।।

यहाँ श्लेष के द्वारा रुक्मिणी तथा असिलता (तलवार) दोनों का पाणिपीडन करने की इच्छा कृष्ण की उक्ति में प्रकट करा कर नाटककार ने चमत्कार का आधान भी किया है तथा शृंगार और वीर रसों का संगम भी कर दिया है।

वत्सराज के रूपकों की सामान्य विशेषाताएँ- वत्सराज का समय राजनीतिक अस्थिरता का काल था। वे उस कालंजर की भूमि में हुए, जो वीरों की जननी थी। उनके पूर्व धंग जैसे प्रतापी राजा सुबुक्तगीन से टक्कर ले चुके थे। महमूद गजनी ने भारत पर आक्रमण किया, उस समय यहाँ विद्याधर राज्य कर रहा था। गजनी ने कालंजर पर भी हमला किया। १२०२ ई० में कुतुबुद्दीन ने कालंजर को जीत लिया। इस ऐतिहासिक पृष्ठभूमि में वत्सराज ने अपने रूपकों में युयुत्सा और रणवीर होने का संदेश अपने समय के राजाओं को दिया है। उनकी कामना है-'औदार्यशौर्यरसिकाः सुखयन्तु भूपाः।' उन्होंने भारतभूमि पर आक्रमण करने वाले यवनों को अपने नाटकों में असुरों और दानवों के रूप में प्रस्तुत करते हुए उनसे जूझने का आह्वान किया है।

रंगमंच की दृष्टि से वत्सराज ने अपने रूपकों में नये प्रयोग किये तथा रंगमंच के भरतमुनि के द्वारा स्थापित प्रस्थान का नवाविष्कार किया। भरतमुनि ने आरभटी और सात्त्वती वृत्तियों से युक्त समुद्रमंथन समवकार तथा त्रिपुरदाह डिम के प्रयोग करवाये थे। वत्सराज ने भरत मुनि के लुप्त हो चुके रूपकों की नये रूप में पुनःरचना की। इनके रचे रूपकों में पाँच राजा परमर्दिदेव के सम्मुख खेले गये। किरातार्जुनीय व्यायोग परमर्दि के पुत्र त्रैलोक्यमल्ल के समक्ष प्रस्तुत किया गया। इन रूपकों का अभिनय कालंजर के दुर्ग में नीलकंठ महादेव या चक्रपाणि विष्णु के मंदिरों के यात्रा-महात्सवों के अवसर पर हुआ।

भाषा की दृष्टि से वत्सराज परिष्कार, वैचित्र्य विदग्धता का निर्वाह करते हैं, पर नाटकीयता तथा सहजता की क्षति नहीं होने देते।'दिग्गजदूषणार्थं शशकानामेष मेलकः' (त्रिपुरदाह, द्वितीयांक)-इस प्रकार के मुहावरेदार वाक्य तथा सूक्तियाँ उनके रूपकों में अनेकत्र प्राप्त होती हैं।

कर्णसुंदरी नाटिका

विक्रमांकदेवचरित महाकाव्य के रचयिता प्रख्यात कवि बिल्हण ने कर्णसुंदरी नाटिका

लिखी। यह नाटिका १०७५ई० के आसपास रची गयी, जब बिल्हण गुजरात के राजा कर्ण (१०६४-९४ई०) की राजसभा में थे। इस नाटिका का प्रथम अभिनय अणहिलपाटन में श्रीशान्त्युत्सवदेवगृह में भगवान् नाभेय के यात्रामहोत्सव के अवसर पर हुआ था।

कवि बिल्हण अपनी गर्वोक्तियों के लिये संस्कृतसाहित्य में प्रसिद्ध हैं। इस नाटिका की प्रस्तावना में भी उन्होंने स्वयं को वाल्मीकि, व्यास व कालिदास का पथगामी घोषित करते हुए कहा है—

यन्मूलं करुणानिधिः स भगवान् वल्मीकजन्मा मुनि-
र्यस्यैके कवयः पराशरप्रायाः प्रतिष्ठां दधुः।
सद्यो यः पथि कालिदासवचसां श्रीबिल्हणः सोऽधुना
निर्व्याजं फलितः सहैव कुसुमोत्तंसेन कल्पद्रुमः।।

बिल्हण ने धार्मिक उदारता का परिचय देते हुए तथा नाटिका के प्रथम अभिनय के स्थान का ध्यान रखते हुए नाटिका की नांदी में पहले जिन की स्तुति की है, फिर शिव की और विष्णु की। नाटिका के नायक राजा कर्ण ही हैं, उनका मंत्री संपत्कर उदयन के मंत्री यौगंधरायण की भाँति उन्हें चक्रवर्ती सम्राट् बनाने के लिये विद्याधरनरेश की कन्या से उनके विवाह की योजना बनाता है। विद्याधरकन्या स्वर्ग से उतर कर धरती पर आती है। राजा का विद्याधरी से प्रेम, नायिका का चित्र देखना, रानी का इसके कारण क्रुद्ध होना, नायिका का फाँसी लगा कर मरने का प्रयास , राजा को छलने के लिये रानी का स्वयं कर्णसुंदरी का वेष बनाना, फिर अपने भागिनेय (भतीजे) को कर्णसुंदरी के वेष में प्रस्तुत कर उसके साथ राजा के विवाह का प्रयास और इस प्रयास में स्वयं धोखा खाना – इस प्रकार के प्रसंग बिल्हण ने श्रीहर्ष तथा राजशेखर की नाटिकाओं के प्रभाव से अपनी इस रचना में जोड़े हैं। कुछ स्थलों पर तो श्रीहर्ष की पदावली की छाया भी कर्णसुंदरी के संवादों में देखी जा सकती है।

शृंगार के विविध प्रसंग तथा नायकनायिका के वर्णन नाटककार की सौंदर्यदृष्टि को उद्घाटित करते हैं। मदनोद्यान में राजा नायिका का चित्र देख कर प्रशंसा करता हुआ कहता है—

सैवोन्मज्जत्कनककलशप्रेक्षणीयस्तनुश्रीर्मूर्तिर्लोकत्रयविजयिनी राजधानी स्मरस्य।
एतच्चक्षुस्तदपि विदलत्केतकीपत्रमित्रं छाया सेयं नियतमधरे विद्रुमोत्सेकमुद्रा।।

बिल्हण के कवित्व का प्रकर्ष इस नाटिका में सर्वत्र अनुभव किया जा सकता है। मेदपाट (मेवाड़), मालवा तथा हूणों के देश की रमणियों की काया को स्पर्श कर के बहते पवन का वर्णन करते हुए वे कहते हैं –

कुर्वाणाः प्राणनाथे प्रणयकलिरुषं जर्जरां गुर्जरीणां
भिन्दानाः सान्द्रमानग्रहपटिममदं मेदपाटाङ्गनानाम्।
उन्मीलन्मालवस्त्रीवदनपरिमलग्राहिणो हूणरामा-

कामारम्भश्रमाम्भःकरणहरसोल्लासिनो वान्ति वाताः।।

(१.५०)

ललितविग्रहराज, हरकेलि नाटक तथा चंद्रप्रभाविजय

सोमदेव ने बारहवीं शताब्दी में ललितविग्रहराज[१] तथा उनके आश्रयदाता विग्रहराज ने हरकेलि नाटक की रचना की। ये दोनों नाटक शिलाओं पर खुदवा कर मंदिरों में लगवाये गये थे, पर मंदिरों का ध्वंस करके उन पत्थरों को मस्जिद में लगवा दिया गया।

विग्रहराज ने ११५३ से ११६३ई० के आसपास शासन किया।

ललितविग्रहराज नाटक शाकंभरीनरेश विग्रहराज को चरितनायक बनाकर लिखा गया। यह नाटक चौथे अंक तक ही मिल पाया है। इसमें सोमेश्वर पर आक्रमण करने वाले यवनों से विग्रहराज के युद्ध का ऐतिहासिक कथानक है। विग्रहराज ने तोमरों के द्वारा शासित दिल्ली पर भी विजय पाई थी। उसकी सेना में किसप्रकार तुर्कों के चर घुसपैठ करते हैं और पकड़े जाते हैं इसका चित्रण रोचक रूप में किया गया है। वसंतपाल की कन्या देसलदेवी के प्रति विग्रहराज के अनुराग का चित्रण करते हुए नाटककार ने वीररस के साथ शृंगार का भी समावेश किया है। नाटक के उपलब्ध अंश में नायक विग्रहराज हम्मीर से युद्ध करने की योजना बनाता हुआ चित्रित है। चौथे अंक तक का जो अंश इस नाटक का उत्कीर्ण रूप में मिला है, उसमें यहीं तक का कथानक है।

भारवि के किरातार्जुनीय से प्रभावित हो कर विग्रहराजदेव ने हरकेलि नाटक की रचना की। यह नाटक ११५० ई० के आसपास लिखा गया। यह भी उत्कीर्ण रूप में तथा अधूरा ही प्राप्त है। इसमें किरात बने शिव से अर्जुन के युद्ध की कथा है। उपलब्ध अंश इस नाटक के पाँचवे अंक से मिला है, जिसमें शिव और पार्वती का रोचक संवाद है तथा रावण के द्वारा शिव की सेवा का भी चित्रण है। शबरवेषधारी शिव अर्जुन से युद्ध करते हैं। मूल कथा में शिव का सेवक मूक तथा उनका सहचर विदूषक - ये पात्र नाटककार ने अपनी ओर से परिकल्पित किये हैं।

चंद्रप्रभाविजय एक प्रकरण है। इसकी रचना हेमचंद्राचार्य के शिष्य देवचंद्र ने ११५०ई० के लगभग की। इस नाटक में आठ अंक हैं।

रामचंद्र के रूपक

बारहवीं शताब्दी के नाटककारों में रामचंद्र महत्त्वपूर्ण हैं। ये गुजरात में सिद्धराज जयसिंह, कुमारपाल तथा अजयपाल इन तीन राजाओं के समकालीन रहे। ये जैनाचार्य हेमचंद्र के शिष्य थे। हेमचंद्र ने सिद्धराज जयसिंह के शासनकाल में इन्हें अपना पट्टशिष्य घोषित किया था। सिद्धराज जयसिंह इनकी प्रतिभा से बहुत प्रभावित था और उसने इनका भरपूर सम्मान भी किया। कुमारपाल के समय में रामचंद्र की सर्जनात्मक प्रतिभा का विशेष विकास हुआ। रामचंद्र

का अंतिम समय दारुण दु:ख में बीता। वृद्धावस्था में ये दृष्टिहीन हो गये थे, इनके इस समय के स्तोत्रों में दृष्टिहीनता का दु:ख और नेत्रों की ज्योति फिर से पाने के लिये प्रार्थना है। दुर्भाग्य से कुमारपाल का उत्तराधिकारी अजयपाल इनके अनुकूल न था। जैनधर्म के प्रति विरोधभाव के कारण उसने गर्म लोहे का चादर पर बिठा कर उनको मरवा डाला।[१०] यह दारुण प्रसंग ११७३ई० के आसपास घटित हुआ।

रामचंद्र ने स्वयं को प्रबंधशतकर्ता कहा है। इनकी रचनाओं में ४७ ग्रंथों के नाम मिलते हैं, जिनमें २८ स्तोत्र काव्यों तथा अनेक शास्त्रीय ग्रंथों के अतिरिक्त ग्यारह रूपक हैं। रूपकों में भी छह ही मिलते हैं- नलविलास, सत्यहरिश्चंद्र, कौमुदी-मित्रानंद, निर्भयभीमव्यायोग, रघुविलास तथा मल्लिकामकरंद। कौमुदीमित्रानंद तथा मल्लिकामकरंद प्रकरण कोटि के रूपक हैं। रघुविलास नाटक में अपने विषय में सूत्रधार के मुख से इन्होंने कहलवाया है –

पञ्चप्रबन्धमिषपञ्चमुखानकेन विद्वन्मनःसदसि नृत्यति यस्य कीर्तिः।
विद्यात्रयीकिरणचुम्बितकाव्यचन्द्रं कस्तं न वेद सुकृती किल रामचन्द्रम्।।

नलविलास नाटक की प्रस्तावना में रामचंद्र ने बताया है कि सिद्धराज ने उनके नगरवर्णन से प्रभावत हो कर उन्हें कविकटारमल्ल की उपाधि प्रदान की थी।

कौमुदीमित्रानंद

कौमुदीमित्रानंद में दस अंक हैं। नायक मित्रानंद जिनसेन नामक नामक वणिक् का पुत्र है। नायिका कौमुदी के पिता आश्रम में कुलपति हैं।

कथा - इस प्रकरण में नायक के दो मित्र हैं - मैत्रेय और मकरंद। एक बार तीनों मित्रों ने निश्चय किया कि व्यापार करने के लिये सागर पार दूर देश जायेगें। सागर की लहरों पर थिरकता इनका पोत आगे बढ रहा था, तभी लहरें उछाल भरने लगीं, और तूफान में पोत डावाडोल हो कर छिन्न भिन्न हो गया। मित्रानंद और मैत्रेय दोनों ने किसी तरह लकड़ी का एक तख्ता पकड़ लिया, उसके सहारे वे सात दिन तक लहरों में उतराते हुए एक द्वीप पर पहुँचे।

द्वीप पर एक परम सुंदर बाला झूला झूलती इन्हें दिखती है, जो विलाप भी कर रही है। इन दोनों को देखते ही वह झट से झूले से उतर कर अदृश्य हो जाती है। फिर उस निर्जन द्वीप पर भटकते हुए दोनों मित्रों की भेंट एक तापस से होती है। तापस बताता है कि इस द्वीप का नाम वरुण द्वीप है। यह राजा पाशपाणि का द्वीप है। तापस की बातों में आ कर दोनों मित्र उसके आश्रम में जा पहुँचते हैं। आश्रम के कुलपति का नाम था घोरघोण।

आश्रम के वातावरण ने दोनों मित्रों को चकित कर दिया। वहाँ उन्होंने देखा कि तोते पेड़ों की डालों पर बैठे ब्राह्मण बटुओं को पढा रहे हैं, कुछ तपस्वी बूढे पक्षियों के लिये चावल पका पका कर उनको खिला रहे हैं।

तापस के पूछने पर मैत्रेय उसे बताता है कि सार्थवाह का पुत्र अभी कुँवारा ही है। यह

सुनते ही कुलपति घोरघोण ने तापसी कुंदलतिका को पुकार कर कहते हैं - बेटी कुंदलतिका, जा मेरी पुत्री कौमुदी को तो बुला कर ला।

कुंदलतिका कौमुदी को बुला कर लाती है। कौमुदी पर दृष्टि पड़ते ही मित्रानंद और मैत्रेय चकित रह जाते हैं। यह तो वही युवती थी, जो मंदिर में झूला झूलती हुई इन्हें दिखी थी।

कुलपति के साथ चर्चा होती रही, दोनों मित्रों की कौमुदी और कुंदलतिका आवभगत करती रहीं। धीरे धीरे मित्रानंद का मन आश्रम में रमने लगा। अगले दिन कुलपति घोरघोण इन लोगों से बातचीत कर रहे थे, तभी एक व्यापारी अपना धरोहर के रूप में रखा धन वापस लेने आया। उसने कहा - मेरा पोत भग्न हो गया था, अब मैंने वापस घर जाने की व्यवस्था कर ली है। कुलपति ने कहा - तुम्हारा धन पीछे जो कुटिया है, उसमें सुरक्षित रखा है, जाओ और ले लो। व्यापारी अपने धन की पोटली ले कर आया। कुलपति को प्रणाम कर के कहा - धन्य हैं आप। मेरा सारा धन जैसा रखा था, वैसा ही मिल गया।

मित्रानंद ने फिर अनुरोध किया कि कुलपति उसके पास का धन सुरक्षित रखवा दें। उसके आग्रह करने पर कुलपति ने धन रखवा दिया।

कौमुदी मित्रानंद की सेवा करती। कौमुदी के उन्मुक्त व्यवहार से वह उसकी ओर ऐसे खिंचता जा रहा था, जैसे चुंबक से लोहा खिंचता है। जल्दी ही कुलपति ने अपनी बेटी कौमुदी का विवाह भी मित्रानंद से करने की घोषणा कर दी। विवाह की तैयारी हो रही थी, तभी सूचना मिली कि राजा पाशपाणि द्वीप पर आ रहे हैं। कुलपति घोरघोण ने दोनों मित्रों के सेवा के लिये अपने अपने अनुयायियों को आदेश दिया और राजा से मिलने चल पड़े।

इधर मैत्रेय और मित्रानंद ये दोनों आश्रम और उसके आसपास के स्थलों पर सैर सपाटा करने लगे। घूमते घामते वे एक मंदिर में पहुँचे। मंदिर के अहाते से किसी के चीखने और कराहने की आवाजें आ रही थी। इसके साथ कोई अपने भाग्य को कोसता हुआ कह रहा था - कहाँ से कहाँ मैं आ गया, मेरी सारी सिद्धियाँ व्यर्थ गईं। दोनों उस आवाज की पीछा करते करते मंदिर के पीछे पहुँचे। वहाँ जा कर वे क्या देखते हैं कि एक सिद्ध पीडा से छटपटा रहा है। असल में वह सिद्ध राजा का वैरी था। राजा पाशपाणि ने उसे बँधवा कर उसके हाथों में कीलें ठोक कर वृक्ष से लटकवा दिया था। वह कामदेव के समान सुंदर था। उसके हाथों से खून रिस रहा था। मित्रानंद और मैत्रेय से उसका कष्ट देखा न गया। उन्होंने आपस में कहा - जिसने भी इसकी यह दशा की हो, हमारा तो कर्तव्य है कि इसे इस दुरंत पीडा से मुक्ति दिलाएँ। तो दोनों मित्रों ने मिल कर उसे बंधन से मुक्त कर दिया। यही नहीं, मित्रानंद ने अपनी कुलक्रमागत शल्यसमुद्धरण विद्या से उसके घाव भी तत्काल ठीक कर दिये। दोनों ने उसे अपना परिचय दिया, उसका परिचय पूछा।

सिद्ध तो इनके उपकार से कृतकृत्य हो गया। उसने कहा - मैं रत्नकूट पर्वत का निवासी एक सिद्ध हूँ। मेरा नाम अनंगदास है। पर अब तो मैं मित्रानंददास हो गया। मित्रानंद के पूछने

पर उसने बताया - मैं अपनी सिद्धि के प्रभाव से प्रतिदिन रूप बदल कर इस वरुण द्वीप पर विहार करने आता हूँ। अपनी सिद्धियों के प्रभाव से मैं राजा के अन्त:पुर में भीतर चला गया। राजा ने मुझे ताड़ लिया, उसने कुपित हो कर मेरी दिव्यमाला गले से खींच कर उतार दी, जिसके प्रभाव से मैं अदृश्य रह सकता था, और मुझे बँधवा कर यहाँ लटकवा दिया। आप लोगों ने मुझे इस पीडा से मुक्त किया। कभी मैं भी आप दोनों के काम आऊँगा। अभी तो मैं अपने जीवन बचाने वाले मित्र मैत्रेय को व्रणापहार औषधि दे कर जाता हूँ। कदाचित् यह तुम्हारे काम आये।

यह कह कर उसने मैत्रेय को एक ऐसी बूटी दी जो किसी भी तरह के घाव को तुरंत भर सकती थी। फिर वह वह सिद्ध वहाँ से अंतर्धान हो गया।

तभी राजा पाशपाणि अपने अनुचरों के साथ उधर आ निकला। उसने देखा कि जिस सिद्ध को दंड देने के लिये उन्होंने कीलें ठुकवा कर आम के पेड़ से लटकवाया था, वह वहाँ नहीं है। राजा गुस्से के मारे लाल पीला हो गया। उसने दोनों मित्रों को पकड़ कर मार डालने का आदेश दे दिया। पर तभी कुलपति के छोटे भाई गजपाद ने उसे बताया कि मित्रानंद तो कुलपति का दामाद है। सुन कर राजा ठठा कर हँस पड़ा और उसने मित्रानंद और मैत्रेय दोनों को छोड़ दिया।

गजपाद ने राजा से प्रार्थना की - जब मित्रानंद पर आपकी ऐसी कृपा है, तो कौमुदी के साथ इसका विवाह आप ही करा दीजिये। राजा ने मित्रानंद को कल्पलता नाम की एक जादुई माला उपहार में दी और बोला - विवाह के लिये पर्णशाला में निवास करो।

विवाह के पहले कौमुदी ने एकांत में मित्रानंद को बताया कि विवाह के नाम पर मैं बलि की वेदी पर कई बार चढ़ाई गई, मेरे साथ हर बार छल किया जाता है। जो भी धनी व्यापारी इस द्वीप में आते हैं, मेरे पिता उनसे मेरा विवाह निश्चित कर देते हैं। विवाह के पश्चात् मैं अपने पति को ले कर पर्णशाला में आती हूँ। पर्णशाला में एक पलंग रखा रहता है, जिसके नीचे बहुत गहरा कुआ है। मैं पति से पलंग पर बैठने को कहती हूँ और उसके पलंग पर बैठते ही वह कुए के अनंत गह्वर में समा जाता है। इस तरह मैं कई पुरुषों की हत्या में सहभागिनी बनाई गई। अपने पाप पर पछताती हूँ, रोती रहती हूँ। और फिर एक बार और छल करने को विवश की जाती हूँ। पर आप के साथ छल करने का मन नहीं होता। तो हम विवाह के पश्चात् उस कुटिया में तो जायेगें, पर उसमें प्रवेश करते ही पीछे के द्वार से भाग निकलेगें। कौमुदी और मित्रानंद ने तय किया कि विवाह के पश्चात् रात को इसके पहले कि धूर्त कुलपति उसकी और उसके मित्र मैत्रेय की हत्या करे, वे यहाँ से चुपचाप भाग निकलेगें।

कौमुदी ने मित्रानंद से कहा कि विवाह के पश्चात् जब पिता पूछें कि आपको क्या चाहिये, तो उनसे विषापहार (जहर उतारने का) मंत्र माँग लीजिये। वे समझते हैं कि विवाह होते ही आपका जीवन समाप्त हो जायेगा। तो मरने वाले की अंतिम इच्छा पूरी करने के लिये वे आप जो कहेंगे करेंगे।

गोधूलिवेला में कौमुदी और मित्रानंद का लग्न हुआ। कुलपति घोरघोण ने अपने दामाद से पूछा- मैं ठहरा आश्रम का कुलपति, मेरे पास तुम्हारे जैसे धनी दामाद को देने के लिये तो कुछ भी नहीं है, फिर भी यौतक (दहेज) के रूप में जो तुम्हें चाहिये हो सो बताओ।

मित्रानंद ने कहा - आप विषापहार मंत्र जानते हैं। मुझे बस अपनी विष उतारने की विद्या दे दीजिये।

कुलपति घोरघोण अपने दामाद की इच्छा सुन कर चकरा गया, विषापहार मंत्र देने में आनाकानी करने लगा। तब आश्रम के तापसों के समझाने पर उसने विष उतारने की देवी जांगुली का आह्वान किया, और उनसे मित्रानंद को विषापहार मंत्र की दीक्षा दिलवा दी। इसके पहले कि धूर्त घोरघोण का षडयंत्र सफल हो, कौमुदी और मित्रामंद रातोंरात उस विचित्र द्वीप से भाग निकले। कौमुदी ने न केवल सारे रत्न और मणिमाणिक साथ में ले लिये, जो मित्रानंद ने कुलपति के पास रखवाये थे, उसने पहले मारे गये युवकों की संपत्ति भी साथ में रख ली।

किसी तरह नौका मिल गई और वे दोनों सिंहल द्वीप की राजधानी रंगशालापुरी जा पहुँचे। मित्रानंद को अपने मित्र मैत्रेय की भी चिंता थी। रात को किसी को पता न चले इस लिये वे लोग अलग अलग निकल कर भागे थे। मैत्रेय को एक दूसरी छोटी नौका से आना था। पर उसकी नौका किधर रह गई, कुछ पता न चला।

सिंहल द्वीप के राजा विक्रमबाहु थे। इस नगरी में एक तस्कर ने बड़ा उत्पात मचा रखा था। नगररक्षक अपने सहायकों के साथ उसका पीछा कर रहे था इसलिये नगर में भगदड़ मची हुई थी।

कौमुदी और मित्रानंद भी लोगों की भीड़ से बचते हुए एक कात्यायनी मंदिर में जा पहुँचे। पर इनका दुर्भाग्य वहाँ चोर के रूप में पहले पहुँच चुका था। इन्हें मंदिर में आया देख कर वह चोर अन्य द्वार से निकल भागा। नगररक्षक कालपाश और उसके अनुचर भी चोर का पीछा करते हुए इस मंदिर में आये, वास्तविक चोर तो अन्यत्र निकल भागा और नगररक्षक कालपाश ने समझा कि ये ही दोनों चोर हैं। कौमुदी के पास जो रत्नों और मणि-माणिक्य की संदूक थी, उसे उन लोगों ने चोरी का माल समझ लिया। कालपाश ने कौमुदी के हाथ से सारी संपत्ति का अधिग्रहण कर के मित्रानंद के शरीर पर लाल चंदन लगवाया और गदहे पर बिठा कर नगर में उसकी सवारी निकालने का आदेश दे दिया। कौमुदी उसके चरणों पर गिर कर गिड़गिड़ाती रही, पर कालपाश ने कहा कि कल राजा निर्णय करेगें।

अगले दिन रंगशालापुरी में बड़ा उत्सव था। हुआ यह कि युवराज लक्ष्मीपति नगर में पधार रहे थे। सर्वत्र आमोद प्रमोद का वातावरण था, बधावे बज रहे थे, स्वागत में नगरी उमड़ी पड़ रही थी। राजा राजसभा में बैठे बेटे के आने की प्रतीक्षा कर रहे थे। ऐसे में ही कौमुदी और मित्रानंद को राजा के सामने प्रस्तुत किया गया। राजा ने उनसे पूछताछ की। मित्रानंद ने सारी

सच्ची सच्ची बात बता दी। नगररक्षक कालपाश ने कहा कि दोनों को चोरी के आभूषणों के साथ रँगे हाथ पकड़ा गया है। राजा का अमात्य का कामरति कौमुदी को देख कर उस पर लट्टू हो गया। उसने राजा को समझाया - 'महाराज, यह चोर रँगे हाथों पकडा गया है। इसको छोड़ना किसी भी तरह उचित नहीं होगा। इसे तो मृत्युदंड ही देना चाहिये।'

राजा ने मित्रानंद के लिये मृत्युदंड का आदेश दे डाला। तभी चेटी (सेविका) भागती हुई आई, और घबराये हुए स्वर में बोली - 'महाराज अनर्थ हो गया, युवराज जी को सर्प ने डस लिया और वे मूर्च्छित पड़े हुए हैं।' फिर तो राजसभा में कोहराम मच गया। मित्रानंद ने कहा - महाराज, मुझे सेवा का अवसर दें। मैं युवराज की चिकित्सा कर सकता हूँ। हमारे पास कुलक्रमागत विषापहार मंत्र है। राजा ने मित्रानंद के चरणों पर गिर कर कहा - 'मैं जन्म भर तुम्हारा ऋणी रहूँगा, बस मेरे पुत्र को जीवन दे दो।'

मित्रानंद ने विषापाहर मंत्र का प्रयोग किया और युवराज चंगा हो कर उठ बैठा। राजा मित्रानंद के ऊपर बड़ा प्रसन्न हुआ। उसने मित्रानंद को मृत्युदंड से मुक्त कर दिया और अमात्य को आदेश दिया कि मित्रानंद और उसकी पत्नी का यथोचित सत्कार किया जाए।

कौमुदी और मित्रानंद ने जिस रात को वह वरुण का द्वीप छोड़ा, इधर मैत्रेय भी वहाँ से चल पड़ा था। वह भटकता हुआ रत्नाकर राज्य में जा पहुँचा। रत्नाकर राज्य के शासक थे सामंत विजयवर्मा। उनका राजा चक्रसेन के साथ युद्ध चल रहा था। युद्ध में विजयवर्मा अत्यधिक घायल हो गया था। वहाँ के सैनिकों ने मैत्रेय को शत्रु का गुप्तचर समझा और वे उसे पकड़ कर सामंत विजयवर्मा के सम्मुख ले गये। विजयवर्मा ने मैत्रेय को देख कर क्रोध के आवेग में आदेश दिया कि उस गुप्तचर को तुरंत समाप्त कर दिया जाए। मैत्रेय ने शांत स्वर में कहा - राजन्, आप अकारण संदेह में मेरा वध न कराएँ, मैं आपका बहुत बड़ा उपकार कर सकता हूँ। विजयवर्मा ने पूछा — क्या उपकार कर सकते हो? मैत्रेय ने कहा आपके घाव जो अन्य किसी उपचार से नहीं भर सकते मैं उनका उपचार कर सकता हूँ। विजयवर्मा ने उसे प्राणदंड से मुक्त करने का आश्वासन दिया, तो मैत्रेय ने वरुणद्वीप में सिद्ध से मिली औषधि से उसके घावों की चिकित्सा की। विजय वर्मा स्वस्थ हो गया। अब तो मैत्रेय विजयवर्मा का मित्र बन गया।

इधर मित्रानंद और कौमुदी पर कामरति की कुदृष्टि लगी हुई थी, पर राजा इन पर प्रसन्न थे, इसलिये वह खुले में कुछ कर नहीं सकता था। राजा ने कह रखा था कि मित्रानंद उसे अपने प्राणों के समान प्रिय है, मंत्री उसे अपने ही भवन में ठहराएँ और उसकी सुख-सुविधा का पूरा ध्यान रखें। जब और कुछ बस न चला, तो कामरति ने कौमुदी को हथियाने और मित्रानंद का वध कराने के लिये एक चाल चली। उसने गुप्तकार्य के बहाने मित्रानंद को परिवर्तित वेष में विजयवर्मा के पास भेजा तथा विजयवर्मा को अलग से गूढ संदेश पहुँचाया कि मित्रानंद को यक्षराज के लिये बलि चढा देना है।

मित्रानंद रत्नाकर राज्य में पहुँचा, तो विजयवर्मा ने कामरति के संदेश के अनुसार उसे पकड़ कर बंदी बनवा लिया और मैत्रेय से कहा कि इसकी यक्षराज के आगे बलि चढा देना है। मैत्रेय ने बदले हुए वेष में भी अपने मित्र मित्रानंद को पहचान लिया। वह मित्रानंद के गले लग कर रोने लगा। फिर मित्रानंद को सामंत विजयवर्मा के पास ले जा कर सारा वृत्तांत बताया। विजयवर्मा ने मित्रानंद से क्षमायाचना की, कहा कि आप बेटी सुमित्रा से विवाह कर लें।

मित्रानंद ने कहा - राजन्, मैं तो विवाहित हूँ, सुमित्रा मेरे मित्र मकरंद के लिये अनुरूप वधू है। मकरंद मेरा मित्र ही नहीं छोटे भाई के बराबर है। आप मकरंद से सुमित्रा का विवाह कर दें।

सुमित्रा की कहानी भी बड़ी दुखभरी थी। वह अचलपुर निवासी सार्थवाह (व्यापारी) धनदेव की बेटी थी। विजयवर्मा ने उसे बंदी बना लिया था, पर बाद में उसे वे अपने बेटी की तरह चाहने लगे।

ये लोग प्रसन्नता के साथ यह सब चर्चा कर रहे थे, तभी चरों ने सूचना दी कि शत्रु ने धावा बोल दिया है।

भयंकर युद्ध छिड़ गया। एक बार फिर मित्रानंद और मैत्रेय अलग हो गये, यही नही, सुमित्रा जिसे मित्रानंद ने अपने भाई के समान मित्र मकरंद के लिये माँगा था, वह भी युद्ध की भगदड़ में कहीं गुम हो गई।

इधर कामरति कौमुदी पर कुदृष्टि लगाये हुए था, तो इसकी पत्नी आशंकित थी कि कौमुदी कहीं सौत बन कर उसके घर पर अधिकार न कर ले, तो उसने कुचक्र रच कर कौमुदी को घर से निकलवा दिया। कौमुदी पति की खोज में भटकने लगी। भटकती हुई वह एकचक्रानगरी जा पहुँची।

एकचक्रानगरी का मुखिया था वज्रवर्मा। वह व्यापारियों को लूट कर उनकी संपत्ति हथिया लेना, सुंदर स्त्रियों की धर पकड़ करना - यही उसका काम था।

कौमुदी एकचक्रा पहुँची, तो उसे सुमित्रा वहीं मिल गई, जो युद्ध में रत्नाकर देश के ध्वस्त हो जाने के कारण मित्रानंद और मैत्रेय से बिछड़ गई थी। ये दोनों साथ साथ कुछ दूर चली ही थीं कि उन्हें दस्युओं ने घेर लिया। दस्यु दोनों को पकड़ कर वज्रवर्मा के पास ले गये। वज्रवर्मा की तो गृध्रदृष्टि इन दोनों सुंदरियों पर लग गई, पर तभी उसके सेवक एक व्यापारी को पकड़ कर वहाँ ले आये। यह व्यापारी वास्तव में मकरंद था, जो मित्रानंद और मैत्रेय के साथ समुद्रयात्रा पर निकला था, पर इन दोनों से अलग हो कर भटक गया था।

जैसे ही सुमित्रा ने सुना कि पकड़े गये व्यापारी का नाम मकरंद है, उसकी टकटकी मकरंद पर लग गई। यह तो मेरा होने वाला पति है, भाग्य की बात है मुझे इसके इस तरह दर्शन हुए - उसने सोचा। मकरंद की भी आँखें सुमित्रा से चार हुईं। उसे तो पता नहीं था कि वह उसकी वाग्दत्ता है, पर सुमित्रा के रूप को देख कर वह उसके प्रेमपाश में बँध गया।

वज्रवर्मा विचार कर ही रहा था कि मकरंद की संपत्ति हड़प कर दोनों महिलाओं को हथिया ले, तभी सिंहल द्वीप के राजकुमार लक्ष्मीपति का संदेश ले कर दूत वहाँ आ पहुँचा। संदेश था कि कौमुदी और मित्रानंद को खोजना है। पल्लीपति को शंका हुई कि दो महिलाओं में से एक कहीं कौमुदी न हो, तब उसने इनका परिचय पूछा। तीनों का सच्चा परिचय जान कर पल्लीपति वज्रवर्मा पछताने लगा, और उसने निश्चय किया कि मकरंद के साथ सुमित्रा का विवाह वह स्वयं करायेगा। उसने मकरंद के बहुमूल्य हीरे और रत्न लौटा दिये, तीनों की बड़ी आवभगत की।

पल्लीपति वज्रवर्मा ने मकरंद, सुमित्रा और कौमुदी तीनों को बहुत मान सम्मान के साथ अपनी पल्ली में रखा। मकरंद के पास अकूत संपदा हो गई थी। संसार के दुर्लभ रत्न उसके पास थे। पर वज्रवर्मा ने वे सब उसे जस के तस सौंप दिये थे।

वज्रवर्मा के सत्कार से तीनों का मन प्रसन्न हो गया। एक बार तीनों भ्रमण करने निकले। घूमते घामते ये तीनों मायानगरी में पहुँच गये। यह विचित्र नगरी थी। भय, वितर्क और विस्मय का तानाबाना वहाँ फैला हुआ लगता था। गगनचुंबी मंदिर थे, पर पुजारी नहीं। हाथी-घोड़े विचर रहे थे, पर सवारी करने वाले कोई नहीं। बाजार असंख्य बहुमूल्य वस्तुओं से पटा पड़ा था, पर न दूकानदार थे, न ग्राहक।

इस मायानगरी में एक कापालिक रहता था। वास्तव में यह कापालिक वही सिद्ध था, जिसे वरुणद्वीप में राजा पाशपाणि के चंगुल से मित्रानंद और मैत्रेय ने बचाया था। वास्तव में यह कापालिक भी स्त्रीलंपट था, स्त्री की प्राप्ति के लिये ही तंत्र मंत्र के अनुष्ठान करता रहता था।

मकरंद कापालिक के चक्कर में आ गया। कापालिक ने उसे बहका दिया, बताया - इस माया नगरी में एक तांत्रिक है, जिसने एक लाख सुंदरियों के साथ संभोग कने का व्रत ले रखा है। तुम्हारे साथ ये दो दो सुंदरियाँ हैं। वे कैसे उस दुष्ट तांत्रिक के जाल से बच सकेगीं। इन्हें मुझे सौंप दो - मैं इनकी रक्षा करूँगा। मकरंद अपनी सिधाई के कारण उसके चक्कर में आ गया। वास्तव में उस दुष्ट कापालिक का कौमुदी पर मन आ गया था। उसने सुमित्रा और कौमुदी को तो अपने गुप्त भवन में ले जा कर छिपा दिया और मकरंद की बलि देने को तत्पर हो गया। मकरंद उसके चंगुल से तो बच निकला, पर वह कापालिक सुमित्रा और कौमुदी को ले कर अंतर्धान हो गया।

मकरंद अपने सारे रत्न ले कर पोत में सवार हो कर यह सोच कर रंगशालापुरी की ओर रवाना हुआ कि वहाँ वह अपने दोनों मित्रों - मित्रानंद और मैत्रेय से मिल सकेगा और उनकी सहायता से कौमुदी और सुमित्रा को खोज सकेगा। यह यात्रा में उसका साथ एक धूर्त व्यापारी नरदत्त से हो गया। नरदत्त ने देखा कि मकरंद के पास तो संसार के सबसे कीमती हीरे और माणिक्य हैं, तो वह मकरंद की सारी संपदा हड़प कर चंपत हो गया। वह मकरंद से पहले ही रंगशाला पुरी पहुँच गया, और युवराज लक्ष्मीपति से मिला। अपने रक्षा की गुहार करते हुए

उसने युवराज को बताया कि एक दुष्ट व्यापारी उसके पीछे लगा हुआ है, जो उसकी इतने वर्ष की मेहनत की कमाई पर हाथ साफ करना चाहता है। युवराज ने उसे अभय दिया।

इसी समय मकरंद रंगशालापुरी पहुँचा। वहाँ उसने नरदत्त की खोज कर के अपनी संपत्ति लौटाने को कहा। दोनों विवाद का निपटारा करने के लिये युवराज के पास पहुँचे। मकरंद ने युवराज से कहा - युवराज, मैं सिद्ध कर सकता हूँ कि इस व्यापारी के पास जो सोने की ईंटे हैं, वे मेरी हैं। मेरे नाम की मोहर उन पर लगी है।

नरदत्त के पास की सोने की ईंटें राजसभा में लाई गईं। ईंटें उलट पुलट कर राजसेवकों ने कहा - युवराज इन पर तो कहीं मकरंद के नाम की मुद्रा नहीं है।

मकरंद ने कहा - मुद्रा ऐसे नहीं दिखेगी युवराज! ये ईंटें बीच से दो टुकड़ों में अलग अलग हो जाती हैं। अलग करने पर दोनों भागों पर मुद्रा दिखेगी।

ईंटों को दो हिस्से अलग अलग किये गये, तो उन पर मकरंद की मुद्रा थी।

नरदत्त ने कहा - महाराज यह व्यापारी बड़ा धूर्त है। मेरे छोटे भाई का नाम भी मकरंद है। मैं उसके नाम पर ही सारा व्यवसाय करता हूँ, यह बात इसे विदित थी। इसलिये इसने यह चाल चली है। आप को विश्वास न हो, तो पाँच वणिक्-जनों को बुला कर पूछ लीजिये, सब जानते हैं कि मेरा कारोबार मकरंद के नाम से होता है।

पाँचों वणिक् भी नरदत्त के सिखाये पढाये हुए थे। उन्होंने गवाही दी कि हाँ वे वणिक् नरदत्त और उसके छोटे भाई मकरंद को जानते हैं, और मकरंद नाम बताने वाला व्यापारी कपटी है।

अब मकरंद ने कहा - युवराज, मेरी गोत्रदेवी है इला। उनके नाम पर मैंने अपनी सोने की आधी ईंटों पर इलापुत्र नाम भी अंकित करवाया है। आप शेष ईंटें मँगवाइये, और जाँच करवा लीजिये।

धूर्त नरदत्त इस स्थिति के लिये भी तैयार था। जैसे शेष आधी ईंटों के भीतर से इलापुत्र नाम खुदा मिला, उसने कहा - देखी युवराज आपने इस धूर्त की चालाकी? इसने यह भी पता कर लिया कि मेरा भांजा है इलापुत्र।

अपना हर उपाय व्यर्थ देख कर मकरंद ने अंतिम हताश प्रयत्न किया - युवराज इन रत्नों में एक अत्यंत दुर्लभ रत्न है, जो कैसी भी शिरोवेदना हो, उसे दूर कर सकता है। उसकी पहचान मैं ही जानता हूँ क्यों कि उसका स्वामी में हूँ। या तो यह झूठा व्यापारी इस रत्न की पहचान बताये या स्वीकार करे कि यह धोखा दे रहा है।

नरदत्त इस बात पर घबरा तो गया, पर उसने बात बनाते हुए कहा - इस तरह चाल चलने से कुछ नहीं होगा, ऐसा कोई रत्न है ही नहीं।

तभी कंचुकी ने आतुर स्वर में पुकार लगाते हुए कहा - महाराज रक्षा करें, देवी को फिर से भयंकर शिरोवेदना हो रही है। वे तड़प रही हैं।

मकरंद ने कहा- युवराज, मेरा विश्वास करें। इस व्यापारी के पास जो मेरे रत्न हैं, उनमे शिरोवेदना को दूर करने वाला रत्न मैं उठा कर दे सकताहूँ।

मकरंद के दिये रत्न से देवी की शिरोवेदना दूर हो गई। युवराज को विश्वास हो गया कि मकरंद सच्चा है। तब धूर्त नरपति ने अंतिम चाल चली। एक चांडाल चीख पुकार करता हुआ राजसभा में आ घुसा और अपनी अटपट वाणी में मकरंद को पुकारता हुआ उसे गले लगा कर बोला -भैया? भैया?? मैं तो कब से तेरे को खोज रहा हूँ।

नरदत्त के बहकावे में आ कर युवराज को लगा कि मकरंद व्यापारी नहीं चांडाल ही है। उन्होंने उसे मृत्युदंड दे डाला।

तभी पल्लीपति वज्रवर्मा मित्रानंद के साथ वहाँ आ पहुँचा। मित्रानंद ने युवराज को बताया कि मकरंद उसका भाई है। सारी स्थिति जान कर युवराज लक्ष्मीपति ने नरदत्त को मृत्युदंड का आदेश दिया और मकरंद से क्षमा माँगी। मित्रानंद ने अनुरोध किया कि नरदत्त को क्षमा कर दिया जाए।

इधर कापालिक सिद्धाधिनाथ ने कौमुदी और सुमित्रा को ले कर अपनी एक अनुचरी के भवन में पहुँचा और दोनों को वेष बदल कर वहाँ छिपा दिया। इस बीच मैत्रेय एक मांत्रिक के वेष में वहाँ जा पहुँचा था। उसने कापालिक को अपने मित्रों की दोनों पत्नियों के साथ अतिचार करने से रोका। कापालिक ने भी उसे पहचान लिया कि यह तो मेरा प्राणदाता है।

अंत में कौमुदी से मित्रानंद और मल्लिका से मकरंद का मिलन हुआ।

कौमुदीमित्रांनंद का कथानक अत्यंत जटिल है। कई कई देशों व द्वीपों में इसके पात्र भटकते हैं, अनेक आश्यर्यजनक वृत्तांत उनके साथ घटित होते हैं। वीर, श्रृंगार और अद्भुत रसों का सांद्र परिपाक रामचंद्र ने इसमें रच दिया है। लोककथा के तत्त्वों का भरपूर प्रयोग उन्होंने किया है। रोचकता रूपक में निरंतर बनी रहती है। पाखंडी साधुओं पर व्यंग्य, हासपरिहास व संवादों की रोचकता के कारण प्रकरण निरंतर बाँधे रखता है।

लोककथा के रस से अनुप्राणित तथा अनेक लोकविश्वासों व लोकाचारों के चित्रण से पूर्ण यह विशाल प्रकरण घटनाबाहुल्य और घटनावैविध्य के कारण रोमांचक और रुचिकर भी है।

मल्लिकामकरंद

मल्लिकामकरंद छह अंकों का प्रकरण है। इसमें नायिका मल्लिका को नायक मकरंद अर्धरात्रि के समय कामदेव के मंदिर में आत्महत्या करने से बचाता है। इसके पश्चात् नायक जुआरियों का ऋण न चुका पाने के कारण पकड़ा जाता है, तो नायिका के पिता उसका ऋण चुकता करके उसे छुड़वाते हैं। यहाँ नायक को पता चलता है कि मल्लिका वास्तव में किसी

अन्य की पुत्री है। नायिका का अपहरण हो जाता है, और उसे बचाने के लिए नायक मकरंद विद्याधरों की नगरी पहुँचता है, मकरंद के स्पर्श से वैभव नगर का वणिक् वैश्रवण, जिसे गंधमूषिका नामकी उसकी प्रेमिका ने तोता बना कर पिंजरे में बंद कर रखा है, अपने वास्तविक रूप में आ जाता है। मल्लिका के माता-पिता उसका विवाह चित्रांगद से करना चाहते है, मल्लिका मकरंद से ही विवाह करने का अपना निश्चय प्रकट करती है। अंत में वह एक कपटयोजना के अंतर्गत चित्रांगद से विवाह पर सम्मति दे देती है। विद्याधरों में परम्परा है कि किसी भी विद्याधर-कन्या के विवाह के अनुष्ठान से पहले उसका विवाह यक्षराज से औपचारिक रूप में कराया जाता है, और बाद में वास्तविक विवाह होता है। मकरंद यक्षराज की प्रतिमा बनकर बैठ जाता है, और उसके साथ मल्लिका का विवाह हो जाता है। तपस्विनी गंधमूषिका कहती है - बेटी चंद्रलेखा, मल्लिका और मकरंद का प्रेम सच्चा है, ऐसे प्रेम के आगे देवता भी हार जाते हैं। मैं इनका प्रेम देख कर इनकी सहायता की है। अब तुमसे और चित्रांगद से भी मैं यही कहूँगी कि इन दोनों के विवाह को स्वीकार कर लो। अंत में मल्लिका के विद्याधर माता-पिता को इस पर स्वीकृति देनी पड़ती है।

दुस्साहस, प्रेम की निष्ठा, मानवीयता तथा अनेक अद्भुत वृत्तांतों से संवलित मल्लिकामकरंद की कथा संस्कृत नाट्यसाहित्य में अनूठी ही है। कौमुदीमित्रानंद की तरह रामचंद्र का यह प्रकरण भी लोककथा के तानेबाने में बुना हुआ है, जिसे जैन धर्म के प्रचार की दृष्टि से नये रूप में ढाला गया है। एक मनुष्य के रूप में मकरंद का साहस जिसके द्वारा वह दिव्ययोनि विद्याधरों से लोहा लेता है, बहुत प्रभावशाली रूप में चित्रित किया गया है। अद्भुत रस का परिपाक आरंभ से अंत तक बना हुआ है और एक के बाद एक कौतूहलवर्धक घटनाएँ घटित होती जाती हैं। अप्रत्याशित और स्तब्ध करने वाले वृत्तांतों से इस रूपक के कथानक का तानाबाना जटिल गुँथाव वाला बन गया है। करुणरस के प्रसंग भी इस प्रकरण में मर्म को छूने वाले हैं। अहिंसा, सत्य, दया जैसे जीवनमूल्यों को कथानक के द्वारा स्थापित किया गया है।

नलविलास

रामचंद्र के अन्य रूपकों मे नलविलास नल- दमयंती की कथा पर आधारित सात अंकों का नाटक है। इस के पहले अंक में राजा नल दमयंती का चित्र देखते हैं। फिर वे अपना चित्र दमयंती के पास भेजते हैं। नल की दूती मकरिका दमयंती से मिलती है। तत्पश्चात् नल दमयंती के स्वयंवर में जाते हैं, एक कापालिक घोरघोण उनके पीछे घात लगाये हुए है। नल एक उद्यान में दमयंती से मिलते हैं। स्वयंवर के पूर्व ही दोनों के बीच प्रेमालाप होता है। नल के भाई पुष्कर के स्थान पर यहाँ कूबर है, और कलि के स्थान पर दुरभिसंधि का जाल कापालिक घोरघोण रचता है। घोरघोण का शिष्य लंबोदर नल को प्रेरित करता है कि वह वन में दमयंती को अकेला छोड़ कर चला जाये। वही भस्मक नामक मुनि का रूप धर कर दमयंती को नल की मृत्यु का झूठा समाचार दे देता है। नाटक के अंतिम दृश्य में दमयंती चिता पर

जलने को है और नल वायुवेग से रथ में उसके पास कुंडिनपुर पहुँचते हैं। नल व दमयंती के पुनर्मिलन के दृश्य को रामचंद्र ने और भी कारुणिक बना दिया है। मूल महाभारत में जहाँ दमयंती ही नल के सामने अपनी सफाई देती है, नल यहाँ उल्टे दमयंती के आगे गिड़गिड़ाते हुए कहता है—

येनाकस्मात् कठिनमनसा भीषणायां कराल-
व्यालायां त्वं वनभुवि हतकेनातिथेयीकृतासि।
निर्लज्जात्मा विकलकरुणो विश्वविश्वस्तघाती
पत्याभासः सरलहृदये देवि सोऽयं नलोऽस्मि।।

(७.८)

सत्यहरिश्चंद्र छह अंकों का नाटक है जो क्षेमीश्वर के नैषधानंद से प्रभावित है।

विश्वामित्र के स्थान पर यहाँ कुलपति हैं, व हरिश्चंद्र वराह के साथ एक हरिणी का वध कर देते हैं – यह जान कर वे हरिश्चंद्र से कहते हैं कि इस पाप की शुद्धि के लिये उन्हें सर्वस्व त्याग करना होगा। कुलपति की कन्या वंचना का हरिणी के लिये प्रेम व उसके न रहने पर कातरता – यह प्रसंग नाटककार की उद्भावना है। इसी तरह काशी में महामारी और अकाल फैलने का प्रसंग नया है। और भी अनेक नये प्रसंग कथानक में जोड़ कर रामचंद्र ने इसे अलग स्वरूप दिया है। छठे अंक में श्मशान में पिशाचनृत्य का संयोजन किया गया है। एक विद्याधरी काशी के राजकुमार को उसके शयनकक्ष से उठा कर श्मशान में ले आती है, जिसका मांस काट कर काट कर वह बलि चढ़ाने वाली है। हरिचंद्र उस राजकुमार के स्थान पर अपने को बलि के लिये अर्पित कर देते हैं। यह प्रसंग भी जैनधर्मसम्मत करुणा व त्याग के आदर्श से प्रेरित हो कर रामचंद्र ने इस नाटक में जोड़ा है, जो मूल कथा में नहीं है। अंत में रोहिताश्व की सर्प के डसने से मृत्यु, रानी सुतारा का उसका शव ले कर श्मशान में आना तथा हरिश्चंद्र का पत्नी को पहचान कर भी उससे शुल्क देने के लिये आग्रह करना ये प्रसंग चंडकौशिक के अनुसार हैं, पर इसमें भी हरिचंद्र के द्वारा शोकावेग में स्वयं चिता पर चढ़ कर प्राण देने को उतारू होना तथा फिर अपने आप को सँभाल लेना – यह प्रसंग रामचंद्र ने अपनी कल्पना से जोड़ा है। जब वे सुतारा से कफन माँग रहे हैं, तभी आकाशवाणी होती है –

अहो दानमहो धैर्यमहो वीर्यमखण्डितम्।
उदारधीरवीराणां हरिश्चन्द्रो निदर्शनम्।।

(६.११)

इसी समय चंद्रचूड तथा कुंदप्रभ नामक दो देवता वहाँ प्रकट होते हैं, और वे सारे नाटक का उपसंहार करते हुए कहते हैं—

आखेटा मुनिकन्यका कुलपतिः कीरः शृगालोऽवगा
विप्रो म्लेच्छपतिर्मनुष्यमरणं लम्बस्तनी मान्त्रिकः।
उद्बद्धः पुरुषो वियच्चरवधूर्गोमायुनादः फणी

सर्वं सत्त्वपरीक्षणैकरसिकैरस्माभिरेतत् कृतम्।।

(६.१३)

इस उपसंहारवाक्य के द्वारा रामचंद्र ने हरिश्चंद्र की कथा में अपनी उद्भावना के द्वारा किये गय परिवर्तनों तथा क्षेमीश्वर के नाटक से इसकी विलक्षणता पर भी प्रकाश डाला है। इसके साथ ही रामचंद्र इसमें एक कारुणिक कवि के रूप में भी अपनी संवदेनशीलता को व्यक्त करते हैं। हरिश्चंद्र की रानी सुतारा साकेत छोड़ कर पति के साथ अयोध्या की ओर चल पड़ी है। इस दृश्य का भावुकतापूर्ण चित्रण करते हुए वे कहते हैं –

असूर्यम्पश्यायाः प्रकटमिदमालोक्य सहसा
सदस्यङ्गं देव्याः शिविनृपतिदुग्धार्णवभुवः।
अयं तिग्माभीषुर्भरतकुलमूलप्रसविता
वधूगात्रस्पर्शाच्चकितचकितः कर्षति करान्।।

(२.२५)

(राजा शिवि के क्षीरसागर में जन्मी अर्थात् अमृतमयी असूर्यम्पश्या रानी सुतारा का सभा में अनावृत गात्र देख कर भरतकुल के मूल पुरुष सूर्यदेव अपनी वधू के गात्र के स्पर्श से सहमे सहमे अपने कर (किरणों, हाथों को) खींच रहे हैं।)

उत्प्रेक्षा अलंकार तथा सूर्यवंश की मर्यादा के बोध की मार्मिक अभिव्यक्ति इस पद्य में की गई है।

रघुविलास

रघुविलास नाटक आठ अंकों में - वनवास से लगा कर रावणवध-तक रामकथा को प्रस्तुत करता है। रामचंद्र ने यहाँ भी रामायण की कथा में अनेक परिवर्तन किये हैं। इसमें मारीच स्वर्णमृग बन कर नहीं आता। रावण विमान से विचरण करता हुआ दंडनवन में आता है। इसी समय राक्षसों को कोलाहल सुनाई पड़ता है, जिसके कारण का पता करने लक्ष्मण चले जाते हैं। लक्ष्मण के आने में विलंब होने पर राम भी उनका पता लगाने चल देते हैं और इसी समय सीता के रूप पर मोहित रावण उसे उठा कर चल देता है। बालि के स्थान पर एक विद्याधर मायासुग्रीव बन कर किष्किंधा पर शासन करता है, तथा सुग्रीव की पत्नी को भी उसने अपना रखा है। राम इस मायासुग्रीव का वध करने की प्रतिज्ञा करते हैं। अंगद के स्थान पर यहाँ बालि के पुत्र का नाम चंद्रराशि रखा गया है। चंद्रराशि को धोखा देने के लिये रावण उसे माया पवनंजय (हनूमान् के पिता) को अपनी सेवा करते हुए और माया सीता को अपने साथ प्रेम करते हुए दिखाता है। राम और रावण के युद्ध के समय भी रावण माया जनक को सीता को छलने के लिये भेजता है। सीता शोकाकुल होकर चिता पर चढ़ कर प्राण देने को हैं, तभी हनूमान् आ कर उन्हें रावण वध का समाचार देते हैं। इसके साथ ही समग्र रामायण

की कथा में कौतुक के तत्त्व का समावेश करते हुए भी वे इसे वैराग्य की जनक ही मानते हैं। अपने नाटक के प्रतिज्ञावाक्य के रूप में उनका यह कथन है –

मध्येम्भोधि बभूव विंशतिभुजं रक्षो दशास्यं पुन-
स्तत् पातालमहीत्रिविष्टपभटांश्चक्राम दोर्विक्रमैः।
मर्त्यस्तस्य पुनर्मृणालतुलया चिच्छेद कण्ठाटवी
वैराग्यस्य च विस्मयस्य च पदं रामायणं वर्तते।।

रामचंद्र ने नवीन उपमानों व कल्पना के वैभव से कविता को संपन्न बनाया है। मय राक्षस रावण को समाते हुए कहता है –

खण्डयन् न्यायतेजोभिः शौर्यकौलीनदुर्दिनम्।
अनीतिघूमरी हन्ति यशश्चूताग्रमञ्जरीम्।।

(७.१३)

मय दानव कहता है कि यहाँ घूमरी (कीटविशेष) जिस प्रकार आम्र की मंजरी को नष्ट कर देती है उसी प्रकार कौलीन या लोकापवाद यश को समाप्त कर देता है।

निर्भयभीमव्यायोग

रामचंद्र का निर्भयभीमव्यायोग महाभारत के बकासुरवध के प्रसंग पर आधारित है। इसमें भीमसेन और बकासुर के युद्ध का रोमांचक चित्रण है। ब्राह्मण परिवार के युवक के प्राण बचाने के लिये भीम के द्वारा उसके स्थान पर बकासुर का आहार बनने के लिये जाने में करुणा और पर-दुःखकारता को जीवनमूल्य के रूप में नाटककार ने स्थापित किया है। ब्राह्मणपरिवार के कुटुंबियों का करुण विलाप तथा भीम का इनके दुःख से द्रवित हो कर इनकी सहायता के लिये आत्मबलिदान के लिये उद्यत होने का प्रसंग नागानंद से प्रभावित प्रतीत होता है। अंगभूत करुण के साथ अंगी वीर रस की धारा व्यायोग में अव्याहत बनी हुई है। महाभारत की कथा को जैनधर्मसम्मत अहिंसा व त्याग के मूल्यों से जोड़ कर रामचंद्र ने प्रस्तुत किया है। भीम के संवादों में उदात्त व्यक्तित्व के साथ निसर्ग के प्रति लगाव व सौंदर्यबोध की रमणीयता झलकती है। जैसे –

एते निर्झरझात्कृतैस्तु मिलितप्रस्थोदराः क्ष्माभृतः
किञ्चैते फलपुष्पपल्लवभरैर्व्यस्तातपाः पादपाः।
चक्रोऽप्येष वधूमुखार्धदलितैर्वृत्तिं विधत्ते विशैः
कान्तां मन्द्ररुतस्तथैव परितः पारावतो नृत्यति।।

(९)

बकासुर के लिये आहार बनने को जा रहे युवक की माता तथा पत्नी का उसे विदा देते हुए विलाप करुण रस की सृष्टि करता है।

यादवाभ्युदय

रामचंद्र ने रामकथा को लेकर एक अन्य नाटक राघवाभ्युदय तथा कृष्णकथा को लेकर यादवाभ्युदय नाटक लिखा था। इन नाटकों के कतिपय उद्धरण उन्हीं के नाट्यदर्पण में मिलते हैं। यादवाभ्युदय नाटक के आठ उद्धरण उन्होंने नाट्यदर्पण में दिये हैं। रघुविलासनाटक की प्रस्तावना में उन्होंने अपनी इस कृति को अपने सर्वोत्तम पाँच नाटकों में परिगणित किया है। इस नाटक में कृष्ण के चरित का निरूपण करते हुए जरासंध व कंस आदि के वध के प्रसंग निबद्ध किये गये हैं। जैन परंपरा के अनुसार कृष्ण को यहाँ नवम वासुदेव के रूप में प्रस्तुत किया गया है। इस नाटक में इस ध्येय वाक्य के द्वारा रामचंद्र जीवन में अनवरत अध्यवसाय के मूल्य की स्थापना करते हैं—

उदयाभिमुख्यभाजां सम्पत्त्यर्थं विपत्तयः पुंसाम्।
ज्वलितानले प्रपातः कनकस्य हि तेजसो वृद्ध्यै।।

वीररस के साथ शृंगाररस के प्रसंग नाटक में गूँथे गये हैं। कृष्ण का अनेक नायिकाओं से प्रणय चित्रित है। रुक्मिणी के स्वयंवरप्रसंग में इसके लिये नाटककार को अवसर मिला है। रुक्मिणी के लिये कृष्ण का कथन है—

अस्यां मृगीदृशि दृशोरमृतच्छटायां देवः स्मरोऽपि नियतं विततामिलाषः।
एतत्समागममहोत्सवबद्धतृष्णमाहन्ति मामपरथा विशिखैः कथं सः।।

(इस मृगनयनी की दृष्टि की अमृतमयी छटा में कामदेव निश्चित ही अपनी अभिलाषा का विस्तार कर रहा है। नहीं तो इससे समागम रूपी महोत्सव के लिये तृष्णातुर मुझे वह बाणों से क्यों बींध रहा है?)

चारों ही चरणों में कवि ने वृत्यनुप्रास का भी निर्वाह अच्छा किया है।

वीररस का प्रबल उद्रेक अनेक प्रसंगों में इस नाटक में हुआ है। मगधराज जरासंध के शौर्य का वर्णन करते हुए नारद उत्तेजित हो कर उसे कृष्ण के लिये एक बड़ी चुनौती बताते हुए कहते हैं—

कंसांसभित्तिमदमर्दनकेलिचुञ्चोः चक्रस्फुलिङ्गगणसङ्गपिशङ्गबाहुः।
सम्पूरयिष्यति हरेरपि गाढ़रूढ़सङ्ग्रामदोहदमसौ मगधाधिनाथः।।

(कंस के स्कंधरूपी भित्ति के मदमर्दन की क्रीडा में प्रवीण, सुदर्शन चक्र से फूटती चिंगारियों के घेरे के कराण पिशंगवर्ण के बाहु वाले कृष्ण के भी गहरे जमे हुए संग्रामदोहद या युद्ध के अभिलाष को मगधाधिनाथ पूरा कर देगा।)

राघवाभ्युदय

रघुविलास के पहले विरचित रामकथा पर आधारित रामचंद्र का यह नाटक भी उपलब्ध नहीं है। इसके कतिपय उद्धरण रामचंद्र के नाट्यदर्पण में मिलते हैं। इसमें दस अंक थे। इसे

भी रामचंद्र ने अपनी सर्वोत्तम पाँच रचनाओं में गिना है। सीतास्वयंवर से नाटक का प्रारंभ करते हुए रावणवध पर्यंत इसका विस्तार किया गया था।

रामचंद्र के दो और रूपकों के उल्लेख मिलते हैं – वनमाला नाटिका तथा रोहिणीमृगांक प्रकरण। वनमाला नाटिका नलदमयंती कथा पर आधारित थी। रामचंद्र ने इसमें नल को दमयंती के अतिरिक्त अन्य किसी राजकन्या में आसक्त दिखाया है। नल दमयंती के प्रति अपने एकनिष्ठ अनुराग के लिये जाने जाते हैं। प्रसिद्ध कथानक में में विकृत परिवर्तन कर के रामचंद्र प्रसिद्धिविरुद्ध दोष के भागी हुए हैं।

रामचंद्र स्वयं नाट्यशास्त्र के आचार्य हैं। उनका नाट्यसंसार विपुल, विविध और संपन्न है। उन्होंने संस्कृत नाटक को नई विषयवस्तु और नई भावधारा भी दी।

पार्थपराक्रम व्यायोग

पार्थपराक्रम व्यायोग के प्रणेता परमार प्रह्लादनदेव परमार राजा यशोधवल के पुत्र तथा मारवाड़ में बारहवीं शताब्दी के उत्तरार्ध में आबू के परमार राजाओं की नगरी चंद्रावती (जोधपुर) के राजा धारावर्ष के भाई थे। ये इतिहास में पालनपुर नामक नगर की स्थापना के लिये जाने जाते हैं। सन् १२०८ई० में इनका निधन हुआ।[११] पाल्हनदेव के नाम से गुजरात में एक यशस्वी तथा उदार शासक के रूप में इनकी ख्याति रही है। महाकवि सोमेश्वर ने अपनी आबू-प्रशस्ति में इन्हें सरस्वती का अवतार बताया है तथा सुरथोत्सव और कीर्तिकौमुदी महाकाव्यों में भी इनकी विशद प्रशस्ति की है।[१२] कोटीश्वर की प्रशस्ति में प्रह्लादनदेव को षड्दर्शनालंब और सकलकलाकोविद कहा गया है। जल्हण ने सूक्तिमुक्तावली में उनके अनेक पद्य उद्धृत किये हैं।

इनके पार्थपराक्रमव्यायोग का अभिनय श्रीमदचलेश्वरदेव के पवित्रिकारोहणपर्व के अवसर पर किया गया था। इसमें महाभारत के विराटपर्व में निरूपित कौरवों के द्वारा विराट की नगरी पर आक्रमण कर के गायों को ले जाने तथा बृहन्नलारूपधारी अर्जुन के उनसे युद्ध का प्रसंग है। पूरा व्यायोग वीररस की दीप्ति से परिपूर्ण है।

इस रूपक में युद्ध का वर्णन अत्यन्त ओजस्वी है, तथा काव्यकला की दृष्टि से प्रह्लादनदेव ने अपनी उपर्युक्त प्रशस्तियों को चरितार्थ किया है। संग्रामरत अर्जुन के लिए निम्नलिखित उपमा का प्रयोग नाटककार के शास्त्रज्ञान का परिचायक है—

धृतराष्ट्रसुतैर्दृष्टः किरीटी विश्वतोमुखः।
एकोऽप्यनेकधा वल्गन्नात्मा नैयायिकैरिव।।

(धृतराष्ट्र के पुत्रों या कौरवों को जहाँ देखो वहाँ अर्जुन ही दिखाई दे रहा था, जैसे एक होने परभी नैयायिक आत्मा को अनेक देखते हैं।)

धनंजयविजयव्यायोग

उपर्युक्त पार्थपराक्रमविषयक कथा को लेकर बारहवीं शतब्दी में ही कांचनाचार्य ने धनंजयविजयव्यायोग[१३] लिखा। कांचनाचार्य के पिता नारायण उपाध्याय अपने समय के प्रकांड पंडितों में एक थे, जिन्होंने शास्त्रार्थ में अनेक वादियों के पराजित किया। यह व्यायोग राजा जयदेव के आदेश पर खेला गया था। इसमें ९० श्लोक तथा स्फीत प्रवाहमयी भाषा में संवाद हैं। सिंहभूपाल के रसार्णवसुधाकर में धनंजयविजय नामक रूपक का उल्लेख किया गया है, जिसका आशय कांचनाचार्य के धनंजयविजय से हो सकता है।

भीमपराक्रमव्यायोग

शतानंद कवींद्रसूनु का भीमपराक्रमव्यायोग[१४] युधिष्ठिर के राजसूययज्ञ के अवसर पर कृष्ण, भीम और अर्जुन का छद्मवेष में जरासंध के राज्य मगध जाने व भीम के जरासंध का वध करने की कथा पर आधारित है। इसमें ११४ श्लोक हैं। भाषा समासभूयिष्ठ तथा विकटाक्षरबंधमयी है।

रुद्रदेव के रूपक

उषारागोदयनाटिका तथा ययातिचरित नाटक के रचयिता रुद्रदेव बारहवीं शताब्दी में काकतीयवंश के प्रतापी राजा थे। ये प्रतापरुद्र के नाम से भी प्रसिद्ध हैं। इन्होंने नीतिसार नामक ग्रंथ तथा अमरुशतक की टीका की भी रचना की। विद्यानाथ ने इनकी प्रशस्ति में प्रतापरुद्रीय नाटक लिखा था। उषारागोदय नाटिका में उषा और अनिरुद्ध की सुप्रसिद्ध प्रेमकथा है। इस कथा को रुद्रदेव ने सर्वथा भिन्न रूप देकर अनेक नवीन कल्पनाओं के साथ प्रस्तुत किया है। मूलकथा में उषा की सखी चित्रलेखा नायक अनिरुद्ध का अपहरण करके उषा के पास ले आती है, जबकि इस नाटिका में उषा को ही अपहृत करके द्वारिका लाया जाता है। अनिरुद्ध की अन्य प्रेमिका पट्टमहिषी इन दोनों का परस्पर अनुराग देख कर उषा से डाह करती है। वर्णन तथा अलंकारों के विन्यास की दृष्टि से यह सुंदर रचना है।

रुद्रदेव के ययातिचरित नाटक में सात अंक हैं। अपने गुरु विश्वामित्र की गुरुदक्षिणा के लिए श्यामकर्ण अश्वों की याचना करने वाले गालव के प्रसंग को भी नाटककार ने शर्मिष्ठा और देवयानी की कथा के साथ जोड़ दिया है, जो नयी परिकल्पना है। इसके साथ ही मूल कथा में ययाति का पुत्र अपने पिता के वार्धक्य को ग्रहण कर लेता है। यह कथांश रुद्रदेव के नाटक से निकाल दिया गया है। इसमें ययाति जराग्रस्त तो होता है पर अंत में महर्षि की कृपा से ही वह अपना यौवन पुनः प्राप्त करता है। देवयानी के पश्चात् ययाति का शर्मिष्ठा से परिचय और अनुराग भी इस नाटक में चित्रित है। शुक्राचार्य के शाप से वृद्ध हुए ययाति को उसकी दोनों पत्नियाँ देवयानी और शर्मिष्ठा पहचान नहीं पातीं, और वे उससे झगड़ पड़ती हैं। ययाति भी क्रुद्ध होकर कहता है—

विवशो जराविपन्नो रोगानीकेन वा ग्रस्तः।
न खलु कुलबालिकानामवमान्यः शास्त्रतो भर्ता।।

(७/१८)

अंत में शुक्राचार्य के द्वारा ही शाप वापस ले लिए जाने के बाद ययाति फिर से युवा हो जाता है। इस प्रकार रुद्रदेव ने ययाति के आख्यान को भी एकदम नया रूप दे दिया है। रुद्रदेव की भाषा प्रासादिक और सरस है। संवादों में नाटकीयता तथा रोचकता है।

लटकमेलकम्

भगवदज्जुकीयम् तथा मत्तविलास प्रहसन के पश्चात् १२वीं शताब्दी में कान्यकुब्जनरेश गोविंदचंद्र के समकालीन कविराज शंखधर का लटकमेलकम् प्रहसन उल्लेखनीय है। लटकमेलकम् का अर्थ है- धूर्तों का सम्मेलन। इसमें दो अंक हैं। इसके मुख्य पात्र हैं- कुट्टनी दंतुरा तथा गणिका मदनमंजरी। मदनमंजरी के कंठ में मछली का काँटा फँस गया है, जिसे निकालने के लिए वैद्य जंतुकेतु आते हैं। उनके द्वारा किये जाने वाले मूर्खतापूर्ण उपचार के कारण उनकी जगहँसाई होती है और हँसने के कारण मदनमंजरी के गले में फँसा काँटा स्वयं निकल जाता है। मदनमंजरी का सौदा करने कई लोग आते हैं। इनमें कौलमतानुयायी सभासलि और दिगंबर साधु जटासुर सबसे आगे हैं। सभासलि जटासुर का विवाह दंतुरा से करवा देते हैं। बूढ़े और दिगंबर साधु का विवाह वृद्धा कुट्टनी से कराये जाने की हास्यास्पद विसंगति में मनुष्य की लिप्सा और मूर्खता का अच्छा चित्रण है। विवाह करने वाला पुरोहित गीता के 'जातस्य हि ध्रुवो मृत्यु:'-आदि श्लोक के पाठ के द्वारा विवाह सम्पन्न करा देता है। कवि ने मदनमंजरी के असफल प्रेमियों- संग्रामविसर, झक्की दार्शनिक फुंकटमिश्र, मिथ्या शुक्ल तथा बौद्ध भिक्षु व्यसनाकर को भी उपस्थित करके मानव स्वभाव की विचित्रता तथा मूर्खता का उद्घाटन किया है। विंसगत स्थितियों का चित्रण शिष्टता से सारे मानक तोड़ते हुए जुगुप्सा व हास्यास्पदता के अतिरेक के साथ किया गया है। जटासुर दिगंबर साधु है, पर वह बकरी पालता है। अज्ञानराशि तपस्वी है, वह इस बकरी को काट कर पका कर खा जाता है। कलहप्रिया अपने पति के साथ लड़ाई में अपशब्दों का ही नहीं, कड़छुल, पीठा, हँडिया आदि का भी भरपूर उपयोग करती है।

मोहराजपराजय

यश:पाल ने पाँच अंकों के मोहराजपराजय नाटक की रचना ११७४ई० से ११७७ई० के मध्य की। यश:पाल गुजरात में राजा अजयदेव के आश्रित थे। मोहराजपराजय प्रबोधचंद्रोदय की परम्परा का प्रतीकात्मक नाटक है। इसमें नायक तो राजा कुमारपाल हैं, पर उनका युद्ध

प्रतीकात्मक पात्र मोहराज से होता है। मोहराज सदाचारदुर्ग के शासक विवेकचंद्र पर आक्रमण कर देता है, और दुर्ग में पानी पहुँचाने वाली धर्मचिंता नदी पर बाँध बनवा कर पानी रोक देता है। फिर वह सदागम नामक कुएँ को भी पुरवा देता है। राजा विवेकचंद्र गुप्तद्वार से निकल कर अपने दुर्ग से पलायन कर जाते हैं। राजा कुमारपाल अपने गुरु के आश्रम में उनकी बेटी कृपासुंदरी को देखता है। गुरु उसे उपदेश देते हैं कि कृपासुंदरी से विवाह करके तुम शत्रु मोहराज को जीत सकोगे। पर कृपासुंदरी पर राजा को आसक्त पाकर उनकी पटरानी राज्यश्री कुपित होती है। अंत में वह भी कृपासुंदरी से राजा के विवाह की सहमति दे देती है। पिता विवेकचंद्र अपनी बेटी का विवाह कुमारपाल के साथ करने के लिए शर्त रखते हैं कि राजा संतानहीन लोगों का धन हड़पना बंद कर दे, तथा हिंसा, द्यूत, मद्यपान, चोरी आदि सात पापों को छोड़ दे। राजा उनकी शर्तें मान कर कृपासुंदरी से विवाह कर लेते हैं, पर इससे राज्य की शक्ति क्षीण हो जाती है और मोह अपनी सेना के साथ राज्य पर आक्रमण कर देता है। राजा की पहली पत्नी से जन्मी दो संतानें कीर्तिमंजरी और प्रताप भी मोह से जा मिले हैं। अंत में राजा योगशास्त्र का कवच पहन कर पुण्यकेतु, विवेकचंद्र और ज्ञानदर्पण को साथ लेकर मोहराज को युद्ध में पराजित कर देता है।

मोहराजपराजय वस्तुतः प्रतीकात्मक नाटकों में एक नया मोड़ है। इसमें इतिहास भी सम्मिश्रित हो गया है, तथा कुमारपाल के राज्यश्री और कृपासुंदरी इन दो नायिकाओं से संबंध के बहाने नाटककार ने अपने युग के द्वंद्व को अभिव्यक्ति दी है। यश:पाल की दृष्टि मूलतः जैनधर्म के आदर्श से प्रेरित है, वे अपरिग्रह व अहिंसा का संदेश भी इस रूपक के माध्यम से देने में सफल हुए हैं।

धर्माभ्युदय

धर्मप्रचार के उद्देश्य से विरचित इसी प्रकार का एक अन्य रूपक मेघप्रभाचार्य का धर्माभ्युदय है। इनका समय अनिर्णीत है, तथापि अनुमानतः इन्हें बारहवीं-तेरहवीं शताब्दियों में रखा गया है। यह श्रीगदित कोटि का उपरूपक है। राजा दशार्णभद्र इसका नायक है। वह महावीर स्वामी के दर्शन के लिये दशार्णकूट पर उद्यान में पहुँचता है। इंद्र तीर्थंकर के दर्शनार्थ ऐरावत पर बैठ कर वहाँ आते हैं। राजा के गर्व के परिहार के लिये इंद्र ऐसा करते हैं। अंत में इंद्र से आगे बढ़ने के लिए दशार्णराज जिनेंद्र से दीक्षा ले लेता है। रंगमंच पर यतिवेशधारी प्रतिमा की स्थापना की परिकल्पना इसमें अभिनव है, जिसके कारण इसे छायानाट्य भी माना गया है।

रंभामंजरी

हम्मीरमहाकाव्य के प्रणेता नयचंद ने काशीनरेश जयसिंह (११७०-११९३ ई०) की

प्रणयकथा को चित्रित करते हुए रंभामंजरी नाटिका की रचना की। प्रस्तावना में समग्र नाटिका का कथासार बताते हुए नाटककार ने कहा है—

इक्ष्वाकूणां नरेशवंशतिलकः स जैत्रचन्द्रः प्रभुः
युक्त्या परिणीय सप्तगृहिणीरूपेण याप्सरा।
एतस्मिन् भवितुं यथोक्तविधिना भूमण्डलाखण्डलो
रम्भां तां परिणयत्यष्टमस्त्रियमेतस्मिन् सट्टके वरे।।

इस नाटिका पर राजशेखर की कर्पूरमंजरी तथा लीलानाट्यों की शैली का गहरा प्रभाव है। लाटदेश की राजकुमारी रंभा के साथ जयसिंह का विवाह रंगमंच पर कराया गया हैं जिसमें विवाह के लोकाचारों का रोचक चित्रण है। नायिका को उसके भवन की खिड़की के साथ लगे अशोक वृक्ष की डाल के सहारे उसकी सखी खिड़की से बाहर निकाल लाती है-यह दृश्य यहाँ दिखाया गया है, जो संस्कृत नाटक में अभूतपूर्व ही है। कवि सूत्रधार के रूप में नाटिका में चल रहें प्रसंगों का काव्यात्मक वर्णन करता चलता है। नायक और नायिका के सुरतव्यापार का निर्मयाद वर्णन भी वह करता है, जो साहित्य की अधोगति को ही प्रदर्शित करता है फिर भी रंभामंजरी कई दृष्टियों से अपूर्व रचना है। इसमें वैतालिकों के गीत अपभ्रंश भाषा में हैं, जिनमें लयात्मकता और लोकभाषा के छंदों की बानगी मनोहारी है।

तेरहवीं-चौदहवीं शताब्दी के रूपक

प्रबुद्धरौहिणेय

विंटरनित्ज़ ने प्रबुद्धरौहिणेय प्रकरण के प्रणेता मुनि रामभद्र का आविर्भावकाल ११८५ई० के आसपास माना है। इस प्रकरण के संपादक मुनि पुण्यविजय जी के अनुसार मुनि रामभद्र वादिदेव सूरि के प्रशिष्य थे अतः इनका समय तेरहवीं शताब्दी है।

प्रबुद्धरौहिणेय मुनि रामभद्र का लिखा हुआ अत्यन्त रोचक और अभिनेय प्रकरण है। यह आधुनिक काल में मूल संस्कृत तथा हिन्दी अनुवाद में अनेक बार रंगमंच पर प्रस्तुत किया गया है। इसका नायक रौहिणेय नामक डाकू है। वह चोरी, हत्या, लूट और अपहरण के अनेक कांड कर चुका है, पर राजा उसे पकड़ नहीं पाया। अंत में प्रजा राजा के समक्ष फरियाद लेकर जाती है, राजा क्रुद्ध होकर मंत्री अभयकुमार को आदेश देता है कि पाँच दिन के भीतर डाकू को पकड़ कर उपस्थित नहीं किया, तो तुम्हें फाँसी पर चढ़ा दिया जायेगा। मंत्री अभयकुमार अपने गुप्तचरों को जाल बिछा कर अंत में राजमहल में ही चोरी के लिए घुसते रौहिणेय को पकड़वा लेता है। पर रौहिणेय इतना चतुर है कि वह अपने को शालिग्राम का निवासी दुर्गचंड नामका किसान बताता है और शालिग्राम के निवासियों से इसकी पुष्टि के लिए गवाही भी दिलवा देता है। राजा जानते हैं कि यह वास्तव में डाकू ही है, छल कर रहा है, और वे उसे

फाँसी पर चढ़ाये जाने का आदेश भी देना चाहते हैं, पर मंत्री अभयकुमार कहता है कि नीति के अनुसार अपराध सिद्ध हुए बिना दंड नहीं दिया जा सकता। वह यह चुनौती भी स्वीकार करता है कि रौहिणेय के मुँह से उसका अपराध स्वीकार करवा लेगा। इसके लिए रौहिणेय को राजमहल में सत्कारपूर्वक ठहराया जाता है, उसे खूब मदिरा पिलायी जाती है और सोकर उठने के पश्चात् पहले से तैयार नटमंडली के लोग गायन-वादन करते हुए उसके आगे नाटक रच कर कहते हैं कि आप स्वर्ग में आ गये हैं, आपने भूलोक में कोई अपराध किया हो, तो इसे स्वीकार कर लीजिये, उसके पश्चात् देवराज इंद्र आपसे भेंट करेंगे और स्वर्ग में आपको प्रवेश देंगे। मदमत्त होने के कारण रौहिणेय अपने अपराधी जीवन का सारा भंडाफोड़ करने ही वाला है; तभी वह देखता है कि अपने आपको गंधर्व और अप्सरा बताने वाले लोगों को पसीना आ रहा है, उनके द्वारा पहने हुए फूलों की मालाएँ कुम्हलायी हुई हैं और वे धरती पर खड़े हैं। उसे अनिच्छापूर्वक सुना हुआ महावीर स्वामी का यह वचन स्मरण आता है कि देवताओं को पसीना नहीं आता, उनके फूलों की मालाएँ नहीं कुम्हलातीं और उनके चरण धरती को स्पर्श नहीं करते। रौहिणेय तत्काल समझ जाता है कि यह सब छल है और वह फिर नाटक करता हुआ अपने आपको धर्मात्मा बताने लगता है। अंत में राजा मंत्री के कहने से उसके आगे हार मान कर उसे इस शर्त पर छोड़ देने का वचन देते हैं कि वह अपनी वास्तविकता बता दे। रौहिणेय अपना सच्चा परिचय देता है और अपने द्वारा चोरी-डकैती में पाया हुआ धन तथा अपहृत की गयी स्त्रियों को लौटा कर महावीर स्वामी की शरण में चला जाता है।

कपटजाल की रचना, भिन्न प्रकार के नायक की परिकल्पना तथा संवादों की रोचकता के कारण प्रबुद्धरौहिणेय संस्कृत नाट्यसाहित्य की अनमोल धरोहर है। यही एक ऐसा नाटक है जिसमें एक दस्यु को नायक बनाया गया है।

पारिजातमंजरी

भोजवंशीय राजा अर्जुन (राज्याभिषेक १२१० ई०) की प्रशस्ति में मदन कवि ने पारिजातमंजरी नामक नाटिका लिखी थी, जिसके दो ही अंक धार में भोज के बनवाये सरस्वतीकंठाभरण प्रासाद की शिलाओं पर उत्कीर्ण लिपि का उद्धार करके प्राप्त किये जा सके हैं। इसकी रचना १२१३ ई० में हुई। मदन कवि गौड देश के थे तथा धारा की राजसभा में कविराज की उपाधि से विभूषित किये गये थे। राजा अर्जुन के तीन ताम्रपत्रों के लेख भी इन्होंने ही लिखे। इस नाटिका में राजा अर्जुन का नायिका पारिजातमंजरी से प्रणयव्यापार चित्रित है।

नाटिका के प्रारंभ में राजा अर्जुन के द्वारा गुजरात के राजा जयसिंह को परास्त करने का वर्णन है। विजय प्राप्त कर के वह हाथी पर सवार हो कर लौट रहा है,तभी एक पारिजातमंजरी उसके वक्ष:स्थल पर गिरती है। इसके साथ ही यह आकाशवाणी होती है—

मनोज्ञां निर्विशन्नेनां कल्याणीं विजयश्रियम्।
सदृशो भोजदेवेन धाराधिप भविष्यसि।।

(१.६)

इसके पश्चात् नायिका पारिजातमंजरी से राजा का प्रणय आरंभ हो जाता है। हिंदोल राग में गान के साथ वसंतोत्सव के उल्लास से सारा राजकुल सराबोर है। राजा नायिका के विरह में संतप्त है। उसकी रानी सहकार और माधवीलता का विवाह रचा रही है। इसी अवसर पर नायिका छिप कर राजा को देखती है, जिसका आभास रानी को हो जाता है और वह रिसा कर चल देती है। पूरी नाटिका की विषयवस्तु तथा संविधान हर्ष की रत्नावली के अनुकरण पर परिकल्पित है। भोज के गांगेयविजय का भी उल्लेख इस नाटिका में किया गया है, जिससे इसका ऐतिहासिक महत्त्व बढ़ जाता है।

करुणावज्रायुध

करुणावज्रायुध नाटक के प्रणेता गुजरात के महामात्य वस्तुपाल (१३वीं श.) के समकालीन महाकवि बालचंद्र सूरि हैं। दो टीकाग्रंथ तथा वसंतविलासमहाकाव्य इनकी अन्य रचनाएँ हैं।

राजा वज्रायुध महान् परोपकारी तथा प्रजापालक सम्राट् थे। अहिंसाव्रत का वे अनन्य निष्ठा के साथ पालन करते आ रहे थे। उनकी यह धारणा थी कि जो कोई हिंसात्मक धर्म के द्वारा स्वर्ग पाना चाहता है, वह राख के द्वारा रची गई सोपानपरंपरा या सीढ़ियों पर चढ़ कर स्वर्ग पहुँचना चाहता है। जीवों का रक्षा करना उनके अनुसार सबसे बड़ा धर्म था।

एक बार एक कबूतर उनकी राजसभा में चीत्कार करता हुआ आया। राजा के समक्ष पहुँच कर उसने पुकार लगाई - 'हे शरणागत के आश्रयदाता राजन्, मेरी रक्षा कीजिये, रक्षा कीजिये!!'

राजा तलवार निकाल कर किससे रक्षा करना है - यह प्रश्न करने जा ही रहे थे कि तेजी से पंख फड़फड़ाता हुआ एक बाज वहाँ आ पहुँचा। आते ही उसने कहा - 'राजन्, तलवार मत खींचो, यह कबूतर मेरा भक्ष्य है, इसे मुझे सौंप दो।' राजा ने बाज को छोड़ने मना किया। दोनों में विवाद छिड़ गया। सभाजन चकित हो कर दोनों को तर्क वितर्क करते हुए देखते रह गये। राजा ने कहा कि शरणागत और अभयदाता सबसे ऊपर है, उसके कथन को अन्यथा नहीं किया जा सकता। बाज ने कहा - 'इस कपोत को खाना मेरा कुलाचार है। मैं क्षुधातुर हूँ। इसे खा कर मैं अपनी क्षुधा ही नहीं मिटाने जा रहा, मैं अपने धर्म की रक्षा भी कर रहा हूँ। आप मुझे इससे वंचित कर के अनाचार कर रहे हैं। आप मेरा आहार छीन कर अधर्म कर रहे हैं।'

राजा ने कहा - 'इस कपोत के स्थान पर मैं तुम्हारे लिये हर तरह के भक्ष्य की व्यवस्था कर सकता हूँ।'

बाज ने पूछा - 'क्या व्यवस्था करेगें आप?'

राजा ने सेवकों को संकेत किया। तत्क्षण मोदकों से भरी थाल ले कर आ गये। राजा ने बाज से कहा - 'लो श्येनराज, इसे ग्रहण करो।' बाज ने कहा - 'यह क्या वस्तु है - मैं नहीं जानता।' राजा मोदक की प्रशंसा करने लगे, तो बाज ने कहा - 'ये सब अन्न से बनी वस्तुएँ खिला कर मेरा धर्म भ्रष्ट मत कीजिये। मै मांस के अतिरिक्त अन्य कुछ नहीं ले सकता। क्षुधा के कारण मेरे प्राण निकले जा रहे हैं।'

राजा ने कहा - 'हमारे यहाँ तो किसी पशुपक्षी का मांस सुलभ हो ही नहीं सकता। हम जीवहिंसा नहीं करते'।

बाज ने कहा - 'यदि भूख से मेरे प्राण निकल गये, तो यह सबसे बड़ी हिंसा होगी।'

बाज सचमुच भूखा था। इतना कहते कहते वह मूर्च्छित हो गया।

बाज की यह दशा देख कर राजा वज्रायुध करुणा से विह्वल हो उठे। वे बाज के ऊपर पानी के छींटे दे कर उसे प्रबोधित करते हुए कहने लगे -'पक्षीराज! मैं अभी तुम्हारे आहार की व्यवस्था करता हूँ। मैं इस पक्षी के भार के बराबर अपने देह का मांस आपको अर्पित कर सकता हूँ - क्या यह स्वीकार है?'

पक्षी ने कहा - 'महाराज! ऐसा ही हो।'

राजा ने आदेश दिया - - 'एक तुला लाई जाए, और एक कृपाणी (छुरी) भी।'

जब तक मंत्री और सेवक गण कुछ समझ पाते राजा ने तुला के एक पलड़े पर कपोत को रख दिया और अपनी जंघा काट कर मांस निकालने लगे।

राजा अपने देह का मांस पक्षी को खिला रहे हैं - यह सुन कर रानी प्रियंवदा चिंतित हो कर वहाँ आ पहुँची। मंत्री और रानी मिल कर राजा को इस विकट कार्य से रोकने का प्रयास करने लगे। राजा थे कि मांस ऐसे काट रहे थे, जैसे कद्दू काट रहे हों। मांस काट कर वे तुला के दूसरे पलड़े पर रखते जा रहे थे। पर कपोत जिस पलड़े पर था, वह ऊपर उठने का नाम नहीं ले रहा था।

अंत में राजा ने छुरी एक और रख दी और तुला के पलड़े पर स्वयं बैठ गये। उनके बैठते ही पलड़ा झुक गया। राजा अब अपार आनंद का अनुभव कर रहे थे। उनके मन में यह भाव आया कि आज मेरा जीवन सार्थक हुआ - किसी प्राणी की रक्षा के लिये मैं अपना देह अर्पित कर रहा हूँ।

राजा आनंद के अतिरेक के कारण ध्यान में मग्न थे। उन्हें पता नहीं चला कि कब उनके ऊपर आकाश से फूलों की वर्षा होने लगी।

आँखें खोलीं तो देखा न कबूतर है, न बाज। उनकी जंघा से रुधिर बहना भी बंद हो चुका है और न कोई घाव है न शरीर में कोई पीडा।

दो देवता सामने खड़े थे।

दोनों ने प्रणाम कर के राजा से कहा - महाराज, हम आपके त्याग और अहिंसावृत्ति की प्रशंसा करते हैं। हुआ यह कि स्वर्ग में आपके गुणों का बखान हो रहा था। हमारे स्वामी देवराज इंद्र ने कहा कि शरणागति और करुणा में राजा वज्रायुध के जैसा कोई नहीं। हम दोनों से आपकी प्रशंसा सही न गई। हम ने कहा - आप हमारे स्वामी हैं, आप उदारतावश एक मनुष्य की प्रशंसा कर रहे हैं, हम भी उस राजा को उसके सत्त्व से गिरा कर बता देंगे कि देवताओं के सम्मुख मनुष्य की कोई बिसात नहीं। तो आपकी परीक्षा लेने के लिये हमने यह रूप धरा था।

इतना कह कर बार बार क्षमा प्रर्थना करते हुए देवता अंतर्धान हुए।

महाभारत में ठीक इसीप्रकार की कथा राजा शिवि के संबंध में कही गई है। जैन परंपरा में यह कथा राजा वज्रायुध के अतिरिक्त शांतिनाथ के पूर्वजन्म के वृत्तांत में भी आती है। वहाँ शांतिनाथ राजा मेघरथ हैं।

सांप्रदायिक भाव तथा धार्मिक संकीर्णता ने इस नाटक के भावलोक की क्षति की है। नाटककार का कथन है—

एकं जैनं विना धर्ममन्ये धर्माः कुधीमताम्।
वृता एव न शोभन्ते पटच्चरपटा इव।। (४०)

हम्मीरमदमर्दन

हम्मीरमदमर्दन नाटक के प्रणेता जयसिंह हैं। ये भी गुजरात के प्रतिष्ठित महामात्य वस्तुपाल के समकालीन थे तथा जैन मुनि श्री वीरसूरीश्वर के शिष्य थे। जयसिंह भृगुकच्छ (भड़ोंच) में मुनि सुव्रतस्वामी जिनालय के प्रतिष्ठाचार्य रहे। हम्मीरमदमर्दन नाटक की रचना इन्होंने १२७६ विक्रमसंवत् से १२८६ वि.सं. (१२१९ से १२२९ई०) के बीच की।

इस नाटक में पाँच अंक हैं।

कथासार – गुर्जरभूमि (गुजरात) में राजा वीरधवल राज कर रहे थे। उनके राज में सब ओर शांति और सुख था। वस्तुपाल और तेजःपाल उनके दो मंत्री थे। दोनों राजकाज में परम निपुण, धर्म और मर्यादा के पालन में अत्यंत दत्तचित्त थे। विशेष रूप से राजा अपने प्रिय अमात्य वस्तुपाल की राजनीतिक चतुराई और कार्यकुशलता की सदा सराहना करते रहते थे। उनको लगता कि महामति चाणक्य ने वस्तुपाल के रूप में नया अवतार लया है, साक्षात् बृहस्पति की प्रज्ञा ही मंत्री वस्तुपाल में उतर आई है।

राज्य पर एक साथ एक ओर से सिंधुराज संग्रामसिंह के भड़काने से सिंहनराज ने, तो दूसरी ओर से मालवा के राजा ने आक्रमण कर दिया। इधर तुर्क हम्मीर तो घात लगाये बैठा था। उसने भी गुजरात पर धावा बोल दिया।

पर राजा वीरधवल को मंत्री वस्तुपाल की प्रज्ञा पर विश्वास था। और विश्वास खरा भी था। लावण्यसिंह तेज:पाल का बेटा था। वह अपने पिता और पितृव्य वस्तुपाल के गुणों को ग्रहण कर रहा था। पहली बार दोनों ने उसे काम सौंपा - तीनों राजाओं में फूट डालने का। उसने अपने गुप्तचरों को सिंधुराज संग्रामसिंह, सिंहनराज और मालवनरेश के शिविरों में इस तरह घुसा दिया कि इन राजाओं में एक दूसरे के लिये खटास जन्म लेने लगी। ये गुप्तचर बड़े नाटकबाज थे। कोई तपस्वी का रूप धर कर अपनी जटाओं में सिंधुराज संग्रामसिंह की मुद्रा से अंकित जाली पत्र छिपा कर सिंहनराज के शिविर के पास आशंकित से छिप कर निकलते दिखाई पड़ जाते, जान बूझ कर अपने आप को पकड़वा देते और धर पकड़ खाना तलाशी में उनकी जटाओं से जाली पत्र भी निकल आते। इस तरह जो राजा महाराज वीर धवल पर हमला बोलने के लिये घेरा डाले हुए थे, वे आपस में ही एक दूसरे पर हमला करने को उतारू हो गये।

इधर राजा वीरधवल ने निश्चय किया कि हम्मीर से लोहा लेने के लिये वे स्वयं सेना के साथ प्रयाण करेगें।

वस्तुपाल की मति तो कल्पलता के समान थी, फिर छोटे भाई तेज:पाल और उसके बेटे लावण्यसिंह सहायक थे ही। संकट के समय उन्होंने साम, दान और भेद इन नीतियों का प्रयोग किया। आसपास के उन राजाओं को जो महाराज वीर धवल के संकट में अपना लाभ देख रहे थे, अमात्य ने प्रलोभन दिया कि महाराज वीर धवल सिंधुराज संग्रामसिंह, सिंहनराज और मालवनरेश के राज्यों को जीत कर उनमें से कुछ हिस्सा आप लोगों को देगें। इसीका परिणाम था कि सोमसिंह, उदयसिंह, धारावर्ष, विक्रमादित्य और सहजपाल - ये राजा वीरधवल के साथ संधि करने का प्रस्ताव ले कर चले आये। इधर राजा सिंहन को लावण्यसिंह के गुप्तचरों ने मालवनरेश को ले कर ऐसा आशंकित कर दिया था कि उसे लगने लगा मालवनरेश वीरधवल पर आक्रमण करने नहीं, वीरधवल की सहायता से उसे वश में करने के लिये सेना ले कर गुजराज की ओर आ रहा है। तो वह वीरधवल पर आक्रमण करने के स्थान पर अपनी सेना ले कर मालवनरश के भिड़ने चल पड़ा।

पर सिंधुराज संग्रामसिंह चुप बैठने वाला नहीं था। उसी ने सिंहन को वीर धवल पर आक्रमण करने के लिये उकसाया था। इधर महाराज वीरधवल हम्मीरमदमर्दन के लिये तैयारी कर रहे थे, वस्तुपाल की तीक्ष्ण प्रज्ञा सिंहनराज और मालवनरेश को परस्पर लड़ाने में लगी हुई थी। हम्मीर ने वीरधवल के राज्य में आने वाले स्तंभतीर्थ को हथियाने के लिये सेना रवाना कर दी।

संग्रामसिंह ने अपने गुप्तचर भुवनक को कपटी दूत बना कर वीर धवल के पास भेजा। पर वस्तुपाल सतर्क थे। उन्होंने भुवनक को झिड़कते हुए कहा कि संग्रामसिंह एक ओर संधि का प्रस्ताव भेजता है, दूसरी ओर छल से हमारे स्तंभतीर्थ हड़पना भी चाहता है। उससे कहो

कि कपट की नीति छोड़े, संधि और युद्ध दोनों एक साथ नहीं हो सकते।। भुवनक को लगा कि यहाँ दाल नहीं गलेगी।

तभी खबर मिली कि हम्मीर मेवाड़ तक बढ़ आया है, उसने वहाँ लूटपाट मचा रखी है। वस्तुपाल ने पहले ही अपने कई गुप्तचर तुर्कों के वेश में उस ओर रवाना कर दिये थे। ये गुप्तचर हम्मीर की सेना में जा मिले। ये सैनिकों में डर फैलाने लगे कि राजा वीरधवल की सेना मेवाड़ तक आ पहुँची है और कभी भी हमला हो सकता है।

इसके बाद वस्तुपाल ने हम्मीर को ध्वस्त करने के लिये एक अद्भुत व्यूहरचना की। उन्होंने अपने एक विश्वस्त गुप्तचर को बगदाद में खलीफा के पास भेजा। यह गुप्तचर शीघ्रक अत्यंत चतुर और प्रत्युत्पन्न मति था। वह खलीफा को उल्टी पट्टी पढ़ाने में लग गया। उसकी बातों में आ कर खलीफा के मन में यह बात जम गई कि हम्मीर भीतर ही भीतर उसकी खिलाफत कर रहा है। खलीफा ने उसीके हाथों कर्परखान के नाम हम्मीर को कैद करने का फरमान जारी कर दिया। एक ओर कर्परखान की सेना और दूसरी ओर से वीर धवल की। हम्मीर दो पाटों के बीच पिस सा गया। उसने बिना शर्त वीरधवल के साथ संधि कर ली।

ऐतिहासिक नाटकों में यह नाटक महत्त्वपूर्ण है। राजा वीरधवल का हम्मीर से युद्ध तथा हम्मीर की पराजय का पूरा इतिवृत्त भारतीय इतिहास के अछूते पक्ष उजागर करता है। उस समय की सामाजिक तथा राजनीतिक स्थिति पर भी इससे अच्छा प्रकाश पड़ता है। हम्मीर से हुए युद्ध में सौराष्ट्र का राजा भीमसिंह तथा मरुदेश के राजा सोमसिंह, उदयसिंह, धारावर्य महीतट का राजा विक्रमादित्य और लाट देश का राजा सहजपाल वीरधवल की सहायता करते हैं। हम्मीर की सेना का पराजित मेवाड़ की जनता पर अत्याचार का चित्रण रोंगटे खड़े कर देने वाला है। बगदाद के खलीफा से भी मंत्री तेजःपाल की वार्ता का प्रसंग इस नाटक को एक वैश्विक परिप्रेक्ष्य प्रदान करात है। राजनीति की चालों का निरूपण मुद्राराक्षस के समकक्ष है। मिथ्या वार्ता, छद्मवेश तथा गुप्तचरों के कार्यकलापों के कारण नाटक रोमांचक बन गया है तुर्कों के आक्रमण का चित्रण उस समय की यथार्थ स्थितियों को सामने रखता है। नाटक में आद्यंत वीररस के प्रवाह, ओजस्वी भाषा तथा छंदों और लय के निर्वाह ने उत्कृष्टता प्रदान की है।

वस्तुपाल की कूटनीति उनकी लोककल्याण भावना तथा देशहित की चिंता से जुडी हुई है। राजनीतिक चातुर्य और कौटिल्य के अर्थशास्त्र में बताये गये सिद्धांतों का विनियोजन इस नाटक में भलीभाँति प्रदर्शित किया गया है। वीररस इस नाटक में अंगी है, तदनुरूप भाषा में ओजस्विता व गौडी रीति का समुचित निर्वाह नाटककार ने किया है।

धूर्तसमागम

ज्योतिरीश्वर ठाकुर १४वीं शताब्दी में मिथिलानरेश हरिसिंहदेव के राजकवि थे। ज्योतिरीश्वर

ने मैथिली में वर्णरत्नाकर काव्य तथा संस्कृत में पंचसायक नाम से कामशास्त्र का ग्रंथ भी लिखा है। इनका लिखा धूर्तसमागम प्रहसन नाट्यसाहित्य में उल्लेखनीय है। इसमें एक दुष्ट परिव्राजक (संन्यासी) विश्वनगर और उसके शिष्य दुराचार के बीच एक गणिका अनंगलेखा को लेकर कलह का चित्रण किया गया है। गणिका की सलाह पर ये दोनों असज्जाति नामक ब्राह्मण के पास निर्णय के लिए जाते हैं। विवाद में निर्णायक बनने वाले असज्जाति मिश्र भी अनंगसेना पर लट्टू हो जाते हैं, दूसरी ओर मूलनाशक नामक नापित (नाई) का अनंगसेना पर ऋण बाकी है, वह अपना ऋण माँगने आता है तो उसका ऋण चुका कर मिश्र अनंगसेना को अपने पास रख लेते हैं। फिर नापित से अपनी सेवा करने को कहते हैं, नापित उल्टे उन्हें बाँध कर चंपत हो जाता है। विभिन्न धार्मिक सम्प्रदायों के अनुयायियों के पाखंड पर इस प्रहसन में करारा व्यंग्य किया गया है।

व्यंग्य की पैनी मार ने इस प्रहसन को प्रभावशाली बना दिया है। ज्योतिरीश्वर की भाषा व संवादों की शैली सुघड़ तथा आकर्षक है। यह नाटक हिंदी अनुवाद में अनेक बार आधुनिक रंगमंच पर प्रदर्शित किया गया है।

कुहनाभैक्षव

प्राचीन प्रहसनों में तिरुमलनाथ का कुहनाभैक्षव अप्रकाशित और महत्त्वपूर्ण कृति है। तिरुमलनाथ शिंगभूपाल (१३८१-१४२१ ई०) के सभाकवि थे। आंध्र की लोकरीतियों और लोकाचार के चित्रण के कारण यह प्रहसन रुचिकर बन गया है। प्रस्तावना में ही विप्रश्निका नामक ओझाइन सूप से धान फटकने का प्रदर्शन करती हुई सूत्रधार की पुत्री के उसके दामाद से पुनर्मिलन की भविष्यवाणी करती है, तथा दक्षिणा में पान, सुपारी व आटा माँगती है। साधु आत्मयोनि तथा शिष्य दामोदर इस प्रहसन के मुख्य पात्र हैं। साधु के देवदासी चंद्ररेखा पर आसक्ति का चित्रण किया गया है। चंद्ररेखा राजा के छत्रधारी अहमदखान नामक मुसलमान के वश में है। उसकी शिष्या शंखकौशिकी अपने गुरु के उन्माद का उपचार करने का प्रयास करती है। गुरु का स्त्रीवेश बनाकर अपनी प्रिया से मिलने जाना और एक बंदर के द्वारा उन्हें डराया जाना, फिर अहमद खान के सेवक रजा खान के द्वारा उन्हें बंदर समझ कर उनकी पिटाई-इस प्रकार के हास्योत्पादक दृश्यों से यह प्रहसन भरपूर है। विडंबनापूर्ण स्थितियों तथा मुस्लिम पात्रों के प्रवेश के कारण कुहनाभैक्षव एक निराली रचना है।

दूतांगद

तेरहवीं शताब्दी के पूर्वार्ध में सुभट ने दूतांगद नाटक की रचना की। इस नाटक को स्वयं नाटककार ने छायानाटक बतलाया है। इसके प्रणेता सुभट राजा भीम द्वितीय (११७८-१२३९ ई०) के शासनकाल में रहे, पर दूतांगद नाटक की रचना इन्होंने भीम के उत्तराधिकारी

त्रिभुवनपाल के आश्रय में रह कर की। महाकवि सोमेश्वर ने अपने सुरथोत्सव महाकाव्य में सुभट का उल्लेख करते हुए इनको कविप्रवर का दर्जा दिया है। सुरथोत्सव महाकाव्य की रचना १२२७ ई० के आसपास हुई। दूतांगद नाटक से ही इस नाटक का अभिनय कुमारपाल की यात्रा के महोत्सव में सन् १२४३ ई० में होने की सूचना मिलती है। इससे सुभट का जीवनकाल बारहवीं शताब्दी के उत्तरार्ध से लगा कर तेरहवीं शताब्दी के उत्तरार्ध के मध्य निश्चित होता है।

दूतांगद की प्रस्तावना में सुभट को पदवाक्यप्रमाणपारंगत बताया गया है। इससे सिद्ध होता है कि सुभट ने एक कवि तथा आचार्य के रूप में अपने जीवनकाल में ही प्रचुर ख्याति अर्जित की थी। राजसभा की अभिरूपभूयिष्ठा मंडली में भी इनकी अच्छी प्रतिष्ठा थी। सोमेश्वर ने सुरथोत्सव में इन्हें कविप्रवर बताते हुए कहा है—

श्रीसोमेश्वरदेवककवेरवेत्य लोकम्पृणं गुणग्रामम्।
हरिहरसुभटप्रभृतिभिरभिहितमेवं कविप्रवरैः।।

(सुरथोत्सव १५.४४)

दूतांगद में चार अंक हैं। इसमें मायामयी सीता वास्तविक सीता का अभिनय करती है। इस छाया सीता के पात्र की परिकल्पना के कारण ही इस नाटक को सुभट ने छायानाटक कहा होगा। इस नाटक में राम के समुद्र पार करके सुवेल पर्वत पर पहुँचने से लेकर रावण से उनके युद्ध तक की कथा नाटकीय रूप में विन्यस्त है। मुख्य प्रसंग अंगद का राम का दूत बन कर रावण के पास जाना है। वहाँ मायामैथिली प्रहस्त के साथ आती है और अंगद के देखते देखते 'जयतु जयत्वार्यपुत्रः' कह कर रावण के अंक में बैठ जाती है। अंगद समझ जाते हैं कि यह तो मायासीता है और वे कहते है- 'न खलु भवती जानकी।' अंगद का रावण के साथ संवाद बड़ा ओजस्वी तथा रोचक है। दूतांगद में अंगद रावण को उसकी वास्तविकता बताते हुए कहते हैं—

रे रे रावण रावणाः कति बहूनेतान् वयं सुश्रुम
प्रागेकं किल कार्तवीर्यनृपतेर्दोर्दण्डपिण्डीकृतम्।
एकं नर्तनदापितान्नकवलं दैत्येन्द्रदासीजनै-
रेकं वक्तुमपत्रपामह इति त्वं तेषु कोऽन्योऽथवा?।।

(२२)

(हे रावण, संसार में कितने रावण हैं? हमने भी कुछ रावणों के विषय में सुना है। इनमें से एक का तो पहले कार्तवीर्य राजा की भुजाओं ने कचूमर निकाल दिया था। दूसरे को दैत्यराज बलि की दासियाँ नचा-नचा कर अनाज के टुकड़े देती थीं। एक और रावण है, उसके विषय में तो हमें कहने में ही लज्जा आती है। तू इन रावणों में से कौन सा रावण है-या तू इनके अतिरिक्त कोई और रावण है?)

इस प्रकार के संवादों की तुलसी के रामचरितमानस आदि में छाया देखी जा सकती है। नाटक के अंतिम अंक में गंधर्वों के द्वारा राम-रावण-युद्ध का वर्णन कराया गया है।

उल्लाघराघव

सुप्रसिद्ध कवि, विद्वान् तथा मंत्री वस्तुपाल के आश्रित महाकवि सोमेश्वर की पिछले अध्यायों में चर्चा की गयी है। सुरथोत्सव तथा कीर्तिकौमुदी ये दो महाकाव्य, कर्णामृतप्रपा नीतिकाव्य तथा रामशतक, आबूमंदिरप्रशस्ति आदि के अतिरिक्त इन्होंने उल्लाघराघव के द्वारा नाट्यरचना में भी पदार्पण किया। इस नाटक की प्रस्तावना के अनुसार वस्तुपाल ने इनकी प्रशस्ति में कहा था—

यस्यास्ते मुखपङ्कजे सुखमृचां वेदः स्मृतीर्वेद यः।
त्रेता सद्मनि यस्य यस्य रसना सूते च सूक्तामृतम्।
राजानः श्रियमर्जयन्ति महतीं यत्पूजया गूर्जराः
कर्तुं तस्य च संस्तुतिं जगति कः सोमेश्वरस्येश्वरः।।

(उल्लाघ० १/८)

(जिनके मुखकमल में सुख से ऋचाओं का वेद निवास करता है, जो स्मृतियों को जानते हैं, जिनके सद्म या निवास में त्रेतायुग है, जिनकी रसना सूक्तियों के अमृत को बहाती रहती है, जिनकी पूजा से गुर्जर देश के राजा महती लक्ष्मी को अर्जित करते रहते हैं, उन सोमेश्वर की स्तुति करने में इस संसार में कौन समर्थ है?)

उल्लाघराघव की रचना सोमेश्वर ने अपने पुत्र लल्लशर्मा के आग्रह पर की तथा इसका अभिनय द्वारिका के मंदिर में प्रबोधिनी एकादशी के अवसर पर हुआ था।

उल्लाघराघव नाटक में सीतास्वयंवर से लेकर रावण-वध तक की कथा निरूपित है। संवादों में संगीतात्मकता का निर्वाह सोमेश्वर ने निरन्तर किया है, जिससे इस नाटक में अभिनेयता की नयी दिशा उन्मीलित हुई है। कथानक में कतिपय नयी कल्पनाएँ जोड़ी गयी हैं, जैसे मंथरा कैकेयी को समझा रही है, और कैकेयी उसकी बात नहीं मानती, तो वह कैकेयी को मोहनमंत्र से अभिमंत्रित पान खिला देती है। रावण के अवलोकनार्थ राम और लक्ष्मण के चित्र बनवा कर प्रस्तुत किये जाते हैं। इसी प्रकार मथुरा के राजा लवणासुर के षड्यंत्र पर उसका एक गुप्तचर भरत को राम आदि के मारे जाने और सीता के सती हो जाने का मिथ्या समाचार दे देता है। इसी समय रावण-विजय के अनंतर विभीषण विमान से उतर कर वहीं पहुँचते हैं और भरत उन्हें भ्रम से रावण समझ कर उनसे भिड़ने को तैयार हो जाते हैं। राम के उदात्त चरित्र की प्रस्तुति तथा वर्णन-कला के सौन्दर्य के कारण नाटक प्रशस्य है।

शंखपराभव व्यायोग

तेरहवीं शताब्दी के पूर्वार्ध में महाकवि हरिहर महामात्य वस्तुपाल के आश्रित कवि थे।

उन्होंने शंखपराभव व्यायोग[१५] की रचना की, जो ऐतिहासिक घटनाओं पर आधारित है। अपने व्यायोग की प्रस्तावना में इन्होंने जो आत्मपरिचय दिया है उसके अनुसार इनका मूल स्थान गौड देश था, तथा ये भारद्वाजगोत्रीय ब्राह्मण थे। ये सोमनाथ की तीर्थयात्रा के लिये आये, और वस्तुपाल की वीरता तथा गुणग्राहिता से प्रभावित हुए। प्रबंधकोश के अनुसार हरिहर नैषधचरितकार श्रीहर्ष के वंश में हुए। ये नैषधीयचरित की एक पोथी राजा वीरधवल की राजसभा में ले कर आये थे, जिसके अनंतर महामात्य वस्तुपाल की सहायता से इस महाकाव्य का गुजरात में प्रचार संभव हुआ। हरिहर जब गुजरात आये, तो राजा वीरधवल तथा वस्तुपाल ने धोलका में उनका स्वागत सत्कार किया। आरंभ में राजपुरोहित सोमेश्वर से इनका संबंध अच्छा नहीं रहा, पर वस्तुपाल के समझाने बुझाने से दोनों में मैत्री स्थापित हुई। सोमेश्वर ने अपने कीर्तिकौमुदी नामक महाकाव्य में हरिहर की प्रशंसा करतेहुए इन्हे कवीनां पाकशासनः (कवियों में इंद्र) कहा है।

स्ववाक्पाकेन यो वाचां पाकं शास्त्यपरान् कवीन्।
कथं हरिहरः सोऽभूत् कवीनां पाकशासनः।।

(कीकौ० १.२५)

इसी तरह अपने सुरथोत्सव महाकाव्य में भी सोमेश्वर ने हरिहर को कविप्रवर का दर्जा दिया है। प्रबंधकोश में हरिहर के काव्य को अमृत से भी अधिक मधुर बताया गया है।

शंखपराभव में लाट देश के राजा शंख का देवगिरि के राजा सिंहण से विवाद तथा संघर्ष चित्रित है। इसका आरंभ महामात्य वस्तुपाल का अपने चारणों व बंदिराज के साथ बातचीत से होता है। वस्तुपाल को अपने गुप्तचरों के द्वारा सूचना मिलती है कि लाटदेश के राजा सिंधुराज का पुत्र शंख, जो खंभात का शासक है, राजा वीरधवल पर आक्रमण करने की योजना बना रहा है। बंदिराज के वचनों में नायक वस्तुपाल तथा प्रतिनायक शंख दोनों की वीरता का ओजस्वी चित्रण है। वस्तुपाल शंख से युद्ध करता है, जिसमें राजा शंख पराजित होकर भाग जाता है। इस व्यायोग में युद्ध आदि के वर्णन बंदियों और मागधों के संवादों के द्वारा कराये गये हैं। संवादों की ओजस्विता और लयात्मकता मनोहारी है। संवादों की ओजस्विता ने इस रचना को निरंतर आकर्षक बनाये रखा है। जैसे—

तावद् वीरा धीरा यावन्न प्रकटयन्ति युधि रोषम्।
प्रकटितरुषाममीषां शङ्के दासः स कीनाशः।।

(६१)

(वीर तभी तक धीर या शांत रहते हैं, जब तक युद्ध में वे रोष को प्रकट नहीं करते। जब वे रोष प्रकट करने लग जाते हैं, तो लगा है इनके आगे कीनाश या असुरराज भी दास बन जाता है।)

प्राप्ते प्रत्यर्थिनां सैन्ये दैन्ये च पुनरर्थिनाम्।
असूनां च वसूनां च न धत्ते गणनामपि।। (१०)

(प्रत्यर्थी या शत्रुओं की सैन्य दैन्य को प्राप्त हो जाए, तो असुओं (प्राणों) और वसुओं (संपदाओं) की कोई गिनती नहीं रह जाती।)

विजयपालकृत द्रौपदीस्वयंवर

तेरहवीं शताब्दी के उत्तरार्ध में विरचित द्रौपदीस्वयंवर दो अंकों का श्रीगदित है। इसके प्रणेता महाकवि विजयपाल हैं। इनके पिता कविराज सिद्धराज तथा पितामह श्रीपाल चालुक्यनरेशों के द्वारा सम्मानित रहे। श्रीपाल तो राजा जयसिंह सिद्धराज के बालसखा ही थे, तथा राजा की विद्वत्परिषद् के वे अध्यक्ष रहे। सिद्धपाल तथा श्रीपाल राजकवि भी रहे। विजयपाल राजा कुमारपाल के वंशज भीमदेव (१२३४-१२९८ वि.सं.) के आश्रय में रहे। वे श्वेतांबर जैन संप्रदाय के अनुयायी थे।

इस नाटक का अभिनय राजा भीम द्वितीय के आदेश से अनहिलपट्टण में हुआ था। इसमें अर्जुन के द्वारा मत्स्यवेध करके स्वयंवर में द्रौपदी को पाने का वृत्तांत निरूपित है, जो महाभारत के आरण्यकपर्व में वर्णित लाक्षागृह से पांडवों से बच कर निकलने के बाद की घटनाओं पर आधारित है। इस में भीम के द्वारा राधा (मत्स्य) के वेध के लिये राधेय (कर्ण) से परशुराम के दिये पाँच बाणों में से बाण माँग कर लाने की वृत्तांत नवीन है। ये बाण अर्जुन को दिये जाते हैं और वह राधावेध कर देता है। परंतु उसके पश्चात् भी द्रौपदी स्वयंवर के लिये विभिन्न राजाओं के सामने ले जाई जाती हैं और अंत में अर्जुन के कंठ में वरमाला अर्पित कर देती है।

प्रस्तावना के अनंतर कृष्ण और भीम का प्रवेश होता है। कृष्ण भीम को सलाह देते हैं कि परशुराम ने कर्ण को जो पाँच अमोघ बाण दिये हैं, उनमें से एक तुम कर्ण से माँग कर ले आओ। भीम ब्राह्मण का वेश धारण कर के जाते हैं और कर्ण से भिक्षा में बाण की याचना करते हैं।

द्वितीय अंक में स्वयंवर का दृश्य है। द्रुपद के आदेश से कृष्ण स्वयंवर के समय (शर्त) की घोषणा करते हैं—

स्तम्भः सोऽयं गिरिरिव गुरुर्दक्षिणावर्तनिषु वामावर्तं विकटमितरं चक्रमावर्ततेऽत्र।
आस्ते लोलस्तदुपरि तिमिस्तस्य वामाक्षितारां लक्ष्यं वेध्यं तदपि निपुणं तैलपूर्णे कटाहे।
चापं पुरो दुरधिरोपमिदं पुरारेरारोप्य यो भुजबलेन भिनत्ति राधाम्।
रूपान्तराभ्युपगता जगतो जयश्रीः पञ्चालजा खलु भविष्यति तस्य पत्नी।।

(दक्षिण की ओर जो पर्वत की भाँति स्तंभ है, उस पर वामावर्त विकट चक्र घूम रहा है, उसके ऊपर चंचल मछली है, जिसकी बायीं आँख की पुतली को लक्ष्य बना कर बींधना है, पर उसे तैल से भरे कटाह में देख कर यह काम करना है।

यह शिव का धनुष है, जिस पर डोरी चढ़ाना कठिन है। इस पर डोरी चढ़ा कर जो इस राधा (मछली) को बींध देगा, उसे जगत् की जयश्री ही अन्य रूप बना कर जैसे आ गई हो ऐसी पांचालतनया पत्नी के रूप में प्राप्त होगी।)

कृष्ण दुर्योधन, शकुनि आदि को आदि लक्ष्यवेध के लिये आमंत्रित करते हैं। इन की विफलताओं के पश्चात् तीर्थयात्री के वेष में अर्जुन भीम के साथ प्रवेश करते हैं और द्रौपदी उनके कंठ में वरमाला डालती है। नाटक में कृष्ण की मायाओं तथा उनकी सर्वातिशायी भूमिका का चित्रण नवीन परिकल्पना के द्वारा किया गया है।

हस्तिमल्ल के नाटक

तेरहवीं-चौदहवीं शताब्दी के कवियों में महाकवि हस्तिमल्ल उल्लेखनीय हैं। ये पांड्य राजा के आश्रित थे। इन्हें अपने जीवनकाल में अनेक सम्मान तथा उपाधियों से विभूषित किया गया। अपने नाटक अंजनापवनंजय में अपना परिचय देते हुए ये लिखते हैं—

श्रीमत्पाण्ड्यमहीधरे निजभुजादण्डावलम्बीकृतं
कर्णाटावनिमण्डलं पदनतानेकावनीशेऽवति।
तत्प्रीत्यानुसरन् स्वबन्धुनिवहैर्विद्वद्भिराप्तैः समं
जैनागारसमेतसन्ततगमैः श्रीहस्तिमल्लोऽवसत्।।

हस्तुमल्ल ने अपने कवित्व के साथ अपने पांडित्य व आचार्यत्व से द्वारा भी प्रचुर ख्याति प्राप्त की, तथा इन्हें सरस्वतीस्वयंवरवल्लभ, महाकवितल्लज, सूक्तिरत्नाकर, कवितासाम्राज्यलक्ष्मीपति, उभयभाषाकविचक्रवर्ती आदि उपाधियों से विभूषित किया गया।

इनका रचनाकाल चौदहवीं शताब्दी एक प्रसृत है। इनके लिखे हुए निम्नलिखित रूपक मिलते हैं- विक्रांतकौरव, मैथिलीकल्याण, अंजनापवनंजय तथा सुभद्रा। इनके अतिरिक्त भी हस्तिमल्ल ने कतिपय अन्य रूपक लिखे थे तथा कन्नड़ भाषा में इन्होंने आदिपुराण और श्रीपुराण की रचना की थी।

विक्रांतकौरव नाटक में कुरुराज जयकुमार तथा काशीनरेश अकंपन की कन्या सुलोचना के प्रेम की कथा है। शृंगार और वीर रसों की धारा इस नाटक में निरन्तर प्रवहमाण है। सुलोचना स्वयंवर में जयकुमार का वरण करती है, तब जयकुमार का अन्य राजाओं से युद्ध होता है। युद्ध का वर्णन आकाश में विचरण करते अर्धदिव्य पात्रों के संवादों के द्वारा नाटककार ने कराया है। नाटक के तीसरे अंक में भाण की शैली में काशी के वारवाट (वेश्याओं के मुहल्ले) का वर्णन एक ही पात्र के कथन (एकालाप) के द्वारा कराया गया है। अपने नाम के अनुरूप हस्तिमल्ल का एक प्रिय वर्ण्य विषय हाथी है, इस नाटक के पंचम अंक में तथा अपनी अन्य कृतियों में भी उन्होंने हाथियों के सुंदर वर्णन गुंफित किये हैं।

मैथिलीकल्याण नाटक रामकथा पर आधारित है। इसमें स्वयंवर के पूर्व कामदेव के मंदिर

में उपवनदोलागृह में दोलाविहार करने गई सीता राम को देख कर उन पर मोहित हो जाती है। इस प्रसंग को आगे बढ़ाते हुए कवि ने राम और सीता का माधवीवन में पुनः मिलना, सीता के मन में राम के प्रेम को लेकर शंका होना, उनका रूठना तथा राम का मनाना, फिर केतकी पत्र पर लिख कर राम को संदेश भेजना, विरहव्यथा में सीता का शीतोपचार, उनके मनोरंजन के लिए सखियों के द्वारा कामसंबंधी नाटक खेला जाना इस प्रकार की अनेक घटनाएँ चित्रित हैं, जिनमें अनावश्यक रूप से राम और सीता को शृंगारबहुल नाटिकाओं के नायक-नायिका जैसा बना दिया गया है। इसके पश्चात् सीता का स्वयंवर होता है। राम को कवि ने एक साधारण रसिक नागरिक की भाँति गणिका, वेषवनिता आदि की चर्चा करते हुए तथा मदनोपचार का सेवन करते हुए दिखा दिया है। हस्तिमल्ल के द्वारा रामकथा की मर्यादा का इस तरह भंग करना अशोभनीय तथा निंदनीय है।

सात अंकों के अंजनापवनंजय नाटक में महेंद्रपुर की राजकुमारी अंजना तथा विद्याधरकुमार पवनंजय के प्रेम की कथा है। यह विमलसूरि के पउमचरिउ पर आधारित है। अंजना स्वयंवर में पवनंजय का वरण करती है। इसके पश्चात् पवनंजय के पिता प्रह्लाद के द्वारा रावण के दो सेनापतियों खर और दूषण को छुड़ाने के लिए वरुण की नगरी पातालपुरी पर आक्रमण व पवनंजय का युद्ध तथा विजय वर्णित है। युद्ध से लौट कर आने पर पवनंजय को विदित होता है कि अंजना अपने पिता के घर चली गयी है। वह अंजना के वियोग में बावला हो जाता है। इसी बीच अंजना उसके पुत्र हनुमान् को जन्म देती है।

सुभद्रा नाटिका में विद्याधर राजा नेमि की बहिन और कच्छराज की कन्या सुभद्रा तथा तीर्थंकर वृषभ के पुत्र भरत के प्रेम और विवाह की कथा है।

संकल्पसूर्योदय

वेंकटनाथ का संकल्पसूर्योदय प्रतीकात्मक नाटक है। वेंकटनाथ अपने समय के एक महान वेदांती और आचार्य तथा कवि के रूप में विख्यात हैं। इनका समय तेरहवीं-चौदहवीं का संधिकाल है। इनकी मृत्यु १३६९ ई० में हुई थी। रामानुजाचार्य इनके मामा थे। इन्होंने शताधिक ग्रंथों की रचना की है। अपने समय के अनेक दिग्गज पंडितों को इन्होंने शास्त्रार्थ में हराया। इनके शास्त्रार्थ को शतदूषणी तथा परमतभंग के नाम से ग्रंथों के रूप में उपनिबद्ध भी किया गया। अहींद्रनगर तथा विजयनगर के राजा ने इनका सम्मान किया। इनके स्तोत्रकाव्यों का परिचय आगे के अध्याय में दिया जा रहा है।

संकल्पसूर्योदय में महाराज विवेक और उसकी पत्नी सुमति पुरुष को संसार के बंधनों से मुक्त करने का प्रयास कर रहे हैं। प्रतिनायक महामोह पुरुष को मोह में फँसाये रखने के लिए बौद्ध, जैन आदि मतों का प्रवर्तन करता है। वह काम, क्रोध, लोभ, तृष्णा, वसंत आदि की सेना के द्वारा पुरुष पर आक्रमण कर देता है। विवेक महामोह के इस व्यूह का भेदन कर देता

है। फिर वह अपने सारथि तर्क को पुरुष की समाधि के लिए उपयुक्त स्थान खोजने का आदेश देता है। महामोह का नाश होता है और पुरुष समाधि के द्वारा मोक्ष प्राप्त होता है।

संकल्पसूर्योदय नाटक में साठ से भी अधिक प्रतीकात्मक पात्र हैं। प्रबोधचंद्रोदय के ही समान विवेक और महामोह के दो पक्षों का निरन्तर द्वन्द्व यहाँ प्रदर्शित किया गया है। गुरु, शिष्य, नारद, तुंबुरु आदि मानव या दिव्य पात्र भी इसमें हैं। शास्त्रचर्चा और पांडित्य का इस नाटक में प्रकर्ष हुआ है। शांतरस का अंगीरस के रूप में आद्यंत निर्वाह भी वेंकटनाथ ने किया है। एक आचार्य की दृष्टि से वे अन्य रसों की तुलना में शांत की श्रेष्ठता का अपने नाटक के आरम्भ में ही उद्घोष करते हैं-

असभ्यपरिपाटिकामधिकरोति शृङ्गारिता, परस्परतिरस्कृतिं परिचिनोति वीरायितम्।
विरुद्धगतिरद्भुतस्तदल्पसारैः परैः, शमस्तु परिशिष्यते शमितचित्तखेदो रसः।।

(१/१९)

(शृंगारिता तो असभ्यपरिपाटी पर चलती है, वीरों का आचरण परस्पर तिरस्कार को ही समझता है, अद्भुत रस विरुद्ध गति वाला है, और अल्पसार वाले अन्य रसों से प्रयोजन ही क्या? फिर तो चित्त के खेद का शमन करने वाला शांत रस ही बचता है।)

शृंगार रस की भी बाध्य रस के रूप में चर्चा इस नाटक में है। वेंकटनाथ ने बड़े कौशल से शृंगार के भीतर छिपे बीभत्स का दिग्दर्शन कराया है। गद्य हो या पद्य; दृष्टांत, निदर्शना और रूपक वेंकटनाथ की लेखनी में सहज उतरते चले आते हैं। गद्य के कतिपय संवाद उदाहरणीय हैं—

उदन्यां प्रालेयैरुपशमयितुं वाञ्छति जडः।

(१.८६)

कुहकवादिनः कुमतिगणैः सह पुरुषोत्तमपदपद्मनियमितचित्तं पुरुषं हालिकजम्बुकन्यायेनार्थान्तर-प्रसङ्गेन प्रतारयितुमादिष्टा उपसर्पन्ति। (सं.सू.प्रथमखंड, पृ० २०२)

एते च मधुमथनभुजबलपरिभ्रमितमन्दरमहीधरमथ्यमानमहार्णवनिर्घोषनिर्विशेष-निरर्थकविविधवाचो वाचस्पतिमपि वनस्पतीकर्तुमुद्युञ्जते वासिका वावदूकाः। तदमी सावधानसम्प्रयुक्तारम्भेण प्रकटप्रकाशितसाधनोपालम्भदंष्ट्रांकुरेण प्रतिपन्नखरतरतर्क-पञ्चकनखरेणारण्यकारण्यवर्तिना प्रमाणपराक्रमकण्ठीरवेण नियमकुण्ठशक्तिना निरसनीयाः सत्पथविस्रम्भरम्भावमथनविहितसंरम्भाः प्रचण्डा वैतण्डिकवेतण्डाः। (वही, पृ० २१९)

इस उद्धरण में न्यायशास्त्र की साधन, तर्कपंचक, प्रमाण, वितंडा वैतंडिक आदि शब्दावली का सटीक प्रयोग है। वाचस्पतिमपि वनस्पतीकर्तुमुद्युञ्जते – (बृहस्पति को भी पेड़ या काठ बनाने को उद्यत हैं) यह सानुप्रासिक वाक्य पदवक्रता तथा उपमा का अच्छा नमूना है। वैतंडिक अर्थात् वितंडा या केवल अपने पक्ष को सही सिद्ध करने के लिये कुतर्क करने वाले के लिये

गज का उपमान दिया गया है, जिन्हें प्रमाणपराक्रमरूपी कंठीरव या सिंह के द्वारा निरस्त किया जाना है। यह सांग रूपक का भी अच्छा प्रयोग है।

इसीप्रकार—

अवधारितपरमार्थेन प्रतिभटकथककलङ्काभटहनूमता भवता स्थूणानिखननन्यायेन सञ्चालित-निष्कम्पमध्यात्मतत्त्वमवगच्छामि। (वही)

इस वाक्य में लंका के वीर कथक (वादी) बताये गये हैं, जिन्हें वेंदांती स्थूणानिखननन्याय से परास्त कर देगा यह निश्चय व्यक्त किया गया है।

वादविवाद, वेदांततत्त्व का निरूपण तथा अध्यात्मचर्चा को भी वेंकटनाथ ने अपनी असाधारण प्रतिभा के द्वारा विविध अलंकारों के प्रयोग, वक्रोक्ति की विच्छित्ति तथा भाषा की अनाविलता और परिष्कृतपदावली के द्वारा सरस बना दिया है। निम्नलिखित पद्य में युक्ति को युवती के हृदय के समान क्रूर बताते हुए वे वादसभा का बहुवर्णी चित्र खींचा गया है—

कुटिलमतिभिः क्लृप्ता बाह्यैः कुदृष्टिभिरप्यसौ कथकपरिषद्धौरेयाणामपि क्षणकर्कशा।
प्रलपनरुणीभूतालीकप्रकाशनपत्रला युवतिहृदयक्रूरा युक्तिर्युनक्त्यमितं भयम्।।

(संसू. २.२०)

प्रभाविलास टीका के अनुसार बाह्य का अर्थ यहाँ चार्वाकमतानुयायी है। पत्रला शब्द का प्रयोग सर्वथा प्रातिभोन्मेषजन्य है। प्रभाविलास टीका ने इसका अर्थ व्याप्ता किया है।

छन्दों के नाना निर्झर विचारप्रवाह के अनुकूल वेंकटनाथ के अचलगिरिशिखर से स्वतः स्रवित होते जाते हैं। उनमें विचारों के आवर्तविवर्त पदावली के सरस प्रवाह के अंग बनते जाते हैं। पृथ्वी छंद का यह प्रयोग चिरंतनों या प्राचीन मनीषियों की वाणी रूपी सरस्वती के केश सँवारने के लिये सैरंध्री बन जाने वाली यतिपुरंदर की उक्तियों के वर्णन में तदनुरूप गठन के साथ सध गया है -

इदम्प्रथमसम्भवत्कुमतिजालकूलङ्कषा मृषामतविषानलज्वलितजीवजीवातवः।
क्षरन्त्यमृतमक्षरं यतिपुरन्दरस्योक्तयः चिरन्तनसरस्वतीचिकुरबन्धसैरन्ध्रिकाः।।

अलंकारों का स्वतःसिद्धि तथा अपृग्यत्ननिर्वत्यता के लिये वेंकटनाथ की कविता उत्तम उदाहरण है। साधर्म्यमूलक अलंकारों में उपमा, रूपक उत्प्रेक्षा आदि के साथ अर्थांतरन्यास का विन्यास भी कविता के चँदोवे में नक्षत्र की चमक ला देता है। पर कहीं कहीं काव्य दुरूह हो गया है। जैसे—

चिन्ताशेषदुरर्थदन्तुरवचःकन्थाशतग्रन्थिलाः
सिद्धान्ता न समिन्धते यतिवरग्रन्थानुसन्धायिनि।
मुक्ताशुक्तिविशुद्धसिद्धतटिनीचूडालचूडापदः
किं कुल्यां कलयेत खण्डपरशुर्मण्डूकमञ्जूषिकाम्।

यहाँ खण्डपरशु का अर्थ शिव है। चिंता में अवशिष्ट अर्थ के द्वारा दंतुर या दाँत बाहर निकालने के कारण बेतुके लगने वाले निरर्थर वचनों की सेंकड़ों कंथाओं से ग्रंथिल यह जटिल रूपक साधा गया है। चिन्ताशेषदुर्थदन्तुरवचःकन्थाशतग्रन्थिलाः सिद्धान्ताः का विशेषण है।।

रूपक तथा अन्य अलंकारों का संयोजन नाटक की प्रतीकात्मकता में सौंदर्यबोध तथा अनुभूति की गहनता का आधान करता है। माया की रात का अंत संकल्प रूपी सूर्य के उदय से किस प्रकार हो सकता है इसका वर्णन करते हुए कहा गया है—

आबध्नती विगतशान्तिमनादिनिद्रां चेतस्विनस्त्रिगुणशक्तिमयी त्रियामा।
नाथस्य केवलमसौ वरकान्तकर्तुः सङ्कल्पसूर्यविभवेन समापनीया।।

(संसू० १.८७)

वस्तुतः संकल्पसूर्योदय जीवनदर्शन तथा वैचारिकता की नाट्याभिव्यक्ति है। विचारमंथन के अनुरूप भाषाशैली सहज रूप में इसमें स्वतः सुरचित होती गयी है। उदाहरणार्थ—

तर्को न प्रतितिष्ठति प्रभवति त्रय्याऽपि वैयाकुली
क्षोभं यान्ति मिथः क्षताः ऋषिगिरः क्षुद्रोक्तयः किं पुनः।
इत्थं तत्त्वविनिश्चयो निधिरिव क्षिप्तो गुहाभ्यन्तरे
पन्थानं तु महाजनस्य निपुणः प्रत्यञ्चमध्यस्यति।।

(१.९०)

सानुप्रासपदावली, भाषासौष्ठव की सहजता ने वेंकटनाथ की अभिव्यक्ति को सर्वत्र उदात्त बना दिया है। हयग्रीव की वंदना में भक्ति, जीवनदृष्टि, ओजस्विता तथा विद्वत्ता का समन्वय देखा जा सकता है—

समाहारः साम्नां प्रतिपदमृचां धाम यजुषां
लयः प्रत्यूहानां लहरिविततिर्बोधजलधेः।
कथादर्पक्षुभ्यत्कथककुलकोलाहलभवं
हरत्वन्तर्ध्वान्तं हयवदनहेषाहलहलः।।

(२.८)

यहाँ रूपकों की माला कवि ने गूँथ दी है। हयवदनहेषा या हयग्रीव की हिनहिनाहट को सामगीतियों का समाहार, ऋचाओं का स्थल, यजुष् का धाम, प्रत्यूहों या विघ्नों का लय, बोध रूपी सागर की लहरों की पाँत बताया है। ऐसी यह हयवदनहेषा कथा के दर्प से क्षुब्ध मन वाले कथक या कथा कहने वालों के समुदाय के द्वारा किये जाते कोलाहल से जन्मे मन के अँधेरे को मिटाती है।

संकल्पसूर्योदय की सूक्तियाँ

आभाणकों के समीचीन विन्यास तथा नये आभाणकों व सूक्तियों के समावेश का संकल्पसूर्योदय एक उत्कृष्ट निदर्शन है। कतिपय सूक्तियाँ उद्धृत हैं—

न हि जगति भवतिं मशको मातङ्गस्य प्रतिस्पर्धी। (संसार में मशक या मच्छर मातंग अथवा हाथी से होड़ नहीं ले सकता।

विरूपाः खलु जनाः निजमुखदोषं निर्मलेष्वपि दर्पणेषु समर्पयन्ति। (कुरूप लोग अपने मुख का दोष निर्मल दर्पण पर भी मढ़ देते हैं।)

पिशाचविवाहे गर्दभगानं संवृत्तम्। (पिशाचों के विवाह में गधों का गान हो गया।)

गर्दभगाने श्रृगालविस्मयमनुस्मारयन्ति। (गधों के गान में सियारों के चकित होने का स्मरण करा रहे हैं।)

न खलु बधिराणां कौतुकमातनोति कोकिलालापः (कोकिल का कूजन बहरे लोगों में कौतुक नहीं जगाता।)

रामानुजदर्शन की प्रतिष्ठा व काव्यात्मक संभार की दृष्टि से संकल्पसूर्योदय अप्रतिम रचना है।

प्रतापरुद्रकल्याण तथा अन्य नाटक

तेरहवीं शताब्दी के उत्तरार्ध में ही विद्यानाथ ने प्रतापरुद्रकल्याण नामक ऐतिहासिक नाटक की रचना की। विद्यानाथ काकतीय वंश के राजा प्रतापरुद्र (१२९६-१३२६ई०) के सभाकवि थे। प्रतापरुद्रकल्याण की रचना इनके राज्याभिषेक के अवसर पर हुई। इस नाटक में प्रतापरुद्र की वंशावली तथा उनकी नानी रुद्रांबा का चरित्र प्रामाणिक रूप से चित्रित है, प्रतापरुद्र की प्रशस्ति और दिग्विजय के निरूपण में अतिशयोक्ति की गयी है।

इसी के आदर्श पर महाकवि हस्तिमल्ल ने मैथिलीकल्याण और हस्तिमल्ल के वंशज (पौत्र के पौत्र) ब्रह्मसूरि ने ज्योतिःप्रभाकल्याण नाटक लिखा। ज्योतिःप्रभाकल्याण नाटक में शांतिनाथ के पूर्वज अमिततेज विद्याधर और ज्योतिःप्रभा के प्रणय की कथा है। प्रतापरुद्र के ही अन्य आश्रित सभाकवियों में नरसिंह ने आठ अंकों में बाणभट्ट की अमर गद्यरचना पर आधारित कादंबरीकल्याण की रचना की।

सौगंधिकाहरण व्यायोग

सौगंधिकाहरण व्यायोग की रचना विश्वनाथ ने की। ये ऊपर उल्लिखित कादंबरीकल्याण के प्रणेता नरसिंह के भाई थे। ये साहित्यदर्पणकार विश्वनाथ से भिन्न तथा उनके पूर्ववर्ती हैं।

विश्वनाथ वारंगल के राजा प्रतापरुद्रदेव (१२९४-१३२५ई०) के आश्रय में रहे। अलंकारशास्त्र के सुप्रसिद्ध आचार्य विद्यानाथ भी राजा प्रतापरुद्रदेव की राजसभा में रहे। विद्यानाथ का दूसरा नाम अगस्त्य भी है। ये सौगंधिकाहरणकार विश्वनाथ के मामा थे, इन्होंने बाल्यकाल में अनाथ हो गये अपने भंगिनीपुत्र को पाला पोसा व शिक्षा दी, तथा राजसभा में उसे प्रवेश भी दिलाया।

रामजी उपाध्याय का अनुमान है कि ये ही विश्वनाथ मधुराविजय महाकाव्य की यशस्विनी कवि गंगादेवी के गुरु थे, तथा इन्हीं के विषय में गंगादेवी ने अपने महाकाव्य में यह प्रशस्तिवाक्य लिखा है –

चिरं स विजयी भूयाद् विश्वनाथकवीश्वरः।
यस्य प्रसादात् सार्वज्ञं समिन्धे मादृशीष्वपि।।

इस व्यायोग में भीम के द्वारा द्रौपदी के लिये सुगंधित पुष्प लाने की कथा निरूपित है। नाटककार ने कथा में भीम का संघर्ष यक्षों से चित्रित करते हुए एक पात्र के रूप में कुबेर का प्रवेश कराया है, जो अभिनव कल्पना है। दो भाइयों के मिलन का अत्यंत रोचक प्रसंग इस कथा के माध्यम से चित्रित करने का अवसर नाटककारों ने पाया है। विश्वनाथ ने भी हनुमान् के अपने अनुज के प्रति स्नेह तथा उनकी कौतुकी वृत्ति का चित्रण यहाँ रमणीय रूप में किया है।

भीमविक्रमव्यायोग

भीमविक्रमव्यायोग[१६] की रचना मोक्षादित्य ने सन् १३२८ई० में की। मोक्षादित्य के पिता का नाम भीम तथा **गुरु** का नाम हरिहर था। रामजी उपाध्याय का अनुमान है कि ये हरिहर शंखपराभवकार हरिहर हो सकते हैं, और इस आधार पर वे मोक्षादित्य को गुजरात से संबद्ध मानते हैं। इस व्यायोग में गद्यात्मक संवादों के अतिरिक्त ९० श्लोक हैं। इस व्यायोग की कथावस्तु शतानंदकवि सूनु के भीमपराक्रमव्यायोग के समान है, जिसमें छद्मवेषधारी भीम के द्वारा जरासंध का वध प्रदर्शित किया गया है। जरासंध की नगरी में प्रवेश के पूर्व भीम अग्नि में कूद कर प्राण देने के लिये उतारू एक युवक को देखते हैं, और उन्हें पता चलता है कि वह युवक जरासंध को द्वारा अकारण बंदी बना लिये गये अपने पिता और भाई को कारागार से न छुड़ा सका इसलिये निराश हो कर प्राण दे रहा है। उस युवक की माता भी करुण विलाप करती है। यह पूरा प्रसंग श्रीहर्ष के नागानंद से प्रभावित प्रतीत होता है, तथा इस से इस व्यायोग में करुण रस की अपूर्व सृष्टि हो सकी है। इसी प्रकार जरासंध के प्रासाद में प्रवेश करने पर भीम, अर्जुन तथा कृष्ण देखते हैं कि वहाँ यज्ञ हो रहा है। इस यज्ञ का वर्णन चित्रोपम शैली में नाटककार ने किया है, और जरासंध के चरित्र में नये रंग भी उसने इस प्रसंग के द्वारा भर दिये हैं।

शृंगारमंजरी

शृंगारमंजरी भाण के रचयिता राजा सर्वज्ञ सिंहभूपाल (१३८३-९९) हैं। इनके पिता अनपोत नायक तथा माता अन्नमांबा थीं। ये आंध्र प्रदेश में वेंकटगिरि राज्य में राज्य करते रहे, जिसकी राजधानी राकोंड नगर था। सिंहभूपाल विद्वान्, कवि तथा कवियों व विद्वानों के

आश्रयदाता के रूप में संस्कृत साहित्य में अमर हैं। चमत्कारचंद्रिका के रचयिता विश्वेश्वर, अय्यप्पाचार्य, विशिष्टाद्वैत के प्रमुख आचार्य तथा पंडित और कवि वेदांतदेशिक के पुत्र नयनाचार्य आदि अनेक आचार्यों व कवियों ने इनकी राजसभा को अलंकृत किया। वेदांतदेशिक को इन्होंने अपना गुरु माना था, जिनकी चर्चा इस ग्रंथ में अनेकत्र की गई है। संगीतसुधाकर, नाटकपरिभाषा, रसार्णवसुधाकर आदि अनेक शास्त्रीय ग्रंथों के प्रणेता सिंहभूपाल को कहीं कहीं कंदर्पसंभव नामक रूपक का रचयिता भी कहा जाता है, जब कि चमत्कारचंद्रका में विश्वेश्वर ने इस रूपक का रचयिता स्वयं को बताया है। शृंगारमंजरी भाण तथा कंदर्पसंभव दोनों अनुपलब्ध हैं। रामकृष्णमाचार्य का अनुमान है कि कंदर्पसंभव भाण कोटि का रुपक रहा होगा।[१७]

पारिजातहरण नाटक

चौदहवीं शताब्दी के महाकवि उमापति का पारिजातहरण नाटक संस्कृत संवादों के साथ-साथ मैथिली भाषा के गीतों के विन्यास तथा लीलानाट्य की कीर्तनिया शैली के प्रयोग के कारण उल्लेखनीय है। उमापति उपाध्याय मिथिला के कोइलख गाँव में हुए थे। ये राजा हरिहरदेव की सभा में समादृत हुए। इनकी भाषा में जयदेव के गीतगोविंद की माधुरी भरी हुई है तथा अनुप्रासों की श्रुतिमधुर झंकृति सर्वत्र अनुगुंजित है। पारिजातहरण नाटक में सत्यभामा को प्रसन्न करने के लिए कृष्ण के द्वारा स्वर्ग के पारिजात वृक्ष लाने की कथा है।

वामनभट्टबाण के रूपक

वरदाग्निचित् के पौत्र तथा गोमतियज्वा के पुत्र वामनभट्टबाण वेदान्त के महान आचार्य विद्यारण्य के शिष्य थे। १३८० ई० में उत्कीर्ण देवराय प्रथम के एक शिलालेख के वे प्रणेता हैं। उनकी रचनाओं में दो महाकाव्य, एक खण्डकाव्य, एक गद्यकाव्य चार रूपक तथा दो कोश ग्रन्थ उल्लेख्य है। उनकी नाट्य कृतियाँ हैं- शृंगार-भूषण भाण, पार्वती-परिणय नाटक, बाणासुर-विजय नाटक तथा कनक-लेखाकल्याण। नलाभ्युदय, रघुनाथचरित तथा हंससंदेश इनकी काव्यकृतियाँ हैं। वेमभूपालचरित इनका गद्यकाव्य है। शब्दार्थचंद्रिका तथा शब्दार्थरत्नाकर ये कोशविषयक ग्रंथ हैं।[१८]

पार्वतीपरिणय नाटक कालिदास के कुमारसंभव पर आधारित है।

जगन्नाथ झा ने वामन भट्ट बाण को मिथिला निवासी माना है। उनके अनुसार इनका जन्म दरभंगा जिले के भंडारसभा ग्राम में हुआ, जहाँ इनकी स्मृति में निर्मित बाणेश्वरीमंदिर अभी भी है। इनकी मृत्यु पर धर्मशास्त्री वाचस्पति ने यह शोकश्लोक लिखा था—

ध्वस्तः काव्योरुमेरुः कविविपणिमहारत्नराशिर्विशीर्णः
शुष्कः शब्दौघसिन्धुः प्रलयमुपगतो वाक्यमाणिक्यकोषः।

दिव्योक्तीनां निधानं निधनमुपगतं हा हता दिव्यवाणी!
बाणे पूरप्रयाणे प्रतिहतविधिना प्रापिते दीर्घनिद्राम्।।[११]

शृंगार-भूषण भाण में विलासशेखर विट नायिका अनंगमंजरी के प्रथमार्तव महोत्सव में सम्मिलित होने के लिये घर से निकलता है। वेशवाट के वातावरण, पिता के धार्मिक अनुष्ठानों का त्याग कर गणिका के घर रमने वाले ब्राह्मण पुत्र, गणिका के लिये शस्त्र से द्वन्द्व करने वाले प्रेमी गणिका की कन्दुक क्रीडा, डोला (झूला) आदि का सरस, सजीव चित्ताकर्षक और यथार्थ वर्णन वामन भट्ट बाण ने यहाँ किया है, जिसके यह रचना चतुर्भाणी की भाँति महत्त्वपूर्ण बन गई है। अभिव्यक्ति की प्रांजलता और कल्पनाशीलता का इसमें मणिकांचनयोग हुआ है। दक्षिण के रईसों का रहनसहन यह भाण बेबाक ढंग से निरूपित करता है, विशेषतः कलत्रपत्र (गणिका को पत्नी के रूप में घर में रखने का लिखित अनुबन्ध) का उल्लेख महत्त्वपूर्ण है (पृ० १५) नये मुहावरों के विन्यास से इसकी भाषा सप्राण बन गई है। उदाहरण के लिये—

गन्तृच्छायां परित्यज्यागामिनी छाया गृहीतव्या (पृ० ८),

(जाने वाली छाया को छोड़ कर आने वाली छाया को पकड़ना चाहिये।)

काकोऽपि रटतु घटीयन्त्रं च प्रवर्तताम् (पृ० १)

कौवा भी काँव काँव करता रहे और घटी यंत्र भी तलता रहे।)

वृद्धा वारविलासिनी वानरी भवति (पृ० १५) आदि।

(वृद्धा वारविलासिनी वानरी बन जाती है।)

वेश्यामाता का वर्णन भी बड़ा चित्ताकर्षक है—

रसज्ञलोकैरभिनन्दितानां वाराङ्गनाचन्दनवल्लरीणाम्।
मुहुर्वमन्तो गरलं मुखेन स्वमातरः कालभुजङ्ग्य एव।।

(रसिकजनों के द्वारा अभिनंदित वारांगनारूपी चंदनलताओं के लिये अपने मुख से गरल उगलती उनकी माताएँ कालभुजंगियाँ ही होती हैं।)

पार्वतीपरिणय नाटक में पाँच अंकों में कालिदास के कुमारसम्भव का कथानक रूपान्तरित किया गया है। बाणासुरविजय में भी पाँच अंक हैं। इसमें उषा और अनिरुद्ध के प्रेम तथा श्रीकृष्ण द्वारा बाणासुर को परास्त करने का आख्यान है। कनकलेखाकल्याण नाटिका में विजयवर्मा चार दाँत वाले हाथी की खोज में मृगया के लिये वन में जाता है और विद्याधर कन्या कनकलेखा के प्रणयपाश में बँध जाता है। पूरी नाटिका में वाक्यावली तथा प्रसंगों के विन्यास में कालिदास (विशेषतः उनके शाकुन्तल) व श्रीहर्ष की रत्नावली का गहरा प्रभाव है। अन्यच्छाया सौन्दर्य का रुचिर निदर्शन यह नाटिका प्रस्तुत करती है। वन का सजीव व यथार्थ वर्णन बाण के विन्ध्याटवी और भवभूति के दण्डकारण्य के वर्णनों का स्मरण दिला देता है। नायक को नायिका से मिलाने के लिये विरूपाक्ष नामक सिद्ध राजशेखर की विद्धशालभञ्जिका के भैरवानन्द के जैसी भूमिका निभाता है। वस्तुतः वामनभट्ट बाण ने अपने पहले के

साहित्यकारों से बहुत कुछ लिया है, तो उसमें अपनी उर्वर कल्पनाशीलता से बहुत कुछ जोड़ा भी है। भाषा और भावों की सम्पन्नता तथा विविध साहित्य विधाओं में रचना की दक्षता को देखते हुए निरसन्देह उन्हें इस काल के श्रेष्ठ रचनाकारों में परिगणित किया जा सकता है। वामन भट्ट बाण की स्वयं के विषय में शृंगारभूषण भाण में की गई यह गर्वोक्ति सटीक ही है—

पद्ये पटीयान् किल कालिदासः गद्ये पटीयान् किल भट्टबाणः।
पद्ये च गद्ये च परं पटीयान् वत्सान्वयो वामनभट्टबाणः।।

शृंगार-भूषण भाण की प्रस्तावना में उन्होंने कहा है—

सौभाग्यस्य निधिः श्रुतस्य वसतिः विद्यावधूनां वरो
लक्ष्म्याः केलिगृहं प्रसूतिभवनं शीलस्य कीर्तेः पदम्।
निस्सामान्यविकासया कवितया जागर्ति वत्सान्वयः
श्रीमान् वामनभट्टबाणसुकविः साहित्यचूडामणिः।।

वामनभट्ट बाण की अन्य नाट्यरचना कनकलेखा नाटिका में कनकलेखा व व्यासवर्मा के प्रेम तथा विवाह की कथा है। वस्तुतः दोनों विद्याधर हैं, तथा ऋषि के शाप के कारण मृत्युलोक में अवतार लेते हैं।

तेरहवीं-चौदहवीं शताब्दी के अन्य नाटक

रामकृष्णमाचार्य ने चौदहवीं शती में रचे गये अप्रकाशित व हस्तलिखित रूप में उपलब्ध भाणों में वरदाचार्यकृत वसंतभूषण, पेद्दयामात्यकृत अज्ञातनाम भाण, पशुपति नागनाथकृत मदनविलास का उल्लेख किया है।

कमलिनीराजहंस

पूर्ण सरस्वती के कमलिनीराजहंस नाटक में सारे पात्र नैसर्गिक तत्त्वों या पशुपक्षियों के प्रतीक हैं। नायक राजहंस को खगपरिषद् का राजा बनना है, मयूर उसका प्रतिद्वंद्वी है। कमलिनी अपनी चेटी के द्वारा पंपादेवी (पंपा सरोवर) को समाचार भेजती है कि जलधरभट कैसा अनर्थ कर रहे हैं। कालमेघ और पुरोमारुत पंपा प्रदेश को घेर लेते हैं। कालमेघ और पुरोमारुत मयूर को पक्षियों का सम्राट् बनाना चाहते हैं। वर्षा के द्वारा होने वाले विनाश से क्षतविक्षत कमलिनी का वृत्तांत जान कर राजहंस विलाप करता हुआ विक्रमोर्वशीयम् के पुरूरवा की भाँति हर किसी से उसके विषय में पूछता हुआ भटकता है। प्रकृति के विषाद तथा उल्लास दोनों का चित्रण इस नाटक में सरस तथा मर्मवेधी है। कालमेघ और उसके सहायक मयूर के राज्याभिषेक का सारा संविधान रच देते हैं। तब राजहंस की सेना भी तैयार हो कर उन पर आक्रमण करती है। इस सेना में चक्रवाक, बक, हंस, सारस, शुक आदि पक्षी हैं। अंत में ब्रह्मा के आदेश से शरन्मुनि कालमेघ का विनाश कर देते हैं, उसके द्वारा बंदी बनाई गई कमलिनी को मुक्त करते हैं, तथा राजहंस का राज्याभिषेक होता है।

प्रकृति की लीला को ले कर रचे गये इस रम्य रूपक में सौंदर्य व कमनीयता है। मयूर के राज्याभिषेक का संभार मनोहर है—

किरन्ति स्वैः पुष्पैः ककुभि ककुभि प्रौढककुभा
हरन्ति क्ष्मारेणुं मधुरसजलैर्बालकुटजाः।
उलूलुप्रध्वानं दधति मधुपैर्वञ्जुललताः
कदम्बैर्लम्ब्यन्ते कुसुमकलिका दामनिकराः।।

तो दूसरी ओर इसका अंत करने के लिये उतर पड़ी राजहंस की सेना का निरूपण भी उतना ही मनोरम है—

बकशुकरङ्कभृङ्गपिककौशिकसङ्कलितां
चलकलविङ्ककङ्कजरङ्ककलिङ्गकुलाम्।
निचुलपतत्रपत्रचयचित्रितदिग्वदनां
कलयितुमीहते क इव ते महतीं पृतनाम्।।

(५.१८)

पूर्णसरस्वती अपने समय के श्रेष्ठ दार्शनिक तथा वेदांती हैं। संपूर्ण नाटक एक आध्यात्मिक रूपक भी है। इसका स्पष्टीकरण देते हुए नाडीजंघ कहता है—

कालमेघमहामोहे शापश्रुत्या निवारिते।
हृद्यां कमलिनीं विद्यां दिष्ट्या शिष्यो ममाप्तवान्।।

(५.५८)

कुवलयावली

इस नाटिका के प्रणेता सिंहभूपाल हैं। कुवलयावली नाटिका का अन्य नाम रत्नपांचालिका भी है। इसकी नायिका कुवलयावली नारद के द्वारा प्रदत्त मुद्रा के प्रभाव से पुरुषों को रत्नों की बनी पांचालिका (गुड़िया) दिखने लगती है। नारद इस गुड़िया को कृष्णप्रिया रुक्मिणी को सौंप देते हैं। इस मुद्रा की सिद्धि से नाटिका में अनेक भ्रांतियों व प्रणय तथा मिलन के प्रसंग प्रस्तुत करने का अवसर नाटिकाकार को मिला है। सत्यभामा नारद और कृष्ण के छल को जान जाती हैं, और वे रुक्मिणी को रत्नपांचालिका का रहस्य बता देती हैं। इसी बीच रत्नपांचालिका को कोई असुर चुरा ले जाता है। अंत में उसकी पुनः प्राप्ति और रुक्मिणी के द्वारा स्वयं प्रसन्न हो कर उसे कृष्ण को अर्पित करने के प्रसंग से नाटिका समाप्त होती है। सिंहभूपाल की भाषा रत्नावलीकार श्रीहर्ष के ही समान प्रांजल तथा सरस है और कल्पनाओं की मालाएं गूँथने में भी वे पीछे नहीं हैं। भाषा की रमणीयता संवादों में पदे पदे उतरती लगती है। जैसे रत्नपांचालिका की सखी चंद्रलेखा या यह संवाद है—

परागो निर्गतो नयनात्। रागः खलु बलवान् सङ्क्रान्त इदानीमपि रमते।

सिंहभूपाल अधीती कवि हैं। नाट्यशास्त्र के आचार्य के रूप में उनकी विशिष्ट ख्याति है। अनेक प्राचीन कवियों की छायाएँ उनके पद्यों में मनोहर रूप ले कर संक्रांत हुई हैं। उदाहरणार्थ इस पद्य में भवभूति की गूँज है—

आकर्षितानि ननु कर्णरसायनानि सख्याः पुरो निगदितान्यतिवत्सलायाः।
एतानि तानि वचनानि मनोरमाया भावानुबन्धपिशुनान्यपकैतवानि।।

(३.१२)

चंद्रकलानाटिका

इस नाटिका के प्रणेता साहित्यदर्पणकार विश्वनाथ हैं। विश्वनाथ का साहित्यदर्पण अलंकारशास्त्र में सुविदित हैं। अपने ग्रंथ में उन्होंने अपने लिये प्रयुक्त विरुदों तथा अपनी महनीय वंशपरंपरा का इसप्रकार उल्लेख करते हुए स्वयं को नारायणचरणारविन्दमधुव्रत, अष्टादशभाषावार-विलासिनीमहाभुजङ्ग, सान्धिविग्रहिक, महामात्र आदि बताया है। विश्वनाथ ने विविध विधाओं तथा अनेक भाषाओं में अनेक कृतियों का प्रणयन किया, जिनमें से अधिकांश अप्राप्त हैं।[२०]

इस नाटिका के अतिरिक्त इन्होंने प्रभावतीपरिणय नामक नाटिका भी लिखी थी। चंद्रकला नाटिका के नायक राजा चित्ररथ हैं। चित्ररथ का अमात्य सुबुद्धि है। सुबुद्धि को कर्णाटक पर विजय के लिये प्रयाण की यात्रा में सेनापति विक्रमाभरण के द्वारा भेजी एक कन्या मिलती है। इस कन्या के विषय में भविष्यवाणी की गई है कि जिसके साथ उसका विवाह होगा, लक्ष्मी उसका स्वयं वरण करेगी। सुबुद्धि इस कन्या को महाराज चित्ररथ की रानी के पास ही रख देता है। इस प्रकार नायक का नायिका को देखना, दोनों में पूर्वराग और प्रणय, मिलन के लिये दोनों की आतुरता, रानी का दोनों को समागम में रोड़े अटकाना – इस पिटपिटाई लकीर पर कथा चलती है, जिसमें मौलिक कल्पनाओं का नितांत अभाव है। विदूषक की योजना के अनुसार नायक और नायिका मिलने के लिये निकलते हैं, इसी समय विदूषक तरक्षु (लकड़बग्घे) का रूप धर कर आता है। लकड़बग्घे के घुस आने की घोषणा सुन कर कोहराम मच जाता है, राजा लकड़बग्घे का शिकार करने के लिये निकल पड़ते हैं, अपने साथ चलने का हठ करती रानी को वे किसी तरह समझा बुझा कर लौटा देते हैं। नकली लकड़ीबग्घा राजा को चंद्रकला के मिलाने के लिये ले जाता है, जब राजा अपनी प्रिया से मिला रहा होता है, तो उसी समय रानी लकड़बग्घे के सफल शिकार का समाचार पा कर उसे बधाई देने के लिये वहाँ आ धमकती है। अंत में रहस्य खुलता है कि चंद्रकला वास्तव में पांड्य देश के राजा की पुत्री है, और राजा चित्ररथ के साथ उसका विवाह हो जाता है।

समास के प्राचुर्य से रहित सरस रचना के उदाहरण के लिये विश्वनाथ का रचा यह पद्य प्रसिद्ध है, जो इस नाटिका में वसंतवर्णन के लिये आया है—

लताकुञ्जं गुञ्जन् मदवदलिपुञ्जं चपलयन् समालिङ्गन्नङ्गं द्रुततरमनङ्गं प्रबलयन्।
मरुन्मन्दं मन्दं दलितमरविन्दं तरलयन् रजोवृन्दं विन्दन् किरति मकरन्दं दिशि दिशि।।

हवा के बहने का वर्णन वर्णों की झंकार, लय व छंद के प्रवाह में कवि ने यहाँ करा दिया है। ओजस् गुण का यह अच्छा उदाहरण है।

इसी प्रकार स्वभावोक्ति अलंकार के लिये उन्होंने स्वरचित तरक्षुवर्णन का यह उदाहरण इस नाटिका से दिया है—

लाङ्गूलेनाभिहत्य क्षितितलमसकृद्दारयन्नग्रपद्भ्या-
मात्मन्येवावलीय द्रुतमथ गगनं प्रोत्पतन् विक्रमेण।
स्फूर्जद्धुङ्कारघोषः प्रतिदिशमखिलान् द्रावयन्नेष जन्तून्
कोपाविष्टः प्रविष्टः प्रतिवनमरुणोच्छूनचक्षुस्तरक्षुः।

तरक्षु का धरती पर पूँछ फटकार कर, अगले पंजों से धरती को चीरने का प्रयास, एकदम से सारा देह सिकोड़ कर सहसा उछाल भरना, गूँजती आवाज में गर्जन, सारे जंतुओं के विद्रावित करना, लाल आँखों से कोपाविष्ट प्रतीत होना – यह सारा बिंब पशु की सहज चेष्टाएँ मूर्त कर देता है। राजपरिवार से संबद्ध होने के कारण वनों में मृगया आदि के प्रसंग से विश्वनाथ से इसप्रकार के दृश्य प्रत्यक्ष देखे होंगे, इसलिये उनके वर्णन में प्रामाणिकता है।

साहित्यदर्पणकार विश्वनाथ ने अपने समय या उससे पूर्व विरचित कंदर्पकेलि प्रहसन, रैवतमदनिका गोष्ठी, शृगारतिलक प्रस्थानक, कामदत्ता नामक भाणिका, शर्मिष्ठाययाति आदि रूपकों का उल्लेख किया है, जो अप्राप्त हैं।

गोपालकेलिचंद्रिका

विंटरनित्स ने अपने संस्कृतसाहित्य के इतिहास में गुजरात निवासी देवजीति के पुत्र रामकृष्ण के द्वारा विरचित लीला नाटक गोपालकेलिचंद्रिका का उल्लेख किया है। इसके रचनाकार का समय अज्ञात है। पर वह महानाटक रामानुज से परिचित प्रतीत होता है, अत: इसकी रचना बारहवीं शती के पश्चात् हुई। यह पूरा नाटक रासलीला की शैली में रचा गया है। इसमें प्राकृत का कहीं भी प्रयोग न करके सारे संवादों को संस्कृत में ही निबद्ध किया गया है। संवादों में पद्यों की प्रचुरता है, तथा लयात्मकता और गेयता का सुंदर समन्वय है।

तेरहवीं शताब्दी के उत्तरार्ध में कुलशेखर रविवर्मा ने पाँच अंकों का प्रद्युम्नाभ्युदय नाटक लिखा है। रविवर्मा केरल में कोलंब (क्विलन) के राजा थे। अपने राज्य का विस्तार करते हुए उन्होंने बाद में पांड्य व चोल देशों पर भी शासन स्थापित कर लिया था। उन्हें दक्षिण का भोज कहा जाता है। कांची के मंदिर में उत्कीर्ण एक शिलालेख में इन्हें धर्मतरुमूलकन्द, सद्गुणालंकार, चतु:षष्टिकलावल्लभ, दक्षिणभोजराज, संग्रामधीर आदि कहा गया है।

समुद्रबंध तथा कविभूषण आदि साहित्यकार इनके आश्रय में रहे। प्रद्युम्नाभ्युदय का

अभिनय पद्मनाथ के मंदिर की यात्रा के अवसर पर हुआ। इसमें प्रद्युम्न और वज्रानाभ की कन्या प्रभावती के प्रेम और विवाह का कथानक है। यह कथा हरिवंश-पुराण पर आधारित है। नाटक में शृंगाररस की प्रधानता के साथ वीररस का उत्तम परिपाक हुआ है। श्रीहर्ष की रत्नावली तथा अन्य नाटिकाओं से प्रभावग्रहण करते हुए मूल कथानक में नवीन प्रसंग भी नाटककार ने जोड़े हैं। जैसे - भद्र नामक नट की प्रभावती के संगीत के आचार्य के रूप में नियक्ति की जाती है। यही भद्र प्रद्युम्न का चित्र बनाता है, जिसे नायिका प्रभावती देख लेती है। प्रभावती को प्रद्युम्न के प्रति आकर्षित होती देख कर वह उससे कहता है—

किसलयदर्शितरागस्तरुणः सहकारपादपः सैषः।
आमोदयिष्यति त्वामचिराय नवेन पुष्पहासेन।।

(२.१५)

यहाँ समासोक्ति अलंकार का प्रयोग अभिप्राय गर्भित है।

वसंतोत्सव के समय भद्र नट को कौबेररम्भाभिसार नाटक का अभिनय वज्रनाभ के नगर में कराना है। नाटक में प्रद्युम्न नायक का अभिनय करता है। इस नाटक की प्रस्तुति से प्रभावती और प्रद्युम्न का प्रेम पींगें भरने लगता है। फिर तो भद्र नट दोनों का गांधर्वविवाह करा देता है। अमरावती पर आक्रमण करने को सन्नद्ध वज्रनाभ से प्रद्युम्न और भद्र आदि उसके साथी युद्ध करते हैं। अंत में वज्रनाभ मारा जाता है। नाटक में पूर्वराग, प्रणय, मिलन, विरह आदि के दृश्य मर्मस्पर्शी हैं। परिष्कृत भाषा में मनोभावों की सहज अभिव्यक्ति तथा रूपक आदि अलंकारों के मनोहारी विन्यास के कारण यह नाटक पठनीय तथा दर्शनीय बन गया है। नायिका अपने अनुराग की अभिव्यक्ति करती हुई कहती है—

सङ्कल्पतूलिकया रागं सङ्गमय्यदूरपरिश्लक्ष्णम्।
कुसुमायुधेन लिखितं सदा तं पश्यामि चित्तफलके।।

(४.१६)

कामदेव के द्वारा संकल्प की तूलिका से राग (प्रेम, रंग) मिला कर गहराई के उभार के साथ चिकने उसके चित्र को मैं निरखती रहती हूँ।

विटनिद्रा

विटचनिद्रा भाण कोटि का रूपक है। इसके रचयिता का नाम अज्ञात है। पर वे कोचीन राज्य के आश्रित कवि थे, यह अन्तःसाक्ष्यों से प्रमाणित होता है। इस भाण में महोदयपुर के रामवर्मा की चर्चा की गई है। महोदयपुर के बाजार, गलियों व चत्वरों पर घूमता विट कहता है—

अहो, चूर्णीसरित्कल्लोलहस्तालिङ्गितप्राकारमेखलायाः केरलकुलराजधान्याः श्रीरामवर्मपरिपालितायाः महोदयपुर्याः —

वर्णानां वचसां न क्रमजुषां भेदः परं दृश्यते
सूनाखङ्गनिकृत्तजन्तुनिवहक्रेङ्कारवाचालिता।

वक्त्रग्रस्तविशीर्णमेष नलकापङ्क्तिः शुनां भ्राजते
सम्मर्दः क्रयविक्रयाकुलधियां प्रस्तौति कोलाहलम्।।

विटनिद्राकार ने चतुर्भाणी का उल्लेख किया है।

पंद्रहवीं शताब्दी के रूपक

नरकासुरविजय व्यायोग

नरकासुरविजयव्यायोग[२१] के प्रणेता धर्मसूरि का समय पंद्रहवीं शताब्दी का पूर्वार्ध है। ये पर्वतनाथ के पुत्र थे, तथा संन्यास में दीक्षित होने पर रामानंद या गोविंदानंद सरस्वती के नाम से प्रसिद्ध हुए। ये अपने समय के एक दिग्गज दार्शनिक तथा प्रखर वेदांती भी थे, तथा अलंकारशास्त्र में भी इनकी अच्छी गति थी। नरकासुरविजय के अतिरिक्त कंसवध, सूर्यशतक, कृष्णस्तुति, बालभागवत, रत्नप्रभा, हंससंदेश तथा साहित्यरत्नाकर इनकी अन्य कृतियाँ हैं।

नरकासुरविजय व्यायोग की कथा इस प्रकार है – वराहावतार के समय विष्णु का संसर्ग पृथ्वी से हुआ, जिससे नरक नामक पुत्र का जन्म हुआ। संध्या के समय जन्म लेने के कारण उसमें आसुरी प्रवृत्तियों का उदय हो गया। युवा होने पर वह प्राग्ज्योतिषपुर का राजा बना। उसके त्रास से देवता भी घबरा गये, और इंद्र ने अमरावती छोड़ने का विचार कर लिया। श्रीकृष्ण ने इंद्र को आश्वस्त किया।

श्रीकृष्ण को उनका सारथि दारुक नरकासुर के भयावह अत्याचारों का वृत्तांत बताता है, जो उसने नारद के मुख से सुना है। तब श्रीकृष्ण अपनी रानी सत्यभामा के साथ प्राग्जोतिषपुर प्रस्थान करते हैं।

इसके पश्चात् कृष्ण और नरकासुर में भीषण संग्राम होता है, जिसका ओजस्वी वर्णन पुरंदर, जयंत व नारद के संवादों के द्वारा व्यायोगकार ने किया है। अंत में कृष्ण का पुनः प्रवेश होता है। उनके मुख से व्यायोगकार ने संध्या का कल्पनापूर्ण वर्णन कराया है –

मत्खण्डितासुरविनिर्दलितात्मबिम्बात् निर्यत्कदुष्णरुधिरभ्रमकारणेन।
वृद्धातपेन वियदन्तरमेष लिम्पन्नस्ताद्रिमेष निपतत्यवशो यथार्कः।।

(मेरे द्वारा मारे गये असुरों के देह के कुचलने से निकलते गुनगुने रुधिर का भ्रम कराने वाले वृद्धातप या ढ़लते सूर्य की धूप के द्वारा आकाश को लीपते हुए सूर्य अवश अस्ताचल पर टपक रहे हैं।)

गंगदासप्रतापविलास

गंगाधर ने १४४९ ई० के लगभग गंगदासप्रतापविलास नामक ऐतिहासिक नाटक लिखा, जो अहमदाबाद के सुलतान मुहम्मद द्वितीय तथा चांपानेर के राजा गंगादास के युद्ध

की वास्तविक घटना प्रस्तुत करता है। इसका अभिनय नाटक के नायक की मोहम्मद्र शाह पर विजय के उपलक्ष्य में चांपानेर में काली के मंदिर में किया गया था। नाटक के दूसरे अंक में दक्षिण में आया हुआ नाट्यरसिक नामक नाट्याचार्य नायक की राजसभा में आकर उस (नायक) के ही जीवन पर आधारित नाटक खेलने की इच्छा प्रकट करता है, जिससे नाटक के भीतर एक नया नाटक बड़े रोचक रूप से आरम्भ होता है। युद्ध के दृश्यों के प्रदर्शन के कारण इसमें रंगमंच की सर्वथा भिन्न परिकल्पना है। उर्दू-फारसी के अनेक शब्द इसके संवादों में यथावत् या संस्कृतीकरण करके व्यक्त किये गये हैं। उस समय के गुजरात की सामाजिक और राजनीतिक यथार्थ स्थिति का भी यह नाटक निदर्शन है।

वीररस तथा युद्ध के लिये आह्वान व फड़कते हुए संवादों के कारण नाटक में आकर्षण आद्यंत बना रहता है। भाषा की स्फीति और ओजस्विता भी प्रभावित करती है। उदाहरणार्थ—

तदहम्मदसम्भवो महम्मदो न भवामि यदस्य मदमनसो दुर्गपावकं यावकमिव प्रतापपावके न द्रावयामि।

यावद् दुर्मददन्तिदन्तकुलिशैः पावाचलं छेद्मि नो
यावत् तद्भुजदण्डमण्डितधनुःखण्डं शरैर्भेद्मि नो।
यावत् तत्तनुजाकरं निजकरेणासादितं वेद्मि नो
तावन्नाहमहम्मदादुदभवं तावन्न वा मह्मदः।।

(५.५)

तुर्की सेना के सिपाहियों के संवादों में उस समय प्रचलित उर्दू का प्रयोग कराया गया है, जैसे—

अफ्कोदालम देखता किमु लढोच्छोद्विं खुदालम्भका
वंदा तीरकमान ले करि कहाँ हिंदू दिवाना इहाँ।
आया जाए कहाइँ ताल पगडौं चालों गला पागडी
विसताकी करता खुदाऽऽलम अगे डर्ता नहीं अम्हकुँ।
वंदा तेरा निसंदा हउँ खउस धरौं क्यों करों खोद गंदा
ज्यों मुझ में मार तिस्खें रउ तँह सुणु रे कालिका की दुहाई।

शामामृत

पंद्रहवीं शताब्दी में रचा गया नेमिनाथकृत शामामृत उत्सृष्टिकांक कोटि का निर्वेद-प्रधान रूपक है, जिसमें अपने ही वैवाहिक भोज में मारे जाने के लिए गये हरिणों का विलाप सुन कर नायक नेमिनाथ का वैराग्य हो जाता है। हरिण अपनी हरिणी को बचाने के लिए उसे छेंक कर खड़ा हो जाता है और अपनी रक्षा के लिए नायक के समक्ष गुहार लगाता है। पशुओं को मनुष्य की तरह बोलते हुए चित्रित करने के कारण इसे छाया नाटक भी कहा गया है।

गोरक्षविजय

गोरक्षविजय के प्रणेता मैथिली, अवहट्ट व संस्कृत के स्वनामधन्य रचनाकार विद्यापति हैं। इसमें गुरु गोरखनाथ का चरित व उनके चमत्कारों का निरूपण है। नाटक के प्रारंभ में गोरखनाथ अपने गुरु मत्स्येंद्रनाथ को खोजते हुए अपने साथी काननिय के साथ कदलीपुर पहुँचते हैं। मत्स्येंद्रनाथ वहाँ राजा बन कर विराजमान हैं तथा भोगविलास में लिप्त हैं। दोनों योगी किसी प्रकार राजा के दर्शन की अनुमति प्राप्त कर उनसे मिलते हैं और नर्तक के रूप में उनके सामने तांडव नृत्य करते हैं, तभी राजा को बताया जाता है कि राजकुमार बौद्धनाथ की हत्या कर दी गई है और हत्यारे ये दोनों नर्तक ही हैं। राजा नर्तकों को मृत्युदंड देने का आदेश देते हैं। तभी नटरूप धारी गोरखनाथ कहते हैं कि हम आपके पुत्र को पुनरुज्जीवित कर देगें। वे योगबल से बौद्धनाथ को फिर से जिला देते हैं, अब मत्स्येंद्रनाथ समझ जाते हैं कि नर्तक के वेष में मेरा ही शिष्य गोरखनाथ मुझे प्रबोधित करने के लिये आया हुआ है। वे भोग और वैराग्य के द्वंद्व में झूलने लगते हैं। रानियाँ राजा से वैराग्य धारण न करने का अनुरोध करते हुए उन्हें विलास में रमाने का यत्न करती हैं।

इस नाटक में २५ गीत मैथिली में हैं, सारे संवाद संस्कृत में हैं। कीर्तनिया शैली में विरचित गोरक्षविजय लोकनाट्य तथा संस्कृतनाटक के समागम का एक उदाहरण है।

मल्लिकामारुत

मल्लिकामारुत दस अंकों का प्रकरण है। इसके प्रणेता केरल के निवासी उद्दंड कवि हैं। ये जामोरिन मानविक्रम के समकालीन थे।

इस रूपक की नायिका मल्लिका विद्याधरों के राजा चंद्रवर्मा के मंत्री विश्वावसु की पुत्री है, तथा नायक है कुंतेश्वर के मंत्री ब्रह्मदत्त का पुत्र मारुत। योगीश्वरी मंदाकिनी नायिका को मारुत से मिलवाती है। श्रीलंका का राजा मल्लिका से विवाह करना चाहता है। कलकंठ मारुत का मित्र है। वह विष्णुराव की पुत्री रमयंतिका को चाहता है। रमयंतिका मल्लिका की सखी है।

पूरे प्रकरण पर भवभूति के मालतीमाधव की छाया है। अलौकिक घटनाओं तथा कौतुककर वृत्तांतों का भी जमघट प्रकरणकार ने कर दिया है। श्रीलंका का नरेश मल्लिका का अपहरण कर लेता है, फिर राक्षस उसे उठा कर ले जाता है, आकाश में मल्लिका को ले कर उड़ते राक्षस के हाथ से छूट कर गिरती मल्लिका को मारुत पकड़ लेता है, फिर मारुत राक्षस से युद्ध करता है, उसका कंठ काट देता है, कंठ के कटते ही राक्षस एक दिव्यपुरुष बन जाता है।

शृंगार की उद्दाम अभिव्यक्ति करते हुए उद्दंड कवि ने अपना उद्दंड नाम सार्थक कर दिया है। कोमल भावनाओं, रागात्मकता तथा प्रणय के भावों की अभिव्यक्ति में वे सफल हैं। संगीतात्मकता तथा लय के सौंदर्य ने उनकी रचना को मनोहारी बना दिया है। उदाहरणार्थ—

अमी पुनरुदञ्चिता मधुरगुञ्जदिन्दिन्दिराः सुगन्धिमलयानिला मदनगर्वनाडिन्धमाः।
अशोकतरुताडनक्वणितकामिनीनूपुरा हसद्वकुलधूलिका पटलधूसरा वासराः।।

(१.२४)

उद्दंड कवि की भाषा में मुहावरों व प्रौढ़ौक्ति का समावेश भी अच्छा हुआ है। अलंकार उनकी अभिव्यक्ति में सहज सधते गये हैं। जैसे

सा बाला मम हृदयं तस्मिन्नेव क्षणे प्रविष्टाऽभूत्।
लावण्यामृतधारा परिपीता नेत्रचुलुकाभ्याम्।।

(१.७१)

पंद्रहवी शताब्दी के अन्य रूपक

रामकृष्णमाचार्य ने पंद्रहवीं शती में रचे गये भाणों में वरदाचार्यकृत वसंततिलक, वेल्लाल उमा महेश्वर कृत शृंगारशेखर, श्रीकंठकृत कंदर्पदर्पण (अप्रकाशित), उद्दंड कवि कृत कंदर्पविजय (अप्रकाशित तथा अपूर्ण), अवधानसरस्वतीकृत शृङ्गारजीवन (अप्रकाशित) तथा हरिदासकृत हरिविलासभाण (अप्रकाशित) का विवरण दिया है। वसंततिलक भाण में नायक शृंगारशेखर तथा नायिका वासंतिका का अनुराग वर्णित है। नायक वासंतिका के प्रथम रंगावतरण के अवसर पर उपस्थित होता है, और अंततः वासंतिका को कलत्रपत्रिका के द्वारा अपना लेता है। कलत्रपत्र का प्रारूप भी इस भाण में उद्धृत है। अप्पय दीक्षित ने कुवलयानंद में इस भाण से यह पद्य उद्धृत किया है—

समुल्लासो वाचां सरसमधुनिष्यन्दलहरी समुन्मेषद्वेषी सकलरसपरिपोषोपजनकः।
न केषामाधत्ते मनसि परितोषं नवनवैर्विलासैरुन्मीलद्विचकिलमधूलीपरिमलः।।

पंद्रहवी शताब्दी में रत्नपुर (आधुनिक रायचूर) में कलचुरि राजाओं के आश्रित रामदेव व्यास ने रामाभ्यदुय, पांडवाभ्युय तथा सुभद्रापरिणयन इन तीन नाटकों की रचना की। पंद्रहवीं शताब्दी के आरम्भ में विरूपाक्ष ने उन्मत्तराघव नामक प्रेक्षणक की रचना की, जिसमें सीतावियोग में राम की दशा का चित्रण है। इस प्रेक्षणक की प्रस्तावना के विदित होता है कि इसका अभिनय विद्यारण्य के महोत्सव में हुआ। रामजी उपाध्याय का अनुमान है कि ये विद्यारण्य विजयनगर के राजाओं के गुरु सायण के भाई माधव हैं। इस आधार पर वे भास्कर कवि का समय चौदहवीं शताब्दी मानते हैं।[२२] राम का विलाप भास्कर कवि ने विक्रमोर्वशीयम् के पुरूरवा की शैली में करा दिया है, और उसमें अनुप्रासों का लड़ियाँ गुँथती जायें इसका भी ध्यान कम नहीं रखा। राम कहते हैं –

वत्स, केचिदमी चोराः प्रियायाः सर्वाभरणजातमादाय मस्तके दधानाः प्रसारितबाहवो मया योद्धुमग्रतो निःशङ्कमासते। पश्य, पश्य—

मुक्ताहारच्छटामेके पद्मरागावलिं परे।
प्रियाया: कनकाकल्पाननेके हन्त बिभ्रति।। २८ ।।

तथा

माकन्दालिं मलयपवना मन्दमान्दोलयन्ते।
मज्जत्यस्या मधुकरयुवा मञ्जरीणां मरन्दे।। ४।।

इस काल के प्रख्यात टीकाकार तथा कवि अरुणगिरिनाथ का सोमवल्लीयोगानंद एक महत्त्वपूर्ण प्रहसन है। इसमें योगानंद नामक संन्यासी की सोमवल्ली के साथ प्रणयकथा प्रस्तुत की गयी है। जैन तथा कापालिक साधुओं की लंपटता का भी इसमें चित्रण है। अवांतर प्रसंगों में अपनी पत्नी के भाग जाने से दु:खी ब्राह्मण दामोदर, वसंतदत्त व्यापारी, कामवल्ली वेश्या तथा एक नापित भी इसमें मंच पर आते हैं। कामवल्ली के विश्वासघात से चिढ़ कर वसंतदत्त नापित से उसका सिर मुड़वा देता है। सोमवल्ली और योगानंद वेश बदल कर एक-दूसरे से मिलने जाते हैं, और मिलन-स्थल पर एक-दूसरे को न पहचान कर झगड़ा करने लगते हैं। राजपुरुषों के द्वारा पकड़ कर राजा के सम्मुख प्रस्तुत किये जाने पर दोनों की कलइ खुलती हैं, और राजा की सलाह पर योगानंद संन्यास त्याग कर सोमवल्ली से विवाह करने को तैयार हो जाता है।

मथुरादास की वृषभानुजा नाटिका राधा और कृष्ण की प्रणयलीला का सरस चित्रण है। जयदेव की पदावली की रसगंध से सुवासित इस नाटिका में मान, अभिमान, ईर्ष्या व अन्योन्याश्रित अनुराग की वहुवर्णी विच्छित्तियाँ हैं। नाटिका को अंत:पुर के संकीर्ण संकुल से निकाल कर मथुरादास ने वृंदावन के कुंजों में उसे रमा दिया हैं, जहाँ यमुना के कूल से बहते प्रत्यग्र पवन के संचार है।

मेदपाट (मेवाड़) के महाराणा कुंभ साहित्य, संगीत व विविध कलाओं में विचक्षण थे। इनका समय १४९० वि. से १५५२ वि. तक है। चित्तौड़ के कीर्तिस्तंभ शिलालेख में इनके द्वारा चार उत्तम नाट्यकृतियों की रचना करने का उल्लेख किया गया है (द्रष्टव्य – परिशिष्ट में अभिलेखीय साहित्य), जिनमें संस्कृत के साथ कर्णाटक, मेदपाट, महाराष्ट्र प्रांतों की भाषाओं का प्रयोग हुआ था।

नाट्य, नृत्य, संगीत आदि कलाओं पर अनेक शास्त्रीय ग्रंथों तथा चंडीशतक और गीतगोविंद पर उत्तम टीकाओं का प्रणयन भी कुंभ ने किया। इस अपार साहित्य भंडार की सृष्टि के पीछे कुंभ का प्रयोजन था आत्मसंतोष। संगीतराज के उपोद्घात में उन्होंने लिखा है—

चण्डीशतव्याकरणेन गीतगोविन्दवृत्त्या सुकृतं यदत्र।
सङ्गीतराजेन च तेन चण्डी हरिर्हर: प्रीतिमवाप्नुवन्तु।।

(संगीतराज, रसरत्नकोश, १७)

वसुमतीमानविक्रम[२३]

इस नाटक के प्रणेता दामोदर भट्ट केरल में कालीकट के निवासी तथा मल्लिकामारुतकार उद्दंड कवि के समकालीन थे। उद्दंड कवि से इनकी लागडाट थी, व उसे वाद में परास्त कर के इन्होंने तमिल के ध्वजाधारियों के आगे केरलीय संस्कृति व कलापरंपरा की लाज रखी – यह माना जाता है।

वसुमतीमानविक्रम सात अंकों का नाटक है। इसका नायक मानविक्रम मंत्री की कन्या वसुमती को चाहता है। स्वप्न में नायिका का दर्शन पूर्वराग को पोषित करता है। महारानी नायक व नायिका के मिलन में बाधा बनती है, तथा हताश हो कर वह आत्मघात का प्रयास भी करती है। कथानक में मौलिकता का अभाव है, पर काव्यात्मक कल्पनाएँ सूझबूझ और सौंदर्यबोध से समन्वित हैं। यथा—

स्फुरन्ति गगनाङ्गणे नटनचण्डचण्डीपतिभ्रमभ्रमितजाह्नवीसलिलबिन्दुसन्देहदाः।
स्मरोत्सववशंवदत्रिदशवारवामेक्षणाकुचत्रुटितमौक्तिकभ्रमदविभ्रमास्तारकाः।।

धर्मविजय नाटक

धर्मविजय एक प्रतीक नाटक है। इसके रचयिता भूदेव शुक्ल हैं। इसकी प्रस्तावना में सूचित किया गया है कि इसका अभिनय दिल्लीदयितवेतनदानामात्य केशवदास के आदेश से किया जा रहा है। प्रस्तावना में सूत्रधार केशवदास को सकलधर्मकर्मरसिक तथा सकलशास्त्रप्रवीण, राजर्षि बताता है। प्रस्तावना में ही मध्यदेश के राजा के द्वारा दक्षिणदेश के राजा पर विजय की ऐतिहासिक घटना की भी चर्चा सूत्रधार के मुख से कराई गई है।

प्रथम अंक में नीचसंगति और वर्णसंकर का संवाद रोचक है। वर्णसंकर कहता है—

अनिग्रहादक्षगणस्य धर्मे नष्टप्रचारे प्रभवत्यधर्मे।
स्त्रीषु प्रदुष्टासु महाजनानामजीजनन्मां व्यभिचारपादाः।।

(इंद्रियों पर नियंत्रण न होने, धर्म का प्रचार नष्ट हो जाने, तथा अधर्म के प्रभावी होने और बड़े लोगों की स्त्रियों के दूषित हो जाने पर आदरणीय व्यभिचार जी ने मुझे जन्म दिया।)

धर्म, अधर्म, अहिंसा, हिंसा, शौच, अशौच, व्यभिचार आदि अमूर्त पात्र तथा स्मार्त, गणक, प्राड्विवाक, सदस्य, सभ्य, वैद्य आदि मानव पात्र इस नाटक में परस्पर विरोधी भूमिकाएँ निभाते हैं। कविता, प्रायश्चित्त, व्यवहार आदि पात्रों की भी अपनी भूमिका इस संघर्ष में है। ब्राह्मणों, स्नातकों आदि के जीवन में व्याप्त पाखंड का भंडाफोड़ नाटककार ने किया है। काशी की गलियों में चल रहे स्वैराचार के दृश्यों का अंकन यहाँ किया गया है। अंत में धर्म और अधर्म की सेनाओं में संग्राम होता है। अधर्म की ओर से अहिंसा, अशौच आदि युद्ध करते हैं जिन्हें धर्म के सेनानी अहिंसा, शौच आदि पराजित कर देते हैं।

भूदेव शुक्ल का पांडित्य, तत्त्वचिंतन तथा वेदांती दृष्टि नाटक में परिव्याप्त है। नांदी पद्य में ही उनकी व्युत्पत्ति प्रतिबिंबित है—

प्रकटितनिजरूपः षोडशाराभिरामे विधुरपि हृदयाब्दे दीपितो दिव्यमूर्तिः।
त्रिभुवनमिदमोतप्रोतमेवास्ति यस्मिन् स जयति जगदीशः शास्त्रसिद्धान्तगम्यः।।

यहाँ जगदीश को शास्त्रसिद्धांतों के द्वारा बोध्य बता कर भूदेव शुक्ल ने शांकर वेदांत से असहमति प्रकट की है।

प्रसादगुणसंपन्न सरस सरल शैली, परिकल्पना की नवीनता तथा कथ्य की गुरुता के कारण धर्मविजय नाटक प्रतीकनाट्यशृंखला की एक महत्त्वपूर्ण कड़ी है।

इस नाटक पर भवानीशंकर की टीका प्राप्त होती है।

सोलहवीं शताब्दी के रूपक

रूप गोस्वामी के रूपक

रूपगोस्वामी पंद्रहवीं- सोलहवीं शताब्दी के मूर्धन्य कवि तथा आचार्य हैं। इनके काव्यशास्त्रीय ग्रन्थ तथा रूपक गौडीय भक्ति संप्रदाय से प्रभावित हैं। जीव गोस्वामी इनके भतीजे थे। जीव ने इनके लिखे सत्रह ग्रंथों ग्रंथों की सूची इस प्रकार दी है—

१. हंससंदेश
२. उद्धवसंदेश
३. अष्टादशलीलाच्छंदः,
४. उत्कलिकावल्लरी
५. गोविन्दविरुदावली,
६. प्रेमेन्दुसागर
७. विदग्धमाधव – रूपक
८. दानकेलिकौमुदी - रूपक
९. ललितमाधव - रूपक
१०. भक्तिरसामृतसिंधु - भक्तिशास्त्रविषयकग्रंथ
११. उज्ज्वलनीलमणि – अलंकारशास्त्रविषयकग्रंथ
१२. मधुरामहिमा - माहात्म्यविषयकग्रंथ
१३. नाटकचंद्रिका – नाट्यशास्त्रविषयकग्रंथ
१४. पद्यावली – स्फुट मुक्तकों का संग्रह

१५. संक्षिप्तभागवतामृत

१६. आनंदमहोदधि

१७. मुकुन्दमुक्तावली

इनकी रचनाओं में तीन रूपक हैं-विदग्धमाधव (रचनाकाल १५३२ ई०), ललितमाधव (रचनाकाल १५३७ ई०) तथा दानकेलिकौमुदी (रचनाकाल १५४९ ई०)। इनमें प्रथम दो नाटक तथा तृतीय भाणिका है। तीनों ही रूपक कृष्णभक्तिपरक हैं तथा इनमें कृष्ण, राधा, सत्यभामा, चंद्रावली आदि पात्र हैं।

विदग्धमाधव - इस नाटक की रचना रूप गोस्वामी ने गोकुल में रहते हुए की। इसमें कृष्ण, उनके सहायक श्रीदामा और सुबल, श्रीराधा, कृष्ण की अन्य प्रेमिका चंद्रावली, राधा का पति अभिमन्यु आदि मुख्य पात्र हैं। इसमें राधा और कृष्ण के परस्पर प्रेम, विरह व्याकुलता, अभिसार व लीलाओं का चित्रण है। राधा के मान तथा प्रणयकलह का चित्रण विस्तार से नाटककार ने किया है। राधा का पति अभिमन्यु, सास तथा उसकी मातामही उसे बावली समझ कर उसके उपचार का प्रयास करते हैं। कृष्ण से मिलने के लिये जाती राधा अपनी सास को प्रेम के मार्ग में अंतराय समझती हुई उस के विषय में कहती है—

एषा कालरात्रिरिव दारुणा वृद्धा मां दृष्टवती।

भाषा में इसी प्रकार का तीखापन राधा से ईर्ष्या करने वाली सखियों की उक्तियों में है।

कंस अभिमन्यु (राधा का पति) को बलि देने वाला है, राधा के प्रयास से उसके प्राणों की रक्षा होती है। अंत में राधा और कृष्ण के मिलन का पथ प्रशस्त होने के साथ नाटक समाप्त होता है।

ललितमाधव - यह दस अंकों का विशालकाय नाटक है। इसमें वृंदा, राधा, ललिता, वृद्ध जटिला, चंद्रावली, रुक्मिणी, तथा चंद्रावली की सास भारुंडा आदि पात्र हैं। नाटक के प्रारंभ में सूचना मिलती है कि कृष्ण की प्रिया चंद्रावली को घर की बड़ी बूढ़ियों ने कमरे में बंद कर के उसके आने जाने पर रोक लगा दी है। इस नाटक में गर्भांक (नाटक के भीतर नाटक) की योजना की गई है, जिसमें राधा भी अभिनेत्री है। कृष्ण राधा के पति अभिमन्यु का वेष बना कर उससे मिलने जाते हैं। जटिला वास्तविक अभिमन्यु को कृष्ण समझ कर डपटती है और अभिमन्यु का वेष बनाये हुए कृष्ण को अभिमन्यु समझ कर उनका स्वागत करती है। अंत में महारास का तन्मय हो कर नाटककार ने चित्रण किया है—

भूमौ भारतमुत्तमं मधुपुरी तत्रापि तत्राप्यलं
वृन्दारण्यमिहापि हन्त पुलिनं तत्रापि रासस्थली।
गोपीकान्तपदद्वयीपरिचयप्राचुर्यपर्याचिता
यस्यां सन्ति महामुनेरपि मनोराज्यार्चिता रेणवः।।

(९.४४)

दानकेलिकौमुदी में हास परिहास, उपालंभ, वंशीवादन और संगीत का प्राचुर्य है। राधा कृष्ण से कहती है – गह्वरं गत्वा मुरलिकानागिनीं चुम्बस्व।'

इनकी रचना में गीतगोविंद की लयात्मकता तथा भक्तिभाव की माधुरी का संयोग हुआ है। उदाहरणार्थ—

वैदग्धीनिकुरम्बचुम्बितधियः सौन्दर्यसारोज्ज्वलाः
कामिन्यः कति नाद्य वल्लवपतेर्दीव्यन्ति गोष्ठान्तरे।
राधे पुण्यवतीशिखामणिरसि क्षामोदरि त्वां विना
प्रेङ्खन्ती न परासु यन्मधुरिपोर्दृष्टात्र दृष्टिर्मया।।

यमक व आनुप्रासिकता ने इनके काव्य को और आकर्षक बना दिया है —

विमुखी मा भव गर्विणि मह्विरि गिरिणा धृते न कृतरक्षम्।
मूढे समूढवयसं माधवमाधाव रागेण।।

(२.२१)

राधा का यह महाभावपरमोत्कर्षतर्षिणी रूप तन्मय हो कर कवि ने चित्रित किया है—

अश्रूणामतिवृष्टिभिर्द्विगुणयन्त्यर्कात्मजानिर्झरं
ज्योत्स्नास्यन्दिविधूपलप्रतिकृतिच्छायं वपुर्बिभ्रती।
कण्ठान्तस्त्रुटदक्षराद्यपुलकैर्लब्धा कदम्बाकृतिं
राधा वेणुधर प्रवातकदलीतुल्या क्वचिद्वर्तते।।

भावनापुरुषोत्तम

इस नाटक के प्रणेता श्रीनिवास दीक्षित तंजौर की राजसभा के एक रत्न रहे हैं। उनका समय सोलहवीं शताब्दी है। इनके आश्रयदाता सूरप भूपति (सरभोजी?) जिंजी (शेंजीपुर) के नायरवंशी राजा थे। नाटक की प्रस्तावना में श्रीनिवास को प्रतिदिन प्रबंधकर्ता कहा गया है। श्रीनिवास दीक्षित ने वेदांत, धर्मशास्त्र. तंत्र, मंत्र ज्योतिष से संबद्ध सैंकड़ों बड़े तथा छोटे ग्रंथ लिखे। भावनापुरुषोत्तम के अतिरिक्त शितिकण्ठजय आदि अठारह नाटकों की इन्होंने रचना की।[२४]

भावनापुरुषोत्तम प्रतीकनाटक है। जीवदेव की पुत्री भावना इसकी नायिका है। योगविद्या नामक परिव्राजिका भावना तथा पुरुषोत्तम (विष्णु) का सहयोग कराती है। पुरुषोत्तम भावना के प्रति अनुरक्त हैं, वे गरुड पर बैठ कर उससे मिलने आते हैं। वैष्णव भक्ति से जुड़ी इस अलौकिक विषय वस्तु को नाटककार ने लौकिक नाटिकाओं के मार्ग पर ला कर उतार दिया है। रामजी उपाध्याय ने तो इस नाटक के द्वितीय अंक को कामशास्त्र का परिपक्व अध्याय कह

दिया है, जिससे इस नाटक के 'नाम बड़े और दर्शन छोटे' हो जाते हैं।[२५] कल्पनाशीलता के अभाव में प्रतीकात्मकता का सौंदर्य धुल गया है और पिटीपिटाई लकीर पर नाटक आगे बढ़ता है। पुरुषोत्तम विरह व्यथा व्यक्त करते हैं, विदूषक की हास्यास्पद बातें सुनते हैं, इधर नायिका का भी विरहव्यथा में उसकी सखियाँ शीतोपचार करती हैं, नायिका नायक का चित्र बनाती है, नायक को यह चित्र मिल जाता है, और वह उसी पर अपने आपको नायिका के चरणों में गिरा हुआ अंकित कर देता है। योगविद्या सज्जनमानसोद्यान में भावना और पुरुषोत्तम का संयोग रचाती है। फिर कांचीपुरी में भावना का स्वयंवर रचाया जाता है, जिसमें विभिन्न दर्शनों या मतों के प्रतिनिधि अपने अपने सिद्धांत का प्रतिपादन करते हैं। इस प्रसंग में नाटक के दूसरे अंक में शास्त्रीय वादविवाद का एक लंबा दृश्य जुड़ जाता है। यह नाटक वाद का एक ग्रंथ बन गया है जिसमें चार्वाक, सामयिक, सुदर्शनाचार्यमत, नीलकंठसिद्धांत, सेश्वर तथा निरीश्वर सांख्य, प्रभाकरमीमांसा, न्याय, वैशैषिक आदि के आचार्य अपने अपने संप्रदाय या दर्शन की श्रेष्ठता का बखान करते हैं। तीसरे अंक में योगविद्या की शिष्या तत्त्वजिज्ञासा का प्रवेश होता है। कापालिक योगविद्या की बलि चढ़ाने की योजना बना रहे हैं। चौथे अंक में गुरुवाणी जीवदेव को भावना के स्वयंवर में आये प्रत्याशियों का विवरण सुनाती है। जीवदेव एक एक देवता का वर्णन सुन कर उसे अस्वीकृत करते जाते हैं। दमयंती के स्वयंवर के समान देवता पुरुषोत्तम का रूप धर कर स्वयंवर में आ जाते हैं। अंत में पुरुषोत्तम के चरणों में अर्पित तुलसी को भावना की आँखों में मलने से उसे पुरुषोत्तम को पहचानने की दृष्टि मिल जाती है और वह अपने प्रिय के कंठ में वरमाला अर्पित कर देती है।

अनंतदेव के रूपक

सोलहवीं शताब्दी में अनंतदेव ने श्रीकृष्णभक्तिचंद्रिका, मनोऽनुरञ्जन आदि रूपकों की रचना की।

मनोनुरञ्जन नाटक की प्रस्तावना में उनके परिचय में कहा गया है—

स पूर्वोत्तरमीमांसापरिशीलनशीलवान्।
तदीयाध्यापनेनैव समयं खलु नीतवान्।।

श्रीकृष्णभक्तिचंद्रिका एक वादग्रंथ अधिक है, रूपक कम। इसमें शिव तथा विष्णु का श्रेष्ठता को ले कर विवाद होता है, महावैष्णव नामक पात्र हरिभक्ति का माहात्म्य बताता है। शाब्दिक तार्किक तथा वेदांती का अवतरण कराया गया है, वे अपने अपने शास्त्र के अनुसार तर्क करते हैं, पर अंततः हरिभक्ति का मार्ग स्वीकार कर लेते हैं।

मनोनुरञ्जन नाटक में श्रीकृष्ण की बाल्य और कैशौर्य की लीलाओं का चित्रण किया गया

है, जिनमें गोवर्धनधारण, गोपीवस्त्रापहार तथा अंत में रासलीला प्रमुख हैं। रासलीला का वर्णन तुंबुरु के मुख से कराया गया है –

गायन्ति गायति तथा हसिते हसन्ति नृत्यन्ति नृत्यति हरौ सरसीरुहाक्षाः।
जानाम्यनेन सरसीरुहलोचनेन तादात्म्यमेव गमिताः दयिताः स्वकीयम्।।

(५.७३)

गीतगोविंद का प्रभाव इस रचना पर है। गोपियों के नृत्य के साथ गाये जाने वाले पद अंत्यानुप्रास के सौंदर्य तथा लय से मंडित हैं। जैसे—

इह हि नन्दनन्दनेन तनुविलुप्तचन्दनेन मुक्तसर्वबन्धनेन जितममर्त्यवन्दनेन।।
सकलचित्तरञ्जनेन निखिलदुःखभञ्जनेन कालियस्य गञ्जनेन वस्तुतो निरञ्जनेन।।

(१.६६-६७)

कर्णपूर कृत चैतन्यचंद्रोदय

रूपगोस्वामी की ही भाँति कवि कर्णपूर भी एक आचार्य और कवि के रूप में ख्यात हैं। महाकाव्यविषयक अध्याय में इनका परिचय दिया जा तुका है। इन्होंने चैतन्य के जीवन पर दस अंकों में चैतन्यचंद्रोदय (रचनाकाल १५७२ ई०) नामक नाटक लिखा। चैतन्य के आविर्भाव से लेकर महानिर्वाण तक की सभी प्रमुख घटनाओं को इस नाटक में चित्रित किया गया है। भक्तिभाव की सरस अभिव्यक्ति तथा उस समय के समाज की विभिन्न प्रवृत्तियों के चित्रण की दृष्टि से यह एक महत्त्वपूर्ण रचना है। कर्णपूर ने कृष्णमिश्र के प्रबोधचंद्रोदय की परम्परा को रवीकार करके अनेक प्रतीकात्मक या अमूर्त पदार्थ पात्र के रूप में इस नाटक में प्रस्तुत किये हैं। दार्शनिक चर्चा की अधिकता तथा धार्मिक विवरणों के कारण नाटकीयता की क्षति हुई है। पहले अंक में ही कलि तथा अधर्म का वार्तालाप है। द्वितीय अंक में विराग और भक्ति की बातचीत है। तृतीय अंक में गर्भांक की योजना की गयी है, जिसमें राधा और कृष्ण पात्र के रूप में आते हैं। नदी-तट पर खेचरी मुद्रा में साधना करते साधुओं के पाखंड का यह वर्णन रोचक है-

जिह्वाग्रेण ललाटचन्द्रजसुधास्यन्दावरोधे मह-
द्दाक्ष्यं व्यञ्जयतो निमील्य नयने बद्ध्वासनं ध्यायतः।
अस्योपात्तनदीतटस्य किमयं भङ्गः समाधेरभूत्?
(इति सविस्मयं विचिन्तयन्) अहो ज्ञातम्-
पानीयाहरणप्रवृत्ततरुणीशङ्खस्वनाकर्णनैः।।

खेचरीमुद्रा का वर्णन करते हुए योगी की ओर से कहा गया है कि नयन मूँद कर, आसन बाँध कर जिह्वाग्र से अमृत की धार को कुशलता के साथ रोकते हुए अचानक मेरी समाधि भंग

क्यों हो गई? फिर वह सोच कर कहता है कि पता चल गया, मेरी समाधि तरुणियाँ जो पानी खींच रहीं है, उनके कंगन की खन खन से भंग हुई है।

दूसरी ओर चैतन्य महाप्रभु का संदेश किस प्रकार जातिपाँति की संकीर्णताओं से मुक्ति दिला कर विश्वजनीन मानवता को स्थापित करता है – यह प्रामाणिक रूप में नाटककार ने प्रतिपादित किया है। भक्ति अपने भाई निर्वेद से कहती है—

न जातिशीलाश्रमधर्मविद्याकुलाद्यपेक्षी च हरेः प्रसादः।
यादृच्छिकोऽसौ बत यस्य पात्रापात्रव्यवस्थाप्रतिपत्तिरास्ते।।

(२.२९)

दूसरे अंक में समाज के विभिन्न वर्गों में व्याप्त कदाचारों की समीक्षा विशेष रूप से की गई है। कर्णपूर ने ब्राह्मण, क्षत्रिय, वैश्य तथा शूद्र सभी के विसंगत आचरण पर कड़ी टिप्पणी की है। प्रचलित वर्णव्यवस्था की समीक्षा करते हुए एक संवाद में कहा गया है —

षष्ठे कर्मणि केवलं कृतधियः सूत्रैकजिह्वा द्विजाः
संज्ञामात्रविशेषिता भुजभुवो वैश्यास्तु बौद्धा इव।
शूद्राः पण्डितमानिनो गुरुतया धर्मोपदेशोत्सुकाः
वर्णानां गतिरीदृगेव कलिना हा हन्त सम्पादिता।।

(२.२)

(ब्राह्मण केवल षष्ठी कर्म कराने में रुचि लेने लग गये हैं। क्षत्रिय नाम मात्र के रह गये हैं। वैश्य तो बौद्ध जैसे (मध्यम मार्ग का सहारा लेने वाले) हो गये हैं। शूद्र अपने आप को पंडित समझने लग गये हैं, वे गुरु बन कर धर्म का उपदेश दे रहे हैं। कलियुग ने वर्णों की ऐसी गति कर दी है।)

चैतन्य इस पूर्वस्वीकृत वर्णव्यवस्था की विसंगतियों या समाज में व्याप्त ऊंचनीच के भावों का ध्वंस करते हैं। उनका कथन है—

हरेः स्वतन्त्रस्य कृपाऽपि तद्वद् धत्ते न सा जातिकुलाद्यपेक्षाम्।
सुयोधनस्यान्नमपोह्य हर्षाज्जग्राह देवो विदुरान्नमेव।।

(८.१४)

नाटक में चैतन्य के द्वारा किये गये चमत्कारों व विस्मयजनक प्रसंगों की भरमार है। श्रद्धालुओं के लिये इनमें भक्तिरस के साथ अद्भुतरस का भी आनंद सहज सुलभ है। चैतन्य विष्णु के विविध अवतारों के रूप में प्रकट होते हैं, वे असाध्य रोगों से ग्रसित व्यक्ति को स्वस्थ कर देते हैं, वे गर्भांक (नाटक के भीतर नाटक) में महाभाव में स्थित हो कर राधा भी बन जाते हैं तथा स्त्री वे वेष में नृत्य करते हैं। नाटक का नायक नाटक के भीतर चल रहे नाटक में

नायिका तथा श्रृंगार का आलंबन बन जाये – यह अनोखी स्थिति गौडीयपरंपरा में दीक्षित कर्णपूर जैसे आचार्य कवि की रचना में ही संभव है। चौथे अंक में भगवन्नामसंकीर्तन का दृश्य भी भक्तजनों के लिये आनंददायक है। नाटक के अवसान में तो यह आनंद महानंद बन कर सारे भावों के आप्लावित कर देता है। कर्णपूर कहते हैं –

क्षोभं क्षोणीमृगाक्ष्या स्थगनमिह रवेः कम्पमाशावधूनां
स्तम्भं वातकस्य कुर्वन्नमरपुरवृढस्यास्रमक्ष्णां सहस्रे।
स्वेदं सप्तर्षिगोष्ठ्याः परमरससमुल्लासमौत्तानपादे-
र्ध्यानध्वंसं विरञ्चेः स जयति भगवत्कीर्तनानन्दनादः।।

(१०.३८)

कर्णपूर की कविता में अनुप्रास, यमक, श्लेष आदि शब्दालंकारों का सहज विन्यास अर्थालंकारों के साथ साहित्य के सौंदर्य का परिपोष करता है। चैतन्य के स्तवन में उन्होंने कहा है—

हेलोद्धूलितखेदया विशदया प्रोन्मीलदामोदया
शाम्यच्छास्त्रविवादया रसदया चित्तार्पितोन्मादया।
शश्वद्भक्तिविनोदया समदया माधुर्यमर्यादया
श्रीचैतन्य दयानिधे तव दया भूयादमन्दोदया।।

(८.१०)

इसके साथ अपने समय की सामाजिक विषमताओं, पाखंड व द्वैधग्रसित मानसिकता का अच्छा चित्रण कर्णपूर ने किया है। घटट्पालों की क्रूरता व लूटपाट पर उन्होंने बेबाक टिप्पणियाँ कीं हैं

घट्टपाला हि विना धृष्टताप्रदर्शनेन स्वार्थकुशला न भवन्ति। पथि गच्छतामेषां वर्त्मकण्टकभूता घट्टपाला कीदृशं व्यवहरन्ति।

तथा—

ग्रामे ग्रामे पटुकपटिनो घट्टपाला य एते
येऽरण्यानीचरगिरिचराः वाटपाटच्चराश्च।
शङ्काकाराः पथि विचलतां तां विलोक्यैव साक्षा-
दुद्यद्बाष्पाः स्खलितवपुषः क्षोणिपृष्ठे लुठन्ति।।

(६.६)

सोलहवीं शताब्दी के अन्य नाटक

विजयनगर के राजा कृष्णदेव राय (१५०९-१५३०) न केवल प्रतापी शासक तथा

साहित्य, कला व संस्कृति के बड़े उन्नायक थे, इन्होंने संस्कृत तथा तेलगु भाषाओं में स्वयं भी प्रचुर साहित्य का प्रणयन किया। जांबवतीकल्याण तथा उषापरिणय इनके दो नाटक हैं। डिंडिम कवियों के परिवार में अरुणगिरिनाथ कालिदास के टीकाकार के रूप प्रसिद्ध हैं। ये विजयनगर के राजा नरसिंह (१५०५-१५०९) तथा श्रीकृष्णदेवराय के आश्रय में रहे। इन्होंने वीरभद्रविजय नामक अपने डिम में दक्षयज्ञ के विध्वंस का वृत्तांत निरूपित किया।

महिषमंगल भाण में नारायण ने महिषमंगल नामक ग्राम में अनंगकेतु तथा अनंगपताका के प्रणय का चित्रण किया है। महाकवि स्फुलिंग ने सत्यभामापरिणय नाटक की रचना १५५०ई० के आसपास की। नन्दिघोषविजय उड़ीसा के शासक नरसिंह के आश्रित कवि शिवनारायणदास के द्वारा प्रणीत है। इसमें पुरी के जगन्नाथ की रथयात्रा का दृश्य है। अकबर के आश्रय में रहे जैन कवि पद्मसंभव ने ज्ञानसुंदर नाटक की रचना १५७०ई० के आसपास की।

लक्ष्मण माणिक्य के पुरोहित वाणीनाथ ने कौतुकरत्नाकर प्रहसन की रचना की। इस प्रहसन में बुद्धिहीन व निर्बल राजा दुरितार्णव नायक है, जो पुण्यवर्जित नगर पर राज्य करता है। दुःशीला उसकी रानी है, जिसका प्रहसन में अपहरण हो जाता है। रानी नगररक्षक सुशीलांतक के भुजपाश में जा कर बँध गई थी, उस समय उसका अपहरण हो गया। वसंतोत्सव मनाया जाना है, और राजा रानी के न होने से खिन्न है। कुमतिपुंज, आचारकालकूट आदि मंत्री तथा व्याधिविवेक वैद्य उसे तरह तरह के परामर्श प्रदान कर रहे हैं, जिनके आधार पर राजा वेश्या अनंगतरंगिणी को पत्नी के स्थान पर बिठा लेता है। अंततः अपहरणकर्ता ब्राह्मण कपटवेषधारी पकड़ा जाता है। वह भी अनंगतरंगिणी का प्रेमी है। वसंतोत्सव के उल्लास में उसे क्षमा कर दिया जाता है।[२६]

मदालसा तथा कुवलयाश्व के प्रणय व विवाह की कथा को ले कर रयस अहोबल मंत्री ने विजयनगर के राजा श्रीरंगराज (१५७१-८५) के आदेश से कुवलयविलास नाटक लिखा।

जैन आचार्य वादिचंद्र ने १५९२ई० के आसपास ज्ञानसूर्योदय नाटक की रचना की, जो प्रबोधचंद्रोदय तथा संकल्पसूर्योदय की परंपरा में एक प्रतीक नाटक है। प्रबोधचंद्रोदय की छाया इसके अनेक पद्यों में स्पष्ट है।

रामकृष्णमाचार्य ने सोलहवीं शती में रचे गये भाणों में श्रृंगाररसोदय, मदनगोपालविलास, विलासभूषण, तथा चातुरीचंद्रिका का उल्लेख किया है।

अभिराममणि

सुंदर मिश्र ने अभिराममणि नाटक की रचना १५९९ई० में की। यह नाटक मूलरूप में लुप्त हो चुका है। सुंदर मिश्र नाट्यशास्त्र के आचार्यों में भी परिगणनीय हैं। इनका लिखा नाट्यप्रदीप नामक ग्रंथ हाल ही में प्रकाश में आया है। सुंदर मिश्र ने नाट्यप्रदीप की रचना अभिराममणि के पश्चात् १६१३ ई० में की थी,[२७] तथा अपने नाटक से अनेक लक्षणों के उदाहरण इन्होंने इस ग्रंथ में दिये, जिससे इस विलुप्त नाटक की रुपरेखा तथा वैशिष्ट्य की

जानकारी प्राप्त होती है। राघवभट्ट ने अपनी अर्थद्योतनिकाटीका में नांदी के विषय में सुंदरमिश्र का मत उद्धृत किया है, इससे प्रतीत होता है कि नाट्यशास्त्र के आचार्य के रूप में अपने जीवनकाल में ही सुंदरमिश्र ने बड़ी ख्याति पा ली थी। सुंदर मिश्र ने यह सोदाहरण प्रदर्शित किया है कि किस प्रकार उनके नाटक में पाँचो संधियाँ तथा अधिकांश संध्यंग, अर्थप्रकृतियाँ, पंच अवस्थाएँ, छत्तीस काव्यलक्षण, विभिन्न प्रकार के पताकास्थानक तथा अनुसंधियों का यथास्थान विनिवेश हुआ है।

नाट्यप्रदीप से उल्लेखों से स्पष्ट है कि अभिराममणि नाटक में सात अंत थे। इस नाटक की एक अनोखी विशेषता यह है कि राम के द्वारा रावण पर विजय के प्रख्यात इतिवृत्त पर आधारित होने पर भी इसमें केवल वीर रस ही अंगी नहीं है। आचार्य के रूप में सुंदर मिश्र की मान्यता है कि किसी नाटक में दो रस एक साथ समान रूप से अंगी रह सकते हैं, और यह उन्होंने अपने अभिराममणि के कथानक की प्रस्तुति और उसके निर्वाह का विशद विश्लेषण करते हुए सिद्ध भी किया है। तदनुसार इस नाटक में वीर रस की प्रधानता की दृष्टि से भी पंचसंधि, पंचावस्था, अर्थप्रकृतियों, अर्थोपक्षेपकों और संध्यंगों तथा अनुसंधियों का विन्यास है, तथा शृंगार रस की दृष्टि से पृथक् रूप में पंचसंधि, पंचावस्था, अर्थप्रकृतियों, अर्थोपक्षेपकों और संध्यंगों तथा अनुसंधियों का विन्यास किया गया है। राम और सीता के प्रणय तथा परस्पर अनुराग की कथा को नाटककार ने उतना ही गौरव दिया है, जितना रामकी शौर्यगाथा व उनकी रावणविजय को। यद्यपि सुंदरमिश्र इस नाटक में प्रधान फल राम के सीता से पुनर्मिलन को ही मानते हैं,[२८] और रावणविजय तथा अयोध्या में पुनः राज्याभिषेक उसके अनुबंध मात्र हैं, पर वे वीररस को यहाँ अंग नहीं मानते।

नाटक का कथासार इस प्रकार हैं – सीता स्वयंवर के पूर्व राम मिथिला की पुष्पवाटिका में जाते हैं, जहाँ वे सीता को देखते हैं। राम और सीता परस्पर अनुराग का अनुभव करते हैं। सीता की सखियाँ - बुद्धिसेना, सूनृता और मैत्रेयी — दोनों के मिलन में सहायिका बनती हैं। पुष्पवाटिका से लौट कर सीता राम के विरह में कातर हो जाती हैं। वे स्वप्न में राम को देखती हैं, राम का चित्र बनाती हैं। यदि सीता के साथ उनकी सखियाँ हैं, तो राम के साथ भी विदूषक गोमुख तथा कुछ वटु हैं, जो उनकी इस प्रणयलीला के साक्षी बनते हैं। सीता का स्मरण करते हुए राम कहते हैं - 'यदिदानीमार्यबद्धकङ्कणं तस्याः सुकुमारकरतलकोकनदं मम करकिसलये वर्तत इवेत्याकलयामि।'

फिर तो राम और सीता जनक के राजप्रासाद के निकट याज्ञवल्क्य के भवन में मिलते हैं। सीताहरण के पश्चात् राम का विलाप नाटक में करुणरस की सृष्टि करता है। इसी प्रकार दशरथ के निधन के बाद भी राम आदि के 'तातेन यातेन दिवं प्रवृत्तः कोऽप्येष करुणाविरहैर्विमिश्रः' इत्यादि कथनों में करुणा की धारा प्रवाहित हुई है। पर शृंगार के साथ वीररस का उद्रेक समान

स्तर पर बना रहे, इसका ध्यान नाटककार ने बराबर रखा है। इसके लिये अपने इस नाटक के अनेक पद्यों का उल्लेख उन्होंने नाट्यप्रदीप में किया है, जैसे—

जेतारं जामदग्न्यस्य................

कण्ठीरवेण रिपुकुम्भिकदम्बकानि.............

भाषाशैली की दृष्टि से सरस समृण पदावली का गुंफन उद्धृत उदाहरणों में मिलता है, जैसे - **समं प्रजानामवनं वनं वा।**

सुग्रीव और विभीषण के वृत्तांत में गर्भसंधि के अंतर्गत पताका का प्रयोग है। प्रकरी का विन्यास राम के निषादराज गुह से भेंट के वृत्तांत में है।

नाटक की प्रस्तावना में सूत्रधार और नटी के वार्तालाप में वसंतऋतु के वर्णन के माध्यम से कथोद्घात कराया गया है[२९] प्रस्तावना में ही एक जीर्ण धनुष के बारे में सूत्रधार व नटी बातचीतकरते हैं, और सूत्रधार के कथन को दोहराता हुआ जनकपुरोहित शतानंद प्रवेश करता है। शतानंद के लंबे एकालाप से कथा का बीजन्यास होता है। वे पुत्री सीता के विषय में राजा जनक की चिंता की चर्चा करते हैं। प्रथम अंक में राम और सीता के पुष्पवाटिका में मिलन आदि के प्रसंगों में मुख संधि है। द्वितीय अंक में दोनों के विवाह का वृत्तांत है। दोनों मिलन के आनंद व रोमांच का अनुभव करते हैं, पर परशुराम के आगमन के साथ प्रतिमुख संधि इसी अंक से आ जाती है। परशुराम से विवाद का प्रसंग चौथे अंक तक जारी रहता है व गर्भसंधि वहाँ विन्यस्त हो जाती है, जो पाँचवे अंक के विष्कंभक तक है। तदनंतर शूर्पणखा की दुरभिसंधि के कारण राम को वनवास होता है। इस प्रसंग का विश्लेषण करते हुए नाट्यप्रदीप में सुंदर मिश्र कहते हैं कि यहाँ वनवास अपाय है, पर उसमें चौदह वर्षों की अवधि के द्वारा किया गया परिसीमन उपाय है, जिससे फलप्राप्ति का पथ प्रशस्त हो जाता है। वनवास के प्रसंग के पश्चात् मारीच का स्वर्णमृग बन कर आना व उसके वध का वृत्तांत है। तदनंतर रावण संन्यासी के वेष में प्रवेश करता है। षष्ठ अंक में रामरावण युद्ध का निरूपण है। रावणवध के पश्चात् विभीषण राम की अयोध्या यात्रा के पुष्पक विमान प्रस्तुत करता है। अंत में प्रशस्ति के साथ नाटक समाप्त होता है।[३०]

इस नाटक के प्रथम, द्वितीय, चतुर्थ तथा षष्ठ अंकों में विष्कम्भक का प्रयोग हुआ है। भवभूति के महावीरचरित का गहरा प्रभाव अभिराममणि पर है। रावण का मंत्री माल्यवान् बाली को राम से लड़ने के लिये उकसाता है और बाली के द्वारा चुनौती दिये जाने पर राम उसका वध कर देते हैं- इस तरह राम ने वाली को छिप कर मारा यह प्रवाद निवारित हो जाता है। इसी प्रकार भास और भवभूति का अनुसरण करते हुए कैकेयी के चरित्र को भी नाटककार ने निष्कलंक बना दिया है। शूर्पणखा के उकसाने पर छद्म कैकेयी दशरथ से वर माँगती है। विभीषण की शरणागति के प्रसंग में भी सुंदर मिश्र ने किंचित् परिवर्तन कया है। विभीषण पहले सुग्रीव से मिलते हैं, फिर सुग्रीव को भरोसा हो जाने पर वह उन्हें राम के पास ले कर आता है।[३१]

सुंदरमिश्र ने अपने नाट्यप्रदीप में अपने इस नाटक के कथानक में बिंदु किसप्रकार विस्तार ग्रहण कर कथापर्यवसायी बनता है इस का अच्छा विश्लेषण किया है।[३२] नाटक के संवाद सरल सहज है। यथा —

विषयपराङ्मुखमनसो योगिवरस्यापि विदिततत्त्वस्य त्यागावसरे बाढं कार्यचिन्तालवस्तु भवति।

शतानन्दः - (साकूतम्) एवमेतत् कः सन्देहः, तथाहि - नितान्तयोगाभ्यासनिर्मलचेतसाऽनेन महाराजजनकेनापि मम पुरश्चिन्तासूचकमिति मन्त्रितम्।

जनकः — भगवन् शतानन्द महीमण्डले चन्द्रचूडचापारोपणसमर्थः कोऽपि न सम्भाव्यते।

सुंदर मिश्र के वर्णनों में सौंदर्यबोध, उपमानों की समीचीनता तथा पदावली की सानुप्रासिकता प्रभावित करती है। जैसे - कुसुमकोमलप्रकृतिः खल्वयवं कुमारी लोकः, कमठकठिनगात्रैः, भद्रासने भूषणभासि – इत्यादि। छंदों का चयन उपयुक्त है। शार्दूलविक्रीडित व स्रग्धरा जैसे लंबे छंदों के साथ अनुष्टुप् जैसे छोटे छंदों का प्रयोग प्रसंगानुंसार किया गया है।

वल्लीपरिणय

इस नाटक के प्रणेता भास्कर यज्वा हैं। इनके पिता का नाम शिवसूर्य था। इस की नायिका वल्ली विष्णु के तेज से जन्मी कन्या है, जिसका पालन एक शबरराज के द्वारा किया गया। कुमार कार्तिकेय उसे चाहते हैं, शूरपद्म नामक एक दानव भी वल्ली के रूप पर मुग्ध है और उसे अपनी पत्नी बनाना चाहता है। अंत में कुमार को शिव और पार्वती की आशीर्वाद मिलता है। इंद्र वल्ली का विवाह उनसे कराने में अग्रणी भूमिका निभाते हैं।

अन्य रूपक

सम्राट् अकबर के सभासद् जैन कवि पद्मसुंदर ने १५७०ई० के आसपास ज्ञानचंद्रोदय नाटक की रचना की।[३४] बालकवि ने रामवर्मविलास तथा केतूदय ये दो नाटक लिखे। दोनों नाटकों की पृष्ठभूमि ऐतिहासिक है। रामवर्मविलास के नायक राजा रामवर्मा अपने भाई गोदा वर्मा पर राज्य का भार छोड़ कर मंदारमाला के प्रणयपाश में बँध जाते हैं। कोचीन पर शत्रुओं का आक्रमण होने पर वे राजधानी लौट आते हैं शत्रुओं को परास्त करते हैं। रत्नकेतूदय में भी नायक रामवर्मा हैं, तथा रामवर्मविलास का पूर्वकथानक इसमें प्रस्तुत किया गया है।

विलिनाथ यज्ञनारायण के पौत्र तथा कनकसभापति के पुत्र थे। ये विजयनगर के राजा अच्युतराय (१५३०-४१) के आश्रय में रहे। इन्होंने मदनमंजरीमहोत्सव नाटक की रचना की। इस नायक की कथा कल्पना के ताने बाने में बुनी गई है। पाटलिपुत्र का राजा चंडवर्मा इस नाटक में खल नायक है, नायिका राजा धर्मध्वज की कन्या मदनमंजरी है। चंडवर्मा

अत्यंत कुरूप है। वह पांचाल देश पर आक्रमण कर के वहाँ के राजा पराक्रम भास्कर को बंदी बना लेता है। परिव्राजिका उसकी दासी बन कर रहती है। चंडवर्मा राजकुमारी मदनमंजरी को हथियाने का प्रयास करता है। स्वयं शिव अन्य देवों के साथ उसकी रक्षा के लिये राजशिखामणिके रूप में अवतार लेते हैं। राजशिखामणि एक आश्रम में मदनमंजरी के द्वारा गाया गीत सुन कर मोहित हो जाता है। गीत का वर्णन करते हुए वह कहता है—

तुम्बीफलं यदि भवेत् तुहिनांशुबिम्बं तन्त्रीगुणा यदि च तत् किरणा भवेयुः।
इक्षुर्भवेत् परिणतो यदि च प्रवालो गायन्त्यपीह यदि काऽपि सुराङ्गना स्यात्।।

नायिका को देख कर उसके भावोच्छ्वास की अभिव्यक्ति नाटककार ने कालिदास व भवभूति की सम्मिश्रपदावली में की है —

अङ्गेषु चन्दनासक्तिरक्ष्णोरमृतवर्तिका।
आनन्दपरिवाहेण हृदये चाभिषेचनम्।।

नायिका की सखियों के साथ नायक का वार्तालाप शाकुंतल के प्रथमांक में दुष्यंत की अनसूया व प्रियंवदा के साथ की गई चुहल का स्मरण कराता है। परिव्राजिका प्रज्ञावती मदनमंजरी को उससे मिलाने के लिये मालतीमाधव की कामंदकी की भाँति उपाय रचती है। जटिल घटनाचक्र में कभी उलझती कभी सुलझती कथा आगे बढ़ती है। हास्य, वीर, अद्भुत, रौद्र, भयानक, करुण आदि रसों का गहरा सम्मर्द शृंगाररसभूयिष्ठता के साथ नाटककार ने इस नाटक में रच दिया है। वर्णनों में सरसता व संपन्न काव्यात्मकता है। संवाद पैने और बहुत नाटकीय हैं। कंदुकक्रीडा का वर्णन मनोहारी है

रणत्कनकमेखलं रभसनिःस्वनन्नूत्पुरं परिस्फुरितकङ्कणं रयपरम्परामेदुरम्।
पुरस्कृतकरं मुहुर्नमितपूर्वकायं दृशोः कृतार्थयति सुभ्रुवः किमपि कन्दुकक्रीडितम्।।

यह रूपक राजा अनंत की राजसभा में प्रस्तुत हुआ।

शठकोप ताताचार्य अहोबिल मठ में आचार्य तथा विजयनगर के रामराज (१५४२-१५६५) के समकालीन थे। इनके वासंतिकापरिणयनाटक में वनदेवी वासंतिका और राजा नरसिंह के विवाह का निरूपण है। कुमार ताताचार्य राजा रघुनाथ नायक (१६१४ ई०) के आश्रित कवि रहे। इन्होंने पाँच अंकों में पारिजातहरण नाटक की रचना की।

राजा लक्ष्मण माणिक्यदेव अकबर के समय में नोआखाली के शासक थे। इन्होंने अनेक रूपकों की रचना की, जिनमें से दो उपलब्ध होते हैं कुवलयाश्वचरित तथा विख्यातविजय। पहले नाटक में मदालसा तथा कुवलयाश्व के प्रणय व विवाह की कथा है, दूसरे में कौरवों पर नकुल की विजय निरूपित है।[३५]

मदालसा तथा कुवलयाश्व के प्रणय व विवाह की कथा को ले कर रयस अहोबल मंत्री ने विजयनगर के राजा श्रीरंगराज (१५७१-८५) के आदेश से कुवलयविलास नटक लिखा।

रामकृष्णमाचार्य ने सोलहवीं शती में रचे गये भाणों में शृंगाररसोदय, मदनगोपालविलास, विलासभूषण, तथा चातुरीचंद्रिका का उल्लेख किया है।

सत्रहवीं शताब्दी के नाटक

वसंततिलकभाण

वसंततिलक भाण की रचना वरदाचार्य ने रामभद्र दीक्षित के शृंगारतिलक भाण की प्रतिद्वंद्विता में १६९३ई० में की। भाणनायक शृंगारशेखर विट कांची नगरी की गलियों में विहार करता है। वेश्यारमणियों के जीवन की विपदाएँ व विविध लीलाएँ ही नहीं, घरपरिवार की कथाएँ भी उसके कथनों में उघड़ती हैं। गृहिणी के लिये घर किस प्रकार कारागार बन जाता है इसका वर्णन उसी के शब्दों में विट इस प्रकार प्रस्तुत करता है—

कार्येणापि विलम्बनं परगृहे श्वश्रूर्न सम्मन्यते
शङ्कामारचयन्ति यूनि भवनं प्राप्ते मिथो यातरः।
वीथीनिर्गमनेऽपि तर्जयति च क्रुद्धा ननान्दा पुनः
कष्टं हन्त मृगीदृशां पतिगृहं प्रायेण कारागृहम्।।

श्रीयतिराजविजयम् (वेदान्तविलासः)

श्रीयतिराजविजयम् या वेदान्तविलास नाटक के प्रणेता श्रीवात्स्य वरदाचार्य हैं। ये घटिकाशतक सुदर्शन के पुत्र थे तथा रामानुज के वंश में हुए। इनका निवास कांची में था। कांची नगरी के दार्शनिक पंडितों में इनकी प्रतिष्ठा थी। इन्होंने वसंततिलक भाण, रुक्मिणीहरण चंपू तथा लक्ष्मीशतकम् की भी रचना की। वेदांतविलास इनका प्रतीकात्मक नाटक है। प्रबोधचंद्रोदय तथा संकल्पसूर्योदय की प्रतीक नाटकों की परंपरा में यह नाटक एक महत्वपूर्ण कड़ी है। वेंकटनाथ के संकल्पसूर्योदय के समान ही यह नाटक भी रामानुज के दर्शन की स्वीकार्यता को सिद्ध करने की दृष्टि से रचा गया है। नाटक का नायक वेदमौलि है, सुमति और सुनीता आदि अन्य पात्र पुराण, रामायण तथा महाभारत तथा विविध विद्याओं के प्रतीक हैं।

इस नाटक में छह अंक हैं तथा रामानुज के जीवनचरित के साथ उनके दर्शन का प्रतिपादन मुख्य वस्तु है। अड़तीस पात्रों के इस नाटक में पंद्रह पात्र प्रतीकात्मक हैं। जनक, भरत, नारद, शंकराचार्य, भास्कर तथा चार्वाक भी पात्र के रूप में इसमें प्रवेश करते हैं। स्वयं वेदमौलि वेदांत इसका नायक है, जिसे मायावाद ने सच्चे मार्ग से भटका दिया है। वह अपनी

पत्नी सुमति का तिरस्कार कर के दुराचारिणी मिथ्यादृष्टि के मायाजाल में फँस जाता है। नारद घोषणा करते हैं—

निरस्य तिमिरं भानुर्विधत्ते जगति श्रियम्।
एवमेनं यतीन्द्रोऽपि स्वपदे स्थापयिष्यति।।

बौद्ध और चार्वाक उसके अमात्य बन कर उसे बरगलाते हैं। यतिराज रामानुज उसे अंधकार से निकाल कर सन्मार्ग दिखाते हैं। रामानुज के विमर्श की प्रभावशाली अभिव्यक्ति इस नाटक में है। उनका कथन है

सम्मुक्तानि पटच्चराणि वसतिर्मूले तरोर्भाजनं
भिक्षा स्यात् तु न वा जलं तु सुलभं त्यक्तास्समस्तैषणाः।
वर्गेषु त्रिषु सस्पृहो भगवति न्यस्तात्मभारोऽपि सन्
चिन्तादन्तुरमानसोऽपि सचिवः श्रीवेदमौलेरहम्।।

वेदमौलि के मिथ्यादृष्टि के प्रति मोह, वियोग व विरह का चित्रण भी रोचक है तथा शृंगाररसाभास का उत्तम रूप सामने रखता है।

सुबालावज्रतुण्ड

सुबालावज्रतुण्ड के प्रणेता श्रीराम कहे गये हैं। इन्होंने अपना परिचय देते हुए स्वयं को एक राजकुमार बताया है। इससे अधिक उनके विषय में कोई जानकारी प्राप्त नहीं होती। सम्भवतः यह नाटक केरल में लिखा गया था। इसके समय के विषय में कुछ भी कहना कठिन है। संभवतः अठारहवीं शताब्दी के पूर्व यह लिखा जा चुका था।

संस्कृत नाटकों की प्रचलित परपरा से यह नाटक अलग है। इसके सारे पात्र पशुजगत् से हैं। पात्रों की सारी परिकल्पना अनूठी ही है। नाटककार ने इसे पेरोडी या व्यंग्य की शैली में लिखा है। ऐसा लगता है कि यह राजाओं के अंतःपुर और उनकी प्रेमलीला को ले कर लिखे जाने वाले नाटकों तथा सामन्तीय विलास की खिल्ली उड़ा रहा है।

कथासार इसप्रकार है - चूहों का राजा वज्रतुंड गणेश जी के वाहन मूषिकराज का परम भक्त था। वज्रतुंड और विदूषक अधरिन् दैनिक कृत्यों से निवृत्त हो कर इस ताक में रहते कि धान काटने वाली मजदूर स्त्रियाँ कब धान काट कर कोठार में धान की ढेरियाँ एकत्र करदें और वे कोठार में पहुँच कर उन्हें चट कर जाएँ।

एक बार दोनों क्षुधा मिटाने के लिये एक संपन्न कोठार में धुसे। घुसते ही बड़ा महीन स्वर सुनाई दिया। विदूषक ने कहा - अरे मित्र, लगता है वीणा बज रही है।

राजा वज्रतुंड बोले - मूर्ख, ये वीणा के स्वर नहीं, किसी सुंदरी चुहिया की सुमधुर चिचियाहट है।

दोनों मित्र इस तरह तर्क वितर्क कर ही रहे थे कि धान क ढेरी के पीछे से एक और सुमधुर नारी कंठ सुन पड़ा - 'सखि, इधर से इधर से!'

दोनों मित्र इस स्वर का संधान करते हुए धान की एक ढेरी के पीछे जा छिपे। संयोग की बात कि इसी ढेरी में प्रवेश कर के दो युवा चुहियाएँ धान कुतर रही थीं। दोनों मित्र छिप कर उनका रूप निहारने लगे और उनकी निश्चिंत बतकही का आनंद भी लेने लगे।

वज्रतुंड तो इनमें से एक परम रूपवती चुहिया के सौंदर्य पर मुग्ध हो गया। विदूषक उससे ठिठोली करने लगा।

जिस सुंदरी युवती चुहिया पर राजा वज्रतुंड का मन जा अटका था, उसका नाम सुबाला था। वह भी राजा वज्रतुंड पर मुग्ध हो गई। तभी दूर से म्याऊँ का एक परम भीषण स्वर सुनाई दिया। राजा वज्रतुंड विचलित हो गया। सुबाला और उसकी सखी खूँखार मार्जार से बचने के लिये छिपने का स्थान खोजतीं हुईं भागीं, और प्रेम का सुकुमार तंतु अकांड में विच्छिन्न हो गया।

अब राजा वज्रतुंड प्रिया सुबाला के बिना व्याकुल रहने लगे। फिर रात के समय छिपकर दोनों मित्र उसी कोठार में पहुंचे। सुबाला ने भी जब से राजा वज्रतुंड को देखा था, विरह की आग उसके मन में दहक रही थी। अपनी सखी के साथ वह भी इसी समय कोठार में जा पहुँची। सुबाला के मुख से उसकी विरहदशा का वर्णन सुन कर उसकी सखी उसका शिशिरोपचार करने के लिये कमलनाल आदि सामग्री लेने चली गई। इस बीच सुबाला का विरह का ताप ऐसा बढा कि उसने फाँसी लगा कर मरने का निश्चय कर डाला। धान की ढेरियों के आस पास ही रस्सी पड़ी थी, उसका फँदा बना कर वह प्राण देने ही वाली थी कि वज्रतुंड तत्काल - 'अरे ऐसा दुस्साहस मत करना' - यह पुकार लगाता हुआ उसके सामने जा पहुँचा और कुतर कर उसकी फाँसी की रस्सी काट दी। विदूषक ने कहा - 'तुम दोनों का काम बन गया। इसके पहले कि कोई और दुष्ट चूहे आयें, या इस गोदाम के मालिक पीट पीट कर तुम्हें मारने आ पहुँचे, यहाँ से चुपचाप खिसक लो।'

राजा वज्रतुंड और सुबाला कोठार से निकल कर एक गुप्त बिल में पहुँच कर प्रेमलीला में मगन हो गये। तभी चूहों की विकट सेना के साथ सुबाला का पिता पाषाणदारण वज्रतुंड पर आक्रमण करने आ पहुँचा। विदूषक घबराया हुआ वज्रतुंड के पास पहुँचा और उसे पाषाणदारण के आक्रमण की सूचना दी। वज्रतुंड ने कहा - 'घबराओ मत। मैं पाषाणदारण की सेना को तिनके की तरह तितरबितर कर दूँगा।' यह कह कर वह शत्रुसेना को विकट चुनौती देता हुआ बाहर निकल आया।

भयंकर युद्ध हुआ। वज्रतुंड ने प्रिया के पिता और उसकी सेना के छक्के झुड़ा दिये। रात

भर यह महासंग्राम चला। सूर्य देव के उदित होते होते वज्रतुंड ने मैदान मार लिया था। विदूषक ने उसका अभिनंदन करते हुए कहा - आओ, किसी गड्ढे में घुस जाएँ, मैं तुम दोनों का ब्याह करा ही दूँ।

विवाह का अनुष्ठान निपटा कर क्षुधा से व्याकुल वज्रतुंड उन्मत्त हो कर एक खलिहान में धान की ढेरी चट करने जा पहुँचा। वज्रतुंड और विदूषक दोनों धान कुतरते हुए आनंद से बातचीत कर रहे थे कि किसी सुंदरी का करुण क्रंदन सुनाई पड़ा - 'हा नाथ, मैं हरी गई! बचाओ बचाओ!'

वज्रतुंड ने कहा - मित्र यह तो मेरी ही प्रिया का स्वर है। पता नहीं बिचारी पर कौन सी विपत्ति आ पड़ी!'

इसके साथ ही वज्रतुंड बिलख बिलखकर रोने लगा। विदूषक ने उसे समझाया। वज्रतुंड ने भी पुनः अलौकिक धैर्य का परिचय देते हुए कहा - मेरी चतुरंगिणी सेना को तैयार किया जाये।

उसके आदेश देते ही जंगली चूहे, बिलों के चूहे, जल के चूहे और स्थल के चूहों की चतुरंगिणी सेना सज कर आ पहुँची। पिता बृहत्तुंड ने बताया - बेटा - हमारी बहू को रक्तांग नाम का एक भयंकर सर्प मुँह में दबोच कर ले गया है।

सुनते ही वज्रतुंड ने कहा - हम उस दुष्ट सर्प को दंड देगें।

चतुरंगिणी सेना सर्प की खोज में चल पड़ी। वह दुष्ट सर्प एक कोने में चुहिया को मुँह में दबाये निगलने का प्रयास करता हुआ दिख गया।

चूहों की सेना को देख कर वह चुहिया सुबाला को उगल कर पलट कर फुफकारता हुआ चूहों की चतुरंगिणी की ओर बढा। उसे अपनी ओर आता देख कर चूहों की चतुरंगिणी सेना के वीर दुम दबा कर भाग खड़े हुए। अकेला वज्रतुंड उन सब को फटकारता हुआ और दुष्ट सर्प को ललकारता हुआ उसे जूझने के लिये बढा। पर सर्प उसे निगलने को फण फैला कर सामने आया, तो वह प्राण रक्षा के लिये बाँस की एक पोल में जा घुसा। उस सर्प ने भी उसका पीछा करते हुए पोल में फण घुसा दिया। तब वज्रतुंड पोल के दूसरे छेद से बाहर निकल आया, और उसने परम वीरता का प्रदर्शन करते हुए साँप के बाहर निकले शरीर को अपने दाँतों से काट काट कर लहूलुहान कर दिया। इस बीच अपने स्वामी की इस असाधारण शूरता से प्रेरित हो कर चूहों की सेना लौट आई और सब चूहों ने मिल कर कंकड़ और पत्थर के टुकड़े इकट्ठे कर के बाँस की पोल को बंद कर दिया। इस तरह वज्रातुंड ने अपने शत्रु को ध्वस्त कर डाला।

पर इस बीच ये लोग सुबाला की तो सुध लेना ही भूल गये अब विजय का उन्माद उतरने पर जब वज्रतुंड को अपनी प्रिया का ध्यान आया, तो देखा कि प्रिया की निष्प्राण काया एक तरह पड़ी हुई है।

वज्रतुंड बिलख बिलख कर करुण स्वर में विलाप करने लगा।

राजा वज्रतुंड का मित्र विदूषक अधरिन् और उसका पिता भी उसके साथ विलाप करने लगे। पिता ने कहा- ए प्यारी बहू, हमें छोड़ कर तुम क्यों चली गईं? सत्य है नारियाँ अपने प्रेमी जनों के प्रति निष्ठुर होती हैं।

वज्रतुंड ने कहा - मैं प्रिया के बिना जीवित नहीं रहना चाहता।

यह कह कर वह फाँसी लगा कर मरने की तैयारी करने लगा। पाषाणदारण ने कहा - अब मेरे भी जीवित रहने का क्या लाभ?

इस तरह जब सारे मूषकदल के लोग जीवन त्याग करने की तैयारी मैं थे, तभी विदूषक ने फांसी के फंदे में गला देने के पहले सामने देखा, तो हर्षित हो कर बोला - अरे, हमारे आराध्य प्रभु महामूषिक पधार रहे हैं।

बात यह हुई थी कि विघ्नविनायक गणेश जी ने अपने वाहन मूषिकराज को आज्ञा दी कि मुझे अपने माता पिता को प्रणाम करने जाना है, तो तू मोदक और पके केले ले कर आ। महामूषिकराज यह सामग्री लेने के लिये निकले तो मार्ग में उनकी बायीं आँख फड़कने लगी। इस अपशकुन का क्या कारण हो सकता है यह जानने के लिये महामूषिक ने ध्यान लगाया। ध्यान करते ही उन्हें विदित हो गया कि उनके भक्त तो बड़े संकट में पड़ गये हैं। वे संकटनिवारण के लिये वे वहाँ प्रकट हुए।

फिर तो सारे मूषिक प्रभु महामूषिक के चरणों में लोट गये। मूषिकराज ने पानी के छींटे दे कर अपने भक्त वज्रतुंड को जीवन प्रदान किया, फिर उसकी प्रिया सुबाला को भी जीवित करके उसे आशीर्वाद दिया।

वज़्रतुंड के भरतवाक्य के साथ नाटक समाप्त होता है।

सुबालावज्रतुंड संस्कृत के शृंगारप्रधाननाटकों तथा नाटिकाओं की एक रोचक विडंबना (पैरोडी) है। पशुकथा को ले कर नाट्यरचना की विधा का भी यह अनोखा निदर्शन है। रसाभास का एक भिन्न आस्वाद हम इसमें ग्रहण करते हैं। भाषा की सहजता, संवादों की स्वाभावकता तथा निरंतर हास्य की छटा के साथ यह नाटक अलग ही आस्वाद देता है।

गोकुलनाथ के रूपक

महामहोपाध्याय गोकुलनाथ सत्रहवीं शताब्दी के एक श्रेष्ठ कवि और आचार्य हैं। गद्य, नाटक, स्तोत्र तथा शास्त्र आदि विविध विधाओं में लेखनी व्यापृत कर उन्होंने संस्कृत साहित्य के भण्डार को अपूर्व समृद्धि दी। ये मिथिला के निवासी थे, तथा मिथिला के राजा रघुवंशसिंह के आश्रय में रहने के पश्चात् ये गढ़वाल के राजा फतहशाह के राजकवि रहे। इनके दो नाटक प्रसिद्ध हैं-मुदितमदालसा तथा अमृतोदय। अमृतोदय नाटक की रचना १६९३ई० के आसपास हुई। यह दार्शनिक दृष्टि से विरचित एक प्रतीकात्मक नाटक है। पुरुष और प्रमिति इसमें

नायक और नायिका है। प्रमिति, पक्षता, परामर्श, अनुमिति आदि न्यायदर्शन में प्रतिपादित कोटियों को इसमें पात्र बनाया गया है। परामर्श और पक्षता के बीच नाटककार ने नायक-नायिका-व्यवहार का निरूपण करते हुए शृंगाररस की भी निष्पत्ति की है। उदयन, पतंजलि आदि ऐतिहासिक व्यक्तित्व भी इसमें पात्र बन कर आते हैं। नाटक का प्रारंभ बौद्धमतावलंबी सुगतागम के द्वारा श्रुति की पुत्री प्रमिति का अपहरण कर लिये जाने की घटना से होता है। सौगतमत की ओर से श्रुति पर दारुण प्रहार किया जाता है। फिर तो आन्वीक्षिकी तर्क को साथ ले कर श्रुति की रक्षा के लिये मैदान में आ जाती है। युद्ध छिड़ जाता है, जिसमें प्रमिति को बचा लिया जाता है, और उसका पुरुष के साथ संयोग करा दिया जाता है। फिर परामर्श का पक्षता के साथ विवाह करादिया जाता है। उदयन पक्षता और परामर्श की रक्षा करने के लिये चार्वाक से संघर्ष करते हैं। चार्वाक उनके सामने विनष्ट हो जाता है। पतंजलि पुरुष को सिद्धि प्रदान करते हैं, जिससे वह पुरुषोत्तम का साक्षात्कार कर पाता है। जीवन्मुक्त का स्वरूप यहाँ नाटककार ने पुरुष व पुरुषोत्तम के संवादों में स्पष्ट किया है। बौद्ध दर्शन के नैरात्म्यसिद्धांत तथा क्षणभंगवाद का निराकरण आन्वीक्षिकी के द्वारा किया जाता है।

प्रतीकपात्रों की उपस्थिति, दार्शनिक कोटियों का प्रतिपादन तथा विविध सांप्रदायिक वाद-विवादों के होते हुए भी गोकुलनाथ के इस नाटक में सरसता तथा काव्यात्मक समृद्धि भरपूर है। अंगी के रूप शांतरस का सातत्य अजस्त्र रूप में बना हुआ है। शृंगार, वीर, भयानक आदि रसों का प्रवाह रसाभास के रूप में अनिर्बाध प्रवाहित है। नायक परामर्श पक्षता के विषय कहता है—

टङ्कोत्कीर्णा त्वचति विलिखिता नेत्रपत्रे निशिक्ता
स्वान्ते स्यूतां वचसि निचिता पार्श्वतः पृष्ठतश्च।
धारारूढ़ा हरिति पुरतः काचसङ्गेव काचित्
नाना भूत्वा वरतनुरिह प्राविशन्मामियं सा।।

(२.७)

वाद, विवाद और संवादों के क्रम में शिष्ट हास्य की भी सृष्टि नाटककार ने सहज रूप में कराई है। पुरुष और पुरुषोत्तम के बीच वक्रोक्ति की विच्छित्ति के साथ परिहास संभव है—

भवपथपथिकोऽस्मि वाटपाटच्चर मिलितोऽस्मि विलुण्ठ सम्पदो मे।
अहमस्मि भवदन्तरं प्रविश्य ध्रुवमचिरेण हरामि ते विभूतीः।।

(४.६८)

(मैं संसारपथ का पथिक हूँ, तुम रास्ते के चोर हो। मेरी संपदा लूट लो। (पुरुषोत्तम कहते हैं - मैं भी निश्चित रूप से तत्काल तुम्हारे भीतर प्रवेश कर के तुम्हारी विभूतियों का अपहरण कर लेता हूँ।)

आन्वीक्षिकी के साथ बौद्धों के संघर्ष को नाटककार ने तुमुल संग्राम का रूप दे कर गौडी रीति के साथ ओजस्वी बंध में वीर रस का भी उन्मेष करा दिया है, यथा—

अन्योन्यव्यतिघट्टनानलकणक्रूराः करेभ्यो द्विषां
संहत्यैकपदे पतन्ति परितो याः स्मायुधश्रेणयः।
बाणैस्तास्त्रसरेणुपुञ्जपदवीमानीय सोऽयं जनो
रक्षामण्डलमात्मनो व्यरचयन् भूमण्डले पांसुभिः।।

(१.२९)

अमृतोदय नाटक वास्तव में प्रबोधचंद्रोदय की परम्परा में एक और महत्त्वपूर्ण कड़ी है। इसमें दार्शनिक नाटककार ने न्यायदर्शनसम्मत अपवर्ग की प्रतिष्ठा की है। नाटक के अंतिम और पाँचवें अंक में विवेक का पुत्र अपवर्ग नायक पुरुष के समक्ष प्रकट होता है।

पाखंडधर्मखंडन

इस नाटक के रचयिता दामोदर संन्यासी गुजरात के निवासी थे। इसका रचना काल १६३६ई० है। यह वादप्रधान नाटक है, जिसमें नाटककार विविध मतावलंबियों के बीच विवाद कराता हुआ स्वसम्मत वैदिक धर्म तथा शिवभक्ति को स्थापित करता है। दामोदर ने स्पष्टभाषण के द्वारा विभिन्न धर्मावलंबियों के जीवन के पाखंड व कुरीतियों को उघाड़ा है, तथा वेदमार्गियों को भी इस दृष्टि से उन्होंने क्षमा नहीं किया है। जपमाला छाप-तिलक के द्वारा जनता को मूर्ख बनाते हुए धर्म का आडंबर रचने वालों की खबर लेते हुए वे कहते हैं

कण्ठिकाम्बरधरीविराजिता योनिसाम्यतिलकाङ्कललाटाः।
पापरूपवपुषः कविपूरा वेदधर्मसरणीपरिभ्रष्टाः।।

तथापि नाटककार की दृष्टि संकीर्ण व संप्रदायविशेषानुरोधिनी है। जैन, बौद्ध, वैष्णव, वल्लभमतानुयायी सभी की खिल्ली नाटककार ने यहाँ उड़ाई है। वल्लभ को तो महामोह सचिव तथा विट्ठल को कलि का राजदूत कह दिया है। निरंजनमार्गी विट को रजकी (धोबिन) के साथ विहार करते हुए चित्रित किया है। वेदमार्ग के प्रति पक्षपात के कारण वह इतर मार्गों का निराकरण करते हुए कहता है

वेदाः क्वापि पलायिताः प्रियतमे वार्तापि नो श्रूयते
सांख्यं योगपुराणधर्मनिचयः क्ष्मान्तर्गतो दृश्यते
श्रीमद्वल्लभविठ्ठलेशप्रमुखैः श्रुत्यर्थबाधोद्यतैः
प्रोक्तं स्वात्मनिवेदनं युवतिभिः सन्दृश्यते साम्प्रतम्।।

प्रभावतीपरिणय

प्रभावतीपरिणय नाटक के प्रणेता हरिहर ॠषिकेश झा के पौत्र तथा राघव झा के पुत्र थे।

इनका जन्म १५९५ ई० के लगभग हुआ। सूक्तिमुक्तावली या हरिहरसुभाषितम् इनकी मुक्तक रचनाओं का संग्रह है। प्रभावतीपरिणय में वज्रनाभ दैत्य की पुत्री प्रभावती और श्रीकृष्ण के पुत्र प्रद्युम्न के प्रणय और विवाह की कथा है। इस कथा का मूल हरिवंशपुराण में मिलता है। प्रद्युम्न आदि का नटवेष में वज्रनाभ के पुर में जाना, अंतःपुर में इनका छद्मप्रवेश आदि वृत्तांत बड़े रोचक हैं। प्रद्युम्न वज्रनाभ की पुत्री प्रभावती से छिप कर मिलता है। पहले अंक में भद्र तथा सारण के संवाद के द्वारा कथानक की पीठिका निर्मित की गई है। प्रद्युम्न नायिका का चित्र देख कर अनुरागसागर में निमज्जित हो जाता है, तो दूसरे अंक में नायिका उसका चित्र देख कर भावविह्वल होती है। तृतीय अंक में ऋक्ष, हंस, महिष, गृध्र आदि के प्रतिशीर्षकों (मुखौटों) का प्रयोग रंगमंच में भराव ला देता है। पूरा नाटक शृंगार रस से परिपूर्ण है। पंचम अंक में वसंतवर्णन सौंदर्य की छटाएं बिखेरने वाला है। आलंबन तथा उद्दीपन भावों का चित्रण सरस है। नायक व नायिका के उद्यानविहार के समय निसर्ग के सौंदर्य पर उनका यह रीझना मनोहारी है—

इतः पीतः स्फीतः स्फुरति बहुलः केसरभरै-
रितः सूते कर्णज्वरमभिनवः कोकिलरवः।
इतोऽपि श्रीखण्डोपवनपवनान्दोलितलता-
कृताश्लेषाः केषां मनसि निविशन्ते न तरवः।।

(५.९)

(केसरों से भरा पीला रंग इधर फैल रहा है, इधर कोकल का रव कानों ज्वर को उत्पन्न कर रहा है, इधर चंदन के वन से बहने वाले पवन से आंदोलित वृक्ष एक दूसरे आलिंगन करते किसके मन में निवेश नहीं कर रहे।)

याच्ञाभिरेव सुरतावसरे कदाचिदङ्गानि यानि कथमप्यवलोकितानि।
सन्दर्शितानि सुदृशो ललितानि तानि व्यस्ताम्बरं मुहुरनेन समीरणेन।।

(६.२७)

(सुरत के अवसर पर चिरौरी कर के सुंदरी के जो अंग किसी तरह देखे, वे इस समीर ने उसके वस्त्रों को अस्तव्यस्त कर के बार बार झलका दिये।)

भर्तृहरिनिर्वेद

भर्तृहरिनिर्वेद के प्रणेता हरिहर उपाध्याय संभवतः मिथिला के निवासी थे। इनका जन्म १५९५ई० के आसपास हुआ।[३६] भर्तृहरिनिर्वेद का एक पद्य बल्लालसेन ने भोजप्रबंध में उद्धृत किया है। भर्तृहरि की जीवनगाथा तथा लोककथा लोकनाट्य की परम्पराओं में अनेक रूपों में प्रस्तुत होती आयी है। संस्कृत नाटकों की प्रचलित लीक से हट कर रचा गया भर्तृहरिनिर्वेद एक अर्थ में निर्वेदपर्यवसायी नाटक है।

भर्तृहरिनिर्वेद नाटक के आरंभ में राजा भर्तृहरि तथा रानी भानुमती का संवाद है। भर्तृहरि के मन में विचार आता है कि वह रानी के प्रेम की परीक्षा ले। वह शिकार खेलने के लिये निकल पड़ता है और फिर संदेशहारक से झूठी खबर भेज देता है कि राजा को जंगली जानवर खा गया। सुन कर रानी के प्राण त्याग देती है।

शिकार से लौट कर राजमहल पहुँच कर जब राजा ने देखा कि झूठी खबर सुन कर ही रानी ने प्राण त्याग दिये, तो वे मूर्च्छित हो कर गिर पड़े। फिर होश में आने पर रोने लगे। राजा अपनी रानी की चिता में स्वयं प्राण देना चाह रहे थे। तभी वहाँ योगीराज गुरु गोरखनाथ का आगमन हुआ। गुरु गोरखनाथ के उपदेश से राजा विरागी हो गया। उधर रानी का शव पड़ा हुआ था, मंत्री जन प्रतीक्षा कर रहे थे कि राजा दाह संस्कार करें। राजा तो समाधि की में डूबे आनंद के सागर में तिर रहे थे। मंत्रियों के बहुत कहा सुनी करने पर उन्होंने कहा - 'दाह संस्कार राजकुमार करेगा। मेरा तो संसार से नाता टूट चुका और छूट चुका।'

मंत्री देवतिलक ने योगी गोरखनाथ से कहा - 'यह आपने क्या किया? साँप का जहर उतारने के लिये बिच्छू से कटवा दिया?'

गुरु गोरखनाथ ने हँस कर कहा - 'बच्चा, तेरे राजा को मसानिया बैराग्य हुआ है। मैंने इसे मरने से तो बचा लिया। तेरे बस का हो, तो तू उसके मन को संसार की तरफ मोड़ ले, यह मैंने राजा को छोड़ा।'

मंत्री राजा को बहुत ऊँच नीच समझाने लगा। राजा तो बावला हो गया था, एक ही रट थी - संसार असार है, मुझे राजपाट अस्वीकार है, न मुझे धन संपदा से प्यार है, न मेरे लिये संसार में कुछ सार है।

गुरु गोरखनाथ रानी को जिला देते हैं, पर राजा का वैराग्य अटल बना रहता है।

जगन्नाथवल्लभनाटक

जगन्नाथवल्लभ एक संगीत नाटक है। जयदेव के गीतगोविंद के प्रभाव से संस्कृत नाटक ने जो नया कलेवर पाया यह उसका परिचायक है। नाटककार ने स्वयं अपनी रचना को संगीतनाटक कहा है।[३७] इस नाटक के प्रणेता रामानंद उत्कल प्रदेश के राजा गजपति प्रतापरुद्र के आश्रित थे। प्रस्तावना में उनके आश्रयदाता प्रतापरुद्रदेव की प्रशस्ति बड़ी रोचक है –

यन्नामापि निशम्य सन्निविशते सेकन्दरः कन्दरं
संवर्गं कलबर्गभूमितिलकः सास्रं समुद्वीक्षते।
मेने गुज्जरभूपतिर्दरदिवारण्यं निजं पत्तनं
वातव्यग्रपयोधिपोतमिव च स्वं वेद गौडेश्वरः।।

(जिन का नाम सुन कर सिकंदर भी कंदरा में जा छिपता है, कलबर्ग (संभवत: गुलबर्गा) का राजा आँखों में आँसू भर पर अपने सहयोगियों को ताकता रह जाता है, गुजरात का भूपति

अपने नगर को दरद के अरण्य के समान मानने लगता है तथा गौंड का स्वामी आँधी में डगमगाते जहाज की तरह अपने को मानने लगता है।)

नाटक के प्रथम अंक में नायक कृष्ण व राधा का तारामैत्रक (आँख से आँख मिलना) चित्रित है। राधा के प्रवेश के समय गीतगोविंद की रसमाधुरी में सराबोर यह गीत गाया जाता है—

कलयति नयनं निशि वलितम्।
पङ्कजमिव मृदुमारुतचलितम्।
केलिविपिनं प्रविशति राधा।
विनिदधती मृदुमन्थरपादम्
रचयति कुञ्जरगतिमनुवादम्।।

द्वितीयांक में विरहविकल राधा के ताप शमन के लिये पद्म शैया रचित है। राधा कृष्ण को प्रेमपत्र भेजती हैं। कृष्ण झूठमूठ में दूती को समझाते हैं कि वह राधा को इस प्रेमव्यापार से मन हटाने के लिये समझाये। तृतीय अंक में राधा व उसकी सखियों का वार्तालाप है। चौथे अंक में कृष्ण की विदूषक के साथ बातचीत को राधा की सखी छिप कर सुनती है। कृष्ण राधा के विरह में अपनी वेदना बताते हैं, तो वह सामने आ जाती है और कृष्ण को राधा की स्थिति से अवगत कराती है —

शिलापट्टे हैमे तुहिनकिरणे चन्दनरसै-
रियं तन्वी पिष्टा तनुमनु विलेपं मृगयते।
क्षणं स्थित्वा हा हा सरसबिसनीपत्र शयने
समुत्तस्थौ यावज्ज्वलति न चिरान्मर्मरमिदम्।।
हरि हरि कथमपि जीवति राधा।।

नाटक में इस प्रकार के अनेक गीत बीच बीच में है, कुछ गीतों में मैथिली भाषा का प्रयोग भी है, तथा पादान्त में आश्रयदाता गजपति तथा प्रणेता रामानंद दोनों के नाम आ गये हैं —

गजपतिरुद्रनराधिपचेतसि जनयति मुदमनुवारम्।
रामानन्दरायकविभणितं मधुरिपुरूपमुदारम्।।

ऐसे गीतों में वसंत, केदार आदि रागों का निर्देश भी है।

हरिजीवन मिश्र के प्रहसन

आमेर के राजा रामसिंह (१६६७-७५ ई०) के सभाकवि हरिजीवन मिश्र ने छह महत्त्वपूर्ण प्रहसनों की रचना की जो इसप्रकार हैं - अद्भुततरंग, प्रासंगिकप्रसन, पलांडुमंडन, सहृदयानंदप्रहसन, विवुधमोहन तथा घृतकुल्यावली। अंतिम प्रहसन अपूर्ण मिला है। विषयों की विविधता और समाज के विभिन्न वर्गों के लोगों के पाखंड और दोहरे आचरण के उद्‌घाटन के कारण ये

प्रहसन पठनीय हैं। उद्धुततरंग में तीन अंक है तथा राजसभा का दृश्य है। हरिजीवन ने अपने अनुभव के आधार पर राजसभा के सभासदों की हास्यास्पद चेष्टाओं का इसमें चित्रण किया है। राजा मदनांगविक्रम गौडरस मिश्र नामक पंडित के आशीर्वाद देने से क्रुद्ध हो जाता है। और उसे दंड देने की व्यवस्था के विषय में विधवाविध्वंसक नामक ब्राह्मण से परामर्श करता है। अंत में गौडरस तथा राजवैद्य यमानुज को विचित्र दंड दिया जाता है, जिसमें स्त्री बने विदूषक के शयनागार में उन्हें भेज दिया जाता है। प्रासंगिक प्रहसन में सारे पात्र प्राय: हर शब्द को 'प्र' से प्रारम्भ करके वार्तालाप करते हैं। पात्रों के नाम भी 'प्र' से आरम्भ होने वाले हैं। प्रतापपंक्ति राजा, प्रेरक विदूषक तथा प्रकृष्टदेव पंडित आदि इसमें पात्र हैं, तथा वातावरण भी राजसभा का ही है। पलांडुमंडन प्रहसन हरिजीवन मिश्र की मौलिक प्रतिभा तथा हास्यसृष्टि की अद्भुत क्षमता का परिचायक है। इसमें सारे पात्रों के नाम उन खाद्यपदार्थों पर हैं, जिन को वे पसंद करते हैं – जैसे पलांडुमंडन, चिंचा, पूर्णपोलिका, क्वथिका, रक्तमूली, गृंजनाद्रि या लशुनपंत। पलांडुमंडन ब्राह्मण पलांडु (प्याज) का प्रेमी है। ब्राह्मण लिंगोजी भट्ट की पत्नी चिंचा के गर्भाधान संस्कार का अत्यन्त विकृतिपूर्ण चित्रण इस प्रहसन में किया गया है। इस अवसर पर लिंगोजी भट्ट की पत्नी पूर्णपोलिका अपनी ननद क्वथिका को बताती है कि उसकी बेटी रक्तमूली गृंजनाद्रि से प्रेम करती है। पर बूढ़ा लशुनपंत रक्तमूलिका को चाहता है। अंत में भट्टाचार्य जी के लशुनपंत आदि से भक्ष्यभोज्य पदार्थों के विषय में विवाद के बीच गर्भाधान संस्कार के स्थगित होने की सूचना दी जाती हैं। विवुधमोहन प्रहसन एकदम भिन्न प्रकार का प्रहसन है, जो प्रहसन के लक्षण और विधान का सर्वथा उल्लंघन करता है। इसमें पंडित सकलागमाचार्य की बेटी पुष्पकलिका राजा प्रतापमार्तंड के आगे रत्नावली और मालतीमाधव के श्लोक सुनाती है। सूत्रधार बताता है कि वह अपनी पुत्री साहित्यमाला का विवाह सकलागमाचार्य के पुत्र अखंडानंद से करना चाहता है। इस प्रहसन में पात्रों के बीच प्रचुर शास्त्रीय चर्चा भी है। इसी प्रकार सहृदयानंद प्रहसन में तो काव्यशास्त्रविषयक चर्चा की भी भरमार है। अभिधा, लक्षणा, विलक्षणा, आलंकारिक आदि इसमें पात्र है।

शेष श्रीकृष्ण आदि के नाटक

प्रतिष्ठित विद्धत्कुल में जन्मे शेष श्रीकृष्ण एक कवि और नाटककार के रूप में समादरणीय हैं। इनके पिता नरसिंह व्याकरणशास्त्र के अपने समय के सर्वोच्च पंडितों में से एक थे। वे सोलहवीं शती के पूर्वार्ध में गोदावरी के तट से चल कर काशी आ गये थे। ये राजा गोविंदचद्र के आश्रय में रहे तथा गोविंदार्णव नाम से धर्मशास्त्रविषयक विश्वकोषात्मक ग्रंथ का इन्होंने प्रणयन किया। ये नव्यव्याकरण के जनक हैं। इन्हीं की परम्परा में भट्टोजी दीक्षित और नागोजी भट्ट जैसे प्रकांड वैयाकरण हुए। चिंतामणि और शेष श्रीकृष्ण इनके पुत्र थे। चिंतामणि ने रुक्मिणीहरण नाटक तथा रसमंजरी पर परिमल टीका का प्रणयन किया। शेष श्रीकृष्ण के दो पुत्र हुए वीरेश्वर तथा नारायण। वीरेश्वर पंडितराज जगन्नाथ, भट्टोजी दीक्षित तथा अन्नम्भट्ट के गुरु रहे।

शेष श्रीकृष्ण टोडरमल के पुत्र तथा गिरिधारीनाथ के शिष्य गोवर्धनधारी के आश्रय में रहे। अपने कंसवध नाटक में इन्होंने आश्रयदाता गोवर्धनधारी के विषय में कहा है—

अस्ति क्ष्मापालमौलिज्वलदमलमणिश्रेणिनिःश्रेणिरोह-
द्रोचिर्वीचिप्रपञ्चच्छुरितपदनखप्रेङ्खदुद्यन्मयूखैः।
येनाकालेऽपि बालारुणकरनिकरो जागकोज्जृम्भमाण-
ज्योत्स्नाजालैर्जटालं स्फुटमजनि हरिच्चक्रवालान्तरालम्।।

(१.११)

नानाकलाकुलगृहं स विदग्धगोठी-
मेकोऽधितिष्ठति गुरुर्गिरिधारितात्मा।।

(१.१३)

इन श्लोकों में गोवर्धनधारी को कलाओं के विविध गृहों तथा विदग्धगोष्ठियों का अधिष्ठाता बताया गया है। अपने पांडित्य तथा कवित्व के प्रकर्ष के कारण शेष श्रीकृष्ण गोवर्धनधारी की इन गोष्ठियों में मूर्धाभिषिक्त होते थे।

इन्होंने बहुसंख्य ग्रंथों का प्रणयन किया। कंसवध, मुक्तचरित, मुरारिविजय, सत्यभामापरिणय – ये इनके रूपक हैं। पारिजातहरण, उषापरिणय आदि इनके चंपूकाव्य हैं।

कंसवध नाटक इनकी प्रारंभिक रचनाओं में है। इसकी प्रस्तावना में कवि ने अपने नाट्यरचना के साहस की बात कही है—

त्वरयतिनृपगोष्ठीसंस्तवख्यातिलिप्सा
जडयति च विदग्धाराधना साहसिक्यम्।।

(१.१५)

कंसवध छह अंकों का नाटक है। यह श्रीकृष्ण की बाललीलाओं पर आधारित है। राधा की वियोग-व्यथा और सुदामा के सख्य का चित्रण करते हुए कवि ने कृष्ण के जन्म से लगा कर कंसवध तक की घटनाओं का चित्रण इस नाटक में किया है। नाटक के प्रारंभ में कंस अपने विनाश की भविष्यवाणी सुनता है। द्वितीय अंक में कृष्ण की बाललीलाओं का निरूपण है। बालक कृष्ण के द्वारा शकट, धेनुक व पूतना के वध की वार्ता सूचित की जाती है। तीसरे अंक में अक्रूर कृष्ण को लेने के लिये वृदावन आते हैं। कृष्ण के बिना वृंदावन की दीन दशा के निरूपण में करुण रस का उद्रेक कराया गया है —

नार्यो रुदन्ति न रुवन्ति पतङ्गसङ्घा गावस्तृणानि न चरन्ति न वान्ति वाताः।
भृङ्गाः पिबन्ति न मधूनि हरौ प्रयाते निर्जीविता इव दिशः प्रविभान्ति शून्याः।।

(४.२०)

पंचम अंक में कृष्ण व बलराम मथुरा पहुँचते हैं। कंस के धोबी व कुब्जासुंदरी से भेंट के

दृश्य हैं। षष्ठ अंक में चाणूर व मुष्टिक से द्वंद्वयुद्ध व उनकी मृत्यु के अनंतर कंसवध का निरूपण है।

रंगमंच की दृष्टि से भिन्न प्रकार की परिकल्पना शेष श्रीकृष्ण के इस नाटक में है। लीलानाट्य के शिल्प का उन्होंने प्रयोग किया है, जिसमें कृष्ण व बलराम के वृंदावन या मथुरा में मार्गों में निरंतर घूमते रहने के दृश्यों को दिखाया जा सकता है। वर्णनों में आख्यान शैली आ गई है। चौथे अंक में सुदामा नामक मालाकार के मुख से गौडी रीति में वृंदावन वर्णन का लंबा वाक्य कहलवाया गया है। फिर रास महोत्सव का वर्णन भी इसी प्रकार का है। प्राकृत भाषा में गीत कीर्तनिया नाटक की छटा का आविष्कार यहां करते हैं।

शेष श्रीकृष्ण ने भाषा पर अपने आसामान्य अधिकार, वर्णनों में सूक्ष्म पर्यवेक्षण, यथार्थपरकता तथा कल्पना के समन्वय के द्वारा इस नाटक को उत्कर्ष प्रदान किया है। ग्रामजीवन के दृश्य सरस रूप में वर्णित हैं। एक उदाहरण प्रस्तुत है—

अधितरणितनूजा तारवानीरपाली परिसरमतिकाली भाति ताली वनाली
विलसति तददूरेऽतुच्छतापिच्छगुच्छावलिवलयितवल्लीवेल्लितानन्दपल्ली।।

(३.१४)

संगीतात्मकता, वर्णों की मधुर झंकार, सानुप्रासिकता तथा नाद के सौंदर्य की विलक्षणता के द्वारा यह नाटक मनोहारी बन गया है। कहीं कहीं इस सब के लिये आयास की असहजता भी प्रतीत होती है। वृंदावन की गायों को ग्वाले पुकार रहे हैं, नाटककार ने इन गायों के नामों को इस छंद में एक साथ गूँथ दिया है—

चम्पे चन्दनि चन्द्रिके चमरिके चन्द्रावलि श्यामले
गङ्गे गोमति गौरि गीतरसिके गायत्रि गोदावरि
धीरे, धीवरि धूसरे धवलिके कालाक्षि कालीति च
व्याहाराः परितो हरन्ति हृदयं हम्बारवाश्राविणः।।

(३.२२)

शेष श्रीकृष्ण की शैली में परिष्कार, पांडित्य और विदग्धता के साथ सरसता का मणिकांचन योग हुआ है।

नलचरित्रनाटक

इस सदी के महाकवि नीलकंठ दीक्षित (१६१३ई०) संस्कृत साहित्य में अपने महनीय अवदान के कारण एक अमिट हस्ताक्षर हैं। नीलकंठ का नलचरित्र नाटक एक भावपूर्ण नाटक है। यह नाटक छठे अंक के नवें पद्य तक ही मिलता है, नीलकंठ इसे संभवतः पूरा नहीं कर पाये। इसमें इंद्र का खलनायक के रूप में पुष्कर से मिल कर नल से प्रतिशोध लेने का वृत्तांत कविकल्पित है। छठे अंक में इंद्र और पुष्कर मिल कर नल को द्यूत में पराजित करने की

योजना बना रहे हैं। नगर में आशंका और आतंक की छाया है, जिसका मार्मिक चित्र कवि ने प्रस्तुत किया है-

वैधेयेष्वधुना बुधा विशसनाद्यंशेषु संशेरते,
स्पृश्यन्ते किमपि द्विजाश्च शनकैः कोपेन लोभेन च।
लक्ष्यन्ते समुपेक्षिता इव पुनर्वीराश्च वीरश्रिया,
जाने किं बहुना जगच्च निखिलं मालिन्यमालम्बते?।।

(६/७)

नीलकंठ ने सर्वत्र प्रसादगुणमयी वैदभी रीति का आश्रय लिया है। कालिदास का उनकी शैली पर प्रभाव है। उन्होंने सुरभारती को अभिनव सूक्ति सौरभ से भी सुवासित किया है। उदाहरणार्थ—

अयमसौ कण्टकमुद्धृत्य शल्यप्रक्षेपः।
(यह तो काँटा निकाल कर फिर से घाव देना हुआ।)
कः खलु मन्दधीरपि नाम करस्थं रत्नमुत्सृज्य काचं गवेषयते?
कौन मंदमति हाथ में आये रत्न को फैंक कर काच ढूँढ़ेगा?
करतले दर्पणं गृहीत्वा कीदृशं ते मुखमिति पृच्छसि?
(हाथ में दर्पण लिये हो और पूछ रहे हो मेरा मुख कैसा है?)
अधःपतितः सकृदधः पतति जनः।
(जो एक बार नीचे गिरा, तो वह गिरता ही जाता है।)
कथमङ्गारः कर्णयोरस्य वर्षणीयः?
(ये अंगारे इसके कानों में कैसे बरसाऊँ?)

कुशकुमुद्वतीयम्

अतिराज यज्वा नारायण दीक्षित के पाँचवे पुत्र तथा महाकवि नीलकंठ दीक्षित के छोटे भाई थे। इन्होंने पाँच अंकों के नाटक कुशकुमुद्वतीयम् में राम के ज्येष्ठ पुत्र कुश तथा कुमुद्वती के विवाह की कथा निरूपित की है। इस नाटक की परिकल्पना में अतिरात्र ने कालिदास के रघुवंश से प्रभाव ग्रहण किया है। नाटककार ने उजाड़ अयोध्या की व्यथा का चित्रण नागरिका तथा सागरिका की बातचीत में किया है। नागरिका नगर की देवी है, सागरिका सरयू नदी की अधिष्ठात्री है। कुशकुमुद्वतीयम् में कुमुद्वती की जलक्रीडा या इस प्रकार के अनेक दृश्य हैं, जिनका अभिनय नाट्यशास्त्र की परम्परा में वर्जित है। कंदुकक्रीडा करती हुई कुमुद्वती का वर्णन रोचक है। तिरस्करिणी का प्रयोग विक्रमोर्वशीय में उर्वशी के प्रवेश का स्मरण करता है।

वसुमतीचित्रसेनीय

अप्पय दीक्षित के पौत्र तथा नीलकंठ दीक्षित के भ्राता अप्पय दीक्षित तृतीय ने वसुमतीचित्रसेनीय नामक नाटक का प्रणयन किया। इस नाटक में शौर्य और पराक्रम के धरातल पर शृंगार और प्रेम की स्रोतस्विनी प्रवाहित हुई है। कलिंग की राजकुमारी वसुमती इसी की नायिका है, राजा चित्रसेन इसके नायक हैं। कलिंगराज शांतिमान् अपने पुत्री के मंगल के लिये तप कर रहे हैं, तभी निषादराज उनके राज्य पर धावा बोल देता है और वसुमतीसहित अंतपुर के परिजनों को बंदी बना कर चल देता है। चित्रसेन उसे परास्त कर के वसुमती तथा उसके साथ की महिलाओं को मुक्त कराते हैं। इन महिलाओं में वसुमती की दादी ज्वालावती भी है। चित्रसेन के मन में वसुमती के लिये प्रेम अंकुरित हो गया है, पर ज्वालावती के कारण वह उसे व्यक्त नहीं कर पाता, तथा सोचता है

अङ्के निवेश्य सुदृढं परिरभ्य चेयमुन्नाम्य चाननमथोत्पुलके कपोले।
आघ्राय चुम्बितचरी ननु चाभविष्यज्ज्वालावतीह जरती यदि नागमिष्यत्।
(१.२२)

शांतिवान् के मंत्री रैवतक के परामर्श से चित्रसेन योगी का वेष धारण कर के कलिंग आ जाता है। भूताविष्ट वसुमती को नगर के नंदन उद्यान में इसी छद्म योगी के पास चिकित्सा के लिये लाया जाता है। चित्रसेन और वसुमती का प्रेम उद्यान में स्वैर विहार के साथ पनपने लगता है। इसी समय चित्रसेन की रानी पद्मावती भी वहाँ आ पहुँचती है। वह वसुमती की सखी चतुरिका को वसुमती समझ कर उसे और नायक के सहायक विदूषक को बंदी बना लेती है। नाटक में भ्रम की स्थितियाँ बार बार निर्मित होती हैं, पद्मावती वसुमती का वेष बना कर नायक से मिलती है। वसुमती का अपहरण हो जाता है, पिशाच से आविष्ट ज्वालामुखी कृत्या का प्रयोग कर के उसे मार डालना चाहती है। नाटक में कृत्या भी विकराल रूप में प्रकट होती है।

जानकीपरिणय

रामभद्र दीक्षित[३८] का यह नाटक १६८० के आसपास रचित है। इसमें सात अंकों में अभिनव कल्पनाओं के साथ रामकथा विन्यस्त है। इसकी कथावस्तु में निम्नलिखित प्रसंगों की रामभद्र ने उद्भावना की है—

१. रावण राम का वेष बना कर सीता के स्वयंवर में सम्मिलित होने का प्रयास करता है, पर विश्वामित्र उसे पहचान लेते हैं, और उसका प्रयास विफल हो जाता है।
२. विराध राक्षस सीता के प्रति आसक्त है, और शूर्पणखा राम के प्रति। विराध राम का रूप धर लेता है और शूर्पणखा सीता का। पर ये दोनों एक दूसरे को ही नहीं पहचान पाते, जिसके हास्यरस की विडंबनामयी स्थिति उत्पन्न हो जाती है।

३. राम के राज्याभिषेक की तैयारी अयोध्या के स्थान पर नंदीग्राम में होती है, और इस अवसर पर एक नाटक प्रस्तुत किया जाता है, जिसे नाटककार ने इस रचना में गर्भांक के रूप में दिखाया है।

४. मारीच सीता की सखी का रूप धर कर राम को यह झूठा समाचार दे देता है कि रावण ने राजा जनक को मार डाला है।

५. सातवें अंक में शूर्पणखा एक तपस्विनी का वेष धर कर भरत के पास जा पहुँचती है और राम के मारे जाने का मिथ्या समाचार भरत को देती है।

जटायु को ले कर राम का विलाप करुणरस की सृष्टि करता है।

रामभद्र दीक्षित की दूसरी नाट्यरचना शृंगारतिलक भाण है। इसका अभिनय मीनाक्षीदेवी के विवाहोत्सव की तिथि पर हुआ। इस में भुंजगशेखर नामक विट, जो पांड्य राजा का मित्र है, विभिन्न सुंदरियों और उनके प्रेमियों से सरस वार्तालाप करता हुआ तथा उनकी समस्याओं का निराकरण करता हुआ विचर रहा है।

अपने समय के समाज के अनेक अनुद्घाटित पक्ष रामभद्र ने विट के कथनों में खोल दिये हैं। नारायण नामक पुरोहित को आता देख वह कहता है—

ताम्बूलं कुसुमस्त्रजो मृगमदोन्मिश्रं च गन्धद्रवं
भक्त्याऽस्मै ददते पुराणपठनं शृण्वन्ति ये मानवाः।
किञ्चायं विधवाः प्रलोभ्य युवतीर्ग्रन्थावसाने रहः
क्रीडामेव हि दक्षिणां विरचयन् गृहणाति चेलाञ्चलम्।। (३६)

(जो लोग उसका पुराणवाचन सुनते हैं, वे भक्तिपूर्वक इसे तांबूल, फूलों की मालाएँ, कस्तूरी से मिश्रित गंधद्रव समर्पित करते हैं। पर यह तो दक्षिणा वसूलता हुआ, ग्रंथ की समाप्ति पर युवतियों के साथ एकांत क्रीडा को ही दक्षिणा के रूप ले ले कर उनके वस्त्र पकड़ लेता है।)

विट को एक ब्रह्मचारी भी मिलता है, जो अपनी ही गुरु की विधवा कन्या से प्रेम करने के कारण गुरु के द्वारा विरूप बना दिया गया है। ब्रह्मचारी अपने गुरु का भी कच्चा चिट्ठा खोल देता है। अपशब्दों की इस भाण में भरमार है, ठिठौली का ठाठ है तथा वक्रोक्तियों – तानों और फब्वितों की अनोखी छटाएँ हैं। विट की रसिकता की तो सानी नहीं हैं। कंदुक का वर्णन करते हुए वह कहता है

पाणिस्पर्शात् तव शशिमुखि प्राप्य रागातिरेकं
रन्तुं याचन्निव निपतति प्रायशः पादमूले
लब्ध्वा पश्चादनुमतमिव त्वत्कटाक्षावलोकं
भूयः पातुं मुखमिव समुज्जृम्भते कन्दुकोऽयम्।। (९४)

(हे शशिमुखि तुम्हारे हाथ से स्पर्श से राग (प्रेम, लाल रंग) को अतिरेक को पा कर, यह कंदुक (गेंद) तुम्हारे साथ रमण करने की याचना करता हुआ तुम्हारे पाँवों पर गिर पड़ता है। फिर जैसे तुम्हारी अनुमति पा कर तुम्हारे कटाक्ष से ताका जा कर फिर तुम्हारे मुख का पान करने के लिये यह उछाल भरता है।)

इस भाण में भगवान् सुंदरेश की ६४ लीलाओं का भी उल्लेख भाणकार ने किया है।

सामराज दीक्षित के रूपक

सत्रहवीं शताब्दी के साहित्यकारों में सामराज दीक्षित अपनी बहुमुखी प्रतिभा तथा विविध विधाओं में अपने लेखन के द्वारा सुविश्रुत हैं। ये मूलत: महाराष्ट्रीय ब्राह्मण परिवार में उत्पन्न हुए थे। इनके पिता का नाम नरहरि दीक्षित था। इनके जीवन का उत्तरार्ध बुंदेलखंड के राजा आनंदराय की विद्वत्सभा में प्रधानपंडित के पद को सुशोभित करते हुए बीता। बिंदुपुरंदरे, चिरंतन मोरवडीकर तथ बांधवकर- ये इनकी कुलोपाधियाँ थीं। वार्धक्य काल में ये मथुरा चले गये थे और वहाँ इन्होंने अनेक शक्तिपीठों की स्थापना की। इनका दीक्षानाम सत्यानंदनाथ था। इनके सुपुत्र कामराजदीक्षित (१६८०-१७२०) तथा पौत्र हरदत्त (व्रजराज) दीक्षित और प्रपौत्र जीवनराम दीक्षित भी अपनी अनेक रचनाओं के कारण संस्कृत साहित्य में प्रख्यात हैं।

सामराज दीक्षित की आठ कृतियाँ प्राप्त होती हैं, जिनमें से रूपक हैं—*धूर्तनर्तकम् (प्रहसन) तथा श्रीदामचरितम् (नाटक)। त्रिपुरसुंदरीस्तोत्र, त्रिपुरसुंदरीमानसपूजास्तोत्र, पूजारत्न, अक्षरगुंफ, आर्यात्रिशती तथा शृंगारामृतलहरी*- ये इनकी अन्य रचनाएँ है। कुछ इतिहासकारों ने *चित्तवृत्तिकल्याण और जीवनमुक्तिकल्याण*- इन दो दार्शनिक-प्रतीकात्मक रूपकों तथा शृंगारसर्वस्वभाण का भी सामराजदीक्षित की रचनाओं में उल्लेख किया है। वस्तुत: ये रूपक नल्ला दीक्षित के हैं (आगे देखें।)

दीक्षित जी की नाट्यकृतियों में पांडित्य तथा विदग्धता दोनों का मणिकांचनयेग हुआ है। श्रीदामचरितम् का आधार श्रीमद्भागवत में निरूपित सुदामा की कथा है। इस नाटक के नायक श्रीदामा या सुदामा हैं। इसमें पाँच अंक हैं। भगवद्भक्ति तथा जीवनदर्शन की सरस अभिव्यक्ति के कारण यह कृति संस्कृत रूपकों में विशिष्ट स्थान रखती है। प्रथम अंक में ही दारिद्र्य और दुर्मति-इन दो पात्रों के प्रवेश और संवादों से नाटककार ने प्रतीकात्मक नाटकों के संविधान को भी अपनी रचना में गूँथ दिया है। प्रकृतिवर्णन, सौंदर्यचित्रण तथा भावाभिव्यक्ति के मनोहर अवसर नाटककार ने श्रीदामचरितम् में सँजोये हैं। सुदामा, श्रीकृष्ण तथा सुदामा की पत्नी वसुमती – इन तीनों के चरित्र में पात्रनिरूपणवक्रता का आधान किया है। कृष्ण सुदामा से मिल कर अपने गुरुकुल के दिनों की स्मृतियों में डूब जाते हैं फिर विदूषक के साथ काव्यपाठ करते हैं। रात्रि में वे अपने मित्र को रासक्रीडा दिखाते हैं। सुदामा के लिये वे श्रीदामपुरी बसा देते हैं। फिर सुदामा सेमिलने के लिये स्वयं इस श्रीदामपुरी में आते हैं।

सामराज की मनोरम कविकल्पनाओं ने इस नाटक के सौंदर्य को द्विगुणित कर दिया है। नैसर्गिक वर्णनों में उनके उपमान, बिंबविधान तथा लय और अनुप्रासों का विन्यास नाटक को प्रकर्ष प्रदान करते हैं। मध्याह्न के वर्णन में नायक के मुख से कहलाया गया है—

क्षणं मध्ये स्थित्वा गगनपरिमाणं तुलयति त्रयीभूते तेजस्यभिहितनिजक्रीडनरसाः।
दलत्पद्माटव्यामभिसृमरमाद्यन्मधुकरी मरन्दव्यात्यूक्षीमहह दधतेऽमी मधुलिहः।।

(३/११)

भ्रमरियों का पीछा करते भ्रमरों का विस्तृत दृश्यफलक समेटते हुए वर्णन किया गया है।

संध्या के झुटपुटे का चित्र अंकित करते हुए काल को हलवाहा, सूर्य के रथ को हल तथा आकाश को खेत बना कर यह अनोखा रूपक वे रचते हैं —

रविरथहलावकृष्टे तिमिरौघसमीकृते नभःक्षेत्रे।
वापयति कालहलिकः क्रमशो नक्षत्रबीजानि।।

(३.२९)

(आकाश रूप खेत को सूर्य के रथ रूपी हल से अँधेरे की मिट्टी बराबर कर के समतल बना दिया गया है, जिसमें काल रूपी किसान धीरे धीरे नक्षत्रों के बीज बो रहा है।)

प्रमदोद्यान में उतरती रात के वर्णन में कवि कहता है—

अपहाय रागिणीमपि सन्ध्यां मामेति तिमिरांशुः।
इति मुदितेव तमिस्रा तारापुलकान् समुद्वहति।।

(३.३५)

(रागिणी संध्या को भी छोड़ कर चंद्रमा मेरे पास आ रहा है यह सोच कर तमिस्रा (अँधियारा) मुदित हो कर तारों की पुलक को धारण कर रही है।)

एक अंक का धूर्तनर्तक प्रहसन शैव साधुओं का उपहास करता है। साधु मूढेश्वर अपने दो शिष्यों- जगद्वंचक तथा मुखर के साथ वसंततिलका से मिलने जाते हैं। जगद्वंचक जल्दी पहुँच कर गणिका के साथ रागरंग में लिप्त हो जाता है। इसके पश्चात् राजपुरुषों से कहा-सुनी करके दोनों शिष्य अपने ही गुरु को कारागार में बंद करवा देते हैं। साधु को पापाचार नामक राजा के सामने प्रस्तुत किया जाता है। राजा स्वयं वसंततिलका पर मुग्ध होकर सुधबुध खो देता है। मूढेश्वर उसके समक्ष अपनी सिद्धियों का बखान करके उसे मूर्ख बना देता है और अंत में वसंततिलका उसी की मान ली जाती है।

अद्भुतदर्पण नाटक

अद्भुतदर्पण नाटक के प्रणेता महादेव कौंडिन्य गोत्र के कृष्णसूरि के पुत्र और बालकृष्णानंद के शिष्य थे। अद्भुतदर्पण का रचनाकाल १६६०ई० है। यह रामायण की कथा पर आधारित

दस अंकों का महानाटक है, जिसमें शक्तिभद्र के आश्चर्यचूडामणि का आश्चर्यलोक और भी कौतूहलजनक बना दिया गया है। रामायण की कथा में अद्भुतदर्पण (जादू के दर्पण) का अवतरण नाटककार महादेव की एक नयी परिकल्पना है। इस नाटक में शक्तिभद्र के आश्चर्यचूडामणि की भाँति पात्रों के बीच एक के बाद एक भ्रांतिजन्य स्थितियाँ निर्मित होती जाती हैं। शंबर असुर को वानर के वेष में राम के पक्ष के लोग पहचान नहीं पाते। मायानाटक इस नाटक में गर्भांक के रूप में समायोजित है, जिसमें रंगमंच चार भागों में विभाजित हो जाता है। पहले भाग में राम, रावण आदि का अभिनय करने वाले मायात्मक पात्र हैं। दूसरे भाग में इस मायानाटक को देखती हुई सीता और सरमा हैं। तीसरे भाग में इन दोनों को छिप कर रावण और महोदर देख रहे हैं, और चौथे भाग में इन तीनों ही दृश्यों को अद्भुत दर्पण में राम देख रहे हैं। अद्भुतदर्पण में नाटकीयता भरपूर है तथा भाषा अभिनयोचित व सरल तथा सरस है। रामकथाविषयक नाटकों में यह नाटक अंगीरस के रूप में अद्भुत की प्रस्तुत करता है-यह भी इसमें नवीनता है। तीसरे अंक में शंबर अंगद का रूप धर लेता है तथा सुग्रीव का कृत्रिम सिर काट कर राम और लक्ष्मण के आगे फैंकता है। राम नकली अंगद को पहचान लेते हैं। रावण माया से अपने को अगणित रूपों में प्रकट कर के एक एक कर के वानरों को मारता है, तो राम भी अनंत रूपों में प्रकट हो कर सारे रावणों पर टूट पड़ते हैं। रामायण के इस नाट्यरूप में कौतुक का खेल अपनी चरम सीमा पर पहुँचा दिया गया है।

नल्ला दीक्षित के रूपक

सत्रहवीं शताब्दी के नाटककारों व विद्वत्कवियों में नल्ला दीक्षित उल्लेखनीय हैं। ये कण्डरमणिक्कम् के निवासी थे। कौशिकगोत्र के बालचंद्र इनके पिता थे। रामभद्र मखी तथा सदाशिव ब्रह्मेंद्र इनके गुरु रहे। वेदांतदर्शन के आचार्य के रूप में अद्वैतमंजरी नामक ग्रंथ इनका मौलिक योगदान है। नल्ला दीक्षित ने चित्तवृत्तिकल्याण तथा जीवन्मुक्तिकल्याण - ये दो प्रतीकनाटक लिखे। इनमें से चित्तवृत्तिकल्याण अप्राप्त है, जीवन्मुक्तिकल्याण में इसका नाटककार के द्वारा उल्लेख किया गया है। शृङ्गारसर्वस्व भाण तथा सुभद्रापरिणय नाटक इनकी अन्य रूपक रचनाएँ हैं तथा अद्वैतमञ्जरी दार्शनिक कोटि की कृति है।

जीवन्मुक्तिकल्याण का नायक जीव तथा नायिका जीवन्मुक्ति है। बुद्धि प्रतिनायिका है, अज्ञानवर्मा बुद्धि का पिता है। वह जीव को जीवन्मुक्ति की ओर उन्मुख देख कर काम, क्रोध आदि षड्रिपुओं के प्रपंच में उसे फँसाता है। जीव जाग्रत्, स्वप्न और सुषुप्ति इन तीनों अवस्थाओं में विषयोपभोग का ही चिंतन करता रहता है, फिर वह मुक्तिमार्ग फर चलने लगता है, तो षड्रिपु (काम, क्रोध, मद, लोभ, मोह, मात्सर्य) उसके मार्ग में बाधक बन कर खड़े हो जाते हैं। पर वह दया, क्षमा, शौच आदि सद्गुणों की सेना से इनके छक्के छुड़ा देता है। फिर वह शम, दम, तितक्षा आदि के साथ संन्यासाश्रम में प्रवेश करता है, तथा शिवप्रसाद

और दीक्षानुग्रह की सहायता पा कर ब्रह्मसाक्षात्कार करता है। अद्वैतदर्शन को नाटक के माध्यम से समझाने का नल्ला दीक्षित ने यहाँ प्रयास किया है। उनकी दार्शनिक प्रतिबद्धता ने काव्याभिव्यक्ति को बाधित नहीं किया है। सौंदर्यबोध और रसात्मकता वेदांत के प्रतिपादन के साथ अव्याहत बनी रही है। जीव का यह अंतर्द्वंद्व उदाहरणीय है—

प्राणान् पञ्च नियम्य तं च करणग्रामं निगृह्य क्षणं
प्रत्याहृत्य मनः पराग्विषयतो यावत् समाधीयते।
तावत्पादझलज्झलायितमणीमञ्जीरशृङ्गारिता
बाला किञ्चिदुदञ्चितस्मितमुखी चित्ते ममोज्जृम्भते।

(पाँचों प्राणों को नियमित करके इंद्रियों को क्षण भर के लिये वश में कर के मन को विषयों से लौटा कर जब कर समाधि लगाता हूँ, तब तक चरणों में मणिमंजीर की रुनझुन करती हुई शृंगारमयी कोई बाला मुस्कान बिखेरती हुई मेरे चित्त में उठ खड़ी होती है।)

उतनी ही सहजता से नल्ला दीक्षित दार्शनिक उपपत्तियों को भी काव्य में अवतरित करते हैं—

श्रोतव्यं श्रुतिवाक्यतः श्रुतमिदं मन्तव्यमन्तश्चितं
युक्त्यौघेन मतं च तत् प्रविशदं कार्यं निदिध्यासतः।
साक्षात्कार्यमिदं तदेव शनकैरात्मस्वरूपं परं
तन्निष्ठापरिनिष्ठिता समुपगन्तव्या मुमुक्षावता।।

मुमुक्षु के लिये यहाँ श्रवण, मनन, निदिध्यासन, साक्षात्कार — साधना के इन सोपानों का सटीक काव्यात्मक निरूपण है।

ब्रह्मसाक्षात्कार के क्षणों में नाटककार ने जीव को ब्रह्मपुर में विचरण करता हुआ चित्रित किया है, जिसमें कल्पना को वैचित्र्य और सौंदर्य का आधान सहज संभव हो गया है—

अस्मिन् ब्रह्मपुरे मनोहरतरं हृत्पुण्डरीकाभिधं
वेश्म स्वस्त्ययनं समाधिरजसा शून्यं विशुद्धं च यत्।
तस्यान्तर्महदङ्गणं दहरमित्याख्यायते यद् बुधै-
र्जीवन्मुक्तिरिहैव तिष्ठति ननु प्रस्तौतु पाणिग्रहम्।।

नल्ला दीक्षित ने ज्ञान, कर्म तथा भक्ति का समन्वय भी अपनी विषयवस्तु के प्रतिपादन तथा पात्रपरिकल्पना के द्वारा प्रस्तुत किया है। नाटक में भावपूर्ण शिवस्तुति है।

नल्ला दीक्षित की अन्य नाट्य कृति सुभद्रापरिणय है। यह तिरुवडैमरुदूर मंदिर के यात्रा महोत्सव के अवसर पर खेली गई। पाँच अंकों के इस नाटक में अर्जुन के द्वारा सुभद्रा के अपहरण तथा विवाह की कथा है। दुर्योधन खलनायक है, जो सुभद्रा से विवाह के लिये बलराम के माध्यम से प्रयास करता है। सुभद्रा की दासी को सुभद्रा समझ कर वह उसी का अपहरण कर लेता है – जिससे हास्यास्पद स्थिति निर्मित होती है।

इन्होंने भाण की विधा में भी शृंगारसर्वस्व भाण के द्वारा पदक्षेप किया। इस भाण की रचना नल्ला दीक्षित ने बीस वर्ष की आयु में ही कर दी थी। इसमें अनंगशेखर विट की एक दिन के स्वैरविहार तथा निर्मर्याद शृंगार का चित्रण है।

राघवाभ्युदय

राघवाभ्युदय नाटक के प्रणेता भगवंत राय तंजौरनरेश एकोजी (१६३६-८३) के आश्रय में रहे। इस नाटक का रचनाकाल १६९६ई० के आसपास है। राघवाभ्युदय नाटक के अतिरिक्त इन्होंने मुकुंदविलास काव्य तथा उत्तरचंपू की भी रचना की। राघवाभ्युदय में विश्वामित्र के यज्ञ की रक्षार्थ राम के वनगमन से आरंभ कर के रावणविजय तथा राज्याभिषेक तक की कथा को नाट्यरूप दिया गया है।

वेंकटेश (वेंकटेश्वर) के नाटक

कवि वेंकटेश (वेंकटेश्वर) राजा शाहजी (१६८४-१७१०) के आश्रय में रहे। शाहजी ने उन्हें १७०९ई० में एक ग्राम दान में दिया था। कुछ विद्वानों ने उन्हें तंजौरनरेश सरफोजी (१७११-१७२८ ई०) के आश्रित भी बताया है। उन्होंने अनेक नाटकों की रचना की, जिनमें उल्लेख्य हैं – सभापतिविलास, नीलापरिणय, राघवानन्द, प्रतिज्ञाराघव तथा उन्मत्तकविकलश प्रहसन (लंबोदरप्रहसन)। नीलापरिणय में पाँच तथा सभापतिविलास और राघवानंद में सात सात अंक हैं। सभापतिविलास के नायक शिव हैं तथा उनके आनंदतांडव का निरूपण नाटककार ने इस रूपक में किया है। यह रूपक स्थलमाहात्म्य की परंपरा के अंतर्गत चिदंबरमाहात्म्य से प्रेरित है। शिवाराधन के विविध प्रसंगों के साथ विविध तीर्थों का वर्णन भी इसमें है। चौथे अंक में शिव की चरित्र की स्थलियों के अंकन वाली चित्रपटी का दृश्य विशिष्ट है।

उन्मत्तकविकलश प्रहसन में कलिकलश लोगों से उधार माँगता फिरता है। उसकी हास्यास्पद चेष्टाएँ व फूहड़ वेष विसंगत स्थितियों के जनक हैं। पूरा प्रहसन बेडौल रूप वाले कविकलश की बेढ़ब चेष्टाओं का चित्रण है, जो ऋण लेकर कभी लौटाता नहीं है। इस प्रहसन में भी सुरुचि को लाँघ कर नग्न कामुकता का चित्रण किया गया है।

कटिघटितकटारिः कञ्चुकोष्णीषकक्ष्ये मयवन इव धत्ते श्मश्रुजालं च भीमम्।
असितकृशशरीरो तालदीर्घोऽधुनोल्कामुख इव कलशोऽसौ दृश्यते क्रूरकर्मा।।

विधवाओं के साथ रतिलीला रचाने वाले भागवत, प्रौढकवि तथा बालकवि आदि अन्य पात्र इस प्रहसन में हैं, जिनसे कवि कलश का विवाद होता है।

नीलापरिणय राधाभाव से भावित नाट्यरचना है। नीला नामक गोपी चोलदेश की राजकुमारी चंपकमंजरी के रूप में जन्म लेती है। कृष्ण राजगोपाल के नाम से अवतार लेते हैं। चंपकमंजरी

और राजगोपाल का चित्र के माध्यम से एक दूसरे को देखना, दोनों का मिलन, राक्षस मायाधर द्वारा चंपकमंजरी के अपहरण का प्रयास आदि घटनाओं के बीच कथा आगे बढ़ती है। मंच पर अदृश्य चंपकमंजरी विद्यमान है, राजगोपाल व उनके साथी उसे खोज रहे हैं।

शृंगारकोश भाण

नीलकंठ दीक्षित के तृतीय पुत्र गीर्वाणेंद्र दीक्षित ने शृंगारकोश भाण की रचना की। जनजीवन का चित्रण अपने पिता की सरणि पर गीर्वाणेंद्र ने इसमें किया है, तथा व्यंग्य की धार भी वैसी ही है। भाणसाहित्य को संकीर्ण वेशवाट की वीथी से निकाल कर यह भाण उद्यान की ताजी हवा के झोंकों से सप्राण बनाता है, जहाँ —

विकस्वरपिकस्वरं विवलमानमन्दानिलं विवृद्धनवचम्पकं विकटमल्लिकाकोरकम्।
विनिद्रनवमालिकामधुमदान्धपुष्पन्धयं सखे हरति योगिनां मनो मनोज्ञं वनम्।।

यथार्थ की प्रखरता गँवार लोगों का मनोरंजन करती कृत्रिम वेषभूषा वाली इस वारजरती के वर्णन में प्रकर्ष पर है—

कृत्वान्तर्हितमञ्जनैः कचगतं पालित्यमत्युन्नतौ
वक्षौजौ विरचय्य कञ्चुलिकया क्षौमाहृताकुण्ठना।
भाले कुङ्कुममाकलय्य तिलकं श्यामोचितैश्चेष्टितै-
र्ग्रामीणानिह काऽपि वारजरती वश्यान् विधत्ते जनान्।।

(केशों पर कज्जल (खिजाब) लगा कर उनकी सफेदी छिपा कर, कंचुलिका से वक्षोजों के अत्युन्नत बना कर, रेशमी दुकूल से अवगुंठन (घूँघट) रच कर, भाल पर कुंकुम का तिलक लगा कर, श्यामा या सोलह साल की लड़की जैसा आचरण करती हुई यह बूढ़ी वेश्या गाँव के लोगों को अपने वश में कर लेती है।)

रसिकविनोदनाटक

रसिकविनोदनाटक के प्रणेता कमलाकर भट्ट का जीवनकाल सत्रहवीं शताब्दी के अंत से अठारहवीं शताब्दी के प्रारंभ तक है। कमलाकर भट्ट वल्लभ संप्रदाय की परंपरा में गोकुलनाथ जी के परम भक्त थे। इस नाटक में उन्होंने गोकुलनाथ जी के जीवन के कतिपय प्रसंगों का सरस वर्णन किया है। इस नाटक की संस्कृत भाषा में फारसी व गुजराती के अनेक शब्द मिल गये हैं। गोकुलनाथ के जीवन, उनके समय के नगरों व तीर्थों के परिचय की दृष्टि से नाटक महत्त्वपूर्ण है। वैष्णवभक्तिभावना इसमें आद्यंत पिरोयई हुई है।

चोक्कनाथ

चोक्कनाथ तंजौर के शाहजी (१६८४-१७११) तथा बसवभूपाल (१६५७-१७१४)

के आश्रय में रहे। इन्होंने बसव भूपाल को नायक बना कर सेवंतिकापरिणय तथा शाहजी को को नायक बना कर कांतिमतीशाहराजीयम् नाटकों की रचना की। रसविलास इनका भाण है।

कांतिमतीशाहराजीयम् की पृष्ठभूमि ऐतिहासिक है। भावनगर का राजा चित्रवर्मा यवनों के द्वारा अपना राज्य आक्रांत होने पर सहायता के लिये तंजौर में शाहजी के पास आता है। शाहजी उसके लिये युद्ध कर के उसे पुन: प्रतिष्ठित करते हैं। कांतिमती चित्रवर्मा की पुत्री है, वह तंजौर में देवी पूजन के लिये आती है। शाहजी को देख कर वह उन पर अनुरक्त हो जाती है। शाहजी का सहायक विदूषक तथा कांतिमती की सहायिका विदूषक की बहिन सुलोचना है, शाहजी की रानी इस प्रणयव्यापार में बाधक है। नाटक कतिपय प्राकृतेतर वृत्तांत घटित होते हैं, जैसे चित्रवर्मा के द्वारा शाहजी को ऐसा हार भेंट में दिया जाना, जिसे पहन कर पहनने वाला अदृश्य हो जाता है।

चोक्कनाथ की भाषा लय, लालित्य तथा गीतात्मकता से परिपूर्ण है। उदाहरणार्थ—

सौन्दर्यसारसदनं दाडिमफलबीजपरिलसद्रदनम्।
राकेन्दौ कृतकदनं जयतितरां वारसुभ्रुवां वदनम्।।

(१.२३)

अलिकुललसदलकान्ता कुवलयदलनीलमसृणनयनान्ता।
कैषा कुचभरतान्ता काञ्चनलतिकेव दृश्यते कान्ता।।

(१.३०)

कांतिमतीशाहराजीयम् की ही भाँति सेवंतिकापरिणय की विषयवस्तु भी ऐतिहासिक पृष्ठभूमि पर आधारित है। गोद वर्मा केरलराज मित्रवर्मा को बंदी बना लेता है, तथा मित्रवर्मा के परिजनों को वसवभूपाल की राजधानी मूकांबिकानगर में लाया जाता है। यहीं नायक वसवभूपाल नायिका सेवंतिका को देखते हैं व उसके रूप पर आसक्त हो जाते हैं। सेवंतिका भी उन्हें पति के रूप में पाने के लिये कालिका की उपासना करने प्रतिदिन जाती है, एक बार कालिका के मंदिर से निषाद उसका उपहरण कर लेते हैं। राजा सेवंतिका की रक्षा करता है। कांतिमतीशाहराजीयम् की भाँति यहाँ भी निषादों पर आक्रमण करने के प्रसंग में राजा को एक मूलिका मिलती है, जिसे हाथ में धारण करने वाला अदृश्य हो जाता है। नायिका अपने पिता के द्वारा नायक को उपहार स्वरूप भेजी जा रही रत्नमंजूषाओं में से एक में बैठ कर नायक के पास जा पहुँचती है। इस प्रकार की विचित्र घटनाओं की परिणति अंतत: नायिका सेवंतिका और वसवभूपाल के परिणय में होती है।

चोक्कनाथ की काव्यात्मक कल्पनाएँ मनोहारी हैं। नायिका नायक के साथ मिलन के अवसर पर कहती है—

तुहिनद्युतिपङ्के जलधरजठरे सुधारसाह्लादे।
कर्पूरद्रवलिप्ता शयितेदानीमहमिति मन्ये।।

(३.३६)

(ऐसा लगता है जैसे बादल जैसे जठर सुधारस के आह्लाद से युक्त चंद्रमा के कलंक के भीतर के कपूर के द्रव से लिप्त मैं सो गई थी।)

अप्पा दीक्षित के रूपक

तंजौर नरेश शाहजी के आश्रित कवियों में ही अप्पा दीक्षित भी रहे। ये अपने समय के श्रेष्ठ विद्वान् चिदंबरेश्वर दीक्षित के पुत्र थे, तथा अप्पा शास्त्री और पेरिया अप्पाशास्त्री के नामों से भी जाने जाते रहे। इन्होंने दो रूपकों की रचना की – शृङ्गारमञ्जरीशाहराजीयम् तथा मदनभूषणभाण। गौरीमायूरचंपू और आचारनवनीत इनकी अन्य कृतियाँ हैं। शृङ्गारमञ्जरीशाहराजीयम् में सिंहल की राजकुमारी शृंगारमंजरी तथा राजा शाहजी के प्रेम का निरूपण है। इस नाटक में छह अंक हैं। नायक शृंगारमंजरी को स्वप्न में देख कर उसका चित्र बनाता है, जिसे उसकी रानी देख लेती है। इधर सिंधुराज के द्वारा सिंहल पर आक्रमण होने पर शाहजी अपनी सेना भेज कर उनकी सहायता करते हैं। नायिका एक योगिनी की सहायता से आकाश मार्ग से नायक से मिलने तंजौर आती रहती है। मदनभूषणभाण में पारंपरिक भाणों की विषयवस्तु के निर्वाह के साथ कतिपय नवीन वृत्तांत आकर्षक हैं। विट मदनभूषण अनेक वारवनिताओं से मिलता है, तथा उनके दुख-सुख की बातें सुनता है, अनेक लंपट लोग भी उसे मिलते हैं। इस सारी बतकही और रसमय चर्चा के साथ विट कुक्कुटयुद्ध भी देखता है तथा नाट्यशाला में जा पहुँचता है, जहाँ मोहक वीणावादन हो रहा है व भरताचार्य वेश्याओं को नृत्य तथा संगीत सिखा रहे हैं। मेषों का युद्ध तथा मल्लों के युद्ध के दृश्य भी विट देखता है। इन सब दृश्यों के चित्ताकर्षक वर्णन अप्पा दीक्षित ने अपने भाण में किये हैं, जिसके द्वारा उनके समय का समाज सजीव हो उठता है। मल्ल युद्ध के वर्णन में मल्लों का वेष, प्रसाधन व चेष्टाओं का वर्णन है—

मुण्डस्वल्पशिखावतस्सुबलिनः काषायवासोभृतः
चूर्णैः पाटलमृत्तिकाविरचितैरालिप्तदेहान्तराः।
कान्तासङ्गविवर्जिता गललसत्सौवर्णसूत्रोज्ज्वला
मल्लाः केचन बाहुयुद्धकुशलाःसङ्ग्राममातन्वते।।

भाण में अनेक धार्मिकों व विद्वानों का भी यथार्थ वर्णन है, जिसमें परिहास व अशिष्टता का त्याग कर के विट ने उनके उज्जवल चरित्र का अंकन किया है। वैष्णवों व रामानुजमतानुयायियों की भी सजीव छवियाँ भाण प्रस्तुत करता है। गुरुकुल में ब्रह्मचारियों की पिटाई का दृश्य अपूर्व ही है।

अद्भुतपंजर

नारायण दीक्षित भी शाहजी की राजसभा के एक रत्न थे। अद्भुतपञ्जर इनकी नाट्यकृति है। इसकी रचना १६६५ई० से १७०४ई० के मध्य हुई। यह नाटक भी ऐतिहासिक पृष्ठभूमि

पर आधारित है। यह सात अंकों का नाटक है। वाराणसी का राजा कमलकेतु इसका नायक है। इस नाटक का अभिनय राजा सरफोजी की राजसभा में महामकर उत्सव के अवसर पर १६९३ई० में हुआ था। शाहजी इसमें तुर्कों का आक्रमण होने पर काशीराज की सहायता करते हैं। श्रीहर्ष की रत्नावली की भाँति शाहजी की रानी सारसिका नामक एक सुंदर कन्या को अंतपुर में छिपा कर रखती है। वह शाहजी की दृष्टि में पड़ जाती है। सारसिका शृंगारसर के जल में राजा का प्रतिबिंब देख कर उन पर आसक्त हो जाती है। राजा का सहायक विदूषक है, नायिका सारसिका की सहायिका उसकी सखी कलावती है। सारसिका वास्तव में वाराणसी की राजकुमारी लीलावती है, जो यवनों के द्वारा नगर के आक्रांत होने पर सुमंत्र व सुमेध नामक अमात्यों के साथ वहाँ से चलती है। सारसिका का वास्तविकता से अपरिचित होने के कारण कुपित रानी उसे लकड़ी के पिंजरे बंद कर देती है।

नाटक का अंगीरस शृंगार है। नायक के संशय, तर्क-वितर्क तथा ऊहापोह का चित्रण प्रभावोत्पादक है, यथा—

स्वप्नः किन्नु भवेदयं? न न तदा यज्जागरूकोऽभवं
भ्रान्तिः किं? न न यद् विशेषविषयैर्बोधैर्न बाधोदयः।
सङ्कल्प किमसौ? न नैव, यदभूत् तत् तादृशी भावना
कन्दर्पस्य तदीदृशं मनुमहे कौतस्कितं चेष्टितम्।।

इसी प्रकार गद्य के संवादों में भी बौद्धिक विमर्श की छाया है – जैसे—

उद्वेलानलकल्पक्षयसमयसमुजृम्भमाणाम्बुराशिक्षोभप्राग्भाव...इत्यादि।

नाटककार ने समसामयिक स्थितियों का संकेत देते हुए म्लेच्छों के द्वारा आक्रांत राज्य की तुलना बाँस के जंगल में लगी दावाग्नि के साथ की है—

म्लेच्छैः स्वेच्छाविहारं व्यधुरधिसमरं दाववद् वेण्वरण्ये।।

(६.८)

कमलकेतु के राज्य पर यवनों के आक्रमण तथा युद्ध का वर्णन गौडीरीति व आरभटी वृत्ति में किया गया है। भाषा की श्लक्ष्णता तथा विविध प्रौढोक्तियों (मुहावरों, प्रोक्तियों) के प्रयोग के द्वारा नाटककार नारायण प्रभावित करते हैं। कतिपय उदाहरण स्मरणीय हैं —

अहो मूषिकाया मुखे अपूपिका (चुहिया के मुँह में मालपुआ!)

रक्षणीया निक्षिप्ता। (जिसकी रखवाली करनी थी, उसीको गिरवी रख दिया)

मक्षिकेव मधूलिहाय समीपे दृश्यते (मधु चाटने के लिये मक्खी निकट दिख रही है।)

नारायण के पिता रंगशायी दीक्षित ने अपने पुत्र के नाटक का सारांश सुंदर गद्य में अद्भुतपंजरकथा के नाम से प्रस्तुत किया, जिसमें उन्होंने नाटक को समझने के लिये टिप्पणियों व सूचनाओं भी भी समावेश किया।

कमलिनीकलहंस नाटक

इस शती में यज्ञनारायण दीक्षित (राजचूडामणि) का परिचय इनके साहित्यरत्नाकर महाकाव्य के प्रसंग में पिछले अध्याय में दिया गया है। कमलिनीकलहंस तथा रघुनाथविलास इनकी नाट्यकृतियाँ हैं। कमलिनीकलहंस नाटक में सारे पात्र पक्षी या नैसर्गिक पदार्थ हैं। इसमें सीता और राम के विवाह का एक नाटक भी गर्भांक के रूप में सन्निविष्ट है, जिसमें मृणालिका को राम और कमलजा को सीता का अभिनय करना है। चालाकी के साथ कलहंस को राम की भूमिका में उतार दिया जाता है, कलहंस के द्वारा जानकी बनी कमलजा का हाथ पकड़ते ही कलहंस व कमलिनी के सात्त्विकभाव विकारों से रानी कलहंस को पहचान जाती हैं। कमलजा को बंदी बना लिया जाता है। इस सारे वृत्तांत में कालिदास के मालविकाग्निमित्रम् तथा हर्ष की नाटिकाओं की अनुगूँज सुनी जा सकती है। नाटक में माधुर्य, प्रेम की व्यथा तथा पदावली की संगीतात्मकता मनोहारी है। अतिशयोक्तियों को इस सब में खूब गूँथा गया है। उदाहरणार्थ—

हारा वज्रप्रहारा भवनशुकवधूटीसुपाठा विपाठा
धारागाराणि कारागृहगहनगुहाः शीतभानुः कृशानुः।
संख्यालिङ्गः स्फुलिङ्गः सरसिजकलिका धूलिरङ्गारपालि-
र्नर्मालापाः प्रलापाः शिव शिव सुतनोर्माल्यमत्युग्रशल्यम्।।

रघुनाथविलास

राजचूडामणि के इस नाटक में आरम्भ में प्रस्तावना में सूत्रधार के मुख से नायक रघुनाथ भूप की प्रशंसा में धरती आकाश एक कर दिया गया है। गद्य बाणभट्ट की कादंबरी में शूद्रकवर्णन की अनुकृति बन गया है। रघुनाथ की राजसभा में आये नटकेसरी तथा नाट्याचार्य का विवाद मालविकाग्निमित्र नाटक में हरदत्त व गणदास के कलह की स्मृति कराने वाला है। साथ ही दोनों नट राजा रघुनाथ के द्वारा विरचित विभिन्न प्रबंधों के विषयमें भी चर्चा करते हैं। प्रथमांक में नारद चोल देश में अवतीर्ण होते हैं, उनके मुख से चोल देश तथा तंजौर नगरी का वर्णन भी बाण के गद्यकाव्य की शैली में है।

नायक राजा रघुनाथ तीर्थयात्रा पर जाते हैं। एक बार वे स्नान करते समय मकर के द्वारा पकड़ लिये गये किसी ब्राह्मण की रक्षा करते हैं। जब वे अपनी तलवार से मगर का चीर रहे होते हैं, तो उसके पेटसे एक रत्नसमुद्गक (पिटारी) निकलता है। समुद्गक के भीतर से प्राप्त मणि को धाण करने वाली नायिका को खोजते हुए वे लंका जा पहुँचते हैं। अब राजा लंका की इस राजकुमारी से प्रेमलीलाएँ भी रचाते हैं, दूसरी ओर पारसीकों के आक्रांत धरती का उद्धार भी उन्हें करना है। नाटककार ने ऐतिहासिक पृष्ठभूमि के इस इतिवृत्त को यथार्थ से आश्चर्यलोक में पहुँचा दिया है, जहाँ योगसिद्धिप्रदायिनी पादुका व वेत्रलता के द्वारा अनेक चमत्कार घटित होते हैं।

संवादों में दंडी और सुबंधु के समान समासहुल गद्य का प्रयोग है, जो अभिनेयता तथा प्रासादिकता का हनन करता है।

राजचूडामणि दीक्षित का अन्य नाटक आनंदराघव रामकथा पर आधारित है। इसमें सीतास्वंयवर से लगा कर रामराज्याभिषेक तक का वृत्तांत निरूपित है। कथानक में अनेक नये तत्त्व तथा नवीन प्रसंगों को कवि ने अपनी कल्पना से जोड़ा है। प्रथम तीन अंकों में राम का विश्वामित्र के साथ जाना, धनुर्यज्ञ तथा राम के द्वारा धनुर्भंग के पश्चात् चारों भाइयों के विवाह के प्रसंग हैं। दशरथ भरत को गंधर्वों का उत्पीडन समाप्त करने के लिये सिंधुतट की ओर भेज देते हैं, तो शत्रुघ्न को लवणासुर के त्रास के निवारण के लिये मथुरा रवाना कर देते हैं। पांचवें अंक में भरत गंधर्वों पर विजय प्राप्त कर के अयोध्या लौटते हैं, तब उन्हें राम के वनवास का वृत्तांत विदित होता है। भरत राम को अयोध्या लौटाने के लिये वन जाते हैं, उनकी पादुकाओं का अभिषेक कर देते हैं। सीताहरण के पश्चात् रामरावणयुद्ध में लक्ष्मण के मूर्च्छित होने पर हनुमान् संजीवनी लेने जाते हैं लौटते हुए वे अयोध्या में रुकते हैं, भरत को देख कर उन्हें भ्रम हो जाता है कि ये राम ही हैं। हनुमान् के द्वारा भरत को बताये गये वृत्तांत में सीताहरण, बालिवध व सीतान्वेषण तथा युद्धारंभ आदि की घटनाएँ सूचित करा दी गईं हैं। तभी हनुमान् को खोजता हुआ संपाति आ जाता है, उससे उसके आगे के रावणवध तक के वृत्तांत सूच्य में समाविष्ट कर लिये जाते हैं। राजचूडामणि ने इस नाटक में अभिनेय दृश्यों के स्थान पर वार्तालापबहुल सूच्य वृत्तों की भरमार कर दी है। राम और सीता के प्रणयदृश्य खुल्लमखुल्ला वर्णित तथा प्रदर्शित हैं, जिसमें राम का मर्यादापुरुषोत्तम का रूप क्षतिग्रस्त हुआ है।

नाटक में पद्यों तथा वर्णनों की प्रचुरता है। 'घटघटायते में हृदयम् 'ठात्कृतम्', 'चटचटाध्वान:' -जैसे नये मुहावरे राजचूडामणि की भाषा में पदे-पदे मिलते हैं।

रत्नेश्वरप्रसादन

इस नाटक के प्रणेता गुरुराम अप्पय दीक्षित के समकालीन तथा राजनाथ दीक्षित के दौहित्र थे। अपने पिता तथा नाना की अकुंठ श्रद्धा के साथ उन्होंने अपने नाटक में प्रशस्ति की है –

प्राचामाचार्यापादानामनूचानवंशावतंसस्य त्यागराजाचार्यसुकृतपरिणामस्य पवित्रकीर्तेस्तत्रभवतः स्वयम्भूनाथदेशिकस्य.....

तथा

साहित्यविषयसाम्राज्यपट्टाभिषिक्तस्य राजनाथकवेः.... इत्यादि।

रत्नेशनरप्रसादन की कथा उद्भावित इतिवृत्त के अंतर्गत कही जा सकती है। पाँच अंकों के इस नाटक में पाँचों संधियों, पाँचों अवस्थाओं तथा पाँचों अर्थोपक्षेपकों का निर्वाह समुचित रूप में नाटककार ने किया है। कल्पना का चमत्कार इसमें भरपूर है। इस की नायिका वसुभूति

नामक गंधर्वराज की पुत्री रत्नावली है। नायक रत्नचूड भोगवती नगरी का युवराज है। वह शिव का उपासक है। रत्नेश्वर शिव की महिमा सारे नाटक में परिव्याप्त है। नायक रत्नेश्वरमंदिर में शिवार्चन करने जाता है, वहीं वह नायिका का शिवस्तुतिगायन सुनता है। चित्रांगद नामक दानव इनके प्रेममार्ग का परिपंथी है।

मृगांकलेखा नाटिका

विश्वनाथ देव ने १६०७ई० में मृगांकलेखानाटिका की रचना की थी। इस नाटिका का नायक कलिंगनरेश कर्पूरतिलक है तथा नायिका मृगांकलेखा है। महारानी विलासवती इन दोनों के प्रणयपंथ में परिपंथिनी है। शंखपाल नामक दानव मृगांकलेखा का अपहरण करने का प्रयास करता है, उसके प्रयास को विफल बना कर योगिनी नायिका को कलिंगेश्वर के अंतःपुर में प्रस्तुत कर देती है। नायक और नायिका प्रणयपाश में बँध जाते हैं, पर दानव शंखपाल यहाँ से नायिका को उड़ा ले जाता है। नायक विक्रमोर्वशीयम् के पुरूरवा की भाँति बावला बनकर वन में उसे खोजता फिर रहा है। शंखपाल श्मशान में स्थित कालीमंदिर में पूजा कर के नायिका से बलात् विवाह करने जा ही रहा है, पर ठीक इसी समय नायक वहाँ पहुँच जाता है। शंखपाल मृगांकलेखा को मनाते हुए कह रहा है—

किं प्राणेश्वरि खेदमत्र कुरुषे यत्प्राणनाथे मयि
त्रासं मुञ्च मनस्विनि त्यज रुषं किं लोचने साश्रुणी।
त्वत्प्राप्त्यै यदवोचिषं पुररिपोः कान्तामिदानीमहं
तत् कृत्वार्चनमिन्दुसुन्दरमुखी त्वां चुम्बयिष्याम्यहम्।।

अंत में कलिंगेश्वर का विवाह कामरूपेश्वर की कन्या मृगांकलेखा से होता है, कामरूप के राजा भी अपनी खोयी हुई पुत्री का सामाचार पा कर प्रसन्न होते हैं, और सुपात्र से उसके विवाह से उनकी प्रसन्नता दूनी हो जाती है।

भाषा के सौष्ठव, क्रियापदों की साधुता तथा नामधातुओं के प्रयोग से मृगांकलेखाकार ने अपनी रचना को सौंदर्य से सुसज्जित किया है। विरह वेदना का वर्णन करते हुए वे कहते हैं

कर्पूरो दहनायते कुमुदिनीनाथोऽपि सूर्यायते
हारोऽस्या भुजगायते मलयजो वातः कृतान्तायते।
गानं कर्णविषायते मृगमदालेपोऽपि भस्मायते
तस्या एव विधूदये प्रतिदिनं दृक् चन्द्रकान्तायते।

(२.५)

माधवभट्ट का सुभद्राहरण[३९] एक अंक का श्रीगदित कोटि का उपरूपक है। इसकी रचना १६१०ई० में हुई। इसे छाया नाटक भी कहा गया है। इसमें हास्य की सृष्टि के लिए मदिरा के मद में आघूर्णित बलराम के मुख से अटपटी बोली का प्रयोग कराया गया है, तथा मंच

पर एक वानर के उत्पात का भी प्रदर्शन है। बलराम के बड़बोलेपन का चित्रण रोचक है। अर्जुन के द्वारा सुभद्रा को हर ले जाने के पश्चात् वे कहते हैं

इन्द्रप्रस्थं कौरवं सार्धमूर्ध्वं कालिन्दीये प्रक्षिपामि प्रवाहे।
क्षेत्रोत्खातस्थूललोष्टायितं वा सीताशीर्णं लाङ्गलाग्रेण कुर्वे।। (३६)

इसी प्रकार उनके मदिरा पी कर मदमत्त दशा में बोले गये संवादों में नाटकीयता व हास्य का गंगायमुनासमागम कवि ने कराया है—

किं दृष्ट्वा हहलेन हन्मि भुभुजेनाक्षिप्य मृद्नामि वा
किं वा तं चुचुचूर्णयामि मुसलाघातेनचूर्णाघनम्।
किं वोच्चैर्धधरातले ससकलं सम्पातये दुद्रुतं
किं वा तेन सिसीधु पूरय प्रपापात्रे पिबामि क्षणम्।। (१७)

कौतुकसर्वस्व

गोपीनाथ चक्रवर्ती के कौतुकसर्वस्व प्रकरण में दो अंकों में कलिवत्सल नामक राजा के द्वारा सत्याचार नामक ब्राह्मण पर किये जाने वाले अत्याचारों का वर्णन है। राजा स्वयं अध:पतित है। उसके राज्य में लोग पुराणों व ऋषियों के उपदेशों की हँसी उड़ाते हैं। वह अपने राज्य से सदाचारी ब्राह्मणों को निष्कासित कर देता है तथा घोषणा कराता है कि सब लोग स्वच्छंद प्रेम और कामोपभोग में लिप्त हो जायें। यह प्रहसन लीक से हट कर बँधी-बँधाई पद्धति से अश्लील हास-परिहास के स्थान पर व्यंग्य तथा समाज के नैतिक स्खलन पर प्रहार करते हुए मनोरंजन करने में सफल है। तलवार से मक्खन की टिकिया काटने एवं मच्छर की उपस्थिति में भय से काँपने वाले सेनापति का चित्रण हास्य की शिष्ट रूप में सृष्टि करता है।

आनंदराय मखी के नाटक

आनंदराय मखी तंजौर राज्य में मंत्री रहे। इनका समय सत्रहवीं शताब्दी के उत्तरार्ध से अठारहवीं शती के पूर्वार्ध तक है। इन्होंने विद्यापरिणयन तथा जीवानन्दन – ये दो नाटक लिखे। विद्यापरिणयन नाटक सरफोजी प्रथम (१७११-२८) के शासनकाल में लिखा गया। यह प्रतीक नाटकों की एक और कड़ी है। इसमें सात अंकों में अद्वैतवेदांत तथा शैवदर्शनों का समन्वय करते हुए नायक जीवराज की नायिका विद्या से परिणय चित्रित है। अविद्या, चित्तशर्मा आदि अन्य पात्र हैं।

जीवानन्दन नाटक अपने आप में अलग ढंग का नाटक है, यह आयुर्वेद के सिद्धांतों की प्रतीकपात्रों के द्वारा व्याख्या प्रस्तुत करता है। इसमें नायक जीव है, बुद्धि उसकी पत्नी है। ज्ञान शर्मा, धारणा, प्राण आदि मंत्री, सहचर, प्रतीहारी आदि की भूमिकाएँ निभाते हैं।

रामानंद पति त्रिपाठी तथा उनका हास्यसागर प्रहसन

रामानंद पति त्रिपाठी के प्रपितामह दिवाकर त्रिपाठी गोरखपुर से विद्याध्ययन के लिये काशी आये थे, फिर सपरिवार यहां बस गये। इनके पिता का नाम मधुकर था। इनका समय १६२५-७५ के आसपास है। इनको शाहजहाँ के द्वारा सम्मानित किया गया था। काशी की पंडित मंडली में ये अपने समय में मूर्धन्य थे। संन्यास लेने पर इनका नाम ज्ञानानंद हुआ। इन्होंने काशी में लक्ष्मीकुंड के पास कालीमठ की सथापना की।

दाराशिकोह से रामानंद त्रिपाठी का संपर्क था। दारा ने उनसे विराड्विवरण नामक ग्रंथ लिखने का अनुरोध किया था।

रचनाएँ - आद्यास्तवराज, श्यामास्तवराज तथा बगलामुखस्तवराज –(स्तोत्रकाव्य)।तन्त्र पर आकाशवासिनीसपर्या, असितादिविद्यापद्धति, कालरात्रिविधानम् (रचनाकाल १६७८ई०), गुह्यसोढाविवरणम्। काव्य – रसिकजीवनम् (नायकनायिकाभेद)। पद्यपीयूषम् (अन्योक्तिसंग्रह) – इस में कुल ३८ पद्य थे, जिनमें से पहले २१ अप्राप्य हैं।

रामचरितम् – वाल्मीकिरामायण के उत्तरकांड पर आधारित दोहा चौपाई में लिखित।

शतककाव्य – कटाक्षशतकम्, धन्यशतकम्, शशांकशतकम्।

प्रहसन – हास्यसागरः।

काशीकुतूहल – यह विश्वकोशात्मक ग्रंथ है, काशी के कुतूहलों का वर्णन किया गया है। यह अपूर्ण मिलता है।

किरातभावदीपिका – किरातार्जुनीय पर टीका।

हास्यसागर प्रहसन में कलहप्रिया नामक कुट्टनी बिंदुमती नामक ब्राह्मणवधू को मांदुरिक नाम के एक यवन से मिलवाती है। बिंदुमती का भाई इस दुर्वृत्त की सूचना राजा तक पहुँचा कर कुलकलंकिनी का भाँडाफोड़ कर देता है। इस प्रहसन में कवि रामानंद ने औरंगजेब के शासनकाल में हिंदुओं के प्रति होने वाले अनाचारों का चित्रण भी किया है। इस प्रहसन की दूसरी विशेषता यह है कि यद्यपि इसमें सारे संवाद संस्कृत में हैं, पर हीन पात्रों के मुख से कहीं-कहीं उस समय प्रचलित हिन्दी या हिन्दुस्तानी का प्रयोग भी कराया गया है। तत्कालीन राजनीतिक व सामाजिक स्थितियों के चित्रण की दृष्टि से यह प्रहसन यथार्थ का बोध कराता है। गायों की हत्या तथा हिंदुओं पर कर लगा कर सताये जाने पर प्रहसनकार ने अपना आक्रोश व्यक्त किया है —

हन्यन्ते निर्निमित्तं सकलसुरभयो निर्दयैर्म्लेच्छजातै-
र्दार्यन्तेऽमी सदेवाः सकलसुमनसामालयाश्चातिदीर्घाः।
पीड्यन्ते साधुलोकाः कठिनतरकरग्राहिभिः कामचारैः
प्रत्यूहैस्तैः क्रतूनां सभयमिव जगत् पामराणां कुमारैः।।

(बिना कारण सारी गायें निर्दय म्लेच्छों के द्वारा मारी जा रही हैं, देवताओं के सारे बड़े बड़े मंदिर देवमूर्तियों सहित तोड़े जा रहे हैं, साधु जनों को कठोर कर लगा कर तथा मनमानी से पीडित किया जा रहा है, यज्ञ में हो रहे विघ्नों से सारा जगत् पामरों के इन कुमारों से भयभीत है।)

सत्रहवीं शताब्दी के अन्य नाटक

नटेशविजयमहाकाव्य के प्रणेता वेंकट कृष्ण यज्वा का परिचय पूर्वाध्याय में दिया गया है। उन्होंने कुशलवविजयनाटक की रचना की।

सुब्रह्मण्य काश्यपगोत्र के कृष्णसूरि के पुत्र थे। इन्होंने सात अंकों में सीताविजयेन्दिरापरिणयनाटक की रचना की, तथा इस पर स्वयं टीका भी लिखी। भवभूति के महावीरचरित की पोथियाँ राजशेखर नामक दक्षिण के राजा ने जलवा दी थीं, सुब्रह्मण्य ने पाँचवें अंक के ४६वें पद्य के बाद से इसकी नाटक की पूर्ति की। प्रख्यात टीकाकार वीरराघव ने पुरर्विरचित अंश पर भी टीका लिखी है।

कमलिनीकलहंस नाम से एक अन्य नाटक नीलकंठ नामक कवि ने सत्रहवीं शताब्दी में लिखा। नीलकंठ का जन्म केरल के संगम ग्राम में हुआ। इसमें कमलिनी व कलहंस के अतिरिक्त कुमुदिनी, विज्ञानवती परिव्राजिका, कुमुदिनी का पति चक्रवाक आदि पात्र हैं।

पेरिसूरि वेंकट के पुत्र थे। ये नवीन पतंजलि के नाम से भी जाने जाते हैं। इन्होंने पाँच अंकों के वसुमंगल नाटक में उपरिचरवसु तथा गिरिका के विवाह का निरूपण किया है। इन्होंने अपने दो रूपकों - भारताभ्युदय तथा वेंकटभाण का उल्लेख अपने वसुमंगल में किया है। चकोरसंदेश तथा रामचंद्रविजय इनकी काव्यरचनाएं हैं।

पारिजातहरण नाटक की रचना कुमार ताताचार्य ने की। कुमार ताताचार्य अच्युत नायक (१५७२-१६१४), रघुनाथ नायक (१६१४-३३) तथा विजयराघव नायक (१६३३-७३) – इन तीन राजाओं के राजगुरु रहे। वे अधीती कवि हैं, पारिजातहरण में भाषा का परिष्कार, प्रौढि तथा आभाणकों व न्यायों का प्रयोग प्रभावित करता है, कथा में कोई नवीनता नहीं है। ताताचार्य का छंदःशास्त्र पर अधिकार प्रशस्य है, उनके नाटक में शार्दूलविक्रीडित के ६०, वसंततिलका के २२ तथा गीति के १९ पद्य हैं।

नेपाल के राजा जगज्ज्योतिर्मल्ल ने संगीतप्रधान नाटक हरगौरीविवाह की रचना की।

मिथिला के महामहोपाध्याय शंकरमिश्र, जो कालिदास के शाकुंतल के टीकाकार के रूप में सुविदित हैं, ने गौरीदिगंबरप्रहसन, श्रीकृष्णविनोद तथा मनोभवपराभव नामक रूपकों की रचना की।

आमेर के राजा रामसिंह (१६६७-७५) के आश्रित विश्वनाथ भट्ट रानाडे ने शृंङ्गारवापिका नाटिका का प्रणयन किया। इस नाटिका में उज्जयिनी के राजा चंद्रकेतु तथा चंपावती की

राजकुमारी कांतिमती के प्रेम की कथा है। योगिनी मुंडमाला दोनों के मिलन व विवाह में सहायक बनती है। यह नाटिका पहले की नाटिकाओं से किंचित् भिन्न है। कवि ने अपने आश्रयदाता की प्रशस्ति में अनेक पद्य इसमें जोडें हैं, तथा चौथे अंक में राजसभा में एक कविगोष्ठी का दृश्य रख दिया है, जिसमें कविजन अपनी समस्यापूर्तियाँ व प्रशस्तिकाव्य सुनाते हैं।

सत्रहवीं शताब्दी के अन्य रूपकों में मदनाभ्युदय भाण (कृष्णमूर्ति), कुशलवविजय (वेंकटनाथ दीक्षित), युक्तिप्रबोध (मेघविजयगणि) आदि भी उल्लेख्य हैं।

अतंद्रचंद्रप्रकरण के रचयिता जगन्नाथ रतिमन्मथकार जगन्नाथ से भिन्न हैं। ये फतेशाह (१६८४-१७१६) के आश्रय में रहे। अतंद्रचंद्र नाटक में चंद्र, सागर, चंद्रकला, तमिस्रा, कलावती आदि प्रतीकात्मक पात्र हैं।

जगदीश भट्टाचार्य का प्रहसन हास्यार्णव १७०१ई० में लिखा गया। इसमें कामोपभोग में लिप्त अनयसिंधु की अनीति, उसके मंत्री कुमति वर्मा की कुमति तथा आचार्य विश्वभंज की भंडता का नग्न चित्रण है। चारित्रिक अध:पतन की पराकाष्ठा यहाँ प्रदर्शित है। दो अंकों के इस प्रहसन में नायकाएँ भी दो हैं – बंधुरा तथा मृगांकलेखा। राजा अयथार्थवादी नामक चर से राज्य की गतिविधियों के विषय में सूचना प्राप्त करके मंत्री कुमतिवर्मा की सलाह पर एक कुट्टिनी के घर में सभा बुलवाता है। इसमें राजा, मंत्री आदि सभी के अध:पतन पर छींटाकशी की गयी है।

इसी शताब्दी की रचनाओं में मलारी आराध्य का शिवलिंगसूर्योदय धार्मिक-दार्शनिक नाटक है। कोनेरीनरेश के पुत्र जीवबुध ने नलानंद नाटक की रचना की, जिसमें दमयंती के स्वयंवर से ले कर नल से उसके वियोग व पुनर्मिलन की घटनाएँ निरूपित हैं। नाटक में नवीनता का अभाव है। लोकनाथ भट्ट ने कृष्णाभ्युदय प्रेक्षणक में कृष्णजन्म के प्रसंग का विस्तार से प्रतिपादन किया है। ये विश्वगुणादर्शचंपूकार वेंकटाध्वरी के परिवार से संबद्ध बताये जाते हैं। कालीकट के जामोरिन (राजा) मानवेद (१६५५), जो एरलपट्टि को नाम से भी जाने जाते हैं, नारायणभट्ट बिल्वमंगल के शिष्य थे। इन्होंने जयदेव के गीतगोविंद से प्रेरित हो कर कृष्णगीतिनाटक की रचना की। इस नाटक में गीतों की प्रधानता है, तथा कीर्तन भी जोड़े गये हैं।

शाहजी का उल्लेख कवियों के आश्रयदाता के रूप में ऊपर अनेकत्र किया गया है। ये स्वयं भी नाटककार थे। इन्होंने अपने पंचभाषाविलास यक्षगान में पाँच भाषाओं का प्रयोग किया है। इसमें अलग अलग प्रांतों के पात्र संस्कृत के अतिरिक्त तमिल, तेलगु, महाराष्ट्री तथा हिंदी भाषाएँ बोलते हैं। शाहजी की अन्य नाट्यकृतियाँ हैं – चंद्रशेखरविलास, विश्वातीतविलास तथा राधा-वंशीधरविलास। संस्कृत के अतिरिक्त तेलगु व मराठी में भी इन्होनें रचनाएँ लिखीं। इन की नाट्यकृतियों में सूत्रधार के द्वारा प्रसंगों का आख्यान कराया गया है। नाट्यनिर्देश वर्णनात्मक हैं, जैसे उर्वशी के प्रवेश के अवसर पर कथन है—

अतिनीलवेणी अम्बुजपाणी सुकेशी समायाति इन्द्रसमाजम्।
काञ्चनकलशस्तनी कमनीयकोकिलवाणी उर्वशी समायाति इन्द्रसमाजम्।।

शाहजी के आश्रित कवियों में मुद्दुराम ने रसिकतिलक भाण की रचना की; वेंकटेश्वर ने – भानुप्रबंध,[४०] वेंकटेश और लंबोदर नाम से तीन प्रहसन लिखे।

अठारहवीं शताब्दी के रूपक

शाहजी के पश्चात् कवियों, कलाकारों तथा विद्वानों के आश्रयदाता के रूप में तुक्कोजी या तुलजा (१७२८-३५) चिरस्मरणीय हैं। ये स्वयं अच्छे संगीतविद् तथा संस्कृत, मराठी व तेलगु भाषाओं में प्रवीण थे। इनके ऊपर लिखे गये तुलजामहाराजगुणवर्णन नामक प्रशस्तिकाव्य का उल्लेख अन्यत्र किया गया है। आयुर्वेद पर तुक्कोजी ने धन्वंतरिविलास तथा धन्वंतरिसारनिधि ये दो ग्रंथ लिखे, तथा धर्मशास्त्र पर धर्मशास्त्रसंग्रह की रचना की। तुक्कोजी ने राजन्यायचिद्विलास नाम से प्रतीकात्मक नाटक की रचना की। यह नाटक अद्वैतदर्शन का प्रतिपादन करता है।

जगन्नाथ के नाटक

अठारहवीं शताब्दी के महत्त्वपूर्ण कवि तथा नाटककार जगन्नाथ श्रुतिपेटव महाराजा प्रतापसिंह (१७३९-१७६३ई०) के आश्रय में रहे। ये महाराष्ट्र के देशस्थ ब्राह्मण थे। इनके पिता का नाम बालकृष्ण और माता का नाम लक्ष्मी था।[४१] श्रुतपेटव ब्राह्मण परिवार को सरफोजी प्रथम तथा एकोजी (१७३५-३६) के द्वारा आश्रय दिया गया था। जगन्नाथ शाक्त संप्रदाय में कामाक्षी सूरि के शिष्य रहे। इन्होंने स्वामी भास्कर राय अथवा भास्करानंद नाथ से दीक्षा प्राप्त की और स्वामी उमानंदनाथ के नाम से जाने गये। इन्होंने दो नाटकों की रचना की — रतिमन्मथनाटक तथा वसुमतीपरिणयनाटक। रतिमन्मथनाटक १७३६ ई० में लिखा गया तथा वसुमतीपरिणयनाटक की रचना १७२०-३५ ई० के मध्य हुई। इनके अतिरिक्त स्तोत्र व शास्त्रीय ग्रंथों की रचना भी इन्होंने की है। ये पराशक्ति के उपासक थे। इनकी स्फुटकाव्यरचनाओं का परिचय अगले अध्याय में दिया गया है।

रतिमन्मथ नाटक में पाँच अंक हैं। इसका अभिनय तंजौर में आनंदवल्ली देवी के मंदिर में हुआ। इस नाटक में कामदेव की विजय यात्रा चित्रित है। कवि की मान्यता है कि कामदेव न तो शिव के द्वारा भस्म किया गया, न ही पुनरुज्जीवित हुआ।

कामदेव इस नाटक का नायक है, रति नायिका। इसमें मायावती, राग, मुदिता आदि प्रतीकात्मक पात्र भी हैं, व इंद्र, वाचस्पति, शंबरासुर आदि देवता व असुर पात्र भी।

कथासार - पहले अंक में नायक कामदेव प्रवेश करता है। वह रति से मिलने के लिये व्याकुल है। तभी उसे शिव का तपोभंग करने के लिये इंद्र बुलवा भेजते हैं। वह रति से वियुक्त होने के कारण खिन्न होता है। उसके अंतर्द्वंद्व का चित्रण करते हुए नाटककार कहते हैं -

एकतः स्वामिसत्कारैः परतः प्रेयसीगुणैः।
कृष्यमाणमिदं द्वेधा मम दोलायते मनः।। १४।।

द्वितीयांक प्रवेशक में सारिका व अन्य सखी मयूरिका का वार्तावाप है। दोनों नायिका रति की विरहावस्था व यौवन का पद्यबद्ध वर्णन करने के लिये बार बार संस्कृत का आश्रय लेती हैं। फिर शाकुंतल के तृतीयांक की शकुंतला की तरह विरहावस्था का नाट्य करती धारागृह में सखियों के द्वारा उपचार की जाती हुई रति का प्रवेश होता है। यह दृश्य अभिज्ञानशाकुंतल के तीसरे अंक में अनसूया तथा प्रियंवदा के द्वारा मदनोपचार के दृश्य से तुलनीय है। जगन्नाथ ने शब्दावली भी कालिदास से यहाँ उधार ली है। दोनों सखियाँ उसे तालवृंत से हवा करती हैं। यहाँ भी शाकुंतल का अनुहरण है। रति का प्रेम अतिभूमि को पहुँच गया है। वह कामदेव का चित्र बनाती है। यह चित्र बाद में कामदेव को मिल जाता है।

इधर योगिनी सर्वार्थसिद्धि रति व मन्मथ को मिलाने के लिये अपनी शिष्या की सहायता से योजना बना रही है।

तीसरे अंक में वसंत इंद्र के अमात्य वाचस्पति के लिये लेख भेजता है। फिर कामदेव शंकरविजय के लिये चल पड़ता है। वह शिव के मन में गौरी के लिये प्रेम उत्पन्न करने में सफल होता है। इंद्र को अपने चर से कामदेव की शिवविजय की सूचना मिलती है। हरगौरी का विवाह हो जाता है। तभी रति के अपहरण की सूचना मिलती है।

चौथे अंक में रति के माता पिता राग और मुदिता तथा उसकी सखियों का लंबा विलाप व कारुणिक क्रंदन है। पुरोहित इन सब को बार बार समझाते हैं। राग और मुदिता तथा सखियाँ बारबार मूर्च्छित होते हैं। इसी अंक में युद्ध का ओजस्वी वर्णन है —

अवाङ्मुखः सिंहमुखः पपात पर्यस्ततारोऽजनि तारकश्च।।४.९।।

मन्मथ शिव को उमा के प्रति आकृष्ट कर के व उमा महेश्वर के विवाह का उपक्रम करा कर लौट रहा है तभी रति के विषय में उसे दुःखद सूचना मिलती है। वह विलाप करता है, फिर धैर्य धारण कर के अपने शत्रु शंबर से भिड़ने के लिये चल देता है। मार्ग में ही रति को अपहरण कर के ले जाता शंबर उसे मिल जाता है। दोनों एक दूसरे चुनौती देते हैं व समरभूमि में उतरते हैं। नारद का अवतरण हास्य की सृष्टि भी कराता है। नारद व उनके शिष्यों की बातचीत में युद्ध का रोचक वर्णन है।

पुञ्जैरञ्जनकल्पितैरिव पुनः कालाग्निरुद्राननो-
द्भिन्नैर्धूमभरैरिव प्रचलितैर्नीलाश्मशैलैरिव।।
पातालादिव निर्गतैः सुररिपुव्रातैः समन्तादिदं
मुष्णद्भिः प्रसरं दृशोर्निचुलितं गाढान्धकारैर्जगत्।।

(४.३६

युद्ध के भयावहता के बीच पुष्पधन्वा अपना सम्मोहनास्त्र चला देता है।

संमोहनास्त्रमोहितमेतं करवालनिकृत्तमूर्धानम्।।
शम्बरमवपात्य रथात्स्वरथे प्रियया समं स्मरो जयति।। ४५।।

शंबर विजय करने पर भी काम को अपनी रति नहीं मिलती, रति के स्थान पर उसे अन्य ही एक कन्या मिल जाती है। हुआ यह कि सर्वार्थसाधिका ने आकृति में सर्वथा रति से मिलती जुलती एक कृत्रिम कन्या निर्मित कर दी थी, जिसे शंबर ने रति समझ कर उठा लिया था। इस तरह नाटक के उपसंहार में कामदेव को रति तो मिलती ही है, उसके साथ यह मायावती भी मिल जाती है।

कालिदास का सर्वातिशायी प्रभाव जगन्नाथ की वाक्यावली व घटनाप्रसंगों के निबंधन में है। दुष्यंत की तरह कामदेव भी रति व उसकी सखियों को छिप कर देखता है, फिर उसी शब्दावली में रति व उसकी सखियों का परिचय पूछता है। रति की सखियाँ भी कालिदास की अनसूया व प्रियंवदा का अनुकरण करती हैं।

वर्णनकला – जगन्नाथ की भाषा सरस व प्रांजल है। सुरम्य सूक्तियों का सन्निवेश करने में वे निपुण हैं। पदावली रमणीय है—

धारा अपि धाराधरगलिता धन्वन्यभावमुपयान्ति।।
रत्नाकरे तु दधते दभ्रा अपि विप्रुषो मणीभूय।। ८।।

(मरुस्थल में धाराधर या मेघ की बरसती धाराएँ भी सूख जाती हैं। रत्नाकर या सागर में छोटी सी बूँद भी मणि बन जाती है।)

यहाँ दभ्र, धाराधर, विप्रुट् आदि पदों का प्रयोग बहुत समीचीन है।

सौंदर्यवर्णन तथा निसर्ग के रमणीय रूपों के चित्रण में कवि जगन्नाथ ने निपुणता का परिचय दिया है। प्रातःकाल का वर्णन बड़ा ही सरस है।

दूरात्क्षिप्तमिवैकतः क्षितितलं दीर्घा इवेमा दिशो
विस्तीर्णेव वसुन्धरासरणयः प्रत्यग्रसृष्टा इव।
चक्षुष्मन्त इवाधुना तनुभृतः प्राप्ते जगच्चक्षुषि
प्राचीनं धरणीधरं नवमिवाशेषं जगद्भासते।। ३.९।।

(क्षितितल जैसे दूर फैंक दिया गया, दिशाएँ दीर्घ होती सी लग रही हैं, वसुंधरा के पथ चौड़े होते जा रहे हैं जैसे उन्हें अभी अभी बनाया गया हो। जगत् के नेत्रस्वरूप सूर्य देवता उदित हुए तो शरीरधारियों को जैसे अब जा कर आँखें मिली हैं, जैसे पुराना पर्वत नया हो गया हो, इस तरह सारा संसार नया लग रहा है।)

तीसरे अंक के शुद्धविष्कम्भक में मन्मथ का सचिव वसंत अपनी वेदना को विलंबित आत्मालाप में प्रकट करता है।

मन्मथ के विलापों में भवभूति के राम की शब्दावली आवर्तित हुई है।

विमोहं व्यातन्वन्निहह परितापं बहलयन्
इयत्तातिक्रान्तः प्रभवति विकारः किमपि मे।। १७।।

भावोद्रेक व भावाकुलता के कारण अनेकत्र अतिरंजना प्रतीत होती है। रति व मन्मथ की कामावस्था के चित्रण में अतिशयोक्ति की भरमार है।

सक्वाथं चरणार्पणेन सुदृशो वापीजलं क्षीयते
भूयो मर्मरितच्छदा वनलताः शुष्यन्ति दृग्गोचराः।।
विश्वासश्वसनैर्दलन्ति शतधा क्रीडामहीभृच्छिलाः
सोऽयं त्वत्परिरम्भणं बत विना तापः कथं शाम्यतु।।२४।।

वाक्यवली में सानुप्रासिकता आकर्षक है -यथा—

मम कृतेपि नितान्तदूयमानस्वान्तां पुनः कान्तामनुस्मृत्य सन्तापभूमानमनुभवामि।

अनेकत्र जगन्नाथ ने नये शब्दों का प्रयोग किया है। जैसे खोजिये या चर के लिये जांघिक तथा जंघाकारक और वार्ताहर ये तीन शब्द उन्होंने प्रयुक्त किये हैं।

नादसौंदर्य व ऋतुओं के मनोहर चित्र खीचें गये हैं। वसंत वर्णन में कवि कहता है—

उन्मीलन्ति समन्ततः श्रुतिसुखाः स्पष्टीभवत्पञ्चमाः।
स्वच्छन्देन कुहूःकुहूरिति मुहू रम्याः पिकानां गिरः।। (३३)

श्लेष व यमक का चमत्कार दिखाने भी जगन्नाथ माघ और रत्नाकर से होड़ लेते लगते हैं। जैसे—

सेनेव पाण्डवानां श्रयते कर्णातिलङ्घनोल्लासम्।। २२।।

वसुमतीपरिणय नाटक में जगन्नाथ ने राजा गुणभूषण तथा वसुमती के प्रेम का चित्रण किया है। इसमें प्रजापालन तथा राज्यप्रशासन के यथार्थानुभव पर आधारित अनेक प्रसंग हैं। राजा मृगया और द्यूत में आसक्त है, राज्य पर दुर्जय नामक यवनाधिपति आक्रमण करने जा रहा है। मंत्री विवेकनिधि राज्य को बचाने का प्रयास करता है। नाटककार ने मुद्राराक्षस से प्रभावित हो कर कूटभाषा में गूढलेख, भेदनीति, युद्धसन्नाह आदि के प्रसंग उसमें जोड़े हैं।

कलानंदकनाटक

जगन्नाथ की भाँति रामचंद्र शेखर भी तंजौर में महाराजा प्रतापसिंह (१७३९-१७६३ई०) के आश्रय में रहे, तथा प्रताप के उत्तराधिकारी तुलजा द्वितीय (१७६४-८७) के शासनकाल में इन्होंने कलानन्दक नाटक लिखा। इस नायक में सात अंकों में नन्दक और कलावती की प्रणयकथा रूपायित है। इसकी नायिका कलावती दिल्ली के नरेश इंद्रसखा की पुत्री है। त्रिकालदर्शी योगीश्वर की सहायता से उसका विवाह नंदक से संपन्न होता है।

विश्वेश्वर पांडेय के नाटक

सत्रहवीं-अठारहवीं शताब्दी के साहित्यकारों में विश्वेश्वर पांडेय का नाम अविस्मरणीय है। इन्होंने अनेक रूपकों की रचना की। इनमें रुक्मिणीपरिणयम् तथा अभिरामराघवम्-ये अनुपलब्ध हैं। नवमालिका इनकी नाटिका है तथा शृंगारमंजरी प्राकृत में विरचित सट्टक है।

नवमालिका की रचना विश्वेश्वर ने मालविकाग्निमित्र तथा श्रीहर्ष की नाटिकाओं से प्रभावित हो कर की है। अवंति के राजा विजयसेन इसके नायक हैं। उनके मंत्री को वन में दो कन्याएँ मिलती हैं। इनमें से एक अंगदेश की राजकुमारी नवमालिका है। रानी चंद्रलेखा नवमालिका को विजयसेन की दृष्टि से बचा कर रखती है। पर राजा उसीकी नासिका के रत्न में प्रतिबिंबित नवमालिका की छवि देख लेता है। तदनंतर राजा को नवमालिका का स्वनिर्मित चित्र भी मिल जाता है जिसे रानी चंद्रलेखा ही भूल से उद्यान में छोड़ गई थी। अंततः अंगदेश का मंत्री सुमति नवमालिका को खोजता हुआ उज्जयिनी आ पहुँचता है। नवमालिका के विषय में सब का भ्रम दूर होता है और उसका विवाह राजा विजयसेन के साथ हो जाता है।

इस नाटिका में नायिका का प्रतिबिंब अन्य स्त्री के नासाभरण में जड़े रत्न में नायक के द्वारा देखा जाना यह नई कल्पना है, अन्यथा नाटिका में मौलिकता का सर्वथा अभाव है।

घनश्याम के रूपक

अठारहवीं शताब्दी के संस्कृत साहित्यकारों में घनश्याम तंजौर के राजा तुक्कोजी (१७२९-३५) के मंत्री रहे। घनश्याम के पितामह चौण्डी बालाजी थे। इनके पिता का नाम महादेव तथा माता का नाम काशी था। इनका निधन १७५०ई० में हुआ। इनका कर्तृत्व बहुमुखी हैं। इनके द्वारा विविध विधाओं से सौ ग्रंथ लिखे जाने का उल्लेख मिलता है। घनश्याम को अपने कृतित्व पर गर्व है। मदनसंजीवन भाण में उनकी गर्वोक्ति है -

द्वित्रश्लोककृतादराः कुकवयः प्रत्यालयं चुल्लिवद्
द्वित्राः सन्तु भवन्ति हन्त कवयः किन्तावता ते खलाः।
सद्वालोऽपि विषाणवानपि चतुष्पादप्यशुभ्रोप्यति-
स्थूलोऽपि प्रबलोत्कटोपि महिषः किं जायते कुञ्जरः।। ५।।

आनंदसुंदरी सट्टक, कुमारविजय (नाटक), नवग्रहचरित, मदनसंजीवन भाण, प्रचंडराहूदयनाटक, अनुभूतिचिन्तामणिनाटिका, प्रचण्डानुरञ्जनप्रहसन तथा डमरुकप्रहसन इनकी उल्लेख्य नाट्यकृतियाँ हैं। इनके अतिरिक्त गणेशचरित, त्रिमठी नाटक आदि अन्य नाट्यकृतियाँ इन्होंने लिखी थी, उनका उल्लेख मिलता है, पर वे अप्राप्य हैं। इनके काव्यों में भगवत्पादचरित, षण्मतिमण्डन, अन्यापदेशशतक मिलते हैं, जब कि प्रसङ्गलीलार्णव, वेङ्कटेशचरित तथा स्थलमाहात्म्यपञ्चक – ये रचनाएँ अप्राप्य हैं। संस्कृतसाहित्य में टीकाकार के रूप में भी घनश्याम मल्लिनाथ के समान स्मरणीय हैं।

डमरुकप्रहसन में इन्होंने अपना परिचय देते हुए कहा है —

पटु षड्भाषाकाव्यं नाटकभाणौ च सट्टकं चम्पूः।
अन्यापदेशशतकं प्रहसनमपि येन लीलया रचितम्।।

कुमारविजयनाटक के प्रारंभ में अपने को अद्वैतवादी घोषित करते हुए वे गर्वोक्ति करते हैं—

द्वैतध्वान्तदिवाकरः किल महाराष्ट्रैकचूडामणिः।
सन्तोषाय कुतूहलाय च घनश्यामः स जेजीयते।।

(१.६)

कुमारविजय (नाटक) में पाँच अंक हैं। कुमारविजय कालिदास के कुमारसंभव पर आधारित है। नारद पार्वती को अथर्व से अभिमंत्रित एक पुष्प देते हैं। पार्वती स्वप्न में शिव को देखती हैं। नाटक के नामकरण के अनुरूप इसमें कुमार के जन्म की घटना निरूपित है।

अंत में सरस्वती की वंदना करते हुए नाटककार ने कहा है—

गतो यदवलोकनादपि सरस्वती जायते
भजन्ति यद्दृशो नवानवं दिगालिङ्गनम्।
समाधिषु सभापतिर्लपति येन साकं मिथो
न तस्य गणिता गुणा भुवि चिदम्बरब्रह्मणः।।

(५.५)

मदनसञ्जीवनभाण का नायक कुलभूषण विट है। वेशवाट के निर्लज्ज कामुक व्यवहारों का इसमें खुला चित्रण हैं। पर समकालीन जीवन के अनेक रोचक चित्र घनश्याम ने अंकित किये हैं, जिनमें सँपेरे का वर्णन, मल्लयुद्ध, कक्कुटयुद्ध, मेषयुद्ध, कंदुकक्रीडा आदि के दृश्यों का निरूपण रोचक है।

घनश्याम का दूसरा प्रहसन डमरुकम् शैली व संरचना में प्रचलित प्रहसन-परम्परा से भिन्न है। इसमें राजविप्ररंजन, कलिदूषण, सुकविसंजीवन, कुकविसंतापन आदि दस अलंकार (अध्याय) हैं। वस्तुतः डमरुकम् नाट्यसाहित्य में एक नया प्रयोग है। इस दस अलंकारों में दस पात्रों का पैनी और चुभती हुई उक्तियों में वर्णन किया गया है। नर्मालाप, व्यंग्य, परिहास की बहुवर्णी छटाएँ इस प्रहसन में निर्मित हुई हैं। कवियों के विषय में कवि ने कहा है —

लेखिन्यः पञ्चषा द्वित्राः पत्रिका द्वौ मषीघटौ।
कुकवेः कवमानस्य केवलो दम्भडम्बरः।।५४।।

दाक्षिणात्य लोगों तथा स्त्रियों के जीवन के विषय में घनश्याम की उक्तियाँ मर्मोद्घाटिनी हैं।

प्रातः पर्युषितं भुक्त्वा रज्जुग्रथनकर्मणा।
महिषीक्षालनेनैव क्षिपन्ति द्रविडा वयः।। ९५।।
करीषकृतये ब्रीहिवितुषीकरणाय च।
निर्ममो निर्मिमीते च दुर्विधिर्द्रविडाङ्गनाः।। ९७।।

(भोर होते ही बासी भोजन कर के रस्सी बाँटने का काम कर के या भैंसों को नहलाने के द्वारा द्रविड देश के लोग अपनी आयु विता देते हैं।

गोबर के कंडे बनाने के लिये या चावल की भूसी उतारने के लिये ही निर्मम दुष्ट विधाता ने द्रविड देश की महिलाओं को रचा है।)

तमिल भाषा के अनेक शब्दों का धड़ल्ले से प्रयोग नाटककार ने यहाँ किया है जिनसे तामिल जीवनशैली का अंतरंग परिचय प्रकट होता है। यथा —

नाज्ञान् मानान्येर्यन्ताम्बिरप्पाकुट्टिश्च मूत्तवन्।
वेङ्गडं नल्लतम्बिश्च रज्जुग्रथनकर्मणा।। १४।।

डमरुक ही भाँति नवग्रहचरित भी एक नया प्रयोग है। इसमें नौ ग्रहों का परस्पर विवाद वर्णन है। राहु, सूर्य, बुध आदि मंच पर प्रवेश करते हैं।

चंडानुरंजन प्रहसन में कवि ने हास्य की सृष्टि के लिए मनु, याज्ञवल्क्य, बोधायन आदि प्राचीन धर्मशास्त्रियों के ऐसे उद्धरण पात्रों के मुँह से कहलवाये हैं, जो उनके धर्मशास्त्रग्रंथों में वस्तुतः हैं ही नहीं। इस प्रहसन का नायक दीर्घशेफ नामक ब्राह्मण है। वह अपनी पत्नी स्थूलयोनि को अपने शिष्य को साँप देता है और उससे किसी पवित्र व्यक्ति की पत्नी को लाने के लिए कहता है। इस प्रकार इसमें वैदिकों, कौल संन्यासियों व दिगंबरों की घृणास्पद जीवन और हास्यास्पद चेष्टाओं का चित्रण किया गया है।

घनश्याम का प्रचंडराहूदय प्रबोधचंद्रोदय तथा संकल्पसूर्योदय के समान प्रतीकात्मक नाटक है। इसमें विशिष्टाद्वैत मत का खंडन किया गया है।

घनश्याम के रूपकों में अनेक रोचक तथा रमणीय दृश्य हैं। निसर्ग की छवियों का अंकन भी बहुवर्णी है। मदनसंजीवन भाण में सूर्यास्त वर्णन करते हुए घनश्याम कहते हैं—

मनागिव विडम्बयन् हरिदिशं पुराऽऽलिङ्गितां
असावमितरागवान् गमनसम्भ्रमव्याकुलः
नितान्ततरलैः करैः कनकपिङ्गलैः संस्पृशन्
दिशामहह वारुणीं दिनकरो विटश्चुम्बति।।

(मदनसञ्जीवनभाण, ८५)

कोकीतुण्डे वितरति बिसं खण्डितार्धं स कोक-
श्चञ्च्वञ्चा शिरसि रमणं हन्त कण्डूयते सा।
तत्काले स स्वपिति पटगतः पारवश्यात् तदङ्गे
शङ्के कामः सुखयतितरां अन्तरा मां त्रिलोकीम्।।

अपनी रसिकता, वैदग्धी तथा जीवन के पर्यवेक्षण के कारण घनश्याम अपने रूपकों में अपने समकाल को नाना रूपों में उकेरते हैं। गुर्जरीनृत्तवर्णन के पद्य उल्लेखनीय हैं। जैसे—

झलज्झलितनूपुरं मृदु झणज्झणत्कङ्कणं
घनं घणितमेखलागुणितकिङ्किणीजालकम्।
जगज्जयजयावहं महदिव स्मरस्यायुधं
महीवलयमण्डनं जयति गुर्जरीमण्डलम्।।

मदनसंजीवन भाण

मदनसंजीवन भाण की नांदी में कवि ने गणेश की सरसवंदना की है। व्यंग्यार्थ की छटाएँ घनश्याम की उक्तियों में मन को हरने वाली है। शिव का दिगंबर रूप मुनिपत्नियों में किस प्रकार कामभाव तरंगित करता है इस प्रसंग को नांदी का रूप देते हुए घनश्याम कहते हैं –

क्षेमायास्तु दिगम्बरस्य वपुषः सौन्दर्यलेशः पुरा
यं दृष्ट्वा किल दारुकाननमुनिस्त्रीणां पुरोवर्तिनम्।
त्रुट्यकञ्चुककाञ्चिवीचिविगलन्नीविप्रहृष्यन्मुखं
सर्वाङ्गीणविरूढ़रोमविततस्विन्नाङ्गमुत्कम्पनम्।। २।।

महानट के रूप में शिव स्तुति भी उतनी ही रोचक है—

मोदायास्तु महानटः श्लथजटाजूटं पतत्पन्नगं
भ्रश्यद्गाङ्गजलं गलत्सरु चलच्चन्द्रं रणन्नूपुरम्।
यस्मिन् भ्राम्यति चक्रवद् भ्रमति स ब्रह्मा वमत्यच्युतो
तातालं भ्रमणैरितीव मुनयः क्रन्दन्ति मूर्च्छोत्थिताः।।

भाण का नायक कुलभूषण पूर्ववर्ती भाणों के विटों की तुलना में पाखंड से द्वेष करता है। वह चित्रलेखा पर अनुरक्त है। पाखंड का उद्‌घाटन प्रखरता के साथ कुलभूषण ने किया है, वेदपाठियों की वेश्याओं में आसक्ति बीभत्स में परिणत हो कर जुगुप्सा को ही जगाती है। वेश्या के संसर्ग से रोगग्रस्त होने वाले कामुक ब्राह्मणों का चित्रण है –

वेदानेव पठन् कथञ्चन महत् सम्पाद्य भैक्षं मुधा
दत्वा नक्तमिदं क्षणं कुगणिकां भुक्त्वा च तद्रोगभाक्,
द्राङ् निम्बच्छदनं दशन् शिव-शिवेत्याच्छादयन् वेदना-
मायात्येष दरिद्रषिङ्गनिकरो वेश्याभिषङ् मन्दिरात्।।२१।।

ढोंगी संन्यासियों पर करारा व्यंग्य घनश्याम ने किया, साथ ही माध्वमतानुयायियों के आचरण की भी कड़ी समीक्षा की है। पद्य और गद्य दोनों में घनश्याम की प्रखर उक्तियाँ समाज के विभिन्न वर्गो की सच्चाइयाँ उघाड़ती हैं। ब्राह्मणों की दिनचर्या का विशद वर्णन कुलभूषण के माध्यम से उन्होंने कर दिया है। गोस्वामियों का यह व्यंग्यपूर्ण चित्र है

इमे केऽपि कर्तुमकर्तुमन्यथाकर्तुं च शक्ता वयमितीवाभर्तृकातरुणीः सभर्तृकाः अपत्नीकानात्मनः सपत्नीकान् विदधानाः विधवास्वास्माकमनुराग इति सूचयितुमेव कषायवसनं वसानाः, न केवलं ज्ञानमात्रं, हृदयमप्यस्माकमीदृशमिति ज्ञापयितुमिव कुटिलतरं दण्डमवलम्बमानाः सततमुञ्छवृत्तिदम्भेन गृहं गृहं रण्डावलोकनाय हिण्ड्यमानाः जय रघुवीर समर्थेति पदे पदे हेषमानाः, काक इव कर्णारुन्तुदं गायन्तो बधिरयन्तस्तालनिःस्वनैः कर्णपुटानि प्राकृततया कच्चिदनलङ्कारमचमत्कार-मनुल्लेखमनुक्तिमाधुर्यसन्दर्भपूर्वोत्तरसम्बन्धं केवलं मेषकुलानीव गोपाला एकत्र प्राकृतपदानि सम्मेलयन्तः

कुर्वन्तो भूतवर्गा इव निशीथे सोत्तालतालमृदङ्गध्वनिर्नानाविधाः कथाः सरभसमुयान्ति गोष्ठगोस्वामिन इव गोस्वामिहतकाः।

चूडामणि अपनी विचित्र कविताओं से गुदगुदाता है। पत्रावली का वर्णन करने के लिये कहने पर वह तुरंत छंद जोड़ कर कहता है –

पोतैर्भन्ना सितेषैका भाति पत्रावली तथा।
तारकाभिर्यथाकाशं पुण्डरीकैर्यथा सरः।।

(७५, पृ० ३९)

तथा

आदित्यमण्डलसमाकृतिरन्नदात्री जाताश्रिता धृतधुनीततसाध्विषीका।
आर्याश्रितासितनिराकृतवामभागा पत्रावली जयति काचन देवतेव।।

गोवर्धन तथा चंद्रशेखर घनश्याम के पुत्र थे। गोवर्धन बचपन में ही अंधे हो गये थे। उन्होंने १८६६ई० में घटकर्पर काव्य पर टीका लिखी। इस टीका के प्रदत्त उद्धरणों से विदित होता है कि गोवर्धन ने रुक्मिणीचंपू की रचना की थी।[४२] चंद्रशेखर ने घनश्याम के दो रूपकों — डमरुक तथा प्रचंडराहूदय – पर टीका लिखी।

धर्मोद्धरणम्

इस नाटक के प्रणेता दुर्गेश्वर पंडित हैं। ये गुजरात निवासी थे तथा धर्मेश्वर के पुत्र थे। धर्मोद्धरणम् एक प्रतीकात्मक रूपक है। नायक धर्म तथा प्रतिनायक कलि है। पर तृतीय और चतुर्थ अंकों में असंबद्ध विषयवस्तु समाहित करते हुए द्वापर युग के यज्ञयागादि के दृश्य तथा राजसभा में नवरसों के प्रवेश के दृश्य निबद्ध किये गये हैं।

रामपाणिवाद के रूपक

रामपाणिवाद का परिचय इनके महाकाव्यों के विवेचन में दिया गया है। इन्होंने निम्नलिखित रूपकों की रचना की – मदनकेतुचरित प्रहसन, चंद्रिका तथा लीलावती – ये दो वीथियाँ तथा सीताराघवनाटक।

सीताराघवनाटक

यह नाटक १७५६ई० में पद्मनाभमंदिर में खेला गया। इसके पहले अंक में राम विश्वामित्र के साथ वन में जाते हैं तथा मारीच को अपने बाण से भगा देते हैं। मारीच का शिष्य मायावसु भी भाग जाता है। दूसरे अंक में विश्वामित्र के साथ राम और लक्ष्मण जनकपुर पहुँचते हैं, उसी समय मायावसु और उसका सहायक करंभक दशरथ और सुमंत्र का वेश धारण कर के वहाँ जा पहुँचते हैं। माया दशरथ राम के विवाह में बार बार रुकावट डालता है, जिससे जनक आदि को उस पर संदेह होने लगता है। विश्वामित्र मायावसु को पहचान लेते हैं और कहते हैं—

अयं न हि महीपतिर्दशरथस्य वा विग्रहे।
निकामनिरवग्रहो नियतमेष नक्तञ्चरः।।

(२.३६)

राम शिव के धनुष पर प्रत्यंचा आरोपित कर देते हैं। तब दशरथवेषधारी मायावसु परशुराम को बुलाने के लिये चल पड़ता है। तृतीय अंक के विष्कंभक में राम आदि चारों भाइयों के विवाह होने की सूचना मिलती है और परशुराम आ धमकते हैं। चतुर्थ अंक के प्रारंभ में शूर्पणखा के द्वारा नियोजित अयोमुखी नामक राक्षसी मंथरा का वेष धारण कर के कैकेयी को उल्टी पट्टी पढ़ाते हुए कहती है—

मुग्धे दुग्धमिति भ्रमेण गरलं पातुं प्रवृत्तासि किम्?।
रामो यद्यभिषेचितः स भरतो राज्यादपि भ्रंशितः।।

(अरी भोली, दूध के भ्रम से गरल पीने के लिये क्यों उतारू हो रही है? यदि राम का अभिषेक हो गया, तो भरत को राज्य से भी निर्वासित कर दिया जायेगा।)

चौथे अंक में रावण का सीता के लिये कामसंताप चित्रित है। प्रहस्त उसके मनोरंजन के लिये चित्रपट ले कर आता है, एक गंधर्व जो वास्तव में इंद्र का चर है, वीणा ले कर आता है। तभी लक्ष्मण के द्वारा विरूप की गई शूर्पणखा का आगमन होता है।

बालिवध के पश्चात् मायावसु फिर छल से अन्य रूप बना कर सीता के वध का मिथ्या वृत्तांत बता कर राम को दिग्भ्रमित करता है। तभी दधिमुख वानर हनुमान् के द्वारा लंकादहन की सूचना देता है। मायावसु को फिर यहाँ से भी भागना पड़ता है। छठे अंक में सेतु का निर्माण तथा रामरावण युद्ध का वृत्त है। सातवें में राम सीता को ले कर अयोध्या लौटते हुए अपने वनवास के दृश्य दिखाते हैं। इसी प्रसंग में भरद्वाज के आश्रम का वर्णन है

शारीशुकायतनकोटरसम्प्ररूढश्यामाकशालिफलशालिवटद्रुमाणि।
गोगर्भिणीचरितदर्भकुशाङ्कुराणि विश्रान्तिमाश्रमपदानि दृशोर्जयन्ति।

(७.१६)

लीलावती वीथी

इस वीथी में नायक वीरपाल की कर्णाटक की राजकुमारी लीलावती के साथ प्रेम व विवाह की कथा है। वीथी का लक्षण व वैशिष्ट्य रामपाणिवाद ने अपनी चंद्रिका वीथी में स्वयं स्पष्ट करते हुए कहा है—

पात्रद्वयप्रयोज्या भाणवदेकाङ्कैकसन्धिश्च।
आकाशभाषितवती कृत्रिममितिवृत्तमाश्रिता वीथी।।

वीथी नृत्य व संगीत से परिपूर्ण ललित नाट्य है। नाटककार ने वर्षा ऋतु में नीलकंठ के नृत्य के रूपक के द्वारा वीथी के रंगमंच का स्वरूप भी अंकित कर दिया है।

लीलावती वीथी में वीरपाल की पत्नी कलावती तथा वीरपाल को योगीश्वरी के इंद्रजाल के छल से एक सर्प डस लेता है, विदूषक आहितुंडिक या सँपेरा बन कर इनका विषोपचार करता है, अंत में योगीश्वरी के प्रभाव से ही रानी कलावती को स्वप्न में शिव वीरपाल का विवाह लीलावती से कराने का आदेश देते हैं और नायक नायिका अपने अभीष्ट की प्राप्ति से प्रसन्न होते हैं।

मदनकेतु प्रहसन

मदनकेतु प्रहसन में शिवदास नामक कापालिक मदनकेतु के गणिका के प्रति मोह को दूर करने के लिये परकायप्रवेश की माया रचते हैं। चंद्रिका वीथी में नायिका चंद्रिका नायक को एक अँगूठी दे कर अंतर्धान हो जाती है। नायक विरह व्याकुल हो कर विदूषक के साथ उसे खोज रहा है, नायिका को चंड नामक राक्षस अपहृत कर लेता है। नायक गणेश की स्तुति करता है, गणेश अपने एकदंत से राक्षस को पराभूत करते हैं और नायक का उसकी प्रिया से संयोग करा देते हैं।

रामवर्मा के रूपक

रविवर्मा कोयिल तंपूरान के पुत्र राम वर्मा का संस्कृत तथा मलयालम् साहित्य में महत्त्वपूर्ण योगदान है। उनकी शिक्षादीक्षा महाराजा कार्तिक तिरुनाल के आश्रय में हुई। १७८५ई० में वे युवराज बनाये गये तथा १७९५ में अल्प आयु में उनका निधन हो गया। इन्होंने कथकलि के रंगमंच के लिये रुक्मिणीस्वयंवर, पूतनामोक्ष, अंबरीशचरित, पौण्ड्रकवध, नरकासुरवध आदि रूपक लिखे. इनके अतिरिक्त कार्तवीर्यविजयप्रबंधचंपू, वञ्चिमहाराजस्तव, सन्तानगोपालप्रबन्ध तथा दशावतारदण्डक इनकी अन्य संस्कृत कृतियाँ हैं।

चंद्राभिषेक नाटक

चंद्राभिषेक नाटक की रचना १७४०ई० में हुई। इसके रचयिता बाणेश्वर विद्यालंकार बंगाल के पंडितों तथा साहित्यकारों में अविस्मरणीय हैं। इनका जन्म हुगली जिले में हुआ। इनके पितामह विष्णु सिद्धार्थ भट्टाचार्य जाने माने कवि थे तथा पिता रामदेव भट्टाचार्य की गिनती अपने समय के श्रेष्ठ नैयायिकों में होती थी। बाणेश्वर के भाई बनारस के राजा महीपालनारायण सिंह के दीवान रहे। बाणेश्वर ने भी अपनी विद्वत्ता से ख्याति पाई और उस समय के कवियों तथा पंडितों के प्रख्यात आश्रयदाता नदिया के राजा कृष्णचंद्र के सभाकवि के रूप में सम्मानित हुए। अलीवर्दी खाँ के पास मुर्शिदाबाद में तथा बर्दवान के राजा चित्रसेन की राजसभा में भी ये रहे, तथा इन्हीं के आग्रह पर चंद्राभिषेक नाटक की रचना की। अपने नाटक में इस राजा के गुणों का वर्णन करते हुए कवि ने लिखा है -

इन्द्राणीमयभूरपि प्रतिपदं यं प्रीणयत्युच्चकैः
यः प्रोच्चैरुपदिश्यतेऽथ गुरुणा काव्येन सूक्ष्मश्रुतिः।
भेजे नागपुराद् बलिश्च सुमहान् यस्यान्तिकं दृश्यते
सोऽयं कोऽपि सुरासुरेन्द्रविभवः श्रीचित्रभूमीपतिः।।

चित्रसेन की १७४०ई० में मृत्यु हो जाने पर पुनः महाराज कृष्णचंद्र के आश्रय में आ गये। अंत में कलकत्ता में महाराज नवकृष्णदेव के आश्रय में भी वे रहे। अपने विभिन्न राजाओं के आश्रयमें रहने की विवशता को आत्मकथापरक इस पद्य में इन्होंने मार्मिक अभिव्यक्ति दी है—

अलीवर्दिनवाबमप्यथ नवद्वीपे चिरं चाश्रितं
तत्पश्चान्नवकृष्णभूपतिममुं रे चित्त वित्ताशया।
सर्वत्रैव नवेति शब्दघटितं त्वं चेत् तमालम्बसे
तद्देवं परमार्थदं नवघनश्यामं कथं मुञ्चसि।।

यहाँ अलीवर्दी नवाब, नवद्वीप, महाराज नवकृष्ण – इन तीनों में नवशब्द है, इस के आधार पर कवि अपने चित्त को साक्षेप संबोधित करता हुआ कहता है कि हे चित्त, वित्त की आशा से तुम सर्वत्र नव शब्द जिनके साथ जुड़ा है, उनका आश्रय लेते रहे हो, परमार्थ प्रदान करने वाले नवघनश्याम (भगवान् कृष्ण) को क्यों छोड़ रहे हो?

बाणेश्वर सिद्धहस्त कवि थे। १७५५ई० में काशीयात्रा के अवसर पर इन्होंने पाँच घंटे में काशीशतक काव्य लिख दिया था। वारेन हास्टिंग्स के आदेश से निर्मित किये गये विवादार्णवसेतु के ये मुख्य संकलयिता व संपादक रहे। यह ग्रंथ २१ खंडों में तैयार किया गया, तथा धर्मशास्त्र के ग्रंथों से १६३२ पद्य इसमें संकलित किये गये। इनका महाकाव्य रहस्यामृत कुमारसंभव से प्रेरित है। शिवशतक, हनुमत्स्तोत्र तथा तारास्तोत्र आदि स्तोत्र काव्य भी इन्होंने लिखे।

चंद्राभिषेक नाटक में सात अंक है। यह नाटक चाणक्य के द्वारा नवनंदों के विनाश तथा चंद्रगुप्त के राज्याभिषेक की ऐतिहासिक कथा पर आधारित है, तथा अपने समय की राजनीतिक परिस्थितियों की भी इसमें प्रच्छन्न छाया है। अपने गुरु योगींद्र को १४ करोड़ स्वर्ण मुद्राएँ चुकाने के लिये विनीत मिश्र द्वारा अपनी आत्मा को मृत नंद के देह में प्रवेश कराने के प्रसंग को विस्तार से नाटकीय रूप दिया गया है। नंद की काया में रह कर शकटार के परामर्श से योगी के द्वारा चलाये गये शासन का प्रसंग चौथे अंक में है, जिसमें नाटककार ने लोककल्याणकारी राज्य की परिकल्पना प्रस्तुत की है। मुद्राराक्षस के समान इस नाटक में भी पुरुषपात्रों की बहुलता है।

प्राकृतिक दृश्यों, ऋतुओं आदि के लंबे वर्णनों में बाणेश्वर ने अपनी कविप्रतिभा प्रदर्शित की है।

प्रधान वेंकप्प के रूपक

प्रधान वेंकप्प (अमात्य वेंक) अठारहवीं शताब्दी के उर्वर प्रतिभासंपन्न नाट्यकारों में एक हैं। ये दीवान वेंकप्पय्य के नाम से भी जाने जाते हैं। इनका मैसूर जिले में जन्म कंपिनी नदी के तट पर चच्चनहल्ली गाँव में हुआ। ये राजा कृष्णराज वोडेयेर (१७३४-६६) के मंत्री रहे। नंजराज वोडेयर (१७६६-७०) तथा चामराज वोडेयेर (१७७०-७६) तथा १७६३-८० की अवधि में हैदर अली की सेवा में भी ये रहे। मराठा राजा राघोबा से कृष्णराज की संधि कराने में उनकी प्रमुख भूमिका थी।

संस्कृत व कन्नड में इन्होंने प्रचुर साहित्य की रचना की, तेलगु में भी इनकी रचनाएँ थीं जो अप्राप्य हैं। नाट्यकार के रूप में प्रधान वेंकप्प की महनीय विशेषता यह है कि नाटक व प्रकरण को छोड़ कर शेष सभी रूपक प्रकारों में इन्होंने नाट्यरचनाएँ लिखीं, जो इसप्रकार हैं – कामविलास (भाण), कुक्षिम्भरिभैक्षवप्रहसनम्, महेन्द्रविजयः डिमः, सीताराघवव्यायोगः, लक्ष्मीस्वयंवरसमवकारः, सीताकल्याणवीथी, रुक्मिणीमाधवाङ्कः तथा उर्वशीसार्वभौमः ईहामृगः। इन्होंने जगन्नाथविजयम् महाकाव्य, कुशलवचम्पूः, चिदद्वैतिका (अद्वैतवेदांत पर शास्त्रीय ग्रंथ), आञ्जनेयशतकम् (स्तोत्रकाव्य), अलङ्कारमणिदर्पण (अलंकारशास्त्र) तथा सुधाझरी (गद्यकाव्य) की भी रचना की। उस समय की राजनीतिक परिस्थियों के कारण इनका जीवन निरंतर संघर्ष व विपत्तियों का सामना करने में व्यतीत हुआ, चुगलखोरों तथा षडयंत्रकारियों ने अनेक बार इनके विरुद्ध दुरभिसंधियाँ कीं। हैदरअली के कोपभाजन भी ये बने, तथा कारागार में डाले गये। बाद में हैदर अली को अपनी भूल का तथा इनके निरपराध होने का पता चला, और ये कारागार से मुक्त किये गये। १७७३ ई० में इनका निधन हुआ।

इनके रूपकों में उर्वशीसार्वभौम ईहामृग कालिदास के विक्रमोर्वशीयम् पर आधारित है। सार्वभौम की उपाधि का प्रयोग इन्होंने पुरूरवा के लिये किया है। प्रधान वेंकप्पय ने अपनी कल्पनाशीलता से शतपथब्राह्मण में प्रोक्त पुराख्यान को प्रेम का त्रिकोण बना दिया है। इंद्र भी उर्वशी के प्रेम करता है, और वह यहाँ प्रतिनायक के रूप में अवतरित होता है। उर्वशी अपने कारण पुरूरवा तथा इंद्र के बीच संघर्ष होता देख कर खिन्न होती है और इंद्र से पुरूरवा का अहित न करने का अनुरोध करती है। नारायण ऋषि उर्वशी के पिता हैं, वे भी अपनी पुत्री के हित के लिये इस रूपक में सचेष्ट हैं और इंद्र को चेतावनी देते हैं। इंद्र उनसे भयभीत होते हुए भी उनकी उपेक्षा करता है। इंद्र माया और छल का आश्रय लेता है, वह उर्वशी के समक्ष पुरूरवा का रूप धारण कर के प्रकट हो जाता है और उसे उठा ले जा है। इससे पुरुरवा तथा उसके बीच युद्ध होता है। अंततः नारद जो अभी तक दोनों पक्षों को लड़ा-भिड़ा कर आनंद ले रहे थे, दोनों में सुलह कराने का प्रयास करते हैं। प्रधान वेंकप्प ने इंद्र की भूमिका को बदल कर एक साहसिक प्रयोग किया है। इंद्र के असमंजस, ऊहापोह तथा शठता का प्रभावशाली चित्रण उन्होंने किया है।

एकत्र नारायणमौनिभीतिः अन्यत्रकामाभिभवैकभीतिः।
आस्तामियं भीतिरियं त्वपारा जानाति चेत् सैव शपिष्यतीति।

(३.९)

प्रधान वेंकप्प की भाषा में अनुप्रासों की झंकार व आलंकारिक पदविन्यासों की मनोहारिता है। इंद्र के मनोद्वंद्व के चित्रण में ही कहते हैं—

मदन इह सकाण्डो बाधते मामकाण्डे मदयति हृदयं में कोकिला काकलीभिः।
मधुरपि किसलैः स्वैर्भीषयत्येव लोलैमरुदयमदयालुः किं करोतीति जाने।।

(३.११)

सीताकल्याण वीथी में प्रधान वेंकप्प ने रामायण से सीतास्वयंवर की कथा ली है। इस में एक अंक है, तथा राम के द्वारा शिव के धनुष तथा परशुराम के गर्व को तोड़ने का प्रसंग है। है। संवादों की ओजस्विता प्रभावशाली है, परंतु पद्यों की भरमार है। केवल एक ही अंक में ७१ श्लोक हैं। उर्वशीसार्वभौम के ही समान काव्यसौंदर्य आह्लादक है। यथा—

आरोपितं धनुरनेन सलीलमस्मिन्नारोपिता क्षितिभुवा च मधूकमाला।
आपूरितुं त्रिभुवनं निनदेन तस्य प्रापूरितो जनकराजमनोरथोऽपि।। ४२।।

वीरराघव व्यायोग में खर, दूषण आदि के साथ राम के युद्ध व उनके विनाश का वृत्तांत है। इस व्यायोग में वीर, भयानक तथा रौद्र रसों का परिपाक उत्तम हुआ है और संवादों की ओजस्विता तथा नाटकीयता आकर्षक है।

उर्वशीसार्वभौम की भाँति लक्ष्मीस्वयंवर समवकार में भी रूपककार ने अपनी कल्पना से नवीन प्रसंगों की अवतारणा की है। जिस प्रकार उर्वशीसार्वभौम में नारायण एक पिता की भूमिका का निर्वाह करते हैं वैसे ही यहाँ समुद्र लक्ष्मीके पिता के रूप में अपनी भूमिका निभाता है। नाटक के नामकरण के अनुरूप वह अपनी पुत्री लक्ष्मी के स्वयंवर की घोषणा करता है। इससे नाटककार को स्वयंवर का नाटकीय दृश्य अंकित करने का अवसर मिल जाता है। अंत में लक्ष्मी विष्णु के कंठ में वरमाला अर्पित करती हैं और नाटक समाप्त हो जाता है। रुक्मिणीमाधवांक को रूपककार ने उत्सृष्टिकांक कहा है, पर नाट्यशास्त्र में निरूपित उत्सृष्टिकांक के लक्षण का पालन यहाँ नहीं है।[४३] इसमें ईहामृग के लक्षण के अनुरूप रुक्मिणी के अपहरण का प्रसंग है। शिशुपाल रुक्मिणी को रथ पर ले कर जाते कृष्ण का पीछा करता है और उन्हें युद्ध के लिये ललकारता है। तुमुल युद्ध में शिशुपाल मुँह की खाता है और भाग निकलता है। रुक्मिणी और कृष्ण के विवाह के साथ रूपक की समाप्ति होती है। उर्वशीसार्वभौम के ही समान यहाँ भी नारदमुनि दोनों पक्षों के बीच वार्ताहर का काम करते हैं।

महेंद्रविजय डिम में समुद्रमंथन का वृत्तांत है। बृहस्पति का शुक्र से अपने को उनका छोटा भाई बता कर मिलना व समुद्र मंथन की योजना बनाना इसमें नई कल्पना है।

प्रधान वेंकप्प के कुक्षिंभर प्रहसन में कुक्षिंभर नामक बौद्ध भिक्षु के ढोंग का चित्रण है। इसमें बौद्ध भिक्षु का कापालिक, क्षपणक और शाक्त से हास्यास्पद संवाद भी है। कामकलिका नामक वारांगना को देख कर वह उस पर आसक्त हो जाता है। उसके वियोगसंताप का हास्यास्पद चित्रण प्रहसनकार ने किया है। कामविलास भाण में रंगपुर नगर में पल्लवशेखर नामक विट का वेशवाट में भ्रमण तथा वहाँ के लोगों का निर्मर्याद आचरण वर्णित है।

अठारहवीं शताब्दी के अन्य नाटक

उत्तरप्रदेश में व्रजभूमि के अंतर्गत रानेरनगरवास्तव्य शिव ने १७६३ई० में विवेकचंद्रोदय नाटक की रचना की। यह एक नव प्रयोगों से भरपूर नाटक है। इसमें धर्म, अधर्म, विवेक, अविवेक, विनय, दुर्विनय आदि प्रतीकात्मक पात्र भी हैं, तथा गर्भांक (नाटक के भीतर प्रदर्शित नाटक) में रुक्मिणी, श्रीकृष्ण, नारद आदि पात्रों के द्वारा रुक्मिणी के विवाह का प्रसंग अभिनीत कराया गया है। यह प्रसंग भी एक अंक तक सीमित न रह कर द्वितीय अंक से आरंभ हो कर तीसरे अंक तक जारी रहता है, तथा चतुर्थ अंक में तो कुंडिनपुर और द्वारका दोनों के दो अलग अलग दृश्य गर्भनाटक के भीतर दिखाये जाते हैं। नाटक में अन्विति का अभाव है। कदाचित् विचित्र नाटक की एक अलग ही विधा में इस तरह के नाटकों को रखा जा सकता है।

अनादिमिश्र ने मणिमाला नाटिका (१७५०ई०) तथा रासगोष्ठी नामक रूपक लिखे। मणिमाला नाटिका में उज्जयिनी का राजा शृंगारशृंग नायक है। अद्भुतभूति नामक योगी उसे पुष्करद्वीप की राजकुमारी के स्वप्न में दर्शन कराता है। नायक भूर्जपत्र पर स्वयं का चित्र बना कर विदूषक के द्वारा नायिका के पास भेजता है। इधर मणिमाला भी स्वप्न में शृंगारशृंग को देख चुकी है। उसका विवाह गंधर्वराज के साथ होने वाला है, सुसिद्धिसाधनी योगिनी उसे कनकनौका में बिठा कर उज्जयिनी ले आती है।

रासगोष्ठी गोष्ठी नामक उपरूपक के लक्षणों के अनुसार रची गयी है। इसमें श्रीकृष्ण, राधा तथा अन्य गोपियों के रास का निरूपण है।

देवराज का बालमार्तंडविजय नाटक अपने आश्रयदाता राजा बालमार्तंड के जीवनचरित पर आधारित है। देवराज राजा मार्तंड (१७२९-५८) तथा राजा राम वर्मा (१७५८-९८) इन दोनों राजाओं के आश्रय में रहे। राजा बालमार्तंड की तपोवृत्ति व त्याग का प्रभावशाली चित्रण नाटककार ने किया है। पद्मनाभ मंदिर के जीर्णोद्धार का वृत्तांत इतिहास के अछूते पक्ष का उद्घाटन करता है। राजा पद्मनाभ को अपना राज्य समर्पित कर उनके युवराज के रूप में शासन करते हैं। नाटक के अंतिम दृश्य में राजा के द्वारा कवियों व पंडितों के सम्मान का प्रसंग चित्रित है। इस नाटक में अनेक ऐतिहासिक तथ्य हैं, जिनमें अतिरंजना के साथ कल्पितवृत्त मिश्रित कर दिये गये हैं। नायक ने काक्कूर पर विजय प्राप्त की थी, नाटक में उसके उल्लेख के साथ उसे केरल राज्य पर भी विजयी बता दिया है। पप्पुतम्पि तथा रामन् तम्पि पर विजय,

डचों का पराभव आदि अनेक ऐतिहासिक घटनाएँ इस नाटक में सही हैं। नीलकंठ के नृत्योत्सव का वर्णन भी नयनाभिराम है -

गम्भीरनीरदमृदङ्गरवाभिरामं भृङ्गाङ्गनामधुरगीतकलासनाथम्।
विद्युत्प्रदीपकलिते विटपान्तरङ्गे नृत्तोत्सवं वितनुते ननु नीलकण्ठः।।

प्रद्युम्नविजय नाटक शंकर दीक्षित की रचना है। ये महाराष्ट्रीय ब्राह्मण थे। इनके पिता बालकृष्ण काशी में बस गये थे। इनके पितामह का नाम ढुंढिराज था। संभवतः ये वे ही ढुंढिराज हैं, जिन्होंने १७५०ई० के लगभग मुद्राराक्षसनाटक पर टीका लिखी। नाटक की प्रस्तावना में शंकर दीक्षित ने बताया है कि यह नाटक उन्हें पिता बालकृष्ण ने अर्पित किया है। इसके आधार पर राम जी उपाध्याय इसे पिता और पुत्र की संयुक्त कृति मानते हैं।

प्रद्युम्नविजय के अतिरिक्त शंकरदीक्षित ने शारदातिलक भाण, गंगावतार चंपू तथा शंकरचेतोविलास चंपू की रचना भी थी। इस नाटक का अभिनय राजा छत्रसाल के पौत्र तथा हृदयशाह के पुत्र सभासिंह के राज्याभिषेक के अवसर पर हुआ था। नाटक के प्रारंभ में वज्रनाभ के अत्याचारों तथा इंद्र के साथ उसके विवाद का वर्णन है। इंद्र और वज्रनाभ कश्यप ऋषि के पास जाते हैं तथा उनके समझाने पर वज्रनाभ इंद्र से समझौता कर लेता है।

श्रीकृष्ण वज्रनाभ की पुत्री प्रभावती से अपने पुत्र प्रद्युम्न का विवाह करना चाहते हैं। वज्रनाभ स्वयं इस विवाह में बाधक है। कृष्ण प्रद्युम्न, गद और सांब को नटों के वेष में वज्रनाभ के नगर भेज देते हैं। प्रद्युम्न प्रभावती से गांधर्व विवाह कर लेता है तथा सांब और गद भी प्रभावती की बहनों के साथ विवाह रचा लेते हैं। वज्रनाभ कुपित हो कर प्रद्युम्न का वध करने पर उतारू हो जाता है, तब कृष्ण उसके नगर पर आक्रमण करते हैं और सबका वध कर देते हैं।

नाटक में हंस तथा हंसिनी को पात्र के रूप में अवतरित कराया गया है। प्रद्युम्न भ्रमर बन कर प्रभावती के कान में खोंसे कमल पर जा बैठता है।

शारदातिलक भाण में रसिकशेखर नामक विट कोलाहलपुर नगर के वेशवाट में भ्रमण करता हुआ चित्रित किया गया है। वानरों की परस्पर क्रीडा का वर्णन भी विट के द्वारा यहाँ भाणकार ने करा दिया है।

कृष्णदत्त का सांद्रकुतूहल प्रहसन लीक से हट कर रचा गया एक विचित्र प्रहसन है। इस की प्रस्तावना में नाटककार ने इसका रचनाकाल १८०९ विक्रमाब्द (१७५२ई०) बताया है। इसमें चार अंकों में अनेक कौतुकों का वर्णन है। पहले अंक में पद्माकर अपने पुत्र दिवाकर को कृष्णभक्ति की महिमा तथा वृंदावन की विशेषता बताते हैं। कृष्णभक्ति के रससागर में डूब कर कवि ने यहाँ नन्दनाष्टक का गान संवादों में करा दिया है। द्वितीय अंक में प्रभाकर और उनके पुत्र क्षपाकर का संवाद है। प्रभाकर विभिन्न देवों के माहात्म्य का वर्णन करतेहुए शिव के चरित्र का विशेष बखान करते हैं, तथा अनेक चित्रकाव्य इस प्रसंग में उद्धृत करते जाते हैं। तीसरे

अंक में दिवाकर का अपने पुत्र गुहाकर के साथ संवाद है। इसमें दिवाकर ने स्मार्त, वैष्णव व पाशुपत संप्रदायों की निन्दा करते हुए नारी को ही संसार का सार बताया है तथा गार्हस्थ, प्रेम और सुरतसुख का ही वर्णन अपने पुत्र के समक्ष कर दिया है। नाटककार ने शालीनता की सीमाएँ लाँघते हुए दिवाकर की प्रेयसी कुसुमकलिका को इस अवसर पर उपस्थित करा दिया है। जब दिवाकर रसिकता के साथ उसके रूप का वर्णन करने लगता है तो पुत्र ही पिता पर आक्षेप कर देता है

आसदः समक्षं प्राकृतपुरुषेणाप्यवाच्यवादान् वदन् निर्लज्ज इव कुतो न वार्धके लज्जसे?

चौथे अंक में दोषाकार और उनके पुत्र सुधाकर का जीवन-चरित और नीलपाद तथा कर्कशा के विवाह की कथा है। यह पूरा अंक एक प्रहसन बन गया है, जिसमें पिता पुत्र को राजा के कोषाध्यक्ष के पास धन की कामना से भेजता है, पर राजसभा की रीति को अलग ही है। पुत्र निराशा के साथ लौट कर बताता है—

रीतयोऽन्याः प्रदृश्यन्ते राजद्वारेऽत्र नूतनाः।
नटा विटाश्च पूज्यन्ते न विद्वांसो महाजनाः।।

अगत्या पिता सूचीवक्त्र नामक अपने उपपुत्र को बुलवाता है, जो अपनी पत्नी कल्पवल्ली के साथ भाँडों की कला का निर्वाह करना जानता है। सूचीवक्त्र कलियुग की रीति बताता है

पाषण्डानृतभण्डगायनपरस्त्रीवञ्चने स्तेयता
कौटिल्यौषधियन्त्रमन्त्रपरता द्यूतेन्द्रजालानि च।
पाशाक्षेपगरप्रदानहननद्वैजिह्व्यधातुक्रिया
नैतान् विन्दति हन्त यः कलियुगे तज्जीविकाशा कुतः।।

(४.७)

(पाखंड, झूठ, भाँडों का गान, परस्त्रीवंचना, चोरी, कुटिलता, औषधि, यंत्रमंत्र, जुआ, जादू, पाँसे फैंकना, जहर देना, हत्या, चुगली, धातुक्रिया – इनको जो नहीं जानता, कलियुग में उसके लिये जीविका की आशा कहाँ से हो सकती है?)

इसके बाद अनेक हास्यास्पद व विचित्र घटनाएँ घटित होती हैं।

कृष्णदत्त ने बाईस सर्गों में राधारहस्य काव्य का भी प्रणयन किया।

कृष्णदत्त मैथिल ने पुरंजनचरित तथा कुवलयाश्वीय इन दो नाटकों के अतिरिक्त गीतगोपीपतिः तथा चंडिकाचरितमहाकाव्य की रचना भी की। पुरंजनचरित का रचनाकाल १७७५ई० के आसपास तथा कुवलयाश्वीय १७५०ई० के आसपास है। इसमें मदालसा और कुवलयाश्व के विवाह की कथा है।

शंकरदेव के अंकिया नाट की परम्परा में कविचंद्र द्विज ने कामकुमारहरण नाटक की रचना की। कविचंद्रद्विज अठारहवीं शताब्दी में आहोम राजा शिवसिंह (१७१४-४४ ई०) के

आश्रय में रहे। कामकुमारहरण उषा और अनिरुद्ध की प्रणयकथा पर आधारित छह अंकों का नाटक है। इसमें सारे संवाद संस्कृत में हैं, पर गीत संस्कृत की अपेक्षा अधिक संख्या में संस्कृतनिष्ठ असमिया भाषा में हैं। एक उदाहरण देखें—

हा प्राणेश्वर सर्वांगसुंदर नाहि पटंतर यदुवीरवर।
विधियो लिखइले तोमार हेन वेलाय।
अतिशुभनय मदनतनय गहनआशय सर्वगुणालय
तवु दुख देखि किस पुराण नेयाय।।

लोकनाट्य की परंपरा के अनुरूप संवादों में स्पष्ट कथन, आक्षेप-प्रत्याक्षेप, अशिष्टता और अश्लीलता की सीमा तक अपशब्दबहुलता है। उषा की सखी त्रिभंगी दैवज्ञ से कहती है – अरे अरे लम्पट, स्त्रीपराधीन, जगद्धण्डक, तव सर्वदा स्त्रीसंग एव रतिः।' उषा तो इस दैवज्ञ का नासिकाच्छेदन करा डालने की धमकी दे देती है तथा अपनी सखी से परिहास में वह कहती है— 'किं वा पूर्वं स्वयमुपभुज्य पश्चाद् मयि निवेदयिष्यसि? – क्या अनिरुद्ध का उपभोग स्वयं पहले कर बाद में उसे मुझे दोगी?

विद्यावागीश के द्वारा विरचित श्रीकृष्णप्रयाण नाटक भी अंकियानाट के रंगमंच के लिये प्रणीत है। विद्यावागीश राजा प्रमत्तसिंह (१७४४-५१) के समकालीन थे। इसमें भास के दूतवाक्यम् के समान श्रीकृष्ण के कौरवसभा में शांतिदूत बन कर जाने का प्रसंग चित्रित है। श्रीकांतगणक का श्रीकृष्णजन्मरहस्य तथा मिथिला के कर्णजयानंद का रुक्मांगद भी कीर्तनिया शैली में वैष्णवभक्तिभाव से प्रेरित नाट्यरचना है।

विघ्नेशजन्मोदय भी अंकियानाट शैली में निबद्ध है. इसके प्रणेता गौरीकांत द्विज हैं। ये आसाम के राजा राजा कामेश्वरसिंह (१७९५-१८१० ई०) के द्वारा सम्मानित थे। विघ्नेशजन्मोदय ब्रह्मवैवर्तपुराण से प्रेरित है। इसमें तीन अंकों में शिवपार्वती की प्रणयक्रीडा तथा गणेश के जन्म की अलौकिक घटना का चित्रण है।

शृंगारसर्वस्व भाण के रचयिता अनंतनारायण ने जामोरिन मानविक्रम तथा केरल के राम वर्मा से सम्मान प्राप्त किया। इस भाण की रचना १७४३ ई० के आसपास हुई। शृंगारसुंदरभाण केरल के ईश्वर शर्मा ने इसी काल में लिखा।

ऐतिहासिक नाटकों में एक महत्त्वपूर्ण रचना अज्ञातकर्तृक रामविजय नाटक है। इसके नायक राजवल्लभ का प्रादुर्भाव १७०७ई० में बंगाल में हुआ। इसने अपने गाँव बीलदा को राजनगर के रूप में प्रतिष्ठित किया।

वसुलक्ष्मीकल्याण तथा लक्ष्मीकल्याण नाटकों के रचयिता सदाशिव दीक्षित कार्तिक तिरुनाल रामवर्मा (१७५८-९९) की सभा में कविराज के रूप में प्रतिष्ठित रहे। इन्होंने प्रतापरुद्रयशोभूषण के आदर्श पर रामवर्मयशोभूषण नामक ग्रंथ का भी प्रणयन किया, संपूर्ण वसुमतीकल्याण नाटक इसी ग्रंथ के नाटकविषयक अध्याय में उदाहरणस्वरूप समाविष्ट है।

वसुमतीकल्याण में नायिका वसुलक्ष्मी राजा बालवर्मा से विवाह करना चाहती है, जब कि उसकी माता उसका विवाह अपने भाई से कराने के लिये उसे सिंहल द्वीप रवाना कर देती है। योगिनी बोधिका उसे अपने प्रिय से मिलाने के लिये अपनी योगसिद्धियों का प्रयोग करती है। बालवर्मा की रानी वसुमती वसुलक्ष्मी का विवाह पांड्यनरेश से कराने के लिये योजना बनाती है। लक्ष्मीकल्याण नाटक में लक्ष्मी के वंचिनरेश रामवर्मा की कन्या के रूप में पृथ्वी पर अवतार लेने और पद्मनाभ से उनके विवाह का प्रसंग निरूपित है। इसमें तपोनिरत कुमारी लक्ष्मी की परीक्षा लेने के लिये पद्मनाभ का वृद्ध तपस्वी के रूप में प्रवेश कालिदास के कुमारसंभव से प्रेरित है।

वसुलक्ष्मीकल्याण नाम से ही एक नाटक वेंकटसुब्रह्मण्याध्वरी ने भी लिखा। ये भी रामवर्मा की राजसभा में सम्मानित थे। इसमें वसुलक्ष्मी सिंधुराज वसुनिधि की पुत्री है।

लक्ष्मीनृसिंह के पुत्र हरियज्वा ने १७८५ई० के आसपास विवेकमिहिर नामक प्रतीक नाटक की रचना की। मोह, काम, क्रोध आदि इसमें प्रतीक पात्र हैं। समाज के अध:पतन का चित्रण करते हुए नाटककार ने दिखाया है कि किस प्रकार विद्याध्ययन कर के विद्वज्जन भी अर्थलोलुप हो गये हैं। नाटककार ने अनेक नीतिपरक सुभाषित महाभारत आदि प्राचीन ग्रंथों से अपने संवादों में गूँथ दिये हैं।

मैसूर के राजा बोडेयार द्वितीय (१७३२-१७६०) तथा चामराज बोडेयार (१७६०-१७७६) के द्वारा सम्मानित अहोबिल नृसिंह ने नलविलास नाटक की रचना की। इसमें छह अंक हैं। मैसूर में रह कर ही रघुनाथ सूरि ने प्राभावत नाटक लिखा।

अठारहवीं शताब्दी के अंत में नवद्वीप के राजा ईश्वरचंद्रराय के सभापंडित वैद्यनाथ वाचस्पति भट्टाचार्य ने चित्रयज्ञ नाटक की रचना की। इसमें सतीदाह तथा दक्षयज्ञ के ध्वंस का वृत्तांत है। कीर्तनिया नाटक के अनुरूप नारद के द्वारा शिव की स्तुति का गायन कराया गया है।

उत्तररामचरित तथा महावीरचरित के टीकाकार वीरराघव ने मलयजाकल्याणनाटिका का प्रणयन किया। इसका नायक देवराज मलयपर्वत पर मृगया के लिये जाता है जहाँ से मलयजा के दर्शन होते हैं। उधर यवनों का उसके देश पर आक्रमण हो जाता है। अंत में नायक अपनी प्रेयसी को पाने में भी सफल होता है तथा शत्रु भी पराभूत होते हैं।

नरसिंहमिश्र का शिवनारायणभंजमहोदय, नीलकंठ का भंजमहोदय तथा गुजरात के जगन्नाथ का भाग्यमहोदय लीक से हट कर रची गई नाट्यकृतियाँ हैं। नीलकंठ कृत भंजमहोदय में केंओंझर के राजाओं की वंशावली का विवरण है। अनेक महत्त्वपूर्ण ऐतिहासिक सूचनाएँ इस नाटक में दी गईं हैं। शिवनारायणभंजमहोदय में केंओंझर के राजा शिवनारायणभंज के उपदेश हैं। इसका विभाजन अंकों के स्थान पर लोकों में किया गया है। इसमें पाँच लोक हैं। भाग्यमहोदय का रचनाकाल १७९५ई० है। इसमें छन्द:शास्त्र के पारिभाषिक शब्दों – यगण, मगण, रगण आदि को को पात्र बनाया गया है।

दीनद्विज का शंखचूडवध भी इसी समय लिखा गया। यह भी ब्रह्मवैवर्तपुराण में प्रोक्त कथा पर आधारित है।

अठारहवीं शताब्दी के पूर्वार्ध में श्रीधर ने लक्ष्मीदेवनारायणीय की रचना की। श्रीधर अम्पलप्पुल के शासक देवनारायण के आश्रय में रहे। लक्ष्मीदेवनारायणीय देवनारायण के द्वारा आयोजित की गई विचित्रयात्रा के अवसर पर अभिनय के लिये नाटककार ने अपने आश्रयदाता के निर्देशानुसार लिखा। अपने आश्रययदाता के प्रति विनय व चाटूक्ति में श्रीधर ने अतिशय दैन्य व प्रशस्तिपरकता प्रदर्शित की है, सूत्रधार के मुख से प्रस्तावना में वह कहलवाता है – करुणाकूपारकूलङ्कषविलोचनदेवनारायणमोदजलधिवीचीकणमिलितवपुषः- इत्यादि।

इस नाटक में पाँच अंकों में नंदनपुर के दिनराज और छाया की पुत्री लक्ष्मी और राजा देवनारायण के परिणय की कथा नाटककार ने प्रस्तुत की है। कथानक में प्रेमकथाओं की प्रचलित और घिसीपिटी रूढियों का प्रयोग किया गया है। नायक नायिका का चित्र देख कर कामसंतप्त हो उठता है,नायिका नायक का चित्र देख कर प्रेमातुर होती है, सखी के हाथ से मदनलेख भेजती है। राक्षसराज नायिका का अपहरण करता है, वह वनगज बन कर त्रास उत्पन्न करता है। नायक विक्रमोर्वशीयम् के पुरूरवा की भाँति विरहाकुल हो कर मानवेतर पदार्थों से नायिका का संकेत पूछता हुआ बावला हो कर भ्रमण करता है। खलनायक राक्षस का नायक के द्वारा वध और नायिका से मिलन के साथ नाटक समाप्त होता है।

नंजराज (१७३९-५९) के आश्रित नृसिंह कवि ने चंद्रलेखाकल्याण नाटक लिखा था, जो स्वतंत्र रूप से प्राप्त नहीं होता, पर संपूर्ण नाटक नृसिंह के ही नंजराजयशोभूषण ग्रंथ में प्रदत्त उद्धरणों में समाविष्ट है। नृसिंह कवि ने शिवदयासहस्रकाव्य की रचना भी की थी। नाटक में नायक नंजराज तथा कुंतलदेश की राजकुमारी चंद्रकला की प्रेमकथा है। राजा नंजराज नायिका को कामदेव के रूप में दिखते हैं, और वह उन्हें काम की प्रतिमा मानकर पूजा करती है। यह प्रसंग श्रीहर्ष की रत्नावली के प्रेरित है। विदूषक नायक को नायिका से मिलाने के प्रयास में स्त्री का वेष धारण कर लेता है। नाटक के अंत में चंद्रकला का स्वयंवर होता है, जिसमें वह नंजराज का वरण करती है।

१७वीं-१८वीं शताब्दी के लगभग लोकानाथाध्वरिन् ने कन्दर्पदर्पणभाण की रचना की जो श्रीरंगम् में रंगनाथ की यात्रा में प्रस्तुत हुआ।

कांची निवासी अभिनवकालिदास या कलियुगकालिदास ने शृंगारकोश अथवा शृंगारशेखरभाण की रचना की। इनके पुत्र श्रीकंठ ने कन्दर्पदर्पदलनभाण लिखा।

नरसिंह ने बाण की कांदबरी को नाट्यरूप देते हुए कादंबरीकल्याण नाटक की रचना की। इसमें आठ अंक हैं। पाँचवें अंक में गर्भांक का भी प्रयोग किया है। काव्यात्मक समृद्धि की दृष्टि से यह नाटक एक प्रभावशाली रचना है।

अठारहवीं शताब्दी के अन्य रूपकों में कृष्णानंद भट्टाचार्य की आनंदलतिका १७१५ई० के आसपास रचित है। इसमें पाँच कुसुम (अंक) हैं, तथा सांब और रेवा के प्रेम तथा परिणय का कथानक है। कृष्णानंद भट्टाचार्य राजा रघुनाथ राय (१७१५-२८) के आश्रय में रहे तथा इन्होंने १७२३ई० में पदांकदूत नामक दूतकाव्य की रचना भी की।

द्वारकानाथ ने गोविंदवल्लभनाटक की रचना १७२५ई० के आसपास की। यह नाटक गीतगोविंद व चैतन्यमहाप्रभु के कर्तृत्व से अभिभावित है। गीतों की सरसता तथा मधुर झंकार सारे नाटक में गुंजित है। राधा व कृष्ण का नाव से नदी पार करने का दृश्य भावपूर्ण है, जिसमें राधा गाती हैं

पारय नो हे नाविकवर
दुस्तरतरणिसुतामतिसुन्दर शरणहरे यदुवीर।

कृष्ण के नाव खेने पर सभी गोपियाँ गाती हैं—

चालयतीह तरिं वनमाली करचरचलताडनातिलाघनातिशाली।

व्रज के भक्तिकाव्य की छायाएं तथा गीतों की गूंजें भी इस तरह की नाट्यकृतियों में देखीं सुनी जा सकती हैं। गोदोहन का दृश्य है

गामिह गोकुलचन्द्रो दोग्धि।
पयः स्वयमथ सुखोदधिमध्याध्यस्तशरीराम्।
सक्रममीरितवंशविभूषणपूर्णपयःस्तनभाराम्।। इत्यादि

अठारहवीं शताब्दी के प्रथम चरण में नैयायिक नृसिंह के द्वारा अनुमितिपरिणय नाटक लिखा गया। इस नाटक का नायक न्यायरसिक है, उसकी पहली पत्नी साक्षात्कारिणी है, अनुमिति से उसके प्रणय व परिणय की कथा नाटककार ने पिरोई है।

प्रमुदितगोविंद की रचना उत्कलप्रदेश के कवि सदाशिव ने की। इस नाटक में दुर्वासा के शाप से इंद्र की महिमा के नाश, ब्रह्मा के परामर्श से देवताओं के द्वारा समुद्रमंथन करने का प्रयास तथा समुद्रमंथन से प्राप्त चौदह रत्नों के क्रम में लक्ष्मी के द्वारा विष्णु के वरण की कथा निरूपित है। नाट्यनिर्देश लंबे लंबे तथा वर्णनात्मक हैं। कतिपय नवीन कल्पनाएँ नाटककार ने की हैं, जो लोकनाट्यपरंपरा में निर्मित होने वाली झाँकियों की नयनाभिराम छवियाँ उजागर करती हैं। जैसे मंदर पर्वत का इंद्र का विवाह देखने के लिये प्रकट होना, विष्णु का उसे समुद्र तट कर स्थापित करना और उसका अदृश्य हो जाना। लक्ष्मी का प्रवेश झाँकी परंपरा के अनुसार ही नाटककार के अभिनीत प्रतीत होता है, जिसमें लक्ष्मी मंच पर उपस्थित हो कर भी कोई संवाद नहीं बोलतीं।

तमिलनाडु के अर्काट जनपद के निवासी वेंकटवरद ने रामानुज की परंपरा के आचार्यों के कुल में जन्म लिया। इनके प्रपितामह श्रीनिवासाचार्य,[४४] पितामह वरदाचार्य तथा पिता अप्पलाचार्य थे।

वेंकटवरद ने श्रीकृष्णविजय डिम की रचना की। श्रीनिवासचरित्र, श्रीनिवासकुलाब्धिचंद्रिका, श्रीनिवासामृतार्णव, श्रीदिव्यदम्पतिवरस्तव, अत्रिकामकरूप, कल्पवल्ली – इतनी इनकी अन्य रचनाएँ हैं। श्रीकृष्णविजय डिम में अंकों के स्थान पर यवनिकांतर हैं, तथा अंतिम पंचम यवनिकांतर अपूर्ण मिलता है। विष्कंभक और प्रवेशकों का प्रयोग नाटककार ने किया है, जो डिम के लक्षण के अनुसार नहीं है। इस में अर्जुन के द्वारा सुभद्रा का अपहरण तथा उसके विवाह की कथानक है। नाट्यनिर्देश वर्णनात्मक तथा कहीं कहीं पद्यात्मक हैं, जिनमें नायिका का रूपवर्णन तक नाटककार ने कर दिया है।[४५]

रमापति उपाध्याय ने दरभंगानरेश नरेंद्रसिंह (१७४४-१७६१ई०) के आश्रय में रह कर रुक्मिणीपरिणय नाटक लिखा। यह नाटक कीर्तनिया शैली में रचा गया है, तथा संस्कृत संवादों व पद्यों के साथ इसमें मैथिलीगीतों की मनोहारी छटा है। इसमें रुक्मिणी के स्थान पर उसके पिता राजा भीष्मक श्रीकृष्ण को अपनी कन्या का वरण करने के लिये पत्र भेजते हैं। पत्र में संदेश है—

देव्या मया च मनसा परिकल्पितोऽसौ पाणिग्रहे यदुपतिर्दुहितुष्पतिर्मे।
भूयादथाशुभमतिः शिशुरेष भूयः प्रत्यूहमाचरति किं करणीयमत्र।।

(२.६)

रुक्मिणी श्रीकृष्ण के विरह में गीत गाती है—

अमिअकिरन शशि सुनिय सजनी सेहओ बरिस बिखधार।
दखिन पवन तह तनु दह सजनी मलयज परस अंगार।।

आसाम में दार्शनिक, संत, कवि और नाट्यकार राजा शंकरदेव (१४४९-१५६८ ई०) ने अंकीया नाट नामक रंगमंच के एक नये प्रस्थान को जन्म दिया। इसमें नाट्यशास्त्र और संस्कृत रंगमंच की परम्परा का लोकनाट्य तथा कथागायन की शैली के साथ समागम हुआ है। शंकरदेव ने स्वयं भी इस रंगमंच के लिए नाटक लिखे। शंकरदेव तथा उनके शिष्य माधवदेव के ब्रजभाषा में लिखे छह नाटक मिलते हैं। इन नाटकों में सूत्रधार आद्यंत रंगमंच पर उपस्थित रहता है और वह मंच पर चल रही लीला या प्रसंग की व्याख्या करता चलता है। राग और ताल में निबद्ध गीतों की प्रचुरता इन नाटकों की दूसरी बड़ी विशेषता है। गीतों के साथ रागों और तालों का निर्देश भी रहता है।

ब्रह्मज्ञ वैद्यनाथ का भैरवविलास प्रेक्षणक तांत्रिक अनुष्ठानों पर आधारित है। इसमें दभ्रभक्त नामक गृहस्थ तांत्रिक भैरव के कहने में आकर अपने बालक की बलि उसे चढ़ा देता है।

रामकृष्णमाचार्य ने अठारहवीं शती में रचे गये अट्ठाईस भाणों का विवरण अपने ग्रंथ में दिया है।

सत्रहवीं शताब्दी के अंतिम चरण में जन्मे वैद्यनाथ की श्रीकृष्णलीलानाटिका अठारहवीं

शताब्दी के प्रथमचरण में लिखी गई। इस नाटिका में राधा और कृष्ण तथा व्रजनंदन और चंद्रप्रभा का परिणय निरूपित है।

बंगाल में हुगली जिले के अंतर्गत लंतपुर ग्राम में जन्मे भारतचंद्रराय (१७१२-१७६०) का चंडीनाटक कीर्तनिया शैली में लिखा गया है। संस्कृत के साथ इसमें तीन अन्य भाषाएं प्रयुक्त हैं – हिंदी, बंगला और व्रज।

गंगाधर कविराज (१७९८-१८८५) का जन्म वर्तमान बांग्लादेश के जेस्सोर जिले में मागुर नामक ग्राम में हुआ। ये विविधशास्त्रों के पारंगत पंडित थे, तथा आयुर्वेद में इनका असाधारण अधिकार था। ऋता चट्टोपाध्याय ने इनकी ७४ कृतियों का विवरण दिया है।[४६] आयुर्वेद पर इन्होंने जल्पकल्पतरु, भास्करोदय:, नाडीविज्ञानम् आदि ग्रंथ लिखे हैं। हृदयम्, पर्यायबंध, राजविजयम् (विशेषक), उमाविनायकीयम् (कुलक) विध्युपदेश काव्य इनकी लघुकाव्य कृतियाँ हैं। दुर्गावध इनका महाकाव्य है। रामायणमहानाटक तथा तारावती स्वयंवर ये दो इनकी नाट्यकृतियाँ हैं।

श्रीनिवास ने अभिज्ञानशाकुंतल पर अपनी टीका में अपने नाटक नैषधानंद से कतिपय उद्धरण दिये हैं।

जीवराम याज्ञिक ने १८४५ई० के लगभग मुरारिविजय नाटक की रचना की। इस नाटकमें पाँच अंकों में श्रीकृष्णचरित प्रस्तुत किया गया है। इसी नाम से नृसिंह के पुत्र कृष्ण भट्ट का भी नाटक है।

रामानंदार्य ने राजा प्रतापरुद्र के आदेश से १८४०ई० के लगभग जगन्नाथवल्लभ नाटक की रचना की।

विप्रविडंबन नाटक (अप्रकाशित) के प्रणेता सदानंद व्यास हैं। इस नाटक में मुगल साम्राज्य में ब्राह्मणों की दुर्दशा का चित्रण किया गया है। संस्कृत के साथ प्राकृत, गुजराती, मराठी और उर्दू भाषाओं में इसके पात्र बातचीत करते हैं। स्त्री पात्र गुजराती तथा प्राकृत में बोलते हैं, पंडित तथा ब्राह्मण संस्कृत में। मुगल सरदार अपने बेटे के विवाह के लिये किस प्रकार जनता से धन वसूलता है इसका यथार्थ शैली में चित्रण नाटककार ने किया है। प्रथम अंक में विभिन्न पात्र ब्राह्मणों को दिये जा रहे त्रास व उसके निवारण पर चर्चा करते हैं। द्वितीय अंक में एक मार्जनीकार (झाड़ू लगाने वाला अंत्यज) तथा दौवारिक प्रवेश करते हैं, जिसके पश्चात् नवाबशाह के समक्ष एक विप्र विप्रविडंबन नाटक की प्रति ले कर ब्राह्मणों का त्रास निवारण करने हेतु प्रार्थना करता है। तृतीय अंक में गोविंद व्यास तथा त्रिविक्रम भट्ट का संवाद है। दोनों अपनी अपनी प्रशंसा करते हैं। शास्त्रचर्चा तथा योग, मीमांसा, न्याय आदि दर्शनों के सिद्धांतों के विवेचन के साथ यह अंक समाप्त होता है। चतुर्थ अंक में शिवभट्ट संन्यासी तथा भगवान का वार्तालाप है। संन्यासी बताता है कि उसने गार्हस्थ्य में प्रचुर धन एकत्र कर रखा था, पर राजा के भय से उसे छिपा कर संन्यासी बन कर धर्मशाला में निवास कर रहा

है। तभी उसके पुत्र के साथ दयाराम व्यास आता है। इसके आगे ब्राह्मणों से द्रव्य छीनने और उन्हें बंधन में रखने के दृश्य हैं। अंतिम षष्ठ अंक में कर्मचंद आ कर बताता है कि सम्राट् ने ब्राह्मणों को छोड़ने और उन्हें न सताने के आदेश दिये हैं।

पाँच भाषाओं पर नाटककार ने असाधारण अधिकार प्रकट किया है। संस्कृत के संवादों में नये मुहावरों का आकर्षक प्रयोग है। वाक्यावली क्षेत्रीय वाक्यसंरचना से प्रभावित है। जैसे

मशकवसया तटाकपूरणम्, कार्यं विचार्य विधेयं यथा कलकलो न भवति।
पुनः पुनः मार्जनेन घृष्टो हस्तः। दारान् दत्वा ग्रामसर्वस्वं हृत्वा रञ्जनीयो राजा यथाऽस्माकं पदस्थितिः दृढ़ा स्यात्।

इस नाटक की प्रति नाडियाड के पुस्तकालय में प्राप्त हुई है। नाटक का रचनाकाल अज्ञात है।[४७]

इंद्रियसंवाद एक प्रतीकात्मक नाटक है। इस नाटक के प्रणेता गुजरात के कुंजला नगर के निवासी गोविंद जी रामजी भट्ट हैं। इसकी रचना संवत् १८६९ (१८१३ ई०) में भावनगर के राजा विजयसिंह की प्रीत्यर्थ हुई। जीव इस नाटक का मुख्य पात्र है। बुद्धि, श्रवण (कान), नेत्र, विद्या, कविता, भावसिंह (भाव), विचार, विजयसिंह (विजय) आदि अन्य पात्र हैं। जीव अपने दारिद्र्य को ले कर खिन्न है। विचार और बुद्धि उसे समझाते हैं। बुद्धि कहती है—

सुमित्रे सुगुणे भृत्ये कलत्रे वानुवर्तिनि।
शक्ते स्वामिनि वा दुःखं निवेद्य च सुखी भवेत्।।

(१. १४)

इस विमर्श में नाटककार का संदेश है—

प्रपतन्ति विपद्युत्तमा बहुधा नैव समुद्यमक्षमाः।
अणुजीवचयो हि दह्यते दवदाहे न पतत्रिणां गणाः।।

(१.२३)

तथा

तिलसङ्गतमपि तैलं नो लभ्यं पीडनेन बिना
बहुधा पीडनतोऽपि हि लभते न कदापि तैलं सिकताभ्यः।।

(१.२८)

भावनगरनरेश विजयसिंह की नाटक में विस्तार से प्रशस्ति की गई है। भावनगर के इतिहास तथा तत्कालीन परिस्थितयों का भी विवरण नाटककार ने इस कृति में दिया है।

भावनगर से ही संबंधित एक अन्य नाटक भाग्यमहोदय है। इसके रचयिता जगन्नाथ कवि हैं। इनका जन्म १७५८ में सौराष्ट्र के नानीबोरु ग्राम में हुआ। भावनगर के राजा बखतसिंह को ही भाग्यसिंह का नाम देकर इन्होंने इसके जीवनचरित व अवदान को इस नाटक में प्रस्तुत

किया है। कविता व नाट्य में दक्ष होने के अतिरिक्त जगन्नाथ चित्र, मूर्ति, संगीत आदि कलाओं में भी निपुण थे। ये गुजरात से चल कर पुणे में नाना फणनवीस से दरबार में भी गये थे, जहाँ नाना फणनवीस ने इनका बहुत सम्मान किया। वृद्धवंशवर्णन इनका भावनगर के ही इतिहास से संबद्ध अन्य काव्य है।

वीरकेरलवर्मा (१७६६-१८२८) कोच्चि के शासक राम वर्मा के अनुज थे। इन्होंने १८०९ से१८२८ की अवधि में कोच्चि पर राज्य किया। इन्होंने कथकलि के लिये अनेक आट्टकथाओं की रचना की। ये आट्टकथाएँ अभिनेय नाटकों के में जोड़े जाने वाले गीतों के रूप में हैं। गीतों के साथ राग व ताल का निर्देश दिया गया है।

उपसंहार

इस अध्याय में ग्यारहवीं शताब्दी से अठारहवीं शताब्दी तक के जिन नाटकों का परिचय दिया गया है, उनमें चमत्कारप्रदर्शन की प्रवृत्ति कम हुई तथा भाषा की सरलता और विषयवस्तु को बोधगम्य बनाने पर रचनाकारों ने अधिक ध्यान दिया। अपभ्रंश या अवहट्ट भाषाओं के प्रयोग निम्न श्रेणी के पात्रों के संवादों में किया गया अथवा इन भाषाओं में लोकगीत इन नाटकों में जोड़े गये। लीलानाट्य तथा कीर्तनिया शैली का प्रभाव भी इन नाटकों पर पड़ा। संगीतनाटक की नयी विधा इस काल में लोकप्रिय हुई व्यायोग, समवकार, डिम जैसे रूपकप्रकार प्रायः नहीं लिखे गये, पर भाणों और प्रहसनों ने अपूर्व लोकप्रियता प्राप्त की। दूसरी ओर कृष्ण मिश्र के प्रबोधचंद्रोदय के द्वारा प्रतीक नाटकों की परम्परा अनेक रूपों में विकसित होती रही। पशु-पक्षियों या वृक्ष-वनस्पतियों को पात्र बना कर नाटक-रचना करने की नई प्रवृत्ति इस काल में विकसित हुई। इस समय देश के उत्तर-पूर्वी क्षेत्र में लिखे गये साहित्य पर वैष्णवभक्ति आंदोलन और चैतन्य का गहरा प्रभाव परिलक्षित होता है। नाट्य साहित्य भी इससे अछूता नहीं रहा। लीला-नाट्य तथा हरिकथागायन की शैली ने नाटकों की संरचना को प्रभावित किया। प्रकरण तथा प्रहसन – इन दो रूपकप्रकारों के अंतर्गत बहुसंख्य नाट्यकृतियाँ इस अवधि में प्रस्तुत हुईं, जिनमें मध्यवर्गीय भारतीय समाज के अछूते चित्र अंकित किये गये। लीलानाट्य तथा प्रतीक नाटकों के द्वारा संस्कृत नाटक का नये रूपों में विकास हुआ। इस काल में संस्कृत नाटक लोक रंगमंच के और निकट आता गया। प्रयोगशीलता की दृष्टि से भी यह संस्कृत नाटक का बड़ा उर्वर काल है।

सन्दर्भ

१. संस्कृत में व्यायोग – सोमा शर्मा, निर्माण प्रकाशन, दिल्ली, १९९२, पृ० ७१

२. अदय दशसि किं त्वं बिम्बबुद्ध्याऽधरं मे
भव चपल निराशः पक्वजम्बूफलानाम्।
इति दयितमवेत्य द्वारदेशाप्तमन्या

निगदति शुकमुच्चैः कान्तदन्तक्षतौष्ठी॥
निर्याते दयिते गृहे विशयने निर्माल्यमाल्ये हृते
प्राप्ते प्रातरसह्यरागिणि परे वारावहारेऽन्यथा।
द्वारालीनविलोचना व्यसनिनी सप्ताहमेकाकिनी
त्युत्त्वा नीविविकर्षणैः स चरणाघातैरशोकीकृतः॥

३. यह पद्य जल्हण की सूक्तिमुक्तावली (८९.११) में भी उद्धृत है।

४. तुलसीदास ने इस से प्रेरणा ले कर लिखा है –
भूप सहसदस एकहि बारा
लगे उठावन टरै न टारा॥
डिगै न संभु सरासन ऐसे
कामी वचन सती मन जैसे॥

५. रामचरित मानस में राम कहते हैं
हमहि तुमहिं सरवर कस नाथा
कहहु क कहाँ चरण कहँ माथा।
देव एक गुन धनुस हमारे
नवगुन परमपुनीत तुम्हारे
सब प्रकार हम तुम सन हारे
छमहु विप्र अपराध हमारे॥

६. तुलसीदास ने इसीकी अनुकृति में राम के मुख से कहलवाया है—
छुवतहि टूट पिनाक पुराना
मैं केहि हेतु करौं अभिमाना॥

७. वत्सराज के छहों रूपक रूपकषट्कम् के नाम से गायकवाड़ ओरिएंटल सीरीज संख्या ६ में बडोदरा से प्रकाशित हैं।

८. राष्ट्रिय संस्कृत संस्थान के द्वारा प्रतिवर्ष आयोजित होने वाले कौमुदी नाट्य महोत्सव में संस्थान के भोपाल परिसर के नाट्यदल द्वारा इस डिम का मूल संस्कृत में सफल अभिनय किया गया।

९. इंडियन एंटीक्वेरी वर्ष २० में प्र.

१०. संस्कृत में व्यायोग — डा, सोमाशर्मा, पृ० ८१

११. संस्कृत में व्यायोग, पृ० ९२

१२. श्री प्रह्लादनदेवोऽभूद् द्वितयेन प्रसिद्धिमान्।
पुत्रत्वेन सरस्वत्याः पतित्वेन जयश्रियः॥
श्रीभोजमुञ्जदुःखार्त्ता रम्यां वर्तयता कथाम्।
प्रह्लादनेन साह्लादा पुनश्चक्रे सरस्वती॥ कीकौ. १.१४-१५
श्रीप्रह्लादनमन्तरेण विरतं विश्वोपकारव्रतं....इत्यादि। (सुरथोत्सव)

१३. काव्यमाला ग्रंथांक- ५४, निर्णयसागरप्रेस, १९११

१४. अनंतशयनग्रथावली -१७३, १९५४, अनंतशयन विश्वविद्यालय।

१५. गायकवाड़ ओरिएंटल सीरीज, संख्या १४८, वड़ोदरा, १९६५

१६. गायकवाड़ ओरिएंटल लीरीज संख्या १५१, बडोदरा, १९६६

१७. भाणवाङ्मयचरितम्, पृ० ७२

१८. श्रीरामकृष्णमाचार्य ने कोई संदर्भ दिये बिना बृहत्कथामंजरी नामक गद्यकाव्य भी इनके द्वारा विरचित होने का उल्लेख किया है, जिसकी प्रमाणिकता गवेषणीय है।

१९. महामहोपाध्याय गोकुलनाथ और उनका रसमहार्णव – जगन्नाथ झा, पृ० २१

२०. अपने कुवलयाश्वचरित महाकाव्य का उल्लेख विश्वनाथ ने साहित्यदर्पण में किया है।

२१. प्रथम संस्करण १८७१ में तेलगु लिपि में, जिसका देवनागरी संस्करण संस्कृत परिषद् उस्मानिया विश्वविद्यालय हैदराबाद से १९६१ में प्रकाशित हुआ। शर्मिला बागची द्वारा संपादित समीक्षितसंस्करण राष्ट्रिय संस्कृत संस्थान, नई दिल्ली से प्रकाशित।

२२. मध्यकालीन संस्कृत नाटक, पृ० ३६८

२३. अप्रकाशित, इसकी दो पांडुलिपियों की सूचना मिलती है। मध्यकालीन संस्कृत नाटक, पृ० ४३०

२४. इन ग्रंथों का विवरण बालयज्ञवेदेश्वर ने इस प्रकार दिया है –

अद्वैतास्त्रवकौस्तुभं व्यरचयद् यो वादतारावलीं
मध्वध्वंसनबौद्धतन्त्रमथने वेदान्तवादावलीम्।
प्रख्यातं मणिदर्पणं समयसर्वस्वं विधेर्निर्णयं
तत्त्वानां परिशुद्धिबोधविमलं रत्नप्रदीपं स्मृतेः।।
यो भावनापुरुषवर्यमुखान्यकार्षी-
दष्टादशापि च दशाद्भुतरूपकाणि।।
भावोत्तराणि शितिकण्ठजयादिमानि
काव्यानि षष्टिमतनोदमृतायितानि।।
ध्वन्यध्वन्यमनोविनोदनिपुणाः साहित्यसञ्जीवनी-
भावोद्भेदरसास्त्रवादिकृतयः पारेशतं यत्कृताः।
अन्ये क्षौद्ररसार्द्रसुन्दरगिरः क्षुद्रप्रबन्धाः शतं
छन्दोज्योतिषमन्त्रतन्त्रविषया भाषाप्रबन्धास्तथा।।
अन्याश्च यस्य कृतयो निखिलागमान्त-
सिद्धान्तितान्तरनिरन्तरसूक्तिगुम्फाः।
षड्दर्शनीसकलमर्मविवेककर्म
कर्मक्षमाः सुकृतिनां मुदमावहन्ति।। (आधुनिकसंस्कृतनाटक, रामजी उपाध्याय, भाग-१ पृ० ६० पर उ.

२५. आधुनिकसंस्कृतनाटक, रामजी उपाध्याय, भाग-१ पृ० ६८

२६. कृष्णमाचारी, हिष्ट्री आफ क्लासिकल संस्कृत लिटरेचर, पृ० ६५५

२७. शाके शरग्रामशरेन्दुतुल्ये (१५३५)

ग्रामे वरिष्ठाश्रमतः प्रसिद्धे।
तदेतदौजागरिणा निबद्धं
मुदा कवीनां कविसुन्दरेण।

२८. यथा प्रकृते सप्तमेऽङ्के विजयराज्यलाभफलान्तरानुबन्धेन सीतासमागमरूपप्रधानफलनिर्वाहः।

२९. अग्रे रामप्रवेशावसरेऽभिनेयवसन्तोल्लेखात् सामान्यपरमथाद्येति पदं वसन्तपरमेवमृतुमिति निर्देशोऽप्यत्र। यथा प्रकृतेऽभिराममणौ- प्रथितयशसो जीर्णकार्मुकेत्यादिना बीजसूचकविषयपराङ्मुखेत्याद्यन्तेन। प्राधान्येन वाक्यं यथा प्रकृतेऽभिराममणौ- नेपथ्ये साधु भोः कुशीलवकुलावतंस साधु।

३०. प्रशस्तिः शुभशंसनम्। यथा प्रकृते - जगति परगुणेषु पक्षपातीत्यादीना शुभशंसनमर्थाद्यथा मम निराधि हृदयं तथाऽन्यसहृदयस्यापि भवत्विति सर्वकार्यानुगता प्रशस्तिः।

३१. यथा प्रकृते नायकस्यानुचितच्छद्मना वालिवधो माल्यवत्समुत्तेजितो रावणसौहार्देन वधार्थमागतो वाली हत इत्यन्यथा कृत:। कैकेय्यास्तादृशवरद्वयप्रार्थनमनुचितं शूर्पणखादेशेन कृतमित्यन्यथा कृतम्। समुत्सन्नेऽभियोगे विभीषणस्य रामसमीपागमनमनुचितं प्रागेवाभियोगात् विभीषण: सुग्रीवस्थानमागत इत्यन्यथा कृतम्।

३२. प्रकृते चेटीद्वारकसीतासमागमकारणसूर्यास्तोदयविरहवर्णनादिना कार्यप्रसङ्गविच्छेदे समीहितं जातमेवेति कार्यस्योक्तावप्रस्तुतमंशमपाकारणस्य व्यञ्जनरूपे अनुरागचापारोपणादि बीजानां प्रतिमुखसन्धावपि बिन्दुसंज्ञा सम्पादनं किञ्चन निजकौशलम्।

३३. नरकासुरविजयव्यायोग, सं. शर्मिला चटर्जी, रा० सं.संस्थान, नई दिल्ली, २००९, भूमिका, पृ० ८-१०

३४. पद्मसुदंर की अन्य रचनाएँ है – सुंदरप्रकाशशब्दार्णव कोश, शृङ्गारदर्पण, हायनसुंदर (ज्योतिषशास्त्र), भविष्यदत्तचरित, रायमल्लाभ्युदय, पार्श्वनाथ काव्य तथा प्रमाणसुंदर।

३५. कृष्णमाचारी, हिष्ट्री आफ क्लासिकल संस्कृत लिटरेचर, पृ० ६५५

३६. नाटककार हरिहर – कैलासनाथ द्विवेदी, जयपुर २००७, पृ०२४

३७. रामानन्दसङ्गीतगीतनाटकं निर्माय समर्पितमभिनेष्यामि। जगन्नाथवल्लभ, प्रस्तावना

३८. परिचय के लिये महाकाव्यविषयक अध्याय देखें

३९. काव्यमाला १८८८ तथा चौखंभा विद्याभवन वाराणसी, १९१२

४०. मैसूर, १८९०

४१. प्रस्तावना में सूत्रधार के मुख से कवि का परिचय दिलाते हुए कहा गया है –

अन्येन्द्रं जगदस्थितेन्द्रमपि वा कर्तुं प्रगल्भेऽन्वये
संभूतो ननु बालकृष्णसचिवोत्तंसस्य रूपान्तरम्॥
लक्ष्म्या वा हृदयाब्धिशीतकिरणो लोकेऽभिगम्य: सतां
मस्तन्यस्तपदो गुणैरिह जगन्नाथाभिधान: कवि:॥ ४॥
जिह्वारङ्गस्थवाणीनखविहृतिरणद्वल्लकीनादभेदै-
र्दृग्लीलाधीनलक्ष्मीकरकमलमधुस्वादिमाद्वैतवादै:॥
चेत:क्रीडामृडानीकरभरकलितामन्दमन्दारगन्ध-
प्रख्यामोदैर्वचोभि: सुरभिरिह गुरु: सैष कामेश्वरोस्य॥

४२. Contribution of Tamilnadu to Sanskrit, Institute of Asian Studies, C.S. Sundaram, p. 10

४३. Rukmiṇīmādhavaṅka, Ed. B. Kamatha, ORI. Mysore, 1991

४४. अपने युग में श्रीनिवासाचार्य की प्रतिष्ठा वाल्मीकि व व्यास के समान बताई जाती है। इनके १९ ग्रंथों की सूची रामजी उपाध्याय ने आधुनिक संस्कृत नाटक (भाग १, पृ० ३९५) में दी है, जिनमें मीमांसासारसंग्रह आदि दार्शनिक ग्रंथ भी हैं, तथा श्रीरंगनाथचरित, अंबुजवल्लीपरिणय आदि काव्य तथा कतिपय दंडककाव्य हैं।

४५. वरदाचार्य के १४ ग्रंथों की सूची रामजी उपाध्याय ने उपर्युक्त में दी है, जिनमें अंबुजवल्लीशतक आदि काव्य स्मृतिसार तथा रहस्यरत्न आदि शास्त्रीय ग्रंथ हैं।

४६. Gaṅgādhara Kavirāja – A Ninteenth Century Indian Polymath in Oblivion: Rita Chattopadhyaya, pp. 266-81Contributon of Traditional Pundits of Bengal, Sanskrit Sahitya Parishad, Kolkata, Ed Karun Sindhu Dash, 2012

४७. संस्कृत रूपको गुजरात नु प्रदान – सं. राजेंद्र भाई नानावटी, वडोदरा, १९९९

अध्याय ४

मुक्तककाव्य तथा लघुकाव्य

ग्यारहवीं शती से अठारहवीं शती के बीच मुक्तकाव्य की परंपरा में अनेक नई विधाओं का समावेश हुआ। मुक्तक के सर्वश्रेष्ठ कवियों का अवतरण भी इस सहस्राब्दी में हुआ। भक्तिकाव्य की धारा में स्तोत्रकाव्य बड़ी संख्या में लिखे गये, तो संदेशकाव्य, शतक, अष्टक, खंडकाव्य, संघात आदि विधाओं में भी रचनाएँ प्रचुर मात्रा में हुईं। नव्य भारतीय भाषाओं तथा उर्दू फारसी के काव्य के संपर्क से इन मुक्तकरचनाओं में विषयों की नवीनता तथा भावसमृद्धि आई।

विष्णुभक्तिकल्पलता

इस काव्य के रचयिता पुरुषोत्तम कवि हैं। राजेंद्रलाल मित्र ने इनका समय दसवीं-ग्यारहवीं शताब्दी के आसपास माना है। कतिपय विद्वान् इन्हें प्रसिद्ध कोशकार पुरुषोत्तमदेव से अभिन्न मानते हैं।

विष्णुभक्तिकल्पलता में आठ स्तवक हैं। यह वैष्णव भक्ति व दर्शन का समन्वय प्रस्तुत करता है। विभिन्न छंदों में कवि ने दक्षता प्रकट की है। आत्मसंबोधन, स्तवन, प्रशस्ति, ईश्वरलीला आदि विविध प्रसंगों का भक्तिभाव की धारा में संगम रचा गया है। किंतु अभिव्यक्ति के दोषों से रचना में रस बाधित हुआ है। यथा—

भवपवनवयस्यानल्पसङ्कल्पलीला विलसितकृततापप्रौढिमानं निरीक्ष्य।
त्यज हृदयविषादं मा गमः कातरत्वं तव नवजलदश्रीः रक्षिता रामचन्द्रः।।

(हे हृदय! संसार रूपी पवन के वयस्य या अग्नि के अनल्प संकल्पलीला के विलास से होने वाले ताप की प्रौढ़िमा को देख कर कातर मत हो तथा विषाद को त्याग दे! नवजलद के सदृश शोभा वाले रामचंद्र तेरे रक्षक हैं।)

यहाँ अग्नि के लिये पवनवयस्य शब्द का प्रयोग अप्रयुक्तत्व तथा दुरूहता ला देता है। इससे अधिकपदत्व दोष भी है। इसी प्रकार मा गमः कातरत्वम् – इस वाक्यांश का संबंध पूर्वार्ध की निरीक्ष्य क्रिया के साथ है, अतः अन्वय सौकर्य के लिये इसे तृतीय चरण इसे पहले लाना चाहिये था। इसके स्थान पर 'त्यज हृदय विषादम्' का प्रयोग पहले करने से निरीक्ष्य का अन्वय 'त्यज हृदय विषादम्' के साथ हो जाता है, जिससे अर्थ उलट जाता है।

एकीभावस्तोत्र

एकीभावस्तोत्र के प्रणेता वादिराज हैं, जिनका परिचय पार्श्वनाथचरित तथा यशोधरचरित

के संदर्भ में पिछले अध्याय में दिया गया है। एकीभावस्तोत्र में २५ श्लोक हैं। पूरे काव्य में मंदाक्रांता छंद प्रयुक्त है। जिन या महावीर स्वामी की स्तुति तन्मयीभाव से उन्हें परम उद्धारक व सकल संकटों का निवारक मानते हुए कवि ने की है—

ज्योतीरूपं दुरितनिवहध्वान्तविध्वंसहेतुं
त्वामेवाहुर्जिनवर चिरं तत्त्वविद्याभियुक्ताः।
चेतोवासे भवसि मम तथा स्फारमुद्भासमान-
स्तस्मिन्नंहः कथमिव तमो वस्तुतो वस्तुमीष्टे।।

(हे जिनवर! आप को तत्त्वविद्या में अभियुक्त रहने वाले लोग ज्योति:स्वरूप तथा दुरितनिवह या पापसमूह के विध्वंस का हेतु बताते हैं। मेरे चित्त रूपी निवास में आप स्फुरित रूप से उद्भासित होते हैं, तो उसमें वस्तुत: अंधकार कैसे निवास कर सकता है?)

यहाँ 'वस्तुतो वस्तुमीष्टे' में यमक का सहज साध्यप्रयोग चारुताधायक है। 'स्फारम् उद्भासमान:' में भी पदसौष्ठव श्लाघ्य है।

चतुर्विंशतिजिनस्तुति

तिलकमंजरीकार धनपाल के अनुज शोभन जैनाचार्यों में समादृत हैं। इन्होंने चतुर्विंशतिजिनस्तुति की रचना की, जिसे शोभनमुनिस्तुति के नाम से भी जाना जाता है। इसमें २४ तीर्थंकरों में से प्रत्येक पर चार चार पद्यों में स्तुति है। इस काव्य पर संस्कृत में टीका भी मिलती है, जिसे धनपालकृत माना जाता रहा है। टीका की पुष्पिका में कहा गया है—

एतां यथामति विमृश्य निजानुजस्य तस्योज्ज्वलां कृतिमलङ्कृतवान् स्ववृत्या।
अभ्यर्थितो विदधता त्रिदिवप्रयाणं तेनैव साम्प्रतविधिर्नरपालनामा।।

(अपने अनुज की इस उज्ज्वल रचना पर यथामति विचार कर इसे अपनी वृत्ति से मैंने अलंकृत किया। स्वर्ग की ओर प्रयाण करते समय उसी ने मुझ से इसके लिये अनुरोध किया था। अत: मैं नरपाल (धनपाल) नामक कवि इस कार्य को संपन्न कर रहा हूँ।)

सुभाषितरत्नसंदोह

इस सुभाषितसंकलन के प्रणेता अमितगति हैं तथा रचनाकाल ९९०ई० है। इसमें ९२२ पद्य हैं, जिनमें विविध ३२ विषय हैं। नीति, तत्त्वज्ञान तथा लोकव्यवहार की शिक्षा इनमें दी गई है।

क्षेमेंद्र के लघुकाव्य

महाकवि क्षेमेंद्र का परिचय महाकाव्य विषयक अध्याय में दिया जा चुका है। बहुमुखी प्रतिभा के धनी कश्मीर के इस मनस्वी कवि ने साहित्य की कोई ऐसी विधा नहीं, जिसमें

सार्थक और महत्त्वपूर्ण रचनाएँ प्रस्तुत न की हों। इनके रचे हुए ३९ काव्यों का पता चलता है। इनमें से रामायणमंजरी, भारतमंजरी, बृहत्कथामंजरी, बोधिसत्त्वावदानकल्पलता जैसी दीर्घकाय रचनाओं में परंपराएँ संगृहीत हुई हैं। इनकी मुक्तक या लघुकाव्य कोटि की रचनाओं को निम्नलिखित वर्गों में बाँटा जा सकता है—

(१) उपदेशपरक काव्य

क्षेमेंद्र के लघुकाव्यों में चतुर्वर्गसंग्रह, चारुचर्या तथा दर्पदलन और नीतिकल्पतरु - ये चार उपदेशपरक या नीतिपरक मुक्तक काव्य हैं। चतुर्वर्गसंग्रह में चार परिच्छेदों में क्रमशः धर्म, अर्थ, काम और मोक्ष इन चार पुरुषार्थों का स्वरूप बताते हुए मनुष्य अपने जीवन में इनकी साधना किस प्रकार करे- यह बताया गया है। चारों परिच्छेदों में विभिन्न छंदों का प्रयोग हुआ है, तथा अत्यंत सहज रूप में चित्त में उतर जाने वाली शैली में क्षेमेंद्र ने एक गंभीर बुद्धिवादी या विचारक कवि के रूप में अपने कृतित्व का उज्ज्वल रूप प्रस्तुत किया है।

चारुचर्या १०१ अनुष्टुप् छंदों में निबद्ध उपदेशप्रधान काव्य है, जिसमें उत्तम आचरण का स्वरूप बताया गया है। इसका विभाजन विचारों में हुआ है, और कुलविचार, धनविचार, विद्याविचार आदि सात विचार इसमे हैं। मनुष्य के थोथे अहंकार पर क्षेमेंद्र ने इस काव्य में गहरी चोट की है तथा कुल, धन, विद्या, रूप, शौर्य, दान और तप का सच्चा स्वरूप बताया है। अर्थांतरन्यास तथा दृष्टांत अलंकारों की लड़ियाँ गूँथते हुए उपदेशों को कवि ने सरस रूप में हृदयंगम बना दिया है।

(२) यथार्थचित्रणपरक काव्य

इन काव्यों को व्यंग्यकाव्य या विडंबनपरक काव्य भी कहा जा सकता है। इनमें क्षेमेंद्र ने अपने समय के सामाजिक और राजनीतिक सत्य को निर्भीक हो कर बेबाक भाषा में प्रकट किया है, तथा जीवन की विडंबनाओं को भी अभिव्यक्ति दी है। सेव्यसेवकोपदेश, कलाविलास, समयमातृका, देशोपदेश तथा नर्ममाला क्षेमेंद्र के इसी प्रकार के महत्त्वपूर्ण काव्य हैं।

सेव्यसेवकोपदेश में ६१ पद्य हैं। यह निर्वेदप्रधान काव्य कहा जा सकता है। सेवक की दुर्दशा तथा सेवावृत्ति की हीनता की चर्चा करते हुए कवि इसमें मनुष्य के स्वाभिमान को जगाना चाहता है। क्षेमेंद्र की सहानुभूति सेवा करने वाले दलित और दीन व्यक्ति के प्रति है। सेवक की दशा का चित्रण अत्यंत मार्मिक तथा यथार्थ है। वास्तव में यह काव्य काम या धंधे की तलाश करते दीन हीन लोगों की स्थिति पर करुण टिप्पणी है। आमने सामने होने पर भी सेव्य (राजा या धनी व्यक्ति) और सेवा (काम-धंधा) माँगने वाले के बीच कितनी दूरी है- यह क्षेमेंद्र की भाषा में देखिये—

एकः खमेव क्षितिमीक्षतेऽन्यः स निर्जनार्थी स च गाढलग्नः।
स्वस्थार्थिता तस्य भृशं स चार्थी कथं स सेव्यः स च सेवकोऽस्तु।।

(एक की आँखे आकाश पर टँगी हुईं हैं, तो दूसरे की दृष्टि धरती में गड़ी हुई है। यह एकांत में मिलना चाह रहा है, और वह लोगों से घिरा हुआ है। वह किसी का याचक नहीं और यह याचक बन कर खड़ा है। तब फिर वह सेव्य और यह सेवक हो जाये ऐसा कैसे हो?)

सेवाव्रते प्राय इवोपविष्टः सर्वात्मना निश्चितजीवनाशः।
द्वास्थैः प्रयत्नेन निवारितोऽपि न दुर्ग्रहं मुञ्चति नष्टसंज्ञः।।

(जो सेवा का व्रत ले कर बैठ गया, वह जीवन भर के अनशन पर बैठ गया। उसके जीवन के लिये फिर कोई आशा नहीं। वह द्वार पर प्रहरियों के द्वारा झिड़की दे देकर रोका जाता है। पर भीतर घुसने का अपना आग्रह नहीं छोड़ता है।)

गच्छामि गच्छामि दिनं गतं में दिने गतोऽहं न नृपोऽद्य दृष्टः।
इति ब्रुवाणस्य सदा जनस्य जीर्णातरां तस्य तनुर्न तृष्णा।।

अब चलूँ, अब चलूँ – यह सोचते सोचते दिन बीत गया। आज भी राजा के दर्शन नहीं हुए। यों कहते कहते उस मनुष्य की काया जीर्ण से जीर्णतर होती चली जा रही है, पर तृष्णा जीर्ण नहीं हो रही है।)

प्रम्लाना सरसत्वमेति न पुनर्मालेव लग्नातपा
भग्ना काचमयीव सन्धिघटना योगेन नो शिलष्यति।
सेवा दीपशिखेव दुर्गतगृहे सन्धार्यमाणा परं
निःस्नेहा क्षयमेति खेदजनितैरुच्छ्वासमालानिलैः।।

(चाकरी गरीब के घर की जैसे एक दिये की बाती है। धारे रहो जितनी देर धार सको! उसके भीतर की चिकनाहट चुक ही जाती है। दुःख में छूटी हुई साँस से भभककर फिर वह बुझ जाती है। गरीब के घर की चाकरी जैसे बेहद कुम्हलाई माला है —धूप में मार खाती हुई। मुरझा गई, तो फिर खिलेगी नहीं। गरीब के घर की चाकरी जैसे फूटी शीशी है, कितना ही जोड़ो, वह जुड़ नहीं सकती)।

सुप्ताकर्षणदाम धाम महतो मोहस्य दैन्यस्य वा
सेवाक्लेशमहर्निशं विषहते यो वित्तलेशाशया
प्रस्फूर्जद्वडवाग्निगर्भगहनोद्भूतोर्मिलालाकुलं
सङ्क्षुब्धं मकरालयं प्रविशति श्रीरत्नलब्ध्यै न किम्।।

(चाकरी ऐसी रस्सी होती है जो सोते गुलाम को भी वह घिसटा लेती है। वह ऐसी गठरी है, जो महामोह से भरी सदा रहती है, या कि दीनता से अटी हुआ करती है। जो व्यक्ति पैसे के लालच में चाकरी के क्लेश सहता है, वह बड़वानल से धधक रहे और धाड़ मारते ऐसे सागर में मोती पानी को धँसता है जो बड़े मगरमच्छों से भरा हुआ है।)

व्यर्थात्यर्थगतागतव्यतिकरादश्रान्ततीव्रत्वरो
द्वारालोकनतत्परः परिजनैरुत्सार्यमाणः परम्।

यत्नैनैव पुरःप्रवेशकलनैः क्लेशावमानाश्रयः
सर्वापत्पिशुनः शुनः सदृशतामालप्स्यते सेवकः।।

(वह लगातार आता है, जाता है, व्यर्थ लगाता है चक्कर, भागता है, हड़बड़ाता है, नहीं बैठता पर थक कर। वह दरवाजे पर आँख टिकाता है, घर के लोगों से धकियाया जाता है। वह दुःख और तिरस्कार का घर बन जाता है। वह सारी विपदाओं का सूचक बन जाता है। सेवक एक कुत्ता बन कर रह जाता है।)

कूजत्क्रूरकपाटपीडनरुषादत्तप्रहारैः परं
द्वारावस्थगनाय सुस्थिरभुजैर्द्वाःस्थैर्भृशं भर्त्सितः।
कुब्जीभूय जनस्य जानुविवरैः क्षिप्रप्रवेशोत्सुकः
पृच्छत्यन्तरनिर्गतानवसरं मौनव्रतान् सेवकः।।

(क्रूरता के साथ किवाड़ चीख-चीख उठते हैं। रिसाते हुए पहरेदार ठोकर मारते हैं। गालियाँ बकते हुए वे स्थिर भुजाओं से द्वार छेंक लेते हैं। वह कुबड़ा बन कर लोगों के घुटनों के बीच से भीतर घुसने को ललक रहा है। वह बीच बीच में मुँह पर ताला डाल कर बाहर आते लोगों से पूछ रहा है— क्या है अब अवसर?)

द्वारे रुद्धमुपेक्षते कथमपि प्राप्तं पुरो नेक्षते
विज्ञप्तौ गजमीलनानि कुरुते गृह्णाति वाक्यच्छलम्।
निर्यातस्य करोति दोषगणानां स्वल्पापराधे यमः
स स्वामी यदि सेव्यते मरुतटे किं नः पिशाचैः कृतम्?

(जो अटक गया है दरवाजे पर वह उसकी ओर ध्यान नहीं देता। जो खड़ा हो गया आगे आकर, उसकी ओर ताकता तक नहीं है। कहा सुनी करने पर आँखें बंद कर लिया करता है या टालमटोल करने लगता है। मीनमेख निकाला ही करता है। काम खतम होने पर थोड़ी भी चूक हुई तो वह यमराज बन जाता है। ऐसे स्वामी की यदि सेवा की, तो बिगाड़ा ही क्या है मरु स्थल के पिशाचों ने?)

कलाविलास में दस सर्गों तथा ५११ पद्यों में क्रमशः दंभ, लोभ, काम, वेश्यावृत्ति, कायस्थचरित, मद, गायन, सुवर्णकारों का चरित, विभिन्न प्रकार के धूर्त और सकल कला निरूपण के मनोरंजक प्रकरण हैं। इस काव्य का चरितनायक मूलदेव है, जो धूर्तों का सम्राट् है। वह अपने शिष्य चंद्रगुप्त को इस काव्य में सीख देता है। कवि ने समाज को ठगने वाले धूर्तों की स्वार्थक्रीडा पर बड़ी मीठी चुटकियाँ ली हैं, तथा उनके पाखंड और धूर्तता का निर्भीकता के साथ भंडाफोड़ किया है। आज के साहित्य में व्यंग्य की विधा को जो प्रतिष्ठा प्राप्त है, क्षेमेंद्र ने अपनी लौह लेखनी के द्वारा संस्कृत काव्य को वह प्रतिष्ठा सहस्राब्दी पहले प्रदान की। स्वर्णकारों (सुनारों) की चोरी का उद्घाटन करते हुए वे कहते हैं—

मेरुः स्थितोऽतिदूरे मनुष्यभूमिं चिरात् परित्यज्य।
भीतोऽवश्यं चौर्याद् घोराणां हेमकाराणाम्।।

(८.२०)

(सोने का बना पर्वत मेरु मनुष्यलोक से अत्यंत भयभीत हो कर इसी लिये बहुत दूर जा कर स्थित है कि वह सुनारों की चोरी से डर कर भागा हुआ है।)

समयमातृका की रचना १०५०ई० में हुई। इसमें विविध छंदों में कुल ६४५ पद्य हैं। यह आठ समयों में विभाजित है। समाज के अध:पतन का ऐसा कच्चाचिट्ठा अन्यत्र दुर्लभ है। वेश्याओं के जीवन का यथार्थ कदाचित् दामोदर के कुट्टनीमत काव्य के अतिरिक्त अन्य किसी संस्कृत काव्य में इतने प्रभावशाली रूप में चित्रित नहीं हुआ है। कंक नामक नाई और कलावती वेश्या के संवाद में अनेक रोचक कथाएँ गूँथते हुए कवि ने अपने समय के घोर यथार्थ को सही सही यहाँ अंकित कर दिया है। लंपटता, स्वार्थ और मनुष्य की लिप्सा का नंगा नाच क्षेमेंद्र एकदम वीतराग हो कर चित्रित करते हैं। कवि स्वयं सर्वथा निस्संग है, पर सत्य को पूरे यथार्थ में वह निरूपित करता है। चतुर्थ समय में कंकाली नामक कुट्टनी नायिका है। कश्मीर के अनेक स्थानों का सजीव वर्णन इस काव्य में किया गया है। व्यंग्य और विनोद तथा सामाजिक यथार्थ के निरूपण की दृष्टि से तो क्षेमेंद्र जैसा अन्य कवि संस्कृत में नहीं है।

समयमातृका का मुख्य कथानक इस प्रकार है— काश्मीरदेश के प्रवरपुर (आधुनिक श्रीनगर) में कलावती नाम की एक अत्यंत सुंदर वेश्या रहती थी। उसका रूप ऐसा कि कंदर्प अपना दर्प उसी से पोसता था। एक बार कलावती अपने भवन की छत पर खड़ी थी। उसने देखा कि नीचे गली में गणिकाओं का गुरु, कामियों का मुँहलगा मित्र कंक नाम का गंजा नापित (नाई) जा रहा है। उसका मुख मूँछों से ढका हुआ था, आँखें काच के गोलों की तरह थीं और वह शरद ऋतु में नदी किनारे के मेंढक खा खा कर मुटियाये बिलौटे जैसा नजर आता था। पान की पीक बाहर न निकल आये इस डर से उसने मुँह ऊँचा कर रखा था, तो उसकी आँखें छत पर खड़ी कलावती से जा टकराईं। कलावती ने आँखों ही आँखों में उसे घर के भीतर आने का संकेत किया।

कंक भीतर आया तो देखता क्या है कलावती की आँखें मारे चिंता के पथराई सी हैं। उसने चकित हो कर अपने स्वर में प्रेम की चाशनी लपेटते हुए पूछा - अरी कलावती! तू किस चिंता में खोई है, आँखों में काजल नहीं, अलकें छितराईं हुई हैं, तेरा घर तो सन्नाटे में डूबा हुआ है, केलिविहग भी चहक नहीं रहे। यह अचानक विरहिणियों का वेष तूने क्यों धारण कर लिया? कंक के इस तरह बार बार पूछने पर अपनी संपदा की रक्षा के लिये चिंतातुर कलावती ने लंबी साँस छोड़ी और कंक को अपना सुख-दु:ख का साथी समझ कर कहने लगी - कंक, अपनी चिंता का कारण तुम्हें बताती हूँ। मेरी माँ, जो इस घर के खजाने को नागिन की तरह बचाये हुए थी, उसे उस रोगधर वैद्य ने मार डाला। उसने माता को ऐसा रसायन दिया कि वह

सारे संसार में सोना देखने लगी, अंतिम क्षणों में भी उसे सोना ही सोना दिख रहा था और वह बड़बड़ा रही थी- बिटिया, बटोर ले बटोर ले! वह चली गई, तो मेरा घर सूना हो गया, कामुक लोग इस घर में अड्डा जमाने लग गये हैं। ऐसे कामी यहाँ पड़े रहते हैं, जो कंगाल हैं, पर शक्तिशाली हैं। उनके डर के मारे धनिक लोगों को घुसने का अवसर नहीं मिल रहा। मैं तो बटोहियों की पान्थशाला (सराय) बन कर रह गई। मुझे तो लगता है यह नगर छोड़ कर मैं अब परदेस चली जाऊँ। ऐसी दु:स्थिति में यहाँ नहीं रह सकती।'

इतना कहते कहते कलावती की आँखें भर आईं। कंक ने यह सब सुना और उसे दिलासा देते हुए बोला - अरी! तू ने ही तो धन के लालच में उस लंपट वैद्य को घर में घुसने दिया! वह तो पथ्य के बहाने कई वेश्याओं की माताओं को मार चुका है। कुट्टनियों के लिये यमराज उस रोगधर वैद्य को तू न समझ पाई? रोगी उसके लिये हिरन हैं, वह उनका शिकारी। अब रोना धोना छोड़ और इस घर को बचाने के लिये किसी को माता बना ले। एक माता का तो अता पता मैं तुझे बता सकता हूँ।

इसके आगे कंक कंकाली नाम की कुट्टनी का अनेक रोमांचक घटनाओं से भरा दुस्साहस की पराकाष्ठा प्रकट करने वाला चरित विस्तार से सुनाता है। कंकाली परिहासपुर में भूमिका नाम की एक पान्थशालापालिका (सराय की मालकिन) की बेटी थी। बचपन से ही उसमें चोरों के लक्षण थे। सात वर्ष की आयु में तो वह अच्छे अच्छों के कान काटती थी।

कंकाली ने किस तरह अनेक लोगों को मूर्ख बनाया इसकी कथाएँ कंक कलावती को सुनाता है। कंकाली ने कई धंधे बदले, कई तरह की चोरियाँ की, कारागार में रही, कारागार के अधिपति को भी मूर्ख बना कर निकल भागी, बौद्ध विहार में भी वह रही।

देशोपदेश तथा नर्ममाला में भी क्षेमेंद्र ने यथार्थ का उद्घाटन किया है, पर यहाँ हास्य तथा नर्मालाप की शैली उन्होंने अपनायी है। देशोपदेश में २९८ श्लोक हैं। इसका विभाजन आठ उपदेशों (अध्यायों) में हुआ है। प्रथम उपदेश में दुष्ट, द्वितीय में कृपण या कंजूस, तृतीय व चतुर्थ में वेश्याओं, पंचम में विटों, षष्ठ में गौड देश से अध्ययनार्थ कश्मीर आये छात्रों, सप्तम में वृद्धविवाह तथा अष्टम उपदेश में कवि, चिकित्सक और वैयाकरण के चरित्र पर प्रकाश डाला गया है।

नर्म का अर्थ परिहास है। परिहास को काव्य की एक विधा बनाते हुए क्षेमेंद्र ने नर्ममाला काव्य की रचना की। नर्ममाला तीन भागों में विभाजित है। इसके अध्यायों को परिहास की संज्ञा दी गयी है। इसमें राजाधिकारी किस प्रकार सामान्य जनता को लूटते हैं— इसका बेबाक चित्रण है।

क्षेमेंद्र समाज के सजग प्रहरी है, वे युग के अग्रदूत हैं। समाज के नैतिक स्खलन की तीखी समीक्षा करते हुए उन्होंने एक सुधारक और आलोचक के व्यक्तित्व का परिचय दिया है।

भाषा शैली की दृष्टि से क्षेमेंद्र के लघुकाव्यों में महाकाव्यों की भाँति ही एक विदग्ध, सचेत और प्रखर रचनाकार के दर्शन होते हैं। व्यंग्य और विनोद का पुट देने के लिये कहीं

तो उन्होंने श्लेष और यमक अलंकारों का अच्छा विन्यास किया है, तो कहीं विडंबन शैली (पैरोडी) में भगवद्गीता या कालिदास की पंक्तियों का सधा हुआ उपयोग कर लिया है। उदाहरणार्थ पिशुन और श्वा (कुत्ते) की समानता उन्होंने श्लेष और यमक के द्वारा उपस्थित करके व्यंग्य और छींटाकशी का बेजोड़ उदाहरण प्रस्तुत किया है—

जिह्वादूषितसत्पात्रः पिण्डार्थी कलहोत्कटः।
तुल्यतामशुचिर्नित्यं बिभर्ति पिशुनः शुनः।।

(देशोपदेश, १।७)

(अपने जीभ से सत्पात्र (श्रेष्ठ व्यक्ति , बर्तन) को दूषित करने वाला पिंड का लालची, कलह में उत्कट, नित्य अशुचि पिशुन या चुगलखोर व्यक्ति कुत्ते की बराबरी करता है।)

दुष्ट व्यक्ति के चरित्र के बताने के लिये गीता के श्लोक का यह हास्यगर्भित प्रयोग भी उद्धरणीय है—

खलः सुजनपैशुन्ये सर्वतोऽक्षिशिरोमुखः।
सर्वतः श्रुतिमांल्लोके सर्वमावृत्य तिष्ठति।।

(देशोपदेश, १।१०)

इसी प्रकार कंजूस का वर्णन गीता के ही स्थितप्रज्ञनिरूपण की पैरोडी करते हुए प्रस्तुत किया गया है—

या निशा सर्वभूतानां तस्यां जागर्ति संयमी।
यस्यां जाग्रति भूतानि सा रात्रिर्लुब्धचेतसः।।

(देशोपदेश, २।३५)

सुरत के समय वेश्या के मन को मोक्षगामी बताते हुए वे गीता की ही पद्मपत्रमिवाम्भसा की उपमा को विडंबन की शैली में उद्धृत करते हैं। वास्तव में व्यंग्य उत्प्रास या छींटाकशी में क्षेमेंद्र की तुलना का अन्य कोई साहित्यकार संस्कृत के प्राचीन कवियों में नहीं है। कश्मीर के उस समय के समाज की स्थिति तथा तत्कालीन बोलचाल की भाषा के अनेक शब्द उनके लघुकाव्यों में मिलते हैं। विशेष रूप से देशोपदेश और नर्ममाला तो नवम-दशम शताब्दी के कश्मीर की राजनीतिक और प्रशासनिक व्यवस्था के सजीव कोश बन गये हैं। देशोपदेश के अष्टम उपदेश में विविध व्यक्तियों का निरूपण करते हुए देशी छंद या लोकभाषा की गीति का प्रयोग किया गया है। दशावतारचरित में भी क्षेमेंद्र ने रागकाव्य की शैली का प्रयोग किया है। मुक्तक काव्यों में इसी प्रकार विषयवस्तु में ही नहीं, छंदोविधान और भाषा में भी उन्होंने नये प्रयोग किये हैं।

क्षेमेंद्र के स्फुट पद्य

मुक्तककाव्य की विविध विधाओं के अंतर्गत क्षेमेंद्र की रचनाओं की चर्चा ऊपर की गई है।

उनके अतिरिक्त उनके बहुसंख्य पद्य सुभाषितसंग्रहों, उनके स्वयं के ग्रंथों या अन्य शास्त्रीय ग्रंथों में उद्धृत हैं, जिनके विषय में कहना कठिन है कि वे उनकी किसी प्रबंधरचना से हैं या स्वतंत्र मुक्तक हैं। लुडविक स्टर्नबाख ने अपने ग्रंथ *अननोन वर्सेज एट्रीब्यूटेड टु क्षेमेंद्र* (लखनऊ, १९७९) में विविध स्रोतों में उदधृत क्षेमेंद्र के ४१५ पद्यों को संकलित किया है, इनमें से १७० पद्य क्षेमेंद्र की रचनाओं में उपलब्ध हैं। शेष २१५ पद्यों से कवि तथा नाट्यकार के रूप में क्षेमेंद्र के कृतित्व की अनुपम झलक मिलती है। इनमें अनेक पद्यों में लोकजीवन की अंतरंग छवि अंकित है। रुक्मवती, कुमारललित, तनुमध्या नर्कुटक आदि विविध अप्रचलित छंदों का भी प्रयोग क्षेमेंद्र उसी सहजता से करते हैं, जिस तरह वे शार्दूलविक्रीडित, द्रुतविलंबित, इंद्रवज्रा, उपेंद्रवज्रा आदि बहुप्रचलित छंदों का।

आवर्तशोभी पृथुसत्त्वराशिः फेनावदातः पवनोरुवेगः।
गम्भीरघोषोऽद्रिमखर्वखेदादश्वाकृतिं कर्तुमिवोद्यतोऽब्धिः।।

समुद्र का वर्णन करते हुए कवि कहता है – आवर्तों से शोभित, महान् सत्त्वराशि, फेन से उज्ज्वल, वायु के द्वारा बढे वेग वाला, गंभीर घोष करता हुआ यह सागर पर्वत को बहुत खेद देता हुए उस पर सवार होने के लिये अश्व के जैसा बनाये दे रहा है।

वृक्षों का यह वर्णन भी किसी प्रबंध काव्य का अंग हो सकता है।

अत्र वल्कलजुषः पलाशिनः पुष्परेणुभरभस्मभूषिताः।
लोलभृङ्गवलयाक्षमालिकास्तापसा इव विभान्ति पादपाः।।

(यहाँ वल्कलधारी, पलाशी, फूलों के पराग से भरी भस्म लगाये हुए, चंचल भ्रमरों की अक्षमालाएँ धारे वृक्ष तापसों की तरह लग रहे हैं।

वृक्षों के वर्णन में उपमा व रूपक के साथ श्लेष का चमत्कार यहाँ कवि ने दिखाया है।

क्षेमेंद्र ने इन अज्ञातस्रोतस्क पद्यों में शिवभक्तिपरक पद्य भी हैं,[१] वेश्याओं के हास्यास्पद आचरण विषयक भी, तथा दीनहीन जनों की दुर्दशा का चित्रण करने वाले पद्य भी।[२] उर्वर कल्पना, शाब्दीक्रीडा, विदग्धता तथा रसिकता का उत्सव क्षेमेंद्र की कविता में रचा गया है। अंधकार का यह वर्णन द्रष्टव्य है—

सङ्कोचव्यतिकरबद्धभीतिलोलैर्नियद्भिर्भ्रमरैः सरोरुहेभ्यः।
आरब्धः क्षणमिव सन्ध्यया जगत्यामुत्पत्यै घनतिमिरस्य बीजवापः।।

(एक दूसरे के पास सिकुड़ते कर कमलों से डर डर कर निकलते भोंरों के द्वारा संध्या ने जैसे घने अंधेरे के बीजों के वाप (बुवाई) का काम आरंभ कर दिया है।)

यहाँ साँझ होने पर कमलों का मुरझाना, उनमें बंद हो जाने के भय से भौंरों का बाहर आना इस दृश्य का चित्रण करते हुए उत्प्रेक्षा का प्रयोग कवि की सूझ का परिचायक है।

श्लेष के प्रयोग की विलक्षणता के द्वारा क्षेमेद्र ने निम्निलिखित पद्य में जिस सहज

चमत्कार का आधान किया है, उसके कारण इसे मम्मट, जल्हण, हेमचंद्र, हरिकवि की सुभाषितहारावली आदि अनेक ग्रंथकारों ने सराहना के साथ उद्धृत किया है। (सुभाषितसुधानिधि के संकलयिता सायण ने इसे भ्रांतिवश रुय्यकविरचित बताया है। मम्मट के द्वारा उद्धृत होना ही इस बात का प्रमाण है कि इसके रचयिता रुय्यक नहीं हो सकते।)

अलंकारः शङ्काकरनरकपालं परिजनो
विशीर्णाङ्गो भृङ्गी वसु च वृष एको बहुवयाः।
अवस्थेयं स्थाणोरपि भवति सर्वामरगुरो-
र्विधौ वक्रे मूर्ध्न स्थितवति वयं के पुनरमी।।

(शंका को जन्म देने वाला नरकपाल ही अलंकार है, विशीर्ण अंगों वाला भृंगी ही परिजन है, एक बूढा बैल ही धन है। सब देवों के गुरु शिव की भी वक्र विधु यदि मस्तक पर हो, तो यह अवस्था होती है, (तो वक्र विधि माथे पर होने पर) हम लोगों की क्या बिसात?

यहाँ विधु तथा विधि दोनों शब्दों का सप्तमी एक वचन विधौ बनता है, उसके आधार पर शिव तथा दीनहीन मनुष्य दोनों के लिये सारे पद श्लेष में द्विविध अर्थ देते हुए समन्वित हो जाते हैं। झुलसाती लू में भयंकर ग्रीष्म के समय मरुस्थल में चलते पथिकों का चित्र है—

आध्मातोद्गतदाववह्निसुहृदः कीर्णोष्णरेणूत्कराः
सन्तप्ताध्वगमुक्तखेदविषमश्वासोष्मसंवादिनः।
तृष्णार्ताजगरायतास्यकुहरक्षिप्रप्रवेशोत्कटाः
भ्रूभङ्गैरिव तर्जयन्ति पवनाः प्लुष्टस्थलीकज्जलैः।।

(धधकते दावानल के सुहृद्, गर्म धूल उड़ाते, संतप्त पथिकों के द्वारा खेद के साथ छोड़ी गर्म लंबी साँसों की समानता करने वाले, प्यास से आकुल अजगर के मुख में तेजी से प्रवेश करने की उत्कटता दिखाने वाले, पवन जैसे जले हुए स्थल की काली भभूदल के द्वारा भौंहे नचा कर धमका रहे हैं।)

एक अन्य पद्य में क्षेमेंद्र ने वेश्या के रोने की हास्यास्पदता का रोचक वर्णन किया है—

उपयुक्तखदिरवीटकजनिताधररागभङ्गभयात्।
पितरि स्मृतेऽपि न वेश्या रोदिति हा तात तातेति।।

(कत्थे से भरी वीटिका या पान खाने से रक्त अधर वाली वेश्या पिता की स्मृति होने पर भी पिता कह कह नहीं रोती, हा तात, हा तात कहती रहती है।) यहाँ पिता में ओष्ठ्य वर्ण के उच्चारण से अधर पर लगा खदिर राग कहीं न छूट जाये, यह सोच कर वेश्या ओष्ठ्य वर्णों से विलाप नहीं करती है।

अपनी साहसिकता तथा बेलाग अभिव्यक्ति में क्षेमेंद्र अश्लीलता की सीमा तक भी चले जाते हैं। पुरोहित की व्युत्पत्ति उन्होंने यह कह कर की है—

पुरीषस्य च रोषस्य हिंसायास्तस्करस्य च।
आद्याक्षराणि सङ्ग्रह्य वेधाश्चक्रे पुरोहितम्।।

कविता का खोखला दम भरने वालों पर छींटाकशी करते हुए क्षेमेंद्र कहते हैं—

व्यासादीन् कविपुङ्गवाननुचिताक्षेपं सलीलं हसन्-
नुच्चैर्जल्प निमील्य लोचनयुगं श्लोकान् सगर्वं पठ।
काव्यं स्वीकुरु यत्परैर्विरचितं स्पर्धस्व सार्धं बुधैः
यद्यभ्यर्थयसे श्रुतेन रहितः पाण्डित्यमाप्तुं बलात्।।

(शांर्गधरपद्धति २०५ में अज्ञातकर्तृक के रूप में उद्धृत)

क्षेमेंद्र ने दुर्जन की तुलना घटीयंत्र (अरघट) के साथ करते हुए अभंगश्लेष तथा अर्थश्लेष की अनोखी छटा निम्नलिखित पद्य में समो दी है—

जीवनग्रहणे नम्रा गृहीत्वा पुनरुत्थिताः।
किं कनिष्ठा उत ज्येष्ठा घटीयन्त्रस्य दुर्जनाः।।

(जीवन (जल, दूसरे के प्राण) लेने में झुके हुए, ले कर फिर उठ जाने वाले दुर्जन घटी यंत्र से बढ़ कर हैं या घट कर)

यहाँ जीवन शब्द में श्लेष है। घटीयंत्र के पक्ष में इसका अर्थ जल होगा, जिसको वह झुक कर ग्रहण करता है, और जल के भरते ही फिर ऊपर उठ जाता है।)

क्षेमेंद्र एक कवि के रूप में शताब्दियों तक कितने आदरणीय बने रहे यह इस तथ्य से जाना जा सकता है कि सत्रहवीं शताब्दी में हरिकवि अपनी सुभाषितहारावली में उनके ४३ पद्य उद्धृत करते हैं। इसके साथ ही वेश्याओं के विषय में व्यंग्य तथा उत्त्रास से युक्त रचनाओं के कारण उनकी ऐसी ख्याति रही है कि इस विषय पर विरचित अन्य कवियों के पद्य भी क्षेमेंद्र के द्वारा रचित मान लिये गये हों – यह संभव है। जैसे शांर्गधरपद्धति में उनके नाम से उद्धृत यह पद्य —

पूर्वं चेटी ततो बेटी पश्चाद् भवति कुट्टनी
सर्वोपायपरिक्षीणा वृद्धावेश्या तपस्विनी।।

(शाप. ४०५२)

हेमचंद्राचार्य के स्तोत्र

हेमचंद्राचार्य का परिचय कुमारपालप्रबंध ऐतिहासिक महाकाव्य के विवेचन में दिया गया है। इन्होंने महावीरस्वामिस्तोत्र नाम से दो स्तोत्र लिखे हैं, जिनके नाम अन्ययोगव्यवच्छेदिकाद्वात्रिंशिका तथा अयोगव्यवच्छेदिका द्वात्रिंशिका भी प्रचलित हैं। दोनों में ३२-३२ श्लोकों में महावीर के प्रति अनाविल श्रद्धा की अभिव्यक्ति कवि ने की है। इतर संप्रदायों के निरास के साथ दार्शनिक अभिप्रायों को भी हेमचंद्र ने इनमें गूँथ दिया है। दार्शनिक तत्त्वबोध के साथ पारिभाषिक पदावली का भी प्रयोग स्वतः संश्लिष्ट होता गया है। जैसे—

माया सती चेद् द्वयतत्त्वसिद्धिरथासती हन्त कुतः प्रपञ्चः।
मायैव चेदर्थसहा ततः किं माता च वन्ध्या च भवत्परेषाम्।।

वेदांत में माया सदसत् दोनों से अनिर्वाच्य है – इस मत का खंडन करते हुए स्तोत्रकार कहता है – यदि माया सत् है, तो द्वैततत्त्व सिद्ध हो जाता है और अद्वैतवाद की क्षति होती है, यदि असत् है, तो यह संसारप्रपंच उससे कैसे रचा जा सकता है? माया यदि अर्थसह है तो क्या ऐसा है कि कोई स्त्री जो आपकी माता है, वह वंध्या भी है?

राघवचैतन्यकृत महागणपतिस्तोत्र

इस स्तोत्र की पुष्पिका में इसके रचयिता राघवचैतन्य को परमहंस परिव्राजकाचार्य कहा गया है। ये शार्ङ्गधरपद्धति के संकलयिता शार्ङ्गधर से पूर्ववर्ती हैं, क्यों कि शार्ङ्गधरपद्धति में इनके पद्य संकलित हैं।

महागणपतिस्तोत्र में १६ पद्य शार्दूलविक्रीडित छंद में हैं। भक्ति के भावसौंदर्य तथा गणेशतंत्र की दार्शनिकता के समन्वय के कारण यह काव्य गाणपत्य या गणपतिपूजा के संप्रदाय में आगम ग्रंथ की तरह मान्य है। सौंदर्यलहरी के समान इसमें तांत्रिक उपासना तथा पूजाविधि का भी संकेत है, तथा गणपति का परमतत्त्व के रूप में प्रतिपादन है। यथा -

कल्लोलाञ्चलचुम्बिताम्बुदतताविक्षुप्रवाम्भोनिधौ
द्वीपे रत्नमये सुरद्रुमवनामोदैकभेदस्विनी
मूले कल्पतरोर्महामणिमये पीठेऽक्षराम्भोरुहे
षट्कोणाकलितत्रिकोणरचना सत्कणिकिऽमुं भजे।।

चौरसुरतपञ्चाशिका

यह काव्य चौरसुरतपंचाशिका, चौरपंचाशिका या बिल्हणकाव्य के नाम से भी जाना जाता है। इसके प्रणेता महाकवि बिल्हण माने गये हैं, जिनका परिचय ऐतिहासिक महाकाव्यविषयक अध्याय में दिया गया है। अन्य मत के अनुसार इस काव्य के रचयिता चोर नामक कवि हैं। इस काव्य की रचना के पीछे यह कथा है कि किसी राजकुमारी को शिक्षा देने के लिये कवि की नियुक्ति की गयी और गुरु तथा शिष्या दोनो में प्रेम हो गया। राजा को पता चलने पर उसने कवि को फाँसी का दंड दे दिया। फाँसी पर ले जाये जाने के पूर्व कवि ने इस काव्य की रचना की। इस काव्य में कुल पचास पद्य है, पर इसकी लोकप्रियता के कारण इसमें इतने पाठांतर और क्षेपक जुड़ते गये हैं कि विभिन्न संस्करणों में कुल चार ही पद्य समान हैं। सभी पद्य उत्तम पुरुष एक वचन में नायक के मुख से कहलाये गये हैं, और उनमें राजकुमारी के साथ प्रणय की स्मृतियाँ भावाकुल मन:स्थिति में व्यक्त हुई हैं। सारा काव्य वसंततिलका छंद में है, और प्रत्येक पद्य में 'अद्यापि, (आज भी) की प्रथम पद के रूप में आवृत्ति होती है। राजकुमारी के

मनोभावों तथा अनुभावों का चित्रण अत्यंत सरस है और वह विप्रलंभ तथा करुण रसों के साथ भावाकुलता के प्रगाढ बनाता है। उदाहरणार्थ—

अद्यापि वासगृहतो मयि नीयमाने दुर्वारभीषणचरैर्यमदूतकल्पैः।
किं कि तया बहुविधं न कृतं मदर्थे वक्तुं न पार्यत इति व्यथते मनो मे।। ३१।।

(शयनागार से जब मुझे दुर्निवार भयानक यमदूतों के समान राजपुरुष पकड़ कर ले जाने लगे, तो वह किस तरह अनेक प्रकार से मेरे लिये जिस तरह रोने कलपने लगी, उसे मैं कह नहीं सकता – इसकारण मेरा मन और व्यथित हो रहा है।)

अद्यापि तन्मनसि सम्परिवर्तते में रात्रौ मयि क्षुतवति क्षितिपालपुत्र्या।
जीवेति मङ्गलवचः परिहृत्य कोपात् कर्णे कृतं कनकपत्रमनालपन्त्या।।

(आज भी वह बात मेरे मन में घूम रही है, जब रात का समय था, वह राजकुमारी मुझसे रूठी हुई थी और मुझे छींक आ गयी। तब उसने क्रोध त्याग कर जीव (जियो) यह मंगलवचन कहा और मुझसे बिना कुछ कहे कान में स्वर्णपत्र चढा लिया।)

शाप. ३४७० में यह पद्य विल्हण के नाम से ही उद्धृत है। तथा निद्रानिमिलितदृशो (३४६८) और अद्यापि तां कनकचम्पकदामगौरीं (३४६९) ये दो पद्य भी इस काव्य से शाप में दिये गये हैं।

भोज ने श्रृंगारप्रकाश में उत्तमा धीरोढा के उदाहरण में इस पद्य को उद्धत किया है।

बिल्हण अपने विक्रमांकदेव चरित में बताते हैं कि जब ने धारानगरी पहुँचे, तो महाराज भोज की मृत्यु हो चुकी थी और भोज के दर्शन न कर पाने से वे वे खिन्न हुए। ऐसी स्थिति में या तो यह पद्य श्रृंगारप्रकाश में बाद में जोड़ा गया, या भोज के पास किसी प्राचीन कवि के द्वारा रचित चौरसुरतकपंचाशिका काव्य की प्रति रही होगी, जिसे बाद में बिल्हण के द्वारा रचित मान लिया गया। भोज के ग्रंथ में ही यह पद्य भी चौरसुरतसुरतपंचाशिका से उद्धृत किया गया है —

अद्यापि तां स्मरनिकेतमहापताकां लम्बालकां चिरवियोगकृशाङ्गयष्टिम्।
स्वप्ने विलोलनयनां क्षणदृष्टनष्टां विद्यां प्रमादगलितामिव चिन्तयामि।।

(कामदेव के सदन की महापताका के समान, लंबी अलकों वाली, चिर वियोग कृश हो गई अंगयष्टि वाली, स्वप्न में चंचल नयनों वाली, एक क्षण दिख कर तिरोहित हो जाने वाली इस प्रिया का मैं ध्यान ऐसे करता हूँ जैसे प्रमाद से भूली विद्या का।)

प्रेम की विह्वलता तथा मिलन की आतुरता के साथ मृत्यु के बोध की निरंतर उपस्थिति ने चौरसुरतपञ्चाशिका के पद्यों में अभूतपूर्ण आकर्षण भर दिया है। मृत्यु का आलिंगन करने के लिये जा रहा कवि अंतिम क्षण में भी प्रिया का आलिंगन करने के लिये आतुर है —

अद्यापि तां यदि पुनः श्रवणायताक्षीं पश्यामि दीर्घविरहज्वरिताङ्गयष्टिम्।
अङ्गैरहं समुपगुह्य ततोऽतिगाढं नोन्मीलयामि नयने न च तां त्यजामि।। (६)

(कानों तक जिसने नयन विस्तारित हैं, ऐसी दीर्घ विरह से ज्वरित देहलता वाली उस प्रिया को यदि मैं अभी भी देखूँ, तो अपने अंगों से अति प्रगाढ उसका आलिंगन कर के न आँखें खोलूँ, न उसे छोड़ूँ।)

अमरुक के काव्य के ही समान इस काव्य में भावबोध तथा अभिव्यक्ति की ऐसी नवीनता है कि इसका अनुकरण तथा इसके अनुरूप पद्य लिखने की अनेक कवियों ने चेष्टा की, प्रक्षिप्त पद्यों में भी भावबोध की वही एकतानता मिलती है। उदाहरणार्थ —

अद्यापि तां कटितटार्पितवामपाणिमाकुञ्चितैकचरणाग्रनिरुद्धभूमिम्।
स्तम्भावलम्बितभुजां पथि मां व्रजन्तं पश्यामि बन्धुरितकन्धरमीक्षमाणाम्।।

(अतिरिक्तपद्य)

मुक्तककार बिल्हण – यह तो कहना कठिन है कि सचमुच बिल्हण ने चौरसुरतपंचाशिका की रचना की थी या नहीं। पर सारे देश में उत्तर से दक्षिण तक भ्रमण करते हुए बिल्हण ने समय समय पर अनेक स्फुट पद्य लिखे होंगे यह उनके नाम से सुभाषितसंग्रहों में उद्धृत पद्यों से समझा जा सकता है। ल्युविक स्टर्नबाख के द्वारा की गई गणना के अनुसार बिल्हण कालिदास, क्षेमेंद्र, भानुकर तथा राजशेखर के पश्चात् सुभाषिकसंग्रहों में सर्वाधिक उद्धृत होने वाले कवि हैं। उनके नाम से १७० पद्य विभिन्न सुभाषितसंग्रहों में मिलते हैं। इनमें से अधिक से अधिक आधे पद्य ही बिल्हण की दो रचनाओं विक्रमांकदेवचरित तथा कर्णसुंदरी नाटिका में प्राप्य हैं, शेष पद्य मुक्तककार बिल्हण के हैं।

इनमें से अनेक पद्यों की रचनाशैली विक्रमांकदेवचरितकार के कविस्वभाव से मिलती है। उदाहरण के लिये शाप. में उनके नाम से उद्धृत ये पद्य—

धिक् त्वां रे कलिकाल याहि विलयं केयं विपर्यस्तता
हा कष्टं श्रुतशालिनां व्यवहृतिर्म्लेच्छोचिता दृश्यते।
एकैर्वाङ्मयदेवता भगवती विक्रेतुमानीयते
निःशङ्कैरपरैः परीक्षणविधौ सर्वाङ्गमुद्घाट्यते।।

(शाप० १९४)

(हे कलिकाल तुझे धिक्कार, तू विलय को प्राप्त हो। यह कैसी विपर्यस्तता है, कैसा कष्ट है कि ज्ञानी लोगों का व्यवहार भी म्लेच्छोचित हो गया है। एक तो ऐसे ज्ञानी हैं जो भगवती सरस्वती को बेचने के लिये ले जा रहे हैं, दूसरे ऐसे हैं, जो निःशंक हो कर उसके परीक्षा की विधि में उसका अंग अंग खोले दे रहे हैं।)

तथा

आः कष्टं वनवाससाम्यकृतया सिद्धाश्रमश्रद्धया
पल्लीं बालकुरङ्ग सम्प्रति कुतः प्राप्तोऽसि मृत्योर्मुखम्।

यत्रानेककुरङ्गकोटिकदनक्रोर्योल्लसल्लोहित-
स्रोतोभिः परिपूरयन्ति परिखामुड्डामराः पामराः।।

(९४६)

(हे बालकुरंग या हरिणशावक! कितने कष्ट की बात है कि आज वनवास के साम्य के आधार पर सिद्धाश्रम मान कर उस पल्ली में तुम आ गये, जो तुम्हारे लिये मृत्यु का मुख है और जिसमें विकट पामर जन अनेक कुरंगों या मृगों की कोटियों का कदन (हत्या) की क्रूरता से उल्लसित हो लाल रंग की धाराओं या रक्त से परिखा (खाई) को पूर रहे हैं।)

कतिपय पद्यों में बिल्हण ने भारतीय जनजीवन के चित्र अंकित किये हैं। उनमें बाणभट्ट के समान उनके यायावर या घुमक्कड़ स्वभाव की झलक मिलती है। उनका स्वाभिमान तो इन पद्यों में अन्योक्तियों के माध्यम से भी व्यक्त हुआ है। वृक्ष के प्रतीक के द्वारा बिल्हण ने अगुणज्ञ राजाओं के चरित्र की कड़ी आलोचना की है—

सोढ़प्रौढ़हिमक्लमानि शनकैः पत्राण्यधः कुर्वते
सम्भाव्यच्छदवाञ्छयैव तरवः केचित् कृतघ्नव्रताः।
नामन्यन्ततदातनीमपि निजच्छायाक्षतिं तैः पुन-
स्तेषामेव तले कृतज्ञचरितैः शुष्यद्भिरप्यास्यते।

शार्ंगधर ने ही कविता के विषय में यह रमणीयपद्य बिल्हण के नाम से उद्धत किया है, यदि यह बिल्हण का ही है, तो यह एक उत्तम गर्वोक्ति भी है –

वासः शुभ्रमृतुर्वसन्तसमयः पुष्पं शरन्मल्लिका
धानुष्कः कुसुमायुधः परिमलः कस्तूरिकास्त्रं धनुः।
वाणी तर्करसोज्ज्वला प्रियतमा श्यामा वयो यौवनं
मार्गः शाम्भव एव पञ्चमलया गीतिः कविर्बिल्हणः।।

(१५५९)

(वस्त्र हो, तो शुभ्र वस्त्र, समय हो तो वसंत ऋतु का समय, फूल हो तो शरद् में खिलने वाला मल्लिका का कुसुम, धनुर्धारी हो तो कुसुमायुध, सुगंध हो तो कस्तूरी की, अस्त्र हो तो धनुष, वाणी हो तो तर्क के रस से उज्ज्वल, प्रियातमा हो तो श्यामा, वयस् हो, तो यौवन की, मार्ग हो तो शंभु का दिखाया मार्ग, गीति हो तो पंचम लय की, कवि हो तो बिल्हण।)

बिना किसी क्रियापद का प्रयोग किये इतने बड़े सुसमन्वित वाक्य की रचना भी एक विलक्षण कवि की रचना का उदाहरण माना जा सकता है।

वस्तुतः सुभाषितसंग्रहों में उदाहृत बिल्हण के पद्यों को चौरसुरतपंचाशिका के पद्यों से मिलान करने पर इस काव्य के कर्तृत्व पर पुनरनुसंधान संभव है। उदाहरणार्थ शाप. ने बिल्हण कृत तरुणीवर्णन के ये शृंगारपरक पद्य उद्धत किये हैं—

दोलायां जघनस्थलेन चलता लोलेक्षणा लज्जते
साशङ्कं तनुकण्टकक्षतभिया क्रीडावने क्रीडति।
ह्येतद् दिक्षु निरीक्षणं स्मितमुखी पारावतानां रुतैः
सज्जं मौग्ध्यविसर्जनाय सुतनोः शृङ्गारमित्रं वयः।।

(३२७८)

भ्रूलेखायुगलं भाति तस्याश्चटुलचक्षुषः
रक्षद्वयीव हरिता नासावंशविनिर्गता।।

(३२९७)

पंखा झलती तरुणी का यह वर्णन तो अद्भुत बिंब ही है—

तालीदलं काञ्चनकर्णपाशे प्रसारयन्ती सुतनुः कराभ्याम्।
रराज कर्णान्तिनिषण्णदृष्टिः शाणे दधानेव कटाक्षबाणान्।

(कानों तक दृष्टि टिकाये दोनों हाथों से वह ताल का पंखा सोने के कर्णपाश तक जब लाती है तो लगता है पंखा झलती हुई सुंदरी कटाक्षरूपी बाणों को जैसे शाण पर चढ़ा रही है।) यहाँ हाथ में पकड़ा पंखा शाण बन जाता है।[३]

सदुक्तिकर्णामृत में विद्यापति के नाम से पद्य उद्धृत हैं। एस.के. डे का अनुमान है कि बिल्हण तथा विद्यापति एक ही कवि हैं। जैसे यह पद्य

अन्यासु तावदुपमर्दसहासु भृङ्ग लोलं विनोदय मनः सुमनोलतासु।
मुग्धामजातरजसं कलितामकाण्डे बालां कदर्थयसि किं नवमालिकायाः?।।

(सदु० १७७७)

(हे भौरे, उपमर्द (मसलना, कुचलना) सह सकने वाली अन्य फूलों से भरी लताओं में मन बहलाओ। मुग्धा (भोली, सुंदर) अजातरजस् (जिसके फूलों में पराग नहीं फूटा है, जिसे रजोदर्शन नहीं हुआ) ऐसा इस नवमालिका की कली को अकांड अनवसर में क्यों झिंझोड़ रहे हो।

विद्यापति के नाम से यह अन्योक्ति भी सदुक्तिकर्णामृत (१६८३) में उद्धृत है—

अयं वारामेको निलय इति रत्नाकर इति श्रितोऽस्माभिस्तृष्णातरलितमनोभिर्जलनिधिः
क एवं जानीते निजकरपुटीकोटरगतं क्षणादेनं ताम्यत्तिमिमकरमापास्यति मुनिः।।

(यह जल राशि है, रत्नाकर है – यह सोच कर तृष्णा से तरलित मन वाले हम लोगों ने इस सागर का आश्रय लिया, यह किसको पता था कि अपने चुल्लू में भर कर तिमियों और मकरों सहित इसे अगस्त्य मुनि पी जायेंगे।)

यह पद्य कुवलयानंद, सूक्तिमुक्तावली (२७.१७), सुरको. १०२५ में भी उद्धृत है। सुभाषितहारावली में हरि कवि ने बिल्हण के १८ पद्य उद्धत किये हैं।

विद्यासुंदर काव्य

इस काव्य में ५४ पद्य हैं। चोर कवि का विद्या नामक राजकुमारी से प्रणय विलाससमृण पदावली में वर्णित है। चोर कवि पकड़ा जाता है, व राजा के समक्ष लाया जाता है। यह जीवानंदविद्यासगर की टीका के साथ उनके द्वारा संपादित काव्यसंग्रह के तृतीय खंड में प्रकाशित है, इसमें ५४ वें पद्य तक अपूर्ण काव्य प्रकाशित किया गया है। यह लालित्य व रसमयता का अनूठा उदाहरण है।

शरण

शरण का उल्लेख जयदेव, धोयी उमापतिधर के साथ राजा लक्ष्मणसिंह के समकालीन कवियों में किया गया है।[४] सुरको० (२००३, २००५) में इनके दो पद्य संकलित हैं। पहले पद्य में चावल की फसल कट कर आने पर धान कूटती मजदूर स्त्रियों का स्वभावोक्तिरम्य वर्णन है—

एताश्चन्द्रोदयेऽस्मिन्नविरलमुसलोत्क्षेपदोलायमान-
स्निग्धश्यामाग्रपीनस्तनकलशनमत्कण्ठनालाग्ररम्याः।
उद्वेल्लद्बाहुवल्लीप्रचलितवलयश्रेणयः पामराणां
गेहिन्यो दीर्घगीतिध्वनिजनितसुखास्तण्डुलान् कण्डयन्ति।।

(चंद्रोदय होने पर अविरत मुसल के उत्क्षेप के साथ दोलायमान होते स्निग्ध साँवले अंग वाली, झुके पीन पयोधररूपी कलशों के साथ झुकती कंठनाल के अग्रभाग से रम्य, ऊपर उठती बाहुलता में खनकते कंगनों की श्रेणियों वाली पामरों (खेत के मजदूरों) की गृहणियाँ लंबे गीतों की ध्वनि से सुख उत्पन्न कर चावल कूट रही हैं।)

एतास्ता दिवसान्तभास्करदृशो धावन्ति पौराङ्गनाः
स्कन्धप्रस्खलदंशुकाञ्चलधृतिव्यासङ्गबद्धादराः।
प्रातर्यातकृषीवलागमभिया प्रोत्प्लुत्य वर्त्मच्छिदो
हट्टक्रीतपदार्थमूल्यकलनव्यग्राङ्गुलिग्रन्थयः।।

इस पद्य में हाट में खरीदफरोख्त कर घर लौटती किसानों की स्त्रियों का रोचक चित्र है—

(डूबते सूर्य की ओर दृष्टि लगाये पौरांगनाएँ दौड़ रही हैं। उनके अंशुक कंधे से खिसक गये हैं; वे उनके अंचल पकड़ कर खींचती हैं। भोर में किसान खेत पर चले गये थे, कहीं वे लौट न आये हों, इस भय से वे मार्ग छोड़ कर (सँकरी गलियों से) घर की ओर जा रही हैं। हाट में खरीदी वस्तुओं के मूल्य गिनने में उनकी अंगुलियों के पोर व्यग्र हैं।)

सदुक्तिकर्णामृत में शरण के बीस पद्य उद्धृत हैं, इनमें से तीन में शरण के नाम के आगे देव लगाया गया है, तथा एक में नाम के पहले चिरंतन उपाधि जोड़ी गई है। इनमें से दो पद्यों में राधा का स्मरण करते कृष्ण के अनुताप का मार्मिक वर्णन है (३०२,३०३)।

शरण वस्तुतः लोकजीवन के कवि हैं। इस ग्रंथ के पिछले खंड में मुक्तककाव्यविषयक अध्याय में योगेश्वर, केशट आदि कवियों की चर्चा की गई है। शरण की कविता इन कवियों के काव्य के साथ लोकजीवन की संस्कृतकविता का उत्तम उदाहरण है।

उमापतिधर

उमापतिधर शरण तथा जयदेव के समकालीन हैं। जयदेव ने उनकी प्रशस्ति में कहा है – वाचः पल्लवयत्युमापतिधरः। शांर्गदेव ने उनका यह पद्य उद्धृत किया है, जिसमें मुग्धा विरहिणी को उसकी धात्री या सखी समझा रही है—

वर्षन्ति स्तनयित्लवो न सरले धारागृहे वर्तसे
गर्जन्ति प्रतिकूलवादिनि न ते द्वारि स्थिताः दन्तिनः।
इत्येवं गमितो घनव्यतिकरः सा राजपुत्री पुन-
र्वाति वाति कदम्बपुष्पसुरभौ केन प्रतारिष्यते।। १८।।

(हे सरले, मेघ नहीं बरस रहे हैं, तुम धारागृह में हो। मेघ नहीं गरज रहे, तुम उल्टा बता रही हो, ये तो तुम्हारे भवन के द्वार पर हाथी चिंघाड़ रहे हैं। इस तरह राजकुमारी को मेघों के घुमड़ने के विषय में तो बहला दिया गया, पर कदंब के फूलों से सुरभित हवा जब बहेगी, तो उसे किससे धोखा दिया जा सकेगा?)

यहाँ वर्षा के आगमन के समय प्रिय की प्रतीक्षा में आकुल विरहिणी के वर्णन में उसके भोलेपन का चित्रण अतिशयोक्ति के साथ किया गया है। कवि यह भी बताना चाहता है कि प्रत्यक्ष दिखते बादलों और प्रत्यक्ष सुनाई पड़ते उनके गर्जन को झुठलाया जा सकता है, पर कदंब के फूलों की फैलती सुगंध से होने वाले वर्षा के अनुमान का अपलाप नहीं किया जा सकता।

सदुक्तिकर्णामृत में उमापतिधर के ८५ पद्य उद्धृत हैं। इनमें से २९वें में अर्धनारीश्वर का अत्यंत रमणीय वर्णन है। ५३-५४ तथा ५९ में शिव के मस्तक पर चंद्र तथा हरजटा का चित्रण है। ८७वे में भैरव की उग्रता व भयावहता का चित्र अंकित करते हुए उनकी वंदना है। १०६वाँ पद्य गौरी का अकलुष सौंदर्यबोध के साथ मंगलात्मक चित्रण है। जब कि १२९ में काली की विकरालता का निरूपण है। १४५ में गणेश की, १८२ में मत्स्यावतार की, ३५९ तथा २६१ में चंद्रमा के रूप का वर्णन तथा वंदना है। कतिपय पद्यों में (२५९, २७३-७४, २८३, ३०१, ३३२) में कृष्ण की लीलाओं का सरस चित्रण गीतगोविंद के भावलोक की स्मरण करा देता है। यथा—

कालिन्दीपुलिने मया न न मया शैलोपशल्ये न न
न्यग्रोधस्य तले मया न न मया राधापितुः प्राङ्गणे।
दृष्टः कृष्ण इतीरितस्य सभयं गोपैर्यशोदापते-
र्विस्मेरस्य पुरो हसन्निजगृहान्निर्यन् हरिः पातु वः।। २५९।।

पद्य की नाटकीयता चमत्कारपूर्ण है। कृष्ण को मैंने कालिंदी के तट पर देखा था, नहीं वहाँ नहीं देखा..मैंने पहाड़ के निकट देखा था, नहीं, नहीं; वहाँ नहीं देखा...; न्यग्रोध के नीचे देखा था, नहीं वहाँ नहीं देखा, राधा के पिता के आँगन में देखा था, नहीं वहाँ नहीं देखा....इस तरह नंद के सामने ग्वाले अपनी एक बार कही बात को काट रहे हैं, और हरि उनके सामने से हँसते हुए निकल जाते हैं।

सदुक्तिकर्णामृत (४४९) में उनके नाम से उद्धृत पद्य रेवातीरनीरसमीर का समीरण निरूपित करता है।

सदु. में उद्धृत पद्यों में २७ पद्य शृंगार की विविध स्थितियों, प्रेम, विरह आदि के चित्रण के हैं। बारह चाटुकाव्य हैं, जिनमें कतिपय राजा लक्ष्मणसेन की प्रशस्ति में तथा एक पद्य प्राग्ज्योतिषेंद्र की प्रशस्ति में भी है। लगभग तीस पद्य विविध देवताओं की स्तुतियों के हैं। सदु. में २०६२ भी राजप्रशस्ति है, पर श्रीधर ने इसे उच्चावचप्रवाह में स्थान दिया है, क्यों कि इसमें राजा के द्वारा बनवाये सरोवर का मनोहर वर्णन है तथा पाताल में निवास करने वाली ललनाओं के विभ्रम उसके गहराइयों में दिखाई पड़ने की अद्भुत कल्पना भी है। जीवन के अंतिम दिनों में उमापति को समस्त राजसी ऐश्वर्य व प्रभुता से विरक्ति हो गई होगी, जिसकी अभिव्यक्ति उन्होंने इन पद्यों में की है

जितेयं दोर्दर्पाज्जलधिपरिवेशा वसुमती
शिरः क्षोणीन्द्राणां निजचरणपीठे विलुठितम्।
कृतं दत्तं भुक्तं कृतमपि कुले यत् समुचितं
कृतार्थं तीर्थेषु भ्रमणमधुना वाञ्छति मनः।।

(सदु० २३०३)

(सागर तक फैली इस धरती को भुजबल के गर्व से जीता, राजाओं के मस्तकों की अपने चरणपीठों पर लोट लगवाई, कर्म किया, दान दिया, भोग किये, जो अपनमे कुल में उचित था, उसे पूरा किया, अब कृतार्थ हो कर मन तीर्थों में भ्रमण करना चाहता है।

दन्तैरुत्पतितं स्फुरन्ति वलयो निष्कालिमानः कचाः
शीर्णं देहमपेतमेव करणग्रामेण लुप्ता मतिः।
अस्मिन्नप्रतिकारदारुणजराव्याधौ दयार्द्रात्मना
भ्रातर्वैद्य विधीयते तव कियद्यावन्मया भेषजम्।।

(वही, २००४)

(दाँत टूट गये, झुर्रियाँ चमक रही हैं। केशों का कालिमा छूट गई। देह जीर्णशीर्ण हुआ। इंद्रियाँ अब चली अब चलीं सी हैं। मति लुप्त हो गई है। इस अप्रतीकार (ला-इलाज) दारुण बुढ़ापे की व्याधि में दयार्द्र मन वाले हे भाई वैद्य तुम भी कहाँ तक मेरा इलाज करोगे?)

सदु. १६५७ में उमापति का सूर्यस्तुतिपरक यह पद्य है —

रात्रावौषध्यो ज्वलन्ति कलयन्त्यौज्ज्वल्यमप्यग्नयो
ज्योत्स्नाश्चन्द्रमसि स्फुरन्ति दधति ज्योतींषि तेजस्विताम्।
अन्यच्च क्रिमयोऽपि बिभ्रति महोलेशानमुष्यैव ताः
सर्वा एव निधेस्त्विषां भगवतो दीप्तिप्रतिच्छायिकाः।।

(प्रत्येक चमकते पदार्थ में सूर्य का तेज देखता हुआ कविकहता है – रात में जड़बी-बूटियाँ जलतीं हैं, अग्नि उजास के साथ चमकती है, चंद्रमा में चाँदनी प्रकाशित होती है, ग्रहनक्षत्र तेजस्विता को धारण करते हैं। और तो और कीट — जुगनू या खद्योत आदि — भी उसी के तेज के अंश को धारण कर के चमकते हैं। ये सारी निधियाँ भगवान् की दीप्ति की प्रतिच्छायाएँ हैं।)

श्रीधर ने इसे अपदेशप्रवाह में उद्धृत किया है, पर उमापति सूर्य के प्रति अकुंठ आस्था भी व्यक्त कर रहे हैं।

हरिकवि कविता के उत्तम पारखी हैं. उन्होंने सुभाषितहारावली ३६३ में उमापतिधर का कवियों पर यह गहरा चुभने वाला कटाक्ष उद्धृत किया है —

स्वाधीनो रसनाञ्चलः परिचिताः शब्दाः कियन्तः क्वचित्
क्षोणीन्द्रो न नियामकः परिषदः शान्ताः स्वतन्त्रं जगत्।
तद् यूयं कवयो वयं वयमिति प्रस्तावनाहङ्कृति-
स्वच्छन्दं प्रतिसद्म गर्जत वयं मौनव्रतालम्बिनः।।

(हे कवियों, तुम लोगों की जिह्वा स्वाधीन है, कुछ थोड़े से शब्द पहचाने हुए हैं, राजा कुछ नियंत्रण करते नहीं, परिषद् के सदस्य शांत रहते हैं, तो तुम्हारे लिये संसार स्वतंत्र है। तुम लोग बस हम ही हम हैं – इस प्रस्तावना के अहंकार के साथ स्वच्छंद हो कर घर घर में गर्जन करते रहो, हम लोग तो मौनव्रत का अवलंबन ले लेते हैं।)

उमापतिधर कविता के प्रचलित प्रतिमानों को उलट देते हैं, विरह में मृणाल की माला भुजगहार लगती है – यह तो कोई भी कवि कहेगा, पर उमापति की विरहिणी तो कामदेव को चुनौती देते हुए कहती है कि मैं जानती हूँ यह मृणालीहार ही है भुजगपति नहीं –

मृणालीहारोऽयं न भुजगपतिश्चन्दनरसो
न भस्मेदं कण्ठे कुवलयदलाली न गरलम्।
सिताम्भोजं पाणौ लसति न कपोलं मयि मुधा
पुरारातिक्रोधात् स्मर किमनभिज्ञ प्रहरसि।।

(वही, २०३६)

शृङ्गारतिलक[५]

इस काव्य के प्रणेता कालिदास कहे गये हैं। पर यह किसी बाद के कवि का है। इस काव्य

में २० श्रृंगारपूर्ण पद्य हैं। कुछ पद्य किसी अज्ञात नायिका को संबोधित हैं, अन्य में उसके रूप का वर्णन है। संवादात्मक पद्य भी हैं।

इन्दीवरेण नयनं मुखमम्बुजेन कुन्देन दन्तमधरं नवपल्लवेन।
अङ्गानि चम्पकदलैः प्रविधाय धाता कान्ते कथं घटितवानुपलेन चेतः।। ३।।

(हे प्रिये, विधाता ने नीलकमल से नयन, रक्त कमल से मुख, कुंद से दाँत और नवपल्लव से अधर तथा चंपक की पँखुड़ियों से अंग बनाये, तो हृदय को पत्थर से क्यों गढ़ दिया?)

ऐसी प्रतीत होता है कि इतस्ततः प्रचलित स्फुट मुक्तकों को किसी ने इस कोश में कालिदास का नाम दे कर संकलित कर लिया है। कालिदास के विषय में प्रचलित एक कथा में समाहित यह मुक्तक भी इस काव्य में है —

कुसुमे कुसुमोत्पत्तिः श्रूयते न तु दृश्यते।
बाले तव मुखाम्भोजे कथमिन्दीवरद्वयम्।।

(फूल में दूसरा फूल उत्पन्न हो जाये यह सुना है, देखा नहीं। हे बाले, तुम्हारे मुख रूपी कमल में ये दो नीलकमल कैसे?)

जयदेवकृत गीतगोविंद

संस्कृत साहित्य के इतिहास में दो जयदेव विशेष प्रसिद्ध हैं। एक गीतगोविंदकार जयदेव तथा दूसरे प्रसन्नराघव नाटक तथा चंद्रालोक ग्रंथ के रचयिता पीयूषवर्ष जयदेव। गीतगोविंदकार जयदेव बंगाल के राजा लक्ष्मणसेन (११८०- १२०६ई०) के समय में हुए। इनका जन्म बंगाल के केंदुबिल्व ग्राम (जिला बीरभूम) में हुआ ऐसा माना जाता है, कतिपय विद्वान् इनका जन्मस्थल उड़ीसा में भी बताते हैं। इनके पिता का नाम भोजदेव तथा माता का नाम पद्मावती था। उदयन, विक्रमादित्य, भोज, शंकराचार्य आदि महान् व्यक्तियों की भाँति इनके विषय में भी अनेक कथाएँ व किवदंतियाँ प्रचलित हैं और इन के चरित को ले कर अनेक काव्य लिखे गये हैं।

गीतगोविंद में बारह सर्ग हैं। प्रत्येक सर्ग के आरंभ में शार्दूलविक्रीडित, वसंततिलका आदि छंदों में उपोद्घात किया गया है। इसके पश्चात् प्रत्येक सर्ग में एक से अधिक गीतियाँ हैं, जिन्हें अष्टपदी या प्रबंध भी कहा जाता है। प्रबंध संगीतशास्त्र की परंपरा में पारिभाषिक शब्द है। प्रत्येक प्रबंध का राग निर्दिष्ट है, और इसमें ध्रुवक या स्थायी तथा अंतरे का प्रयोग है। गीतगोविंद में कुल २४ प्रबंध है, और इन्हीं के द्वारा जयदेव की ख्याति साहित्य के क्षेत्र में अजर अमर बनी हुई है। आनंदवर्धन ने अमरुक के प्रत्येक श्लोक को महाकाव्य के समान बताया था। परंपरा में अनेक टीकाकारो व पंडितों ने गीतगोविंद को भी महाकाव्य कहा है।

गीतगोविंद का विषय कृष्ण के प्रति भक्ति भाव तथा श्रृंगार की अभिव्यक्ति है। प्रारंभ में ही कहा गया है—

यदि हरिस्मरणे सरसं मनो यदि विलासकथासु कुतूहलम्।
शृणु तदा जयदेव सरस्वतीं मधुरकोमलकान्तपदावलीम्।

(यदि हरि के स्मरण के लिये मन सरस है, और यदि विलासकथाओं में भी कौतूहल है, तो जयदेव की मधुर कोमलकांत पदावली वाली वाणी को सुनो।)

गीतगोविंद की नायिका राधा तथा नायक कृष्ण हैं। गोपियों तथा राधा की विरह में उक्तियाँ, वसंत ऋतु का वर्णन और रास का प्रसंग विशेष रूप से हृदयावर्जक हैं। राधा को अलग अलग गीतियों में उत्कंठिता, प्रोषितपतिका, वासकसज्जा, विप्रलब्धा, खंडिता, कलहांतरिता, अभिसारिका तथा स्वाधीनपतिका इन सभी नायिका-रूपों में कवि ने चित्रित किया है। इसका मूल स्रोत श्रीमद्भागवत या माधुर्य भक्ति की परंपरा है। इसके साथ ही यह भी प्रतीत होता है कि लोक में उस समय कृष्णलीला के गायन और उस पर नृत्य तथा अभिनय की परंपरा रही होगी, वह विशेष रूप में जयदेव की अमर रचना के लिये आधार बनी।

भाषा पर जयदेव का असाधारण अधिकार है। संस्कृत भाषा का अद्भुत सौंदर्य उनकी रचना में अकूत रूप में समाया हआ है। अनुप्रासों की मधुर झंकार और नव्य भारतीय भाषाओं के नये छंदों का पहली बार इस रूप में संस्कृत काव्यधारा में जयदेव की कविता अवतरण कराती है।

उदाहरण के लिये—

ललितलवङ्गलतापरिशीलनकोमलमलयसमीरे।
मधुकरनिकरकरम्बितकोकिलकूजितकुञ्जकुटीरे।
विहरति हरिरिह सरसवसन्ते।
नृत्यति युवतिजनेन समं सखि, विरहिजनस्य दुरन्ते।

संगीतात्मकता तथा लय का ऐसा शिल्प भी संस्कृत कविता में पहली बार पूर्ण परिपक्व रूप में प्रस्तुत किया गया———

रतिसुखसारे गतमभिसारे मदनमनोहरवेषम्।
न कुरु नितम्बिनि गमनविलम्बनमनुसर तं हृदयेशम्।
धीरसमीरे यमुनातीरे वसति वने वनमाली।
गोपीपीनपयोधरमर्दनचञ्चलकरयुगशाली।।

गीतगोविंद कविता में संगीत, अभिनय, नृत्य, भक्ति और शृंगार , अध्यात्म का अनुपम योग करने वाला अद्भुत काव्य है। अनुप्रास के साथ वामन के द्वारा निरूपित माधुर्य, पदसौकुमार्य, अर्थव्यक्ति तथा श्लेष और समाधि गुणों का प्रचुर योग इसकी रचना में हुआ है। अमरुशतक और मेघदूत की भाँति यह छोटा सा काव्य भी अपने रचनाकाल से ले कर आज कर सहृदयों का कंठहार बना हुआ है। गीतगोविंद की सबसे बड़ी दुर्लभ विशेषता इसका सांस्कृतिक योगदान है। इस अकेले लघुकाय ग्रंथ ने अपनी अलौकिक शक्तिमत्ता से उत्तर से

दक्षिण और पूर्व से पश्चिम सारे भारत को एक भाव धारा में जोड़ दिया। देश में ऐसा कोई शास्त्रीय नृत्यरूप नहीं है, जिसमें जयदेव की अष्टपदियों पर अपनी अपनी शैली में नृत्य व अभिनय न होता हो। जयदेव के जन्मस्थान केंदली में उनकी स्मृति में पौष शुक्ल सप्तमी को प्रतिवर्ष उत्सव मनाया जाता रहा है, जिस में रात भर रसिक जन गीतगोविंद के पद गा गा कर रसविभोर होते रहे हैं। पुरी के जगन्नाथ मंदिर में अहर्निश गीतगोविंद की मधुर पदावली जन जन के कंठ से निनादित होती रही है। सन् १४९९ में उत्कल के राजा प्रतापरुद्र देव ने तो नर्तक और वैष्णव गायकों को जयदेव के ही गीत गाने की आज्ञा दी थी। चैतन्य महाप्रभु (१४८६- १५२७ई०) गीतगोविंद के पदों का गायन और श्रवण स्वयं किया करते थे। गौडीय भक्ति संप्रदाय में सदैव महाकवि जयदेव का काव्य भक्तों का हृदयहार बना रहा है।

रागकाव्य की विधा का उपक्रम जयदेव के पूर्व शंकराचार्य के स्तोत्रों तथा क्षेमेंद्र के दशावतारचरित के अंतर्गत समाविष्ट गीत में हो चुका था। पर जयदेव ने उसे एक परिनिष्ठित रूप में प्रतिष्ठित किया।

गीतगोविंद तथा रागकाव्य-परंपरा

रागकाव्य वास्तव में उपरूपक का भेद है। इस का नृत्य के साथ अभिनय किया जाता है। पर इसे गीत के रूप में गाया भी जा सकता है। यह एक राग या विभिन्न रागों में निबद्ध होता है। इसमें ध्रुवक (स्थायी)और अंतरे का प्रयोग होता है। ध्रुवक या स्थायी की पंक्ति को कुछ पंक्तियों के पश्चात् बार बार दोहराया जाता है। रागकाव्य की परंपरा प्राचीनकाल से चली आ रही थी। इसका लक्षण भरत मुनि के शिष्य कोहल ने किया है, जिसे आचार्य अभिनवगुप्त ने उद्धृत करते हुए राघवविजय तथा मारीचवधम् इन रचनाओं को रागकाव्य का उदाहरण बताया है। ये दोनो रागकाव्य अब प्राप्त नहीं होते।

रागकाव्य की परंपरा में जयदेव कृत गीतगोविंद युगप्रवर्तक कृति कही जा सकती है। डॉ. प्रभात शास्त्री ने इसके पूर्व रचित एक रागकाव्य कृष्णलीलातरंगिणी को माना है। कतिपय विद्वानों ने महाकवि बिल्वमंगल के कृष्णकर्णामृत को भी रागकाव्य मान लिया है, जब कि इस पर रागकाव्य का मुख्य लक्षण— ध्रुवकयुक्त गीत में निबद्ध होना- लागू नहीं होता।

गीतगोविंद को आधार बना कर कवियों ने सैंकड़ों रागकाव्य अपने अपने उपास्य देव के प्रति आराधना तथा शृंगारभावना की अभिव्यक्ति करते हुए रचे। इन में उल्लेखनीय रागकाव्य हैं— पंद्रहवीं शताब्दी के कल्याण कवि का गीतगङ्गाधरम्, श्याम कवि का गीतपीतवसनम्, सोलहवीं शताब्दी के रामभट्ट का गीतगिरीशम् और सोमनाथ मिश्र का कृष्णगीतम्, सत्रहवीं शताब्दी के जयदेव नाम के ही एक अन्य कवि का रामगीतगोविंदम् और काव्यशास्त्र-नाट्यशास्त्र के आचार्य नंजराज का सङ्गीतगङ्गाधरम्, प्रभाकर शुक्ल का गीतराघवम्, काव्यशास्त्र के प्रख्यात आचार्य भानुदत्त मिश्र का गीतगोरीपतिः, उन्नीसवीं शती के जयनारायण घोषाल का पार्वतीगीतम्, बींसवी शताब्दी में राधावल्लभ का गीतधीवरम् आदि।

गीतगिरीशम्[६] रागकाव्य के प्रणेता रामभट्ट का समय सोलहवीं शताब्दी तथा निवासस्थान महाराष्ट्र अनुमानित है। उन्होंने दायभाग पर एक धर्मशास्त्रीय ग्रंथ का प्रणयन भी किया था। गीतगिरीशम् पर आत्माराम की टीका मिलती है।

अपने काव्य के उपोद्गात में रामचंद्र ने कहा है कि उनका यह काव्य जयदेव की रचना से प्रेरित है। गीतगोविंद के ही समान गीतगिरीशम् में भी बारह सर्ग हैं। प्रत्येक गीति के साथ उसका राग निर्दिष्ट है। जयदेव की पदावली का माधुर्य रामभट्ट की रचना में देखा जा सकता है। उदाहरणार्थ—

मम मनोऽसि प्रिये चक्षुरसि तनुरसि प्राणपञ्चकमपि सत्यम्।
वदनमुन्नाम्य पीयूषरसवर्षिणा लोचनेन स्नपय भृत्यम्।।

(सर्ग १०)

सङ्गीतमाधवम्[७] के प्रणेता प्रबोधानंद सरस्वती राधावल्लभ संप्रदाय के सुप्रसिद्ध संत हैं। इनका समय १६वीं शताब्दी है। वृंदावनमहिमामृत नाम से इन्होंने एक अन्य काव्य भी लिखा था। सङ्गीतमाधवम् में १५ सर्ग हैं।

गीतशङ्करम् के रचयिता भीष्ममिश्र का समय अनिर्धारित है। इस काव्य में ११ सर्ग हैं। मधुराचार्य के शिष्य रसिकाचार्य हर्याचार्य जयपुर के आमेर मठ में महंत रहे। इनके जानकीगीतम्[८] में छः सर्ग हैं। जानकीगीतम् के अतिरिक्त हिंदी तथा संस्कृत में इनकी अनेक रचनाएँ हैं। भुशुण्डिरामायण के २५वें से ३६वें अध्याय में राम की रसिकोपासना का निदर्शन तथा रामरास का वर्णन है, जिसका प्रभाव रामविषयक गीतिकाव्यों पर परिलक्षित होता है।

रामगीतगोविन्दम् इस काव्य के प्रणेता का नाम भी जयदेव है तथा समय चौदहवीं शताब्दी के आसपास है। रामगीतगोविंदकार मिथिला के निवासी थे ऐसा अनुमान किया जाता है। गीतगोविंद की पदे पदे छाया इसमें देखी जा सकती है। प्रयोजन भी गीतगोविंदकार जयदेव की शब्दावली में ही बताया गया है—

यदि रामपदाम्बुजे रतिर्यदि वा काव्यकलासु कौतुकम्।
पठनीयमिदं तदौजसा रुचिरं श्रीजयदेवनिर्मितम्।।

गीतगौरीपतिः के रचयिता रसमंजरी, रसपारिजात आदि ग्रंथों के प्रणेता सुप्रसिद्ध आलंकारिक भानुदत्तमिश्र हैं, तथा रचनाकाल पंद्रहवीं शताब्दी के आसपास है। इनके काव्य में दस सर्ग हैं। काव्य अष्टमूर्ति शिव की वंदना के साथ आरंभ होता है। बीच बीच में वर्णवृत्तों का प्रयोग है। वसंतगीतिः में जयदेव की वसंतगीति की छाया होते हुए ही प्रकृति की सुषमा हृदयहारी है -

चम्पकचर्चितचापमुदञ्चितकेसरकृततूणीरम्।
मधुकरनिकरकठोरकवचपरिचितचारुशरीरम्।
अनुरञ्जय पश्य वसन्तम्।।

विकचबकुलकुलसङ्कुलकाननकुसुममिषेण हसन्तम्।।

पार्वतीगीतम् के प्रणेता जयनारायण घोषाल हैं। इनका जन्म १७५१ई० में कलकत्ता के पास गोविंदपुर में हुआ। ये संस्कृत के साथ फारसी, अंग्रेजी, हिंदी व बंगला भाषाओं के अच्छे जानकार ते। १८१४ ई० में ये काशी आये थे।

शङ्कीरसङ्गीतम् के प्रणेता जयनारायण हैं। इनका समय अनुमानतः १९वींशताब्दी माना गया है। विविध गीतों में भैरव, ललित, विहास, वसंत, यमन आदि २५ रागों तथा चौताल, मूलताल, मध्यमानताल आदि ९ तालों के प्रयोग का निर्देशकवि ने दिया है। शङ्करीसङ्गीतम् शक्ति का स्तवन भी है तथा तांत्रिक अभिप्रायों की अभिव्यक्ति भी।

लयसमरे जलराशौ मग्नं जगदुपकृते वेदमभग्नम्।
धूमावति मीनदेहे जय जगदम्ब शिवे

गोवर्धन : आर्यासप्तशती

गोवर्धन महाकवि जयदेव के समकालीन थे। ये बंगाल के राजा लक्ष्मणसेन के आश्रय में रहे। उनकी आर्यासप्तशती मुक्तककाव्यपरंपरा में अमूल्य मुक्तामाला है। गोवर्धन अपने से पहले की सुदीर्घ तथा सम्पन्न काव्य परम्परा से सम्यक् परिचित थे। आर्यासप्तशती के प्रास्ताविक श्लोकों में उन्होंने आदिकवि वाल्मीकि, महाभारतकार व्यास, बड्डकहा के कर्ता गुणाढय, कालिदास, भवभूति तथा बाण की वन्दना इन कवियों के कर्तृत्व की गहरी समझ व्यक्त करते हुए की है। स्वयं गोवर्धन के परिवार में भी साहित्यप्रेमियों और कवियों का जमावड़ा था। उन्होंने अपने पिता नीलाम्बर को शुक्राचार्य के समान ऋषिकवि बताया है। गोवर्धन के आश्रयदाता महाराज लक्ष्मणसेन साहित्यानुरागी थे। गीतगोविन्द के प्रणेता महाकवि जयदेव ने गोवर्धन की कविता को सराहा था। उनके अनुसार शृंगाररस के उत्तम काव्य की रचना करने में गोवर्धन की सानी नहीं है-

शृङ्गारोत्तरसत्प्रमेयरचनैराचार्यगोवर्धनस्पर्धी कोऽपि न विश्रुतः.............।।

(गीतगोविन्द)

यद्यपि गोवर्धन के आदर्श तो वाल्मीकि, व्यास या कालिदास जैसे महान् कवि रहे, पर अपनी कविता में उन्होंने प्रतिदर्श बनाया हाल की गाहासतसई को। गाहासतसई में संकलित प्राकृत गाथाओं की लोकप्रियता देख कर उन्हें संस्कृत में उसी छन्द में और उसी प्रकार के भावों को व्यक्त करने वाली गाथाएँ रचने की प्रेरणा मिली होगी। उन्होंने स्वयं स्वीकार किया है कि प्राकृत काव्य की रसमाधुरी को संस्कृत में उतारना बड़ा कठिन है। प्राकृत भाषा आम लोगों की बोली से जुड़ी हुई है, इसलिये उसमें रस का सहज संचार संभव है, और प्राकृत काव्य के रस को संस्कृत में ला कर अधोगामिनी कलिन्दकन्या या यमुना नदी को आकाश में चढ़ाने जैसा कठिन कार्य उन्होंने कर दिया है—

वाणी प्राकृतसमुचितरसा बलेनैव संस्कृतं नीता।
निम्नानुरूपनीरा कलिन्दकन्येव गगनतलम्।।

(आर्यासप्तशती, ५२)

गोवर्धन को अपनी कविता की रसवत्ता का अभिमान भी है। वे उसे प्रेम के अद्वैत की उपनिषद्, सहृदयों के लिये मसृणपदरीतिगति वाली अभिसारिका बताते हैं।

विषयवस्तु- गोवर्धन के इस संग्रह में गाँव, घर-परिवार, प्रणयलीलाओं के अलग अलग प्रसंग बहुत सूक्ष्म पर्यवेक्षण के साथ चित्रित किये गये हैं। बहुसंख्य आर्याओं में नायक, नायिका, दूती अथवा नायिका की सखी के संवाद हैं। इस तरह ये आर्याएँ गोवर्धन के समय के मध्यवर्ग या निम्नवर्ग के समाज की अलग अलग छवियाँ उकेरती हैं।

आर्यासप्तशती में आरम्भ में चौवन आर्याएँ प्रस्तावना की हैं। इसके बाद ७०० आर्याएँ अकारादिक्रम से विन्यस्त हैं। प्रत्येक अक्षर पर एक एक व्रज्या (खंड) रखा गया है, और व्रज्याओं में आर्याओं या गाथाओं की संख्या नियत नहीं है। किसी अक्षर से आरम्भ होने वाली जितनी गाथाएँ रच ली गईं उतनी उस अक्षर की व्रज्या में शामिल कर ली गईं। अत एव गाथाओं में विषय का कोई क्रम नहीं है। गोवर्धन स्फुट गाथाएँ समय समय पर लिखते गये होगें, और जैसा उन्होंने आर्यासप्तशती के अन्त में कहा है, उनके अनुज तथा शिष्य उदयन और बलभद्र ने इन आर्याओं के संकलन में सहायता की होगी।

आर्यासप्तशती के कथ्य और प्रतिपादन शैली तथा दृष्टिकोण पर भी गाहासतसई के प्राकृत काव्य का गहरा प्रभाव है, गाहासतसई के खेत-खलिहानों व गाँव देहातों में होने वाली प्रणयलीलाओं के चित्रों को उठा कर गोवर्धन ने उनमें बंगाल के ग्रामजीवन के रंग भर दिये हैं। परकीया रति तथा पति के द्वारा पत्नी के साथ अथवा पत्नी के द्वारा पति के साथ की गई प्रवंचना का रस ले ले कर उन्होंने चित्रण किया है। जैसे —

दलिते पलालपुञ्जे वृषभं परिभवति गृहपतौ कुपिते।
निभृतनिभालितवदनौ हलिकवधूदेवरौ हसतः।।३०२।।

(पुआल के ढेर के सत्यानाश हो जाने से रिसाया हलवाहा इसे बैल का कारस्तानी समझ कर बैल को पीट रहा है, और इधर मुँह छिपाये उसकी पत्नी और देवर हँस रहे हैं।)

ग्रामजीवन तथा दरिद्रजन की व्यथाकथा के भी प्रसंग आर्यासप्तशती में हैं। पर कवि ने इन्हें अपनी शृंगारपरायण दृष्टि के रंग में रँग कर निरूपित किया है। कोई अमीर स्त्री दरिद्र की घरवाली से कहती है कि तुम अच्छी हो जो अपने टूटे फूटे घर में भी चन्द्रमा की वन्दना कर लेती हो (प्रेमी के साथ रमण कर लेती हो,) हम लोग तो चन्द्रदर्शन से भी वंचित हैं (घर के बाहर निकलने की आजादी हमें नहीं है (२९७)।

दुर्गतगेहिनि जर्जरमन्दिरसुप्तैव वन्दसे चन्द्रम्।
वयमिन्दुवञ्चितदृशो निचुलितदोषाविहारिण्यः।।

प्रत्येक आर्या में व्यंग्यार्थ की विच्छित्तियाँ उसके सौंदर्यबोध व चमत्कार की अभिवृद्धि करती हैं। उपर्युक्त आर्या में ही अपने को निचुलितदोषाविहारिणी कहने वाली नागरी अपने रतिसुखसार अभिसार का संकेत भी करती है।

गोवर्धन पतनशील समाज का प्रतिनिधित्व करते हैं। वे कविवाणी को असती तथा काच की बोतल से उपमित करने में भी नहीं हिचकिचाते (आर्या. ७४)। प्राकृत कविता के प्रभाव से समाज के निम्न वर्ग का चित्रण वे करते हैं, सामन्तीय समाज के विलास और आडंबर को भी वे चित्रित करते हैं , पर उसके प्रति उनके मन में वह जुगुप्सा का भाव नहीं है, जो कालिदास जैसे कवियों में हम पाते हैं। उदात्त जीवन बोध का अभाव तथा शृंगार को चित्रण के नाम पर संस्खलन का नमूना उनकी कविता प्रस्तुत करती है। लोकगीतों में मिलने वाले द्व्यर्थक संवादों की भंगिमा आर्यासप्तशती की बहुसंख्य गाथाओं में देखी जा सकती है। तथापि अनेक गाथाओं में मध्यवर्ग के भारतीय पारिवारिक जीवन की रसमाधुरी का प्रभावशाली चित्रण हुआ है, तथा इन परिवारों के संस्कार और जीवनशैली की भी झलक उनकी गाथाएँ देती हैं। असमय सुरत की अभिलाषा प्रकट करने वाले प्रिय से नायिका कहती है—

द्वारे गुरवः कोणे शुकः सकाशे शिशुर्गृहे सख्यः।
कालासह क्षमस्व प्रिय प्रसीद प्रयातमहः।।

(२८५)

(गुरुजन या सास-ससुर आदि दरवाजे पर बैठे हैं , कोने में तोता सब देख रहा है , मेरे पास मेरा बेटा है, घर में सखियाँ भी मौजूद हैं। हे समय न झेल पाने वाले प्रिय, क्षमा करो, अब प्रसन्न हो भी जाओ, अब तो दिन ढल ही गया।)

जीवन और मनुष्य स्वभाव के सूक्ष्म पर्यवेक्षण के कारण परिवार या प्रेमसम्बन्धों के उनके अनेक चित्र प्रामाणिक और प्रभावशाली हैं। बेटी के ब्याह में माँ ने तो रो रो कर धरती गीली कर दी है, पर बेटी को अपने गुणों पर गर्व है, वह मुँह छिपा कर हँस रही है और ऊपर ऊपर से सूखी रुलाई भी कर के दिखा रही है (३८)।

अस्याः पतिगृहगमने करोति माता पिच्छिलां धरणीम्।
गुणगर्विता पुनरसौ हसति शुष्करुदितमुखी।

लोकगीतों या प्राकृत काव्य के प्रतीकों का गोवर्धन ने प्रणय प्रसंगों के चित्रण में सटीक प्रयोग किया है। ये प्रतीक द्व्यर्थक बातचीत करने वाली सखियों की तानाकशी या ठिठोली में विशेष रूप से आये हैं। शिशिर की आग को सम्बोधित करती हुई कोई सखी कहती है - 'तू चाहे धुएँ से आँसू गिरवा या लपटों से जला या अंगारों से मैला बना; फिर गरीब की घरवाली यह तुझे रात भर जगाये रहेगी।' (३०४)।

धूमैरश्रु निपातय दह शिखया दहन मलिनयाङ्गारैः।
जागरिष्यति दुर्गतगृहिणी त्वां तदपि शिशिरनिशि।।

इस तरह के पद्यों में प्रेमपरक व्यंग्यार्थ को ही गोवर्धन के टीकाकारों ने प्रमुखता दी है, पर कहीं कहीं अभिधेयार्थ अपने आप में ऐसे पद्यों में स्वत:पूर्ण और सुन्दर है।

गोवर्धन घर घर की कहानी एक प्रेम के रंग में रँगे रसिक की दृष्टि से कहते हैं, तो कभी कभी पारिवार के जीवन के खटमिट्ठे यथार्थ से भी हमारा साक्षात्कार कराते हैं। उनकी कविता में ऐसी गृहस्थिन भी आती है , जिसे अपने यौवन के मद में भरी सौते सता रहीं हैं, पर उसकी गोद में बेटा है, और इस बेटे को भी उसका बाप बहुत चाहता है, तो यह अपने इसी सौभाग्य के मद में फूली फूली रहती है (५२)।

अभिनवयौवनदुर्जयविपक्षजनहन्यमानमानापि।
सूनोः पितृप्रियत्वाद् बिभर्ति सुभगा मदं गृहिणी।

और भी अधिक मर्मस्पर्शी स्थिति गरीब की घरवाली की है। उसे अपने दुधमुँहे बच्चे पर भी बड़ी ममता है, और प्रियतम पर भी प्रेम है। वह भोली प्रिय के रति के आमन्त्रण को न स्वीकार कर पाती है, न मना कर पाती है —

दुर्गतगृहिणी तनये करुणार्द्रा प्रियतमे च रागमयी।
मुग्धा रताभियोगं न मन्यते न प्रतिक्षिपति।।

(२९६)

शरीर का आग्रह गोवर्धन के श्रृंगार चित्र में सर्वत्र है। उसीके भीतर के कहीं कहीं वे मन के भीतर झाँकते हैं। अपनी बेटी को ले कर माँ की उधेड़बुन का यह संकेत कालिदास के कुमारसम्भव में मैना की पार्वती को ले कर चिन्ता का स्मरण कराता है -

प्रातर्निद्राति यथा यथात्मजा लुलितनिस्सहैरङ्गैः।
जामातरि मुदितमनास्तथा तथा सादरा श्वश्रूः।।

(३७५)

(जैसे जैसे बेटी थक कर निढाल देह से सबेरे सबेरे नींद में बेसुध दिखती है , वैसे वैसे प्रमुदित मन वाली सास का अपने दामाद के लिये आदर बढ़ रहा है।) कहीं कहीं प्रेम के रोमांच और देह के दुर्निवार आकर्षण का चित्रण करते हुए गोवर्धन उसके रस में डूब कर एक दुर्लभ अनन्यता और तन्मयता का विशिष्ट अनुभव भी देते हैं। मन्दिर में प्रणयी युगल पूजा करने पहुँचे हैं। उन दोनों की एक दूसरे के लिये दृष्टि और आँखे ऐसी बँध गयीं हैं कि पूजा के लिये हाथों में उठाये फूल वे एक दूसरे को अर्पित कर बैठे हैं (६५७)।

सुरभवने तरुणाभ्यां परस्पराकृष्टदृष्टिहृदयाभ्याम्।
देवार्चनार्थमुद्यतमन्योन्यस्यार्पितं कुसुमम्।।

गोवर्धन अपनी गाथाओं के द्वारा सामान्य लोगों के सुख दुख की और विशेषत: प्रेम की गाथा गाते हैं। कविता में उनका मुख्य विषय दाम्पत्य तथा परकीया रति है। पराई स्त्री के प्रति प्रणय के चित्रों से आर्यासप्तशती भरी पड़ी है, पर गोवर्धन दाम्पत्य को बहुमूल्य मानते हैं-

निष्कारणापराधं निष्कारणकलहरोषपरितोषम्।
सामान्यमरणजीवनसुखदुःखं जयति दाम्पत्यम्।।

(३३४)

(जिसमें बिना कारण एक दूसरे को अपराधी बता दिया जाता है, बिना कारण परस्पर झगड़ा होता है, क्रोध होता है और बिना कारण ही सन्तोष भी हो जाता है, जिसमें जीना, मरना, सुख, दुःख लगा ही रहता है- ऐसे दाम्पत्य की जय हो।)

अमरुक के भावगांभीर्य तथा संवेदना की ऊँचाइयों का तो स्पर्श गोवर्धन नहीं करपाते, पर कहीं कहीं अपनी आर्याओं में अमरुक के लंबे पद्यों के एक एक भावचित्र को समेट लेते हैं

कृतकस्वापमदीयश्वासध्वनिदत्तकर्ण किं तीव्रैः।
विध्यसि मां निःश्वासैः स्मरः शरैः शब्दवेधीव।।

(१५२)

(तुम झूठमूठ सोने का बहाना कर रहे हो, तुम्हारे कान तो मेरी साँसें सुनने में लगे हैं। और लंबी साँसें छोड़ कर मुझे बींध रहे हो जैसे कामदेव शब्दवेधी बाण छोड़ रहा हो।)

यहाँ शब्दवेधी बाण के उपमान में नयापन है। शब्दवेदी बाण छोड़ने वाला लक्ष्य को आँखों से नहीं देख सकता, पर चित्त उस पर एकाग्र कर के ध्वनि सुन कर संधान करता है। शयानागार में अँधेरा है, नायक आँखें मूँदे हैं, अतः यह उपमा बड़ी सटीक बैठती है। इसीप्रकार विरही पथिक की आशंसाओं का यह मार्मिक चित्र भी उदाहरणीय है -

अङ्के निवेश्य कूणितदृशः शनैरकरुणेति शंसन्त्याः।
मोक्ष्यामि वेणिबन्धं कदा नखैर्गन्धतैलाक्तैः।।

(३९)

(अंक या गोद में रख कर तिरछी चितवन वाली और मुझे धीरे से निष्ठुर कह कर संबोधन करती उसकी वेणी के बंधन मैं कब गंध तैल से सने अपने नखों से खोल पाऊँगा।)

यहाँ नखों से खोलने का बिंब अत्यंत हृदय द्रावक है। विरहिणी शृंगार नहीं करती, कई दिनों से वेणी उसने बाँध रखी है, अतः नायक जानता है कि नखों का उपयोग किये बिना वह न खुलेगी।

वर्णनकला, कल्पना और शैली- गोवर्धन द्व्यर्थक वचोभंगी के कवि हैं, और श्लेष के प्रयोग में उन्होंने बड़ी निपुणता प्रकट की है। गूढव्यंग्यों के ताने बाने से वे पदावली की सघन बुनाई करते चलते हैं। कितव का अर्थ धूर्त और जुआरी दोनों हैं। अक्ष का अर्थ द्यूत के पासे और आँखें दोनो हैं। गोवर्धन ने इनसे श्लेष गूँथते हुए नायिका को पाशकसारी (द्यूत में फैंकी जाने वाली गुटिका बना दिया है)—

कितव प्रपञ्चिता सा भवता मन्दाक्षमन्दसञ्चारा।
बहुदायैरपि सम्प्रति पाशकसारीव नायाति।।

(१५७)

इसी श्लेष और उपमा की योजना को आगे उन्होंने उलट कर प्रयोग किया है- शारीव कितव भवतानुकूलिता पातिताक्षेण।(६२३)।

इसप्रकार की चमत्कारपूर्ण कल्पनाओं में रमते हुए गोवर्धन कहीं नायिका को वातप्रतीच्छनपटी (नाव का पाल) और नायक को वहित्र (नाव) बना देते हैं(९९)। नायिका के वक्ष:स्थल पर मोतियों की माला झूल रही है और माला के बीच में उसका कुचमुकुल है, तो कवि को उसकी देहलता गुटिकाघनु (गुलेल) प्रतीत होती है (१०८), तो कहीं वाष्प (बरसात में भीगी, आँसुओ से भीगी) सर्वंसहा धरती के रूप में वे उसे देखते हैं। वे नायिका की देह को विन्ध्याचल बता देते हैं, जो (अगस्त्य जैसे) मुनियों की गति को भी रोक ले (५५६)। इस तरह की अभिव्यक्तियों में नई कल्पनाओं के साथ गोवर्धन ने गाँव की बोली से मिली पदावली संस्कृत कविता में संक्रान्त की है। कठोर हृदय वाले सम्पन्न पर कंजूस नायक को वे शुंठी (सौंठ) का टुकड़ा बताते हैं (२७१)। हलवाहे की गुणमयी (गुणों वाली, रस्सी वाली) बेटी गाँव के तरुणों को मेढिरज्जु (खूँटे की रस्सी) की तरह भ्रमित (घुमाना, भ्रम में डालना) कर रही है।

भ्रमयसि गुणमयि कण्ठग्रहयोग्यानात्ममन्दिरोपान्ते।
हालिकनन्दिनि तरुणान् ककुद्मिनो मेढिरज्जुरिव।

एक एक शब्द यहाँ हास्य की छटा बिखेरता है। ककुद्मिन् शब्द का प्रयोग कर के तरुणों पर गोवर्धन से अच्छी छींटाकशी की है। ककुद बैल की गरदन के नीचे का उभार है, जो उसकी शक्ति का प्रतीक कहा जाता है। हलवाहे की बेटी कंठ से लगाने से योग्य ककुद वाले बैलों या साँडों जैसे इन तरुणों के लिये लगाम की रस्सी बन गयी है, वह अकेली इन्हें घुमाती रहती है।

प्रेम के पाक को वे क्षुद्रापचार से विरस होने वाले गुड के पाक से उपमित करते हैं(१२४)। इस तरह की चमत्कारपूर्ण कल्पनाओं या अछूते बिम्बविधान के विन्यास में बोलचाल की भाषा से उठाये गये मुहावरों या लोकोक्तियों का भी हाथ रहा है। चितवन से तकने वाली नायिका उनके लिये निहितार्धलोचना है, तो नायक अंगुलि पकड़ाने वाली की बाँह पकड़ने का काम करने वाला (३३९)। मुहावरे की बड़ा ही सटीक प्रयोग है —

निहितार्धलोचनायास्त्वं तस्या हरसि हृदयपर्यन्तम्।
न सुभगमुचितमीदृशमङ्गुलिदाने भुजं लिङ्गसि।।

लोकजीवन के अपने अध्ययन के कारण गोवर्धन बहुत मार्मिक और अछूती उपमाओं की सृष्टि करनें में सफल हुए हैं। कुछ तरुण नायिका को बहका कर एक रात उसके साथ बिता कर उसे त्याग देते हैं। ऐसी नायिका के लिये कवि ने उपमा दी है- दुर्गापत्री (३४०)। दुर्गापत्री बेल की वह डाल है, जो नवरात्रि में अष्टमी की तिथि पर लाई जाती है, और रात भर जागरण में रख कर अगले दिन नवमी के अवसर पर उसका विसर्जन कर दिया जाता है।

नीत्वागारं रजनीसादरमेकं च सादरं दत्वा।
अचिरेण कैर्न तरुणैर्दुर्गापत्रीव मुक्तासि।।

रसप्रदीपिका टीका के लेखक सचल उपाध्याय ने दुर्गापत्री उस पत्रिका को बताया है, जो एक रात्रि घर में रख कर फिर विसर्जित कर दी जाती है।

त्यक्तस्नेह नायक के लिये शुण्ठिशकल (सोंठ के टुकड़े) से उपमा अनूठी ही है। ऐसे नायक को नागर कहना तो विडंबना ही है—

तस्मिन् गतार्द्रभावे विगतरसे शुण्ठिशकल इव पुरुषे
अपि भूतिभाजि मलिने नागरशब्दो विडम्बनाय।

(२७२)

(जिसका आर्द्रभाव चला गया है, रस निकल गया है, ऐसे सोंठ के टुकड़े जैसे पुरुष के लिये भले ही वह भूतिभाजन हो, नागर शब्द विडंबना के लिये ही है।)

यहाँ गतार्द्रभावे तथा विगतरसे इन दो विशेषणों की व्यंजना बड़ी धारदार है, तथा ये श्लेष से उपमान (शुंठीशकल) और उपमेय (पुरुष) दोनों पर लागू होते हैं। इसी तरह भूतिभाजि का अर्थ समृद्धि से युक्त तथा भूति (राख) से युक्त यह भी दोनों पर लागू होता है।

दृष्टि- गोवर्धन के काव्य की भित्ति बंगाल के गाँवों की है। गाँव या ग्रामपल्ली के वातावरण को कवि ने साकार कर दिया है। पल्ली या बस्ती का मुखिया गाँव में आई नई बहू को यदि वह तनिक भी इधर उधर तक ले, तो डाकिनी बता कर दंड देता है।(१४०)।

ऋजुना निधेहि चरणौ परिहर सखि निखिल नागराचारम्।
इह डाकिनीति पल्लीपतिः कटाक्षेऽपि दण्डयति।।

दीपोत्सव के पश्चात् ग्वाले गोष्ठ के पास बैठ कर गाते बजाते हैं(१४१)। बहुविवाह और पुरुषप्रधानसमाज की विडम्बनाएँ उनके काव्य में अनेकत्र मार्मिकरूप में चित्रित हैं। 'जैसे जैसे रखैल गृहस्वामिनी से छिपा छिपा कर घर के मालिक की और अधिक सेवा कर रहती है, वैसे वैसे घरवाली की आशंकाएँ, ईर्ष्या और भय बढते जा कहे हैं'(६११)।

सान्तर्भयं भुजिष्या यथा यथा करोति समधिकां सेवाम्।
सातङ्केर्ष्यासभया तथा तथा गेहिनी तस्याः।।

(टीकाकार सचल उपाध्याय के अनुसार दासी गृहिणी की ही पादसंवाहनादि सेवा करती है, जिससे वह शीघ्र सो जाये, और वह गृहस्वामी के साथ विलास कर सके।) यहाँ भुजिष्या शब्द का प्रयोग बड़ा ही साभिप्राय है।

दुर्विलासी नायक के लिये कवि ने कहा है - 'जिसके घर में नदियों की तरह बड़े गोत्रों (पहाड़ों, कुल या वंश) से आईं स्त्रियाँ सूखती या कुम्हलाती रहती हैं, वह मेघ की तरह सागर की खारी लहरो में ही तृप्त होता है'(६१४)।

सरित इव यह गेहे शुष्यन्ति विशालगोत्रजा नार्यः।
क्षारास्वेव स तृप्यति जलनिधिलहरीषु जलद इव।।

इस तरह के वाक्य नायिका की सखियों के मुख से कहलाये गये है, जबकि पुरुष की दृष्टि यह है—

सहधर्मचारिणी मम परिच्छदः सुतनु नेह सन्देहः।
न तु सुखयति तुहिनदिनच्छत्रच्छायेव सज्जन्ती।।

(६७३)

(हे सुन्दरि, मेरी सहधर्मचारिणी तो परिच्छद या घर के सामान की तरह है- इसमें कोई सन्देह नहीं। सर्दी के दिन में छाते की तरह वह सुख नहीं देती।) ऐसे ही किसी पुरुष को स्त्री के मुख से उलाहना दिया गया है—

जड सुखयसि परतरुणीं गृहिणीं कारयसि केवलं सेवाम्।
आलिङ्गति दिशमिन्दुः स्वां तु शिलां वारि वाहयति।।

(२४५)

(हे जडबुद्धे, तुम पराई तरुणी को सुख दे रहे और अपनी गृहिणी से केवल सेवा करा रहे हो। चंद्रमा पूर्वदिशा का तो आलिंगन करता है, और अपने नाम की शिला (चंद्रकांत शिला) को आँसू बहाने के लिये छोड़ देता है।)

यहाँ निदर्शना अलंकार में चंद्रकांत मणि का उपमान कवि की सूझ है।

गोवर्धन आदर्श पत्नी को एक ऐसी सती नारी के रूप में देखते हैं, जो अपने घर-बार में सुखी रहे, सपत्नियों या सौतों अथवा पति की रखेलों, प्रेमिकाओं को ले कर चिन्तित न हो। ऐसी स्त्री के प्रति यह कथन है—

अङ्के स्तनन्धयस्तव चरणे परिचारिका प्रियः पृष्ठे।
अस्ति किमु लभ्यमधिकं गृहिणि यदाशङ्कसे बालाम्।।

(६१)

(गोद में दूध-पीता बच्चा है, चरणों में परिचारिका है, पीछे प्रिय लगा हुआ है। हे गृहिणी, इससे अधिक (एक स्त्री को) और क्या चाहिये, जो तुम उस नई प्रेमिका को ले कर आशंकित हो रही हो।)।

यद्यपि इस तरह के कथन किसी पात्र की ओर से कवि ने निबद्ध किये हैं, अतः पूरी तरह से उन्हें कवि का मन्तव्य नहीं कहा जा सकता। पर यह भी सत्य है कि आर्यासप्तशती में प्रतिनिधित्व पुरुष की भोगवादी दृष्टि का अधिक हुआ है। परिणीता स्त्री की यह छवि पुरुष की गढी हुई ही है—

तल्पे प्रभुरिव गुरुरिव मनसिजतन्त्रे क्षमे भुजिष्येव।
गेहे श्रीरिव गुरुजनपुरतो मूर्तेव सा व्रीडा।।

(२५७)

(शयनागार में वह पूरी तरह मनमानी कर सकने वाली, कामशास्त्र में गुरु के समान, घर के कामकाज में श्रम करने में दासी की तरह, घर में लक्ष्मी की तरह तथा गुरुजनों (सास-ससुर आदि) के सामने मूर्तिमती लज्जा ही है।)। पर गोवर्धन ने नारी के विविध रूप अपनी गाथाओं में अंकित किये हैं। एक ओर पतिव्रता या साध्वी स्त्रियों के चित्र हैं, तो दूसरी ओर विवाह को विपत्ति मानने वाली और अपने ही वैवाहिक अनुष्ठान के समय अपने जार को चोरी छिपे ताक कर हँसने वाली नायिका भी है (८१)। जिसका पति बाहर रंगरेलियाँ मनाता रहता हो और पत्नी से दासी के समान केवल सेवा लेता हो, ऐसी गृहिणी के जीवन की विडंबना भी आर्यासप्तशती की गाथाओ में उभरती है (२४४)। 'सा केवलं गृहिणी-' (वह केवल घरवाली ही है (५८८)- यह कथन यहाँ स्त्री के जीवन की नारकीय विडम्बना का व्यंजक है। कालिदास ने गृहिणी शब्द का प्रयोग असाधारण गौरव और मर्यादा की अभिव्यक्ति करते हुए किया है, गोवर्धन की कविता के समाज में उसका ऐसा अवमूल्यन हुआ है कि वह विवशता का द्योतक बन कर रह गया है। पर गोवर्धन में परम्परागत मूल्यबोध न हो, ऐसी बात नहीं। वे ऐसी गृहिणी का अनादर करने के लिये बाद में पछताते पति की वेदना का भी चित्रण करते हैं(५१९)।

बालाविलासबन्धादप्रभवन्मनसि चिन्तयन् पूर्वाम्।
सम्मानवर्जितां तां गृहिणीमेवानुशोचामि।।

(एक बाला या कम आयु की लड़की के साथ विलास करने में मैं बँध कर अपना आपा खो बैठा, पर मन में अपनी पहली गृहिणी का ही सोचता रहता हूँ, जिसे मैंने सम्मान नही दिया।)

टीकाएँ – गोवर्धन की आर्यासप्तशती पर दो विशद टीकाएँ प्राप्त होती हैं – अनंत पंडित की व्यंग्यार्थदीपन तथा भवानीनाथ मिश्र (सचल उपाध्याय) की अठारहवीं शताब्दी में लिखी रसप्रदीपिका टीका।

अर्धनारीश्वरस्तोत्र

अर्धनारीश्वरस्तोत्र के रचयिता कल्हण हैं, जिनका परिचय ऐतिहासिक महाकाव्य के अंतर्गत राजतरंगिणी के विवेचन में दिया गया है। इस स्तोत्र में कुल १८ पद्य हैं, जिनमें चौदह पद्य शार्दूलबिक्रीडित में हैं। चमत्कार, कौतुक तथा भक्तिभावना का अनोखा मिश्रण कवि ने इन पद्यों में किया है।

दातुं वाञ्छति दक्षिणेऽपि नयने वामः करः कज्जलं
भौजङ्गं च भुजेऽङ्गजं घटयितुं वामेऽपि वामेतरः।
इत्थं स्वं स्वमशिक्षितं भगवतोरर्धं वपुः पश्यतोः
साधारस्मितलाञ्छितं दिशतु वो वक्त्रं मनोवाञ्छितम्।।७।।

(बायाँ हाथ दाहिने नयन में काजल लगाना चाहता है, तो दाहिना हाथ बायें को साँप का

बाजूबंद पहनाना चाहता है। इस प्रकार भगवान् अर्धनारीश्वर के अर्धांग में स्थित अपने अपने अशिक्षित देह को ताकते शिव और पार्वती का मुस्कान से लांछित या चिह्नित मुख आपके मनोवांछित को पूरा करे।)

यहाँ वांछित व लांछित – इन पदों के द्वारा अनुप्रास अच्छा साधा गया है, तथा हास्य के साथ देवताविषयक भक्तिभाव का सरस सम्मिश्रण कवि ने कर दिया है।

अन्योक्तिमुक्तालता

कश्मीर के महाकवि शम्भु ने मुक्तककाव्य परंपरा में दो महत्त्वपूर्ण रचनाएँ प्रस्तुत कीं- अन्योक्तिमुक्तालता तथा राजेंद्रकर्णपूर। शम्भु राजा हर्ष (१०८९-११०१ई०) के आश्रय में रहे। श्रीकंठचरित के प्रणेता महाकवि मंख ने इनका एक सुकवि के रूप में स्मरण किया है। अन्योक्तिमुक्तालता में विविध विषयों पर १०८ सरस अन्योक्तियाँ हैं। शंभु भल्लट से प्रभावित प्रतीत होते हैं। भल्लट की कविता के समान व्यंग्य के तीखेपन के साथ समाज की विसंगतियों का कवि ने यहाँ निरूपण किया है। पर प्रासादिकता के स्थान पर शंभु की कविता में चमत्कार दिखाने की प्रवृत्ति तथा आयास अधिक मिलता है। भाषा में गाढबंध और शैथिल्य दोनों का समान निर्वाह करने में वे सफल हैं। उदाहरण के लिये—

कुञ्जे कोरकितं करीरतरुभिर्द्रेक्काभिरुन्मुद्रितं
यस्मिन्नङ्कुरितं करञ्जविटपैरुन्मीलितं पीलुभिः।
तस्मिन् पल्लवितोऽसि किं वहसि किं कान्तामनोवागुरा-
भङ्गीमङ्ग लवङ्गभङ्गमगमः किं नासि कोऽयं क्रमः।।

(४३)

(हे लवंग, जिस कुंज में करीर के पेड़ पनप रहे हैं, जहाँ द्रेक फूल रहे हैं, जहाँ करंज के झाड़ों में अंकुर फूट रहे हैं, और पीलु विकसित हो रहे हैं, वहाँ तुम क्यों व्यर्थ में खिल रहे हो? क्यों व्यर्थ ही रमणियों का मन बींधने वाली भंगिमाएँ दिखा रहे हो? यह तुम्हारी कैसी रीति? तुम टूट क्यों नहीं जाते?)

राजेंद्रकर्णपूर शंभु की दूसरी रचना है, जो राजा हर्ष की प्रशस्ति में है। कवि ने हर्ष की प्रशस्ति में धरती आकाश एक कर गिया है।

रुय्यक

रुय्यक अलंकारसर्वस्व नामक काव्यशास्त्र के ग्रंथ के द्वारा जाने जाते हैं। इन्होंने अलंकारसर्वस्व में अपने श्रीकंठस्तव नामक काव्य का उल्लेख करते हुए उससे ये निम्नलिखित अनुष्टुप् उद्धृत किये हैं—

अहीनभुजगाधीशवपुर्वलयकङ्कणम् ।
शैलादिनन्दिचरितं क्षतकन्दर्पदर्पकम्।।
वृषपुङ्गवलक्ष्माणं शिखिपावकलोचनम्।
ससर्वमङ्गलं नौमि पार्वतीसखमीश्वरम्।।
दारुणः काष्ठतो जातो भस्मभूतिकरः परः।
रक्तशोणार्चिरुच्चण्डः पातु वः पावकः शिखी।।
भुजङ्गकुण्डली व्यक्तशशिशुभ्रांशुशीतगुः।
जगन्त्यपि सदापायादव्याच्चेतोहरः शिवः।।

(सर्प के वलय और कंकण पहने हुए, कामदेव के दर्प को नष्ट करने वाले, वृषपुंगव का चिह्न धारण करने वाले, अग्निमय नेत्र वाले सर्वमंगल पार्वती के सखा ईश्वर को मैं नमन करता हूँ। काष्ठ से जन्मे, दारुण भस्मभूति लगाये हुए, कर परम भुजंगकुंडली, शशिशुभ्रांशु शीतगु या शीतल किरणों वाले, चित्त का हरण करने वाले शिव जगत् की रक्षा करें।)

यहाँ रुय्यक ने पुनरावृत्ति दोष की आशंका तथा उसका श्लेष से परिहार प्रदर्शित किया है। अहीन व भुजग समानार्तक हैं, अहीन का जो हीन न हो यह अर्थ लेने पर पुनरुक्ति का परिहार हो जाता है। इसी प्रकार शिखि व पावक पर्याय हैं, पावक का पवित्र करने वाला यह अर्थ लेने पर पुनरुक्ति नहीं रहती। सदा अपायात् यह संधि विच्छेद करने पर पायात् व अव्यात् की समानार्थकता नहीं रह जाती।

कवि कंकण और उनका मृगांकशतक

कविकंकण बंगाल में कवियों को दी जाने वाली एक उपाधि रही है, तथा कंकण नाम से अनेक कवि हुए हैं। कंकण नामक कवि के दो पद्य सदुक्तिकर्णामृत में, एक पद्य सुभाषितावली में तथा कुछ और पद्य पद्यवेणी आदि सुभाषितसंग्रहों में उद्धृत हैं। मृगांकशतक को कलंकशतक अथवा शृंगारशतक भी कहा गया है। अल्लराज की रसरत्नप्रदीपिका में कविकंकण के नौ पद्य संकलित हैं। कविकंकण तथा कंकण नामक कवि एक हैं या अलग अलग यह एक अनिर्णेय समस्या बनी रही है। कश्मीर का राजा क्षेमगुप्त (९५८-९६८ई०), जो पर्वगुप्त का पुत्र था, धूर्तों और चाटुकारों की प्रशँसाएँ सुन कर उनके ऊपर सोने के कंगनों की वर्षा करता था, अत: उसे कंकणवर्षी यह नाम दे दिया गया। पीटर्सन मानते हैं कि राजतरंगिणी में वर्णित यह क्षेमगुप्त कंकणवर्ष ही कविकंकण है। मृगांकशतक के संपादक भारतभूषण शर्मा इस मान्यता को निराधार मानते हैं। वे कविकंकण के समय की निम्नसीमा ११५०ई० मानते हैं।

कविकंकण द्वारा रचित कारुण्यलहरीस्तव तथा मृगांकशतक इन दो खंडकाव्यों का पता चलता है। उनके नाम से सुभाषितसंग्रहों में उद्धृत पद्यों से अनुमान किया जा सकता है कि उनकी इन दो काव्यों के अतिरिक्त अन्य रचनाएँ रहीं होगीं।

मृगांकशतक में चंद्रमा के कलंक को ले कर विविध उत्प्रेक्षाओं या रूपकों के वितान निर्मित किये गये हैं। यह एकबिंबात्मककाव्य का प्राचीनतम उदाहरण कहा जा सकता है, जिसकी पश्चिमी साहित्य में एक समय बड़ी धूम रही है, तथा आधुनिक संस्कृतकाव्य में जिसके मुखर प्रयोगकर्ता हर्षदेव माधव हैं।

सूक्तिमुक्तावली

सूक्तिमुक्तावली एक शतक काव्य है। इसकी रचना ११९३ई० में हुई। इसके प्रणेता सोमप्रभाचार्य आचार्य हेमचंद्र के सतीर्थ्य रहे। इसमें सत्य, शील, अपरिग्रह आदि सद्गुणों का प्रतिपादन है। कुल इक्कीस विषयों पर इस में नीतिपरक पद्य संगृहीत हैं। सोमप्रभ ने विविध दृष्टांतों, निदर्शनाओं व रूपकों के प्रयोग से कथ्य को हृदयंगम बनाया है। भर्तृहरि की शैली व अभिव्यक्ति का प्रभाव इनकी रचना में स्पष्ट झलकता है। उदाहरणार्थ —

स्वर्णस्थाले क्षिपति स रजः पादशौचं विधत्ते
पीयूषेण प्रवरकरिणं वाहयत्यैन्धभारम्।
चिन्तारत्नं विकिरति कराद् वायसोड्डायनार्थं
यो दुष्प्राप्तं गमयति मुधा मर्त्यजन्म प्रमत्तः।

(कठिनाई से मिले मनुष्यजन्म को जो व्यक्ति व्यर्थ गँवाता है, वह सोने की थाली में धूल भरता है, अमृत से पाँव धोता है, श्रेष्ठ हाथी से इंधन का भार ढुलवाता है तथा कौवों को भगाने के लिये हाथ से चिंतामणि रत्न फैंकता है।)

तुलसीदास के समकालीन कवि बनारसी दास ने इसका हिंदी पद्यों में अनुवाद किया।

जगद्धर : स्तुतिकुसुमांजलि

जगद्धर की स्तुतिकुसुमांजलि स्तोत्रसाहित्य की सर्वाधिक पठित रचनाओं में से एक है। महाकवि जगद्धर कश्मीर के निवासी थे। ये अपने समय के श्रेष्ठ दार्शनिक, वैयाकरण तथा प्रौढ मीमांसक रहे। इनका समय ईसा की चौदहवीं शती है। अपना परिचय देते हुए जगद्धर ने बताया है कि चंडेश्वर नामक प्रसिद्ध मीमांसक के पुत्र रामेश्वर हुए। इनकी भी मीमांसक के रूप में महती प्रतिष्ठा थी। इनके पुत्र गदाधर थे, गदाधर के पुत्र विद्याधर तथा विद्याधर के पुत्र रत्नधर हुए। जगद्धर रत्नधर के पुत्र थे। इन्होंने बालबोधिनी नामक कातंत्रवृत्ति की रचना भी की थी।

स्तुतिकुसुमांजलि में अड़तीस स्तोत्र हैं, जिनमें पद्यों की संख्या अलग अलग है, न्यूनतम पद्यसंख्या (८) मंगलाष्टकस्तोत्र में तथा अधिकतम पद्य (१४३) दीनाक्रंदन स्तोत्र में हैं। अनुष्टुप्, शिखरिणी, शार्दूलविक्रीडित, वसंततिलका, रथोद्धता, मंजुभाषिणी, आर्या, पुष्पिताग्रा, स्रग्धरा, अनुष्टुप्, प्रहर्षिणी, गीतिका, प्रमिताक्षरा, प्रमाणिका, शशिकला, नर्कुटक, कोकिलक, जलोद्धतगति, अतिरुचिरा, वैतालीय, सुपवित्रा आदि विविध छंदों का जगद्धर ने सहज रूप में प्रयोग किया है।

जगद्धर के स्तोत्रों में भावप्रवणता के साथ रचना का सौष्ठव मनोहारी है। श्लेष, अनुप्रास, यमक आदि की लड़ियाँ गूँथने में वे निपुण हैं। उनकी कविता करुणा तथा समर्पण और आस्था का अबाध और अगाढ प्रवाह प्रस्तुत करती है। कविमुख को उपवन, वाणी को लता तथा सूक्ति को सुमन बताते हुए उन्होंने रूपक और श्लेष के संकर का सुंदर निदर्शन प्रस्तुत करते हुए अपनी कविता का मानदंड भी बता दिया है—

धन्याः शुचीनि सुरभीणि गुणोम्भितानि वाग्वीरुधः स्ववदनोपवनोद्गतायाः।
उच्चित्य सूक्तिकुसुमानि सतां विविक्त-वर्णानि कर्णपुलिनेष्ववतंसयन्ति।।

(अपने वदन के उपवन से विनिर्गत वाणी रूपी लता के विविक्त वर्ण (अक्षर, रंग) वाले, शुचि या पवित्र, सुरभित, गुण (सद्गुण तथा डोरी या धागा) में बँधे सूक्ति के कुसुमों को चुन कर जो सज्जनों के कर्णपुलिन में सजा देते हैं, वे धन्य हैं।)

शिव के प्रति जगद्धर की परम भक्ति है। उपालंभ, समर्पण, एकनिष्ठ उपासनाभाव की गहन अभिव्यक्ति के कारण इसके पद्य मन को छूते हैं। शिवसायुज्यता की कामना को अनुष्टुप् में हृदयंगम बनाते हुए कवि कहता है—

कदा संसारजालान्तर्बद्धं त्रिगुणरज्जुभिः।
आत्मानं मोचयिष्यामि शिवभक्तिशलाकया।।
वाङ्मनःकायकर्माणि विनिवेश्य त्वयि प्रभो।
त्वन्मयीभूय निर्द्वंद्वः क्वचित् स्यामपि कर्हिचित्।।

(संसार के जाल में त्रिगुणरज्जुओं से बँधे मैं अपने आप को कब छुड़ा पाऊँगा। हे प्रभो, मैं कब वाणी, मन और काया तीनों को आप में विनिवेशित कर के आप में तन्मय हो कर क्या मैं कभी अवस्थित रह पाऊँगा।)

स्तुतिकुसुमांजलि के स्तोत्र अनुप्रास, यमक आदि शब्दालंकारों तथा रूपक आदि अर्थालंकारों की मनोहारी छटा से विभूषित हैं। अनेक अलंकारों की संसृष्टि या संकर रचने में जगद्धर सिद्ध हैं। जैसे—

नमः समस्तसङ्कल्पकल्पनाकल्पशाखिने।
विकासिकलिकाकान्तकलापाय स्वम्भुवे।।

(२.५)

(जो समस्त संकल्पों व कल्पनाओं के लिये कल्पवृक्ष हैं, विकसित होती कलिकाओं के कांतकलाप ऐसे स्वयंभू को नमन है।)

निजाङ्गभङ्गभङ्ग्यापि भक्तानुग्रहकारिणे।
नमः स्तम्भितजम्भारिभुजस्तम्भाय शम्भवे।।

(२.१५)

(अपने अंगों को भंग करने की भंगिमा के द्वारा भी भक्तों पर अनुग्रह करने वाले तथा जंभारि की भुजाओं को स्तंभित करने वाले शंभु को नमन है।)

जगद्धर ने शिवशक्ति को मनुष्य की मनस्विता व स्वाभिमान की रक्षा का साधन मानते हुएकहा है—

स्तब्धा द्वारि यदास्महे क्षितिभुजां निर्भर्त्सिता वेत्रिभिः
यद्गर्वान्धनरेन्द्रवल्लभदुरुद्गारैर्विदह्यामहे।
यन्मिथ्यास्तुतिपातकैर्भगवतीं वाचं तिरस्कुर्महे
तत्सर्वं तव वक्रवक्त्रवलनामात्रस्य विस्फूर्जितम्।।

(१०.७७)

(हम जो राजाओं के द्वार पर पहरेदारों के द्वारा झिड़के जाते हुए स्तब्ध खड़े रहे, जो गर्व से अंधे राजप्रिय लोगों के दुरुद्गारों से जलते रहे, जो मिथ्या स्तुति के पातक से भगवती वाणी का तिरस्कार करते रहे हैं, वह सब वक्र- मुख (गणेश) के वक्र हो जाने भर का विस्फूर्जित या दुष्परिणाम है।)

जगद्धर के वचनावली का वैशिष्ट्य उनकी अपनी वाणी में इस प्रकार व्यक्त किया जा सकता है—

राकेन्दोरपि सुन्दराणि हृदयग्राहीणि बालाङ्गना-
मुग्धालापकथामृतादपि परं हारीणि हारादपि।
अप्युत्तालशिखालवालवचसः सम्पूर्णकर्णामृत-
स्यन्दीनि त्रिजगद्गुरोः स्तुतिकथासूक्तानि पुष्णन्तु वः।।

(३.५८)

प्रो० रमाकांत शुक्ल ने तुलसीदास की विनयपत्रिका पर इसके प्रभाव का संकेत किया है।

टीका - सूर्यशतक के प्रणेता रत्नकंठ ने स्तुतिकुसुमांजलि पर लघुपंजिका अपनी टीका १७३८ई० में पूरी की थी। प्रेमवल्लभ त्रिपाठी के द्वारा १९३८ में इसका हिंदी अनुवाद प्रकाशित हुआ। भट्टमथुरानाथ शास्त्री ने स्तुतिकुसुमाञ्जलि पर टीका लिखी है। हिंदी टीका सहित इसका सुसंपादित संस्करण (२०१५) रमाकांत शुक्ल द्वारा निर्मित है।

मुक्तककार मल्लिनाथ

प्रसिद्ध टीकाकार कोलाचलसूरि मल्लिनाथ १३५०ई० से १४५० ई० के बीच हुए। इनके रघुवरचरित महाकाव्य की चर्चा इस खंड के पहले अध्याय में की गई है। मल्लिनाथ ने टीकाओं में अपने द्वारा रचित अनेक मुक्तक उद्धृत किये हैं, जिनसे एक मुक्तककवि के रूप में उनकी उत्कृष्ट रचनाशीलता प्रमाणित होती है। इनमें से अधिकांश मुक्तक स्तुतिपरक या मंगलाचरण रूप हैं। मल्लिनाथ के ये स्तुतिपद्य इतने मनोहर हैं कि पंडितपरंपरा में इनका

गायन सभाओं में शताब्दियों से होता आया है। जैसे रघुवंश द्वितीय सर्ग की टीका के आरंभ में यह श्लोक—

आशासु राशीभवदङ्गवल्ली भासैव दासीकृतदुग्धसिन्धुम्।
मन्दस्मितैर्निन्दितशारदेन्दुं वन्देऽरविन्दासनसुन्दरि त्वाम्।।

इस पद्य का एक एक शब्द सरस्वती को समर्पित मुक्ताहार का विशद स्वच्छ मुक्तामणि है। सौंदर्यबोध की अनाविलता को अनुप्रासों की अनूठी छटा ने और चमका दिया है। दुग्धसिंधु या क्षीरसागर को दास बना देने वाली माँ भारती के अंगों की कांति दिशा दिशा में राशि राशि संचित हो रही है – इस कथन में व्यतिरेक अलंकार है। उससे वाग्देवी की अतिशय शुभ्रता ध्वनित होती है। शरद् के चंद्र को मंदस्मित या हल्की मुस्कान के द्वारा विनिंदित बनाने वाली– यह विशेषण भी व्यतिरेक के साथ सौंदर्यातिशय का व्यंजक है।

इसी तरह रघुवंश के चतुर्थ सर्ग के प्रारंभ में मल्लिनाथ का यह श्लोक भी संस्कृतपंडितों के समाज में जिह्वारूढ हो कर कोटिशः दोहराया जाता रहा है—

शारदा शारदाम्भोजवदना वदनाम्बुजे।
सर्वदा सर्वदाऽस्माकं सन्निधिं सन्निधिं क्रियात्।

यमक अलंकार के सधे हुए सन्निवेश ने इस पद्य को अलौकिक आभा प्रदान कर दी है। शारदाम्भोजवदना में शारद अम्भोजवदना यह विच्छेद कर के शरद् ऋतु में खिले कमल के समान मुख वाली यह अर्थ होगा। सर्वदा के द्विविध प्रयोग में पहली बार अर्थ सब कुछ प्रदान करने वाली और दूसरी बार अर्थ सदा के लिये – यह लिया जायेगा। यही स्थिति सन्निधि (सुंदर निधि, सान्निध्य) के साथ भी है। भाषा पर ऐसा अधिकार मल्लिनाथ जैसे पंडितकवि का ही हो सकता है। रघुवंश पंचम सर्ग का यह आरंभिक श्लोक भी पठनीय है—

इन्दीवरदलश्याममिन्दिरानन्दकन्दलम्।
वन्दारुजनमन्दारं वन्देऽहं यदुनन्दनम्।।

यहाँ 'इन्दीवरदलश्याम्' में उपमा है, इन्दिरानन्दकन्दलम् तथा वन्दारुजनमन्दारम् में निरंग रूपक। मल्लिनाथ ने कहीं राम का स्तवन किया है, कहीं सरस्वती का, कहीं कृष्ण का, तो गणेश की वंदना में उनके श्लोक कम रमणीय नहीं हैं। शिशुपाववध की टीका के उपोद्घात श्लोकों में यह श्लोक उदाहरणीय है—

दन्ताञ्चलेन धरणीतलमुन्नमय्य पातालकेलिषु धृतादिवराहलीलम्।
उल्लाघनोत्कणफणाधरणीयमानक्रीडावदानमभिराजमुखं नमामः।।

यहाँ गणेश व महावराह की अभिन्नता प्रतिपादित करते हुए मल्लिनाथ ने कल्पना का अनोका चमत्कार प्रकट किया है। इससे विष्णु के अवतारों के संबंध में पुराणों के कथनों की उन्हें कितनी जानकारी है – यह भी जाना जा सकता है। विष्णुपुराण में गणपति को भी विष्णु के अवतारों में एक माना गया है। एक दाँत पर टिका कर पृथ्वी का उद्धार करते वराह की

प्रतिमा को गणेश की प्रतिमा में समाहित करना एक परंपरा को भी सामने लाता है। इसी तरह गणेश की स्तुति में रघुवंशसंजीवनी का मल्लिनाथ का यह छंद उदाहरणीय है—

हेरम्बमवलम्बेऽहं यस्मिन् पातालकेलिषु।
दन्तेनोदस्यति क्षोणीं विश्राम्यन्ति फणीश्वराः।।

गणेश की पातालकेलियों में पृथ्वी को ऊपर उठा देने पर फणीश्वर शेष नाग को विश्राम मिलने की कल्पना गणेश की पातालकेलि की भाँति ही कौतुककरी है। उतने ही चमत्कार के साथ तरलाटीका के उपोद्घात में गणेश की बाललीला का वर्णन करते हुए मल्लिनाथ ने वात्सल्य की धारा भी बहा दी है। रामचंद्र के तो मल्लिनाथ परमभक्त हैं ही। रघुवंश के दसवें से उन्नीसवें सर्ग तक की संजीवनी में उन्होंने प्रति सर्ग के एक एक श्लोक से राम की वंदना की है। रामस्तुति के ये दस श्लोक अपने आप में एक उत्तम स्तोत्र भी बन गये हैं। इन समस्त श्लोकों में एक एक पद्य परिवृत्यसह है – उसका कोई जोड़ नहीं। साथ ही पांडित्य और कल्पनाओं के चमत्कार के साथ मल्लिनाथ जिस तरह प्रसादगुण व प्रांजलता का निर्वाह करते हैं – वह भी कवित्व की उत्तमता का एक निदर्शन है। रामचंद्रविषयक यह पद्य पाठ्य है—

वृन्दारका यस्य भवन्ति भृङ्गा मन्दाकिनी यन्मकरन्दविन्दुः।
तवारविन्दाक्ष पदारविन्दं वन्दे चतुर्वर्गचतुष्पदं तत्।।

(देवता गण जिसके भौरे हैं, मंदाकिनी जिसका परागबिंदु है, हे अरविंदाक्ष, तुम्हारे चतुर्वर्ग के चतुष्पद उस पदारविंद की वंदना करता हूँ।)

शिव की वंदना में भक्ति और शृंगार का यह अंगागिभाव से यह समागम मल्लिनाथ जैसा कर सके हैं वह भी कवियों के लिये एकनिदर्शन है—

अग्रे कृत्वा प्रियसहचरीमन्तिकं सम्प्रयान्ती
व्रीडाभारादवनतमुखीमम्बिकामादरेण ।
लोलापाङ्गं प्रणयमधुरं लोचनान्तेन पश्य-
न्नन्तस्तुष्यन्नवतु भगवानम्बिकावल्लभो नः।।

मल्लिनाथ की कविता पांडित्य और वैदग्ध के साथ चारुता की त्रिवेणी रचती है। रघुवंश के तृतीय सर्ग में शिव की वंदना करते हुए वे कहते हैं –

उपाधिगम्योऽप्यनुपाधिगम्यः समावलोक्योऽप्यसमावलोक्यः।
भवोऽपि योऽभूदभवः शिवोऽयं जगत्यपादपि नः स पायात्।।

इस पद्य में शंकर के वर्णन में विरोधाभास, यमक, श्लेष व अनुप्रास अलंकारों को कवि ने शिव के प्रति भक्तिभाव में सजाते हुए अभिनवगुप्त के इस कथन को चरितार्थ कर दिया है कि देवता अलंकारों से प्रसन्न होते हैं। मल्लिनाथ की सर्वसंप्रदायसमन्वयवादी दृष्टि तथा सर्वदेवताविषयकसमादर इन पद्यों से व्यंजित होता है। यही नहीं, कहीं कहीं वे एक साथ दो देवों को अपनी पदावली के प्रवाह में एक साथ समाहित कर लेते हैं। जैसे इस पद्य में—

जाह्नवीं मूर्ध्नि पादे वा कालः कण्ठे वपुष्यथ।
कामारिं कामतातं वा कञ्चिदेकं भजामहे।।

यहाँ कामारि (शिव) तथा कामतात (श्रीकृष्ण या विष्णु) दोनों के प्रति समान आस्था प्रकट की गई है। एक गंगा को माथे पर धारण करते हैं, दूसरे चरण में। एक काला रंग कंठ में धारण करते हैं, दूसरे देह में।

मल्लिनाथ के इन पद्यों में विविध छंदों का प्रयोग है। सीतानाथ आचार्य[९] ने कालिदास के काव्यों, बृहत्त्रयी, एकावली तथा तार्किकरक्षा – इतने ग्रंथों पर मल्लिनाथ की टीकाओं में उद्धृत उनके स्वप्रणीत में पद्यों में छंदों का विश्लेषण इस प्रकार किया है –

अनुष्टुप् – २२
इंद्रवज्रा – १
उपेंद्रवज्रा – १
उपजाति – ३
रथोद्धता – ३
मालभारिणी – १
वसंततिलका – ५
मालिनी – १
मंदाक्रांता – २
शार्दूलविक्रीडित – ३, तथा
स्रग्धरा – १

मूककवि कृत पंचशती[१०]

मूक कवि का स्थान दक्षिण में कांची पुरी में रहा होगा - यह इनके स्तोत्र काव्यों से अनुमान होता है। इनके विषय में अन्य कोई भी जानकारी उपलब्ध नहीं है। इनकी पंचशती संस्कृत के गिने चुने सर्वश्रेष्ठ स्तोत्रकाव्यों में परिगणनीय है। पंचशती के पाँच स्तोत्रशतक ये हैं – मंदस्मितशतकम्, पादारविन्दशतकम्, आर्याशतकम्, कटाक्षशतकम् तथा स्तुतिशतकम्।[११] भाव की गहनता तथा भक्ति की तल्लीनता की दृष्टि से पाँचों ही शतक अप्रतिम हैं। सौंदर्यबोध तथा साधना का मणिकांचन योग इन शतककाव्यों को शंकराचार्य की सौंदर्यलहरी व आनंदलहरी की कक्षा में स्थापित करता है। लय व अभिव्यक्ति की प्रांजलता ने इन्हें अत्यंत मनोहारी रूप दे दिया है। कटाक्षशतक में कवि कहते हैं—

आनङ्गतन्त्रविधिदर्शितकौशलानामानन्दमन्दपरिघूर्णनमन्थराणाम्।
तारल्यमम्ब तव ताडितकर्णसीम्नां कामाक्षि खेलति कटाक्षनिरीक्षणानाम्।। (३)

(तुम्हारे कटाक्षों के निरीक्षण की तरलता कामशास्त्र की विधि में कौशल प्रदर्शित करती हुई, आनंद से मंद परिघूर्णन के कारण मंथर, कानों की सीमा तक ताडन करती हुई खेल रही है।)

श्लेष का प्रयोग करने पर भी दुरूहता मूककवि की रचना में नहीं आई है।

साहाय्यकं गतवती मुहुरर्जुनस्य मन्दस्मितेन परितोषितभीमचेताः।
कामाक्षिपाण्डवचमूरिव तावकीना कर्णान्तिकं चलति हन्त कटाक्षलक्ष्मीः।।

कटाक्षशतकम् में देवी के कटाक्षकी कई कई छटाएँ हैं, तो देवी की मुस्कान कितनी मनोहारी हो सकती है यह मन्दस्मितशतकम् में पाठक अनुभव कर सकते हैं।

कर्पूरद्युतिचातुरीमतितरामल्पीयसीं कुर्वतीं
दौर्भाग्योदयमेव संविदधतीं दोषाकरीणां त्विषाम्।
क्षुल्लानेव मनोज्ञमल्लिनिकरान् फुल्लानपि व्यञ्जती
कामाक्ष्या मृदुलस्मितांशुलहरी कामप्रसूरस्तु मे।।

(कपूर की कांतिचातुरी को छोटा बनाती हुई, रात्रियों की कांतियों के लिये दुर्भाग्य का उदय रचती हुई, मल्लिका के सुंदर खिले खिले फूलों को व्यक्त करती कामाक्षी की मृदुल मुस्कानों के रश्मिलहरी मेरे लिये कामप्रसू बने।)

मूक कवि अभिव्यक्ति ने नये मार्ग निर्मित करते हैं, आभाणकों व प्रौढोक्तियाँ के अभिनव वितान रचते हैं। पादारविन्दशतकम् में भगवती के चरणों की छटा उन्होंने किस प्रकार कविता में बिखेरी है यह उन्हीं के शब्दों में देखिये

गलग्राही पौरन्दरपुरवनीपल्लवरुचां
धृतप्राथम्यानामरुणमहसामादिमगुरुः।
समिन्धेबन्धूकस्तबकसहयुध्वा दिशि दिशि
प्रसर्पन् कामाक्ष्याश्चरणकिरणानामरुणिमा।।२।।

कटाक्षशतकम् में वसंततिलका, मन्दस्मितशतकम् में शार्दूलविक्रीडित तो पादारविन्दशतकम् में शिखरिणी छंद ने लय, गति व यति से भगवती के स्तव को अलंकृत किया है। आर्याशतक में गीतिकाव्य की माधुरी विशेष अनुभूत होती है, साथ ही यमक व अनुप्रास की लड़ियाँ इसे और मनोहारी बनाती चलती हैं। उदाहरणार्थ—

कारणपरचिद्रूपा काञ्चीपुरसीम्नि कामपीठगता।
काचन विहरति करुणा काश्मीरस्तबककोमलाङ्गलता।।१।।

शब्दसौष्ठव के साथ अर्थ की चारुता ही नहीं दर्शन व शास्त्रों की परिणत प्रज्ञा भी मूक कवि के काव्य में प्रतिफलित है। अद्वैततत्त्व का इस भाषा में वे ही प्रतिपादन कर सकते हैं

अभिदाकृतिर्भिदाकृतिरचिराकृतिरपि चिदाकृतिर्मातः।
अनहन्ता त्वमहन्ता भ्रमयसि कामाक्षि शाश्वती विश्वम्।।४७।।

अंतिम स्तुतिशतकम् में समर्पण भावना अपनी पराकाष्ठा पर है। पदावली की श्लक्ष्णता तथा मसृणता ने इसे और हृदयंगम बना दिया है।

श्यामा काचन चन्द्रिकाऽत्र भुवने पुण्यात्मनामानने
सीमाशून्यकवित्ववर्षजननी या काऽपि कादम्बिनी
मारारातिमनोवमोहनविधौ काचित्तमःकन्दली
कामाक्ष्याः करुणाकटाक्षलहरी कामाय में कल्पताम्।।६।।

देवी को यहाँ श्यामा, चंद्रिका, कवित्व की वर्षा करने वाली कादंबिनी (मेघमाला) तथा शिव को मोहित करने वाली तमःकंदली कहा गया है।

अज्ञातकर्तृक पंचस्तवी

मूककवि की पंचशती के ही समान किसी अज्ञातकवि की रची पंचस्तवी इतनी ही मनोहारी व मार्मिक है। इसमें त्रिपुरसुंदरी की पूजा व स्तुति में शब्द निर्माल्य बन गये हैं। लघुस्तव, चर्चास्तव, घटस्तव, अम्बास्तव तथा सकलजननीस्तव में मातृत्व के प्रति अकुंठ श्रद्धा व्यक्त हुई है।

सौन्दर्यविभ्रमभुवो भुवनाधिपत्यसङ्कल्पकल्पतरवस्त्रिपुरे जयन्ति।
एते कवित्वकुमुदप्रकरावबोधपूर्णेन्दवस्त्वयि जगज्जननि प्रणामाः।।

देवी के प्रति प्रणाम को यहाँ भुवन के आधिपत्य के संकल्प के लिये कल्पतरु तथा कवित्व रूपी कुमुद को खिलाने वाले पूर्णचंद्र कहा गया है। रूपक का सुकल्पित प्रयोग कवि ने दोनों चरणों में किया है।

घटस्तव में दुर्गा के रौद्र रूप को अतिशय मनोहरी बना कर कवि ने निरूपित किया है।यथा —

आनन्दमन्थरपुरन्दरमुक्तमाल्यं मौलौ हठेन निहितं महिषासुरस्य
पादाम्बुजं भवतु में विजयाय मञ्जुमञ्जीरशिञ्जितमनोहरमम्बिकायाः।

स्तवमाला

स्तवमालाकार रूपगोस्वामी का परिचय नाटकविषयक अध्यायमें दिया गया है। स्तवमाला में राधा, कृष्ण, कालिंदी, कालिंदीकूप, वृंदावन आदि पर भावपूर्ण स्तुतिपद्य या गीतियाँ हैं। जीवगोस्वामी ने इस पर भाष्य लिखा है। गीतगोविंद की स्पष्ट छाप रूपगोस्वामी की रचना पर है। लय और माधुर्य में रमते रमाते हुए वे दिव्य लोक में संचरण करते हैं -

मरन्दभरमन्दिरप्रतिनवारविन्दावलीसुगन्धिनि विहारयोर्जलविहारविस्फूर्जितैः।
तपे सरसि वल्लभे सलिलवाद्यविद्याविधौ विदग्धभुजयोर्भजे व्रजनवीनयूनोर्युगम्।।

राधा की विरहदशा के वर्णन में तो गीतगोविंद की अष्टपदियों की अनुगूँज स्पष्ट सुनी जा सकती है। उदाहरणार्थ

अनधिगताकस्मिकगदमकारणार्पितमन्त्रौषधिनिकुरम्बम्।
अविरतरुजितविलोहितलोचनमनुशोचति तामखिलकुटम्बम्।
देव हरे भव करुणाशाली।

गोविंददास

गोविंददास का समय सोलहवीं शताब्दी का उत्तरार्ध हैं। ये मूलतः बंगला भाषा के पदावलीकार हैं। परंतु संस्कृत में भी वैष्णवभक्ति तथा माधुर्यभाव से भावित उनकी पदावलियाँ हैं। जीव गोस्वामी ने इनकी पदावलियों से प्रभावित हो कर इन्हें कविराज की उपाधि दी थी।

ईश्वरशतक

ईश्वरशतक[१२] के रचयिता अवतार कवि हैं। स्तुतिकुसुमांलिकार जगद्धर के पितामह का नाम भी अवतार था। अवतार कश्मीर के निवासी हैं यह निश्चित है। काव्यमाला संपादक इनका समय सत्रहवीं शताब्दी मानते हैं।

इस काव्य में कुल ११३ श्लोक हैं। विभिन्न छंदों का प्रयोग कवि ने किया है। ईश्वरशतक चित्रकाव्य के चमत्कार प्रदर्शन के साथ स्तव के भाव का समागम है। इसमें शिव की स्तुति की गई है। यमक का सायास विन्यास किया गया है।

वदामि ते स्वं गमयन्नमोऽहं जहामि संसारमयं न मोहम्।
तनुर्मुदा योगवता स्मितेन मुक्तः स्फुरद्योग बतास्मि तेन।।३।।

इस पद्य में 'स्वं गमयन्नमोऽहं' तथा 'संसारमयं न मोहम्' इन पदों में यमक सुंदर है, पर अर्थ दुरूह हो गया है। यही स्थिति अत्तरार्ध की भी है।

इस काव्य में पैंतीसवाँ श्लोक एकाक्षर है। उनतालीसवें पद्य के तीन अर्थ हैं। भावाभिव्यक्ति तथा शाब्दीक्रीडा दोनों का अवतार कवि ने ध्यान रखा है।

चंडीकुचपञ्चाशिका

चंडीकुचपंचाशिका के रचयिता लक्ष्मणार्य राधा और वेणीमाधव के पुत्र थे तथा दाक्षिणात्य ब्राह्मण परिवार में हुए थे। ये महाराष्ट्र में वाई नगर में रहे। चंडीकुचपंचाशिका में देवी चंडी के कुचों का भक्तिभाव के साथ वर्णन है। अनुप्रास व गाढबंधों का आकर्षक प्रयोग लक्ष्मणार्य ने किया है। उदाहरणार्थ—

तुषारगिरिकन्यकाकुचतटीपटीराटवी विपाटयतु कङ्कटोद्भवकठोरतापं हि सा।
यदीयदरदर्शनादपि गरप्रलीढो हरः सुखेन घनसारति स्मररिपुर्महोग्रः शिवः।।२८।।

(हिमगिरि की कन्या पार्वती की कुचतटी पर लगे पटीर की अटवी से जिन के कुचतट में होने वाला कठोर ताप समाप्त हो जाता है, जिनके किंचित् दर्शन मात्र से गरल में सने स्मररिपु महोग्र शिव सुखपूर्वक घनसार (कपूर) में सने बन जाते हैं।)

मेघदूत तथा घटकर्परकाव्य से प्रेरित काव्य- परंपरा

पिछले अध्याय में प्रथम शताब्दी से दसवीं ग्यारहवीं शताब्दी की अवधि में मेघदूत तथा घटकर्परकाव्य की परंपरा में विरचित कतिपय संदेशकाव्यों तथा यमककाव्यों की चर्चा की गई है। द्वितीय सहस्राब्दी में सैंकड़ों महाकवियों ने इन दोनों काव्यों का अनुकरण करते हुए नवीन काव्यों का प्रणयन किया। इन काव्यों को पूर्ववत् इन चार श्रेणियों में विभाजित किया जा सकता है- समस्यापूर्तिकाव्य, भक्तिपरक संदेश काव्य, शृंगारप्रधान संदेशकाव्य तथा प्रतिसंदेश काव्य।

(१) समस्यापूर्तिकाव्य

अनेक कवियों ने तो मेघदूत की लोकप्रियता तथा असाधारण काव्यसमृद्धि से आकर्षित हो कर अपने काव्य को लोकप्रिय बनाने के लिये मेघदूत के पद्यों के एक एक चरण को ले कर उनकी समस्या-पूर्ति में काव्य लिख डाले। ऐसे काव्यों में सबसे प्राचीन काव्य जिनसेन का ८१४ ई० में विरचित पार्श्वाभ्युदय काव्य है। इसमें भगवान् पार्श्वनाथ का चरित निरूपित है। सत्रहवीं शताब्दी में विरचित मेघविजय का मेघदूतसमस्यालेख भी धर्मप्रचार की भावना से मेघदूत की एक एक पंक्ति की समस्यापूर्ति करते हुए लिखा गया है।

कुछ कवियों को घटकर्पर काव्य के यमकविन्यास ने आकर्षित किया तथा उन्होंने तदनुरूप यमककाव्य ही नहीं, घटकर्परकाव्य के एक एक चरण को भी समस्यापूर्ति के लिये ले कर काव्य रचना की। ऐसे काव्यों में मदनकवि का १६२४ई० में रचित कृष्णलीलाकाव्य, घटकर्पर के प्रत्येक चरण की समस्यापूर्ति प्रस्तुत करता है।

(२) भक्तिपरक, धार्मिक या दार्शनिक संदेश काव्य

मेघदूत की लोकप्रियता को देखते हुए अनेक कवियों, संतों या संप्रदायविशेष के प्रचारकों ने उसकी शैली, पंक्तियों तथा विधा को अपना कर अपने भक्तिभाव की अभिव्यक्ति या सिद्धांत के प्रचार के लिये संदेशकाव्यों की रचना की। इन संदेश काव्यों के भी चार अवांतर प्रकार कहे जा सकते हैं- जैन, बौद्ध, वेदांती तथा वैष्णवभक्तिपरक। जैन संदेश काव्यों में उल्लेखनीय हैं- जिनसेन का पार्श्वाभ्युदय, विक्रमकवि का नेमिदूत, मेरुतुंग का जैनमेघदूत, चरित्रसुंदरगणि का शीलदूत, वादिचंद्र का पवनदूत (सत्रहवीं शताब्दी), अज्ञातकवि का चेतोदूत, विनयविजयगणि का इंदुदूत तथा मेघविजय का मेघदूतसमस्यालेख।

(३) शृंगारप्रधान संदेशकाव्य

पवनदूत

महाकवि धोयी का पवनदूत दूतकाव्यपरंपरा में सर्वप्रमुख और प्राचीन है। धोयी बंगाल के राजा लक्ष्मणसेन के आश्रित थे। महाकवि जयदेव ने अपने गीतगोविंद में इनका उल्लेख किया है। पवनदूत के अतिरिक्त इनकी अन्य कोई रचना नहीं मिलती, यद्यपि पवनदूत में ही कवि ने स्वयं यह संकेत दिया है कि उसने कुछ अन्य रचनाएँ भी की थीं। सदुक्तिकर्णामृत में इनके बीस पद्य उद्धृत हैं।

पवनदूत में कुल १०४ श्लोक हैं। राजा लक्ष्मणसेन स्वयं इसके नायक हैं। कनकनगरी में रहने वाली उनकी प्रेमिका कुवलयवती उनके पास पवन को दूत बना कर संदेश भेजती है। मलयगिरि से बंगाल तक के यात्रामार्ग का इसमें वर्णन है, जिसमें बारहवीं शती के इतिहास और भूगोल के अछूते पक्ष उजागर होते हैं। नायिका कुवलयवती ने पवन को नायक के पास भेजने के लिये जिस मार्ग का वर्णन किया है उसमें पांड्यदेश, उरगपुर, ताम्रपर्णी नदी, सेतु, कांची नगरी, सुबला और कावेरी नदियाँ, माल्यवान् पर्वत, पंचसर, कलिंग देश – इतना विस्तीर्ण मार्ग समाविष्ट है, जिसे पार कर पवन को नायक के नगर विजितपुर पहुँचना है।

अतीत को साकार करते हुए कवि ने कहीं कहीं बड़ी मौलिक कल्पनाएँ प्रस्तुत की हैं। माल्यवान् पर्वत से झरने वाले झरनों में वह विरही राम के अश्रुपात की सूचना पाता है—

तत्राद्यापि प्रतिझरजलैर्जर्जरा प्रस्थभागाः
सीताभर्तुः पृथुतरशुचः सूचयन्त्यश्रुभागान्।।

विरहवर्णन में करुणा का उद्रेक मर्मस्पर्शी है। निःश्वास, अश्रुपात आदि अनुभावों को ले कर कवि ने उत्प्रेक्षा की है—

सारङ्गाक्ष्या जनयति न यद् भस्मसादङ्गकानि
त्वद्विश्लेषे स्मरहुतवहः श्वाससन्धुक्षितोऽपि।
जाने तस्याः स खलु नयनद्रोणिवारां प्रभावो
यद्वा शश्वन् नृप तव मनोवर्तिनः शीतलस्य।।७५।।

पवन विरहिणी नायिका का वर्णन करता हुआ नायक से कहता है – तुम्हारे वियोग की अग्नि को उसकी छोड़ी गई साँसे और अधिक भड़काती रहती हैं। फिर भी उसका शरीर इस अग्नि से भस्म जो नहीं हुआ तो इसका कारण मुझे यही लगता है कि या तो यह लगातार रोते रहने से उसके नयनों की द्रोणी से जो अश्रुप्रवाह झर रहा है, उसका यह प्रभाव है या तुम्हारी शीतल मूर्ति जो उसके हृदय में प्रतिष्ठित है, उसका यह प्रभाव है।[१४]

यहाँ नयनों को द्रोणी बना दिया है, यह रूपक का विलक्षण प्रयोग है, तथा अयोनि अर्थ का आधान करता है। द्रोणी पानी उलीचने के काम में आने वाला पात्र है, जिसका आकार भी नयनों के समान होता है। रूपक तथा उत्प्रेरक्षा का सांकर्य यहाँ रमणीय योग है।

धोयी के नाम से कतिपय पद्य सुभाषित संग्रहों में उद्धृत हैं। सदुक्तिकर्णामृत (२००६) में उनके स्वभावोक्ति अलंकार से शोभित अश्व का यह वर्णन उद्दृत है—

पश्चात् खुरद्वितयखण्डितभूमिभागमूर्ध्वीकृताग्रचरणद्वयमुग्रह्रेषम्।
मूर्धावगाहनविहस्तनिजाश्ववारभाराज्जनःपरिजहार खलं तुरङ्गम्।।

(पिछले दोनों खुरों से धरती को खंडित करता हुए, आगे के दोनों पैर ऊपर उठा कर तीखे स्वर में हिनहिनाते हुए, मस्तक पकड़ कर पीठ पर चढ़ते सवार को उलार करते हुए दुष्ट अश्व को सेवकों ने भार से मुक्त कर दिया।)

अश्व की चेष्टाओं का स्वाभाविक वर्णन होने से यहाँ स्वाभावोक्ति अलंकार है।

हंससंदेश

वेदांतदेशिक के हंससंदेश में राम एक हंस को दूत बना कर सीता के पास भेजते हैं। माल्यवान् पर्वत से लंका तक के मार्ग का निरूपण भौगोलिक दृष्टि से महत्त्वपूर्ण है। राम की कल्पनाओं में सीता की विरहदशा का निरूपण मर्मस्पर्शी है। कालिदास का गहरी छायाएँ काव्य में हैं। दक्षिण के अनेक तीर्थस्थलों का सुदंर वर्णन इस काव्य में है। राम के संदेश में वेदांतदेशिक ने रामानुजसम्मत वेदांत के विचार पिरो दिये हैं। एक पारंपरिक मत में इस काव्य की राम को परब्रह्म, सीता को जीव तथा हंस को परमहंस बताते हुए प्रतीकात्मक व्याख्या भी की जाती रही है। यह काव्य दो आश्वासों में विभक्त है जिनमें क्रमशः ६० व ५० पद्य हैं। कालिदास का गहरा प्रभाव वेदांतदेशिक की कविता पर है।

अन्य दूतकाव्य

अन्य दूतकाव्यों में केरलनिवासी लक्ष्मीदास का शुकसंदेश तेरहवीं-चौदहवीं शताब्दी के आसपास लिखा गया। इस काव्य में नायक स्वप्न में घूमते घूमते रामेश्वरम् पहुँच जाता है। स्वप्न में वह विरहव्यथा का अनुभव करता है तथा एक शुक के द्वारा वह प्रिया के प्रति संदेश भेजता है। रामेश्वरम् से गुणकापुरी तक के मार्ग का वर्णन इस काव्य में बड़ा आकर्षक है, जिसमें ताम्रपर्णी नदी, सागर तट पाण्ड्यदेश की राजधानी मणलूर होते हुए शुक को नायक केरल में गुणकापुरी पहुँचाता है।

हंससन्देश नाम से अनेक कवियों के अलग अलग काव्य मिलते हैं। इनमें पूर्णसरस्वती, वेदान्तदेशिक, रूपगोस्वामी तथा अज्ञात कवि के द्वारा रचित हंससंदेश उल्लेखनीय हैं।

कमलिनीराजहंस नाटक के प्रणेता पूर्ण सरस्वती के हंससंदेश में कांची नगरी की कोई स्त्री श्रीकृष्ण की यात्रा का उत्सव देखती हुई भक्तिभाव में तन्मय हो जाती है और विरहविह्वल दशा में वह एक पुष्पवाटिका में किसी हंस को देखती है। वह उस हंस को दूत बना कर कृष्ण के पास भेजती है। कांची से चोलदेश होते हुए श्रीरंगम्, पांड्यदेश, अनंतशयनम् आदि नगरों से

गुजर कर हंस को वृंदावन तक पहुँचने का मार्ग बताया गया है। कृष्ण की लीलाओं का सरस चित्रण नायिका की स्मृति के द्वारा किया गया है। माधुर्यभक्तिभाव की सरस अभिव्यक्ति के कारण यह रचना उल्लेखनीय है।

अज्ञातकर्तृक तीसरा हंससंदेश शृंगार के स्थान पर भक्तिरस प्रधान है। कोई शिवभक्त मन रूपी हंस को दूत बना कर शिवभक्ति रूपी प्रेयसी के पास संदेश भेजता है।

भृंगसंदेश का कवि वासुदेव केरलनिवासी प्रतीत होता है। इस में कोचीन के राजा रविवर्मा का उल्लेख है। इसका समय पंद्रहवीं शताब्दी के आसपास माना गया है। स्यानंदूर (त्रिवेंद्रम्) के किसी दुर्ग से एक प्रेमी इसमें भ्रमर के द्वारा प्रिया को संदेश भेजता है। इस काव्य में उदयमार्तंड राजा के नगर, वहाँ से कुमारग्राम, कोचीन आदि स्थानों से हो कर गुणकपुरी, मुक्तस्थान पार कर के श्वेतदुर्ग तक का मार्ग प्रामाणिक रूप में चित्रित है। इसके पूर्व व उत्तरभागों में क्रमशः ९५ तथा ८० श्लोक हैं।

पंद्रहवीं शताब्दी में ही राजा मानविक्रम के आश्रित मल्लिकामारुतप्रकरण के प्रणेता उद्दंड कवि ने कोकिलसंदेश की रचना की। काव्य का नायक कांची में अकेला रह रहा है, विरहव्याकुल हो कर वह प्रिया के पास कोकिल के द्वारा संदेश भेजता है, कांची से श्रीकामाक्षी होते हुए क्षीरसिंधु नदी पार कर कावेरी के किनारे चलते हुए होसल देश तक पहुँचने का परामर्श कोकिल को दिया गया है। विविध आश्रमों देवालयों व तीर्थस्थलों का सुंदर वर्णन इस प्रसंग में किया गया है।

पंद्रहवीं शती के अन्य दूतकाव्य

मयूरसंदेश के रचयिता उदय कवि ने ध्वन्यालोक पर कौमुदी टीका भी लिखी थी। इस काव्य में विद्याधर के शाप से वियुक्त नायक को त्रिवेंद्रम् में निर्वासित हो कर रहना पड़ता है, वहाँ से वह अन्नकर नगर में रह रही अपनी प्रिया के पास संदेश भेजता है।

वामनभट्टबाण ने हंसदूत में कालिदास के मेघदूत की पूर्ति की है। मार्गवर्णन मलयगिरि से अलका तक विस्तीर्ण कर दिया है। ताम्रपर्णी का तट, मदुरा नगरी, चोलदेश कांची आदि के सरस वर्णन के साथ हंस को अलका पहुँचाया गया है।

रूपगोस्वामी ने उद्धवसंदेश तथा हंसदूत ये दो दूतकाव्य लिखे। विष्णुदास ने मनोदूत; विष्णुत्रात ने कोकसंदेश तथा नारायण कवि ने सुभगसंदेश काव्य इसी शती के आसपास लिखे। रूप गोस्वामी के हंसदूत में १४३'पद्य हैं। इसमें राधा के हृदय के उद्गार हैं। पदावली की मसृणता तथा अनुप्रासों की झंकार मोहक है।

यदा यातो गोपीहृदयमदनो नन्दसदनात्
मुकुन्दो गादिन्यास्तनयमनुविन्दन् मधुपुरीम्।
तदाकाङ्क्षीच्चिन्तासरिति घनघूर्णापरिचयै-
रगाधायां बाधामयपयसि राधा विरहिणी।।२।।

श्रीकृष्ण सार्वभौम के पदांकदूत में ४६ छंद हैं। राधा और कृष्ण के शृंगार में यह सारी रचना पगी हुई है।

परवर्ती दूतकाव्य

मातृदत्त का कामसंदेश सोलहवीं शती की रचना है। सत्रहवीं शताब्दी के संदेश काव्यों में माधवकवींद्र का उद्धवदूत, रुद्रन्यायपंचानन का भ्रमरदूत व पिकदूत आदि लिखे गये। उद्धवदूत के प्रणेता माधव कवींद्र भट्टाचार्य हैं। इसमें १४१ मंदाक्रांताएँ हैं। १७वीं शताब्दी में वादिचंद्रसूरि ने पवनदूत की रचना की। इस काव्य में उज्जयिनी के राजा विजयनरेश की रानी तारा को एक विद्याधर जिसका नाम अशनिवेग है, चुरा लेता है। राजा विरहव्यथित हो कर तारा के पास संदेश भेजते हैं। इस काव्य में १०५ श्लोक हैं। मेघदूत का आद्यंत अनुकरण है।

अठारहवीं शताब्दी में श्रीकृष्णदेव ने भृंगदूत, श्रीकृष्ण सार्वभौम ने पदांकदूत, रामपाणिवाद ने सारिकासंदेश; पुन्नशेरि श्रीधरन् नंबी ने नीलकंठसंदेश, अज्ञात कवि ने चातकसंदेश; तैलंग व्रजनाथ ने मनोदूत आदि की रचना की।

रामपाणिपाद के सारिकासंदेश में गोपी सारिका (मैना) के द्वारा कृष्ण को संदेश भेजती है। राधा के विरहभाव का तन्मय हो कर कवि ने वर्णन किया है। संदेशकाव्यों की परंपरा में भी नवीन उद्भावनाएँ इस काव्य में की गईं हैं। कवि ने गोपीमानविमर्दनशाली कृष्ण को केरल में पहुँचा दिया है। जैसे विरहविधुर गोपी के आश्वासन के लिये आकाशवाणी होती है—

मा स्म क्रन्दो मदिरनयने माधवो मानशाली
मानात् किञ्चिद् विमुखमनसं वीक्ष्य विश्वेश्वरस्त्वाम्।
हित्वा गच्छन्नमरतटिनीं नाम यत् केरलेषु
क्षेत्रं पुण्यं जयति तदिदं भूषयोज्ज्वलं ते।।

(हे मदिरनयने क्रंदन मत कर। मानशाली विश्वेश्वर माधव तुम्हें अपने प्रति सम्मान से किंचित् विमुख देख कर यमुना का तट छोड़ कर केरल की ओर चल दिये हैं, उसके कारण तुम्हारे सौंदर्य सा उज्ज्वल यह पुण्यक्षेत्र भी अब विजयी है।)

विरहानुभूति में कृष्ण से अद्वैत भाव का तन्मय होकर कवि ने वर्णन किया है—

यद्वा साहं त्वमिति तदिदं साहसं तन्मयोक्तं
त्वत्तो भिन्नं किमिह भुवने विद्यते विश्वमूर्ते।
ग्रावा वह्निं वमति दिवसे यज्ज्वलत्योषधिर्वा
नक्तं शक्तिः किमियमनयोः किन्न वैवस्वती सा।। ५८।।

(हे विश्वमूर्ति कृष्ण, मैं तो यही कहूँगी कि यह मैं और वह तुम यह जो मैंने कहा वह मेरा साहस ही है। तुम से अलग इस विश्व में है ही क्या? दिन में पत्थर आग उगलता है, या रात ओषधियाँ जलती हैं। क्या इनकी यह शक्ति वैवस्वती या सूर्यमयी नहीं है?)

पुन्नश्शेरि श्रीधरन् नंबी (१७७४-१८३१) ने दो काव्यों की रचना की – विक्रमादित्यचरितम् तथा नीलकण्ठसन्देश:। विक्रमादित्यचरितम् में पाँच सर्गों में राजा विक्रमादित्य की कथा है। नीलकण्ठसन्देश: में विरह से व्याकुल कवि नीलकंठ पक्षी के द्वारा अपनी प्रिया को संदेश भेजता है।

दूतकाव्यों में वीरेश्वर कवि के वाङ्मण्डनगुणदूत अनोखी रचना है। वीरेश्वर ने अपने पिता का नाम श्रीराम त्रिपाठी बताया है। कवि ब्रध्नपुर (संभवत: मध्यप्रदेश के बुरहानपुर) में रहता है। दारिद्र्य से पडित हो कर वह अपनी कविता को ही दूत बना कर राजा भीमसेन के पास भेजता है। कविता दूती संचरण करती हुई मार्ग के अनेक अज्ञात अप्रसिद्ध स्थलों में रमती हुई राजपंडित दशरथ की सहायता से राजसभा तक पहुँच जाती है।

जैन संदेशकाव्य

जैन कवियों ने मेघदूत की लोकप्रियता को धर्मप्रचार का साधन बनाते हुए अनेक दूतकाव्यों की रचना की।

तेरहवीं शताब्दी में विक्रम कवि ने नेमिदूत की रचना की। विक्रम जिनेश्वर सूरि के श्रावक भक्त थे। इस काव्य में १२६ मंदाक्रांता वृत्तों में तीर्थंकर नेमिनाथ का जीवनचरित है साथ ही मेघदूत की समस्यापूर्ति भी की गई है। विरहविधुरा राजीमती का वर्णन तथा अंत में उसकी तपश्चर्या का प्रसंग मार्मिक है।

जैन मेघदूत के प्रणेता मेरुतुंग प्रबंधचिंतामणिकार मेरुतुंग से भिन्न हैं। इनका समय पंद्रहवीं शताब्दी है। जैन आचार्य तथा दार्शनिक के रूप में इनका योगदान महनीय है। षड्दर्शनसमुच्चय, रसाध्यायटीका, सप्ततिभाष्यटीका, लघुशतपदी आदि ३६ महत्त्वपूर्ण ग्रंथ इनके बताये जाते हैं।[१५]

जैन मेघदूतम् भाषा व भावाभिव्यक्ति की दृष्टि से अत्यंत रोचक व सरस रचना है। शांत के साथ अंग के रूप में करुण रस का उद्रेक इसकी दूतकाव्य परंपरा में निराली विशेषता है। नेमि अपने विवाह भोज के अवसर पर काटे जाते पशुओं का आर्तनाद सुन कर द्रवित और फिर विरक्त हो जाते हैं। उनके संन्यस्त होने के वृत्तांत से राजीमती मूर्च्छित हो जाती है, फिर विलाप करती है। राजीमती की विरह व्यथा का चित्रण भी बड़ा कारुणिक है। नये मुहावरे मरुतुंग ने रचे हैं।

सम्प्रत्युष्णोच्छ्वसितवशतो वाष्पधूमायमानं
स्फोटं स्फोटं हृदयमधिकं चूर्णखण्डीयते स्म।।

(४.७)

या –

रक्तोदेष्यन्निजपतिकरासङ्गनादस्तिसायं
वीताकाशा दिनकुमुदिनीर्बह्व्यमन्येऽद्य मत्तः।।

(४.८)

शीलदूतम् के रचयिता चरित्र सुंदर गणि हैं। इसकी की रचना गुजरात के खंभात राज्य में विक्रमसंवत् १४८४ (१४२७ ई०) में हुई। इस काव्य में स्थूलभद्र, उनकी पत्नी तथा उसके मित्र के बीच लंबा संवाद है। नायक स्थूलभद्र अपने पिता का मृत्यु का समाचार सुन कर दुखी हो कर संन्यासग्रहण कर लेता है। चातुर्मास्य में उसकी भेंट अपनी पत्नी से होती है, जो उसे पुनः गृहस्थाश्रम स्वीकार करने के लिये मनाती रहती है।

चंद्रदूत की रचना मुनि विमलकीर्ति ने सं. १६८१ में की। यह समस्यापूर्ति काव्य भी है, मेघदूत के प्रत्येक पद्य के अंतिम चरण को समस्या के रूप में इस काव्य के पद्यों में क्रमशःगूँथा गया है। कवि स्वयं आदि तीर्थंकर ऋषभदेव के प्रति अपना संदेश प्रेषित करता है।

श्रीमेघविजय का मेघदूतसमस्यालेख (१७वीं श.) तथा विमलकीर्ति का चंद्रदूत, विनय विनयगणि का इंदुदूत (अठारहवीं श.) आदि इसी प्रकार के संदेश काव्य हैं।इनमें से जंबू कवि के द्वारा प्रणीत इंदुदूत का उल्लेख मात्र मिलता है। जंबू कवि के नाम से ही चंद्रदूत काव्य भी उल्लिखित है, जिसमें मालिनी छंद में २३ पद्य हैं। चंद्रदूतम् नाम से एक काव्य जिनरत्नकोश में उल्लिखित है, जिसके प्रणेता कदाचित् विनयप्रभ हैं।

इंदुदूत की रचना अठारहवीं शती के पूर्वार्ध में हुई। इसके प्रणेता विनयविजय गणि हैं। इसमें शांतरस की प्रधानता है। मुनि विजयप्रभ सूरि के चातुर्मास्य का वर्णन करते हुए कवि कहता है पूर्णिमा की रात्रि में चंद्र को देख कर उनके मन में अपने गुरु के प्रति संदेश भेजने का विचार आया। गुरु के प्रति इसमें सांवत्सरिक क्षमापण संदेश है।

बौद्धसंदेशकाव्य

संदेशकाव्यों की एक भिन्न परंपरा बौद्धमतावलंबियों में विकसित हुई, जो मेघदूतबाह्य परंपरा है। मातृचेट का कनिष्क लेख, नागार्जुन का सुहृल्लेख तथा चंद्रगोमिन् का शिष्यलेख इसी प्रकार के संदेशकाव्य हैं। इनमें संदेशप्रेषक व संदिष्ट व्यक्ति काल्पनिक पात्र नहीं हैं, तथा संदेश का भेजा जाना एक ऐतिहासिक तथ्य है। इन्हें पत्रसाहित्य के प्राचीन नमूने भी कहा जा सकता है।

संदेशकाव्यों या दूतकाव्यों की इतनी विस्तीर्ण परंपरा में सभी काव्यों में मूल विषयवस्तु एक ही है। प्रायः नायक अथवा नायिका अपने प्रीतिपात्र को संदेश भेजते हैं। कहीं कहीं संदेश के प्रेषक तथा प्राप्तिकर्ता बदल कर गुरु और शिष्य आदि भी हो गये हैं। दूत को यात्रा का मार्ग बताना इन सभी काव्यों का प्रमुख प्रतिपाद्य है, जिसके कारण अपने समय के भूगोल व इतिहास को कविता में अंतर्गुंफित करने का इनमें अवसर कवि को सहज मिल जाता है। इस

कारण प्रत्येक दूतकाव्य अन्य से विशिष्ट व भिन्न बना रहता है, तथा इनमें पुनरावृत्ति और एकरसता का बोध नहीं होता। प्रत्येक कवि ने अपनी रचना में अपने देशकाल, इतिहास, भूगोल और समाज को प्रस्तुत किया है, और प्रत्येक रचना में नयापन है।

वेदांतदेशिक के काव्य

वेदांतदेशिक के हंससंदेश काव्य की ऊपर दूतकाव्योंके संदर्भ में चर्चा की गई है। सुभाषितनीवी वेदांतदेशिक वेंकटनाथ के नीतिपरक सुभाषितों का संग्रह है। इसमें १२ पद्धतियाँ हैं, जिनके शीर्षक इस प्रकार हैं – अनिपुण, दृप्त, खल, दुर्वृत्त, असेव्य, महापुरुष, समचित्त, सदाशिव, नीतिमत्, धनधन्य या वदान्य, सत्कवि और परीक्षित। अनुष्टुप्, शार्दूलविक्रीडित, शिखरिणी आदि विविध छंदों का प्रयोग है। जीवनानुभूति, नीति, सदाचार, चिंतन सभी पक्ष इस में समाहित है। विचारप्रधान कविता या शास्त्रकाव्य का भी यह अच्छा उदाहरण है। रूपक, दृष्टांत और निदर्शनाओं ने काव्य के कथ्य को चमका दिया है। उदाहरणार्थ -

दृष्टसारङ्गयूथोऽपि दंष्ट्रानखरवानपि।
भूभृत्कटकसंस्थोऽपि सारमेयो न सिंहति।।

(दृप्तपद्धति-६)

(चाहे वह हरिणों के झुंड को परख ले, चाहे उसके पास दंष्ट्रा व नख हों, चाहे वह राजा की सेना में हो, कुत्ता शेर नहीं हो जाता)

पादुकासहस्रम् श्रीरंगनाथ की प्रशस्ति में रची गई है। इसमें १००८ पद्य हैं, जो ३२ पद्धतियों में विभाजित हैं। वेदांतदेशिक के लुप्तकाव्यों में समस्यासाहस्री भी एक है। पादुकासहस्रम् के अतिरिक्त इनके अन्य स्तोत्रकाव्य हैं – वरदराजपञ्चाशत्, अष्टभुजाष्टक, अच्युतशतक, गरुडपञ्चाशत्, यतिराजसप्तति, दयाशतक तथा गोदास्तुति। पादुकासहस्रम् के एक सहस्र श्लोकों में भक्ति व आराध्य के माहात्म्य का निरूपण स्फीत प्रांजल पदावली में है। कवि अपने आराध्य की पादुका को मणिपादरक्षा कहता है, जिसके संचरण से वृंदावन नंदन वन बन जाता है जहाँ कृष्ण रंगरसिक बन कर विहार करते हैं—

वृद्धिं गवां जनयितुं भजता विहारान् कृष्णेन रङ्गरसिकेन कृताश्रयायाः।
सञ्चारतस्तव तदा मणिपादरक्षे वृन्दावनं सपदि नन्दनतुल्यमासीत्।।

वरदराजपञ्चाशत् में वरदराज को परब्रह्म के रूप में स्थापित किया गया है। विष्णु के दशावतारों का भी वर्णन इसी क्रम में कवि ने यहाँ कर दिया है। कस्तूरी से रंजित हो कर वरद वरदराज नीलांग हो जाते हैं और वे मरकमणि के पर्वत की मातृका जैसे दिखते हैं -

वरद तव विलोकयन्ति धन्या मरकतभूधरमातृकायमानम्।
व्यपगतपरिकर्मवारबाणं मृगमदपङ्कविशेषनीलमङ्गम्।।

वेदांतदेशिक के अनेक दार्शनिक ग्रंथ भी सरस पद्यों में रचे गये हैं। तत्त्वमुक्ताकलापः में

५०० पद्यों में विशिष्टाद्वैत दर्शन प्रतिपादित है। ब्रह्मसूत्र के श्रीभाष्य की व्याख्या में उन्होंने ५६२ पद्यों के अधिकरण की रचना की। सच्चरितरक्षा में तीन अधिकारों में वैदिक संहिताओं तथा स्मृतियों के आधार पर उत्तम आचरण का प्रतिपादन है। निक्षेपरक्षा, पञ्चरात्ररक्षा, रहस्यरक्षा भी उनके इसीप्रकार के ग्रंथ हैं। द्रमिळोपनिषद्रत्नावली में १३० पद्यों में उन्होंने शठकोपसूरि के तमिल में विरचित दिव्यप्रबंध का सुंदर सार संस्कृत भाषा में निबद्ध किया है। द्रमिलोपनिषत्सार: भी इसीप्रकार की कृति है। मणिप्रवालम् शैली में वेदांतदेशिक की रचनाएँ हैं – अमृतरञ्जनीरहस्य, अमृतवादिनीरहस्य, परमतभंग, हस्तिनीमाहात्म्य, परमपदसोपान, रहस्यत्रयसार, आदि। इसके अतिरिक्त वेंकटनाथ ने २४ स्तोत्रकाव्यों की रचना भी की।[१६]

रामशतक

सोमेश्वर की कीर्तिकौमुदी तथा उल्लासराघव नाटक की चर्चा यथाप्रसंग अन्यत्र इस पुस्तक में की गई है। इनके रामशतक में सौ पद्य हैं। सभी स्रग्धरा छंद में हैं। संपूर्ण काव्य सोमेश्वर की कवित्वशक्ति का उत्कृष्ट निदर्शन है। इसमें अकृत्रिम भक्तिभाव की अभिव्यक्ति के साथ उदात्त तत्त्व का निर्वाह कवि ने किया है। स्रग्धरा छंद का प्रयोग स्फीत वाग्धारा के साथ भक्तिभाव के संगम के लिये सर्वथा उपयुक्त बन गया है। पं० बलदेव उपाध्याय ने तो यहाँ तक कहा है कि 'यही एकमात्र स्तोत्र संस्कृत स्तोत्रसाहित्य में कर्ता को सम्माननीय स्थान दिलाने के लिये पर्याप्त है।'

राम का दर्शन अलग अलग लोग अलग अलग दृष्टियों से किस प्रकार करते हैं इसका वर्णन करते हुए कवि कहता है—

पुण्यानां प्राक्तनानां फलमिति जनकेनान्तरात्मेति मात्रा
साक्षादक्षीयमाणप्रणयनिधिरिति मातृभिश्च त्रिभिर्यः।
नीतेर्मूर्तीत्यमात्यैः परपुरुष इति ज्ञानिभिर्ज्ञायमानैः
प्राप प्रौढिं क्रमेण दृढयतु नितरां राघवः स श्रियं वः।।

(पिता के द्वारा पूर्व जन्म के पुण्यों के फल के रूप में, माता के द्वारा अपनी अंतरात्मा के ही रूप में, तीनों माताओं के द्वारा अक्षय प्रणय की निधि के रूप में, अमात्यों के द्वारा नीति के मूर्तिमान् स्वरूप की तरह, ज्ञानियों के द्वारा परमपुरुष को रूप में देखे गये क्रमशः प्रौढता को प्राप्त करते राघव आप सब की श्री को दृढ़ करें।)

कवि की दृष्टि में चराचर सृष्टि राम की भक्ति में रम गई है। राम के वन गमन के समय वन की लक्ष्मी उनका स्वागत किस प्रकार करती है – यह बताते हुए वह कहता है—

सन्दोहे पादपानां विकिरति कुसुमस्तोममुच्चैः पिकानां
गीते नृत्यं श्रितासु व्रततिषु मरुता कीचकेषु ध्वनत्सु।
सङ्गीतं काननेन प्रथितमिव मुदा यत्र नाथे त्रयाणां
लोकानामभ्युपेते स भवदवभयात् पातु पीताम्बरो वः।।

(जिन तीनों लोकों के नाथ रामचंद्र के आने पर वृक्षों के निकुंजों ने पुष्पों के गुच्छे बिखेर दिये, कोकिल जोर जोर से कूक उठे, लताएँ उनके साथ नृत्य करने लगीं, वाँस के वृक्षों से बाँसुरी के स्वर निकलने लगे और सारा का सारा कानन आनंदित हो कर संगीत का विस्तार करने लग गया – वे संसार के दावानल के भय से आपको बचायें।)

मुग्धोपदेश

बारहवीं शताब्दी में सोमपालविलास नामक ऐतिहासिक महाकाव्य के प्रणेता कश्मीर के महाकवि जल्हण ने मुग्धोपदेश नामक उपदेशपरक काव्य की रचना की। इसमें ६६ शार्दूलविक्रीडित छंदों के द्वारा गणिकाओं की प्रवंचना से भोले भाले लोगों को सावधान करने के लिये गणिका-चरित्र का वर्णन करते हुए उससे बचने का परामर्श कवि ने दिया है। वेश्यावृत्ति की जघन्यता को कवि ने बहुत प्रभावशाली रूप में विविध उपमानों और दृष्टांतों के द्वारा व्यक्त किया है। वेश्यावृत्ति का बड़ा ही तीखा प्रत्याख्यान और उसकी बीभत्सता का निदर्शन संपूर्ण काव्य में कवि ने किया है। भावनात्मक उद्वेलन से भरा विरोध का भाव रचना में व्याप्त है। जघन्य, जुगुप्सित व कदर्य का ऐसा निरूपण अन्यत्र दुर्लभ है। वेश्या को गृध्री, सरघा (मधुमक्खी), व्याघ्री, भुजंगी, मछली तथा मूषिका से उपमित करते हुए जल्हण कहते हैं-

गृध्री निर्भरमामिषेषु सरघा घोरा मधूनां भरे
व्याघ्री तीक्ष्णनखक्षतेषु भुजगी दंशप्रकारेषु च।
उत्तानेषु विवर्तनेषु शफरी वित्तच्छले मूषिका
वेश्या कामुकवञ्चनाय भवने रूपैरनेकैः स्थिता।।

(२९)

(मांस पर झपटने वाली गृध्री है, मधु के संचय पर टूट पड़ने वाली घोर मधुमक्खी है, तीक्ष्ण नखों में वह बाघिन है, डसने के तरह तरह के प्रकारों में नागिन है, उत्तान विवर्तन (पलटी मारने) में वह मछली है, धन को ले कर छल करने में चुहिया है। वेश्या कामुक जनों के ठगने के लिये अनेक रूपों में अपने भवन में अवस्थित है।)

श्वैत्यं कल्पय कज्जले कपिकुलेष्वारोपयाचापलं
कोदण्डे जनयार्जवं विरचय ग्राव्णां गणे मार्दवम्।।
निम्बे साधय माधुरीं सुरभितामोदौ रसोने कुरु
प्रेमाणं गणिकाजनेऽपि चतुरः पश्चात् सखे द्रक्ष्यसि।।

(यदि तुम काजल में सफेदी और वानरों में अचापल (गंभीरता) ला सको, धनुष में ऋजुता रच सको, पत्थरों के ढेर में मृदुता भर सको, नीम में मधुरता सिद्ध कर दो तथा लहसुन को सुरभित आमोद से भर सको, तो हे मित्र तुम चतुर हो, गणिकजन में भी उसके पश्चात् तुम प्रेम देख सकोगे।)

जल्हण ने इस काव्य में दुर्लभ शब्दों की दावत परोस दी है, जो नये आस्वाद से चमत्कृत कर देते हैं। जैसे यहाँ चत्वरकामिनी (चौराहे की स्त्री) शब्द का प्रयोग—

भृत्यः कुप्रभुसेवया नरपतिः स्वच्छन्दतादुर्नयै-
र्हेवाकेन कविर्मदेन कुलजः क्रोधाग्निना तापसः।
योगी भोगविशेषलम्पटतया रोगी कुपथ्याशने
रागी चत्वरकामिनीपरिचयैः क्षिप्रादधः क्षिप्यते।।१६।।

(भृत्य कुप्रभु की सेवा से, राजा स्वच्छंदपूर्वक अनीति से, कवि हेवाक से, कुलीन व्यक्ति मद से, तपस्वी क्रोध की अग्नि से, योगी भोगविशेष में लंपट होने से, रोगी कुपथ्य खाने से तथा रागी चत्वरकामिनी के परिचय से तत्काल नीचे फैंक दिया जाता है या अध:पतित हो जाता है।)

इसी तरह अलंकारों की भी विशिष्ट छटा जल्हण के काव्य में अपने निखार पर है। यमक और श्लेष के साथ रूपक के गठबंधन का यह उदाहरण द्रष्टव्य है -

कन्दर्पप्रतिभूनिवेशितवलीरेखावलीशोभिते
लीलोदञ्चितबाहुपाशयुगलापातैश्च भो कामुकाः।
वेश्यानां विपुले नितम्बफलके शारैः कटाक्षैरितो
यद्वः क्रीडितमत्र दास्यति पुरो दारिद्र्यमेवोत्तरम्।।३४।।

(हे कामुकजनो, कामदेव रूपी राजा के द्वारा बनाई गई वली की रेखावली से शोभित, लीलापूर्वक उठाये गये बाहुपाशयुगल के पात से वेश्यायों के विपुल नितंब रूपी फलक पर कटाक्ष रूपी पासों से जो तुम ने खेल खेला उसका उत्तर तुम्हें तुम्हारी दरिद्रता देगी।)

यहाँ सांग रूपक का कल्पनाशील प्रयोग जल्हण ने किया है। वेश्या की काया को जुए की बिछात बना कर उसके साथ सारी क्रीडाओं की जुए के खेल के रूपक में प्रस्तुति में कल्पनाशक्ति का अनोखा ही चमत्कार और वैभव है। विडंबना के भाव की अभिव्यक्ति भी उतनी ही सटीक है।

मालिन्यं प्रकटीकरोति निबिडं नैर्गुण्यमातन्वते (ती)
जीर्णस्नेहपरम्परां विदधते पात्रेऽप्यहो दूषणम्।
वेश्या दीपशिखेव भाति रजनौ रूपभ्रमान्धीकृतो
यत्रायं कुरुते पतङ्गपतनं हाहा भुजङ्गव्रजः।।३६।।

(वेश्या रात में उस दीपशिखा की तरह चमकती है, जो मलिनता प्रकट करती जाती है, घनी निर्गुणता (गुणहीनता, गुण या बत्ती के धागे का नाश करना) का विस्तार करती है, जीर्ण हो चुके स्नेह (प्रेम, तैल) की परंपरा (सातत्य, न चुकना), पात्र (सत्पुरुष, दीपक का पात्र) में भी दोष का आरोपण करती है, दिखावा करती है, जिसके रूप के भ्रम में अंधा बना हुआ भुजंगों का समुदाय पतंग (पतिंगे) की तरह गिर पड़ता है।)

६२वें पद्य से अंतिम पद्य तक का अंश इस काव्य में आत्मकथात्मक है, जिससे विदित होता है कि जल्हण यह काव्य अपनी वृद्धावस्था में लिखा था। वे देशांतराटन के रसिक रहे होगें, सारे देश में भ्रमण किया। वे कहते हैं कि धरती पर तरह तरह के देश हैं, विविध कौतुक हैं, पर अपने घर में अपने मित्रों के बीच गोष्ठी करने से बड़ा सुख और कहीं नहीं। अपने जीवनयात्रा तथा पर्यटनों का वर्णन करते हुए जल्हण बताते हैं कि बाल्य गुरुजनों से उपदेश ग्रहण करने में लगाया, तारुण्य तरुणीजनों के संग रमण करने में बिताया, फिर कौतूहल से भर कर मैं घूमने निकल गया, समुद्र यात्राएँ की, सारा देश देखा, अब वृद्धावस्था में अपने सारे पाप धोने के लिये शंभु की अर्चना करता हुआ जीवन व्यतीत कर रहा हूँ।

मुग्धोदेश में कदाचित् उनके अपने खट्टेमीठे अनुभव हैं, तभी इस काव्य में कहीं कहीं बहुत कटुता है। ६२वें पद्य में वे कहते हैं – जीवज्जन्मान्तरं चेत्यलमतिबहुना स्वस्ति देशदेशान्तराय।।' (अब जीते हुए अन्य जन्म भी होगा, इसलिये अब बहुत हुआ, देशदेशांतर में भ्रमण अब छोड़ा जाय)। अपने परिपक्व अनुभवों का लाभ वे युवकों को देना चाहते हैं।[१७]

अन्य मुक्तक काव्य (१२वीं-१३वीं शताब्दी)

कश्मीर के ही शिल्हण का शांतिशतक भी शतक काव्य परंपरा की महत्त्वपूर्ण कड़ी है। शिल्हण का समय १३वीं शताब्दी के पूर्व है। नीतिप्रवणता और विवेक की स्थापना काव्य के द्वारा करने में शतक काव्यों ने जो अवदान दिया है, उसका यह शतक उज्ज्वल उदाहरण है। शिल्हण ने वक्रोक्ति तथा विदग्धता की छटा बिखेरते हुए सूक्तियों की प्रभावशाली सृष्टि की है। मनुष्य की तृष्णा पर उनका यह कटाक्ष स्मरणीय है

त्वामुदर साधु मन्ये शाकैरपि यदसि लब्धपरितोषम्।
हतहृदयं ह्यधिकाधिकवाञ्छाशतदुर्भरं न पुनः।।

(हे उदर, मैं तो तुम्हे अधिक अच्छा मानता हूँ, जो तुम सागभाजी खाने से भी संतुष्ट हो जाते हो, इस दुष्ट हृदय को नहीं, जो अधिक से अधिक सैंकड़ों इच्छाओं से दुर्भर बना हुआ है।)

तेरहवीं शताब्दी में ही गुजरात में रह कर शतसंधानकाव्य के प्रणेता सोमप्रभ ने शृंगारवैराग्यतङ्गिणी की रचना की।

धनदकृत शतकत्रय

भर्तृहरि के अनुकरण पर नीति, शृंगार और वैराग्य के तीन शतक १४३४ई० में धनद नाम कवि ने लिखे। अपने नाम के अनुरूप धनद एक संपन्न सामंत थे। नीतिशतक के आरंभ में दिये गये उनके परिचय से विदित होता है कि वे झुज्झण के पुत्र देहड के आत्मज थे। देहड बादशाह आलमखान के मंत्री रहे। शृंगारशतक में अपना परिचय देते हुए उन्होंने कहा है-

मेरुर्मानितया धनैर्धनपतिर्वाचा च वाचस्पति-
र्भोगेनापि पुरन्दरः शुचितया दानेन चिन्तामणिः।
गाम्भीर्येण महोदधिः करुणया कोपीह तीर्थङ्करः
श्रीमालो धनदः कृती वितनुते शृङ्गारपूर्वं शतम्।। (२)

तीनों शतकों में भाषा की प्रौढता और कल्पना की उर्वरता आकर्षक है।

धनददेव के नाम से शाप० (८१९) में ये पद्य उद्‌धृत हैं—

अभिनवनलिनीविनोदलुब्धो मुकुलितकैरविणीवियोगभीरुः।
भ्रमति मधुकरोऽयमन्तराले श्रयति न पङ्कजिनीं कुमुद्वतीं वा।।

(नई नलिनी के साथ जी बहलाने की चाह में ललचाया, कैरविणी की कली के वियोग से डरा हुआ, यह मधुकर दोनों के बीच चक्कर लगा रहा है, न यह पंकजिनी पर टिक पा रहा है, न कुमुद्वती पर।)

कोकिलकलप्रलापैरलमलमालोकसे रसालं किम्?
शरनिकरभरितशरधिः शबरः सरतीह परिसरे सधनुः।।

(८४१)

(हे कोकिल अपने सुमधुर प्रलाप से तुम जी भर कर रसाल को क्यों निहार रहे हो? इस के आसपास तो धनुष के साथ तथा अपने तरकस में बाणों को भरे हुए शबर चक्कर लगा रहा है।)

शुक यत्तव पठनव्यसनं न गुणः स गुणाभासः
समजनि येन तवामरणं शरणं पञ्जरन्यासः।।

(८७४)

(तोते, यह जो तुम्हारा पाठ का व्यसन है, यह तुम्हारा गुण नहीं, गुणाभास है, क्यों कि इसके कारण तुम्हारे लिये मृत्युपर्यंत यह पिंजरे में बंद रहना ही शरण हो गया।)

शाप. में दिये गये धनद के उद्धरणों (१२४०, १२७७) से लगता है कि इन्होंने किसी राजा की प्रशस्ति में भी पद्यरचना की थी। सुभाषितहारावली में हरि कवि ने धनद के ६ पद्य उद्धृत किये हैं।

सुभाषितसंग्रहों तथा शास्त्रग्रंथों में उद्धृत मुक्तक तथा उनके कवि

इस पुस्तक के द्वितीय खंड में उन मुक्तक कवियों पर विस्तार से चर्चा की गई है, जिनका अवदान सुभाषितसंकलनों या अन्यत्र उद्धृत पद्यों से ही विदित होता है। द्वितीय सहस्राब्दी में भी ऐसे कवियों की संख्या प्रचुर है। इस सहस्राब्दी में विलुप्त हो रही काव्यसंपदा के संरक्षण के लिये सुभाषितसंग्रहों का निर्माण सर्वाधिक संख्या में हुआ।

इन संकलनों में जिन अज्ञात या केवल नाममात्र से ज्ञात कवियों के पद्य मिलते हैं, उनके समय का अनुमान करना भी कठिन है। पर उनकी काव्याभिव्यक्तियाँ निश्चय ही संस्कृत साहित्य की निधि हैं। उदाहरण के लिये गंगाधरभट्ट द्वारा संकलित रसिकजीवनम् में किसी कवि का यह पद्य उद्धृत किया जा सकता है —

ईशे पदप्रणयभाजि मुहूर्तमात्रं प्राणप्रियेऽपि कुरु मानिनि मा प्रसादम्।
जानातु मत्प्रभुरसौ पदयोर्नतानामस्मादृशामपि मनोरथभङ्गदुःखम्।।

(गंगाधर भट्ट रसिकजीवन १.४३)

(तुम्हारे प्राणप्रिय (और मेरे) प्रभु तुम्हारे पाँव चूम रहे हैं, पर हे मानिनी, एक मुहूर्त के लिये भी इनकी मनौती से मान कर इन पर कृपा मत करना। ये मेरे प्रभु भी जान लें कि पाँवो पर झुकने वालों के मनोरथ टूटने का दुःख कैसा होता है।)

शृंगार रस के प्रसंग में किसी सेवक की वेदना को किस मार्मिकता से कवि ने गूँथ दिया है। वह यह भाव भी प्रकट करना चाहता है कि जो लोग अपने पाँवों पर नाक रगड़ने वाले अपने अनुचरों का निरादर करते हैं, उनको भी किसी के आगे अनुचर बनना पडता है।

द्वितीय सहस्राब्दी की इस सुदीर्घ कालावधि में भक्ति की भव्य भागीरथी में भारत स्नान कर रहा था। स्फुट पद्यों में भक्तों के हृदयग्राही भावोद्गार भी मिलते हैं। जैसे शंकर गुरु का यह पद्य है—

अपर्णैव लता सेव्या विद्वद्भिरिति में मतिः।
यया वृतः पुराणोऽपि स्थाणुः सूतेऽमृतं फलम्।।

(रसिकजीवन, १.३५)

(मैं तो समझता हूँ कि अपर्णा लता (बिना पत्तों वाली बेल, पार्वती) की ही सेवा करनी चाहिये। जिससे वृत (घिरा हुआ, पार्वती के पक्ष में वरण किया गया) स्थाणु (पत्थर, शिव) अमृत फल को उत्पन्न करता है।

हुगली के भद्रकाली जिले के निवासी पूर्णचंद्र दे ने उद्भटसागरः के नाम से अपना संकलन उन्नीसवीं शताब्दी के उत्तरार्ध में निर्मित किया। पूर्णचंद्र रामचंद्र के पौत्र तथा कृष्णचंद्र के पुत्र थे, उनके स्वयं पद्य भी इस संकलन में संगृहीत हैं। भानुदत्त का रसपारिजात इन संकलनों में महत्त्वपूर्ण है।

भक्तिभावसमन्वित रचनाओं के अतिरिक्त इस काल में कविता में व्यंग्य या उत्प्रास की प्रवृत्ति और गतिशील हुई, पर इसमें शिष्ट हास्य का स्थान कहीं कहीं अपहास से ले लिया। वल्लभदेव की सुभाषितावलि: में अज्ञात कवि का यह पद्य उदाहरणीय है -

भिक्षो कन्था श्लथा ते ननु शफरवधे जालिकैषाऽस्ति मत्स्यां-
स्तेऽमी मद्यावदंशाः, पिबसि मधु, समं वेश्यया, यासि वेश्याम्?

दत्वारीणां गलेऽघ्रिं, किमु तव रिपवो, भित्तिभेत्तास्मि येषां
चौरस्त्वं, द्यूतहेतोः, कथमसि कितवो, येन दासीसुतोऽस्मि।।

(भिक्षो, तुम्हारी कथरी में छेद क्यों हैं? (भिक्षु का उत्तर) – मछलियाँ मारना होता है, इसलिये कथरी को ही मछली मारने के लिये छोटा सा जाल बना लिया है। (प्रश्न) – तो तुम मछली भी खाते हो? (भिक्षु का उत्तर) –हाँ, क्यों कि वे मछलियाँ तो शराब पीते समय मेरे लिये अवदंश (चिखौने) का काम करती हैं। (प्रश्न) तो तुम मदिरा भी पीते हो? (भिक्षु का उत्तर) – हाँ, वेश्या के साथ पीता हूँ। (प्रश्न) – अच्छा, वेश्याओं के कोठे पर भी जाते हो? (भिक्षु का उत्तर) - हाँ, अपने शत्रुओं के गले पर पाँव रख जाता हूँ। (प्रश्न) - तो तुम्हारे शत्रु भी हैं? (भिक्षु का उत्तर) – हाँ, जिनके घरों में मैंने सेंध लगाई है, वे मेरे शत्रु हैं। (प्रश्न) तो चोर भी हो? (भिक्षु का उत्तर) – हाँ, जुआ खेलने के लिये रुपया चाहिये, तो चोरी करना होता है। (प्रश्न) – जुआ खेलना कहाँ से सीख लिया? (भिक्षु का उत्तर) – मैं दासी के घर मैं उत्पन्न हुआ (तो और क्या सीखता?)

इसी प्रकार गृहस्थाश्रम पर व्यंग्य करने वाला यह पद्य भी देखें—

इन्दुर्यत्र न निन्द्यते न मधुरं दूतीवचः श्रूयते
नोच्छ्वासा हृदयं दहन्ति शिशिरा नो याति कार्श्यं वपुः।
स्वाधीनामनुकूलिनीं स्वगृहिणीमालिङ्ग्य यत् सुप्यते
तत् किं प्रेम गृहाश्रमव्रतमिदं कष्टं समाचर्यते।।

(सुभाषितावलिः, २३९८)

(जिसमें चंद्रमा की निंदा नहीं की जाती, दूती के मधुरवचन नहीं सुन पड़ते, ठंडी साँसें हृदय को नहीं जलातीं, शरीर कृश नहीं होता, स्वाधीन और अनुकूल अपनी घरवाली को गले लगा कर जिसमें सो लिया जाता है, वह भी क्या प्रेम है, वह तो गृहस्थाश्रम के कष्टदायी व्रत का पालन करना है।)

सायणकृत सुभाषितसुधानिधि में पाखंडी लोगों को दोहरे चरित्र को उघाड़ने वाले अनेक पद्य संकलित हैं। इनमें से कतिपय पद्यों में वैद्यों पर फब्तियाँ कसी गईं हैं। उदाहरणार्थ—

आतुराद्वित्तहरणं मृताच्च प्रपलायनम्।
एतद्वैद्यस्य वैद्यत्वं न वैद्यः प्रभुरायुषः।।

(सु०सु०नि० पृ० ९९)

(रोगी से रुपया एंठना, और उसके मर जाने पर पलायन कर जाना – वैद्यों की वैद्यता यही है। वैद्य का किसी की आयु पर वश नहीं होता।)

कृषीवलानां भुवि कालवर्षादकालवर्षाद् भिषजां प्रमोदः।
यत् सस्यवृद्धिं कुरुते हि पूर्वं प्रजासु रोगप्रचयं द्वितीयम्।।

(पृ० ९९)

(किसानों के बीच समय पर धरती पर वर्षा हो जाये, तो आनंद छा जाता है, और वैद्यों को असमय में वर्षा होने लगे तो आनंद होता है। क्यों कि पहले से तो फसल की वृद्धि होती है, और दूसरे से लोगों में रोग बढ़ते हैं।)

गृध्री गृध्रं पृच्छति – पितृवनमध्ये न दृश्यते धूमः।
मन्ये सम्प्रति वैद्योऽप्यन्यग्रामं गतो नूनम्।।

(सु०सु०नि० पृ० १००)

(श्मशान में) गृध्री या मादा गीध गीध से पूछती है – श्मशान में धुआँ क्यों नहीं दिख रहा अर्थात् चिता पर कोई शव क्यों नहीं जलते दिख रहे? गृध्र उत्तर देता है - लगता है गाँव का वैद्य दूसरे गाँव चला गया है।

पाखंडी साधुओं, जनता को ठगने वाले रँगें सियारों की सुभाषितकारों ने अच्छी खबर ली है। अपने व्यंग्य की प्रखरता व स्पष्टवादिता के कारण इनकी अभिव्यक्तियाँ सहृदयसमाज की विमर्शात्मक चेतना को संपन्न बनाने वाली हैं। पंडेपुजारियों पर व्यंग्य करते हुए एक कवि ने कहा है—

पाणौ ताम्रघटी कुशाः करतले धौते सिते वाससी
भाले मृत्तिलकः सचन्दनरसन्यस्तैकपुष्पं शिरः।
दूरात् क्षिप्रपदा गतिर्दृढतरव्याश्लिष्टदन्ताः गिरः
सेयं वञ्चयितुं जगद् भगवतो दम्भस्य देहक्रमः।।

(शाप० ४०२६)

(हाथ में ताँबे का लोटा, हथेली में कुश, धुले सफेद उत्तरीय और अधोवस्त्र, भाल पर मिट्टी का तिलक, माथे पर चंदन के घोल में लिपटा एक पुष्प, दूर से ही (अपने आसामी को देख कर) तेज तेज कदमों वाली गति, कस कर मिले दाँतों के बीच से निकलने वाली वाणी - संसार को ठगने के लिये भगवान् दंभ ने इस रूप में देह धारण की है।)

पीठीप्रक्षालनेन क्षितिपतिकथया सज्जनानां प्रवादैः
प्रातर्नीत्वार्धयामं कुशकुसुमसमारम्भणव्यग्रहस्ताः।
पश्यादेतेनिमज्जत्पुरयुवतिकुचाभोगदत्तेक्षणार्धाः
प्राणायामापदेशादिह सरिति सदा वासराणि क्षिपन्ति।।

(शाप० ४०२८)

(वे पीठी या काष्ठ के आसन को धोने से, राजा के विषय में चर्चा से या सज्जनों की निंदा से भोर का आधा याम बितातें हैं, फिर उनके हाथ कुश, कुसुम आदि इकट्ठे करने में लग जाते हैं। उसके बाद वे स्नान करती युवतियों के वक्षोजों के विस्तार पर तिरछी दृष्टि टिकाये प्राणायाम के बहाने से नदी के किनारे दिन निकाल देते हैं।)

जीवन व जगत् की सच्चाइयों को दार्शनिक गहराई में डूब कर बहुत छोटे से पद्य में व्यक्त कर देना भी सुभाषितकारों की एक विशेषता है। सृष्टि के प्रारंभ में संसार अव्यक्त दशा में किस तरह रहता है इस को उपमा के द्वारा विशद करते हुए एक कवि ने कहा है

अनुत्कीर्णा यथा पङ्के पुत्रिका वाऽथ दारुणि।
वर्णा यथा मषीकल्के तथा सर्गे स्थिताः परे।।

(जैसे मिट्टी के सने हुए लोंदे में या काठ में मूर्ति अनुत्कीर्ण या बिना उभरी रहती है, जैसे वर्ण स्याही के घोल में रहते हैं उसीप्रकार सृष्टि के पहले एक परम तत्त्व में सब समाया रहता है।)

भारतीय जनजीवन का चित्रण इन सुभाषितों में जिस तरह किया जाता रहा है, उसपर विस्तृत चर्चा पहले की गई है। श्रमिकों, खेत में काम करने वाले पामरों व दरिद्रों की जीवन की यंत्रणा को इस परंपरा में कवि अपने स्वानुभूत यथार्थ के रूप में व्यक्त करते रहे। भूख मनुष्य का क्या हाल कर देती है – इस का वर्णन करते हुए इस परंपरा के एक कवि ने कहा है—

आदौ रूपविनाशिनी कृशकरी कामस्य विध्वंसिनी
प्रज्ञामान्द्यकरी तपःक्षयकरी धर्मस्य निर्मूलनी।
पुत्रभ्रातृकलत्रभेदनकरी लज्जाङ्कुरच्छेदिनी
सा मां पीडति सर्वदोषजननी प्राणापहन्त्री क्षुधा।।

(मक० १५३, प्र०श० ९४)

(सर्वप्रथम रूप का विनाश करने वाली, कृश कर देने वाली, काम का विध्वंस करने वाली, प्रज्ञा में मंदता लाने वाली, तप का क्षय करने वाली, धर्म को निर्मूल करने वाली; पुत्र, भाई व पत्नी को एक दूसरे भिड़ाने वाली और सब प्रकार के दोषों की जननी, प्राणों का अपहरण करने वाली क्षुधा मुझे सता रही है)

अल्लराज की रसतरंगिणी में अज्ञात कवि का किसी अकाल से पीडित दरिद्र ब्राह्मण का अपनी गृहिणी से कहा गया यह वचन अत्यंत हृदयविदारक है—

न भिक्षा दुर्भिक्षे पतति दुरवस्थाः कथमृणं
लभन्ते कर्माणि द्विजपरिवृढान् कारयति कः।
अदत्तावपि ग्रासं दिनमणिरसावस्तमयते
क्व यामः किं कुर्मो गृहिणि गहनो जीवनविधिः।।

(इस दुर्भिक्ष या अकाल के समय कहीं से भीख मिलती नहीं, हमारे जैसे दुर्दशा से ग्रस्त लोगों को ऋण भी कौन देगा, हम जैसे श्रेष्ठ ब्राह्मणों से मेहनत मजदूरी भी कौन करायेगा, सूर्यदेवता एक कौर दिये बना अस्त हो जाते हैं। गृहिणि, हम कहाँ जायें, क्या करें, जीवन की विधि गहन है।)

पारिवारिक जीवन की रसमय कविता भी इन पद्यों में बड़ी मनोहारी है। भारतीय समाज – विशेष रूप से उसमें मध्यवर्गीय व निम्नवर्गीय परिवारों के जीवन के अछूते पहलू उजागर हुए हैं। वल्लभदेव ने सुभाषितावलि में ऐसे सैंकड़ो पद्य संकलित किये हैं। बच्चों के वर्णन का यह पद्य देखें –

आयातो भवतः पितेति सहसा मातुर्निशम्योदितं
धूलीधूसरितो विहाय शिशुभिः क्रीडारसान् प्रस्तुतान्।
दूरात् स्मेरमुखः प्रसार्यललितं बाहुद्वयं बालको
नाधन्यस्य पुनः परैति परया प्रीत्या रणन् घर्घरम्।।

(अज्ञात, सुभा० २५१५)

(अरे आ गये तुम्हारे पिता — माता की यह पुकार सहसा सुनी, तो धूल में लिपटा, संगी शिशुओं के संग क्रीडा का सारा रस भूल कर, दूर से किलकारियाँ मारता, दोनों अपने हाथ पसारे, रुनझुन रुनझुन करता, बच्चा किसी भाग्यशाली के आगे आ रहा है।)

द्वित्राणि स्खलता पदानि दधता धात्रीकरालम्बिना
स्वभ्यस्तं पुनरेव जानुगमनं निःशङ्कमातन्वता।
उद्भिन्नासमदन्तकुड्मलमुखेनाव्यक्तवाग्वादिना
या प्रीतिः स्वसुतेन चेतसि सखे वक्तुं न सा पार्यते।।

(भट्टार्दन, सुमु० ११९.१३, सुभा० अज्ञात २४१४)

धाय का हाथ पकड़े, वह दो तीन डग धरता है; फिर निःशंक हो कर अपना घुटने घुटने चलने का पुराना अभ्यास करने लगता है। उसके मुख में दाँतों की कलियाँ दो तीन ही उगी हैं, वह इस मुख से लटपट वाणी में अस्पष्ट कुछ बोलता है। मित्र! अपने उस बेटे से जो प्रीति उपजती है मन में, वह कही नहीं जा सकती शब्दों में।)

महाप्रभु चैतन्य का संस्कृत साहित्य को योगदान

चैतन्य (१४८६-१५३३ ई०) का मूल नाम विश्वंभर था, वे गौरांग तथा महाप्रभु के नामों से जाने जाते हैं। वे वैष्णवभक्तिपरंपरा के अप्रतिम उन्नायक तथा इस परंपरा में विरचित संस्कृतसाहित्य के अग्रदूत हैं।

चैतन्य नवद्वीप के जगन्नाथ मिश्र के पुत्र थे। संस्कृतशास्त्रों की महती विरासत उन्हें परंपरा से मिली थी। चैतन्य की न्यायशास्त्र में प्रवीणता उनके समय के गदाधर भट्टाचार्य तथा रघुनाथ शिरोमणि जैसे नैयायिकों को हतप्रभ कर देने वाली थी, जिसके संबंध में अनुश्रुतियाँ व दंतकथाएँ प्रचलित हैं, और चैतन्यविषयक जीवनियों में संकलित भी हैं। पर चैतन्य ने अपने पांडित्य व दार्शनिक विमर्श को भक्ति की अजस्र स्रोतस्विनी में बहा दिया। उनके द्वारा विरचित माने गये संस्कृत काव्यों में शिक्षाष्टकम् में आठ पद्य हैं। चैतन्य के प्रामाणिक जीवनीकार

कृष्णदास ने इस काव्य के आठों पद्यों को अपने चैतन्यचरितामृत में उद्धृत कर दिया है। रूपगोस्वामी ने अपने संकलन पद्यावली में भी उन्हें संगृहीत किया है।[१८] इससे शिक्षाष्टकम् की चैतन्यविरचित होना उनकी साक्षात् शिष्यपरंपरा में मान्य रहा है – यह तो स्पष्ट ही है। इसके अतिरिक्त निम्नलिखित काव्य भी इस परंपरा में चैतन्य द्वारा विरचित माने गये हैं – कृष्णप्रेमामृतस्तोत्रम्, गोपालचरितम् अथवा राधाप्रेमामृतम्, प्रेमामृतम्, रासानुभूतिः, हरिनामामृतम् अथवा हरिनामकवचम्, राधारासमञ्जरी, संक्षेपभागवतामृतम्, दानकेलिचिन्तामणिः। इनके अतिरिक्त तत्त्वसारः नाम से एक वेदांतविषयकग्रंथ भी चैतन्य के द्वारा लिखे जाने का उल्लेख मिलता है। चैतन्य संप्रदाय के अनुयायियों का एक वर्ग अपने महाप्रभु के द्वारा संस्कृत में कोई भी रचना करने की बात का दृढ़ता से खंडन करता है।[१९]

संत एकनाथ के स्तोत्र

संत एकनाथ (१५३३-९९ ई०) मराठी के कवि तथा सुप्रसिद्ध आध्यात्मिक विभूति हैं। इन्होंने संस्कृत में हस्तामलक तथा स्वात्मसुख नाम से काव्यों की रचना की।

वल्लभदेव

वल्लभदेव एक प्रसिद्ध टीकाकार हैं, जिन्होंने कालिदास के मेघदूत तथा कुमारसंभव आदि काव्यों पर टीकाएँ लिखी है। इनका समय आठवीं शताब्दी के आसपास है। सुभा. के संकलयिता का नाम भी वल्लभदेव है, जिनका समय पंद्रहवीं शती के आसपास है। सुभाषितसंग्रहों में वल्लभदेव के नाम उद्धृत पद्य टीकाकार वल्लभदेव के हैं अथवा सुभाषितावलीकार वल्लभदेव के – यह निर्णय करना कठिन है।[२०]

वल्लभदेव एक सरस कवि हैं। सुभाषितावली में उद्धृत उनकी रचनाओं में से वात्सल्य से परिपूर्ण निम्नलिखित पद्य संस्कृत काव्यपरंपरा का अछूता पक्ष उजागर करते हैं –

विरलाङ्गुलिकरपिहितघ्राणान्वितगण्डचिबुकमुखविवरम्।
कस्योच्चरद्दकारं सूक्ष्मशिशोर्ज्योन्मनो न हरेत्।।

(सुभा० २४१०)

(छितराई अंगुलियों वाली हथेली से नाकसहित कपोल, ठुड्डी और मुँह ढके हुए द-द- की पुकार लगाते बच्चे की किलकारी किसका मन नहीं मोह लेती?)

दूसरा पद्य इसी की छाया है—

आस्यं पिधाय सकलं विरलाङ्गुलिना करेण सघ्राणम्।
अयमुच्चरद्दकारं मनोहरं ज्योत्करोति शिशुः।।

(विरलांगुलि वाले कर से नासिका सहित सारा मुख ढक कर दकार उच्चरित करता शिशु किलकारी भरता है।)

कवि के रूप में वल्लभदेव सर्वथा अचर्चित रह गये हों ऐसा भी नहीं है। शाप. में उनकी यह मार्मिक अन्योक्ति उद्धृत की गई है

भूर्जः परोपकृतये निजकवनिकर्तनं सहते।
परबन्धनाय च शणः प्रेक्षध्वमिहान्तरं कीदृक्।।

(१०५६)

(भोज का वृक्ष परोपकार के लिये अपना छाल का छीला जाना सहता है। सन का पौधा दूसरे को बाँधने के लिये (रस्सी बनाने हेतु अपनी छाल का छीला जाना सहता है)। देखिये दोनों में कितना अंतर है।)

राघवानंद

राघवानंद साहित्यदर्पणकार विश्वनाथ के पूर्वज थे तथा महामात्र व सांधिविग्रहिक के पद पर कार्यरत रहे। भावध्वनि के उदाहरण में विश्वनाथ ने अपने साहित्यदर्पण में महावराह की वंदना का इनका यह पद्य उद्धृत किया है—

यस्यालीयत शल्कसीम्नि जलधिः पृष्ठे जगन्मण्डलं,
दंष्ट्रायां धरणी, नखे दितिसुताधीशः, पदे रोदसी।
क्रोधेऽक्षगणः, शरे दशमुखः, पाणौ प्रलम्बासुरो,
ध्याने विश्वमसावधार्मिककुलं, कस्मैचिदस्मै नमः।

कस्मैचिदस्मै में सर्वनाम की वक्रता का अच्छा प्रयोग है।

चंद्रशेखर चंद्र

ये साहित्यदर्पणकार विश्वनाथ पिता थे। इन्होंने पुष्पमाला नामक नाटिका लिखी थी, जिसकी नांदीपद्य विश्वनाथ ने उदाहृत किया है।

द्वादशपदा यथा मम तातपादानां पुष्पमालायाम्—

शिरसि धृतसुरापगे स्मरारावरुणमुखेन्दुरुचिर्गिरीन्द्रपुत्री।
अथ चरणयुगानते स्वकान्ते स्मितसरसा भवतोऽस्तु भूतिहेतुः।।

अन्यत्र विश्वनाथ ने छेकानुप्रास के उदाहरण में इनका यह पद्य उद्धृत किया है –

आदाय बकुलगन्धानन्धीकुर्वन् पदे पदे भ्रमरान्।
अयमेति मन्दमन्दं कावेरीवारिपावनः पवनः।।

कलहांतरिता नायिका के वर्णन का यह पद्य भी इनका रचा विश्वनाथ ने उद्धृत किया है –

नो चाटुश्रवणं कृतं, न च दृशा हारोऽन्तिके वीक्षितः,
कान्तस्य प्रियहेतवे निजसखीवाचोऽपि दूरीकृताः।
पादान्ते विनिपत्य तत्क्षणमसौ गच्छन्मया मूढया
पाणिभ्यामवरुध्य हन्त ! सहसा कण्ठे कथं नार्पितः।।

विश्वनाथ कविराज

साहित्यदर्पणकार विश्वनाथ का परिचय नाटकविषयक अध्याय में दिया गया है। साहित्यदर्पण के प्रथम मांगलिक पद्य में ही विश्वनाथ ने अपनी कवित्वप्रतिभा का प्रदर्शन कर दिया है—

शरदिन्दुसुन्दररुचिश्चेतसि सा में गिरां देवी।
अपहृत्य तमः सन्ततमर्थानखिलान् प्रकाशयतु।। १।।

प्रवास के भेदों का निरूपण करते हुए भावी प्रवास का यह स्वरचित उदाहरण इन्होंने दिया है—

यामः सुन्दरि, याहि पान्थ, दयिते शोकं वृथा मा कृथाः,
शोकस्ते गमने कुतो मम ततो वाष्पं कथं मुञ्चसि।
शीघ्रं न व्रजसीति मां गमयितुं कस्मादियं ते त्वरा,
भूयानस्य सह त्वया जिगमिषोर्जीवस्य में संभ्रमः।।

(सुंदरि, अब हम चले।
पथिक जाओ।
दयिते, व्यर्थ शोक मत करो।
तुम्हारे जाने से मुझे भला शोक क्यों होने लगा?
तो फिर आँसू क्यों बहा रही हो?
ये आँसू तो तुम शीघ्र क्यों नहीं चले जाते – इसलिये हैं।
मुझे भेजने के लिये तुम्हें ऐसी त्वरा क्यों?
यह तो तुम्हारे साथ चल पड़ने के लिये लालायित मेरे चित्त का संभ्रम है।)

यहाँ अमरुक के काव्य का अनुकरण स्पष्ट झलकता है, तथापि प्रेयसी की साथ चल पड़ने के लिये हड़बड़ी का कथन नवीनता लिये हुए है। विप्रलंभ शृंगार के प्रसंग में भावी प्रवास के उदाहरण में उन्होंने फिर यही पद्य उदाहृत किया है।

इसीप्रकार मुक्तककाव्य के भेदों में दो विधाओं के उदाहरण विश्वनाथ से स्वयं की कविता से दिये हैं।

सान्द्रानन्दमनन्तमव्ययमजं यद्योगिनोऽपि क्षणं
साक्षात्कर्तुमुपासते प्रति मुहुर्ध्यानैकतानाः परम्।
धन्यास्ता मधुरापुरीयुवतयस्तद्ब्रह्म या कौतुका–
दालिङ्गन्ति समालपन्ति शतधाऽऽकर्षन्ति चुम्बन्ति च।।

(प्रगाढ़ आनंद के स्वरूप, अनंत, अव्यय, अज जिस परब्रह्म का साक्षात्कार करने के लिये योगीजन बार बार ध्यान में एकतान हो कर उपासना करते हैं। पर मथुरा की वे गोपियाँ

धन्य हैं, जो उसी ब्रह्म का कौतुक के साथ आलिंगन करती हैं, उसके साथ बातचीत करती हैं, सौ सौ बार उसे खींचती हैं, उसका चुंबन करती हैं।)

विश्वनाथ कविराज की कविता पर गीतगोविंद तथा माधुर्यभक्ति की भावधारा का प्रभाव है। तदनुरूप लालित्य और लय को भी साधने का प्रयास उन्होंने किया है। इस प्रयास में स्फूर्ति की अपेक्षा आयास अधिक झलकता है।

मुक्तक की विधाओं में एक काव्यभेद युग्मक है। युग्मक का भी विश्वनाथ ने स्वरचित यह उदाहरण दिया है—

किं करोषि करोपान्ते कान्ते ! गण्डस्थलीमिमाम्।
प्रणयप्रवणे कान्तेऽनैकान्ते नोचिताः क्रुधः।।
इति यावत्कुरङ्गाक्षीं वक्तुमीहामहे वयम्।
तावदाविरभूच्चूते मधुरो मधुपध्वनिः।।'

(हे कांते, कर या हाथ के उपांत में अपने कपोलों को धर रही हो? प्रणयप्रवण अनेकांत कांत में क्रोध उचित नहीं है। इस मृगनयनी से जब तक हम यह कहना चाहते, तब तक आम के वृक्ष पर मधुर मधुपध्वनि आरंभ हो गई।)

यहाँ मधुपध्वनि आरंभ हो जाने से वसंत ॠतु का आगमन, वसंत ॠतु के आगमन से नायिका में प्रेमोदय तथा प्रेमोदय से क्रोध की शाति – इस प्रकार अर्थों की लड़ियाँ निर्मित होती हैं, तथा भावशांति ध्वनि व्यंजित होती है।

करंभक नामक काव्यविधा का निरूपण करते हुए विश्वनाथ ने कहा कि जिसमें एक साथ कई भाषाओं का प्रयोग हो, वह काव्य करंभक है। इसके उदाहरण में इन्होंने अपने स्वयं के प्रशस्तिरत्नावली नामक करंभक का नामोल्लेख किया है और बताया है कि इस करंभकमें सोलह भाषाओं का प्रयोग हुआ है।[२१]

शंका संचारी भाव के उदाहरण में उन्होंने अपना यह पद्य प्रस्तुत किया है—

प्राणेशेन प्रहितनखरेष्वङ्गकेषु क्षपान्ते
जातातङ्का रचयति चिरं चन्दनालेपनानि।
धत्ते लाक्षामसकृदधरे दत्तदन्तावघाते
क्षामाङ्गीयं चकितमभितश्चक्षुषी विक्षिपन्ती।।

(साद० ३. १६१)

(प्राणेश के द्वारा अपने जिन अंगों पर नखक्षत किये गये थे, रात बीत जाने पर आतंक के साथ उन के ऊपर वह चंदन का लेप लगा रही है। चकित नयन से चारों ओर ताकती वह दंत के घात से व्रणित अधर पर बार बार लाक्षा लगा रही है।)

इस प्रकार के पद्यों में अमर्यादित शृंगार का संकेत रस ले कर कवि करता है। एक पतनशील समाज के विलास की झलक इनमें हमें मिलती है।

राजा की प्रशस्ति में अनेक पद्य विश्वनाथ ने लिखे थे। इनमें नवीनता का अभाव है, तथा प्राचीन काव्यों का गतानुगतिकतया अनुकरण अधिक है। एक उदाहरण —

पश्यन्त्यसंख्यपथगां त्वद्दानजलवाहिनीम्।
देव! त्रिपथगात्मानं गोपयत्युग्रमूर्धनि।।

(हे महाराज, असंख्य पथों पर बह रही आपके दानजल से बनी नदी को देखती हुई त्रिपथगा अपने को शंकर के मस्तक में छिपा रही है।)

धीराधीरा का एक उदाहरण द्रष्टव्य है—

अनलङ्कृतोऽपि सुन्दर हरसि मनो में यतः प्रसभम्।
किं पुनरलङ्कृतस्त्वं सम्प्रति नखक्षतैस्तस्याः।।

(हे सुंदर, तुम तो अनलंकृत हो कर भी बरबस मेरा मन हर लेते हो। फिर इस समय तो तुम उस (मेरी सौत) के नखक्षतों से अलंकृत हो तो कहना ही क्या?)

अपनी विविध भाषानैपुणी को दिखाने के लिये विश्वनाथ ने यह स्वोपज्ञ पद्य उद्धृत किया है, जो भाषासम अलंकार का उदाहरण है—

मञ्जुलमणिमञ्जीरे कलगम्भीरे विहारसरसीतीरे।
विरसासि केलिकीरे किमालि ! धीरे च गन्धसारसमीरे !।।

इसके विवेचन में वे कहते हैं - 'एष श्लोकः संस्कृत-प्राकृत-शौरसेनी-प्राच्यावन्तीनागरा-पभ्रंशेष्वेकविध एव।'

कुल मिला कर विश्वनाथ कविराज के काव्य में मौलिक कल्पनाएं कहीं नहीं हैं, रचनाशीलता का अभाव है, तथा अंधानुकरणपरकता अधिक है कहीं कहीं तो प्राचीनकाव्य की सीधे छाया ले कर आवृत्ति मात्र कर के उसे अपनी रचना कह देते हैं। जैसे –

वीक्षितुं न क्षमा श्वश्रूः स्वामी दूरतरं गतः।
अहमेकाकिनी बाला तवेह वसतिः कुतः।।

यह प्राकृत गाथाओं या संस्कृत के पूर्ववर्ती शृंगारपद्यों की छाया जैसा है।

लखीमा राज्ञी

लखिमा (लक्ष्मी माँ) राज्ञी या लखीमा ठकुराइन मिथिला के राजा शिवसिंह की रानी थीं। अपने पति के असामयिक निधन (१४१६) के अनंतर ने राजसिंहासन पर आसीन हुईं। मिथिला में प्रचलित लोककथाओं के अनुसार उन्होंने चौदह वर्ष तक राज्य किया। महाकवि विद्यापति इनकी राजसभा में सम्मानित कवि थे, तथा इन्हें सुल्तान की ओर से सनद दिलवाने में उनकी प्रमुख भूमिका थी। लखीमा के मुक्तकों में मिथिला के सामाजिक जीवन पर गहरा व्यंग्य है। विवाह के नाम पर अपनी बेटी या बहन को बेचने वाले बिकउवा ब्राह्मणों पर उन्होंने अच्छी छींटाकशी की है।

शंकर मिश्र

शंकर मिश्र का समय पंद्रहवीं शताब्दी का उत्तरार्ध है। ये मिथिला के अग्रगण्य नैयायिक रहे हैं। इनके लिखे अनेक सुंदर पद्य पंडित समाज में लोकप्रिय रहे हैं। लोगों के बहकावे में आ कर इनके पिता इनके विषय में ग़लत धारणा बना बैठे, उन्होंने पिता को एक पत्र में इस पर अपनी वेदना इस प्रकार व्यक्त की—

तापो नापगतस्तृषा न च कृशा, धौता न धूलिस्तनो-
र्न स्वच्छन्दमकारि कन्दकवलः का नाम केलेः कथा।
दूरोत्क्षिप्तकरेण हन्त करिणा स्पृष्टा न वा पद्मिनी
प्रारब्धो मधुपैरकारणमहो झाङ्कारकोलाहलः।।

(न तो ताप गया, न प्यास कम हुई, देह की धूल भी नहीं धोई, स्वच्छंद हो कर कंद के कवल भी नहीं खाये, केलि की तो बात ही क्या? दूर से सूँड उठाये हाथी ने पद्मिनी को छुआ तक नहीं, और भौंर ने बिना कारण झंकार का कोलाहल मचा दिया।)

सोलहवीं-सत्रहवीं शताब्दी के मुक्तक काव्य

कृष्णदास

कृष्णदास चैतन्यसंप्रदाय के प्रतिनिधि आचार्य हैं। इनका समय १५३० से १६१६ ई० के लगभग है। इन्होंने बंगला में चैतन्यचरितामृत तथा लीलाशुक बिल्वमंगल के कृष्णचरितामृत पर टीका की रचना की। गोविन्दलीलामृत तथा कृष्णलीलास्तव इनकी काव्यरचनाएँ हैं।

वासुदेव सार्वभौम

ये प्रसिद्ध नैयायिक रघुनाथ शिरोमणि के गुरु थे। एक प्रकांड पंडित और नैयायिक तो ये थे ही, महाप्रभु चैतन्य के परम भक्त और वैष्णव आचार्य भी थे। ये १५०९ई० में जगन्नाथ पुरी गये थे, वहीं चैतन्य से इनका शास्त्रार्थ हुआ और ये चैतन्य के शिष्य बन गये। चैतन्य की स्तुति में चैतन्यशतक इनकी भावपूर्ण प्रौढ़ रचना है। एक उदाहरण द्रष्टव्य है—

शरणदमननामा कृष्णनामप्रधानः परमपतितदीनत्राणकारुण्यसीमः।
व्रजविपिनरहस्यप्रोल्लसच्चारुगात्रः स्फुरतु हृदयमध्ये गौरचन्द्रो नटेन्दुः।।

जीवगोस्वामी

जीव गोस्वामी के पुरखों में रूप, सनातन तथा अनुपम – ये तीन भाई बंगाल में हुसैन शाह के अधीन काम करते थे। रूप और सनातन तो बादशाह के मंत्री थे। अनुपम बादशाह के सिक्कों की ढलाई के काम की निगरानी करते थे। जीव इन्हीं अनुपम के एकमात्र पुत्र थे।[२२]

रूप, सनातन तथा जीव तीनों को चैतन्यसंप्रदाय में दीक्षा लेने पर बादशाह का कोपभाजन बनना पड़ा। रूप और सनातन आत्मरक्षा तथा परिवार की रक्षा के लिये जेस्सोर जिले में फतेहाबाद आ गये। अनुपम की भेंट महाप्रभु चैतन्य से रामकेलि ग्राम में हुई। उस समय जीव बालक ही थे। तीनों भाई जब वृंदावन जा रहे थे, मार्ग में अनुपम का निधन हो गया। इस घटना से जीव नितांत खिन्न रहने लगे, कालांतर में उनकी माता का भी निधन हो गया। इस समय उनकी आयु बीस वर्ष थी। जीव को संसार से वैराग्य हो गया और वे अपने पितृव्यों के पास वृंदावन आ गये। उन्होंने श्रीमद्भागवत तथा शास्त्रों का अभ्यास किया। अपने परिवार में पांडित्य और शास्त्रज्ञान के प्रकर्ष में जीव गोस्वामी अप्रतिम थे। रूप गोस्वामी ने उन्हें अपना आध्यात्मिक उत्ताराधिकारी बनाया।

जीव गोस्वामी के दार्शनिक तथा धार्मिक ग्रंथ चैतन्य संप्रदाय में सदैव समादृत रहे हैं। उनकी काव्यरचनाएँ हैं — गोपालचंपू, संकल्पकल्पद्रुम, माधवमहोत्सव तथा गोपालविरुदावली।[२३]

संकल्पकल्पद्रुम कृष्ण की नित्य लीलाओं का आध्यात्मिक तथा भक्तिशास्त्र की दृष्टि से सरस निरूपण है। जीव गोस्वामी कहते हैं कि कृष्ण ही कल्पद्रुम हैं, जिसका मूल कृष्णजन्म है, तथा तना और शाखा उनकी लीलाएँ। प्रेमा भक्ति इस कल्पवृक्ष का फल है।

संकल्पकल्पद्रुम चार खंडों में विभाजित है, जिनके शीर्षक हैं – जन्मादिलीला, नित्यलीला, सर्वर्तुलीला तथा फलनिष्पत्ति। प्रथम में २७५, दूसरे में ३१५, तथा अंतिम खंड में दस ही पद्य हैं। प्रथम खंड में जन्मलीला का तात्त्विक निरूपण है, द्वितीय में वृदावन में नित्यलीला की चर्चा है, तृतीय खंड में राधाकृष्ण का वार्तालाप है। अंतिम खंड में राधा कृष्ण की युगल मूर्ति की छवि का अंकन है। काव्यसौंदर्य की अपेक्षा इनमें लीला तत्त्व के दार्शनिक व आध्यात्मिक स्वरूप के प्रतिपादन का आग्रह अधिक है।

जीव गोस्वामी का माधवमहोत्सव भी माधुर्य भक्तिधारा का काव्य है। इस पर गीतगोविंद का गहरा प्रभाव है। यह नौ सर्गों में विभक्त है। सर्गों का नामकरण भी गीतगोविंद के सर्गों के अनुसार उत्सुकराधिका, उन्मन्युराधिका, उत्फुल्लराधिका इस प्रकार किया गया है। राधा के रोष, चंद्रावली को ले कर उनकी असूया, राधा की परम प्रतिष्ठा तथा कृष्ण का उनके प्रति आत्मनिवेदन इस काव्य में सरस रूप में वर्णित है।

उत्प्रेक्षावल्लभ

उत्प्रेक्षावल्लभ का वास्तविक नाम गोकुल था। शिवभक्तदास भी इनका नाम मिलता है। इनका समय पंद्रहवीं-सोलहवीं शती के आसपास है। इनका भिक्षाटनकाव्य अपनी संरचना और विषयवस्तु की नवीनता के कारण उल्लेखनीय है। इस काव्य में चालीस पद्धतियों में वसंततिलका छंद में शिव के भिक्षाटन का सरस और रोचक वर्णन है। शिव भिक्षा माँगते हुए स्वर्गपुरी पहुँच जाते हैं, जहाँ अप्सराएँ उन्हें देख कर मुग्ध हो जाती हैं। हास परिहास, नर्मालाप

और शिवभक्ति का अनूठा संगम इस काव्य में हुआ है। गोपियों का कृष्ण के प्रति जो भाव है, उसकी निष्पत्ति कवि ने विभिन्न ललनाओ में शिव के प्रति करायी है।

महाकाव्यात्मक विस्तार के साथ उत्प्रेक्षावल्लभ का यह काव्य शिव के विलक्षण भिक्षुक रूप का चित्रण करता है, भक्ति और शृंगार का अनोखा सम्मिश्रण कवि ने इसमें किया है, मादकता से भरपूर कामोत्तेजक चेष्टाओं का बेहिचक चित्रण भी उप्रेक्षावल्लभ ने किया है। उत्प्रेक्षावल्लभ का वास्तविक नाम शिवभक्तदास रहा होगा यह काव्य से विदित होता है—

वृत्तं वसन्ततिलकं विषयस्य जीवं भिक्षाटनं कविरसौ शिवभक्तदासः।
शृङ्गार एव हि रसस्तदिह प्रबन्धे श्रद्धा न कस्य यदि सूक्तिविनोदशीलः।।

(१.१७)

शिव की आदिवैद्य के रूप में यह छवि मनोहारी है—

सद्यस्तुषारगिरिजौषधिसैवयैव यः स्वोपयुक्तगरलं शमयाञ्चकार।
अन्यैरशक्यशममज्जननामयाद्वः पायादपायनिलयादयमादिवैद्यः।।

(१.३)

शिव का बेटे गणेश के प्रति लाड़ और उनके कपोलों पर मँडराते भ्रमरों को ले कर असूया का यह चित्रण भी वात्सल्य की खट्टीमिट्टी रसगंध कविता में भर देता है –

नित्यं करोतु भगवान् स करीन्द्ररवक्त्रः प्रारभ्यमाणशुभकर्मविघातलोपम्।
दोषानुषङ्गरहितः स शिवोऽपि यस्य भृङ्गेषु गण्डतलचुम्बिषु साभ्यसूयः।।

(१,४)

अपनी स्पष्टवादिता के साथ उत्प्रेक्षावल्लभ घोषित करते हैं कि कवियों में प्रथम कवि वाल्मीकि विजयी हैं, उसका अनुसरण करने वाले कालिदास भी विजयी हैं, शेष कवि विजयी हैं या नहीं वे नहीं जानते, क्यों कि उन्होंने उनको पढ़ा ही नहीं हैं।

वाल्मीकिरस्ति विजयी प्रथमः कवीनां तस्यानुसारसरलः स च कालिदासः।
अन्ये भवन्तु जयिनः कवयोऽथ मा वा एषां कृतः कृतिषु नैव मयावगाहः।।

(१.५)

उत्प्रेक्षावल्लभ की सूक्तियाँ उतनी ही मनोहारी हैं—

भूयानसत्कविजनो जगतीति खेदान्मौनग्रहः सुकविभिर्न कदापि कार्यः।
काकै रसस्य निनदैर्निचितेऽपि लोके किं कोकिला कलयते नहि कूजितानि।।

(१.७)

शंकर बेढ़ब हैं, पर उत्प्रेक्षावल्लभ को उनके प्रति अनुराग है।

शिव भिक्षा याचना के लिये निकलते हैं, सुंदरियों में उन्हें देखने के लिये संभ्रम मच जाता है, सुंदरियों के परस्पर उलाहने, शिव के प्रति ताने मारना, उनका शृंगार, आभूषणों की शब्दावली का चित्ताकर्षक पिटारा उत्प्रक्षावल्लभ ने इस काव्य में सजा दिया है।

पत्ररचना को ले कर सुंदरियों की बतकही के नमूने देखिये—

मा चन्दनेन कुचयोः कुरु पत्रभङ्गं लब्ध्वा दृशोरनुमतिं स तु कल्पितव्यः।
यादृच्छिकप्रणयिना विरहे हरेण नेत्रद्वयात् तवपतिष्यति वाष्पपूरः।।

(३.१०)

सखि, चंदन से अपने वक्षःस्थल पर पत्रभंग मत बना, हर के विरह में जब आँसू बहेगें तो वक्षःस्थल की पत्ररचना बह जायेगी। आगे सखी कहती है—

यत्नान्मयैव विहितं तिलकं ललाटे घर्माम्बुना विलुलितं गतिसम्भ्रमेण।
पत्रक्रिया च सखि ते कुचयोर्विलुप्ता व्यापत्तये भवति हन्त जलेन योगः।।

(४.२०)

यहाँ जल में श्लेष के द्वारा वचोभंगी में वैचित्र्य आ गया है। शिव को देख कर सुंदरियों के हावभाव अमर्यादित कामुकता के प्रदर्शन के स्तर पर पहुँच जाते हैं—

तुङ्गौ युवामिह वृथैव प्रथासुवृत्तावन्योन्यसङ्गरजुषौ च वृथेति काचित्।
श्रीकण्ठबाहुयुगलान्तरकाङ्क्षयेव कण्डूभृतौ करतलेन कुचौ ममर्द।।
क्रीडाशुकं हर हरेति शनैः प्रवृत्तौ यत्नेन पाठयितुमन्तरमन्मथापि।
मातुर्भयेन पुनरेवमवोचदेतदिष्टं फलं मम करादिति वाक्यशेषम्।।

(२२.५)

उत्प्रेक्षावल्लभ द्वारा विरचित सुंदरीशतक (१५९४ई०) शृंगार की मादकता से सराबोर है। इस पद्य का एक उदाहरण प्रस्तुत है—

तव रथ्या राजगृहं प्रेम धनं किं च परिजनो बन्धुः।
सख्यो मूर्ताः प्राणाः सुन्दरि किमतो ममाकाङ्क्ष्यम्।।

(६७)

(हे सुंदरि, तुम्हारी गली मेरे लिये राजगृह है, तुम्हारा प्रेम ही मेरा धन है, तुम्हारे परिजन (दासियाँ) मेरे बंधुजन हैं, तुम्हारी सखियाँ तो मेरे साक्षात् प्राण हैं। सुंदरि, इस बढ़ कर और क्या चाहिये?)

उत्प्रेक्षा वल्लभ की उत्प्रेक्षाएँ आर्या छंद की गेयता में और सरस हो उठीं हैं। सुंदरी के अधर दल पर मुग्ध हो कर कवि कल्पना करता है कि अखंड इंदुमंडल से झरते पीयूष से कोई अपनी जिह्वा धो ले, तो इस अधर का वर्णन करने के योग्य हो पाये –

इन्दोरखण्डनिर्यत्पीयूषमृष्टरसनो यः।
अधरदलं तव सुन्दरि वर्णयितुं कल्पते यदि सः।।

शाप. (३५२३-२४) में उद्धृत शृंगारपूर्ण पद्यों से लगता है कि इन्होंने अन्य काव्य भी रचे होंगें।

वल्लभाचार्य तथा वल्लभसंप्रदाय के स्तोत्र

वल्लभाचार्य वैष्णवपरंपरा के महान् संत व दार्शनिक हैं। उनके मुक्तककाव्य भक्ति की धारा में तरंगित हैं। प्रेमामृत, मधुरामाहात्म्य, मधुराष्टक, यमुनास्तव आदि काव्यों में गेयता, पदावली की मसृमता तथा लालित्य का अनूठा समागम हुआ है, तथा कृष्ण के प्रति समर्पण की अनन्यता है।

वल्लभ के पुत्रों में गोस्वामी विट्ठलनाथ बड़े रसिक कवि थे। उनका जन्म १५१५ई० में हुआ। इन्होंने कृष्णप्रेमामृत, यमुनाष्टपदी, रसार्णव आदि काव्यों तथा गीतगोविंद की टीका का प्रणयन किया। विट्ठलनाथ के पुत्र गिरिधर तथा रघुनाथ भी कवि थे और उन्होंने इसी भावधारा में मुक्तककाव्यों का प्रणयन किया। वल्लभ के भाई रामचंद्र (१४८४ई०) ने कृष्णकुतूहल, गोपाललीला, रसिकरंजन तथा रोमावलीशतक काव्य लिखे।

मधुसूदन सरस्वती

मधुसूदन सरस्वती भारतीय वाङ्मय की श्रेष्ठ विभूतियों में से एक हैं। ये अकबर (१५५६-१६०३ ई०) और संत तुलसीदास के वरिष्ठ समकालीन थे। इनका मूल नाम कमलनयन था। ये पांडुरंग के पुत्र तथा काश्यप गोत्र के गौडीय ब्राह्मण थे। किवदंती है कि बाल्यकाल में पिता पांडुरंग इन्हें लेकर राजा माधव पाश की सभा में गये, और इनकी विलक्षण प्रतिभा से सभासदों को परिचित कराया। पर राजसभा के संकीर्ण वातावरण के कारण पिता पांडुरंग को एक झोपड़ी बनाने तक के लिए स्थान मिलता न देख कर बालक मधुसूदन के चित्त में वैराग्य जागरित हो गया और वे पिता की अनुज्ञा लेकर काशी आ गये। यहाँ आकर इन्होंने विश्वेश्वर सरस्वती से दीक्षा ली। अद्वैतसिद्धि वेदांत दर्शन के क्षेत्र में इनका रचा महान् ग्रंथ है, जिसके कारण इन्हें विश्व के श्रेष्ठ दार्शनिकों तथा विचारकों की प्रथम पंक्ति में स्थान दिया जा सकता है। आनंदमंदाकिनी काव्य, भक्तिरसायन, कर्णकुतूहल नाटक, हरिलीलाविवेकः आदि इनके अन्य ग्रंथ हैं। इनके कृष्णस्तव के पद्य वैष्णवपरंपरा में घर घर में लोगों की जिह्वा पर आरूढ़ रहे हैं। जैसे यह पद्य—

वंशीविभूषितकरान्नवनीरदाभात् पीताम्बरादरुणबिम्बफलाधरोष्ठात्।
पूर्णेन्दुसुन्दरमुखादरविन्दनेत्रात् कृष्णात् परं किमपि तत्त्वमहं न जाने।।

बंगाल के फरीदपुर में पांडुरंगवाटिका नामक गाँव में इनके पिता का बनाया मंदिर अभी भी है- ऐसा कहा जाता है। अनेक टीकाग्रंथों के अतिरिक्त आनंदमंदाकिनी नामक इनका स्तोत्रकाव्य कृष्णभक्तिपरक माधुर्यभाव की अनुत्तम कृति है।

सौंदर्यबोध तथा भक्ति की अबाध धारा इस काव्य की विशेषता है, इसमें कहीं कहीं दूरारोही कल्पनाएँ भी हैं। जैसे —

सौन्दर्यामृतदीर्घिके तव दृशौ पक्ष्मावलिश्चैतयोः
कूले कामकृषीवलेन रचिता शृङ्गाररसस्योन्नतिः।

दृग्भङ्गीर्निगदन्ति यास्तु विवुधा रत्यम्भसां वीचय-
स्ताः स्युर्गोपवधूहृदम्बुजवनीदोलायिता यत्नतः।।

(तुम्हारे दोनों नयन सौंदर्य रूपी अमृत के सरोवर हैं। उनके ऊपर के पक्ष्म (बरौनियाँ) इस सरोवर के तट पर कामदेव रूपी कृषीवल (किसान) के द्वारा रची गई शृंगाररूपी सस्य की उपज है। विद्वान् जिन तरह तरह की दृग्भंगियों (कटाक्षों) का वर्णन करते हैं, वे रतिरूपी जल पर उठती वीचियाँ हैं। वे गोपवधुओं के हृदयरूपी कमलवन में निरंतर डोलती रहें।)

यह सांगरूपक प्रेमी की विचित्रगति को भी व्यक्त करता है। दर्शन की सारग्राहिता के साथ अनंत सौंदर्य की ऐसी सृष्टि दुर्लभ ही है। एक दूरारूढ तथा जटिल रूपक भी भक्ति की तरंगों में डूबते उतराते कवि के लिये सहजसाध्य हो गया है। श्रीकृष्ण के विग्रह में पार्थिव तत्त्व, सांख्य की प्रकृति, अद्वैत का चैतन्य एक साथ देखते हुए वे इस विग्रह का सौंदर्य के निधान के रूप में दर्शन करते हुए कहते हैं —

सृष्ट्यादौ प्रकृतिर्गुणत्रयमयी या स्वीकृताऽऽसीत् त्वया
सेयं सत्त्वमयी सुखाय जगतां हाराकृतिस्ते भुवि
गुञ्जादाममिषान्मुकुन्द दधती रागाद् रजोविग्रहं
नाभीसीम्नि तमोमयी पुनरियं रोमावली राजते।।४१।।

(हे मुकुंद, सृष्टि के आरंभ में जो गुणत्रयमयी प्रकृति तुम्हारे द्वारा स्वीकारी गई थी, वही अब सत्त्वमयी हो कर जगत् के सुख के लिये हार के आकार में रूपांतरित हो गई है। गुंजा (घुघचियों) के बहाने से राग के कारण यह रजोविग्रह भी धारण करती हुई रोमावली के रूप में नाभि की सीमा पर तमोमयी हो कर सुशोभित है।)

यहाँ प्रकृति, राग, रजोविग्रह तथा तमोमयी – इन पदों में श्लेष है। एक दार्शनिक अर्थ है, एक कृष्ण के विषय में सौंदर्यनिरूपणपरक अर्थ है। दोनों परस्पर अंत:संबंधित भी हैं। गुण प्रकृति के सत्त्व, रजस् तथा तमस् इन तीनों गुणों का भी बोधक है, तथा माला के धागे का भी। राग लाल रंग तथा लालिमा ये दोनों अर्थ देता है, तथा रजोगुण से संबद्ध हो जाता है। तमस् का तमोगुण तथा अंधकार ये दोनों अर्थ यहाँ निकलते हैं।

श्रीकृष्ण के बालरूप का कवि ने मुग्धभाव से वर्णन किया है। इसमें भक्ति के साथ वात्सल्य की धारा संगमित हो गई है।

धूलीधूसरितं मुखं तव शरत्पूर्णेन्दुनिन्दावहं
व्यालोलालककुण्डलद्युति चलन्नेत्रश्रिया प्रोल्लसत्।
याऽऽलोक्यार्द्रविलोचना स्मितमुखी प्रस्यन्दमानस्तनी
पाणिभ्यामवलम्ब्य चुम्बितवती तां नन्दजायां भजे।।६३।।

(तुम्हारा धूलिधूसरित मुख शरच्चंद्र को निंदित करने वाला है। इसके ऊपर लटें झूलतीं हैं, कुंडल चमकते हैं, आँखों की कांति से यह उल्लसित है। इसे देख कर आर्द्रविलोचन वाली

तथा दूध बहाते वक्षोज वाली और मुस्कान से भरे वदन वाली यशोदा दोनों हाथों में ले कर चूम लेती है, उस नंदजाया की मैं उपासना करता हूँ।)

मधुसूदन कवि

मधुसूदन का का समय अनुमानतः सत्रहवीं शताब्दी का पूर्वार्ध है। इनके अन्यापदेशशतक में १०५ अन्योक्तियाँ हैं।

भट्टपाद नारायण के नारायणीयम् तथा अन्य काव्य

भट्टपाद नारायण (१५६०-१६४६ई०) का नारायणीयम् स्तोत्रकाव्यों में शंकराचार्य के स्तोत्रों के पश्चात् सर्वाधिक समादृत और बहुपठित रचना है। दक्षिण में तो इसका प्रचार तथा आदर श्रीमद्भागवत के समान रहा है। भट्टपाद नारायण मलाबार के नंबूदरि ब्राह्मण थे। इनके पिता मातृदत्त अपने समय के महान् पंडित थे। नारायण की स्तोत्रकाव्य के अतिरिक्त चंपू, मीमांसादर्शन तथा व्याकरण के क्षेत्र में भी अनेक उत्कृष्ट रचनाएँ मिलती हैं। अपने समकालीन भट्टोजी दीक्षित से शास्त्रार्थ करने के लिये इन्होंने अपाणिनीयप्रमाणम् नामक कृति की रचना की। इस ग्रंथ को छोड़ कर पं० बलदेव उपाध्याय ने इनकी अठारह कृतियों के नाम दिये हैं। धातुकाव्य, प्रक्रियासर्वस्व तथा मानमेयोदय को भी इन्हीं की कृति बताया जाता है। इन शास्त्रीय कृतियों के अतिरिक्त इनकी अन्य काव्य रचनाएँ ये हैं – अष्टमीचंपूकाव्य, कैलासशैलवर्णना, कौन्तेयाष्टक, अहल्याशापमोक्ष, शूर्पणखाप्रलाप, रामकथा, दूतवाक्यप्रबन्ध, नालायनीचरित, नृगमोक्षप्रबंध, राजसूयप्रबंध, सुभद्राहरणप्रबंध, स्वाहासुधाकर तथा कोटिविरह।

इन्होंने नारायणीयम् की रचना १५८५ई० में पूरी की। इस रचना तथा रचनाकार के विषय में गीतगोविंद और उसके प्रणेता जयदेव के समान या बिल्वमंगल के समान केरल में अनेक किंवदंतियाँ प्रचलित हैं। इस काव्य का आधार श्रीमद्भागवत है, तथा इसमें भी आधे से अधिक भाग भागवत के दशम स्कंध पर आधारित है। दस दस पद्यों के सौ भागो में विभाजित नारायणीयम् में एक सहस्र से अधिक पद्य हैं। प्रत्येक पद्य गुरुवायूर के अधिष्ठाता भगवान् कृष्ण को संबोधित है। संपूर्ण काव्य शब्दार्थमैत्री का अत्यंत उत्कृष्ट, सरस, मधुर उदाहरण है। नारायणीयम् का प्रत्येक पद्य सहृदय भक्तजनों को भावविभोर कर देता है। भक्तिभाव की तल्लीनता के साथ कृष्णलीला के विविध पक्षों व कृष्णचरित के नाना प्रसंगों का भी गागर में सागर भरते हुए भट्टपाद ने इस काव्य में समाहार कर लिया है। कृष्ण का ध्यान ही मुक्ति का द्वार खोल देता है यह गोपियों के उदाहरण से बताते हुए वे कहते हैं—

काश्चिद् गृहात् किल निरेतुमपारयन्त्यस्त्वामेव देव हृदये सुदृढं विभाव्य।
देहं विधूय परचित् सुखरूपमेकं त्वामाविशन् परमिमा ननु धन्यधन्याः।।

नारायणीयम् की कविता में अनुप्रायों और यमकों के वितान सहज रूप में तनते चले गये हैं, वे भक्तियात्रा के पाथेय लगते हैं। पूतना का वर्णन करते हुए वे कहते हैं—

ललितभावविलासहृतात्मभिर्युतिभिः प्रतिरोद्धुमपारिता।
स्तनमसौ भवनान्तनिषेदुषी प्रददुषी भवते कपटात्मने।।

संपूर्ण गीता का सार इस प्रकार प्रस्तुत किया है—

जिष्णो त्वं कृष्णसुतः खलु समरमुखे बन्धुघाते दयालुम्
खिन्नं तं वीक्ष्य वीरं किमिदमयि सखे नित्य एकोऽयमात्मा।।
को वध्यः कोऽत्र हन्ता तदिह वधभयं प्रोज्य मय्यर्पितात्मा
धर्मं युद्धं चरेति प्रकृतिमनयथा दर्शयन् विश्वरूपम्।।

कोटिविरह नारायण भट्ट का खंडकाव्य है। इसमें १०७ श्लोक हैं। पूर्वराग, प्रणयभाव, विरहव्याकुलता, प्रेम की अनन्यता का गहन भावानुभूति के साथ नारायण भट्ट ने इसमें चित्रण किया है। नायक संगीतकेतु नामक ब्राह्मण है। नायिका श्रृंगारलीला तो सचमुच श्रृंगार की लीला ही है—

सङ्केतभूमिः सुकुमारतायाः सङ्गीतसाहित्यसरोमराली
श्रृङ्गारलक्ष्मीरिव सम्भृताङ्गी श्रृङ्गारलीलेति बभूव बाला।।

पदावली की कोमलता व मसृणता सर्वत्र है।

अनन्यता व अद्वैत का अनन्यसामान्य अनुभव नारायण भट्ट इस काव्य में देते हैं—

स इति सेति च तौ परिबोधितौ सवयसा शनकैः श्रवणान्तिके।
अतनुतां परिरम्भणमञ्चलैः स्वनयनैर्नयविभ्रमचञ्चलैः।। (१४)

श्रीपादसप्ततिः — नारायण भट्ट के इस काव्य में ७१ पद्यों में मुक्ति क्षेत्र में प्रतिष्ठित देवी के चरणकमलों का वंदन है। इस काव्य की संस्कृत व्याख्या मुंटनाट्-शंकरन् नंबूतिरि ने लिखी है। ओजस्विता तथा भक्तिभाव का समागम इस काव्य में विशेष है।

दक्षाधःकरपल्लवे लसदसि दक्षोर्ध्वगे शूलिनीं
वामोर्ध्वे फलकोज्ज्वलां कटितटन्यस्तान्यहस्ताम्बुजाम्।
शूलव्यग्रहतासुरासुरशिरोनिष्ठां प्रहृष्टां सुरै-
र्जुष्टामिष्टवरप्रदां भगवतीं मुक्तिस्थलस्थां भजे।। (१)

दक्ष का अर्थ दक्षिण भाग से है।

शार्दूलविक्रीडित छंद के प्रवाह ने देवी के स्वरूप में गत्यात्मकता व वैचित्र्य प्रदान किया है।

ताराशशाङ्कम्

इस काव्य के प्रणेता श्रीकृष्णकवि ऊपर चर्चित नारायणीयम् के यशस्वी रचनाकार नारायण भट्ट केपुत्र थे। ताराशशाङ्कम् स्वाहासुधाकरचम्पूः से प्रेरित है। विभिन्न छंदों का प्रयोग है, तथा सर्गों में विभाजन नहीं है। कोटिविरहम् के समान ही भाव की एकतानता है। कल्पनाएँ मनोहर व नवीन हैं। चंद्रमा के विषय में कहा है

अयं सकायं मम चिन्त्यकायं चकार घोरेक्षणवीक्षणेन।
इतीव रोषेण शिरः पुरारेराक्रम्य यो भातितरां कलात्मा।।

तारा और शशांक के अनुराग, विरह और प्रेम की अनन्यता का चित्रण कवि ने किया है।

क्वचिद् रम्ये हर्म्ये क्वचिदपि नदीकूलपुलिने
क्वचिन्मञ्जौ कुञ्जे क्वचिदुपवने मन्दपवने।
क्वचिल्लीलाशैले सरसतररसालेऽपि स तया
समं सीमन्तिन्या व्यवहरदसमश्रीरहरहः।।

दानलीलाकाव्य

इस काव्य के प्रणेता माधवकवि हैं तथा रचनाकाल १५७०ई० है। माधवकवि ने कर्णाटकनिवासी विष्णुशर्मा के वंश में जन्म लिया। इनके पिता कृष्णभक्त थे और वृंदावन में आ कर रहने लगे थे।

माधव कवि ने दानलीला काव्य की रचना वारी नामक ग्राम में रह कर की। इस काव्य में कृष्ण की बाललीलाओं का सरस वर्णन तन्मय हो कर कवि ने किया है। गोपियों का कृष्णानुराग और कृष्ण के प्रति उनके हासपरिहास, माखनचोरी तथा अन्य प्रसंगों का निरूपण माधुर्यभक्तिभाव में डूब कर कवि ने किया है।

इस काव्य में आरंभ के ४२ पद्य शार्दूलविक्रीडित में हैं। शेष पद्यों में अलग अलग छंद प्रयुक्त हैं। कृष्ण को देख कर गोपियों की रसावेशवैवश्य की स्थिति अर्थात् सुधबुध खो देना तथा भावविह्वल दशा कवि ने अनुभूतिप्रवणता के साथ चित्रित की है। अनुप्रास की लड़ियाँ भाव की एकतानता के साथ स्वतः गुँथती गई हैं—

रसावेशादेषा धृतसुभगवेषा वरतनुर्वरं वारं वारं विततनयना वल्लववधूः।
निरीक्ष्य प्रक्षुभ्यन्मदनकदनक्लान्तवदना न रन्तुं गन्तुं वा गृहमलमभूद् विस्मृतगतिः।

(४३)

(रसावेश में भर कर सजीधजी यह सुंदरी गोपी बार बार बार बार आँखें फैलाती है, क्षुभित मदन के कदन से क्लांत वदन वाली वह न प्रभु से रमण कर पा रही है, न घर जा पा रही है। वह अपनी गति भूल गई है।)

सौंदर्य की पराकाष्ठा का निदर्शन कवि ने कृष्णभक्ति में सराबोर हो कर किया है—

धन्येयं धरणी ततोऽपि मथुरा तत्रापि वृन्दावनं
तत्रापि व्रजवासिनो युवतयस्तत्रापि गोपाङ्गनाः।
तत्राचिन्त्यगुणैकधामपरमानन्दात्मिका राधिका
लावण्याम्बुनिधिस्त्रिलोकरमणी चूडामणिः काचन।।

(४५)

(यह धरती धन्य है; इससे भी धन्य है मथुरा, तथा उससे भी अधिक धन्य है वृंदावन। वृंदावन में भी व्रजवासी धन्य हैं, व्रजवासियों में गोपियाँ और गोपियों में भी अचिंत्य गुणैकधामपरमानंदात्मिका राधिका धन्य हैं, जो लावण्य के सागर की एक निधि त्रैलोक्य की कोई एक रमणी हैं।)

इसमें एकावली, व्यतिरेक व अतिशयोक्ति अलंकारों का संकर सुंदर रूप में रचा गया है।

चित्तामोदकाव्य

चित्तामोदकाव्य के रचयिता षष्ठिकादास हैं। यह वैष्णवभक्तिभाव से समन्वित शतककाव्य है। षष्ठिकादास शंकरदेव (१४४९-१५६८) से परवर्ती हैं। यह काव्य श्रीमद्भागवत तथा गीतगोविंद से प्रेरित है। इसमें १०८ पद्य हैं, प्रथम २५ पद्य मालिनी छंद में हैं, शेष में विभिन्न वृत्तों का प्रयोग है। प्रथम २५ पद्यों में अंतिम पाद में 'व्यथित सपदि चित्तामोदसिन्धौ ममज्ज' की पुनरावृत्ति हुई है। २६वें से ५०वें तक प्रत्येक चरण में दस वर्ण वाले वृत्त का प्रयोग बड़ा लयात्मक प्रयोग है —

उत्पलनेत्रं पङ्कजवक्त्रं नीरदकान्तिं कोमलगात्रम्।
चम्पकमालारञ्जितकेशं मानस कृष्णं चिन्तय नित्यम्।

तथा ५१ वें से ग्यारह वर्णों का यह छंद है—

यस्य च विश्वविमोहनमायां प्राप्य मुमोह सरोरुहजन्मा।
तं नररूपमवेद्यचरित्रं चित्त सदा स्मर नन्दकिशोरम्।।

७६ वें पद्य से ९७ वें वसंततिलका का प्रयोग है, १०१ से अंतिम पद्य तक शार्दूलविक्रीडित तथा स्रग्धरा का। लयात्मकता तथा वैष्णवभक्तिभाव की रागात्मक अभिव्यक्ति के कारण यह काव्य सुपाठ्य है।

रुद्रकविकृत भावविलास

भावविलास काव्य के प्रणेता न्यायवाचस्पति रुद्रकवि हैं, जो राजा मानसिंह के पुत्र, राजा भगवान् दास के पौत्र तथा राजा भावसिंह (१५४७-१६१९) की राजसभा के सम्मानित कवि रहे। भावसिंह की आज्ञा से ही उन्होंने यह काव्य लिखा। इसमें १३६ श्लोक हैं। यह अन्योक्तिपरक काव्य है।

ये रुद्रकवि खानखानाचरित आदि काव्यों के प्रणेता रुद्रकवि से भिन्न हैं। विश्वेश्वर सिद्धांतशिरोमणि तथा श्रीधरभास्कर वर्णेकर ने इनके लिखे तत्त्वचिंतामणिदीधितिपरीक्षा, किरणावलिप्रकाशनवृत्तिपरीक्षा पदार्थखंडनव्याख्या, भ्रमरदूतकाव्य, वृंदावनविनोदकाव्य तथा पिकदूत इतने ग्रंथों का उल्लेख किया है।

भावविलास के प्रारंभ में राजा मानसिंह तथा भावसिंह की प्रशस्तियाँ है। शेष पद्यों में

विविध विषयों पर सुंदर सूक्तियाँ हैं। कहीं कहीं कवि बिहारी के दोहों से भावसाम्य प्रतीत होता है। जैसे—

गलितानि मधूनि माधवी विनिकीर्णानि दलानि मारुतैः।
अधुनाऽपि न हन्त माधवी मधुनो नामिह नाम मुञ्चति।।४४।।

(माधवी लता का मधु गल गया, हवा ने इसके पत्ते बिखेर दिये। फिर भी हंत, अभी तक भी माधवी मधु का नाम लेना नहीं छोड़ रही।)

अन्योक्तियों के विन्यास में रुद्रकवि की प्रतिभा विशेष परिलक्षित होती है। मुक्तामाला पर अन्योक्ति है—

येनाकारि महीभृतामविरतं कण्ठेषु लीलायितं
येनाप्रापि सरोजसुन्दरदृशां तुङ्गस्तनालिङ्गनम्।
जातं येन गजेन्द्रगण्डयुगले साधारणं गुञ्जया
मुक्तादाम तदेव पामरपुरे नावाप कां कां दशाम्।।

(१३३)

(जिसने महीपतियों के कंठों में निरंतर लीला की, जिसने कमल के समान सुंदर नयनों वाली सुंदरियों के उत्तुंग उरोजों का आलिंगन पाया, आज वही गजेंद्र के कपोल पर लटकती गुंजा की माला की बराबरी पर आ गई है। इस मुक्तामाला ने पामर या गँवारों की बस्ती में आ कर क्या क्या नहीं झेला?)

कवींद्राचार्य सरस्वती

कवींद्राचार्य सरस्वती का समय सत्रहवीं शती का मध्यम भाग है। वे महामहोपाध्याय विश्वनाथ पंचानन तथा मुगल सम्राट् शाहजहाँ के समकालीन थे। वे एक तेजस्वी व प्रखर संन्यासी, समाजोन्नायक, विद्वान्, सुकवि तथा विद्याओं के उद्धारक थे। उनके पास एक अत्यंत समृद्ध पुस्तकालय था, जिसके २१७३ हस्तलिखित ग्रंथों की सूची प्राप्त होती है।[२४] कृष्ण भट्ट उनके भंडारी थे। कवींद्राचार्य तथा कृष्ण भट्ट दोनों ही मूलतः आंध्र में गोदावरी क्षेत्र के निवासी थे, पर कदाचित् शाहजहाँ के द्वारा निजामशाही के निर्मूल करने के लिये किये गये आक्रमणों के कारण ये दोनों काशी आ कर बस गये।[२५] आगरा में कवींद्राचार्य की बर्नियर से भेंट हुई थी, तथा दोनों का तीन वर्ष तक साथ बना रहा। बर्नियर ने अपने मित्र को भेजे एक पत्र में इनके विषय में लिखा है—

'जब मैं गंगा के किनारे घूम रहा था, तो मैंने बनारस के प्रधान पंडित को अपने पुस्तकालय में बैठे देखा। वह फकीर और भक्त है। बादशाह शाहजहाँ इन्हें दो हजार रुपयों की पेंशन इनकी विद्वत्ता से प्रभावित हो कर देता है।'[२६]

कवींद्रचंद्रोदय में बताया गया है कि शाहजहाँ से प्राप्त होने वाली वृत्ति की सारी राशि को कवींद्राचार्य पंडितों को वितरित कर देते थे।

श्रीविश्वेश्वरकाशिकासुरनदीतीरे सुवर्णं ददौ
श्रीमत्साहिजहाँदिलीपकृपया विद्यानिधानाधिपः।।

बर्नियर ने अपने यात्रावृत्तांत में इनके विषय में लिखा है —

'कवींद्राचार्य सरस्वती का शरीर अत्यंत दृढ़ और सुगठित था। उनका पहनावा सादा था। कमर में श्वेत रेशम की धोती बाँधते थे, जो घुटने तक लटकती। उत्तरीय के रूप में लाल रेशम की चादर कंधों पर डाले रहते। मैंने उनको इसी साधारण वेषभूषा में आगरा की सड़कों पर दीवाने आम में अथवा मुगल बादशाह के सामने दीवाने खास में उपस्थित देखा है। वे आगरा की सड़कों पर कभी पैदल चलते थे कभी पालकी पर निकलते थे।'[२७]

कवींद्रकल्पतरु में इन्होंने अपने विषय में लिखा है—

अधीत्य वेदवेदाङ्गकाव्यशास्त्राणि सर्वशः।
ततः स्वीकृत्य संन्यासं ब्रह्माभ्यासं समाश्रितः।।[२८]

कवींद्राचार्य की प्रशस्ति में संस्कृत और हिंदी में लिखे गये बहुसंख्य पद्यों से यह तथ्य भी सामने आता है कि वे शाहजहाँ और दाराशिकोह दोनों को संस्कृतकाव्य तथा योगवशिष्ठ आदि ग्रंथ पढ़ाते थे। इस काल में लिखे गये फारसी के इतिहास ग्रंथों में कवींद्राचार्य का उल्लेख एक गायक के रूप में किया गया है, तथा यह भी बताया गया है कि गायन के लिये उन्होंने मुगल दरबार में बख्शीश पाई। कवींद्रचार्य ने हिंदी में गेय पद लिखे हैं, और गायन में भी वे प्रवीण थे, तथा उनकी प्रशस्ति में विरचित सुभाषितों में उनके संगीतनिपुणता का भी उल्लेख है। तथापि फारसी इतिहासकारों ने उनके व्यक्तित्व की गरिमा को बिना समझे ग़लतबयानी की है। इस दृष्टि से फ्रांसी यात्री बर्नियर का लिखा वृत्तांत अधिक प्रामाणिक प्रतीत होता है, जिसने बताया है कि कवींद्राचार्य को मुगल बादशाह की ओर से प्रतिमास भत्ता भेजा जाता था।

कवींद्राचार्य सरस्वती ने अपने विद्यानुराग के कारण न केवल हस्तलिखित पोथियों का संग्रह करते हुए एक विशाल पुस्तकालय का निर्माण किया, इसका सूचीपत्र भी उन्होंने तैयार करवाया।[२९] उन्होंने शाहजहाँ के दरबार में पहुँच कर जजिया हटाने का अनुरोध किया। इसके लिये वे पैदल ही अपने कतिपय सहयोगियों के साथ काशी से आगरा तक गये। इनकी प्रभावशाली वाणी व तर्कों के सामने झुक कर बादशाह शाहजहाँ ने जजिया हटा लिया। कवींद्राचार्य सरस्वती की कोटि कोटि ग़रीब हिंदू जनों ने जयजयकार की। वे अठारहवीं शताब्दी के पहले के भारत की ऐसी विरल विभूति हैं, जिनके महनीय अवदान की सराहना में कवींद्रचंद्रोदय[३०] नाम से एक प्रशस्तियों का संग्रह अभिनंदन ग्रंथ के रूप में निर्मित करके

सादर उन्हें भेंट किया गया। स्वयं शाहजहाँ ने उन्हें विद्यानिधान अथवा सर्वविद्यानिधान की उपाधि प्रदान की।

कवींद्रचंद्रोदय के कतिपय पद्य यहाँ उद्धरणीय हैं—

कश्मीरैराककारस्करदरदखुरासानहब्शानजाताः
बङ्गाब्बास्ते फिरङ्गास्तुरुशकबदक्शानमुल्तानबल्काः।
खान्दाराः खाविलेन्द्राः अपि धरणिभृतस्ते मगाः रूपसामाः
श्रीमत्-श्रीसाहिजाहाँनरपतिसदसि त्वां कवीन्द्रं स्तुवन्ति।।
येन श्रीशाहजाहाँ नरपतितिलकः स्वस्य वश्यः कृतोऽभूत्
किं चावश्यं प्रपन्नः पुनरपि विहितः शाहिदाराशिकोहः।
काशीतीर्थप्रयागप्रतिजनितकरग्राहमोक्षैकहेतुः
सोऽयं श्रीमान् कवीन्द्रो जयति कविगुरुस्तीर्थराजाभिधानः।।
दिल्लीश्वराय निगमागमशास्त्रबुद्ध्या सम्बोधयन् प्रतिदिनं त्रिजगत्कवीन्द्रः।

१६६७ई० में बर्नियर ने काशी की यात्रा की। उसने कवींद्राचार्य के विशाल पुस्तकालय को देखा। इस अवसर पर कवींद्राचार्यसहित काशी के विद्वानों से उसकी चर्चा हुई। बर्नियर ने उनसे मूर्तिपूजाविषयक प्रश्न किये। पंडितों ने उसकी शंकाओं का समाधान किया।[३१]

रचनाएँ

कवींद्राचार्य सरस्वती की निम्नलिखित रचनाओं का पता चलता है – (१) दशकुमारचरित की पदचंद्रिका टीका[३२] - यह टीका दशकुमारचरित के आठ उठ्वासों तक ही प्राप्त है, पूर्वपीठिका व उत्तरपीठिका की टीका नहीं मिलती। अष्टम उछ्वास की पुष्पिका में कहा गया है- 'इति श्री सकलशास्त्रार्थसार्थकीकृतशेमुषीविलास-रससान्द्रप्रवर्तिताशेषयशः-समुद्रपरिषच्चन्द्रयतीन्द्रसर्वविद्यानिधान-श्रीमत्कवीन्द्राचार्यसरस्वतीकृतायां दशकुमारव्याख्यायां पदचन्द्रिकाभिधानायां विश्रुतचरितं नाम अष्टमः उच्छ्वासः।'

(२) **कवींद्रकल्पद्रुम** – यह विभिन्न देवस्तुतिपरक सुभाषितों व मुक्तकों का संग्रह है। यह अप्रकाशित है। इसकी पांडुलिपि में १५७२ पद्य हैं। दाराशिकोह के विषय में इस की पुष्पिका में कहा गया है – तत्त्वज्ञानदूरीकृतमहामोह-समवगतसप्तभूमिकासमारोह-महम्मददाराशिकोहकृता नारायणेत्यष्टाक्षरमन्त्रपूर्विका नमस्काराः सन्ति।[३३]

(३) **योगभास्कर** - यह कवींद्राचार्यकृत योगविषयक ग्रंथ रहा होगा – ऐसा प्रतीत होता है। इसका उल्लेख केवल आफ्रेट की सूची में मिलता है।

(४) **शतपथब्राह्मणभाष्य** – बीकानेर के राजदरबार की हस्तलिखित पोथियों की सूची में इसका उल्लेख प्राप्त होता है।

(५) **हंसदूत** – बर्नल द्वारा निर्मित तंजौर के हस्तलिखित ग्रंथों की सूची में यह उल्लिखित है। पुस्तक पर सर्वविद्यानिधानकवीन्द्राचार्यसरस्वतीनाम् – इस उल्लेख के आधार पर बर्नल ने इसे कवींद्राचार्य की रचना माना। पर पी.के. गोडे ने कवींद्राचार्यकृत होने पर संदेह प्रकट किया है।

(६) **जगद्विजयच्छन्दस्** – शिवस्तुति परक काव्य। यह लघु तथा बृहत् दो संस्करणों में मिलता है। कतिपय विद्वानों इसे जहाँगीर या शाहजहाँ की प्रशस्ति मानते हैं, महाकवि वळ्ळत्तोल ने इसे शिवस्तुति का काव्य ही माना है। कुन्हन राजा इसे महाराज अनूपसिंह की प्रशस्ति में विरचित काव्य मानते हैं।

(७) **वासिष्ठसार** – हिंदी में योगवासिष्ठ का सार।

(८) **समयसार** – हिंदी में मुहूर्तविचारविषयक ग्रंथ।

कवि के रूप में कवींद्राचार्य छंदों के वैभव तथा लय के संधान के लिये स्मरणीय हैं। जगद्विजयच्छन्दस् के उदाहरण प्रस्तुत हैं—

जय जय चण्डद्युतिजय चण्ड
प्लुतरिपुचण्ड भ्रंशितचण्ड
प्रणुदितचण्ड क्षोभित चण्ड
व्यासितचण्ड क्ष्विद्यदचण्ड
स्फुरत्प्रचण्ड त्रुटत्प्रचण्ड
क्षमाप्रचण्ड श्वसत्प्रचण्ड
ध्रुवप्रचण्ड श्रीभुजदण्ड
श्रयितकोदण्डग्राहितदण्ड।।

रामानंद पति त्रिपाठी के मुक्तक काव्य

रामानंद पति त्रिपाठी का परिचय इनके हास्यसागर प्रहसन के विवेचन में पिछले अध्याय में दिया गया है। इनके मुक्तककाव्यों में उल्लेख्य हैं—

रसिकजीवनम् (नायकनायिकाभेद)।

पद्यपीयूषम् (अन्योक्तिसंग्रह) – इस में कुल ३८ पद्य थे, जिनमें से पहले २१ अप्राप्य हैं।

रामचरितम् – वाल्मीकिरामायण के उत्तरकांड पर आधारित दोहा चौपाई में लिखित।

शतककाव्य – कटाक्षशतकम्, धन्यशतकम्, शशांकशतकम्।

मुक्तककवि तथा नाट्यकार दोनों रूपों में रामानंदपति का संस्कृतसाहित्य के लिये मौलिक तथा महनीय योगदान है।

रसिकजीवनम् में कवि त्रिपाठी के विविध नायिकाओं पर स्वविरचित पद्य उत्कृष्ट काव्य का निदर्शनहैं। प्रोष्यत्पतिका नायिका का यह वर्णन उदाहरणीय है —

गन्तुं पृच्छति वल्लभे नयनयोर्बाष्पं तिरोभावितं
नौच्चैर्निःश्वसितं मनागपि न वा सोद्वेगमुद्विग्नया।
कैशैः किन्तु मृगीदृशः सरसिजैः शैवालजालैरिवो-
त्कीर्णैः सुन्दरकान्तिवक्त्रमभितो रोलम्बवल्लम्बितैः।।

(रसिकजीवन १.१११)

विट की मानिनी को मनाते समय की यह विदग्धोक्ति है—

मरीचिरुचिसञ्चयैश्चपलचञ्चुकोटीभृतः
समुल्लसति चन्द्रमाश्चपलयंश्चकोरानिह।
मरुच्चलति शीतलो रटति चञ्चरीकश्चिरं
भविष्यति हि निश्चलस्तव स चण्डि मानः कथम्।।

(वही, २.१५)

इसी प्रकार अन्योक्तियों की रचना भी रामानंदपति उतनी ही पटुता से करते हैं, तथा व्रजभाषा के छंदों को संस्कृत में ला कर आस्वाद के नये धरातल उजागर करते हैं। काशी में रह कर आम के फल का निराला स्वाद कोई रसिक न जाने यह कैसे हो सकता है, पर आम को ले कर यह विदग्धतापूर्ण अन्योक्ति रामानंद ही लिख सकते थे।

रसाल, किमचीकरत् किल भवानपूर्वं तपो
गुणप्रकरमीरितुं न खलु शक्यते मादृशैः।
यथा तव पचेलिमामृतफले रसः पीयते
तथा न तरुणीजनाधरसुधोद्भवा माधुरी।।

(हे रसाल, तुमने कौन अपूर्व तप किया था कि मेरे जैसे लोग तुम्हारे गुणों के समुदाय का बखान करने में असमर्थ हैं। तुम्हारे पके अमृतफल का रस जिस तरह पिया जाता है, उस तरह तरुणीजनों के अधर की माधुरी भी नहीं पी जाती।)

रामानंद के संस्कृत दोहे की बानगी भी प्रस्तुत है—

नश्वरमिदमिति तत्त्वतः संसारं कलयन्ति।
तदपि न हरिमिह तत्त्वं रामानन्द भजन्ति।।

संस्कृत का पहला विलापकाव्य काशी के प्रतिष्ठित पंडित रामानंद त्रिपाठी ने दाराशुकोह के निधन पर लिखा। पंडितों ने दारा की पहचान अपने समय के एक स्वप्नद्रष्टा और बड़े संवाद पुरुष के रूप में ठीक ही की थी। दारा की हत्या जिस क्रूरता और निर्लज्जता के साथ औरंगजेब ने की थी, उसकी दुनिया के इतिहास में कम ही मिसालें मिलेगी। दिल्ली इस हत्याकांड से दहल गई थी। काशी शोकाकुल और हतप्रभ थी। दाराशुकोह को संस्कृत के

महान् कवि तथा मूर्धन्य काव्यचिंतक पंडितराज जगन्नाथ का स्नेह मिला था, काशी में पंडितमंडली ने उसमें भावी सम्राट् और भारत के उद्धारक का रूप देखा था। शाहजहाँ ने दाराशुकोह को वेदांत पढ़ने के लिये काशी भेजा था, जहाँ रामानंदपति त्रिपाठी उसके गुरु रहे।

दाराशुकोह पर संस्कृत में शोककाव्य रचते समय रामानंद पति की प्रेरणा निश्चय ही उर्दू-फारसी की मर्सिया की परंपरा रही होगी। पर उन्होंने अपने शोककाव्य के लिये स्रग्धरा छंद चुना है। दाराशुकोह पर लिखे रामानंदपति के विलापकाव्य में पाँच स्रग्धरा छंद हैं। रामानंद कहते हैं — जो दाराशाह सारे कविजनों को प्रचुर धन दे कर काशी को प्रकाशित करते रहे, जिन्होंने धर्म के वर्णों (अक्षरों, रंगों) के जल से बहती संस्कृत की स्वरसरिता को प्रवाहित किया, जो समुद्र तक फैली इस भारत की धरती के सम्राट् थे, नीति और विनय में रची बसी बुद्धि वाले थे, वे नहीं रहे, उनके बिना इस संसार में कैसे रहना होगा?

येनेयं श्रीदकाशीसकलकविजनोद्दामदानप्रकाशी-
राकीर्णा धर्मवर्णामृतयुतसलिलैः संस्कृता स्वर्णदी च।
आकूपारं क्षितीशो नतिविनयमतिर्यश्च कर्त्रेश्वरस्तद्
दाराशाहेन्द्रमोलौ विपदि कथमहो जीवनीयं हि विश्वम्।।

तथा -

धर्मस्तुर्ययुगेन येन जयति त्वेकाङ्घ्रितां श्रावितो
यावत्, तावदपुण्यपण्यनिरतं निर्जित्य दानैः कलिम्।
यः पुण्यामृतवाहिनीं सुकृतवान् विश्वम्भरः श्रीदवत्
दाराशाह विपत्सु हा कथमहो प्राणा न गच्छन्त्यमी।।

इस कलियुग में एक पाँव पर खड़ा धर्म जिनके दम पर विजय कर रहा है, जिन्होंने अपुण्य के पण्य या पापों के व्यवसाय में लिपटे कलि को दान से परास्त कर दिया, जिन विश्वंभर ने पुण्य की अमृतनदी को प्रवाहित किया, उनके न रहने पर हमारे प्राण क्यों नहीं निकल जाते?

चिमनीचरितम्

चिमनीचरितम् के प्रणेता नीलकंठ शुक्ल के पिता का नाम जनार्दन तथा माता का नाम हीर था। भट्टोजी दीक्षित से इन्होंने व्याकरण का अध्ययन किया तथा भट्ट श्रीमंडन से अलंकारशास्त्र का। चिमनीचरितम् के अतिरिक्त इनकी रचनाएँ हैं – शृंगारशतक, शब्दशोभा, जारजातशतक तथा अधरशतक। शब्दशोभा इनका व्याकरणशास्त्र का ग्रंथ हैं। शेष सभी रचनाएँ शृंगारप्रधान काव्य हैं। शृंगारशतक में ११६ तथा अधरशतक में ११८ पद्य हैं।

मुगलकाल में विरचित चिमनीचरितम् ऐतिहासिक पृष्ठभूमि में लिखा हुआ एक सरस और रोचक खंडकाव्य है। इसका रचनाकाल १६५६ई० है। मखलिस नामक संपन्न मुसलमान की

कन्या चिमनी और एक युवा आकर्षक पंडित दयादेव के प्रेम को इसमें चित्रित किया गया है। चिमनी का विवाह अलहवर्दी खान के पुत्र जाफर से हुआ था। दयादेव शर्मा नाम के ब्राह्मण युवक को अलहवर्दीखान की बेटियों का शिक्षक नियुक्त किया गया।। अलहवर्दी की बेटियाँ और फिर उसकी पुत्रवधू चिमनी भी किस तरह दयादेव के प्रति आसक्त होकर उसके प्रेम में बँध गयीं- यह इसकी कथा है। डॉ. पी.के. गोडे ने सिद्ध किया है कि अलहवर्दीखान तथा अन्य कुछ पात्र ऐतिहासिक हैं। मुगलकाल की संस्कृति और विलासिता का चित्रण इस काव्य की विशेषता है। अनेक ऊर्दू के शब्दों को भी कवि ने कविता में खपा लिया है। काव्यात्मकता और अलंकारो के विन्यास की दृष्टि से नीलकंठ की रचना प्रशस्य है, पर उसमें न तो गहरी संवेदना है, न जीवन-मूल्यों का बोध। अवैध प्रेम को ले कर कोई पश्चात्ताप या कचोट भी कहीं पर कवि या उसके किसी पात्र की ओर से प्रकट नहीं की गयी है। चिमनी ओर दयादेव के प्रेम का प्रसंग सच्ची घटना पर आधारित है- यही इसका महत्त्व है।

कृपाकोश तथा अकबरसहस्रनाम

कृपाकोश अकबर की प्रशस्ति में विरचित १२८ पद्यों का एक सरस मुक्तक काव्य है। इसके प्रणेता शांतिचंद्र मुनि हीरविजय के शिष्य थे। १५८०ई० के आसपास अकबर ने मुनि हीरविजय का सान्निध्य प्राप्त किया, तथा उनके निर्देश पर शांतिचंद्र अकबर के दरबार में रहे। अनुष्टुप्, उपजाति, वसंततिलका आदि विविध छंदों का प्रयोग शांतिचंद्र मुनि ने इस रचना में किया है। अकबर के सद्गुणों का उदारतापूर्वक उन्होंने प्रस्तुतीकरण किया है। बारहवें पद्य में शांतिचंद्र ने अक्षोड (अखरोट) आदि खाद्य पदार्थों, चौदहवें में उसके हरम की असूर्यम्पश्या यवनियों, बीसवें में अकबर के धनुर्धर रूप का वर्णन किया है।

अकबर की प्रशस्तियों में अज्ञातकर्तृक अकबरसहस्रनाम में ७७ पद्यों में अकबर की नामावली के साथ अकबर का गुणगान है। उदाहरणार्थ—

अगण्यपुण्याय महाजयाय योगेन्द्रचन्द्राय दयालयाय।
दारिद्र्यदावानलवारिदाय नमोनमः साहि अकब्बराय।।
गुणाब्धये कामितपूरणाय छत्रत्रयीमण्डितमण्डनाय।
महीधरायाप्तमतीकराय नमो नमः साहि अकब्बराय।।

गोविंद भट्ट (अकबरीय कालिदास)

गोविंद भट्ट राजा रामचंद्र बघेल (१५५५ ई०) के आश्रय में रहे, तथा अकबर के दरवार में भी सम्मानित हुए। अकबर ने उन्हें अकबरीय कालिदास की उपाधि से अलंकृत किया। अपने रामचंद्रयशःप्रबंध[३४] में उन्होंने इस तथ्य का उल्लेख किया है। सुद्युम्नाचार्य के अनुसार गोविंद भट्ट का साहित्यिक जीवन १५८०ई० के पश्चात् आरंभ हुआ।[३५] पद्यवेणी, पद्यामृततरंगिणी

तथा सुभाषितरत्नभांडागार में इनके द्वारा रचे अनेक पद्य उद्धृत हैं। विभिन्न देवों की स्तुतियों तथा रामचंद्र व अकबर की प्रशस्तियों में इनकी अतिशयोक्तिपरक रचनाओं में भाषा की दुर्लभ छटाएँ व दूरारोही कल्पनाएँ हैं। यथा—

स्मेरे चन्द्रावतंसे हसति सकुतुकं षण्मुखे चोपहासं,
पश्यत्याली-कदम्बे गण-सदसि शिशु-क्रीडितं प्रेक्षमाणे।
मा मेति व्याहरन्त्यास्तुहिन-गिरि-भुवः कम्पमानाग्रपाणेः,
कर्षन्ती कर्ण-केली किसलयमवतात् बाल-हेरम्ब शुण्डा।।१।।

-रामचन्द्रयशः प्रबन्धः, श्लोक-२

(बालगणेश की वह सूंड हमारा कल्याण करें, जो कि 'नहीं, नहीं' करती हुई काँपते हाथों की उँगलियों वाली पार्वती के कान में खुँसी कोंपल खींच लेती है तथा जिसे देखकर चन्द्र के आभूषण वाले शिव जी हँसते हैं, षण्मुख उपहास करने लगते हैं, तथा (पार्वती की) सखियाँ एवं (शिव जी के) गण भी शिशु की इस क्रीडा को मजे से देखने लगते हैं।)

रुद्राणी-दत्त पञ्चाङ्गुल-चरण-घुसृण-घनीभूत-सीमन्त-भङ्गा,
संगीता सिद्धसंघैरुपहरतु हितं हारि हेरम्ब-शुण्डा।
उर्ध्व-प्रक्षेप-केलि-क्षुभित-सुरपुरी-चन्द्रशालाग्र-नृत्यत्-
पौलोमी-मुक्त-हा हा-रव-चकित-सुराधीश्वरारब्ध-पूजा।।

-पद्यामृततरंगिणी-श्लोक-६

(गणेश की वह मनोहर सूँड हित प्रदान करे जिस पर पार्वती के द्वारा लगाये गये घने केसर से भरे पंचांगुल या हथेली की छाप से सीमंतभंग (माँग में सिंदूर) की शोभा रच दी गई है, जिसका सिद्ध लोगों के समूह द्वारा गान किया गया है, जिसे खेल खेल में जब गणेश ऊपर उठाते हैं तो सुरपुरी या स्वर्ग में खलबली मच जाती है, चंद्रशाला के आगे नाचती शची हाय हाय कर बैठती है और उसके साथ ही सुराधीश्वर गणेश की पूजा आरंभ हो जाती है।

मौलो किं नु महेश मानिनि जलं किं वक्त्रमम्भोरुहं,
किं नीलालकवेणिका मधुकरी किं भ्रूलता वीचिका।
किं नेत्रे शफरी स्तनयुगं प्रेङ्खद् रथाङ्गद्वयं,
साशङ्कामिति बोधयन् गिरिसुतां गंगाधरः पातु नः।।

-पद्यवेणी-श्लोक-१६

पार्वती पूछती हैं - हे महेश! यह तुम्हारे माथे पर क्या है? शिव कहते हैं - हे मानिनी! जल। पार्वती फिर पूछती हैं — क्या यह मुख है? शिव कहते हैं - (नहीं) कमल है। पार्वती - क्या यह काले बालों वाली चोटी हैं? शिव - (नहीं) भौरों की पंक्ति है। पार्वती - क्या ये भौहें है? (नहीं) तरंगे हैं। पार्वती -क्या ये आँखें हैं? (नहीं) मछलियाँ हैं। क्या ये दोनों स्तन युगल हैं? शिव फिर समाधान करते हैं — (नहीं) हिलते हुए चकवा पक्षी के जोड़े हैं। इस प्रकार (गंगा को लेकर) आशंकित पार्वती को समझाने वाले गंगाधर शिव हमारी रक्षा करें।

अकबरीय कालिदास ने तन्मय हो कर देवी-देवताओं पर भक्तिभावना भी अर्पित की है, तथा उन्हें मानवीय राग से संपृक्त भी बना दिया है। श्रीकृष्ण के लिये उनकी यह मनोहारी उक्ति है—

घन-स्निग्ध-चञ्चत्-कच-ग्रन्थि-नद्ध-स्फुरत्-केकि-पिच्छे-लसच्चारुगुच्छे।
मुखेन्दु-भ्रमद्वल्लवी-दृक्-चकोरे, यशोदा-किशोरे मनो में रमेत।।

-पद्यवेणी श्लोक ३५

(घने, चिकने, चंचल बालों में गाँठ से बँधे हुए चंचल मोर के पंखों वाले, अतः सुन्दर जूड़ा या चोटी वाले, गोपियों की चकोर रूपी, जिनके मुख रूपी चंद्रमा पर गोपियों के नयनों के चकोर बार बार दृष्टि लगाये रहते हैं, ऐसे यशोदा के पुत्र श्रीकृष्ण मेरे मन में रमण करें।)

गोविंदभट्ट ने राजा रामचंद्र तथा अकबर की प्रशस्ति में भी सुंदर श्लोकों का प्रणयन किया। अकबर के लिये वे कहते हैं—

हस्ताम्भोजालिमाला नख-शशि-हरिण-श्यामलाकारवीची-
स्तेजोऽग्नेर्धूमधारा वितरण-करिणो गण्ड-दान-प्रणाली।
वीर श्रीवेणिदण्डो लवणिमसरसीबालशैवालवल्ली,
वेल्लत्यम्भोधरश्रीरकबरधरणीपाल-पाणौ कृपाणी।।१५।।

सम्राट् अकबर के हाथ में मेघ की शोभा धारण करने वाली तलवार यों प्रतीत होती है जैसे वह पाणिरूपी कमल पर मँडराती भौंरों की माला हो, या नाखून रूपी चन्द्र में वर्तमान हरिण की श्यामलाकार तरंग हो, अथवा तेज:पूर्ण अग्नि से निकलने वाली धुएँ की धारा हो, या मदजल बहाते हाथी के मद की धार हो, अथवा श्री या लक्ष्मी की चोटी हो, अथवा लावण्य के समुद्र में कोमल सेंवार की लता हो।

अब्दुर्रहीम ख़ानख़ाना

अब्दुर्रहीम ख़ानख़ाना (१५५६- १६२७) सम्राट् अकबर के अभिभावक बैरम खाँ के पुत्र थे। अकबर ने उन्हें मीर का ओहदा प्रदान किया था, जिसे बादशाह के सबसे विश्वासपात्र सरदार को दिया जाता था। वे शाहजादा सलीम (जहाँगीर) के शिक्षक भी रहे। १५८४ में वे अकबर के द्वारा खानखाना की पदवी से नवाजे गये। जहाँगीर के शाही तख्त पर आसीन होने पर नूरजहाँ के वैमनस्य और शाहजहाँ के प्रति अनुराग के कारण रहीम जहाँगीर के कोपभाजन बने तथा पद, प्रतिष्ठा और वैभव से वंचित कर दिये गये। कुछ समय बाद फिर उनके दिन फिरे।[३६] संस्कृत कवि रुद्र, हिंदी कवि गंग, डिंगल के कवि जड्डा तथा अन्य अनेक गुणी जन रहीम की असाधारण उदारता व दानशीलता से उपकृत हुए। रुद्र कवि ने खानखानाचरितम् में उनकी प्रशस्ति ने धरती आकाश एक कर दिया है।[३७] ईरान के कवि कौसरी ने भी इनका गुणगान किया है।

रहीम संस्कृत, फारसी, तुर्की, उर्दू, व्रज आदि विवध भाषाओं में प्रवीण थे। हिंदी साहित्य के इतिहास में वे अपनी दोहावली के लिये अमर हैं। वाक़याते बाबरी (बाबर के द्वारा लिखित आत्मकथा) का उन्होंने तुर्की से फारसी में अनुवाद किया।

रहीम की संस्कृत रचनाओं में गङ्गाष्टकम् गंगा पर भक्तिभावयुक्त मुक्तक रचना है। खेटकौतुकम् तथा त्रयस्त्रिंशद्योगावलि:- ये दो इनके पद्यबद्ध ज्योतिषशास्त्र विषयक प्रबध हैं। इसके अतिरिक्त इन्होंने संस्कृत में अनेक स्फुट पद्य रचे थे, तथा कतिपय पद्य संकरसंस्कृत में भी लिखे। मदनाष्टकम् नामक काव्य में प्रत्येक छंद की अंतिम पंक्ति में मदनशिरसि भूयः क्या बला आन लागी – यह पंक्ति आवर्तित होती है।

गङ्गाष्टकम् का पहला छंद इनके दोहे (अच्युतचरनतरंगिनी सिवसिरमालतिमाल, हरि न बनायो सुरसरि कीजै इंदव भाल) की छाया है—

अच्युतचरणतरङ्गिणि मदनान्तकमौलिमालिनीमाले।
त्वयितनुवितरणसमये हरता देया न में हरिता।।

(हे देवि गंगे, जब मुझे देवस्वरूप प्रदान करने का अवसर आये, तो मुझे हरता अर्थात् शिव का रूप दें, हरि का रूप न दें, क्यों कि गंगा शिव के मस्तक पर विराजी हैं, हरि विष्णु के चरणों से निकली हैं।) गंगा के लिये दो संबोधनों - अच्युतचरणतरङ्गिणि तथा मदनान्तकमौलिमालिनीमाले में भी कवि ने यह बात कह दी है। सार्थक विशेषणों का प्रयोग होने से पर्यायोक्त अलंकार है। हरता (शिवसायुज्य) तथा हरिता (विष्णुसायुज्य) इन शब्दों के प्रयोग के द्वारा रहीम ने हिंदी दोहे को और अधिक चमत्कारपूर्ण बना दिया है।

लय, पौराणिक प्रसंग, सौंदर्यबोध व भक्तिभाव का संगम गंगाष्टकम् के काव्यप्रवाह में हुआ है। विविध छंदों के प्रयोग का कौशल भी कवि ने इसमें प्रमाणित किया है। पञ्चचामर का यह निदर्शन देखें—

शिवोत्तमाङ्गवेदिकाविहारसौख्यकारिणी
ततो भगीरथाङ्गसङ्गमर्त्यलोकचारिणी।
त्रिमार्गगा त्रितापहा त्रिलोकशोकखण्डिनी
जगत् त्रिदोषतस्तनुं पुनातु जह्नुनन्दिनी।।

हंसविजयगणि तथा दर्शनविजयगणि

इन्होंने अन्योक्तिमुक्तावली का प्रणयन किया। दर्शनविजयगणि सम्राट् जहाँगीर के समकालीन थे। मुनि धर्मसागर के द्वारा प्रवचनपरीक्षा नामक जैन धर्मग्रंथ का सर्वज्ञशतक नाम से नवीन संस्करण प्रस्तुत किया गया, जिसे विजयसेन सूरि के पट्ट शिष्य विजयदेव सूरि ने मान्यता नहीं दी तथा आचार्यों के दोनों दलों में प्रचंड कलह हुआ। दर्शनविजयगणि ने अपने शिष्य सिद्धिचंद्र से भानुचंद्र को संदेश भेज कर सम्राट् के माध्यम से इस झगड़े को निपटवाने की

प्रार्थना की, और समस्या का निराकरण कराने में सफल रहे। विजयतिलकसूरिरास में इन्होंने अपने गुरु का जीवनचरित लिखा है। अन्योक्तिशतक इनका मुक्तककाव्यसंग्रह है।

हंसविजयगणि विजयानंद सूरि के शिष्य थे। इन्होंने अन्योक्तिमुक्तावली का प्रणयन किया।

शृंगारविलासिनी

शृंगारविलासिनी एक लक्षणग्रंथ है। इसका विषय नायिका भेद है। इसके प्रणेता महाकवि देव हैं, जो हिंदी साहित्य के इतिहास में देव कवि के नाम से प्रसिद्ध हैं। ये हिंदी के रीतिकाल के कवियों में अग्रगण्य हैं। देव कवि की इस रचना का महत्त्व संस्कृत साहित्य के इतिहास में नायकनायिकाभेद के एक ग्रंथ की दृष्टि से नहीं, वरन् संस्कृत काव्य धारा में हिंदीछंदों के मनोहारी विन्यास की दृष्टि से अधिक है। भानुदत्त की रसमंजरी से देव प्रभावित हैं, तथा भानुदत्त का उन्हने अनुसरण भी खूब किया है। इनके पूर्व अकबर शाह का शृंगारमंजरी संस्कृत में नायिकाभेद का महत्त्वपूर्ण ग्रंथ है, पर उसमें छंद पारंपरिक वर्णिक वृत्त ही हैं। देव कवि के सिद्धांतनिरूपण में भी सानुप्रासिकता तथा छंद के लयमय विन्यास से काव्यसौंदर्य आ गया है। जैसे—

शृङ्गाररसनायकं सुखदायकमवधेहि।
तस्य निदानं नायिकानायकभेदमवेहि।।४।।

नवानङ्गरहस्या नायिका की परिकल्पना नवीन ही है। इसका उदाहरण है –

रन्तुमनेकवचःकपटैरभिसारितयानुचरीभिरवश्यम्।
केलिकलाकुशलं त्वनुमाय वने वनमालिनमालि नमस्यम्।
कण्टककम्पभयाकुलया यदि गम्यत आनमिताननशस्यम्
तर्ह्यपि पश्य सपद्यनया प्रकटीकृतमद्य मनोजरहस्यम्।।१७।।

दूती के द्वारा फुसला कर अभिसारार्थ ले जा जाई जा रही नवेली नायिका का वर्णन करते हुए कोई सखी कहती है हे सखि, देखो दूती के द्वारा वचनकपट में लपेट कर अभिसारित की गई यह सखी केलिकला में कुशल वनमाली वन में हैं - यह अनुमान कर रोमांचित व भयाकुल हो कर सिर झुकाये चली जा रही है। फिर भी इसने मनोजरहस्य या अपना छिपा हुआ प्रेम उजागर कर ही दिया है।)

इसी प्रकार प्रगल्भवचना नायिका का भी यह स्वरूप आकर्षक है—

प्राणपते रसिकभ्रमर भ्रम विभ्रमभूमिरसं पिब पेयम्।
कैरविणीं वनितामवलोकय दुर्लभमम्बुजनीधवहेयम्।
चेदधुनैव न गच्छसि तत्र पुनर्न च जातु मनःप्रिय देयम्
गन्तुमना रजनावसि यत्त्वमतो मुखमुद्रणमेव विधेयम्।।२३।।

(हे रसिकभ्रमर प्रियतम, जाओ स्वच्छंद भ्रमण करो। परस्त्रियों के विभ्रम से भरपूर पेय रस का पान करो। कैरविणी रूपी परस्त्री को निहारतो रहे। दुर्लभ अंबुजिनीधव हेय ही है (?)। प्रिय यदि तुम आज वहीं नहीं जा रहे हो, तो फिर वहाँ जाने का विचार करना भी मत। फिर यदि तुम रात्रि में ही चल पड़ने को उद्यत हो, तो मुझे अपना मुँह बंद ही कर लेना चाहिये।)

अप्पय दीक्षित

परवर्ती स्तोत्रकारों में सर्वाधिक उल्लेखनीय हैं- सोलहवीं शताब्दी में हुए मूर्धन्य आचार्य, विचारक, काव्यशास्त्री तथा संत अप्पय दीक्षित (१५२०-१५९२ ई०)। इनके लिखे हुए २६ स्तोत्र प्राप्त होते हैं। हरिहरस्तुति में उन्होंने शिव तथा विष्णु की एकसाथ स्तुति की है। आत्मार्पणस्तुति एक भक्त की मनोदशा का अंतरंग चित्र है।

अप्पय दीक्षित के १०५ ग्रथों की सूची प्राप्त होती है।[३८] इनमें से उल्लेख्य हैं – वृत्तिवार्तिक, कुवलयानंद, चित्रमीमांसा, यादवाभ्युदयटीका, नामसङ्ग्रहमाला सटीक, वरदराजस्तव सविवरण, कृष्णध्यानपद्धतिः, दुर्गाचंद्रकलास्तुति सविवरण, आदित्यस्तोत्ररत्न सव्याख्य, मयूखावली, न्यायमुक्तावली सव्याख्य, नयमञ्जरी, सिद्धांतलेशसंग्रह, न्यायरक्षामणि, शिवार्कमणिदीपिका, रत्नत्रयपरीक्षा सव्याख्य, शिवाद्वैतनिर्णय, शिखरिणीमाला, ब्रह्मार्कस्तव सविवरण, वैयाकरणनक्षत्रवादावली, रामानुजशृङ्गभङ्गः, मध्वतन्त्रमुखमर्दनम्, अधिकरणकुञ्चिका, वीरशैवम्, गङ्गाधराष्टकम्, भस्मवादावली, पादुकासहस्त्रव्याख्या, रामायणतात्पर्यसंग्रह सव्याख्य, भारततात्पर्यसंग्रह सव्याख्य, प्राकृतचंद्रिका, निग्रहाष्टकम्, आत्मार्पणस्तुतिः, श्रीविद्यातत्त्वविवरणम्, अनुग्रहाष्टकम्, प्रबोधचंद्रोदयटीका, शिवपुराणतामसत्वखण्डनम्, हंससन्देशटीका, अपीतकुचाम्बास्तुतिः, आनन्दलहरीव्याख्या, शिवमहिमकालिकास्तुति तथा शिवमहिमव्याख्या।

अप्पय के वरदराजस्तव में कांची के वरदराज की १०६ पद्यों में सरस भावपूर्ण स्तुति है। मधुसूदन सरस्वती तथा वेदांतदेशिक के स्तोत्रों के ही समान यहाँ भी दर्शन भक्ति की धारा में मिल कर सरस हो गया है।

जातो न वेत्ति भगवन्न जनिष्यमाणः पारस्परं परमपूरुष ते महिम्नः।
तस्य स्तुतौ तव तरङ्गितसाहसिक्यः किं मादृशो बुधजनस्य भवेन्न हास्यः।।

अप्पय का पांडित्य अलंकारों का ज्ञान कविता में व्यक्त होकर उनकी मेधा और सारस्वतसाधना का निष्यंद बन कर प्रकट हुआ है।

मन्ये निजस्खलनदोषमवर्जनीयमन्यस्य मूर्ध्नि विनिवेश्य बहिर्बुभूषुः।
आविश्य देव रसनानि महाकवीनां देवी गिरामपि तव स्तवमातनोति।।

(हे देव, मैं मानता हूँ कि अपने स्खलन के अवर्जनीय दोष को अन्य को माथे पर डाल कर बाहर के संसार में आने को उत्सुक महाकवियों की जिह्वा पर आरूढ हो कर वाणी की देवी सरस्वती आपका ही स्तवन करती है।)

पंडितराज जगन्नाथ के लघुकाव्य

पंडितराज जगन्नाथ वल्लभाचार्य के परनाती तथा आंध्र के तैलंग ब्राह्मण थे। इनका स्थितिकाल १६०५ ई० १६८० ई० के बीच माना गया है। इनके पिता पेरुभट्ट विविध विधाओं के प्रकांड पंडित थे। इनकी माता का नाम महालक्ष्मी था। बाल्यकाल में पिता से विद्याध्ययन आरम्भ करके काशी के उस समय के श्रेष्ठ पंडित वीरेश्वर तथा अन्य अनेक पंडितों से इन्होंने विभिन्न शास्त्रों का गहन अध्ययन किया। साथ ही ब्रज भाषा अरबी और फारसी के काव्य में भी गति प्राप्त की।

बाणभट्ट और बिल्हण जैसे घुमक्कड़ कवियों और आचार्यों की तरह घुमन्तूपन पंडितराज जगन्नाथ के स्वभाव में था। अध्ययन के लिये वे काशी आये होगें, फिर शास्त्रार्थ और राजसभाओं में स्थान पाने के लिये दक्षिण छोड़ कर उत्तर में ही रमते रहे। वैसे भी राजा वेंकट के अवसान (१६१४ई०) के साथ आन्ध्र प्रदेश में विजय नगर का महान् साम्राज्य टूट रहा था। पंडितराज जगन्नाथ ने अपना घर छोड़ा, काशी में अध्ययन समाप्त किया, फिर सबसे पहले वे जयपुर आये, वहाँ उन्होंने एक संस्कृत पाठशाला स्थापित की। इस पाठशाला में उनकी शिष्य मण्डली रही होगी। इनमें से एक थे ब्रजभाषा के उस समय के प्रसिद्ध कवि कुलपति मिश्र। इनके साथ पंडितराज के शिष्य नारायण भट्ट का उल्लेख बींसवीं शताब्दी के प्रसिद्ध साहित्यकार भट्ट मथुरानाथ शास्त्री की वंश परंपरा में मिलता है। अपने रसगंगाधर की भूमिका में भट्ट जी ने अपने कुलप्रबन्ध का यह श्लोक उद्धृत किया है—

लब्ध्वा विद्या निखिलाः पण्डितराजाज्जगन्नाथात्।
नारायणस्तु दैवादल्पायुः स्वःपुरीमगमयत्।।

नारायण भट्ट के भतीजे हरिहर भट्ट ने भी पंडितराज को अपना गुरु बनाया। पंडितराज अपने जीवनकाल में ही एक किंवदंतीपुरुष बन गये थे। उनके विषय में अनेकानेक अनुश्रुतियाँ प्रचलित हैं, उनमें एक यह भी है कि जयपुर में ही उनका एक काज़ी के साथ शास्त्रार्थ हुआ था। काज़ी उनकी प्रतिभा से इतना प्रभावित हुआ कि उसने दिल्ली पहुँच कर पंडितराज जगन्नाथ की प्रशंसा के पुल बाँधे। फिर बादशाह जहाँगीर ने उन्हें मुग़ल दरबार में आने के लिये बुलावा भेजा। वे जहाँगीर तथा शाहजहाँ दोनों के आश्रय में रहे। पंडितराज जगन्नाथ का दारा पर बड़ा स्नेह था। दरबार में उन्हें प्रतिष्ठित कराने में नूरजहां के भाई और शाहजहाँ के ससुर आसफखान का बहुत हाथ था, जिनकी स्मृति में पंडितराज जगन्नाथ ने आसफखानविलास नाम से आख्यायिका आरम्भ की थी। यह आख्यायिका पूरी मिलती या रची जाती, तो संस्कृत गद्य की एक अनूठी मिसाल होती। बहरहाल जगन्नाथ ने मुगल दरबार में अपने पांडित्य और कविता दोनों का दबदबा कायम किया और पंडितराज की पदवी भी उन्हें इसी मुगल दरबार

से शाहजहाँ के समय मिली। पर ऐसा भी नहीं था कि मुगल दरबार से बँधना जगन्नाथ की विवशता बन गया हो, दरबार में पूरी प्रतिष्ठा पा कर भी वे सुदूर आसाम गये, जहाँ राजा प्राणनारायण से उन्हें सम्मानित किया था। प्राण नारायण ने दिल्ली में १६५७ई० के आसपास हो रहे सत्तासंघर्ष में अपने को स्वतंत्र घोषित कर दिया था। कदाचित् पंडितराज इसी अवधि में उसकी राजसभा में पहुँचे हों।

काव्यरचना के साथ पंडितराज की संगीत में असाधारण निपुणता की चर्चा शाहजहाँ के शासन का इतिहास प्रस्तुत करने वाले तत्कालीन फारसी ग्रंथ बादशाहनामां में की गई है। इस ग्रंथ में तीन बार पंडितराज का उल्लेख है, तथा उनके लिये कबराय (कविराज) तथा महाकबराय (महाकविराज) इन विशेषणों का प्रयोग किया गया है। ध्रुपद गायन में उनकी प्रवीणता बताते हुए उन्हें कलावंत भी कहा गया है। इसी समय के एक अन्य इतिहासकार मुल्ला अब्द लाहिरी ने जगन्नाथ को अपने समय का सर्वश्रेष्ठ संगीतकार कहा है, तथा यह भी सूचित किया है कि संगीत में उनकी उत्तम प्रस्तुति के लिये एक बार बादशाह की ओर से उन्हें चार सौ पचास रुपये पारितोषिक में दिये गये। सत्रहवीं शताब्दी में निर्मित एक ध्रुपदगीतों के संग्रह में जगन्नाथ कबराय के नाम से चौदह गीत संकलित हैं, तथा बड़ोदा में विद्यमान एक हस्तलिखित ग्रंथ में उनके रचे पदों का संग्रह है।

पंडितराज के विषय में दो किंवदन्तियाँ और कहीं जाती हैं। एक उनके लवंगी नाम की मुस्लिम सुन्दरी से प्रेम और विवाह की है दूसरी काशी पहुँच कर अपनी सुन्दर ललित भक्तिरचना गंगालहरी का पाठ करते हुए गंगा की लहरों में देह को विसर्जित कर देने की। दोनों ही इतिहास और तर्क से प्रमाणित नहीं होतीं। पण्डितराज के नाम से दो या तीन श्लोक संस्कृत जगत् में अक्सर मुँह जबानी कहे जाते हैं, जिनमें किसी मुगल बादशाह से सुस्तनी, मस्तकन्यस्तहस्ता कुरंगीसदृश नयन वाली लवंगी को प्रदान करने का अनुरोध है। पण्डितराज ने अपने सभी फुटकर श्लोक अपनी अन्तिम रचना भामिनीविलास में संकलित कर दिये थे, ये श्लोक उसमें नहीं मिलते; न इनके पण्डितराज के द्वारा रचे जाने का कोई प्रमाण ही मिलता है। बींसवी शताब्दी के आरम्भ में संस्कृत के पंडितसमाज में जिन अनेक प्रसंगों और विषयों को ले कर दीर्घकालिक शास्त्रार्थ चलता रहा, उनमें से एक पंडितराज के यवनकन्या लवंगी से कथित संसर्ग की कथा की सत्यता और असत्यता को ले कर भी था। अप्पा शास्त्री तथा भट्टमथुरानाथ शास्त्री ने माना कि पंडितराज की लंवगी से संसर्ग की बात एक मनगढंत प्रवाद है। आन्ध्र के जिस तैलंग ब्राह्मण कुल में पण्डितराज ने जन्म लिया, वहाँ सेवा के लिये मुगल दरबार में जाना ही पाप माना जाता था, एक बार समाज के लोगों की दृष्टि में जगन्नाथ जब इस कथित पाप के भागी समझ लिये गये, तो फिर यह स्वाभाविक ही था कि ईर्ष्यालु स्वभाव के लोग मुस्लिम कन्या से संसर्ग जैसे अन्य कथित पातकों का झूठा आरोप उन पर मढें। भट्ट मथुरानाथ शास्त्री ने तो अपने रसगंगाधर के हिन्दी और संस्कृत के संस्करणों की भूमिका में

विस्तार से ब्राह्मण समाज की संकीर्णता और जाति को ले कर दुराग्रहों की चर्चा भी कर डाली है। इस विवाद में अंतिम निर्णायक विवेचन डा. व्ही. राघवन् ने किया। उन्होंने ऐतिहासिक खंडकाव्य चिमनीचरित के आधार पर सिद्ध किया कि पंडितराज के नाम से मिथ्या प्रचारित प्रणयसंबंध वास्तव में अकबर के दरबार में एक पंडित दयानाथ का अलीवर्दी खाँ के बेटी चिमनी से प्रणयसम्बन्ध है। दूसरी ओर ब्रजभाषा में विरचित पंडितराज की एक जीवनी में लवंगी से उनके प्रणय और विवाह करने का वृत्तांत मिलता है, जिससे यह सारा प्रसंग अन्य निष्कर्ष पर पहुँच जाता है। आर. बी. आठवले ने यह भी सूचित किया है कि कवींद्राचार्य ने अपने एक पद्य में लवंगी शब्द का श्लिष्ट प्रयोग करते हुए पंडितराज और लवंगी के संबंधों की भर्त्स्ना की है।[३९]

इनके पांडित्य की ख्याति सुन कर शाहजहाँ ने अपने पुत्र दाराशिकोह को संस्कृत पढ़ाने के लिए इन्हें बुलाया और इन्हें पंडितराज की उपाधि भी दी।[४०] अपनी काव्यमाधुरी से इन्होंने शाहजहाँ को प्रभावित करके उसके दरबार में सम्मान पाया। बादशाहनामा में इन्हें कलावन्त कहा गया है।[४१] संभवतः जहाँगीर (१६०५-१६२७) के सान्निध्य में भी ये रहे हों, क्यों कि एक मुक्तक में नूरदीन नृपति के नाम से जहागीर की ही प्रशस्ति इन्होंने की है।

व्याकुप्यन्नूरदीनक्षितिरमणरिपुक्षोणिभृत्पक्ष्मलाक्षी-
लक्षाक्षीणाश्रुधारासमुदितसरितां सर्वतः सङ्गमेन।।

(पंडितराजकाव्यसंग्रह, पृ० ८४)

पंडितराज ने अपनी बहुमुखी प्रतिभा, प्रकांड पांडित्य तथा चिंतन और सरस काव्यधारा से संस्कृत साहित्य को सम्पन्न बनाया। मुक्तक काव्यपरम्परा में इनके पाँच लहरी काव्य प्रसिद्ध हैं-गंगालहरी, अमृतलहरी, करुणालहरी (विष्णुलहरी), लक्ष्मीलहरी तथा सुधालहरी। इनके अतिरिक्त अपने स्फुट सुभाषितों का संग्रह पंडितराज ने स्वयं भामिनीविलास के नाम से किया। इसके अतिरिक्त इनकी रचनाएँ हैं-(१) आसफविलास-गद्यपद्यमिश्रित आख्यायिका, (२) चित्रमीमांसाखण्डन-अप्पय दीक्षित कृत चित्रमीमांसा नामक काव्यशास्त्रीय ग्रंथ की कड़ी आलोचना, (३) मनोरमाकुचमर्दन-सिद्धान्तकौमुदी की मनोरमा नामक टीका का खण्डन, (४) प्राणाभरण-राजा प्राणसिंह की प्रशस्ति में विरचित काव्य। (५) जगदाभरणम्-कुछ विद्वानों के मत से राजा जगत्सिंह की प्रशस्ति में जगदाभरण नाम से पंडितराज ने काव्य लिखा था, अन्य के मत से यह काव्य दाराशिकोह की प्रशस्ति में है। जगदाभरणम् तथा प्राणाभरणम् में कतिपय पद्य समान हैं। (६) रसगंगाधर-काव्यशास्त्र का प्रख्यात प्रौढ़ ग्रंथ, जो अपूर्ण प्राप्त है।

इनके अतिरिक्त काव्यप्रकाश की एक टीका इनके द्वारा लिखे जाने का उल्लेख मिलता है, जो अप्राप्त है।

भामिनीविलास - भामिनीविलास सुभाषितों या मुक्तकों के संग्रहों में सर्वाधिक लोकप्रिय और उत्तम रचनाओं में से एक है। पंडितराज के अनेक मुक्तक संस्कृतरसिकों के कंठ में बसे

हुए हैं। इसके चार विलासों में से पहले तथा दूसरे (अन्योक्तिविलास या प्रास्ताविक विलास और शृंगारविलास) में १०-१० पद्य हैं। तीसरे करुणाविलास में १९ और चौथे शांतिविलास में ३३ पद्य हैं।

भामिनीविलास में कवि ने वेदांत को कविता में उतार दिया है।

मलयानिलकालकूटयो रमणीकुन्तलभोगिभोगयोः।
श्वपचात्मभुवोर्निरन्तरा मम भूयात् परमात्मनिश्चिता।।

(भामिनीविलास, ४.२४)

(मलयानिल तथा कालकूट में, रमणी के कुंतल तथा साँप के फण में, चांडाल तथा आत्मभू या ब्रह्मा में मुझे परमात्मा ही दिखाई दे।)

दिगन्ते श्रूयन्ते मदमलिनगण्डाः करटिनः
करिण्यः कारुण्यास्पदमसमशीलाः खलु मृगाः।
इदानीं लोकेऽस्मिन्ननुपमशिखाणां पुनरयं
नखानां पाण्डित्यं प्रकटयतु कस्मिन् मृगपतिः।

प्रास्ताविकविलास

(मद से मलिन कपोल वाले गजों के स्वर तो दूर दिशाओं के छोर से आते सुन पड़ते हैं। हथिनियाँ करुणा की पात्र हैं, हरिण स्वभाव में बराबरी कर नहीं सकते। तो इस संसार में अपनी अनुपम नोकों वाले नखों का पांडित्य यह मृगपति किसके ऊपर प्रकट करे?)

गंगालहरी

गंगालहरी पंडितराज की रचनाओं में सर्वाधिक लोकप्रिय और बहुपठित रचना है। इसमें ५२ पद्य हैं, जिनमें से ४८ शिखरिणी छंद में तथा शेष प्रत्येक में एक-एक पृथ्वी, शार्दूलविक्रीडित, स्रग्धरा और उपजाति में हैं। भक्तिभावना से समन्वित काव्यरूपी गंगा को कवि ने यहाँ गंगा की स्तुति में प्रवाहित कर दिया है। गंगा के आध्यात्मिक तथा प्रतीकात्मक स्वरूप और धार्मिक महत्त्व पर भी यह रचना सुंदर रूप से प्रकाश डालती है। गंगा के दिव्य विग्रह का साक्षात्कार करते हुए कवि ने उसको इस प्रकार प्रस्तुत किया है-

समृद्धं सौभाग्यं सकलवसुधायाः किमपि तन्-
महैश्वर्यं लीलाजनितजगतः खण्डपरशोः।
श्रुतीनां सर्वस्वं सुकृतमथ मूर्तं सुमनसां
सुधासौन्दर्यं ते सलिलमशिवं नः शमयतु।।

(कुछ है ऐसा जो समृद्ध सौभाग्य है सकल वसुधा का/ जो महा ऐश्वर्य है खेल खेल में जग को रच देने वाले प्रभु शिव का/ जो श्रुतियों का सब कुछ है, जो मूर्तिमान् पुण्य है देवों का/ वह जो अमृत का सौंदर्य है, तुम्हारा वह जल, हमारे अमंगल का शमन करे।)

अनुप्रासों की लड़ियाँ गंगा के निर्मल प्रवाह की तरह कलकल निनाद करती हुई गंगालहरी की धाराओं के साथ उच्छलन करती हुईं, तरंगायित होती हुईं भावों के प्रवाह को गति देती चलती हैं। इसी के आगे का पद्य देखें—

दरिद्राणां दैन्यं दुरितमथ दुर्वासनहृदां
द्रुतं दूरीकुर्वन् सकृदुपगतो दृष्टिसरणिम्।
अपि द्रागाविद्याद्रुमदलनदीक्षागुरुरिह
प्रवाहस्ते वारां श्रियमयपारां दिशतु नः।।

(बस एक बार नयन पथ पर पड़ भर जाए, वह झटपट हरता चलता है दरिद्रों की दीनता, और दुर्वासनाओं से भरे हृदय वालों के पाप। वह दीक्षागुरु है अज्ञान के वृक्ष को सब ओर से काट कर फैंक देने के लिये। तुम्हारे पानी की धाराओं का वह प्रवाह - अपार श्री की दिशा हमारे लिये खोल दे।)

गंगा के प्रवाह का उच्छलन बताने के लिये पंडितराज की भाषा उसी तरह उच्छलित होती गई है, अनुप्रासों के आवर्तविवर्त से बहाव की अनूठी लय देते चलते हैं, जैसे उपरिलिखित पद्य में दकार के अनुप्रास को तीन चरणों में निरंतर बनाये रख कर चौथे चरण में उसे प्रवाहस्ते वारां श्रियमयपारां दिशतु नः के द्वारा व, ह, र के आवर्तों में झुला दिया गया है।

भक्ति की भागीरथी में समर्पण और विनय की गहनता है। आनंद का अटूट साम्राज्य है, जिसकी अपनी स्वायत्तता है—

अपि प्राज्यं राज्यं तृणमिव परित्यज्य सहसा
विलोलद्वानीरं तव जननि तीरं श्रितवताम्।
सुधातः स्वादीयः सलिलमिदमातृप्ति पिबतां
जनानामानन्दः परिहसति निर्वाणपदवीम्।।

(अपने फैले हुए साम्राज्य को तिनका समझ कर, धता बता कर, जो सहसा चले आये माँ, बल खाते बेतों वाले तेरे तट पर, और पिया जिनने सुधा से भी अधिक सुस्वादु तुम्हारा जल छक छक कर, उन लोगों का वह आनंद खिलखिला कर उड़ा रहा है हँसी, निर्वाणपदवी की।)

इसी प्रकार —

निधानं धर्माणां किमपि च विधानं नवमुदां
प्रधानं तीर्थानाममलपरिधानं त्रिजगतः।
समाधानं बुद्धेरथ खलु तिरोधानमधियां
श्रियामाधानं नः परिहरतु तापं तव वपुः।।

(धर्मों का निधान, नये आनंद का अनोखा विधान सब तीर्थों में प्रधान, त्रिलोकी का अमल परिधान, बुद्धि का समाधान अविवेकी का तिरोधान, लक्ष्मी का आधान तुम्हारी यह काया हमारे तापों को हरे।)

मरुल्लीलालोलल्लहरिलुलिताम्भोजपटल-
स्खलत्पांसुव्रातच्छुरणविसरत्कौङ्कुमरुचि।
सुरस्त्रीवक्षोजक्षरदगुरुजम्बालजटिलं
जलं ते जङ्गालं मम जननजालं जरयतु।।

हवा के झकोरों में इठलाती हैं लहरें,
लहरों से सहलाये हुए —
डोलते हैं कमलपटल,
कमलपटलों से झरती है पराग की धूल,
पराग की धूल से कुंकुम की आभा —
फैलती जाती है जल में,
फिर इसी जल में घुलती है —
देवांगनाओं के उरोजों से धुल कर बहते अगरु की कीच।
अगरु की कीच से गाढा होता जाता जल
हे माँ, तेजी से बहता तुम्हारा जल
मेरे जन्म के जाल को –
जर्जर कर दे।

अमृतलहरी

अमृतलहरी में दस शार्दूलविक्रीडित छंदों में यमुना की स्तुति है तथा अंतिम परिचयात्मक छंद अनुष्टुप् है। यमुना को अमृत के समान मान कर इसका नाम अमृतलहरी रखा गया है। इस लहरी में महाकवि की कृष्णभक्ति और वैष्णवी आस्था का अगाध प्रवाह यमुना की लहरी के साथ तरंगित हुआ है। भारतीय नदियों में दैवी भाव के दर्शन वैदिक काव्यधारा की सरणि पर पंडितराज जगन्नाथ ने किये हैं। मुक्ति की कामना तथा ऐहलौकिकता के ऊपर उठ कर दिव्य चेतना से तदाकार होकर कवि ने ये काव्य रचे हैं। यमुना को आराध्या मान कर कवि उसी को संबोधित करके कहता है-

पायं पायमघापहारि जननि स्वादु त्वदीयं पयो
नायं नायमनायनीमकृतिनां मूर्तिं दृशोः कैतवीम्।
स्मारं स्मारमपारपुण्यविभवं कृष्णेति वर्णद्वयं
चारं चारमितस्ततस्तव तटे मुक्तो भवेयं कदा?(८)

(अघों या पापों का अपहरण करने वाला तुम्हारा जल पी पी कर, छलकपट से भरी अपुण्यात्माओं की मूर्तियों को नयनपथ से हटा हटा कर, अपार पुण्य के वैभव वाले कृष्ण इन

दो वर्णों का स्मरण कर कर के तुम्हारे तट तक इधर से उधर भ्रमण करता हुआ मैं कब मुक्त हो जाऊंगा?)

सुधालहरी - सुधालहरी में ३० स्त्रग्धरा छंदों में सूर्य के तेजस्वी स्वरूप और प्राणदायिनी शक्ति का ओजस्वी चित्रण करते हुए सूर्यस्तुति की गयी है। मयूर के सूर्यशतक का निदर्शन संभवत: कवि के मानस में रहा होगा। तदनुरूप अनुप्रास व गाढ़बंध साधते हुए आयास भी रचना में झलकता है।

गीर्वाणग्रामणीभिर्गगनतलगतैर्गीर्भिरुद्गीथगाभि-
र्गन्धर्वैश्चापि गीता गुणगणगरिमोद्गारिगातासहस्त्रैः।
गाहं गाहं गृहालीरगतिकगदिनां गन्धयन्तो गदार्तिं
ग्लानिग्रामं ग्रसन्तां ग्रहरुचिगुरवो गोपतेर्गोविलासा:।।१७।।

(गगनतल में विचरते गीर्वाणग्रामिणयों या देवताओं के द्वारा उद्गीथ का गान करने वाली अपनी वाणियों से तथा गुणगरिमा का बखान करते सहस्त्रों गंधर्व गायकों के द्वारा जिनकी महिमा गाई गई, घर की ड्योढियों में घुस घुस कर गदा या रोग की पीडा को मिटाते हुए ग्रहरुचिगुरु ये गोपति (सूर्य) की किरणों के विलास हमारी ग्लानि के ग्राम या समूह को ग्रस लें।)

लक्ष्मीलहरी - लक्ष्मीलहरी में इकतालीस शिखरिणी छंदों में लक्ष्मी के स्वरूप व आयुध आदि का सुंदर चित्रण किया गया है। लक्ष्मी समग्र सौभाग्य, ऐश्वर्य व मांगल्य की देवता है। कवि जीवन में लक्ष्मी के अवतरण की कामना करता है।

समीपे सङ्गीतस्वरमधुरभङ्गी मृगदृशां विदूरे दानान्धद्विरदकलभोद्दामनिनदः।
बहिर्द्वारि तेषां भवति हयह्रेषाकलकलो दृगेषा ते येषामुपरि कमले देवि सदया।।
(४)

(हे देवि कमले! जिनके ऊपर तुम्हारी दयामयी दृष्टि पड़ गई उनके समीप मृगनयनियों के संगीत की ध्वनि गुंजित होती रहती है, पास में ही दानजल से अंधे हुए गजों का उद्दाम गर्जन सुनाई देता है; उनके घर के बाहरी द्वार पर घोड़ों के हिनहिनाने का कलकल चलता रहता है।)

इस काव्य में गाढबंध व दीर्घसमास का प्रयोग उतनी ही निपुणता से किया गया है जितना प्रसादगुणसंपन्न पदावली का। साथ ही लंबे'समासों का प्रयोग इतने सरस पदों के साथ किया गया है कि श्रुतिमात्र से सहज रूप में अर्थ गम्य हो जाता है।उदाहरणार्थ—

अनेकब्रह्माण्डस्थितिनियमलीलाविलसिते
दयापीयूषाम्भोनिधिसहजसंवासभवने।
विधोश्चित्तायामे हृदयकमले ते तु कमले
मनाङ्मन्त्रिस्तारस्मृतिरपि च कोणे निवसतु।। (२३)

(अनेक ब्रह्मांडों में स्थिति और नियम की लीला का विलास करती रहने वाली, दया के

अमृतसागर को सहज निवाससदन बनाने वाली, विधाता के चित्त के आयाम रूपी तुम्हारे हृदयकमल में में तनिक सी मेरे निस्तार की स्मृति भी किसी कोने में बनी रहे।)

करुणालहरी - करुणालहरी में विष्णु की स्तुति में पचपन पद्य हैं, जो वंशस्थ (प्रथम बारह पद्य), सुंदरी (१३वें से ५४वें पद्य तक) मालभारिणी (५५वाँ पद्य) आदि विविध छंदों में निबद्ध हैं। श्रीमद्भागवत तथा वल्लभ के पुष्टिमार्ग का सुस्पष्ट प्रभाव इस कृति पर परिलक्षित होता है। विष्णु के प्रति आर्तभाव से भक्तिनिवेदन करते हुए कवि कहता है—

रमामुखाम्भोजविकासनक्षमो जगत्त्रयोद्बोधविधानदीक्षितः।
कदा मदज्ञानविभावरीं हरे हरिष्यति त्वन्नयनारुणोदयः।। (६)

(हे हरे, तुम्हारे नयनों का अरुणोदय जो लक्ष्मी के मुखकमल को विकसित करने में समर्थ है, जो तीनों लोकों के उद्बोध करने में दीक्षित है वह कब मेरे अज्ञान की रात्रि को मिटायेगा?)

आराध्य को उपालंभ भी कवि साधिकार देता है—

अयि गर्तमुखे गतः शिशुः पथिकेनापि निवार्यते जवात्।
जनकेन पतन् भवार्णवे न निवार्यो भवता कथं विभो।।

(गड्ढे में पड़े बच्चे को राहगीर भी झट से निकाल देता है, हे विभो, आप जनक के द्वारा भवार्णव में गिरता यह बालक कैसे नहीं बचाया जायेगा?)

करुणालहरी में पंडितराज में भक्तिप्रह्वता व विनय की पराकाष्ठा पर कविता को पहुँचा दिया है।

वाचा निर्मलया सुधामधुरया या नाथ शिक्षामदा-
स्तां स्वप्नेऽपि न संस्मराम्यहमहम्भावावृतो निस्त्रपः।
इत्यागःशतशालिनं पुनरपि स्वीयेषु मां बिभ्रत-
स्त्वत्तो नास्ति दयानिधिर्यदुपते मत्तो न मत्तो परः।।

(करुणालहरी ५६)

(हे नाथ, सुधा जैसी मधुर वाणी से जो शिक्षा आपने मुझे दी, मैं निर्लज्ज अहंकार के कारण उसे स्वप्न में भी स्मरण नही करता। इसतरह सैंकड़ों अपराध करने वाले मुझे फिर भी आप अपनों में गिनते हैं, तो आप से बढ़कर दयानिधि कोई नहीं और मुझ से बढ़ कर मत्त और कोई नहीं।)

इस पद्य में 'मत्तो न मत्तो परः' में यमक की छटा का स्वर्णिम संयोग हो गया है।

पंडितराज के काव्य की विशेषताएँ

पंडितराज कविता में संगीतात्मकता, नादसौन्दर्य, अनुप्रासों की झंकार के साथ कमनीय

कल्पनाओं और भावों की लड़ियाँ गूँथते चलते हैं। उक्तिवैचित्र्य और माधुरी के साथ मनस्विता और उदात्तता का भव्य समागम उनकी कविता में हुआ है। लहरी काव्यों में पदावली की कोमलता भावों के साथ एकाकार होकर घुलमिल गयी है। भाषा और भाव का ऐसा अन्वय दुर्लभ ही है। उदाहरणार्थ, गंगालहरी से ये पद्यांश देखें—

अपि प्राज्यं राज्यं तृणमिव परित्यज्य सहसा।
विलोलद्वानीरं तव जनति नीरं श्रितवताम्।। (६)
स्मृतं सद्यः स्वान्तं विरचयति शान्तं सकृदपि
प्रगीतं तत् पापं झटिति भवतापं च हरति।
इदं तद् गङ्गेति श्रवणरमणीयं खलु पदं
मम प्राणप्रान्तर्वदनकमलान्तर्विलसतु।। (८)
सुरस्त्रीवक्षोजक्षरदगुरुजम्बालजटिलम् ।
जलं ते जम्बालं मम जगज्जालं जरयतु।। (२)

पंडितराज वैदर्भी, गौडी और पांचाली सभी प्रकार की रीतियों के प्रयोग में दक्ष हैं। विषय के अनुरूप गाढबंध और ओजस्वी पदरचना में भी वे अपनी उतनी ही कुशलता प्रदर्शित करते हैं जितनी सुकुमार पदावली के विन्यास में। उदाहरण के लिए, शिव के तांडव का यह वर्णन नृत्यत्प्रायपदावली का अनुपम विन्यास प्रस्तुत करता है—

प्रमोदभरतुन्दिलप्रमथदत्ततालावली
विनोदिनिविनायके डमरुडिण्डिमध्वानिनि।
ललाटतटविस्फुटज्ज्वलत्कृपीटयोनिच्छटा
हठोद्धतजटोद्भटो गतपटो नटो नृत्यति।।

(प्रमोद के भार से तुंदिल हो गया प्रमथ ताली पीट रहा है, विनायक विनोद में भर उठे हैं,डमरु डमाडम बज उठा है। उसके ललाट के तट से आग की छटा फूट पड़ी है, हठ से उद्धत, जटाओं से उद्भट, गतपट कोई नट (शिव) नाच रहा है।)

पृथ्वी छंद की अनोखी छटाएँ पंडितराज की कविता में निखर निखर कर प्रकट होती हैं।

संस्कृत काव्यधारा में पंडितराज की कविता एक ताजी हवा का झोंका भी लेकर आती है। वे मुगल दरबार में रह कर उर्दू और फारसी की उस समय की शायरी से परिचित हुए और संस्कृत कविता में उन्होंने उसकी सुकुमारता या श्लक्ष्णता को उतारा। अनुभावों में से किसी एक अनुभाव का सूक्ष्म विशद चित्र वे इस तरह अंकित करते हैं कि एक क्षणांश में उकेरी गयी छवि जीवन के गहन अनुभव के साथ हमारे समक्ष मूर्त हो जाती है-यह विशेषता फारसी काव्य के सम्पर्क से उन्होंने अपनी कविता में विकसित की होगी-यह संभव है। उदाहरण के लिए—

गुरुमध्यगता मया नताङ्गी निहता नीरजकोरकेन मन्दम्।
दरकुण्डलताण्डवं नतभ्रूलतिकं मामवलोक्य घूर्णिताऽऽसीत्।।

(भामिनीविलासःशृंगारविलास-१८)

(गुरुजनों, माता-पिता के बीच बैठी नतांगी उस प्रिया को मैंने कमल की कली से हल्के से मारा। वह तनिक झटके से मुझे देख कर घूम गयी, उसके कानों के झुमके हल्के से झटके से नाच गये, भौंहे थिरक गयीं।)

अन्योक्ति के क्षेत्र में पंडितराज का अवदान महत्त्वपूर्ण है। उनकी अन्योक्तियाँ विडंबना, करुणा, उदात्तता तथा विचारों की स्फूर्त सृष्टि उपस्थित करती हैं। उदाहरण के लिए, हंस को लेकर यह अन्योक्ति किसी मनस्वी व्यक्ति के लिए है, जो अनुपयुक्त स्थान में जीवन बिता रहा है।

पुरा सरसि मानसे विकचसारसालिस्खलत्-
परागसुरभीकृते पयसि यस्य यातं वयः।
स त्वं पल्वलजलेऽधुना मिलदनेकभेकाकुले
मरालकुलनायकः कथय रे कथं वर्तताम्।

(पहले मानसरोवर के खिलते कमलों के पराग से सुवासित जल में जिसने आयु बितायी, वही हे मरालकुलनायक, अब गंदे पोखर के उस कीचड़ में कैसे समय बिताओगे जिसमें मेढक टर्र-टर्र कर रहे हैं।)

यदि इस तथ्य को ध्यान में रखा जाये कि पंडितराज ने महाप्रभु वल्लभाचार्य के कुल में जन्म लिया और अपने समय के सर्वश्रेष्ठ गुरुजनों का सान्निध्य पाया, तत्पश्चात् मुगल दरबार के संकीर्ण वातावरण में वे रहे, तो उनके जीवनानुभव की मार्मिक प्रतिच्छवि इस अन्योक्ति में समझी जा सकती है।

इसी प्रकार सूखते सरोवर में तड़पती मछली को लेकर दीन पक्षहीन जनों के प्रति यह हृदयद्रावक उक्ति कितनी मार्मिक है—

आपेदिरेऽम्बरपथं परितः पतङ्गा भृङ्गा रसालमुकुलानि समाश्रयन्ति।
सङ्कोचमञ्चति सरस्तवयि दीन दीनो मीनो नु हन्त कतमां गतिमभ्युपेतु।।

(पक्षी आकाश में उड़ गये, भौंरे आम के कुंज में शरण ले रहे हैं। हे सरोवर! तुम सिकुड़ते जा रहे हो, तो यह दीन मीन कहाँ जाये?)

पंडितराज की अनेक अन्योक्तियाँ उपदेशात्मक हैं, जिनमें युगबोध की अभिव्यक्ति है, इसके साथ ये अन्योक्तियाँ समाज के संस्खलन और अध:पतन प्रति चेतावनी भी देती हैं। उदाहरण के लिए कमल के लिए यह कथन—

अयि दलदरविन्द स्यन्दमानं मरन्दं तव किमपि लिहन्तो मञ्जु गुञ्जन्तु भृङ्गाः।
दिशि दिशि निरपेक्षस्तावकीनं विवृण्वन् परिमलमयमन्यो बान्धवो गन्धवाहः।।

(हे खिलते कमल, तुम्हारे बहते पराग को चाट-चाट कर भौंरे कितना ही मधुर गुंजार करें, पर निरपेक्ष होकर दिशा-दिशा में तुम्हारे सुगंध को फैलाने वाला यह पवन तुम्हारा सच्चा बंधु है।)

विचारप्रधान मुक्तक हों, या रसमय भणितियाँ, अथवा भावसांद्र काव्य- सभी में पंडितराज की लेखनी समान रूप से व अबाध गति से चलती है। विद्वानों व मनस्वियों के चरित्र का उनका यह वर्णन उदाहरणीय है—

अन्या जगद्धितमयी मनसः प्रवृत्तिरन्यैव कापि रचना वचनावलीनाम्।
लोकोत्तरा च कृतिराकृतिरार्तहृद्या विद्यावतां सकलमेव गिरां दवीयः।।

(जगत् का हित करने की विलक्षण प्रवृत्ति, वचनों की भी कुछ अनूठी ही रचना, असाधारण कृति और आर्त जनों को आनन्द देने वाली आकृति-विद्वानों का सभी कुछ वाणी से अवर्णनीय होता है।)

पंडितराज का मुक्तककाव्य उनके स्वाभिमानी व स्पष्टवादी व्यक्तित्व का प्रतिबिंब है, जिसमें गहरी संवेदनाएँ तरंगित हैं। अपने विंबविधान तथा रूपकों के द्वारा वे राष्ट्र के गौरव व जातीय अभिमान को उद्बुद्ध करते हैं। मानवीय गरिमा की छवि अंकित करते हैं। गजराज को संबोधित उनकी यह अन्योक्ति उदाहरणीय हैं—

स्थितिं नो रे दध्याः क्षणमपि मदान्धेक्षण सखे
गजश्रेणीनाथ त्वमिह जटिलायां वनभुवि।
असौ कुम्भिभ्रान्त्या खरनखरविद्रावितमहा-
गुरुग्रावग्रामः स्वपिति गिरिगर्भे हरिपतिः।।

(हे मद से अंधी आँखों वाले गजेंद्र, तुम एक क्षण के लिये भी इस जटिल वनभूमि में मत रुकना! यहाँ पहाड़ की गुहा में वह हरिपति या सिंह सो रहा है, जिसने अपने प्रखर नखों से हाथी के मस्तक के भ्रमवश पत्थर की बड़ी बड़ी शिलाओं को भी चूर चूर कर डाला है।)[४२]

पदशैया की मसृणता या लुनाई पंडितराज के मुक्तकों में पराकाष्ठा पर पहुँच गयी है। इसके साथ ही अर्थ की चारुता का भी उन्होंने निर्वाह किया है। भक्तिभाव की अभिव्यक्ति करने में वे विलक्षण हैं। पदावली की चारुता, अर्थसौष्ठव और भक्तिभाव की सरस अभिव्यक्ति का यह उदाहरण द्रष्टव्य है—

स्मृतापि तरुणातपं करुणया हरन्ती नृणा-
मभङ्गुरतनुत्विषां वलयिता शतैर्विद्युताम्।
कलिन्दनगनन्दिनीतटसुरद्रुमालम्बिनी
मदीयमतिचुम्बिनी भवतु कापि कादम्बिनी।।

प्राणाभरणम् तथा जगदाभरणम् पंडितराज को प्रशस्तिकाव्य हैं। वस्तुतः काव्य एक ही है, जिसे उन्होंने कामरूप के राजा के लिये प्रणाभरण के नाम से तथा उदयपुर के राजा जगत्सिंह के लिये जगदाभरण ये दो दो नाम दे दिये।

जीवन के अंतिम दिनों में दाराशिकोह की नृशंस हत्या के बाद पंडितराज ने संसार से हुए वैराग्य तथा उसके बीच अपने स्वाभिमान की अभिव्यक्ति कतिपय मुक्तकों में जिस तरह की है, वह उन्हें भर्तृहरि से भी उच्च धरातल पर प्रतिष्ठित कर देता है। जैसे भोलाशंकर व्यास ने अपने समुद्रसंगम में पंडितराज के नाम से उद्धृत यह मुक्तक—

अपि बहलदहनजालं मूर्ध्नि रिपुर्मे निरन्तरं धमतु।
पातयतु वाऽसिधारमहमणुमात्रं न किञ्चिदपि भाषे।।

(शत्रु चाहे घनी आग की लपटें मेरे माथे पर धोंके, या तलवार की धार उस पर गिराये, मैं अणुमात्र कुछ भी नहीं बोलूँगा।)

वंशीधर मिश्र

वंशीधर मिश्र शाहजहां के समकालीन थे, तथा बेगम मुमताज महल का संरक्षण इन्हें प्राप्त था। पंडितराज जगन्नाथ से इनकी बड़ी लागडाँट थी। पंडितराज की मार्मिक अन्योक्ति 'दिगन्ते श्रूयन्ते...' के प्रत्युत्तर में इन्होंने लिखा है –

दिङ्नागाः प्रतिपेदिरे प्रथमतो ये जात्वजेतव्यतां
सम्भाव्यस्फुटविक्रमोऽथ वृषभो गौरेव गौरीपतेः।।
विक्रान्तेर्निकषं करोतु कतमं नाम त्रिलोकीतले
कण्ठेकालकुटुम्बिनीकरुणया सिक्तः सकण्ठीरवः।।

यहाँ गौरीपति तथा कालकुटुम्बिनी में श्लेष से शंकर और पार्वती के साथ शाहजहाँ और मुमताजमहल का अर्थ भी कवि को अभिप्रेत है।

वंशीधर मिश्र का समय राजेंद्र मिश्र ने सोलहवीं शताब्दी का उत्तरार्ध अनुमानित किया है।[४३] इनके अन्योक्तिस्तबक[४४] में १०४ अन्योक्तिपरक पद्य हैं। अनेक अन्योक्तियों के विषय अछूते हैं – जैसे दर्भ, डुण्डुभ, गोमयकीट आदि।

हरिनारायण मिश्र

हरिनारायण मिश्र शाहजहाँ के आश्रित कवि थे। इनका कोई ग्रंथ प्राप्त नहीं होता, केवल सुभाषित संग्रहों में उद्धृत दो पद्य मिलते हैं, जिनमें से एक में शाहजहाँ की प्रशस्ति है।

साम्बसदाशिवस्तवः

इस स्तोत्र के प्रणेता बीकानेर राजा अनूपसिंह कहे गये हैं। इनका समय सत्रहवीं शताब्दी है।[४५] प्रथम पद्य में स्वयं अनूपसिंह की ही प्रशस्ति होने से यह प्रतीत होता है कि इनके आश्रित किसी कवि ने इनके नाम से इसे लिखा होगा। इस पद्य में कवि कहता है—

समस्तसामन्तशिरोमणीनां भाभिर्विचित्राभिरलङ्कृताङ्घ्रिः।
संराजतेऽनूपपमक्षितीन्द्रो यशःप्रभाभानुविकासिताशः।।१।।

(समस्त सामंतों के मस्तकों की मणियों की प्रभा से जिनके चरण सजे हुए हैं ऐसे क्षितिपति अनूपसिंह अपनी यश की प्रभा से दिशाओं को विकसित करते हुए विराजमान हैं।)

सांब को शिवस्वरूप मान कर स्तोत्रकार कहता है—

शम्भो तिष्ठतु यातु वाद्य सकलं मायाकृतं नाग्रह-
स्तत्रापीह परं त्वनेकभुवनाधीशं तुरीयाभिधम्।
साम्बं तत्पदवाच्यमीशमनघं शम्भुं भवन्तं शिवं
मुक्त्वा नान्यमुपाश्रये न च नमस्कुर्वे न च प्रार्थये।।

अनूपसिंह को 'सर्वशास्त्रार्थविलोडनोत्थशिवाच्युताद्वैतनिविष्टबुद्धि' भी बताया गया है। शिव के शरभावतार, भैरव रूप आदि का वर्णन करते हुए स्तोत्रकार ने किरातवेष में अर्जुन को पाशुपतास्त्रप्रदान, दक्षयज्ञविध्वंस आदि अनेक पौराणिक प्रसंगों का उद्घात किया है।

सूर्यशतक

सूर्यशतक के प्रणेता रत्नकंठ औरंगजेब के समकालीन थे। इनके पिता का नाम शंकर तथा पितामह का नाम अवतार था। वेद कुमारी घई ने इनका जन्मवर्ष १६३१ई० निर्धारित किया है। इन्होंने स्तुतिकुसुमांजलि पर अपनी टीका लघुपंजिका १७३८ई० में पूरी की थी। १६७१ई० में इन्होंने युधिष्ठिरविजय महाकाव्य पर शिष्यहितटीका पूरी की। रत्नकंठ ने अनेक संस्कृत ग्रंथों की प्रतिलिपियाँ निर्मित की थीं, जिनमें उनकी हस्तलिपि में काव्यप्रकाशसंकेत को स्टीन ने खरीदा था। राजतरंगिणी, कातंत्रपंचिका तथा अमरकोश पर रायमुकुट की टीका की पांडुलिपियाँ भी इनकी लिखी मिलती हैं। स्तुतिकुसुमांजलि की टीका में इन्होंने ममापि लिख कर अपने लगभग पचास पद्य उद्धृत किये हैं। इनसे उनकी एक अन्य कृति शम्भुकृपामनोहरस्तवः का पता चलता है।

सूर्यशतक के प्रथम सोलह पद्य स्त्रग्धरा छंद में है।

दीपा गाढ़ान्धकारे पथि सुरतरवो विश्ववाञ्छाप्रदाने
घोराहःकाननौघे विपिनहुतभुजः केतवो दुर्गतीनाम्।
संसारापारवारांनिधिपतितजनोद्धारसत्कर्णधारा
धारावर्षं शुभानां विदधतु दिनकृद् भानवो वो नवीनाः।।२।।

(हे दिनकृत्, आपकी नित्य नवीन किरणें जो गहरे अँधेरे मार्ग में दीप, संसार की कामनाओं को पूरा करने में कल्पवृक्ष, पापों के घोर वनों के लिये दावानल, भटके हुओं के लिये मार्गदर्शक पताकाएँ, संसार के अगाध सागर में डूबते जनों को बाहर निकालने वाले नाविक हैं, मंगलों की वर्षा करें।)

यहाँ परंपरित माला रूपक की अनुप्रास के साथ कमनीय छटा विकीर्ण है। सत्रहवें पद्य से कवि ने शार्दूलविक्रीडित का प्रयोग ओजस्वी बंधों के साथ किया है।

बन्धूकस्तबकायितं गिरिशिरःपुञ्जे स्थलाब्जायितं
भूमौ कोकनदायितं नदगणे सिन्धौ प्रवालायितम्।
वृक्षौघे नवपल्लवायितमथ स्त्रीणां ललाटस्थले
वाह्लीकायितमेत्य यैः शुभकरास्ते सन्तु भास्वत्कराः।।१७।।

(जो गिरिशिखरों पर पहुँच कर बंधूक के फूलों के गुच्छे बन गईं, भूमि पर स्थल कमल बन कर बिछ गईं, सागर में मूँगे बन कर तिर गईं, पेड़ों के समूह पर नई कोपल बन गईं, तथा रमणियों के ललाटों पर कुंकुम के तिलक जा बनीं, वे आपकी रश्मियाँ शुभकर हों।

३८वें से ४३वें पद्य तक कवि ने पुनः स्रग्धरा, तथा ४४वें से पुनः शार्दूलविक्रीडित का प्रयोग किया है। लुप्तोपमाओं व परंपरित रूपकों के लिये नामधातुओं का प्रयोग प्रशस्य है—

सिन्धुर्गोष्पदति ज्वलन्नपि बृहद्भानुः प्रसूनत्यति
क्रुद्धो बान्धवति क्षणात् क्षितिपतिः सर्वं जगद् दासति।
पीयूषत्यपि कालकूटमटवी सन्निष्कुटत्युत्कटा
शत्रुर्मित्रति यत्कृपैकलवतः पायात् स वो भास्करः।।९६।।

(जिस की कृपा के लेश मात्र से सागर गाय के खुर रखने से बना गड्ढा बन जाता है, जलता हुआ विशाल भानु भी फूल बन जाता है, कुपित हुआ राजा भी क्षण भर में अपना बंधु हो जाता है, सारा जगत् दास बन जाता है, कालकूट अमृत हो जाता है, भीषण जंगल फूलों की क्यारी बन जाता है, शत्रु मित्र हो जाता है, वे भास्कर आप सब की रक्षा करें।)

षडक्षरीदेव

सत्रहवीं शताब्दी के कवियों में षडक्षरदेव उल्लेखनीय हैं। ये कर्णाटक में चिक्कदेवराय के आश्रय में रहे। इनका जन्म १६१४ई० में हुआ। इनके पिता महादेव तथा माता गंगादेवी थीं। इन्हें कविकुंजर की उपाधि से सम्मानित किया गया था। उन्होंने कन्नड भाषा में भी बहुविध रचनाएँ की हैं, तथा संस्कृत में रसार्णव और कविकर्णरसायन नाम से प्रबंध काव्य लिखे हैं। इनकी मुक्तक कोटि की रचनाओं में रत्नावली, कविकोटि, अंबाष्टक तथा भद्रास्तव उल्लेखनीय हैं।

शाइस्ता खान

शाइस्ता खान औरंगजेब के मंत्री थे। कवि चतुर्भुज इनके आश्रय में रहे। चतुर्भुज ने रसकल्पद्रुम नामक साहित्यशास्त्र का ग्रंथ लिखा, जिसमें एक सहस्र पद्य हैं। रसकल्पद्रुम में चतुर्भुज ने अपने आश्रयदाता के द्वारा विरचित छह श्लोक उद्धृत किये हैं, जिनसे शाइस्ता खान शृंगार रस के मँजे हुए कवि प्रतीत होते हैं। यथा—

यन्नाहतस्त्वमलिना मलिनाशयेन किं तेन चम्पकविषादमुरीकरोषि।
विश्वाभिरामनवनीरदनीलवेषाः केशाः कुशेशयदृशां कुशलीभवन्तु।।

गोकुलनाथ के काव्य

महामहोपाध्याय गोकुलनाथ का जन्म मिथिला के बैढ़ा (अन्य उल्लेख के अनुसार मँगरोनी)[४६] ग्राम में फणदहवंश में हुआ। फणदह की व्युत्पत्ति बताते हुए वंशगौरव की अभिव्यक्ति के साथ इन्होंने अपने अमृतोदय नाटक के अंत में लिखा है—

सुभाषितेर्ष्याकलुषसुलोचनविषानिलैः।
फणं दहन्ति शेषस्य तस्मात् फणदहाः स्मृताः।।

पारिजातहरण नाटक के प्रणेता उमापति उपाध्याय उनके गुरु थे। इनका परिवार अपनी पांडित्यपरंपरा के लिये मिथिला में ख्यात था। अमृतोदयनाटक में अपने पिता पीतांबर के विषय में इन्होंने लिखा है—

प्रकृतिगहने तन्त्रे वैशेषिके विवृतिर्व्यधा-
दकुरुत चतुर्वर्गव्याख्यामृतानि च भारते।
भरतवचसां तत्त्वख्यात्यै निबन्धमभाषत
व्यतनुत तथा तिस्रो वाणीविलासकविः कथाः।।
अवितथवचसो बन्धे चिन्तावशंवदवाङ्मये
विदति निखिला विद्या विद्यानिधौ दिवमीयुषि।
इयमशरणा वाचां देवी लभेत कमाश्रयं
विदितमथवा कृष्णद्वैपायनो भुवि जीवति।।

अमृतोदय (५.१७) में इन्होंने बताया है कि इन्होंने अपने पिता से समस्त विद्याओं का अध्ययन किया। गोकुलनाथ पीतांबर के चार पुत्रों में तीसरे पुत्र थे। इनके तीन भाइयों को भी महामहोपाध्याय की पदवी से अलंकृत किया गया। उनकी पुत्री कादंबरी की गंगा नदी में डूब जाने से असामयिक मृत्यु हो गई, जिसने कवि को झकझोर दिया था। मासमीमांसा नामक पुस्तक के एक उल्लेख से विदित होता है कि गोकुलनाथ ने इसकी रचना १६३१ शकसंवत् या १७०९ई० में की थी।[४७] अतः गोकुलनाथ का समय १६५०ई० से १७५०ई० के मध्य माना जा सकता है।

गोकुलनाथ के शताधिक ग्रंथों का प्रणयन किया, जिनमें से अधिकांश लुप्त हो चुके हैं। उपलब्ध ग्रंथों का परिचय इसप्रकार है[४८]—

(१) चक्ररश्मि अथवा रश्मिचक्र – गंगेशोपाध्यायकृत तत्त्वचिंतामणि की व्याख्या।

(२) विद्योत अथवा दीधितिविद्योत – रघुनाथशिरोमणिकृत तत्त्वचिंतामणिदीधिति की व्याख्या।

(३) न्यायसिद्धांतत्त्वम् – न्यायशास्त्रीय पदार्थों का विशद विवेचन

(४) मिथ्यात्वनिरुक्ति या मिथ्यात्वनिर्वचन – अद्वैतवेदांतविषयक ग्रंथ

(५) पदवाक्यरत्नाकर - शाब्दबोधविषयक ग्रंथ

(६) दिक्कालनिरूपण

(७) कुसुमाञ्जलिविवरण –उदयाचार्य की न्यायकुसुमांजलि की टीका।

(८) बौद्धधिक्कारविवरणम् – उदयनाचार्य के आत्मत्त्वविवेक की टीका।

(९) रसमहार्णव – लक्षणावृत्ति का विवेचन

(१०) काव्यप्रकाशविवरणम् – काव्यप्रकाश की टीका।

(११) लाघवगौरवरहस्यम्

(१२) शक्तिवादः

(१३) मुक्तिवादः

(१४) कुण्डकादम्बरी – शोकगीति

(१५) कादम्बरी – द्वैतनिर्णय नामक ग्रंथ की टीका

(१६) कादम्बरीप्रश्नोत्तराणि

(१७) कादम्बरीकीर्तिश्लोक

(१८) एकावली – छन्दःशास्त्रविषयक ग्रंथ, राजा फत्तेसाह की आज्ञा से विरचित।

(१९) अमृतोदय – प्रतीकनाटक

(२०) अशौचनिर्णय – धर्मशास्त्रविषयक प्रबंध

(२१) शिवशतक – अथवा शिवस्तुति।

(२२) स्तुतिकाव्य बृहत्तरङ्गिणी

इसके अतिरिक्त इनके कतिपय अन्य ग्रंथ ग्रन्थ अमुद्रित हैं।

पुत्री की स्मृति में इन्होंने मार्मिक रचनाएँ की हैं। कुण्डकादम्बरी नामक ग्रंथ इन्होंने अपनी इसी पुत्री की स्मृति को समर्पित कया है। शोकगीति का यह प्राचीनतम उदाहरण कहा जा सकता है। संपूर्ण काव्य में करुणा व अवसाद का वातावरण छाया हुआ है। कतिपय उदाहरण प्रस्तुत है—

शान्तं यद्यपि कर्मपाणिचरणाघ्राणाक्षकर्णत्वचा-
मेतस्यान्नमनश्नतो हि मनसा सार्धं निवृत्तं वचः।
वत्से वेत्सि तथापि नैष पुरुषः सत्तां निजामुज्झति
च्छन्दांसि श्वसितानि यस्य निभृतं चैतन्यमाचक्षते।।

कुण्डकादम्बरीनाम्ना ग्रन्थोऽयं तव कीर्तये
मया गोकुलनाथेन सोपपत्तिर्निबद्ध्यते।

शरीर भले शांत हो जाये, हाथ-पाँव आदि इंद्रियाँ काम करना बंद कर दें, अन्न-पानी बंद हो जाये, मन से साथ वाणी निवृत्त हो जाये, फिर भी पुरुष की सत्ता बनी रहती है। श्रुति कहती है कि चेतना में साँस बनी रहती है। उस रूप में तुम्हारी कीर्ति के लिये यह ग्रंथ मैं तुम्हें अर्पित कर रहा हूँ।

कादम्बरीप्रश्नोत्तरमाला नामकग्रंथ में गोकुलनाथ पुत्री की स्मृति में पद्यावली रचते हैं।

आवां वात्र प्रकृतिकृपणौ दूरमुद्यम्य बाहू
विक्रोशावः करुणवचनं पुत्रि कादम्बरीति।
कोऽसौ लोकः? क इव विषयः किं पुरं को निवासो
यस्मिन्नस्मद्विमुखहृदया त्वं निलीय स्थितासि?

(हम दोनों माता पिता स्वभाव से दीन अपने हाथ ऊपर ऊठा उठा कर करुण वचन में चीखते हैं – बेटी कादंबरी, वह कौन सा लोक है, कौन सा स्थल है, कौन सा नगर, कौन सा निवास जिसमें हम से विमुख हो कर तुम छिप कर रह रही हो?)

वत्से कादम्बरि तव परं लोकमासादयन्त्या
गङ्गागङ्गाधरपतिपितृद्वन्द्वमासीत् सहायः।
हेतोः कस्मादपि हि पितरौ दूरतस्त्यक्तवत्या
दीर्घः पन्थाः कथमितरथा लङ्घितोऽभूद् भवत्या?।।

बेटी कादंबरी, उस परलोक में पहुँच रही थीं, तो गंगा और गंगाधर ये दोनों माता पिता तुम्हारे सहायक अवश्य हुए होंगें, अन्यथा जिस किसी भी कारण से तुम अपने माता पिता को दूर छोड़ कर जो तुम चल दीं, तो इतना लंबा रास्ता तुमने कैसे तय किया होगा?)

शिवशतक – इस शतक के अधिकांश श्लोक गोकुलनाथ ने अपने अमृतोदय नाटक में भी समायोजित कर लिये हैं। भक्ति, दर्शन व अध्यात्म की सरस अगाध कवितात्रिवेणी गोकुलनाथ की अभिव्यक्ति में तरंगित है। सृष्टि की रहस्यात्मकता के साथ आनंत्य व विराट् का अलौकिक अनुभव इस काव्यमें होता है। चेतना में ऐसा ऊर्ध्वारोहण कम ही देखा जाता है। इस शतक के टीका के उपोद्घात में रमाकांत पांडेय ने गोकुलनाथवंदना करते हुए सत्य ही कहा है—

यस्य वाचः परिस्पन्दे शिवोऽपि स्पन्दते स्वयम्।
गोकुलं तं कविं वन्दे सर्वशास्त्रविशारदम्।।

(जिनकी वाणी के परिस्पंद में स्वयं शिव स्पंदित होते हैं, उन सर्वशास्त्रविशारद गोकुलनाथ कवि की मैं वंदना करता हूँ।)

कवि ने हर छन्द को उदात्त भावबोध से सम्पृक्त बना दिया है।

विततविविधसम्प्रदायशाखव्यतिकरवेष्टितमूर्तये नमोऽस्तु।
बहुतरजगदण्डबीजपूरप्रसवफलेग्रहिपादपाय तुभ्यम्।।१।।

ब्रह्मांड के बीजकोशों को जन्म देने वाले उन वृक्षों से प्रभु शिव की मूर्ति वेष्टित है, जिनकी शाखाएं विविध संप्रदायों के रूप में फैली हुई हैं। उन विविध ब्रह्मांड रूपी बीजकोशों के पादप शिव को नमन।

अविरतपरिवृत्तदण्डकाष्ठाकुलमतुलव्यतिवर्तमानवेगम्।
भ्रमयसि जगदण्डगोलमाला कलशकलापकुलाल कालचक्रम्।।

(हे शिव, ब्रह्मांड के मंडल कलश समूह हैं, तुम कुम्हार बन कर अतुलित वेग से कालचक्र को अपने दंडकाष्ठ से घुमाते हो, दिशाएँ उससे आकुल हो कर चक्कर लगाती हैं।)

भुवनपुटकुटीरहट्टयन्त्रभ्रमणसहध्रुवतर्कुतः क्रमेण
सृजसि समयसूत्रमत्रमायामयपटवानविधानतन्तुवायः।।४।।

(तुम मायामय वस्त्रों के बुनने का विधान करने वाले जुलाहे हो, भुवन के कुटीरों में तुम करघे को चलाते हो, ध्रुवरूपी तकली से समय के सूत्र या धागों को तुम निकालते जाते हो।)

उपमाओं की लड़ी गोकुलनाथ गूँथते जाते हैं। अनुभूति की अनाविलता के कारण उनके उपमानों में प्रत्यग्रता (ताजगी) तथा भास्वरता है। कवि अपने को उदुंबर में जन्मे कीट से उपमित करता है जो उदंबर के पेड़ की विशालता को नहीं जानता -

बहुतरजगदण्डभारभर्तुर्नहि महिमानमहं तवावयामि।
मशक इव शलाटुगर्भजन्मा विटपबृहत्त्वमुदुम्बरस्य।।६।।

(जगदंड या ब्रह्मांड के भार को वहन करने वाले तुम्हारी महिमा को मैं नहीं समझ सकता, जैसे शलाटु (उदुंबर, गूलर) के फल में जन्म लेने वाला कीट शलाटु के वृक्ष की विशालता को नहीं जान सकता।) अन्यत्र कवि ब्रह्मांड के रंगमंच पर चलते महानाटक का साक्षात्कार करता है, उर वह इस नाटक के सूत्रधार को संबोधित करता है—

नट इव वशगो भवामि यासामहमपहस्तितसर्वभूतपूर्वः।
प्रकृतिचरितनाट्यसूत्रधार भ्रमयसि मामियतीषु भूमिकासु।।७।।

(जो पहले हो चुका उस सब को परे हटा कर मैं नट की तरह तुम्हारे वश में हो जाता हूँ। हे प्रकृति के चरित्र के सूत्रधार! तुम मुझे कितनी कितनी भूमिकाओं में नचाते हो?)

बहुविधभावभूमिकाभिराभिर्नटयसि नाथ यथा तथा नटामि।
कृपण गमयिता भवानविद्याजवनिकयाऽन्तरितः कियन्त्यहानि।।१८।।

(विविध भूमिका में तुम मुझे जैसा नचाते हो मैं नाचता हूँ। हे करुणामय, तुम अविद्या की जवनिका के पीछे कितने समय छिपे रहोगे?)

वपसि विगतभोगभाग्यदूरान्मयि वृषवाह तवाहमुर्वरास्मि।
स्वपदमुपदधासि यत्र तस्मिन् भवति कडङ्गर एव कर्मबीजम्।।

(हे वृषवाह (बैल की सवारी करने वाले, बैल के द्वारा खेती जोतने वाले) मैं तुम्हारी उर्वर भूमि हूँ, तुम्हीं मुझ में बीज बोते हो, तुम जहाँ स्वपद (अपने चरणों) का उपनिधान कर देते हो, वहाँ वहाँ कर्मबीज कडंगर (तुष या धान की भूसी) हो जाते हैं।)

विकिरति परितो घनावलीव श्रुतिरमृतानि तवाशयादुदस्य।
विलयमयमुपैति चित्समुद्र त्वयि जगतो निगमस्य चित्प्रवाहः।।

(हे चेतना के सागर, श्रुति तुम्हारे हृदय को मथ कर अमृत बाहर निकालती है, फिर उसे मेघमालाएँ बना कर सब ओर विस्तारित कर देती है। फिर यह चेतना के निगमप्रवाह तुम्हीं में जा कर विलीन भी होता है।)

प्रतिगृहमतिथिर्गृहीतदण्डो धृतजगदण्डकमण्डलुप्रकाण्डः।
भुवनवहनपात्रमात्रशेषं सतृणमिदं जगदत्ति कालभिक्षुः।।

ब्रह्मांड एक कमंडलु है, जिसे हाथ में उठा कर
हाथ में दंड लिये कालरूपी भिक्षुक
घर घर में अतिथि बन कर पहुँच जाता है,
सारे भुवन को मात्र पात्र बना कर
संपूर्ण जगत् को वह खा रहा है
उठा कर खाता चला जा रहा है बिना कुछ भी छोड़े।

उपमाओं, रूपकों और उत्प्रेक्षाओं के ऐसे वितान गोकुलनाथ ने इस शतक में खड़े कर दिये जो विश्वबोध को रूपायित करते हैं। कहीं कही वे अपने रचे बिंबविधानों में उलझ भी गये हैं जैसे —

मम वचनजलानि कर्णशुक्तौ तव पतितानि गतानि मौक्तिकत्वम्।
विगुणविलुलितानि लाजबुद्ध्या रसयतु कुण्डलकुण्डलिप्रकाण्डम्।।

यहाँ तुम्हारे कानों की सीपियो में पड़े मेरे वचन मोती बन जायें – यह कल्पना तो उचित है, पर विगुणविलुलित (बिना धागे के इधर उधर बिखर गये) उन मोतियों को लाजा मान कर आप कुंडलकुंडली सदृश आस्वादित करें। यहां कुंडलकुंडली का आशय ही अस्पष्ट है, यदि इसका अर्थ साँप मानें, जैसा पदार्थप्रकाशिकाकार पांडेय मानते हैं, तो उपमा में दोष आ जाता है, क्योंकि सर्प का लाजाभक्षण अयुक्तियुक्त है। साथ ही कविवचन के लाजा के भक्षणार्थ शिव सर्प बन बन जाये – ऐसी कामना व्यक्त होने से शिव की गरिमा की हनन भी होता है।

टीकाएँ – शिवशतक पर मिथिला के पं० जीवन झा के द्वारा लिखित टीका वाराणसी से १९०५ में प्रकाशित है। इस पर नवीन टीका पदार्थप्रकाशिका नाम से रमाकांत पांडेय ने लिखी है।

मैथिली में पिहानी नामक लोकप्रिय विधा में अपनी रचनाओं के लिये गोकुलनाथ चिरस्मरणीय हैं। प्रत्येक पिहानी के अंत में यह पंक्ति आवर्तित होती है—

गोकुलनाथ पिहानी मान, दिन कहने पंडितो न जान।

गोकुलनाथ ही पिहानियाँ मिथिला में घर घर में कही जातीं थीं, उनका संग्रह नहीं किया गया, अतः अब वे लुप्त हैं।[४१]

गोकुलनाथ अपने महनीय कृतित्व व पांडित्य के कारण अपने जीवनकाल में यशस्वी व सम्मानित हुए। उनके महाप्रयाण पर उनके शिष्य महामहोपाध्याय रामेश्वर उपाध्याय ने यह पद्य कहा—

मातर्गोकुलनाथनामकगुरोर्वाग्देवि तुभ्यं नमः
पृच्छामो भवतीं महीतलमिदं त्यक्त्वैव यद् गच्छसि।
भूलोकं वसतिं कृता मम गुरोः स्वर्गे तथा गीष्पतौ
पाताले फणिनाथके भगवति प्रीतिः क्व लभ्याऽधिका?।।

कवि जगन्नाथ के मुक्तककाव्य

अठारहवीं शताब्दी के नाटककार तथा मुक्तककवि कवि जगन्नाथ का परिचय इनके रतिमन्मथनाटक के प्रसंग में नाटकविषयक अध्याय में दिया जा चुका है। कवि जगन्नाथ एक प्रखर प्रबंधकार तथा शास्त्रविद् रहे हैं। इन्होंने अनेक विधाओं में रचना की। अपने गुरु के माहात्म्य का वर्णन करते हुए इन्होंने भास्करविलासकाव्यम् का प्रणयन किया। अश्वधाटीकाव्यम् (१७५०ई०), आर्यास्तवराजः(रचनाकाल वही) और शरभराजविलासः (रचनाकाल १७२० -३५ ई० के मध्य) इनकी मुक्तकविधा में उल्लेख्य रचनाएँ हैं। दीक्षा के अनंतर प्राप्त उमानंदनाथ - इस नाम से इन्होंने निम्नलिखित रचनाएँ की – नित्योत्सवनिबन्धः (१७४५ ई०), भास्करविलासः (१७५० ई०) तथा हृदयामृतम् (१७४२ ई०)।

हृदयामृतम् स्तोत्रकाव्य है। इसमें बीच बीच में गद्य का प्रयोग भी है। जगन्नाथ ने इसे दस आश्वासों में निबद्ध किया है, जिनके शीर्षक इसप्रकार हैं – उपक्रम, मधुरिमा, अर्थ, शब्द, विरूप, विज्ञापना, लीला, कुतूहल, उपदेश तथा आनंद। पूरे प्रबंध में ४४० पद्य हैं, तथा अंतिम दो आश्वासों में गद्य विशेष रुप में सम्मिश्रित है। कवि जगन्नाथ ने इस प्रबंध में छंदों पर असाधारण अधिकार प्रकट किया है। शब्दालंकारों और अर्थालंकारों का भी उन्होंने प्रचुर प्रयोग किया है। छंदों में पृथ्वी, आर्या, वसंततिलका, उपजाति आदि का प्रयोग विशेष है। उपास्य के विविध रूपों व स्वरूपों का वर्णन व उनके प्रति भक्तिभाव की अभिव्यक्ति कवि ने की है। देशिकेंद्र के विषय में कहा है –

वटेन गेही विधिकेशवाद्यैश्छात्री जगद्भिर्निखिलैः कुटुम्बी।
मौने च वाग्मी कृपया कलत्री देयात् स मेधां मम देशिकेन्द्रः।।

(१.४)

(वट वृक्ष में उनका निवास है, अतः वे गेही (जिसके पास घर है) कहे जा सकते हैं, ब्रह्मा

और विष्णु आदि उनके छात्र हैं, अतः वे छात्री कहे जा सकते हैं। सारा जगत् उनका कुटुंब है, अतः वे कुटुंब वाले भी कहे जा सकते हैं। वे अपने मौन में सब कुछ कह देते हैं, इतः वे वाग्मी हैं। कृपा से युक्त हैं अतः वे कलत्रवान् या परिणीत हैं। ऐसे देशिकेंद्र मुझे मेधा प्रदान करें।)

कवि ने विरोधाभास अलंकार यहाँ व्यंजित कराया है। वह यह कहना चाहता है कि गुरु देशिकेद्र का कोई घर नहीं फिर भी वे गेही या घरवाले हैं। उनके पास छात्र नहीं, फिर भी वे छात्री हैं। उनका कोई कुटुंब नहीं फिर भी वे कुटुंबी हैं। वे अपने मौन से ही सब कुछ कह देते हैं अतः मौन रह कर भी वे वाग्मी हैं। कृपा ही उनकी भार्या है, अतः पति नहीं हो कर भी वे पति हैं।

यहाँ विरोधाभास अलंकार का सधा हुआ प्रयोग अर्थगौरव की वृद्धि करता है, तथा·देशिकेंद्र के औदात्त्य व गौरव का अभिव्यंजक होने से उदात्त अलंकार का माध्यम भी वह बन गया है।

वस्तुतः पूरे काव्य में उपास्य के लिये भक्तिभाव की भागीरथी प्रवाहित है।

आनीलकुन्तलभरादवतंसितेन्दोरामन्दहासवदनादरविन्दनेत्रात्।
आकण्ठसान्द्रकरुणादचलेन्द्रभाग्यादन्यत् पुनः किमपि तत्त्वमवैमि नाहम्।।

(२.४)

नील कुंतलों के भरे हुए माथे वाले, इंदु या चंद्रमा को अवतंस या आभूषण बनाये हुए, मंदहास से युक्त मुख वाले, अरविंद के सदृश नेत्र वाले, आकंठ सांद्रकरुणामय, अचलेंद्र या हिमालय के भाग्यभूत इन शिव को छोड़ कर अन्य किसी तत्त्व को मैं नहीं जानता।)

विरोधाभास के साथ श्लेष और अनुप्रास का रसमय सांकर्य जगन्नाथ कवि रचते हैं। उदाहरणार्थ—

अनिक्षु विशिखासनैरकुसुमेषुसञ्जीवनैरकुङ्कुमविलेपनैरनिटिलाक्षसम्मोहनैः।
अबिम्बरुचिडम्बरैरकुटिललम्बिशोणाम्बरै रसामि शशिशैखरैरलमिहामरैः पामरैः।।

(२.५)

(बिना ईख के धनुष लिये, बिना पुष्प के बाण धारण करने वाले, बिना कुकुंम के लेप वाले, ललाट के नेत्र के बिना सम्मोहित करने वाले, बिंबरुचि के बिना डंबर से रहित, कुटिल आलंबित शोण या रक्त से आर्द्र अंबर वाले शशिशेखर से मैं आनंदित हूँ, अन्य पामर अमरों (देवों) का क्या करना?

दुर्लभ शब्दों के प्रयोगों के द्वारा जगन्नाथ ने भाषा पर अपना अधिकार प्रकट किया है। जैसे मंतु (२.४६)।

वन्दनावलिः

विनोदराव पाठक ने अश्वधाटीघटा नामक अश्वधाटी छंदों के संकलन का संपादन किया

है, जिसमें उन्होंने वन्दनावलिः शीर्षक से ३३ अश्वधाटी छंद पंडितराज जगन्नाथ के नाम से प्रकाशित किये हैं। इन अश्वधाटी छंदों के प्रणेता शाहजहाँ के समकालीन पंडितराज जगन्नाथ नहीं हो सकते। अश्वधाटीघटा के संपादक स्वयं कहते हैं कि ये जगन्नाथ पंडितराज जगन्नाथ से पूर्ववर्ती तथा तंजौरनिवासी हो सकते हैं।

वन्दनावलिः की पुष्पिका या उपसंहारपद्य में अश्वधाटीकार जगन्नाथ कहते हैं कि उन्होंने यह काव्य अपने पौत्र राम की कामनापूर्ति के लिये रचा—

रामनाम्नः स्वपौत्रस्य कामनापूरणोत्सुकः।
अश्वधाटीं जगन्नाथो विश्वहृद्यामरीरचत्।।

शंकराचार्य के नाम से अम्बाष्टकम् अश्वधाटी छंद में विरचित प्राप्त होता है। उसके बाद अश्वधाटी छंदों में यह ललित रचना जगन्नाथकवि के नाम से मिली है। अश्वधाटी छंदों में भावों की गहनता के स्थान पर शब्दों की झंकार व नादसौंदर्य के आधान पर ध्यान अधिक रहता है। गेयता, लालित्य और लय की दृष्टि से ये काव्य आकर्षित करते हैं। यथा

आटीकसेङ्ग करिकोटीपदातिजुषि वाटीभुवि क्षितिभुजां
चेटीभवंस्तदपि शाटी न ते वपुषि वीटी न वाधिवदनम्।
कोटीररत्नपरिपाटीभृशारुणितजूटीविधुं तनुलसत्-
पाटीरलिप्तिमिभधाटीजुषं सुरवधूनुतां भज शिवाम्।। (१३)

अठारहवीं शताब्दी के अन्य मुक्तककवि

आनंदमयी देवी अठारहवीं शती की कवियों व पंडिताओं में अग्रगण्य हैं। ये श्रौतयाग की जानकार थीं, तथा अग्निष्टोम यज्ञ के कुंड व वेदियों के निर्माण में इन्होंने अपने पिता को परामर्श दिया। 'हरिलीला' इनका काव्य है, जो संस्कृत व्याकरण पर इनके अधिकार को भी प्रमाणित करता है।

बंगाल की महिला संस्कृत कवियों में उमादेवीका उल्लेख अपने ग्रंथ 'संस्कृतसाहित्येर् इतिवृत्त' में गोपेंदु मुखोपाध्याय ने किया है। 'आभाणकमाला' नामक ग्रंथ में उमादेवी ने लोकभाषाओं के आभाणकों का संस्कृत में अनुवाद किया है।

वसवेश्वर विद्यालंकार - वसवेश्वर विद्यालंकार भी अठारहवीं शताब्दी के उल्लेख्य कवि हैं। ये हुगली जिले में गुप्तपल्ली के निवासी थे। इन्होंने १७४४ई० में चित्रचंपू की रचना की। श्यामाकल्पलता में इनकी कविता कालिदासस्तवः प्रकाशित हुई।

रघुनाथ गोस्वामी - रघुनाथ गोस्वामी किशोरीमोहनगोस्वामी के नाम से भी जाने जाते हैं। इनका जन्म चैतन्य महाप्रभु के सहयोगी नित्यानंद के वंश में १७८६ ई० में वर्धमान (बर्दवान) जिले के मंडग्राम (माँडोगाँव) हुआ। संस्कृत तथा बंगला में इन्होंने अनेक काव्यरचनाएँ लिखीं। इनमें गौरांगचंपू, गौरांगविरुदावली, सदाचारनिर्णय, दुर्जनमिहिरकलंक, गोविंदचरित,

भक्तिलीलामृत, गोविंदमेघोदय, स्तवकदंबक तथा कृष्णकेलिसुधाकर, उद्धवचरित तथा भक्तिमाला उल्लेख्य हैं। श्रीमद्भागवत पर संशयशातनी तथा छंदोमंजरी पर व्याख्यामंजरी नाम से इनकी टीकाएँ हैं।

सुंदरदेव – ये सूक्तिसुंदर नामक मुक्तककाव्यसंग्रह के प्रणेता हैं। इस कोश की रचना १७१०ई० के पूर्व हो चुकी थी। इसमें एक पद्य शाहजहाँ की प्रशस्ति में है।

महापात्र जानी

सूर्यारुण्यशतकम् काव्य के प्रणेता महापात्र जानी शाहजहाँ के पुत्र मुरादबख्श के आश्रित थे, तथा पंडितराज जगन्नाथ के शिष्य थे। परमानंद शास्त्री ने इसे स्वोपज्ञ संस्कृत टीका तथा हिंदी अनुवाद के साथ संपादित किया है। स्तोत्र में शिखरिणी की छटा पंडितराज की काव्यमाधुरी का स्मरण कराती है। जानी महापात्र के कवित्व में स्फूर्ति, ऊर्जा व ओजस्विता नहीं है, जो पूर्वचर्चित दो सूर्यशतकों में है। महापात्र स्वयं कहते हैं—

मयूराद्यैराद्यैस्तव विरचितेऽपि स्तवशते
सति त्वस्माकं भोस्तपन कियती वाग्विरचना।।
प्रतिप्रातर्मन्ये दिवसकर बर्हिर्मुखगणाः
प्रणामोत्कण्ठास्ते हरिदिशि सदा सन्निदधते।।

(मयूर आदि कवियों ने सैकड़ों स्तव तुम्हारी स्तुति में रचे हैं। तो हे देव तपन (सूर्य) हमारी स्तव रचना की क्या बिसात? हे दिवसकर, मैं समझता हूँ कि प्रत्येक प्रभात में तुम्हें प्रणाम करने के लिये उत्कंठित पूर्वदिशा में बर्हिमुख के गण सदा उपस्थित रहते हैं।)

यमक आदि अलंकारों को कवि ने आयास पूर्वक सँजोया है। उदाहरणार्थ—

तदास्योल्लासानामरुणमहसां द्रागरुणिमा
त्वदालोके लोके दिनमनु समालोक्यत इह।। (२४)

(हे दिनकर, प्रत्येक प्रभात में शिव के गण तुम्हें प्रणाम करने के लिये उत्सुक हो कर पूर्वदिशा की ओर देखते हैं। तुम्हारे आलोक में उनके मुख पर जो छाये उल्लास का अरुण प्रकाश संसार में दिखाई देता है।)

यहाँ त्वदालोके लोके इस कथन में यमक सहज सध गया है, फिर समालोक्यते कहने से पुनरावृत्ति का दोष प्रतीत होता है।)

कवि के अपने समय की विसंगतियों की छाया सूर्यशतक की आभा पर पड़ी है। चौथे छंद में खल जनों की वंदना करते हुए उनकी छाया से दूर रहने को ही वरेण्य मानते हैं—

अस्माकं वन्दनीयो जगति खलजनोऽप्यत्र यस्य प्रचारा-
दन्विष्यन्ते समन्तात् सहृदयजनाः शुद्धसौहार्दभाजः।
मार्तण्डोद्दामधामज्ज्वलदखिलमहीचारिजन्तौ तपर्तौ
सान्ते स्वच्छन्दमच्छं क इह घनतरुच्छायमिच्छेन्मनुष्यः।।

(हमारे लिये तो इस जगत् में खलजन भी वंदनीय हैं, जिनके चलते फिरते रहने से हमारे द्वारा सब ओर शुद्ध सौहार्द भाव वाले सहृदयजन खोजे जाते रहते हैं। मार्तंड या सूर्य के उद्दाम घाम से सारी धरती के जीवजंतुओं को जलाने वाले ग्रीष्म ऋतु के अंत हो जाने पर तरुओं की स्वच्छंद अच्छी सघन छाँह को फिर कौन मनुष्य चाहेगा।)

यहाँ कवि महापात्र ने वैषम्य के द्वारा विशेष का सामान्य से समर्थन किया है, पर अपुष्टार्थ दोष इसमें आ गया है और अभिव्यक्ति बाधित हुई है। घनतरुच्छायम् के लिये स्वच्छन्दम् तथा अच्छम् इन दो विशेषणों का प्रयोग समीचीन नहीं लगता, तथा केवल खलजनों के कारण ही सज्जनों को लोग खोजते रहते हैं, अन्यथा तो नहीं खोजेगें – यह अभिप्राय भी प्रकट होने लगता है, जो उचित नहीं है।

छठे छंद में तो वे पंडितराज जगन्नाथ की भाँति जानी महापात्र गर्वोक्ति व प्रत्यादेश की मुद्रा में आ जाते हैं। फिर यह घोषणा करते हैं —

केचित् षाण्मासिकाः काव्ये कवयो मासिका परे।
अनवद्येषु पद्येषु वयं तु घटिकाशताः।।८।।

(कोई षाण्मासिक (छह महीने में एक कविता लिखनेवाले) कवि होते हैं, कोई मासिक। अनवद्य पद्य रचने में हम तो घटिकाशत (एक घड़ी में सौ पद्य रचने वाले) हैं।)

अनुप्रास की लड़ियाँ पिरोने में का आयास तथा कृत्रिमता इनके काव्य में अनुभूत होती है। यथा

भवभीतिभञ्जन भगवन् भासां निधे भानो
भावय नभोविभूषण भोभूतिं गिरां विभवे।।९।।

इस काव्य में छंदों की विवधता है, पर एक छंद से शतक में जो एकान्विति बनती है वह टूट गई है।

सुदर्शनशतकम्

सूर्य की स्तुति में मयूर कवि के सूर्यशतक के समान ओजस्वी तथा अर्थगौरव से परिपूर्ण गाढबंध युक्त पदावली से युक्त कूर नारायण कवि का सुदर्शनशतक काव्य है। कूर नारायण कवि किस समय हुए यह कहा नहीं जा सकता। काव्यमाला संपादक के अनुसार ये दाक्षिणात्य थे, तथा विशिष्टाद्वैत मतानुयायी थे।[५०] सुदर्शनशतक पर एक अत्यंत विशद विस्तृत टीका प्राप्त होती है। दर्शन की दुरूह अवधारणाएं, भक्ति का अबाध प्रवाह, शक्ति की तीव्र कामना, ओजस्विता और स्फुरित होती पदावली – इन सबका दुर्लभ समवाय कूर नारायण ने इस काव्य में उपस्थित कर दिया है। टीकाकार को कहीं कहीं तो एक ही पद्य को खोलने में कई कई पृष्ठ लग गये हैं। फिर भी कविता में कहीं आयास या असहजता हो ऐसा नहीं लगता। यह किसी सिद्ध कवि की रचना है।

शूलं त्यक्तात्मशीलं सृणिरणुकघृणिः पट्टिशः स्पष्टसादः
शक्तिः शालीनशक्तिः कुलिशमकुशलं कुण्ठधारः कुठारः।

दण्डश्चण्डत्वशून्यो भवति तनु धनुर्यत्पुरस्तात्स वस्ताद्-
ग्रस्ताशेषस्त्रिवर्गो रणतरणपतिः कर्मणे शार्मणाय।।८४।।

जिसके आगे (शंकर का) शूल अपना शील छोड़ देता है, (देवी का) चाबुक निस्तेज हो जाता है, पट्टिश का अवसाद स्पष्ट सामने आ जाता है, शक्ति की शक्ति शालीन हो जाती है, (इंद्र का) वज्र अकुशल हो जाता है, कुठार कुण्ठधार हो जाता है, दंड चंडत्व से शून्य हो जाता है, धनुष तनु (क्षीण) हो जाता है, वह अशेष त्रिवर्ग या देवताओं को ग्रस लेने वाला रण में तरणपति या तार देने वाला सुदर्शन शांति के कर्म के लिये हो।

संभव है कि सुदर्शनशतक एक अन्योक्ति है, अपने समय के किसी राजा को उद्बोधन हो। एक प्रकार के आवेग में भर कर कवि ने पूरा काव्य लिखा है।

नन्दिन्यानन्दशून्ये गलति गणपतौ व्याकुले बाहुलेये
चण्डे चाकित्यकुण्ठे प्रमथपरिषदि प्राप्तवत्याः प्रमाथम्।
उच्छिद्याजौ बलिष्ठं बलिजभुजवनं यो ददावादिभिक्षो-
र्भिक्षां तत्प्राणरूपां स भवदकुशलं कृष्णहेतिः क्षिणोतु।।८७।।

(नन्दी आनंदशून्य हो जाते हैं, गणपति गलने लगते हैं, बाहुलेय व्याकुल हो जाते हैं, चंड चाकित्य (अचरज) से कुंठित हो जाते हैं, प्रमथपरिषद् प्रमथित हो कर रह जाती है। युद्ध में बलि के भुजवन का उच्छेद कर जिसने आदिभिक्षु (वामन) को उसके प्राणों की भिक्षा दी, वह कृष्ण का अस्त्र आपकी अकुशल (अमंगल) का नष्ट करे)।

प्रबोधसुधाकर

यह अज्ञात कवि का अज्ञात समय में विरचित सुंदर काव्य है, जिसमें वेदांत, वैष्णवभक्तिभाव की काव्यात्मक अभिव्यक्ति हुई है। देहनिंदा, माया का प्रपंच, संसार की अनित्यता इन पर विमर्श करता हुआ कवि यहाँ परब्रह्म के बालकृष्ण स्वरूप को निहारता है। इस काव्य में भक्तिभाव के प्रवाह के साथ विरोधालंकार का प्रयोग बड़ा रमणीय बन पड़ा है। विरोधाभास के साथ व्याजनिंदा करते हुए कवि व्याजस्तुति में उसे परिणत करता है। यथा—

निवसन्ति यस्य रोम्णि ब्रह्मकटाहा यथावकाशेन
चित्रं स हरिः शेते पञ्चवितस्तिप्रमाणिका कण्डोले।।

(१९४)

(जिनके रोम में ब्रह्मांड के कटाह यथावकाश निवासकरते हैं, वे हरि पाँच वितस्ति की टोकरी में सोये हुए हैं।)

नेच्छति यः स्वामित्वं क्वचिदपि विजितात्मनामपि मुनीनाम्।
चित्रं कुरुते दास्यं स एव घोषेषु पुंश्चलीस्त्रीणाम्।।१९५।।

(जो विजितात्मा मुनियों का भी स्वामित्व नहीं चाहते, विचित्र बात है कि वे ग्वालों की बस्ती में पुंश्चली स्त्रियों की दासता कर रहे हैं।)

यस्य तु नामोच्चारात् कालोऽपि हि बाधते न भक्तिजनान्।
जनदृग्भीत्या जननी तस्य कपोले ह्यदान्मषीतिलकम्।।

(१९७)

(जिनके नामोच्चारण से काल भी भक्तजनों का बाधित नहीं करता, लोगों की दृष्टि से बचाने के लिये उन्हीं के कपोल पर जननी स्याही का टीका लगा रही है।)

चित्रं पुरा सुरान् यः स्वकरेणापाययत् सुधां दिव्याम्।
क्षुधितः स मातुरङ्के स्तन्यार्थं रोदनं स्वयं कुरुते।।

(१९८)

(आश्चर्य है कि जिन्होंने पहले देवों को दिव्य सुधा पिलाई थी, वे ही भूख से व्याकुल हो कर माता के अंक में दूध के लिये स्वयं रो रहे हैं।)

प्रवदामि कस्य पुरतः को विश्वासं करोति मद्वाक्ये
धृत्वा स्वमातृचेलं दुग्धार्थं रौति केवलं ब्रह्म।।

(१९९)

(मैं किसको यह बात बताऊँ, कौन मेरी बात पर विश्वास करेगा? अपनी माता आँचल पकड़ कर दूध के लिये केवली ब्रह्म रो रहा है।)

पूरे काव्य में १९९ आर्याएँ हैं।

ढुंढिराज व्यास के मुक्तक काव्य

ढुंढिराज व्यास मराठा राजाओं के शासन में तंजौर की राजसभा के रत्न थे तथा विद्वानों व कवियों के अप्रतिम आश्रयदाता राजा शाहजी के लिये पौराणिक का कार्य भी करते रहे।[५१] स्वामीमलै नामक स्थल में सुब्रह्मण्य स्वामी के देवस्थान में इनका निवास था। अपनी गीतिकाव्य की रसमाधुरी के कारण इन्हें अभिनवजयजेव की पदवी से अलंकृत किया गया। इन्होंने १७१९ई० में अपनी सुविश्रुत कृति धर्माकूतम् की रचना की, यद्यपि इसके प्रणेता त्र्यंबकराय मखी के नाम से जाने जाते हैं। मुद्राराक्षस पर भी ढुंढिराज की टीका प्रसिद्ध है।

शाहजीविलासगीतम् ने ढुंढि कवि ने जयदेव के गीतगोविंद को उपजीव्य बना कर शाहजी के चरित का निरूपण गीतियों में किया है। राजकोशनिघंटु तथा राजव्यवहारकोश – ये दो ग्रंथ इनके रचे हुए कहे गये हैं। इन में राजनीतिशास्त्र की शब्दावली का संग्रह है, फारसी भाषा की प्रशासकीय शब्दावली के समतुल्य संस्कृत की शब्दावली इसमें दी गई है। अन्य मत से इनके रचयिता रघुनाथ पंडित हैं, जो शिवाजी के दरबार में थे।[५२]

ढुंढि ने आपने ज्ञानविलासकाव्य में अपनी वाराणसी यात्रा का वर्णन किया है तथा अपने अध्यात्मिक अनुभवों को अभिव्यक्ति दी है।

दुष्करमाला

श्रीरंगम् के निवासी नृसिंहस्वामी कवि ने दुष्करमाला चित्रकाव्य की रचना की। इस काव्य का केंद्रीय भाव विष्णुभक्ति है। पर कवि का आग्रह व्युत्पत्ति व शाब्दी क्रीडा पर आधिक है। शब्दालंकारों की विविध छटाओं से युक्त इस काव्यसंग्रह में प्रकीर्णपाद, प्रतिरूपक, प्रहेलिकाप्रश्नोत्तर, यमक, नियतस्वरस्थान तथा प्रस्तार – इतने खंड हैं। काव्य का प्रयोजन बताते हुए नृसिंहस्वामी कहते हैं —

व्युत्पत्त्यर्थं च बालानां विनोदार्थं विपश्चिताम्।
विद्या दुष्करमालाख्या विष्णुस्तुत्या वितन्यते।।

प्रहेलिका तथा वक्रोक्ति रोचक हैं। यथा

कस्त्वं शङ्खी कुबेरः किं हरिर्ननु सर्वभुक्
न भूधरो भुजङ्गोऽसीत्येवं गोप्या जितः कलिः।।

कृष्ण के साथ गोपी की झड़प यहाँ बताई गई है। गोपी पूछती है –तुम कौन हो, क्या शंखधारी कुबेर हो, कृष्ण कहते हैं कि मैं हरि हूँ। गोरी कहती है कि तो फिर तुम सर्वभुक् हो। कृष्ण कहते हैं कि नहीं मैं भूधर (फृथ्वी को धारण करने वाला) हूँ। भूधर का अर्थ शेषनाग या सर्प ले कर गोपी कहती है कि फिर तो तुम भुजंग (लंपट) हो। इस तरह गोपी कलि या वाग्विवाद में जीत जाती है।

अठारहवीं शताब्दी के अन्य कवियों में आच्चान दीक्षित ने अन्योक्तिविलास तथा लक्ष्मीनृसिंह ने कविकौमुदी की रचना की।

पद्यमुक्तावली

पद्यमुक्तावली कविकलानिधि श्रीकृष्ण भट्ट[५३] के स्वरचित मुक्तकों का संग्रह है। इसमें कुल ३६६ पद्य हैं। आर्यासप्तशती की भाँति यह एक कोशकाव्य है। पद्यों के क्रम में विषयानुसार अन्विति का अभाव है, न शीर्षकों के अंतर्गत ही पद्यों को व्यवस्थापित किया गया है।

इसका निर्माण कवि ने अपने जीवन के अंतिम वर्षों में राजा माधवसिंह के शासनकाल में किया था। अनुष्टुप्, पृथ्वी, स्रग्धरा आदि विविध छंदों का प्रयोग यहाँ किया गया है। विषयों की विविधता, ऐतिहासिक व्यक्तियों के संदर्भ, कवि के आत्मनिवेदन तथा गहरी मनोव्यथा, व्यंग्य, विडंबना, अन्यापदेश सभी की मनोहारी छटाएँ पद्यमुक्तावली में हैं। मथुरानगरी तथा वहाँ के उत्सवों का प्रत्यक्षदृष्ट वर्णन कवि ने किया है। ऋतुवर्णनविषयक पद्य विशेष रमणीय हैं। चित्रकाव्यनिर्माणचातुरी का परिचय देते हुए यमकालंकार का प्रयोग कुशलता से कवि ने

किया है, उसी प्रकार सभंग व अभंग द्विविध श्लेषमूलक वक्रोक्ति भी अनोखी ही हैं (४१,४२)। एक पंचचामर वृत्त में कवि ने असाधारण कौशल से १२ क्रियाओं का सन्निवेश कर दिया है (२०२)। अनेक गीत भी इसमें हैं, जिसमें जागरणगीत व नीराजन गीतों को संस्कृत में नवप्रयोग के निदर्शन कहा जा सकता है। कविकलानिधि का भावजगत् वैष्णव भक्ति से ओतप्रोत है। राधाकृष्णविषयक पद्य लालित्य व हासपरिहास में पगे हुए हैं। सिप्रा नदी तथा मालवसुंदरियों के वर्णन में कवि का चित्त खूब रमा है (८२-८५, ९१)। जयसिंह के पिता विष्णुसिंह तथा जयपुर के राजाओं में जयसिंह से लगा कर माधवसिंह तक का वर्णन इसके विभिन्न पद्यों में कवि ने किया है (३३५-३३९)। तथापि माधवसिंह के विषय में पद्य अधिक हैं (१००-१८)। यहाँ तक कि द्वारकाधीश की स्तुति के (१२१-३२) बीच में भी माधवसिंह प्रशस्ति के पद्य आ मिले हैं (१२२-२३, १३३) बूँदीनरेश बुधसिंह (१८७), भरतपुर के राजा सूर्यमल्ल (१६१, १७८) आदि पर पद्य उल्लेख्य हैं। अपने पिता लक्ष्मण भट्ट के विषय में कवि ने कहा है—

गच्छन्त्यान्वीक्षिकीयं क्षयमथ विशति व्याकृतिर्वह्निमध्ये
मीमांसा मूर्च्छिताऽभूदनिशमुपनिषत् खेदिता वेदनाभिः।
भग्ना सा कापिली गीर्गुरुविरहगता योगगीर्भग्नभोगा
याते निर्वाणमातेजितसुकृतफले श्रीगुरौ लक्ष्मणाख्ये।।७१।।

कवि ने अपने अनेक परिचितों स्नेही जनों पर सुंदर पद्य यहाँ सम्मिलित किये हैं। नाथद्वारा-काँकरोली में वल्लभाचार्यरीठ पर विराजमान शुद्धाद्वैत के आचार्य राजा माधवेंद्रसिंह के दीक्षागुरु गोस्वामी श्री व्रजभूषणलाल का यह वर्णन के देखिये—

सौजन्यव्रज-सौहृदव्रज-सुहृत्कार्यव्रज-श्रीव्रज-
श्रीशालिव्रज-सद्यशोव्रज-बहुश्रेयोव्रजानां भवान्।
एको भूषणतां बिभर्ति भुवने तेनैव सत्कीर्त्यते
लोकेऽस्मिन् व्रजभूषणेत्यभिधया जीयात् सहस्रं समाः।।१९०।।

काँकरोली क द्वारकाधीश की स्तुति आठ पद्यों में कवि ने की है (१२४-१३२)। गोस्वामी विट्ठलनाथ तथा श्लेष के द्वारा श्रीकृष्ण दोनों की यह स्तुति अत्यंत भावपूर्ण है —

गोधूलौ धूलिधूम्राननरुचिररुचिश्चारयन् गाः समन्तात्
गोपालीजालपाली कलमुकुटधरो धारयन् धाम धन्यम्।
मन्यन्ते ब्रह्मसंज्ञं श्रुतिकुलतिलका यं वदन्तो नितान्तं
पायात् सायाह्नकाले कलिमलमथनो वाल्लभिर्विट्ठलेशः।।२२९।।

गोधूलिवेला में धूल से सने होने से धूम्र मुख की रुचि या कांति वाले होने से अरुचि (जो चमक नहीं रहे हैं), गायों को सब ओर चराते हुए, गौओं की कतारों का पालन करने वाले.

सुंदर मुकुट धारे, धन्य धाम को धारण करते, जिन्हें श्रुतिकुल के तिलक विप्र जन ब्रह्मस्वरूप बताते हैं, वे कलिमल को मथने वाले वल्लभ के पुत्र विट्ठलेश आपकी रक्षा करें।)

कवि जीवन की जटिलताओं से निर्विण्ण हो कर वृंदावन में बसना चाहता है, पर उसकी यह मनोकामना भी पूरी नहीं हो पाती। अपनी विवशता को श्रीकृष्ण भट्ट ने इस प्रकार व्यक्त किया है—

कालिन्दीतटनिकटम्पुटकुटजकुटीनिवाससौख्याय।
व्यरचि मृषाभाषणमपि न तदजनि महत्कष्टम्।।
मिथ्याकथनदुरत्ययनृपवरकृतरक्षणव्यथादुष्टः।
हा वृन्दावन भवता सम्प्रति दूराद् विमुक्तोऽस्मि।
राज्ञां सदस्सु गमनं कविताकरणं मृषाकलनम्।
वृन्दावनवासार्थं व्यरचि विधे किं न तदपि सम्पन्नम्।।

(२६६-६८)

जिन ऐतिहासिक विभूतियों का महिमामय रूप कवि ने पद्यमुक्तावली में प्रस्तुत किया है, उनमें भट्ट सदाशिव उल्लेखनीय हैं। भट्ट सदाशिव माधवसिंह के साथ वि.सं १८०७ई० में उदयपुर से जयपुर आये। इनका प्रभाव तथा प्रताप ऐसा था कि कवि भोलानाथ ने इनकी प्रसन्नता के लिये कर्णकुतूहल नामक नाटक लिखा। इस नाटक की प्रस्तावना में सदाशिव भट्ट की विशद प्रशस्ति सूत्रकार के मुख से कराई गई है। कच्छवंश महाकाव्य में भी सदाशिव भट्ट की वर्णन मिलता है।

कवि श्रीकृष्ण भट्ट अलंकारवाद के प्रति साग्रह अपना पक्ष बड़ी सुंदर शैली में रखा है —

यदा काव्यप्रकाशेन चन्द्रालोको विवर्जितः।
किं कुर्मः कं प्रति ब्रूमः सम्प्रति प्रसृते कलौ।।

(११९)

छंदो की विविधता, लोकभाषाओ के छंदों का प्रयोग तथा भाषा की निराली छटा इस संकलन में देखने को मिलती है। गीतगोविंद से प्रभावित हो कर अनेक सरस पदावलियों की रचना कविकलानिधि ने की है। कल्कि के लिये जागरणगीत इसी शैली में लिखा गया है—

जय जय जय कल्कीश कलितकलिकलुषनिवारण।
धर्मपथप्रथनैकनिपुण मङ्गलगणकारण।
सन्ततसान्निधिवर्तिसुमतिनारदमुनिराजित।
याज्ञवल्क्यमुनिसहितमहितनरसभासभाजित।
जय जय तत्क्षणनिर्दलितगलितवेदशासनमनुज,
जागरणमेहि मयि धेहि दृषमुषसि विष्णुयशस्तनुज।।

(५६)

विश्वेश्वर पाण्डेय के मुक्तककाव्य

अलंकारशास्त्र तथा न्याय के धुरंधर पंडित, नाटककार, गद्यकाव्यकार विश्वेश्वर पाण्डेय अलमोड़ा जिले के पटिया ग्राम के निवासी थे। इनके पूर्वज मूलतः उत्तर प्रदेश के फतेहपुर जिले के कोर गाँव में रहने वाले कान्यकुब्ज ब्राह्मण थे। इनमें से श्रीवल्लभ कुमाऊँ आ गये और चंद्रवंश के शासकों के राजगुरु नियुक्त हुए। इनके पिता का नाम लक्ष्मीधर था। लक्ष्मीधर स्वयं एक श्रेष्ठ विद्वान् थे। अपनी नवमालिका नाटिका में उनके विषय में विश्वेश्वर ने सूत्रधार के मुख से कहलवाया है—

बभार यो महारत्नभारतीं भारतीभृताम्।
स सुपरिद्धनामेह बुधो लक्ष्मीधराधिपः।।

विश्वेश्वर पांडेय ने पंद्रह वर्ष की आयु से काव्यरचना प्रारंभ की और लगभग चालीसवर्ष की अल्पायु में दिवंगत हो गये। बीस वर्षों के अपने सारस्वतसाधना के काल में इन्होंने बीस से अधिक महत्तवपूर्ण ग्रंथों से संस्कृतसाहित्यभांडागार को समृद्ध बनाया। उनकी रचनाएँ इस प्रकार हैं—

अलंकारशास्त्रविषयक ग्रंथ – अलंकारकौस्तुभ, अलंकारमुक्तावली, रसचंद्रिका तथा कवींद्रकर्णाभरण।

मुक्तक तथा सुभाषित ग्रह – आर्यासप्तशती, रोमावलीशतक, वक्षोजशतक, लक्ष्मीविलास, होलिकाशतक, काव्यरत्न।

रूपक – नवमालिका नाटिका तथा शृंगारमंजरी सट्टक।

गद्यकाव्य – मंदारमंजरीकथा

व्याकरणशास्त्रविषयक ग्रंथ – व्याकरणसिद्धांतसुधानिधि

धर्मशास्त्रविषयक ग्रंथ — अशौचीयदश-श्लोकीविवृति,

तंत्र विषयक ग्रंथ — अभिधेयार्थचिन्मणिः।

टीकाएँ - रसमंजरी टीका, नैषधचरितटीका

उनके निम्नलिखित ग्रंथ अप्राप्त हैं – काव्यतिलक, तत्त्वचिंतामणिदीधितिप्रवेश, तर्ककुतूहल, तारासहस्रनामव्याख्या तथा षड्ऋतुवर्णन

असाधारण प्रतिभा के धनी विश्वेश्वर पाण्डेय का कर्तृव्य बहुमुखी तथा विभिन्न विधाओं में प्रसृत है। पं० बलदेव उपाध्याय ने इन्हें अपने युग का महान् साहित्य स्रष्टा कहा है।

कवींद्रकर्णाभरण में विश्वेश्वर ने विविध काव्यविधाओं – विशेषतः चित्रकाव्यों, प्रहेलिका आदि के लक्षण तथा उनके स्वरचित उदाहरण दिये हैं।

आर्यासप्तशती ७६४ आर्याओं का संकलन है।

रोमावलीशतक में कवि ने सिद्ध कर दिया है कि कल्पना छोटी से छोटी किसी वस्तु को कितनी रमणीय बना सकती है। नायिका की रोमावली के वर्णन में विविध बिंबवितान रचते हुए सौंदर्य के आयाम कवि ने इस काव्य में उजागर किये हैं। उदाहरणार्थ—

वह्निं विनैव तव रोमलतामिषेण धूमावली स्फुरति नाभिगभीरदर्याम्।
संख्यामतीतमतिदुर्लभमत्र तेन मन्यामहे कुसुमचापमहानिधानम्।।

(बिना अग्नि के रोमलता के बहाने तुम्हारी नाभि की गहन गुफा से धूमावली उठ रही है। इसे हम कामदेव का अत्यंत दुर्लभ संख्यातीत बहुत बड़ा निधान (खजाना) मानते हैं।)

यह पाश्चात्त्य कविता में स्वीकृत एकबिंबात्मक काव्य का सुदंर उदाहरण है।

विश्वेश्वर की आर्याएँ अपनी सांकेतिकता, भावसांद्रता तथा प्रतीकविधान की नवीनता में काव्यसमृद्धि उच्च शिखरों का आरोहण करती है। एक सूने घर का बिंब है, जो झिल्लियों की झंकार के द्वारा मानो रो रहा है—

झिल्लीरुतापदेशान्मन्दिरमेतद्विरौतीव ।
कालातिक्रमपरिगलदवयवशैथिल्यवेदनाविधुरम्।।

आर्यासप्तशती, ४५९

झिल्ली के रुत के बहाने रुदन करना इस में नवीन कल्पना नहीं है, पर मन्दिरम् का विशेषण कालातिक्रमपरिगलदवयवशैथिल्यवेदनाविधुरम् – समय के बीतते जाने से गल गये अवयवों की शिथिलता से उपजी वेदना के कारण विधुर – बहुत कुछ कह जाता है। पूर्वार्ध में प्रयुक्त अपह्नुति और उत्प्रेक्षा अलंकारों की चमक उत्तरार्ध के इस एक विशेषण ने बढ़ा दी है। जीर्ण शीर्ण घर का ही एक और मर्मस्पर्शी बिंब है—

लूता तन्तुमिषेण प्रेक्षस्व विशीर्णसर्वगात्रस्य।
जरदालयस्य धमनीजालाः प्रादुर्भवन्ति सखि।।

(हे सखि, देखो जिसके सारे अंग जीर्णशीर्ण हो गये ऐसे इस बूढ़े घर में मकड़ियों के जाले के बहाने से जैसे धमनियों के जाल प्रकट हो गये हैं।)

नीलकंठकवि ने १७६५ ई० के आसपास शृंगारशतक की रचना की।[५४]

राजा एकोजी द्वितीय के काव्य

एकोजी द्वितीय (१७३६-३९) राजा एकोजी प्रथम के पौत्र तथा तुक्कोजी के पुत्र थे। एक वाग्गेयकार, संस्कृत, तेलगु व मराठी भाषाओं के विद्वान् के रूप में उनकी ख्याति रही है। ये भावा साहेब के नाम से भी जाने जाते हैं। उनके मुक्तककाव्यों में आर्यशतक अथवा देवमाहात्म्यशतक, उत्तमसेवकगुणवर्णन तथा गणेशकवच उल्लिखित हैं।[५५] दीपाम्बामाहात्मय इनकी निराली कृति है, जिसमें अपनी दादी दीपाम्बा के सद्गुणों का वर्णन इन्होंने किया है। तुलजामहाराजगुणवर्णन काव्य तथा प्रपञ्चामतसार अथवा राजराजन्यपुराण नामक राजनीति का ग्रंथ भी इनके द्वारा

प्रणीत कहे गये हैं, पर ये वास्तव में इनके आश्रित कवि महादेव की रचनाएँ हैं।[५६] उत्तमसेवकगुणवर्णन भी प्रपञ्चामृतसार का ही एक खंड होने से महादेव की ही कृति हो सकता है।

आर्याशतक में देवी की स्तुति सुंदर है यथा—

दलितेभराजगमना सुरपतिसेव्या सती दयामूर्तिः।
दुरितघ्नी जलजाक्षी सप्तसिद्धरूपाऽसि।।

रामपाणिवाद के काव्य

अठारहवीं शताब्दी में रामपाणिवाद ने अनेक स्तोत्रकाव्यों व अन्य विधाओं में विपुल साहित्य के साथ कतिपय लघुकाव्य लिखे हैं। इनमें से पाठकाचार्यक्रमः में केरल के चाक्यार अभिनेताओं का मजाक उड़ाया गया है। यह काव्य प्रश्नोत्तर शैली में है, तथा इसमें चाक्यार अभिनेताओं का रंगमंच पर प्रवेश, वेषभूषा, गतियाँ, संवाद सभी पर व्यंग्य किया गया है। 'उपाख्यानम्' रामपाणिवाद की दूसरी व्यंग्यपरक रचना है। इसमें दो धूर्त पंडितों- अर्घ्यपंडित तथा हंसराट् के बीच वार्तालाप है।

रामपाणिवाद ने मुकुन्दशतकम्, शिवशतकम्, सूर्यशतकम्, कल्यवतार, रामभद्रस्तोत्रम् अम्बरनदीश-स्तोत्रम्, सूर्याष्टकम्, रामभद्रस्तेत्रम् आदि उस स्तोत्र काव्यों की रचना की।

मुकुंदशतक नाम से इनके दो स्तोत्रकाव्य हैं। पहले में १०७ तथा दूसरे में १०१ पद्य हैं। अम्बरनदीशस्तोत्र भी कृष्णस्तुतिपरक है। इसमें ११२ पद्य हैं।

कवि भोलानाथ

कवि भोलालाथ ने संस्कृत, हिंदी, ब्रज तथा मिश्रित पंजाबी- इन चार भाषाओं में रचनाएं लिखीं हैं।[५७] भोलानाथ शाहजहाँ द्वितीय (१७४५ई०) से परिचित थे। माधवसिंह के शासनकाल में वे जयपुर आये। १७४०ई० में महाराज प्रतापसिंह ने इन्हें महाकवि की उपाधि से विभूषित किया। इनका निधन १७९२ई० में हुआ।[५८]

कर्णकुतूहल इनका सुविदित संस्कृत नाटक है। श्रीमद्भागवत की परंपरा को भावित करते हुए इन्होंने श्रीमद्भागवत की परंपरा में श्रीकृष्णलीलामृतम् काव्य की रचना की।

श्रीकृष्णलीलामृतम् काव्य का स्रोत श्रीमद्भागवत का दशम स्कंध है। इसमें कुल १०४ पद्य हैं। प्रायः अनुष्टुप् का प्रयोग है। मौलिकता का अभाव है, प्रायः भागवत की उक्तियों का अनुवाद कवि ने कर दिया है।

अठारहवीं शताब्दी के अन्य मुक्तक

गोदवर्म युवराज का परिचय महाकाव्यविषयक अध्याय में दिया गया है। इन के लघुकाव्यों

में त्रिपुरदहनचरित, श्रीपादसप्तस्तोत्र, सुधानंदलहरीस्तोत्र, मुररिपुस्तोत्र, देवदेश्वराष्टक, सदाशिवप्रकरण आदि उल्लेख्य हैं। सुधानंदलहरीस्तोत्र में ३५ पद्यों में गंगा के सौंदर्य का चित्रण है। श्रीपादसप्तकस्तोत्र में कोचिलिंगम् की देवी रमा की स्तुति है। सदाशिवप्रकरण इनके स्फुट पद्यों का संग्रह है।

रासोत्सवम् - रासोत्सवम् अठारहवीं शताब्दी में केरल के महिषमंगल विप्रपरिवार में जन्मे शंकर के आत्मज नारायण कवि की रचना है।[५९] इस कवि की अन्य रचना भी प्राप्त होती है – महिषमंगलभाण। महिषमंगलम् वंश के विप्रों ने मलयालम् तथा संस्कृत को विविध साहित्य से समृद्ध बनया। नारायण के पिता शंकर अपने समय के विख्यात पंडित थे।

रासोत्सवम् में २२० पद्यों में रास के लय, आनंद, क्रीडा व कलाकौतुक को वसंततिलकावृत्त की वासंतिक लय व सौष्ठव में उतारा गया है। कवि श्रीकृष्ण के प्रति अनन्य अनुराग से प्रेरित है। भागवत का महाभाव व गोपियों के प्रेम की एकतानता इसमें आद्यंत अनुस्यूत है। भाव की तन्मयता के साथ भाषा की सुघड़ता भी उतनी ही हृद्य व निरवद्य है। अनुप्रासों की झंकार गीतगोविंद की पदावलियों का अनुरणन प्रस्तुत करती लगती है। उदाहरणार्थ—

वन्दारुदेवकुलमौलिविराजमानमन्दारमाल्यमधुवालिकपादपीठम्।
वन्दामहे वलयमन्दिरवासलोलं चन्द्रावतंसवपुरर्धतपोविलासम्।।५।।

कल्पनाओं की अभिरामता ने काव्य के सौदर्यबोध में निखार ला दिया है। उपमा उत्प्रेक्षा आदि अलंकार अनायास इसमें समाहित होते गये हैं। जैसे—

माध्वीरसं रसयतामलिपोतकानां कोलाहलेन मिलतां नलिनोदरेषु
सन्नाहिनस्त्रिजगतीविजये स्मरस्य जन्यप्रयाणजलजध्वनिरन्वकारि।।१३।।

चण्डिकाचरितचंद्रिका

चण्डिकाचरितचंद्रिका के प्रणेता कृष्णदत्त मैथिल हैं। यह गीतगोविंद की परंपरा में विरचित रागकाव्य है। कृष्णदत्त मैथिलकी रचनाएँ इसप्रकार हैं—

१. गीतगोपीपतिकाव्यम्
२. पुरञ्जनचरितम् नाटकम्
३. जानराजचम्पूः (विरुदकाव्यम्)
४. लक्ष्मीगुणमणिमाला (विरुदकाव्यम्)
५. गीतगोविन्दव्याख्या
६. कुवलयाश्वीयम् नाटकम्

लक्ष्मीधर कात्रे के अनुसार पुरञ्जनचरित का रचनाकाल १७७५ ई० है तथा कृष्णदत्त मैथिल ने अपने विविध काव्य तथा नाटक १७४० से १७८० की अवधि में लिखे।

रामकिशोर झा ने इनका आविर्भाव अठारहवीं शताब्दी के प्रथम दशक में तथा देहावसान १७८०ई० के आसपास माना है।[६०]

इस काव्य में ग्यारह सर्गों में विविध गीतियों के माध्यम से महालक्ष्मी, महाकाली व महासरस्वती के समवाय रूप चंडिका के चरित्र का वर्णन करते हुए भक्तिभावसहित देवीस्तवन किया गया है। कवि ने जयदेवके समान अष्टपदी के अंत में प्राय: अपना नाम देते हुए आत्मपरिचय, अपने संकल्प, मनीषा आदि की भी अभिव्यक्ति की है। उदाहरणार्थ—

काशीवाससलालसमानसकृष्णदत्तवचसा सा।
तुष्यतु भक्तिविशेषविकस्वरसत्तमचित्तनिवासा।।

(पृ० ६४)

गंगासहाय शर्मा के काव्य

गंगासहाय शर्मा बूँदीनेश के सभाकवि थे। ये दर्शन और नीतिशास्त्र में पारंगत थे। परमेश्वरशतक, शिक्षाशतक, मातृपिरतृस्तोत्र – ये तीन इनके काव्य प्राप्त होते हैं। परमेश्वरशतक में[६१] ११६ पद्य हैं। दार्शनिक चिंतन का प्रभाव है। उपदेशप्रधानकाव्य शिक्षाशतक[६२] में १०८ पद्य हैं। कवि ने इसमें अपने आप को संबोधित करते हुए संसार की असारता का उपदेश दिया है। पाँचवें पद्य से अंतिम पद्य तक 'अये मन:' यह संबोधन प्रत्येक पद्य के पहले चरण में है। मातृपितृस्तोत्र में कुल १७ पद्य हैं, तथा माता पिता की सेवा का महत्त्व प्रतिपाद्य है।

गुण्डीचाशतक

गुण्डीचाशतक के प्रणेता भगवद् ब्रह्म अठारहवीं शताब्दी में हुए। गुण्डीचाशतक की पूर्ति १७७८ई० में हुई।[६३]

गुण्डीचाशतक के अतिरिक्त उनका अन्य रचना मृगयाचम्पू: है। ब्रजकिशोर नायक ने उनके द्वारा पतितपावनाष्टकम् भी लिखे जाने की संभावना पर विचार किया है।

गंजाम जिले में गुण्डीचाचंपूकार चक्रपाणि दत्त से उनका विवाद होता रहा है। चक्रपाणि के काव्य में अलंकारबाहुल्य पर फब्ती कसते हुए इन्होंने कहा—

किं वाससा चिक्कणकुञ्चितेन किं दारुणा टङ्कुरवङ्कुरेण।
यद्यस्ति काचित् वचसां विभूतिस्तदा हि स्यान्मे मनसोऽस्ति तृप्तिः।।

चक्रपाणि ने भी उत्तर दिया —

किं वाससा नात्र विचारणीयं वासः प्रमाणं खलु योग्यतायाः।
पीताम्बरं वीक्ष्य ददौ तनूजां वीताम्बरं यद् गरलं पयोधिः।।

पृथ्वी छंद का प्रयोग पूरे काव्य में रुचिर है।

जगन्नाथ तथा पुरुषोत्तम क्षेत्र के विषय में संस्कृत में अनेक मुक्तक व स्तोत्र काव्य लिखे गये। नीलाद्रिमहोदय के सोलहवें अध्याय में जगन्नाथ की रथयात्रा वर्णित है। उत्कल के कवि गुणनिधि दाश शर्मा ने संवत् १९७६ में जगन्नाथरथोत्सवकाव्य की रचना की।

अन्य शतककाव्य

अन्य शतक काव्यों में कश्मीर के अवतार कवि का ईश्वरशतक शिवस्तुतिपरक रचना है। नरहरि का शृंगारशतक, नागराजकृत भावशतक आदि भी उल्लेखनीय हैं। अन्यापदेशशतक नाम से भी अनेक काव्य रचे गये। बौद्ध और जैन संप्रदायों में भी शतक काव्य की समृद्ध परंपरा रही है।

फल्गुहस्तिनी

फल्गुहस्तिनी का परिचय प्राप्त नहीं होता। शाप० (३३०) में उद्धृत इस पद्य में इन्होंने प्रतिपदा के चंद्रमा का सुंदर वर्णन किया है—

त्रिनयनजटावल्लीपुष्पं निशावदनस्मितं
ग्रहकिसलयं सन्ध्यानारीनितम्बनखक्षतम्।
तिमिरभिदुरं व्योम्नः शृङ्गं मनोभवकार्मुकं
प्रतिपदि नवस्येन्दोर्बिम्बं सुखोदयमस्तु वः।।

शिव की जटारूपी वल्ली का पुष्प, निशा के मुख की मुस्कान, ग्रह का किसलय (?), संध्यारूपी नारी के नितंब पर बना नखक्षत, तिमिर को भेदने वाला, आकाश का शृंग, कामदेव का कार्मुक यह प्रतिपदा का अभी उगे चंद्रमा का बिंब आपके सुख का उदय करने वाला हो।)

मोरिका

मोरिका का देशकाल अविदित है। शार्ंगधरपद्धति में इनके पद्य उद्धृत हैं। इनमें से एक में विरहिणी नायिका का मार्मिक चित्र है। बहते हुए आँसू से उसके कपोल धुल रहे हैं। वह प्रवास पर गये प्रिय के आगमन की अवधि गिनने के लिये भीत पर रेखाएँ तो खींचती है, पर गिनती नहीं है। उसे शंका है कि कहीं अवधि के दिन समाप्त तो नहीं हो गये (और फिर भी प्रिय नहीं आये)

विलिखति न गणयति रेखा निर्भरवाष्पाम्बुधौतगण्डतला
अवधिदिवसावसानं मा भूदिति शङ्किता बाला।।

शाप० ३४०३

द्वितीय पद्य में अतिशयोक्ति है। प्रवास पर जाते किसी नायिका के प्रिय को जाने से रोकने के लिये नायिका की सखी कहती है—

मा गच्छ प्रमदाप्रिय प्रियशतैरभ्यर्थितस्त्वं मया
बाला प्राङ्गणमागतेन भवता प्राप्नोत्यवस्थां पराम्।
किं चास्याः कुचभारनिःसहतरैरङ्गैरनङ्गाकुलै-
स्त्रुट्यत्कञ्चुकजालकैरनुदिनं निःसूत्रमस्मद्गृहम्।।

(३४९६)

(हे प्रमदा के प्रिय! मतजाओ, सैंकड़ों प्रिय वचनों से मैं तुम्हें मना रही हूँ। जाने के लिये प्रांगण तक तुम पहुँचते हो कि इस बाला की अवस्था कुछ की कुछ हो जाती है। और फिर इसके कुच भार से निःसह अनंगाकुल अंगों के कारण जो कंचुक जाल टूटते रहते हैं, उसके कारण हमारा तो घर भी सूत्ररहित हो गया है।)

यहाँ 'निःसूत्रमस्मद्गृहम्' कवि ने गहरी व्यंजना कराई है। 'निःसूत्रमस्मद्गृहम्' का सामान्य अभिधेयार्थ तो यही है कि उस नायिका के तंग कपड़े सिलते सिलते घर से धागे समाप्त हो गये, पर अन्य मार्मिक अर्थ भी ध्वनित होता है – इस घर के संबंधसूत्र चुक गये हैं, या समाधान के लिये कोई सूत्र ही नहीं बचे हैं।

वैजयंती

वैजयंती का समय सत्रहवीं शताब्दी है। इनके पिता मुरभट्ट अपने समय के प्रख्यात पंडित थे। ये फरीदपुर (वर्तमान में बांग्लादेश) में धानुका ग्राम में रहीं। अपने पिता से इन्होंने मीमांसादर्शन का अध्ययन किया। इनका विवाह कृष्णनाथ सार्वभौम से हुआ, जो स्वयं भी मीमांसा के अच्छे पंडित थे। कहा जाता है कि कृष्णनाथ भी मीमांसा में कोई जटिल समस्या आने पर वैजयंती से परामर्श करते थे। वैजयंती ने आनंदलतिकचंपूः की रचना में कृष्णनाथ सार्वभौम का सहयोग किया, जिसका उल्लेख कृतज्ञताप्रकाशपूर्वक कृष्णनाथ ने किया है –

आनन्दलतिकाचम्पूर्येनाकारि स्त्रिया सह।

वैजयंती स्वयं भी काव्य रचना करती थीं। पति प्रवास पर चले गये, तो उन्होंने यह श्लोक लिखा—

जितधूमसमूहाय जितव्यजनवायवे
मशकाय सदा कायः सायमारभ्य दीयते।।[६४]

(धुएँ के समूह को जिसने जीत लिया, पंखे की हवा को भी जिसने जीत लिया, उस मच्छर को सायंकाल के समय से मैं अपनी काया सौंप देती हूँ।)

माधवकवींद्र भट्टाचार्य

माधवकवींद्र भट्टाचार्य के पिता बर्दवान के निकट पूर्णपुर ग्राम के निवासी कविशेखर थे। इनका जन्म में हुआ। इनका समय सत्रहवीं शताब्दी है।[६५] इन्होंने उद्धवदूतम् की रचना की।

प्रियंवदा

प्रियंवदा का समय सत्रहवीं शताब्दी है। वे भी फरीदपुर के काचालिपाड़ा ग्राम की रहने वाली थीं। उनके पिता का नाम शिवराम था, तथा पति रघुनाथमिश्र इन्हीं शिवराम के शिष्य थे। इन्होंने श्यामारहस्य काव्य की रचना की है।

मधुरवाणी

तंजौर की राजसभा में सम्मानित मधुरवाणी सचमुच में मधुरवाणी वाली कवि हैं। परपुरुष की किसी कामिनी का यह कथन कितनी विच्छित्ति के साथ उन्होंने प्रकट किया है—

आकारेण शशी गिरा परभृतः पारावतश्चुम्बने
हंसश्चङ्क्रमणे मनोभवसमो रत्यां विमर्दे गतः।
इत्थं भर्तरि में समस्तयुवतिश्लाघ्यैर्गुणैः किञ्चन
न्यूनं नास्ति परं विवाहित इति स्यान्नैक दोषो यदि।।

सुहा० १८४९

हरिकवि

सुभाषितहारावली के निर्माता तथा शंभुराजचरितमहाकाव्य के प्रणेता हरि कवि का परिचय पूर्व में दिया गया है। अपनी सुभाषितहारावली (सुहा.) में इन्होंने स्वविरचित ४७ मुक्तक उद्धृत किये हैं।

सिन्दूरारुणकान्तिकुम्भयुगलं पौरन्दरीदिक्स्रजः
सौरं युग्ममिवाददानमखिलाधारं मृडानीसुतम्।
वन्दे वन्दितपादपद्ममरैर्यस्याङ्घ्रिबालातप-
ध्यानाद् याति सहस्रधा विघटिता विघ्नान्धकारावली।।

(सुहा० १)

(मृडानीसुत गणेश की मैं वंदना करता हूँ, जिनका कुंभयुगल सिंदूर से अरुणकांतियुक्त है, जिससे वे सूर्ययुगल को माथे पर धारण करते लगते हैं, वे अखिलाधार हैं, देवों से जिनके पादपद्म की वंदना की जाती है, जिनके चरणों के बालातप (सुबह की धूप) के ध्यान से विघ्नों के अँधेरे के पुंज सहस्रधा विघटित हो जाते हैं।)

स्मरामो विघ्नौघानपि दलयितुं ध्वान्तनिचया-
निवोद्दामान् देवं द्युमणिमिव गौरीतनुभवम्।
यदीया प्राचीव स्फुरदरुणकान्तिः कटितटी
धृता चेतःपद्माकरमिव विनिद्रं रचयति।।

(सुहा० २)

हम उन गौरीतनुभव गणेश का स्मरण करते हैं, जो उद्दाम विघ्नों के समूह रूपी अंधकार का दलन करने के लिये सूर्य हैं, जिनकी अरुणकांति वाली कटितटी चित्त में धारण करने पर प्राची के समान पद्माकर कमलवन को विनिद्र बना देती है।)

नीलकंठ दीक्षित के लघुकाव्य

नीलंकठ दीक्षित का परिचय उनके महाकाव्यों के विवेचन के प्रसंग में दिया जा चुका है। एक मुक्तक कवि के रूप में भी उनका अवदान महनीय है। इनके लघुकाव्यों में कलिविडिम्बनम्, सभारञ्जनशतकम्; शान्तिविलासः (५१ पद्य), वैराग्यशतकम् (१०१ पद्य), आनन्दसागरस्तवः (१०८ पद्य), अन्यापदेशशतकम्, शिवोत्कर्षमञ्जरी (५२ पद्य) चण्डीरहस्यम् (३६ पद्य), रामायणसारसंग्रहः (३३पद्य), गुरुस्तवमालिका (१८ पद्य) आदि उनकी बहुमुखी प्रतिभा के परिचायक हैं। एक और तो उनमें सामाजिक यथार्थ का चित्रण करनेवाली कृतियाँ हैं, दूसरी ओर भावविह्वल होकर देव के आराधन में आत्मविसर्जन के भाव को व्यक्त वाले स्तोत्रकाव्य हैं, तो कुछ काव्यों में उपदेशपरकता तथा विचारप्रधानता है। कलिविडम्बनम् १०२ श्लोकों की व्यंग्यरचना (सेटायर) है। क्षेमेन्द्र के बाद अपने समय पर इतना तीखी व्यंग्य की कविता संस्कृत में अन्य किसी प्राचीन रचनाकार ने नहीं लिखी। नीलकंठ ने शास्त्रार्थ करने वाले पंडित, ज्योतिषी, वैद्य, अध्यापक, पुरोहित, गृहिणी, गृहस्थ, संन्यासी, धनी लोग, राजा आदि को अपने प्रखर वाग्बाणों का विषय बनाया है। अत्यन्त सरल अनुष्टप् छन्दों में अपने समय के समाज पर बहुत सधी हुई टिप्पणियाँ सहज भाव से कवि ने की हैं। अपने समय के शास्त्रार्थों के विषय में उनका मन्तव्य है-

अभ्यास्यं लज्जमानेन तत्त्वं जिज्ञासुना चिरम्।
जिगीषुणा पुनस्त्यक्त्वा कार्यः कोलाहलो महान्।। (५)

(यदि तत्त्व की जिज्ञासा है, तो लज्जा के साथ विद्या का अभ्यास करना चाहिये, पर यदि (शास्त्रार्थ में) विजय की इच्छा है, तो लज्जा का त्याग करके महान् कोलाहल करना चाहिए।)

यदि न क्वापि क्रमते विद्यायां सर्वथा मतिः।
मान्त्रिकास्तु भविष्यामो योगिनो यतयोऽपि वा।। (१०)

यदि विद्या में बुद्धि काम नहीं करती, तो मान्त्रिक, योगी या यति तो हम हो ही जायेंगे (१०)।

ज्योतिषी को चाहिये कि जब यजमान अपनी आयु के विषय में प्रश्न करे, तो लम्बी आयु ही बताये, यजमान जीवित रहा, तो उसका बड़ा सम्मान करता रहेगा, यदि मर गया तो ज्योतिषी से जवाबतलब करने आयेगा ही कौन? (१६)।

चाटुकार कवियों के विषय में ये कथन बहुत सार्थक हैं—

कातर्यं दुर्विनीतत्वं कार्पण्यमविवेकिताम्।
सर्वं मार्जन्ति कवयः शालीनां मुष्टिकिङ्कराः।।
न कारणमपेक्षन्ते कवयः स्तोतुमुद्यताः।
किञ्चिदस्तुवतां तेषां जिह्वा फुरफुरायते।।

(३३, ३४)

(मुट्ठीभर धन के गुलाम बन कर कवि लोग आश्रयदाता की कायरता, ढिठाई, कंजूरी, मूर्खता इन सबकी सफाई कर देते है-अर्थात् उसकी केवल प्रशंसा ही करते हैं। स्तुति करने को उद्यत कवियों को स्तुति के कारण की आवश्यकता नहीं होती। कुछ देर बिना स्तुति किये रह जायें, तो किसी की स्तुति के लिए इनकी जीभ खुजाने लगती हैं।)

सभारञ्जनशतक सुंदर नीतिकाव्य है। राजसभा किन लोगों से किस तरह सुशोभित होती है-यह इसका प्रतिपाद्य है। कवि तथा विद्वान् के माहात्म्य पर विशेष रूप से प्रकाश डाला गया है।

भार्यायाः सुन्दरः स्निग्धो वेश्यायाः सुन्दरो धनी।
श्रीदेव्याः सुन्दरः शूरो भारत्याः सुन्दरः सुधीः।। (४९)

(भार्या या पत्नी के लिए प्रेम करने वाला पति सुन्दर है, वेश्या के लिए धनी व्यक्ति सुन्दर है, लक्ष्मी के लिए शूरवीर सुन्दर है तथा सरस्वती के लिए बुद्धिमान् व्यक्ति सुन्दर है।)

अपि कालस्य यः कालः सोऽपि कालमपेक्षते।
कर्तुं जगन्ति हन्तुं वा कालस्तेन जगत्प्रभुः।। (६५)

इसी तरह गृहिणी के विषय में इस तरह के कथनों में नीलकंठ ने पूरी परम्परा का निचोड़ प्रस्तुत कर दिया है—

गृहिणा यदि लभ्येत गृहिणी हृदयङ्गमा।
संसार इति को भारस्तं सारमनुपश्यतः।।
आहत्य चिनुमः स्वर्गपगवर्गमपि क्रमात्।
अनुकूले हि दाम्पत्ये प्रतिकूले न किञ्चन।।

(९२, ९३)

(गृहस्थ को यदि मनपसंद गृहिणी मिल जाये, तो संसार उसके लिए भार नहीं सार ही सार बन जाता है। मनुष्य स्वर्ग तथा अपवर्ग (मुक्ति) दोनों इसी संसार में पा सकता है। यदि दाम्पत्य जीवन अनुकूल है, तो सब है, यदि दाम्पत्य प्रतिकूल है, तो कुछ नहीं।)

वैराग्यशतक में संसार के पाखंड और द्वैध का निरूपण विरक्ति भाव के बोध में परिणत हुआ है।

पततु नभः स्फुटतु मही चलन्तु गिरयो मिलन्तु वारिधयः।
अधरोत्तरमस्तु जगत् का हानिर्वीतरागस्य।।

(९२)

(आकाश गिर पड़े, धरती फट जाये, पहाड़ चल पड़े, सागर एक दूसरे में मिल जायें, संसार उलटपुलट हो जाये, वीतराग के लिये क्या हानि है?)

लोगों की दोहरी जिन्दगी को पैनी दृष्टि से कलिविडम्बनम् की तरह यहाँ भी उघाड़ा गया है। विशेषरूप से मध्यमवर्गीय और उच्चवर्गीय समाज की लिप्सा और भोगतृष्णा पर करारा व्यंग्य कवि ने किया है। लोग अपने पिता से झगड़ते हैं, पर अपने बेटों को पितृभक्ति सिखाते हैं। दूसरों की पत्नियों को स्वायत्त कर लेते हैं, और अपनी पत्नियों को शास्त्र सुनाते हैं (२४)। जब तक पत्नी युवा है, उसे बाँझ कहेंगे; उसके बहुत से बेटे हो जाएँ, तो उसे छोड़ देगें, बेटे कम हुए हों, तो भी उसकी निन्दा करेंगे; फिर कौन सी कामिनी इन पुरुषों के लिए हृद्य है? जिनका ब्याह नहीं हुआ, वे स्त्री न मिलने से दु:खी हैं, जिनका ब्याह हो गया, वे इस बात से दु:खी हैं कि दो पत्नियाँ क्यों न हुईं, जिनके दो-दो पत्नियाँ हैं, वे इस बात से खिन्न हैं कि पराई प्रेमिका नहीं है। स्त्रियों से तृप्त कोई पुरुष नहीं दिखाई देता (४८, ४९)।

अन्यापदेशशतक में १०० अन्योक्तियाँ हैं। अन्योक्तियों के विषय में विभिन्न पशु-पक्षी, वृक्ष, समुद्र, वन आदि हैं। इसके माध्यम से कवि ने अपने जीवनदर्शन को व्यक्त करते हुए समकालीन परिस्थितियों का संकेत दिया है।

आत्मपरीक्षण, मन की अन्ध गुहा में प्रवेश, संसार की व्यर्थता, जीवन की निरर्थक भागदौड़ से खीझ तथा देवी के प्रति सम्पूर्ण मन से अन्ततः समर्पण की अभिव्यक्ति शान्तिविलास में की गई है। कवि संसार में अपनी आसक्ति की भर्त्सना करता है, परिवार के लोगों तथा परिचितों की स्वार्थपरायणता से खिन्न होता है।

आनन्दसागरस्तव अपनी भावविह्वलता तथा समर्पण की अटूट श्रद्धा के कारण प्रभावित करता है। कवि ने तल्लीन होकर दास्य भक्ति तथा देवी के प्रति मातृत्वबुद्धि को अभिव्यक्ति दी है। शिवोत्कर्षमञ्जरी ५२ शार्दूलविक्रीडित छन्दों में निबद्ध है। इसमें शिव के प्रति भक्ति प्रकट की गई है। शंकराचार्यकृत सौन्दर्यलहरी तथा मूककवि की पञ्चशती के समान नीलकंठ के स्तोत्रकाव्यों को उदात्त कल्पना, भावसम्पदा तथा विराट् के बोध ने महत्त्वपूर्ण बना दिया है।

गलदश्रु भावुकता के साथ-साथ आन्तरिक समर्पण और मोहभंग की अभिव्यक्ति सटीक रूप में यहाँ हुई है। आनन्दसागरस्तवः में कवि कहता है—

आक्रान्तमन्तररिभिर्मदमत्सराद्यैर्गात्रं वलीपलितरोगशतानुविद्धम्।
दारैः सुतैश्च गृहमावृतमुत्तमर्णैर्मातः कथं भवतु से मनसः प्रसादः।।

(२८)

इस आत्मसमर्पण के साथ कल्पना और स्वप्नाविष्ट बिम्बविधान का मणिकांचनयोग हुआ है। देवी कवि-भक्त को खोये हुए बच्चे की तरह देखती हैं। उनका सफेद मोतियों का हार कवि को वात्सल्य के कारण वक्ष से छलकते दूध की बूँदों से बना हुआ लगता है (वही, ७२)। देवी के कटाक्ष वाणी के निकेतन से निकले होने से कपूर की तरह उजले हैं, कमल के संसर्ग के कारण उसके पराग में लिपट कर वे रक्त वर्ण के हो गये हैं और शरणागत लोगों के कलुष दूर करते-करते वे कृष्ण वर्ण के हो गये हैं (वही, ९.)।

चण्डीरहस्यम् देवी को सम्बोधित स्तुति काव्य है। शाक्त दृष्टि तथा दुर्गाविषयक पौराणिक कथाओं के सन्दर्भ इसमें गुम्फित हैं। चण्डीरहस्यम् में ३४ पद्य हैं। देवी के स्वरूप,शाक्तदर्शन की अभिव्यक्ति तथा देवी की सर्वातिशायिता व माहात्म्य निरूपण की दृष्टि से यह उल्लेख्य स्तोत्र है।

यच्छक्तिलेशसकृदर्पणपात्रभावमात्रादपि द्रुहिणशौरिमहेश्वराणाम्।
प्राप्तो यदि श्रुतिशतैः परमात्मभावस्त्वामम्ब देवि भवतीं किमिति स्तुवन्तु।।

देवी की विविध नामावली का अनुकीर्तन व्युत्पत्ति के साथ कवि ने किया है—

नन्दात्मजेति ननु वर्षसि हेमराशिं शाकम्भरीति शमयस्युदरोपसर्गान्।
योगीश्वरीति परिहृत्य भयानि भक्तान् मातेव पाययसि कामदुधौ स्तनौ ते।।

(३.३०)

गुरुतत्त्वमालिका में कवि ने अपने गुरु गीर्वाणेन्द्रयति की भावपूर्णस्तुति की है। पांडित्य, कल्पना और भाषा पर असाधारण अधिकार का मनोहारी समागम इस छोटे से काव्य में हुआ है।

शिवोत्कर्षमंजरी में नीलकंठ ने ५२ शार्दूलविक्रीडित छंदों में शैवागमों के दर्शन व शिव के वैश्विक स्वरूप को भक्तिभावसमन्वित अभिव्यक्ति प्रदान की है। प्रत्येक पद्य के चतुर्थ पाद में 'स स्वामी मम दैवतं तदितरो नाम्नाऽपि नाम्नायते' इस पंक्ति की आवृत्ति होती है।

रामायणसारसङ्ग्रहरघुवीरस्तवः में रामायण की संक्षिप्तकथा के साथ राम की स्तुति भी है। पूरा स्तोत्र राम को संबोधन, उनके गुण गान, भक्तिभाव की अभिव्यक्ति तथा रामकथा के प्रसंगों का क्रमिक उद्घात – इन विविध प्रयोजन एक साथ सपन्न करता है।

यज्ञं ररक्षिथ मुनेर्यदि कौशिकस्य यज्ञात्मनस्तव तु तां विदुरात्मरक्षाम्।
कीर्तिं यदीच्छसि कृतार्थय माममनाथं काकुत्स्थ वीर करुणामसृणैरपाङ्गैः।।२।।

अपने परमगुरु अप्पय दीक्षित के प्रति अनन्य सामान्य श्रद्धा नीलकंठ ने व्यक्त की है। अप्पय की शिव की अष्ट मूर्तियों में गणना करते हुए उसने कहा है—

भूमिर्भ्राम्यति बुद्ध एव मरुतः प्रत्यग्भ्रमोऽत्यद्भुतो
भ्राम्यन्त्येव सहाश्रयेण यदि वा ज्योतींषि सर्वाण्यपि।
आवर्तोऽयमपां भ्रमः परिचिता मूर्तिर्हरस्याष्टमी
या सास्त्यप्पयदीक्षितो जयति सा मूर्तिरिनिरस्तभ्रमा।।

रामभद्र दीक्षित के स्तोत्र

शाहजी (१६८४-१७११ई०) के सभापंडित रामभद्र दीक्षित का परिचय मङाकाव्यविषयक अध्याय में दिया गया है। इनके अनेक स्तोत्र रामभक्तिपरक हैं।

रामाष्टप्रास – यह स्तोत्र सेतु शास्त्री द्वारा रचित विषमपदटीका के साथ प्रकाशित है।[६७] इसमें ११६ शार्दूलविक्रीडित छंदों में राम का स्तवन है। आठ या आठ से अधिक अनुप्रासों का एक एक पद्य में प्रयोग करने के कारण इसका नाम रामाष्टप्रास दिया गया है।

कीर्तिर्यस्य विरस्य कुन्दकुटजस्फूर्तिस्मयं रोदसी
पूर्तिर्व्यञ्झितवैभवाञ्चति तुलां कार्तिक्युदारेन्दुना।
मूर्तिश्रीजितवार्मुचा रघुवरेणार्तिर्ह्रियेतामुना
मार्तिक्याः स्फुरणं मतेः प्रदिशता मार्तिप्रसूतिर्मम।

जिनकी कीर्ति खिलते कुंज व कुटज के समान धरती और आकाश तक फैली है। जिनका प्रभामंडल पूर्णिमा के शरच्चंद्र के समान है। वे रघुवर हमारी आर्ति को दूर करें, जिनका स्तवन अपनी मतिमंदता से जनित इस स्तोत्र में ने किया। पर यह मेरी रचना मरण को प्राप्त न हो।)

रामभद्र अनुप्रास की छटा से देवीस्तव को सजाते हैं, समासों की लड़ियाँ उसे पहनाते हैं, अलंकार उनके लिये दिव्यभाव का आधान करने वाले बन जाते हैं—

गल्लालम्बितरत्नकुण्डलयुगामुल्लासिहारस्तनीं
फुल्लाशोकदलाधरां हृदयभूभल्लानुकल्पेक्षणाम्।
संल्लापैः रमयन् प्रभुः स जगतामल्लामवन्याः सुतां
चिल्लाभाय ममार्य चित्तखुरलीमल्लायमानो भवेत्।।३४।।

(गले तक लटकते रत्नकुंडलयुगल वाली, वक्ष पर उल्लसित हार वाली, खिले अशोक के सदृश रक्त अधर वाली, कामदेव के बाणों के सदृश कटाक्षों वाली (हृदयभूः मन्मथः, तस्य भल्लौ बाणौ तयोः अनुकल्पे सदृशे ईक्षणे यस्यास्ताम्) अवनि या पृथ्वी की तनया माता (अल्लामम्बाग्) सीता को अपने वार्तालाप से रमाते हुए जगत् के प्रभु राम मेरे लिये ज्ञान का लाभ देने वाले (चिल्लाभाय ज्ञानलाभाय) तथा चित्त की बाल क्रीडा में मल्ल बन कर अवतरित हों (चित्तमेवखुरली बालक्रीडास्थानं तत्र मल्लायमानः वीरः)।

प्रत्येक पद्य श्लेष, यमक, अनुप्रास विच्छित्ति पदों की झंकार से गुंजायमान है।

न श्वानो भुवने भवन्ति सकृदप्यश्वायमाना यथा
विश्वा निर्जरयातयोऽपि च यथा न श्वायिता राघवात्।
पश्वादिद्रुहिणान्तसर्गरसिके विश्वाधिवासे ततो
विश्वामित्रमकारिवैरिणि वयं विश्वासिनः केवलम्।।

(जैसे कुत्ते इस संसार में अश्व नहीं हो सकते, उसी प्रकार सारे देवता भी राघव से बढ़ कर नहीं हो सकते (न श्वायिताः न वृद्धियुक्ताः (राघवं नातिशेरत इति भावः।), पशु से लगा कर ब्रह्मा तक सारी सृष्टि के रसिक विश्व के अधिवास, विश्वामित्र को वैरियों से रहित करने वाले राम में ही हम विश्वास रखने वाले हैं।)

कवि का आर्तभाव तथा दैन्य अंतरंग मनोवेदना के साथ व्यक्त हुआ है।

नाहं पुत्रकलत्रमित्रविषये स्नेहं विहातुं क्षमः
साहंकारमिदं मनश्च न कथोत्साहं गुरूपासने।
देहं नश्वरमन्तकस्य न दया हा हन्त तेनोज्झितुं
मोहं नौमि रुचा विडम्बितपयोवाहं रघूणां पतिम्।।५७।।

यहाँ प्रत्येक पाद में द्वितीय तथा चतुर्दश अक्षर 'ह' है।

कवि अपनी दीनता का प्रदर्शन करता हुआ कहता है – मैं पुत्र व कलत्र (पत्नी) के विषय में स्नेह छोड़ नहीं सकता। मेरा मन अहंकार से भरा हुआ है, गुरु की उपासना में भी मन नहीं लगता। यह देह नश्वर है, मृत्यु किसी पर दया नहीं करता, हा हंत, इसीलिये मोह के त्याग के लिये अपनी कांति से मेघों को फीका बनाने वाले रघुपति को मैं नमन करता हूँ।)

रामभद्र की शैली में दुरूहता तथा शाब्दिक चमत्कार का आग्रह प्रबल हो गया है। कहीं कहीं विसंधि दोष भी आ गया है। बिना टीका के सर्वत्र काव्य की ग्रंथियाँ नहीं खुलतीं। अनुप्रास के सातत्य के लिये अप्रयुक्त शब्दों का अंबार भी वे लगा देते हैं। जैसे—

दानीयो विहितः श्रियामपि रिपोरानीय येनानुजः
पानीयाकरमेव योऽस्त्रशिखिनातानीदपोढस्मयम्।
आनीते विभवं च यस्य स वसन्मौनी वटद्रोस्तले
यामीनं शरणं मनोविहरणस्थानीकृतं सीतया।।

(जिन्होंने रिपु के अनुज विभीषण को भी (अभय दे कर) दानीय (दानयोग्य) बना दिया, अस्त्र शिखी या आग्नेयास्त्र से समुद्र को गर्वरहित बना दिया, वटतरु के नीचे रहने वाले मौनी (शंकर) जिनके वैभव को जानते हैं, सीता के द्वारा मनोविहरण के स्थान बनाये गये ऐसे राम की शरण में मैं जाता हूँ।

यहाँ प्रत्येक पाद में दूसरा तथा चौदहवाँ अक्षर नी है, नी की आठ बार आवृत्ति हुई है। अतः यह अष्टप्रास है।

रामचापस्तवः – यह स्तोत्र भी शार्दूलविक्रीडित छंद में निबद्ध है। इसमें १११ पद्यों में राम के धनुष की ओजस्वी स्तुति है। राम के प्रति अकुंठ भक्ति भाव को कवि ने उनके धनुष के स्तवन में अभिव्यक्त किया है। गौडीरीति के गाढ़बंध उसकी लेखनी के वशवर्ती हो कर सधते गये हैं। एक पद्य द्रष्टव्य है—

वल्गन् मन्दरशैलमूलमुखरक्षीरोदपूरोजर-
क्षिप्तानर्गलनिर्गलन्नवसुधामाधुर्यधुर्या गिरः।
निर्गच्छन्तु निसर्गवेगविधुतस्वर्लोककल्लोलिनी-
गर्वाः शर्वधनुर्विमर्दनधनुःस्तोत्राय वक्त्रान्मम।।

(१क्ष)

रामबाणस्तवः – यह स्तोत्र भी पूर्वोक्त पद्धति से रामबाण की स्तवन के द्वारा रामभक्ति व्यक्त करता है। १०८ स्रग्धरा छंदों में राम के बाण की तीव्र गति और अचूक वेधकता का स्फुरित चित्र अंकित किया गया है। बाण के स्तवन के साथ साथ कवि ने उसके विविध लक्ष्यों का संधान निरूपित करते हुए राम का संपूर्ण चरित्र भी इस काव्य का विषय बना लिया है। दिङ्मात्र निदर्शन द्रष्टव्य है—

सम्भ्राम्यत्ताटकाम्भोवहनिवहरजोवृष्टिनष्टावकाशे
दिक्चक्रे येन चक्रे स्फुटतरुपटलोत्पाटनापाटवेन।
रंहःसम्मुग्धसिंहच्युतमदकरिणा चण्डवातस्य लीला
स स्ताद्राजेन्द्रहस्ताम्बुजवसतिरिपुः श्रीनिदानं सदा नः।।

यहाँ दिक्चक्रे येन चक्रे के द्वारा यमक तथा श्रीनिदानं सदा नः के द्वारा छेकानुप्रास का विन्यास मनोहारी है।

विश्वगर्भस्तवः[६६] – इसका अन्य नाम जानकीजानिस्तोत्र भी है। १२५ शार्दूलविक्रीडित छंदों में जानकीजानि या श्रीराम की विविध छटाएँ कवि ने अवतरित कराईं है। श्रीजानकीजानये यह पद ध्रुवक की भाँति प्रत्येक पद्य के अंतिम चरण के अंत में आवर्तित है। राम का परमतत्त्व तथा सकलदेवाधिष्ठाता के रूप में भी वर्णन है, तथा सौंदर्यललाम क्षत्रियकुलावतंस के रूप में भी।

सालग्रामशिलासु चण्डकिरणे हृत्पुण्डरीके नृणा-
माविर्भूय यथोचितं दिशति यः स्वेष्टं फलं भावितः।
सत्तामात्रतया स्थितोपि सकलेष्वर्थेष्वमेयाकृति-
स्तस्मै प्राञ्जलिरस्मि दाशरथये श्रीजानकीजानये।। (९)

सामराज दीक्षित

सामराज दीक्षित ने शृङ्गारामृतलहरी नामक ग्रंथ में नवीन रसविमर्श प्रस्तुत किया है। इन्होंने इसमें अनेक रोचक शृंगारपूर्ण मुक्तक उदाहरण स्वरूप संकलित किये हैं।[६८] रसविषयक चिंतन की परंपरा में यह ग्रंथ रसगंगाधर की तुला का आरोहण करता है। विरह के वर्णन में सामराज ने अपना यह उदाहरण दिया है—

केनापि त्वयि कारणेन सुतनोर्नोपागते देहली-
मद्यासीद्यदकाण्ड एव चरितं तस्याः किमाचक्ष्महे।
पाटीरैर्गरलायितं सुमनसां वृन्दैः स्फुलिङ्गायितं
चन्द्रेणापि दिवाकरायितमहो हारैर्भुजङ्गायितम्।।

त्रिपुरसुंदरीमानसपूजास्तोत्र में सामराज दीक्षित ने सौंदर्यलहरी की परंपरा का अनुवर्तन करते हुए भक्तिभावना, शृंगार, सौंदर्यबोध तथा तांत्रिक साधना का समन्वय साधा है।

द्रुहिणहरिहराणां मौलिसञ्चारशीलं मणिघटितविभूषारश्मिनिर्णेजितं च।
निजमतिदृषदाहं भक्तिगङ्गापयोभिः पदयुगममलं ते देवि निर्णेजयामि।। (४)

यहाँ निर्णेजितं तथा निर्णेजयामि में पुनरावृत्ति दोष झलकता है। रश्मिनिर्णेजितम् (किरणों के द्वारा धोया जाता हुआ) तथा निर्णेजयामि (मैं इस पदयुगल को धोता हूँ) – इस प्रकार प्रथम पद में लाक्षणिकता का विचार करने पर दोष का परिहार हो जाता है। निजमतिदृषदा (अपनी बुद्धि के पत्थरों से) तथा भक्तिगङ्गापयोभिः – इन दोनों में रूपक भी अच्छा रचा गया है।

कामराज दीक्षित

सामराज दीक्षित के पुत्र कामराज दीक्षित ने शृंगारकलिकात्रिशती में ३०० सुंदर शृंगारमय पद्य प्रस्तुत किये हैं, जिनका आद्याक्षर वर्णमाला की द्वादशाक्षरी (बारहखड़ी) के अनुक्रम में हैं।[६९] उन्होंने अपने पिता के प्रति कृतज्ञता को हार्दिक अभिव्यक्ति देते हुए कहा है –

हृदि भावयामि सततं तातं श्री सामराजमहम्।
यत्कृतमक्षरगुम्फं कवयः कण्ठेषु हारमिव दधते।।१०।।

इस त्रिशती में प्रथम १५ पद्य प्रस्ताविक के हैं। सोलहवें पद्य से अकारादिक्रम से पद्यों का विन्यास है। कल्पना, यमकादि अलंकारों के विन्यास तथा सौंदर्यबोध की सहज अभिव्यक्ति के कारण कामराज दीक्षित की कविता प्रभावित करती है।

अवधिं निनाय तरसा दिनपञ्चकमञ्चितं सुभ्रूः।
पिकनिकरश्रुतपञ्चमशब्दा पञ्चत्वमापेदे।।१८।।

विरहिणी का वर्णन करते हुए कवि कहता है – विरह की अवधि के पाँच दिन तो झट से उसने बिता दिये, फिर कोकिलों की पंचम तानें सुनीं तो पंचत्व को प्राप्त हो गई।

औदनमन्यत्रैकं चषकं परिवेषयन्ती सा।
प्राघुणिकस्य तु पात्रे विहसन्ती द्वितयमर्पयामास।।५१।।

एक चषक भात परसती हुई हँसती हुई उसने पाहुन के लिये दो दो चषक डाल दिये।

इन काव्यों कवि कामराज बिहारी के दोहों की स्मृति कराते हैं। अतिशयोक्ति का तदनुरूप प्रयोग है —

झञ्झापवनोद्धूतासारविशीर्णाम्बुकणलेशाः।
सीत्कुर्वन्ति तदीयेष्वङ्गेषु मनोजतप्तेषु।।२८।।

(उसके काम से तपे अंगों पर आँधी से उड़ा कर छितराई वर्षा की फुहारें गिरती हैं तो सी-सी कर उठती हैं।)

टिट्टिभकलकलमधिकं श्रुत्वा गुरुयन्त्रिता भवनकृत्ये
प्रददौ तक्रं सुतनुः पायसकरणाय याचिता दुग्धम्।।२९।।

(गुरुजनों के द्वारा घर के काम काज में लगा दी गई उस सुतनु ने खीर बनाने के लिये दूध माँगने पर छाछ दे दी।)

सुन्दरार्यकवि

सुन्दरार्य कवि ने गीतिशतक में देवी की भावपूर्ण स्तुति की है। काव्य की पुष्पिका में दिये परिचय से विदित होता है कि सुंदरार्य कवि तिरुनेल्वेलि के अंतर्गत विट्ठलपुरनिवासी अष्टगोत्र तिरुमलैनल्लाचक्रवर्ती श्री वात्स्यवेंकटेश के पुत्र थे। समग्र काव्य में गीत्यार्या का लय व मार्दव परिव्याप्त है।

कलिहरणं भवतरणं शुभभरणं ज्ञानसम्पदां करणम्।
नतशरणं तव चरणं करोतु मे देवि कान्तिमत्यम्ब।।३।।

अन्यापदेशशतकम्[७०]

इसके प्रणेता मधुसूदन कवि मिथिला के निवासी थे। काव्य के अंत में में कविकृतपुष्पिका से विदित होता है कि ये दुजती (द्विजाति, उचिती) कुल में हुए, पिता का नाम पद्मनाभ तथा माता का शुभदा था। इनका समय अनिर्णीत है। पीटर्सन को इसकी एक पांडुलिपि सं० १८२२ में लिखी मिली थी, अतः इनका समय १७५० ई० या उसके पूर्व माना जा सकता है। इस काव्य में चम्पक तरु, चातक, मेघ आदि पर विविध छंदों में अन्योक्तियाँ हैं। सर्वत्र प्रासादिकता व प्रांजल अभिव्यक्ति इनकी कविता में मिलती है।

मेघ और सरोवर को ले कर अन्योक्ति है —

नोच्चैर्जल्पति वारिदो यदधुना कासार तन्मा मनो-
मालिन्यं समुपैहि हन्त महतां नैसर्गिकोऽयं क्रमः।
काले वर्षितुमद्यतो यदि भवेदेकक्षणार्धं तदा
युष्माकं कियती तृषा त्रिजगती पूर्णा भविष्यत्यसौ।।१३।।

(हे सरोवर, यह मेघ ऊँचे स्वर में गर्जन नहीं कर रहा, इस बात को ले कर अपना मन मैला मत कर। बड़े लोगों की यही स्वाभाविक रीति है। जब समय आने पर यह बरसने पर उतारू हो जायेगा, तो तुम लोगों की प्यास ही कितनी है, तीनों लोकों की प्यास बुझ जायेगी।)

लक्ष्मीसहस्त्र

लक्ष्मीसहस्त्रकार वेंकटाध्वरि का परिचय चंपूकाव्य के संदर्भ में दिया गया है। लक्ष्मीसहस्त्र में एक हजार पद्यों में लक्ष्मी की स्तुति है। लक्ष्मी को मातृस्वरूपा, सर्वशक्तिमयी, सर्वदेवमयी तथा जगदधिष्ठात्री के रूप में देखते हुए भावों की गहराई तथा कल्पना की ऊँचाई का अपूर्व संधान सुकवि वेंकटाध्वरि ने किया है, तथापि आयास व शाब्दिक क्रीडा सर्वत्र है। दस अवतारों की लक्ष्मी में प्रतिष्ठा प्रदर्शित करते हुए वे कहते हैं—

कृष्णः केशो दृगेषा झषतनुरधरो मन्दरागं निधत्ते
सौकर्यं दोष्णि रेजे किल मुखहरिता मध्यमात्ताबलिश्रीः।
रामस्यैषा वपुःश्रीः प्रथयति यमुनादर्पहृद्रोमवल्ली
धत्ते जङ्धाभिरामश्रियमिव कलिहृत्पादपद्मं तव श्रीः।।

लक्ष्मी के केश कृष्ण (काले) हैं, नेत्र मीन है, अधर मन्दरागधारी है (मंदरपर्वतधारी – कच्छप) बाहु में सौकर्य (शूकरावतार की उपस्थिति) मुखहरिता (मुख में हरि या सिंह नृसिंह का होना) मध्य में बलि (त्रिवलि) है। रोमवल्ली यमुना के दर्प को हरने वाली है, कलि के नाशक पादपद्म या चरणकमल पिंडलियों की अभिराम शोभा को धारण करने वाले हैं।

षड्ऋतुवर्णनकाव्यम्

कामराज दीक्षित के पुत्र व्रजराज दीक्षित ने षड्ऋतुवर्णनकाव्यम्[७१] में ऋतुसंहार की भाँति छहों ऋतुओं का वर्णन किया है। ऋतुसंहार की अपेक्षा नायिका भेद पर कवि की दृष्टि अधिक केंद्रित है। अपह्नुति, उत्प्रेक्षाएँ तथा निदर्शना आदि अलंकार शृंगार की रसस्फीति में स्वतः सधते चले गये हैं। वर्षा ऋतु के समय विरहिणी की दशा के वर्णन में कवि कहता है—

घोषं नवजलदानां श्रुत्वा विरहाकुला तन्वी।
निःश्वासच्छलतो ननु पवनास्त्रं तत्र निक्षिपति।।

(नये बादलों का गड़गड़ाना सुन कर तन्वी विरहिणी जो साँस छोड़ती है तो लगता है उन बादलों को उड़ाने के लिये वायव्यास्त्र छोड़ रही हो।)

अन्य श्रृंगारकाव्य तथा सुभाषितसंग्रह

नरहरि कवि के श्रृंगारशतक में ११५ पद्य हैं। नायिका के अंगप्रत्यंग, वस्त्र, वेषविन्यास तथा अलंकारों का बेबाक वर्णन यहाँ किया गया है। कवि का समय अज्ञात है। जनार्दनभट्ट के श्रृंगारशतक में विभिन्न छंदों का प्रयोग है।

इस पुस्तक के द्वितीय खंड में बारहवीं शताब्दी से पंद्रहवी शताब्दी तक संकलित अनेक सुभाषित संग्रहों का परिचय दिया गया है। सोलहवी से उन्नीसवीं शताब्दी के बीच बड़ी संख्या में सुभाषितसंकलन तैयार किये गये। इनमें बारहवीं शताब्दी के बाद के बहुसंख्य कवियों की रचनाएँ सम्मिलित की गईं है। लक्ष्मण भट्ट ने १६२५ई० के आसपास पद्यरचना नाम से संकलन निर्मित किया। इस में पंद्रह परिच्छेदों में विविध विषय समेटे गये हैं। स्वयं अंकोलकर लक्ष्मण भट्ट के भी सरस पद्य इसमें संकलित हैं। सुंदरदेव के सूक्तिसुदंर में शाहजहाँ की प्रशस्ति में एक पद्य है। अतः इसके संकलन का समय १६५८ई० के बाद है। हरिभास्कर की पद्यामृततरंगिणी में देव, नृप, रस, अन्योक्ति तथा प्रशस्त्यादि नाम से पाँच तरंग हैं। यह संकलन काशी में १६७४ई० में निर्मित हुआ। अंकोलकर लक्ष्मण भट्ट का गंगास्तुतिपरक एक पद्य हरिभास्कर ने संकलित किया है। मणिराम के श्लोक संग्रह में १६०६ पद्य हैं। अकबरीय कालिदास तथा अंकोलकर लक्ष्मण भट्ट जैसे परवर्ती कवि भी यहाँ उद्धृत हैं। श्रृंगारालाप में ग्यारह शतक तथा कुल ११४५ पद्य संकलित हैं। १५५६ई० में लिखी गई इस ग्रंथ की हस्तलिखित प्रति में इसके लिपिकर का नाम राम याज्ञिक दिया है, जो संभवतः इसके संकलनकार भी हो सकते हैं। अन्य संकलनों में हरिदास कवि का प्रस्तावरत्नाकर (१५५७ई०), नोरोजी पंडित की सूक्तिमालिका , विद्याकर मिश्र का विद्याकरसहस्रकम् उल्लेख्य हैं।

कतिपय सुभाषषितसंकलनों में एक कवि ने केवल अपने ही पद्य संकलित किये हैं। रूप गोस्वामी की पद्यावली तथा सोमप्रभाचार्य की सूक्तिमुक्तावली ऐसे ही संकलन हैं। इनका विषयक्षेत्र भी सीमित है। रूप गोस्वामी की पद्यावली का विषय राधा व कृष्ण का प्रणय तथा श्रृंगार है, तो सोमप्रभाचार्य की सूक्तिमुक्तावली में नीति- वैराग्यपरक पद्य हैं। अमितगति के सुभाषितरत्नसंदोह में जैनधर्म के उपदेश का लक्ष्यप्रधान है।

वैद्यनाथप्रासादप्रशस्ति

इस काव्य की कवि देवकुमारिका हैं, जो संस्कृत की महिलाकवियों में शीर्षस्थानीय हैं। देवकुमारिका ने उदयपुर के राजपरिवार में जन्म लिया। ये उदयसिंह के पुत्र राणा अमरसिंह की पत्नी थीं। संग्रामसिंह उनके पुत्र थे। संग्रामसिंह का राज्याभिषेक १७१०-११ ई० में हुआ, तथा १७१६ई० में इन्होंने वैद्यनाथ की प्रतिष्ठा कराई। इसके उपलक्ष्य में देवकुमारिका ने वैद्यनाथप्रासादप्रशस्ति की रचना की। इस प्रशस्ति में पाँच प्रकरण तथा १४२ पद्य हैं। उदयपुर

के संक्षिप्त इतिहास का वर्णन कर के कवि ने इसमें संग्रामसिंह के राज्याभिषेक तथा वैद्यनाथ मंदिर की प्रतिष्ठा का विशद वर्णन किया है। देवकुमारिका की काव्यशैली अनुप्रास की लड़ियों के गुँथाव व प्रांजल अभिव्यक्ति से संपन्न है। उदाहरणार्थ—

गुञ्जद्भ्रमद्भ्रमरराजिविराजितस्य स्तम्बेरमाननमहं नितरां नमामि।
यत्पादपङ्कजपरागपवित्रितानां प्रत्यूहराशय इह प्रशमं नयन्ति।।

लोकधर्मीकाव्यपरंपरा का सातत्य

इस ग्रंथ के द्वितीय खंड में मुक्तककाव्यविषयक अध्याय में लोकजीवन पर काव्य लिखने वाले बाण, योगेश्वर आदि कवियों की परंपरा पर विचार किया गया है। प्रकृत अध्याय में भी लक्ष्मीधर, शरण, केशट आदि अनेक कवियों का परिचय दिया गया है, जिन्होंने गाँवों, खेतखलिहानों तथा निर्धन लोगों के जीवन पर मार्मिक और यथार्थपरक काव्य रचे। उन्नीसवीं शताब्दी तक लोकजीवन को काव्य का विषय बनाने वाले कवियों की परंपरा संस्कृत में बनी रही। इनमें से अनेक कवि अज्ञातनामधेय हैं। ऐसे परवर्ती कवियों के कुछ अन्य पद्य उदाहरणीय हैं—

देवे कुर्वति दुर्दिनव्यतिकरं नास्त्येव तन्मन्दिरं
यत्राहारगवेषणाय बहुशो नासीद् गता वायसी।
किन्तु प्राप न किञ्चन क्वचिदपि प्रस्वापहेतोस्तथा-
प्युद्भिन्नार्भकचञ्चुषु भ्रमयति स्वं रिक्तचञ्चूपुटम्।।

(संस्कृत सूक्तिसागर : नारायण स्वामी, पृ० २७३)

(झमाझम बारिश हो रही थी, ऐसे में ऐसा कोई घर न था, जिसमें वायसी (मादा कौवा) आहार खोजने के लिये न गई हो। पर कहीं से कुछ भी उसे न मिला, तब वह अपने चूजों को सुलाने के लिये उनकी खुलती चोंचों में अपनी खाली चोंच घुमा रही है।)

चुल्लीसीमनि गोरसार्द्रमशनं भुक्त्वा परीत्यार्भकै-
रभ्याशे स्वकृषीक्षुयन्त्रनिनदं हर्षात् समाकर्णयन्।
शेते संहतगोगणोष्मणि गृहे स्रस्ताम्बरां गेहिनी-
मालिङ्ग्यागणयन्निशासु तुहिनं प्रोड्डामरः पामरः।।

(वही, पृ० ३०४)

(चूल्हे के पास गौघृत में सना भोजन कर के, बालकों से घिरा हुआ, अपने इक्षुयंत्र के निनाद को हर्ष के साथ सुनता हुआ, जुटी हुई गौओं के समूह की ऊष्मा में अपने घर में खिसक गये वस्त्रों वाली गृहिणी को गले लगा कर रात की शीतलता की परवाह न करता हुआ प्रोड्डामर पामर (मजदूर या हलवाहा) सो रहा है।)

पृष्ठारोपितकर्पटस्य विसरद्बाष्पाम्बुसिक्ताननः
कुब्जीभूततनोर्निविष्टवदनस्याभ्यन्तरे जानुनोः।
निस्सङ्गं भुजयुग्मपीडनवशाच्छश्वत्कवोष्णो रसः
पान्थस्योद्गतवह्निराशिनिचये याति क्षपा शैशिरी।।

(वही, पृ० ३०७)

पीठ पर ओढ़नी लपेटे, निकलते आँसुओं से धुली आँखों वाले, देह को कुबड़ा बना कर और घुटनों के बीच मुँह धँसा कर बैठे हुए दोनों भुजाओं को मसल मसल कर गुनगुनाहट का अनुभव करते हुए पथिक की यह शैशिरी क्षपा (रात्रि) सुलगती आग के सामने ही बीत गई है।)

विकसति सूर्ये विकसति मुकुलति चास्तं गते तस्मिन्।
शिशिरे निःस्वकुटुम्बः पङ्कजलीलां समुद्वहति।।

(वही, पृ० २९९)

(सूर्य के विकसित होने पर विकसित होता है, उसके अस्त होने पर मुरझा जाता है, शिशिर में निर्धन का कुटुंब कमल की लीला को हवन करता है।)

विडंबना के मार्मिक बोध के लिये यहाँ निदर्शना अलंकार का सूझबूझ के साथ प्रयोग किया गया है।

नारीजीवन के भी विविध पक्ष तथा मध्यमवर्गीय और निम्नवर्गीय परिवारों में महिलाओं की घुटन, वेदना, उल्लास, आनंद सभी भावों के इस काव्यपरंपरा के कवियों ने सहज अभिव्यक्ति दी है।

श्वश्रूः पश्यति नैव पश्यति यदि भ्रूभङ्गवक्रेक्षणा
मर्मच्छेदपटुः प्रतिक्षणमसौ ब्रूते ननान्दा वचः।
अन्यासामपि किं ब्रवीमि चरितं स्मृत्वा मनो वेपते
कान्तः स्निग्धदृशा विलोकयति मामेतावदागः सखि।। (वही)

(सास या तो देखेगी ही नहीं, या देखेगी तो भोंहें मटका कर टेढ़ी दृष्टि से देखेगी। ननद प्रतिक्षण मर्म को बेधने में पटु वचन बोलेगी। और लोगों का चरित क्या कहूँ, सखि, स्मरण करने में भी मन काँप जाता है। मेरा अपराध बस इतना है कि मेरे प्रिय मुझे स्निग्ध दृष्टि से देखते हैं।)

निःस्नेहः पतिरुज्झिता करुणया श्वश्रूरजस्रं वृथा
वाग्बाणैर्हृदयं भिनत्ति कलहोत्तानाः पुनर्यातरः।
नित्यं निन्दति नैव नन्दति कदाप्येषा ननान्दापि त-
न्मातः कं शरणं व्रजामि तरुणी दीनाहमेकाकिनी।।

(वही, पृ० ३३०)

(पति निःस्नेह (रूखा) है, सास में करुणा का नाम नहीं, वह निरंतर बिना बात के वचनबाणों से हृदय बींधती रहती है, बूआएँ तो झगड़ने पर उतारू ही रहती हैं। ननद भी नित्य मेरी निंदा ही करती है, मुझ देख कर कभी आनंदित नहीं होती। हे माँ, मैं दीन एकाकिनी तरुणी किसकी शरण में जाऊँ।)

कार्येणापि विलम्बनं परगृहे श्वश्रूर्न सम्मन्यते
शङ्कामारचयन्ति यूनि भवनं प्राप्ते मिथो यातरः।
वीथीनिर्गमनेऽपि तर्जयति च क्रुद्धा ननान्दा पुनः
कष्टं हन्त मृगीदृशां पतिगृहं प्रायेण कारागृहम्।।

(वही, पृ० ४८३)

(दूसरे के घर काम से जाना भी सास को सहन नहीं, कोई युवा मिलने आ जाये, तो बूआएँ शंका करने लगती हैं, गली में पाँव रखने में भी ननद डपटती है, हा कष्ट है, सुंदरियों के लिये पति का घर कारागृह के समान हो जाता है।)

तावद् विद्याऽनवद्या गुणगणगरिमा रूपसम्पत्तिशौर्यं
स्वस्थाने सर्वशोभा परगुणकथने वाक्पटुस्तावेव।
यावत्पाकाकुलाभिः स्वगृहयुवतिभिः प्रेषितापत्यवक्त्रात्
हे बाबा नास्ति तैलं न च लवणमपीत्यादि वाचां प्रचारः।।

सुभाषितरत्नाकर सं. कृष्णा शास्त्री भाटवलेकर, पृ० ११३, सुभाषितहारावली-८५१)

(तभी तक विद्या प्रशंसनीय बनी रहती है, गुणगण की गरिमा, रूप की संपत्ति और शौर्य भी तभी तक रहता है, सारी शोभा भी अपने स्थान पर रहती है, दूसरे के गुणों के कथन में वाक्पटु भी मनुष्य तभी तक बना रहता है, जब तक कि रसोई में व्याकुल उसके घर की युवतियाँ बच्चे को भेज कर उसके मुख से यह संदेश न दें कि हे बाबा, घर में न तैल है, न नमक।)

स्थूलप्रावरणोऽतिवृत्तकथकः कासाश्रुलालाविलो
भग्नोरःकटिपृष्ठजानुजघनो मुग्धोऽतिथीन् वारयन्।
शृण्वन् धृष्टवधूवचांसि धनुषा सन्त्रासयन् वायसा-
नाशापाशनिबद्धजीवविभवो वृद्धो गृहे ग्लायति।।

(सुभाषितरत्नाकर सं. कृष्णा शास्त्री भाटवलेकर, पृ० ११६, पद्यरचना ५७९)

मोटी ओढ़नी ओढ़े, लंबी चौड़ी बातें करने वाला, खाँसी, आसूँ और लार में लिपटा, जिसकी छाती, कमर, पीठ, घुटने व पिंडलियाँ टूट गई हैं, भोला वह घर में आने वालों को टोकता रहता है, बहुओं की ढिठाई भरी बातें सुनता है, और गुलेल से कौवे को भगाता रहता है। आशा के पाश में बँधे जीवन वाला बूढ़ा घर में छीज रहा है।)

अन्य मुक्तककाव्य

वादिराज का परिचय महाकाव्य विषयक अध्याय में दिया गया है। इन्होंने स्तोत्र व प्रकीर्ण काव्यों की भी रचना की, जिनमें मङ्गलाष्टक में गणेश तथा विष्णु की स्तुति है।

मुक्तक काव्य की परंपरा अत्यंत समृद्ध है, तथा अनेक मुक्तककारों के नाम व समय अविदित हैं। इनमें पद्मानंद का वैराग्यशतक भर्तृहरि के शतककाव्यों की परंपरा में एक उल्लेखनीय कृति है। इसमें १०३ पद्य हैं। अधिकांश पद्य शार्दूलविक्रीडित छंद में हैं। सूक्तियों का चारुता, जीवनानुभूति तथा सदुपदेश की महत्ता पद्मानंद की कृति के गुण हैं। महापुरुष का स्वरूप बताते हुए वे कहते हैं—

यः परवादे मूकः परनारीवक्त्रवीक्षणेऽप्यन्धः।
पङ्गुः परधनहरणे स जयति लोके महापुरुषः।।

(वैश० ४)

(जो परनिंदा में मूक, परनारी का मुख देखने में अंधा, परधन के हरण में पंगु हो वह महापुरुष लोक में जयी है।)

सच्चरित्र को वृक्ष से उपमित करते हुए उन्होंने रूपक की रचना की है —

सज्ज्ञानमूलशाली दर्शनशाखश्च येन वृत्ततरुः।
श्रद्धाजलेन सिक्तो मुक्तिफलं तस्य स ददाति।।

(वैश० २४)

अज्ञातकवि का खड्शतकम् किसी राजा के खड्ग (तलवार) पर लिखी अत्यंत ओजस्वी तथा कल्पनापूर्ण कविता है। गौडीरीति, दीर्घसमासबंधों के सफल निर्वाह, सानुप्रास पदावली की झंकार तथा ओजोगुण की निरंतर व्याप्ति से यह रचना गौरवमयी बन गई है। उदाहरणार्थ—

झात्कारान् जैत्रजन्ये झगिति जनयतो झम्मिकर्णज्वरार्तिं
झञ्झावातानुकाराज्झणझणितिझणत्कारिणः प्रोज्झिहानः।
झाषाङ्की तामवस्थां झगिति रिपुगणं ग्राहयन् धूर्जटीष्टां
झूरन् भ्राहितेषूज्झितरणरभसं प्रोज्जिहीतेऽस्य खड्गः।।

तलवार को वारस्त्री से उपमित करते हुए कवि ने वीर रस में शृंगार की छटा सम्मिश्रित की है।

सश्रीका विस्फुरन्ती सततपुलकितां दर्शयन्ती निजाङ्गं
सद्रागा वीर्यमात्रा मनसि सरभसं क्षोभमुत्पादयन्ती।
आश्लिष्यन्ती किलान्यं समिति सुविपुले कण्ठदेशेऽतिगाढं
या वारस्त्रीव सक्ता भवति विजयते साऽस्य जैत्रा कृपाणी।।

धारा के राजा नागराज या उनके नाम से उनके आश्रित कवि के द्वारा विरचित भावशतक शृंगारपूर्ण पद्यों का संकलन है। इसके अंतिम पाँच पद्यों में नागराज की वंशावली भी दी गई है। रचना में मौलिकता का अभाव है।

इसी प्रकार कोदंडशतक राजा भोज की प्रशस्ति में विरचित ओजस्वी रचना है। यह पूरा नहीं मिलता, जितना अंश मिलता है,वह धारा के राजप्रासाद में प्रस्तरशिलाओं पर उत्कीर्ण था।

श्रीकृष्णवल्लभ कवि का काव्यभूषणशतक पृथ्वी, शार्दूलविक्रीडित, स्रग्धरा आदि विविध वृत्तों में विन्यस्त है। इसका विषय शृंगार है। श्रीकृष्णवल्लभ कवि का देश-काल अज्ञात है।

सुन्दरार्य कृत गीतिशतक में देवी की भावपूर्ण स्तुति है।

सत्रहवीं अठाहरवीं के लगभग मूर्खशतकम् की रचना हुई। इस शतक में मूर्खों के लक्षण हैं। इसकी दो पांडुलिपियाँ भंडारकर प्राच्यविद्या संस्थान में मिलती हैं।[७२]

श्रीकृष्ण कवि[७३] के काव्य

श्रीकृष्णकवि द्वारा विरचित निम्नलिखित काव्य प्राप्त होते हैं - कविकण्ठाभरणम्, अनुनयमाला, मनोर्गहणम्, रघुवीरसुप्रभातम्, प्रास्ताविक श्लोकाः, करुणारसतरङ्गिणी।[७४]

इस कवि के जन्मकाल, जन्मस्थान आदि के विषय में कोई जानकारी प्राप्त नहीं है। इनका समय अठारहवीं उन्नीसवीं शताब्दी के आसपास हो सकता है।

कविकण्ठाभरण में नौ श्लोकों में कविता के पक्ष में तर्क है।

नो कालिदासपदवीमनुधावतीयं वाणी ममेति कवितां न परित्यजामि।
नासौ पुरन्दरपुरीगणिकोपमेति को वा जहाति दयितां परिणीय लोके।।

(यह मेरी कविता कालिदास की टक्कर नहीं ले सकती इसलिये मैं इसे छोड़ तो नहीं सकता। अपनी प्रिया से विवाह कर के कोई उसे इसलिये तो नहीं छोड़ देता कि वह पुरंदरपुरी (स्वर्ग) की गणिका के बराबर नहीं है।)

यहाँ मेरे लिये कविकर्म को इसलिये छोड़ना कि वह कालिदास जैसा नहीं है, वैसा ही होगा जैसे अपनी परिणीता पत्नी को यह सोच कर छोड़ना कि वह अप्सरा के समान नहीं है – अभवन्वस्तुसम्बंध इस उपमा में परिणत हो जाता है अतः निदर्शना अलंकार है। कालिदास को महान् कवि मानते हुए भी शृंगार के विलास में डूबी उनकी कविता को गणिकातुल्य कवि ने कह दिया है, उसकी तुलना में अपनी स्वयं की कविता को परिणीता भार्या की भाँति शुचि भी सूचित कर दिया है, इस प्रकार व्यतिरेक का बड़ा ही व्यंजनापूर्ण बारीक प्रयोग कवि ने यहाँ किया है।

जिह्वाङ्गणेष्वनृतमेव सदा कवीनां नृत्यं समाकलयतीति हि ये भणन्ति।।
कुर्वन्तु ते ननु निजामचिरेण जिह्वां जह्नुद्भवासलिलसङ्गमतः पवित्राम्।।

(कवियों की जिह्वा के आँगन में सदा झूठ ही नाचता रहता है – ऐसा जो कहते हैं, वे पहले अपनी ही जीभ को जाह्नवी या गंगा के सलिल से पवित्र कर लें।)

यहाँ भी कवि ने बड़ी अच्छी चुटकी ली है। जिह्वांगण में रूपक है, तो अनृतं नृत्यं समाकलयति यह लाक्षणिक प्रयोग भी चमत्कारपूर्ण है।

करुणारसतरङ्गिणी में जीवन में दुःख की व्याप्ति का निरूपण अलग अलग खंडों में विरही, विरहिणी, वंध्या, विधुर तथा पुत्र के निधन से शोकाकुल पिता के उद्गारों के द्वारा किया गया है। विरही की मार्मिक उक्तियों में मंदाक्रांता छंद है, विरहिणी के लिये वियोगिनी छंद कवि ने लिया है। कालिदास की कविता का सर्वातिशायी प्रभाव कवि पर है। मेघदूत की छाया कतिपय पद्यों पर है। किंतु मध्यमवर्गीय परिवार के यथार्थ चित्र भी कवि ने स्वानुभूति से अंकित किये हैं—

अश्लीलत्वात् सजलनयनं मीलनेऽशक्नुवन्त्याः
मत्प्रस्थाने सपदि वसनेनाश्रु तस्याः प्रमार्ष्टुम्।
उद्युक्तं मां भुजलतिकया गाढमालिङ्.ग्य कान्त
स्मर्त्तव्याहं प्रतिदिवसमित्यालपन्तीं शृणोमि।।

(मेरे प्रस्थान के समय अमंगल होगा यह सोच कर डबडबाई आँखें मूँदने में असमर्थ, झट से उसकी आँखें पौंछने के लिये उद्यत मुझे अपनी भुजलता से गाढ़ आलिंगन में बाँध कर वह बोली – हे प्रिय, प्रतिदिन मुझे याद रखना। यह कहती हुई उसे मैं आज भी सुनता हूँ।)

वन्ध्या के शोक का बड़ा मार्मिक चित्रण तृतीय खंड में है। उदाहरण—

किमनेन विभूषणेन में किमु सौधेन समुच्छ्रितेन वा।
अधुनापि समाप्नवं न यत् सुतमन्धस्य विलोचनोपमम्।।

(इन गहनों से क्या, इतने ऊँचे भवन से क्या, यदि अभी तरह अंधे के लिये आँखों के समान बेटा मुझे नहीं मिल पाया?)

तनुजः करपल्लवेन में स्तनमेकेन निवेशयन्मुखे।
अपरेण तु कण्ठलम्बिनीं मम मुक्तावलिमाहरेत् कदा।।

(कब मेरा अंगजाया अपने कोंपल जैसे हाथ से मेरे एक स्तन को मुख में भरता हुआ दूसरे हाथ से मेरी गले में लटकती माला को खींचेगा?)

वदनान्तविलग्नचूचुकं दृढनिद्राविनिमीलितेक्षणम्।
करयोर्युगले न में कदा सुतमादाय नयामि डोलिकाम्।।

(मुँह के कोने में चूचुक लगा रहा गया है, वह गाढ़ी नींद में आँखें मूँदे सोया है – ऐसे बेटे को कब मैं अपने दोनों हाथों के झूले में झुलाऊँगीं?)

पत्नीहीन का शोक चतुर्थ खंड में वैधुर्य का मार्मिक अनुभव कराता है—

उपरते किल भर्तरि तापसैरनुमृतिः सुदृशां हि विधीयते।
न पुरुषस्य कदाप्यबलामृताविति वचो नितरामिह बाधते।।

(पति की मृत्यु पर सुंदरियों के लिये अनुमरण का विधान तो मुनियों ने बताया है, वहीं अबला की मृत्यु होने पर पुरुषों के लिये क्यों नहीं बताया – यह बात मुझे बहुत खटक रही है।)

अपि गिरं मुनिभिः परिकीर्त्तितामविगणय्य जहाम्यपि चेदसून्।
क इह मातृविहीनममुं शिशुं समभिवर्धयते मदनन्तरम्।।

(यदि मुनियों की कही वाणी का निरादर कर के अपने प्राण छोड़ भी दूँ, तो इस मातृविहीन शिशु को मेरे बाद क्यों पालेगा पोसेगा?)

इसी प्रकार पुत्रविहीन का शोक पंचम खंड में चित्रित है—

दूरानीतं कथमपि सुतं संसृतेर्भारमेनं
कृत्वा कान्तामुपजिगमिषोः स्वर्गगां तां क्रमेण।
एषावस्था मम समुचिता दुर्विधे नैव किञ्चित्
खञ्जस्येवादयमपहृतालम्बयष्टेर्नरस्य।।

(हे दुष्ट विधाता, इस सृष्टि पर वह भार बन गया था, तो उस मेरे बेटे को किसी तरह तुमने मुझ से दूर कर दिया, फिर मेरी पत्नी भी स्वर्ग जा चुकी थी, मैं उसके पास जाना चाहता था, जैसे लँगड़े के हाथ से लाठी छीन ली जाये – इस तरह मेरी यह अवस्था समुचित नहीं है।)

अनुनयमाला में प्रियाप्रसादन तथा मनोहर चाटुवाक्य हैं। मनोगर्हण निर्वेदपरक काव्य है। प्रास्ताविकश्लोकाः के कुछ पद्य नीलकंठ दीक्षित की कविता का स्मरण कराते हैं।

स मूढो यस्तु मनुते भार्या मम वशंवदा।
सा मूढा या च मनुते भर्ता मय्येव रज्यति।

(वह मूर्ख ही है, जो यह मानता है कि मेरी पत्नी मेरे वश में है। वह स्त्री भी मूर्ख ही है, जो यह मानती ह कि मेरा पति केवल मेरे ऊपर ही अनुराग रखता है।)

अन्य स्तोत्रकाव्य

दक्षिण के कवियों में गंगाधर मखी ने अंबिका, कमला तथा शारदा देवियों पर तीन तीन सौ आर्याओं में सुंदर स्तोत्र लिखे हैं। इन की कविता पर दुर्वासा के स्तोत्रों तथा मूक कवि का प्रभाव है।

आंध्र के त्यागराज ने आर्यापञ्चदशी, धर्माम्बिकास्तव, नवाक्षरीस्तोत्र, शान्तिस्तव, षट्त्रिंशन्नवमालिकास्तव, सविच्छदक आदि नौ स्तुति काव्यों की रचना की। अन्य स्तोत्र काव्यों में शिवरामकृष्ण सुधा का जलकण्ठेश्वर ११२ शार्दूलविक्रीडित पद्यों में, सुब्रह्मण्य योगी की तिरुपति के भगवान् की स्तुति में तत्त्वार्थसारावलि:, तिरुमलार्य का ७८ पद्यों में यदुगिरिनारायणस्तव: आदि उल्ल्ख्य हैं।

सत्यज्ञानानंद तीर्थयति परमहंस पारिव्राजकार्य कामकृष्ण यति के शिष्य थे। इन्होंने ५६ पद्यों में काशी स्तुति की रचना की है। इस काव्य में काशी के धर्मिक, आध्यात्मिक तथा सांस्कृतिक स्वरूप का महिमागान है। विविध छंदों का प्रयोग है। यह जीवानंदविद्यासागर की टीका के साथ उनके द्वारा संपादित काव्यसंग्रह के तृतीय खंड में प्रकाशित है।

शाकद्वीपीय नियमधरमिश्र के भक्तचामरस्तोत्र में ४७ पद्य हैं। इस काव्य में पार्वतीसहित शिव की भक्तिभाव में डूब कर स्तुति की गई है। यह भी जीवानंदविद्यासागर की टीका के साथ उनके द्वारा संपादित काव्यसंग्रह के तृतीय खंड में प्रकाशित है।

अठारहवीं शताब्दी के गंगाधर शास्त्री मंगरूलकर के तीन शृंगारप्रधान काव्य हैं – विलासगुच्छ:, भामाविलास: तथा अपराधमार्जनम्।

सूर्य बलदेव रथ

कवि सूर्य बलदेव रथ का जन्म उत्कल प्रांत के गंजाम जिले में बडखेमुंडि ग्राम में अठारहवीं शताब्दी के अंतिम चरण में हुआ। इन्होंने संस्कृतसम्मिश्रित उड़िया भाषा में अनेक रचनाएँ कीं, तथा स्वयं की उड़िया रचनाओं का संस्कृत में रूपांतर भी किया। किशोरचन्द्रानन्दचम्पू:, प्रेमोदयचम्पू:, चन्द्रकलाकाव्य, संगीतावली, हास्यकल्लोल, भक्तिपुष्प, छान्दपीयूष, अभिसार, ढुम्पासंगीत, मानसगीतिका आदि उनके इसी प्रकार के काव्य हैं। भाषा की गरिमा और प्रौढ़ता, तथा पदावली के लालित्य और मसृणता में कवि रथ अनन्य हैं। किशोरचंद्रानंदचम्पू से यह उदाहरण द्रष्टव्य है—

तेने येनेह कृष्णावसनवितरणोद्वेगनैपुण्यपुण्यं
पार्थानर्थान् कुरूणामधिपतिविहितान् यो जुहावाहवाग्नौ।
सत्यातथ्यानयद्यो भुवममरतरुं स्वर्गतोऽनर्गलौजाः
हन्ता दन्ताबलार्तेः स परमपुरुषः सन्ततं शं तनोतु।।

हास्यकल्लोल में हास्यरस की छींटाकशी रंजनकरी है। उदाहरणार्थ—

कुलटानां निसर्गाय नमस्तस्मै दयालवे।
येन ताः स्वपतिं हत्वा पलायन्ति परापरम्।।

कामधेनुकार गोपेंद्र तिप्प भूपाल

गोपेंद्र तिप्प भूपाल ने वामन की काव्यालंकारसूत्रवृत्ति की विशद टीका लिखी है। इस टीका में अनेकत्र इन्होंने अपने सुंदर पद्य भी उद्दृत किये हैं।

कल्याणानि करोतु नः भगवान् क्रीडावराहाकृति –
दंष्ट्राग्रेण नवप्ररोहपुलकां देवीं धरामुद्वहन्।
यस्याङ्गेषु वहन्ति रोमविवरालग्नामहोम्भोधयः
कान्तास्पर्शसुखादिव प्रकटितां स्वेदोदबिन्दुश्रियम्।।१।।

वे भगवान् क्रीडावराह आपका कल्याण करें, जो डाढ़ की नोक पर नये नये अंकुराते रोमांच से पुलकित धरती को उठाये हुए हैं, जिनके अंगों के रोएं रोएं में लहराते महासागर प्रिया के स्पर्श के सुख से फूट पड़ी पसीने की बूँदों की शोभा धारण करते हैं।)

वराह के विराट् रूप, उनके प्रति भक्ति भावना, वराह और पृथ्वी में नायक व नायिका के भावों का आरोप,तज्जन्य शृंगार की अनुभूति तथा निदर्शना अलंकार की चारुता - इस पद्य में इतनी विशेषताएँ समवेत हो गईं हैं।

इसीप्रकार अर्धनारीश्वर के विग्रह का यह ध्यान कविता में आराध्य के साक्षात्कार व शब्दों से एक दृश्य के विशद अंकन का अच्छा उदाहरण है—

दरोन्मीलत्फालद्युतिमदमृतस्यन्दिशुभिकं
भ्रमन्मीनोष्णीषं पदसरणिपारीणवलयम्।
विराजत्स्त्रीभावव्यतिकरितपुम्भावसुभगं
पुरस्तादाविःस्याद् भुवनपितरोस्तन्मम महः।।२।।

(जिनके ऊपर अमृत को बहाते चंद्र की फाँक कुछ उभर आई है, घूमती मछलियाँ जिनकी पगड़ी बन गई हैं, जिनके पाँवों में पारीण (?) के वलय हैं, स्त्रीभाव की शोभा व पुम्भाव के सौभाग्य दोनों से युक्त भुवन के मातापिता का वह तेजस्वी विग्रह मेरे समक्ष आविर्भूत हो।)

इसीप्रकार गणेश का यह रूप अनुष्टुप् में समासप्रदान शैली के द्वारा कवि ने समेट लिया है—

ओङ्कारमणिघण्टानुरणान्निगमबृंहितम्।
चित्ते शृङ्खलितं भक्त्या चिन्तये चिन्मयं गजम्।।३।।

(ओंकार की मणिघंटाओं के अनुनाद को निगम से बृंहित करते या बढ़ाते हुए चित्त में शृंखलित चैतन्य गज को भक्ति से मैं ध्यान करता हूँ।)

गोपेंद्र तिप्प भूपाल अनुप्रासों की रमणीय छटाओं से अपने मुक्तकों को अलंकृत करते हैं। वाणी वंदना में उनके ये अनुष्टुप् इस दृष्टि से सुश्राव्य व सुपाठ्य हैं—

करुणामसृणालोकप्रवणा शरणार्थिषु।
प्रगुणाभरणा वाणी स्मरणानुगुणास्तु मे।। ४।।
निजसौन्दर्यनिर्धौतस्फुरन्मौक्तिकभूषणा।
प्रसादविशदालोका शारदा वरदास्तु मे।।
किरन्ती कौतुकस्मेरैः कटाक्षैः करुणामृतम्।
समये संनिधत्तां मे संलपन्ती सरस्वती।।

गद्य हो या पद्य दोनों में भाषासौष्ठव तथा रमणीय पदन्यास के द्वारा सौंदर्यबोध का परिचय कामधेनुकार ने दिया है। जैसे—

सुधारसाभे सुषमाप्रवाहे मुक्तायमानैर्मणिभिर्विचित्रैः।
ज्योत्स्नेव ताराभिरलंकृता में सा शारदा चेतसि संनिधत्ताम्।।

तथा –

तदेतत्पाणिनिभणितिपारायणपरिणतान्तःकरणानामस्माकं चेतसि चोद्यं न चातुरीमाचरति।

प्रहेलिका तथा समस्यापूर्ति काव्य

प्रहेलिका चित्रकाव्य का एक प्रकार है। इसकी परंपरा अत्यंत प्राचीन है। इसका उत्कृष्ट उदाहरण धर्मदास का विदग्धमुखमंडन है। मंगलपद्य के प्रतीत होता है कि धर्मदास संभवतः बौद्ध रहे होंगें।

विदग्धमुखण्डन में चार परिच्छेद हैं। जीवानंद विद्यासागर ने इसकी टीका लिखी है। प्रथम सात प्रास्ताविक पद्यों में अत्यंत प्रासादिक सहज सरस वैदर्भी रीति है। अष्टम पद्य में कवि ने कहा है —

यद्यस्ति सभामध्ये स्थातुं वक्तुं मनस्तदा सुधियः।
ताम्बूलमिव गृहीत्वा विदग्धमुखमण्डनं विशत।। (१.८)

तदनन्तर समस्त, व्यस्त, समस्त , समस्तव्यस्त, व्यस्तसमस्त आदि विद्याओं के लक्षण व उदाहरण प्रस्तुत किये गये हैं।

जनसमाज में मनोरंजन के लिये इस प्रकार की पहेलियाँ बुझाई जाती रही हैं। इससे संस्कृत भाषा के लोकव्यवहार में प्रचलन का भी पता चलता है। इस प्रकार की कतिपय स्फुट पहेलियाँ इस प्रकार हैं—

आद्यहीने भवेत् काम आद्येन पृथिवी मता।
तच्छून्ये व्यत्यये लक्ष्मीः समुदाये हरात्मजा।।

पहला वर्ण लोप करने पर काम हो जाता है, पहले वर्ण का अर्थ पृथिवी है, अंतिम दो वर्णों को पलट कर पढ़ने पर लक्ष्मी का अर्थ निकलता है। सारे वर्णों को मिला कर पढ़ने पर हरात्मज या शिव के पुत्र का अर्थ निकलता है। उत्तर है – कुमार। कु पृथ्वी, मार – कामदेव, मार को उलट कर पढ़ने पर रमा या लक्ष्मी का अर्थ निकलता है। कुमार हर या शिव के पुत्र कार्तिकेय का नाम है।

एकवर्गस्वरोद्भूतं चतुर्वर्गफलप्रदम्।
अनुलोमविलोमाभ्यां यस्य नाम स पातु वः।।

इसका उत्तर है नन्दनन्दन। इस पूरे शब्द में स्वर एक ही है – अ। अनुलोम से पढ़े या विलोम से शब्द वही रहता है।

समस्यापूर्ति काव्यों में मेघदूत की समस्यापूर्ति में लिखे गये अनेक दूत काव्यों की चर्चा मुक्तककाव्यपरंपराविषयक अध्याय में की जा चुकी है।

उपसंहार

संस्कृत के मुक्तककाव्यों की एक सहस्राब्दी की इस विकास यात्रा में नई विधाओं, नये विषयों तथा नये भावबोध का कविता में समावेश हुआ। स्तोत्रकाव्यों में भावों की सांद्रता के उत्तम उदाहरण सामने आये, अन्योक्तियों के द्वारा समाज की समीक्षा का अभिनव उपक्रम हुआ। लोकजीवन की सरस छवियाँ सुभाषितों में उकेरी गईं, तो ग्रामांचलों का परिवेश पूरे यथार्थ के साथ निरूपित किया गया। आधुनिकता का भी अवतरण उन्नीसवीं शती के आगमन के साथ संस्कृत के मुक्तकों में होने लगा, जिसने आने वाली सहस्राब्दी की साहित्यिक पीठिका निर्मित की।

सन्दर्भ

१. न नमति चरणौ भक्त्या किमिति जडमर्तिर्लोकः
भवभयशमनौ शम्भोर्भुजगशिशुभृदग्रे।।
निपततां भ्रमतां विनिमज्जतां
प्रविशतां परिवारशतैरधः।
तनुभृतां भव एव भवार्णवे
भवमये भगवानवलम्बनम्।।

२. अप्रस्तावस्तुतिभिरनिशं कर्णशूलं करोति
स्वं दारिद्र्यं वदति वसनं दर्शयत्येव जीर्णम्।
छायाभूतश्चलति न पुरः पार्श्वयोर्नैव पश्चात्
निःस्वः खेदं दिशति धनिनां व्याधिवद् दुश्चिकित्स्यः।।

३. शार्ंग द्वारा उद्धृत अन्य पद्य (३४११, ३४२७, ३४३०, ३४३८, ३४७५, ३७२६, ३७५६, ३७६२, ३७९२, ३७९९,३८००, ३८७८-७९, ३९९१) भी इसी दृष्टि से विचारणीय हैं।

४. वाचः पल्लवयत्युमापतिधरः सन्दर्भशुद्धिं गिरां
जानीते जयदेव एव शरणः श्लाघ्यो दुरूहद्रुतेः।
शृङ्गारोत्तरसत्प्रमेयरचनैराचार्यगोवर्धन-
स्पर्धी कोऽपि न विश्रुतः श्रुतिधरो धोयी कविक्ष्मापतिः।। सुहा० ३३०

५. काव्यसंग्रह – प्रथम भाग, सं० जीवानंद विद्यासागर में संकलित

६. गीतगिरीशम्, सं० प्रभात शास्त्री हिंदी साहित्य सम्मेलन, प्रयाग, १९८७

७. सङ्गीतमाधवम्, सं० प्रभात शास्त्री, हिंदी साहित्य सम्मेलन प्रयाग, १९९१

८. जानकीगीतम्, सं० वही, प्रयाग, १९९५

९. निबन्धमञ्जूषा – सीतानाथ आचार्यः, संदेश, १०१-सी, विवेकानंद मार्ग, कलकत्ता-७०० ००६, २००८, पृ० ९३

१०. शैवशास्त्रपरंपरा में अज्ञातकर्तृक पञ्चस्तवी प्रसिद्ध है, जिसकी चर्चा इस ग्रंथ से दूसरे खंड में की गई है। पञ्चशती उससे भिन्न है।

११. काव्यमाला गुच्छक ५ में प्र०, जीवानंद विद्यासागर ने चार ही शतक प्रकाशित किये थे।

१२. काव्यमाला गुच्छक-९, १९१६

१३. काव्यमाला गुच्छक ११ में प्र०

१४. सदु० में धोयी के नाम से उद्धृत इस पद्य में छंदःपरिवर्तन के साथ लगभग यही भाव दोहराया गया है
दरपरिणतदूर्वादुर्बलामङ्गलेखां, ग्लपयति न यदस्याः श्वासजन्मा हुताशः।
स खलु सुभग मन्ये लोचनद्वन्द्वमारादविरतपटुधारावाहिनीनां प्रभावः।। सदु० ६२५
संभवतः यह पवनदूत के उपरिलिखित पद्य का ही पाठांतर है।

१५. जैनमेघदूतम् – मेरुतुंग, टीका व अनु० – रविशंकरमिश्र, पार्श्वनाथ वि.शो.सं., १९८९, पृ० १९-२३

१६. Contribution of Tamilnadu to Sanskrit, p. 102

१७. यद्यप्यस्ति सनिस्तराद्भुताकथाभूयिष्ठनानाविध-
व्याख्यायां निरवद्यहृद्यचरितोदारं च देशान्तरम्।
तत्रापि स्वगृहेषु कोऽपि गुणवद्गोष्ठीगरिष्ठीकृत-
स्फारोऽनारतभारतीरसपरिष्यन्दः सखे सुन्दरः।। ६३
ते वन्द्या मकरन्दबिन्दुमधुरैरभ्युत्थितादक्षरै-
र्येषां वान्ति सरस्वतीपरिमलोद्गारा मुखाम्भोरुहात्।
वन्द्यास्ते तदन्तरालपतिता ये भृङ्गभङ्गीजुषः
सान्द्रानन्दकरम्बितं जगदिदं विन्दन्ति नन्दन्ति च।।
दृष्ट्वा देशमशेषमा जलनिधेरालोक्य कौतूहला-
दास्थानीरवनीभृतां च पुनरप्यागत्य देशं निजम्।।
कारुण्यात् तरुणं जनं प्रति सतामभ्यर्थनाभिस्तथा
सोऽयं सम्प्रति जह्लणेन कविना मुग्धोपदेशः कृतः।।
विद्याभ्यासपरम्परापरिचयैर्बाल्यं कृतार्थीकृतं
तारुण्यं तरुणीनिरन्तरपरीरम्भैश्च सम्भावितम्।
अस्माकं सुरसिन्धुरोधसि पुनः शम्भावदम्भार्चनै-
र्वृद्धत्वस्य विशुद्धतां जनयितुं कर्तव्यशेषः कृतः।। मुग्धोपदेश, ६३-६६

१८. Suresh Chandra Banerji: Sanskrit Culture of Bengal, p. 185
१९. वही।
२०. महासुभाषितसंग्रह, भाग – १, पृ० ३५८, भाग – २, पृ० ९६०
२१. करम्भकं तु भाषाभिर्विविधाभिर्विनिर्मितम्।। यथा मम—-षोडशभाषामयी प्रशस्तिरत्नावली। साद. ६.३३७ तथा वृत्ति।
२२. Jiva Gosvamin – Asoke Chatterjee Sastri, The Asiatic Society, Kolkata, 1996, p. 8
२३. Jiva Gosvamin – Asoke Chatterjee Sastri, The Asiatic Society, Kolkata, 1996, p. 14
२४. कवींद्राचार्यसूचीपत्र, गायकवाड़ ओरिएंटल सीरीज-१८, १९२१
२५. वही, गंगानाथ झा की भूमिका, पृ० ४
२६. स्टडीज इन इंडियन लिट्रेरी हिस्ट्री, पी०के० गोडे, भाग २, पृ० ३६८ (काशी की पाण्डित्य परंपरा, पृ० ७८ पर उद्धृत)
२७. स्टडीज इन इंडियन लिट्रेरी हिस्ट्री, पी०के० गोडे, भाग २, पृ० ३६८ (काशी की पाण्डित्य परंपरा, पृ० ७७-७८ में उद्धृत)
२८. काशी की पाण्डित्य परंपरा, पृ० ७८ पर उद्धृत
२९. यह सूचीपत्र डा गंगानाथ झा द्वारा संपादित तथा गायकवाड़ ओरिएंटल सीरीज में प्रकाशित है।
३०. हरदत्त शर्मा तथा एम.एम. पाटकर द्वारा संपादित तथा पूना ओरिएंटल सीरीज में प्रकाशित
३१. काशी की पाण्डित्य परंपरा, पृ० ८५
३२. एन०बी० गोडबोले तथा का.पा.परब द्वारा संपादित निर्णयसागर प्रेस से १८८३ में दशकुमारचरित के संस्करण के साथ प्रकाशित
३३. काशी की पाण्डित्य परम्परा, पृ० ८३ पा०टि० पर उद्धृत
३४. सं. जतींद्र बिमल चौधरी, कलकत्ता १९४६
३५. पद्यपुष्पस्तवकम् - अकबरीयकालिदासकृतम्, सं. - सुद्युम्नाचार्य, वे.वा.वि सतना, १९९७, भूमिका पृ० ७
३६. जीवन के इस उतारचढ़ाव को लक्षित कर रहीम ने अपनी अँगूठी पर यह शेर खुदवा लिया था – मरा लुत्फ़े जहाँगीरी ज़े ताई दाते रब्बानी। दार: ज़िंदगी दाद: दोबार: खाऩखाऩी।।
३७. विवरण के लिये ऐतिहासिक महाकाव्य, प्रशस्तिकाव्य और अन्य ऐतिहासिक प्रबंध शीर्षक अध्याय में खानखानाचरितम् शीर्षक देखें।
३८. श्रीमदप्पयदीक्षितचरितम् – हरिनारायण दीक्षित, पृ० ४७-४८
३९. आउड्रे ट्रस्के, पृ० ५२-५३
४०. पंडितराज जगन्नाथ के लघुकाव्य – राजेशकुमारी, पृ० २२
४१. आउड्रे ट्रस्के, पृ० ५२
४२. मराठी दैनिक केसरी के मुखपृष्ठ पर प्रकाशित करने के लिये पंडितराज के इस पद्य को पं० विष्णु शास्त्री चिपलूणकर ने चुना था, क्यों कि यह उन्हें राष्ट्रीय स्वाधीनता के भाव के अनुकूल लगा।
४३. संस्कृत साहित्य में अन्योक्ति — राजेंद्र मिश्र, हिंदी साहित्य सम्मेलन, प्रयाग, १९८५, पृ० २६७
४४. अन्योक्तिस्तबक, चुन्नीलाल गांधी विद्याभवन स्टडीज, सूरत, १३५५
४५. यह स्तोत्र मलयमारुतम् के तृतीय स्पंद में प्रकाशित है। संपादक वे. राघवन् ने पादटिप्पणी में अनूपसिंह का समय १६०४ से १७०९ई० लिखा है, जो अविश्वसनीय है।

४६. शिवशतकम्, सं. रमाकांत पांडेय भूमिका पृ० ८
४७. महामहोपाध्याय गोकुलनाथ और उनका रसमहार्णव, जगन्नाथ झा, पृ० ३३
४८. विवरण शिवशतकम्, सं. रमाकांत पांडेय भूमिका पृ० १०-११ पर आधारित
४९. म० म० गोकुलनाथ और उनका रसमहार्णव, पृ० ३४
५०. काव्यमाला गुच्छक ८, १९११
५१. इनके शाहविलासङ्गीतम् की पुष्पिका में कहा गया है -
इति शाहमहाराजपौराणिकढुण्ढिव्यासविरचितं शाहविलासगीतम्...
५२. Contributuon of Tamilnadu to Sanskrit, p. 198
५३. परिचय के लिये ऐतिहासिक महाकाव्यों के अंतर्गत ईश्वरविलास महाकाव्य देखें।
५४. Contributuon of Tamilnadu to Sanskrit, P. 198
५५. Contgribution of Tamilnadu to Sanskrit, p. 220
५६. Contgribution of Tamilnadu to Sanskrit, p. 220
५७. इनके संस्कृत में दो, हिंदी में ११, ब्रज में दो तथा पंजाबी में एक (इश्कलता) काव्य या काव्यानुवाद ग्रंथ हैं। सूची के लिये देखें - श्रीकृष्णलीलामृतम् – भोलानाथ, सं. पूर्णचन्द्र उपाध्याय, रासंसं०, २०१२, भूमिका, पृ० ८-९
५८. श्रीकृष्णलीलामृतम् – भोलानाथ, सं. पूर्णचन्द्र उपाध्याय, रासंसं., २०१२, भूमिका, पृ० ८
५९. रासोत्सवम् – सं० के, राघवन् पिल्लै, ORI. Kerala Univ. १९६६
६०. चण्डिकाचरितचंद्रिका – कृष्णदत्त मैथिल, सं रामकिशोर झा, गंगानाथझापरिसर, २००५ भूमिका, पृ० ११
६१. लक्ष्मीवेंकटेश्वर प्रेस, कल्याण से संवत् १९५० (१८०३ ई०) में मुद्रित
६२. इसकी हस्तलिखित प्रति वाराणसेय संस्कृत विश्वविद्यालय के पुस्तकालय में है।
६३. गुण्डीचाशतक, भूमिका, पृ० ७
६४. Quoted by Suresh Chandra Banerji in Sanskrit Culture of Bengal, p. 200
६५. Ibid, p. 193
६६. काव्यमाला गुच्छक – १४, १९३८ (पृ०२२-४४) में प्र.
६७. काव्यमाला गुच्छक-१३, १९१५
६८. काव्यमाला गुच्छक-१४, १९३८, पृ० १३१-१७२
६९. काव्यमाला गुच्छक-१४, १९३८, पृ० ८६-११२
७०. काव्यमाला गुच्छक-९, १९१६, पृ० ६४-७९
७१. काव्यमाला गुच्छक-१४, १९३८, पृ० १२४-१३१
७२. संस्कृत सोर्सेज़ आफ इंडियन हिस्ट्री खंड – २ में प्रकाशित मूर्खशतकम् और मूर्खलक्षण के तुलनात्मक अध्ययन पर राधेश कुलकर्णी का लेख, पृ० १४६-१५३
७३. श्रीकृष्णकवि के नाम से दो कवि प्रख्यात हैं – एक पारिजातहरणचम्पूः, उषापरिणय तथा सत्यभामाविलास आदि काव्यों व रूपकों के प्रणेता भट्टोजी दीक्षित के गुरु श्रीकृष्ण थे, जो सोलहवीं शताब्दी में हुए तथा व्याकरण के प्रक्रियापरंपरा के महान् उन्नायक माने गये। एक अन्य श्रीकृष्ण कवि १८३५ से १९०९ के बीच हुए, जिन्होंने अलंकारशास्त्र पर मन्दारमरन्दचम्पूः, काव्यलक्षणम् (काव्यप्रकाश टीका), रसप्रकाशः तथा सारस्वतालङ्कारसूत्रम् इन चार ग्रंथ ग्रंथों का प्रणयन किया। प्रकृत कवि इन दोनों से भिन्न हैं।

७४. व्ही, राघवन् ने मलयमारुतम् के तृतीय स्पंद (राष्ट्रिय संस्कृत संस्थान, नई दिल्ली १९७३) में श्रीकृष्ण कवि की निम्नलिखित रचनाएँ प्रकाशित कीं – (१) कविकण्ठाभरणम् – १५ पद्य, (२) मनोगर्हणम् (५ पद्य), प्रास्ताविकश्लोका: (१३ पद्य)। करुणारसतरङ्गिणी का संपादन व प्रकाशन प्रस्तुत लेखक के द्वारा राष्ट्रिय संस्कृतसंस्थान की ही विमर्श पत्रिका के २०१४ के अंक में किया गया है।

अध्याय ५

गद्यकाव्य तथा चंपू

गद्यकाव्य की विधाओं – कथा तथा आख्यायिका के स्वरूप पर इस ग्रंथ के द्वितीय खंड में विचार किया गया है, तथा संस्कृतसाहित्य में गद्य तथा गद्यकाव्य के उद्भव और विकास पर भी विमर्श किया गया है। सुबंधु, बाण तथा दंडी - इन तीन यशस्वी गद्यकाव्यकारों की परंपरा में ग्यारहवीं से उन्नीसवीं शताब्दी तक अनेक गद्यकाव्य लिखे गये। इसी प्रकार चंपूकाव्य का भी इस सहस्राब्दी में सातत्य बना रहा। इनमें से अनेक गद्यकाव्य तथा चंपू लुप्त हो चुके हैं। धनपाल ने, जिनका परिचय आगे दिया जा रहा है, त्रैलोक्यसुन्दरी नामक कथा की बड़ी प्रशंसा की है। यह गद्यकाव्य मिलता नहीं है।

यहाँ प्रमुख गद्यकाव्यों तथा चंपूकाव्यों का परिचय दिया जा रहा है।

तिलकमंजरी

तिलकमंजरी नामक कथा के प्रणेता महाकवि धनपाल का जन्म वर्तमान मध्यप्रदेश के सांकाश्य नामक प्राचीन नगर में एक ब्राह्मण परिवार में हुआ। इनके पितामह का नाम देवर्षि तथा पिता का नाम सर्वदेव था। इनके पितामह देवर्षि का जन्म भी मध्यदेश में सांकाश्य नामक नगर में ही हुआ। उनके पुत्र सर्वदेव सभी शास्त्रों के प्रकांड पंडित थे। ये सांकाश्य नगरी से आकर उज्जयिनी में बस गये। इनके धनपाल तथा शोभन ये दो पुत्र हुए। दोनों को सभी शास्त्रों में पारंगत बनाने के लिए शिक्षा दी गयी। धनपाल का धनश्री नामक विप्रकन्या से विवाह हुआ। मेरुतुंग के प्रबंधचिंतामणि में दिये गये धनपालप्रबंध में बताया गया है कि धनपाल के एक ही संतान हुई। पिता सर्वदेव ने जैन मुनि महेन्द्रसूरि के प्रभाव से अपने छोटे बेटे को जैन साधु बनने के लिए प्रेरित किया। पिता की इच्छा के अनुसार शोभन जैनधर्म में दीक्षित हो गये। धनपाल पिता तथा अपने अनुज के इस निर्णय से प्रसन्न नहीं थे, सम्भवत: इसीलिए वे उज्जयिनी छोड़ कर धारा नगरी आ गये। बाद में स्वयं धनपाल भी छोटे भाई से प्रभावित हुए और जैनधर्म के प्रति आस्थाशील बने। शोभन का लिखा एक स्तुति काव्य मिलता है। शरीर-त्याग के समय इन्होंने अपने अग्रज से अपने काव्य की टीका लिखने का अनुरोध किया था, धनपाल ने अपने अनुज की अंतिम इच्छा पूरी की।

धनपाल धारा में राजा मुंज तथा भोज की छत्रछाया में रहे। इनका समय ९५२ ई॰ से १०३३ ई॰ तक माना जा सकता है। अपनी कथा तिलकमंजरी के प्रास्ताविक में धनपाल ने सूचित किया है कि महाराज मुंज ने इन्हें सरस्वती की उपाधि से अलंकृत किया था।

रचनाएँ- धनपाल की कुल नौ रचनाओं का पता चलता है। इनमें संस्कृतनाममाला तथा पाइअलच्छीनाममाला (रचनाकाल वि.सं. १०२९) भाषाशास्त्र और व्याकरण के ग्रंथ है; ऋषभपञ्चाशिका (प्राकृत भाषा में, संस्कृत टीका सहित), श्रीवीरस्तुति तथा वीरस्तुति-ये स्तोत्र हैं। चतुर्विंशतिजिनस्तुतिटीका शोभनमुनि के स्तोत्र की टीका है। सत्यपुरीय-श्रीमहावीर उत्साह (अपभ्रंश में) तथा श्रावकविधि-ये जैनधर्म से संबद्ध ग्रंथ हैं।

तिलकमंजरीकथा धनपाल की कीर्ति का अक्षय स्तम्भ है। इसके आरम्भ में उन्होंने बताया है कि इस कथा की रचना उन्होंने राजा मुंज के भतीजे राजा भोज के विनोद के लिए की है।

कथावस्तु- तिलकमंजरी का नायक अयोध्या के चक्रवर्ती सम्राट् मेघवाहन का पुत्र हरिवाहन है और नायिका दक्षिण में वैताढ्य पर्वत पर स्थित रथनूपुरचक्रवाल नगरी के विद्याधरचक्रवर्ती चित्रसेन की पुत्री तिलकमंजरी है। सिंहलद्वीप के राजा चंद्रकेतु का पुत्र समरकेतु इस कथा में सहनायक है और कांची के राजा कुसुमशेखर की पुत्री मलयसुंदरी सहनायिका। कथा के आरम्भ में मंगल श्लोकों तथा कविप्रशस्ति पद्यों के अनन्तर राजा मेघवाहन और उनकी रानी मदिरावती का वर्णन है। फिर दोनों के निस्संतान होने के दुःख का चित्रण किया गया है। राजा मेघवाहन संतान प्राप्ति के लिए तप करने का निश्चय करते हैं। पर एक विद्याधरमुनि के उपदेश से वे राजप्रासाद में रह कर ही मुनिजनोचित आचार-विचार अंगीकार करके रहने लगते हैं। मुनि उनको अपराजिता चिंतामणि नामक विद्या का उपदेश भी देते हैं। राजकुमार हरिवाहन का जन्म होता है। कांचीनरेश के साथ युद्ध की विचित्र परिस्थितियों में राजकुमार समरकेतु महाराज मेघवाहन के सेनापति को मिलता है। हरिवाहन और समरकेतु में मित्रता हो जाती है। एक बार सरयूतीर पर मत्तकोकिल नामक उद्यान में दोनों मित्र भ्रमण कर रहे होते हैं, उस समय किसी नायिका की ओर से आर्या छंद में लिखा प्रेमपत्र इन्हें मिलता है। इसके पश्चात् समरकेतु दक्षिणापथ में अपने युद्ध के अभियान और इस क्रम में राजकुमारी मलयसुंदरी से प्रेम की कथा बताता है। उसकी कथा चल ही रही है, इसी समय एक दिव्य कन्या का चित्र राजकुमार हरिवाहन के सम्मुख लाया जाता है। चित्रकार चित्र में निर्मित राजकुमारी तिलकमंजरी की कथा सुनाता है और इसके साथ ही हरिवाहन का तिलकमंजरी के साथ प्रणय-प्रसंग आरम्भ हो जाता है। दोनों मित्र अपने साम्राज्य का निरीक्षण करने के लिए यात्रा पर निकलते हैं और कामरूप पहुँच जाते हैं। वहाँ कामदत्त हाथी को वश में करने के लिए हरिवाहन वीणा बजाता है। हाथी वश में हो जाता है, पर वह हरिवाहन को बिठा कर अन्य लोगों के देखते-देखते और पीछा करते रहने पर भी भाग कर लुप्त हो जाता है। समरकेतु अपने मित्रों को खोजता-खोजता एक दिव्य सरोवर के तट पर पहुँचता है। अंत में विचित्र

घटना प्रसंगों के बीच दोनों मित्र अपनी-अपनी प्रियाओं से मिलते हैं और दाम्पत्य सूत्र के बंधन में बँध जाते है।

कथानक की विशेषताएँ- तिलकमंजरी का कथानक मूलत: जैनागमों पर आधारित है। जैन-परम्परा के प्रभाव से उसमें आध्यात्मिक व दार्शनिक तत्त्वों का समावेश किया गया है। कथावस्तु जटिल और विचित्र रोमांचक घटनाओं, अतिप्राकृत वृत्तांतों से भरी हुई है। अनेक अवांतर कथाओं की धाराएँ इसके महाप्रवाह में सम्मिलित हो गयी हैं। कादंबरी की ही भाँति तिलकमंजरी में कहानी को विभिन्न पात्रों की आपबीती सुना कर आगे बढ़ाया गया है, तथा एक कथा के भीतर दूसरी कथा का तानाबाना भी बुना गया है। जैन-धर्म और दर्शन की पदावली इसमें अनेक स्थानों पर प्रयुक्त है। इसके साथ ही उस समय को वाणिज्य और समुद्रयात्रा, सामुद्रिक व्यापार तथा उससे जुड़े अनेक रोचक प्रसंग हैं।

स्रोत – यद्यपि धनपाल बाण की कादंबरी के अत्यधिक प्रभावित हैं, पर कथानक के अनेक अभिप्राय उन्होंने जैनागमों से लिये हैं। कथा में विविध स्थल भी जैनशास्त्रों में वर्णित भूगोलिक स्थलों की अनुवर्तन करते हैं।

शैली- धनपाल की रीति वैदर्भीमिश्रित पांचाली है। बाणभट्ट का सर्वातिशायी प्रभाव उनके रचनाविन्यास व गद्य पर पड़ा है। पर वे सुबंधु और बाण की भी अपेक्षा सरल शैली में लिखने के पक्षपाती हैं। प्रास्ताविक पद्य में ही उन्होंने कहा है —

अखण्डदण्डकारण्यभाजः प्रचुरवर्णकात्।
व्याघ्रादिव भयाघ्रातो गद्याद् व्यावतते जनः।। १५।।

(अखंड दंडकारण्य से भरे, प्रचुर वर्ण वाले व्याघ्र के समान गद्य से जैसे साँप सूँघ गया हो, इस तरह डर कर लोग दूर भागते हैं।)

यहाँ दंडकारण्यभाज: तथा प्रचुरवर्णकात् इन दो पदों का श्लेष के द्वारा व्याघ्र और गद्य दोनों के पक्ष में अलग अलग अर्थ निकलता है। दंडकारण्यभाज: का व्याघ्र के पक्ष में अर्थ होगा दंडक वन में रहने वाले, गद्य के पक्ष में अर्थ होगा – दंडक नामक वृत्त छंद से युक्त। इसीप्रकार प्रचुरवर्णकात् का व्याघ्र के लिये अर्थ होगा कई रंगों वाले तथा गद्य के पक्ष में अर्थ होगा – बहुत वर्णों या अक्षरों वाले।

धनपाल शैली की दृष्टि से कालिदास के प्रशंसक हैं, उनके सामने वे सारे कवियों के फीका पाते हैं

ग्लायन्ति सकलाः कालिदासेनासन्नवर्तिना।
गिरः कवीनां दीपेन मालतीकलिका इव।।२५।।

जैसे दिये के आगे मालती की कलियाँ मुरझा जाती हैं, ऐसे ही कालिदास के आसन्न होने पर सारे कवि फीके पड़ जाते हैं।

अयोध्या की वेश्याओं के वर्णन में कवि कहता है—

सकृदाह्वानेन नरेन्द्राणामपि सर्वस्वमाकर्षन्तीभिः.... ईषत्कटाक्षपातेनाचलानपि दारयन्तीभिः, सुरतशिल्पप्रगल्भतावष्टम्भेन रूपमपि निरुपयोगमवगच्छन्तीभिः तारुण्यमपि तृणलघु गणयन्तीभिः, विलासानपि हास्यकोटौ कलयन्तीभिः आभरणसम्भारमपि भारमवधारयन्तीभिः प्रसाधनाडम्बरमपि विडम्बनापक्षे स्थापयन्तीभिः उपचारमप्याचारबुद्ध्या प्रपञ्चयन्तीभिः ... विलासिनीभिर्वितीर्णत्रिभुवनजिगीषुकुसुमसायकसाहायका....

इसी प्रकार वसंत वर्णन में वे कहते हैं

'एकदा च कुसुमभरनम्रनूतनाग्रस्तम्बे, स्तबकनिकुरम्बसम्बाधमाधवीरुधि मधुस्यन्दिसिन्दुवारे मन्दारामोदिनि मदकलितकामिनीकटाक्षच्छटाच्छोटनकुड्मलिततिलकहरिति हरितालवर्णकुसुमाकीर्णकिङ्किरात... कलिकाञ्चितकाञ्चनारावनीरुहिनीहारधवलकङ्कोलधूलिपटलसम्पादितदिगङ्गनांशुके...' इत्यादि।

गद्य के ही समान पद्यरचना में भी धनपाल निपुण हैं। तिलकमंजरी में ५३ प्रास्ताविक श्लोकों के अतिरिक्त बीच में बीच में ४५ रमणीय पद्य उन्होंने कथा की माला में मुक्तामणियों के समान विनियोजित किये हैं। प्रोषितभर्तृका तिलकमंजरी की विरहव्यथा का चित्रण करते हुए कवि कहता है—

तन्वङ्ग्यास्त्वमिति प्रसादविशदं नासीति खेदालस-
श्चक्षुर्द्वारपथावतारिणि जने व्यापारयन्त्या मुहुः।
हर्षातिप्रभवाः प्रतिक्षणभवत्स्वेदाम्बुदाहज्वरे
वाष्पाम्भःकणिकाः पयोधरतटे पुष्यन्ति शुष्यन्ति च।।

(द्वार पर दृष्टि लगाये परिजन जैसे ही कहते हैं कि तुम आ गये, तो प्रसन्नता से विशद हो गई, और नहीं, तुम नहीं (और कोई है) ऐसा कहने पर खेद से अलसाई उसके हर्षातिरेक से उपजी अश्रुधार पयोधरतट पर उमड़ती है, और तत्काल सूख भी जाती है।)

यहाँ तरुणी तिलकमंजरी के अश्रुजल की बोछार पयोधरतट पर जमा भी होती जाती है और तुरत सूखती भी जाती है, इसमें वक्रोक्ति का वैचित्र्य भी है व व्यंग्यार्थ की चारुता भी। 'पुष्यन्ति' इस कथन से अश्रुजल का प्राचुर्य और उससे विरहिणी की घनीभूत वेदना का बोध होता है। 'शुष्यन्ति च' – और सूख भी जाती हैं – यह कहने से उसके हृदय के संताप की व्यंजना होती है।

छंदोविधान

तिलकमंजरी में २९ शार्दूलविक्रीडित तथा छह शिखरिणियाँ है, अनुष्टुप्, अपरवक्त्र, हरिणी, प्रहर्षिणी, मालिनी आदि का भी यथावसर संयोजन है।

रस - कथा के वात्याचक्र में विविध रसों की सृष्टि कवि ने की है। सम्राट् मेघवाहन वायुमार्ग से द्रुत गति से आते विद्याधर को देखते हैं, जिसके वर्णन में अद्भुत रस है। सम्राट् मेघवाहन अपना शिर काट देते हैं – यह सारा प्रसंग करुण रस से आप्लुत है। अयोध्या के सेनाध्यक्ष वज्रायुध तथा सिंहल द्वीप के युवराज समरकेतु के निशासंग्राम में वीररस की परिपोष किया गया है।

तिलकमंजरी की उपजीव्यता - तिलकमंजरी के प्रभाव से अनेक रचनाएँ संस्कृत गद्यपरम्परा में की गयीं। इनमें पल्लीपाल धनपाल का तिलकमंजरीसार विक्रम सं. १२६१ में तथा इसी के आसपास लक्ष्मीधर का तिलकमंजरीकथासार लिखे गये। ये दोनों पद्यबद्ध रचनाएँ हैं, तथा दोनों के रचयिता गुजरात में अनहिल्लपाटण के निवासी थे। तिलकमंजरीकथोद्धार के रचयिता पद्मसागर माने गये हैं। यह ग्रंथ अप्रकाशित है, तथा इसकी रचना तेरहवीं शती के आसपास हुई। कृष्णमाचार्य (१८६९-१९२४ ई०) ने तिलकमंजरीसंग्रह नामक गद्यरचना का निर्माण किया।

धनपाल की प्रशस्तियाँ

बाणभट्ट के ही समान धनपाल को भी परवर्ती गद्यकाव्यकारों ने अपना आदर्श मान कर न केवल उनसे प्रभावग्रहण किया, उनकी प्रशस्ति में पद्य भी लिखे। इनमें से अनेक प्रशस्ति प्रसिद्ध कवियों के हैं। जैसे—

वचनं धनपालस्य चन्दनं मलयस्य च।
सरसं हृदि विन्यस्य कोऽभून्नाम न निर्वृतः।।

(सोमेश्वर — कीर्तिकौमुदी)

कमनीयां कथां चक्रे नाम्ना तिलकमञ्जरीम्।
भोजभूपालविज्ञप्त्या धनपालः परमार्हतः।।

(दक्षविजयगणि)

तिलकमञ्जरीमञ्जरिसञ्चरिलोलविपश्चिदलिजालः।
जैनारण्ये सालः कोऽपि रसालः पफाल धनपालः।।

(दक्षविजयगणि द्वारा उद्धृत)

वादीभसिंहकृत गद्यचिंतामणि

दिगम्बर सम्प्रदाय के साधु वादीभसिंह मुनि पुष्पसेन के शिष्य थे। इनका वास्तविक नाम ओडयदेव था। इनकी शास्त्रार्थ पटुता के कारण इन्हें वादीभसिंह (वादी या शास्त्रार्थ में प्रतिपक्षीरूपी इभ अर्थात् हाथी के लिए सिंह के समान) कहा जाने लगा। इनका समय ग्यारहवीं शताब्दी है। ये दक्षिण में तमिलराज्य के निवासी थे। गद्यचिंतामणि के अतिरिक्त स्याद्वादसिद्धि,

नवपदार्थनिश्चय आदि दार्शनिक कृतियों की रचना भी इन्होंने की। गद्यचिंतामणि आख्यायिका कोटि की रचना है। यह गुणभद्रकृत उत्तरपुराण पर आधारित है। यह ग्यारह लंभकों में विभाजित है। इसके नायक महाराज जीवंधर हैं। शैली और वर्णनकला की दृष्टि से बाणभट्ट की कादंबरी का अत्यधिक अनुकरण वादीभसिंह ने किया है।

सकलविद्याचक्रवर्तीकृत गद्यकर्णामृत

गद्यकर्णामृत के प्रणेता सकल- विद्याचक्रवर्ती होयसल राजा सोमश्वर (१२५६ ई०) के आश्रय में रहे। गद्यकर्णामृत में बाणभट्ट की शैली का अनुकरण करते हुए इन्होंने अपने आश्रयदाता का जीवनचरित निबद्ध किया है। इसमें होयसल राजा नरसिंह द्वितीय के पांड्य, मगध तथा पल्लवों से ९० दिन तक चलने वाले युद्ध का वर्णन रोचक है। विद्याचक्रवर्ती ने ऐतिहासिक वृत्त में पौराणिक आख्यानों का मिश्रण किया है।

कृष्णचरित

नामानुरूप इस गद्यकाव्य में कृष्ण की कथा वर्णित है। इसके प्रणेता चौदहवीं शताब्दी के कवि अगस्त्य हैं। कवि अगस्त्य ने भागवतपुराण को अपने काव्य का आधार बनाया है। इसका गद्य प्रांजल प्रवाहपूर्ण तथा बाण की शैली से प्रभावित है।

वामनभट्टबाण कृत वेमभूपालचरित

वामनभट्ट पंद्रहवीं शताब्दी के महत्त्वपूर्ण रचनाकार हैं। वेमभूपालचरित के अतिरिक्त इनकी रचनाएँ हैं—नलाभ्युदय काव्य, रघुनाथचरित महाकाव्य तथा पार्वतीपरिणय नाटक, शब्दचंद्रिका और शब्दरत्नाकर। इन्होंने १४५० ई० में अपने आश्रयदाता वेमभूपाल के जीवनवृत्त को आधार बना कर वेमभूपालचरित नामक आख्यायिका की रचना की। बाण के हर्षचरित का इस पर प्रभाव है।

ए०के० वार्डर ने वामन भट्ट बाण को वीरनारायणचरित नामक गद्यकाव्य का रचयिता बताया है,[१] पर इस संबंध में कोई साक्ष्य नहीं दिया है।

अन्य गद्यकाव्य

श्रीमाठमहाराजप्रशस्तिः मेल्पुत्तूरनारायणभट्ट की गद्य रचना है। कोच्चि के राजा वीरकेरलवर्मा इसके नायक हैं। परिसंख्या, विरोध, श्लेष आदि की छटा के साथ इसमें आठ पृष्ठों का एक वाक्य है,[२] तत्पश्चात् माठभूपतिवर्णन के बीस पद्य हैं और फिर गद्य में तीन पृष्ठों की वाक्य है।

पंडितराज की आसफखानविलास आख्यायिका अपूर्ण मिलती है। इसमें भी अत्यन्त

अलंकृत गद्य में नवाब आसफखान के गुणों का वर्णन है। पंडितराज ने अपने आश्रयदाता की प्रशस्ति में उपमाओं की झड़ी लगा दी है तथा अलंकृत गद्य की छटा उत्पन्न की है। जैसे -

सार्वभौमसम्बन्धिषु सकलेषु सामन्तेषु वाङ्मयेष्विव काव्यकलापः काव्यकलापेष्विव ध्वनिः ध्वनिष्विव रसो रसेष्विव शृङ्गारः, सकलसहृदयहृदयङ्गमेन महिम्ना मधुरिम्णा च सम्भावितः सकलशास्त्रसारावगाही नवाबाजाही।'

रंगनाथ दीक्षित ने वि.सं. १७०७ (१६५० ई०) में गुणमंदारमंजरी नामक कथा की रचना की। यह कथा अद्भुत घटनाओं और रहस्य, रोमांच से भरी हुई है।

अहोविल नरसिंह राजा कृष्णराज (जन्म १७९५ ई०) के आश्रय में रहे। अभिनवकादंबरी में इन्होंने बाणभट्ट की गद्यशैली का अनुकरण करते हुए अपने आश्रयदाता का चरित्र लिखा है।

बाणभट्ट की कादंबरी के अनुकरण पर लिखी अंतिम उल्लेखनीय रचना विश्वेश्वर पांडेय की मंदारमंजरी कही जा सकती है। विश्वेश्वर पांडेय का समय अठारहवीं शताब्दी का पूर्वार्ध है। इनकी अन्य रचनाओं का परिचय मुक्तककाव्य/गीतिकाव्यविषयक अध्याय में दिया गया है। मंदारमंजरी कादंबरी के समान पूर्व तथा उत्तर दो भागों में विभाजित है। इसमें पुष्पपुर के राजा राजशेखर तथा रानी मलयवती का पुत्र चित्रभानु नायक है। तथा विद्याधर चंद्रकेतु और रानी चंद्रलेखा की पुत्री मंदारमंजरी नायिका है। बाणभट्ट की शैली तथा कथावस्तुविन्यास का गहरा प्रभाव इस प्रबंध पर है।

चंपूकाव्य

रामायणचंपू

रामायणचंपू के रचयिता राजा भोज (१०१०-१०५५ ई०) है। इन्होंने विभिन्न विषयों पर २१ ग्रंथों का प्रणयन किया था। भोज बहुमुखी प्रतिभा के धनी तथा कवियों और पंडितों के बड़े आश्रयदाता थे। उनके द्वारा रचे गये निम्नलिखित ग्रंथों का पता चलता है —

ज्योतिष	- राजमृगांक, राजमार्तण्ड, विद्वज्जनवल्लभ, प्रश्नज्ञान, भुजबलनिबंध तथा आदित्यप्रतापसिद्धांत
अलंकारशास्त्र	- सरस्वतीकण्ठाभरण तथा शृंगारप्रकाश।
योग	- राजमार्तण्ड योगसूत्रवृत्ति।
राजनीति तथा धर्मशास्त्र	- पूतिमार्तण्ड, चारुचर्या, समुच्चयव्यवहार, विविधविद्याविचारचतुरा सिद्धांतसारपद्धति।
शिल्प	- युक्तिकल्पतरु तथा समरांगणसूत्रधार

काव्य – विद्याविनोद, महाकालीविजय, रामायणचंपू, शृंगारमंजरी तथा कूर्मशतक।
व्याकरण – सरस्वतीकंठाभरण, प्राकृतव्याकरण।
वैद्यक – राजमार्तण्डयोगसार, आयुर्वेदसर्वस्व, राजमृगांक
शैवमत – सिद्धांतसंग्रह, शिवतत्त्वरत्नकलिका, तत्त्वप्रकाश
संस्कृतकोष – नाममालिका, शब्दानुशासन।
अश्वशास्त्र – शालिहोत्र।

काव्यात्मक सौष्ठव की दृष्टि से रामायणचंपू एक उत्कृष्ट रचना है। भोज ने किष्किंधाकांड तक ही इसकी रचना की थी। लक्ष्मणसूरि तथा वेंकटराज इन दो कवियों ने अलग अलग युद्धकांड जोड़ कर इसकी पूर्ति की है। वाल्मीकि रामायण की सम्पूर्ण कथा को अविकलरूप में यह चंपू प्रस्तुत करता है। आरम्भ में ही वाल्मीकि के प्रति अगाध आस्था प्रकट करते हुए भोज कहते हैं—

वाल्मीकिगीतरघुपुङ्गवकीर्तिलेशैस्तृप्तिं करोमि कथमप्यधुना बुधानाम्।
गङ्गाजलैर्भुवि भगीरथयत्नलब्धैः किं तर्पणं न विदधाति नरः पितृणाम्।।

(१/४)

सम्पूर्ण प्रसंगों व पात्रों के चरित्रचित्रण में भोज ने वाल्मीकि की कथा में यत्किंचित् भी परिवर्तन नहीं किया। उनका गद्य अत्यन्त ललित और कथावाचन की शैली की लय को समाहित किये हुए है। कल्पनाएँ मनोहारिणी हैं। कालिदास, बाण और श्रीहर्ष की शैलीगत विशेषताओं का रुचिकर समागम भोज के गद्यपद्यगुंफन में हुआ है।

राम सीता को वनवास का समाचार सुनाते हैं। सीता की मनःस्थिति का निरूपण करते हुए भोज कहते हैं-

कल्याणवादसुखितां सहसैव कान्तां कान्तारचारकथया कलुषीचकार।
अम्भोदनादमुदितां विपिने मयूरीं सन्त्रासयन्निव धनुर्ध्वनिना पुलिन्दः।।

(२/३१)

(राज्याभिषेक के शुभ समाचार से सुखी प्रिया को राम ने अचानक अपने वनवास की बात बता कर ऐसे ही व्यथित कर दिया जैसे वन में मेघ का गर्जन सुनकर प्रमुदित हुई मयूरी को कोई बहेलिया अपने धनुष की टंकार से डरा देता है।)

रामायणचंपू की रचना भोज के द्वारा बताये गये चंपूकाव्य के मानदंड पर खरी उतरती है। उन्होंने पद्य के साथ गद्य की संगति गायन के साथ वादन की भाँति करते हुए लय और गेयता में रागात्मकता और ओजस्विता का अंतर्गुंफन कर दिया है। उनके गद्यबंध आख्यानपद्धति के अनुकूल हैं, तथा कथागायन की विशेषता का अनुभव कराते हैं। उदाहरण के लिए अरण्यकांड

में राम और लक्ष्मण को देख कर विराध राक्षस का यह कथन- **कौ युवां युवानौ, कुतस्त्यौ, वामाचारवत् प्रतिभाति वामाचारः। चीरं वपुषि, जटा शिरसि, करे च चण्डकोदण्डः। क्वायमाकल्पः, क्व च कल्पलताकल्पेयमनल्पाभरणा तरुणीति।**

संवादों में प्रचुर नाटकीयता के साथ गेयता व लय निरंतर है, जो आख्यान के रंगमंच के अनुकूल है अयोध्याकांड में वनगमन के समय सीता को साथ न चलने के लिये समझाते हुए राम कहते हैं —

प्रिये जनकनन्दिनि प्रकृतिपेशलामीदृशीं
कथं ग्लपयितुं सहे तव शिरीषमृद्वीं तनुम्।
गृहीतहरिणीगणत्रिकविसारिनानाशिरा-
क्षतक्षरितशोणितारुणवृकानने कानने।।

यद्यपि भोज ने समग्र वाल्मीकिरामायण की कथा को अविकल रूप में सुंदर ढंग से चंपू के बंध में ढाला है, पर कहीं कहीं कथानक में किंचित् नवीन तत्त्व का आधान कर के उन्होंने प्रकरणवक्रता का सुंदर निदर्शन प्रस्तुत किया है। उदाहरण के लिये सुंदरकांड में सीता हनुमान् के मुख से राम को भेजे जाने वाले अपने प्रतिसंदेश में वनवास की एक घटना की याद दिलाती हैं। इस घटना में धाराधर नामक काकासुर सीता के 'पयोधरपरिसर' पर खरतरनखराग्र से विदारण का दुस्साहस करता है। इंद्रपुत्र जयंत को भोज ने धारधर नामक काकासुर के द्वारा विस्थापित कर दिया है। इसका कारण संभवतः यह हो सकता है कि भोज इंद्र की महिमा का हनन नहीं होने देना चाहते थे। उनते समरांगणसूत्रधार से आभास होता है कि वे इंद्रपूजा के उत्सव का पुनःप्रचार कर रहे थे।

शास्त्रज्ञान और समकालीन बोध - भोज का विविध शास्त्रों का ज्ञान इस चंपूकाव्य में सहज रूप में संक्रांत हुआ है। उदाहरण के लिये हनुमान् के समुद्रलंघन के वर्णन में वे भावी सेतुबंध की भूमिका इस तरह देखते हैं—

कृत्वा मारुतिलङ्घनोत्थितकरात् तत्रानुयात्रां ततः
पर्यायात् पतिता महेन्द्रगहनक्षोणीरुहाणां ततिः।
मध्ये वारिनिधेः प्रकाशितशिखा सेतोः कृतेः भाविनः
सूत्रन्यासनिखातशङ्कुनिवहभ्रान्तिं पयोधौ दधौ।।

(हनुमान् के द्वारा समुद्र लाँघते समय महेंद्र पर्वत के अनेक वृक्ष सागर में गिर पड़े, सागर बीच तैरती उनकी पंक्ति ऐसी लगती थी, जैसे भावी सेतु निर्माण के लिये शंकु गाड़ कर नापने की डोरी फैलाई गई हो।) यहाँ भवननिर्माण या सेतुरचना के समय कारीगरों के द्वारा काममें लाये जाने वाले उपकरणों से चंपूकार का प्रत्यक्षपरिचय स्पष्ट झलकता है। अन्यत्र भी भोज कहीं श्लक्ष्णतिरस्करिणीपटल का उल्लेख करते हैं, तो कहीं वजनी इष्टकाओं (ईंटों) से विरचित भित्तियों का चित्र उकेरते हैं, या कहीं वे शशोदररोममृदुकम्बल के द्वारा राजाओं के

यहाँ व्यवहृत कोमल कंबलों की झलक देते हैं। बालकांड में रावण के क्रीडाशैल का वर्णन तो उस समय के राजसी ठाठबाठ से परिचय कराता ही है। वहाँ स्फटिक शिलाओं से रची शालभंजिकाएँ और उनके हाथों में पकड़े गये कलशों से गिरती जलधाराएँ , क्रीडागृह तथा मज्जनस्थल – इनमें भोज के अपने प्रासादों के परिचित दृश्यों की छवियाँ भी समाहित हो गईं हैं। अपने समय में होने वाले नाटकों की स्मृतियाँ सुंदरकांड में हनुमान् के लंकाप्रवेश के वर्णन में उनको सूत्रधार के रूप में निरूपित करने में झलकती हैं—

तस्मिन् प्रदोषसमये सहसा हनूमान् कीर्तिच्छटाजवनिकामपनीय शत्रोः।
आविर्बभूवसुमनःपरितोषणाय लङ्काप्रवेशनवनाटकसूत्रधारः।।

(सहसा शत्रु की कीर्तिरूपी छटा ये युक्त जवनिका को हटा कर प्रदोष के समय सज्जनों के मन को परितोष देने वाले लंकाप्रवेश के नये नाटक के सूत्रधार के रूप में हनुमान् ने प्रवेश किया।)

इसमें नाटकों में प्रयुक्त होने वाले अपटीक्षेप के विधान का संकेत भी कुशलता से भोज ने कर दिया है। शत्रु की छटा से युक्त कीर्तिजवनिका के निरूपण में रूपक अलंकार तो है ही, चित्रित जवनिकाओं या रंगबिरंगे पर्दो के रंगमंच पर उपयोग का भी संकेत मिलता है।

भोज ने इस चंपू में अनेक रमणीय वर्णनों की मालाएँ गूँथी हैं। बालकांड में रावण के क्रीडाशैल का वर्णन उनके राजसी वैभव के अनुभव की प्रामाणिकता से ओतप्रोत है। अरण्यकांड में शूर्पणखा के आगमन के समय का हेमंतवर्णन काव्यात्मक गद्य तथा कल्पनाप्रवणता का उत्कृष्ट निदर्शन है।

उदयसुंदरीकथा

उदयसुंदरीकथाके प्रणेता सोड्ढल हैं। इनका समय ग्यारहवीं शताब्दी है। इनका जन्म लाटदेश (आधुनिक गुजरात) में हुआ। इनके पिता का नाम सूर था, माता का नाम पंपावती (मिराशी जी के अनुसार पद्मावती) था। ये गुजरात के चालुक्य राजा वत्सराज के आश्रित थे। कुछ विद्वानों ने इन्हें गुजरात के राजा मुम्मुणिराज का आश्रित माना है, अन्य मत से इनके आश्रयदाता गोग्गिराज (योगिराज) थे।। सी.डी. दलाल तथा वासुदेव विष्णु मिराशी ने सोड्ढल का समय ग्यारहवीं शताब्दी का पूर्वार्ध माना है। उदयसुंदरीकथा को सोड्ढल ने कादंबरी के समान कथा के रूप में परिकल्पित किया है, आधुनिक समीक्षाओं में इसे चंपूकाव्य माना जाता रहा है। सोड्ढल ने इस कृति में चंपू, कथा व आख्यायिका इन तीनों विधाओं का संगम तथा इन की अस्पृष्ट संभावनाओं को साकार कर दिया है। बाण और दंडी की भाँति सोड्ढल भी अपने बाल्य काल में ही माता पिता की छत्रछाया से वंचित हो गये। उन्हें उनके मामा ने पाला पोसा। गोग्गिराज या योगीराज इनके मामा के मित्र थे। गोग्गिराज के पौत्र तथा कीर्तिराज के पुत्र सिंहराज सोड्ढल से सहपाठी रहे। चंद्र इनके गुरु थे। परिस्थितिवशात् सोड्ढल को लाट देश छोड़ कर कंकण आना पड़ा। कोंकण के राजा ने उन्हें कविप्रदीप की उपाधि से सम्मानित किया।

उदयसुंदरीकथा में आठ उच्छ्वास हैं। ग्रंथारंभ में कवि ने सरस्वती की वंदना करते हुए उन्हें वाचां पति: कहा है।[३] फिर ऐसे प्रबंध की रचना का संकल्प किया है जो राजाओं की सभाओं, परिषदों, गोष्ठियों तथा सज्जनों के हृदयों में घर कर जाये।[४] सोड्ढल ने अपने मित्रों व राजसभाओं का भी किंचित् विवरण यहां दिया है।[५] राजा हाल के विषय में वे कहते हैं—

हाले गते गुणिनि शोकभराद् बभूवु-
स्ते सन्नवाङ्मयजडाः कृतिनस्तथाऽमी।
यत् तस्य नाम नृपतेरनिशं स्मरन्तो
हेत्यक्षरं प्रथममेव परं विदन्ति।।११।।

(गुणी राजा हाल जब संसार को छोड़ कर चले गये, तो शोक के भार से कवि जनों की वाणी मूक हो गई। वे निरंतर उस राजा का स्मरण करते हुए 'हा' इस अंतिम अक्षर का ही प्रथम उच्चारण करते हैं अर्थात् हाहाकार करते रह जाते हैं।)

वर्णमाला में हकार अंतिम अक्षर है। कवि करुणरस की चमत्कारपूर्ण सृष्टि करता हुआ कहता है कि हाल के प्रशंसक हाहाकार करते हुए जैसे बाकी सब अक्षर भूल गये हैं, केवल ह- यह अक्षर ही उनके मुख से अब निकलता है।

श्रीहर्ष, बाण, अभिनंद आदि कवियों के विषय में सोड्ढल ने अपनी कथा के प्रास्ताविक में अनेक सूचनाएँ दी हैं तथा इनकी प्रशस्ति भी की है। इन कवियों के सम्मुख अपनी विनम्रता प्रकट करते हुए वे कहते हैं कि यशोलिप्सा से मेरा इस प्रबंध को रचने का प्रयास बहुत ऊँचे पहाड़ में गड़े हुए रत्न को कमलनाल से खोद कर रत्न निकालने के समान है।

मूढेन पश्यत मया यशसः कृतेऽद्य देवेष्वनीश्वरमहो सृजता प्रबन्धम्।
रत्नं निकामदृढरोहणशैलमग्नमुद्धर्तुमेष स मृणालनलो गृहीतः।।१८।।

प्रास्ताविक पद्यों के पश्चात् प्रथम उच्छ्वास का आरंभ वलभीनगर तथा उसके शासक शीलादित्य के वर्णन से होता है। शीलादित्य का मांधातृवंश के राजा धर्मपाल से विग्रह है। उसके अपने मंत्री शत्रु धर्मपाल से जा मिले हैं। शीलादित्य कालादित्य पर भरोसा करता है। कालादित्य धर्मपाल के छक्के छुड़ा देता है। युद्ध में विजयी शीलादित्य वलभी आ कर विचार करने लगता है कि वह अब अपना मंत्री किये बनाये। एक दिन देवी लक्ष्मी स्वप्न में उसे दर्शन देती हैं और कहती हैं कि कालादित्य को ही अपना मंत्री बनाओ, कालादित्य कायस्थवंश में जन्मा है और कायस्थ अर्धदिव्ययोनि के होते हैं। उनका निवास स्थान विष्णु की काया है, अत: उन्हें कायस्थ कहा जाता है। विष्णु के काय में स्थित कायस्थगण ने ही समुद्रमंथन के समय लक्ष्मी का उनसे मिलन कराया।

लक्ष्मी के आदेश पर राजा शीलादित्य ने कालादित्य को अपना मंत्री बना दिया। उससे वलभी के कायस्थों का वंश आरंभ हुआ। कायस्थवंश की महिमा बताते हुए सोड्ढल कहते हैं कि इसके लोग राजा के लिये शिव के अकृतोन्मेष (जो खुला नहीं है) तृतीय लोचन के समान

हैं, उन्हें मस्तक पर बिठाये रख कर राजा महेश्वर बन सकता है।[६] वलभी के इसी कायस्थवंश में सोड्ढल का जन्म हुआ। वे कालादित्य के पौत्र थे। बाल्यकाल से ही उनकी कविता में रुचि थी, और काव्यरस ने उनके मानस को उन्मीलित कर दिया था – विद्याभ्याससमकालमुन्मेषमागते कविपदोपदर्शिनि सारस्वते ज्योतिषि निसर्गसुस्थितस्तेनैव कवितारसेन मानसमनुशीलयामास।[७] वे मुक्तककाव्यों की रचना करने लगे। धीरे धीरे सोड्ढल के कवित्व की ख्याति फैलने लगी। लाडनरेश के मित्र वत्सराज ने उन्हें अपनी राजसभा में ससम्मान आमंत्रित किया। वत्सराज ने इन्हें मुक्तककाव्य के स्थान पर प्रबंध की रचना के लिये प्रेरित करते हुए कहा कि एक एक कर के प्रकीर्ण मुक्तामणियों के समान मुक्तक रचने से क्या होगा, यदि तुम एक हार बना डालो तो उसका परिभोग कुछ दूसरा ही होगा —

एकैकशः प्रकीर्णैर्मुक्तामणिभिः किमेभिरेभिस्तु।
यं सृजसि हन्त हारं तस्यान्यः कोऽपि परिभोगः।।

(१.३३)

सोड्ढल को भी लगा कि वत्सराज उचित कह रहे हैं, कोई मुक्तक ही लिखता रहे और प्रबंध न लिखे, तो कविता का आनंद नहीं आता, जैसे केवल तारे रहें और चंद्रमा न हो, तो आकाश सूना लगता है।

मुक्तकवृत्तैः कविता कैष विलासो बिना प्रबन्धेन।
ताराभिर्न विराजति शून्या चन्द्रेण बिना गगनश्रीः।।

(१.३४)

सोड्ढल इस प्रेरणा के साथ अपने गाँव लौट आये, और गाँव में रह कर एक कथा का प्रणयन किया। इस कथा की पोथी ले कर वे फिर उसे राजा को सुनाने के लिय चल पड़े। मार्ग में सरस्वती देवी का मंदिर था। सोड्ढल यहाँ विश्राम के लिये रुके और मंदिर के मत्तवारण में बैठ गये (पृ०२८)। साँझ घिर आई। अंधेरा फैलने लगा। मंदिर में सोड्ढल की भेंट तिलक व तालक नाम के दो विप्रों से हुई। सोड्ढल ने उन्हें बताया कि वे राजा को स्वरचित कथा सुनाने जा रहे हैं, तो वे कथा सुनने के लिये उत्सुक हो गये। तालक ने वाणी के गुण व कवियों की जातियों का प्रतिपादन किया।[८]

द्वितीय उच्छ्वास से सोड्ढल के द्वारा तिलक और तालक को सुनाई गई कथा का आरंभ होता है। कुंतल देश में गोदावरी के तट पर प्रतिष्ठाननगर में काव्यरसिक और कलाप्रेमी राजा मलयवाहन राज्य करते थे। बाण और अभिनंद आदि कवियों की रचनाएँ सुनने में उन्हें आनंद मिलता था। वे अपने योग्य मंत्री विभूतिवाहन को राज्य का दायित्व सौंप कर काव्यगोष्ठी या मृगयाविहार में समययापन करते। एक बार उद्यानपाल वसंतशील ने उन्हें बताया कि उद्यान के कर्मकरों (मजदूरों) ने एक विचित्र शुक देखा है। राजा शुक का पीछा करते हुए ताप्ती नदी के तट तक जा पहुँचे जो सारे भारतक्षेत्र को सींचने वाली नदी थी (सलिलसञ्चारसारणीमिव भारतक्षेत्रस्य पृ० ५८)।

शुक को खोजते खोजते राजा की भेंट एक पामर से होती है। उसकी सहायता से उन्हें शुक मिल जाता है। राजा की प्रशस्ति वह इन शब्दों में करता है—

वर्षास्वद्य कुटीकृतेयमुचिते देव प्रदेशे मया
नास्मिन्नेति वनापगाभर इति वर्ते तवारिप्रियाम्।
यावत्तावदरण्यवासविषयावस्थोग्रदुःखस्पृशः
सा तस्याः स्रवदीक्षणाश्रुपयसामुन्मथ्य नीताऽऽप्लवैः।

(३.७०)

(हे महाराज, मैंने एक ऐसी एक कुटी बनाई थी, जिसमें वर्षा ऋतु में बाढ आने पर जंगली की नदियों का पानी न पहुँच सके। परंतु तब तक अरण्यनिवास के दुःख से घबराकर व्याकुल होती तुम्हारे शत्रु की पत्नी ऐसी रोई की उसके अश्रुप्रवाह से आई बाढ़ ने उसे मटियामेट कर के बहा दिया।)

राजसभा के वातावरण को भी सोड्ढल ने अपने शब्दचित्रों में साकार कर दिया है। सेवा की दारुणव्यथा का दिग्दर्शन उन्होंने इस प्रकार कराया है—

क्रूरामात्यदृगर्चिषानलमुखद्वाःस्थोऽग्रहक्कास्वनै-
रुत्फेत्कारवती नियोगिरसनोत्तीव्रस्फुरत्कर्तिका।
विभ्राणा च विशुष्कसेवकलसत्कङ्कालमौर्वीपति-
सेवा राक्षसपुत्रिकेव कमहो जीवन्तमुन्मुञ्चति।।

(२. ६३)

(राजा की सेवा क्रूर अमात्यों की दृष्टिरूपी लपट की आग के मुख जैसे द्वार पर खड़े पहरेदारों के हड़काने के स्वर से फेत्कार करती, सेवकों की खच्-खच् करती जिह्वारूपी कैंची वाली, रूखे सेवकों के कंकालों को पहने राक्षसपुत्री के समान है, जो जीते जी मनुष्य को छोड़ती नहीं है।)

उदात्त अलंकार ने उनके वर्णनों को गरिमा और आभा से आलोकित कर दिया है। प्रतिष्ठानपुर व वहाँ के राजप्रासादों का विस्तृत विस्तृत वर्णन ऐश्वर्य व समृद्धि की भव्यता का आख्यान है। उत्प्रेक्षा, रूपक, अपह्नुति आदि विविध अलंकारों के समुचित विन्यास से यह भव्यता और भी परिपुष्ट हुई है। पर अनावश्यक अतिशयोक्तियों ने इस गरिमा का हनन भी किया है। प्रतिष्ठापुर के जलाशयों के वर्णन में वे कहते हैं—

यत्र च प्रतिपथमतिप्रांशुहरमन्दिरशिखरशूलाग्रापाटितान्निशासु नभस्तलचारिणश्चन्द्रमसो मण्डलाद् गलितैरनल्पसम्पातिभिरमृतरसैरिव सुस्वादुशीतलविनिर्मलैः पयोभिर्भरितगर्ता इव कमलकुवलयामोदसङ्गिनो हृदयमाह्लादयन्ति कोटिशो जलाशयविशेषाः।'

(वहाँ पर प्रत्येक मार्ग पर शिव के मंदिरों के शिखरों पर लगे त्रिशूलों की नोकें आकाश में विचरण करते चंद्रमा को मानों चीर देतीं, जिसके कारण उसके मंडल से झरते अमृतरस के अनर्गल प्रवाह से सुस्वादु, शीतल निर्मल जल से भर गये, कमल और कुवलय पुष्पों की सुवास से परिपूर्ण उस नगर के करोड़ों जलाशय हृदय को आह्लादित करते हैं।)

यहाँ उत्प्रेक्षा का सौंदर्य तो सराहनीय है, पर एक ही नगर में करोड़ों जलाशयों का होना अनावश्यक अतिशयोक्ति है।

सोड्ढल के आख्यान में यथार्थ और कल्पना का संसार साथ साथ संचरण करते हैं। राजा मलयवाहन की भेंट जिस पामर से होती है, उसके वर्णन में कवि ने खेत, खलिहान, ग्रामटिका (छोटा सा गाँव) के वातावरण को सजीव बना दिया है। भाषा का वैभव तथा गाँव गिराँव के देशज शब्दों की छटाओं का संस्कृत में विच्छुरण यहाँ वर्णन को चमका देता है।

वामतो नातिदूरवर्तिन्येकत्र नवदलनीलयवनपट्टिकावलयमण्डलिते विलूनपुञ्जितव्रीहिणि क्षेत्रखलके झटिति कुटीरमपत्वरेण चेतसा सहर्षमाश्रितोऽस्मि। तच्चान्तर्मानुषमेवकृतपलालसंस्तारमन्यत्रविवृत-कालिङ्गपुञ्जमपरत्र कण्डभाण्डिकोद्भासितैः चुल्लकमालोक्य नन्वेवमिह संवृतिश्चेदवश्यमास्ते कश्चिदतः स यावदायाति तावद् बहिरेव तिष्ठामीति चिन्तासमसमयमाजगाम परमेकतो मानुषाकृतिः श्वापदपशुरश्रृङ्गपुच्छोऽनड्वान् दिवसदृश्यो भूतविशेषश्चैतन्यवानुपलपुत्रकः परुषहलमुखविपाटितया पृथिव्या प्रदत्तशाप इव स्फुटिताग्रचरणस्तृणकुलानि गोरूपकैश्चारयत्यविरतमग्नाविति क्रोधान्मारुतविलग्नैः शालिमलनोच्छलितपलालदल- शकलकैर्गृहीत इव कूर्चकेशेषु हरिद्राफलाष्ठीलागुलिकाभिरिव लाङ्गलकुशकुठारी-कलनकिणग्रन्थिभिः स्थपुटितकठोरकरतलो मस्तकाहितचारिभारकः स्थूलया च दर्भवलितया रज्ज्वाऽवनद्धपरिधानः स्कन्धीकृतजरत्कम्बलीखण्डो दण्डपाणिः पामरः।' पृ० ६२

इसी प्रकार मृगया के विविध उपकरणों का वर्णन तथा मृगया के निमित्त लाये गये सारमेयों (शिकारी कुत्तों) के शब्दचित्र भी आकर्षक हैं।

वर्णनकला – सोड्ढल अपने गद्यबंधों तथा विविध प्रसंगों के निरूपण में बाण से बहुत प्रभावित हैं। अंधकार का यह वर्णन भी बाणभट्ट के संध्यावर्णन का तुलाधिरोहण करता है -

अस्तमिते च देवे मयूखमालिनि पतिविलयशोकात् कान्तयेव पूर्वया दिशा सुदूरमास्फाल्य भग्नाञ्जनकूपिकोच्छालिता कज्जलराजिरिवोदयमही-धरादुल्ललास गरीयसी छटा तिमिरस्य। पश्चिमया तु झटित्युन्मुच्य भाजनमपास्तस्य प्रसाधनालक्तकरसस्य विलुठितः प्रवाह इवास्तगिरिश्रृङ्गसद्मन्याविरास सन्ध्यानुबन्धी सुबन्धुरो रागः। (२९)

(मयूखमाली सूर्यदेव के अस्त होने पर पति के विलय के शोक के कारण उनकी प्रिया के समान पूर्वदिशा ने जैसे दूर से फैंक कर फूटे काजल की शीशी उछाल दी, जिससे उदयपर्वत से तिमिर की गाढ़ी छटा उल्लसित हो गई। दूसरी ओर पश्चिम दिशा ने अलते के पात्र को जैसे खोल दिया, इसके प्रवाह जैसा अस्तगिरि के शिखरों पर संध्या के साथ लगा बंधुर राग (लाल रंग) फैल गया।)

विक्रमाङ्काभ्युदयचंपू

इस चंपू की रचना मानसोल्लास (अभिलषितार्थचिंतामणि) जैसे बृहत्कोशात्मक ग्रंथ के प्रणेता महाराज सोमेश्वरदेव ने की। सोमेश्वर चालुक्यनरेश आहवमल्ल विक्रमादित्य षष्ठ (१०७६-११२७) के पुत्र तथा उत्तराधिकारी थे। इस चंपू में इन्होंने अपने पिता का जीवनचरित प्रस्तुत किया है। महाकवि बिल्हण ने भी अपने विक्रमांकदेवचरित में सोमेश्वर के पिता को ही नायक बनाया है, पर सोमेश्वर बिल्हण के महाकाव्य से पूरी तरह संतुष्ट नहीं प्रतीत होते।

अपने पिता के शील, सौजन्य शौर्य तथा औदार्य की प्रशंसा में सोमेश्वर ने इस चंपू में धरती और आकाश एक कर दिया है। यद्यपि इस चंपू में ऐसे अनेक प्रसंग हैं, जो बिल्हण के काव्य में नहीं मिलते,पर सोमेश्वर बिल्हण के महाकाव्य से अत्यधिक प्रभावित भी हैं। कहीं कहीं तो वे बिल्हण के वर्णनों की पुनरावृत्ति ही कर देते हैं।

प्रथम उल्लास का शीर्षक जनपदवर्णनम् है। इसके प्रारंभ में कर्णाट देश का विशद वर्णन है, जो बाणभट्ट के गद्य का स्मरण करा देता है। तत्पश्चात् इस देश के वन तथा सरोवरों का वर्णन कवि ने किया है। कर्णाटक के जनपदों के वर्णन में ग्रामजीवन तथा अंत्यज समाज का रोचक चित्रण है। यथा—

> **ग्रामसीमान्तकुटीरवसतिभिरेकश्रवणाभ्यर्णनिबद्धस्फुटितवराटकैरुपरटितजर्जरितकरकृतवेणुलतिकैर्विविधचर्मवलितवटारघटननिपुणैर्नीरन्ध्रगृध्रकालकौलेयकचर्वितकीकसशकलावृतगृहाङ्गणैः, कोकिलकुलकालकलेवरकान्तिभिः, सहजमधुरैरन्त्यजजातिभिरुपसेवितोपान्तः....**

(एक कान के पास वराटक (कौड़ी) बाँधे हुए, हाथों में बाँसुरी लिये हुए, चमड़े से तरह तरह की वस्तुएँ बनाने वाले अंत्यजजन जिनके घर के आँगनों में कौवे और गीध मँडरा रहे थे ..)

द्वितीय उल्लास कर्णाटक देश की राजधानी कल्याण नगरी के वर्णन के साथ आरंभ होता है। यहां के देवालयों, प्रासादों तथा विपणिगृहों (दूकानों) और बाजारों का रोचक वर्णन सोमेश्वर ने इस उल्लास मेंकिया है। नगर के निवासियों की रसिकता के वर्णन के साथ तथा यहाँ की वेश्याओं का भी शब्दचित्र उसने खींचा है। राजवंश का वर्णन अप्रतिमल्ल त्रैलोक्यमल्ल राजा

के साथ आरंभ होता है। सोमेश्वर के अनुसार बुध और पुरूरवा से लगा कर क्षेमक तक पुराण प्रसिद्ध राजा इस वंश में हुए और उनके पश्चात् अयोध्या के सूर्यवंशीय राजाओं को जीत कर उनसठ राजाओं ने राज्य किया। चालुक्य पर्वत पर शिव का वरदान पाने के कारण सत्याश्रय नामक राजा के साथ यह वंश चालुक्यवंश के नाम से जाना गया। सत्याश्रय का दूसरा नाम विष्णुवर्धन भी प्रसिद्ध था। विष्णुवर्धन का पुत्र जयसिंहदेव था और उसी का छोटा भाई पुलकेशी था। पुलकेशी के अश्वमेध आदि यज्ञों की चर्चा करते हुए उसके पराक्रम की भूरि भूरि प्रशंसा सोमेश्वर ने की है। पुलकेशी का पुत्र कीर्तिवर्मा था। इसी क्रम में एडवरि, आदित्यवर्मा आदि राजा हुए। इस वंश के राजा तैलप का वर्णन सोमेश्वर ने विस्तार से किया है, जिसने धारानरेश मुंज का मस्तक काट कर देवी को अर्पित किया था।

चालुक्यवंश के राजाओं के वर्णन के साथ सोमेश्वर ने अपने पितामह आहवमल्लदेव का चरित निबद्ध किया है। आहवमल्लदेव की रानी वाचल्लदेवी की वर्णन भी विशद रूप से कवि ने किया है।

बड़े भाई सोमदेव की कुचेष्टाओं के वर्णन, कुमार विक्रमादित्य के जन्म, बाल्य, शिक्षा, मृगयादिविहार तथा दिग्विजयप्रयाण के प्रसंग द्वितीय उल्लास में हैं। यह चंपू अपूर्ण द्वितीय उल्लास तक ही प्राप्त होता है।

पुरुदेवचंपू

इस चंपू के प्रणेता अर्हद्दास हैं। दस स्तबकों में विभाजित इस चंपू में भरत चक्रवर्ती के पिता पुरुदेव का चरित निरूपित किया गया है। पुरुदेव ने अपने पुत्र भरत को हिमालय के दक्षिण की ओर का भूभाग शासन करने के लिये दिया। इन्ही भरत के नाम पर यह भूभाग भारतवर्ष कहलाया। चंपूकार ने इस पौराणिक वृत्त का आधार यहाँ लिया है। उपमा के अतिरिक्त उत्प्रेक्षा, असंगति, परिसंख्या, व्यतिरेक, अनन्वय, अतिशयोक्ति आदि अलंकारों से चंपूकार ने अपने प्रबंध को रमणीय बनाया है। सुमेरु पर्वत का वर्णन चित्रोपम है। इसमें रूपक तथा श्लिष्टोपमा का चमत्कारपूर्ण प्रयोग करते हुए कवि कहता है—

त्रिदशोपसेवितो यः प्राज्यविराजितरुचिर्महामेरुः।
लक्ष्मीविलासगेहे जम्बूद्वीपे विभाति दीप इव।।

(१.४८)

पद्य रचना में अर्हद्दास ने छंदोवैविध्य के द्वारा रचना में विचित्रता का आधान किया है। अनुष्टुप् तथा आर्या जैसे प्रचलित छंदो के अतिरिक्त उन्होंने द्रुतविलंबित, पुष्पिताग्रा, भुजङ्गप्रयात, मंजुभाषिणी, मालिनी, रथोद्धता,वसंततिलका, वियोगिनी, शार्दूलविक्रीडित, शालिनी, स्वागता, हरिणी आदि छंदों के द्वारा रचना में रुचिरता बनाये रखी है। जैन परंपरा के अनुसार अहिंसा व अपरिग्रह का संदेश भी नायक के जीवन के द्वारा प्रबंधकार ने दिया है। भक्तिभाव तथा

समर्पण की अभिव्यक्ति अर्हद्दास ने निश्छलभाव से की है। अपनी कविता को वृषभेशकल्पतरु (ऋषभदेव रूपी कल्पवृक्ष) की वल्लरी बताते हुए वे कहते हैं—

जातेयं कवितालता भगवतो भक्त्याख्यबीजेन मे
चञ्चत्कोमलचारुशब्दनिचयैः पद्यैः प्रकामोज्ज्वला।
वृत्तैः पल्लविता ततः कुसुमिताऽलङ्कारविच्छित्तिभिः
सम्प्राप्ता वृषभेशकल्पसुतरुं व्यङ्ग्यश्रिया वर्धते।।

भरतेश्वराभ्युदयचंपू

भरतेश्वराभ्युदयचंपू के रचयिता आशाधर हैं। ये आचार्य के रूप में भी सुविश्रुत हैं। इनका समय तेरहवीं शताब्दी तथा निवास मध्यप्रदेश में मांडू के निकट नालछा (नलगच्छपुर) रहा है। भरतेश्वराभ्युदयचंपू में इन्होंने भरत बाहुबली के चरित्र का वर्णन किया है, जो जिनसेन के आदिपुराण पर आधारित है।

भारतचंपू

महाभारत की कथा को लेकर अनेक चंपूकाव्य लिखे गये हैं। इनमें कवि अनंतभट्ट का भारतचंपू श्रेष्ठ माना जाता है। इस चंपू की रचना पंद्रहवीं शताब्दी के अंतिम चरण में हुई। चंपूकार अनंतभट्ट का परिचय प्राप्त नहीं होता। परम्परा है कि भागवतचंपू के निर्माता अभिनवकालिदास की प्रतिस्पर्धा में इन्होंने भी एक भागवतचंपू की रचना भी की थी। अभिनवकालिदास का समय ग्यारहवीं शताब्दी मना गया है। मालावार निवासी नारायणभट्टात्रि ने अपने प्रबंधों में भारतचंपू को उद्धृत किया है। नारांयणभट्टात्रि का समय सोलहवीं शती का अंत और सत्रहवीं शती का आरम्भ है।

भारतचंपू में १२ स्तबक, १०४१ पद्य तथा दो सौ से अधिक गद्यांश हैं। आद्यंत वैदर्भी रीति का सरस प्रयोग किया गया है। इस चंपू पर पाँच टीकाएँ प्राप्त हैं।

यह चंपू महाभारत की कथा के मूल भाग की रोचक प्रस्तुति है। सभी प्रसंग मूल महाभारत के अनुसार हैं। केवल महाभारत के स्वर्गारोहण पर्व की कथा का समावेश कवि ने अपने चंपू में न करते हुए युधिष्ठिर के राज्याभिषेक और उनके सुखपूर्वक राज्य करते रहने के उल्लेख के साथ अपनी रचना को समाप्त कर दिया है। इस प्रकार व्यास के महाभारत के समान भारतचंपू का पर्यवसान निर्वेद में नहीं हुआ है। और इसमें शांतरस के स्थान पर वीररस की ही प्रधानता है। प्रबंधवक्रता का अच्छा निर्वाह करते हुए अनंत भट्ट ने अंत में एक शिष्ट हास्य का रोचक प्रसंग प्रस्तुत किया है। राजा युधिष्ठिर उद्यान में जाते हैं। जहाँ शुकांगनाएँ पूर्व के अभ्यास से शकुनि के उस हाथ की जय बोल रही हैं, जिसने उनके स्वामी को अपार संपदा दिलायी, तो युधिष्ठिर को तोतों की इस रटंत विद्या पर हँसी आ जाती है-

क्षोणीं कोशगृहाणि गोधनततिं घोटान् रथान् कुञ्जरा-
नन्यां सम्पदमप्यददात् पणमिषादस्माकमीशाय यः।
तादृक्षः शकुनेः करो विजयतामित्यालपन्तीः शुकी-
रुद्याने स निशम्य धर्मतनयो मन्द्रं जहासानुजैः।।

(१२/२९)

राज द्रुपद का यशश्चंद्र नित्य चमकता रहा है, इससे कमल खिल नहीं पाते, तो लक्ष्मी को इंदीवर या नीलकमल में रहना पड़ता है। इसके कारण लक्ष्मी श्यामा या साँवली हो गयी है। द्रौपदी को उसी लक्ष्मी से उपमा देते हुए कवि कहता है कि वह शिविका या पालकी पर चढ़ कर रंगस्थली में इस तरह आयी, जैसे स्वयंवर में बैठे राजाओं की बुद्धि पर अधिरूढ़ हो कर आयी हो। चलती हुई पालकी भी डोलती है और राजाओं की बुद्धि भी डोल रही है, राजाओं की बुद्धि में केवल द्रौपदी को लेकर ही उत्सुकता है। इस प्रकार शिविका के लिए राजाओं की बुद्धि का उपमान बड़ा सटीक है।

अनंतभट्ट का गद्य अनुप्रासों की झंकार तथा ओजस्विता से संवलित है। पद्यों में कल्पनाशीलता और गति की मंदता है, तो उनके गद्य कथा को क्षिप्रता देते चलते हैं। पांडु की मृगया के प्रसंग में वे कहते हैं—

तत्र स तावदतिक्षुल्लकवनमल्लिकोद्वेल्लितधम्मिल्लोऽवालग्नदृढ-लग्नकच्छपुटविच्छुरिको निषङ्गमांसलितमांसललितः परनिरासनपरं शरासनवरं करे कुर्वाणो गीर्वाणचक्रवर्ति- विक्रमः क्रमेण विविधमृगवधं विधातुमुपचक्रमे।

(बहुत छोटी छोटी मल्लिकाओं को अपने मस्तक के जूड़े में खोंसे हुए, नीचे लटकते कच्छपुट में छुरी खोंसे हुए, तरकस से मांसलित कंधे से सुंदर लगता हुआ, परनिरासनपर (शत्रुओं को निरस्त करने वाला) शरासनवर (धनुष) हाथ में लिये हुए गीर्वाणचक्रवर्ती (इंद्र) के समान पराक्रम वाला वह विविध मृगों का वध करने में जुट गया।)

यहाँ 'क्षुल्लकवनमल्लिकोद्वेल्लितधम्मिल्ल' तथा परनिरासनपरं 'शरासनवरं करे कुर्वाणः' जैसी अनुप्रास की छटाएँ प्रसंग को उद्दीप्त करती चलतीं हैं।

इसी प्रसंग में पद्यबंध की यह सरसता तथा वर्णविन्यासवक्रता दर्शनीय है—

क्षोणीपतौ मदकलं प्रति कृष्णसारं तूणीमुखे पतितपाणिनखाङ्कुरेऽस्मिन्।
एणीकुलानि तरलैर्यमुनाजलानां वेणीमिवाक्षिवलनैर्विपिने वितेनुः।।

(१/१७)

(पांडु जब मतवाले कृष्णसार पर बाण चलाने के लिए तरकस में से बाण निकाल रहे थे, तभी हरिणियों ने अपनी भयचकित आँखों के संचार से यमुना के जलों की वेणियाँ-सी वहाँ फैला दीं।)

छंदों की विविधता से भारतचंपू की रोचकता बढ़ी है। प्रसंगानुरूप छंदों का चयन करने में चंपूकार ने विवेक का परिचय दिया है। कहीं-कहीं अनुष्टुप् का प्रयोग काव्यात्मकता तथा कथा-प्रवाह दोनों की दृष्टि से उत्तम है। उदाहरण के लिए, खांडव वन को जलाते अर्जुन के वर्णन में अनंतभट्ट कहते हैं-

हुताशनपरित्रासादुच्चलन्त्या वनश्रियः।
कबरीव श्लथा वेगात् कापि धूम्या खमानशे।।

(३/१६६)

(जंगल में लगी आग के भय से जैसे वनलक्ष्मी भाग रही थी, तो ऊपर-ऊपर फैलती धुएँ की राशि उसकी केश-राशि-सी लगती थी।)

वीरभद्रचंपू

इस चंपू के प्रणेता पद्मनाभ मिश्र हैं, जिनका समय पंद्रहवीं शताब्दी है। पद्मनाभ ने इस चंपू को वि. संवत् १६३४ में पूरा किया। वीरभद्र के द्वारा किये जाते संग्राम में उठी धूलि स्वर्ग तक पहुँचती है, जिसे देख कर मंदोदरी रावण से पूछती है कि यह कैसी धूलि है। स्वर्गस्थ रावण, मंदोदरी तथा विभीषण के संवादों के माध्यम से राजा रामचंद्र के पुत्र वीरभद्र के शौर्य का अतिरंजित वर्णन चंपूकार ने किया गया है। इन संवादों में बघेल राजाओं की राजधानी गहोरा का वर्णन किया गया है।

वरदांबिकापरिणयचंपू

इस चंपू की रचयित्री तिरुमलांबा हैं। ये विजनयनगर के सम्राट् अच्युतराय (१५२९-४२ ई०) की रानी थीं। वरदांबिका के नाम से वस्तुत: रानी तिरुमलांबा ने अच्युतराय के साथ अपने ही परिणय की कथा को काव्यात्मक रूप में निबद्ध किया है। अपने राज्याभिषेक के पश्चात् एक बार कात्यायनी के मंदिर में राजा अच्युतराय वरदांबिका नामक कन्या को देखकर उसके सौन्दर्य पर मुग्ध हो जाते हैं। फिर वे उससे विवाह कर लेते हैं। कुल इतना ही ऐतिहासिक वृत्तांत इस चंपू में है। इस चंपू में पद्यों की अपेक्षा गद्य भाग अधिक है।

आनंदवृंदावनचंपू

इस चंपू के प्रणेता सुप्रसिद्ध कवि कर्णपूर हैं। इनका परिचय महाकाव्यविषयक अध्याय में दिया जा चुका है। इस चंपू में कर्णपूर ने कृष्ण की वृंदावन में की गयी नित्य लीलाओं का भक्ति-भाव में डूब कर सरस चित्रण किया है। कवि का प्रेरणास्रोत श्रीमद्भागवत है, पर होलिका और दोला उत्सव के अवसर की लीलाएँ उसने अपनी उद्भावना से जोड़ी हैं। संपूर्ण चंपू २२ स्तवकों में विभाजित है। प्रथम स्तवक में वृंदावन तथा वहाँ के निवासियों का अतिरंजित शैली में वर्णन है। द्वितीय से लेकर सप्तम स्तवक तक बाललीलाओं का वर्णन है तथा अष्टम से

लेकर अंतिम स्तवक तक किशोर लीलाओं का। दीर्घसमासबहुल उत्कलिकाप्राय, अल्पसमासमय चूर्णक तथा समासरहित आविद्ध इन तीनों प्रकार की गद्य शैलियों का कर्णपूर ने प्रयोग किया है। विशेषरूप से भक्तों को रसविभोर कर देने वाली कथावाचन की सरस शैली इसमें अपनाई गई है। गद्यबंधों का लालित्य और सुपाठ्यता मनोहारी है। भाषा शैली की दृष्टि से कर्णपूर ने अपने महाकाव्यों – चैतन्यचरितामृत तथा पारिजातहरण के समान यहाँ सरस वैदर्भी रीति का वरण किया है। नैषधकार की भाँति वे अपनी नायिका को वैदर्भी से उपमित भी करते हैं—

आसां मध्ये सकलरमणीमौलिमालेव वैदर्भीरीतिरिव माधुर्यौजः-
प्रसादादिसकलगुणवती, रसभावमयी च ....काऽपि राधिका नाम।

(आनंदवृंदावन, पंडित ओल्ड सीरीज, खंड – ९, १.१६९, पृ० १५९)

वृंदावन का यह चित्र उदाहरणीय है—

स्वतेजसा तु सुभास्वत् सुपीयूषकिरणं सुमङ्गलं सुबुधं सुजीवं सुकविगम्यं सुमानवं, भूविशेषकमपि न भूविशेषकम्, सदा सक्षणमपि क्षणरहितम्, व्यापकमपि नव्यापकं किञ्चन निखिलगुणवृन्दावनं वृन्दावनं नाम वनम्।

पारिजातहरणचंपू

सोलहवीं शताब्दी के चंपूकाव्यों में शेष श्रीकृष्ण के पारिजातहरणचंपूः, उषापरिणय तथा सत्यभामाविलास उल्लेखनीय हैं। शेष श्रीकृष्ण के पिता नरसिंह तथा आश्रयदाता काशीनरेश गोविंदचंद्र थे। अपने समय के श्रेष्ठ पंडितों व पंडित परिवार से इनका सम्बन्ध था। इनके द्वारा स्थापित काशी की व्याकरण परम्परा में ही भट्टोजी दीक्षित तथा नागोजी भट्ट जैसे प्रकांड पंडित हुए। इनकी अन्य रचनाओं में कंसवध नाटक प्रसिद्ध है। इसके अतिरिक्त इन्होंने मुरारिविजय, तथा सत्यभामापरिणय नामक रूपकों की भी रचना की थी। श्रीकृष्ण कवि की भाषा-शैली, घटनाओं की क्षिप्रता तथा आकस्मिकता का बोध कराने में समर्थ है। युद्ध के सरंभ का चित्रण करने में वे सफल हैं। पारिजातहरण की घटना का चित्रण करते हुए उन्होंने आकस्मिकता का अनुभव कराते हुए लिखा है—

इतीन्द्रेण विसृष्टः स्रष्टुः सुतः समेत्य वासुदेवाय सर्वमिदमावेदयाञ्चक्रे। सोऽप्यशेषमिदमाकलय्य मनसोपहूतं गरुडमारूढः प्रद्युम्नसात्य-किसनाथेनान्तरिक्षगामिना रथेनानुगम्यमानो विमानवर्त्मविजगाहे। ततश्च-

अनमिषपुरमीयुषा निमेषादथ मिषतां द्विषतां खगेश्वरेण।
समगमि वसुदेवनन्दनस्तं तरुमधिनन्दनमेष पारिजातम्।।

जीवगोस्वामी – गोपालचंपू

जीवगोस्वामी का परिचय मुक्तककाव्य विषयक अध्याय में दिया गया है। कलेवर की दृष्टि से गोपालचंपू सर्वाधिक विशाल चंपूकाव्यों में एक है। यह पूर्वार्ध और उत्तरार्ध दो भागों में

विभाजित है। पूर्वार्ध में तैंतीस अध्यायों में कृष्ण की बाल्य व किशोरावस्था की लीलाएँ वर्णित हैं, उत्तरार्ध में सैंतीस अध्यायों में उनका मथुरागमन व द्वारका में निवास वर्णित है। पूर्वार्ध के प्रथम अध्याय में वृंदावन का वर्णन अत्यंत सरस है। पूतनावध, शकटभंजन, मृद्भक्षण आदि लीलाएँ अलग अलग अध्यायों में विस्तार से निरूपित है। जीव ने यहाँ रामायण में लव कुश के द्वारा रामायण के गायन के समान मधुरकंठ तथा स्निग्धकंठ नामक दो सूत बटुओं के द्वारा कृष्णलीला का गायन प्रस्तुत कराया है। यह पूरा ग्रंथ चैतन्य संप्रदाय के अनुयायियों के लिये वेदवत् है। उत्तरार्ध में कंसवध आदि लीलाओं के क्रम में प्रद्युम्न के द्वारा उषाहरण व बलराम की भी अनेक लीलाएँ वर्णित हैं। अंत में कृष्ण का द्वारका से वृंदावन एक बार फिर आना और उनका गोलोकधामगमन वर्णित है। महाभारत युद्ध के अप्रिय वृत्तांत को जीव ने छोड़ दिया है, उसके स्थान पर कृष्ण का गोपियों से वृंदावन में पुनर्मिलन का सरस व मार्मिक प्रसंग उन्होंने अपनी कल्पनाशीलता व भक्ति की आस्था के साथ जोड़ा है।

मंदारमरंदचंपू

इस चंपू के प्रणेता कृष्णकवि हैं। इनका समय सोलहवीं शती का उत्तरार्ध और सत्रहवीं का पूर्वार्ध है। चंपूकाव्य परंपरा में मंदारमरंद विलक्षण रचना है। इसका विषय छन्दःशास्त्र और काव्यशास्त्र है। इसका विभाजन बिंदुओं में हुआ है। प्रथम वृत्तबिंदु में दो सौ से अधिक छंदों के लक्षण हैं।

वेंकटाध्वरी के चंपूकाव्य

आत्रेय रामानुज के वंशज वेंकटाध्वरी का समय सत्रहवीं शताब्दी है। ये दार्शनिक, उद्भट कवि और नाटककार के रूप में प्रसिद्ध हैं। विश्वगुणादर्शचंपू की पुष्पिका में इन्हें अप्पय गुरु का पौत्र कहा गया है। अप्पय गुरु का वास्तविक नाम श्रीनिवास था और ये अप्पय दीक्षित से भिन्न हैं। वेंकटाध्वरी के पिता का नाम रघुनाथ तथा माता का नाम सीतांबरा था। इनका निवास कांची नगरी में था।

यादवराघवीय द्विसंधान काव्य तथा लक्ष्मीस्तोत्र इनकी महत्त्वपूर्ण रचनाएँ हैं। इनके नाम से चार चंपू काव्य मिलते हैं- विश्वगुणादर्शचंपू, वरदाभ्युदयचंपू, उत्तरचंपू तथा श्रीनिवासविलासचंपू।

विश्वगुणादर्शचंपू

विश्वगुणादर्शचंपू में विश्वावसु और कृशानु नामक दो गंधर्व आकाश से सारी पृथिवी को देखते हैं और उनका वर्णन करते हैं। विश्वावसु प्रत्येक विषय के गुणों पर प्रकाश डालता है तो कृशानु उसके दोषों का उद्घाटन करता है। विश्वावसु अयोध्या, काशी आदि नगरों का रमणीय वर्णन करता है, कृशानु इन की कमियाँ बताता जाता है। बदरिकाश्रम आदि तीर्थों पर भी ये दोनों इसीप्रकार अपनी विहंगम दृष्टि डालते हैं तथा अपने मतभेदों को व्यक्त करते हैं। सारे

भारत की नदियों, पर्वतों और विशेषरूप से तीर्थस्थलों का ऐसा विशद और सुंदर वर्णन अन्य किसी चंपू काव्य में नहीं मिलता। सुदूर उत्तर से प्रारंभ कर के दोनों गंधर्व धीरे धीरे दक्षिण की ओर दृष्टि घुमाते हैं। वेंकटाध्वरी का मन दक्षिण के तीर्थों व नगरों के निरूपण में विशेष रमा है, तथा इनका वर्णन पूर्णत: प्रामाणिक भी है। विशेष रूप से कांची, तंजौर तथा सेतु के वर्णन बड़े विशद व सरस हैं। कावेरी नदी का हृदयग्राही वर्णन विशद गद्यबंध में उन्होंने किया है।

इसके साथ ही यह चंपू काव्य वेंकटाध्वरी के समय की सामाजिक, धार्मिक तथा सांस्कृतिक प्रवृत्तियों का भी विवरण प्रस्तुत करता है। धर्म के नाम पर होने वाले पाखंड और आडंबर पर करारा व्यंग्यप्रहार चंपूकार ने किया है। यही नहीं, पुरोहित, ज्योतिषी, वैद्य, संगीतकार आदि विभिन्न व्यवसायों में लगे लोग किस प्रकार कपट के द्वारा लोगों को ठगते हैं, या मूर्ख बनाते हैं-इसका भी रोचक चित्रण कृशानु के संवादों में है। यह पूरा का पूरा चंपू सभ्यता और संस्कृति की एक रोचक समीक्षा है।

साहित्य, संस्कृति तथा धर्म से संबद्ध अनेक ऐतिहासिक विभूतियों का भी प्रामाणिक विवरण वेंकटाध्वरी ने दिया है, जिससे यह चंपू एक सांस्कृतिक इतिहास भी बन गया है। षष्ठ उच्छ्वास में १२ पद्यों (२८९-३००) तथा बीच बीच में संयोजित गद्यांशों में वेदांतदेशिक की सकलशास्त्रवैशारद्य तथा वाद में दिग्विजय का सरस चित्ताकर्षक चित्रण है।[९] वेदांतदेशिक की ऐसी सहृदयतापूर्ण समाशंसा से दोषदर्शननिपुण कृशानु चिढ़ कर पूछता है कि कवि के चंपकपुष्प सरीखे शब्दों से सरस्वती के लिये तो धम्मिल्लहार बनाया जा सकता है, उन्हें विवाद में प्रतिपक्षी पर प्रहार के लिये वज्र कैसे बनाया जा सकता है?[१०] विश्वावसु उत्तर देता हुआ कहता है – वेदांतदेशिक के पद कृष्ण के पद (चरण) जैसे हैं, वे पुष्प की भाँति कोमल तथा भक्तों के लिये आनंददायक हैं, पर शकटासुर जैसे दुष्टों के दलन के लिये वे ही वज्र भी हो जाते हैं।[११]

रामानुजमत में अपनी अनन्यनिष्ठा की अभिव्यक्ति वेंकटाध्वरी ने इस रचना में की है। तदनुरूप रामानुज के व्यक्तित्व, कृतित्व व सिद्धांतों का वर्णन उन्होंने अत्यंत भावाभिनिवेश के साथ किया है।[१२] यह वर्णन इतना हृदयाग्रही है कि निंदापरायण कृशानु भी कहता है कि रामानुज के प्रति श्रद्धा के कारण मैं तुम्हारी बातों को स्वीकार कर लेता हूँ।

न्यायदर्शन में वर्णित संशय, प्रयोजन, वाद, छल, जाति, निग्रहस्थान आदि शास्त्रार्थ की कोटियों की ऐसी काव्यात्मक अभिव्यक्ति अन्यत्र दुर्लभ है। पूर्वपक्ष व उत्तरपक्ष दोनों वेंकटाध्वरी के कविता के सहचर बन गये हैं। पंडितराज जगन्नाथ ने अपने रसगंगाधर में वीररस का विवेचन करते हुए पांडित्य वीर रस को भी दान, दया, धर्म व युद्ध – इन चतुर्विध वीररसभेदों के साथ पाँचवें वीररस के रूप में कविता में प्रतिष्ठित किया है। पांडित्यवीर का एक अत्यंत सरस सुंदर उदाहरण विश्वगुणादर्शचंपू कहा जा सकता है। शंकराचार्य आदि महापुरुषों के दर्शन का विमर्श वादविवाद की शैली में विश्वावसु और कृशानु के शब्दों में यहाँ किया गया है। कृशानु ईश्वर को

भी मनुष्य के निर्बल मन व भय की ग्रंथि की उपज बता कर निरस्त कर देता है। उसके कथनों में व्याजनिंदा व व्याजस्तुति दोनों हैं। एकाम्रेश्वर पर उसका यह कहना बड़ा रोचक है—

वयस्य किं वर्णयसि विश्वविलक्षणचारित्रं रुद्रम्। लोके हि लोचनशैत्यसम्पिपादयिषया यतमानान् जनानेव पश्यामः। अयं तु पशुपतिः स्थाणुरिति स्वाह्वयमन्वर्थयन्निव आशुशुक्षणिमक्ष्णि निक्षिप्तवान्।

(पृ० २४७, गद्यभाग १२८)

(मित्र, रुद्र की तुमने भली कही! उनका तो चरित्र ही संसार में निराला है। हम तो संसार में लोगों को अपनी आँखें ठंडी करने के लिये प्रयास करते देखते हैं। पर उन्होंने ने पशुपति (पशुओं के सरताज) और स्थाणु (श्लेष से अन्य अर्थ ठूँठ) – अपने इन दोनों नामों को चरितार्थ करते हुए अपनी एक आँख में स्वयं अग्नि लगा रखी है।

पर विश्वावसु का प्रत्युत्तर भी उतना ही सटीक व हृद्य है – शिव के मस्तक पर गंगा भी है और चंद्रमा भी, तो इन दोनों के कारण उन्हें सदैव शीत का अनुभव होता रहता है, इसलिये शीत मिटाने के लिये उन्होंने तृतीय नेत्र में एक अँगीठी रख ली है—

अङ्गानुषङ्गोदितशीतबाधामिन्दोर्द्युसिन्धोश्च समन्वयेन
हर्तुं वहत्यग्निमयीं तृतीयां हरो हसन्तीमिव हन्त दृष्टिम्।।

(पृ० २४८, श्लोक, ३२१)

परंतु दोनों गंधर्वों की इस झड़प में कृशानु समाज का उद्धार करने वाले महापुरुषों के कार्यों की जैसी तीखी निंदा करता है, उसमें कर्मकांडमात्र में लगे रहने वाले रूढिवादी पंडितों के आचरण की प्रखर समीक्षा है। यथा -

हत्वा मार्गे द्विजादीनखिलमपि धनं हन्त हृत्वाऽतिदृप्ता
दुर्वृत्तास्तस्करा ये वनगिरिविलया ये च नीचा इहान्ये
कृत्वा चक्राङ्कमेषां झटिति विदधतः किञ्च मन्त्रोपदेशं
दैर्दत्तैरेव वित्तैर्दधति तनुममी वंशपारम्परीभिः।।
जारांश्चौरान् जनपददमनान् राजपाशान्महीशान्
शिष्यान् कृत्वाऽतिदृप्ताः श्रुतिपथविधुराः श्रोत्रियैर्ब्रह्मनिष्ठैः।
साकं नो भुञ्जतेऽमी सकृदपि विनतिं कुर्वतेऽग्रे न तेषां
सङ्केतेनैव सिद्धं तदिदमविदुषां श्लाघ्यमाचार्यपुंस्त्वम्।।

(वही, पृ० १९८-९९, पद्य- २४९-२५०)

महाराष्ट्र के ब्राह्मणों पर पैना व्यंग्य किया गया है—

कुक्षेः पूर्त्यै यवननृपतेर्भृत्यकृत्यानि कर्तुं
विक्रीणीते वपुरपि निजं वेतनैरेतदास्ताम्।

विप्रो भूत्वाऽप्यहह गणनानैपुणैर्वञ्चयित्वा
स्वर्णस्तेयं रचयति जनः स्वामिनां पोषकाणाम्।।

(पृ० ११५, श्लोक१३६)

इसी प्रकार के वचन काशी के ब्राह्मणों के चरित्र का दोहरापन भी उघाड़ते हुए निंदक के मुख से कवि कहलाता है। पूर्वपक्ष के रूप में जिस शुद्धतावादी दृष्टिकोण को अभिव्यक्त किया गया है, वह वस्तुतः वेंकटाध्वरी का अपना मत नहीं कहा जा सकता। यथा

शस्त्रैर्जीवति शास्त्रमुज्झति परं शूद्राहृतैरम्बुभिः
स्नात्याचामति देवताः स्नपयति स्वैरं पचत्यौदनम्।
उच्छिष्टान्न बिभेति याति यवनैरुच्चावचैः सङ्गतिं
मातङ्गान्निकटं गतानगणयन् मार्गान् मुहुर्गाहते।।

(पृ० ७७-७८ श्लोक ८९)

(वह शस्त्र से जीविका चलाता है शास्त्र का त्याग करता है, शूद्र के द्वारा लाये गये जल से स्नान कर के उसी से देवताओं का स्नान करा देता है, मनमर्जी से भात पकाता है, जूठे भोजन से नहीं हिचकता, नीच यवनों की संगत करता है, चांडाल जिन मार्गों से जा रहे हैं, उन पर आता जाता रहता है।)

प्रातर्हन्त कृताप्लवोऽपि रजकस्पृष्टाङ्गडो रासभै
रूढान् धारयते पटाननुदिनं धृत्वा बहिर्गच्छति।
गत्वा म्लेच्छमुखाशुचीन् स्पृशति च स्पृष्ट्वाऽपि न स्नात्यहो
न स्नातोऽप्यथ भुङ्क्त एष चपलो भुक्त्वाऽपि न व्रीडति।।

(पृ० ७८ श्लोक ९०)

नीचैर्दुर्यवनैः शुनीभिरथवा निःशङ्कमालोकितं
भुङ्क्ते पङ्क्तिविदूषकैः सह नरैरज्ञातवेदाक्षरैः।
मद्यास्वादनमत्तचित्तजनतामोहाय भीहानितः
कर्माण्यारभते श्रुतिस्मृतिवचो दूराण्यसाराण्यहो।।

(पृ० ७९, श्लोक ९१)

समकालीन समाज, साहित्य, कला, चिंतनपरंपराओं के अनेक पक्ष विश्वगुणादर्श में उन्मीलित हुए हैं। अपने परिवार की परंपराओं व उसकी विशिष्ट विभूतियों का भी परिचय चंपूकार ने यथावसर दे दिया है।[१३]

वेंकटाध्वरी कविता में तर्क के प्रतिष्ठापनपरमाचार्य कहे जा सकते हैं। जिसने केवल कविता का अभ्यास किया, तथा तर्कप्रवण बनाने वाले न्याय को छोड़ दिया, उसकी सभाओं में कैसी दयनीय दशा हो जाती है इसका वर्णन करते हुए उन्होंने कहा है—

प्रायः काव्यैर्गमितवयसस्तापनीयाम्बुराशेः
पारज्ञस्याप्यपरिकलितन्यायशास्त्रस्य पुंसः।
वादारम्भे वदितुमनसो वाक्यमेकं सभायां
प्रह्वा जिह्वा भवति कियतीं पश्य कष्टामवस्थाम्।।
अपरीक्षितलक्षणप्रमाणैरपरामृष्टपदार्थसार्थतत्त्वैः।
अवशीकृतचैत्रयुक्तिजालैरलमेतैरनधीततर्कविद्यैः।।

(पृ० ४१२-१३, पद्य ५५७-५८)

न्यायशास्त्र के आचार्यों का ससम्मान उल्लेख करते हुए वे इस शास्त्र की परंपरा का इतिहास भी निरूपित करते हैं—

ज्ञानाब्धिरक्षचरणः कणभक्षकश्च श्रीपक्षिलोऽप्युदयनः स च वर्धमानः।
गङ्गेश्वरः शशधरो बहवश्च नव्या ग्रन्थैर्निरुन्धत इमे हृदयान्धकारम्।।

(पृ० ४१४, पद्य ५६०)

साथ ही वेंकटाध्वरी यह भी जानते हैं कि जैमिनीयशास्त्र या मीमांसा सारे वादियों के मुख मुद्रित करने के लिये पर्याप्त हैं—

नैयायिका वा ननु शाब्दिका वा त्रयीशिरस्सु श्रमशालिनो वा।
वादाहवे बिभ्रति जैमिनीयन्यायोपरोधे सति मौनमुद्राम्।।

(पृ० ४१७-१८, पद्य ५६४)

शास्त्रकाव्य अथवा रुद्रट और भोज आदि आलंकारिकों ने जिसे काव्यशास्त्र कहा है, उसकी विधा का रमणीय निदर्शन विविधशास्त्रपांडित्य के द्वारा वेंकटाध्वरी ने इस चंपू में दे दिया है। व्याकरण पर उनका कैसा असाधारण अधिकार है यह कृशाश्व के मुख से व्याकरणधिक्कार के द्वारा वे दिखाते हैं—

टिड्ढाणञ् द्वयसच्चुटू ङसिङसोस्तिप्-तस्झि-थिप्-थस्-तसो-
र्मिप्वस्तानचि च ष्टुना ष्टुरत इञ् शश्छोऽट्यचोऽन्त्यादि टि।
लोपो व्योर्वलि वृद्धिरेचि यचि भं दाधा ध्वदाम्नाज्झला-
वित्येते दिवसान्नयन्ति कतिचिच्छब्दान् पठन्तः कटून्।।
झोऽन्तःशश्छोटि शेषोऽध्यसखि ससजुषो रुर्विरामोऽवसानं
चे चेति व्यर्थवाचः सदसि यदि सतां शाब्दिकाश्चेद् बुधाः स्युः।
किं तैरेवापराद्धं नटविटगणिकानृत्यहस्तप्रचारै-
स्तोधी तोधी तदीति त्किटत्तकिट धिक् ताहधिक् तत्तकारैः।।

(पृ० ४२०, पद्य ५६८-६९)

यामुनाचार्य की शिष्यपरंपरा में मीमांसक आचार्यों का यह उर्जस्विल चित्र प्रभावशाली है—

ते मीमांसाशास्त्रप्रमथनपरिकलितबुधजनानन्दाः।
लक्ष्मणमुनेः प्रबन्धाः लक्ष्मणपूर्वजशरा इव जयन्ति।।

(पृ० १७७, पद्य, २२६)

रामानुजौ यामुनतीर्थसेवापरावुदीतौ नरकं निरोद्धुम्।
तयोः पुराणः प्रणिनाय गीतां तस्या नवीनस्तु ततान टीकाम्।।

(पृ० १७८, श्लोक, २२८)

कांची के वर्णन में ४४ पद्य हैं, तो श्रीरंगम् के लिये ४६ श्लोकों का एक खंडकाव्य ही कवि ने सन्निवेशित कर दिया है।

विश्वगुणादर्शचंपू: भारतीय समाज के दसवीं शताब्दी के पश्चात् होने वाले नवजागरण, नवीन धार्मिक आंदोलनों तथा समाज में हो रहे परिवर्तनों की झलक देता है। रामानुजमत तथा लिंगायत संप्रदायों में किस प्रकार जातिभेद व वर्णव्यवस्था की संकीर्णताओं का निवारण कर समाज के निम्न वर्गों को सम्मानजनक स्थान दिया – विश्वगुणादर्श के आदर्शफलक पर वेंकटाध्वरि ने इसके सजीव दृश्य प्रतिबिंबित किये हैं।[१४]

कुल मिला कर सारे देश के सांस्कृतिक वैभव, नैसर्गिक सौंदर्य का अनन्यनिष्ठा के साथ उद्घाटन वेंकटाध्वरी ने इस काव्य में किया है। वेंकटाचल के विषय में वे कहते हैं —

पन्नगेषु च नगेषु खगेषु द्वीपिराजसु पृषत्सु दृषत्सु।
वल्लरीषु च दरीषु झरीषु प्रार्थयन्ति जनिमत्र मुनीन्द्राः।।

(पृ० १५३-५४, श्लोक, १९२)

अवलोकय तावदुरगवरधरणीधरशिरोमणेश्चक्रपाणेरतितरसुकरवर-
निकरवितरणकौशलमतिपेशलम्।

(पृ० १६२-६३, गद्यभाग- ८१)

वेंकटाध्वरी विद्वत्कवि हैं, पर सरस सुकुमार श्रृंगार में भी वे रमते हैं तथा सौंदर्यवृत्ति भी उनकी अम्लान है। गुर्जर देश को रसिक युवक युवतियों के श्रृंगार का यह मनोहर चित्र उन्होंने अंकित किया है—

सकर्पूरस्वादुक्रमुकनवबीटीरसलस-
न्मुखाः सर्वश्लाघापदविविधदिव्याम्बरधराः।
लसद्रत्नाकल्पा घुमघुमितदेहाश्च घुसृणै-
र्युवानो मोदन्ते युवतिभिरमी तुल्यरतिभिः।।

(पृ० ९८ श्लोक ११५)

तप्तस्वर्णसवर्णमङ्गकमिदं ताम्रो मृदुश्चाधरः

पाणी प्राप्तनवप्रवालसरणी वाणी सुधाधोरणी।
वक्त्रं वारिजमित्रमुत्पलदलश्रीसूचने लोचने
के वा गुर्जरसुभ्रुवामवयवा यूनां न मोदावहाः।।

(पृ० ९९ श्लोक, ११६)

वेंकटाध्वरी ने ग्रामों, जनजातियों शबरों, पुलिंदों आदि का भी उसी सूक्ष्मेक्षिका से वर्णन किया है।

अङ्गान् बङ्गान् कलिङ्गानथ मगधकुरून् कोसलान् केकयान् वा
काश्मीरान् कुन्तलान् वा यवनजनपदान् किञ्च पातालदेशान्
नेपालान् केरलान् वा कतिचन कृतिनः पाण्ड्यतुण्डीरचोलान्
कर्णाटान् गौडलाटान् परिगतिघटनालम्पटाः पर्यटन्ति।।

(पृ० १२३, श्लोक, १४६)

कहीं वे चित्रकाव्यनिर्माणचातुरी से चमत्कृत करते हैं, कहीं यमक व श्लेष की छटा प्रकट करते हैं। श्रीरंगम् के वर्णन में यह अलंकरण दिव्यभाव का परिपोष करता है

श्रीरङ्गे शोभते यस्य श्रीरङ्गे शोभते च यः।
नमोऽहं कलये तस्मै न मोहं कलये ततः।।

(पृ० ३०५, पद्य, ४००)

इसके साथ ही देश के नैसर्गिक सौंदर्य पर विश्वगुणादर्शचंपूकार ने विहंगम दृष्टिपात करते हुए करते हुए भारतीय वसुंधरा के नित्यनवायमान रमणीय रूपों को उकेरता है। दक्षिण के नारिकेल के वृक्षों की पाँते उनका मन मोहती हैं, साथ ही हास्य की छटा बिखेरते हुए वे उन्हें पाखंडी साधुओं से उपमित कर देते हैं

लोलद्दीर्घदला बृहत्तरकला वातोल्ललद्धूलिभि-
श्छन्ना प्रांशुतमाः स्फुरन्ति पुरतो ये नारिकेलद्रुमाः।
धूमास्वादनपात्रधारिण इमे द्रागिष्ठचञ्चज्जटा-
भस्मोद्धूलितमूर्तयो विवसनाः पाखण्डिभेदा इव।।

(पृ० ३३७-३८, पद्य ४४९)

वेंकटाध्वरी की कविता भाषा के सौष्ठव, दुर्लभ परंतु रमणीय वैयाकरणिक प्रयोगों, सौंदर्यबोध की सारग्राहिता का महोत्सव रचती है। कृषीष्ट (कृ का आशीर्लिङ्), इडीडीषे (ईड का सन्नन्त), इन्धे (इन्धि प्रकाशने का लट् तृतीयपुरुष) निनंसा, अनैवम्भावः. मङ्क्षु (तुरत) वर्वरीति (वृञ् वरणे आवरणे) मा दूदुषः आदि प्रयोग वाणी की सप्राणता प्रकट करते हैं। परिगतिघटनालम्पटाः (मोक्ष के इच्छुक तीर्थयात्री) जैसे शब्दों के नवीन प्रयोग से इन्होंने भाषा को समृद्ध किया है।

वेंकटाध्वरी के अन्य चंपूकाव्य - वरदाभ्युदयचंपू में कांची में अधिष्ठित लक्ष्मी और नारायण के विवाह का वर्णन है। यह हस्तिगिरिचंपू के नाम से भी जाना जाता है। इसमें पाँच विलास हैं, तथा पद्य की अपेक्षा गद्य भाग की प्रचुरता है। कांची पीठ से संबद्ध अनेक पौराणिक आख्यानों का इसमें समावेश किया गया है। इन में सरस्वती का ब्रह्मा के प्रति क्रोध व नदी का रूप धारण कर के प्रवाहित होना, गजेंद्रमोक्ष तथा कांचीक्षेत्र में संपादित विभिन्न अनुष्ठानों से संबद्ध आख्यान हैं।

उत्तरचंपू में रामायण के उत्तरकांड की घटनाएँ वर्णित हैं। विश्वगुणादर्श चंपू से इसकी शैली के भेद को देखते हुए कतिपय विद्वानों ने इसे वेंकटाध्वरी की रचना नहीं माना है। श्रीनिवासचंपू तिरुपति के वेंकटेश्वर भगवान् की प्रशंसा तथा स्तुति है। इसके भी वेंकटाध्वरिकृत होने में संदेह प्रकट किया गया है। वस्तुतः वेंकटाध्वरि की कीर्ति का अक्षय स्तंभ विश्वगुणादर्श चंपू ही है।

श्रवणानंद नामक स्फुट पद्यों का संग्रह तथा सुभाषितकौस्तुभ नामक सुभाषितसंग्रह भी वेंकटाध्वरी की कृतियों में उल्लिखित होते हैं।

नीलकंठविजयचंपू

नीलकंठ दीक्षित के नीलकंठविजयचंपूः की रचना १६३७ ई० के आसपास हुई। इसमें महाकवि नीलकंठ दीक्षित ने शिव के प्रति अपनी भक्ति-भावना को व्यक्त करते हुए समुद्रमंथन के वृत्त को प्रभावशाली रूप से निरूपित किया है।

आनंदकंदचंपू

इस चंपू के प्रणेता मित्रमिश्र हैं। ये ओरछा के राजा वीरसिंह (१६०५-१६२७ ई०) के आश्रित थे। इनका बनाया धर्मशास्त्र का ग्रंथ वीरमित्रोदय विख्यात है। आनंदकंदचंपू में आठ उल्लास हैं। इसमें कृष्ण की बाललीलाओं का वर्णन किया गया है। यह श्रीमद्भागवत के दशम स्कंध पर आधारित है। अंतिम उल्लास में मित्रमिश्र ने अपने आश्रयदाता के वंश और चरित का वर्णन भी किया है।[१५]

अनिरुद्धचम्पू

अनिरुद्धचम्पू के रचयिता देवराज शर्मा गुरु गोविंदसिंह (१६६६-१७०८) के समकालीन थे। इनके नानकचंद्रोदय महाकाव्य की चर्चा इस खंड के पहले अध्याय में की गई है।

यह चंपू नौ उच्छ्वासों में विभक्त है। कथारंभ प्रद्युम्न के परिणय के वृत्तांत के साथ किया गया है। द्वितीय उच्छ्वास में अनिरुद्ध के जन्म और शिक्षा दीक्षा तथा नवयौवन का रमणीय वर्णन है। इसी उच्छ्वास में अनिरुद्ध के द्वारा उषा को स्वप्न में देखने का वृत्तांत चंपूकार की

अपनी परिकल्पना है। तृतीय उच्छ्वास में अनिरुद्ध का मृगयाविनोद वर्णित है। इसी प्रसंग में देवराज ने वंन की शोभा तथा वैचित्र्य का रोचक वर्णन किया है। वटवृक्ष का यह चित्र देखिये—

वटेऽस्मिन् सुखसुप्तेषु गोलाङ्गूलेषु सर्वतः।
लाङ्गलानि न लक्ष्यन्ते प्ररोहैः सह लम्बनात्।।

अचतुर्थ में अनिरुद्ध के अपहरण का वर्णन है, पंचम में उसकी मुठभेड़ असुर भटों से दिखाई गया है जिसमें —

चर्म च्छिन्दन् वारबाणान् विभिन्दन्नस्थिग्रन्थीन् सध्वनि द्राक् च वृश्चन्।
दैतेयानां खण्डयन् कालखण्डं तस्याक्रीडन्मण्डले मण्डलाग्रः।।

अष्टम में कृष्ण और बाण के युद्ध में कृष्ण की विजय तथा नवम में अनिरुद्ध के विवाह के साथ काव्य की समाप्ति होती है।

इस चंपू में अनिरुद्ध और उषा के शृंगार का वर्णन बड़ा सरस है। संयोग और विप्रलंभ दोनों की छवियाँ चित्ताकर्षक रूप में उकेरी गईं हैं। यथा—

बबन्ध वेणीं नवबन्धबन्धुरां लिलेख पत्राणि कपोलयोः कृती।
उरोजयोः स्थासकसम्पदं व्यधाद् विचित्रलाक्षारसरञ्जनं पदोः।।

(५.११)

तथा

आशासु भाति परितो दिवि दृश्यते च स्वप्नेऽपि सा स्फुरति तिष्ठति जागरेऽपि।
धर्तुं मया प्रवितते बत बाहुपाशे न ज्ञायते शशिमुखी क्व तिरोदधाति।।

(४.२०७)

अन्य चंपूकाव्य

चंपूकाव्य प्रायः पौराणिक कथाओं को लेकर ही लिखे गये हैं। भागवतचंपू के नाम से पाँच से अधिक चंपू-प्रबंध प्राप्त हैं, जिनमें से चार के रचनाकार क्रमशः अभिनवकालिदास, चिदंबर, रामभद्र और रामनाथ हैं। राघवीय तथा विष्णुविलास महाकाव्यों के कर्ता रामपाणिवाद का भागवतचंपू भी इनमें जोड़ा जा सकता है।

रामपाणिवाद का भागवतचंपू श्रीमद्भागवत के दसवें स्कंध के प्रथम ५२ अध्यायों पर आधारित है। कवि ने कथा की प्रायः अविकल प्रस्तुति की है। एक नवीन प्रसंग सारिका के माध्यम से गोपियों के द्वारा कृष्ण को संदेश भेजने का है, जिसमें राधा की मुख्य भूमिका है, भागवत में राधा का चरित्र नहीं है। इसी प्रसंग को लेकर रामपाणिवाद ने सारिकासंदेश नाम से संदेशकाव्य स्वतंत्र रूप से भी लिखा है।

नृसिंहचंपू के नाम से केशवभट्ट और संकर्षण के लिखे दो अलग-अलग चंपू मिलते है।

ऊपर उल्लिखित अनंतकृत भारतचंपू के अतिरिक्त महाभारत की कथा पर राजचूडामणि दीक्षित (परिचय के लिए नाटकविषयक अध्याय द्र०) ने भी 'भारतचंपूः 'की रचना की थी। अनेक कवियों ने जैनधर्म और तीर्थंकरों आदि के चरित्र को लेकर चंपूकाव्य लिखे हैं। आशाधर सूरि ने १२४३ ई॰ में तीर्थंकर आदिनाथ के पुत्र भरत के जीवन पर भारतेश्वरचंपूः की रचना की। इसी प्रकार अर्हद्दास का पुरुदेवचंपू तथा दिवाकर का अमोघराघवचंपू भी उल्लेख्य हैं। यतिराजविजयचंपूः तथा 'विरूपाक्षवसन्तोत्सवचंपूः के कर्ता अहोबल का समय चौदहवीं शताब्दी है। अनेक चंपूकाव्य ऐतिहासिक चरितनायकों के चरित प्रस्तुत करते हैं। १५७७ ई० में पद्मनाभ द्वारा रचित 'वीरभद्रदेवचंपूः' में रीवाराज्य का वर्णन है। सोलहवीं शताब्दी में नारायणभट्ट ने विभिन्न पौराणिक विषयों पर चौदह चंपू काव्यों की रचना की। अठारहवीं शताब्दी में रचित शंकर कवि के 'चेतसिंहविलासचंपूः' में काशीनरेश चेतसिंह का वर्णन है, इन्हीं का एक अन्य चंपू 'गङ्गावतरणचम्पूः' है। अठारहवीं शताब्दी का एक अन्य चंपू आनन्दचंपूः ऐतिहासिक दृष्टि से महत्त्वपूर्ण है। इसके रचयिता श्रीनिवास कवि हैं। इसमें तमिलनाडु के राजा आनंदरंग पिल्लै का चरित है। इसमें अंग्रेजी शासन के आरम्भ का भी वर्णन है। आनंदरंग पिल्लै के द्वारा अंग्रेजों के विरुद्ध फ्रेंच शासक डुप्ले की सहायता, उसके द्वारा पांडिचेरी में विशाल भवन का निर्माण तथा उसमें ऊपर घड़ी लगवाना आदि ऐतिहासिक घटनाओं के साथ चंपूकार ने उस समय की राजनीतिक और सामाजिक परिस्थिति का अच्छा परिचय इस कृति में दिया है।

नृसिंहराय प्रथम के पौत्र नृसिंहराय द्वितीय के पिता का नाम आनंद यज्वा तथा माता का नाम जयंती था। ये एकोजी द्वितीय (भावा साहिब – १७३५-३६) के मंत्री रहे। इन्होंने शंकर के द्वारा त्रिपुरासुरवध के कथानक को ले कर त्रिपुरविजय चंपू की रचना की।

शिवरामसूरि ब्रह्मानंद (१७००-१८००ई०) से शिष्य थे। इन्होंने उपनिषद्दर्शन से संबद्ध अनेक शास्त्रीयग्रंथों का प्रणयन किया तथा शिवरामचंपू में छह कांडों में रामायण की कथा प्रस्तुत की। इनकी रचना में भाषा पर असाधारण अधिकार व शैली की सुरुचिरता है। उदाहरणार्थ—

सिद्धिर्दृष्टचरी यदीयचरणाम्भोजद्वयाचञ्चला
भक्तानां बहुधा नृणां सुमहती प्रारिप्सिते कर्मणि।
दायादश्च स यो यश्च भगवान् आकण्ठदन्तानलः
क्षिप्रं पूर्तिकृते चिकीर्षितकृतेर्बोधोस्तु लम्बोदरः।।

जानकीपरिणयमहाकाव्य के प्रणेता चक्र कवि का परिचय पूर्व में दिया गया है। इन्होंने महाकाव्यों, चित्रकाव्य व खंडकाव्य के अतिरिक्त तीन चंपू काव्य भी लिखे – दमयंतीपरिणयचंपू, द्रौपदीपरिणयचंपू तथा पार्वतीपरिणयचंपू।

कवि वेंकटेश (वेंकटेश्वर) का परिचय पूर्वाध्याय में दिया गया है। उन्होंने भोंसलेवंशावलीचंपू में भोसलेवंश के राजाओं का विवरण दिया है।

अतिराज यज्वा का परिचय इनके कुशकुमुद्वतीयम् नाटक के संदर्भ में दिया गया है। अतिरात्र ने शिव के चरित्र पर आधारित त्रिपुरविजयचंपू की रचना की। इस चंपू में पाँच आश्वास हैं।

रामभद्र के शिष्य नल्लादीक्षित भूमिनाथ कवि के नाम से भी विश्रुत हैं। ये राजा शाहजी के समकालीन थे। इन्होंने धर्मविजयचंपू में शाहजी की जीवनचरित प्रस्तुत किया है।

कुछ कवियों ने चंपूकाव्य में नये विषयों का समावेश किया। सत्रहवीं शताब्दी में समरपुंगव ने यात्राप्रबंधचंपूः की रचना की। समरपुंगव वाधूलगोत्र के वेंकटेश के पुत्र थे। इनका निवास तिरुवालंगाडु में था। यात्राप्रबंधचंपूः में सारे देश की यात्रा का वर्णन है। इसमें दस आश्वास हैं। प्रथम आश्वास में समरपुंगव ने अपने पिता का जीवन चरित निबद्ध किया है। समरपुगंव के पिता वेंकटेश का विवाह शिवयोगी की बहिन के साथ हुआ था। पर उनके कोई संतान न थी। संतानप्राप्ति के लिये उन्होंने किस प्रकार शंकर की आराधना कर के सूर्यस्तव का पाठ किया तथा विविध देवीदेवताओं की पूजा की – यह सब वर्णन प्रथम आश्वास में किया गया है। इसके बाद कवि ने अपने जन्म का का वर्णन किया है। द्वितीय उच्छ्वास में समरपुंगव व सूर्यनारायण के स्वाध्याय का वर्णन है। उन्होंने सूर्यनारायण के साथ उस समय के श्रेष्ठ गुरु अप्पय दीक्षित से अध्ययन किया। तृतीय उछ्वास में कथाकार तीर्थयात्रा पर निकलते हैं। इस प्रसंग में कांची, एकाम्रेश्वर आदि तीर्थस्थलों का सुंदर वर्णन है। चतुर्थ आश्वास में सूर्योदय, सूर्यास्त, उद्यान आदि उद्दीपन विभाव तथा दूती का शृंगारपरक संदेशप्रदान चित्रित है। पंचम आश्वास में कावेरी, सेतु व रामेश्वरम्, पांड्यदेश आदि के वर्णन के साथ विविध देवों की स्तुतियाँ हैं। समरपुंगव ने अपने विवाह का वर्णन भी इस आश्वास में किया है। शेष आश्वासों में आसेतुहिमाचल सारे भारत के तीर्थों, नदियों, पर्वतों, नगर-नगरियों का वर्णन है, जिनमें समरपुंगव ने यात्राएँ कीं।

विश्वगुणादर्शचंपूः का अनुकरण करते हुए अठारहवीं शताब्दी में अण्णयार्य ने तत्त्वार्थगुणादर्शचंपूः लिखा, जिसमें जय तथा विजय इन दो पात्रों के वाद-विवाद और संवाद में शैव और वैष्णव संप्रदायों का प्रतिपादन किया गया है। कुछ पंडितों ने तो अपने शास्त्रीय ग्रंथों को भी चंपूकाव्य का नाम दे दिया है। ग्रंथों में उल्लेखनीय हैं- आचार्यविजयचंपू तथा मन्दारमरन्दचंपूः।

श्रीकृष्णानंद कवींद्र ने सुदर्शनचंपू[१६] की रचना १७८३ई० में की। इसमें ८१ पद्य तथा गद्यप्रघट्टकों के साथ बीच बीच में लघु गद्यवाक्य हैं। ऐतिहासिक जानकारी की दृष्टि से यह चंपू महत्त्वपूर्ण है। आरंभ में कवि ने गढ़जयशलमेरु (जैसलमेर का किला) का वर्णन किया है—

प्रथितवरसरोभिः सेवितः सर्वकालं
विविधविटपिवाटीवृन्दविद्योतितश्रीः।
कृषिभिरुचितकाले सर्वलोकोपकारी
गढ़जयशलमेरो देशरत्नं विभाति।।६।।

तदनंतर भाटीकुल की प्रशंसा की गई है। इस कुल में जन्मे दुर्जनसाल, उनके पुत्र शंकरवर्मा तथा उनके पुत्र सुदर्शन का ओजस्वी वर्णन है। श्लेष का निबंधन करते हुए कवि कहता है—

सुदर्शनयशोगानं कस्य कस्य न रोचते
कृष्णानन्दसमुत्पन्नं किं पुनर्व्रजमण्डले।।१८।।

पाँच पद्यों में राजा सुदर्शन की दो रानियों सातोमरी तथा सोही का वर्णन किया है। राजी की रक्षिता या शिल्पकारिका संजीवनी का वर्णन आकर्षक है। राजसभा के वर्णन में उदात्त अलंकार का प्रयोग सधा हुआ है। राजसभा के पंडितों, कवियों, ज्योतिषियों, वैद्यों, मल्लों नटों पर पद्य हैं, पर किसी का नाम नहीं लिया है। राजा सुदर्शन की यमुनातट पर वैरिग्राम में मृगया के वर्णन तथा परिसंख्या अलंकार में प्रशस्तिपरक गद्य के साथ काव्य समाप्त होता है।

इस चंपू का गद्य अत्यंत समासप्रचुर संश्लिष्ट तथा गाढबंध से युक्त है।

चक्रकवि वेंकटाचार्य ने दिव्यचापविजयचंपू में तिरुप्पुलानि तीर्थ के माहात्म्य का वर्णन किया है। नवनीत कवि ने वेल्लोर के विरिञ्चिनाथ के माहात्म्य पर मार्गसहायचंपू लिखा।

राजा शरभजित (सरफोजी- १८००-१८३२) के द्वारा कुमारसंभवचंपू की रचना की गई। बर्नेल इसे चोक्कनाथ प्रणीत बताते हैं। यह चंपू कालिदास के कुमारसंभव पर आधारित है। छाया का सौंदर्य इसमें देखा जा सकता है—

यथा तथास्तु वा शिवः प्रभुर्ममायमेव मे।
मनः स्थिरं हरे वृथा द्विजात्र दोषवर्णनम्।।

सुब्रह्मण्य यज्वा के पुत्र अण्णा दीक्षित ने वल्लीपरिणयचम्पू की रचना की।

वस्तुतः चंपू एक काव्यविधा न हो कर एक रचनाशैली है। किसी भी विषय पर गद्यपद्यमिश्रित सरसवचोविन्यास चंपू बन जाता है। चंपूकाव्य की विषयवस्तु, इसके प्रतिपाद्य अथवा कथानक को ले कर न तो आचार्यों ने कोई सीमानिर्धारण किया है, न चंपूकारकवियों ने किसी सीमा को माना है। रामायण, महाभारत आदि की प्रख्यात कथावस्तु को ले कर चंपू लिखे गये, तो लोककथाओं को ले कर भी। यात्रावर्णन, वादविवाद, काव्यशास्त्र, भूगोल आदि विषयों पर लिखे काव्यात्मक ग्रंथ भी चंपूकाव्य में परिगणित होते रहे हैं।

उपसंहार

ईसा की ग्यारहवीं शती से अठारहवीं शती तक की अवधि में गद्यकाव्य का सातत्य बना रहा। पर सुबंधु, बाण और दण्डी के द्वारा निर्मित मानदंडों का अनुवर्तन ही अधिक हुआ, नये मानदंड नहीं रचे जा सके। दूसरी ओर चंपूकाव्य में विषयों की नवीनता, नई शैलियाँ तथा नये प्रयोग किये गये। विश्वगुणादर्शचंपू जैसी रचनाओं के द्वारा विस्तृत सांस्कृतिक परिप्रेक्ष्य प्रस्तुत किया गया।

सन्दर्भ

१. इंडियन काव्य लिट्रेचर, खंड ४, पृ० ४८०
२. Sanskrit Tradition of Trippunithura, ed C.M. Neelakandhan, pp 44-51
३. देवस्य पङ्कजभुवो वदनात् प्रसूता
वाचाम्पतिर्भगवती जगतीं पुनातु।
या वाङ्मयं सपदि विश्वमुदीक्षयन्ती
तारेव तिष्ठति मनोनयने कवीनाम्।। उदयसुन्दरीकथा उच्छ्वास १, प्रारंभिक पद्य २
४. राज्ञां सभासु परिषत्सु च संस्थितानां
गोष्ठीसु वाऽखिलसुभाषितभावकानाम्।
सर्वाधिपत्यविषयी स खलु प्रबन्धः
स्याद्यस्य साधुजनचेतसिपट्टबन्धः।। वही, ६
५. श्रीविक्रमो नृपतिरत्र पतिः सभाना-
मासीत् स कोऽप्यसदृशः कविमित्रनामा।
यो वाऽर्थमात्रमुदितः कृतिनां गृहेषु
दत्वा चकार करटीन्द्रघटान्धकारम्।। वही, १०
६. तृतीयमकृतोन्मेषं कायस्थ इति लोचनम्।
राजवर्गो वहन्नेष भवेदत्रमहेश्वरः।। १.३२
७. उदयसुंदरीकथा, दिल्ली सं. २००४, पृ० १६-२२
८. वर्णानामसंष्ठुलो विन्यासः मसृणता परिपुष्टिर्मांसलता काठिन्यविपर्ययः कोमलता स्निग्धभावो लालित्यमिति। मसृणता मांसलता कोमलता लालित्यं चेति वाणीगुणैश्चतुर्भिरनुषङ्गवत्यः सप्राणधनप्राणाल्पप्राणैस्त्रिभिर्भेदैर्विभिन्नाः क्रमेण काकली मायूरी माराली चेति तिस्र एव किल जातयः सत्कवीनाम्।
९. भेदाभिदा विषयवादापतद्दुरुपपादार्थसाधकमदो-
त्सादावहाद्भुतमखादापगास्यादविनोदाभिजातभणितिः।
पादारविन्दनतखेदापहारचतुरोदारमाधवगुणा-
स्वादाभितुष्ट इह मोदाय वो भवतु वेदान्तदेशिकमणिः।। विश्वगुणादर्श, पृ० २२६, श्लोक- २९०
१०. कथं नाम द्रुहिणगृहिणीचिकुरनिकुरम्बचुम्बिचम्पककुसुम-सुकुमारतराः कविकथककण्ठीरवगुरोरपि गिरो दुस्तरप्रस्तरनिष्ठुरबंहिष्ठसासूयहृदयनिर्भेदाय जायन्ते? वही, पृ० २३२, पृ० ११७
११. वेदान्तार्यगिरः प्रसूनमृदवो मोदं दधानाः सतां
प्रौढग्रावकठोरकाण्यपि परं भिन्दन्ति हृन्दि द्विषाम्।
नन्द्याद्यार्यजनाभिनन्दितमृदुस्पर्शोऽपि पादो हरे-
र्दुर्भेदे शकटासुरे तु शतकोट्याकारमागात्र किम्? वही, पृ० २३२-३३, पद्य-२९९
१२. अन्यदास्तां नाम तामेव काममन्योन्यं कलहायमानानां नानाविधानां श्रुतीनामविरोधसाधनेन साधुभावं प्रकटयन्तीमखिलगुणाभिरामां रामानुजसरस्वतीमभिनन्दामि। प्रसिद्धं हि सन्धिमिच्छन्ति साधवः इति। वही, पृ० १९६ गद्यभाग-९९
१३. उदाहरणार्थ –
काञ्चीमण्डलमण्डनस्य मखिनः कर्नाटभूभृद्गुरो-
स्तातार्यस्य दिगन्तकान्ययशसो यं भागिनेयं विदुः।

अस्तोकाध्वरकर्तुरप्पयगुरोस्तस्यैष विद्वन्मणेः
पुत्रः श्रीरघुनाथदीक्षितकविः पूर्णो गुणैरेधते।। श्लोक २, पृ० ३

१४. वेदवैदिकविद्वेषदूषिता भस्मरूषिताः।
चण्डाः सन्त्यत्र पाखण्डा लिङ्गालिङ्गितवक्षसः।। पृ० १३७, श्लोक- १६८
शिरः पुरारेर्द्विजराजपाददिव्यामृतैः सिक्तमितीर्ष्ययेव।
शूद्रा इमे लिङ्गधराः स्वयं तत्स्वपादतोयैः स्नपयन्ति कष्टम्।। पृ० १३८, श्लोक१६९

१५. इस चंपू में ओरछानगरी के वर्णन के लिये परिशिष्ट - ५ द्रष्टव्य।

१६. काव्यमाला गुच्छक-१४ (१९३८) में प्र., पृ०७७

अध्याय ६

कथासाहित्य

ग्यारहवीं शती से उन्नीसवीं शती तक कथाओं के अनेक संकलन तैयार किये गये। इनमें लोकजीवन तथा भारतीय समाज की विविध छवियाँ अंकित हुई हैं, साथ ही भारतीय कथा के भी नाना रूप इनमें मिलते हैं। विश्व के अन्य देशों के कथाचक्रों से रूपान्तर या नवीन प्रस्तुतीकरण करते हुए कथाओं के अनेक प्रबंध या संग्रह संस्कृत में तैयार किये गये।

गद्यकथाकोश

यह प्रभाचन्द्र तथा जिनचन्द्र के द्वारा बारहवीं शताब्दी में निमित्त किया गया। इसमें जैन परम्परा से जुड़ी ८९ कथाओं की काव्यात्मक प्रस्तुति है।

वेतालपंचविंशति

वेतालपंचविंशति भारतीय कथा परम्परा में गुणाढ्य की बृहत्कथा के पश्चात् सर्वाधिक लोकप्रिय रही। बृहत्कथा तथा पंचतंत्र की भाँति यह कई संस्करणों में विकसित हुई है। वेतालपचीसी के नाम से इसके प्राचीन काल से ही भारतीय भाषाओं में रूपान्तर भी होते रहे हैं। इसका प्राचीन स्वरूप बृहत्कथा के काश्मीरी संस्कृत रूपान्तरों- बृहत्कथामंजरी तथा कथासरित्सागर में प्राप्त होता है।

वेतालपचीसी का एक संस्करण शिवदास द्वारा १५वीं शताब्दी में निर्मित किया गया। कुछ विद्वानों ने इसका समय १२०० ई० के आसपास माना है। शिवदास का संस्करण गद्यपद्यात्मक है। हर्तेल की मान्यता है कि शिवदास की वेतालपंचविंशति १४८७ई० के पहले लिखी जा चुकी थी, क्यों कि इसकी एक पांडुलिपि में यह वर्ष अंकित है। इसका एक अन्य संस्करण जंभलदत्त ने तैयार किया। यह पूर्णतः गद्य में है। यह वेताल की कथाओं के कश्मीरी संस्करण के बहुत निकट है। तीसरा संस्करण जो अपेक्षाकृत अधिक संक्षिप्त है, वल्लभदेव के द्वारा तैयार किया गया। भारतीय भाषाओं में सर्वाधिक रूपान्तर इसी संस्करण के आधार पर निर्मित हुए। मंगोल भाषा में भी वेतालपंचविंशति का रूपांतर मिलता है।

वेतालपंचविंशति हमारी कथापरम्परा में सबसे रोचक कथाओं का संकलन कहा जा सकता है। प्रत्येक कहानी में एक जटिल गुत्थी सामने आती है, जिसका उत्तर देना सरल नहीं है। यह

गुत्थी जिस रूप में उभरती है, वह मनुष्य जीवन की जटिलता और सच्चाई को उघाड़ कर रख देता है। उसका समाधान भी रचनात्मक तथा अप्रत्याशित होने के साथ अत्यंत कौतुकवर्धक है। राजा विक्रमादित्य एक भिक्षु के कहने पर उसकी साधना के लिए श्मशान से शव को उठा कर लाता है। शव में स्थित वेताल उसका उपहास करता हुआ एक कथा सुनाता है। कथा का अंत एक गंभीर और जटिल समस्या से होता है। वेताल उस समस्या का राजा से समाधान पूछता है। भिक्षु की शर्त के अनुसार राजा को मार्ग में बोलना नहीं है, पर राजा अपने को रोक नहीं पाता और कहानी की समस्या का समाधान बता देता है। राजा के बोलते ही शव पुनः उसी वृक्ष पर जा लटकता है, जिससे राजा ने उसे उतारा था। ऐसा चौबीस बार होता है, और वेताल चौबीस कहानियाँ राजा को सुनाता है। पच्चीसवीं कहानी की समस्या इतनी जटिल है कि राजा सोच में पड़ जाता है। तब वेताल उसे बताता है कि भिक्षु उसके साथ धोखा कर रहा है, और राजा की ही बलि चढ़ा कर सम्राट् होना चाहता है। वह राजा को अपनी रक्षा का उपाय भी बताता है, जिसके अनुसार राजा पाखंडी भिक्षु को समाप्त कर देता है।

प्रत्येक कहानी में जो समस्या उठायी गयी है, उस में जीवन के गंभीर प्रश्नों का रोचक ढंग से हल सामने आता है। एक सुंदर कन्या को चाहने वाले तीन युवक उससे विवाह के लिए एक साथ आ गये हैं। अब पिता के सामने समस्या है कि वह उस में से किसे चुने और शेष दो को कैसे टाले? इसी समय कन्या की सर्प के काटने से मृत्यु हो जाती है। तब उन तीन युवकों में से एक दुखी होकर उसके साथ चिता पर जल जाता है, दूसरा उसके अस्थिशेष के साथ श्मशान के पास कुटिया बना कर रहने लगता है, और तीसरा संन्यासी होकर निकल जाता है। कुछ समय बाद यह तीसरा प्रेमी ऐसा मंत्र सीखकर आता है जिससे मृत व्यक्ति को जीवित कर दे। वह कन्या को भी जिला देता है, और उसके साथ चिता पर जल कर मर जाने वाले प्रेमी को भी। अब पिता के सामने फिर वही समस्या आती है कि वह तीनों में से किसके साथ अपनी लड़की का विवाह करे। वेताल के पूछने पर विक्रमादित्य इस समस्या का समाधान यह बताता है- श्मशान में कुटी बनाकर रहने वाला युवक ही उस कन्या का सच्चा प्रेमी है, और वही उसका पति हो सकता है, क्योंकि उसे फिर से जिलाने वाला युवक तो कन्या के लिए पिता के समान हो गया और उसके साथ जीकर उठने वाला युवक उसके लिए भाई के समान हुआ।

वेताल के द्वारा पूछे गये प्रश्न अत्यंत कौतुकवर्धक तथा जटिल पहेली की तरह हैं। एक व्यक्ति है, जो पके भात को खाने की तो बात ही दूर रही, उसे छूने तक को तैयार नहीं है, क्यों कि वह जिस खेत में उगा है, वह श्मशान के निकट है, और इसे उस भात में श्मशान की दुर्गंध आ रही है। एक अन्य व्यक्ति है, जो मोटे मोटे गद्दों की शैया पर भी सो नहीं पाता, क्यों कि शैया में सबसे नीचे एक बाल रखा हुआ है, जो उसे चुभ रहा है। एक तीसरा है, जो स्त्री को छू नहीं सकता, क्यों कि इस स्त्री ने बचपन में बकरी का दूध पिया है, उसे स्त्री की देह से बकरी की गंध आती है। अब प्रश्न है कि इन तीनों में सबसे सुकुमार कौन है?

वेतालपंचविंशति की कहानियों की एक बड़ी विशेषता उन में निहित मूल्यबोध, मनुष्य की गरिमा के प्रति सजगता और समाज चेतना है। एक कहानी में ऐसी समस्या उठायी गयी है, जिसके समाधान में एक चोर भी महान् व्यक्ति सिद्ध होता है। विवाह की पहली रात को ही नवविवाहिता वधू पति को बताती है कि वह पड़ोस के एक युवक से प्रेम करती है, और उसने उस युवक को वचन दिया है कि वह विवाह की पहली रात को उसके पास आयेगी। पति अपनी स्त्री के द्वारा दिये गये वचन की पूर्ति के लिए उसे उसके प्रेमी के पास भेज देता है। मार्ग में उस युवती को एक चोर पकड़ लेता है। युवती जब उसे अपनी परिस्थिति बताती है, तो वह उसे इस शर्त छोड़ता है कि प्रेमी से मिलने के पश्चात् वह उसके पास आयेगी। युवती चोर को भी वचन देती है। युवती का प्रेमी उसके पति की उदारता से अभिभूत होकर उसे बिना छुए पति के पास लौटा देता है। युवती अपने वचन की रक्षा के लिए चोर के पास आती है, पर चोर का भी मन बदल जाता है, और वह उस युवती की मर्यादा और शील की रक्षा करते हुए उसे उसके पति के पास जाने देता है। अब समस्या यह है कि उस युवती के पति, प्रेमी और चोर में कौन बड़ा है? विक्रमादित्य के उत्तर के अनुसार चोर इन तीनों में अधिक बड़ा है, क्योंकि शेष दो के लिए उस स्त्री की मर्यादा की रक्षा इतना कठिन नहीं था, एक चोर के लिए स्वयं आयी हुयी निधि को छोड़ देना अधिक कठिन है।

वेतालपंचविंशति की कहानियों के पात्र प्राय: असाधारण परिस्थितियों के शिकार होते हैं। पर जो प्रश्न या समस्याएँ इन कहानियों से उठती हैं, वे प्रत्येक युग में प्रासंगिक तथा विचारणीय हैं। एक राजा चिरायु होने के लिए एक अत्यन्त दरिद्र परिवार के बालक को बलि देने लिए खरीदता है। बलि चढ़ाये जाते समय बालक रोने के स्थान पर खिलखिला पड़ता है। प्रश्न उठता है कि बालक क्यों हँसा? इसी प्रकार एक स्त्री का पति और उसका मित्र स्वयं को देवी के आगे बलि के रूप में अर्पित करते हुए अपने-अपने मस्तक काट देते हैं, देवी प्रसन्न होकर उन्हें जिला देती है, पर स्त्री की भूल से एक का मस्तक दूसरे के धड़ में जुड़ जाता है। अब प्रश्न उठता है कि दोनों में उस स्त्री का पति कौन है, जिसके धड़ से पति का मस्तक जुड़ गया है वह व्यक्ति या पति के धड़ से जिसका मस्तक जुड़ गया वह उसका मित्र?

भाषा की दृष्टि से वेतालपंचविंशति संस्कृत के अत्यन्त प्रांजल और परिष्कृत किंतु सहज और सुबोध गद्य का उदाहरण प्रस्तुत करती है।

वेतालपंचविंशति एक ऐसा कथाचक्र है, जो भारतीय भाषाओं के साहित्य में बराबर संक्रमण, आवर्तन और विवर्तन करता रहा है। इसके आधुनिक भारतीय भाषाओं में मध्यकाल से ही अनेक रूपांतर होते रहे हैं। इसकी लोकप्रियता का एक कारण इसकी कहानियों का जीवन से गहरा जुड़ाव, जीवन के मूलभूत प्रश्नों से सीधे टकराहट, तथा उनकी चुनौती का सामना करने के कारण है।

सिंहासनद्वात्रिंशिका

यह राजा विक्रमादित्य के गुणों पर प्रकाश डालने वाली ३२ कहानियों का संग्रह है, जो वेतालपंचविंशति की भँति लोकप्रिय हुआ और सिंहासनबत्तीसी के नाम से प्राचीन काल से ही लोक-भाषाओं में इसके रूपान्तर होते रहे। इसका अन्य नाम विक्रमचरित भी प्रचलित है। यह कथासंग्रह उत्तरी तथा दक्षिणी - इन दो संस्करणों में मिलता है। पहले के संस्कर्ता क्षेमेन्द्र नामक जैन मुनि कहे गये हैं, बंगाल में प्रचलित वररुचि के द्वारा निर्मित संस्करण भी इसी में आता है। दक्षिणी संस्करण विक्रमचरित के नाम से अधिक प्रचलित है। दक्षिणी संस्करण का एक पद्यरूप भी मिलता है। सभी संस्करणों में भूमिकास्वरूप राजा भोज की कथा आती है। भोज को मिट्टी का एक टीला खुदवाने पर एक सिंहासन मिलता है, , जिस में ३२ पुतलियाँ लगी हुई हैं। जब भोज सिंहासन पर बैठने लगते हैं, तो उस पर बनी पुतली विक्रमादित्य की कथा सुना कर कहती है कि यदि इस प्रकार के गुण तुममें हों तो इस सिंहासन पर बैठो। इस प्रकार बत्तीस पुतलियाँ बत्तीस कहानियाँ भोज को सुनाती हैं। सभी कहानियाँ प्रशस्ति परक तथा उपदेशप्रधान हैं। रोचकता, विविधता और गंभीरता का इन में अभाव है। इसका रचनाकाल १२ वीं १३वीं शताब्दी के आसपास है।

शुकसप्तति

शुकसप्तति की कथाएँ किस्सा तोता मैना के नाम से लोकपरम्परा में अत्यधिक प्रचलित रही हैं, तथा इसके अनेक भारतीय भाषाओं में अनेक रूपान्तर मिलते हैं। संस्कृत में शुकसप्तति दो वाचनिकाओं में मिलती है, एक संक्षिप्त वाचनिका है, दूसरी अलंकृत और विस्तृत वाचनिका। अलंकृत और विस्तृत वाचनिका के प्रणेता चिंतामणि भट्ट कहे गये हैं, जिनका समय बारहवीं शताब्दी है। सरस संस्करण प्राकृत मूल के आधार पर निर्मित किया गया प्रतीत होता है। पंचतंत्र का भी उपयोग चिंतामणि ने किया है।

शुकसप्तति में एक तोते के द्वारा एक वणिक् की वधू को सुनायी गयी सत्तर कहानियाँ हैं। इसकी भूमिका में बताया गया है कि मदन नामक एक वणिक् को अपने पिता से एक तोते और एक मैना उपहारस्वरूप प्राप्त हुए। एक बार मदन को दीर्घ प्रवास पर बाहर जाना पड़ा। उसकी पत्नी दुश्चरित्र स्त्रियों के बहकावे में आकर स्वैराचार के लिए जाने को उद्यत हुई, तब मैना ने कठोर शब्दों में भर्त्सना करते हुए उसे बाहर जाने से रोका। परिणामस्वरूप वणिक् की स्त्री मैना को मार डालने को तत्पर हो गयी। तब तोते ने बात सँभालते हुए उसे एक-एक करके कहानियाँ सुनाया आरम्भ किया। हर कहानी में एक जटिल परिस्थिति निर्मित होती है, जिससे कहानी की नायिका अपनी बुद्धिमत्ता से अपने आपको बचाती है। पर कहानी के अंत में तोता यह नहीं बताता कि कहानी की नायिका ने संकट से अपनी रक्षा कैसे की। वह वणिक् की स्त्री से ही पूछना है कि ऐसे संकट से कैसे बचा जाय- यह तुम जानती हो तब तो बाहर जाओ

अन्यथा मत जाओ। वणिक् की वधू कहानी में नायिका पर आये संकट का कोई हल नहीं समझ पाती और वह तोते से पूछती है कि उसके संकट का क्या समाधान हो सका? तब तोता उसे इस शर्त पर समाधान बताने को तैयार होता है कि उस रात वह बाहर नहीं जायेगी। इस तरह प्रतिदिन एक-एक करके सत्तर कहानियाँ सुनाकर तोता वणिक् वधू के शील की रक्षा करता है।

शुकसप्तति की सभी कहानियों में प्रवंचना, छल और चालाकी के प्रसंग हैं। पर कई कहानियाँ पात्रों के अद्भुत साहस और प्रत्युत्पन्नमतित्व का प्रेरणाप्रद स्वरूप प्रस्तुत करती हैं। एक स्त्री अपने बच्चों के साथ वन में जा रही है, सामने से सिंह आ जाता है, अब स्त्री क्या करे? सुबुद्धि और दुर्बुद्धि दो मित्रों में सुबुद्धि दूसरे से शर्त हार गया है। शर्त में तय हुआ कि जीतने वाला हारने वाले के घर आकर जो वस्तु सबसे पहले छुएगा, वह उसकी हो जायेगी। सुबुद्धि जानता है कि दुर्बुद्धि की उसकी पत्नी पर कुदृष्टि है, और वह आकर उसकी पत्नी को ही छू देगा, तथा साथ ले जाना चाहेगा। अब प्रश्न है कि सुबद्धि अपनी पत्नी की रक्षा कैसे करे? शुक इस का समाधान बताते हुए कथा का समापन इस प्रकार करता है – सुबुद्धि पत्नी के साथ नसैनी लगाकर घर की छत पर चढ़ जाता है और दुर्बुद्धि आता है, तो वह हड़बड़ी में नसैनी पकड़ लेता है। और उसे नसैनी उठाकर घर जाना पड़ता है। कई कहानियाँ सामान्य जनों के दैनिक जीवन की घटनाओं का रोचक निर्दशन है। गाँव के सरपंच की पत्नी उससे रोज कहती रहती है कि नगर जाओ तो मेरे लिए काँचली (अँगिया)लेकर आना। सरपंच हर बार अपना वचन भूल जाता है। एक बार जब कई लोग उससे मिलने के लिए बैठे हैं, पत्नी भोजन के लिए बुलाने आती है और सबके सामने कह देती है- चलिये, राबडी (मक्का का दलिया, जिसे प्राय: गरीब लोग खाते हैं) खा लीजिये। सरपंच को लगता है कि इतने लोगों के सामने उसकी हेठी हो गयी। पत्नी कह देती है कि काँचली ला दोगे, तो खोया सम्मान लौटवा दूँगी। सरपंच पत्नी के अगली बार जाकर काँचली ला देता है। अब प्रश्न यह उठता है कि सरपंच की पत्नी ने अपने पति की जो हेठी कर डाली, उसका प्रतीकार वह कैसे कर सकी? इसका समाधान बताते हुए शुक कहता है - दूसरे दिन जब कुछ मिलने वाले उसके यहाँ बैठे हैं, पत्नी फिर आकर कहती है- आओ, राबड़ी खा लो, और पत्नी के द्वारा पहले दी गयी सलाह के आधार पर सरपंच उन मिलने वालों को भी भोजन के लिए आमंत्रित करता है। भोजन बड़ा सम्पन्न है। यह देखकर सब लोग प्रशंसा करते हुए कहते है कि सरपंच के यहाँ तो इतने अच्छे भोजन को भी राबड़ी कहा जाता है। इस तरह सरपंच का मान रह जाता है।

लोककथाओं के अनेक अभिप्राय शुकसप्तति की कहानियों में पिरोये हुए हैं। इसके साथ ही शुकसप्तति के कथाएँ सगाज में व्याप्त पाखंड पर तीखा प्रहार करती हैं।

शुकसप्तति की कथा प्राकृत और अपभ्रंश के शब्दों की भरमार है, तथा अपाणिनीय प्रयोग भी हैं।

शुकसारिका (मदनप्रबोधिनी)

शुकसारिका अथवा मदनप्रबोधिनी शुकसप्तति की परंपरा में विरचित कथाकृति है। इसके प्रणेता भाविल हैं। इसकी दो हस्तलिखित प्रतियाँ भंडारकर प्राच्यविद्या शोधसंस्थान तथा रायल एशियाटिक सोसायटी मुंबई में हैं। दोनों अपूर्ण हैं। दोनों प्रतियों की आरंभ प्रथम परिच्छेद के सातवें पद्य से होता है, तथा दोनों पंचम परिच्छेद की छठी कथा पर ही समाप्त हो जाती हैं भाविल कवि (जिन्हें ग्रंथ की पुष्पिका में भायिकपंडित भी कहा गया है), ने शुकसप्तति की परंपरा को आधार बना कर एक बृहत्कथा का प्रणयन किया होगा – ऐसा प्रतीत होता है। दोनों हस्तलिखित प्रतियों में ग्रंथ का नाम शुकसारिका दिया गया है, पर उपोद्घात पद्य तथा पुष्पिका में इस का नाम मदनप्रबोधिनी बताया गया है। संभवत: ग्रंथकार ने यही नाम नाम इस कथाकृति का रखा था। मदन नामक वणिक्पुत्र के प्रबोध के लिये इसमें शुक कथाएँ कहता है, अत: इसका मदनप्रबोधिनी नाम सार्थक है।

उपोद्घात पद्यों में ग्रंथकार के द्वारा दिये अपने परिचय के अनुसार वे गौतमवंशीय नागर विप्र थे, अनंत उपाध्याय उनके पितामह थे। अपने पितामह के सर्वशास्त्रज्ञता तथा कलावैशारद्य की बड़ी प्रशंसा भाविल कवि ने की है। अनंत के पुत्र पुण्यात्मा और गुणप्रिय सर्वदेव हुए। भाविल कवि या भायिकपंडित इन्हीं सर्वदेव के पुत्र थे। उन्होंने अपनी प्रेयसी तथा मित्रों के अनुरोध से इस कथाकृति का प्रणन किया। अपने तथा अपनी कृति के परिचय में वे कहते हैं—

कलाकलापविदुषा सम्मतेन सतां सदा।
रसान्तरपरिज्ञातविनिर्जितमनोभुवा।।
रचितां विबुधानन्ददायिनीमङ्गहेतवे।
सर्वाश्चर्यमयीं चित्रां श्रवणामृतवाहिनीम्।
शुकाख्यानकविश्राव्यकथां सप्ततिचिह्निताम्।
वैदग्ध्यजननीं चैव रम्यां मदनबोधिनीम्।।
धर्मार्थकामजननीं शुकनायकभूषिताम्।
कलाकलापां कुशलां शृण्वन्तु रसिकाः कथाम्।।

शुकसारिका अथवा मदनप्रबोधिनी में पात्र वे ही हैं, तो शुकसप्तति में हैं, पर ग्रंथकार ने इसमें कथाओं को संवादों, उक्तिप्रत्युक्तियों, वक्रोक्तियों तथा अलंकारों की छटाओं से आकर्षक बनाने का प्रयास किया है। भाविल कवि या भायिक पंडित ने अपने कवित्व का प्रदर्शन भी वर्णनों तथा विवरणों में भरभूर किया है। बाणभट्ट का अनुकरण करते हुए वे परिसंख्या अलंकार का सुंदर प्रयोग यत्र तत्र करते चलते हैं। यथा—

केशानामेव बन्धोस्ति यद्राज्ये गुणिनस्तथा।
हारस्येव भवत्याशु त्रोटनं कामविग्रहे।।

पीड्यन्ते च कुचा यत्र खण्ड्यन्ते चाधरास्तथा।
स्त्रीणामेव सदा तज्ज्ञैः कामिभिः काममोहितैः।।
भ्रूलता भङ्गुरा यत्र नयनान्ताः सुकर्णगाः।
यत्रोन्नतिमवाप्यापि पतन्त्येवावशाः स्तनाः।।
चरणौ रहितोनूरुः श्रूयते यत्र शाश्वतः।।
ततः पराभवं शूरः सहते नेतरो जनः।।
कृष्णवर्णमुखं यत्र स्त्रीणां यौवनमुत्तमम्।
दृश्यते च नृपे यस्मिन् प्रदोषो रजनीमुखे।।

इसीप्रकार सौंदर्य का वर्णन भी ग्रंथकार से सरस रूप में किया है। साथ ही भाविल कवि या भायिकपंडित अपने ग्रंथ को शास्त्रकाव्य के रूप में भी परिकल्पित करते हैं। वे शुक के संवादों में नाट्यशास्त्र, सङ्गीतशास्त्र आदि के विस्तृत उद्धरण समावेशित करते हैं। संस्कृत के बहुसंख्य सुभाषितों के साथ प्राकृत तथा अपभ्रंश की गाथाओं के उद्धरण भी संवादों में प्रचुर मात्रा में दिये गये हैं।

कथावैचित्र्य के लिये भाविल ने आरंभ में शुक और सारिका दोनों का विस्तार से परिचय देते हुए उनके पूर्वजन्म का वृत्तांत भी जोड़ दिया है। इसके पश्चात् वे पृथ्वी का वर्णन करते है—

कोलास्यदंष्ट्रकीनालं दिक्कारण्डवकर्णिकम्।
सदा जयति भूपद्मं मेरुपर्वतमुत्तमम्।।

इस पृथिवी रूपी कमल पर सर्वकामसमृद्ध तथा सर्वरत्नसमन्वित भारतखंड है। इस भारतखंड में चंद्रकल नामक नगर है। इतना बता कर चंद्रकल नगर के सौंदर्य का वर्णन कर के ग्रंथकार यहाँ के राजा विक्रमसेन का वर्णन करते हैं, तदनंतर उसके राज्य में रहने वाले हरदत्त नामक वणिक् का। इस हरदत्त वणिक् को मदन नामक पुत्र की प्राप्ति होती है, जिसका विवाह वह सोमदत्त सी सुंदरी कन्या प्रभावती से कर देता है। विवाह का वर्णन भाविल ने नौ पद्यों में किया है। प्रभावती के अनिंद्य लावण्य का चित्ताकर्षक वर्णन कवि ने सरस रूप में किया है। फिर वात्स्ययनप्रणीत शास्त्र के अनुसार उनकी रतिक्रीडा का वर्णन है, जिसमें कामसूत्र का विस्तार से शास्त्रीय प्रतिपादन भी भाविल ने कर दिया है। पुत्र को कामक्रीडा के व्यासंग में मार्गभ्रष्ट देख कर हरदत्त बहुत दुःखी होते हैं, उनका मित्र त्रिविक्रम उन्हें पुत्र मदन को सन्मार्ग पर लाने का उपाय बताता है। तब शुक और शारिका का अवतरण कथा में होता है। द्वितीय परिच्छेद में शुक और शारिका के पूर्वजन्म का वृत्तांत है। तृतीय परिच्छेद से शुक वणिक्पुत्र मदन के प्रबोध के लिये दृष्टांत व सूक्तिवचनसमन्वित उपदेश देना आरंभ करता है, जिसके क्रम में महाभारत की जाजलि ऋषि की कथा वह सुनाता है। इसी क्रम में अन्य कथाएँ सुनाई जाती हैं। तृतीय परिच्छेद में वणिक्पुत्र मदन के प्रवास पर प्रस्थान व प्रभावती के करुण वचन हैं। चतुर्थपरिच्छेद से वस्तुतः शुकसप्तति की अवतारणा होती है।

मदनप्रबोधिनी एक महत्त्वाकाँक्षिणी योजना के साथ परिकल्पित कथाग्रंथ था, जिसका अवशिष्ट बड़ा भाग लुप्त हो गया है, जो संस्कृतसाहित्य की महती क्षति है।

कथारत्नाकर

इस कथासंग्रह के प्रणेता नरचंद्रसूरि हैं। ये गुजरात में वस्तुपाल के आश्रय में रहे (वस्तुपाल के परिचय के लिए महाकाव्यविषयक अध्याय देखें) तथा वस्तुपाल के ही अनुरोध पर इन्होंने कथारत्नाकर की रचना की। इन्होंने संवत् १२८८ के आसपास वस्तुपाल पर अनेक प्रशस्तियों की भी रचना की, जो गिरनार शिलालेख में उत्कीर्ण हैं। अनर्घराघव नाटक पर इन्होंने टीका भी लिखी है। कथारत्नाकर में पंद्रह तरंग हैं, तथा धार्मिक, सांस्कृतिक व ऐतिहासिक विषयों पर विविध कथाएँ हैं।

हितोपदेश

हितोदेश की रचना नारायण पंडित ने की। ये बंगाल के राजा धवलचन्द्र के आश्रय में रहे थे। मूल आधार पंचतंत्र के अतिरिक्त अन्य अनेक स्रोतों से भी नारायण ने शिक्षाप्रद कथाओं का चयन करके उन्हें अपने ग्रन्थ में समहित किया। हितोदेश की प्राचीनतम पाण्डुलिपि १३७३ ई० की है। रुद्रभट्ट (११ वीं शताब्दी) का एक पद्य हितोदेश में उद्धृत है। अत: माना जा सकता है कि इसकी रचना यह ११ वीं शताब्दी से १४ वीं शताब्दी के बीच हुई।

पंचतंत्र के ही समान ग्रंथ के आरम्भ की भूमिका में बताया गया है कि इस ग्रन्थ की रचना पाटलिपुत्र के राजा धवलचन्द्र के पुत्रों को संस्कारित करने के लिए की गयी। पंचतंत्र के पाँच खंडों के स्थान पर हितोदेश में चार भाग है- मित्रलाभ, मित्रभेद, विग्रह तथा संधि। पंचतंत्र की तुलना में १७ कहानियाँ सर्वथा नयी हैं, तथा एक कथा वीरवर नामक स्वामीभक्त सेवक की है, जो अपने स्वामी के कल्याण के लिए पहले अपने परिवार के प्रत्येक सदस्य को और फिर अपने आपको भी बलि चढ़ा देता है। यह कथा वास्तव में वैतालपंचविंशति में मिलती है। इसी प्रकार द्वितीय भाग की छठी कथा भी वैतालपंचविंशति से ली गई है। पंचतंत्र की अपेक्षा हितोदेश में उपदेशपरायणता अधिक है, तथा विभिन्न स्रोतों से नीति के पद्य भी अधिक संख्या में नारायण पंडित ने संकलित किये हैं। पंचतंत्र की तुलना में इसकी भाषाशैली सरल और प्रासादिक है। कई शताब्दियों से यह ग्रन्थ संस्कृत सीखने के लिए एक उत्तम पाठ्यपुस्तक के रूप में भी उपादेय रहा है।

एडविन अर्नाल्ड (१८३२-१९०४) ने भारत में रह कर १८६० में हितोपदेश का अंग्रेजी में अनुवाद किया, जिसका पहला संस्करण १८६१ में प्रकाशित हुआ।

प्रबोधचिंतामणि

प्रबोधचिंतामणि की रचना १४०५ई० में की गई। इसके रचयिता जयशेखर सूरि हैं। इसमें

जैन धर्म व दर्शन के अनुसार सात अधिकारों या अध्यायों में परमात्मा के स्वरूप की चर्चा की गई है, उसके प्रसंग में पद्मनाभ और धर्मरुचि नामक दो मुनियों की कथा आई है। तीसरे अध्याय में मोह और विवेक की उत्पत्ति तथा मोह के राज्याभिषेक का प्रंसग है।

कथाकोश

कलकत्ता तथा काशी से प्राप्त कुल चार पांडुलिपियों के आधार पर इस ग्रंथ का अंग्रेजी अनुवाद सी०एच० टानी (C.H. Tawny) ने किया।[१] बाद में यह ग्रंथ दो पांडुलिपियों के आधार पर[२] जगदीश शास्त्री के संपादन में प्रकाशित हुआ।[३] टानी ने अपने अनुवाद की भूमिका में कथाकोश की कहानियों व योरोप की कतिपय कथाओं के बीच समानता का प्रतिपादन किया है।[४] टानी ने अपने अनुवाद में ४१ कथाएँ दी हैं, जब कि जगदीश शास्त्री के मूल संस्करण में केवल २७ कथाएँ ही हैं।

यह जैनधर्म व आचार से संबद्ध उपदेशपरक कथाओं का रोचक संग्रह है। सारी कथाएँ अत्यंत सरल सहज शैली में विरचित हैं। दुर्भाग्य से इसके प्रणेता के नाम तथा रचना काल का कुछ भी पता नहीं चलता। कथाओं के बीच में कहीं कहीं प्राकृत से मिश्रित पद्य हैं। कथाओं में अनेक अतिप्राकृत घटनाओं का समावेश होते हुए भी मध्यवर्गीय समाज के जीवन का सरस चित्रण है। जैन परंपरा में लोकप्रिय अनेक कहानियाँ इसमें समाविष्ट हैं, तथा उनके पात्र अपने समय के सुविदित नायक रहे होंगे यह अनुमान किया जा सकता है। लोभविषये अशोकश्रेष्ठिकथानकम्, अष्टाह्निकविषये नागदत्तकथानकम्, तपोविषये सनत्कुमारकथानकम्, भावनायाम् अमरचन्द्रकथानकम् शीर्षक कहानियाँ ऐसी ही हैं। एक कथा हालिक को ले कर भी है देवपालकथानक में देवपाल एक ग्वाला है। कतिपय कहानियाँ नायिकाप्रधान हैं – जैसे गन्धपूजाजां मदनावलीकथानकम्, शीलव्रते मदनरेखा कथानकम् आदि। बाहुबलि, राजा नल, आरामशोभा आदि के जैन समाज में प्रसिद्ध कथानको को ले कर भी कहानियाँ यहाँ दी गईं हैं। जिन के प्रति भक्तिभाव, सत्कर्मों का सुफल व दुष्कृत का दुष्परिणाम इन कहानियों में प्रतिपादित हैं।

इस कथासंग्रह में अनेक देशज भाषा या पुरानी हिंदी के शब्द प्रयुक्त हैं – जैसे चीठी, कबाडिक, छिबितः, ढ़ालितः, छण्टयेथाः, कुट्यमानाम्, दब्बडक आदि, जिससे प्रतीत होता है कि यह बारहवीं शताब्दी के पश्चात् विरचित होना चाहिये। इसकी एक हस्तलिखित प्रति का लिपिकाल संवत् १८५९ दिया गया है, जिससे स्पष्ट है कि यह ग्रंथ सन् १८०० के पूर्व रचा जा चुका था।

अन्य कथाग्रंथ

जिनकीर्ति (१५वीं श०) ने चम्पक श्रेष्ठिकथानक तथा पालगोपाल कथानक- इन दो कथा ग्रन्थों की रचना की। हेमविजयगणि का 'कथारत्नाकर '१७वीं शताब्दी में रचा गया।

प्रसिद्ध प्रबंधों के कथासार

अनेक रचनाकारों ने प्राचीन कवियों की प्रसिद्ध कालजयी कृतियों की कथाओं को सामान्य पाठकों या श्रोताओं के लिये सरल और सुबोध रूप में प्रस्तुत करने की दृष्टि से इनके कथासारों की रचना की। इन कथासारों में भी सारलेखक की परिकल्पना तथा भाषाशैली की छाप है तथा इनका संस्कृत साहित्य के इतिहास में महत्त्व निर्विवाद है।

धनपाल की तिलकमंजरी का परिचय गद्यकाव्य विषयक अध्याय में दिया गया है। तिलकमंजरी का कथानक बड़ा जटिल है। इसका सारसंक्षेप लिखने का प्रयास अनेक परवर्ती कवियों ने किया। इन में उल्लेख्य हैं—

(१) **तिलकमंजरीसार**–इसके प्रणेता का नाम भी धनपाल है, जो तिलकमंजरीकार धनपाल से भिन्न हैं। तिलकमंजरीसार के प्रणेता धनपाल गुजरात में अनहिल्लपुर के निवासी थे। इनके पिता आमन ने श्रीनेमिचरितम् महाकाव्य की रचना की थी। तिलकमंजरीसार की रचना धनपाल ने १२०४ ई० में की। अपने ग्रंथ के लिये उन्होंने कहीं कथासंग्रह, कहीं कथासार तो कहीं तिलकमंजरीसार संज्ञा का भी प्रयोग किया है। यह सार नौ सर्गों तथा १२०६ पद्यों में पूर्ण हुआ है। तिलकमंजरी के सारसंक्षेपों में यह सबसे पहली कृति है। धनपाल ने धनपाल की कृति को अनुष्टुभ छंद के प्रवाह में रस बनाये रखते हुए प्रस्तुत किया है। सर्गांत में छन्दःपरिवर्तन किया गया है। मूल कृति से दो आर्याएँ तथा एक शिखरिणी उन्होंने उद्धृत की है। वर्णनों की चारुता तथा कथानिर्वाह की पटुता के साथ पूरी कृति एक महाकाव्य भी बन गई है। यह प्राचीन रचना की संक्षिप्त प्रस्तुति के सबसे सुंदर नमूनों में एक है।

(२) **तिलकमंजरीकथासार**–यह कृति श्वेतांबर पंडित लक्ष्मीधर के द्वारा प्रणीत है। इसकी रचना १२२४ई० में हुई। इसमें ११८८ अनुष्टुभ छंद हैं। कहीं कहीं धनपाल की पदावली भी लक्ष्मीधर ने ली है। एन०एम०, कंसारा के मत में उपरिलिखित तिलकमंजरीसार जैसे उत्कृष्ट प्रबंध के होते हुए भी तिलकमंजरी के इस नये संक्षेपीकरण का कारण दिगंबर तथा श्वेतांबर समाजों में परस्पर प्रतिद्वंद्विता है।[५] कंसारा का यह भी कहना है कि लक्ष्मीधर संक्षेपकार के स्तर से ऊपर नहीं उठ सके हैं।

(३) पद्मसागर (१५७८-१६०१ ई०) ने धनपाल की कथाकृति को सुबोध रूप में पद्यबद्ध करते हुए तिलकमञ्जरीकथोद्धारः की रचना की। पद्मसागर तिलकमंजरीवृत्ति के प्रणेता मुनि धर्मसागर गणि के शिष्य थे। उन्होंने इस ग्रंथ के अतिरिक्त नयप्रकाशटीका, शीलप्रकाश, धर्मपरीक्षा, जगद्गुरुकाव्य, उत्तराख्यानकथासंग्रह, युक्तिप्रकाश सटीक, प्रमाणप्रकाश वृत्तिसहित, यशोधरचरित तथा स्थूलभद्रचरित – इतनी कृतियाँ भी रची हैं।

पद्मसागर ने अपनी रचना को तिलकमंजरी का उद्धार कहा है, जिससे उनका आशय है कि उन्होंने मूल रचना में सुधार करते हुए उसे और भी उत्कृष्ट रूप में प्रस्तुत किया है, तथा कतिपय नवीन उद्भावनाओं से इसे अधिक चमत्कारपूर्ण बना दिया है। उनकी शैली ऐसी है कि पाठक निरंतर कथा में रमा रहता है और उसके प्रवाह में संतरण करता रहता है। आलंकारिकता संक्षेपकथन में भी मणिकांचनयोग करती चलती है। यथा—

यदसौ तादृगेवास्ति तर्हि तुष्टेन वेधसा।
जगत्त्रितयनेत्राणां सूत्रितामृतपारणा।। ७१।।

बिंबविधान की रुचिरता तथा बाणभट्ट के समान रंगों की विचित्रता ने पद्मसागर के कथाकथन को मनोहर बना दिया है। एक उदाहरण देखें—

नीलाम्बुजदलश्यामं वसानं वाससी सिते।
मालतीरचिततापीडं पारलौष्ठपुरच्छविम्।।
वल्गन्मुक्तालताक्रान्तं सचन्दनललाटिकम्।
अपश्यं धीवरव्रातैर्वृतं तरुणनाविकम्।।

(२६२-६३)

आधुनिककाल में अभिनवबाणभट्ट कहे जाने वाले आर०वी० कृष्णमाचारियर ने तिलकमंजरीसंग्रह की रचना की तथा मुनि शीलविजय ने तिलकमंजरीकथासार प्रस्तुत किया। ये दोनों रचनाएँ गद्य में हैं।

उपरिलिखित संस्कृत रूपांतरों के अतिरिक्त तिलकमंजरी का गुजराती गद्य में सार तिलकमंजरीकथासारांश नाम से सुकृत संयोग ने लिखा तथा तिलकमंजरी को आधार बना कर गुजराती में वैद्य मनोहर लाल चुन्नीलाल धामी ने आधुनिक उपन्यास की भी रचना की है।

मुद्राराक्षस नाटक के कथानक को पूर्वापर प्रसंगों को जोड़ते हुए सरल गद्य में अनेक रचनाकारों ने प्रस्तुत किया। इस में १६०० ई० के आसपास महादेव के द्वारा विरचित मुद्राराक्षसनाटककथा उत्तम रचना है। इसी की एक और कड़ी अनंत शर्मा कृत मुद्राराक्षसपूर्वकथानक है। अनंत शर्मा १७ वीं शताब्दी में बुन्देलखंड के राजा चित्रभानु की राजसभा में रहे।

इस प्रकार संस्कृत साहित्य में आख्यान, निदर्शना तथा लघुकथाओं की परम्परा लोककथाओं और जातीय आख्यानों के समृद्ध दाय को प्रस्तुत करती हुई विकसित होती रही है।

प्रबन्धसाहित्य

प्रबंध का शाब्दिक अर्थ प्रकृष्ट बंध या अच्छा संकलन है। संगीतशास्त्र में गीतविशेष के लिये भी प्रबंध एक पारिभाषिक शब्द है। शास्त्र परंपरा में भी प्रबंध बड़े निबंध के लिये प्रयुक्त होता है। कथासाहित्य में लघुकथाओं के संकलन को प्रबंध कहा गया है। कथा प्रबंधों की रचना

जैन परंपरा में विशेष रूप से हुई है। इन में मेरुतुंगाचार्य का प्रबंधचिंतामणि (१३०५ई०) प्रबंधसाहित्य का श्रेष्ठ उदाहरण है। प्राय: इन प्रबंधों में मिश्रित संस्कृत का उपयोग किया गया है, जो अपभ्रंश और बोलचाल की संस्कृत से प्रभावित है। यहाँ कतिपय अन्य जैन कथाप्रबंधों का परिचय प्रस्तुत है।

प्रबन्धावलि

प्रबन्धावलि[६] प्रबंधसाहित्य में सर्वधिक प्राचीन ग्रंथ है। इसके प्रणेता जिनभद्र सूरि हैं। इन्होंने जैत्रसिंह के अनुरोध पर १२३४ई० में प्रबंधावलि की रचना की। पाटण के भंडार में इसकी जीर्ण शीर्ण हस्तलिखित प्रति मिलती है। इसमें ४० प्रबंध संग्रहीत हैं। भाषा अत्यंत सरल व शैली रोचक है। संकलित प्रबंधों या कथाओं में अनेक सुविदित ऐतिहासिक व्यक्तियों से संबद्ध हैं, तथा कतिपय लोककथाओं को प्रस्तुत करते हैं। इसी में पृथ्वीराज प्रबंध भी है, जिसके अंतर्गत तीन अपभ्रंश पद्य चंदबरदायी के पृथ्वीराजरासो में पाठभेद के साथ मिलते हैं।

प्रभावकचरित

इस प्रबंध के लेखक प्रभाचंद्र हैं। इनका जन्मकाल १२७७ई० है। यह प्रबंध पूरा का पूरा पद्य में निबद्ध है।[७] इसमें २२ प्रबंध हैं, जो मुख्य रूप से श्वेतांबर मुनियों से संबद्ध हैं। इन मुनियों में वज्रस्वामी (प्रथम शती ई०पू०) से लगा कर मुनि हेमचंद्राचार्य (१२वीं शती) तक है। इसमें प्रतिपादित महाकवि धनपाल का वृत्तांत सर्वथा दुर्लभ है।

सांस्कृतिक परिदृश्य के ज्ञान तथा ऐतिहासिक तथ्यों के निरूपण की दृष्टि से यह बहुत महत्त्वपूर्ण है।

कल्पप्रदीप (विविधतीर्थकल्प)[८]

इसके प्रणेता जिनप्रभ (१३३३ई०) हैं। दुर्लभ कथाओं के संग्रह होने के साथ साथ यह प्रबंध जैन तीर्थों के विषय में भी जानकारियों का भंडार होने से भौगोलिक ज्ञान दृष्टि से संग्रहणीय है। यह ६१ कल्पों में विभाजित है, जिनमें १२ कल्पों में स्तोत्र, ७ में जीवनचरित तथा शेष में तीर्थस्थानों के वर्णन हैं।

प्रबंधकोश[९]

इसके प्रणेता राजशेखर सूरि (१३४९ई०) हैं। इसका अन्य नाम चतुर्विंशतिप्रबंध भी है। इसके २४ प्रबंधों में भद्रबाहुवराहप्रबंध प्रथम है, तथा वस्तुपालतेज:पालप्रबंध अंतिम है। मल्लवादिसूरिप्रबंध नामक सातवाँ प्रबंध केवल पद्य में ही लिखा गया है। शेष प्रबंध सरल संस्कृत में हैं। हरिहरकविप्रबंध तथा हर्षकविप्रबंध ये दो प्रबंध इसके ऐसे हैं, जो अन्यत्र दुर्लभ हैं।

कुमारपालप्रबंध[१०]

इसके रचयिता चरित्रसुंदर गणि तथा रचनाकाल १४३५ ई० है। इसमें नौ प्रबंध हैं। चापोत्कट वंश के वनराज नामक राजा से प्रारंभ कर के कुमारपाल तक के गुजरात के राजाओं की इस में चर्चा की गई है। कुमारपाल के पूर्वजों का वृत्तांत भी इसमें दिया गया है। शाकंभरी के अर्णोराज से कुमारपाल के युद्ध तथा उसे परास्त करने का वृत्तांत ऐतिहासिक दृष्टि से महत्त्वपूर्ण है। इसमें ९ प्रबंध हैं तथा विविध छंदों का उपयोग किया है।

यह गद्य और पद्य मिला कर चंपू शैली में विरचित है।

पंचशतीप्रबोध अथवा पंचशतीप्रबंध[११]

इस प्रबंध के कर्ता शुभशील गणि हैं। इन्होंने १४६५ई० में इसे पूर्ण किया। ऐतिहासिक, धार्मिक तथा पौराणिक आख्यानों का इसमें समावेश किया गया है। संस्कृत गद्य के साथ बीच बीच में संस्कृत, प्राकृत और अपभ्रंश के पद्य भी सम्मिलित किये गये हैं।

लघुप्रबन्धसंग्रह

लघुप्रबन्धसंग्रह[१२] में दस प्रबन्ध संग्रहीत हैं। इस प्रबंधसंग्रहका लेखक अज्ञात है। अनुमानत: उसका संबंध उत्तर गुजरात से था। इस प्रबंध की रचना १२४३ई० से १३०५ई० के मध्य हुई। संकलित कथाओं में महत्त्वपूर्ण ऐतिहासिक तथा सांस्कृतिक सामग्री प्राप्त होती है। इनमें से प्रथम चार प्रबंधों में सिद्धराज जयसिंह (१०९०-११४०ई०) के अवदानों का विशद चित्रण है। परमार राजा जगद्देव, विक्रमादित्य, गणय और मणय नामक एंद्रजालिकों, कुमारी राणा आदि के प्रबंध अत्यंत रोचक और कौतूहलवर्धक प्रसंगों से परिपूर्ण हैं। इसका चौथा प्रबंध सहस्त्रलिङ्गसर:प्रबन्ध अन्य किसी प्रबंध ग्रंथ में न मिलने से दुर्लभ कथा प्रस्तुत करता है। गणय और मणय नामक दो मदारियों का वृत्तांत भी इसमें बड़ा रोचक है। एक प्रबंध में जैन मुनि वर्धमान सूरि का पावन चरित्र है। एक प्रबंध जगद्देव परमाल का वृत्तांत ऐतिहासिक दृष्टि से महत्त्व का है। चार प्रबंधों में उज्जयिनी नरेश विक्रमादित्य के विषय में रोचक कथाएँ हैं।

प्रबन्धपञ्चशती

इसका अन्य नाम कथाकोश भी मिलता है। इसके प्रणेता शुभशीलगणि हैं, जो तपोगच्छ के लक्ष्मीसागर सूरि के शिष्य थे। इसकी रचना १५२१ वि.सं या १४६५ ई० में हुई। इसमें चार अध्यायों में ६०० कथाएँ हैं। इसकी हस्तलिखित प्रति बडोदरा के पुस्तकालय में है।

भोजप्रबंध

भोजप्रबंध नाम से कम से कम छह प्रबंध बल्लालसेन, मेरुतुंग, राजवल्लभ, वत्सराज,

सुभाशील तथा पद्मगुप्त – इन अलग अलग लेखकों के मिलते हैं। राजवल्लभकृत प्रबंध भोजचरित नाम से प्रकाशित है। इसका परिचय इसग्रंथ में ऐतिहासिक महाकाव्य तथा चरितकाव्य शीर्षक अध्याय में दिया गया है।

बल्लाल सेन का भोजप्रबंध इनमें सर्वाधिक लोकप्रिय रहा है। इसकी रचना सोलहवीं शती में हुई। बल्लासेन ने कालिदास, भवभूति, बाण, दंडी, भारवि, माघ आदि महाकवियों को भोज की राजसभा का कवि बना दिया है, तथा इन कवियों के नाम से समस्यापूर्तियाँ या अन्य रमणीय पद्य भोज के सम्मुख प्रस्तुत कराये हैं। भोज के समय सामान्य जनों में संस्कृत के व्यवहार को ले कर भी रोचक कथाएँ इस प्रबंध में हैं। संस्कृत के वाचिकपरंपरा में प्रचलित अनेक सरस मुक्तक कथाओं के बहाने बल्लाल सेन ने यहाँ संकलित कर दिये हैं।

भोजप्रबंध दो भागों में पूर्ण हुआ है। प्रथम भाग में मुंज के द्वारा बालक भोज की हत्या के प्रयास, भोज के लिखे एक पद्य से उनका हृदयपरिवर्तन तथा भोज के राजपदप्राप्ति तक का वृत्तांत है। दूसरे भाग में भोज की रसिकता, कवियों के प्रति उदारता तथा कवियों से उसके रोचक संवादों का निरूपण है।

विक्रमादित्यविषयक कथासाहित्य

विक्रमादित्य को लेकर लोकसाहित्य और लोककथाओं की समृद्ध परम्परा विकसित हुई। इस कथाचक्र के अन्तर्गत अन्य कथासंग्रह हैं - तीस सर्गों में अनंतकृत वीरचरित, गद्यमिश्रित १८ सर्गों में शिवदासकृत शालिवाहनकथा, आनन्द की गद्यात्मक तथा प्राकृत भाषा के पद्यों से युक्त माधवानलकथा, अज्ञातकर्तृक, विक्रमोदय तथा पंचदंडच्छत्रप्रबंध।

विक्रमादित्यस्य पंचदंडच्छत्रप्रबंध[१३] की रचना १५वीं शती में हुई। इस में विक्रमादित्य के द्वारा पांच दंडों वाले छत्र बनवाने की रोचक कथा है। यह प्रसंग अन्य अनेक प्रबंधों में भी मिलता है। प्रकृत प्रबंध के प्रणेता पूर्णचंद्र सूरि हैं।

विक्रमचरितम्

१४७१ वि०सं० या १४१५ई० में विरचित इस प्रबंध के प्रणेता उपाध्याय देवमूर्ति हैं। यह महाकाव्य के रूप में है, तथा १४ सर्गों में निबद्ध है। चौथे सर्ग में पंचदंड प्रबंध मिलता है। पाटण के संग्रहालय में इसकी हस्तलिखित प्रति है।

विक्रमादित्यविक्रमचरित्र[१४]

१४९० वि०सं० या १४३४ई० में विरचित इस प्रबंध के प्रणेता शुभशीलगणि हैं। यह भी महाकाव्य के रूप में है, और १२ सर्गों में निबद्ध है।

पंचदंडच्छत्र प्रबंध

अज्ञातकर्तृक तथा १५वीं शती में विरचित। हेमचंद्राचार्य जैन ज्ञानमंदिर पाटण में इसकी हस्तलिखित प्रति है। इसी नाम से एक अन्य अज्ञात लेखक का प्रबंध भी इसी विषय पर मिलता है, इसका समय भी वही है।

पंचदंडातपत्रप्रबंध[१५]

रामचंद्र सूरि के द्वारा १४९० वि.सं. या १४३४ई० में प्रणीत यह पूरा प्रबंध पद्यबद्ध है। आमेर शास्त्र भण्डार, जयपुर; अनूप संस्कृत पुस्तकालय बीकानेर तथा अहमदाबाद बीकानेर, बडोदरा तथा पाटण के पुस्तकालयों में इसकी हस्तलिखित प्रतियाँ हैं।

विक्रमादित्यपञ्चदण्डच्छत्रप्रबन्ध

यह प्रबन्ध विजयकुशल के द्वारा १६वीं शती में लिखा गया। यह गद्य में है। बडोदरा के पुस्तकालय में इसकी हस्तलिखित प्रति है। रामचन्द्र सूरि के प्रबन्ध का विजयकुशल ने यहाँ अनुकरण किया है, तथा स्वयं यह बात स्वीकार भी की है।

विक्रमादित्यपञ्चदण्डच्छत्रप्रबन्ध नाम से ही १६वीं शती में लिखा गया एक अन्य अज्ञातकर्तृक प्रबन्ध मिलता है। ओरिएंटल इंस्टीट्यूट बडोदरा में इसकी हस्तलिखित प्रति है।

इनके अतिरिक्त पुरानी राजस्थानी व गुजराती भाषाओं में भी विक्रमादित्य की कथाओं के प्रबंध मिलते हैं।

बसवेश्वरविषयक चरित्रसाहित्य

संत बसवेश्वर लिंगायत संप्रदाय के अंतर्गत वीरशैवमत के संस्थापक थे। वे कल्चुरिनरेश भिज्जल के प्रधान अमात्य रहे। भिज्जल का राज्याभिषेक ११५६ई० में हुआ। अन्य परंपरा में वीरशैवमत के संस्थापकों में पाँच यतियों – एकोराम, पंडिताढ्य, रेवण, मरुल तथा विश्वाढ्य के नाम भी लिये जाते हैं और वसवेश्वर को इनके मत का पुनराविष्कर्ता बताया जाता है। वस्तुतः ये पाँचों बसवेश्वर के समकालीन ही रहे हैं।[१६] शंकराढ्य ने वसवेश्वरविजय नामक काव्य में बसवेश्वर का चरित्र निबद्ध किया है।

वसवेश्वर को ले कर लिखी गई अन्य रचनाएँ सोमनाथ का बसवपुराण तथा बसवनगद्य हैं। सोमनाथ गुरुलिंग के पुत्र थे। ये राजा प्रतापरुद्र (११४०-११९६ई०) के समकालीन रहे। सोमनाथ ने ही बसवमत से जुड़े संत पंडिताराढ्य का चरित पंडिताराढ्यचरित में प्रस्तुत किया।

अन्य प्रबंध

बारहवीं शताब्दी में सिद्धार्थ ने उपमितिभावप्रपंचकथा का प्रणयन किया। तेरहवीं शताब्दी

में नागदेव ने महावीर के द्वारा मदन को पराजित करने की प्रतीकात्मक कथा को सुंदर और सरस गद्य में प्रस्तुत करते हुए मदनपराजय की रचना की।

प्रबंधचिंतामणिः मेरुतुंगाचार्य

मेरुतुंगाचार्य का समय चौदहवीं शताब्दी है। ये चन्द्रप्रभु मुनि के शिष्य थे। प्रबंधचिंतामणि इन्होंने संवत् १३६२ में पूरी की। इस में पाँच प्रकाश हैं, तथा प्रत्येक प्रकाश में अनेक प्रबंध हैं। प्रत्येक प्रबंध में किसी एक राजा, महापुरुष या कवि से सम्बद्ध कहानियाँ हैं। प्रबंधचिंतामणि में अत्यन्त सरल और बोलचाल के गद्य में ग्यारह प्रबंधों में प्राचीन कवियों, राजाओं या पंडितों से सम्बन्धित रोचक वृतांत हैं। इन वृतांतों में इतिहास के साथ किंवदंतियों का सम्मिश्रण हो गया है। विक्रमादित्य, भोज, कालिदास, माघ, धनपाल आदि से सम्बद्ध प्रसंग रोचक हैं। ग्रन्थ का प्रारम्भ विक्रमादित्य से सम्बद्ध कहानियों के द्वारा किया गया है, इसके पश्चात् सातवाहन के संबंधित कहानियों में ऐतिहासिक तथ्य भी प्रचुर मात्रा में मिलते हैं। अंतिम प्रबंध में प्रकीर्ण कथाएँ हैं, जिन में बंगाल के राजा लक्ष्मण सेन, उसके मंत्री उमापतिधर, भर्तृहरि आदि की कथाएँ बहुत रोचक हैं। मेरुतुंग ने जैन मुनियों के चरित पर महापुरुषचरित नामक ग्रंथ की रचना भी की थी।

प्रबंधकोशः राजशेखर सूरि

राजशेखर सूरि का समय भी चौदहवीं शताब्दी है। ये जैनमुनि तिलकसूरि के शिष्य थे। प्रबंधकोश का रचनाकाल १४०५ वि० सं० (१३४८ ई०) है। इसका अन्य नाम चतुर्विंशति प्रबंध भी मिलता है। इस में २४ महापुरुषों से सम्बद्ध वृतांत हैं, जिनमें दस जैन आचार्य, चार संस्कृत कवि, सात राजा और तीन जैन गृहस्थ हैं। प्रबंधचिंतामणि की भाँति इन वृत्तांतों में भी इतिहास के साथ किंवदंतियों का सम्मिश्रण हो गया है। कवियों में श्रीहर्ष, हरिहर, अमरचन्द्र तथा मदनकीर्ति के वृतांत साहित्यिक महत्त्व के हैं। राजाओं में लक्ष्मणसेन तथा मदनवर्मा की कथाएँ भी ऐतिहासिक दृष्टि से महत्त्व की हैं। ग्रंथ के अंत में चौहान राजाओं की सुल्तानों से लड़ाई तथा हम्मीरदेव का वृत्तांत भी राजशेखर सूरि ने प्रस्तुत किया है।

भरटकद्वात्रिंशिका

यह मुग्धकथा या मूर्खों की कथाओं का अत्यन्त रोचक संग्रह है। इसका लेखक कोई जैन साधु था। पुस्तक की पांडुलिपि में अंत में पुष्पिका में बताया गया है कि सोमसुंदर के शिष्य साधुराज से सुनी हुई कथाओं को उनके (साधुराज) के शिष्य ने लिखा। यह साधु राज तथा हरिभद्र के योगदृष्टिसमुच्चय नामक ग्रन्थ में उल्लिखित देवसुंदरमुनि के शिष्य साधुराज एक ही व्यक्ति है। देवसुंदर मुनि का समय १३३९-४० ई० के लगभग है। इस प्रकार भरटकद्वात्रिंशिका

का रचनाकाल चौदहवीं शताब्दी का उत्तरार्ध माना जा सकता है। हर्तेल के अनुसार साधुराज के शिष्यों में एक शिष्य मुनिसुंदर का उल्लेख आता है। ये मुनिसुंदर ही भरटकद्वांत्रिंशिका के लेखक हैं।

पंचतंत्र का प्रभाव भरटकद्वात्रिंशिका की कथाओं में स्पष्ट परिलक्षित होता है। पहली कहानी में तो पंचतंत्र का एक पद्य उद्धृत भी किया गया है। कुछ कहानियाँ हल्के-फुल्के परिहास या उपहास तक ही सीमित रह गयी हैं। कुछ में मानव-मन की गहरी मीमांसा है। भिक्षा माँगने के लिए एक सेठ के द्वार पर पहुँचा साधु उसके द्वार पर अनशन पर बैठ जाता है, क्योंकि सेठ ने उसको अपनी सेठानी को घूर-घूर कर देखने के कारण लताड़ दिया था। भरटक के मन में सेठानी को लेकर कोई ऐसी-वैसी बात न थी, पर सेठ का कहना उसे लग गया, तो उसने ठान लिया कि सेठानी को साथ लेकर ही इस द्वार से उठ कर जाउँगा। सेठ इस कारण बड़े संकट में फँस गया। अंत में सेठ उसके चरणों पर मस्तक रखकर कहता है कि वह सेठानी को ले जाये, तो भरटक उठकर वहाँ से चल देता है। अनेक कथाएँ पाखंडी साधुओं और मूर्ख शिष्यों का चरित्र प्रस्तुत करती हैं। सातवीं कथा में लुंठक साधु के शिष्य कुंठक को भिक्षा में बत्तीस बड़े मिलते हैं। भोजनलोलुप कुंठक उनमें से सोलह बड़े तो यह सोच कर खा लेता है भिक्षा में से आधा भाग तो गुरु उसे देगें ही। फिर उस आधे में से आधा भी वह यही सोचकर खा लेता है। अंत में केवल एक बड़ा ही लेकर गुरु के पास पहुँचता है। गुरु पूछते हैं कि यदि बत्तीस बड़े मिले थे, तो एक ले कर क्यों आये, शेष बड़े कहाँ हैं? शिष्य कहता है कि शेष बड़े तो वह खा गया। गुरु पूछते हैं - कैसे? तो वह कहता है - 'ऐसे' और बचे हुए एक बड़े को भी वह गुरु के देखते देखते खा जाता है। नवीं कथा में एक भरटक किसी राजा के यहाँ पुरोहित बन जाता है। अपने घर में एक सूत्रधार के द्वारा नाट्यप्रस्तुति के समय 'कहिंसु भरटक जं जं कीउं' इस गीत को सुनकर उसे लगता है कि सूत्रधार उसके धोबी के घर भोजन करने का रहस्य जानता है, और उसी का भंडाफोड़ करने की धमकी देता रहा है। और सूत्रधार को पुरस्कार में धन देता जाता है। अंत में वह सब के सामने अपने मुँह से अपना रहस्य स्वयं ही उगल देता है।

पुरुषपरीक्षा

इस संग्रह के प्रणेता संस्कृत, अवहट्ट तथा मैथिली भाषाओं के प्रख्यात रचनाकार विद्यापति हैं। इनका समय पंद्रहवीं शताब्दी का पूर्वार्ध है। इनके पिता का नाम गणपति और पितामह का नाम जयदत्त था। इनकी अवहट्ठ में कीर्तिलता और मैथिली भाषा में पदावली प्रसिद्ध है। संस्कृत में विद्यापति की अनेक रचनाएँ हैं – जिनमें लिखनावली में संस्कृतपत्रलेखन की कला प्रतिपादित की गई है। गोरक्षविजय नाटक है।

पुरुषपरीक्षा में ४१ अत्यन्त रोचक कथाएँ हैं, जो आज की कहानी (Short story) के

मानदंडों पर भी उत्कृष्ट प्रमाणित हो सकतीं हैं। इसकी प्रारंभिक कथा सारे संकलन की भूमिका भी है, जिसमें पारावार नामक राजा अपनी पुत्री के विवाह के लिए वसूक्ति नामक मुनि से परामर्श करता है। मुनि उसे पुरुष या सही व्यक्ति की पहचान के लिए ये कथाएँ सुनाते हैं। इन कथाओं में मानव स्वभाव और उसके साहसिक कार्यों की विभिन्न रोचक प्रसंगों के माध्यम से पहचान करायी गयी है। दानवीर, दयावीर, युद्धवीर तथा सत्यवीर की कहानियाँ प्रेरणाप्रद हैं, तो अलस, चोर आदि की कहानियाँ मनुष्य के अंतर्विरोधों की पहचान कराती हैं।

पुरुषपरीक्षा में बंगाल के राजा लक्ष्मणसेन (११वीं शताब्दी), हम्मीर, पृथ्वीराज तथा जयचंद जैसे ऐतिहासिक व्यक्तियों से संबद्ध कथाएँ भी हैं। लोकमानस इतिहास को किस प्रकार अपनी स्मृति में सुरक्षित रखता है- इसका दुर्लभ उदाहरण भी पुरुषपरीक्षा की कथाएँ प्रस्तुत करती हैं। विद्यापति ने मिथिला में गाँवों में या जनसमाज में जिस रूप में कहानियाँ सुनी होंगी उस रूप में उन्होंने उन्हें परिष्कृत भाषा में प्रस्तुत किया है। इतिहास से संबद्ध दो कथाओं में से एक में हस्तिनगर (गजनी) के राजा महमूद नामक यवनेश्वर (महमूद गजनी) के काफरराज के साथ संग्राम का वर्णन है, जिस में नरसिंह देव और चाचिक देव ये दो वीर असाधारण शौर्य के द्वारा महमूद को विजय दिलाते हैं। जयचंद की कथाओं में उसे जिस रूप में चित्रित किया गया है, वह चंदबरदायी के रासो की तुलना में इतिहास के अधिक निकट है। पुराणों में भविष्यपुराण में आल्हा-ऊदल तथा जयचंद और पृथ्वीराज के वृत्तांत का जो विवेचन है, उसके आलोक में मध्ययुगीन इतिहास का पुनरवलोकन अपेक्षित है। घस्मरकथा का नायक राजा जयचन्द्र है, जो योगिनीपुर[१७] के शहाबुद्दीन (शहाबुद्दीन गौरी) से युद्ध करके कई बार उसके छक्के छुड़ा देता है। तब शहाबुद्दीन जयचन्द्र की रानी शुभदेवी को चतुर्भज नामक ब्राह्मण के द्वारा भड़का कर उसके अत्यन्त निष्ठावान् मंत्री विद्याधर को राजा से अलग करवा देता है। अनेक भारतीय भाषाओं में इस पुस्तक के अनुवाद तथा रूपान्तर हुए हैं।

सुलैमच्चरित

अनंगरंग नामक प्रसिद्ध कामशास्त्रग्रंथ के प्रणेता कल्याणमल्ल (सोलहवीं शताब्दी) ने सुलैमच्चरित[१८] में अयोध्या के शासक लाडखान का गुणगान करते हुए सुलेमान और दाऊद (बाइबिल में डेविड और सालोमन) की कथा लिखी है।

काव्य के प्रारंभ में कल्याणमल्ल ने अयोध्यापति अहमदखान की तथा उसके पुत्र लाडखान की प्रशंसा की है। रचना अत्यंत कौतुकवर्धन व आद्यंत अद्भुत रस से परिप्लुत है। कल्याणमल्ल ने अपनी कथाशैली में आख्यान का उज्ज्वल रूप समाहित कर लिया है। आरंभ उन्होंने लाडखान तथा स्वयं के बीत हुए संवाद से इसप्रकार किया है—

कामसिद्धान्तविद्वांश्च कामिनीनां मनोहरः।
लाडखान इति ख्यातो लालित्यगुणमण्डितः।

स कदाचित् समासीनः सभायां सह पण्डितैः।
कथाभिरभिरामाभिरितिहासैः पुरातनैः।
शास्त्रवादैः कलावादैर्धातुवादैरनेकशः।
विद्वद्विशेषं विज्ञाय दानमानादिभिश्च तान्।
सम्भावयन् समासीनो महापुरुषसत्कथाम्।
श्रोतुकामस्तदा सूरिमण्डले स्वाश्रितं बुधम्।।
पपृच्छ कविराजेन्द्रं काव्यनिर्माणकौशलम्।
कल्याणमल्लनामानं कविसंस्तुत्यवाङ्मयम्।
त्वमस्मदास्थानकविस्सर्वशास्त्रार्थपारगः।
पुरा ह्यनङ्गरङ्गाख्यं कलाशास्त्रं कलास्पदम्।
गीर्वाणभाषया विद्वन् मानसानन्ददायकम्।
कृतवानसि मत्प्रीत्यै बन्धुरं लोकसुन्दरम्।
इदानीमपि सद्विद्वच्छ्लाघ्यं सर्वार्थगोचरम्।
सुलैमच्चरितं ब्रूहि चित्रं गीर्वाणभाषया।
दावूदुतनयो विद्वान् सुलैमान् ज्ञानविग्रहः।
द्वापरान्ते च कल्यादौ म्लेच्छवंशे महातपाः।।१४।।
समुत्पन्नः सप्तसुतागर्भाब्धौ चन्द्रमा इव।
तस्य जन्म च तद्वृत्तं तत्पितुश्च महोदयम्।। १५।।
कथय श्रोत्रनिघ्नं तत् परमानन्ददायकम्।।१६।।

कल्याणमल्ल इस प्रकार कथारंभ करते हैं—

पुरा दावुदुरखिलामिलामेकोऽनुपालयन्
पुरन्दर इव श्रीमानवसद् धरणीतले।।१८।।

दावूद के राज्य पर पार्वतीय राजा आक्रमण करता है। दावूद अपने सेनापति ऊर्जस्वल को बारह वीरों के साथ उससे संग्राम के लिये भेजता है। उधर युद्ध चल रहा है, इधर दावूद कुड्यरंध्र से एक मायाविनी सुरूपा नारी को देखता है। रूप का वर्णन कल्याणमल्ल ने रुचि पूर्वक किया है—

विचित्राभरणोपेतां नीलबन्धुरमूर्धजाम्।
कुन्तलाञ्चितफालान्तां बिम्बोष्ठीं कन्दुकस्तनीम्।
कुन्दकुड्मलसंकाशदन्तश्रेणीविराजिताम्।
पद्मपत्रविशालाक्षीं पद्मिनीं पद्मसौरभाम्।
कौसुम्भाम्बरबिभ्राजत्कमनीयतनूलताम्।।
नेत्रानन्दकरं मारदाररूपां मनोहराम्।

(३८-४१)

दावूद उसे देख कर मोहित हो जाते हैं, फिर सँभल कर अपने आप को धिक्कारते हैं —

परदाराभिमर्शाद्धि परं पङ्कं न विद्यते।
मलमूत्राध्वगे योषिज्जघनेऽपघने तथा।
श्लेष्मागारे मुखे मांसस्तबके च कुचद्वये।
निन्द्येऽनिन्द्य इवात्यर्थं किमर्थं मम मानसम्।।
प्रविष्टं मोहितं चाद्य न जानाम्यत्र कारणम्।।

(५३-५६)

पर उनका मन व्याकुल बना रहता है। अगले दिन दावूद उसी रमणी को सरोवर स्नान करती हुई देखते हैं। सौंदर्यवर्णन में विलास और रसिकता की पराकाष्ठा कल्याणमल्ल ने यहां कर दी है।

यह रमणी सप्तसुता ऊर्जस्वल नामक उस सेनापति की पत्नी है, जिसे दावूद ने युद्धभूमि में भेज रखा है। दावूद अपने मन की पीडा अपनी पत्नी सुखदा को बताते हैं। पत्नी उन्हें इस रमणी से मिलाने का यत्न करती है। पर अपने पातिव्रत्य पर अडिग वह रमणी प्रस्ताव दृढ़ता से ठुकरा देती है। तब सुखदा उस रमणी की माँ के पास चली जाती है। माता अपनी ही पुत्री को दिग्भ्रमित कर के राजा के पास ले जाती है। दावूद की परकीया रति के वर्णन में कल्याममल्ल ने कामशास्त्र की सारा ज्ञान प्रकट कर दिया है। राजा को मनोवांछित प्रिया के साथ रमण का सुख प्राप्त कराने के बदले में सुखदा अन्य रानी भोगिनी के पुत्र को सेनापति न बनने देने के अपने आग्रह को मनवा लेती है। सेनापति की भार्या गर्भवती हो जाती है और दावूद लोकापवाद से घबरा कर उसके पति को युद्ध से वापस बुलवा लेता है। सेनापति ने तो प्रण कर रखा है कि शत्रु को मारे बिना वह पत्नी का मुख न देखेगा। यह जान कर दावूद सेनापति को फिर युद्ध में भेज देता है तथा अन्य सेनापति को ऊर्जस्वल को मरवाने के लिये नियोजित करता है। फिर मुनि के कहने पर वह उस पुत्र को भी प्रायश्चित्तपशु बना लेता है जो अवैध संसर्ग से जन्मा है। इधर ऊर्जस्वल की भी हत्या हो जाती है। दावूद सप्तसुता से पुनः समागम करता है, जिससे सुलैमान् का जन्म होता है।

सपत्नीगत ईर्ष्या, सुखदा का अनपत्यता का दुःख तथा पुरुष की लंपटता के चित्रण की दृष्टि से यह कृति प्रभावशाली है। भर्तृहरि के सुभाषितों की मनोहारी छायाएँ कल्याणमल्ल की रचना में सम्मिश्रित हो गई हैं।

नंदोपाख्यान

नन्दोपाख्यान या राजा नंद की कथाएँ गाँव गाँव में, घर घर में कही जाती रही हैं। संस्कृत के रचनाकारों ने भी इन्हें लोककथा परंपरा से ले कर नन्दोपाख्यानों की कई रूपों में रचना की।

डा० फतहसिंह ने नन्दोपाख्यान के अंतर्गत तीन छोटी छोटी रचनाएँ प्रकाशित की हैं - नन्दोपाख्यानम्, नन्दबत्रीसी तथा नन्दनृपकथा। इनमें से नन्दोपाख्यानम् अज्ञातकर्तृक है। इस में १०६ श्लोकों के साथ बीच बीच में गद्यांश हैं। इसकी हस्तलिखित प्रति एक प्रति सं. १७३१ में बनाये जाने का उल्लेख मिलता है, अत: यह सत्रहवीं शताब्दी या उसके पहले की रचना है। नन्दबत्रीसी के प्रणेता तत्त्वविजयगणि हैं तथा नन्दनृपकथा सहस्त्रऋषि के द्वारा रची गई है। सहस्त्रऋषि सियालकोट के निवासी थे। इन्होंने संवत् १६६६ में नन्दनृपकथा की रचना की। इसमें सौ श्लोक हैं।

तीनों रचनाएँ संस्कृत में हैं, पर नन्दबत्रीसी का नाम ही नहीं उसकी भाषा भी संस्कृत व्याकरण की दृष्टि से अनेकत्र अशुद्ध है। तीनों रचनाओं में नंदोपाख्यान जिस तरह कहा जाता था, उसकी झलक मिलती है, अत: तीनों में कुछ अंश समान भी हैं।

नंदकथा के उक्त तीनों रूपों में किंचित् परिवर्तन के साथ राजा नंद की कहानी कही गयी है। राजा नंद अपने मंत्री की पत्नी पर कुदृष्टि रखता था। मंत्री को इसका पता चला, तो उसने राजा की हत्या कर दी। अंत में मंत्री के षड्यंत्र का भी भंडाफोड़ हो गया। इस कथा से यह नैतिक संदेश दिया गया है कि परस्त्री पर कुदृष्टि रखना घातक होता है। नंदबत्रीसी में राजा के मंत्री वैरोचन की पत्नी पर आसक्त होने का कारण लोककथा के अभिप्रायों से संवलित एक प्रसंग के द्वारा बताया गया है। राजा देखता है कि हरी दूब पर भौरे मँडरा रहे हैं। वह पास में कपड़े धो रहे धोबी से इसका कारण पूछता है। धोबी बताता है कि मंत्री वैरोचन की पत्नी के वस्त्र उस स्थान पर सूखने को डाले गये थे, वे वस्त्र स्वत: इतने सुवासित रहते हैं कि जहाँ उन्हें रखा जाये, भौरे वहाँ आकर मँडराने लगते हैं। नंदोपाख्यान में मंत्री को राजा की हत्या करते हुए कोई बटुक देखता है। नंदबत्रीसी में उद्यान का माली देखता है।

नन्दोपाख्यान को कहने या उस पर साहित्यिक कृति लिखने के पीछे उद्देश्य नैतिक शिक्षा देना रहा है। परनारी को मातृतुल्य समझना, पितृभक्ति, पातिव्रत धर्म तथा राजनीति की शिक्षा देने के लिये इस कथा का विनियोजन किया गया। इसलिये नन्दोपाख्यानविषयक रचनाओं में प्रचलित उपदेशपरक श्लोकों का भी कहीं कहीं संग्रह कर लिया गया है।

नंदोपाख्यान का कथासार इसप्रकार है - इस धरती के बीचोंबीच मनोहर नन्दभद्र नामक नगर है। यह नगर धनधान्य से भरा हुआ है, तथा सारे देवताओं के मन का उत्सव है। इस नगर में नन्द नामक महाबली महीपाल (राजा) शासन करता था। वह धर्मशास्त्र में प्रवीण था, गुणवान् और नीतिवान् था और स्नेह प्रेम रखने वाला भी था। वैरोचन नामक उसका मन्त्री था। उस वैरोचन मन्त्री की गृहिणी थी सुंदरी। वह रूप और यौवन की शोभा से संपन्न तो थी ही, सदा मधुर वचन भी वोलती थी। एक दिन सुंदरी खिड़की पर बैठी थी। नीचे मार्ग पर राजा जा रहा था। उसने वह सुंदरी का गीत सुना। सुन कर राजा काम और मोह के वश में हो गया। राजा का पुरोहित उसके साथ था, राजा की मन:स्थिति देख कर वह सुंदरी को राजा से मिलाने

के लिये उपाय सोचने लगा। पुरोहित के परामर्श पर राजा ने वैरोचन को पड़ोसी राजा से युद्ध करने के लिये भेज दिया। इधर राजा एक दूती को साथ ले कर मन्त्री के घर जा पहुँचा। तोता और मैना ने राजा को देखा। तोता बोला - हे भूपते! मैं आपके चरणों में नमन करता हूँ। आपने वैरोचन को अन्य स्थान पर क्यों भेज दिया?

राजा ने कहा - हे कीर (तोते), मुझे दिन में भूख नहीं लगती, रात में नींद नहीं आती। मेरे मन में महादुःख है, मेरे हृदय में सुंदरी बस गई है।

तोते ने कहा - स्त्री के लिये बाली मारा गया, स्त्री के कारण रावण मारा गया। पराई स्त्री के घर नहीं जाना चाहिये। पराई स्त्री से बचना चाहिये।

राजा बोला - कीर पंडित! वाचाल! तुम लोगों के दुलारे हो। तुम्हें दूसरे की चिंता नहीं करनी चाहिये, परनिंदा से बचना चाहिये।

तोते ने कहा - हे राजन्, मेरा वचन ध्यान से सुनो। तुम्हारे एक ही मस्तक है। सीता का हरण करने के कारण दस मस्तक वाला रावण धराशायी हो गया।

राजा ने कहा - जिसके रुष्ट हो जाने पर भय न हो, जिसके तुष्ट हो जाने पर धनागम न हो, जो निग्रह और अनुग्रह न कर सके, वह कुपित हो कर क्या कर लेगा?

तोते ने कहा - न मैंने सुना न देखा कि खलिहान ककड़ी खा जाये। ऐसा देश भी न देखा जहाँ रक्षक ही भक्षक हो जाए। यदि माँ बेटे को विष देने लग जाए, पिता बेटे को बेचने लग जाये औ राजा प्रजा का सर्वस्व छीनने लग जाये, तो किस के लिये सोच करना? हे सारिका (मैना!) तू मत रो। नन्द राजा नहीं तस्कर है। अमृत ही विष बन गया, जिससे रक्षा होनी चाहिये, उससे भय होने लगा। राजा तो प्रजा का पिता माना गया है। राजा, जन्म देने वाला, बड़ा भाई, गुरु, उपदेश देने वाला तथा भय से त्राण देने वाला - ये छह प्रकार के पिता कहे गये हैं।

तभी सुंदरी ने देखा कि राजा घर आया है, तो वह बोली - आज मेरा जन्म सफल हुआ, आज मेरा जीवन सुजीवन बना , मेरे सौ मनोरथ पूरे हुए कि मेरे ससुर जी मेरे घर पधारे।

राजा ने कहा - बिना सोचे समझे बुद्धिमान् मनुष्य को भी कोई काम नहीं करना चाहिये। मैंने पहले के जन्म में पाप किये होगें, उनके कारण मेरी बुद्धि भ्रष्ट हुई है। हे कीर (तोते)! तूने सत्य कहा है, वैरोचन मेरा बेटा ही है, और यह सुंदरी मेरी बहू है।

यह कह कर राजा वहाँ से बाहर आ गया। जब राजा बाहर निकल गया और सुंदरी सुख से सो गई, तब शुक और सारिका परस्पर बातचीत करने लगे।

इधर मंत्री वैरोचन को राजा ने जिस कार्य से भेजा था, वह उस कार्य को पूरा कर के आ गया। शत्रुओं पर उसने विजय पाई। मंत्री घर में आया, और घर के आँगन में (पिंजरे में बैठे) तोते से सब समाचार पूछने लगा। तोते ने उसे डरते डरते सारी बात बता दी।

इसके बाद वैरोचन के घर में वैरोचन तथा सुंदरी और शुक-सारिका सुख से क्रीडा करते हुए सानंद रहने लगे।

एक दिन मंत्री राजा के भवन में गया हुआ था। राजा नंद ने उसका स्वर्णाभूषण और दुकूल से सत्कार किया और बोला - शाबास, शाबास, मंत्री, तुमने मेरे शत्रुओं को समाप्त कर दिया।

तभी राजोद्यान का माली वहाँ आया और कहने लगा - हे महाराज, उद्यान को एक बलिष्ठ वराह ने नष्ट कर दिया है। तब हाथी, घोड़े और रथ की सेना के साथ राजा, मंत्री और सेवक उस शूकर को देखने चल पड़े, जहाँ उद्यान में उसने पेड़ गिरा डाले थे। उन्होंने शूकर को घेर लिया, पर शूकर सर्रा कर निकल भागा, राजा ने अपना घोड़ा उसके पीछे दौड़ा दिया, राजा के पीछे वैरोचन था। राजा की सेना पीछे छूट गई, शूकर भी गायब हो गया, और राजा तथा मंत्री भटक गये। एक न्यग्रोध के पेड़ के नीचे आ गये। राजा ने कहा - मंत्री, मैं प्यास से व्याकुल हूँ, पानी कहीं मिल नहीं रहा है।

राजा की बात सुन कर पेड़ पर चढ़ा, और पानी का स्थान दिखाई पड़ते ही उसने राजा से कहा - फलों, फूलों और पत्तों से लदे बहुत से वृक्ष पास ही दिख रहे हैं, बगुलों और सारसों का स्वर सुनाई दे रहा है। अवश्य ही उधर पानी है।

राजा ने कहा - मंत्री, जाओ, जाओ, तुरत वहाँ जाओ, और मेरे लिये जल ले कर आओ।

मंत्री उस स्थान पर गया। पानी से लबालब भरी वापी (बावड़ी) वहाँ थी। उसने पानी पिया। पानी पी रहा था, तभी उसकी दृष्टि वापी के घाट पर लिखे इस श्लोक पर गई—

तुल्यार्थं तुल्यसामर्थ्यं मर्मज्ञं व्यवसायिनम्।
अर्धराज्यहरं भृत्यं यो न हन्यात् स हन्यते।।

(समान उद्देश्य या संपत्ति वाले, समान सामर्थ्य वाले, मर्म या रहस्यों को जानने वाले उद्यमशील और आधे राज्य का हरण करने वाले अपने सेवक को जो (राजा) मार नहीं डालता, वह (स्वयं) मारा जाता है।

श्लोक के अर्थ पर विचार करते हुए मंत्री चकित रह गया। फिर उसने सोचा कि राजा यहाँ आयेंगें और ऐसा श्लोक पढेंगें, तो अच्छा न होगा। यह सोच कर उसने श्लोक पर कीचड़ पोत दिया। फिर वह पात्र में जल लेकर राजा के पास पहुँचा।

शीतल जल पी कर राजा ने पूछा - मंत्री, वह बावड़ी किधर है?

वैरोचन ने राजा को बावड़ी का रास्ता बताया। राजा वहाँ पहुँचा, हाथ पाँव धोये। तभी उसने घाट पर खुदे श्लोक पर पुते कीचड़ पर उसकी दृष्टि गई, तो उसने पानी से कीचड़ धो दिया। फिर श्लोक पढा। श्लोक पढ़ कर उसके मन में करुणा और चिंता जाग उठी। उसने सोचा - मेरे डर से मंत्री ने श्लोक पर कीचड़ पोत दिया, यह तो मेरा बेटा ही है। यह सोच कर वह उस स्थान पर वापस आया, जहाँ विरोचन था। राजा ने वैरोचन से कहा - मंत्री, बावड़ी पर बड़े अच्छे आम लगे हैं, पानी भी बड़ा शीतल है। पर हे वैरोचन, मैंने वहाँ कोई मनुष्य नहीं देखा। क्या तुमने ही मेरे डर से उस श्लोक पर कीचड़ पोत दिया था?

दोनों बात करते रहे, फिर राजा मंत्री की गोद में सिर रख कर सो गया। राजा गाढी नींद में बेसुध था, मंत्री मन में सोचने लगा - राजा का मन सुंदरी के कारण एक बार बिगड़ चुका है, फिर इस दुरात्मा ने बावड़ी पर खुदा वह श्लोक और पढ लिया, यदि अभी मैं इसे नहीं मार डालता, तो बाद में यह ही मुझे मार डालेगा। यह सोच कर पूर्व और बाद में होने वाले वैर का ध्यान कर के मंत्री ने राजा का जूड़ा कस कर पकड़ा, और छुरी से उसका माथा काट दिया। उसी समय एक बटु फूल चुनने आया हुआ था, फूल चुनने के लिये चंपक के पेड़ पर चढ़े हुए उसने यह सारा दृश्य देखा, देख कर वह तो बुरी तरह डर गया, किसी तरह पेड़ से जल्दी से उतर कर भागा। इसके उतरने से शाखा हिली। मंत्री ने देखा कि पास के चंपक के पेड़ की शाखा हिल रही है। उसने सोचा यह शाखा क्यों ऐसे हिल रही है? यह नर है या वानर? जो भी हो, मैं तो शाखा ही काट देता हूँ, जो भी होगा, मर जायेगा।

उसने उठ कर पेड़ की सारी शाखाएँ साफ कर दीं, पर कोई न दिखा। फिर तो डर के मारे उसका बुरा हाल। उसने सारा बगीचा छान मारा, कोई न दिखाई दिया। तब मंत्री वैरोचन लंबी साँस छोड़ कर धरती पर गिर पड़ा, और विलाप करने लगा - हाय, हाय, यह मैंने क्या कर दिया? बुद्धिमान् मनुष्य को भी असम्भाव्य कार्य नहीं करना चाहिये, जो ऐसा कुछ कर बैठा, तो वह शीघ्र ही विनष्ट हो जाता है।

फिर मंत्री राजा के शव के पास लौट आया। राजा को वस्त्र से कस कर बाँध दिया और एक कूप में फैंक आया, फिर उसके ऊपर भारी शिला भी डाल दी। राजा का घोड़ा वहीं बंधा था, उसके बंधन खोल कर उसे जंगल में छोड़ दिया। दिन ढल गया, तब मंत्री नगर में वापस लौटा। सारा नगर और राज्य चक्र राजा के बिना आकुल था।

वैरोचन ने सारे राजकुल के लोगों को समझा बुझा कर राजा नंद के स्थान पर राजसिंहासन पर नंदक का अभिषेक कराया, फिर समस्त राजकुल के साथ नये राजा को प्रणाम किया। यह सब कर के मंत्री अपने आवास पर चला गया। तब मंत्री वैरोचन नये राजा का बुद्धिदाता बन गया।

एक रात राजा अपने प्रासाद से वेष बदल कर बाहर निकला और नगर में जो शुभ-अशुभ था वह जानने लगा। घूमता घामता वह नगरद्वार पर पहुँचा। वहाँ राजा एक मुहूर्त बैठा रहा। तभी नगर के बाहर से किसी का वाक्य सुनाई पड़ा - माता नहीं है, पिता नहीं है, न भाई है, न कुटुंब है। मेरी पत्नी अकेली है कैसे वह रात बितायेगी। वह कमलनयनी नगर में रहती है, उसकी स्मृति मेरे अंग ऐसे जला रही है जैसे हिलती शाखा वैरोचन को जला रही हो।

यह सुन कर राजा चौंक पड़ा, उसने पुकार कर कहा - कौन हो तुम? भूत हो, प्रेत हो, पिशाच हो, यक्ष हो कि किन्नर हो? या कोई बटोही हो या चोर हो - तुम वहाँ क्या कर रहे हो?

नगर द्वार के बाहर जो भी था, वह बोला - न मैं भूत हूँ, न प्रेत, न पिशाच, न यक्ष, न किन्नर। मैं बटोही या चोर भी नहीं हूँ। मैं तो राजकुमार नंदक का बटुक हूँ। राजा के लिये

देवपूजनार्थ फूल लेने बगीचे में गया था, जब फूल ले कर नगर वापस आने लगा तो देखा नगर द्वार पर तो ताला लगा है, मैं ने द्वारपाल को बहुत समझाया, पर उसने ताला न खोला, तब से मैं यहाँ खड़ा हुआ हूँ।

यह सुन कर राजा ने झट से ताला तोड़ दिया, बटुक को भीतर ले आया, और वे दोनों अपने अपने स्थान चले गये। भोर हुई, तो द्वारपाल ने देखा - नगरद्वार का तो ताला टूटा पड़ा है। तब वह रोता रोता चिल्लाने लगा - अरे चोरों ने ताला तोड़ दिया।

उसकी पुकार सुन कर सारे रक्षक वहाँ जमा हो गये और पूछने लगे कि बात क्या है? उसने कहा रात में चोरों ने ताला तोड़ दिया। तब रक्षकों ने पदपरीक्षक से कहा - अरे पदपरीक्षक, परीक्षा करो। पदपरीक्षक ने परीक्षा कर के बताया कि इस द्वार से बाहर तो कोई नहीं गया, पर दो पुरुष भीतर आये हैं। उनमें से एक तो इस मार्ग से गया है, जो राजप्रासाद तक जाता है, दूसरा दूसरे मार्ग से।

तब वे दूसरे मार्ग के पदचिह्नों का अनुसरण करते हुए बटुक के घर तक पहुँच गये और बटुक को पकड़ लिया। पकड़ कर राजद्वार पर ले आये और राजा से कहा - यह बटुक रात में नगरद्वार का ताला तोड़ कर भीतर घुस आया है, हम इसे इसके घर से पकड़ कर लाये हैं।

राजा ने पूछा - कौन कहता है कि इसी ने ताला तोड़ा है।

रक्षकों ने कहा - पदपरीक्षक कहता है कि इसी ने ताला तोड़ा है।

राजा ने कहा - पदपरीक्षक को वस्त्र आदि दे कर सम्मानित किया जाए। और हे रक्षकों, इस बटुक को मेरे पास छोड़ कर तुम लोग भी अपने अपने स्थान जाओ। इस द्वारपाल को सीख देना है और दंडित करना है, वह रात में सो क्यों रहा था।

यह आदेश दे कर राजा ने बटुक के बंधन खुलवाये, उसकी प्रशंसा की और उसे अपने रनिवास में ले आया। बटुक के घर में वर्धापनिक (बधाई या खुशखबरी देने वाले दूत) को भेज दिया। फिर एकांत में बटुक से वह प्रश्न करने लगा - हे बटुक, तुम घबराओ मत। रात में नगरद्वार पर तुमने जो छंद कहा था, उसका सच बताओ।

बटुक ने कहा - नहीं ऐसा कुछ नहीं है।

राजा बोला - किस भय से तुम नहीं बता रहे? बटुक ने कहा - राजा के आगे भय कैसा? रात को नगर के द्वार पर मैंने कहा ही क्या है?

सुन कर राजा ने उसका कहा हुआ श्लोक उसे सुना दिया और कहा इस श्लोक का अर्थ मैंने समझ लिया, तुम्हारे मन को कोई कामिनी जला रही थी यह तो सच है, पर जैसे पेड़ की शाखा वैरोचन को जलाये - यह क्यों कहा?

बटुक ने कहा - वह मैं न कहूँगा।

राजा ने पूछा - क्यों? बटुक ने कहा - वैरोचन के डर से। राजा बोला - मेरे आगे वैरोचन की क्या बिसात? तब फिर बटुक ने सारी बात बता दी कि हे महाराज, वैरोचन ने आपके पिता का मस्तक काट कर बगीचे में कूप में डाल दिया और उस के ऊपर भारी शिला गिरा दी। उस समय मैं चंपक के पेड़ के ऊपर था, वैरोचन के डर से मैं चंपक के पेड़ से कूदा और भागा, उससे शाखा हिलने लगी, तो हिलती शाखा को देख कर वैरोचन ने सोचा कि अरे शाखा क्यों हिल रही है? मैं तो वहाँ से भाग कर चला आया, पर वैरोचन को वह शाखा जला रही है।

इस तरह राजा और बटुक को बात करते करते दिन का पहला पहर बीतने को आया। फिर राजा नंदक ने वैरोचन को बुला भेजा। कहलाया - हे वैरोचन हम दोनों क्रीडा कंरने के लिये आज बगीचे में चलते हैं। वैरोचन ने कहा - मैं आ रहा हूँ।

फिर राजा और वैरोचन - अपनी अपनी सेना सजा कर बगीचे में आमने सामने हुए। राजा ने वैरोचन की सेना देखी, सोचा - जितनी मेरी सेना है, उतनी ही वैरोचन की है। जितने हाथी घोड़े सिपाही मेरे पास उतने ही इसके पास भी। जितना मैं इसे डरा सकता हूँ, उतना ही यह मुझे डरा सकता है।

यह सोच कर राजा वहाँ से वापस लौट आया। सब पुरवासी जन लौट कर अपने अपने स्थान पर चले गये।

इधर वैरोचन की पत्नी सुंदरी पति से कह रही थी - नाथ, पता नहीं क्या होने वाला है? घर में एक काली गोह है, वह आज मेरे मस्तक पर गिर पड़ी, और आज ही मैंने घर के ऊपर बैठा उल्लू भी देखा।

उसी समय राजा नंदक ने वैरोचन के लिये फिर दूत भेजा। वैरोचन उस दूत से पूछाताछी करने लगा, तब तक एक दूत और आ गया, वैरोचन उसे भी टालता रहा,, तब तक तीसरा दूत आ गया। तब वैरोचन ने सुंदरी को सारी बात बता दी।

सुंदरी ने कहा - हे नाथ, यदि यह सब हो गया है, तो मेरी बात भी सुन लीजिये। यदि आपने जितना जो कुछ धन संपदा अर्जित की है, वह आज मुक्त नहीं कर दी, तो इस संपदा को आपके बेटे न भोग पायेगें, इसे तो राजा नंदक ले जायेगा। क्यों कि कहा ही है - दान, भोग और नाश - धन की ये तीन गतियाँ होती हैं। जो दान नहीं देता, न भोग करता है, उसके धन की तीसरी गति होती है।

तब वैरोचन ने अपनी सारी धन संपदा ब्राह्मणों को दान कर दी। बेटों के पूछने पर उसने बेटों के आगे भी सारा वृत्तांत बता दिया। बेटों ने कहा - आप ने उचित ही किया। वैरोचन ने बेटों से कहा - अब की बार राजा अपने पिता के विषय में मुझ से पूछेगा तो मैं सच सच बता दूँगा। उस समय मेरे बेटों में कोई है जो मेरा सिर काट डाले? मेरे बाद मेरा उत्तराधिकारी वही होगा।

पिता की बात सुन कर बड़ा बेटा बोला - पिता ही सारे तीर्थ हैं, पिता ही जनार्दन हैं, पिता

की भक्ति मनुष्यों के लिये सारे तीर्थों से बढ कर है। इसलिये मैं तो आपका वध नहीं करूँगा।

वैरोचन ने उससे कहा - तो तू यहाँ से चला जा। वैरोचन का बड़ा बेटा पिता को प्रणाम कर के वहाँ से चला गया।

दूसरे बेटे ने कहा - उस राज पाट को ले कर क्या करूँगा, जो पिता की हत्या कर के मिले? मैं तो जो आप को मारेगा, उससे वैर भाव रखूँगा।

वैरोचन ने उससे भी यही कहा - तो तू यहाँ से चला जा। तो वह भी प्रणाम कर के चला गया। तीसरे बेटे ने कहा - हे पिता, ऐसा अवसर आने पर यदि आप कहेगें तो मैं तलवार से आप का मस्तक काट दूँगा। उसके बाद जो हो, सो हो।

वैरोचन ने उससे कहा - शाबास बेटा, तू ही मेरा वास्तव में बेटा है।

फिर वैरोचन तीनों दूतों और सबसे छोटे बेटे के साथ राजा के पास पहुँचा। राजा उस समय उसे साक्षात् काल के समान दिखाई पड़ा। राजा ने उससे पूछा - अरे वैरोचन, दुरात्मा, पापिष्ठ! विश्वासघातक! चांडाल! राजा को तूने कहाँ छोड़ा था?

वैरोचन ने कहा - मैंने पुष्पवाटिका में राजा को मार कर कुए में डाल दिया है। उस समय भी मैंने देख लिया था कि पास के पेड़ की शाखा हिली है। यह उस शाखा के हिलने का परिणाम सामने आ गया।

उसी समय वैरोचन का तीसरा बेटा बोला — अरे दुरात्मा वैरोचन, क्या तूने अपने राजा नंद को मार डाला?

वैरोचन ने उससे कहा - हाँ, मैंने राजा नंद को मार डाला।

सुनते ही वैरोचन के उस पुत्र ने तलवार खींच कर पिता का मस्तक काट डाला, और कटे मस्तक पर लात मारी। जब यह हो गया तो राजा नंदक ने अपने सेवकों को दौड़ाया कि वैरोचन की धन संपदा ग्रहण कर लो। सुंदरी ने उन्हें आते देख कर घर के आँगन में चिता जला ली।

राजसेवकों ने वापस आ कर राजा नंदक को बताया - महाराज, वैरोचन के घर में कोई धन संपदा नहीं बची, उसने पहले सब ब्राह्मणों को दान कर दी थी। उसकी पत्नी सुंदरी भी चिता में जल कर मर गई।

सेवकों के ये वचन सुन कर वैरोचन का तीसरा बेटा तलवार से अपना कंठ काटने लगा, राजा झपट कर उठा और उसके हाथ से तलवार छीन कर उससे बोला - हे मंत्री पुत्र! तू सज्जन है, तू ने मेरे लिये राजधर्म का पालन किया। पिता के लिये करुणा की परवाह न की।

राजा ने समझा बुझा कर वैरोचन के उस पुत्र को आत्मघात से रोका। फिर राजा ने उसे मंत्री के पद की मुद्रा प्रदान कर दी और वैरोचन के शव को दाहसंस्कार के लिये तीर्थ में भिजवा दिया। अब वैरोचन का तीसरा पुत्र राजा नंदक की कृपा से राज्य चलाने लगा, और राजा नंदक भी इंद्र के समान शासन करता रहा।

कथाकौतुक

कथाकौतुक के प्रणेता श्रीवर कवि हैं। कवि का नाम किसी किसी हस्तलिखित प्रति में श्रीधर भी मिलता है। यह फारसी में लिखी यूसूफजुलेखा नामक कथा का अनुवाद है। यूसुफ जुलेखा के प्रणेता नूरुद्दीन अब्दुल रहमान मुहम्मद जामी (१४१४-१४९२ ई०) अफगानिस्तान के निवासी थे तथा तैमूर के चाचा सुल्तान अबूसईद के आश्रय में रहे। उनकी कथाकृति का काश्मीर में प्रचार होना और श्रीवर के द्वारा उसके संस्कृत अनुवाद में प्रवृत्त होना फारसी व संस्कृत के कवियों के बीच उस समय आदान प्रदान की जीवंत परंपरा का बोधक है।

कथाकौतुक की रचना १४५१ ई० में पूरी हुई। श्रीवर ने ही जोनराज के अनंतर कल्हण की राजतरंगिणी की परंपरा में राजतरंगिणी के ही नाम से इतिहास के ग्रन्थ का भी निर्माण किया था। कथाकौतुक में उन्होंने जोनराज को अपना गुरु बताया है। जोनराज सुल्तान जैनुल् आबिदीन (१४१७-६७ ई०) के समकालीन थे। श्रीवर भारतीय शास्त्र परम्परा के तो प्रकांड पंडित थे ही, फारसी भाषा तथा इस्लाम की परम्पराओं का भी उन्हें अच्छा ज्ञान था। जोनराज तथा श्रीवर दोनों ने ही कश्मीर के प्रसिद्ध सहिष्णु शासक ज़ैन–उल्–आबिदीन के दरबार में पण्डित के रूप में प्रतिष्ठा प्राप्त की। श्रीवर को कथाकौतुकम् के प्रणयन में ज़ैन–उल्–आबिदीन के पौत्र मुहम्मद शाही की ओर से प्रोत्साहन मिला। अपनी कृति के प्रारंभ में उन्होंने मुहम्मद शाही के प्रति शुभकामना व्यक्त करते हुए लिखा है—

जीयान्महामदः शाहिर्धर्मप्रवरगर्वितः।
श्रीमान् कश्मीरभूपालः फुल्लराजीवलोचनः।।

(१/२०)

इसने अपने पिता की भाँति ही गो वध को प्रतिबन्धित किया था। प्रास्ताविक पद्यों में मुहम्मद शाही की प्रशस्ति में अठारह पद्य लिखे हैं, जिनमें श्रीवर ने अपने आश्रयदाता की प्रशंसा में धरती आकाश एक कर दिया है। उन्होंने शाही के सामने सूर्य को भी निष्प्रभ और उसे इंद्र से अधिक गुणवान् कहा है।

कथानक का विषय प्रेम है, अतः शैवशास्त्र के प्रति आस्था होने पर भी नीलकंठ ने अपने आराध्य शिव को प्रेम का वशवर्ती बताया है, तथा शैवशास्त्रसम्मत सृष्टिप्रक्रिया का भी कथारंभ में निदर्शन किया है। इसी प्रसंग में राग का माहात्म्य बताते हुए वे कहते हैं —

रागिणो रागचषकान्न पिबन्ति सदा जनाः।
सरकं नाम गृहणीयात् तेषां कोऽपि न कुत्रचित्।।

(१.७२)

(यदि राग के चषक या प्याले से अपना सकोरा भर भर कर रागी लोग न पियें, तो उनका कोई नाम भी कहीं न लेगा।)

काव्यमाला के संपादकों शिवदत्त तथा काशीनाथ शर्मा का यह कथन भ्रामक है कि कथाकौतुककार श्रीवर राजतरङ्गिणीकार श्रीवर से भिन्न हैं। श्रीवर स्वयं कहते हैं कि वे जोनराज के शिष्य हैं, और सुल्तान ज़ैन–उल्–आबिदीन की प्रसन्नता के लिये युसुफजुलेखा का अनुवाद कर रहे हैं।

मलाज्यामेन योसेहजोलेखा नाम विश्रुतः।
रचितोऽप्यद्भुतः पूर्वं ग्रन्थो देवमुखोद्गतः।।
तस्मिन् मया पण्डितजोनकाख्यं नत्वा गुरुं पण्डितश्रीवरेण।
भूपालतुष्टौ सुरलोकवाण्यारम्भोऽध्वनाकारि मनोहरोऽयम्।।

कथाकौतुकम् की योजना १५ कौतुकों (अध्यायों) में की गयी है। श्रीवर ने दावा किया है कि उन्होंने मुल्ला जामी के मूल ग्रंथ में जैसा क्रम है, उसका पूर्णतः अनुपालन किया है—

क्रमेण येन भेदार्थो मलाज्यामेन वर्णितः।
तेनैव हि मया सोऽयं श्लोकेनाद्य निरूप्यते।।

(ककौ०१/३)

श्रीवर ने अपने गुरु जोनराज को अन्यत्र ज्योत्स्नाकर भी कहा है, जोनराज ज्योत्स्नाराज का तद्भव रूप कहा जा सकता है।

मूल कृति में ४०३० पद्य हैं[१९] जब कि कथाकौतुक में १२३८ अनुष्टुप् हैं। इसका कारण संस्कृत भाषा का सामासिक शैली है, श्रीवर ने मूल रचना में से कुछ भी छोड़ा नहीं है। किंतु उन्होंने कथा को दुःखांत के स्थान पर सुखांत में पर्यवसित कर दिया है। आरंभ में ही वे शैवदर्शन का सार तथा तदनुसार सृष्टिप्रक्रिया का प्रतिपादन करते हुए कहते हैं—

चित्तासक्तिवशेनैव स स्वयं भगवान् शिवः।
शक्त्यैव सह संगम्य सर्वमेतदवासृजत।।

(१.५०)

रागेणैव तदा देवी त्रये सृष्ट्वात्ममायया।
त्रीनेव पुरुषांल्लोके हेतुभूता स्वदेहतः।।
तस्माद् रागमयं सर्वं चेतनाचेतनं जगत्।
प्रतिभात्येव यत्तेन रहितं नैव गण्यते।।

(१.६०-६१)

कथा में सुल्तान कैमूर की कन्या जोलेखा (जुलेखा) और मिस्र के बादशाह याकोभ (याकूब) के बेटे येसोभ (युसुफ) के प्रेम का सरस वृतांत है। अनेक अद्भुत और अतिप्राकृत घटनाएँ भी इस में वर्णित हैं। जोलेखा याकोभ को स्वप्न में देखती है। उसके विवाह के लिए अनेक राजकुमारों के संदेश आते हैं, पर वह याकोभ के प्रेम में दीवानी है, और उससे मिलने मिस्र देश चल देती है।

कतिपय अव्याकरणिक प्रयोग भी हैं, जिनका ओर डा. बलराम शुक्ल ने अपने एक लेख में विवेचन किया है— जैसे अभिज्ञात्वा (अभिज्ञाय), पिबती (पिबन्ती), विजित्वा (विजित्य), विचिन्वन्ती (विचिन्वती),गोपयितुम् (गोपायितुम्), आगच्छनेव वा (आगच्छन्नेव वा), स्त्रीपुंसो: (स्त्रीपुंसयो:), पुरातनाम् (पुरातनीम्), ससर्जे (ससृजे), प्रेक्षन्ती (प्रेक्षमाणा), पण्डितमन्य (पण्डितंमन्य), आनयिष्यति (आनेष्यति), क्रीतुम् (क्रेतुम्), क्रीतुकाम: (क्रेतुकाम:), वराका (वराकी)।तथा कतिपय छंदोभंग भी हैं, जैसे - नत्वा गुरुं पण्डितश्रीवरेण।

कथार्णव

कथार्णव[२०] की रचना १६००ई० के आसपास हुई। इसके प्रणेता शिवदास हैं। दुर्भाग्य से यह कथासंकलन अधूरा मिला है। इसकी दो हस्तलिखित प्रतियाँ आक्सफोर्ड तथा फ्लोरेंस में हैं। फ्लोरेंस की प्रति में आरंभ और अंत का भाग लुप्त है तथा २५ कहानियाँ हैं। आक्सफोर्ड की प्रति में आरंभ की चार कहानियाँ नहीं हैं, और कुल ३५ कहानियाँ हैं। इस पर शोध करने वाले विद्वान् पी.ई० पावोलिनी का माना है कि कथार्णव में इसके नाम के अनुरूप बड़ी संख्या में कहानियाँ रहीं होंगीं।

संग्रह की पहली कहानी राजा गोमुख पर केंद्रित है, जो कथासरित्सागर की बयालीसवीं कहानी में वर्णित नरवाहनदत्त के गोमुख के साथ उड़नखटोले में बैठ कर कर्पूरसंभवनगर जाने के प्रसंग पर आधारित है। नरवाहनदत्त पाशुपत संन्यासी के वेष में कर्पूरिका नामक राजकुमारी से मिलता है और पूर्वजन्म की स्मृति के कारण उसके मन में रूढ़ पुरुषजाति के प्रति घृणा को मिटा देता है। शिवदास ने अपनी कल्पना से इस कथा में परकायप्रवेश, पुरुष का स्त्रीरूप हो जाने आदि के प्रसंग समाविष्ट कर के अनेक परिवर्तन किये हैं। इसी प्रकार रूपमंजरी की कथा भी कथासरित्सागर के पंद्रहवें अध्याय में वर्णित कथा पर आधारित है। इस कथा में एक संन्यासी के द्वारा परमसुंदरी वणिक्पुत्री को छल के हथियाने के हास्यास्पद प्रयास की दारुण परिणति चित्रित है। संन्यासी कन्या को कुलक्षणी बता कर मंजूषा में बंद करवा कर गंगा नदी में विसर्जित करवा देता है, मंजूषा एक राजकुमार को मिलती है, वह और संन्यासी को जो मंजूषा मिलती है उसमें एक खूँखार वानर बंद है। शिवदास की कहानी में गंगा के स्थान पर गोदावरी नदी में टोकरी विसर्जित की जाती है, और वणिक्पुत्री स्वयं संन्यासी के सत्य का पता लगाने के लिये उसमें वानर रखवा देती है। रिचर्ड हायल का अनुमान है कि शिवदास कथासरित्सागर के नहीं गुणाढ्यकृत मूल बृहत्कथा के ऋणी हैं।[२१] कथार्णव की अनेक कथाओं में नर्मदा नदी का वर्णन है, इसके आधार पर हायल का मानना है कि शिवदास विंध्यक्षेत्र के आसपास रहते थे।

कथार्णव प्रांजलगद्य में रचित है, बीच बीच में कथाकार ने स्वोपज्ञ पद्य भी जोड़े हैं। मंगलपद्यों में गणेश, कृष्ण-रुक्मिणी की वंदना कर के तृतीय पद्य में शिवदास ग्रंथरचना का प्रयोजन बताते हैं—

ग्रन्थं कथार्णवं कुर्वे सूक्तिपीयूषपूरितम्।
शिवदासः पराद् यत्नाद् विलासाय विलासिनाम्।।

पंचम उपोद्घात पद्य से लगता है कि शिवदास ने अनेक कथाएँ कथकों या किस्सा सुनाने वालों के मुँह से सुनीं होंगीं। इस पद्य में अथ कथकलक्षणम् इस प्रतिज्ञा के साथ उन्होंने कथक का यह संदर लक्षण किया है—

नाङ्गुलीभञ्जनं कुर्यान्न भ्रुवौ नर्तयेत् क्वचित्।
नाधिक्षिपेन्न च हसेन्न नात्युच्चैर्न शनैर्वदेत्।।

इसी प्रकार श्रोतृलक्षण भी यह दिया है—

श्रद्धाविद्यादयायुक्ता आस्तिकास्तीक्ष्णबुद्धयः।
धीरा वदान्याः सानन्दाः श्रोतारः परिकीर्तिताः।।

कथार्णव की कथाएँ वीरसेन और जटिल के संवाद के आरंभ होती हैं, जटिल या मुनि की किसी सूक्ति पर राजा वीरसेन प्रश्न करता है – कथमेतत् – तब अपने कथन के निदर्शन के लिये जटिल उसे कथा सुनाते हैं।

कथाप्रकाश

इसके प्रणेता लक्ष्मण के पुत्र जगन्नाथ मिश्र हैं। इनका समय सत्रहवीं शती है। इस में विभिन्न विषय पर अलग-अलग स्रोतों से सामग्री लेकर लिखी गयी रोचक कहानियाँ हैं। चौथी कहानी में अपने ससुर के घर पर कवि भारवि की यंत्रणा का वर्णन है।

अन्य कथाएँ

राजवल्लभ पताक ने भोजप्रबंध के अतिरिक्त चित्रसेनपद्मावतीकथा की रचना की थी, जो लोककथा पर आधारित है। इसके नायक तथा नायिका चित्रसेन तथा पद्मावती पूर्वजन्म में हंसयुगल थे। यह कथा १५८० ई० में लिखी गयी।

संकलचन्द्र के शिष्य समयसुंदर के द्वारा प्रणीत कालिकाचार्यकथा में जैन साधु कालिकाचार्य का चरित वर्णित है। इस में विक्रम तथा शक राजाओं से सम्बन्धित आख्यान भी है।

राजशेखरचरित या सभारंजनप्रबंध के रचयिता कविकुंजर हैं। इस में राजा राजशेखर की राजसभा में कही गयी उपदेशपरक कथाओं का संग्रह किया गया है।

देलरामाकथासार

यह कथा राजानक भट्टाह्लादकवि ने लिखी है। इनका समय तथा देशकाल अनिर्णित है।

कथा तेरह सर्गों में विविध छंदों में निबद्ध है। कथा के आरम्भ में ही कवि ने बताया है कि यह कथा उसने मुसलमानों की परम्परा से ग्रहण की है-

एषा कथा मौसलशास्त्रदृष्टा भूयिष्ठसद्वाच्यमहाविशिष्टा।
मनोविनोदाय सतां जनानां गीर्वाणवाण्या क्रियते मयाद्य।।

कथा की नायिका देलरामा नामक धूर्त वेश्या है। नायक मुरादबख्श है। कथा अनेक रोमांचक किन्तु अस्वाभाविक या प्राकृतेतर घटनाओं से भरी हुई है, तथा इस में अनेक प्रसंग ऐसे हैं, जो भारतीय परम्परा और जीवनादर्शों के विपरीत हैं। संक्षेप में कथानक इस प्रकार है- सुल्तान महमूद पुलिंदों के आक्रमण से मारा जाता है। उसकी पत्नी मेरभक्ता अपने दो बेटों को लेकर भागती है। उसे संयोग से ऐसी चिड़िया मिल जाती है, जो प्रतिदिन सोने का अंडा देती है। मेरभक्ता का अन्य नगर में पहुँच कर एक वणिक् से प्रेम हो जाता है। उसके प्रेम में पड़ कर वह अपने दोनों पुत्रों इब्राहिम और मुरादकी हत्या करवाने और वणिक् को सोने का अंडा देने वाली चिड़िया का मांस खिलाने को तैयार हो जाती है, संयोग से उस चिडिया के पके मांस में से मुराद सोना उगलने वाली हड्डी खा लेता है, और जो हत्यारा दोनों भाइयों को मारने के लिए लगाया गया था, वह मुराद से दीनारें पाकर इन दोनों को छोड़ देता है। दोनों भाई भागकर अन्य नगर में पहुँचते हैं, जहाँ एक मस्जिद में मिलने का निश्चय करके वे अलग-अलग हो जाते हैं। घटनाचक्र इस प्रकार घूमता है कि इब्राहिम तो इस नगर का बादशाह हो जाता है और मुराद देलरामा वेश्या के चंगुल में पड़ जाता है। वह प्रतिदिन उसे दीनारें देते देखकर एक दिन मदिरा पिलाकर उससे दीनार प्राप्ति का रहस्य जान लेती है और सोना उगलने वाली अस्थि वमन करा लेती है। देलरामा के घर से अपमान करके निकाला गया मुराद भटकता हुआ एक स्थान पर तीन पुरुषों को विवाद करते देखता है। वे एक उड़ने वाली स्थलस्था (कालीन), दीनारें देने वाली भस्त्रा (धौंकनी) और भोजन लाने वाले शुक के स्वामित्व को लेकर विवाद कर रहे हैं। मुराद को देखकर वे उसे निर्णायक बना लेते हैं। मुराद उन्हें मूर्ख बनाकर उनकी तीनों चमत्कारिक वस्तुएँ लेकर चंपत हो जाता है, और फिर देलरामा के पास पहुँचता है। वह उड़ने वाले कालीन पर उसे बिठा कर समुद्र के बीच निर्जन द्वीप में ले आता है। वहाँ देलरामा कुछ दिन उसके साथ सुख से रहती है। पर वह मुराद को फिर बहका कर तीनों वस्तुओं का रहस्य जानकर उन्हें हथिया लेती है। और मुराद को उस द्वीप पर अकेला छोड़कर तीनों वस्तुओं के साथ निकल भागती है। अब मुराद को तीन योगिनियाँ मिलती है, जो उसे तीन चमत्कारिक वस्तुएँ दे देती है। वह देलरामा के घर आकर उन चमत्कारिक डंडों में एक के प्रभाव से देलरामा को गधी बना कर उस पर सवार होकर घूमता-फिरता है। अंत में योगिनियों के कहने पर वह देलरामा को मुक्त करता है, और

विवाह कर के सुखपूर्वक रहन लगता है। देलरामा उसकी और उसकी पत्नी की दासी बन जाती है और अपने बड़े भाई से भी उसकी भेंट हो जाती है।

भट्टाह्लाद ने अत्यन्त जटिल घटनाबहुल कथा को रोचक रूप में प्रस्तुत किया है, कहीं भी वर्णनों या काव्यात्मकता को उन्होंने कथाप्रवाह में बाधक नहीं बनने दिया है। यद्यपि अनेक स्थलों पर सौन्दर्यचित्रण या वर्णनकला से उनकी कवित्वशक्ति का पता चलता है। देलरामा के वर्णन में कवि कहता है—

लावण्यपाथोनिधिरत्नवीचिं तारुण्यहेमाद्रिहिरण्यवल्लीम्।
सुकान्तिगङ्गानलिनीं प्रफुल्लां भृङ्गारमद्भूमिरुहालवालाम्।।

मसदा (मस्जिद), दन्तालिका (लगाम), स्थलस्था आदि अनेक नवीन शब्दों का निर्माण भी कथाकार ने किया है।

सेकशुभोदया

सेकशुभोदया की पांडुलिपि गौर नगर में बाईस हजारी मस्जिद में रखी रहती थी। इस दरगाह में हिंदू और मुसलमान दोनों श्रद्धा के साथ शीश झुकाने आते रहे हैं। पोथी की पूजा की जाती थी, इसे पवित्र माना जाता था। कभी कभी इसका पाठ भी किया जाता था। इसका पाठ अशुभ का नाश करता है यह माना जाता था। पूरा ग्रन्थ बंगाल में एक पीर (सेक या शेख) के आगमन और उसके चरित पर है। पीर का आगमन राजा लक्ष्मणसेन के समय हुआ। उमापति आदि मंत्रियों का उल्लेख भी कथाओं में है। राजा लक्ष्मणसेन , उमापति धर गीतगोविंदकार जयदेव के समकालीन हैं। प्रसिद्ध कोशकार हलायुध मिश्र शेख पीर के मित्र थे। सेकशुभोदया उनकी कृति कही गई है, पर वर्तमान प्रति को देख कर यह नहीं कहा जा सकता। यह ग्रन्थ १६वीं शताब्दी के आसपास रचा गया। इसकी कथाएँ फारसी के ग्रन्थों, जलालुद्दीन तबरीज़ी की कथाओं - जो खुर्शीद ज़हाँनुमा आदि ग्रन्थों में हैं, से मिलती जुलती हैं। कुछ विद्वानों का अनुमान है कि जलालुद्दीन तबरीज़ी ही इस ग्रन्थ के शेख हैं।

सेकशुभोदया का कथासार इसप्रकार है - गंगा के तट पर महामना महात्मा राजा लक्ष्मणसेन लहरों को उठता गिरता देख रहे थे। तभी उन्ही लहरों के ऊपर से चल कर आता हुआ एक पीर उन्हें दिखाई दिया। उसने काली कमली पहन रखी थी, माथे पर पगड़ी थी। उन्होंने पूछा - आप कहाँ से आ रहे हैं, कौन हैं? पीर ने राजा से पूछा - तुम किसके बेटे हो? पीर उलट कर उससे सवाल कर रहा है - इससे राजा को क्रोध हो आया। उसने कहा - एक तो पानी के ऊपर इस तरह तुम चलते हुए आ गये, मैं परिचय जानना चाह रहा हूँ, तो उल्टे मुझ से प्रश्न कर रहे हो?

सुन कर शेख मंद स्वर में हँस पड़े, जैसे शरद के मेघ गरजे हों। इनकी हँसी से सारी

दिशाओं में सुगंध फैल गई। फिर वे बोले - तुम सेनवंश के राजा लक्ष्मणसेन हो। तुम्हारा राज्य थोड़ी सी धरती पर है। हमारा राज इससे बड़ा है।

सुन कर राजा को और भी क्रोध हुआ। उसने कहा - हम को तो सारा संसार राजा मानता है। तुम्हें कौन मानता है? हमारे आगे सेवक दंड और छत्र ले कर चलते हैं। तुम्हारे आगे पीछे क्या है?

शेख ने कहा - सुन राजा! मैं तो तुझे नहीं मानता। नीच व्यक्ति भी राजा कहा जा सकता है।

ठीक इसी समय कोई बगुला अपनी चोंच में मछली पकड़ कर गंगा के तट पर दिखाई पड़ा।

पीर ने कहा - राजा, यदि तू अपने को धरती का राजा मानता है, तो इस बगुले से कह— मछली को छोड़ दे।

राजा ने कहा - बक तो तिर्यग्योनि है, ज्ञान हीन है। वह मेरे कहने से मछली को कैसे छोड़ सकता है?

तब शेख ने कहा- राजा, अब मेरा प्रभाव देख।

शेख ने बगुले से कहा - मछली को छोड़ दे। बगुले ने मछली को छोड़ दिया।

तब राजा ने मन में इष्टदेवी दुर्गा का स्मरण किया, सोचा - यह पीर नहीं मेरा काल है। हे परमेश्वरि! मेरी रक्षा कर। फिर उसने शेख से क्षमा माँगते हुए कहा - हमने आपको पहचाना नहीं। क्षमा कीजिये। माँ की गोद में बैठा बच्चा चंद्रमा को मार डालना चाहता है, पर चंद्रमा उसके ऊपर क्रुद्ध नहीं होता। आप भी मेरे ऊपर क्रोध मत कीजिये।

शेख ने कहा - न मेरे भीतर क्रोध है, न उत्साह है, न तुम्हारे कहने के मैं अधीन हूँ। मैं अपना स्वामी आप हूँ।

तब राजा ने शेख को प्रणाम किया। शेख ने कहा - राजा यदि तेरे भीतर दया है , तो मेरे आगे आगे चल।

राजा आगे आगे चला, शेख उसके पीछे।

दोनों चल रहे थे कि मंत्री सामने से आ पहुँचा। राजा को शेख के साथ आते देख कर उसने कहा - राजन्! यह क्या अकार्य कर रहे हैं, यह तो यवन है, आप इसके साथ साथ चल रहे हैं!

तब राजा ने मंत्री से कहा - अरे मूढ! क्या व्यर्थ बात करता है? तू ईश्वर के मर्म को नहीं जानता। यह तो दुर्वेष (दरवेश) के भेस में साक्षात् इंद्र आ पहुँचा है। फिर राजा ने शेख से जिस तरह मिलना हुआ था, वह सारा प्रसंग मंत्री तो बताया। मंत्री को विश्वास न हुआ, मन में श्रद्धा न जागी। उसने कहा - यह कोई दुष्ट है, मायावी है, इसका आपका साथ ठीक नहीं है।

राजा और मंत्री इस तरह बात करते रहे, शेख अपने रास्ते पर चल दिया।

इसके आगे कथानक के वाक्य किंचित् अस्पष्ट हैं। संभवत: शेख धोबी की बस्ती में डेरा डाल लेते हैं।

आधी रात का समय था। शेख सोये हुए थे। तभी तीन बाघ आ गये। वे धोबी के बेटे को खाने के लिये घात लगाये हुए थे। धोबी का बेटा भी पिता का स्मरण करते हुए शेख की गोद में दुबक गया।

शेख ने कहा - डरता क्यों है बच्चा, जा बाघ का कान पकड़ और यहाँ खींच कर ले आ।

धोबी के लड़के ने कहा - हे महात्मा जी, मैं प्राणों से हाथ धो बैठूँगा, बाघ को तो मैं न पकड़ पाऊँगा।

शेख ने कहा - अच्छा तो देख।

शेख ने तीनों बाघों को आवाज लगाई। तीनों आये, और शेख को प्रणाम कर के चले गये। धोबी के बेटे की जान में जान आई।

अपने घर से धोबन यह सब देख रही थी। उसने बाघों को शेख की कुटी में जा कर बाहर आते देखा। भोर होने पर वह छाती पीट पीट कर रोने लगी और कहने लगी - हाय हाय मेरे बेटे और शेख साहब को तीन बाघ खा गये।

धोबिन के रोने धोने की बात राजा तक पहुँची। मंत्री ने राजा से कहा - महाराज, अच्छे महापुरुष के दर्शन हुए थे आपको! बाघ उसको भी खा गये और धोबी के बेटे को भी।

राजा तो यह सुन कर अरे बड़ा अनर्थ हुआ यह कह कर सिर पकड़ कर बैठा रह गया।

इधर धोबिन ने शेख की कुटी में जा कर देखा तो क्या देखती है कि शेख और उसका बेटा मजे में बैठे गप्प कर रहे हैं।

राजा भी शेख को देखने के लिये चल पड़ा। रास्ते में धोबन मिली। राजा ने पूछा - क्या हाल है तेरे बेटे का?

धोबिन ने कहा - मेरा बेटा ठीक है।

तब राजा ने मंत्री को धिक्कारते हुए कहा - अरे पापी, तुमने मेरे आगे फिर वही मिथ्या प्रलाप किया! तुम्हें इसका प्रायश्चित्त करना होगा।

फिर राजा ने धोबी के बेटे को बुलवाया उससे पूछा - बता रात को क्या हुआ था?

उसने कहा - तीन बाघ शेख साहब की कुटी में आये थे, और उनके पाँवों पर शीश रख कर वापस चले गये।

तब राजा ने सूत्रधारों को बुला कर कहा - पक्की ईंटों का छब्बीस हाथ के कमरे वाला एक घर शेख साहब के लिये बनवा दिया जाए। यदि भला चाहते हो तो यह काम आज ही हो जाना चाहिये।

समय बीतते बीतते शेख भी राजा के प्रशंसक हो गये - कहने लगे राजा तू धन्य है।

एक बार शेख और राजा जुआ खेल रहे थे। कुछ देर तक खेलते रहने के बाद शेख ने पासे रोक लिये और चुप रह कर अपने को अपने कपड़ों में छिपा कर बैठे रह गये।

मंत्री ने यह देख कर कहा - देखिये क्या कर रहे हैं आपके ये पीर! फिर एक क्षण बाद शेख ने पासा राजा को दे दिया, और राजा से कहा - राजा दो कपड़े दे दे!

राजा ने देखा कि शेख के तो सारे कपड़े भीग गये हैं।

राजा ने पूछा - हे महाबुद्धि, यह बात क्या है आपके कपड़ों से पानी कैसे चू रहा है?

शेख ने कहा - राजा सुन। प्रभाकर नाम का बनिया है। वह समुद्र से जहाज में व्यापार का सामान रख कर जा रहा था। बीचों बीच सागर के त्रिशूली नाम का एक बहुत बड़ा पेड़ है। भाग्य देखो कि बनिये का जहाज इस पेड़ से टकरा गया। उसका जहाज डूबा जा रहा था, इसने मुझे याद किया।

राजा सुन कर सोच में पड़ गया।

शेख ने कहा - क्या सोचता है। हमारा तो नियम है —

अरण्ये प्रान्तरे वापि विग्रहे शत्रुसङ्कटे
सद्भावे स्मरति यस्तु तत्र गच्छामि वै नृप।।
परहन्ता परदारी चौरदस्युभयानि च
सततं स्मरति यस्तु न गच्छेऽहं नृपात्मज।।

(वन में, प्रांत में, युद्ध में शत्रु के संकट में मेरे लिये सद्भाव रखने वाला जब मेरा स्मरण करता है, तो हे राजा, मैं वहाँ पहुँच जाता हूँ। जो दूसरे का वध करने वाला, चोर या दस्यु या भयदायक है, वह स्मरण भी करता रहे, तो मैं नहीं जाता।)

राजा ने शेख को दूसरे कपड़े दिये और गीले कपड़ों को निचोड़ कर उनसे निकला पानी उबलवाया। पानी सूखा, तो नमक निकला।

सेकशुभोदया की भाषा संकर-संस्कृत है।

उपसंहार

ग्यारहवीं से अठारहवीं शताब्दी के मध्य विरचित विविध कथाओं में आश्चर्यजनक वृत्तांतों, कौतुक तथा अद्भुतरस की सृष्टि करने वाले प्रसंगों का संग्रह विशेष है। कथाकौतुक, देलारामकथासार, सुलैमच्चरित जैसे कथासंग्रहों में फारसीसाहित्य की या अरब देशों की कथाएँ प्रस्तुत की गईं हैं।

सन्दर्भ

१. रायल एशियाटिक सोसायटी, लंदन से १८९५ में प्रकाशित।

२. जगदीश शास्त्री को ये दो पांडपलिपियाँ अंबाला के जैन भंडार तथा जीरा ग्राम के जैन भंडार से मिलीं।
३. लाहौर, १९४२
४. कथाकोश, अंग्रेजी अनुवाद, रायल एशियाटिक सोसायटी, लंदन, भूमिका पृ० १६
५. तिलकमंजरीकथोद्धार: – पद्मसागर, सं० एन०एम०कंसारा, बडोदरा, १९८४, भूमिका, पृ० १५
६. मुनि जिनविजय सूरि के द्वारा पुरातनप्रबंध संग्रह सीरीज में क्रमांक २ पर प्रकाशित।
७. निर्णय सागरप्रेस, मुंबई से१९०९ में प्र०। एक अन्य सुसंपादित सं० मुनि जिनविजय जी के द्वारा सिंघी जैन सीरीज के क्रमांक १३ में प्रकाशित।
८. मुनि जिनविजय जी के द्वारा सिंघी जैन सीरीज के क्रमांक १० में १९४३ ई० में प्रकाशित।
९. गुजराती सभा मुंबई द्वारा १९३२ ई० में प्र०, एक अन्य सुसंपादित सं० मुनि जिनविजय जी के द्वारा सिंघी जैन सीरीज के क्रमांक ६ में १९३५ई० में प्रकाशित।
१०. जैन आत्मानंद सभा, भावनगर, १९१५
११. सुवासित साहित्य प्रकाशन, सूरत, १९६८
१२. जयंत पी० ठाकर के संपादन में वडोदरा के प्राच्य विद्या शोधसंस्थान से १९७० में प्रकाशित।
१३. ए० वेबर द्वारा ब्रिटिश म्यूजियम, लंदन में प्राप्त पांडुलिपि के आधार पर संपादित तथा रायल एकेडेमी आफ साइंस, बर्लिन के फिलासोफिकल एंड हिस्टारिकल एनाल्स में प्रकाशित। इसकी पांडुलियाँ बडोदरा, पाटण, पूना व अहमदाबाद के संग्रहालयों में भी हैं।
१४. श्री भगवानदास के संपादन में हेमचंद्राचार्य ग्रंथमाला के अंतर्गत अहमदाबाद से १९२५ई० में प्र०
१५. पं० हीरालाल हंसराज द्वारा पञ्चदण्डकम् विक्रमचरितम् शीर्षक से सम्पादित।
१६. हिस्ट्री आफ क्लासिकल संस्कृत लिटरेचर, कृष्णमाचारियर्, पृ० २८७
१७. विद्यापति ने गजनी नगर का ही संस्कृतीकरण कर के योगिनीपुर नाम रखा है।
१८. इस के चार पटल व्ही. राघवन् ने मलयमारुत के तृतीय स्पंद (१९७३) में प्रकाशित किये हैं।
१९. Halabi(1391) p.75
२०. अड्यार लाइब्रेरी पंफलेट सीरीज, १९७६
२१. उक्त संस्करण की भूमिका, पृ० ८-९